D1720526

J. von Staudingers
Kommentar zum Bürgerlichen Gesetzbuch
mit Einführungsgesetz und Nebengesetzen
EGBGB/IPR
IntVerfREhe
(Internationales Verfahrensrecht in Ehesachen)

Kommentatorinnen und Kommentatoren

Dr. Thomas E. Abeltshauser, LL.M.
Professor an der Universität Hannover, Richter am Oberlandesgericht Celle

Dr. Karl-Dieter Albrecht
Vorsitzender Richter am Bayerischen Verwaltungsgerichtshof, München

Dr. Hermann Amann
Notar in Berchtesgaden

Dr. Georg Annuß
Rechtsanwalt in München

Dr. Christian Armbrüster
Professor an der Freien Universität Berlin

Dr. Martin Avenarius
Professor an der Universität zu Köln

Dr. Wolfgang Baumann
Notar in Wuppertal

Dr. Roland Michael Beckmann
Professor an der Universität des Saarlandes, Saarbrücken

Dr. Detlev W. Belling, M.C.L.
Professor an der Universität Potsdam

Dr. Andreas Bergmann
Wiss. Assistent an der Universität des Saarlandes, Saarbrücken

Dr. Werner Bienwald
Professor an der Evangelischen Fachhochschule Hannover

Dr. Claudia Bittner, LL.M.
Privatdozentin an der Universität Freiburg i. Br.

Dr. Dieter Blumenwitz
Professor an der Universität Würzburg

Dr. Reinhard Bork
Professor an der Universität Hamburg

Dr. Wolf-Rüdiger Bub
Rechtsanwalt in München, Professor an der Universität Potsdam

Dr. Elmar Bund
Professor an der Universität Freiburg i. Br.

Dr. Jan Busche
Professor an der Universität Düsseldorf

Dr. Michael Coester, LL.M.
Professor an der Universität München

Dr. Dagmar Coester-Waltjen, LL.M.
Professorin an der Universität München

Dr. Heinrich D[illegible]
Professor an der [illegible]nster

Dr. Christina Eberl-Borges
Professorin an der Universität Siegen

Dr. Werner F. Ebke, LL.M.
Professor an der Universität Heidelberg

Dr. Jörn Eckert
Professor an der Universität zu Kiel, Richter am Schleswig-Holsteinischen Oberlandesgericht in Schleswig

Dr. Volker Emmerich
Professor an der Universität Bayreuth, Richter am Oberlandesgericht Nürnberg a. D.

Dipl.-Kfm. Dr. Norbert Engel
Ministerialdirigent im Thüringer Landtag, Erfurt

Dr. Helmut Engler
Professor an der Universität Freiburg i. Br., Minister in Baden-Württemberg a. D.

Dr. Karl-Heinz Fezer
Professor an der Universität Konstanz, Honorarprofessor an der Universität Leipzig, Richter am Oberlandesgericht Stuttgart

Dr. Johann Frank
Notar in Amberg

Dr. Rainer Frank
Professor an der Universität Freiburg i. Br.

Dr. Bernhard Großfeld, LL.M.
Professor an der Universität Münster

Dr. Beate Gsell
Professorin an der Universität Augsburg

Dr. Karl-Heinz Gursky
Professor an der Universität Osnabrück

Dr. Ulrich Haas
Professor an der Universität Mainz

Norbert Habermann
Richter am Amtsgericht Offenbach

Dr. Stefan Habermeier
Professor an der Universität Greifswald

Dr. Johannes Hager
Professor an der Universität München

Dr. Rainer Hausmann
Professor an der Universität Konstanz

Dr. Dr. h. c. mult. Dieter Henrich
Professor an der Universität Regensburg

Dr. Reinhard Hepting
Professor an der Universität Mainz

Dr. Elke Herrmann
Professorin an der Universität Siegen

Chr[illegible]an Hertel, LL.M.
Notar a. D., Geschäftsführer des Deutschen Notarinstituts, Würzburg

Joseph Hönle
Notar in Tittmoning

Dr. Bernd von Hoffmann
Professor an der Universität Trier

Dr. Heinrich Honsell
Professor an der Universität Zürich, Honorarprofessor an der Universität Salzburg

Dr. Dr. Dres. h. c. Klaus J. Hopt, M.C.J.
Professor, Direktor des Max-Planck-Instituts für Ausländisches und Internationales Privatrecht, Hamburg

Dr. Norbert Horn
Professor an der Universität zu Köln, Direktor des Rechtszentrums für europäische und internationale Zusammenarbeit, Köln

Dr. Heinz Hübner
Professor an der Universität zu Köln

Dr. Peter Huber, L.L.M.
Professor an der Universität Mainz

Dr. Rainer Jagmann
Vorsitzender Richter am Landgericht Freiburg i. Br.

Dr. Ulrich von Jeinsen
Rechtsanwalt und Notar in Hannover

Dr. Joachim Jickeli
Professor an der Universität zu Kiel

Dr. Dagmar Kaiser
Professorin an der Universität Mainz

Dr. Rainer Kanzleiter
Notar in Neu-Ulm, Professor an der Universität Augsburg

Dr. Sibylle Kessal-Wulf
Richterin am Bundesgerichtshof, Karlsruhe

Dr. Hans-Georg Knothe
Professor an der Universität Greifswald

Dr. Jürgen Kohler
Professor an der Universität Greifswald

Dr. Stefan Koos
Professor an der Universität der Bundeswehr München

Dr. Heinrich Kreuzer
Notar in München

Dr. Jan Kropholler
Professor an der Universität Hamburg, Wiss. Referent am Max-Planck-Institut für Ausländisches und Internationales Privatrecht, Hamburg

Dr. Hans-Dieter Kutter
Notar in Schweinfurt

Dr. Gerd-Hinrich Langhein
Notar in Hamburg

Dr. Dr. h. c. Manfred Löwisch
Professor an der Universität Freiburg i. Br., vorm. Richter am Oberlandesgericht Karlsruhe

Dr. Dirk Looschelders
Professor an der Universität Düsseldorf

Dr. Stephan Lorenz
Professor an der Universität München

Dr. Dr. h. c. Werner Lorenz
Professor an der Universität München

Dr. Peter Mader
Professor an der Universität Salzburg

Dr. Ulrich Magnus
Professor an der Universität Hamburg, Richter am Hanseatischen Oberlandesgericht zu Hamburg

Dr. Peter Mankowski
Professor an der Universität Hamburg

Dr. Heinz-Peter Mansel
Professor an der Universität zu Köln

Dr. Peter Marburger
Professor an der Universität Trier

Dr. Wolfgang Marotzke
Professor an der Universität Tübingen

Dr. Dr. Dr. h. c. Michael Martinek, M.C.J.
Professor an der Universität des Saarlandes, Saarbrücken

Dr. Annemarie Matusche-Beckmann
Privatdozentin an der Universität zu Köln

Dr. Jörg Mayer
Notar in Pottenstein

Dr. Dr. Detlef Merten
Professor an der Deutschen Hochschule für Verwaltungswissenschaften Speyer

Dr. Rudolf Meyer-Pritzl
Professor an der Universität zu Kiel

Dr. Peter O. Mülbert
Professor an der Universität Mainz

Dr. Dirk Neumann
Vizepräsident des Bundesarbeitsgerichts a. D., Kassel, Präsident des Landesarbeitsgerichts Chemnitz a. D.

Dr. Ulrich Noack
Professor an der Universität Düsseldorf

Dr. Hans-Heinrich Nöll
Rechtsanwalt in Hamburg

Dr. Jürgen Oechsler
Professor an der Universität Mainz

Dr. Hartmut Oetker
Professor an der Universität Jena, Richter am Thüringer Oberlandesgericht Jena

Wolfgang Olshausen
Notar in Rain am Lech

Dr. Dirk Olzen
Professor an der Universität Düsseldorf

Dr. Gerhard Otte
Professor an der Universität Bielefeld

Dr. Hansjörg Otto
Professor an der Universität Göttingen

Dr. Lore Maria Peschel-Gutzeit
Rechtsanwältin in Berlin, Senatorin für Justiz a. D. in Hamburg und Berlin, Vorsitzende Richterin am Hanseatischen Oberlandesgericht zu Hamburg i. R.

Dr. Frank Peters
Professor an der Universität Hamburg, Richter am Hanseatischen Oberlandesgericht zu Hamburg

Dr. Axel Pfeifer
Notar in Hamburg

Dr. Jörg Pirrung
Richter am Gericht erster Instanz der Europäischen Gemeinschaften, Luxemburg, Professor an der Universität Trier

Dr. Ulrich Preis
Professor an der Universität zu Köln

Dr. Manfred Rapp
Notar in Landsberg a. L.

Dr. Thomas Rauscher
Professor an der Universität Leipzig, Dipl. Math.

Dr. Peter Rawert, LL.M.
Notar in Hamburg, Professor an der Universität zu Kiel

Eckhard Rehme
Vorsitzender Richter am Oberlandesgericht Oldenburg

Dr. Wolfgang Reimann
Notar in Passau, Professor an der Universität Regensburg

Dr. Tilman Repgen
Professor an der Universität Hamburg

Dr. Dieter Reuter
Professor an der Universität zu Kiel, Richter am Schleswig-Holsteinischen Oberlandesgericht in Schleswig

Dr. Reinhard Richardi
Professor an der Universität Regensburg

Dr. Volker Rieble
Professor an der Universität München, Direktor des Zentrums für Arbeitsbeziehungen und Arbeitsrecht

Dr. Anne Röthel
Professorin an der Bucerius Law School, Hamburg

Dr. Christian Rolfs
Professor an der Universität Bielefeld

Dr. Herbert Roth
Professor an der Universität Regensburg

Dr. Rolf Sack
Professor an der Universität Mannheim

Dr. Ludwig Salgo
Professor an der Fachhochschule Frankfurt a. M., Apl. Professor an der Universität Frankfurt a. M.

Dr. Gottfried Schiemann
Professor an der Universität Tübingen

Dr. Eberhard Schilken
Professor an der Universität Bonn

Dr. Peter Schlosser
Professor an der Universität München

Dr. Dres. h. c. Karsten Schmidt
Vizepräsident der Bucerius Law School, Hamburg

Dr. Martin Schmidt-Kessel
Professor an der Universität Osnabrück

Dr. Günther Schotten
Notar in Köln, Professor an der Universität Bielefeld

Dr. Hans Schulte-Nölke
Professor an der Universität Bielefeld

Dr. Hans Hermann Seiler
Professor an der Universität Hamburg

Dr. Reinhard Singer
Professor an der Humboldt-Universität Berlin, vorm. Richter am Oberlandesgericht Rostock

Dr. Ulrich Spellenberg
Professor an der Universität Bayreuth

Dr. Sebastian Spiegelberger
Notar in Rosenheim

Dr. Malte Stieper
Akademischer Rat an der Universität zu Kiel

Dr. Markus Stoffels
Professor an der Universität Passau

Dr. Hans-Wolfgang Strätz
Professor an der Universität Konstanz

Dr. Dr. h. c. Fritz Sturm
Professor an der Universität Lausanne

Dr. Gudrun Sturm
Assessorin, Wiss. Mitarbeiterin

Burkhard Thiele
Präsident des Landesarbeitsgerichts Mecklenburg-Vorpommern, Rostock

Dr. Gregor Thüsing, LL.M.
Professor an der Universität Bonn

Dr. Barbara Veit
Professorin an der Universität Göttingen

Dr. Bea Verschraegen, LL.M.
Professorin an der Universität Wien

Dr. Klaus Vieweg
Professor an der Universität Erlangen-Nürnberg

Dr. Reinhard Voppel
Rechtsanwalt in Köln

Dr. Günter Weick
Professor an der Universität Gießen

Gerd Weinreich
Vorsitzender Richter am Landgericht Oldenburg

Dr. Birgit Weitemeyer
Privatdozentin an der Universität zu Kiel

Dr. Joachim Wenzel
Vizepräsident des Bundesgerichtshofs, Karlsruhe

Dr. Olaf Werner
Professor an der Universität Jena, Richter am Thüringer Oberlandesgericht Jena

Dr. Wolfgang Wiegand
Professor an der Universität Bern

Dr. Susanne Wimmer-Leonhardt
Privatdozentin an der Universität des Saarlandes, Saarbrücken

Dr. Peter Winkler von Mohrenfels
Professor an der Universität Rostock, Richter am Oberlandesgericht Rostock

Dr. Hans Wolfsteiner
Notar in München

Dr. Eduard Wufka
Notar in Starnberg

Dr. Michael Wurm
Richter am Bundesgerichtshof, Karlsruhe

Redaktorinnen und Redaktoren

Dr. Dr. h. c. Christian von Bar, FBA
Dr. Wolf-Rüdiger Bub
Dr. Heinrich Dörner
Dr. Helmut Engler
Dr. Karl-Heinz Gursky
Norbert Habermann
Dr. Dr. h. c. mult. Dieter Henrich
Dr. Norbert Horn
Dr. Heinz Hübner
Dr. Jan Kropholler
Dr. Dr. h. c. Manfred Löwisch
Dr. Ulrich Magnus
Dr. Dr. Dr. h. c. Michael Martinek, M.C.J.
Dr. Gerhard Otte
Dr. Lore Maria Peschel-Gutzeit
Dr. Peter Rawert, LL.M.
Dr. Dieter Reuter
Dr. Herbert Roth
Dr. Hans-Wolfgang Strätz
Dr. Wolfgang Wiegand

J. von Staudingers
Kommentar zum Bürgerlichen Gesetzbuch mit Einführungsgesetz und Nebengesetzen

Einführungsgesetz zum
Bürgerlichen Gesetzbuche/IPR
IntVerfREhe
(Internationales Verfahrensrecht in Ehesachen)

Neubearbeitung 2005
von
Ulrich Spellenberg

Redaktor
Dietrich Henrich

Sellier – de Gruyter · Berlin

Die Kommentatorinnen und Kommentatoren

Neubearbeitung 2005
EheGVO: ULRICH SPELLENBERG
§ 606a ZPO: ULRICH SPELLENBERG
§ 328 ZPO: ULRICH SPELLENBERG
Art 7 § 1 FamRÄndG: ULRICH SPELLENBERG
Art 7 § 2 FamRÄndG: ULRICH SPELLENBERG

Dreizehnte Bearbeitung 1997
EheGVO: ·/·
§ 606 ff ZPO: ULRICH SPELLENBERG
§ 328 ZPO: ULRICH SPELLENBERG
Art 7 § 1 FamRÄndG: ULRICH SPELLENBERG
Art 7 § 2 FamRÄndG: ULRICH SPELLENBERG

12. Auflage
ULRICH SPELLENEBERG (1990/1991)

11. Auflage
Professor Dr. FRANZ GAMILLSCHEG (1972)

Sachregister

Rechtsanwalt Dr. Dr. VOLKER KLUGE, Berlin

Zitierweise

STAUDINGER/SPELLENBERG (2005) Vorbem 1 zu Art 1 EheGVO
STAUDINGER/SPELLENBERG (2005) Art 1 EheGVO Rn 1
STAUDINGER/SPELLENBERG (2005) § 328 ZPO Rn 1
STAUDINGER/SPELLENBERG (2005) Anh zu § 606a ZPO Rn 1
STAUDINGER/SPELLENBERG (2005) Art 7 § 1 FamRÄndG Rn 1

Zitiert wird nach Paragraph bzw Artikel und Randnummer.

Hinweise

Das Vorläufige Abkürzungsverzeichnis 1993 für das „Gesamtwerk STAUDINGER" befindet sich in einer Broschüre, die den Abonnenten zusammen mit dem Band §§ 985–1011 (1993) bzw seit 2000 gesondert mitgeliefert wird. Eine aktualisierte Neubearbeitung befindet sich in Vorbereitung und wird den Abonnenten wiederum kostenlos geliefert werden.

Der Stand der Bearbeitung ist jeweils mit Monat und Jahr auf den linken Seiten unten angegeben.

Am Ende des Bandes befindet sich eine Übersicht über den aktuellen Stand des „Gesamtwerk STAUDINGER".

Die Deutsche Bibliothek verzeichnet diese Publikation in der Deutschen Nationalbibliografie; detaillierte bibliografische Daten sind im Internet über http://dnb.ddb.de abrufbar.

ISBN 3-8059-1009-6

Satz: Federer & Krauß GmbH, Augsburg.

Druck: H. Heenemann GmbH & Co., Berlin.

Bindearbeiten: Lüderitz und Bauer classic GmbH, Berlin.

Umschlaggestaltung: Bib Wies, München.

♾ Gedruckt auf säurefreiem Papier, das die DIN ISO 9706 über Haltbarkeit erfüllt.

Inhaltsübersicht

Seite*

* Zitiert wird nicht nach Seiten, sondern nach Paragraph bzw Artikel und Randnummer; siehe dazu auch S VI.

Zweiter Teil · Deutsches Recht

Erster Abschnitt · Internationale Zuständigkeit · Verfahren in Ehesachen

Zweiter Abschnitt · Anerkennung ausländischer Eheurteile

Vorwort

In die Neubearbeitung des Internationalen Verfahrensrechts in Ehesachen war nun die europäische Regelung der Freizügigkeit von Eheurteilen aufzunehmen. Die VO (EG) Nr 1347/2000 (EheGVO) ist außer für Dänemark am 1.3. 2001 wirksam geworden. Doch schon ein Jahr später wurde der Entwurf einer neuen Verordnung vorgelegt, der nach gewichtigen Veränderungen als VO (EG) Nr 2201/2003 zum 1.3. 2005 in Kraft getreten ist. Für Altfälle gilt aber die bisherige Verordnung weiter. Die Kommentierung behandelt vornehmlich die neue Verordnung und geht auf die alte Verordnung nur insoweit ein, als sich Veränderungen ergeben haben.

Die neue Verordnung VO (EG) Nr 2201/20003 (EheGVO) geht vor allem in Kindschaftssachen weit über die bisher geltende VO hinaus und lehnt sich stark an das Haager Kinderschutzübereinkommen vom 19.10. 1996, das aber in Deutschland noch nicht ratifiziert ist, und an das Haager Kindesentführungsübereinkommen an. Es nimmt große Teile der Regelungen dieser Übereinkommen auf. Deswegen sollen diese Bestimmungen der EheGVO später im Zusammenhang des internationalen Kindschaftsverfahrensrechts kommentiert werden. Im vorliegenden Band wird auf sie nur eingegangen, wo ein engerer Zusammenhang mit dem Eheverfahren i. e. S. besteht.

Die EheGVO hat Auswirkungen auf die ZPO. Deren Regelungen zum internationalen Eheverfahrensrecht bleiben aber doch in weitem Umfang anwendbar. Hier war vieles nachzutragen und neu zu schreiben, denn auch das nationale Recht entwickelt sich weiter. In manchen Punkten sollte man freilich die nationalen Bestimmungen so auslegen oder handhaben wie die entsprechende Regelung in der EheGVO, damit die Dinge insgesamt nicht zu kompliziert werden. § 606a ZPO und die Anerkennungsprognose als Voraussetzung der deutschen internationalen Zuständigkeit in Ehesachen in § 606a Abs 1 S 1 Nr 4 ZPO bleiben erheblich, wenn die deutsche Zuständigkeit nicht auf die EheGVO gegründet werden kann. Ich habe mich daher entschlossen, die Länderübersicht hierzu weiterhin beizubehalten. Die praktische Bedeutung dieser Bestimmung hat freilich deutlich abgenommen, weil § 606a Abs 1 S 1 Nr 4 ZPO nur gilt, wenn der Kläger seinen gewöhnlichen Aufenthalt noch nicht ein Jahr in Deutschland hat. § 328 ZPO und Art 7 § 1 FamRÄndG gelten weiterhin uneingeschränkt für Urteile aus Staaten, die nicht Mitglieder der EheGVO sind, zu denen auch Dänemark zählt, welches Titel IV (Art 61 ff) EUV nicht ratifiziert hat. Vor allem wegen dieser doppelten Regelung ist das Werk wesentlich länger geworden.

Viel Dank schulde ich Dr. Robert Freitag und Dr. Harald Sippel für viele Diskussionen und Hinweise, und Frau Jutta Nerrlich sowie den Herren Sebastian Andrä, Enrico Brandtjen, Torsten Maier und Christian Ullmann für viele technische Hilfe insbesondere für die mühevolle Arbeit der Überprüfung von Zitaten. Noch größerer Dank gilt Frau Kirstin Freitag, die unermüdlich und höchst zuverlässig aus Manuskripten, die zum Teil selbst dem Verfasser nicht mehr recht lesbar erschienen, einen lesbaren Text gemacht hat.

Vor allem schulde ich aber Dank meiner Frau, die auch dieses Werkes wegen ohne Murren auf viele gemeinsame Abende, Wochenenden und Urlaube verzichtet hat. Ihr sei der Band daher gewidmet.

Im März 2005 ULRICH SPELLENBERG, Bayreuth

Allgemeines Schrifttum

Das Sonderschrifttum ist zu Beginn der einzelnen Kommentierungen bzw in Fußnoten innerhalb der Kommentierung aufgeführt.

vBAR, Internationales Privatrecht, Band II: Besonderer Teil (1991)
vBAR/MANKOWSKI, Internationales Privatrecht, Band I: Allgemeine Lehren (2. Aufl 2003)
BAUMBACH/LAUTERBACH/BEARBEITER, Zivilprozeßordnung (61. Aufl 2003)
BERGERFURTH, Der Ehescheidungsprozeß und die anderen Eheverfahren (12. Aufl 2000)
BÜLOW/BÖCKSTIEGEL, Der Internationale Rechtsverkehr in Zivil- und Handelssachen (Stand 2003)
GEIMER, Internationales Zivilprozeßrecht (4. Aufl 2001)
GEIMER/SCHÜTZE, Europäisches Zivilverfahrensrecht (2. Aufl 2004), zitiert: GEIMER/SCHÜTZE
HENRICH, Internationales Familienrecht (2. Aufl. 2000)
ders, Internationales Scheidungsrecht (1998)
JANSEN, Freiwillige Gerichtsbarkeit, Band I (6. Aufl 1971)
JOHANNSEN/HENRICH, Eherecht (4. Aufl 2003)
KEGEL/SCHURIG, Internationales Privatrecht (9. Aufl 2004)
KELLER/SIEHR, Allgemeine Lehren des Internationalen Privatrechts (1986)
KROPHOLLER, Internationales Privatrecht (5. Aufl 2004)
ders, Europäisches Zivilprozessrecht (7. Aufl 2002), zitiert: KROPHOLLER
LINKE, Internationales Zivilprozeßrecht (3. Aufl 2001)
LÜDERITZ, Internationales Privatrecht (1987)
Max-Planck-Institut für Ausländisches und Internationales Privatrecht, Handbuch des Internationalen Zivilverfahrensrechts, Band III, Teilband 1 bearb v MARTINY (1984), Band III, Teilband 2 bearb v MARTINY u K P WAEHLER (1984)
MünchKomm/BEARBEITER, Münchener Kommentar zum Bürgerlichen Gesetzbuch, Band 10 (3. Aufl 1998)
MünchKomm-ZPO/BEARBEITER, Münchener Kommentar zur Zivilprozeßordnung (2. Aufl 2002)
NAGEL/GOTTWALD, Internationales Zivilprozeßrecht (5. Aufl 2002), zitiert: NAGEL/GOTTWALD
NEUHAUS, Grundbegriffe des Internationalen Privatrechts (2. Aufl 1976)
PALANDT/BEARBEITER, Bürgerliches Gesetzbuch (63. Aufl 2004)
PFEIFFER, Internationale Zuständigkeit und prozessuale Gerechtigkeit (1995)
PILTZ, Internationales Scheidungsrecht (1988)
RAHM/KÜNKEL/BEARBEITER, Handbuch des Familiengerichtsverfahrens (4. Aufl 1994)
RAUSCHER (Hrsg), Europäisches Zivilprozeßrecht (2003), zitiert: RAUSCHER/BEARBEITER
ders, Internationales Privatrecht mit internationalem Verfahrensrecht (2003)
RIEZLER, Internationales Zivilprozeßrecht und prozessuales Fremdenrecht (1949)
ROSENBERG/SCHWAB/GOTTWALD, Zivilprozeßrecht (16. Aufl 2004)
SCHLOSSER, EU-Prozessrecht (2. Aufl 2003), zitiert: SCHLOSSER
SCHACK, Internationales Zivilverfahrensrecht (3. Aufl 2002)
SCHWAB/BEARBEITER, Handbuch des Scheidungsrechts (4. Aufl 2000)
SIEHR, Internationales Privatrecht (2001)
SOERGEL/BEARBEITER, Kommentar zum Bürgerlichen Gesetzbuch, Band 10 (12. Aufl 1996)
STEIN/JONAS/BEARBEITER, Kommentar zur Zivilprozeßordnung (21. Aufl 1993 ff, §§ 1–127a 22. Aufl 2003)
THOMAS/PUTZO/HÜSSTEGE, Zivilprozeßordnung (25. Aufl 2003)
WIECZOREK/BEARBEITER, Zivilprozeßordnung und Nebengesetze (3. Aufl 1994 ff)
ZÖLLER/BEARBEITER, Zivilprozeßordnung (23. Aufl 2002).

Ergänzendes Abkürzungsverzeichnis

Brüssel II-VO	s EheGVO aF
Brüssel II a-VO	s EheGVO nF
EGV	Römischer Vertrag zur Gründung der Europäischen Gemeinschaft vom 25. 3. 1957 (BGBl 1957 II 766) in der Fassung des Vertrages von Nizza vom 26. 2. 2001 (BGBl 2001 II 1667)
EheGVO aF	Verordnung (EG) Nr 1347/2000 des Rates über die Zuständigkeit und die Anerkennung und Vollstreckung von Entscheidungen in Ehesachen und in Verfahren betreffend die elterliche Verantwortung für die gemeinsamen Kinder der Ehegatten vom 29. 5. 2000 (ABl EG 2000 Nr L 160 S 19)
EheGVO nF	Verordnung (EG) Nr 2201/2003 vom 27. 11. 2003 des Rates über die Zuständigkeit und die Anerkennung und Vollstrekkung von Entscheidungen in Ehesachen und in Verfahren betreffend die elterliche Verantwortung und zur Aufhebung der Verordnung (EG) Nr 1347/2000 (ABl EG 2003 Nr L 338 S 1) mit Wirkung vom 1. 3. 2005
EuBVO	Verordnung (EG) Nr 1206/2001 des Rates über die Zusammenarbeit zwischen den Gerichten der Mitgliedstaaten auf dem Gebiet der Beweisaufnahme in Zivil- oder Handelssachen vom 28. 5. 2001 (ABl EG 2001 Nr L 174 S 1)
EuGVO	Verordnung (EG) Nr 44/2001 des Rates über die gerichtliche Zuständigkeit und die Anerkennung und Vollstreckung von Entscheidungen in Zivil- und Handelssachen vom 22. 12. 2000 (ABl EG 2001 Nr L 12 S 1)
EuGVÜ	Brüsseler EWG-Übereinkommen über die gerichtliche Zuständigkeit und die Vollstreckung gerichtlicher Entscheidungen in Zivil- und Handelssachen vom 27. 9. 1968 (BGBl 1972 II 774) in der Fassung des 4. Beitrittsübereinkommens vom 29. 11. 1996 (BGBl 1998 II 1412)
EurSorgeRÜ	Europäisches Übereinkommen über die Anerkennung und Vollstreckung von Entscheidungen über das Sorgerecht für Kinder und die Wiederherstellung des Sorgeverhältnisses vom 20. 5. 1980 (BGBl 1990 II 220)
EuZustVO	Verordnung (EG) Nr 1348/2000 des Rates über die Zustellung gerichtlicher und außergerichtlicher Schriftstücke in Zivil- oder Handelssachen in den Mitgliedstaaten vom 29. 5. 2000 (ABl EG 2000 Nr L 160 S 37)
Haager ZPAbk 1905	Haager Übereinkommen über den Zivilprozeß vom 17. 7. 1905 (RGBl 1909 409)
HBÜ	Haager Übereinkommen über die Beweisaufnahme im Aus-

	land in Zivil- oder Handelssachen vom 18.3.1970 (BGBl 1977 II 1472)
HKEntfÜ	Haager Übereinkommen über die zivilrechtlichen Aspekte internationaler Kindesentführung vom 25.10.1980 (BGBl 1990 II 207)
HKUntVÜ	Haager Übereinkommen über die Anerkennung und Vollstreckung von Entscheidungen auf dem Gebiet der Unterhaltspflicht gegenüber Kindern vom 15.4.1958 (BGBl 1961 II 1006)
HUntVÜ	Haager Übereinkommen über die Anerkennung und Vollstreckung von Unterhaltsentscheidungen vom 2.10.1973 (BGBl 1986 II 826)
HUntÜ	Haager Übereinkommen über das auf Unterhaltspflichten anzuwendende Recht vom 2.10.1973 (BGBl 1986 II 837)
HZPÜ	Haager Übereinkommen über den Zivilprozeß vom 1.3.1954 (BGBl 1958 II 577)
HZÜ	Haager Übereinkommen über die Zustellung gerichtlicher und außergerichtlicher Schriftstücke im Ausland in Zivil- und Handelssachen vom 15.11.1965 (BGBl 1977 II 1453)
IntFamRVG	Internationales Familienrechtsverfahrensgesetz, Gesetz zur Aus- und Durchführung bestimmter Rechtsinstrumente auf dem Gebiet des Internationalen Familienrechts vom 26.1.2005 (BGBl I 162)
KSÜ	Haager Übereinkommen über die Zuständigkeit, das anzuwendende Recht, die Anerkennung, Vollstreckung und Zusammenarbeit auf dem Gebiet der elterlichen Verantwortung und der Maßnahmen zum Schutz von Kindern vom 19.10.1996. Das Übereinkommen ist von der BRD am 1.4.2003 gezeichnet, aber noch nicht ratifiziert worden.
LugÜ	Luganer Übereinkommen über die gerichtliche Zuständigkeit und die Vollstreckung gerichtlicher Entscheidungen in Zivil- und Handelssachen vom 16.9.1988 (BGBl 1994 II 2660)
SorgeRÜbkAG	Gesetz zur Ausführung des Haager Übereinkommens vom 25.10.1980 über die zivilrechtlichen Aspekte internationaler Kindesentführung und des Europäischen Übereinkommens vom 20.5.1980 über die Anerkennung und Vollstreckung von Entscheidungen über das Sorgerecht für Kinder und die Wiederherstellung des Sorgeverhältnisses (Sorgerechtsübereinkommens-Ausführungsgesetz – SorgeRÜbkAG) vom 5. 4. 1990 (BGBl I 701)
StAG	Staatsangehörigkeitsgesetz vom 22.7.1913 (RGBl III 102-1). Gesetzesüberschrift neu gefaßt durch StAG-ReformG vom 15.7.1999 (BGBl I 1618)
StAngRegG	Gesetz zur Regelung von Fragen der Staatsangehörigkeit vom 22.2.1955 (BGBl I 65)

Erster Teil
Europäisches Recht. EheGVO

Verordnung (EG) Nr. 2201/2003 des Rates vom 27. November 2003 über die Zuständigkeit und die Anerkennung und Vollstreckung von Entscheidungen in Ehesachen und in Verfahren betreffend die elterliche Verantwortung und zur Aufhebung der Verordnung (EG) Nr. 1347/2000

ABlEG Nr L 338/1 vom 23. 12. 2003

Einleitung zur EheGVO

Materialien:

1. VO (EG) Nr 2301/2003
Vorschlag für eine Verordnung des Rates über die Zuständigkeit und Vollstreckung von Entscheidungen in Ehesachen und in Verfahren betreffend die elterliche Verantwortung zur Aufhebung der Verordnung (EG) Nr 1347/2000 und zur Änderung der Verordnung (EG) Nr 44/2001 in Bezug auf Unterhaltssachen; KOM (2002) 222 endg (ABlEG 2002 C 203 E/155) mit Begründung
Stellungnahme des Europäischen Parlaments zu dem Vorschlag für eine Verordnung des Rates vom 20. 11. 2002, EPT 5-0543/2002
Stellungnahme des Wirtschafts- und Sozialausschusses zu dem Vorschlag für eine Verordnung des Rates vom 18. 9. 2002, ABlEG 2003 C 61/76
Kommission der europäischen Gemeinschaften, Stellungnahme zu Änderungsanträgen des Europäischen Parlaments vom 20. 11. 2002 (Ablehnung, unveröffentlicht)
Vorschlag für eine VO des Rates über die Zuständigkeit und die Anerkennung von Entscheidungen über die elterliche Verantwortung. KOM(2001) 505 endg, ABlEG 2001 C 332/269
Initiative der Französischen Republik im Hinblick auf den Erlaß einer Verordnung des Rates über die gegenseitige Vollstreckung von Entscheidungen über das Umgangsrecht, ABlEG 2000 C 234/7 v 15. 8. 2000
Wirtschafts- und Sozialausschuß, Stellungnahme zur Initiative der Französischen Republik vom 19. 10. 2000, ABlEG 2001 C 14/82
Bericht des Europäischen Parlaments, Ausschuß für die Freiheiten und Rechte der Bürger, Justiz und innere Angelegenheiten, über den Vorschlag für eine Verordnung des Rates vom 24. 10. 2000 EP A5-0311/2000
Bericht des Europäischen Parlaments und Stellungnahme zu dem Vorschlag für eine Verordnung des Rates vom 17. 11. 1999 ABlEG 2000 C 189/97
Arbeitsunterlage der Kommission. Gegenseitige Anerkennung von Entscheidungen über die elterliche Verantwortung v 27. 3. 2001 KOM(2001) endg
Europäisches Parlament. Bericht über den Vorschlag für eine Verordnung des Rates über die Zuständigkeit und die Anerkennung und Vollstreckung von Entscheidungen in Ehesachen und in Verfahren betreffend die elterliche Verantwortung zur Aufhebung der Verordnung (EG) Nr 1347/2000 und zur Änderung der Verordnung (EG) Nr 44/2001 in Bezug auf Unterhaltssachen v 7. 11. 2002. P5 A (2002) 0385.

2. Zur VO (EG) 1347/2000
Empfehlung des Rates vom 28. 5. 1998 zur Ratifizierung eines Übereinkommens aufgrund von Art K 3 des Vertrages über die Europäische Union über die Zuständigkeit und Anerkennung und Vollstreckung von Entscheidungen in Ehesachen, ABlEG 1998 C 221/1

Entwurf eines Übereinkommens aufgrund von Art K 3 des Vertrages über die Europäische Union über die Zuständigkeit und Anerkennung und Vollstreckung von Entscheidungen in Ehesachen, ABlEG 1998 C 221/2
Protokoll aufgrund von Art K 3 des Vertrages über die Europäische Union betreffend die Auslegung des Übereinkommens über die Zuständigkeit und die Anerkennung und Vollstreckung von Entscheidungen in Ehesachen durch den EuGH, ABlEG 1998 C 221/20
Erläuternder Bericht zu dem Übereinkommen aufgrund von Art K 3 des Vertrages über die Europäische Union über die Zuständigkeit und Anerkennung und Vollstreckung von Entscheidungen in Ehesachen von Allegría Borrás („Borrás-Bericht"), ABlEG 1998 C 221/27
Europäisches Parlament, Bericht über den Entwurf eines Übereinkommens vom 16. 4. 1998 mit Stellungnahme des Ausschusses für Recht und Bürgerrechte vom 23. 3. 1998, ABlEG 1998 C 152/69
Vorschlag der Kommission für eine Verordnung (EG) des Rates über die Zuständigkeit und Anerkennung und Vollstreckung von Entscheidungen in Ehesachen und in Verfahren betreffend die elterliche Verantwortung für die gemeinsamen Kinder der Ehegatten, ABlEG 1999 C 247/1
Stellungnahme des Wirtschafts- und Sozialausschusses zum Vorschlag für eine Verordnung (EG) des Rates über die Zuständigkeit und Anerkennung und Vollstreckung von Entscheidungen in Ehesachen und in Verfahren betreffend die elterliche Verantwortung für die gemeinsamen Kinder der Ehegatten, ABlEG 1999 C 368/23
Vermerk des Generalsekretariats des Rates der EU für den Ausschuss der Ständigen Vertreter/Rat vom 22. 5. 2000 zum Vorschlag für eine Verordnung des Rates über die Zuständigkeit und die Anerkennung und Vollstreckung von Entscheidungen in Ehesachen und in Verfahren betreffend die elterliche Verantwortung für die gemeinsamen Kindern der Ehegatten, Dok Rat der EU 8627/00 JUSTCIV 60 = IPRax 2001, 62
Kommission der Europäischen Gemeinschaften, Geänderter Vorschlag für eine Verordnung des Rates vom 17. 3. 2000 KOM(2000) 151
Agreed Arrangements between the United Kingdom and the Kingdom of Spain Relating to Gibraltar Authorities in the Context of an EU and EC Instrument and Related Matters, Dok Rat der EU 7998/00 = IPRax 2001, 63.

Schrifttum

Schrifttum zur EheGVO

Ancel/Muir Watt, La désunion européenne: le règlement dit „Bruxelles II", Rev crit d i p 2001, 403 f
Bauer, Neues internationales Verfahrensrecht im Licht der Kindesentführungsfälle, IPRax 2002, 179
Beaumont/Moir, Brussels Convention II: A New Private International Law Instrument in Family Matters for the European Union or the European Community?, Eur L Rev 1995, 68
Bergerfurth, Die Internationale Scheidungszuständigkeit im EU-Bereich, FFE 2001, 15
Boele-Woelki, Brüssel II: Die Verordnung über die Zuständigkeit und die Anerkennung von Entscheidungen in Ehesachen, ZfRV 2001, 121
dies, Waarom Brussel II?, FJR 1998, 95
De Boer, Brüssel II: En eerste stap naar een communautair IPR, FJR 1999, 244
Borrás, Vom Rat am 28. 5. 1998 genehmigter Erläuternder Bericht zu dem Übereinkommen aufgrund von Art K 3 des Vertrages über die Europäische Union über die Zuständigkeit und Anerkennung und Vollstreckung von Entscheidungen in Ehesachen, ABlEG 1998 C 221/27
Boularbah/Watté, Les nouvelles règles de conflits de juridiction en matière de désunion des époux. Le règlement communautaire „Bruxelles II", J T 2001, 369
Carlier/Franck/van Boxstael, Le règlement de Bruxelles II. Compétence, reconnaissance et exécution en matière matrimoniale et en matière de responsabilité parentale, J T dr européen 2001, 73
Coester-Waltjen, „Brüssel II" und das

„Haager Kindesentführungsübereinkommen" in: FS Werner Lorenz (2001) 305
dies, Multa non multum im internationalen Familienverfahrensrecht, in: FS für Geimer (2002) 139
DILGER, Die Regelung zur internationalen Zuständigkeit in Ehesachen in der Verordnung (EG) Nr 1347/2000 (2004)
DORNBLÜTH, Die europäische Regelung der Anerkennung und Vollstreckbarerklärung von Ehe- und Kindschaftsentscheidungen (2003)
VAN DEN ECKHOUT, Europees Echtscheiden. Bevogtheit en erkenning van beslisseningen Basis von de EG-Verordening 1347/2000 van 29. Mai 2000, in: VAN HOUTTE und PERTEGÀS SENDER, Het Nieuwe Europees IPR, Van Vertrag naar Verordening (...) 69 ff
EVERALL/NICHOLLS, Brussels I and II – The Impact on Family Law, [2002] Fam Law 674
FALLON, Droit familial et droit des communautés européennes, Rev trim dr fam 1998, 361
FINGER, Die Verordnung (EG) Nr 1347/2000 des Rates vom 29. 5. 2000 (EheGVO), JR 2001, 177
FONTAINE, Bruxelles II – La nouvelle Convention entre les Etats de l'Union européenne sur le règlement des conflits transnationaux en matière familiale, Droit et Patrimoine 1999, 22
GAUDEMET-TALLON, Le règlement No 1347/2000 du Conseil du 29 mai 2000 „Compétence, reconnaissance et exécution des décisions en matière matrimoniale et en matière de responsabilité parentale des enfants communs", J D I 2001, 381
GRUBER, Die neue „europäische Rechtshängigkeit bei Scheidungsverfahren, FamRZ 2000, 1129
HAU, Internationales Eheverfahrensrecht in der europäischen Union, FamRZ 1999, 484
ders, Das System der internationalen Entscheidungszuständigkeit im europäischen Eheverfahrensrecht, FamRZ 2000, 1333
ders, Europäische und autonome Zuständigkeitsgründe in Ehesachen mit Auslandsbezug, FuR 2002, 616
HAUSMANN, Neues Internationales Eheverfahrensrecht der Europäischen Union, ELF 2000/01, 271 ff, 345 ff
HELMS, Internationales Verfahrensrecht für Familiensachen in der Europäischen Union, FamRZ 2002, 1593
ders, Die Anerkennung ausländischer Entscheidungen im Europäischen Eheverfahrensrecht, FamRZ 2001, 257
HESS, Der Verordnungsvorschlag der französischen Ratspräsidentschaft vom 26. 6. 2000 über einen „Europäischen Besuchstitel", IPRax 2000, 361
HOHLOCH, Internationales Verfahrensrecht in Ehe- und Familiensachen, FFE 2001, 45
JÄNTERÄ-JAREBORG, Marriage Dissolution in an Integrated Europe, Yb of Private International Law 1 (1999) 1
JUENGER, Forum non Conveniens – Who needs it, in: FS für Schütze (1999) 317
JUNKER, Das Internationale Privat- und Verfahrensrecht im Zugriff der Europäischen Union, in: FS für Sonnenberger (2004) 417
KENNETT, Current Developments: Private International Law, The Brussels II Convention, IntCompLQ 48 (1999) 467
KOHLER, Europäisches Kollisionsrecht zwischen Amsterdam und Nizza (2001)
ders, Status als Ware: Bemerkungen zur Europäischen Verordnung über das internationale Verfahrensrecht in Ehesachen, in: MANSEL (Hrsg), Vergemeinschaftung des europäischen Kollisionsrechts (2001), 41
ders, Internationales Verfahrensrecht für Ehesachen in der Europäischen Union: Die Verordnung „Brüssel II", NJW 2001, 10
ders, Auf dem Weg zu einem europäischen Justizraum für das Familien- und Erbrecht, FamRZ 2002, 710
LINKE, Europäisierung des Internationalen Privat- und Verfahrensrechts. Traum oder Trauma, FS für Geimer (2002) 589
MCELEAVY, The Brussels II Regulations: How the European Community has moved into Family Law, IntCompLQ 51 (2002) 883
MEYER-GÖTZ, Verordnung (EG) Nr 12347/2000 des Rates vom 29. 5. 2000 über die Zuständigkeit und die Anerkennung und Vollstreckung von Entscheidungen in Ehesachen und in Verfahren betreffend die elterliche Verantwortung für die gemeinsamen Kinder der Ehegatten (ABl EG 2000 L 160/19), FFE 2001, 17

NIKLAS, Die europäische Zuständigkeitsordnung in Ehe- und Kindschaftsverfahren (2003)
OELKERS/KRAEFT, Die deutsche internationale Zuständigkeit nach dem Haager Minderjährigenschutzabkommen (MSA), FuR 2001, 344
PIRRUNG, Unification du droit en matière familiale: La convention de l'union européenne sur la reconnaissance des divorces et la question des travaux UNIDROIT, ULR/RDU 1998, 629
ders, Europäische justitielle Zusammenarbeit in Zivilsachen – insbesondere das Scheidungsübereinkommen, ZEuP 1999, 834
ders, Internationales Privat- und Verfahrensrecht der Scheidung in Europäischen Gemeinschaften, in: Grensoverschreidend Privaatrecht, FS für Van Rijn van Alkemade (1993) 189 ff
POCAR, Relazione esplicativa relativa alla convenzione stabilità sulla base del'art. K 3 del trattato sul'unione europea concernente la competencia, il riconoscimento et l'esecuzione delle decisioni delle cause matrimoniali, Riv dir int priv e proz, 1998, 943
PUSZKAJLER, Das internationale Scheidungs- und Sorgerecht nach Inkrafttreten der Brüssel II-Verordnung, IPRax 2001, 81
RAUSCH, Neue internationale Zuständigkeiten in Familiensachen, FuR 2001, 151
RAUSCHER, Neue internationale Zuständigkeit in Familiensachen – VO(RG) Nr 1347/2000, FuR 2001, 151
ders, Leidet der Schutz der Ehescheidungsfreiheit unter der VO Brüssel II?, in: FS Geimer (2002) 883
SAUER, Internationale Zuständigkeit für die Auflösung und Lockerung des Ehebandes nach deutschem, französischem und europäischem Recht (2003)
SCHACK, Das neue internationale Eheverfahrensrecht in Europa, RabelsZ 65 (2001) 615
SCHLOSSER, EU-Zivilprozeßrecht (2. Aufl 2003)
ders, Neue Dimensionen der grenzüberschreitenden Zusammenarbeit in der Ziviljustiz, in: FS für Sonnenberger (2004) 409
SILBERMAN, The 1996 Convention on Jurisdiction, Applicable Law, Recognition, Enforcement and Co-operation in Respect of Parental Responsibility and Measures for the Protection of Children: A perspective from the United States, in: FS für Siehr (2000) 703
SIMOTTA, Die internationale Zuständigkeit Österreichs in eherechtlichen Angelegenheiten – Ein Vergleich zwischen der EheGVO und dem autonomen österreichischen Recht, in: FS für Geimer (2002) 1115
SPELLENBERG, Der Anwendungsbereich der EheGVO („Brüssel II“) in Statussachen, in: FS für Schumann (2001) 423
ders, Anerkennung eherechtlicher Entscheidungen nach der EheGVO, ZZPInt 6 (2001) 109
ders, Die Zuständigkeiten für Eheklagen nach der EheGVO, in: FS für Geimer (2002) 1257
ders, Die Europäische Verordnung über die gerichtliche Zuständigkeit und Anerkennugn von Entscheidungen in Ehesachen (VO EG Nr 1347/2000) in: SANCHEZ LORENZO Y MOYA ESCUDERO (Hrsg), La cooperacíon judicial en materia civil y la unificacíon del derecho privado en Europa [2003] 85
STREINZ, Europarecht (6. Aufl 2003)
STURLÈSE, Premier commentaire sur un évènement juridique: la signature de la convention de Bruxelles II ou quand l'Europe se préoccupe des conflits matrimoniaux, JCP (G) 1998 I no 145, S 1145
ders, Les nouvelles règles du droit international privé européen du divorce, Règlement (CE) n° 1347/2000 du Conseil, JCP (G) 2001, 241
STURM, Brüssel II und der europäische Standesbeamte, StAZ 2002, 193
SUMAMPOUW, Parental Responsibility under Brussels II, in: FS für Siehr (2000), 729
DE VAREILLES-SOMMIÈRES, La libre circulation des jugements rendus en matière matrimoniale en Europe, Gaz Pal 1999, Doc 2019
VOGEL, Internationales Familienrecht – Änderungen und Auswirkungen durch die neue EU-Verordnung, MDR 2000, 1045
R WAGNER, Die Anerkennung und Vollstreckung von Entscheidungen nach der Brüssel II-Verordnung, IPRax 2001, 73
ders, EG-Kompetenz für das internationale Privatrecht in Ehesachen, RabelsZ 68 (2004) 129
WATTÉ/BOULARBAH, Le règlement communautaire en matière matrimoniale et de responsabilité parentale (Règlement dit „Bruxelles II“), Rev trim dr fam 2000, 539

Winkel, Grenzüberschreitendes Sorge- und Umgangsrecht und dessen Vollstreckung (2000)
Winkler von Mohrenfels, Das europäische Kindesentführungsrecht auf neuem Wege, IPRax 2002, 372.

Der Rat der Europäischen Union –
gestützt auf den Vertrag zur Gründung der Europäischen Gemeinschaft, insbesondere auf Artikel 61 Buchstabe c) und Artikel 67 Absatz 1,
auf Vorschlag der Kommission*,
nach Stellungnahme des Europäischen Parlaments,**
nach Stellungnahme des Europäischen Wirtschafts- und Sozialausschusses*,**
in Erwägung nachstehender Gründe:

(1) Die Europäische Gemeinschaft hat sich die Schaffung eines Raums der Freiheit, der Sicherheit und des Rechts zum Ziel gesetzt, in dem der freie Personenverkehr gewährleistet ist. Hierzu erlässt die Gemeinschaft unter anderem die Maßnahmen, die im Bereich der justiziellen Zusammenarbeit in Zivilsachen für das reibungslose Funktionieren des Binnenmarkts erforderlich sind.

(2) Auf seiner Tagung in Tampere hat der Europäische Rat den Grundsatz der gegenseitigen Anerkennung gerichtlicher Entscheidungen, der für die Schaffung eines echten europäischen Rechtsraums unabdingbar ist, anerkannt und die Besuchsrechte als Priorität eingestuft.

(3) Die Verordnung (EG) Nr. 1347/2000 des Rates vom 29. Mai 2000**** enthält Vorschriften für die Zuständigkeit und die Anerkennung und Vollstreckung von Entscheidungen in Ehesachen sowie von aus Anlass von Ehesachen ergangenen Entscheidungen über die elterliche Verantwortung für die gemeinsamen Kinder der Ehegatten. Der Inhalt dieser Verordnung wurde weitgehend aus dem diesbezüglichen Übereinkommen vom 28. Mai 1998 übernommen*****.

(4) Am 3. Juli 2000 hat Frankreich eine Initiative im Hinblick auf den Erlass einer Verordnung des Rates über die gegenseitige Vollstreckung von Entscheidungen über das Umgangsrecht vorgelegt******.

(5) Um die Gleichbehandlung aller Kinder sicherzustellen, gilt diese Verordnung für alle Entscheidungen über die elterliche Verantwortung, einschließlich der Maßnahmen zum Schutz des Kindes, ohne Rücksicht darauf, ob eine Verbindung zu einem Verfahren in Ehesachen besteht.

(6) Da die Vorschriften über die elterliche Verantwortung häufig in Ehesachen

* ABl. C 203 E vom 27 8. 2002, S. 155. Die Fußnoten sind Bestandteil des amtlichen Textes.

** Stellungnahme vom 20. September 2002, EPT 5-0543/2002.

*** ABl. C 61 vom 14. 3. 2003, S. 76.

**** ABl. L 160 vom 30. 6. 2000, S. 19.

***** Bei der Annahme der Verordnung (EG) Nr. 1347/2000 hatte der Rat den von Frau Professor Alegría Borrás erstellten erläuternden Bericht zu dem Übereinkommen zur Kenntnis genommen (Abl. C 221 vom 16. 7. 1998, S. 27).

****** Abl. C 234 vom 15. 8. 2000, S. 7.

herangezogen werden, empfiehlt es sich, Ehesachen und die elterliche Verantwortung in einem einzigen Rechtsakt zu regeln.

(7) Diese Verordnung gilt für Zivilsachen, unabhängig von der Art der Gerichtsbarkeit.

(8) Bezüglich Entscheidungen über die Ehescheidung, die Trennung ohne Auflösung des Ehebandes oder die Ungültigerklärung einer Ehe sollte diese Verordnung nur für die Auflösung einer Ehe und nicht für Fragen wie die Scheidungsgründe, das Ehegüterrecht oder sonstige mögliche Nebenaspekte gelten.

(9) Bezüglich des Vermögens des Kindes sollte diese Verordnung nur für Maßnahmen zum Schutz des Kindes gelten, das heißt i) für die Bestimmung und den Aufgabenbereich einer Person oder Stelle, die damit betraut ist, das Vermögen des Kindes zu verwalten, das Kind zu vertreten und ihm beizustehen, und ii) für Maßnahmen bezüglich der Verwaltung und Erhaltung des Vermögens des Kindes oder der Verfügung darüber. In diesem Zusammenhang sollte diese Verordnung beispielsweise für die Fälle gelten, in denen die Eltern über die Verwaltung des Vermögens des Kindes im Streit liegen. Das Vermögen des Kindes betreffende Maßnahmen, die nicht den Schutz des Kindes betreffen, sollten weiterhin unter die Verordnung (EG) Nr. 44/2001 des Rates vom 22. Dezember 2000 über die gerichtliche Zuständigkeit und die Anerkennung und Vollstreckung von Entscheidungen in Zivil- und Handelssachen* fallen.

(10) Diese Verordnung soll weder für Bereiche wie die soziale Sicherheit oder Maßnahmen allgemeiner Art des öffentlichen Rechts in Angelegenheiten der Erziehung und Gesundheit noch für Entscheidungen über Asylrecht und Einwanderung gelten. Außerdem gilt sie weder für die Feststellung des Eltern-Kind-Verhältnisses, bei der es sich um eine von der Übertragung der elterlichen Verantwortung gesonderte Frage handelt, noch für sonstige Fragen im Zusammenhang mit dem Personenstand. Sie gilt ferner nicht für Maßnahmen, die im Anschluss an von Kindern begangenen Straftaten ergriffen werden.

(11) Unterhaltspflichten sind vom Anwendungsbereich dieser Verordnung ausgenommen, da sie bereits durch die Verordnung (EG) Nr. 44/2001 geregelt werden. Die nach dieser Verordnung zuständigen Gerichte werden in Anwendung des Artikels 5 Absatz 2 der Verordnung (EG) Nr. 44/2001 in der Regel für Entscheidungen in Unterhaltssachen zuständig sein.

(12) Die in dieser Verordnung für die elterliche Verantwortung festgelegten Zuständigkeitsvorschriften wurden dem Wohle des Kindes entsprechend und insbesondere nach dem Kriterium der räumlichen Nähe ausgestaltet. Die Zuständigkeit sollte vorzugsweise dem Mitgliedstaat des gewöhnlichen Aufenthalts des Kindes vorbehalten sein außer in bestimmten Fällen, in denen sich der Aufenthaltsort des Kindes geändert hat oder in denen die Träger der elterlichen Verantwortung etwas anderes vereinbart haben.

---

* ABl. L 12 vom 16. 1. 2001, S 1. Zuletzt geändert durch die Verordnung (EG) Nr. 1496/2002 der Kommission (ABl. L 225 vom 22. 8. 2002, S. 13).

(13) Nach dieser Verordnung kann das zuständige Gericht den Fall im Interesse des Kindes ausnahmsweise und unter bestimmten Umständen an das Gericht eines anderen Mitgliedstaats verweisen, wenn dieses den Fall besser beurteilen kann. Allerdings sollte das später angerufene Gericht nicht befugt sein, die Sache an ein drittes Gericht weiterzuverweisen.

(14) Die Anwendung des Völkerrechts im Bereich diplomatischer Immunitäten sollte durch die Wirkungen dieser Verordnung nicht berührt werden. Kann das nach dieser Verordnung zuständige Gericht seine Zuständigkeit aufgrund einer diplomatischen Immunität nach dem Völkerrecht nicht wahrnehmen, so sollte die Zuständigkeit in dem Mitgliedstaat, in dem die betreffende Person keine Immunität genießt, nach den Rechtsvorschriften dieses Staates bestimmt werden.

(15) Für die Zustellung von Schriftstücken in Verfahren, die auf der Grundlage der vorliegenden Verordnung eingeleitet wurden, gilt die Verordnung (EG) Nr. 1348/2000 des Rates vom 29. Mai 2000 über die Zustellung gerichtlicher und außergerichtlicher Schriftstücke in Zivil- oder Handelssachen in den Mitgliedstaaten*.

(16) Die vorliegende Verordnung hindert die Gerichte eines Mitgliedstaats nicht daran, in dringenden Fällen einstweilige Maßnahmen einschließlich Schutzmaßnahmen in Bezug auf Personen oder Vermögensgegenstände, die sich in diesem Staat befinden, anzuordnen.

(17) Bei widerrechtlichem Verbringen oder Zurückhalten eines Kindes sollte dessen Rückgabe unverzüglich erwirkt werden; zu diesem Zweck sollte das Haager Übereinkommen vom 24. Oktober 1980, das durch die Bestimmungen dieser Verordnung und insbesondere des Artikels 11 ergänzt wird, weiterhin Anwendung finden. Die Gerichte des Mitgliedstaats, in den das Kind widerrechtlich verbracht wurde oder in dem es widerrechtlich zurückgehalten wird, sollten dessen Rückgabe in besonderen, ordnungsgemäß begründeten Fällen ablehnen können. Jedoch sollte eine solche Entscheidung durch eine spätere Entscheidung des Gerichts des Mitgliedstaats ersetzt werden können, in dem das Kind vor dem widerrechtlichen Verbringen oder Zurückhalten seinen gewöhnlichen Aufenthalt hatte. Sollte in dieser Entscheidung die Rückgabe des Kindes angeordnet werden, so sollte die Rückgabe erfolgen, ohne dass es in dem Mitgliedstaat, in den das Kind widerrechtlich verbracht wurde, eines besonderen Verfahrens zur Anerkennung und Vollstreckung dieser Entscheidung bedarf.

(18) Entscheidet das Gericht gemäß Artikel 13 des Haager Übereinkommens von 1980, die Rückgabe abzulehnen, so sollte es das zuständige Gericht oder die Zentrale Behörde des Mitgliedstaats, in dem das Kind vor dem widerrechtlichen Verbringen oder Zurückhalten seinen gewöhnlichen Aufenthalt hatte, hiervon unterrichten. Wurde dieses Gericht noch nicht angerufen, so sollte dieses oder die Zentrale Behörde die Parteien entsprechend unterrichten. Diese Verpflichtung sollte die Zentrale Behörde nicht daran hindern, auch die betroffenen Behörden nach nationalem Recht zu unterrichten.

---

* ABl. L 160 vom 30. 6. 2000, S. 37.

(19) Die Anhörung des Kindes spielt bei der Anwendung dieser Verordnung eine wichtige Rolle, wobei diese jedoch nicht zum Ziel hat, die diesbezüglich geltenden nationalen Verfahren zu ändern.

(20) Die Anhörung eines Kindes in einem anderen Mitgliedstaat kann nach den Modalitäten der Verordnung (EG) Nr. 1206/2001 des Rates vom 28. Mai 2001 über die Zusammenarbeit zwischen den Gerichten der Mitgliedstaaten auf dem Gebiet der Beweisaufnahme in Zivil- oder Handelssachen* erfolgen.

(21) Die Anerkennung und Vollstreckung der in einem Mitgliedstaat ergangenen Entscheidungen sollten auf dem Grundsatz des gegenseitigen Vertrauens beruhen und die Gründe für die Nichtanerkennung auf das notwendige Minimum beschränkt sein.

(22) Zum Zwecke der Anwendung der Anerkennungs- und Vollstreckungsregeln sollten die in einem Mitgliedstaat vollstreckbaren öffentlichen Urkunden und Vereinbarungen zwischen den Parteien „Entscheidungen" gleichgestellt werden.

(23) Der Europäische Rat von Tampere hat in seinen Schlussfolgerungen (Nummer 34) die Ansicht vertreten, dass Entscheidungen in familienrechtlichen Verfahren „automatisch unionsweit anerkannt" werden sollten, „ohne dass es irgendwelche Zwischenverfahren oder Gründe für die Verweigerung der Vollstreckung geben" sollte. Deshalb sollten Entscheidungen über das Umgangsrecht und über die Rückgabe des Kindes, für die im Ursprungsmitgliedstaat nach Maßgabe dieser Verordnung eine Bescheinigung ausgestellt wurde, in allen anderen Mitgliedstaaten anerkannt und vollstreckt werden, ohne dass es eines weiteren Verfahrens bedarf. Die Modalitäten der Vollstreckung dieser Entscheidungen unterliegen weiterhin dem nationalen Recht.

(24) Gegen die Bescheinigung, die ausgestellt wird, um die Vollstreckung der Entscheidung zu erleichtern, sollte kein Rechtsbehelf möglich sein. Sie sollte nur Gegenstand einer Klage auf Berichtigung sein, wenn ein materieller Fehler vorliegt, d.h., wenn in der Bescheinigung der Inhalt der Entscheidung nicht korrekt wiedergegeben ist.

(25) Die Zentralen Behörden sollten sowohl allgemein als auch in besonderen Fällen, einschließlich zur Förderung der gütlichen Beilegung von die elterliche Verantwortung betreffenden Familienstreitigkeiten, zusammenarbeiten. Zu diesem Zweck beteiligen sich die Zentralen Behörden an dem Europäischen Justiziellen Netz für Zivil- und Handelssachen, das mit der Entscheidung des Rates vom 28. Mai 2001 zur Einrichtung eines Europäischen Justiziellen Netzes für Zivil- und Handelssachen** eingerichtet wurde.

(26) Die Kommission sollte die von den Mitgliedstaaten übermittelten Listen mit den zuständigen Gerichten und den Rechtsbehelfen veröffentlichen und aktualisieren.

---

* ABl. L 174 vom 27. 6. 2001, S. 1.

** ABl. L 174 vom 27. 6. 2001, S. 25.

(27) Die zur Durchführung dieser Verordnung erforderlichen Maßnahmen sollten gemäß dem Beschluss 1999/468/EG des Rates vom 28. Juni 1999 zur Festlegung der Modalitäten für die Ausübung der der Kommission übertragenen Durchführungsbefugnisse* erlassen werden.

(28) Diese Verordnung tritt an die Stelle der Verordnung (EG) Nr. 1347/2000, die somit aufgehoben wird.

(29) Um eine ordnungsgemäße Anwendung dieser Verordnung sicherzustellen, sollte die Kommission deren Durchführung prüfen und gegebenenfalls die notwendigen Änderungen vorschlagen.

(30) Gemäß Artikel 3 des dem Vertrag über die Europäische Union und dem Vertrag zur Gründung der Europäischen Gemeinschaft beigefügten Protokolls über die Position des Vereinigten Königreichs und Irlands haben diese Mitgliedstaaten mitgeteilt, dass sie sich an der Annahme und Anwendung dieser Verordnung beteiligen möchten.

(31) Gemäß den Artikeln 1 und 2 des dem Vertrag über die Europäische Union und dem Vertrag zur Gründung der Europäischen Gemeinschaft beigefügten Protokolls über die Position Dänemarks beteiligt sich Dänemark nicht an der Annahme dieser Verordnung, die für Dänemark nicht bindend oder anwendbar ist.

(32) Da die Ziele dieser Verordnung auf Ebene der Mitgliedstaaten nicht ausreichend erreicht werden können und daher besser auf Gemeinschaftsebene zu erreichen sind, kann die Gemeinschaft im Einklang mit dem in Artikel 5 des Vertrags niedergelegten Subsidiaritätsprinzip tätig werden. Entsprechend dem in demselben Artikel genannten Verhältnismäßigkeitsprinzip geht diese Verordnung nicht über das für die Erreichung dieser Ziele erforderliche Maß hinaus.

(33) Diese Verordnung steht im Einklang mit den Grundrechten und Grundsätzen, die mit der Charta der Grundrechte der Europäischen Union anerkannt wurden. Sie zielt insbesondere darauf ab, die Wahrung der Grundrechte des Kindes im Sinne des Artikels 24 der Grundrechtscharta der Europäischen Union zu gewährleisten –

hat folgende Verordnung erlassen:

Bis 28. 2. 2005 geltende Regelung: (s Textanhang).

* ABl. L 184 vom 17. 7. 1999, S. 23.

Vorbemerkungen zu Art 1 EheGVO

Systematische Übersicht

Alphabetische Übersicht

I. Entstehung

1. Vom Staatsvertrag zur EheGVO, VO(EG) Nr 1347/2000

1 Die **Verordnung (EG) Nr 1347/2000** „über die Zuständigkeit und die Anerkennung und Vollstreckung von Entscheidungen in Ehesachen und in Verfahren betreffend die elterliche Verantwortung für die gemeinsamen Kinder der Ehegatten“ vom 29. 5. 2000 (verkürzt unterschiedlich als „EheGVO“ oder „EheGVVO“ bzw „Ehe-VO“ bezeichnet) ist gem ihrem Art 46 am **1. 3. 2001** in Kraft getreten (ABlEG 2000 Nr L 160/19). Da sie dem Brüsseler Übereinkommen vom 28. 9. 1968 „über die gerichtliche Zuständigkeit und die Anerkennung und Vollstreckung von Entscheidungen in Zivil- und Handelssachen“ (EuGVÜ) nachgebildet ist, und zunächst als Vertrag zwischen den EG-Staaten konzipiert worden war (vgl den den Mitgliedstaaten vom Rat der EG am 28. 5. 1998 zur Ratifizierung vorgelegten „Entwurf eines Übereinkommens aufgrund von Artikel K 3 des Vertrages über die Europäische Union über die Zuständigkeit und die Anerkennung und Vollstreckung von Entscheidungen in Ehesachen“, ABlEG 1998, C 221/2), ist auch die Bezeichnung „Brüssel II-Verordnung“ verbreitet (nachstehend wird die VO 1347/2000 als „**EheGVO aF**“ bezeichnet).

2 Das vom Rat vorgelegte Übereinkommen Brüssel II wurde zwar noch am 28. 5. 1998 von den Mitgliedstaaten unterzeichnet (zu seiner Entstehung Pirrung ZEuP 1999, 834 ff und ders RDU 1998, 629 ff; R Wagner IPRax 2001, 73 f; McEleavy IntCompLQ 51

[1992] 888 ff; BEAUMONT/MOIR ELR 1995, 268; VAN DEN EECKHOUT, in: VAN HOUTTE/SENDER [Hrsg], Het nieuwe europeese IPR: Van verdrag naar verordening, 69 ff; weiter BORRÁS-Bericht No 1 ff). Im Hinblick auf die neue Kompetenz der EU in Art 65 lit b mit Art 61 lit c EGV idF des Amsterdamer Vertrages wurde jedoch von der **Ratifizierung abgesehen**. Nach Auffassung des Rates war diese wegen des Amsterdamer Vertrages auch nicht mehr zulässig (Erwägungsgrund 3; Arbeitsunterlage der Kommission v 27. 3. 2001 KOM[2001]166 sub 2; näher zur Kompetenzfrage Rn 12 ff).

Der **Nutzen** einer gemeineuropäischen Regelungen über die Anerkennung und Vollstreckung von Ehescheidungen nach dem Muster des EuGVÜ ist offensichtlich. Internationale, dh namentlich gemischt nationale Ehen nehmen innerhalb Europas und darüber hinaus ständig zu, scheitern aber wohl ebenso oft, wenn nicht öfter als national homogene. Jährlich werden ca 80 000–90 000 Ehen mit Ausländerbeteiligung geschlossen, und man rechnet damit, daß etwa ein Drittel der Ehen geschieden werden. Die Zahl der Scheidungen mit Ausländerbeteiligung liegt in Deutschland dementsprechend zwischen 20 000 und 30 000 jährlich. Hinkende Scheidungen sind für die Beteiligten unangenehm. Das bekannte Wort von G HOLLEAUX (FamRZ 1963, 637), es lebten Tausende ganz bequem in hinkenden Personenstandsverhältnissen, ist doch wohl etwas optimistisch (wie hier zB ANTON, [1969] 18 IntCompLQ 620 ff). Es war daher schon lange der Wunsch, der sich durch den Erfolg des EuGVÜ verstärkt hatte, die allseitige Anerkennung von Statusentscheidungen in Europa zu sichern. 3

In der **Struktur** folgt die EheGVO aF dem erfolgreichen Vorbild des **EuGVÜ** bzw der EuGVO, indem die internationalen Zuständigkeitsregeln, anders als in der EuGVO aber nicht auch die örtlichen, vereinheitlicht und namentlich einige Jurisdiktionsprivilegien für die eigenen Staatsangehörigen abgeschafft wurden, um damit den Weg für die allseitige Anerkennung der Entscheidungen zu öffnen. Die Einhaltung der Zuständigkeitsregeln darf im Anerkennungsstaat nicht einmal mehr überprüft werden. 4

Die EheGVO aF weicht nur wenig vom Text des Übereinkommens ab, und im wesentlichen nur soweit die Form nun der unmittelbar wirksamen Verordnung dies veranlaßte. So kann namentlich der erläuternde **Bericht von ALEGRÍA BORRÁS** (ABlEG 1998 C 221/27 v 16. 7. 1998) zum Übereinkommen, auf den der Rat selbst verweist (Begründung Nr 4. 2 der VO Nr 1347/2000, ABl [EG] 1998 C 221/27; Erwägungsgrund 6), zum Verständnis auch der EheGVO aF herangezogen werden. 5

Ein Vorteil der Verordnungsform ist die erhebliche Beschleunigung des Inkrafttretens, für das – anders als beim EuGVÜ als völkerrechtlichem Vertrag – keine zeitraubenden Ratifikationen erforderlich sind. Ferner werden von vornherein die Verwirrungen vermieden werden, die sich beim EuGVÜ aus dem sukzessiven Beitritt weiterer Staaten ergaben, wobei jeweils die Gelegenheit zu kleineren Reformen des Abkommens benutzt wurde (krit dazu SCHACK, IZVR [3. Aufl 2002] Rn 100; Überblick dazu, welche Fassung zwischen welchen Staaten galt, ebenda Rn 82). Das ist seit der Umwandlung des EuGVÜ in eine VO (EuGVO) zum 1. 3. 2002 nicht mehr möglich. Vielmehr gilt die EheGVO aF, nunmehr in der neuen Fassung automatisch auch in den neu der EU beitretenden Staaten. 6

2. VO(EG) Nr 2201/2003 („EheGVO nF")

7 Schon ein Jahr nach Inkrafttreten der EheGVO aF legte der Rat einen neuen Vorschlag vor für eine **„VO des Rates über die Zuständigkeit und die Anerkennung und Vollstreckung von Entscheidungen in Ehesachen und in Verfahren betreffend die elterliche Verantwortung zur Aufhebung der Verordnung (EG) Nr 1347/2000 und zur Änderung der VO(EG) Nr 44/2001 in Bezug auf Unterhaltssachen"** (KOM2002/222 endg v 17. 5. 2002; ABlEG 2002 C 203 E/155), was nicht von weit vorausschauender Gesetzgebungsplanung zeugt (die VO 2201/2003 wird nachstehend als „**EheGVO**" bzw „**EheGVO nF**" bezeichnet, gebräuchlich ist auch die Bezeichnung „Brüssel IIa-Verordnung").

8 Beweggrund für diesen überraschend frühen **Änderungsvorschlag** war zum einen der Vorschlag Frankreichs v 3. 7. 2000 zur Abschaffung des Exequaturverfahrens für Entscheidungen über das Umgangsrecht von geschiedenen oder getrennt lebenden Eltern (ABlEG 2000 C 234/7) – europäischer Umgangsrechtstitel –, mit dem die im Entscheidungsstaat eingetretene Vollstreckbarkeit ausreichen sollte für eine unmittelbare Vollstreckung auch in allen anderen Mitgliedstaaten (Art 2). Das sollte allerdings nur für Entscheidungen gelten, die im Rahmen eines Eheverfahrens ergehen (Art 1). Am 6. 9. 2001 hatte die Kommission zum andern eine Verordnung für die Zuständigkeit und die Anerkennung und Vollstreckung von Entscheidungen über die elterliche Verantwortung allgemein unterbreitet (KOM2001/505 endg ABlEG 2002 C 332/269).

9 Bei den anschließenden Beratungen setzte sich die Auffassung durch, daß der Vorschlag der Kommission und die französische Initiative für einen europäischen Umgangstitel besser zusammengefaßt würden, zumal sich auf der informellen Tagung der Justiz- und Innenminister am 14./15. 2. 2002 eine Lösung für das Problem der Kindesentführung abzeichnete, das stets den Hintergrund der Beratungen bildete. Und dieser Vorschlag sollte dann mit der EheGVO aF zusammengefaßt werden im Vorschlag der neuen „Verordnung des Rates über die Zuständigkeit und die Anerkennung und Vollstreckung von Entscheidungen in Ehesachen und in Verfahren betreffend die elterliche Verantwortung zur Aufhebung der Verordnung (EG) Nr 1347/2000 und zur Änderung der Verordnung (EG) Nr 44/2001 in Bezug auf Unterhaltssachen", KOM(2002) 222 endg. Dementsprechend enthält die neue Verordnung nur **wenige Änderungen zu Eheverfahren**, aber zahlreiche und **weitreichende zu Sorgerechtsfragen**, durch die die Verordnung schon äußerlich erheblich länger als die bisherige EheGVO aF geworden ist. Ihr Text war freilich bis zuletzt sehr umstritten. Der Sozialausschuß wie das europäische Parlament hatten Änderungen verlangt, die der Rat zunächst schlicht ablehnte, doch wurde dann im Mai 2003 offenbar eine Arbeitsgruppe eingesetzt, die zum Juni eine wesentlich veränderte, und noch zT offen gehaltene Fassung vorschlug, die dann noch einmal in der am 27. 11. 2003 endgültig verabschiedeten Fassung verändert wurde. Umstritten waren dabei die kindschaftsrechtlichen und kaum eherechtliche Fragen.

10 Die wesentlichen Neuerungen betreffen drei Komplexe: Es werden nun die Zuständigkeit und die Anerkennung aller Entscheidungen über die **elterliche Verantwortung** geregelt und nicht mehr nur, wenn sie aus Anlaß einer Ehesache erfolgen wie in Art 1 Abs 1 lit b EheGVO aF. Die neue Verordnung regelt eingehend die

Probleme der **Kindesentführung** und Rückführung. Und schließlich werden die Entscheidungen über das **Umgangsrecht** und solche über die Rückführung eines entführten Kindes aus dem Staat, in welchem das Kind unmittelbar vor seiner Entführung seinen gewöhnlichen Aufenthalt hatte, in allen Mitgliedstaaten vollstreckt, ohne daß diese Staaten die Vollstreckbarkeit anzuordnen hätten (Art 40 ff EheGVO nF). Letzteres ist auch systematisch bemerkenswert, denn bislang war wie nach EuGVO und EheGVO nF für eine Zwangsvollstreckung eine Vollstreckungsklausel durch den ersuchten Staat nötig. Wir haben hier zum ersten Mal eine inländische Zwangsvollstreckung aufgrund einer ausländischen vollstreckbaren Entscheidung. Das betrifft freilich bislang nur die beiden Fragen aus dem Sorgerecht, bei denen auch besondere Eile angemessen bzw geboten ist. Für die Verteilung des Sorgerechts anläßlich einer Eheauflösung oder -trennung oder auch unabhängig davon bleibt es bei der Notwendigkeit einer Vollstreckbarerklärung im Ausland. Bei Eheurteilen stellt sich dagegen die Frage nur hinsichtlich der Kostenentscheidungen, denn die Gestaltungswirkungen treten ipso jure ein.

Schon die EheGVO aF griff mit der Annexzuständigkeit für elterliche Verantwortung im Zusammenhang mit Ehesachen in das MSA bzw das zukünftige KSÜ ein, lieβ aber das HKEntfÜ unberührt. Die neue Fassung zieht mit der Zuständigkeit für Anerkennung und Vollstreckung von Sorgerechtsregelungen allgemein und ohne Zusammenhang mit Ehesachen **große Teile der MSA bzw KSÜ** an sich, so daß diesen im wesentlichen nur noch die Bestimmung des anwendbaren Sachrechts bleibt (Art 1 MSA, Art 15 ff KSÜ). Die Folgen einer Kindesentführung werden ganz in die EheGVO übernommen (Art 21 ff EheGVO nF). Dementsprechend werden MSA und KSÜ und nun auch das HKEntfÜ verdrängt (Art 61 nF, Art 37 aF). Die EheGVO gilt aber naturgemäß nur zwischen ihren Mitgliedstaaten, nicht im Verhältnis zum Rest der Welt, wodurch überflüssigerweise eine gespaltene Rechtslage entsteht. 11

3. Kompetenz der EU

Die Gemeinschaft hat ihre Zuständigkeit zum Erlaß der EheGVO ausweislich der Einleitung zu den Erwägungsgründen der EheGVO auf die **Art 61 und 67 Abs 1 EGV** gestützt, wonach der Rat „Maßnahmen zum schrittweisen Aufbau eines Raums der Freiheit, der Sicherheit und des Rechts“ erlassen kann, wozu gem Art 61 lit c auch die „Maßnahmen der justitiellen Zusammenarbeit gem Art. 65 [EGV]“ zählen. Demgegenüber wurde darauf verzichtet, Art 65 EGV zu erwähnen, obwohl diese Vorschrift die Kompetenzen für Angleichungsmaßnahmen im Bereich der „justitiellen Zusammenarbeit“ näher umschreibt und ausgestaltet. So erfaßt Art 65 lit c namentlich die „Beseitigung von Hindernissen für eine reibungslose Abwicklung von Zivilverfahren, erforderlichenfalls durch Förderung der Vereinbarkeit der in den Mitgliedstaaten geltenden zivilrechtlichen Verfahrensvorschriften“. 12

Art 61 EGV taugt als alleinige Kompetenzgrundlage im Bereich der Anerkennung und Vollstreckung von Entscheidungen in Ehesachen nicht (vgl Helms FamRZ 2002, 1595), denn die Vorschrift enthält als bloße „Einleitung“ des Titels IV lediglich eine Aufzählung der von Titel IV EGV erfaßten Materien und verweist sodann auf die speziellen Vorschriften, ohne selbst sachliche Regelungen zu treffen. In Bezug auf die justitielle Zusammenarbeit ordnet Art 61 lit c zudem ausdrücklich die Geltung und 13

Anwendung des **Art 65 EGV** an. Dieser wiederum ist insoweit kompetenzbeschränkend, als er eine Zuständigkeit für die von ihm erfaßten Materien nur gewährt, wenn die zu treffenden Maßnahmen „für das reibungslose Funktionieren des Binnenmarktes erforderlich sind." Das ist nur der Fall, wenn die mangelnde Anerkennung bzw Vollstreckung von Ehescheidungen in den Mitgliedstaaten eine Beeinträchtigung der Grundfreiheiten des EGV darstellen würde. Die Gemeinschaftsorgane haben zu dieser Frage nur pauschal Stellung genommen, indem Erwägungsgrund Nr 1 zur EheGVO aF wie nF nur anführt, die EheGVO diene der schrittweisen Entwicklung eines „Raums der Freiheit, der Sicherheit und des Rechts, in dem der freie Personenverkehr gewährleistet ist". Ferner sei derzeit sowohl der freie Personenverkehr als auch das reibungslose Funktionieren des Binnenmarkts erschwert (Erwägungsgründe 1 und 4 der EheGVO aF).

14 An der **Marktrelevanz** des internationalen Scheidungsverfahrensrechts wird verschiedentlich mit guten Gründen gezweifelt (besonders pointiert Schack RabelsZ 65 [2001] 618; ebenso ders IZVR Rn 106 b; Duintjer Tebbens, in: Baur/Mansel [Hrsg], Systemwechsel im europäischen Kollisionsrecht [2001] S 175 ff; Linke, in: FS Geimer [2002] 545 f; Spellenberg, in: FS Schumann [2001] 426 ff; Müller-Graff/Kainer DRiZ 2000, 350, 353; Kohler Rev crit d i p 1999, S 1 bemerkt treffend, daß die Vergemeinschaftung der justitiellen Zusammenarbeit in Zivilsachen im institutionellen Bereich zögernd, unvollständig und von ungewisser Reichweite sei, und verneint die Kompetenz wohl auch aaO S 20; **aA** nun ders, Europäisches Kollisionsrecht zwischen Amsterdam und Nizza, S 7 u IPRax 2003, 405; Basedow EuZW 1997, 609; Leible/Staudinger ELF 2000/01, 22: es genüge eine Störung des „reibungslosen Funktionierens"; R Wagner RabelsZ 68 [2004] 135 ff; zweifelnd Gaudemet-Tallon J D I 2001, 390 Fn 15). Auch hat der EuGH für den Bereich der Warenverkehrsfreiheit mehrfach entschieden, daß Art 28 EGV dann nicht eingreife, wenn die Beeinträchtigung der Warenverkehrsfreiheit „zu ungewiß und mittelbar" erscheine (EuGH 7. 3. 1990, Rs C-69/88 – Krantz –, Slg 1990, I-583; 13. 10. 1993, Rs C-93/92 – CMC Motorradcenter –, Slg 1993, I-5009; 22. 6. 1999, Rs C-412/97 – ED Srl – Slg 1999, I-3874). Ebenso ist daran zu erinnern, daß der EuGH im „Tabak-Urteil" jedenfalls für ein Eingreifen der Gemeinschaftskompetenz des Art 95 EGV eine merkliche Störung des Binnenmarktes verlangt hat (EuGH 5. 10. 2000 Rs C-376/98 Slg 2000 I-8419).

15 Allerdings läßt sich nicht völlig ausschließen, daß etwa eine **Arbeitnehmerin** von ihrer Freizügigkeit deswegen nicht Gebrauch macht, weil der Empfangsstaat die in ihrem Heimatstaat ausgesprochene Scheidung nicht anerkennt und sie weiterhin als verheiratet betrachtet mit zB steuerrechtlichen Folgen. Die Urteile des EuGH v 11. 7. 2002 (Rs C-60/00 – Carpenter – Slg 2002, I-6279 Rn 38 f) und 7. 7. 1992 (Rs C-370/90 – Singh – Slg 1992, I-4265 Rn 23) bringen zwar die Dienstleistungsfreiheit in engen Bezug zum Familienleben, denn eine Trennung der Eheleute könne sich nachteilig auf das Familienleben und damit auf die Bedingungen auswirken, unter denen ein EU-Bürger eine Grundfreiheit wahrnimmt. In casu lehnte der EuGH dann auch eine Rechtfertigung durch Gründe des Allgemeinwohls wegen Art 8 EMRK (Schutz des Familienlebens) ab. Entscheidungen, die eine Behinderung der Dienstleistungs- oder Arbeitnehmerfreizügigkeit durch Verbot der Einreise für Ehegatten aus Drittstaaten annehmen, können aber nicht unmittelbar für die Frage einer Behinderung dieser Freiheiten durch Nichtanerkennung von Eheauflösungen herangezogen werden. Man kann ihnen nur entnehmen, daß der EuGH wohl bereit wäre, Auswirkungen von Statusregelungen auf die Arbeitnehmerfreizü-

gigkeit und drgl ggf zu beachten. Und teleologisch kann man über die Beschränkung auf Marktrelevanz in Art 65 EGV dann hinwegsehen, wann man in dem „Raum der Freiheit, der Sicherheit und des Rechts“ nicht mehr nur einen rein wirtschaftlichen Zusammenschluß der Mitgliedstaaten sieht. So ist nunmehr die allgemeine Freizügigkeit der Unionsbürger gem Art 18 EGV neben die rein ökonomisch ausgerichtete Arbeitnehmerfreizügigkeit des Art 39 EGV getreten (ähnlich die Interpretation der Art 61, 65 EGV von Dilger, Die Regelungen zur internationalen Zuständigkeit in Ehesachen Rn 53; R Wagner RabelsZ 68 [2004] 145).

Zum Teil wird aus dem Wortlaut des Art 65 EGV gefolgert, dieser räume der Gemeinschaft einen gegenüber der binnenmarktbezogenen Zuständigkeitsregelung des Art 95 EGV erweiterten Kompetenzrahmen ein (etwa Leible, in Streinz [Hrsg], Kommentar zu EUV/EGV [2004] Art 65 Rn 23 f mwN). Während Maßnahmen nach dem – insoweit restriktiveren – Art 95 Abs 1 EGV die „Errichtung oder das Funktionieren des Binnenmarktes“ zum Gegenstand haben müssen, folge aus Art 65 EGV weitergehend, daß hier bereits bloße **„Reibungen“ im Binnenmarkt** die Zuständigkeit begründen. Ob eine derartige Interpretation der oft eher zufälligen und unjuristischen Wortwahl primärrechtlicher Texte gerecht wird, darf allerdings bezweifelt werden. Nicht überzeugt jedenfalls, die Formulierung soll nur an das Subsidiaritätsprinzip erinnern (so oben Struyken ZeuP 2004, 277 f). 16

Eine klarere und bessere Grundlage für die EheGVO wäre dennoch **Art 18 Abs 2 EGV** gewesen, der seit dem Amsterdamer Vertrag eine eigene Rechtsetzungskompetenz enthält und zwar nach dem Verfahren des Art 251 EGV. Der Borrás-Bericht zum Übereinkommen sieht in diesem darum zu Recht einen ersten Schritt in ein neues Gebiet (ebenso de Boer F J R 1999, 244 ff zur EheGVO), nachdem die Öffentlichkeit nach den großen Fortschritten durch das EuGVÜ im vermögensrechtlichen Bereich kaum noch Verständnis für die Schwierigkeiten im Bereich des Familienrechts habe (Borrás-Bericht Nr 1). Aber auf ihn beruft sich die EheGVO nach wie vor nicht. 17

Der am 1. 2. 2003 in Kraft getretene **Vertrag von Nizza** sieht nun im neuen Art 67 Abs 5 EGV vor, daß der Rat nach dem Verfahren des Art 251 EGV, also mit Mehrheit über die Angelegenheiten des Art 65 EGV beschließen soll. Dies gilt freilich nur unter „Ausnahme der familienrechtlichen Aspekte“. In Familiensachen soll also weiterhin das Einstimmigkeitsprinzip nach Art 67 Abs 1 EGV gelten, was bestätigen würde, daß Art 65 EGV – jedenfalls nach Inkrafttreten des Vertrages von Nizza – ohne Rücksicht auf die Marktrelevanz eine Zuständigkeit für Eheverfahren gibt (Helms FamRZ 2002, 1595). Vielleicht könnte man die Vertragsänderung auch als bloße Bestätigung der schon zuvor vorhandenen Gemeinschaftskompetenz für den Erlaß der EheGVO verstehen. Mit der neuen EU-Verfassung wird sich das Problem wohl erledigen, da nun in Art III-170 Abs 2 lit a die Binnenmarktrelevanz nicht mehr gefordert hat (dazu Müller-Graff, in: FS Jayme [2004] 1323). Ihr Inkrafttreten ist ungewiß. 18

Anders als bei Ehesachen, bei denen internationale Abkommen praktisch keine Rolle spielen, kann man bzgl der **elterlichen Verantwortung** wohl sagen, daß die EheGVO nF insoweit nicht mehr besonders nötig war angesichts des Luxemburger Europäischen Sorgerechtsübereinkommens v 20. 5. 1980 (BGBl 1990 II 220), das die 19

Vollstreckung von Sorgerechtsentscheidungen fördert, dem HKEntfÜ v 25. 10. 1980 (BGBl 1990 II 207) und dem Haager Kindesschutzübereinkommen (KSÜ) v 19. 10. 1996 (RabelsZ 62 [1998] 503; Rev crit d i p 1996, 813), das das Haager Minderjährigenschutzabkommen (MSA) ersetzen wird (Coester-Waltjen, in: FS Geimer [2002] 141 ff; Schack RabelsZ 65 [2001] 633). Zwar bringt die EheGVO aF wie nF gegenüber Art 7 MSA einen **wesentlichen Fortschritt** dadurch, daß die **Vollstreckung** von Sorgerechtsentscheidungen im Ausland gesichert wird, doch wäre sie auch im Rahmen des KSÜ gewährleistet (Art 21; zu den Mängeln des MSA in dieser Hinsicht Boelck/Kropholler RabelsZ 58 [1994] 1 ff).

20 Die EheGVO aF schließt das **MSA** bzw **KSÜ** sowie das Luxemburger Sorgerechtsübereinkommen (EuKEntfÜ) aus (Art 37 aF bzw Art 61 EheGVO nF). Das **HK-EntfÜ** blieb nach der bisherigen EheGVO anwendbar, wird aber von der neuen ebenfalls insoweit verdrängt als nun Entscheidungen der Ausgangsstaaten Vorrang haben (Erwägungsgrund 17). Die Neufassung der EheGVO bemüht sich zwar, den Inhalt dieser Übereinkommen aufzunehmen. Gerade auch deshalb ist dieser europäische Sonderweg mit dem Ausscheiden aus der breiteren internationalen Zusammenarbeit nicht überzeugend (krit mit Recht Helms FamRZ 2002, 1601 f; ähnlich Coester-Waltjen in: FS Geimer [2002] 140 ff). Freilich haben nicht alle EU-Staaten das MSA ratifiziert, aber nach längerer Diskussion über die Zuständigkeiten hat nun der Rat die Mitgliedstaaten dringend aufgefordert bis Ende Mai 2003 das KSÜ „im Interesse der Gemeinschaft" zu unterzeichnen und dabei gewisse Vorbehalte zugunsten der EheGVO zu erklären (Entsch des Rates v 19. 12. 2002 ABlEG 2003 L 48/1 v 21. 2. 2003). Das ist am 1. 4. 2003 geschehen. In diesen Materien ist ein europäischer Sonderweg, gar eine Wagenburgmentalität zum einen sachwidrig (**aA** ausdrücklich Arbeitsunterlage der Kommission KOM2001/166 S 12), zum anderen unnötig komplizierend, denn es bestehen durchaus Unterschiede (Art 12 Rn 2). Man hätte besser die Sorgerechtsfragen ganz den durchaus erfolgreichen Haager Übereinkommen überlassen (Jayme IPRax 2000, 169). Doch schon die aF gab offenbar politischem Druck Frankreichs und Spaniens nach (Sturlèse JCP éd G 1998 I, 145 No 31; Pirrung ZEuP 1999, 845 f). Immerhin wird man so unabhängig von der Dauer der Ratifizierungsverfahren des KSÜ.

4. Konkordanztabelle

21 Die Neufassung der EheGVO folgt nicht der Reihenfolge der Artikel der alten Fassung, sondern stellt teilweise um. Zudem ordnet sie die Regelungen für Ehesachen und für die elterliche Verantwortung nicht zusammenhängend in je zwei Abschnitten, sondern wechselt mehrfach hin und her. Um die Arbeit zu erleichtern, werden im Folgenden daher die den alten Artikeln entsprechenden neuen, und die den neuen Artikeln entsprechenden alten angegeben. Man ersieht daraus auch, daß einige neue wie alte Artikel keine Entsprechungen im jeweils anderen Text haben. Die folgende **Vergleichstabelle** ist der EheGVO nF entnommen.

alt	neu	neu	alt
1	1, 2	1	1
2	3	2	1
3	12	3	2
4	4	4	5

alt	neu	neu	alt
5	4	5	6
6	5	6	7
7	6	7	8
8	7	8	
9	17	9	
10	18	10	
11	16, 19	11	
12	20	12	3
13	2, 49, 46	13	
14	21	14	
15	22, 23	15	
16	16	16	11
17	24	17	9
18	25	18	10
19	26	19	11
20	27	20	12
21	28	21	14, 22
22	21, 29	22	15
23	30	23	15
24	31	24	17
25	32	25	18
26	33	26	19
27	34	27	20
28	35	28	21
29	36	29	22
30	50	30	23
31	51	31	24
32	37	32	25
33	39	33	26
34	38	34	27
35	52	35	28
36	59	36	29
37	60, 61	37	32
38	62	38	34
39	39	33	
40	63	40–45	
41	66	46	13 Abs 3
42	64	47–48	
43	65	49	13
44	68, 69	50	30
45	70	51	31
46	72	52	35
Anhang I	68	53–58	
Anhang II	68	59	36
Anhang III	68	60	37
Anhang IV	Anhang I	61	37
Anhang V	Anhang II	62	38
		63	40

alt	neu	neu	alt
		64	42
		65	43
		66–67	
		68	44, Anhang I-III
		69	44
		70	45
		71	
		72	46

5. Gegenstände der Kommentierung

22 Die EheGVO aF bleibt aber auch nach dem Inkrafttreten der EheGVO nF am 1.3.2005 noch für die zuvor ergangenen Entscheidungen und die dann noch laufenden Verfahren relevant (zu den Übergangsregelungen sowohl aus Anlaß des Inkrafttretens der EheGVO aF am 1.7.2001 als auch des Inkrafttretens der EheGVO nF siehe Art 64). Die Kommentierung geht von den Bestimmungen **der neuen Regelung** aus und erläutert soweit Abweichungen bestehen jeweils die alte Fassung. Die Unterschiede der Regelungen werden ggf im Anschluß an die Kommentierung der neuen Fassung angegeben. Sie sind in Ehesachen deutlich geringer als für die elterliche Verantwortung. Der Text der bisherigen Regelung ist im Anhang abgedruckt.

23 Die EheGVO aF behandelt nur die Verfahren über die **elterliche Verantwortung** aus Anlaß einer Ehesache, während die EheGVO nF **sachlich** auch selbständige Sorgerechtsverfahren erfaßt. Das bringt sehr erhebliche Veränderungen und Erweiterungen. Gegenstand der vorliegenden Kommentierung ist im wesentlichen nur das Verfahren in Ehesachen und die Anerkennung der Entscheidungen dazu. Auf **Sorgerechtsregelungen** ist nur einzugehen, soweit ein **Zusammenhang mit einer Ehesache** besteht (insbesondere Art 12 nF bzw Art 3 f aF). Die kindschaftsrechtlichen Regelungen nehmen weitgehend das MSA bzw das künftige KSÜ auf. Es scheint daher besser, sie später in diesem Zusammenhang zu behandeln. Es werden aber die Texte der alten (im Textanhang im Anschluß an die Kommentierung der EheGVO) und neuen Fassung auch hierzu vollständig abgedruckt.

II. Zweck

1. Freizügigkeit der Statusänderungen

24 Die EheGVO bezweckt und verwirklicht die **Freizügigkeit der Urteile**, so daß jeder, dessen Ehe in einem Mitgliedstaat der EheGVO aufgelöst wird, damit ipso facto auch in allen anderen diesen Status hat. Es wird zwar kaum vorkommen, daß eine Partei tatsächlich an einer Anerkennung gleichzeitig in allen EU-Staaten ein reales Interesse hat, aber die EheGVO ordnet sie an auch im Hinblick auf einen in Zukunft möglichen Aufenthaltswechsel.

25 Die Anerkennung gem Art 21 (Art 14 aF) genießen alle sachlich unter die EheGVO fallenden Urteile aus einem Mitgliedstaat, auch wenn die internationale Zuständigkeit dafür gem Art 7 (Art 8 aF) auf nationalem Recht beruhte, dh namentlich auf den von der EheGVO im Verhältnis der Mitgliedstaaten unterdrückten exorbitanten Zuständigkeiten (dazu Art 7 Rn 2). Sie gelten gegenüber Drittstaaten weiter, und ihre darin liegende Benachteiligung ist viel kritisiert worden (u Art 24 Rn 3). **Die Zuständigkeit** des urteilenden Gerichts ist nicht nur nicht nachzuprüfen (Art 24, Art 17 aF), sondern auch **nicht erheblich für die Anerkennung**.

2. Vereinheitlichung der internationalen Zuständigkeit

Eine **Vereinheitlichung der Zuständigkeiten** war dabei wie für das EuGVÜ eine notwendige Voraussetzung für die allseitige Anerkennung. Die nationalen Rechte verlangen gewöhnlich, daß das Urteilsgericht nach den Maßstäben des anerkennenden Staates für die Entscheidung international zuständig war. An diesem Erfordernis der sog Anerkennungszuständigkeit kann die Anerkennung natürlich nicht mehr scheitern, wenn überall dieselben Zuständigkeitsregeln gelten. Eine Vereinheitlichung der Zuständigkeitsregeln war aber auch um ihrer selbst willen erwünscht. **26**

Zwischen einer allseitigen Anerkennung und einheitlichen Zuständigkeitsregelungen besteht auch ein innerer Zusammenhang über den **Justizgewährungsanspruch** (Art 19 Abs 3 GG, Art 6 MRK). Dieser gewährleistet, daß die Partei entweder verlangen kann, daß ihr im Inland eine Klage ermöglicht wird, oder daß ein ausländisches Urteil anerkannt wird (Pfeiffer, Internationale Zuständigkeit und prozessuale Gerechtigkeit [1995] 433 ff, 449 ff; J Schröder, System der Internationalen Zuständigkeit [1971] 213), sofern überhaupt ein irgendwie geartetes inländisches Rechtsschutzbedürfnis besteht. Wenn nun innerhalb der EU die Anerkennung allseits gewährleistet wird, könnte die internationale Zuständigkeit beschränkt werden auf die Staaten, zu denen die zuständigkeitsrechtlich engsten Beziehungen bestehen. Man braucht keine weitere Zuständigkeit mehr zu eröffnen, weil ausländische Urteile anerkannt würden. Dabei hat der Gesetzgeber einen erheblichen, wenngleich nicht unbeschränkten Entscheidungsspielraum, ob in mehreren Staaten geklagt werden kann oder nur in einem. Vorauszusetzen ist jedoch in allen Fällen eine **hinreichende Nähebeziehung** zwischen der Partei und ihrer Ehe zum betreffenden Staat (Erwägungsgrund 12; Borrás-Bericht Nr 30), bei deren Konkretisierung die Verfasser des EheGVÜ von den in den Mitgliedstaaten üblichen Zuständigkeitsgründen ausgingen soweit sie konsensfähig waren. Dadurch entfielen namentlich die Zuständigkeiten kraft Staatsangehörigkeit nur einer Partei, dh gewöhnlich des Klägers, wie in Art 14 fr c civ und § 606a Abs 1 S 1 lit a ZPO. Und solcher Verzicht auf zuständigkeitsrechtliche Heimatzuflucht war sicher nur bei einer Rechtsvereinheitlichung zu erreichen. **27**

Die EheGVO eröffnet aber noch immer recht **großzügig konkurrierende internationale Zuständigkeiten**, wenn man auch anerkennen muß, daß namentlich dadurch gegenüber dem vorherigen Zustand aufgrund der nationalen Regelungen eine Reduzierung eingetreten ist, daß die Staatsangehörigkeit nur einer Partei allein nicht mehr genügt. Das ist sicher von Bedeutung, doch hat auch die Kritik von Ancel und Muir Watt (Rev crit d i p 2001, 403 ff) manches für sich, die EheGVO kumuliere im Kern nur die nationalen Zuständigkeiten, so daß man sich auch mit einer Anerkennungsregelung hätte begnügen können. Es kommt zu konkurrierenden Zuständigkeiten, wenn die Parteien ihren gewöhnlichen Aufenthalt in verschiedenen Staaten haben, und dazu tritt ggf noch die im gemeinsamen Heimatstaat. **28**

29 Unter prozessualen Gesichtspunkten können konkurrierende Zuständigkeiten in gewissem Umfang durchaus Sinn haben. Da jedoch das internationale Privatrecht der Ehe in den Mitgliedstaaten nicht einheitlich ist, erlaubt das System der konkurrierenden Zuständigkeiten dem Kläger eine Wahl des Gerichts, bei dem das Ergebnis ihm am günstigsten ist, und fördert, da in Ehesachen beide auf Auflösung klagen können, den Wettlauf zum der jeweiligen Partei günstigeren Gericht (unten Rn 44 ff). Unter diesem eigentlich prozeßfremden Gesichtspunkt ist die große Zahl der konkurrierenden Zuständigkeiten zu bedauern (vgl Pirrung ZEuP 1999, 844 zu gegenteiligen Vorschlägen in den Beratungen).

3. Sorgerechtsregelungen

a) Annexzuständigkeit nach EheGVO aF

30 Durch die europäische Rechtsvereinheitlichung sollten ursprünglich die Anerkennung und Vollstreckung **nur** von Sorgerechtsregelungen, die **im engen Zusammenhang mit der Eheauflösung** stehen (Erwägungsgrund 11 EheGVO aF) gesichert werden. So sollte eine parallele Freizügigkeit der Sorgerechtsregelungen aus Anlaß der Statusentscheidung erreicht werden. Das liegt nahe, da die Eheauflösung häufig eine Sorgerechtsregelung nötig macht.

b) Zuständigkeiten nach EheGVO nF

31 Vor allem in Sorgerechtsangelegenheiten bringt die neue EheGVO **einschneidende Änderungen** (vgl o Rn 30). Zwar werden solche Entscheidungen häufig anläßlich einer Scheidung der Eltern beantragt und getroffen, doch hat die Neufassung in Art 8 die Zuständigkeit von der Anhängigkeit einer Ehesache gelöst, und läßt den gewöhnlichen Aufenthalt des Kindes im Lande genügen. Die Regelung ist Art 5 KSÜ entnommen. Deshalb ist auch in Art 1 Abs 2 die Einschränkung entfallen, daß über die elterliche Verantwortung aus Anlaß einer Eheauflösung zu entscheiden sei. Neben der reinen Aufenthaltszuständigkeit ist die Annexzuständigkeit des alten Art 3 mit gewissen Änderungen in Art 12 nF beibehalten worden. Hat das Kind seinen gewöhnlichen Aufenthalt in dem Staat des Eheverfahrens, dann hätte eine internationale Annexzuständigkeit keine eigene Funktion mehr, denn die örtliche oder Verbundszuständigkeiten bleiben den nationalen Rechten überlassen.

32 **Art 12 Abs 1** enthält eine **Annexzuständigkeit** darum nur noch für den Fall, daß das Kind seinen gewöhnlichen Aufenthalt in einem anderen Mitgliedstaat hat. Die Regelung entspricht dem bisherigen Art 3 Abs 2. **Art 12 Abs 2** enthält dagegen **keine Annexzuständigkeit**, sondern ist eine Ergänzung zu Art 8, indem bei Abwesenheit des Kindes eine weitere Zuständigkeit für die elterliche Verantwortung auf das Einverständnis aller Träger der elterlichen Verantwortung gestützt wird, sofern das Kind eine wesentliche Beziehung zu diesem Staat hat und diese Zuständigkeit dem Kindeswohl entspricht.

c) Verhältnis zum HKEntfÜ

33 Der europäische Gesetzgeber denkt bei Sorgerechtsfragen insbesondere und zu Recht an die Kindesentführungsproblematik (vgl Erwägungsgrund 13 zur EheGVO aF und nF). Dabei greift die **EheGVO aF** aber nur wenig in die Regelung der Rückführung nach dem **HKEntÜ** ein. Zwar soll ausweislich des Erwägungsgrundes 13 zur EheGVO aF die Zuständigkeit für Sorgerechtssachen nach der EheGVO aF durch die widerrechtliche Verbringung des Kindes in einen anderen Staat nicht enden. Art 3 EheGVO reicht aber dennoch weniger weit als es scheinen mag. Denn gem Art 4 EheGVO mit Art 16 HKEntfÜ darf das Scheidungsgericht erst nach einer Entscheidung des Entführungsstaates über die Rückführung des Kindes über das Sorgerecht entscheiden. Das gilt gleichermaßen, wenn das Kind in den Gerichtsstaat wie wenn es aus ihm entführt wurde.

Wenn eine Entscheidung ergangen ist, so ist ihre Vollstreckung in anderen Mitgliedstaaten anders als nach dem MSA gesichert. Das wird von Bedeutung, wenn ein Ehegatte nach der Entscheidung mit dem Kind in ein anderes Land verzieht. (Zum Vorrang der EheGVO vor dem MSA und dem Luxemburger Europäischen Übereinkommen über die Anerkennung und Vollstreckung von Entscheidungen über das Sorgerecht v 20. 5. 1980 vgl Art 61). 34

Das Verhältnis der VO zum HKEntfÜ war während der Ausarbeitung der VO offenbar sehr umstritten. Eine bedeutsame Veränderung folgt daraus, daß die EheGVO nF nun das HKEntfÜ im Verhältnis ihrer Mitgliedstaaten verdrängt und die Folgen einer Kindesentführung selbst regelt. Inhaltlich besteht die Änderung vor allem darin, daß der **Staat, aus dem das Kind entführt wurde**, weiterhin über das Sorgerecht und damit insbesondere über das Aufenthaltsbestimmungsrecht **entscheidet** (Art 21; o Rn 33). Insbesondere ist seine Entscheidung, daß das Kind zurückzugeben ist, im „Entführungsstaat" auch dann zu vollstrecken, wenn dortige Gerichte dies zuvor abgelehnt haben (Art 11 Abs 8). Damit soll anscheinend die Schwäche des Art 13 HKEntfÜ vermieden werden, wonach der Entführungsstaat wohl zu oft die Rückführung wegen dringender Gründe des Kindeswohls ablehnen kann (KOM[2002] 222 endg vor Art 21). Die weiterhin möglichen und sinnvollen Rückführungsanträge im „Entführungsstaat" nach Art 12 f HKEntfÜ haben deshalb nur noch eher unterstützenden Charakter (vgl Erwägungsgrund 17 f). Man setzt auf ein im gemeinsamen Rechtsraum vorhandenes Vertrauen, daß nach dem Kindeswohl entschieden werde. Hier geht die endgültige Fassung erheblich andere Wege als der Entwurf der VO (vgl zu ihm die krit Stellungnahme des Wirtschafts- und Sozialausschusses vom 19. 12. 2001 Nr 2. 4 [ABlEG 2002 C 80/43 v 3. 4. 2002]). 35

III. Kollisionsrechtliche Neutralität der Anerkennung

1. Kollisionsrechtliche Konformität

Für die Anerkennung ist nicht erheblich, nach welchem materiellen Recht die Ehe aufgelöst wurde. Bis 1986 enthielt § 328 Abs 1 Nr 3 ZPO ein Anerkennungsverbot für Statusentscheidungen, wenn nicht das nach deutschem IPR **richtige Recht** angewandt worden war. Und selbst das EuGVÜ enthielt ein entsprechendes Anerkennungsverbot, wenn eine Statusentscheidung auch nur Vorfrage eines vermögensrechtlichen Anspruches war (Art 27 Nr 4 EuGVÜ). Art 25 (Art 18 aF) schließt dieses Anerkennungshindernis der kollisionsrechtlichen Abweichung nun ausdrücklich aus. Konsequenterweise ist diese Regelung jetzt auch in der EuGVO gestrichen, die ab 1. 3. 2002 das EuGVÜ ersetzt (Art 34 EuGVO). 36

Die Statusverfahren wie das eheliche Güterrecht und das Erbrecht waren seinerzeit von dem EuGVÜ ausgenommen worden, weil das **Sach- und das Kollisionsrecht** der 37

Scheidung zu **verschieden** waren als daß man die Kontrolle über die Anerkennung fremder Scheidungsurteile aus der Hand zu geben bereit war (Amtl Begr zum EuGVÜ [Jenard-Bericht] ABlEG 1979 C 59 S 1 ff, Kap 3 IV A). Es wurde mit Recht befürchtet, daß die Staaten, wenn sie denn überhaupt das Übereinkommen ratifiziert hätten, hier ausgiebig Gebrauch vom Vorbehalt des ordre public gemacht hätten, um Scheidungen abzuwehren, die ein eigenes Gericht nicht hätte aussprechen können.

38 Das Erstaunliche an der EheGVO ist, daß sich an diesen Differenzen eigentlich nichts Grundlegendes geändert hat (ebenso Hausmann ELF 2000/01, 272). Sie sind mit der Erweiterung der EU wohl sogar noch größer geworden wie der Borrás-Bericht Nr 4 bemerkt. Zwar hat das Prinzip der Zerrüttungsscheidung verbreitetere Anerkennung gefunden, und nach Spanien und Italien hat nun mit Irland die letzte Rechtsordnung das totale Scheidungsverbot aufgegeben, aber man darf vermuten, daß auch die heutige Situation, wäre sie schon 1968 so gewesen, damals einem weiteren Anwendungsbereich des EuGVÜ im Wege gestanden hätte, denn noch immer stehen sich Verschuldensprinzip und Zerrüttungsprinzip gegenüber namentlich bei der Frage, ob der schuldige gegen den unschuldigen Teil die Scheidung durchsetzen kann. (Dies konstatiert auch Jänterä-Jareborg [Sprecherin der schwedischen Delegation] Jb IPR Bd 1 [1999] 7 ff). So beruhte bis 2004 die Scheidung in Frankreich entweder auf Verschulden oder Einverständnis; die Scheidung wegen sechsjähriger Trennung ist ein verzweifelter Ausweg des scheidungswilligen Teils, der dann auch alle Lasten der Scheidung wie ein allein Schuldiger trägt, und macht daher nur etwa 1,5 % der Scheidungen aus.

39 **Entscheidend** sind die **Unterschiede des Kollisionsrechts** insbesondere zwischen den Anknüpfungen an die Staatsangehörigkeit und an den Lebensmittelpunkt (skeptisch hinsichtlich einer europäischen Vereinheitlichung des IPR der Ehe, Pirrung ZEuP 1999, 842; zum derzeitigen Stand der Planungen R Wagner FamRZ 2003, 803). Sie würden zwar praktisch um so weniger ins Gewicht fallen je ähnlicher die materiellen Regelungen wären. Da diese sich jedoch stark unterscheiden, hängt von der internationalen Zuständigkeit die Bestimmung des Sachrechts und damit der Ausgang des Verfahrens ab.

40 Nicht die kollisionsrechtliche Diversität hat sich also entscheidend verändert (Hausmann ELF 2000/01, 272), sondern die Einstellung zur **Notwendigkeit der kollisionsrechtlichen Konformität** für die Urteilsanerkennung, indem sie nun ungeachtet dessen verordnet wird, während man 1986 die Kollisionsrechtsvereinheitlichung noch abwarten wollte. Dabei ist der Gesinnungswandel schon bei der Ausarbeitung des Übereinkommens „Brüssel II" eingetreten, welches von einer Arbeitsgruppe der Mitgliedstaaten seit Anfang der 90er Jahre erarbeitet wurde.

41 Die frühere Voraussetzung der kollisionsrechtlichen Konformität stellte eine **eingeschränkte Révision au fond** dar, indem die Anerkennung eines Urteils insoweit von seiner inhaltlichen Richtigkeit abhängig gemacht wurde, und widersprach darin dem Sinn und Zweck einer Anerkennung (Martiny in Hdb IZVR Bd III 1 [1984] Rn 321; Geimer, Anerkennung ausländischer Entscheidungen in Deutschland [1995] 57 f). Denn der Unterlegene soll den Streit nicht in einem anderen Staat erneuern dürfen, der Sieger ihn nicht wiederholen müssen, wobei durch eine andere kollisionsrechtliche Anknüpfung ein anderes Ergebnis herauskommen kann.

Für die Anerkennung ausländischer Urteile werden nur eine spezifische zuständigkeitsrechtliche Nähe zum Urteilsstaat und ein rechtsstaatliches Verfahren verlangt und nicht die Beachtung des richtigen Rechtes. Mit dem Urteil des zuständigen Gerichts soll der Streit beendet sein. Die kollisionsrechtlich engste Beziehung ist aber naturgemäß nicht zwingend mit der zuständigkeitsrechtlichen Nähebeziehung identisch. Ein **Gleichlauf** zwischen internationaler Zuständigkeit und anwendbarem Recht ist namentlich nicht befriedigend dadurch herzustellen, daß man immer und nur den Gerichten des Staates, dessen Recht kollisionsrechtlich maßgebend sein sollte, internationale Zuständigkeit zubilligte. Das wäre nichts anderes als die kollisionsrechtliche Konformität in anderem Gewande (vgl die berechtigte Kritik an der Gleichlauftheorie im internationalen Erbscheinsrecht zB bei SOERGEL/SCHURIG Art 25 EGBGB Rn 49 f). Man richtete damit das Zuständigkeitsrecht an sachfremden Kriterien aus, ohne hinkende Rechtsverhältnisse damit auch nur in erheblichem Umfang zu verhindern. Denn die internationalen Anknüpfungsdifferenzen fänden sich nun im Gewande von nicht harmonisierten nationalen Zuständigkeitseröffnungen wieder, vor allem zugunsten der eigenen Staatsangehörigen (zutr weist E LORENZ, Zur Struktur des internationalen Privatrechts [1977] 70 f, 86 f, darauf hin, daß dann, wenn man eine einheitliche internationale Zuständigkeitsordnung unter kollisionsrechtlichen Gesichtspunkten erreicht hätte, man sie nicht mehr bräuchte. Denn man kann dann nicht mehr begründen, warum nur dieser Richter entscheiden soll, wenn ein anderer bei vereinheitlichtem IPR ebenso entscheiden müßte.) Es scheint, daß der deutsche Vorschlag für die Beseitigung konkurrierender Zuständigkeiten auch daran gescheitert ist, daß manche Mitgliedstaaten ihren Staatsangehörigen den Zugang zum Heimatrecht erhalten wollten. So wird von einigen „eher nördlichen" Staaten berichtet, die auf der wenigstens konkurrierenden Heimatzuständigkeit in Art 2 Abs 1 lit a 5 Str EheGVÜ bestanden (BORRÁS-Bericht Nr 32; PIRRUNG, aaO S 844). 42

Natürlich sind die Gesetzgeber frei, auf Gebieten, die sie insoweit für besonders wichtig oder sensibel halten, für die Anerkennung eine mehr oder weniger weite inhaltliche Übereinstimmung mit Nachprüfung zu verlangen, wobei die **kollisionsrechtliche Konformität** eigentlich schon genügt. Die neue Regelung ordnet sich jedoch in eine Entwicklung ein, die in manchen nationalen Rechtssystemen schon stattgefunden hat, und auf dieses Erfordernis **verzichtet** (vgl GEIMER aaO S 37 f, 44 f; KROPHOLLER, IPR [4. Aufl 2001] § 60 IV 7 S 631 f; BORRÁS-Bericht Nr 77; o Rn 36). 43

2. Forum shopping

Das „kollisionsrechtliche Desinteresse" bei der Urteilsanerkennung respektiert zwar die Gleichwertigkeit der verschiedenen internationalen Privatrechte und ist an sich sachangemessen bis zu den Grenzen des ordre public (die von BÖHMER [IPRax 1988, 336] als „Angstklausel" bezeichnete Forderung kollisionsrechtlicher Konformität für die Anerkennung ging aber deutlich über den Vorbehalt des ordre public hinaus; vgl weiter GEIMER aaO S 45). Doch in Verbindung mit den konkurrierenden Zuständigkeiten können die Kläger, oder auch beide Parteien zusammen, die Scheidung auf die relativ „billigste" Art und Weise durch die Wahl des geeigneten Gerichts erlangen, dessen IPR zu einem ihnen günstigeren Scheidungsrecht führt als das eines anderen Gerichtes. Es geht praktisch wohl nicht einmal in erster Linie um die **Scheidung** selbst, sondern um die **Scheidungsfolgen**, die zum Wettlauf um das Forum einladen (weiter ZZPint 6 [2001] 111 f; MCELEAVY IntCompLQ 51 [2002] 887). Das trägt ein Element der 44

Taktik in die Eheauflösung, das hier besonders stört. Ein geeigneter Gerichtsstand kann durch Begründung eines gewöhnlichen Aufenthalts auch extra dafür geschaffen werden. Es mag zwar in Europa keine ausgeprägten Scheidungsparadiese geben, doch die Unterschiede sind erheblich. Wer zB als möglicherweise schuldiger Teil eine streitige Scheidung anstrebt, bekommt sie nach deutschem Recht viel schneller und hinsichtlich der Folgen auch viel billiger als nach irischem Recht. Und da mit Anhängigmachung des Verfahrens eine gemeinschaftsweite Rechtshängigkeits- und Rechtskraftsperre eintritt (Art 19 EheGVO bzw Art 11 EheGVO aF), ist jede Partei gut beraten, schnell und als erste zu klagen. Das dient nicht dem Erhalt der Ehen. Kohler kritisiert denn auch, daß der Personenstand dadurch, daß die EheGVO die Grundsätze der Warenverkehrsfreiheit anwende, sozusagen zur Ware werde (Status als Ware: Bemerkungen zur europäischen Verordnung über das internationale Verfahrensrecht für Ehesachen, in: Mansel [Hrsg], Vergemeinschaftung des Europäischen Kollisionsrechts [2001] 41 ff) und drückt damit ein verbreitetes Unbehagen an der Ersetzung der Anwendung des richtigen Rechts durch Urteilsanerkennung aus. Auch der Borrás-Bericht (Nr 69) konstatiert angesichts der Unterschiede im Eherecht eine weit größere Sensibilität als in Vermögensangelegenheiten. Belegt wird das durch Berichte, daß die skandinavischen Staaten die Rechtskraft einer abweisenden Entscheidung nicht hinnehmen wollten, die wegen ihrer Anerkennung dann uU eine Scheidung im Heimatstaat ausgeschlossen hätte (so Sturlèse JCP 1998, doctr 1148; Hau FamRZ 1999, 484; Kohler NJW 2001, 13). Ist der Kläger in einem Land unterlegen, kann er es nach Art 21 und 2 Nr 3 (Art 13 aF) in anderen erneut versuchen. Es genügt selbst ein Umzug in ein anderes Land, sobald dort nach Art 2 Abs 1 lit a 5. oder 6. Str eine Zuständigkeit entsteht. Und angesichts der Unterschiede im IPR ist die Chance gut, daß dort auch ohne tatsächliche Veränderungen anders entschieden wird. Die Regelung wird mit Recht als ungerecht kritisiert (Kohler, in: Mansel [Hrsg], Vergemeinschaftung des Europäischen Kollisionsrechts [2001] 41; Schack, IZVR Rn 375; Ancel/Muir Watt Rev crit d i p 2001, S 415 Nr 10 aE; weiter Spellenberg ZZPint 6 [2001] 124 f), und daß die EheGVO so die Scheidung und nicht nur die Freizügigkeit der Urteile fördert.

45 Diese unglücklichen Folgen der großzügigen Zulassung **konkurrierender Zuständigkeiten** sind offenbar die **Folge der fehlenden Einheitlichkeit des IPR**: Weil mindestens einige Vertragsstaaten ihre Bürger nicht ohne weiteres einem fremden zu restriktiven oder zu liberalen Scheidungsrecht unterworfen sehen wollten, und da keine Einigkeit bestand, wann welches Recht entscheide, wollten sie ihnen die Zuflucht zu heimischen Gerichten und damit oft auch zum heimischen Recht offen halten. Diese Art von Fürsorge für die eigenen Bürger sollte in Europa mit seiner allgemeinen persönlichen Niederlassungsfreiheit (Art 18 EGV) kein Gesichtspunkt mehr sein. Es zeigt sich zugleich, daß unterschiedliches IPR nicht unbegrenzt von einem Anerkennungssystem überlagert werden darf. Der Fehler liegt aber im IPR, denn konkurrierende Zuständigkeiten sind an sich durchaus sinnvoll, wo eine Nähebeziehung zu mehreren Staaten besteht, und schon gar nicht darf man den Kläger verurteilen, wenn er davon Gebrauch macht (Juenger, in: FS Schütze [1999] 317 ff; Spellenberg, in: FS Geimer [2002] 1260 ff).

46 Die von der EheGVO hingenommene Unterschiedlichkeit der mitgliedstaatlichen Kollisionsrechte in Verbindung mit dem Anerkennungsprinzip der EheGVO kollidiert zudem mit dem von allen mitgliedstaatlichen Rechten auch im internationalen

Familienrecht grundsätzlich anerkannten kollisionsrechtlichen Prinzip der Anknüpfung an die **engste Verbindung**. Indem die EheGVO das forum shopping erlaubt und dieses zur Beeinflussung des anwendbaren Kollisions- und Sachrechts mißbraucht werden kann, wird die von allen Mitgliedstaaten vertretene Anknüpfung der Ehescheidung an die (je unterschiedlich definierte) **eine** engste Verbindung praktisch zu Gunsten einer durch die EheGVO ermöglichten **Alternativanknüpfung** aufgegeben (Jayme/Kohler IPRax 2001, 501 f; Ancel/Muir Watt Rev crit d i p 2001, 409 Nr 4, 416 f No 10 f; weiter Spellenberg, in: Sanchez Lorenzo/Moya Escudero [Hrsg], La cooperacíon judicial en materia civil y la unificacíon del derecho privado en Europa [2003] 85). Auch das internationale Prozeßrecht soll aber der Durchsetzung des materiellen Rechts dienen und sich nicht etwa zu seinem Herrn aufwerfen. Es hätte auch manches für sich gehabt, die Anerkennung bis zur Vereinheitlichung des IPR der Ehe von der Anwendung des richtigen Rechts abhängig zu machen (Jayme IPRax 2000, 167, 168).

An der Möglichkeit einer Vereinheitlichung des materiellen Eheauflösungsrechts **47** muß man sehr zweifeln und an ihrer Notwendigkeit auch (nachdrücklich Jayme IPRax 2000, 168). Sie wäre entbehrlich, und man könnte die nationalen kulturell und historisch gewachsenen Verschiedenheiten ohne Beeinträchtigung der persönlichen Freizügigkeit aufrechterhalten solange sie bestehen, wenn die jeweiligen Geltungsbereiche der verschiedenen nationalen Regelungen überschneidungsfrei geordnet wären (**aA** Boele-Woelki: ZfRV 42 [2001] 129). Das kann und sollte das internationale Privatrecht leisten, dessen Ziel es bekanntlich seit Savigny ist, daß der Fall überall gleich entschieden wird wo immer er vor Gericht gebracht werden kann, und zwar nach dem Recht, mit welchem er am engsten verbunden ist (Savigny, System des heutigen Römischen Rechts Band 8 [1849] § 348 S 27). Es geht hier nicht wie beim Warenverkehr um die Verhinderung ungleicher Kostenbelastung durch ungleiches nationales Recht. Der kollisionsrechtlich kategorische Imperativ, daß jedes nationale IPR so gestaltet werde, daß es als allgemeine Regel taugte, ist zwar weltweit eine Illusion, sollte aber eigentlich innerhalb der EU zu verwirklichen sein. Art 65 EGV enthält nun auch eine Kompetenz der EU für eine Vereinheitlichung. Doch steht diese Aufgabe nur recht zurückhaltend und vorsichtig formuliert in Art 65 lit b EGV als „Förderung der Vereinbarkeit der in den Mitgliedstaaten geltenden Kollisionsnormen" (zu den Zweifeln über die Kompetenz der EG für den Erlaß der EheGVO o Rn 12 ff). Und die Erklärung von Tampere ist noch vorsichtiger.

Man muß unterscheiden, ob die EU hierfür zuständig ist, und ob sie dann Verord- **48** nungen oder nur Richtlinien verwenden kann (für ersteres Boele-Woelki, in: FS f Grosheide [1999] 358; für letzteres Leible, in: Schulte-Nölke/Schulze [Hrsg] Europäische Rechtsangleichung und nationale Privatrechte [1999] 387 ff) und welchen Inhalt diese zur „Förderung der Vereinbarkeit" haben dürfen. Kohler (Rev crit d i p 1999, 29) verneint eher die Zulässigkeit von Kollisionsregeln in europäischen Rechtsakten. Man darf aber doch eine Verordnung zum IPR für zulässig ansehen (vHoffmann, Europe Private International Law [1998] 32). Manche sind allerdings in Bezug auf die tatsächlichen Aussichten der Kollisionsrechtsangleichung skeptisch (Kohler, in: Mansel [Hrsg] Vergemeinschaftung des Europäischen Kollisionsrechts [2001] 41 ff, Pirrung ULR/RDU 1998, 629 ff; ders ZEuP 1999, 842 ff; R Wagner IPRax 2001, 73 f; ders FamRZ 2003, 803), zumal diese in Familiensachen nur mit Einstimmigkeit möglich ist (Art 67 Abs 7 EGV). Jedenfalls zieht sich die Sache noch hin.

49 Bei fehlender Einheitlichkeit des IPR hat man zwischen zwei Übeln zu wählen, nämlich hinkenden Scheidungen wie bisher oder Anerkennung aller Scheidungen, auch wenn sie tendenziell „zu Unrecht" erfolgt sein können. Die EheGVO bevorzugt das letztere. Das kann man rechtfertigen, wenn die Vereinheitlichung des IPR in absehbarer Zeit folgt. So hat das EuGVÜ das römische Übereinkommen über das auf Schuldverträge anzuwendende Recht (EVÜ) von 1980 befördert. Eine **Vereinheitlichung des IPR** zumindest in Europa ist dringend erforderlich (Kohler FamRZ 2002, 713; NJW 2001, 14 f; Helms FamRZ 2002, 1599; Hau FamRZ 1999, 488; Schack RabelsZ 65 [2001] 633; Hausmann ELF 2000/2001, 352; zum Stand R Wagner FamRZ 2003, 803) und sollte hier zu erreichen sein. Allerdings ist zu hoffen, daß sich die Einheit auf der richtigen Grundlage einstelle. Rechtseinheit ist auch im Internationalen Privatrecht kein Wert an sich, denn die Wahl des anzuwendenden Rechts ist nicht beliebig, vielmehr würde die Ungerechtigkeit einer sachlich falschen kollisionsrechtlichen Regel durch ihre international breitere Geltung nur potenziert. Im hier interessierenden Bereich geht es nach wie vor namentlich um die Wahl zwischen Staatsangehörigkeit bzw *domicile* und tatsächlichem Lebensmittelpunkt als Anknüpfungspunkt. Ein Mittelweg scheint kaum vorstellbar.

50 Gerade weil eine Vereinheitlichung des Sachrechts vor allem auf diesem Gebiete nicht unbedingt forciert werden sollte oder gar muß, und auch faktisch nicht in näherer Zukunft zu erreichen sein wird, ist eine Vereinheitlichung des privaten und prozessualen Kollisionsrechts wenigstens in Europa dringend, wie sie durch eine **Verordnung**, nicht aber durch eine Richtlinie erreicht werden kann. Sachrechtsunterschiede, die durchaus ihre Gründe haben, würden erträglich dadurch, daß der Fall überall nach der gleichen, am engsten damit verbundenen Rechtsordnung entschieden wird, wo auch immer er anhängig gemacht wird. Das würde ein Forum Shopping unattraktiv machen, und erlaubte eigentlich erst konkurrierende internationale Zuständigkeiten, für die es oft gute Gründe gibt. Zuständigkeiten folgen eigenen Wertungen und Interessen (grundlegend Pfeiffer, Internationale Zuständigkeit und prozessuale Gerechtigkeit [1995] 487 ff). Die Verhandlungen zum Übereinkommen zeigen aber deutlich das Interesse von Vertragsstaaten, den eigenen Bürgern den Zugang zum eigenen Scheidungsrecht zu bewahren (vgl Borrás-Bericht Nr 32 f). Wenn die Vereinheitlichung des IPR der Ehe noch länger dauern sollte, hätte man besser einstweilen die konkurrierenden Zuständigkeiten ausschließen oder wesentlich beschränken sollen (so der Vorschlag der deutschen Delegation; Pirrung ZEuP 1999, 844).

IV. Verhältnis zum deutschen Recht

51 Die EheGVO hebt deutsches Recht nicht auf, sondern geht ihm nur vor. Sie regelt im wesentlichen nur die internationale Zuständigkeit und die Anerkennung von Entscheidungen. Manchmal verweist sie ausdrücklich auf nationales Recht. Nötig und sinnvoll ist das für Zuständigkeiten in Art 7 (Art 8 aF) und 20 (Art 12 aF). Mit gewissen Einschränkungen finden wir in Zuständigkeitsfragen eine Kumulation der Normen zugunsten der Zuständigkeit, dagegen im Anerkennungsrecht **nicht** das dort sonst verbreitete **Günstigkeitsprinzip**. Angesichts der sehr reduzierten Anerkennungshindernisse dürfte es zwar selten sein, daß nationales Recht eine Anerkennung ergäbe, die von Art 27 und 28 (Art 15 aF) verneint würde. Im Konfliktfall bleibt es aber bei Art 27 und 28 (Art 15 aF).

52 Strukturell handelt es sich bei Art 7 und 20 (Art 8 und 12 aF) um einen Verweis auf nationales Zuständigkeitsrecht für Verfahren, die an sich in den sachlichen Anwendungsbereich der EheGVO fallen. Dagegen kommen nationale Anerkennungsregelungen nur, aber auch immer, zum Zuge bei Entscheidungen, für die die Art 21 ff (Art 13 ff aF) sachlich nicht gelten. Das sind namentlich die nicht eingeschlossenen Antragsabweisungen und Feststellungsurteile (Art 21 Rn 20 ff, 24 ff).

53 Mit dem **Ablauf des Erkenntnisverfahrens** befaßt sich die EheGVO im wesentlichen nur im Hinblick auf die ordnungsmäßige Zustellung des verfahrenseinleitenden Schriftstücks in Art 18 (Art 10 aF), indem das Verfahren nicht vor Nachweis der Zustellung fortgesetzt werden darf, und in Art 16 und 19 (Art 11 aF) hinsichtlich der internationalen Rechtshängigkeitssperre. In beiden Fällen wird nationales deutsches Recht für die betr Frage ausgeschlossen. Es ist jedoch für jede konkrete Regelung der EheGVO zu prüfen, ob sie abschließend sein soll oder nicht. Richtig ist nur, daß die EheGVO entscheidet, wie weit noch nationales Recht anwendbar bleibt; Europarecht geht vor. Jedoch ist der Umfang der Regelung durch die EheGVO nicht immer einfach festzustellen.

V. Auslegung*

1. Auslegungsmethoden

54 Die EheGVO ist grundsätzlich **autonom auszulegen** (Thomas/Putzo/Hüsstege vor Art 1 EheVO Rn 9; Schack, IZVR Rn 106). Sie lehnt sich vielfach an die EuGVO bzw das EuGVÜ an, so daß gleichlautende Bestimmungen im Zweifel gleich zu verstehen sind (Borrás-Bericht Nr 6; MünchKomm-ZPO/Gottwald vor Art 1 EheGVO Rn 4) und namentlich die Literatur und die Rechtsprechung zur EuGVO herangezogen werden können. Die Auslegungsmethoden sind dieselben: Wortlaut, System und Zusammenhang mit anderen, europäischen Rechtsakten, hier der EuGVO, Entstehungsgeschichte und Zweck. Dabei hat der EuGH zunehmend zentrale Begriffe, die den nationalen Rechten entstammen, einheitlich ausgelegt und vereinheitlicht (dazu Kerameus RabelsZ 66 [2002] 1 ff, 13 f).

* **Schrifttum:** Audit, L'interprétation autonome du droit international privé communautaire, JDI 2004, 789; Cieslik, Die Methode des Gerichtshofs der EG bei der Auslegung des EuGVÜ (Diss jur Bayreuth 1992); Geimer, Zur Auslegung der Brüsseler Zuständigkeits- und Vollstreckungsübereinkommen in Zivil- und Handelssachen vom 27. September 1968, EuR 1977, 341; Gruber, Methoden des Einheitsrechts (2004); Kohler, Integration und Auslegung – Zur Doppelfunktion des EuGH, in: Jayme (Hrsg), Ein internationales Zivilverfahrensrecht für Gesamteuropa (1992); Martiny, Autonome und einheitliche Auslegung im Europäischen Internationalen Zivilprozeßrecht, RabelsZ 45 (1981) 427; Pfeiffer, Grundlagen und Grenzen der autonomen Auslegung des EuGVÜ, Jb Junger Zivilrechtswissenschaftler (1992) 71; Schlosser, Vertragsautonome Auslegung, nationales Recht, Rechtsvergleichung und das EuGVÜ, Gedächtnisschrift R Bruns (1980) 45; Scholz, Das Problem der autonomen Auslegung des EuGVÜ (1998); Vandekerckhove, De interpretatie van europees Gevegdheidsen exectierecht, in: van Houtte/Partégas/Sender (Hrsg) Het nieuwe Europese IPR: van verdrag naar verordening (2001) 11.

a) **Wortlaut**

55 Beim Wortlaut sind alle europäischen **Sprachfassungen gleichberechtigt**. Bei Unklarheiten der deutschen Fassung helfen uU die anderen, wenn sie klarer sind. Bei sprachlichen Abweichungen, die nicht ganz auszuschließen sind, und wenn nicht festzustellen ist, daß ein Übersetzungsversehen vorliegt, ist eine konkordierende Auslegung anzustreben. In seinem Urteil v 17. 11. 1998 (Rs C-149/97 – Inst of Motor Ind/Comm of Customs and Excise-Slg 1998 Nr 16 f) sagt der EuGH, es könne nicht die eine sprachliche Fassung vor anderen bevorzugt werden, sondern es müsse im Interesse der Einheitlichkeit der Auslegung nach System und Zweck ausgelegt werden (vgl weiter EuGH Rs 100/84 – Kommission/Ver Königreich – Slg 1985, 1169; 27. 10. 1977 Rs 30/77 – Boucherau – Slg 1977, 1999, 2010; 4. 3. 1982 Rs 38/81 – Effer – Slg 1982, 825 = IPRax 1983, 31 [Gottwald 13] Nr 5; im Urteil v 17. 12. 2001 Rs C-341/93 – Danvaern/Schuhfabriken Otterbeck – Slg 1995, I 205 Nr 17, hat der EuGH sich ohne viel Begründung zugunsten der Mehrheit der Sprachfassungen, im Urteil v 9. 10. 1997 Rs C-163/95 – v Horn/Cinnamond – Slg 1997 I-5451, zugunsten einer Minderheit ausgesprochen; zust Gruber, Methoden S 139 ff).

56 Die neue EheGVO verwendet nun in Art 2 zusätzlich die im angelsächsischen Recht weit mehr als im kontinentaleuropäischen geläufige Methode der **Begriffsdefinitionen**. Sie präzisieren den Wortlaut der betreffenden Artikel und nehmen damit an der Autorität des Gesamttextes teil, können aber auch nicht verbindlicher als die einzelnen Artikel sein. Sie dürfen daher eine systematische oder teleologische Auslegung nicht mehr als der Wortlaut der Verordnung auch sonst beschränken. So findet sich zB die Definition der anzuerkennenden Entscheidungen in Ehesachen für Art 13 Abs 1 EheGVO nun in Art 2 Nr 3 EheGVO nF unter den Begriffsbestimmungen wieder. Sie steht bisher in Art 13 Abs 2 aF. Man kann freilich den Eindruck haben, daß der EuGH im Interesse der Einheitlichkeit stärker als zB der BGH am Wortlaut haftet, und in diesem Zusammenhang haben dann Definitionen Bedeutung.

b) **Systematische Auslegung**

57 Bei der systematischen Auslegung sind nicht nur Widersprüche innerhalb der EheGVO zu vermeiden, sondern vor allem, soweit sachlich angemessen, auch mit der EuGVO. Diese ist zwar älter, und es gibt daher zu ihr bzw dem EuGVÜ schon reichlich Rechtsprechung und Literatur, das bedeutet aber **nicht**, daß die Auslegung der EheGVO der der EuGVO **unterzuordnen** wäre. ZB ist die neue Fassung der Art 34 Nr 2 EuGVO dem Art 15 Abs 1 lit b EheGVO aF nachgebildet worden. Abweichungen können vom unterschiedlichen Gegenstand oder durch die unterschiedliche Regelung geboten sein. Da die Zuständigkeitsgründe in Art 3 (Art 2 aF) ganz andere als in den Art 3 ff EuGVO sind, können die Regelungen der einen VO für die Auslegung der anderen hier zB nicht helfen. Es besteht aber die Vermutung, daß **gleiche Begriffe** innerhalb der EheGVO das gleiche bedeuten wie in der EuGVO wie zB das „verfahrenseinleitende Schriftstück". Beispiele systematischer Auslegung sind EuGH Rs 189/87 – Kalfelis/Schröder – Slg 1988, 5565 Nr 11 f; EuGH Rs 144/86 – Gubisch/Palumbo Slg 1987, 4851 Nr 13, 18 (weiter Gruber, Methoden S 148 ff).

c) **Teleologische Auslegung**

58 Das größte Gewicht hat auch für den EuGH der **Zweck der Regelungen**. Hinsichtlich der Absichten und Motive der Verfasser des Übereinkommens ist auf den Bericht dazu von Borrás zu verweisen (ABlEG 1998 Nr C 221 S 27 ff), auf den auch die EheGVO selbst Bezug nimmt (Erwägungsgrund 6 aF). Ebenso sind die Erwägungsgründe, die häufig auf dem Borrás-Bericht beruhen, instruktiv für die Zielsetzungen (EuGH 8.12.1987 Rs 144/86 – Gubisch/Palumbo – Slg 1987 4861 Nr 8 = IPRax 1987, 15 [Schack 139]; 4.3.1982 Rs 38/81 – Effer – Slg 1982, 825 Nr 6 = IPRax 1983, 31 [Gottwald 13]). Aber bindend sind beide nicht, sondern es entscheidet der objektive Zweck der Regelung. So hat der EuGH (8.12.1987 aaO) zB zur Rechtshängigkeitssperre des Art 21 EuGVÜ entschieden, daß dadurch Urteilskollisionen iSd Art 27 Nr 3 EuGVÜ vermieden werden sollten, die später die Anerkennung der Entscheidungen verhindern würden.

Bei der dominanten teleologischen Auslegung hat der EuGH mit dem **„effet utile"** einen nicht nur für Richtlinien, sondern europäische Rechtsakte insgesamt und also auch für die EheGVO maßgeblichen besonderen Zweck etabliert. Demgemäß ist die Auslegung im Zweifel vorzuziehen, die die Rechtseinheitlichkeit bewirkt (so schon EuGH Rs 6/64 – Costa/ENEL – Slg 1964, 1251 Nr 8 f; Streinz, Europarecht Rn 194 f, 498). 59

Das Verhältnis von Wortlaut und insbesondere teleologischer Auslegung läßt sich natürlich auch hier nicht abschließend präzisieren. Man kann sehr wohl argumentieren, daß bei einer Verordnung in mehreren Sprachen, die von Gerichten mehrerer Staaten anzuwenden ist, der Wortlaut im **Interesse der Rechtssicherheit** und Einheitlichkeit größeres Gewicht habe (Kropholler Einl Rn 46). Aber ein strenges Haften des EuGH am Wortlaut ist dennoch nicht zu erkennen (zB EuGH 7.3.1995 Rs 68/93 – Shevill – Slg 1995 I 415 = IPRax 1997, 11 [abl Kreuzer/Klötgen 90]; o Rn 56; zT **aA** Kropholler Art 5 EuGVO Rn 75). 60

d) Rechtsvergleichung

Die EheGVO enthält Regelungen und Begriffe wie sie gleich oder ähnlich auch in den nationalen Rechten vorkommen. Bei der autonomen Auslegung liegt daher ggf der Rückgriff auf ein einheitliches oder **gemeinsames Verständnis in den Mitgliedsländern** nahe (vgl EuGH 21.4.1993 Rs 172/91 – Sonntag – Slg 1993 I 1963 = IPRax 1994, 37 [Hess 10] Nr 22). Das ist zwar nicht zwingend geboten, denn der europäische Gesetzgeber kann durchaus eigene Wege gehen, aber man wird solches nicht ohne weiteres vermuten, wenn es sich aus dem Zweck der EheGVO nicht ergibt. Differieren die nationalen Rechtsordnungen, muß der EuGH sich anhand des Zwecks der EheGVO bzw EuGVO entscheiden (EuGH aaO). Gruber (Methoden S 228) sieht in der Rechtsvergleichung zunächst ein Mittel der teleologischen Auslegung, daneben aber auch eine eigene, aber nachgeordnete Auslegungsmethode. In machen Fragen verweist die EheGVO aber auf nationales Recht (zB Art 20), dann ist dieses natürlich nach seinen eigenen Regeln auszulegen. 61

2. Vorlage an den EuGH

a) Vorlagerecht

Die EheGVO ist wie die EuGVO keine vollständige Prozeßordnung, so daß zunächst zu prüfen ist, ob es sich um eine Frage des nationalen Rechts handelt oder um eine der EheGVO. Die Feststellung ihres **sachlichen Anwendungsbereichs** ist eine Frage ihrer Auslegung. Es kann auch sein, daß die EheGVO auf nationales Recht verweist. Ob das der Fall ist, ergibt natürlich die EheGVO (zB Art 9, 18 Abs 3, 20), doch dann ist das weitere nicht mehr aus ihr zu entnehmen. In vielen 62

Regelungen aber wirken EheGVO und nationales Recht in spezifischer Weise zusammen: so sind zB dem Art 20 (Art 12 aF) in autonomer Auslegung die Kriterien der „einstweiligen Maßnahmen" zu entnehmen (MünchKomm-ZPO/Gottwald Art 24 EuGVÜ Rn 2). Ob eine Entscheidung diese Eigenschaften hat, ergibt sich dagegen aus dem nationalen Recht (so verfahrend EuGH 26. 3. 1992 Rs C – 261/90 – Reichert – Slg 1992 I – 2149 Nr 34; 17. 11. 1998 Rs C – 391/95 – van Uden – Slg 1998 dazu Spellenberg/Leible ZZPint 4 [1999] 222). Allerdings hat der EuGH (21. 4. 1993 aaO) auch einmal den Anspruch gegen einen Lehrer wegen Aufsichtspflichtverletzung als zivilrechtlichen eingeordnet, obwohl er nach dem maßgeblichen nationalen Recht öffentlich-rechtlich ausgestaltet war. Doch selbst wenn dieser Entscheidung zur Anwendbarkeit des EuGVÜ insgesamt zuzustimmen wäre, ist diese Methode nicht zu verallgemeinern, wenn es um die Auslegung einzelner Tatbestände der EheGVO bzw der EuGVO geht.

63 Stellt sich eine Frage der Auslegung der EheGVO, so ist diese **dem EuGH vorzulegen**. Es ist aber ein erheblicher Rückschlag gegenüber dem EuGVÜ und seinem Auslegungsprotokoll (v 3. 6. 1971 BGBl 1972 II 845 und 846; BGBl 1975 II 1138), daß nun die Möglichkeiten der Vorlage von Fragen der EheGVO wie der EuGVO an den EuGH in Art 68 Abs 1 EGV sehr erheblich eingeschränkt werden. Es können und müssen nur noch die Gerichte vorlegen, die **in letzter Instanz** entscheiden (sehr krit Schack, IZVR Rn 106 c; Kropholler, in: Aufbruch nach Europa, 75 Jahre Max-Planck-Institut für Privatrecht [2001] S 587 f; Basedow ZEuP 2001, 437 ff: „Raum des Rechts – ohne Justiz"; Hess NJW 2000, 29 f; Pache/Knauff NVwZ 2004, 16 ff; Leible/Staudinger EuLF 2000/01, 225, 226; **aA** Besse ZEuP 1999, 113). Welches das ist, ergibt sich aus nationalem Prozeßrecht. Gemeint ist nicht das abstrakt oberste Gericht im Instanzenzug, sondern das **konkret** als letzte Instanz entscheidende Gericht, gegen dessen Urteil nach nationalem Recht kein ordentliches Rechtsmittel mehr gegeben ist (hM Grabitz/Hilf/Wolfahrt EG-Vertrag Art 234 Rn 49; Wegener, in: Calliess/Ruffert [Hrsg] EUV/EGV Art 234 EGV Rn 18). Es muß also erst der nationale Rechtsweg ausgeschöpft werden. Dazu gehört die Verfassungsbeschwerde nicht, auch wenn das BVerfG häufig mit Familiensachen befaßt wird.

64 Es ist nicht zu rechtfertigen, daß sämtliche Fragen der Auslegung des primären und sekundären Gemeinschaftsrechts, die zB den freien Warenverkehr auch nur am Rande berühren, schon von Gerichten erster Instanz vorgelegt werden können, dagegen erst von der letzten Instanz ausgerechnet bei den Regelungen der EU, mit denen der „Raum der Freiheit und des Rechts" hergestellt werden soll. Das wirft ein beachtenswertes Licht auf die relative Wertigkeit dieser Entwicklung in den Augen des Rates. Die Möglichkeiten des EuGH, für die Rechtseinheit zu sorgen, hängt so von der Häufigkeit der Rechtsmitteleinlegung ab. Daß nach Art 68 Abs 3 EGV der Rat, die Kommission oder ein Mitgliedstaat eine Frage abstrakt vorlegen können, ist sicher kein Ausgleich für den Mangel an Recht und Rechtssicherheit, denn diese Antragsberechtigten werden aller Erfahrung nach nicht tätig werden, schon weil sie vom Entscheidungsbedarf nicht erfahren werden.

65 Nach § 543 ZPO in der Fassung des ZPO-Reformgesetzes findet die **Revision** nur noch auf **Zulassung** durch das OLG oder den BGH statt. Das **OLG** kann nicht vorlegen, wenn es die Revision zuläßt. Hat das OLG eine Frage des deutschen Rechts von grundsätzlicher Bedeutung iSd § 543 Abs 2 Nr 1 ZPO oder eine iSd § 543 Abs 2 Nr 2 ZPO und außerdem eine Frage der Auslegung der EheGVO zu entscheiden, so muß es schon wegen ersterer die Revision zulassen, und damit auch die Vorlage an den EuGH dem BGH überlassen. Stellt sich dem OLG keine Frage von grundsätzlicher Bedeutung des deutschen Rechts, so ist zu fragen, ob das OLG oder der BGH letzte Instanz iSd Art 68 EGV ist. Schlosser (EU-ZPR Einl Rn 18; ebenso Rimmelspacher JZ 2004, 900) hält Fragen der Auslegung hier der **EheGVO** stets für als solche von **grundsätzlicher Bedeutung**. Dann müßte das OLG also entscheiden und immer deretwegen die Revision zulassen (ebenso BVerwG 30. 1. 1996 NVwZ 1997, 178 zu § 47 Abs 2 Nr 1 VwGO). Dann wird der BGH konkrete letzte Instanz und muß dem EuGH vorlegen. Läßt das OLG die Revision nicht zu, so bleibt die Nichtzulassungsbeschwerde (§ 544 ZPO), und der BGH könnte sie nur ablehnen, wenn die Auslegung der EheGVO zweifelsfrei richtig oder die Frage nicht entscheidungserheblich wäre. Sonst muß er die Revision zulassen und dem EuGH vorlegen. Gottwald (Nagel/Gottwald § 1 Rn 66 ff; ebenso Thomas/Putzo/Hüsstege vor Art 1 EuGVO Rn 14) meint, das OLG müsse dem EuGH vorlegen, wenn es die Revision nicht aus anderen Gründen zuzulassen beabsichtigt. Er subsumiert also Fragen der Auslegung der EheGVO nicht unter § 543 ZPO (ebenso wohl implizit OLG München 14. 10. 2002, FamRZ 2003, 546 – zur Frage der Wirksamkeit von Art 2 Abs 1 lit. a EheGVO aF).

Für letzteren Ansatz spricht, daß die Aufgabe des BGH als Revisionsgericht die Wahrung der deutschen Rechtseinheit ist, während die Wahrung der Einheitlichkeit der Anwendung des europäischen Rechts Aufgabe des EuGH ist. Jedoch war das nicht der Gesichtspunkt für Art 68 EGV. Der, unglückliche, Zweck des Art 68 EGV ist vielmehr, daß der nationale **Rechtsweg erschöpft** werden muß, um den EuGH zu entlasten. Und da die Revision zum BGH zugelassen werden kann, müßte diese Möglichkeit ausgeschöpft werden, dh das OLG die Revision zulassen oder die Partei Nichtzulassungsbeschwerde einlegen, auch wenn es „nur" um Fragen der EheGVO geht (ganz hM, etwa BVerwG 20. 3. 1986 NJW 1987, 601; Geiger, EUV/EGV [4. Aufl 2004] Art 234 EGV Rn 15; Wegener, in: Calliess/Ruffert, EUV/EGV [2. Aufl 2002] Art 234 Rn 18). **66**

Ob die Partei in die Revision geht, bleibt ihr freilich überlassen, und vielleicht tut sie es dann nicht. Die Beschränkung auf die letzte Instanz bedeutet so, daß es in der Hand einer Partei liegt, ob und wann der EuGH seine Aufgabe wahrnehmen kann, für die einheitliche Anwendung der EheGVO zu sorgen. Das untere Gericht kann auch dann nicht vorlegen, wenn die Parteien einen **Rechtsmittelverzicht** erklären, denn dann könnte eine Entscheidung des EuGH im Verfahren nicht mehr beachtet werden. **67**

Im Verfahren der Vollstreckung (Art 28 bzw Art 21 ff aF) und der Feststellung der Anerkennung (Art 21 bzw Art 14 III mit Art 21 ff aF) wird durch Beschluß entschieden, gegen den die **Beschwerde zum OLG** (Art 33 bzw Art 26 aF mit Anh II) und dann die **Rechtsbeschwerde zum BGH** stattfinden (Art 34 bzw Art 27 aF mit Anh III). Da nach Art 34 (Art 27 aF) mit § 15 AVAG eine Zulassung nicht erforderlich ist, können hier stets nur der BGH bzw das BayObLG vorlegen (Thomas/Putzo/Hüsstege vor Art 1 Rn 9). **68**

Umstritten ist die Bedeutung des Art 68 Abs 1 EGV für den Fall, daß ein nicht gem Art 68 EGV vorlageberechtigtes Gericht **Zweifel an der Wirksamkeit** der EheGVO oder einzelner ihrer Bestimmungen hat. Die wohl hM geht davon aus, das Gericht habe selbst dann, wenn es die betreffende Norm für ungültig hält, die EheGVO **68a** anzuwenden, dürfe dem EuGH aber gleichwohl nicht vorlegen, sondern habe lediglich die Revision zuzulassen. Ein anderes Ergebnis ließe sich nur mit einer Übertragung der Rechtsprechung des EuGH zu Art 234 EGV (EuGH 22. 10. 1987 – Rs 314/85 Foto Frost/HZA Lübeck-Ost – Slg 1987 4199) rechtfertigen, wonach auch unterinstantzliche Gerichte zur Vorlage verpflichtet sind, wenn sie Zweifel an der Wirksamkeit eines Gemeinschaftsrechtsaktes haben. Die Annahme einer Vorlageberechtigung widerspricht allerdings dem klaren Wortlaut des Art 68 Abs 1 EG und ist daher de lege lata ausgeschlossen (ausf Pache/Knauff NVwZ 2004, 16 ff m w Nachw; Weiss, in: Streinz [Hrsg], EUV/EGV [2003] Art 68 Rn 1 ff; **aA** offenbar OLG München 14. 10. 2002 FamRZ 2003, 546 Vorlage an den EuGH zur Prüfung, ob Art 2 Abs 1 lit a, 6. Str EheGVO aF mit dem Diskriminierungsverbot des Art 12 EGV vereinbar ist, dazu unten Art 3 Rn 29), falls man Art 68 Abs 1 EGV nicht wegen Verstoßes gegen Art 6 EUV iVm Art 6 EMRK seinerseits überhaupt für rechtsstaatswidrig und damit unwirksam hält, und so jedenfalls Vorlagen zur (Un-)Wirksamkeit auch von Rechtsakten nach Art 61 ff EGV stets für zulässig ansieht (so Pache/Knauff aaO).

b) Vorlagepflicht

69 Die Vorlage steht nach Art 235 EGV nicht im Ermessen des Gerichts, sondern ist Pflicht (Art 68 Abs 1 EGV). Die Pflicht entfällt nur, wenn **keinerlei vernünftige Zweifel** an der Auslegung der betr Bestimmung bestehen (EuGH 6. 10. 1982 Rs 283/81 CILFIT – Lanificio di Gavarda/Ministerio della sanità, Slg 1982, 3415 No 16 = NJW 1983, 1257). Wann das der Fall ist, ist nicht ganz genau abstrakt zu definieren. Der EuGH definiert betont, „daß auch für den EuGH und die Gerichte der übrigen Mitgliedstaten die gleiche Gewißheit" bestehen müsse wie für das entscheidende Gericht. Wenn das Gericht nicht auch davon überzeugt ist, muß es vorlegen, dh immer schon dann, wenn eine andere Auslegung denkbar erscheint.

70 Die Vorlagepflicht ist ernst zunehmen, denn ihre Verletzung entzieht der Partei den **gesetzlichen Richter** iSd Art 101 I 2 GG und kann mit der Verfassungsbeschwerde angegriffen werden (BVerfGE 73, 339, 366 ff – Solange II). Auch wenn bereits ein Urteil des EuGH vorliegt, kann vorgelegt werden und muß es, wenn möglich erscheint, daß der EuGH seine Rechtsprechung ändert, doch vor allem, wenn er sie präzisieren könnte oder noch müßte. Und letzteres ist häufig der Fall. Eine Vorlage liegt namentlich nahe, wenn die Sachverhalte nicht identisch sind.

71 Die Vorlage verzögert sicher den Abschluß des Verfahrens. Das ist aber kein Grund, nicht vorzulegen, und schon gar nicht die Befürchtung, der EuGH könnte in einer bestimmten Weise antworten (sehr bedenklich daher BGH 12. 10. 1993 BGHZ 109, 29, 35 zu Art 16 EuGVÜ; dagegen Herrmann IZVR Bd I Kap I Rn 84 ff; irrig BGH 12. 5. 1993 IPRax 1994, 115 [Geimer 82]).

72 Die europarechtliche Frage muß jedoch **entscheidungserheblich** sein. Das ist sie nicht, wenn die Entscheidung bei jeder denkbaren Auslegung der EheGVO gleich ausfallen würde, und erst recht, wenn es auf die EheGVO deshalb nicht mehr ankommt, weil die Revision zu spät eingelegt wurde oder aus anderen Gründen unzulässig ist.

73 Die internationale Zuständigkeit ist auch in der **Revisionsinstanz von Amts wegen** zu prüfen. § 545 ZPO nF steht schon deswegen nicht entgegen, weil Art 68 Abs 1 EGV voraussetzt, daß der BGH damit befaßt werden kann (BGH 28. 11. 2002 FamRZ 2003,

370 unter II 1 a; Geimer, IZPR Rn 1008 f, 1855; weiter Art 17 Rn 4 ff). Es ist nicht erforderlich, daß die Partei die Zuständigkeitsfrage in die Revisionsbegründung iSd § 554 Abs 3 Nr 3 ZPO aufgenommen hat. Das ist nur nötig, wo nicht von Amts wegen zu prüfen ist (Kropholler Einl Rn 35).

VI. Ausführungsgesetz

Die Ausführung der EheGVO aF ist im Anerkennungs- und Vollstreckungsausführungsgesetz (AVAG) v 19. 1. 2001 geregelt. Für die VO (EG) Nr 2201/2003 (EheGVO nF) gilt ab dem 1. 3. 2005 das Gesetz zum Internationalen Familienrecht vom 26. 1. 2005 (BGBl I 162). Es findet nach § 55 sinngemäß auch auf Urteile Anwendung, die unter der EheGVO aF ergangen sind. Das Ausführungsgesetz zu den Sorgerechtsübk v 5. 4. 1990 wird ebenfalls aufgehoben; den Übergang hierzu regelt § 56 IntFamRVG. Es ist das Ausführungsgesetz auch zum HKEntfÜ und zum EurSorgeRÜ. 74

Kapitel 1
Anwendungsbereich und Begriffsbestimmungen

Artikel 1
Anwendungsbereich

(1) Diese Verordnung gilt, ungeachtet der Art der Gerichtsbarkeit, für Zivilsachen mit folgendem Gegenstand:

a) die Ehescheidung, die Trennung ohne Auflösung des Ehebandes und die Ungültigerklärung einer Ehe,

b) die Zuweisung, die Ausübung, die Übertragung sowie die vollständige oder teilweise Entziehung der elterlichen Verantwortung.

(2) Die in Absatz 1 Buchstabe b) genannten Zivilsachen betreffen insbesondere:

a) das Sorgerecht und das Umgangsrecht,

b) die Vormundschaft, die Pflegschaft und entsprechende Rechtsinstitute,

c) die Bestimmung und den Aufgabenbereich jeder Person oder Stelle, die für die Person oder das Vermögen des Kindes verantwortlich ist, es vertritt oder ihm beisteht,

d) die Unterbringung des Kindes in einer Pflegefamilie oder einem Heim,

e) die Maßnahmen zum Schutz des Kindes im Zusammenhang mit der Verwaltung und Erhaltung seines Vermögens oder der Verfügung darüber.

(3) Diese Verordnung gilt nicht für

a) die Feststellung und die Anfechtung des Eltern-Kind-Verhältnisses,

b) Adoptionsentscheidungen und Maßnahmen zur Vorbereitung einer Adoption sowie die Ungültigerklärung und den Widerruf der Adoption,

c) Namen und Vornamen des Kindes,

d) die Volljährigkeitserklärung,

e) Unterhaltspflichten,

f) Trusts und Erbschaften,

g) Maßnahmen infolge von Straftaten, die von Kindern begangen wurden.

Bis 28.2.2005 geltende Regelung: Art 1 aF (s Textanhang).

Schrifttum

SPELLENBERG, Der Anwendungsbereich der EheGVO („Brüssel II“) in Statussachen, FS für Schumann (2002) 423.

Systematische Übersicht

Alphabetische Übersicht

I. Allgemeines

Art 1 legt den sachlichen Anwendungsbereich der EheGVO fest. Allerdings schränken dann Art 2 und 26 (Art 13 aF) insoweit wieder ein, als nicht alle Entscheidungen in Verfahren nach der EheGVO anerkannt werden, sondern nur die stattgebenden (dazu Vorbem 8 zu Art 1). Der zeitliche Anwendungsbereich findet sich in Art 64 (Art 42 aF). Das Verhältnis zu verschiedenen Staatsverträgen regeln die Art 59 ff (Art 36 ff aF). 1

Der sachliche Anwendungsbereich wird vom Gegenstand des Antrags bestimmt, der auf **Auflösung** einer Ehe gerichtet sein muß. **Scheidungsfolgen** werden, abgesehen von Sorgerechtsregelugen, ebenso wenig erfaßt wie **Feststellungsklagen**. Problematisch und umstritten ist auch die Abgrenzung der „Ehe" zu anderen geregelten Partnerschaften. 2

Während die alte Fassung nur **Sorgerechtsregelungen** aus Anlaß der Eheauflösung als einzige Scheidungsfolge erfaßte (vgl Vorbem 10 zu Art 1), bringt hier die neue EheGVO eine entscheidende Erweiterung auf Sorgerechtsverfahren auch ohne Zusammenhang mit einem Eheverfahren. Im Grunde regelt die neue EheGVO nun zwei ganz verschiedene Bereiche: Statusänderungen und elterliche Verantwortung, die zusammenhängen können, aber nicht müssen (vgl Vorbem 9 ff zu Art 1). 3

Der sachliche Anwendungsbereich war Gegenstand eingehender Diskussionen schon beim Übereinkommen (Borrás-Bericht Rn 15 und 60) sowohl hinsichtlich der Einbezie- 4 hung von Sorgerechtsregelungen (vgl Vorbem 9 zu Art 1) als auch der Anerkennung klageabweisender Urteile (vgl Art 2 Nr 3, Art 13 aF). Der Ausschluß antragsabweisender Eheurteile von der Anerkennung steht in einem gewissen Gegensatz zur fast uneingeschränkten Freizügigkeit der eheauflösenden Urteile (Ancel/Muir Watt Rev crit d i p 2001, 408 Nr 3). Da die Klagabweisung nicht schon anfänglich feststeht, ergibt sich die merkwürdige Asymmetrie, daß der Anwendungsbereich der Zuständigkeitsnormen größer ist als der der Anerkennungsregelungen (weiter Art 21 Rn 22).

II. Sachlicher Anwendungsbereich

1. Eheauflösung

5 Die Gestaltungsklagen, die unter die EheGVO fallen, zählt Art 1 auf: Eheaufhebungen wegen anfänglicher Mängel, Ehescheidungen und Trennungen von Tisch und Bett. Letztere kennt zwar das deutsche Recht nicht, wohl aber kennen sie die romanischen Rechte teils als Alternative zur Scheidung, teils als deren Vorstufe, wenn eine gerichtliche Trennung nach einiger Zeit in eine Scheidung umgewandelt werden kann (vgl AG Leverkusen 10. 1. 2002 FamRZ 2002, 1636). Auf letzteres bezieht sich Art 5 (Art 6 aF). Diese Trennung ist eine Lockerung des Ehebandes, in dem die Rechte und Pflichten stark verringert werden, aber keine Freiheit der Wiederverheiratung erlangt wird. Sie ist von einer gerichtlichen Regelung der ehelichen Lebensgemeinschaft iSd § 1353 BGB und namentlich von der Feststellung eines Rechts zum Getrenntleben iSd § 1353 Abs 2 BGB zu unterscheiden (Dilger, Die Regelungen zur internationalen Zuständigkeit in Ehesachen Rn 136; Rauscher FuR 2001, 151; Rahm/Künkel/Breuer Hdb FamGerVerf VIII Rn 139.7; **aA** Schlosser Art 1 EheGVO aF Rn 2).

6 Ob die Ehe aufzuheben, zu scheiden oder trennen ist, sagt das vom **IPR** (Art 13, 17 EGBGB) bestimmte Recht, und ggf muß und kann der deutsche Richter auch eine Trennung von Tisch und Bett vornehmen (BGH FamRZ 1987, 793; BGHZ 47, 324 = FamRZ 1967, 452; weiter Vorbem 48 zu §§ 606a, 328 ZPO).

7 Nicht unter die EheGVO fällt schon die manchmal vorgesehene **posthume Eheauflösung**. Die Verfasser des Übereinkommens begründen das damit, daß diese Entscheidungen meist als „Vorabentscheidungsfragen im Rahmen einer Erbsache" Bedeutung hätten und unterstellen wohl, daß sie nicht isoliert vorkommen (Borrás-Bericht Nr 27). Mit dem Prinzip des Art 1 stimmt das insoweit überein, als hier kein Eheband mehr aufzuheben ist.

8 Keine Gestaltung ist möglich und nötig bei **ipso jure nichtigen** Ehen. Im englischen Recht kommen „void marriages" heute noch häufiger vor. Ob sie auch anderswo als nichtig gelten, hängt davon ab, ob das gemäß dem dortigen IPR nach englischem Recht beurteilt wird. Klagen auf **Feststellung der Nichtigkeit oder Wirksamkeit** der Ehen fallen nicht unter die EheGVO, weil nicht auf Statusänderung gerichtet (Hausmann ELF 2001, 27; Simotta, in: FS Geimer [2002] 1148; Helms FamRZ 2001, 259; Spellenberg in: FS Schumann [2001] 433; Schlosser Art 1 EheGVO aF Rn 2; MünchKomm-ZPO/Gottwald Art 1 EheGVO aF Rn 2; **aA** Gruber FamRZ 2000, 1130; Vogel MDR 2000, 1046; Thomas/Putzo/Hüsstege Art 1 Rn 2; Hau FamRZ 2000, 1333). Der Sachzusammenhang mit Gestaltungsklagen trägt die Einbeziehung nicht. Sie hätte die zwar an sich sinnvolle Folge, daß mit der Anerkennung überall die Rechtskraft eines die Nich-

tigkeit feststellenden Urteils wirkte, aber das **will die EheGVO nicht**. Art 21 Abs 2 iVm Art 2 Nr 4 (Art 13 Abs 1 aF) verweigert die Anerkennung der Klagabweisung, die ebenfalls nur feststellenden Inhalt hat. Das ergibt sich aus dem eindeutigen Wortlaut anderer Sprachfassungen des Art 21 (weiter BORRÁS-Bericht Nr 60). Dann kann für Feststellungsklagen nichts anderes gelten. Ob die Anerkennung eines ausländischen Feststellungsurteils nach nationalem Recht und ggf anderen Staatsverträgen erfolgt, ist unten bei Art 21 (dort Rn 24 ff) behandelt. Dementsprechend folgt auch die Zuständigkeit für Feststellungsklagen nicht aus Art 3 (Art 2 aF) EheGVO.

Unstreitig sind von der EheGVO alle **Scheidungsfolgen** nicht erfaßt (zB MünchKomm-ZPO/GOTTWALD Vor Art 1 EheGVO Rn 5) mit Ausnahmen der Sorgerechtsregelung, also nicht Unterhalt, güterrechtliche Auseinandersetzung, Hausratsverteilung, Namensführung (vgl Erwägungsgrund 8; BORRÁS-Bericht Nr 22; MünchKomm-ZPO/GOTTWALD Art 1 EheGVO aF Rn 3). Zwar sind hinkende Rechtsverhältnisse auf diesem Gebiet ebenso hinderlich wie hinkende Statusverhältnisse, aber man konnte oder wollte diese Bereiche noch nicht angehen (vgl aber den umfassenderen Vorschlag der Europäischen Gruppe für internationales Privatrecht IPRax 1992, 128; GAUDEMET-TALLON JDI 2001, 383 Rn 2 ff). Das kann durchaus ein Beleg dafür sein, daß die beträchtlichen Rechtsunterschiede in diesen Bereichen noch als schwer überwindlich angesehen werden (so VOGEL MDR 2000, 1046). Die Einschränkung war schon unter Art 1 aF unstreitig, und wird nun in Art 1 Abs 3 nF für Unterhalt ausdrücklich gesagt. 9

Weniger klar ist der Hinweis in Erwägungsgrund 10 aF und im BORRÁS-Bericht Nr 22, daß das „Scheidungsverschulden“ bzw „**Verschulden der Ehegatten**“ nicht erfaßt werde. Es ist keine Scheidungsfolge, sondern ein in manchen Rechten erheblicher Scheidungsgrund, der dann für Scheidungsfolgen bedeutsam sein kann. Die Formulierung soll richtigerweise nur eine zB in Frankreich mögliche Verurteilung zu Schadensersatz wegen alleinigen Scheidungsverschuldens (Art 266 c civ) von der EheGVO ausschließen (GAUDEMET-TALLON JDI 2001, 388 No 13; SPELLENBERG ZZPInt 6 [2001] 117). Der neue Erwägungsgrund 8 nimmt generell die Scheidungsgründe aus (zur Frage der Rechtskraft eines Schuldausspruches unten Art 21 Rn 60). 10

2. Ehe

a) Homosexuelle Partnerschaften

Es muß sich um eine Ehe handeln. Es ist heute zweifelhaft geworden, was darunter noch zu verstehen ist angesichts anerkannter hetero- und homosexueller **Lebenspartnerschaften** (der BORRÁS-Bericht geht darauf nicht ein). Manche Gesetze sehen wie das deutsche Partnerschaftsgesetz eine richterliche, deutlich der Scheidung nachgebildete Auflösung gleichgeschlechtlicher Partnerschaften vor (§ 15 PartG, zur Verfassungsrechtlichen Zulässigkeit BVerfG 17. 7. 2002 FamRZ 2002, 1169; ähnlich ist es in den Niederlanden [art 80 c Burgerlijk Wetboek] und Dänemark; zu Holland und Belgien PINTENS FamRZ 2000, 69 ff; weitere Rechtsvergleichung bei JESSURUN D'OLIVEIRA Riv dir int civ e proc 2000, 293 ff; BASEDOW/HOPT/KÖTZ/DOPFFEL, Die Rechtsstellung gleichgeschlechtlicher Lebensgemeinschaften [2000]; STAUDINGER/MANKOWSKI [2003] Art 17b EGBGB Rn 10). Mit Recht fragt GAUDEMET-TALLON, ob nicht solche Partnerschaften im Unterschied zu den „einfachen“ (wie zB dem französischen pacte de solidarité) auch Anspruch auf die Anwendung der EheGVO erheben könnten (JDI 2001, 387 Nr 11; sie läßt die Frage aber 11 wie HAU FamRZ 2000, 1333 Fn 6 offen). Bei einem Staatsvertrag würde die Frage wegen des Grundsatzes der souveränitätsschonenden Auslegung zu verneinen sein. Bei einer EG-Verordnung gilt dieses Argument nicht. Es fällt schwer, Partnerschaften, die wie in Deutschland und den Niederlanden deutlich der Ehe nachgeformt und strukturell ganz ähnlich nur durch Hoheitsakte aufzuheben sind (deshalb für Einbeziehung WATTÉ/BOULARBAH J T 2001, 369 ff Nr 5; **aA** HELMS FamRZ 2001, 258; CARLIER/FRANCQ/VAN BOXSTAEL J T dr eur 2001, 75 Nr 6; KOHLER NJW 2001, 15; sehr krit, aber wohl ebenso ANCEL/MUIR WATT Rev crit d i p 2001, 410 Nr 5), von der EheGVO auszunehmen. In europäischen Rechtsakten wird der Begriff freilich bislang noch iS der Tradition verwendet (insb EuGH v 17. 4. 1986 Rs 59/85 – Niederlande/Reed – Slg 1986, I 1296; EuGH 17. 2. 1998 Rs C-249/96 – Grant/Southwest Trains – Slg 1998 I-621; krit JESSURUN D'OLIVEIRA, in: Liber Amicorum KURT SIEHR [2000] 527 ff zur Niederlassungsfreiheit; FALLON Rev trim dr fam 1998, 383). In den nationalen Rechtsordnungen, auf die der EuGH verweist, ist auch eine deutliche Entwicklung zu bemerken, wobei wohl noch zwischen **heterosexuellen und homosexuellen** Partnerschaften **unterschieden** werden muß (vgl EuGH 7. 2. 1998 – Grant – aaO Nr 35, der noch 1998 die generelle soziale Entwicklung in dieser Hinsicht vermißte. Der EuGH 31. 5. 2001 Rs 122/99 und 125/99 D/Schweden/Rat Slg 2001 I-4319 in einer Beamtensache lehnt, wie bisher, die Einbeziehung einer homosexuellen Partnerschaft ab, weil in den nationalen Rechtsordnungen ein deutlicher Unterschied zur Ehe bestehe). Nach der derzeitigen Rechtsprechung des EuGH scheiden gleichgeschlechtliche Partnerschaften aus. Dann ändert es auch nichts, daß die Niederlande die „Ehe“ für homosexuelle Paare öffnen und so nennen, oder daß das deutsche Partnerschaftsgesetz sich deutlich an die Regelungen der Ehe anlehnt.

b) Heterosexuelle Partnerschaften

12 Die Frage der Gleichstellung wenigstens **heterosexueller Partnerschaften** zunächst im Hinblick auf die Verordnung zum freien Personenverkehr Nr 1612/68 ist noch Gegenstand der Diskussion im Rat, und dh wohl, daß die EU sich eine gesetzliche Regelung vorbehält. (Das Europäische Parlament hat in mehreren Resolutionen v 14. 12. 1994 und 8. 2. 1994 großzügigere Rechtsakte angemahnt [ABlEG 1995 C 18/96 für heterosexuelle Partnerschaften, ABlEG 1994 C 61/40 für homosexuelle; ein Vorschlag der Kommission KOM98/394 endg ABlEG 1998 C 344 9 ff zur Änderung der Verordnung 1612/68 vermeidet auffällig eine klare Stellungnahme]). Auch hier lehnt der EuGH bisher eine Gleichstellung ab, so daß die EheGVO auf Ehen im herkömmlichen Sinn beschränkt bliebe (EuGH 17. 4. 1986 aaO; zust DILGER, Die Regelungen zur internationalen Zuständigkeit in Ehesachen Rn 111).

13 Während die **gleichgeschlechtliche Partnerschaft** außerhalb der EheGVO bleibt und daher in Deutschland unter § 661 ZPO fällt, weil insoweit ein traditionelles Ehemodell zugrunde gelegt wurde, wird aber ein Ausschluß der heterosexuellen Partnerschaft nur wegen **formloser Eingehung** nicht befriedigen. Unstreitig wird man zwar heterosexuelle Partnerschaften feststellen können, die einer Ehe nicht gleichgestellt oder vergleichbar sind, worüber das nationale Sachrecht entscheidet, aber es gibt kein einfaches Kriterium dafür, wann eine solche Lebensgemeinschaft eine Ehe iSd EheGVO ist oder ihr gleichgestellt werden kann. Zwar dürfte es die formlose Eheschließung in europäischen Rechten nicht mehr geben, aber die EheGVO erfaßt auch die Scheidung von Ehen, die unter außereuropäischem Recht eingegangen wurden. So existiert in einigen US-Staaten wohl immer noch die formlose *common law-Ehe* als Alternative neben der förmlich eingegangenen; in Mazedonien, Slowe-

nien und Kroatien wird eine längere Zeit dauernde eheähnliche Lebensgemeinschaft ipso facto zur Ehe, die dann förmlich geschieden werden muß. Möglicherweise sind die „stabilen Gemeinschaften" in Katalonien oder Brasilien und die de facto *relationships* in New South Wales ähnlich zu sehen (Henrich, Internationales Familienrecht S 20). Und in diesem Zusammenhang sind auch zu erwähnen die vor allem in ehemaligen englischen Kolonien wichtigen Ehevermutungen *(presumption of marriage)*, die an länger dauerndes Zusammenleben als Mann und Frau eine nur schwer widerlegliche Vermutung knüpfen, daß eine förmliche und wirksame Eheschließung stattgefunden habe. Andererseits gibt es natürlich durchaus auch nichteheliche Lebensgemeinschaften, die nicht Ehen gleichgestellt sind. Aber international und rechtsvergleichend kann der Kreis der von Art 1 EheGVO umfaßten „Ehen" nicht mit dem Kriterium der förmlichen Eheschließung abgegrenzt werden, anders als im deutschen Recht. Insbesondere ist nicht für den Begriff der Ehe in der EheGVO etwa die Mitwirkung einer kirchlichen oder staatlichen Trauungsperson zu fordern. Die *common law*-Ehe ist ein Vertrag nur zwischen den Nupturienten, und auch die Eheschließung des islamischen Rechts ist ein privater Vertrag.

Kann nicht der Akt der „Eheschließung" zur Abgrenzung der „Ehe" dienen, so muß auf den Inhalt des betreffenden Rechtsverhältnisses abgestellt werden. Henrich (aaO S 21) will für das IPR darauf abstellen, ob die betreffende Gemeinschaft alle Rechtsfolgen einer Ehe hat oder zwar Rechtsfolgen hat, die aber von denen der Ehe als einer Normalform des heterosexuellen Zusammenlebens unterschieden werden. Entscheidend dürfte sein, ob die Lebensgemeinschaft **rechtlich verfaßt** ist und eine umfassende, **grundsätzlich lebenslängliche Lebensgemeinschaft** vorsieht. Unterhaltspflichten oder Erbrechte allein machen noch keine Ehe in diesem Sinne. So scheidet der französische *pacte de solidarité*, der hetero- wie homosexuellen Paaren offensteht, aus, weil sein Schwerpunkt im Vermögensrecht liegt (Hauser DEuFamR 2000, 29 ff; weitere Lit bei Staudinger/Mankowski [2003] Art 17b EGBGB Rn 10 ff; weitere Rechtsvergleichung bei Verschraegen FamRZ 2000, 65 ff; Pintens ebenda S 69 ff). Die Übergänge sind fließend und die Abgrenzung schwierig. So kann man annehmen, daß die registrierte niederländische Partnerschaft nicht gleichgeschlechtlicher Partner unter die Ehe subsumiert werden kann, weil sie weitgehend die gleichen Wirkungen hat, die belgische dagegen nicht (Pintens aaO S 70 ff). Die ausländische Lebensgemeinschaft darf daher in ihrer Begründung und Dauer nicht allein auf einer jederzeit kündbaren Freiwilligkeit des Zusammenlebens beruhen. Das Problem entsteht zudem nur, wenn die betreffende Rechtsordnung neben der Ehe auch noch andere Lebensgemeinschaften rechtlich anerkennt. Das ist in islamischen Rechten wohl nicht der Fall. Es müßten dann die Wirkungen der beiden Institute miteinander verglichen und festgestellt werden, ob die andere Lebenspartnerschaft von einer Ehe unterschieden wird (MünchKomm/Coester Art 13 EGBGB Rn 3 ff). 14

Kein geeignetes Element der Abgrenzung ist, ob nach dem maßgebenden Recht die betreffende Partnerschaft durch hoheitlichen Akt oder durch einen privaten Vertrag zu **beenden** ist, der eventuell vom Standesbeamten eingetragen werden muß (§ 80 Ndl Wetboek). Eine gerichtliche Auflösung ist schon deswegen nicht vorauszusetzen, weil viele ostasiatischen Rechte die private Scheidung durch Vertrag kennen. Selbst die Scheidung durch einseitige Erklärung in den islamischen Rechten bedeutet nicht, daß es sich nicht vorher um eine Ehe iSd EheGVO gehandelt habe. 15

3. Staatliche Verfahren

16 Art 1 mit Art 2 Nr 1 betont, daß die EheGVO nur auf **gerichtliche Verfahren** zur Eheauflösung, denen alle anderen amtlichen Verfahren gleichstehen, anzuwenden ist. Scheidungen durch Verwaltungsakt (Abs 3) wurden im Hinblick auf die dänische Regelung einbezogen (Borrás-Bericht Nr 20 sub A), wo nun aber die EheGVO nicht gilt. In Deutschland wurde ein Verfahren vor dem Standesbeamten bei unstreitigen Scheidungen diskutiert (krit dazu G Otto StAZ 1999, 162 ff) und ähnlich in Frankreich. Sollte es in einem Mitgliedstaat eingeführt werden oder vorkommen, findet die EheGVO Anwendung. Ebenso wären verwaltungsgerichtliche Verfahren erfaßt, doch kommen sie für die Eheauflösungen wohl nicht vor. Von einer Scheidung durch Verwaltungsbehörden ist deren Einschaltung nach der Scheidung zu unterscheiden und gehört nicht hierher. So entfaltet eine Scheidung nach manchen Rechten überhaupt oder jedenfalls Dritten gegenüber ihre Wirkungen erst nach Eintragung im Standesregister (vgl Art 21 Rn 74 ff).

17 **Verwaltungsbehörden** spielen aber eine Rolle in **Sorgerechtssachen**. Der Borrás-Bericht Nr 20 sub a verweist auf die Mitwirkung des Sozialamtes in Finnland, welches eine Vereinbarung der Eltern genehmigt, die anläßlich des gerichtlichen Scheidungsverfahrens getroffen wird. Für solche amtlichen Verfahren gelten die Regeln der internationalen Zuständigkeit der EheGVO, dh auch daß diese Stellen nicht tätig werden dürfen, wenn nach der EheGVO nicht sie, sondern ein anderer Mitgliedstaat zuständig ist (vgl Art 6 und 14).

4. Nicht staatliche Verfahren

18 Dagegen hätte es keinen Sinn und geschieht auch nicht, die internationale Zuständigkeit für kirchliche, in Europa also namentlich **kanonische Gerichte** regeln zu wollen. Sie werden nur ihre eigenen Regeln befolgen dürfen. Und für Privatscheidungen hat eine Zuständigkeitsordnung ohnehin keine Funktion. Die Dinge sind differenzierter bei der Anerkennung kirchlicher oder privater Eheauflösungen (dazu Art 21 Rn 9 f, 12 ff).

19 Religiöse und private Scheidungen kommen im islamischen und ostasiatischen Recht vor (vgl dazu Anh zu § 606a ZPO Rn 68 ff). In Deutschland können auch diese Ehen aber nur durch Richterspruch geschieden werden (Art 17 Abs 2 EGBGB), und für dieses Verfahren gelten dann natürlich die Zuständigkeitsregeln der EheGVO. Ob Privatscheidungen in einem Mitgliedstaat zugelassen werden, wenn dies das maßgebende Scheidungsstatut eines Drittstaates vorsieht, ist nicht bekannt. Werden Privatscheidungen in den betr ausländischen diplomatischen Vertretungen vollzogen, so fallen sie schon deshalb nicht unter die EheGVO, weil es sich nicht um eine Behörde eines Mitgliedstaates handelt. Lösen zwei Thais ihre Ehe in Frankreich durch Vertrag auf und lassen ihn in der Botschaft in Paris registrieren, so gelten weder die Verfahrensvorschriften noch die Anerkennungsregeln der EheGVO. Die Wirksamkeit ist anhand von Art 17 Abs S 1 EGBGB zu beurteilen. (In Deutschland fiele das zudem unter das Verbot des privaten Scheidungsvollzugs im Inland. Vgl § 328 ZPO Rn 561).

5. Elterliche Verantwortung

a) EheGVO aF

Sorgerechtsregelungen fielen bisher nur unter die EheGVO, wenn sie **„aus Anlaß" eines Eheauflösungsverfahrens** erfolgen (Art 1 Abs 1 lit b) oder, nach der Formulierung in Erwägungsgrund 11 aF, wenn sie in engem Zusammenhang damit stehen. In diesem Fall ergibt Art 3 aF eine Annexzuständigkeit. 20

Den zeitlichen Zusammenhang definierte dann Art 3 aF. Das Sorgerechtsverfahren darf weder vor Eröffnung des Eheverfahrens begonnen haben, noch nach dessen rechtskräftigem Abschluß. Ist es zu diesem Zeitpunkt noch anhängig, muß es noch zu Ende geführt werden. 21

Der sachliche Zusammenhang erfordert, daß die Sorgerechtsentscheidung wegen der Eheauflösung vorzunehmen ist, dh „aus Anlaß" der Eheauflösung, und nicht nur zufällig gleichzeitig stattfindet. (Der französische Text spricht von „lien étroit" in Erwägungsgrund 11 bzw „à l'occasion de l'action matrimoniale" in Art 1 I b.) Wenn anläßlich einer Scheidung (und vor Abschluß dieses Verfahrens) ein Antrag iSd § 1671 BGB gestellt wird, fällt er unter Art 1 und 3 EheGVO aF. Wenn dagegen zu diesem Zeitpunkt das Vormundschaftsgericht nach § 1666 BGB tätig wird, dann gilt die EheGVO nicht. Das bedeutet, daß für diese Eingriffe in das Sorgerecht die internationale Zuständigkeit weiterhin aus Art 1 MSA folgt. Obwohl in Deutschland ein Antrag nach § 1671 BGB nur voraussetzt, daß die Eltern getrennt leben und nicht ein Scheidungsurteil, ist die EheGVO anzuwenden, wenn eine Statusänderung iSd Abs 1 a anhängig ist. Eine Feststellungsklage würde nicht genügen (vgl Rn 8), doch wird sich das Problem kaum stellen. 22

b) EheGVO nF

Die Neufassung hat die Bindung an ein Eheverfahren aufgegeben. Art 1 nennt das Erfordernis des Anlasses eines Eheverfahrens nicht mehr und Art 8 enthält eine **isolierte Zuständigkeit** kraft gewöhnlichen Aufenthalts des Kindes. Dieser ist Art 5 KSÜ (bzw Art 1 MSA) nachgebildet, und die EheGVO verdrängt hinsichtlich der Zuständigkeit für und der Anerkennung von Entscheidungen das MSA und das KSÜ (dazu Vorbem 31 zu Art 1). 23

Daneben enthält Art 12 Abs 1 aber noch eine Annexzuständigkeit des Staates der anhängigen Ehesache, in welchem das Kind nicht seinen gewöhnlichen Aufenthalt hat, die der Annexzuständigkeit des bisherigen Art 3 Abs 2 entspricht. Daß die Sorgerechtsregelung aus Anlaß der Ehesache erfolgen muß, ist nicht mehr ausdrücklich gesagt, aber anzunehmen. Erforderlich ist das Einverständnis der Ehegatten. Art 12 Abs 3 läßt auch eine andere Beziehung des Kindes zu einem Staat genügen, verlangt aber weiter das Einverständnis aller Inhaber der elterlichen Verantwortung. 24

c) Elterliche Verantwortung (Begriff)

Der Begriff der „elterlichen Verantwortung" wird nun in Art 2 Nr 7 bis 10 definiert. Der Borrás-Bericht Nr 24 verwies auf nationales Recht, wo er definiert sein müsse. Es trifft zu, daß die nationalen Kindschaftsregelungen ergeben, welche Elternrechte bzw -pflichten bestehen, doch muß der EheGVO schon bisher autonom entnommen 25 werden, für welche Regelungen sie Zuständigkeit und Anerkennung regelt. Man kann Art 2 Nr 7 bis 10 nF auch für Art 3 aF zugrunde legen.

26 **Sachlich** kann es sich um die Verteilung der Personen- wie der Vermögenssorge handeln, um das Recht zum Umgang mit dem Kind und um ein Recht auf Herausgabe des Kindes an einen Sorgeberechtigten (MünchKomm-ZPO/GOTTWALD Art 1 Rn 3). Eigenartigerweise definiert Art 2 Nr 10 das Umgangsrecht, obwohl der Begriff dann bei der Zuständigkeit nicht verwandt wird. Er ist in der elterlichen Verantwortung eingeschlossen. Der Umgang des Kindes mit Dritten gehört jedoch nicht hierher (vgl § 1685 BGB).

27 Art 3 aF erfaßt nur **gemeinsame Kinder**. Das sind leibliche und ebenso gemeinsam adoptierte Kinder (MünchKomm-ZPO/GOTTWALD Art 1 EheGVO aF Rn 3; THOMAS/PUTZO/HÜSSTEGE Art 1 EheGVO aF Rn 7; WAGNER, IPRax 2001, 76). Vorschläge, einseitige, aber in der Familie lebende Kinder mit einzubeziehen, wurden abgelehnt (BORRÁS-Bericht Nr 25; bedauert von ANCEL/MUIR WATT Rev crit d i p 2001, 408, 426 Nr 3, 19; GAUDEMET-TALLON JDI 2001, 387 Rn 10), obwohl solche „rekombinierten" Familien zahlreich sind und weiter zunehmen werden. Es ist auch keineswegs so, daß dann immer nur der betreffende eine Ehegatte das Sorgerecht hätte, so daß nichts zu verteilen wäre. Der BORRÁS-Bericht (Nr 25) nennt selbst die andersartigen Situationen im englischen, schottischen und niederländischen Recht. (Zu denkbaren Konsequenzen verschiedener Zuständigkeiten für die bisher gemeinsam lebenden Kinder krit ANCEL/MUIR WATT Rev crit d i p 2001, 426 Nr 19).

28 Art 8 nF, der die allgemeine Regelung ist, hat die bisherige Begrenzung auf gemeinsame Kinder aufgegeben zusammen mit der Bindung an die Anhängigkeit einer Ehesache. Um so weniger leuchtet ein, daß die Annexzuständigkeit in Art 12 Abs 1 weiterhin nur für gemeinsame Kinder gelten soll (weiter Art 3).

29 „**Kind**" wird nicht näher definiert. Da es um Änderungen des Sorgerechts geht, ist jedenfalls erforderlich, daß das Kind nach dem maßgebenden Recht unter „elterlicher Verantwortung" steht. Insbesondere legt die EheGVO, anders als das HKEntfÜ und das KSÜ, nicht selbst eine Altersgrenze fest. Art 12 MSA verlangt, daß das Kind nach seinem Heimatrecht sowie nach dem seines gewöhnlichen Aufenthalts minderjährig ist, Art 2 KSÜ zieht die Altersgrenze bei 18 Jahren, und das HKEntfÜ ist nur anwendbar auf Kinder bis zu 16 Jahren, ohne damit die Volljährigkeit im Allgemeinen festzulegen. Die EheGVO sollte diese Differenzen nicht noch weiter vermehren. Und da vor allem Widersprüche zum KSÜ zu vermeiden sind, sollte die **Altersgrenze von 18** Jahren übernommen werden. „Kinder" sind also Personen bis 18 Jahre, die unter elterlicher Verantwortung stehen.

III. Räumlicher Anwendungsbereich

30 Der räumliche Anwendungsbereich der EheGVO umfaßt die in Art 299 Abs 1 EGV genannten **Mitgliedstaaten** der EU samt überseeischen Gebieten mit Ausnahme Dänemarks. Es sind dies also:

Belgien, Finnland mit den Ålandinseln, Frankreich mit Französisch-Guayana, Guadeloupe, Martinique, la Réunion, Griechenland, Großbritannien mit Gibraltar aber ohne die Kanalinseln, die Isle of Man und seine Hoheitszonen auf Zypern, Irland, Italien, Luxemburg, die Niederlande, Österreich, Portugal mit Azoren und Madeira, Schweden, Spanien mit den Balearen und den Kanarischen Inseln. Und zum 1.5. 2004 sind hinzugekommen: Estland, Lettland, Litauen, Malta, Polen, Slowenien, Slowakei, Tschechische Republik, Ungarn und Zypern (griechischer Teil).

Dagegen findet die EheGVO gem Art 299 Abs 3 EGV **keine Anwendung** auf die im Anhang II zum EGV aufgeführten assoziierten Gebiete: Grönland, Neukaledonien und Nebengebiete, Französisch-Polynesien, Französische Süd- und Antarktisgebiete, Wallis und Futuna, Mayotte, St. Pierre und Miquelon, Aruba, Niederländische Antillen: Bonaire, Curaçao, Saba, Saint Eustatius, Saint Maarten, Anguilla, Kaimaninseln, Falklandinseln, Südgeorgien und südliche Sandwichinseln, Montserrat, Pitcairn, St. Helena und Nebengebiete, Britisches Antarktis-Territorium, Britische Territorien im Indischen Ozean, Turks- und Caicosinseln, Britische Jungferninseln, Bermuda.

In den Mitgliedstaaten haben Gerichte und Behörden ihre **internationale Zuständigkeit** zunächst nach der EheGVO zu beurteilen, und die nationalen Regeln nur anzuwenden, soweit es Art 7 (Art 8 aF) erlaubt. Sie müssen dafür auch prüfen, ob sich eine Zuständigkeit in einem anderen Mitgliedstaat aus der EheGVO ergibt, also ggf auch in einem der überseeischen Gebiete. Schon in dieser Hinsicht ist der räumliche Anwendungsbereich der EheGVO für den deutschen Richter erheblich. 31

Für die **Anerkennung** ausländischer Entscheidungen gilt die EheGVO immer und ausschließlich, wenn die Entscheidung aus einem Mitgliedstaat oder zugehörigem Gebiet stammt, wobei es unerheblich ist, worauf dessen internationale Zuständigkeit beruhte oder gegründet wurde (Art 13 Abs I). Dasselbe gilt für die Rechtshängigkeitssperre nach Art 19 (Art 11 aF). 32

IV. Persönlicher Anwendungsbereich

Die VO definiert ihren persönlichen oder räumlich-persönlichen Anwendungsbereich zu Recht nicht (Ancel/Muir Watt Rev crit d i p 2001, 410 Nr 5; Spellenberg, in: FS Schumann [2002] 439 ff). Das war anders beim EuGVÜ als Staatsvertrag. Die Anerkennungsregeln sind unabhängig von irgendwelchen persönlichen Verhältnissen von Parteien, und die Regeln für die internationale Zuständigkeit gehen den nationalen der ZPO zwar vor, heben sie aber nicht auf (vgl Art 9 [Art 8 aF]). 33

Es kommt **nur** darauf an, **ob die Voraussetzungen für die internationale Zuständigkeit** gem einer dieser Normen der EheGVO gegeben sind. Sie sind nicht etwa nur anwendbar, wenn bestimmte weitere Voraussetzungen bei den Parteien vorliegen. Aus Art 6 (Art 7 aF) folgt nicht, daß die Zuständigkeitsregeln der EheGVO nur anwendbar seien, wenn der Beklagte die Staatsangehörigkeit eines Mitgliedstaates oder dort seinen gewöhnlichen Aufenthalt hat (so aber Hausmann ELF 2000/01, 275; Hau FamRZ 2000, 1340), denn ein Mitgliedstaat kann schon dann zuständig sein, wenn nur der Kläger seinen gewöhnlichen Aufenthalt dort hat (Art 2 Abs 1 lit a 5. und 6. Str). Da die Zuständigkeiten in Art 2 alle auf persönlichen Verhältnissen der Parteien beruhen, ist der **räumlich-persönliche Anwendungsbereich** der EheGVO **identisch mit** den Tatbeständen, aus denen sich eine **Zuständigkeit** ergibt (Gaudemet-Tallon JDJ 2001, 397 Nr 40). Wenn man einen räumlich-persönlichen Anwendungsbereich der 34

EheGVO daraus ableiten wollte, so brächte das jedenfalls keinen zusätzlichen Erkenntnisgewinn. Es hat keinen Sinn, die räumlich-persönliche Anwendbarkeit der EheGVO zu verneinen, wenn eine Zuständigkeit nach ihr gegeben wäre, oder sie umgekehrt zu bejahen, wenn keine gegeben ist. Voraussetzung ist im Verhältnis zu nationalem Recht nur, daß es sich um ein internationales Verfahren handelt.

V. Internationale Verfahren

1. Internationalität

35 Logisch könnte man sagen, daß der Richter immer zuerst prüfen müsse, ob deutsche Gerichte überhaupt zuständig seien, doch macht es praktisch keinen Sinn, so zu fragen, wenn der konkrete Fall keine Auslandsbeziehungen hat, weil die Antwort dann evident ist (ähnlich RAUSCHER/RAUSCHER Vor Art 1 EheGVO aF Rn 13; ZÖLLER/GEIMER ZPO Art 1 EuGVO aF Rn 13). Die Auslandskontakte, die ihn ernsthaft zu der Frage veranlassen, können und müssen jedoch nicht mit Allgemeingültigkeit aufgezählt werden. Für den beschränkten Bereich der Ehesachen kann man einen internationalen Fall annehmen, wenn die Parteien nicht beide nur die deutsche Staatsangehörigkeit und auch nicht beide ihren gewöhnlichen Aufenthalt im Inland haben, und umgekehrt ein nationaler Fall, wenn beide nur die deutsche Staatsangehörigkeit und beide ihren gewöhnlichen Aufenthalt in Deutschland haben. Wichtig ist allein, ob die inländischen Gerichte zuständig sind, und dies ist **immer zuerst** anhand der EheGVO zu prüfen.

2. Innergemeinschaftlicher Konflikt

36 Vom EuGVÜ kennt man die Diskussion, ob es nur anwendbar sei, wenn **mindestens zwei Mitgliedstaaten** berührt oder möglicherweise zuständig sind. Die Frage wird vornehmlich im Hinblick auf Art 17 EuGVÜ (Art 23 EuGVO) diskutiert (gegen diese Einschränkung GEIMER/SCHÜTZE Einl EuGVO Rn 234 ff, Art 23 EuGVO Rn 16 ff; AULL, Der Geltungsanspruch des EuGVÜ: „Binnensachverhalte" und IZVR in der EU [1996] 153, 223 ff; GROLIMUND, Drittstaatenproblematik des europäischen ZVR [2000] 104, 152, 185 f, 199; KERAMEUS, in: GOTTWALD [Hrsg], Revision des EuGVÜ – Neues Schiedsverfahrensrecht [2000] 75 ff; COESTER-WALTJEN, in: FS Nakamura [1996] 102; tendenziell nun auch EuGH 13. 7. 2000 Rs C-412/98 Groupe Josi/Univ Gen Insurance – Slg 2000, I-5925 Rn 33 ff = IPRax 2000, 520 [zust STAUDINGER 483]; dazu GEBAUER ZEuP 2001, 943; **aA** SCHACK, IZVR Rn 464 mwNw).

37 Schon die Ausgestaltung der EheGVO als EU-Verordnung (STAUDINGER IPRax 2000, 484), insbesondere aber die spezielle Technik der Regelung der internationalen Zuständigkeit sprechen **gegen eine Beschränkung auf innergemeinschaftliche Jurisdiktionskonflikte** (RAUSCHER/RAUSCHER Vor Art 1 EheGVO aF Rn 12). Die EheGVO begründet eine internationale Zuständigkeit nur mit Vorrang vor den nationalen Regeln, hebt diese aber nicht auf (DE VAREILLES-SOMMIÈRES Gaz Pal 1999, Doctr, 2019, 2023 no 37 ff), wie Art 7 (Art 8 aF) zeigt. Beide Regelungswerke sind in internationalen Fällen grundsätzlich gleichermaßen anwendbar, so daß auch für die EuGVO keine speziellere Beziehung gerade zu einem weiteren Mitgliedstaat bestehen muß (SPELLENBERG, in: FS Schumann [2002] 439 f, RAUSCHER/RAUSCHER aaO Rn 12; zur EuGVO R WAGNER RabelsZ 68 [2004] 145). Es gibt nur den **Vorrang der EheGVO** für die Regelung der internationalen Zuständigkeit bei Fällen mit Auslandsbezug. Damit

kommt man zu Übereinstimmung mit den Anerkennungsregeln, denn unstreitig sind gemeinschaftsweit auch die Urteile anzuerkennen, die auf einer Zuständigkeit nach nationalem Recht beruhen.

VI. Regelungsinhalte

Die EheGVO ist ebensowenig wie die EuGVO eine vollständige Prozeßordnung. **38**
Sie regelt vielmehr nur die internationale Zuständigkeit der Mitgliedstaaten, die Anerkennung und Vollstreckung von Entscheidungen, soweit sie der Vollziehung bedürfen, im sachlichen Anwendungsbereich der EheGVO aus einem Mitgliedstaat. Dazu kommt die internationale Rechtshängigkeit und Fragen der Gewährung rechtlichen Gehörs.

Artikel 2
Begriffsbestimmungen

Für die Zwecke dieser Verordnung bezeichnet der Ausdruck

1. **„Gericht" alle Behörden der Mitgliedstaaten, die für Rechtssachen zuständig sind, die gemäß Artikel 1 in den Anwendungsbereich dieser Verordnung fallen;**

2. **„Richter" einen Richter oder Amtsträger, dessen Zuständigkeiten denen eines Richters in Rechtssachen entsprechen, die in den Anwendungsbereich dieser Verordnung fallen;**

3. **„Mitgliedstaat" jeden Mitgliedstaat mit Ausnahme Dänemarks;**

4. **„Entscheidung" jede von einem Gericht eines Mitgliedstaats erlassene Entscheidung über die Ehescheidung, die Trennung ohne Auflösung des Ehebandes oder die Ungültigerklärung einer Ehe sowie jede Entscheidung über die elterliche Verantwortung, ohne Rücksicht auf die Bezeichnung der jeweiligen Entscheidung, wie Urteil oder Beschluss;**

5. **„Ursprungsmitgliedstaat" den Mitgliedstaat, in dem die zu vollstreckende Entscheidung ergangen ist;**

6. **„Vollstreckungsmitgliedstaat" den Mitgliedstaat, in dem die Entscheidung vollstreckt werden soll;**

7. **„elterliche Verantwortung" die gesamten Rechte und Pflichten, die einer natürlichen oder juristischen Person durch Entscheidung oder kraft Gesetzes oder durch eine rechtlich verbindliche Vereinbarung betreffend die Person oder das Vermögen eines Kindes übertragen wurden. Elterliche Verantwortung umfasst insbesondere das Sorge- und das Umgangsrecht;**

8. **„Träger der elterlichen Verantwortung" jede Person, die die elterliche Verantwortung für ein Kind ausübt;**

9. „Sorgerecht" die Rechte und Pflichten, die mit der Sorge für die Person eines Kindes verbunden sind, insbesondere das Recht auf die Bestimmung des Aufenthaltsortes des Kindes;

10. „Umgangsrecht" insbesondere auch das Recht, das Kind für eine begrenzte Zeit an einen anderen Ort als seinen gewöhnlichen Aufenthaltsort zu bringen;

11. „widerrechtliches Verbringen oder Zurückhalten eines Kindes" das Verbringen oder Zurückhalten eines Kindes, wenn

a) dadurch das Sorgerecht verletzt wird, das aufgrund einer Entscheidung oder kraft Gesetzes oder aufgrund einer rechtlich verbindlichen Vereinbarung nach dem Recht des Mitgliedstaats besteht, in dem das Kind unmittelbar vor dem Verbringen oder Zurückhalten seinen gewöhnlichen Aufenthalt hatte,

und

b) das Sorgerecht zum Zeitpunkt des Verbringens oder Zurückhaltens allein oder gemeinsam tatsächlich ausgeübt wurde oder ausgeübt worden wäre, wenn das Verbringen oder Zurückhalten nicht stattgefunden hätte. Von einer gemeinsamen Ausübung des Sorgerechts ist auszugehen, wenn einer der Träger der elterlichen Verantwortung aufgrund einer Entscheidung oder kraft Gesetzes nicht ohne die Zustimmung des anderen Trägers der elterlichen Verantwortung über den Aufenthaltsort des Kindes bestimmen kann.

Bis 28. 2. 2005 geltende Regelung: Keine Entsprechung.

1 Art 2 ist offenbar von der im angloamerikanischen Rechtskreis verbreiteten legislatorischen Praxis der Begriffsdefinitionen inspiriert. Sie hat dort ihren Grund ua in der Neigung zu enger Auslegung von Gesetzen, um die zumindest praktisch vorrangige Rechtsschöpfung durch die Gerichte nicht zu sehr zu beschränken bzw um den Anwendungsbereich des Gesetzes vom case law genauer abzugrenzen. Diese Funktion kann und soll Art 2 im Rahmen der EheGVO nicht haben. Diese ist vielmehr nach wie vor vor allem teleologisch auszulegen (Vorbem 58 zu Art 1), und das wird durch die Definitionen nicht ausgeschlossen.

2 Sie sind vielmehr wie der sonstige Wortlaut der EheGVO zu beachten und ergänzen die weiteren Artikel. So ergibt Art 2 Nr 3 erst zusammen mit Art 21, daß klagabweisende Urteile nicht anerkannt werden, wie es zuvor Art 13 aF allein sagte. Die Definitionen konkretisieren aber durchaus auch, so zB die Nr 6 bis 10 die elterliche Verantwortung. Und sie können auch Begriffen, die mehrfach vorkommen, eine einheitliche Bedeutung geben wie zB Nr 3 der „Entscheidung" oder Nr 4 dem „Ursprungsstaat".

Kapitel 2
Zuständigkeit

Abschnitt 1
Ehescheidung, Trennung ohne Auflösung des Ehebandes und Ungültigerklärung einer Ehe

Artikel 3
Allgemeine Zuständigkeit

(1) Für Entscheidungen über die Ehescheidung, die Trennung ohne Auflösung des Ehebandes oder die Ungültigerklärung einer Ehe betreffen, sind die Gerichte des Mitgliedstaats zuständig,

a) in dessen Hoheitsgebiet
- **beide Ehegatten ihren gewöhnlichen Aufenthalt haben oder**
- **die Ehegatten zuletzt beide ihren gewöhnlichen Aufenthalt hatten, sofern einer von ihnen dort noch seinen gewöhnlichen Aufenthalt hat, oder**
- **der Antragsgegner seinen gewöhnlichen Aufenthalt hat oder**
- **im Fall eines gemeinsamen Antrags einer der Ehegatten seinen gewöhnlichen Aufenthalt hat oder**
- **der Antragsteller seinen gewöhnlichen Aufenthalt hat, wenn er sich dort seit mindestens einem Jahr unmittelbar vor der Antragstellung aufgehalten hat, oder**
- **der Antragsteller seinen gewöhnlichen Aufenthalt hat, wenn er sich dort seit mindestens sechs Monaten unmittelbar vor der Antragstellung aufgehalten hat und entweder Staatsangehöriger des betreffenden Mitgliedstaats ist oder, im Fall des Vereinigten Königreichs und Irlands, dort sein „domicile“ hat;**

b) dessen Staatsangehörigkeit beide Ehegatten besitzen, oder, im Fall des Vereinigten Königreichs und Irlands, in dem sie ihr gemeinsames „domicile“ haben.

(2) Der Begriff „domicile“ im Sinne dieser Verordnung bestimmt sich nach dem Recht des Vereinigten Königreichs und Irlands.

Bis 28. 2. 2005 geltende Regelung: Art 2 aF (s Textanhang) (unverändert).

Schrifttum

Siehe auch Schrifttum Einl zur EheGVO.
Ancel/Muir Watt, La désunion européenne: Le règlement dit „Bruxelles II“, Rev crit d i p 90 (2001) 4

Boularbah/Watté, Les nouvelles règles de conflits de jurisdictions en matière de désunion des époux. Le règlement communautaire „Bruxelles II" J T 2001, 369

Dilger, Die Regelungen zur internationalen Zuständigkeit in Ehesachen in der Verordnung (EG) Nr 1347/2000 (2004)

Gaudemet-Tallon, Le règlement no 1347/ 2000 du Conseil du 29 mai 2000, „Compétence, reconnaissance et exécution des décisions en matière matrimoniale et en matière de responsabilité parentale des enfants communs", J D I 2001, 381

Hau, Das System der internationalen Entscheidungszuständigkeit im europäischen Eheverfahrensrecht, FamRZ 2000, 1333

Hausmann, Neues Internationales Verfahrensrecht in der EU, ELF 2000/2001, 271 und 345

Niklas, Die europäische Zuständigkeitsordnung in Ehe- und Kindschaftsverfahren, 2003

Rauscher, Neue internationale Zuständigkeit in Familiensachen – VO(EG) Nr 1347/2000, FuR 2001, 151

Spellenberg, Die Zuständigkeit für Eheklagen nach der EheGVO, in: FS für Geimer (2002) 1257.

Systematische Übersicht

Alphabetische Übersicht

I. Allgemeines

1. Regelungsgegenstand

1 Die EheGVO regelt in Art 3 (Art 2 aF) nur die **internationale Zuständigkeit**. Für die örtliche gilt darum weiterhin § 606 ZPO. Nur Art 4 und 5 (Art 5 und 6 aF) regeln auch die örtliche. Und für die sachliche Zuständigkeit gilt § 23b GVG, der die EheGVO ausdrücklich nennt (§ 23b Abs 1 Nr 11). Auch die deutsche Gerichtsbarkeit bleibt dem deutschen bzw dem Völkerrecht überlassen (vgl Vorbem 14 zu §§ 606a, 328 ZPO).

2. Konkurrierende Zuständigkeiten

2 Internationale Zuständigkeit setzt eine spezifische **Nähebeziehung** der Parteien zum

betreffenden Staat voraus (Erwägungsgrund 12 aF). Die EheGVO bewertet als dafür ausreichend sowohl den gewöhnlichen Aufenthalt als auch die **Staatsangehörigkeit** bzw für Großbritannien und Irland das *domicile*. Dabei drängt die EheGVO die Zuständigkeit kraft Staatsangehörigkeit im Vergleich zum bisherigen Zustand zurück, indem die Staatsangehörigkeit nur **einer Partei nicht mehr allein** ausreicht. Das geschieht vornehmlich, um die Klägergerichtsstände einzuschränken (Borrás-Bericht Nr 32). Die Staatsangehörigkeit nur eines Ehegatten zB in § 606a Abs 1 S 1 Nr 1 ZPO (oder zB Art 14 fr c civ) ist zwar meist als ein solcher praktisch geworden, ist aber an sich ebenso ein Beklagtengerichtsstand. Im übrigen aber hat man die Zuständigkeitsgründe der nationalen Rechte eher kumuliert, so daß eine größere Zahl konkurrierender Gerichtsstände entsteht (krit Ancel/Muir Watt Rev crit d i p 2001, 403). Das zeigt den Kompromißcharakter der Regelung.

So tritt neben alle in Art 3 Abs 1 lit a (Art 2 Abs 1 aF) genannten Zuständigkeiten, 3
die auf dem **gewöhnlichen Aufenthalt** beruhen, ggf stets noch die im **gemeinsamen Heimatstaat** der Eheleute bzw statt dessen am gemeinsamen *domicile* im Falle Irlands oder Großbritanniens. Auch unter den Zuständigkeiten kraft gewöhnlichen Aufenthalts kann es häufig zu **Konkurrenzen** kommen, wenn die Eheleute nicht mehr ihren gewöhnlichen Aufenthalt im selben Staat haben. Dann besteht eine solche Zuständigkeit gem Art 3 Abs 1 lit a 2. Str (Art 2 Abs 1 lit aF) im bisherigen gemeinsamen Aufenthaltsstaat und spätestens nach einem Jahr auch am neuen der Partei, die weggezogen ist (3. bzw 5. und 6. Str). Haben beide das Land verlassen, so entsteht im Lande ihres jeweiligen neuen gewöhnlichen Aufenthalts sofort ein Beklagtengerichtsstand und nach einiger Zeit auch ein Klägergerichtsstand (Abs 1 lit a 3., 5. bzw 6. Str).

Eine Kumulation von internationalen Zuständigkeiten ist an sich nicht zu verur- 4
teilen, wie deren Verbreitung im EuGVÜ und in den nationalen Prozeßrechten belegt. Zuständigkeitsrechtliche Nähebeziehungen können durchaus nebeneinander zu **verschiedenen Staaten** bestehen und eine gleiche Berechtigung haben. Und es bestehen dann keine Bedenken, daß der Kläger zwischen mehreren möglichen Gerichten unter prozessualen Gesichtspunkten wie der größeren Verfahrensgeschwindigkeit oder der geringeren Kosten wählt; das ist in der Regel auch dem Beklagten vorteilhaft. Daß der Kläger die erste Wahl hat, ist dann kein Einwand, wenn der Gesetzgeber mit guten Gründen entschieden hat, daß auch ein Klägergerichtsstand berechtigt sei. Die Reiselast des Beklagten ist dann eine notwendige Konsequenz.

Entgegen dem Petitum der deutschen Delegation bei der Aushandlung des Über- 5
einkommens Brüssel II (Pirrung ZEuP 1999, 844) haben sich die Verfasser der EheGVO **nicht** zu einer **Reihenfolge der Zuständigkeiten** durchringen können, nach der je nach den Umständen stets nur ein Mitgliedstaat zur Entscheidung berufen wäre, sondern hat alternative Zuständigkeiten vorgesehen. Der abgelehnte Vorschlag hätte das **Forum-shopping** vermieden. Denn bedenklich wird ein Wahlrecht des Klägers, wenn er dadurch auf den sachlichen Ausgang des Verfahrens entscheidenden Einfluß nehmen kann, indem er danach entscheidet, welches der konkurrierenden Gerichte nach seinem IPR dann das ihm günstigere Scheidungsrecht anwenden wird (vgl Vorbem 44 zu Art 1). Angesichts erheblicher Unterschiede im Scheidungsrecht liegt das nahe. Es kann sogar ein neuer, gewünschter Gerichtsstand durch

einen neuen Aufenthalt geschaffen werden, und im Fall des Einverständnisses der Parteien sogar ohne weitere Wartefristen gem Abs 1 lit a 3. und 4. Str. Das ist für Ehepaare interessant, die gemeinsam einem strengen Scheidungsrecht, etwa dem irischen entfliehen wollen. Das ist unerfreulich, solange allgemein im IPR die Wahl des Scheidungsstatuts nicht zugelassen wird. Diese Störung kann jedoch nicht dem internationalen Prozeßrecht angelastet werden, sondern ist eine Konsequenz der Uneinheitlichkeit der Kollisionsrechte in der Welt. Die EheGVO negiert einstweilen, wenn auch in etwas gewaltsamer Weise, das Problem des IPR und des Forum-shopping.

6 Art 17 (Art 9 aF) betont zwar die Pflicht der Gerichte, ihre Zuständigkeit sorgfältig zu prüfen, doch kann damit allenfalls den Zuständigkeitserschleichungen durch Vortäuschung von Zuständigkeitsgründen begegnet werden. Doch das gewichtigere Problem des Forum-shopping ist strukturell in der EheGVO angelegt und einstweilen unvermeidbar (weiter Spellenberg, in: FS Geimer [2002] 1260 f).

7 Die Materialien betonen die Alternativität und **Gleichrangigkeit** der Zuständigkeiten (Borrás-Bericht Nr 28; KOM(EG) Nr 2000/051 zu Art 2 und 7; Gaudemet-Tallon JDI 2001, 393; ungenau Vogel MDR 2000, 1047; MünchKomm-ZPO/Gottwald Art 2 EheGVO aF Rn 2; Schack, IZVR Rn 375). Der Antragsteller hat die freie Wahl unter ihnen. Die EheGVO unterscheidet auch nicht allgemeine und besondere Gerichtsstände anders als Art 2 EuGVO (MünchKomm-ZPO/Gottwald Art 2 EheGVO Rn 2; **aA** Hau FamRZ 2000, 1334; Borrás-Bericht Nr 28). Schon deshalb ist die Auffassung des EuGH zum EuGVÜ, daß die besonderen Gerichtsstände als Ausnahmen im Zweifel eng auszulegen seien, hier nicht einschlägig (EuGH 27. 9. 1988 Rs 189/87 – Kalfelis/Schröder – Slg 1988, 5565, 5582; EuGH 11. 1. 1990 Rs C-220/88 – Dumez France/Hessische Landesbank – Slg 1990 I 49, 79 f; krit Kropholler, Eur ZPR vor Art 5 Rn 2; Buchner, Kläger- und Beklagtenschutz im Recht der internationalen Zuständigkeit [1998] 14).

8 Die Zuständigkeiten der EheGVO können nicht **abbedungen** werden, auch nicht einzelne zugunsten der anderen (u Art 6 Rn 21). Vereinbarungen eines Gerichtsstands sind unwirksam, und rügelose Einlassung begründet eine Zuständigkeit nicht (Art 6, Art 7 aF). Abs 1 lit a 4. Str widerspricht dem nicht: es handelt sich essentiell um einen Gerichtsstand kraft gewöhnlichen Aufenthalts (unten Rn 12).

3. Nähebeziehung

a) Staatsangehörigkeit

9 Die nationalen Rechte eröffnen eine Staatsangehörigkeitszuständigkeit oft unter dem Gesichtspunkt der Heimatzuflucht (vgl § 606a ZPO Rn 16; Mansel, Personalstatut, Staatsangehörigkeit und Effektivität [1988] Rn 447; Heldrich, Internationale Zuständigkeit und anwendbares Recht [1969] 108; Schröder, Internationale Zuständigkeit [1971] 182 ff). Der BGH formuliert, es sei „das natürliche Interesse jedes Staatsangehörigen, daß sein Staat, dessen Organisation und Funktionsweise er kennt, dessen Sprache er spricht und dem er auf mannigfache Weise verbunden ist, sich seiner Sache annimmt und nicht ein fremder Staat" (BGH 20. 12. 1972 BGHZ 60, 85, 90 f; vgl art 14 f fr c civ; krit Pfeiffer, Internationale Zuständigkeit und prozessuale Gerechtigkeit 86 ff; verfassungsrechtliche Bedenken äußert Geimer, in: FS f Schwind [1993] 24 ff). Die Anknüpfung der Zuständigkeit in Abs 2 rechtfertigt sich jedoch nicht mit einer Personalhoheit des Staates oder seiner

Verpflichtungen, für die eigenen Bürger zu sorgen, sondern aus der Heimatverbundenheit der Parteien und damit aus deren privaten Interessen (zum IPR MünchKomm/Sonnenberger Einl IPR Rn 635; Staudinger/Blumenwitz [2003] Art 5 EGBGB Rn 14; ganz hM). Jenes widerspräche in Europa zudem Art 12 EGV, denn es würde eine Ungleichbehandlung der eigenen und der fremden Staatsangehörigen bedeuten (aA Pitschas, in: Jayme/Mansel [Hrsg] Nation und Staat im IPR [1990] 107 f, 117).

So bestehen keine Bedenken, wenn die Ratio der Regelung in der **typischen Vertrautheit** der Partei mit dem **heimischen Gerichtswesen** liegt, wobei zu beachten ist, daß der BGH nicht auf das heimische materielle Recht abstellt, denn es ist keineswegs gesagt und vorauszusetzen, daß dann auch dieses anzuwenden sein wird. Daher gelten hier nicht genau dieselben Gesichtspunkte wie im IPR der Verbundenheit der Partei mit einer materiellen Rechts- und Sozialordnung (dazu MünchKomm/Sonnenberger Einl IPR Rn 635 ff). Auch Gesichtspunkte der Beweisnähe und des räumlich leichteren Zugangs zum Gericht tragen die Heimatzuständigkeit nicht. Man kann vielmehr annehmen, daß die Eheleute trotz ihres aktuellen Lebensmittelspunktes, dh gewöhnlichen Aufenthalts im Ausland nach wie vor häufig, wenn auch nicht immer, so enge Beziehungen **zu ihrem Heimatstaat** haben, die es rechtfertigen, daß sie ihren Status von dortigen Gerichten regeln lassen wollen (Pfeiffer, Internationale Zuständigkeit und prozessuale Gerechtigkeit [1995] 614 ff; Gaudemet-Tallon JDI 2001, 381 Rn 27; Ancel/Muir Watt Rev crit d i p 1998, 670). Das ist die verbreitete Meinung auf dem Kontinent. Hingegen sieht man in England (Re O'Keefe [1940] Ch 124 = [1940] 1 All E R 216; Smith, Conflict of Laws [2. Aufl 1999] 37) statt dessen, jedoch aus weitgehend den gleichen Gründen die Heimatbindung durch das *domicile* vermittelt (dazu unten Rn 30). Die im Zuständigkeitsrecht zweckmäßige Pauschalierung erlaubt es auch, **nicht** danach zu fragen, ob diese Beziehungen **im konkreten Fall** ausreichend stark sind (Pfeiffer, aaO). Die Nähe besteht hier nicht in einer räumlichen Beziehung, sondern in der psychologischen Verbundenheit mit der heimatlichen Verfahrensordnung trotz eines tatsächlichen Lebensmittelpunktes anderswo (Ancel/Muir Watt Rev crit d i p 2001, 417 Nr 11, Rev crit d i p 1998, 669). Häufige Beispiele findet man in der ersten Generation von Auswanderern (es ist auffallend, wie oft diese, auch Deutsche, zB nicht wirklich die Sprache ihres Gastlandes lernen), die vielfach und bis zu einem gewissen Grade Fremde im Gastland bleiben, ohne deswegen dort nicht ihren gewöhnlichen Aufenthalt zu haben (vgl unten Rn 30). 10

Die Ehe mit einem anderen Staatsangehörigen vermittelt als solche nicht notwendig eine engere Beziehung mit dessen Heimatstaat (zutreffend Hau FamRZ 2000, 1336), und umgekehrt wird die prozessuale Heimatbindung der einen Partei nicht notwendig stärker dadurch, daß auch die andere Partei die gleiche Heimatbindung hat. Daß **nur eine gemeinsame Staatsangehörigkeit** diese Zuständigkeit begründet, beruht daher nicht auf einer intensiveren Heimatbindung jeder Partei, sondern darauf, daß hier eine **gemeinsame Nähebeziehung** verlangt wird. 11

b) Gewöhnlicher Aufenthalt

Rechtfertigt sich eine Staatsangehörigkeitszuständigkeit durch die mutmaßliche Verbundenheit mit dem Gerichtswesen des Staates, dem die Parteien angehören und in dem sie häufig aufgewachsen sind, so trägt den Gerichtsstand des gewöhnlichen Aufenthaltes, daß er der **derzeitige Lebensmittelpunkt** ist. Es ist verständlich, daß die Parteien dort ihren Status geregelt haben wollen. Und auch die dortige 12 soziale Umwelt, die nicht aus Einheimischen zu bestehen braucht, ist ebenso daran interessiert. Auch hier ist eine typisierende Regelung angemessen (oben Rn 10). Es kann zwar sein, daß die Partei nun auch ein spezifisches Vertrauen in die örtliche Justiz hat, aber die Zuständigkeit rechtfertigt sich schon dadurch, daß hier ihr räumlicher Lebensmittelpunkt ist. Die gesellschaftliche Integration, die den gewöhnlichen Aufenthalt begründet (u Rn 48), rechtfertigt, daß sie hier klagen und verklagt werden kann. Die räumliche Nähe zum Gericht iS einer leichten Erreichbarkeit, die schon mit einem schlichten Aufenthalt gegeben wäre, entscheidet nicht, weil es nicht rechtfertigt, daß die andere Partei aus dem Ausland vor diesem ihr fernen Gericht Recht nehmen muß.

13 Beide Zuständigkeiten sind daher in den nationalen Rechten verbreitet. Nach der EheGVO schließen sich die Verbundenheit mit der staatsangehörigkeitsrechtlichen Heimat und die Verbundenheit mit dem derzeitigen Lebensmittelpunkt nicht tatsächlich aus, sondern sie können **nebeneinander** bestehen. Während der gewöhnliche Aufenthalt den aktuellen Lebensmittelpunkt bezeichnet, sind die Beziehungen zur alten Heimat etwas anderer Art. Daß dem gewöhnlichen Aufenthalt nicht die Absicht entgegensteht, später wieder in die alte Heimat zurückzukehren, belegt, daß die Partei neben den aktuellen Nähebeziehungen noch längerfristige Lebensinteressen haben kann, die sie mit dem Heimatstaat verbinden (Pfeiffer, Internationale Zuständigkeit und prozessuale Gerechtigkeit 614 ff). Durch den Rückkehrwillen unterscheidet sich das Konzept des gewöhnlichen Aufenthalts grundsätzlich vom Konzept des *domicile* in England und Irland, das deutlich mehr der Heimatverbundenheit durch Staatsangehörigkeit ähnelt. Konsequenterweise läßt die EheGVO auch neben dieser Heimatzuständigkeit eine Aufenthaltszuständigkeit zu.

4. Einseitige und beiderseitige Gerichtsstände

14 Bei gemischt-nationalen Ehen hat jede Partei für sich eine gleichartige Heimatbeziehung. Daß sie als einseitige keine Zuständigkeit begründet, ist nicht recht konsequent, weil ein einseitiger gewöhnlicher Aufenthalt des Antragsgegners oder des Antragstellers genügt. Die Ablehnung nur des **einseitigen Heimatgerichtsstandes** kraft Staatsangehörigkeit durch Abs 2, weil in vielen Fällen keinerlei faktische Bindung (gemeint wohl der anderen Partei) zu dem betreffenden Staat bestünde (Borrás-Bericht Nr 33), ist nicht überzeugend. Bei den auf dem gewöhnlichen Aufenthalt nur einer Partei, zB nur des Antragstellers, beruhenden Zuständigkeiten bestehen doch ebenso wenige Beziehungen der anderen Partei. Eine Begründung dafür, daß die Staatsangehörigkeit weniger tragfähig als der gewöhnliche Aufenthalt sei, wird nicht gegeben. Es ging um den Ausschluß des Klägergerichtsstands kraft einseitiger Staatsangehörigkeit, der in den Beratungen sehr umstritten war (Borrás-Bericht Nr 33; Pirrung ZEuP 1999, 844). Dabei fiel zugleich auch der entsprechende Beklagtengerichtsstand weg (vgl zu einseitigen Heimatgerichtsständen auch Rauscher/Rauscher Art 2 EheGVO aF Rn 24).

15 Einseitig begründete Zuständigkeiten sind in Statussachen grundsätzlich vertretbar, auch als Klägergerichtsstände (vgl Rn 24). Wegen der Gefahr des Forum shoppings bei fehlender Vereinheitlichung des IPR wäre es aber besser gewesen, sie derzeit nur subsidiär zuzulassen, wenn keine beidseitig begründete Zuständigkeit gegeben ist (so ein Vorschlag bei den Verhandlungen; Pirrung ZEuP 1999, 844 f).

Unter diesem Gesichtspunkt ist immerhin die Verringerung der Zuständigkeiten zu begrüßen.

II. Aufenthaltszuständigkeiten

Art 3 Abs 1 lit a (Art 2 Abs 1 lit a aF) eröffnet Aufenthaltszuständigkeiten in verschiedenen Fallsituationen. Dabei ist die Jurisdiktion berufen, in deren Gebiet der gewöhnliche Aufenthalt liegt. Bei Staaten mit mehren Jurisdiktionen (England und Schottland) kommt man so zur betr Teiljurisdiktion (Art 66 lit a bzw Art 41 lit a aF). 16

1. Gemeinsamer gewöhnlicher Aufenthalt

a) Aktueller gemeinsamer Aufenthalt

Zuständig sind die Gerichte des Landes, in dem beide Ehegatten **derzeit** ihren gewöhnlichen Aufenthalt haben. Sie können im selben Lande getrennt leben (Hausmann ELF 2000/2001, 276). Und ihr Aufenthalt muß **keine Mindestdauer** haben. Im Falle des Art 66 lit a (Art 41 lit a aF) fehlt ein gemeinsamer gewöhnlicher Aufenthalt, wenn die Eheleute ihn jeweils in einem anderen Teilgebiet haben. 17

b) Letzter gemeinsamer Aufenthalt

Zuständig sind weiter die Gerichte am **letzten gemeinsamen** gewöhnlichen Aufenthalt, solange durch die Anwesenheit eines Ehegatten noch ein **Gegenwartsbezug** besteht. Das erspart dem Zurückgebliebenen das Scheidungsverfahren dem „Auswanderer" hinterhertragen zu müssen (so Hau FamRZ 2000, 1335) und rechtfertigt sich dadurch, daß der bisherige Schwerpunkt der Ehe zumindest gegenüber dem Zurückgebliebenen noch nicht aufgehoben ist (krit Rauscher/Rauscher Art 2 EheGVO aF Rn 16). Zwar könnte er dort schon wegen seines eigenen gewöhnlichen Aufenthalts **verklagt** werden (Art 3 Abs 1 lit a 3. Str bzw Art 2 aF), doch kann er selbst dort auch den Antrag stellen, hat also einen Klägergerichtsstand, und muß nicht die Mindestdauer des Abs 1 lit a 5. oder 6. Str erfüllen. Als **Klägergerichtsstand** haben beide Fälle neben dem Beklagtengerichtsstand im 3. Strich eine eigene Funktion (insoweit unberechtigt die Kritik von Hau FamRZ 2000, 1334). An der Frist wird es zwar nur selten praktisch fehlen, es kann aber bei kürzerer Ehedauer vorkommen. Man denke an den Fall, daß die Neuvermählten sich in einem dritten Staat niederlassen, daß die Ehe bald scheitert und ein Ehegatte kurz nach Begründung des gemeinsamen gewöhnlichen Aufenthaltes dort das Land wieder verläßt. Es genügt auch, wenn sie erst nach ihrer Trennung im selben Staat ihren gewöhnlichen Aufenthalt genommen haben (Rauscher/Rauscher Art 2 EheGVO aF Rn 13), denn es wird nicht verlangt, daß der gewöhnliche Aufenthalt während der ehelichen Lebensgemeinschaft bestanden habe. 18

2. Gewöhnlicher Aufenthalt des Beklagten

An das Forum rei des Art 2 Abs 1 EuGVÜ erinnert der Beklagtengerichtsstand des Art 2 Abs 1 lit a 3. Str zwar, doch um einen allgemeinen Gerichtsstand handelt es sich nicht (Borrás-Bericht Nr 28, anders aber Nr 31; Hausmann ELF 2000/2001, 275; Rauscher/Rauscher Art 2 EheGVO aF Rn 17; zT **aA** Hau FamRZ 2000, 1334). 19

20 Der **Beklagte** wird damit davor **geschützt**, nicht in für ihn beziehungslosen Ländern verklagt zu werden. Der Schutz wird aber durch die konkurrierenden Zuständigkeiten nach Abs 1 lit a 5. oder 6. Str schon erheblich eingeschränkt. Wenn in einer gemischt-nationalen Ehe (sonst Abs 1 lit b) beide Partner das bisherige Aufenthaltsland verlassen haben, dann kann jeder zunächst nur am neuen gewöhnlichen Aufenthalt des anderen klagen oder muß sich gedulden, bis die Fristen von Abs 1 lit a 5. bzw 6. Str abgelaufen sind (rechtspolitische Kritik an der Ungleichbehandlung von Kläger und Beklagtem Rauscher/Rauscher aaO Rn 17). Selbst die Beklagten müssen aber erst einen neuen gewöhnlichen Aufenthalt begründet haben, was dauern kann (unten Rn 52), und so kann es vorübergehend überhaupt an einem Gerichtsstand bei einer gemischt-nationalen Ehe fehlen. Eventuell hilft dann Art 7 (Art 8 Abs 1 aF) (Art 7 Rn 5). Anders als beim *domicile* hat man nicht stets einen gewöhnlichen Aufenthalt (BGH 3. 2. 1993 NJW 1993, 2049).

3. Gemeinsamer Antrag

21 Wohl unter dem Gesichtspunkt, daß Beklagte nicht gegen ihren Willen zu schützen sind (MünchKomm-ZPO/Gottwald Art 2 EheGVO Rn 7), bestimmt Abs 1 lit a 4. Str, daß am gewöhnlichen **Aufenthalt jeder Partei**, also auch dem neuen des Klägers sofort geklagt werden kann, wenn beide **gemeinsam den Antrag** stellen. Der Aufenthalt jeder Partei genügt dann allein und ohne Mindestfrist. Hier kommt ein Element der Vereinbarung herein, doch beruht der Gerichtsstand nicht auf einer Gerichtsstandsvereinbarung, sondern auf dem gewöhnlichen Aufenthalt verbunden mit dem Einverständnis mit der Scheidung. Gemeinsamer Antrag ist eine Besonderheit des Eherechts (zB art 230 ff fr c civ; Massip D 1979 Chr 117, 125), und im Zusammenhang damit stehen Regelungen, bei denen der Beklagte, ohne selbst einen Antrag zu stellen, dem des anderen **zustimmt** (zB § 1566 Abs 1 BGB; art 233 ff fr c civ). Das genügt auch (Hausmann ELF 2000/2001, 276, 277; Hau FamRZ 2000, 1335). ZB läßt das deutsche Recht keinen echten gemeinsamen Antrag zu, sondern nur letzteres. Wenn der Beklagte nur **keinen Gegenantrag** stellt, also säumig bleibt, ist diese Voraussetzung jedoch nicht erfüllt.

22 Die **Formen des „gemeinsamen Antrags“** sind verschieden in Europa, und wie er aussehen muß, bestimmt das Scheidungsstatut ebenso wie dessen Rechtsfolgen. Damit entsteht ein Problem der Subsumtion (oder Qualifikation). So findet sich zB im französischen Recht neben dem echten gemeinsamen Antrag gem art 230 c civ ein einseitiger Antrag gem art 233 ff c civ, in welchem der Antragsteller Tatsachen vorträgt, die ergeben, daß die Fortsetzung der ehelichen Lebensgemeinschaft unzumutbar ist. Diesen Vortrag kann der Antragsgegner durch einen förmlichen Schriftsatz, der innerhalb eines Monats bei Gericht einzureichen ist, akzeptieren (und eventuell ergänzen, nicht aber bestreiten). Dann wird die Ehe durch den Richter geschieden und hat die Wirkungen einer Scheidung aus beiderseitigem Verschulden (art 234 c civ). Ohne Zustimmung endet das Verfahren ohne Urteil. Beide Formen einverständlicher Scheidung fallen unter diese Zuständigkeit und können so vor deutschen Gerichten durchgeführt werden. Es entspricht der Trennung von Zulässigkeits- und Begründetheitsprüfung, wenn der Richter auch solche fremden Formen hinnimmt und nur prüft, ob sie einen „gemeinsamen Antrag“ idS darstellen. Das ist zu bejahen, wenn der Antragsgegner sein Einverständnis mit der Scheidung förmlich erklärt. Es ist nicht der Fall, wenn er die Tatsachenbehauptung zugesteht, aber geltend macht, sie ergäben keinen Scheidungsgrund.

Aus Art 4 (Art 5 aF) ist zu folgern, daß nicht Art 3 lit a 4. Str Zuständigkeitsgrund **23** ist, wenn der Antragsgegner ebenfalls die Scheidung beantragt, aber einen **anderen Scheidungsgrund** geltend macht. Das ist in den Rechtsordnungen möglich, die mehrere Scheidungsgründe kennen. Wird eine Widerklage auf Scheidung aus einem anderen Grunde erhoben, und würde dieser Fall unter Abs 1 lit a 4. Str subsumiert, bliebe für Art 4 (Art 5 aF) als Zuständigkeitsregelung, die er sein will, praktisch kaum ein Anwendungsbereich mehr (vgl weiter bei Art 4). Lebt zB die deutsche Ehefrau in Deutschland und wird von ihr gegen den Schweizer Ehemann in Deutschland gem Abs 1 lit a 5. Str Scheidungsantrag gestellt, und ist wegen Art 14 Abs 1 Nr 2 2. Alt EGBGB **Schweizer Scheidungsrecht** anzuwenden, weil der letzte gemeinsame Aufenthalt dort war, so sagt Art 116 schwZGB nF, daß die Widerklage auf Scheidung wie ein gemeinsamer Antrag zu behandeln sei (dazu Reusser FamRZ 2001, 597). Man sollte den Fall wegen dieser Regelung des Scheidungsstatuts unter Abs 1 lit a 4. Str subsumieren und nicht unter Art 4 (Art 5 aF). Ihr Grund ist wohl, daß das Schweizer Recht nur noch einen Scheidungsgrund der Zerrüttung kennt, der Gegenantrag also keinen anderen Scheidungsgrund geltend machen darf.

4. Gewöhnlicher Aufenthalt des Klägers

a) im Gerichtsstaat

In Art 2 Abs 1 lit a 6. Str EheGVO haben die Verfasser des Übereinkommens sich **24** schließlich doch für einen **gleichrangigen Klägergerichtsstand** entschieden (zur Diskussion Borrás-Bericht Nr 32). Das ist grundsätzlich berechtigt, denn wenn nach dem Scheitern der Ehe einer oder beide Teile in einem anderen Land ihren neuen Lebensmittelpunkt nehmen, so kommt irgendwann der Zeitpunkt, da jeder bei sich die Änderung seines Status soll betreiben können, der wichtig für seine Zukunft, insbesondere eine neue Heirat ist und nicht nur eine Liquidation der Vergangenheit. Sehr häufig schreiten die Parteien erst zur Scheidung wegen neuer Heiratspläne. Derjenige, der die Initiative ergreift bzw ergreifen muß, sollte die Klage nicht auf unbefristete Zeit dem anderen hinterher tragen müssen. Gründe der Zuständigkeitsgleichheit (vgl Geimer, IZPR Rn 1949; Buchner, Kläger- und Beklagtenschutz im Recht der internationalen Zuständigkeit [1998] 148 f) tragen durchaus, daß der einseitige gewöhnliche Aufenthalt des Antragstellers grundsätzlich ebenfalls einen Gerichtsstand begründet. Der Sitzengebliebene verdient nicht auf alle Zeit einen Vorrang.

Die entscheidende Frage ist daher, **wie lange** ein neuer Lebensmittelpunkt bestehen **25** muß, dh die soziale Integration im neuen Land. Ein Jahr erscheint freilich recht kurz (ablehnend daher Jayme IPRax 2000, 167; krit auch Pirrung ZEuP 1999, 844, Rauscher/Rauscher Art 2 EheGVO aF Rn 23 f dagegen für Verzicht auf Wartefrist).

Der deutsche Wortlaut der Regelung lautet, daß der Kläger seinen „gewöhnlichen **26** Aufenthalt“ im Land und sich ein Jahr auch dort „aufgehalten“ haben muß. Das klingt als ob auch ein schlichter Aufenthalt zur Erfüllung der Frist angerechnet würde. Da gewöhnlicher Aufenthalt soziale Integration verlangt, die ihre Zeit zum Entstehen braucht, könnte die Frist vielleicht ganz oder teilweise schon während seiner Entstehung „abgedient“ werden. Und selbst wenn nicht die tatsächliche Integration verlangt wird, sondern schon die Absicht dazu genügte (dazu unten Rn 67), könnte ein schlichter Aufenthalt bestanden haben, bevor die Absicht der dauerhaften Integration gebildet wird, und die Frage seiner Anrechnung stellte sich ebenso.

27 Wenn im französischen Text „résider" bzw im englischen „reside" steht, so klingt das etwas deutlicher als bei „sich aufhalten" der gewöhnliche Aufenthalt an. Jedenfalls ist es nicht bindend, daß der Text nicht noch einmal in Verbform „sich gewöhnlich aufgehalten hat" formuliert. Der Beklagtenschutz und die Vermeidung von Zuständigkeitsmanipulationen durch Aufenthaltsnahme zur Begründung der Zuständigkeit, legen nahe, daß der **gewöhnliche Aufenthalt selbst schon ein Jahr** bestanden haben muß (so Hausmann ELF 2000/01, 276; Pirrung ZEuP 1999, 844; Boele-Woelki ZfRV 42 [2001] 123; Rauscher/Rauscher Art 2 EheGVO aF Rn 26; Simotta FS Geimer [2002] 1160 f; MünchKomm-ZPO/Gottwald Art 2 EheGVO aF Rn 10; Hau FamRZ 2000, 1334; Sturlèse JCP 1999, 1147 Nr 38; Rahm/Künkel/Breuer Hdb FamGerVerf VIII Rn 139. 9; Rauscher IPR 416; Watté/Boularbah JT 2001, 372 Nr 19; ähnlich Ancel/Muir Watt Rev crit d i p 2001, 418 Nr 12; Borrás-Bericht Nr 32 ist nicht eindeutig formuliert). Dieser rechtfertigt erst die Zuständigkeit (oben Rn 25). Besonders der Unterschied zwischen den Aufenthaltsgerichtsständen ohne Mindestdauer im 1. bis 4. Str und dem 5. und 6. Str ergibt, daß der gewöhnliche Aufenthalt selbst so lange gedauert haben muß. Wenn schon ein vorher bestehender schlichter Aufenthalt einzurechnen wäre, würde der zeitliche Unterschied ganz oder teilweise verschwinden. Jene Auslegung entspricht Art 2 HaagerÜbereinkommen für die Anerkennung von Eheschließungen und Ehetrennungen v 1. 6. 1970, das zwar nicht von Deutschland, aber von einigen europäischen Staaten ratifiziert wurde. Ob die Verfasser des EheGVÜ daran dachten, ist aber nicht erkennbar (**aA**, allerdings vor allem nur weil keine dringenden Gründe gegen den Wortlaut sprächen, Dilger, Die Regelungen zur internationalen Zuständigkeit in Ehesachen Rn 243 ff mwN zur hM). Freilich muß es genügen, wenn die Frist während des Verfahrens erfüllt wird (Rauscher/Rauscher aaO Rn 25), bevor der Antrag abgewiesen wird. Eine andere Frage ist es, daß vor Ablauf der Wartefrist § 606a Abs 1 S 1 Nr 4 ZPO eingreift (Art 7 Rn 11).

b) im Heimatstaat

aa) nach Staatsangehörigkeit

28 Sehr umstritten war bei der Ausarbeitung des Übereinkommens der erleichterte Klägergerichtsstand nach Abs 1 lit a 6. Str. Er betrifft den häufigen Fall, daß ein Ehegatte in sein Heimatland zurückgekehrt ist bzw Zuflucht genommen hat (Borrás-Bericht Nr 32). Grundlage auch dieser Zuständigkeit ist jedoch der gewöhnliche Aufenthalt. Nur seine nötige Dauer wird wegen der Staatsangehörigkeit auf die Hälfte verkürzt. Das ist allerdings nicht überzeugend (zust aber Rauscher/Rauscher, EuZPR Art 2 EheGVO aF Rn 29). Die Regelung zeigt deutlich den Kompromiß zwischen den Anhängern der Heimatzuflucht und der Aufenthaltszuständigkeit (Pirrung ZEuP 1999, 844; RDU/RLU 1998, 633; Borrás-Bericht Nr 32). Dies soll auch der Grund dafür sein, daß in Art 21 m Art 2 Nr 4 (Art 13 aF) die Anerkennung von klageabweisenden Urteilen und ihrer Rechtskraft ausgeschlossen wurde, damit die Angehörigen der drei „eher nördlichen Staaten" (Pirrung aaO), notfalls dann doch noch die Scheidung zu Hause erreichen können.

29 Abs 1 lit a 6. Str ist eine **Diskriminierung wegen der Staatsangehörigkeit**, weil ein Kläger aus einem dritten Staat, der hier einen neuen gewöhnlichen Aufenthalt nimmt, länger warten muß, bis er klagen kann, als ein Kläger, der diesem Staat angehört (Boele-Woelki ZfRV 42 [2001] 123: Carlier/Francq/vBoxstael JT dr eur 2001, 93 Nr 41; Dilger, Die Regelungen zur internationalen Zuständigkeit in Ehesachen Rn 422 ff, 431; Geimer IPRax 2002, 74 Fn 52; Hau FamRZ 2000, 1336; Schack RabelsZ 65 (2001) 623; Hausmann ELF 2000/2001, 352; Thomas/Putzo/Hüsstege Art 2 EheGVO aF Rn 3; **aA** MünchKomm-ZPO/Gottwald Art 2 EheGVO aF Rn 10; Schlosser Art 2 EheGVO aF Rn 4; Rauscher/Rauscher Art 2 EheGVO aF Rn 30). Zwar käme auch eine Rechtfertigung dieser Diskriminierung in Betracht aufgrund objektiver Umstände (EuGH 23. 1. 1997 Rs C 29/95 – Pastoors/Belgien – Slg 1997 I 285 ff Rn 19), doch ist der einzige in Betracht kommende Grund nicht ausreichend, der aber tatsächlich Motiv der Regelung war, nämlich daß die Staatsangehörigen nach dem Scheitern ihrer Ehe im Ausland häufig in den Staat zurückkehren, mit dessen Rechts- und Sozialordnung sie typischerweise eng verbunden sind. Wenn nicht nach der Staatsangehörigkeit differenziert werden darf, dann auch nicht wegen der mit ihr typischerweise verbundenen realen Beziehung zu diesem Land. Die Regelung ist aufzuheben, führt aber, weil die Diskriminierung zu beseitigen ist, zu einer allgemeinen Wartefrist von nur sechs Monaten. Besser wäre eine gleiche Wartefrist von mindestens einem Jahr. Klagt ein EU-Ausländer schon nach sechs Monaten in Deutschland, ist dem **EuGH vorzulegen**. Da allerdings nur der BGH vorlegen darf (Vorbem 65 zu Art 1), wird die Frage dann nicht mehr entscheidungserheblich sein, denn die Wartefrist selbst des 5. Str dürfte abgelaufen sein. Hier käme eine Vorlage durch einen Mitgliedstaat (Art 68 Abs 3 EGV) in Betracht. Die unteren Gerichtsinstanzen haben keine Verwerfungskompetenz und müssen sich daher dennoch an den Wortlaut halten. Soweit eine Zuständigkeit in anderen Mitgliedstaaten nach Art 7 Abs 1 (Art 8 Abs 1 aF) für den deutschen Richter erheblich wird, ist auch dann vorzulegen, wenn es darum geht.

bb) nach domicile

Nach Abs 2 steht das *domicile* in England oder Irland, das nur ein Ehegatte dort **30**
hat, der dortigen Staatsangehörigkeit für die Zwecke des Art 3 Abs 1 lit a 6. Str gleich. Das bedeutet zunächst, daß die Verkürzung der Wartezeit dem zugebilligt wird, der sein *domicile* in England oder Irland hat, und nicht dem, der „nur" die Staatsangehörigkeit besitzt (Rauscher/Rauscher Art 2 EheGVO aF Rn 31). Wenn ein Antragsteller mit *domicile* in England oder Irland mit oder ohne die dortige Staatsangehörigkeit, der im Ausland verheiratet war – was das *domicile* nicht notwendig ändert – wieder seinen gewöhnlichen Aufenthalt in England oder Irland nimmt, so verstößt die Regelung, daß andere neu Zugezogene 12 Monate warten müssen, wohl ebenso gegen Art 12 EGV. Eine Diskriminierung wegen des *domicile* müßte hier gleich behandelt werden.

III. Heimatzuständigkeit

1. Gemeinsame Staatsangehörigkeit

Art 3 Abs 1 lit b (Art 2 Abs 1 lit b aF) stellt die Zuständigkeit im **gemeinsamen** **31**
Heimatstaat der Eheleute **gleichrangig** neben die Zuständigkeiten kraft gewöhnlichen Aufenthalts. Ein solcher ist hier nicht nötig, so daß die Parteien dort prozessieren können, auch wenn sie anderswo ihren Lebensmittelpunkt haben. Eine **frühere Staatsangehörigkeit** genügt dagegen entgegen § 606a Abs 1 1 Nr 1 ZPO **nicht**. Bei der gebotenen und zulässigen typisierenden Betrachtung ist die gemein-

same Staatsangehörigkeit grundsätzlich durchaus ein tragfähiger Zuständigkeitsgrund (so Rn 11).

32 Hau meint (FamRZ 2000, 1336; ebenso Geimer IPRax 2002, 75 Fn 52; Simotta, in: FS Geimer [2002] 1154 f; zögernd Hausmann ELF 2000/2001, 352), auch die Zuständigkeit kraft gemeinsamer Staatsangehörigkeit verstoße gegen **Art 12 EGV**, indem sie nur den Ehegatten einer national homogenen Ehe ein aufenthaltsunabhängiges Forum in ihrem gemeinsamen Heimatstaat eröffnet, nicht aber den Partnern einer gemischtnationalen Ehe. Jene haben zwar in der Tat unabhängig von ihrem gewöhnlichen Aufenthalt zusätzlich einen weiteren Gerichtsstand und damit die Möglichkeit, uU leichter oder günstiger zu einer Scheidung etc zu kommen. Die Ehegatten einer gemischt-nationalen Ehe werden jedoch nicht deshalb anders behandelt, weil sie eine bestimmte oder andere Staatsangehörigkeit haben, sondern weil sie keine gemeinsame haben, welche auch immer. Hätten sie eine solche, könnten auch sie zu Hause klagen. Es kommt hier entscheidend auf die Identifizierung der Vergleichsgruppe an. Wenn ein italienisches Ehepaar und ein deutsches in Deutschland leben, ist es **keine Diskriminierung**, wenn ersteres nicht auch in Deutschland klagen kann, sondern nur in Italien, und letzteres nicht auch in Italien. Beide haben ihre jeweilige Heimatzuständigkeit (mit anderer Begr ebenso Dilger, Die Regelungen zur internationalen Zuständigkeit in Ehesachen Rn 440 ff, 454; Schack RabelsZ 65 [2001] 623; Helms FamRZ 2002, 1596, Rauscher/Rauscher Art 2 EheGVO aF Rn 35). Die eigentliche Frage, ob gemischt-nationale und national homogene Ehepaare gleich behandelt werden müssen, ist zu verneinen. Es wäre auch nicht zu erkennen, wie sie gleich gestellt werden könnten (das sieht wohl auch Hau aaO 1337).

2. Gemeinsames domicile

33 Haben beide Parteien ihr *domicile* in Großbritannien bzw Irland, so entsteht dort die Zuständigkeit nach Abs 1 lit b. Auf die Staatsangehörigkeit kommt es nicht an. Sie brauchen nicht auch den gewöhnlichen Aufenthalt in England oder Irland zu haben (irrig Mostyn [2001] Fam Law 364) Haben zwei Deutsche zB ihr *domicile* in England, ist ihr „Heimatgerichtsstand" dort. Schon nach dem Wortlaut tritt das *domicile* an die Stelle **der Staatsangehörigkeit** und hat auch eine ähnliche Stabilität (ebenso Dilger, Die Regelungen zur internationalen Zuständigkeit in Ehesachen Rn 461). Es entspräche nicht dem Sinn der EheGVO, wenn hier zwei Heimatgerichtsstände bestünden, nämlich auch der in Deutschland. Auch Art 6 lit b (Art 7 lit b aF) ist so zu verstehen. Soweit ein Staat mehrere selbständige Rechts- und Gerichtssysteme hat (zB England, Schottland, Nordirland) fehlt die Voraussetzung, wenn ein Ehegatte sein *domicile* in Schottland, der andere aber in England hat (Art 66 bzw Art 41 aF).

34 Haben zwei Engländer bzw Iren ihr *domicile* dagegen anderswo, so mag man zweifeln, ob ihr Heimatgerichtsstand nun wegen der **Staatsangehörigkeit** in Großbritannien bzw Irland ist, **oder** an ihrem gemeinsamen ausländischen ***domicile***. Dort wird zwar meist, aber nicht notwendig auch der gewöhnliche Aufenthalt sein. So können zB zwei Engländer ihr *domicile* in Frankreich oder in Deutschland haben, ihren gewöhnlichen Aufenthalt aber derzeit in Belgien, ohne dort ein neues *domicile of choice* begründet zu haben. Es stellt sich dann die Frage, ob der Ort des *domiciles* auf dem

Kontinent oder doch die englische Staatsangehörigkeit das Heimatgericht iSd Art 3 Abs 1 lit b (Art 2 Abs 1 lit b aF) ergeben.

Man könnte dem Wortlaut vor allem von Art 6 lit b (Art 7 lit b aF) entnehmen, daß Engländer oder Iren mit ***domicile* auf dem Kontinent** ihre „Heimatgerichte" iSd Artikels nicht im Lande ihres domiciles auf dem Kontinent haben, denn sie haben es nicht in einem „dieser Mitgliedstaaten" (scil Großbritannien oder Irland), und sie haben es aus demselben Grund nicht auf dem Kontinent, nämlich außerhalb von England oder Irland. **35**

Will man die Engländer und Iren **nicht zwischen die Stühle** fallen und ohne „Heimatgericht" lassen, was eine Diskriminierung wäre, dann muß man entweder doch an ihre Staatsangehörigkeit anknüpfen oder an ihr *domicile.* Mit ersterem entsteht eine Zuständigkeit in England bzw Irland, die dem nationalen Recht widerspricht. Nach mehreren Reformen besteht die internationale Zuständigkeit heute schon, wenn eine Partei in England *domicile* oder seit wenigstens einem Jahr gewöhnlichen Aufenthalt hat (sec 5 [2] Domicile and Matrimonial Proceedings Act 1973), aber jedenfalls kommt es nicht auf die Staatsangehörigkeit an (vgl Dicey/Morris, Conflict of Laws Rn 18-007 ff). Schon seit längerem teilt die Ehefrau auch nicht mehr ex lege das *domicile* des Ehemannes. Mit der anderen Alternative entsteht eine Zuständigkeit auf dem Kontinent auf einer dem dortigen Recht unbekannten Grundlage. Aber die EheGVO folgt nicht notwendig den nationalen Rechten, sondern bestimmt selbst. Auch der Wortlaut von Art 6 lit b (Art 7 lit b aF) ist nicht zwingend, denn wahrscheinlich ist der Fall der Engländer mit *domicile* im Ausland nicht bedacht worden, sondern nur der der Engländer und der Ausländer mit *domicile* in England bzw Irland. Vielleicht kann in diesem Dilemma den Ausschlag geben, daß hier die Engländer und Iren ihre Regelung in die EheGVO einbringen wollten und durften (Borrás-Bericht Nr 34). Wenn demgemäß auch Ausländer mit *domicile* in England oder Irland „aufgenommen" werden und ihren Heimatgerichtsstand hier haben, und konsequenterweise eigene Staatsangehörige wegen ihres *domiciles* im Ausland „ausgeschlossen" werden, müssen die anderen Mitgliedstaaten das hinnehmen und beachten. Für Engländer bzw Iren mit *domicile* in Deutschland, aber gewöhnlichem Aufenthalt derzeit zB in der Schweiz, bedeutet das eine Zuständigkeit nach Abs 1 lit b in Deutschland und nicht in England oder Irland. Das gilt auch für ein englisch-irisches Ehepaar in Deutschland, denn das *domicile* ist **gemeinsam**, und auf die Staatsangehörigkeit kommt es nicht an. Es sollte also **zugunsten des** *domiciles* entschieden werden (FS Geimer [2002] 1272; ebenso Dilger, Die Regelungen zur internationalen Zuständigkeit in Ehesachen Rn 257; **aA** Baumbach/Lauterbach/Albers § 606a ZPO Anh I Art 2 EheGVO aF Rn 13; Rauscher/Rauscher Art 2 EheGVO aF Rn 34 aE; Rahm/Künkel/Breuer Hdb FamGerVerf VIII Rn 139.3; vielleicht Borrás-Bericht Nr 45 aF). **36**

Es bedeutet auch, daß bei gemischt-nationaler Ehe der Engländer mit *domicile* auf dem Kontinent in England erst klagen kann, wenn er dort seinen gewöhnlichen Aufenthalt seit zwölf Monaten hat, soweit diese Differenzierung nicht europarechtswidrig ist (o Rn 36). Die Auslegung von Art 3 Abs 1 lit b und Art 6 lit b (Art 2 Abs 1 lit b und 7 lit b aF) sollte dann dieselbe sein. **37**

IV. Gewöhnlicher Aufenthalt*

1. Allgemeine Grundsätze

a) Autonome Auslegung

38 Nach dem Willen der Verfasser des EuGVÜ ist der gewöhnliche Aufenthalt in Art 3 (Art 2 aF) autonom aus der EheGVO selbst heraus auszulegen (Borrás-Bericht Nr 32). Deshalb findet sich im Unterschied zu Art 59 EuGVO kein Verweis auf nationales Recht. Es widerspräche in der Tat dem Zweck der EheGVO, wie übrigens auch der EuGVO (krit zu Art 52 EuGVÜ zB MünchKomm-ZPO/Gottwald Art 52 EuGVÜ Rn 1), die Zuständigkeiten selbst und damit **einheitlich** zu regeln, wenn die Mitgliedstaaten auf dem Wege über ihre jeweiligen Vorstellungen vom gewöhnlichen Aufenthalt, der häufig auch im nationalen Recht verwendet wird, doch wieder selbst und verschieden über den Zugang zu ihren Gerichten entscheiden sollten. Die Auslegung ist also anders als für § 606a Abs 1 Satz 1 Nr 3 zu 4 ZPO nicht nach deutschem Recht **vorzunehmen**.

39 Jedoch enthält die EheGVO **keine Definition** des gewöhnlichen Aufenthalts. Die Verfasser des Übereinkommens verweisen nur auf die Rechtsprechung des EuGH und setzen im Übrigen ihre Hoffnung in das gegenseitige Vertrauen bei der Ausarbeitung des Übereinkommens, das stärker wiege „als die Möglichkeit, daß die Gerichte eines anderen Staates in der Sache entscheiden" (Borrás-Bericht Nr 32 aE). Es scheint, daß man also die Gefahr widersprüchlicher Zuständigkeitseröffnungen durch unterschiedliche Interpretation gesehen hat. Sie besteht in der Tat, denn der „gewöhnliche Aufenthalt" ist keine einfache Tatsache, sondern ein in den Mitgliedstaaten recht verschiedener und nicht einfacher **juristischer Tatbestand** (Rogerson IntCompLQ 49 (2000), 89; vSchwind, in: FS Ferid [1988] 423 ff; Spickhoff IPRax 1990, 227; Baetge IPRax 2001, 574; Kropholler, IPR 279; ohne Stellungnahme BVerfG 29. 10. 1998, BVerfGE 99, 161), ohne daß hier eine umfassende Rechtsvergleichung in allen 14 Mitgliedstaaten vorgenommen werden müßte und könnte (vgl für einige Länder Baetge, Der gewöhnliche Aufenthalt im IPR S 51 ff u ö). Man kann sich daher nur sehr **in Grenzen** auf **gemeinsame Vorstellungen** in den Mitgliedstaaten stützen.

40 Dennoch müssen die nationalen Gerichte die EheGVO einheitlich auslegen und dabei beachten, wie die anderen Staaten auslegen – oder auslegen sollten (vgl Vorbem 55 zu Art 1). Der **Europarat** hat am 18. 1. 1972 eine Definition des gewöhnlichen Aufenthalts vorgeschlagen, die aber nicht verbindlich, sondern nur als Ratschlag an die nationalen Gesetzgeber gemeint ist (Text ÖJZ 1974, 144; Baetge, Der gewöhnliche Aufenthalt im IPR, S 30). Sie läßt auch wesentliche Fragen offen. Immerhin kann man die Resolution, soweit ihre begrenzten Aussagen reichen, als Interpretationshilfe

---

* **Schrifttum:** Baetge, Der gewöhnliche Aufenthalt im internationalen Privatrecht (1994); Hall, Cruse v Chittum: Habitual Residence Judicially Explored 24 (1975), IntCompLQ 1; Muir Watt, Le domicile dans les rapports internationaux, J Cl Dr Int Fasc 543-10; Rogerson, Habitual Residence. The New Domicile 49 (2000), IntCompLQ 86; vSchwind, Der „gewöhnliche Aufenthalt" im IPR, in: FS Ferid (1988) 423; Smart, „Ordinary Residence": Temporary Presence and Prolonged Absence, IntCompLQ 38 (1989) 175; Spickhoff, Grenzpendler als Grenzfälle: Zum „gewöhnlichen Aufenthalt" im IPR, IPRax 1995, 185.

mit heranziehen (so BGH 3.2.1993 FamRZ 1993, 798 = IPRax 1994, 131, 133 [vBAR 100] zu Art 14 EGBGB).

Dem Ziel der Einheitlichkeit und Rechtssicherheit widerspräche es jedenfalls, anhand aller Umstände des Einzelfalles jeweils einen **zuständigkeitsrechtlichen Schwerpunkt** bestimmen zu wollen, weil die Gerichte so zu unterschiedlichen Bestimmungen ihrer internationalen Zuständigkeit kämen (ROGERSON IntCompLQ 49 [2000] 96). Der Richter hat zwar notgedrungen einen gewissen Beurteilungsspielraum, wenn das relative Gewicht der Elemente abzuwägen ist, die Beziehungen zu verschiedenen Staaten bilden (BAETGE aaO 105 ff; unten Rn 62), aber es lassen sich doch die wesentlichen konstitutiven Elemente der sozialen Integration oder des Lebensmittelpunktes angeben, die den gewöhnlichen Aufenthalt begründen. 41

b) Zweckbestimmte Auslegung

Der Hinweis auf die bisherige Rechtsprechung des EuGH im BORRÁS-Bericht ist nur von geringem Nutzen, denn in dem offenbar gemeinten, aber nicht genannten Urteil vom 15.9.1994 (Rs C-452/93 P – Magdalena Fernandez/Kommission – Slg 1994 I 4295 insb Rn 22; vgl auch EuGH 4.3.1999 Rs C-90/97; vgl weiter EuGH 25.2.1999 – Swaddling/Chief Adjudication Officer – Slg 1999 I 1075 zu VO Nr 1408/71 über die Anwendung der Systeme der sozialen Sicherheit auf Arbeitnehmer, die innerhalb der Gemeinschaft zu- und abwandern; 12.7.2001 Rs C-262/99 – Louloudakis/Elleniko Dimosio – Slg 2001 I 5547) ging es um eine Auslandszulage für EU-Beamte und dafür um die Frage, wo der Beamte seinen „ständigen Wohnsitz" iSd Art 4 Abs 1 lit a Anh VII des Statuts der Beamten hatte. Dabei ist die unterschiedliche Bezeichnung als Wohnsitz da und gewöhnlicher Aufenthalt hier weniger erheblich, als daß der gewöhnliche Aufenthalt nicht in allen Zusammenhängen die gleiche Bedeutung hat, weil seine Auslegung vom **jeweiligen Zweck der Regelung** abhängen muß (vgl EuGH 15.9.1994 aaO Rn 20; BVerfG 19.4.1978 BVerfGE 48, 210, 221 f; BVerfG 29.10.1998 BVerfGE 99, 158; BVerwG 31.8.1995 BVerwGE 99, 158; OLG Hamm 5.5.1989 IPRax 1990, 247; OLG Hamm 11.3.1993 FamRZ 1994, 573, 576 [zu § 7 StAnRegG]; KROPHOLLER, IPR § 39 II 3 b, 5; MünchKomm/SONNENBERGER Einl IPR Rn 664; vSCHWIND, in: FS Ferid [1988] 423 ff; KILIAN IPRax 1995, 10; MANN JZ 1956, 466 ff; DICEY/MORRIS, Conflict of Laws Rn 6–115; HALL IntCompLQ 24 (1975) 2; weitgehend **aA** SOERGEL/KEGEL Art 5 EGBGB Rn 43; vorsichtiger OLG Koblenz 15.6.1989 IPRax 1990, 249 [wohl zust SPICKHOFF 225 f] zu § 30 III 2 SGB I). Und hier haben Trennungsentschädigung für Beamte und internationale Zuständigkeit für Scheidungen nicht genug miteinander gemeinsam (ebenso SIMOTTA, in: FS Geimer [2002] 1160 f; DILGER, Die Regelungen zur internationalen Zuständigkeit in Ehesachen Rn 200). Ebenso kann man nicht einfach die Auslegung zu § 30 Abs 3 Satz 2 SGBI oder § 8 AO (dazu FG Baden-Württemberg 19.7.1999 FamRZ 2000, 1254) übernehmen (OLG Hamm aaO). 42

Immerhin sollte der Begriff im **IZPR und IPR** der Ehe weitgehend gleich verstanden werden (OLG Karlsruhe 13.7.1988 IPRax 1989, 249; WIECZOREK/BECKER-EBERHARD ZPO § 606 Rn 44; STEIN/JONAS/SCHLOSSER § 606 Rn 7; SPICKHOFF aaO 227; zu weitgehend DILGER, Die Regelungen zur internationalen Zuständigkeit in Ehesachen Rn 201 f). Beiden Anknüpfungen an den gewöhnlichen Aufenthalt liegt eine soziale Integration der Person in eine Rechts- und Sozialgemeinschaft zugrunde. Vollkommene Deckungsgleichheit in allen Einzelfragen zwischen der Zuständigkeit und dem Personalstatut ist aber doch nicht zu erwarten, denn die Rationes der beiden Anknüpfungen sind verschieden (KROPHOLLER, IPR § 39 II 5; BAETGE aaO 86 ff; G FISCHER RabelsZ 62 [1998] 136; vgl Rn 15). 43

Wenn man zB der Auffassung ist, daß ausnahmsweise eine Person zwei gewöhnliche Aufenthalte haben könne (sogleich Rn 44), dann kann dies nur für die internationale Zuständigkeit gelten, jedoch nicht für Art 17 mit Art 14 Abs 1 Nr 2 EGBGB, denn man kann nicht nach zwei Rechten scheiden wollen. Das IPR verlangt eine Entscheidung zugunsten der einen engsten Beziehung.

c) Mehrfacher gewöhnlicher Aufenthalt

44 Logisch scheint die Maßgeblichkeit des Lebensmittelpunktes auszuschließen, daß eine Partei mehrere gewöhnliche Aufenthalte idS hat, denn es wird darauf abgestellt, wo die relativ meisten und intensivsten Beziehungen lokalisiert sind (so Kropholler NJW 1971, 1724; Siehr DAVorm 1973, 259; Stoll RabelsZ 22 (1957) 187, 190; vBar IPR Bd 1 Rn 528; MünchKomm/Sonnenberger Art 5 Rn 33; Palandt/Heldrich Art 5 EGBGB Rn 10). Das ist jedenfalls im IPR richtig, wo es um die Wahl der einen maßgeblichen Rechtsordnung geht, während es in einem System konkurrierender internationaler Zuständigkeiten denkbar ist, wenigstens **ausnahmsweise mehrere** gewöhnliche Aufenthalte anzunehmen (so Baetge aaO, S 142; Geimer, IZPR Rn 300; Martiny, Hdb IZVR Bd 3/1 Kap I Rn 220; Wieczorek/Becker-Eberhard § 606 Rn 49, 56; Stein/Jonas/Schlosser § 606 Rn 11; BayObLG 30. 5. 1996 FamRZ 1997, 423; BayObLG 5. 2. 1980 BayObLGZ 1980, 52 = IPRax 1981, 183 [Urteilsanerkennung]; KG 3. 3. 1987 StAZ 1987, 222, = FamRZ 1987, 603 OLG Bremen 3. 4. 1992 FamRZ 1992, 963; vgl auch Kropholler, IPR § 39 II 5 S 279: für Zuständigkeit genüge eine losere Beziehung; Dicey/Morris, Conflict of Laws Rn 6–126; Dilger, Die Regelungen zur internationalen Zuständigkeit in Ehesachen Rn 203 f).

45 Für § 606a ZPO kann man eine inländische Zuständigkeit in den seltenen Fällen zulassen, wo auch eine gleich starke Integration im Ausland gegeben ist (vgl § 606a ZPO Rn 35). Für die EheGVO, in der die Zuständigkeiten durch eine zentrale Regelung zwischen den Staaten verteilt werden, erscheint das eher zweifelhaft. Die EheGVO kennt aber ohnehin reichlich konkurrierende Zuständigkeiten (o Rn 2 ff). Man sollte die Zuständigkeitskonkurrenzen zwar tunlichst nicht noch weiter vermehren, kann es aber hinnehmen, wenn die Entscheidung zwischen zwei Lebensmittelpunkten ausnahmsweise nicht möglich ist (Kropholler aaO Fn 29 meint, das komme im Leben nicht vor; abl auch Henrich IntFamR 62 f). Rentner, die den größeren Teil des Jahres im Kreis von Landsleuten im sonnigen Süden verbringen, haben idR den gewöhnlichen Aufenthalt weiter in der Heimat. Dagegen könnte uU ein Arbeitnehmer, der seit langem im Ausland arbeitet und mit einer dortigen Freundin zusammenlebt, aber weiterhin auch die Heimat und seine Kinder hier aufsucht, zwei **gleichgewichtige Lebensmittelpunkte** haben, weil er hier und dort voll integriert ist. Das ist aber nur **sehr selten** der Fall.

d) Fehlender gewöhnlicher Aufenthalt

46 Es ist stets eine soziale Integration zu verlangen. Es wird dementsprechend angenommen, daß ein gewöhnlicher Aufenthalt ganz fehlen kann (BGH 3. 2. 1993 FamRZ 1993, 798). Man denkt wohl als erstes an Personen, die **ständig ohne festen Wohnsitz** herumziehen (vgl den bei Rogerson 49 [2000] IntCompLQ 93 zitierten Fall Newman v College of London, The Times 8. 1. 1986 eines jungen Neuseeländers, der drei Jahre in Europa herumreiste). Es reicht jedoch, wenn der Lebensmittelpunkt in einem Land, aber nicht auch an einem bestimmten Ort in ihm ist. So wird man bei Schaustellern und Saisonarbeitern etc oft ein solches Land doch bestimmen können. Häufiger könnte es daran fehlen, wenn der bisherige gewöhnliche Aufenthalt aufgegeben und ein neuer noch

nicht begründet wurde (so BGH 3.2.1993 FamRZ 1993, 798 = IPRax 1994, 131, 133 [vBAR 100]; vgl auch OLG Schleswig 26.7.2000 FamRZ 2000, 1426; zurückhaltend KROPHOLLER aaO). Man wird vielleicht heute häufiger Existenzen begegnen, die aus beruflichen Gründen recht schnell von Land zu Land ziehen, ohne irgendwo durch soziale Integration einen räumlichen Lebensmittelpunkt zu bilden (vgl den erbrechtlichen Fall BayObLG 26.10.1995 FamRZ 1996, 694). Meist, aber nicht notwendig werden deshalb noch ausreichende soziale Beziehungen zum Heimatland aufrecht erhalten bleiben. Es ist auch in der EheGVO nirgends gesagt, daß man immer einen gewöhnlichen Aufenthalt haben müsse (**aA** SCHLOSSER Art 2 EheGVO nF Rn 2; ROGERSON 49 [2000] IntCompLQ 104 f).

Sofern keine Partei einen gewöhnlichen Aufenthalt haben sollte und auch keine gemeinsame Staatsangehörigkeit gegeben ist, kann es dann überhaupt einstweilen an einer Scheidungsgerichtsbarkeit nach der EheGVO fehlen. Statt die Anforderungen an den gewöhnlichen Aufenthalt zu senken, ist hier vielmehr Art 7 Abs 1 (Art 8 Abs 1 aF) heranzuziehen und nationales deutsches Zuständigkeitsrecht. Dieses kann uU eine **Notzuständigkeit** eröffnen (vgl § 606a ZPO Rn 283), aber nicht die EheGVO, denn sie verweist auf nationales Recht, wenn sie selbst keine Zuständigkeit ergibt. **47**

2. Daseinsmittelpunkt

a) Soziale Integration

Der Aufenthalt iSd physischen Anwesenheit wird zum gewöhnlichen nicht durch die Dauer als solche, sondern durch seine **andere Qualität** (ROGERSON, IntCompLQ 49 [2000] 91; SMITH, Conflict of Laws [2. Aufl 1999] 39; BAETGE, Der gewöhnliche Aufenthalt im IPR S 79 ff u pass; **aA** STOLL, in: FS Kegel [1977] 119). Der Grund der Aufenthaltszuständigkeit liegt darin, daß die Partei wegen ihrer sozialen Integration Zugang zur dortigen Gerichtsbarkeit beanspruchen darf (o Rn 9). Ein schlichter, selbst länger bestehender Aufenthalt ohne soziale Integration genügt nicht. **48**

Vielfach spricht man vom Schwerpunkt der persönlichen Beziehungen der Partei (WIECZOREK/BECKER-EBERHARD ZPO § 606 Rn 45; HENRICH FamRZ 1986, 841, 846; BGH 29.10.1980 BGHZ 78, 135 = IPRax 1981, 139 – MSA [HENRICH 125]; OLG Zweibrücken 7.11.1984 FamRZ 1985, 81) oder zunehmend von ihrem **Daseins- oder Lebensmittelpunkt** (BGH 5.2.1975 FamRZ 1975, 272; BGHZ 29.10.1980 aaO 139; BGH 3.2.1993 FamRZ 1993, 798 = IPRax 1994, 131 [vBAR 100]; BGH 13.12.2000 FamRZ 2001, 412; OLG Koblenz 24.9.1997 FamRZ 1998, 756; OLG Düsseldorf 12.4.1994 FamRZ 1995, 37; LJV BW 31.5.1990 FamRZ 1990, 1015, 1017; ähnlich EuGH 4.3.1999 oben Rn 42, Nr 29; 15.9.1994 oben Rn 42 Nr 22; weitere Nw zur dtsch Rspr BAETGE, Der gewöhnliche Aufenthalt im IPR S 48 Fn 24; PALANDT/HELDRICH Art 5 EGBGB Rn 10; ZÖLLER/PHILIPPI ZPO § 606 Rn 17). Beides ist gleichbedeutend mit dem Erfordernis der **sozialen Integration** (KROPHOLLER, IPR § 39 II 5 S 279; darauf stellen ab BAETGE aaO; KILIAN IPRax 1995, 11; WIECZOREK/BECKER-EBERHARD, ZPO § 606 Rn 45; OLG Düsseldorf 12.4.1994 FamRZ 1995, 37; OLG Zweibrücken 3.11.1998 FamRZ 1999, 940; OLG Nürnberg 28.3.1989 IPRax 1990, 249 [SPICKHOFF 225]; SPICKHOFF IPRax 1995, 186 f; ERMAN/HOHLOCH Art 5 EGBGB Rn 49; STAUDINGER/vHOFFMANN [2001] Art 40 EGBGB Rn 398). **49**

b) Anwesenheit und Stabilität

Notwendig ist eine **physische Anwesenheit** (SOERGEL/KEGEL Art 5 EGBGB Rn 54). Man **50** begründet den gewöhnlichen Aufenthalt nicht per Korrespondenz. Die Anwesenheit ist eine einfach feststellbare Tatsache (ROGERSON 49 [2000] IntCompLQ 89; SMITH, Conflict of Law [2. Aufl 1999] 37). Das Adjektiv „gewöhnlich" bezeichnet aber eine bestimmte **Qualität** des Aufenthalts als Lebensmittelpunkt (o Rn 43). Neben der Feststellung des Lebensmittelpunktes hat die **Dauer** der Anwesenheit **keine eigenständige Bedeutung**, macht als solche allein den Aufenthalt nicht zum gewöhnlichen (bedenklich vHOFFMANN IPRax 1984, 328). Sie ist nur indirekt von, dann freilich erheblicher Bedeutung, denn die Integration dauert gewöhnlich ihre Zeit, und mit der Zeit entsteht der Lebensmittelpunkt uU selbst unfreiwillig (u Rn 66). Der Eintritt der Integration, dh das Entstehen des Lebensmittelpunktes ist abzuwarten (MUIR WATT J Cl Dr int Fasc 543-10 Nr 68; weiter u Rn 58).

51 Der gewöhnliche Aufenthalt entsteht nicht nur und erst, wenn die Partei sich auf immer oder auf unabsehbare Zeit niederläßt. Es schadet nicht, wenn der Aufenthalt von vornherein auf **eine bestimmte Zeit** oder für einen zeitlich begrenzten Zweck genommen wird, falls nur der Lebensmittelpunkt dennoch hier entsteht (SIEHR, IPR 403; wohl auch SPICKHOFF IPRax 1995, 186 f; OLG Hamburg 12. 10. 1982 NJW 1983, 2037). Es kann zwar sein, daß wegen eines nur zeitlich begrenzten Umzugs ins Ausland der bisherige Lebensmittelpunkt beibehalten wird, weil die Absicht besteht, danach hierher zurückzukehren. Das ist aber keineswegs notwendig so. Nur unter dieser Voraussetzung trifft es zu, einen neuen Lebensmittelpunkt bei begrenztem Auslandsaufenthalt zu Studienzwecken oder bei militärischem Einsatz zu verneinen (OLG Hamm 13. 3. 1989 FamRZ 1989, 1331; HENRICH IPRax 1990, 59; SPICKHOFF IPRax 1995, 186). Doch ist es falsch, ihn allein wegen der zeitlichen Begrenzung auszuschließen (so OLG Hamm aaO; jetzt richtig OLG Hamm 18. 4. 2002 FamRZ 2002, 54). Auch in diesem Zusammenhang ist die Dauer nicht als solche, sondern nur indirekt für das Entstehen eines Lebensmittelpunkts von Bedeutung. Die Rückkehrabsicht ist, was entscheidend ist, gewöhnlich damit verbunden, daß die gewichtigeren sozialen Kontakte mit der Heimat aufrechterhalten bleiben.

52 Man kann auch formulieren und verlangen, daß der neue Lebensmittelpunkt eine gewisse **Stabilität erlangt hat**. Sie entsteht mit der längeren Dauer des Aufenthalts und der **sozialen Integration**. Personen, die noch zwischen altem und neuem Aufenthaltsland hin- und herpendeln und noch überlegen, wo sie sich niederlassen wollen, haben noch keinen neuen gewöhnlichen Aufenthalt begründet (vgl BGH 3. 2. 1993 IPRax 1994, 132 [vBAR 100] = FamRZ 1993, 798; OLG Schleswig 26. 7. 2000 FamRZ 2000, 1426), ebenso wenig wie Personen, die ohne derzeitigen Lebensmittelpunkt umherwandern (vgl den o Rn 51 zitierten Fall). Die Instabilität der Situation kann auch unfreiwillig sein wie bei neu angekommenen Asylbewerbern, deren Gesuch noch nicht beschieden ist. Deshalb, und nicht weil sie keine Bleibeabsicht hätten (so aber OLG Koblenz 24. 9. 1997 FamRZ 1998, 756; OLG Köln 9. 11. 1995 FamRZ 1996, 946), wird bei ihnen der gewöhnliche Aufenthalt langsamer entstehen. Ist die soziale Integration aber erfolgt, bringt sie die nötige Festigkeit mit sich. Es schadet auch sonst nicht, wenn eine Beendigung des gewöhnlichen Aufenthalts abzusehen ist (u Rn 76). Es geht nicht um die Prognose zukünftigen Verbleibens, sondern nur die Feststellung einer **gegenwärtigen Verwurzelung**.

53 Mit der zunehmenden Dauer wird eine Integration natürlich wahrscheinlicher, aber es müssen die sonstigen Umstände geprüft werden, und man kann sich nicht nur auf die Dauer der bloßen Anwesenheit stützen. Es macht zB einen Unterschied, ob die Partei eine Wohnung genommen hat, und ob sie die einzige oder nur eine Ferienwohnung ist. So erklären sich zB die Entscheidungen, daß auch eine länger dauernde Abwesenheit den bestehenden gewöhnlichen Aufenthalt nicht aufheben muß, und also auch an anderem Ort durch Zeitablauf kein neuer entstanden sei (weiter u Rn 87). Vielfach begnügen sich die Entscheidungen darum auch nicht mit der Feststellung der Anwesenheitsdauer, sondern nennen weitere Umstände, aus denen sich die Integration ergibt. Wichtig ist zB, ob noch persönliche Beziehungen anderswohin bestehen; fehlen sie, darf aus der länger dauernden Anwesenheit idR auf soziale Integration geschlossen werden (ein Gegenbeispiel wäre wohl der ungewöhnliche Fall Winans v AG [1904] AC 287: wo trotz jahrzehntelangen Aufenthalts nachweislich keine bestand).

Der Gesichtspunkt des Lebensmittelpunktes bzw der Integration in die soziale Umwelt ermöglicht es, den Lebensmittelpunkt nicht einfach mechanisch an dem Ort zu sehen, an dem die Person sich zeitlich überwiegend aufhält. Der Arbeitnehmer, welcher mehr oder weniger regelmäßig zu seiner Familie nach Deutschland zurückkehrt, hat weiterhin seinen gewöhnlichen Aufenthalt hier (AG Heilbronn 30. 8. 1984 IPRspr 1984 Nr 67 A: Ehemann kam nur alle 3-4 Wochen nach Hause). **54**

c) Elemente des gewöhnlichen Aufenthalts

Es gibt bestimmte Tatumstände, die nicht nur auf eine Integration hindeuten, sondern sie tatsächlich mit anderen zusammen konstituieren. **55**

aa) Wohnung

Es ist dies zum einen eine Wohnung (zB OLG Zweibrücken 7. 11. 1984 FamRZ 1985, 81; KG 3. 3. 1987 FamRZ 1987, 603, 605; BayObLG 19. 9. 1991 FamRZ 1992, 584 f; BayObLG 13. 1. 1994 FamRZ 1994, 1263, 1265; OLG Hamm 9. 1. 1992 FamRZ 1992, 673 ff), dabei ist aber wichtig, ob es sich um die einzige oder die hauptsächliche oder nur um eine Zweitwohnung für Ferien oder andere begrenzte Zwecke handelt. Bei **beruflich bedingter** und **privater Wohnung** nebeneinander ist letztere wichtiger. **56**

Die **polizeiliche Meldung** ist nicht nötig und oft ein eher schwaches Indiz (zu Recht nicht beachtet von OLG Zweibrücken 7. 11. 1984 FamRZ 1985, 81; BGH 31. 5. 1983 NJW 1983, 2771; OLG Karlsruhe 15. 12. 1969 FamRZ 1970, 410, 412). **57**

bb) Persönliche Bindungen

Die Integration wird besonders dann anzunehmen sein, wenn die Partei **Familie** am Ort hat und Beziehungen zu ihr unterhält (BGH 8. 3. 1983 BGHZ 87, 95 = IPRax 1984, 30 [Hohloch 14]; OLG Hamm 9. 1. 1992 FamRZ 1992, 673 ff; BGH 5. 2. 1975 FamRZ 1975, 272; OLG Karlsruhe 9. 6. 1992 FamRZ 1993, 96; OLG Köln 18. 2. 1994 FamRZ 1995, 172). Die **persönlichen Bindungen** brauchen aber nicht familiärer Art zu sein; Freunde, Kirchengemeinden und Vereinsmitgliedschaften u drgl zählen ebenso. Solche Beziehungen erschweren zum einen die Verlegung eines gewöhnlichen Aufenthalts ins Ausland und bedeuten zum anderen, daß er schneller wieder neu begründet wird, wenn die Partei in ihre Heimat zurückkehrt und alte Bindungen wieder aufnimmt (zB OLG Köln aaO). **58**

cc) Beruf

Eine berufliche Tätigkeit ist schon als solche ein wesentliches Element des Lebensmittelpunktes (OLG Hamm 9. 1. 1992 FamRZ 1992, 673 ff; OLG Köln 13. 11. 1990 FamRZ 1991, **59**

363; OLG Celle 4.12.1990 FamRZ 1991, 598), indem sie in der Regel zu sozialen Beziehungen führt (OLG Hamm aaO). In der Rechtsprechung ist meist von privaten oder beruflichen Beziehungen alternativ die Rede (ebenso Soergel/Kegel Art 5 EGBGB Rn 45), ohne daß die vorgenannten Entscheidungen dazwischen unterscheiden mußten (zB BGH 13.12.2000 FamRZ 2001, 412; OLG Hamm 9.1.1992 FamRZ 1992, 673, 675). Fallen der Ort des **Berufs** und der der privaten Beziehungen auseinander, überwiegen aber **letztere** (Baetge, Der gewöhnliche Aufenthalt 115 f, 137 ff m Nw). Eine Berufs- oder **Schulausbildung** ist ebenfalls ein wichtiges Element bei der Bestimmung des Lebensmittelpunktes, nehmen sie doch einen großen Teil der Zeit in Anspruch (OLG Frankfurt aM 3.12.1976 OLGZ 1977, 141; OLG Zweibrücken 7.11.1984 FamRZ 1985, 81) und bringen persönliche Kontakte mit sich. Letzteres betrifft nicht nur Minderjährige (dazu Rn 63), sondern namentlich auch Studenten. Doch ist das Gewicht eines Ausbildungsaufenthalts geringer, wenn er zeitlich eng befristet ist, weil dann gewöhnlich der Kontakt zur Heimat stark bleibt.

dd) Sprachliche Verständigungsmöglichkeit

60 Große Bedeutung hat sicher die Möglichkeit sprachlicher Verständigung (KG 17.2.1976 OLGZ 1976, 281; OLG Celle 2.1.1991 FamRZ 1991, 1221; Dörner IPRax 1993, 85; Baetge aaO S 17). Jedoch betrifft das **nicht notwendig** die **Landessprache**; ein neu zugezogener Türke ist durchaus dann hier integriert, wenn er Kontakte zu ansässigen Türken hat.

d) Gewichtung

61 Wenn alle derartigen Beziehungen zum selben Staat bestehen und insgesamt eine gewisse Mindestintensität haben, ist die Feststellung eines gewöhnlichen Aufenthalts natürlich unproblematisch (Beispiel: BGH 8.3.1983 IPRax 1984, 30, 32). Doch sind häufig zwei oder gar mehrere Staaten auf diese Weise berührt. Typisch ist der Fall der **Grenzpendler** (dazu Spickhoff IPRax 1995, 185), der in mehr oder weniger regelmäßigen und längeren oder kürzeren Abständen zu seiner Familie oder an seinen „privaten" Wohnort zurückkehrt (zB AG Heilbronn 30.8.1984 IPRspr 1984 Nr 67 A). Dasselbe gilt für Personen, die zu auch längeren Arbeiten (zB Montage) ins Ausland gesandt werden.

62 Hier hat der Richter die Kontakte gegeneinander abzuwägen und die effektiveren zu ermitteln (Erman/Hohloch Art 5 EGBGB Rn 55). Für die Scheidungszuständigkeit wiegt dabei die **persönliche Integration** im Gegensatz zu einer beruflichen schwerer (Soergel/Kegel Art 5 EGBGB Rn 44; Kropholler, IPR § 39 II 6 S 281; Baetge, Der gewöhnliche Aufenthalt im IPR 115 f, 137 ff; Stein/Jonas/Schlosser ZPO § 606 Rn 11; OLG Zweibrükken 7.11.1984 FamRZ 1985, 81; OLG Karlsruhe 15.12.1969 FamRZ 1970, 410; AG Heilbronn aaO; zurückhaltend OGH 28.4.1994 IPRax 1995, 177 f [Spickhoff 185] aber zum Deliktsrecht), denn es geht um die privaten Lebensverhältnisse. Es ist denkbar, daß der Kontakt zur Familie weniger durch regelmäßige Heimfahrten als durch Telefon und Briefe aufrechterhalten wird. Man denkt an Asylbewerber und Personen, die aus anderen Gründen oder mangels der nötigen Mittel nicht reisen können. Genaugenommen handelt es sich nicht um den Vergleich zweier Daseinsmittelpunkte, sondern darum, bei einer solchen Verteilung der sozialen Kontakte und Umweltbeziehungen auf mehrere Staaten festzustellen, wo der gewichtigere Teil zu lokalisieren ist. Das ist der private. Ein so ermittelter gewöhnlicher Aufenthalt ist zwar absolut gesehen

notwendig schwächer als wenn alle Beziehungen im selben Staat liegen, aber ausreichend.

e) Willenselemente

Anders als beim Wohnsitz ist für die Begründung eines gewöhnlichen Aufenthaltes **63** ein **rechtsgeschäftlicher Wille** nicht erforderlich (BGH 5. 2. 1975 FamRZ 1975, 272; BGH 3. 2. 1993 IPRax 1994, 130; OLG Zweibrücken 7. 11. 1984 FamRZ 1985, 81; Stein/Jonas/Schlosser aaO; Erman/Hohloch Art 5 EGBGB Rn 52; Kegel/Schurig, IPR 413; Baumbach/Lauterbach/Albers aaO; Michaelis NJW 1949, 573; **aA** nur Mann JZ 1956, 470; mißverständlich BGH 31. 5. 1983 NJW 1983, 2771, internationales Deliktsrecht). Es handelt sich nicht um ein Rechtsgeschäft. Hiermit darf nicht verwechselt werden, daß nach der insoweit richtigen Rechtsprechung des BGH zum Begriff des Lebensmittelpunktes auch subjektive „persönliche Beziehungen" gehören (BGH 5. 2. 1975 NJW 1975, 1068 = FamRZ 1975, 272; BGH 3. 2. 1993 IPRax 1994, 131, 133; Siep, Der gewöhnliche Aufenthalt im deutschen internationalen Privatrecht, 66 ff). Da es auf einen rechtsgeschäftlichen Willen nicht ankommt, können **Minderjährige** und sonstige **nicht voll Geschäftsfähige** auch ohne oder gegen den Willen ihrer gesetzlichen Vertreter einen **eigenen gewöhnlichen Aufenthalt** begründen (dazu Art 8 Rn 3).

Während die Irrelevanz eines rechtsgeschäftlichen Willens für die Begründung eines **64** gewöhnlichen Aufenthalts weitgehend anerkannt ist, ist die Rolle des **natürlichen Willens**, sich am Ort eines neuen Lebensmittelpunktes einzurichten, streitig. Dabei sind zwei Fragen zu unterscheiden: ob ein gewöhnlicher Aufenthalt ohne oder gegen diesen Willen der betroffenen Person, dh also unfreiwillig entstehen kann, und ob er andererseits kraft eines solchen Willens, sich hier niederzulassen, schon sofort entsteht, bevor die soziale Integration auch tatsächlich gelungen ist. Und beide Fragen berühren die weitere, ob der Aufenthalt erlaubt sein muß.

aa) Freiwilligkeit

Die internationale Zuständigkeit beruht darauf, daß die engsten Beziehungen zur **65** hiesigen sozialen Umwelt **bestehen unabhängig davon, wie und warum** sie entstanden sind. Es kommt darum nicht darauf an, ob der Aufenthalt **freiwillig** begründet wurde (Resolution des Europarats v 18. 1. 1972 [o Rn 40]; Wieczorek/Becker-Eberhard § 606 Rn 51; Johannsen/Henrich/Sedemund-Treiber, Eherecht § 606 ZPO Rn 18; Stein/Jonas/Schlosser § 606a Rn 11; Hau FamRZ 2000, 1334; zu Kindern vgl Art 12 Rn 54 ff). Man vermeidet damit auch schwierige Unterscheidungen nach dem Maß der Freiwilligkeit zwischen ins Ausland abkommandierten Soldaten, Unfallopfern im Krankenhaus, versetzten Diplomaten, entsandten Angestellten von internationalen Unternehmen einerseits, Strafgefangenen, Kriegsgefangenen, Flüchtlingen in Flüchtlingslagern andererseits. Es gibt viele Stufen relativer Unfreiwilligkeit (Rogerson [2000] 49 IntCompLQ 94). Nicht dies entscheidet, sondern wo der Daseinsmittelpunkt tatsächlich ist. Man sollte auch nicht argumentieren, daß Strafhaft, Kriegsgefangenschaft und ähnliche „Verwahrung" schlechthin kein Aufenthalt sei (so Palandt/Heldrich Art 5 EGBGB Rn 10; Kegel/Schurig, IPR, 413; OLG Köln 9. 11. 1995 FamRZ 1996, 946 obiter).

Die Unfreiwilligkeit der Anwesenheit bzw der Wille, anderswo zu sein, können das **66** Entstehen eines neuen Daseinsmittelpunktes iSd sozialen Integration behindern und zumindest auf einige Zeit verhindern, zumindest solange noch Kontakte zur Heimat fortbestehen (Stein/Jonas/Schlosser § 606a Rn 11; ähnlich Smith, Conflict of Laws

38; Rogerson [2000] 49 IntCompLQ 94). Auch in diesen Fällen ist der Schwerpunkt der sozialen Beziehungen zu ermitteln. Bei der Feststellung ist aber insbesondere die Weigerung, den zwangsweisen Aufenthaltsort zum Daseinsmittelpunkt zu machen, faktisch zu beachten (MünchKomm/Sonnenberger Einl IPR Rn 668). Auch Strafgefangene sollten einen gewöhnlichen Aufenthalt haben können, und nicht an die Fiktion eines fortbestehenden früheren gewöhnlichen Aufenthalts ohne reale Beziehungen gebunden bleiben. Allerdings wird die Zwangssituation häufig bewirken, daß die Integration am Ort verweigert wird oder unmöglich ist und die persönlichen Beziehungen zum Herkunftsland aufrecht erhalten werden. Aber das kann und wird sich nach längerer Zeit und ggf mit dem Verlust der Heimatbeziehungen ändern (Kropholler, IPR § 39 II 6 S 282; OLG Hamm 3. 7. 1992 FamRZ 1993, 69; Zöller/Philippi § 606 Rn 26; Soergel/Kegel Art 5 EGBGB Rn 53; vHoffmann, IPR 193 f; Junker IPR Rn 137; Dilger, Die Regelungen zur internationalen Zuständigkeit in Ehesachen Rn 209; Schlosser, EU-ZPR Art 2 EheGVO Rn 3; **aA** Henrich Int FamR 62; Palandt/Heldrich Art 5 EGBGB Rn 10; vHoffmann, IPR 15 Rn 76, 79; vBar IPR Bd 1 Rn 529; wenigstens bei fehlender Bewegungsfreiheit MünchKomm/Sonnenberger Einl IPR Rn 668; Erman/Hohloch Art 5 EGBGB Rn 49; Soergel/Kegel Art 5 EGBGB Rn 56). Im Ergebnis könnte das OLG Koblenz (24. 9. 1997 FamRZ 1998, 756) richtig entschieden haben, obwohl der libanesische Ehemann sieben Jahre in Deutschland in Haft war. Hier kann der Schwerpunkt seiner Beziehungen außerhalb Deutschlands gelegen haben, denn er lebte zuvor in den USA und dorthin war die Ehefrau nach kürzerer Inhaftierung zurückgegangen. Vorausgesetzt ist, daß er zu ihr Kontakt gehalten hat.

bb) Integrationsabsicht

67 Verbreitet ist die Auffassung, daß nicht erst die tatsächliche Integration den gewöhnlichen Aufenthalt begründet, sondern schon vorher die **Aufenthaltsnahme**, die von vorneherein auf längere Dauer (so Palandt/Heldrich Art 5 EGBGB Rn 1), genauer **auf einen neuen Lebensmittelpunkt** angelegt ist (BGH 3. 2. 1993 IPRax 1994, 131, 133 = FamRZ 1993, 798; aber in casu verneint; OLG Köln 18. 2. 1994 FamRZ 1995, 172; LJV B-W 31. 5. 1990 FamRZ 1990, 1015 f; Henrich FamRZ 1986, 846; Erman/Hohloch Art 5 EGBGB Rn 52; Palandt/Heldrich Art 5 EGBGB Rn 10; Kropholler, IPR § 39 II 4 b; **aA** u Rn 70). Dabei sollen auch subjektive Merkmale, also wohl der Wille eine Rolle spielen, dessen Verhältnis zu den objektiven Umständen aber unklar bleibt. Es wird bei dieser Auffassung jedenfalls vorauszusetzen sein, daß die Absicht auch realisierbar ist (Spickhoff IPRax 1990, 227; Henrich IPRax 1981, 125), so daß der gewöhnliche Aufenthalt bei Asylbewerbern, die durchaus die Absicht haben, nicht entstünde, wenn das Gesuch abgelehnt wurde (OLG Bremen 10. 1. 1991 FamRZ 1992, 962) oder noch nicht beschieden ist (so wohl OLG Karlsruhe 7. 6. 1990 aaO; Kilian IPRax 1995, 11), also noch ungewiß ist, ob die Partei lange genug wird bleiben können. Sonst entstehe er erst, aber jedenfalls durch tatsächlichen längeren Aufenthalt infolge der Integration (OLG Nürnberg 28. 3. 1989 FamRZ 1989, 1304; OLG Koblenz 15. 6. 1989 FamRZ 1990, 536; wohl auch Kilian IPRax 1995, 11).

68 Unbestritten ist kein rechtsgeschäftlicher, wirksamer Wille nötig (o Rn 63). Unklar ist nur die Bedeutung eines **natürlichen Willens**, einen neuen Ort in der Zukunft zum Lebensmittelpunkt zu machen. Wenn vielfach formuliert wird, der neue gewöhnliche Aufenthalt entstehe sofort, wenn er auf Dauer angelegt erscheine und beabsichtigt sei, daß er an die Stelle des bisherigen treten soll (zB Palandt/Heldrich Art 5 EGBGB Rn 10; BGH 3. 2. 1993 IPRax 1994, 130), so können damit zwei deutlich zu unterscheidende Situationen gemeint sein: die bloße Niederlassung am Ort mit der **noch nicht verwirklichten Absicht**, sich zu integrieren, **oder** eine **objektive Situation**, die erwarten läßt, daß der Lebensmittelpunkt und die **soziale Integration entstehen werden** (die o Rn 42 zitierte Entscheidung des EuGH v 15. 9. 1994 läßt sogar noch eine dritte Deutung zu, daß der Lebensmittelpunkt entstanden ist und die Absicht des Bleibens zusätzlich erforderlich sei).

Bei beiden Ansätzen, wenn man den gewöhnlichen Aufenthalt auf diese Weise **69**
sofort entstehen ließe, wenn nur die Prognose für einen zukünftigen Lebensmittelpunkt positiv ist, änderte sich nichts mehr, wenn dann die Absicht doch nicht realisiert wird (so bei unvorhergesehenen Entwicklungen Kropholler aaO; Soergel/Kegel Art 5 EGBGB Rn 54; OLG Frankfurt aM 18. 3. 1966 MDR 1966, 845 zur örtlichen Zuständigkeit). Es wird nicht einmal ein tatsächlich gegebener gewöhnlicher Aufenthalt zurück erstreckt, sondern einer zugelassen, der **nie Lebensmittelpunkt** wird, sondern **nur einmal möglich erschien**. Man sollte abwarten, bis der **objektive Tatbestand** verwirklicht und der Lebensmittelpunkt tatsächlich entstanden ist. Wenn die Integrationsabsicht besteht, wird es nicht allzu lange dauern, und wenn nicht, dann wird sich auch das bald zeigen, und man hat eine Zuständigkeit vermieden, die in der Tat nicht begründet war.

Man sollte also den **Willen nicht für die Tat nehmen** (BayObLG 30. 5. 1996 FamRZ 1997, **70**
423: auf den Willen ... komme es nicht an; OLG Koblenz 24. 9. 1997 FamRZ 1998, 756; OLG Karlsruhe 7. 6. 1990 FamRZ 1990, 1351; zum Kindesaufenthalt OLG Köln 9. 11. 1995 FamRZ 1996, 946; OLG Düsseldorf 24. 10. 1997 FamRZ 1999, 112; zurecht hat das KG 6. 11. 2001 FamRZ 2002, 840 sein Entstehen verneint, als die Eheleute nur einen Monat an einem Ort zusammenlebten und gar nicht nach Integrationsabsicht gefragt; Staudinger/Mankowski [2003] Art 14 EGBGB Rn 53; vBar, IPR I Rn 529; Wieczorek/Becker-Eberhard § 606 Rn 47; Rauscher/Rauscher Art 2 EheGVO aF Rn 12; im englischen Recht Cheshire/North Private Intern Law 165). Oft werden bis dahin noch der **alte gewöhnliche Aufenthalt** und die sozialen Beziehungen dort nur nach und nach abnehmen und durch neue ersetzt werden. Es entstünden also unnötigerweise und systemwidrig für einige Zeit zwei gewöhnliche Aufenthalte. Die hM geht wohl unausgesprochen von der Annahme aus, daß der bisherige gewöhnliche Aufenthalt sofort aufgehoben ist (MünchKomm-ZPO/Bernreuther § 606a Rn 24 f). Davon ging zB BGH 3. 2. 1993 (IPRax 1994, 132 zu Art 17 EGBGB) vielleicht im Tatsächlichen etwas voreilig aus. Sind die Brücken zur bisherigen Heimat tatsächlich abgebrochen, dann wird freilich der neue Wohnort schneller, aber auch dann nicht sofort zum Lebensmittelpunkt werden. Namentlich bei Umzügen innerhalb der EU werden die sozialen Beziehungen erst nach und nach im neuen Land stärker als die zum Herkunftsstaat werden (vgl Fall OLG Karlsruhe 15. 12. 1969 FamRZ 1970, 410). Man hat auch nicht notwendig immer einen gewöhnlichen Aufenthalt (BGH 3. 2. 1993 IPRax 1994, 132; **aA** Schlosser Art 3 EheGVO aF Rn 2).

Im Ergebnis größtenteils zutreffend, aber unklar begründet ist die zitierte Entschei- **71**
dung des BGH vom 3. 2. 1993 zu Art 17 mit 14 EGBGB (IPRax 1994, 132). Die Ehefrau war mit ihrem Ehemann in dessen Heimatland – die Niederlande – umgezogen und machte ihr Bleiben dort davon abhängig, wie sich die Dinge und namentlich ihre Ehe entwickeln würden. In der Tat trennten sich die Eheleute und die Frau kehrte nach einigen Wochen nach Deutschland zurück. Der BGH prüft, ob sie in den Niederlanden einen mit ihrem Mann dann gemeinsamen gewöhnlichen Aufent-

halt begründet hatte (Art 14 Abs 1 Ziff 2 EGBGB). Nachdem der BGH feststellt, daß „der Wille, den Aufenthaltsort zum Mittelpunkt oder Schwerpunkt der Lebensverhältnisse zu machen, nicht erforderlich" sei (unter Berufung auf BGH 5.2.1975 NJW 1975, 1068), fährt er fort, der gewöhnliche Aufenthalt werde an einem Ort grundsätzlich „schon dann begründet, wenn sich aus den Umständen ergibt, daß der Aufenthalt an diesem Ort auf längere Zeit angelegt ist, und der neue Aufenthaltsort künftig anstelle des bisherigen Daseinsmittelpunkt sein soll" (unter Berufung auf BGH 29.10.1980 NJW 1981, 520). Letzteres war in casu zu verneinen; die Frau habe zwar ihren gewöhnlichen Aufenthalt in Deutschland aufgegeben, aber im Gegensatz zu ihrem Ehemann (noch) keinen neuen in den Niederlanden begründet. Selbst wenn der BGH hier die genannte Alternative von tatsächlichem Lebensmittelpunkt und geplantem zugrunde legt, bleibt unklar, warum es zu letzterem nicht gekommen ist, ob es am Willen der Frau oder an den Umständen der zukünftigen Integration fehlte. Richtigerweise war zu prüfen, ob schon ein neuer Lebensmittelpunkt entstanden war, was wohl nicht wahrscheinlich erscheint.

72 Man muß genau unterscheiden zwischen dem **Willen**, der als solcher den gewöhnlichen Aufenthalt nicht unmittelbar konstituiert, und seiner **indirekten faktischen Bedeutung** für die soziale Integration (ähnlich vBar/Mankowski, IPR Bd I, § 7 Rn 24), die natürlich entscheidend dadurch gefördert wird, daß die Partei einen neuen Daseinsmittelpunkt will (zum gegenteiligen Fall des unfreiwilligen Aufenthalts vgl Rn 66): man hat den gewöhnlichen Aufenthalt nicht schon allein deshalb da, wo man integriert sein will, aber nicht ist, und man verliert ihn nicht, weil man auswandern will, aber nicht kann.

73 Allenfalls kann bei sonst etwa gleich gewichtigen Beziehungen zu zwei Ländern den Ausschlag geben, wo die Partei ihre Heimat sieht oder nicht. Man denke an ganz überwiegend im Ausland lebende Ehegatten mit Freunden und Verwandten im Inland, aber auch im Ausland, die ihre „eigentliche" Heimat im Inland sehen. Ähnlich hat das OLG Düsseldorf (12.4.1994 FamRZ 1995, 37 f) wegen der Absicht der Rückkehr nach Deutschland bei einer in die Türkei ausgereisten Türkin, die Verwandte hier wie dort hatte, den gewöhnlichen Aufenthalt weiterhin in Deutschland angenommen, und eine Änderung, grundsätzlich richtig, erst gesehen, als die Partei dann doch in der Türkei überwiegend integriert war (sehr zweifelhaft nur, daß dies nach sechs Monaten anzunehmen sei). Man kann auch auf der Ebene des Beweises den Willen, sich definitiv niederzulassen, als ein Indiz unter anderen verwenden (Staudinger/Mankowski [2003] Art 14 EGBGB Rn 53; MünchKomm/Sonnenberger Einl IPR Rn 668), solange man nicht Indiz und indizierte Tatsache verwechselt. Hat sich der Ausländer ohne bisherige Beziehungen zu Deutschland mit Integrationswillen hier niedergelassen, so darf man den gewöhnlichen Aufenthalt nach einer erfahrungsgemäß dazu nötigen Zeit bejahen, wenn weitere Anhaltspunkte dafür sprechen. Fehlt der Wille, so wird man entsprechend mehr Umstände brauchen, die dennoch die Integration ergeben.

74 Die Prognose, die nach dieser subjektiven Lehre nötig wäre, wäre immer mehr oder weniger ungewiß, und in Ehesachen muß man durchaus auch mit **Zuständigkeitserschleichung** und einem Wettlauf ums Forum rechnen. Es fällt auf, daß die durchaus uneinheitliche Rechtsprechung, die manchmal das erwartete Entstehen eines gewöhnlichen Aufenthalts ausreichen läßt (o Rn 67), diese praktisch wichtige Frage, soweit ersichtlich, nicht erörtert und anscheinend den Widerspruch nicht recht erkennt. Dem liegt möglicherweise zugrunde, daß der gewöhnliche Aufenthalt zu Unrecht als ein bloßes Faktum angesehen wird.

cc) Zukünftiger Lebensmittelpunkt

Wenn mit der Lehre, der neue gewöhnliche Aufenthalt entstehe sofort, wenn er auf **75**
Dauer angelegt erscheine und an die Stelle des bisherigen treten solle (o Rn 67 ff), gemeint ist, daß die objektiven Umstände, zu denen die Pläne der Partei zu zählen wären, ergeben müssen, daß hier voraussichtlich der neue Lebensmittelpunkt entstehen werde (vgl PALANDT/HELDRICH Art 5 EGBGB Rn 10), ist dem aus denselben Gründen nicht zuzustimmen. Vielmehr ist das tatsächliche Entstehen des neuen gewöhnlichen Aufenthalts abzuwarten. Denn **erst die tatsächliche Integration rechtfertigt** die Partei, dort auch zu klagen und die Gegenpartei, die ihrerseits in einem anderen Land ihren Lebensmittelpunkt hat (aA KROPHOLLER, IPR § 39 II 4 S 278; zum MSA BGH 29. 10. 1980 BGHZ 78, 293), vor die betreffenden Gerichte zu ziehen.

Folgte man den unzutreffenden Auffassungen, daß schon dann ein neuer gewöhn- **76**
licher Aufenthalt entsteht, wenn er erst in Zukunft an die Stelle des bisherigen treten soll, dann muß man konsequenterweise auch die Beendigung schon zu diesem Zeitpunkt eintreten lassen (so LJV B-W 31. 5. 1990 FamRZ 1990, 1015 f), denn man müßte sonst zwei annehmen. Aber der alte ist tatsächlich noch voraussetzungsgemäß Lebensmittelpunkt.

dd) Realer Lebensmittelpunkt

Daß die **Art 3 (Art 2 aF) und 8 (Art 3 aF)** den **tatsächlichen entstandenen Lebens-** **77**
mittelpunkt verlangen, ist aus zwei Gründen **anzunehmen**: Zum einen verlangt Art 3 (Art 2 aF) Abs 1 lit a 5. und 6. Str eine Mindestdauer des gewöhnlichen Aufenthalts, der mit einem nur geplanten nicht abgedient werden kann. Der Klägergerichtsstand rechtfertigt sich, weil der Kläger seinen Lebensmittelpunkt nun dort hat und darum seinen Status dort regeln lassen darf (o Rn 9). Zum anderen geht es um die **Entscheidung zwischen** den **Zuständigkeitsinteressen** von Kläger und Beklagtem. Man sollte dem Beklagten, der in seinem Land tatsächlich integriert ist, nicht zumuten, im Lande des Klägers Recht nehmen zu müssen, der dort noch nicht tatsächlich integriert ist oder noch nicht die erforderlichen sechs Monate. Bei dieser Regelung dürfen **geplante** und **tatsächliche** soziale Integration **nicht gleichgestellt** und gleich gewichtet werden. Schließlich ist in den Fällen eines erst geplanten neuen gewöhnlichen Aufenthalts gewöhnlich der alte noch nicht tatsächlich beendet; es bestehen vielmehr dorthin noch die engeren Beziehungen. Eine dadurch bewirkte Vermehrung der Gerichtsstände ist nicht im Sinne der EheGVO. Pläne können geändert oder nicht immer verwirklicht werden. Es ist nicht sinnvoll, einen Gerichtsstand zulasten der Gegenpartei zu akzeptieren, der sich denn letztlich als nicht gerechtfertigt herausstellt.

Zudem beugt man, wenn man auf die Fakten abstellt, einigermaßen der **Zuständig-** **78**
keitserschleichung vor. Wenn die Ehegatten einig sind, würde wegen Abs 1 lit a 3. Str genügen, daß einer in dem geeignet erscheinenden Land eine Wohnung nimmt und vortäuscht, hier nun leben zu wollen. Derartige Manöver sind angesichts der Unterschiede im Scheidungsrecht nicht unwahrscheinlich (vgl oben Rn 5). Mit Recht weist SIMOTTA (FS Geimer [2002] 1155 f) darauf hin, daß man in Österreich mit dem

Konzept des gewöhnlichen Aufenthalts den Schwierigkeiten entgehen wollte, die man mit der Feststellung der tatsächlichen Willensrichtung beim Konzept des Wohnsitzes hatte. Man sollte solches in der EheGVO vermeiden.

ee) Bleibewille

79 Es ist nicht erforderlich, daß die Partei weiter auf längere, gar auf unabsehbare Zeit bleiben will (bedenklich OLG Koblenz 15. 6. 1989 FamRZ 1990, 536). Ein **animus manendi** ist **nicht nötig**. Die Rechtsprechung hat allerdings den gewöhnlichen Aufenthalt bei bevorstehender Ausweisung auch damit verneint, daß die Partei darum selbst nicht die Absicht habe, zu bleiben (OLG Koblenz 24. 9. 1997 FamRZ 1998, 756 f; OLG Köln 9. 11. 1995 FamRZ 1996, 946 f). Das ist nicht entscheidend und oft faktisch nicht zutreffend, sondern ob der Lebensmittelpunkt tatsächlich hier entstanden war (oben Rn 67 ff). Und dann ändert sich nichts, wenn sein Ende vorhersehbar ist. Die Prekarität der Situation kann allenfalls, solange sie dauert, die Integration faktisch behindern.

f) Aufenthaltsberechtigung

80 **Asylbewerber** halten sich zumindest während der Dauer ihres Anerkennungsverfahrens hier nicht illegal auf, jedoch ist noch ungewiß, ob sie auf Dauer hier bleiben dürfen. Diese Unsicherheit kann das Entstehen eines gewöhnlichen Aufenthalts behindern, schließt es aber keineswegs notwendig aus. Zumal wenn der Ausländer seine Familie (noch) zu Hause gelassen hat, um sich selbst erst einmal hier zu etablieren, führt die Ungeklärtheit seines Aufenthaltsrecht uU dazu, daß seine hauptsächlichen Beziehungen einstweilen noch im Ausland sind. Bei längerer Dauer des Verfahrens und etwa gar einer Erteilung einer Arbeitserlaubnis kann dann aber durchaus der **Daseinsmittelpunkt** hier entstehen. Es genügen dafür auch Kontakte mit Ausländern oder Landsleuten des Bewerbers (OLG Nürnberg 28. 3. 1989 FamRZ 1989, 1304; OLG Hamm 5. 5. 1989 IPRax 1990, 247; OLG Koblenz 15. 6. 1989 IPRax 1990, 249 [Spickhoff 225] = FamRZ 1990, 536; OLG Karlsruhe 2. 10. 1991 FamRZ 1992, 317; Palandt/Heldrich Art 5 EGBGB Rn 10; etwas enger, grundsätzlich aber ähnlich Gottwald, in: FS Nakamura [1990] 190; Spickhoff IPRax 1990, 225; Kilian IPRax 1995, 11). Ist der gewöhnliche Aufenthalt so einmal entstanden, entfällt er nicht schon dadurch, daß der Asylantrag abgelehnt und die Ausreise angeordnet wird, sondern erst durch tatsächliche Ausreise (OLG Hamburg 3. 7. 1990 IPRax 1992, 38 f; unklar AG Landstuhl 17. 2. 1994 IPRax 1995, 108). Und er kann noch während des Verfahrens entstehen (OLG Nürnberg 6. 3. 2001 FamRZ 2002, 324, trotz angeordneter Ausreise; Kilian IPRax 1995, 11; Spickhoff IPRax 1990, 225, 227; wohl auch MünchKomm-ZPO/Bernreuther § 606a Rn 20).

81 Im Gefolge des BSG meint das OLG Bremen (10. 1. 1991 FamRZ 1992, 962; BSG 15. 6. 1982 MDR 1983, 173; BS 25. 6. 1987 DVBl 1987, 1123; **aA** OLG Koblenz 15. 6. 1989 aaO; OLG Hamm 5. 5. 1989 aaO; OLG Nürnberg 28. 3. 1989 aaO; OLG Nürnberg 6. 3. 2001 FamRZ 2002, 324; obiter OLG Hamburg 3. 7. 1990 aaO), daß der Annahme eines gewöhnlichen Aufenthalts entgegenstehe, daß wegen Verweigerung oder Auslaufens der Aufenthaltserlaubnis der weitere Aufenthalt nicht mehr vom Willen der Partei, sondern von **den deutschen Behörden** abhängt. Anscheinend verlangt OLG Bremen, daß die Partei auf unbegrenzte Dauer hier bleiben will und kann. Das ist aber gerade nicht vorausgesetzt, denn auch ein hiesiger Lebensmittelpunkt auf begrenzte Zeit genügt (o Rn 79).

Der gewöhnliche Aufenthalt kann sich selbst während eines **illegalen Aufenthalts** hier bilden (OLG Nürnberg 6. 3. 2001 aaO, Gottwald FamRZ 2002, 1343 gegen AG Landstuhl ebenda; Geimer, IZPR Rn 299 a; Baumbach/Lauterbach/Albers, ZPO § 606 Rn 11; Rauscher IPRax 1992, 15; Henrich Int FamR 61/62; Spellenberg IPRax 1988, 4 f; weitgehend auch Johannsen/Henrich Eherecht Art 17 Rn 9). Zwar läge auf den ersten Blick der Einwand unzulässiger Rechtsausübung für die Inanspruchnahme deutscher Gerichte nahe. Doch haben die Fragen des Aufenthaltsrechts und der internationalen Zuständigkeit zu wenig miteinander zu tun, um den Parteien, die möglicherweise mangels gewöhnlichen Aufenthalts im Ausland ihren Personenstand dort nicht regeln können, den Rechtsschutz in Deutschland zu verweigern. Bei Kindesentführung ist anerkannt, daß ein neuer gewöhnlicher Aufenthalt des Kindes dennoch entstehen kann (vgl Art 10 Abs 1; Art 4 aF). **82**

3. Beendigung

a) Wegzug

In den meisten Fällen endet ein gewöhnlicher Aufenthalt mit der Begründung eines neuen entsprechend den vorstehenden Ausführungen, denn dann ist definitionsgemäß dort der Lebensmittelpunkt. Der Wechsel wird meist einen **Zeitraum des Übergangs** in Anspruch nehmen. Möglich ist dabei auch die Aufgabe vor Begründung eines neuen gewöhnlichen Aufenthalts (BGH 3. 2. 1993 IPRax 1994, 131 [vBar 100]; vgl oben Rn 46). Da der Lebensmittelpunkt durch verschiedene Umstände bestimmt wird, wobei nicht alle zum selben Land hinweisen müssen (oben Rn 61), kann auch die Beendigung des gewöhnlichen Aufenthalts nicht schlechthin mit einem bestimmten Umstand identifiziert werden, und sei es die Aufgabe der inländischen Wohnung. Der BGH formuliert etwas mißverständlich (aaO S 133), daß der gewöhnliche Aufenthalt beendet worden sei, weil die Partei ihre Wohnung in Deutschland aufgegeben (und sich polizeilich abgemeldet) habe und „damit keine Beziehungen mehr zu Deutschland“ hatte, „in denen der Schwerpunkt der Bindungen“ gesehen werden könne. Die Aufgabe der Wohnung im Inland und vor allem der Umzug ins Ausland ist sicher ein gewichtiger Punkt, aber bedeutet nicht notwendig, daß die überwiegenden sozialen Beziehungen nicht im Inland fortgeführt werden könnten. **83**

Kein Zweifel wird bestehen, wenn die Partei die inländische Wohnung aufgibt und mit der gesamten Familie ins Ausland verzieht, dort eine Wohnung nimmt und bei einem neuen Arbeitgeber tätig wird. Schon zweifelhafter ist die Sachlage, wenn zwar der Ehegatte mitkommt, aber Kinder und sonstige **Verwandte zurückbleiben**. Auch Beziehungen zu früheren Arbeitskollegen sind zu bewerten, insbesondere, wenn der Arbeitgeber im Ausland derselbe ist, wie etwa bei der Versetzung an eine ausländische Niederlassung oder Versetzung von Diplomaten ins Ausland. **84**

Das OLG Hamm (9. 1. 1992 FamRZ 1992, 673) verneinte die Aufgabe des deutschen gewöhnlichen Aufenthalts, als die beiden marokkanischen Ehegatten, die seit Anfang der 60er Jahre in Deutschland lebten und arbeiteten, Anfang 1988 nach Marokko zurückgingen, die Ehefrau noch einmal wenige Tage Mitte 1989 in Deutschland war, um Geld abzuholen, dann aber im Oktober 1989 endgültig nach Deutschland zurückkehrte, um Arbeit aufzunehmen. Die Ausreise 1988 sei für sie keine Aufgabe des gewöhnlichen Aufenthalts in Deutschland gewesen, denn die eheliche Wohnung sei weiterhin beibehalten worden und vor allem sei die Ehefrau **85**

Ende 1989 mit dem Vorsatz zurückgekehrt, nach der Verstoßung durch ihren Ehemann in Marokko am Ort beruflicher und familiärer Bindungen bei ihren früheren Arbeitgebern und bei den in Deutschland und den Niederlanden lebenden Söhnen zu bleiben. An der Begründung ist unzutreffend, daß auf die Absicht der Ehefrau bei der Rückkehr abgestellt wird, denn dadurch könnte ein zunächst beendeter gewöhnlicher Aufenthalt nicht wieder rückwirkend begründet werden. Vielmehr ging es um die Frage des Fortbestands des ursprünglichen gewöhnlichen Aufenthalts in Deutschland. Jedoch wäre die eingetretene soziale Integration in Marokko, wo der Ehemann nach Feststellung des Gerichtes seinen neuen Lebensmittelpunkt hatte, abzuwägen gewesen gegen ihre verbliebenen Beziehungen zu Deutschland, wobei ein Sohn in Deutschland lebte und ein anderer in den Niederlanden. Entsprechende Feststellungen zu den verbliebenen Beziehungen zu Personen in Deutschland fehlen leider wie im Urteil des BGH (aaO). Beide Entscheidungen hätten genauer begründet werden müssen.

86 Die Beibehaltung einer **Wohnung im Inland** als solche ist weniger wichtig als ob sie benutzt wird. Ist das der Fall, so liegt darin sicherlich ein starker Inlandsbezug, wird sie nicht benutzt, so zeigt dies ein Zögern der Partei, ob sie denn nun definitiv im Ausland bleiben will. Wie der BGH insoweit richtig festgestellt hat (aaO S 133), kann die abwartende Haltung bedeuten, daß im neuen Staat noch kein Daseinsmittelpunkt entsteht, und es kann, muß aber nicht, auch bedeuten, daß der alte einstweilen aufrechterhalten wird. Deutsche Pensionäre, die etwa den größeren Teil des Jahres mit Ehegatten und unter deutschen Freunden im sonnigen Süden verbringen, dürften recht häufig ihre Wohnung noch in Deutschland und dort auch den gewöhnlichen Aufenthalt haben. Aber zwingend ist das nicht. Wenn die Besuche in Deutschland kürzer und unregelmäßig werden, kann der gewöhnliche Aufenthalt durchaus anderswo entstanden sein.

b) Vorübergehende Abwesenheit

87 Eine vorübergehende Abwesenheit **hebt unstreitig** den gewöhnlichen Aufenthalt **nicht auf** (Soergel/Kegel Art 5 EGBGB Rn 46; Wieczorek/Becker-Eberhard § 606 Rn 50; Erman/Hohloch Art 5 EGBGB Rn 51; BGH 17. 2. 1982 IPRax 1983, 71 = NJW 1982, 1216; BGH 3. 2. 1993 IPRax 1994, 131 ff; OLG Frankfurt aM 12. 6. 1961 NJW 1961, 1586; OLG Düsseldorf 15. 8. 1968 MDR 1969, 143; Stein/Jonas/Schlosser, ZPO § 606 Rn 11; Baumbach/Lauterbach/Albers aaO). Das rührt freilich weniger vom Begriff „gewöhnlich" etwa im Gegensatz zu „dauernd" her, sondern daher, daß ein solcher vorübergehender Aufenthalt in vielen Fällen einerseits die Beziehungen zum bisherigen sozialen Umfeld allenfalls etwas lockert, und andererseits die voraussichtliche zeitliche Befristung, gar die Unfreiwilligkeit des neuen Aufenthalts nicht zu einer überwiegenden sozialen Integration dort führt. Beispiele sind selbst mehrmonatiger Aufenthalt in einer Klinik, wegen eines Unfalls oder Krankheit (in einem nicht internationalen Fall hat das BayObLG 23. 7. 1992 NJW 1993, 670 einen auf zwei Jahre angelegten Aufenthalt in einer Rehabilitationsklinik nicht für ausreichend erachtet). Es hängt davon ab, ob bei dem Aufenthalt im Ausland dort die überwiegende soziale **Integration stattfindet** oder nicht. Sie ist auch bei amerikanischen Armeeangehörigen möglich, die in geschlossenen amerikanischen Siedlungen in Deutschland für längere Zeit leben (OLG Zweibrücken 3. 11. 1998 FamRZ 1999, 940). Anders liegt es, wenn überwiegende Beziehungen zum Herkunftsstaat erhalten bleiben, vor allem wenn dort die Familie geblieben ist (OLG Frankfurt aM 12. 6. 1961 NJW 1961, 1586). Studenten während eines Jahres im Ausland bleiben wohl überwiegend Gäste im Land und dürften ihren gewöhnlichen Aufenthalt auch weiterhin überwiegend zu Hause, wo Familie und Freunde sind, haben und sehen (OLG Hamm 13.3.1989 FamRZ 1989, 1331; WIECZOREK/BECKER-EBERHARD § 606 Rn 52). Es kann freilich auch zu einer überwiegenden Integration im Studienland kommen (zu weitgehend aber WIECZOREK/BECKER-EBERHARD aaO). Je länger der Auslandsaufenthalt zu Studienzwecken dauert, um so eher wird der Daseinsmittelpunkt dort anzunehmen sein, wobei die mögliche spätere Rückkehr nach Deutschland als solche nicht entgegensteht (KG NJW 1988, 649 zust GEIMER; STEIN/JONAS/SCHLOSSER § 606 Rn 10). Nach einer nicht unproblematischen Entscheidung des BGH (5.2.1975 FamRZ 1975, 272) änderte ein Internatsaufenthalt in Spanien über Jahre hinweg den gewöhnlichen Aufenthalt in Deutschland nicht, weil das Kind später hierher zurückkehren sollte. Das wäre nicht entscheidend, sondern ob der Schwerpunkt der sozialen Kontakte weiter durch die in Deutschland lebende Mutter konstituiert wurde.

4. Beweislast

Soziale Integration bzw der Ort des Lebensmittelpunktes als **objektive Tatsachen** 88
sind **nicht** ohne weiteres **leicht festzustellen**. Die Praxis gebraucht, nicht immer klar formulierend und überwiegend bei Kindern, häufiger eine Art **tatsächlicher Vermutung**, daß nach sechs Monaten die Integration vollzogen sei (BGH 29.10.1980 BGHZ 78, 293 f300 f; OLG München 6.2.1981 FamRZ 1981, 389; OLG Düsseldorf 16.12.1983 FamRZ 1984, 194; OLG Hamm 5.5.1989 NJW 1990, 651; SOERGEL/KEGEL Art 5 EGBGB Rn 54; mit vorsichtigen **Bedenken** BGH 18.6.1997 FamRZ 1997, 1070; BGHZ 29.10.1980 BGHZ 78, 293 [beide zu MSA]; OLG Frankfurt/M 29.2.1996 FamRZ 1996, 1478; ZÖLLER/GEIMER § 606a Rn 48; **abl** HENRICH FamRZ 1986, 846; SPICKHOFF IPRax 1995, 187; MünchKomm-ZPO/BERNREUTHER § 606a Rn 23; WIECZOREK/BECKER-EBERHARD § 606 Rn 48; vBAR, IPR I Rn 529 Fn 62).

Der Antragsteller hat jedoch die Fakten vorzutragen, aus denen sich der gewöhn- 89
liche Aufenthalt ergibt. Es **genügt nicht, die sechsmonatige Anwesenheit** darzutun, um dem Antragsgegner den Beweis zu überlassen, daß der Lebensmittelpunkt dennoch nicht hier entstanden ist. Die **Beweislast** trägt der Kläger. Hat er die Fakten dargetan, entscheidet das Gericht, ob sie einen Lebensmittelpunkt konstituieren. Hat die betr Partei, wie oft, Beziehungen zu mehreren Ländern, dann sind diese gegeneinander abzuwägen, aber das ist keine Frage einer Vermutung. Und ergibt sich, daß der Daseinsmittelpunkt noch nicht hier entstanden ist, ist der gewöhnliche Aufenthalt zu verneinen. Die Faustregel der sechs Monate ist bestenfalls ein sehr ungenauer Ausgangspunkt, meist trifft sie nicht.

V. Staatsangehörigkeit

1. Maßgebliches Recht

Welche Staatsangehörigkeit eine Partei hat, bestimmt das **Recht des jeweiligen** 90
Staates, um dessen Staatsangehörigkeit es geht (MünchKomm/SONNENBERGER Einl IPR Rn 642; STAUDINGER/BLUMENWITZ [1996] Art 5 EGBGB Rn 45; EuGH 7.7.1992 Rs C-369/90 – Micheletti – Slg 1994 I 4239 Rn 10).

Die deutsche Staatsangehörigkeit ist als Voraussetzung der internationalen 91
Zuständigkeit von Amts wegen und in jeder Lage des Verfahrens zu **prüfen** (vgl

Vorbem 73 vor Art 1), wobei natürlich das Gericht das deutsche Staatsangehörigkeitsrecht kennen muß.

92 **Zivilrechtliche Vorfragen** der deutschen Staatsangehörigkeit wie namentlich die Abstammung von deutschen Eltern oder Adoptionen sind nach den Regeln des EGBGB anzuknüpfen (zB VG Darmstadt 9. 8. 1982 StAZ 1984, 44, 47 m Anm vMANGOLDT; BayObLG 7. 12. 1979 BayObLGZ 1979, 405, 410; MAKAROV/vMANGOLDT, Deutsches Staatsangehörigkeitsrecht Einl III Rn 1 ff).

2. Deutsche Staatsangehörigkeit

a) Erwerb

93 Ob jemand Deutscher ist, ergibt das RuStAG vom 22. 7. 1913, zuletzt geändert durch Gesetz vom 15. 7. 1999 (BGBl I 1618). Wegen der zT diffizilen Staatsangehörigkeitsverhältnisse der von Nationalsozialismus und Krieg besonders betroffenen Volksgruppen vgl das Gesetz zur Regelung von Fragen der Staatsangehörigkeit v 22. 2. 1955 (BGBl I 65 zuletzt geändert durch Gesetz v 18. 7. 1979 BGBl I 1061) und im einzelnen STAUDINGER/BLUMENWITZ (2003) Anh II zu Art 5 EGBGB Rn 14 ff. Die deutsche Staatsangehörigkeit konnte auch gemäß dem Staatsangehörigkeitsrecht der ehemaligen DDR erworben werden (STAUDINGER/BLUMENWITZ [2003] Anh II zu Art 5 EGBGB Rn 141 ff). Die Ausstellung von Personalpapieren (Paß, Personalausweis) begründet nicht die deutsche Staatsangehörigkeit. Das gilt selbst für eine Staatsangehörigkeitsbescheinigung. Vor allem letztere kann ein starkes Indiz sein, ist aber kein absolut zwingender Beweis der deutschen Staatsangehörigkeit (BVerfG 21. 10. 1987 BVerfGE 77, 138, 147; BVerwG 21. 5. 1985 BVerwGE 71, 309, 317; KG 11. 2. 1983 NJW 1983, 2324 = IPRspr 1983 Nr 167; MAKAROV/vMANGOLDT, Deutsches Staatsangehörigkeitsrecht § 3 RuStAG Rn 11 ff).

94 Konstitutiv und damit bindend ist eine **Einbürgerungsurkunde**, und ein rechtskräftiges **Feststellungsurteil** über die deutsche Staatsangehörigkeit bindet alle Behörden und Gerichte (BVerwG 21. 5. 1985 StAZ 1986, 139, 141). In sehr engen Grenzen kommt bei Tätigkeit einer Behörde mit Einbürgerungskompetenz auch ein Erwerb der Staatsangehörigkeit durch Vertrauensschutz in Betracht (MAKAROV/vMANGOLDT aaO m Nw). Der Besitz einer ausländischen Staatsangehörigkeit steht nicht entgegen, da die Person dennoch die deutsche haben kann (zur Behandlung doppelter Staatsangehörigkeit s Rn 100 ff).

95 Die **Heirat** mit einem Deutschen bewirkt nicht mehr automatisch den Erwerb der deutschen Staatsangehörigkeit, sondern gibt einen Anspruch auf erleichterte Einbürgerung. Ebenso ist die Scheidung der Ehe ohne direkten Einfluß auf die deutsche Staatsangehörigkeit. Ähnliche Regelungen kennen viele ausländische Staaten, namentlich die Vertragsstaaten des New Yorker UN-Übereinkommen über die Staatsangehörigkeit verheirateter Frauen vom 20. 2. 1957 (BGBl 1973 II 1250).

96 Schwierigkeiten machten die in den Jahren 1938–1945 vom Deutschen Reich vorgenommenen **Sammeleinbürgerungen**. Sie sind nach BVerfG 28. 5. 1952 (BVerfGE 1, 322 = NJW 1952, 777) nicht schlechthin als unwirksam zu betrachten, bleiben vielmehr für uns jedenfalls dann gültig, wenn der ursprüngliche Staat die Betroffenen nicht mehr als seine Staatsbürger betrachtet und die Person als Deutsche behandeln will

(Art 1 Abs 1, 5 Abs 1 S 1 Gesetz zur Regelung von Fragen der Staatsangehörigkeit v 22. 2. 1955 [BGBl I 65], zuletzt geändert 18. 7. 1979 [BGBl I 1061]; näher STAUDINGER/BLUMENWITZ [2003] Anh II zu Art 5 EGBGB Rn 19 ff, 44, 53 ff; § 606a ZPO Rn 56 ff).

Bürger der ehemaligen DDR wurden vor dem 3. 10. 1990 nicht schlechthin Inländern gleichgestellt (BVerwG 30. 11. 1987 IPRax 1984, 92). Für das Erkenntnisverfahren spielen diese interlokalen Probleme heute aber nur noch für die Anerkennung ausländischer Urteile eine Rolle (dazu u § 328 ZPO Rn 74 ff). **97**

b) Verlust

Auch über den **Verlust** der deutschen Staatsangehörigkeit entscheidet allein das deutsche Recht. Der Erwerb einer ausländischen Staatsangehörigkeit schadet grundsätzlich nicht; Doppelstaatsangehörigkeit nimmt sogar tendenziell zu durch das Vordringen der Regelung, daß das Kind durch Abstammung die Staatsangehörigkeit von Vater und Mutter erwirbt (vgl § 4 RuStAG). Der Erwerb einer ausländischen Staatsangehörigkeit bewirkt den Verlust der deutschen nach § 25 RuStAG nur, wenn die ausländische Staatsangehörigkeit **auf Antrag** erworben wird und die Voraussetzungen des § 19 RuStAG gegeben sind. **Für Kinder** müssen die gesetzlichen Vertreter einen **eigenen Antrag** gestellt haben (BVerwG 27. 6. 1956 StAZ 1958, 151; 9. 5. 1986 StAZ 1986, 357). Seit dem 1. 1. 1975 verliert ein volljähriger Deutscher die deutsche Staatsangehörigkeit selbst bei inländischem Wohnsitz oder dauerndem Aufenthalt, wenn er auf Antrag die Staatsangehörigkeit eines Vertragsstaates des Europäischen Übereinkommens v 6. 5. 1963 über die Verringerung der Mehrstaatigkeit und über die Wehrpflicht von Mehrstaatern (BGBl 1964 II 1953) erwirbt (Vertragsstaaten BGBl Fundstellennachweis B 2002, 3). Für Kinder Minderjähriger gilt Art 1 Abs 2 und 3 RuStAG. Ausländisches Recht kann an der deutschen Staatsangehörigkeit nach deutschem Recht nichts ändern (BGH 4. 10. 1951 BGHZ 3, 178, 181 f; BVerfG 28. 5. 1952 NJW 1952, 777). Nur mittelbar kann ausländisches Recht des Staatsangehörigkeitserwerbs bedeutsam werden. **98**

Nach **Art 116 Abs 2 S 2 GG** gelten die aus politischen, rassischen oder religiösen Gründen Ausgebürgerten weiter als Deutsche, wenn sie in Deutschland wohnen. Das gilt auch für Abkömmlinge des Ausgebürgerten, wenn sie nach dem RuStAG die deutsche Staatsangehörigkeit kraft des familienrechtlichen Verhältnisses zum Ausgebürgerten erworben hätten (vgl BVerwG 11. 1. 1994 StAZ 1994, 153 aber zum Wiedereinbürgerungsanspruch). Damit werden die Ausbürgerungen weitgehend rückgängig gemacht. Wenn sie nicht nach Deutschland zurückgekehrt sind, haben sie nach Art 116 Abs 2 S 1 zunächst einen Wiedereinbürgerungsanspruch (zum Ganzen STAUDINGER/BLUMENWITZ [1996] Art 5 EGBGB Rn 104 ff). **99**

3. Mehrfache Staatsangehörigkeit

Die EheGVO enthält keine Regelung der Zuständigkeit bei mehrfacher Staatsangehörigkeit, dh zB ob jede oder nur die effektive oder immer die des Gerichtsstaates für die gemeinsame Staatsangehörigkeit der Parteien heranzuziehen ist. Die Verfasser des Übereinkommens waren sich dessen bewußt und **verweisen auf das nationale Recht** „im Rahmen der diesbezüglichen allgemeinen Gemeinschaftsbestimmungen" (BORRÁS-Bericht Nr 33 aE), ohne das Verhältnis näher zu erläutern. Art 5 EGBGB bezieht sich nur auf das IPR, und eine entsprechende Bestimmung für **100** internationale Zuständigkeit enthält die ZPO zwar nicht, doch wird auch für § 606a Abs 1 S 1 Nr 1 ZPO immer die deutsche Staatsangehörigkeit herangezogen (§ 606a ZPO Rn 13). Mehrfache Staatsangehörigkeit ist häufig und nimmt zu (Fuchs NJW 2000, 489 f; Hailbronner NVwZ 2001, 1329). Das Problem hat praktische Bedeutung. Es handelt sich auch nicht notwendig um mehrere Staatsangehörigkeiten der Mitgliedstaaten.

101 Die Frage muß **einheitlich auf der Grundlage der EheGVO** entschieden werden (Thomas/Putzo/Hüsstege Art 2 EheGVO aF Art 2 Rn 7; Hausmann ELF 2000/01, 277; Simotta, in: FS Geimer [2002] 1162; Boele-Woelki ZfRV 121 [2001] 123; Rausch FuR 2001, 152; Schack RabelsZ 65 [2001] 623 f; Hau FamRZ 2000, 1333, 1337; **aA** für Anwendung der Regelung des nationalen Rechts, MünchKomm-ZPO/Gottwald Art 2 EheGVO aF Rn 12; Watté/Boularbah JT 120 [2001] 373 Nr 21; Sumampouw FJR 2000, 286). Es widerspräche dem Sinn und Zweck der EheGVO, die internationalen Zuständigkeiten einheitlich zu verteilen, wenn den nationalen Rechten die Entscheidung darüber überlassen bliebe, welche Staatsangehörigkeit entscheidet. Dabei geht es nicht nur um den Fall, daß eine Staatsangehörigkeit, die des angerufenen deutschen Gerichts ist. Im Rahmen von Art 6 lit b (Art 7 lit b aF) und Art 7 Abs 2 (Art 8 Abs 2 aF) kann der deutsche Richter auch eine ausländische zu beachten haben.

102 Konkret kann also die Frage sein, ob eine deutsche Zuständigkeit nach Art 2 Abs 1 lit b besteht, wenn beide Parteien auch die deutsche Staatsangehörigkeit haben, die bei einem oder gar beiden aber eine zweite und nicht die effektive ist. Nach der ganz hM im deutschen Recht entscheidet dann die deutsche allein (§ 606a ZPO Rn 81). So kann es auch in anderen Mitgliedstaaten sein, muß es aber nicht.

103 In seiner Entscheidung vom 2. 10. 1997 (Rs C-122/96 – Saldanha/MTS Securities – Slg 1997, I-5325 = IPRax 1999, 358 [Ehricke 311]) hat der EuGH eine anscheinend nicht effektive englische Staatsangehörigkeit neben einer effektiven amerikanischen ausreichen lassen, um in der Anwendung einer § 110 ZPO entsprechenden österreichischen Regelung eine von Art 4 EGV verbotene Diskriminierung des – auch – englischen Staatsangehörigen zu finden. Die Gleichbehandlung der ineffektiven zweiten europäischen Staatsangehörigkeit wird anscheinend nicht als erörterungsbedürftig gesehen (vgl Rn 15, 24, 30). Der EuGH folgt vielmehr wahrscheinlich seinen früheren Urteilen vom 19. 1. 1988 (Rs 292/86 – Gullung – Slg 1988 I/111, 136; Rn 1 ff) und vom 7. 7. 1992 (Rs C-369/90 – Micheletti – Slg 1992 I 4239, 4262 Rn 10 f), die aber die Niederlassungsfreiheit von Rechtsanwälten bzw den Erwerb und Verlust von Staatsangehörigkeiten betrafen.

104 Anscheinend will der EuGH ohne Unterscheidung nach dem Zusammenhang generell alle europäischen Staatsangehörigkeiten gleichstellen. Ohne daß darüber bisher zu entscheiden war, würde daraus zu entnehmen sein, daß auch eine gemeinsame ineffektive Staatsangehörigkeit die Zuständigkeit nach Abs 1 lit b begründet. Konsequenterweise wird dann eine ineffektive europäische Staatsangehörigkeit auch gem Abs 1 lit a 6. Str die Mindestdauer des gewöhnlichen Aufenthalts im Lande auf sechs Monate verkürzen (zur Europarechtswidrigkeit Rn 29). Die Gleichstellung der ineffektiven Staatsangehörigkeit entspricht freilich nicht dem Sinn und Zweck der Staatsangehörigkeitszuständigkeit, denn die Parteien werden das vorausgesetzte Vertrauen in das Gerichtswesen ihrer effektiven Heimat haben und nicht oder weniger in das des anderen Staates; sie werden diese Zuständigkeit ggf mehr um ihrer Vorteile willen in Anspruch nehmen (zum Forum-shopping vgl Vorbem 44 ff zu Art 1). Gerechtfertigt wird sie mit der zulässigen Typisierung der Zuständigkeitsgründe und den praktischen Schwierigkeiten der Feststellung der Effektivität, die auf die Umstände des Einzelfalles eingehen müßte und Unsicherheit in das Zuständigkeitsrecht brächte (Dilger, Die Regelungen zur internationalen Zuständigkeit in Ehesachen Rn 490; Hau, FamRZ 2000, 1333, 1335 ff). Besser wäre es, auf die effektive Staatsangehörigkeit abzustellen. Aber angesichts der Rechtsprechung des EuGH ist das wohl nicht durchzusetzen.

4. Flüchtlinge, Staatenlose

Flüchtlinge haben oft eine Staatsangehörigkeit, doch will man sie an ihr nicht **105** festhalten. So werden sie **ähnlich den Staatenlosen** behandelt (vgl Art 16 GenfFlKonv mit Art 16 New Yorker Übereinkommen v 28. 9. 1954 über die Rechtsstellung der Staatenlosen; weiter § 606a ZPO Rn 92 ff). Die EheGVO erwähnt beide nicht. Die Aufenthaltszuständigkeiten nach Art 3 Abs 1 lit a (Art 2 Abs 1 lit a aF) stehen ihnen natürlich allgemein offen. Eine Gleichstellung mit den Staatsangehörigen kommt zwar in Betracht und bestimmt sich nach dem gewöhnlichen Aufenthalt (Art 16 Abs 2 u 3 New Yorker Übereinkommen, Art 16 GenfFlKonv). Sie hat aber nur eine begrenzte Funktion.

Wenn zwei Flüchtlinge in Deutschland ihren gewöhnlichen Aufenthalt haben, be- **106** steht eine Zuständigkeit hier schon nach Abs 1 lit a 1. Str. Eine Heimatzuständigkeit in einem anderen Staat entfällt, da sie voraussetzungsgemäß daran nicht festzuhalten sind. Ebenso fallen Heimatstaat und Aufenthaltsstaat iSd Art 6 zusammen. Der Flüchtling kann nur im Aufenthaltsstaat verklagt werden.

In Abs 1 lit a 6. Str hat die Gleichstellung dagegen eine Funktion, wenn sie für den **107** Staatenlosen oder Flüchtling in jedem Mitgliedstaat, in welchem er seinen gewöhnlichen Aufenthalt nimmt, den Klägergerichtsstands schon nach sechs Monaten begründet, weil er einem Inländer gleichsteht. Für die Definition des Flüchtlings ist hilfreich der gemeinsame Standpunkt des Rates der EG v 4. 3. 1996 (ABlEG 13. 3. 1996 L 063/2 ff).

VI. Domicile

1. Zweck

Die Regelung, daß das domicile an die Stelle der Staatsangehörigkeit trete, ist auf **108** Wunsch Englands und Irlands in Art 2 Abs 1 lit b aufgenommen worden (Borrás-Bericht Nr 34). Und in der Tat wäre eine Heimatzuständigkeit kraft Staatsangehörigkeit für diese beiden Rechtssysteme eine große Neuerung. Man ist seit langem der Auffassung, daß **nicht die Staatsangehörigkeit** die für die Zuständigkeit engste Beziehung zu einer Rechtsordnung begründe. Doch trat schon früher und zuletzt im Domicile and Matrimonial Proceedings Act 1973 neben die Zuständigkeit kraft *domicile* die aufgrund des gewöhnlichen Aufenthalts (habitual residence), wobei das eine oder andere bei einer Partei allein schon ausreicht (sec 5 [1] [2]). Das bedeutete, daß eine Zuständigkeit in England nur ausschied, wenn Antragsteller oder

-gegner weder *domicile* noch gewöhnlichen Aufenthalt (residence) von mindestens einem Jahr in England hatten (vgl Zusammenstellung bei Mostyn [2001] FamLaw 360 = [2000] IntFamL 163). In diesem System **entspricht** das *domicile* **funktional der Staatsangehörigkeit** (vgl Dicey/Morris, Conflict of Laws Rn 6–128 ff). Es ist auch nicht leichter zu wechseln als diese.

109 Aber wie bei der Staatsangehörigkeit genügt nur noch das gemeinsame, nicht mehr das einseitige *domicile.* Die EheGVO übersetzt „domicile" irreführend mit „Wohnsitz" (Borrás-Bericht Nr 36). Dabei ist Art 64 (Art 41 aF) zu beachten: Bei Staaten mit mehreren Jurisdiktionen wie Großbritannien muß das *domicile* beider in derselben sein, also in England, Schottland oder Nordirland.

2. Domicile

110 Das Konzept des *domicile* wird in Großbritannien häufig als zu technisch und damit als zu **schwer handhabbar** kritisiert (zB Cheshire/North, Private International Law 134), aber es ist nun auch in die EheGVO aufgenommen. Wegen Art 6 lit b und 7 Abs 2 (Art 7 lit b und 8 aF) muß **uU auch ein deutscher Richter** das *domicile* einer Partei feststellen. Nach Art 7 (Art 8 aF) kommt § 606a ZPO nicht zur Anwendung, wenn wegen eines gemeinsamen *domiciles* in England oder Irland dort eine Zuständigkeit nach Art 2 Abs 1 lit b besteht, und eine Partei, die dort ihr *domicile* hat, kann nach Art 6 lit b (7 lit b aF) nicht anderswo verklagt werden.

111 Zwei Grundsätze sind zunächst zu beachten: Jeder hat **notwendigerweise immer ein *domicile*** und niemals zwei, und ein *domicile* besteht so lange fort bis ein neues begründet wird. Im Kern liegt dem *domicile* eine Vorstellung von **„Heimat"** zugrunde, aber es kann durchaus in Situationen anzunehmen sein, in denen man kaum noch von „Heimatverbundenheit" sprechen wird (Morris/McClean, Conflict of Laws [5. Aufl 2000] 24). Man erwirbt mit der Geburt das *domicile* des Vaters als *domicile of origin*, wenn die Mutter verheiratet ist, sonst das *domicile* der Mutter. Haben die Eltern verschiedene *domiciles*, erwirbt das Kind das der Mutter, wenn es bei ihr lebt (sec 4 Domicile and Matrimonial Proceedings Act 1973). Ab dem Alter von 16 Jahren kann das Kind es durch ein eigenes *domicile of choice* ersetzen.

112 Dieses wird durch einen **erlaubten Aufenthalt** im Lande (Bell v Kennedy [1868] LR 1 Sc Div 307, 319; Matalon v Matalon [1952] P 233) zusammen mit der **Absicht** erworben, sich an diesem Ort nun **auf immer oder unabsehbare Zeit** niederzulassen. Während aber schon ein Aufenthalt von sehr kurzer Dauer genügen kann (Bell v Kennedy aaO; Matalon v Matalon aaO; Hodgson v De Beauchesne [1858] 12 Moo PCC 285, 300), sind die Anforderungen an die Absicht und ihren Nachweis in der Rechtsprechung des House of Lords so hoch, daß man festgestellt hat, daß es seit 1860 nur einmal den Verlust des *domicile of origin* zugunsten eines neuen bejaht habe (Nw Morris/McClean aaO 29), obwohl die Betreffenden manchmal viele Jahrzehnte in England lebten (zu nennen sind zB Jopp v Wood [1865] 4 De GJ Sm 616 y [25 Jahre]; JRC v Bullock [1976] 3 All ER 353= [1976] 1 W L R 1178 [40 Jahre]; Winans v AG [1904] AC 287 [letzte 39 Jahre]; Bowie [or Ramsay] v Liverpool Royal Infirmary [1930] AC 588 [letzte 35 Jahre]). Der nötige **Bleibewille fehlt**, wenn die Partei sich auch nur für eine zwar bestimmte, aber noch ungewisse Situation vorstellen kann, wieder weg zu ziehen, sofern die betr Situation möglich und nicht nur ganz vage ist (Udny v Udny [1869] LR 1 Sc&Div 441, 458; in re Estate of Fuld No 3 [1968] P 675, 684 f, per Scarman, J [Beendigung einer Anstellung]; Doucet v Geoghean [1878] 9 ChD 441; Henderson v Henderson (1967) P 77, 80; IRC v Bullock [1971] 1 WLR 1178; Andersen v Laneuville [1854] 9 Moo P C 325 [Tod des Ehegatten]). Der Bleibewille entsteht, wenn die Partei bleiben will, sei es gleichgültig wie die Dinge sich entwickeln werden, sei es, daß sie sich „nur" keine Situation vorstellt, die sie zur Rückkehr bewegen könnte. Der Bleibewille darf namentlich nicht bedingt sein (Cramer v Cramer [1987] FLR 116). Diese Absicht ist entscheidend und oft nicht einfach zu ermitteln, wie festgestellt und beklagt wird (Cheshire/North, Private Intern Law 143; Dicey/Morris, Conflict of Laws Rn 6–649 ff). In der Praxis scheitert das domicile of choice meist daran, daß die Partei sich eine Heimkehr immerhin vorstellen kann.

Es scheint, daß der High Court und Court of Appeal etwas weniger streng sind (Re Furse [1980] 3 All ER 838; für Irland Proes v Revenue Commissioners [1997] 4 IR 176). Man mag auch feststellen, daß die Konzepte etwas verschieden sind, je nach dem, in welchem Zusammenhang es darauf ankommt (Cheshire/North, Private Intern Law 135. Zu einer besonders großzügigen, aber zweckbestimmten Praxis der Einwanderungsbehörde, die nun zu Recht aufgegeben scheint, Shah [2003] 52 IntCompLQ 383 ff: Ein domicile in England wurde gerne bejaht, weil dann polygame Ehen nichtig waren und kein Nachzugsrecht geben.) Doch auch so sind die Anforderungen an den Niederlassungswillen hoch. Vor allem scheitert der Erwerb eines neuen domicile an der Absicht, **eventuell** wieder in die „Heimat" zurückzukehren, die mit dem Wort „domicile" bezeichnet werden soll (Whicker v Hume [1858] 7 HL Cas 124, 160 per Cranworth, LJ). **113**

Die beiden ganz besonders restriktiven Entscheidungen des House of Lords Winans und Ramsay (aaO) liegen mE besonders, denn die Parteien hatten trotz jahrzehntelangen Aufenthalts keine sozialen Kontakte in England: Winans, ein Amerikaner, haßte England und die Engländer, und der Schotte Ramsay schmarotzte bei Bruder und Schwester und tat sonst überhaupt nichts. Winans hatte möglicherweise überhaupt die Absicht, doch später nach Amerika zurückzukehren. Und bei Ramsay war wohl für das House of Lords entscheidend, daß er vielleicht nach Schottland zurückgekehrt wäre, wenn die Geschwister ihn nicht mehr unterstützt hätten. (Immerhin blieb er aber nach deren Tod in England). Ist danach mE eine **minimale soziale Integration** im Land der neuen Niederlassung nötig, so ist doch nach wie vor entscheidend, daß die Partei in ihrer neuen Heimat bis an ihr Lebensende oder, wie meist formuliert wird, auf unbegrenzte Zeit bleiben will. Ein zeitlich begrenzt geplanter Aufenthalt genügt nie, aber die ursprünglich ausreichende Absicht darf sich ändern (May v May [1943] 2 All ER 149). **114**

Der neue Aufenthalt muß jedoch **freiwillig** begründet werden. Flüchtlinge erwerben daher grundsätzlich kein neues domicile, doch ist die Begründung gewöhnlich die, daß die Absicht fehle, auf Dauer zu bleiben, vielmehr nur bestand, bis die Heimkehr möglich würde. Darum könne sich die Freiwilligkeit noch einstellen, wenn die Heimkehr dann möglich wurde (De Bonneval v de Bonneval [1838] 1 Curt 856; May v May aaO 146). Man wird annehmen dürfen, daß bei einer Flucht die Rückkehrabsicht auch von Anfang an fehlen kann. **Illegalität** des Aufenthalts soll einem Erwerb eines domiciles im Wege stehen (Puttick v A-G [1979] 3 All ER 463: Einreise mit gefälschtem Paß). Die Begründung scheint aber der Mißbrauch englischen Rechts zu sein, so daß die englische Regel nicht notwendig anzuwenden wäre auf den Erwerb eines domiciles außerhalb von Großbritannien (Jaffey/Clarcson/Hill, Conflict of Laws [2. Aufl 2002] 39). **115**

Es wird auch argumentiert, daß der Bleibewille bona fide sein müsse und andernfalls nicht beachtet werde (Pilkington [1984] 33 ICLQ 885, 894 f). Ist der Aufenthalt zwar unerlaubt, aber nicht betrügerisch erlangt, wird man erwägen müssen, daß dem unerlaubt Eingewanderten die Absicht des unbegrenzten Verbleibens fehlt, wenn ihm klar ist, daß er ausreisen muß (in Boldrini v Boldrini [1932] P 9, 15 war eine Abschiebung nur möglich und konnte von der Partei noch verhindert werden, so daß ein domicile bejaht wurde). Das hat Bedeutung, wenn ein Asylantrag abschlägig beschieden wurde. Wurde dem Antrag stattgegeben, kann der animus manendi entstehen.

116 Der schwierigste Punkt ist die Absicht. Man kann subjektive Elemente in zwei Richtungen unterscheiden: zum einen die feste Absicht, auf Dauer zu bleiben, und das Fehlen einer Absicht, das Land auch nur eventuell wieder zu verlassen (Dicey/Morris, Conflict of Laws Rn 6–040). Das sind zwar letztlich die zwei Seiten derselben Sache, denn letztere schließt erstere aus, aber in der Praxis hat es manches für sich, zuerst nach einer **Rückkehrabsicht** zu fragen. Sie schadet heute nur noch, wenn sie für einen identifizierbaren und nicht gänzlich unwahrscheinlichen Fall besteht.

117 **Eigenen Erklärungen** der Partei, definitiv bleiben zu wollen, wird von der englischen Rechtsprechung nur recht wenig Gewicht beigemessen, denn sie würden, wenn sie denn sicher genug nachgewiesen würden, meist zu bestimmten, begrenzten Zwecken oder in bestimmten Situationen gemacht und seien daher kein unmittelbarer Nachweis für eine **uneingeschränkte Absicht**, definitiv zu bleiben (Hodgson v Beauchesne [12] Moo PC 285, 324; Doucet v Geoghean [1878] 9 LR Ch 455; etwas weniger streng Ross v Ellison [1930] AC 1, 6 f; Qureshi v Qureshi [1971] 1 WLR 532). Sie sind aber immerhin als Fakten neben den anderen beachtet worden (zB in re Flynn; Flynn v Flynn [1968] 1 WLR 103, 111). Jedenfalls muß die **Bleibeabsicht** offenbar durch **Handeln und Verhalten** der Partei betätigt und verwirklicht sein. Es ist kein Widerspruch dazu, daß Erklärungen, später wieder in die alte Heimat zurückkehren zu wollen, durchaus beachtet wurden (Bennie Abraham v Att Gen [1934] P 17, 25; ebenso Qureshi v Qureshi [1971] 1 WLR 532). Denn zur Verneinung des *domicile of choice* genügt es, eine eventuelle Vermutung des Bleibewillens aufgrund langdauernden Aufenthalts zu erschüttern, während umgekehrt der sichere Nachweis des Bleibewillens erforderlich ist.

118 Die Schwierigkeiten mit diesem Konzept des *domicile* liegen hauptsächlich darin, daß alle Umstände des Einzelfalles zu beachten sind, um eine **Gesamtbewertung** vorzunehmen (zB Drevon v Drevon [1864] 34 LJ Ch 133; in re Flynn aaO; Casdagli v Casdagli [1919] AC 145, 178), ohne daß eine relative Gewichtung der einzelnen Beziehungen zum einen oder anderen Staat erkennbar geworden wäre. Daraus erklärt sich, daß man für praktisch alle typischen wie untypischen Elemente Entscheidungen nennen kann, in denen ihretwegen domicile bejaht oder trotzdem verneint wurde. Das gilt zB für einen langdauernden Aufenthalt im Lande als auch für eine Heirat im Lande (ja: In the Estate of Fuld [No 3] [1968] P 675; nein: Moynihan v Moynihan [No 2] [1997] 1 FLR 59), den Erwerb der Staatsangehörigkeit (zB unerheblich Qureshi v Qureshi aaO 190; erheblich D'Etchegoyen v D'Etchegoyen aaO 134), eine berufliche Tätigkeit und kommerzielle Interessen bzw die Belegenheit des Vermögens (Ja: Abraham v Att Gen [1934] P 17; nein: D'Etchegoyen v D'Etchegoyen [1883] PD 132; in Re Furse aaO 844 f) Pläne, ein Haus zu bauen (erheblich Udny v Udny [1869] 1 Sc&Div 441, 444; nicht entscheidend in re Flynn aaO), und vieles mehr (Nw bei Dicey/Morris Rn 6–046). Daher ist in dieser Materie die Präjudizbindung weit geringer als sonst (Cheshire/North, Private Intern

Law 142), und die Rechtsunsicherheit ist groß (DICEY/MORRIS, Conflict of Laws Rn 6–049 aE).

Es ist insbesondere darauf hinzuweisen, daß die **Beweislast** gegen ein neues *domicile* steht und daß aufgrund aller Umstände des Einzelfalles zu beurteilen ist, ob die Bleibeabsicht bestand, und daß dafür praktisch alles Bedeutung haben kann (CHESHIRE/NORTH aaO; DICEY/MORRIS, Conflict of Laws Rn 6–649 ff). Gewöhnlich muß der ganze **Lebensweg der Partei** aufgerollt und eine Gesamtbewertung vorgenommen werden (vgl zB in re Flynn aaO). **119**

Engländer, die etwa in Deutschland eine dauerhafte Anstellung haben oder ein Geschäft betreiben, behalten ihr englisches *domicile*, solange nicht sicher ist, daß sie nie, zB im Ruhestand nach England zurückkehren werden. Ihre Kinder aber, die hier geboren sind und hier arbeiten und leben, dürften oft den nötigen Bleibewillen haben. Ein Engländer, der seit dem Zweiten Weltkrieg in Griechenland lebt, weil seine Pension ihm ein Leben in England nicht ermöglichte, hat mE sein *domicile* in Griechenland, obwohl er gelegentlich England besuchte und sich dort ärztlich behandeln ließ. Engländer haben in letzter Zeit (wie im 19. Jahrhundert wegen des Klimas) in großem Umfang Häuser in Frankreich, Spanien und Griechenland erworben. Solange sie weiter in England berufstätig sind, ändert sich nichts. Wenn sie danach **ganz im Ausland** bleiben, ist die Frage zweifelhaft, ein *domicile of choice* aber denkbar. Die Absicht, im neuen Lande beerdigt zu werden, ist manchmal für den Bleibewillen verwandt worden (zB Stevenson & Masson [1873] LR Eq 78; in Irland Munster & Leceister Bank v O'Connor [1937] IR 462; Re Adams [1967] IR 424, 449 f), aber in anderen Entscheidungen nicht (Att Gen for New South Wales [1878] 3 App Cas 336 [PC]; Huntly v Gashell [1906] AC 56; in Irland Bradfield v Swanton [1931] IR 446). Je intensiver die soziale Integration zB durch Familie im Lande ist, um so eher ist eine Absicht anzunehmen, definitiv zu bleiben (zB Re Craignish [1892] 3 Ch 180 [CA]; Re de Almeda [1902] 18 TLR 414 [CA]; Spence v Spence 1995 SLT 335; in Irland Re Sillar [1956] IR 344; Re Adams [1967] IR 424). Doch andere Entscheidungen haben dennoch ein *domicile of choice* verneint. **120**

VII. Maßgebender Zeitpunkt

1. Entstehung der internationalen Zuständigkeit

Die EheGVO sagt nichts dazu, wann die internationale Zuständigkeit vorliegen muß. Die Regel des deutschen Rechts, daß sie erst **bei der letzten mündlichen Verhandlung** vorliegen muß, ist auch für die EuGVO anerkannt (KROPHOLLER vor Art 2 EuGVO Rn 12 f) und rechtfertigt sich durch die Überlegung, daß ein wegen Fehlens der Zuständigkeit bei Verfahrenseinleitung abgewiesener Kläger die Klage sofort erneuern könnte, wenn die Voraussetzungen während des Verfahrens neu eingetreten sind. Man kann auch die EheGVO so interpretieren (HAU FamRZ 2000, 1340; **aA** SCHLOSSER Art 2 EheGVO aF Rn 1) und braucht nicht auf deutsches Recht zurückzugreifen. **121**

Das führt freilich zusammen mit Art 19 (Art 11 aF) zu **unschönen Konsequenzen.** Die Anhängigkeit einer Ehe- oder Sorgerechtssache sperrt ein Parallelverfahren in allen anderen Mitgliedstaaten. Das zweitbefaßte Gericht muß zunächst aussetzen, **122** ohne die Zuständigkeit der erstbefaßten nachprüfen zu dürfen. So könnte der, gar mit dem Kind, in seinen Heimatstaat geflohene Ehegatte gleich dort einen Scheidungsantrag und zugleich einen auf Regelung der elterlichen Verantwortung stellen. Für beide fehlt zwar gem Art 3 Abs 1 lit a 6. Str (Art 2 Abs 1 lit a 6. Str aF) noch die Zuständigkeit, und das Gericht müßte die Anträge abweisen, aber spätestens in der Berufungsinstanz werden die sechs Monate wohl abgelaufen sein.

123 Die radikale Lösung von SCHLOSSER (Art 2 EheGVO aF Rn 1), daß immer abzuweisen sei, wenn die Zuständigkeit bei Eintritt der Rechtshängigkeit noch nicht vorlag, bricht allerdings mit allen üblichen Regeln. Die Konsequenz wäre, daß der Antrag wegen fehlender Zuständigkeit abzuweisen ist, obwohl nun die Voraussetzungen eingetreten sind. HAU (FamRZ 2000, 1339) schlägt dieselbe Lösung vor, aber beschränkt auf die Fälle, in denen tatsächlich eine konkurrierende Rechtshängigkeit besteht. Das zuerst angerufene Gericht müsste also nur abweisen wegen nur anfänglich fehlender Zuständigkeit, wenn auch ein anderes Gericht angerufen wurde. Damit wird dann der Weg frei für das zweitangerufene Gericht, wenn es seinerseits zuständig ist.

124 Der Vorschlag von HAU vermeidet, daß ein Antrag, für den inzwischen die internationale Zuständigkeit entstanden ist, „ohne Not" abgewiesen wird, wenn kein konkurrierendes Verfahren anderswo anhängig gemacht wurde. Ist dagegen Rechtshängigkeitskonkurrenz gegeben, so käme HAU im Grunde zum Vorrang nicht des zuerst anhängig gemachten Antrags, sondern des zuerst zuständig gewesenen Gerichts. Es ist klar, daß das noch nicht zuständige Gericht den Antrag an sich abweisen könnte und auch sollte, aber das Problem entsteht, wenn es nicht alsbald entscheidet. Eine Abweisung trotz inzwischen engetretender Zuständigkeit und entgegen zeitlich früherer Antragsstellung zugunsten eines anderweitigen später zulässigerweise begonnenen Verfahrens ist in der EheGVO natürlich nicht ausdrücklich vorgesehen. Vom Ergebnis her hätte der Vorschlag manches für sich, wobei das erst angerufene, zunächst unzuständige Gericht die internationale Zuständigkeit des zweitangerufenen Gerichts entgegen Art 19 (Art 11 aF) wohl selbst verifizieren müßte, um nicht umsonst abzuweisen.

2. Perpetuatio fori

125 Die umgekehrte Frage nach den Folgen eines Wegfalls der zunächst im Laufe des Verfahrens gegebenen internationalen Zuständigkeit ist andeutungsweise in Art 12 Abs 3 (Art 3 Abs 3 aF) für die elterliche Verantwortung geregelt. Wenn eine ihrer Voraussetzungen, nämlich die Anhängigkeit der Ehesache wegfällt, kann doch noch weiter über die elterliche Verantwortung entschieden werden. Dieser spezielle Fall einer **perpetuatio fori** internationalis kann **für die Ehesache verallgemeinert** werden (zur EuGVO GEIMER/SCHÜTZE Art 2 EheGVO aF Rn 26; SCHLOSSER Art 2 EheGVO aF Rn 5). Das gilt für den Wegfall der zuständigkeitsbegründenden Tatsachen. Entgegen der Entscheidung des BGH zur Rechtswegzuständigkeit (14. 3. 2000 NJW 2000, 2749 m abl Anm PIECKENBROCK 3476) sollte das auch bei einer Gesetzesänderung gelten (SPELLENBERG, in: FS Schumann [2001] 429; u Art 64 Rn 5).

Artikel 4
Gegenantrag

Das Gericht, bei dem ein Antrag gemäß Artikel 3 anhängig ist, ist auch für einen Gegenantrag zuständig, sofern dieser in den Anwendungsbereich dieser Verordnung fällt.

Bis 28. 2. 2005 geltende Regelung: Art 5 aF (s Textanhang).

Systematische Übersicht

Alphabetische Übersicht

I. Allgemeines

1 Art 4 (Art 5 aF) erlaubt entsprechend einer weitverbreiteten Regel wie Art 6 Nr 3 EuGVO eine **Widerklage im Gericht der Primärklage** auch dann, wenn für sie dort sonst keine internationale Zuständigkeit bestünde. Angesichts der vielen Zuständigkeiten, die Art 3 (Art 2 aF) eröffnet, ist das freilich eher selten nötig. Daß der Primärkläger in diesem Gericht auch selbst Recht nehmen muß, **rechtfertigt sich** zum einen daraus, daß er den Tatsachenkomplex zumindest teilweise selbst vorgebracht hat; Art 4 verlangt einen Sachzusammenhang. Nach einer Meinung schafft die Widerklagemöglichkeit eine Art Waffengleichheit der Parteien (Pfaff ZZP 96 [1983] 352; Zöller/Vollkommer § 33 Rn 2), indem der Kläger den Streitstoff nicht einseitig beschränken kann. Nach anderen sollen damit widersprechende Urteile vermieden werden (Schack, IZVR Rn 352).

2 Von Art 6 Nr 3 EuGVO kennt man wie bei § 33 ZPO (Nw bei Zöller/Vollkommer § 33 Rn 1 f) den Streit, ob hiermit nur eine sonst nicht gegebene Zuständigkeit eröffnet wird unter der Voraussetzung der Konnexität, oder ob die Konnexität auch für die Zulässigkeit der Widerklage im übrigen nötig ist, so daß diese auch dann ausgeschlossen ist, wenn eine originäre Zuständigkeit für die nicht konnexe Gegenklage im Gericht gegeben wäre (BGH 17. 10. 1963 BGHZ 40, 185; **aA** Stein/Jonas/Schumann § 33 Rn 5 ff; differenzierend Rimmelspacher, in: FS Lüke [1997] 655). Wenn nun die europäischen Verordnungen auch die **Zulässigkeit** der Widerklage im übrigen **von einer Konnexität abhängig** machen wollten, so könnten sie, da die Konnexität autonom europäisch auszulegen ist (zB Schlosser Art 6 EuGVO Rn 11), einerseits eine Widerklage zulassen, wo das nationale Recht sie – abgesehen von der Zuständigkeit – nicht zuläßt, andererseits eine Widerklage auch wegen fehlender Konnexität ausschließen, wo das nationale Recht sie zuläßt, etwa weil Konnexität dort gar nicht verlangt wird (ersteres bejahend zB Schack, IZVR Rn 352).

3 Der Wortlaut und die systematische Stellung von Art 4 deuten auf eine **reine Zuständigkeitserweiterung** hin, so daß die nationalen Regeln darüber, welche Sachen miteinander im Wege der Widerklage verbunden werden dürfen, anwendbar bleiben (so Rauscher/Rauscher Art 5 EheGVO aF Rn 8; MünchKomm/Gottwald Art 6 EuGVÜ Rn 19; Thomas/Putzo/Hüsstege Art 5 EheGVO Rn 2; Kropholler, EurZVR Art 6 Rn 40; wohl auch EuGH 13. 7. 1995 u Rn 5). Da Art 4 bei einer primären Statusklage nur andere Statusklagen widerklagend zuläßt, weil andere nicht in den Anwendungsbereich der EheGVO fallen, und § 610 ZPO praktisch dieselbe Regelung enthält, hat die Frage für den deutschen Richter im Bereich der EheGVO anders als im Bereich der EuGVO keine große praktische Bedeutung. Auch das Problem der Widerklage gegen Dritte stellt sich praktisch wohl nicht, und Art 4 (Art 5 aF) gäbe wohl auch keine Erlaubnis dafür (Geimer/Schütze Art 6 EuGVO Rn 65).

4 Mag auch die Widerklagemöglichkeit nach Art 4 (Art 5 aF) eine sehr begrenzte Bedeutung insoweit haben, als in der Regel das Gericht auch eine originäre internationale Zuständigkeit für den Gegenantrag haben wird, so erlangt die Regelung doch eine **erweiterte rechtliche Bedeutung** dadurch, daß jede Art von Gestaltungsverfahren alle anderen in anderen Mitgliedstaaten nach Art 19 (Art 11 aF) sperrt. Ist zB in einem Mitgliedstaat eine Trennung von Tisch und Bett anhängig, kann ein

Scheidungsantrag nirgends sonst gleichzeitig anhängig gemacht werden, so daß **nur die Widerklagemöglichkeit** bleibt.

II. Anwendungsbereich

Eine Widerklage ist ein gegen den Kläger gerichteter Antrag auf gesonderte Verurteilung, also natürlich nicht ein bloßer Klagabweisungsantrag (EuGH 13. 7. 1995 Rs 341/93 – Danevaern- – IPRax 1997, 114 [Philip 97]). Verlangt der Kläger eine Scheidung wegen lang dauernden Getrenntlebens, kann der Beklagte mit einer Klage auf Scheidung wegen Verschuldens antworten, wenn das anwendbare Recht eine solche kennt (Gaudemet-Tallon JDI 2001, 392 Nr 26). Eine Widerklage kann auch, sofern das anwendbare Scheidungsrecht dies vorsieht, ein Antrag auf **Scheidung aus einem anderen Grund** sein (Schlosser Art 5 EheGVO aF) und natürlich die Klage auf Aufhebung der Ehe wegen anfänglicher Mängel als Widerklage gegen einen Scheidungsantrag. Auch Wider-Widerklage ist denkbar (MünchKomm-ZPO/Gottwald Art 6 EuGVÜ Rn 16): Klage auf Trennung von Tisch und Bett, Widerklage auf Scheidung wegen Verschuldens des Widerbeklagten, Antrag auf Scheidung aus Verschulden des Widerklägers (damit kann allerdings der Trennungsantrag allenfalls hilfsweise aufrecht erhalten bleiben). 5

Es ist auffallend, daß Art 4 die Widerklage **nur im Gerichtsstand nach Art 3** (Art 2 aF) erlaubt, dh **nur bei Ehesachen**. Die alte Fassung (Art 5 aF) nannte auch die Art 3 und 4 aF, die Sorgerechtsanträge behandeln, doch findet sich in den Art 8 ff nF über die Zuständigkeit für die elterliche Verantwortung keine Regelung für Gegenanträge mehr. Man muß daraus entnehmen, daß in einem Sorgerechtsverfahren eine Ehesache nicht widerklagend anhängig gemacht werden darf. Dagegen ist wohl ein **Gegenantrag für das Sorgerecht** in einem Eheverfahren grundsätzlich zulässig (so Schlosser Art 5 EheGVO aF). Die Zulassung eines Antrages im Wege der Widerklage könnte allerdings die Zuständigkeitsbegrenzung in Art 12 (Art 3 Abs 2 aF) überschreiten, die Sorgerechtsangelegenheiten nur unter weiteren Voraussetzungen mit dem Eheverfahren zu verbinden erlaubt, wenn das Kind nicht im Gerichtsstaat lebt. Art 12 (Art 3 Abs 2 aF) dürfte wegen des Kindeswohls den Vorrang beanspruchen und Art 4 (Art 5 aF) daher nur anzuwenden sein, wenn alle Voraussetzungen der Annexzuständigkeit in Art 12 nF erfüllt sind. Rauscher (Rauscher/Rauscher Art 5 EheGVO aF Rn 6 schon für Art 5 aF in einschränkender Auslegung) meint, der Gegenantrag zur elterlichen Verantwortung sei generell unzulässig, weil dann Rechtshängigkeitskonkurrenz mit einem selbstständig anhängigen Sorgerechtsantrag entstehen könne. Angesichts des Wortlauts von Art 5 aF (bzw Art 19 nF) ist dem nicht zuzustimmen, vielmehr muß die Situation mit Art 19 (Art 11 aF) (Rechtshängigkeitssperre) nach der Priorität gelöst werden. 6

Alte wie neue Fassung lassen jedenfalls **nicht genügen**, wenn für die Primärklage die internationale Zuständigkeit nur auf **nationalem Recht gem Art 7** (Art 8 aF), einer sog **Restzuständigkeit** beruht. Ist nur das der Fall, dann sind aber Widerklagen nicht etwa durch Art 4 ausgeschlossen, sondern es ist dem nationalen Recht überlassen, ob eine Zuständigkeit für die Widerklage eröffnet und sie im übrigen zugelassen wird. Bei Ehesachen als Primärklage gilt freilich nicht § 33 ZPO, sondern § 610 mit § 623 ZPO. 7

Art 4 (Art 5 aF) setzt voraus, daß der Gegenstand der Widerklage **sachlich** in den 8

Anwendungsbereich der EheGVO fällt. Für die Hauptklage ist das nicht ausdrücklich gesagt, aber zu unterstellen, denn andernfalls könnte sie nicht „auf Grundlage von Art 3“ anhängig sein. Nicht unter die EheGVO fallen alle **Scheidungsfolgen** außer der elterlichen Verantwortung. Art 4 (Art 5 aF) verbietet aber nicht, erstere widerklagend geltend zu machen, sondern überläßt die Frage der lex fori einschließlich zB der EuGVO, in die die EheGVO nicht eingreift, weil sie die Zuständigkeiten hierfür überhaupt nicht regelt (Thomas/Putzo/Hüsstege Art 5 EheGVO aF Rn 2; Rauscher/Rauscher Art 5 EheGVO aF Rn 9). In Deutschland gelten also §§ 610 und 623 ZPO.

III. Zuständigkeiten

9 Art 4 (Art 5 aF) begründet eine **internationale und**, anders als die EheGVO sonst, auch eine **örtliche** Zuständigkeit.

1. Internationale Zuständigkeit

10 Die **Erweiterung der internationalen Zuständigkeit** hat im Bereich der EheGVO keine sehr große Bedeutung, da der gewöhnliche Aufenthalt einer Partei nach spätestens einem Jahr gem Art 2 Abs 1 lit a 6. Str auch einen Klägergerichtsstand begründet. Lebte ein französisch-deutsches Ehepaar in der Schweiz und zog der Mann vor drei Monaten nach Frankreich und die deutsche Frau nach Deutschland, so kann der Mann hier die Scheidung beantragen (Art 2 Abs 1 lit a 3. Str). Die Frau kann widerklagen, obwohl eine originäre Zuständigkeit für ihre Klage erst nach sechs Monaten entstünde. Art 6 lit b (Art 7 lit b aF) steht nicht entgegen, wonach der Ehemann nicht außerhalb Frankreichs verklagt werden könnte, denn dieser behält auch Art 4 (Art 5 aF) vor.

11 Das **Konnexitätserfordernis** in Art 4 (Art 5 aF) ist keine Voraussetzung der Zulässigkeit der Widerklage, sondern nur für die **Zuständigkeitserweiterung** (o Rn 3). Sie wäre zwischen Ehesachen auch immer gegeben, weil es um dieselbe Ehe geht.

12 Bei **Art 6 Nr 3 EuGVO ist streitig**, ob die Zuständigkeit für die Widerklage auch besteht, wenn der **Primärkläger seinen Wohnsitz außerhalb** der EU hat, also als Beklagter nicht deren Regeln unterläge (bejahend MünchKomm-ZPO/Gottwald Art 6 EuGVÜ Rn 15; **aA** Eickhoff, Internationale Gerichtsbarkeit und internationale Zuständigkeit für Aufrechnung und Widerklage [1985] 100). Ein Beispiel wäre das deutsch-schweizerische Ehepaar, das in der Schweiz lebte: Wenn die deutsche Ehefrau nach Deutschland zieht, der Schweizer Ehemann in der Schweiz bleibt, und er nun in Deutschland sogleich die Scheidung beantragt, bestünde für eine selbständige Klage der Frau vor Ablauf von sechs Monaten keine internationale Zuständigkeit nach Art 3 (Art 2 aF), sondern nur nach § 606a Abs 1 S 1 Nr 1 ZPO. Der BGH will in derartigen Fällen nicht Art 6 EuGVÜ anwenden, sondern § 33 ZPO (BGH 8. 7. 1981 NJW 1981, 2644; zust Schlosser Art 6 EuGVO Rn 9; Wieczorek/Hausmann Art 6 EuGVÜ Rn 30; offen gelassen Kropholler Art 6 EuGVO Rn 37). Das Argument zu Art 6 EuGVO ist, daß sie in diesen Fällen räumlich-persönlich nicht anwendbar sei. Aber es ist gerade die Frage, ob Art 4 den Anwendungsbereich ausweitet. Und wenn sich die internationale **Zuständigkeit für die Initialklage** aus der EheGVO ergibt, dann sollte man auch Art 4 anwenden.

2. Örtliche Zuständigkeit

Art 4 (Art 5 aF) begründet auch die örtliche Zuständigkeit für die Widerklage (NIKLAS, Eur Zuständigkeitsordnung in Ehe- und Kindschaftsverfahren, 95 ff; RAUSCHER/RAUSCHER Art 5 EheGVO aF Rn 7; **aA** wohl THOMAS/PUTZO/HÜSSTEGE Art 5 EheGVO Rn 2). Das entspricht zwar weitgehend den nationalen Rechten, doch wird dieses im Konfliktsfall verdrängt, wenn es etwa die Widerklage nicht zuließe, weil für den damit geltend gemachten Anspruch eine anderweitige ausschließliche örtliche Zuständigkeit besteht (GEIMER/SCHÜTZE Art 6 EuGVO Rn 62; wohl STEIN/JONAS/ROTH [22. Aufl 2003] § 33 ZPO Rn 51). 13

IV. Zulässigkeit

1. Nach nationalem Recht

Der auf die Zuständigkeit beschränkte Anwendungsbereich (o Rn 3) von Art 4 (Art 5 aF) bedeutet, daß das nationale Recht des Gerichts entscheidet, ob und welche anderen Angelegenheiten durch Widerklage im Statusverfahren überhaupt anhängig gemacht werden können. Nationale Widerklageverbote sind zu beachten (MünchKomm-ZPO/GOTTWALD Art 6 EuGVÜ Rn 19; unklar LG Mainz 8. 11. 1983 IPRax 1984, 100 abl Anm JAYME zur Konnexität in Art 6 Nr 3 EuGVO), in Deutschland also § 610 ZPO. 14

Nach nationalem Recht sind ebenso die anderen **Zulässigkeitsfragen** zu beurteilen, wie die Zulässigkeit der Widerklage in höheren Instanzen (vgl OLG Karlsruhe 4. 12. 1997 FamRZ 1999, 454) oder nach Rücknahme der Initialklage (OLG Zweibrücken 27. 10. 1998 FamRZ 1999, 941), und ob eine an sich rechtzeitig erhobene Widerklage nach Rücknahme oder anderer Beendigung der Initialklage fortzuführen ist (dazu ZÖLLER/VOLLKOMMER ZPO § 33 Rn 17). Auch das **Verhältnis der beiden Klagen** zueinander unterliegt dem nationalen Recht. So gibt § 18 1. DVO zum EheG v 27. 7. 1938 einer widerklagend erhobenen Aufhebungsklage Vorrang vor der Scheidung (OLG Zweibrücken 2. 2. 1998 FamRZ 1998, 918), während art 297 fr c civ unbeschränkt die Widerklage auf Ehetrennung im Scheidungsverfahren und umgekehrt zuläßt. Die lex fori entscheidet auch über die parteierweiternde Widerklage, die aber nur bei Sorgerechtsverfahren vorkommen kann. 15

Für die Rechtzeitigkeit der Widerklage wird im deutschen Recht auf deren Zustellung abgestellt (OLG Zweibrücken aaO). Für Art 4 (Art 5 aF) ist der frühere Zeitpunkt der Anhängigkeit nach Art 16 (Art 11 aF) vorzuziehen, um nicht in Kollision mit der Rechtshängigkeitsregelung in Art 19 (Art 11 aF) zu kommen, wenn der Antrag der Widerklage auch anderweitig selbständig anhängig ist (weiter o Rn 6). 16

2. Rechtshängigkeitssperre

Ist der nun widerklagend geltend gemachte Anspruch bereits anderweitig anhängig, so fällt die Widerklage unter Art 19 (Art 11 aF) und das Verfahren ist insoweit auszusetzen. Ob dann über den Hauptantrag schon entschieden werden kann, ergibt ebenfalls die ZPO. 17

Umgekehrt sperrt eine bereits erhobene Widerklage eine separate Klage. Dabei 18 ergibt sich der sachliche Umfang der Sperren aus Art 19 Abs 1 (Art 11 Abs 2 aF) (dazu dort), so daß zB bei einem anhängigen Verfahren der Trennung von Tisch und Bett die Scheidung nicht anderweitig, sondern nur durch Widerklage beantragt werden kann (o Rn 4). Es kommt so zu einer Konzentration der Verfahren. Dagegen bestehen im Beispiel keine Rechtshängigkeitssperren nach der EheGVO, wenn die Primärklage auf Herstellung der ehelichen Lebensgemeinschaft oder auf Feststellung des Rechts zum Getrenntleben iSd § 1353 Abs 2 BGB gerichtet ist. Diese Primärklage fällt nicht unter Art 4 und damit auch nicht die Widerklage (OLG Karlsruhe 4. 12. 1997 FamRZ 1999, 454 betraf den Fall einer Trennung von Tisch und Bett nach türkischem Recht). Für die Anwendung des Art 4 (Art 5 aF) ist eine Zuständigkeit nach Art 3 (Art 2 aF) EheGVO für die Initialklage vorausgesetzt.

19 **Die Widerklage** muß anhängig gemacht, dh gem Art 16 (Art 11 Abs 4 aF) eingereicht werden, bevor die Initialklage zurückgenommen wurde (OLG Zweibrücken 27. 10. 1998 FamRZ 1999, 941; vgl BGH 11. 7. 1979 FamRZ 1979, 905). Dagegen schadet die Rücknahme später nicht mehr (perpetuatio fori; Zöller/Vollkommer § 33 Rn 17; BGH 21. 10. 1981 FamRZ 1982, 153). Die Eheaufhebung auf Widerklage hin hat den Vorrang (OLG Zweibrücken 2. 2. 1998 FamRZ 1998, 918), aber die Verhandlung und Entscheidung bleiben einheitlich.

Artikel 5
Umwandlung einer Trennung ohne Auflösung des Ehebandes in eine Ehescheidung

Unbeschadet des Artikels 3 ist das Gericht eines Mitgliedstaats, das eine Entscheidung über eine Trennung ohne Auflösung des Ehebandes erlassen hat, auch für die Umwandlung dieser Entscheidung in eine Ehescheidung zuständig, sofern dies im Recht dieses Mitgliedstaats vorgesehen ist.

Bis 28. 2. 2005 geltende Regelung: Art 6 aF (s Textanhang).

Schrifttum

Vgl Schrifttum zu Art 3 EheGVO.

Systematische Übersicht

Alphabetische Übersicht

I. Allgemeines

Art 5 (Art 6 aF) enthält eine **internationale** und, wie auch Art 4 (Art 5 aF), ausnahmsweise eine **örtliche Folge-** oder **Annexzuständigkeit** zu einem Urteil auf Trennung von Tisch und Bett. Diese kann auch ein deutsches Gericht aussprechen, wenn sie das nach unserem IPR anwendbare ausländische Eherecht vorsieht. Das kommt insbesondere bei italienischem Recht in Betracht (BGH 22. 3. 1967 BGHZ 47, 324 = FamRZ 1967, 452; zum türkischen Recht OLG Karlsruhe 4. 12. 1997 FamRZ 1999, 454; weiter Vorbem 56 zu §§ 606a, 328 ZPO). Die internationale Zuständigkeit für die Trennung von Tisch und Bett beurteilt sich nach Art 3 (Art 2 aF) ebenso wie für einen Scheidungsantrag. Es kann aber sein, daß inzwischen die damaligen Zuständigkeitsgründe weggefallen sind. Dann bleibt die Zuständigkeit dennoch für eine Scheidung erhalten. Die Zuständigkeit nach Art 5 (Art 6 aF) ist aber nicht ausschließlich. Der Scheidungsantrag kann ebenso in den Gerichtsständen gestellt werden, die nun nach den allgemeinen Zuständigkeitsregelungen eröffnet sind. 1

II. Anwendungsbereich

1. Umwandlung der Trennung

Der **Sinn der Regelung** ist, den getrennten Ehegatten den Zugang zu einer **Scheidung aufgrund der Trennung** zu bewahren. In manchen Rechten ist die Trennung von Tisch und Bett (zum Begriff Art 1 Rn 6) eine Alternative zur Scheidung (zB in Frankreich [art 296 fr c civ] und England), in anderen eine regelmäßig obligatorische Vorstufe der Scheidung (so in Italien; weitere auch außereuropäische Beispiele bei Staudinger/Mankowski [2003] Art 17 EGBGB Rn 460). Wenn zB ein italienisch-französisches Ehepaar in Italien nach italienischem Recht von Tisch und Bett getrennt wurde und danach Italien verläßt, so kann es sein, daß sie nun nur noch eine Scheidungszuständigkeit innerhalb oder außerhalb Europas finden, wo gemäß dem örtlichen IPR 2 nicht italienisches Recht angewandt würde. Das kann dann bedeuten, daß die Ehe nicht aufgrund der Trennung geschieden werden kann, und andere taugliche Scheidungsgründe liegen vielleicht nicht vor, so daß gar nicht geschieden werden könnte. Zumindest dann ist Art 5 (Art 6 aF) sinnvoll und vorgesehen.

3 Es wäre aber eine unangemessene Belastung der Zuständigkeitsprüfung im Staat des Trennungsurteils, wenn dessen Folgezuständigkeit vom konkreten Nachweis abhängig gemacht würde, daß nicht in einem anderen Staat geschieden werden könnte, sei es nur nicht aufgrund der vorausgegangenen Trennung oder überhaupt nicht. Es wäre auch umgekehrt nicht sinnvoll zu verlangen, daß im Staat der Trennung eine Scheidung gerade nur aufgrund der vorangegangenen Trennung begehrt werden könnte. Es ist durchaus denkbar, daß das hier nun anwendbare Scheidungsstatut die Scheidung wegen der Trennung und eine aus anderen Gründen zur Wahl stellt.

4 Art 5 (Art 6 aF) spricht von einer „**Umwandlung**" der Trennung in eine Scheidung. Das entspricht zB dem italienischen Recht (art 3 Abs 2 lit a Gesetz Nr 898 v 1. 12. 1970). Hier ist die gerichtliche Trennung grundsätzlich Voraussetzung der Scheidung, während sie ihr in Frankreich meist nicht vorausgeht. Die Verfasser des Übereinkommens teilen nicht näher mit, was unter „Umwandlung" zu verstehen sei (Borrás-Bericht Nr 43). Sicher sind unter Art 5 (Art 6 aF) Anträge auf Scheidung zu subsumieren, bei denen die **gerichtliche Trennung** ggf nach einer Mindestdauer als **Scheidungsgrund** herangezogen wird, wobei es für die Zuständigkeit keinen Unterschied macht, ob die Scheidung nur nach vorausgegangener gerichtlicher Trennung zu erlangen ist (so in Italien für eine Zerrüttungsscheidung), oder ob der Antragssteller sich auf sie, aber ebenso auch auf andere Scheidungsgründe stützen kann (art 306–309 fr c civ; vgl cass civ 11. 10. 1989 Bull civ III no 179; cass civ 26. 6. 1996 RTD civ 1996 883 obs Hauser). Von „Umwandlung" einer Trennung in eine Scheidung ist erst dann nicht mehr zu sprechen, wenn der Antrag nicht auf die Trennung gestützt wird, obwohl der Antragsteller es könnte, wenn er wollte (Rauscher/Rauscher Art 6 EheGVO aF Rn 2; art 308 belg c civ). Entscheidend ist dafür der Inhalt des Antrages. Ob dann auch deswegen geschieden wird, ist eine Frage nur der Begründetheit.

2. Maßgebendes Recht

5 Zweifelhaft ist, was unter dem „**Recht dieses Mitgliedstaates**" zu verstehen ist, das die Umwandlung vorsehen muß. Der Borrás-Bericht (Nr 43 aE) formuliert, daß die Umwandlung im „innerstaatlichen materiellen" Recht des betreffenden Staates vorgesehen sein müsse. Das führt freilich zu unbefriedigenden Ergebnissen. Haben zB zwei Italiener mit gewöhnlichem Aufenthalt in Deutschland hier gem Art 17 Abs 1 EGBGB eine gerichtliche Trennung erwirkt, so könnte die Umwandlung bzw Scheidung nicht mehr nach Art 5 (Art 6 aF) in Deutschland beantragt werden, weil das deutsche materielle Recht sie nicht vorsieht.

6 Richtigerweise ist die Regelung daher so zu verstehen, daß die Formulierung „Recht dieses Mitgliedsstaates" **auch das IPR** des damaligen Gerichtsstaates einbezieht (ebenso Rauscher/Rauscher Art 6 EheGVO aF Rn 3). Verweist dieses auf ein Recht, das die Umwandlung der Trennung vorsieht, soll Art 5 (Art 6 aF) den Zugang dazu sichern. Wären die Parteien im Beispiel in Deutschland geblieben, könnte die Umwandlung wegen der Zuständigkeit nach Art 3 Abs 1 lit a 1. Str (Art 2 Abs 1 aF) und weiterhin in Anwendung italienischen Rechts vorgenommen werden. Das soll auch nach ihrem Wegzug möglich sein. Ein anderes Beispiel wäre ein deutsch-italienisches Ehepaar, welches in Italien lebte und dort ein Trennungsurteil erhielt. Danach verziehen beide, getrennt lebend, nach Deutschland, so daß hier ihr gemeinsamer gewöhnlicher Aufenthalt entsteht. Das nun zuständige deutsche Gericht würde wegen Art 17 Abs 1 m 14 Abs 1 Nr 2 EGBGB deutsches Recht anwenden und die Umwandlung ablehnen. Das nach Art 5 (Art 6 aF) weiterhin zuständige italienische Gericht würde wegen Art 31 Abs 2 S 1 Gesetz Nr 218 v 31. 3. 1995 (IPR-G) die Umwandlung nach italienischem Recht vornehmen können. Das auf die Umwandlung anzuwendende Eherecht kann natürlich auch ein außereuropäisches zB brasilianisches Recht sein.

Anders wäre der Fall, wenn der italienische Ehegatte inzwischen Deutscher ge- **7**
worden wäre. Hier hat sich aus der Sicht des IPR des italienischen Gerichts die **Anknüpfung verändert**. Art 5 (Art 6 aF) bestimmt nicht auch sachlich, daß umgewandelt werden müsse, verweist vielmehr auf das Recht des Trennungsgerichts einschließlich seines IPR (ebenso Rauscher/Rauscher Art 6 EheGVO aF Rn 6). Das kann die Umwandlung auch ablehnen. Die Zuständigkeit soll jedoch nicht von der Begründetheit abhängen. Es genügt, daß der Antragsteller die Umwandlung bzw Scheidung wegen der gerichtlichen Trennung beantragt. Ob das Trennungsgericht dann auch scheidet, ist eine andere, uU zu verneinende Frage.

Art 5 (Art 6 aF) sagt nichts dazu, ob das Gericht der Trennung nach Art 3 (Art 2 **8**
aF) EheGVO zuständig gewesen sein muß oder auch nach nationalem Recht. Die Frage stellt sich natürlich bei Urteilen vor dem 1. 3. 2001, aber ebenso bei späteren, wenn nationales Zuständigkeitsrecht nach Art 7 (Art 8 aF) mit sog Restzuständigkeiten zum Zuge kam. **Entscheidend** ist der **Zeitpunkt**. Ist das Trennungsverfahren erst nach dem 1. 3. 2001 eingeleitet worden, spricht Art 24 (Art 17 aF) dagegen, nach dem Grund der internationalen Zuständigkeit des Trennungsgerichts zu unterscheiden. Darf die Zuständigkeit für eine Anerkennung nicht nachgeprüft werden, dann sollte es hier ebenfalls nicht nötig sein, auch wenn es nicht eigentlich um Anerkennung geht. Bei vor dem 1. 3. 2001 ergangenen Trennungsurteilen sollte man dagegen Art 5 (Art 6 aF) nicht anwenden, um diesen Urteilen nicht nachträglich weitere Zuständigkeitsfolgen zu geben (**aA** Rauscher/Rauscher Art 6 EheGVO aF Rn 4), und ebenso nicht bei Trennungsurteilen nach dem 1. 3. 2001 aufgrund von vorher eingeleiteten Verfahren wegen Art 42 Abs 2 aF.

III. Zuständigkeiten

1. International

Art 5 (Art 6 aF) begründet eine internationale Zuständigkeit, auch wenn sie sich **9**
nicht aus Art 3 (2 aF) ergäbe. Sie **schließt** namentlich andere Zuständigkeiten gem Art 3 (Art 2 aF) **nicht aus**. So sind im genannten Beispiel die italienischen Eheleute, die nun in Deutschland leben, nicht gezwungen, die Umwandlung ihres Trennungsurteils in Italien zu betreiben. Sie können sie auch in Deutschland gem Art 3 Abs 1 lit a 1. Str (Art 2 Abs 1 lit a aF) beantragen. Ob dem Antrag stattzugeben ist, entscheidet italienisches Recht wegen Art 17 Abs 1 S 1 EGBGB.

2. Örtlich

10 Art 5 (Art 6 aF) bestimmt, daß das Gericht, das die Trennung ausgesprochen hat, auch **örtlich zuständig** bleibt. Das hat Sinn, weil uU die damaligen dem Gericht amtbekannten Trennungsgründe nun für die Scheidung relevant sein können. Namentlich kann vorgesehen sein, daß ein Trennungsverschulden als Scheidungsverschulden fortgeführt wird (art 308 fr c civ). Auch hier ist nicht gesagt, daß die Zuständigkeit ausschließlich sein soll. Sind die italienischen, in Deutschland getrennten Eheleute in Deutschland umgezogen oder wenigstens die Partei mit den gemeinsamen Kindern, so bleibt doch das **Trennungsgericht** örtlich zuständig. Es wird nicht durch § 606 ZPO, der eine ausschließliche örtliche Zuständigkeit bestimmt, ausgeschlossen. Die EheGVO geht vor.

Artikel 6
Ausschließliche Zuständigkeit nach den Artikeln 3, 4 und 5

Gegen einen Ehegatten, der

a) seinen gewöhnlichen Aufenthalt im Hoheitsgebiet eines Mitgliedstaats hat oder

b) Staatsangehöriger eines Mitgliedstaats ist oder im Fall des Vereinigten Königreichs und Irlands sein „domicile" im Hoheitsgebiet eines dieser Mitgliedstaaten hat,

darf ein Verfahren vor den Gerichten eines anderen Mitgliedstaats nur nach Maßgabe der Artikel 3, 4 und 5 geführt werden.

Bis 28. 2. 2005 geltende Regelung: Art 7 aF (s Textanhang) (unverändert).

Schrifttum

Vgl Schrifttum zu Art 3 EheGVO.

Systematische Übersicht

Alphabetische Übersicht

I. Allgemeines

Es versteht sich von selbst, daß Angehörige von Mitgliedstaten auch in anderen Mitgliedstaaten nach den Art 3 bis 5 (Art 2–6 aF) gerichtspflichtig sind. Art 6 (Art 7 aF) muß im **Zusammenhang mit Art 7 Abs 1** (Art 8 Abs 1 aF) gelesen werden (Hausmann ELF 2000/01, 278), nach welchem die nationalen Regelungen dann zur Anwendung kommen, wenn sich aus den Art 3–5 (bzw Art 2–6 aF) keine Zuständigkeit irgendeines Mitgliedstaates ergibt. Die Reichweite der nationalen Regelungen wird dann durch Art 6 (Art 7 aF) wieder eingeschränkt: Der Angehörige eines Mitgliedstaates kann in andern Mitgliedstaaten zwar nach den Art 3 bis 5 (2–6 aF) verklagt werden, aber nach nationalem Recht des Gerichts nur in seinem Heimatstaat. Struktur und Zweck des Art 6 (Art 7 aF) sind wenig klar. 1

Die praktische Bedeutung der Bestimmung liegt hauptsächlich darin, die **Klägergerichtsstände einzuschränken**, die einseitig auf der Staatsangehörigkeit des Klägers beruhen, und die zB § 606a Abs 1 S 1 Nr ZPO oder art 14 fr c civ kennen. Dagegen bleibt ein nationaler Beklagtengerichtsstand auf der Grundlage nur der Staatsangehörigkeit des Beklagten zulässig. Lebt ein deutsch-französisches Ehepaar in der Schweiz oder den USA, dann kann der Franzose nach art 14 fr c civ in Frankreich, aber nicht nach § 606a Abs 1 S 1 Nr 1 ZPO in Deutschland verklagt werden und umgekehrt der Deutsche nur in Deutschland nach § 606a Abs 1 S 1 Nr 1 ZPO, aber nicht in Frankreich nach art 14 c civ. 2

Dagegen ist die zweite Einschränkung (lit a), daß ein Angehöriger eines Mitgliedstaates nur im Staat seines gewöhnlichen Aufenthalts nach den Art 3 bis 5 (Art 2–6 aF) verklagt werden könne, ohne Funktion. Hier besteht ein Beklagtengerichtsstand schon nach Art 3 (Art 2 aF) Abs 1 lit a 3. Str, so daß nationales Recht gem Art 7 Abs 1 (Art 8 Abs 1 aF) schon von vorneherein nicht zum Zuge kommen kann. 3

Art 6 (Art 7 aF) setzt voraus, daß **nationales Zuständigkeitsrecht** nach Art 7 (Art 8 4 aF) anzuwenden ist, der wiederum verlangt, daß sich keine Zuständigkeit irgendeines Mitgliedstaates aus der EheGVO ergibt. Das ist der Fall, wenn der Beklagte nicht und der Kläger noch nicht lange genug ihren gewöhnlichen Aufenthalt in diesem Mitgliedstaat haben und wenn auch keine gemeinsame Staatsangehörigkeit eines Mitgliedstaates vorliegt (Art 3 Abs 1 lit a und b bzw Art 2 aF). In dieser Situation kann das angerufene Gericht sein eigenes Zuständigkeitsrecht anwenden (vgl Art 7 Rn 5). Dieses führt in Frankreich und Deutschland zu einer Zuständigkeit kraft **Staatsangehörigkeit des Klägers** allein, bzw im Fall Deutschlands sogar schon bei früherer deutscher Staatsangehörigkeit. Doch muß es seine Zuständigkeit dann entgegen seinem nationalen Recht ablehnen, wenn der Beklagte einem anderen Mitgliedstaat angehört. Nur der Heimatstaat des Beklagten darf gem seinem Recht ggf die Klage annehmen.

5 Dagegen können alle Mitgliedstaaten ihr nationales Recht uneingeschränkt **gegenüber Drittstaatsangehörigen** anwenden, also zB bei einem dänisch-schweizerischen Ehepaar mit gewöhnlichem Aufenthalt in der Schweiz. Das deutsche Recht ergibt dann eine Zuständigkeit, wenn ein Ehegatte bei Eheschließung Deutscher war (§ 606a Abs 1 S 1 Nr 1 2. Alt ZPO). Hauptfall aber ist, daß der Kläger Deutscher ist, und der Beklagte einem Drittstaat, zB Dänemark, angehört. Man hat durchaus eine „Wagenburg"-Mentalität der Gemeinschaft kritisiert (Hau FamRZ 2000, 1341 zu Art 6 Abs 2). Vielleicht glaubten die Verfasser des Übereinkommen sich nicht berechtigt, in Beziehungen der Mitgliedstaten zu Drittstaaten einzugreifen.

II. Gerichtspflicht im Heimatstaat

1. Schutz des Beklagten

6 Art 6 (Art 7 aF) schützt den Beklagten vor **fremden Zuständigkeiten**, wenn er einem Mitgliedstaat angehört. Art 6 (Art 7 aF) schützt ihn dagegen nicht vor weitgehenden Zuständigkeiten seines Heimatstaates. Wenn man zB die Heimatzuständigkeit auf § 606a Abs 1 S 1 Nr 1 ZPO für exorbitant, jedenfalls für wenig begründet hält, so kann die Partei gem Art 6 lit b (Art 7 lit b aF) dennoch in Deutschland verklagt werden, obwohl Art 3 bis 5 (Art 2–6 aF) auf die Staatsangehörigkeit des Beklagten allein bewußt keine Zuständigkeit gründen. Vorausgesetzt ist nur, daß keine Zuständigkeit in einem anderen Mitgliedstaat aus der EheGVO zu entnehmen ist.

7 Ist der Ehemann Schweizer und die Ehefrau Deutsche oder war sie es bei Eheschließung, die nun ihren gewöhnlichen Aufenthalt in Belgien hat, so kann sie gem Art 3 Abs 1 lit 1 1. Str in Belgien verklagt werden, aber nicht gem § 606a Abs 1 S 1 ZPO in Deutschland, der wegen Art 7 Abs 1 (Art 8 Abs 1 aF) nicht anwendbar ist. In dieser Situation schützt die EheGVO auch gegen das Heimatrecht bzw schließt es aus (Rauscher/Rauscher Art 7 EheGVO aF Rn 6). Dagegen kann sie in Deutschland verklagt werden, wenn sie ihren gewöhnlichen Aufenthalt in der Schweiz hat (de Vareilles-Sommières Gaz Pal 1999 doctr 2023 no 42; Hau FamRZ 2000, 1340; Boele-Woelki ZfRV 2001, 125; Hausmann ELF 2000/01, 279; Carlier/Francq/vBoxstael J T dr eur 2001, 79 no 20).

8 Daß Antragsgegner auch vor den **exorbitanten Zuständigkeiten** ihres eigenen **Heimatstaates** geschützt würden (so Niklas, Die europäische Zuständigkeitsordnung in Ehe- und

Kindschaftsverfahren 99), ist mit dem Wortlaut des Art 6 (Art 7 aF) nicht zu vereinbaren. Vielmehr enthält Art 6 (Art 7 aF) nur einen Vorrang der EheGVO vor nationalem Recht, hebt es aber nicht auf. Und der Vorrang entfällt, wenn keine zuständigkeitsbegründende Nähebeziehung zum Raum der EheGVO besteht. Damit erklärt sich auch, was auf den ersten Blick vielleicht erstaunt, daß die exorbitanten Heimatzuständigkeiten erst dann gegen den Antragsgegner verdrängt werden, wenn eine für die EheGVO ausreichende Nähebeziehung zu einem anderen Mitgliedstaat besteht.

Art 6 lit b (Art 7 lit b aF) macht klar, daß der Ehegatte aufgrund nationalen Rechts 9
nur in seinem Heimatstaat verklagt werden darf. Für den Fall, daß auch das dortige nationale Recht keine Zuständigkeit eröffnet, vertritt Rauscher (Rauscher/Rauscher Art 7 EheGVO aF Rn 9), daß dann das nationale Recht auch aller anderen Mitgliedstaaten heranzuziehen sei, damit eine internationale Zuständigkeit im Bereiche der EheGVO entstehe. Dem ist nicht zuzustimmen, denn gerade davor will Art 6 (Art 7 aF) den Antragsgegner, der einem Mitgliedstaat angehört, schützen. Konkrete Beispiele sind wahrscheinlich eher selten. Boularbah/Watté nennen den Franzosen mit gewöhnlichem Aufenthalt in Thailand und seine spanische Frau in Mexiko und unterstellen dabei wohl, daß ein Antrag in Spanien nicht zulässig wäre (JT 2001, 374 no 30). Der französische Ehemann kann dennoch nicht in Frankreich aufgrund von art 14 c civ klagen, denn die Frau dürfte nur in Spanien verklagt werden (aA Rauscher aaO). Der Schutz durch Art 6 lit b (Art 7 lit b aF) ergibt hier, daß die Ehefrau vorzugsweise in Mexiko verklagt werden muß (Spellenberg, in: FS Geimer [2002] 1275). Nur wenn auch dort keine Zuständigkeit eröffnet wäre – und keine in Thailand – kann man an eine Notzuständigkeit nach nationalem Recht denken.

Art 6 lit b (Art 7 lit b aF) schränkt nur nationales Zuständigkeitsrecht ein. Der 10
spanische Ehemann, der in Deutschland lebt, kann seine italienische Ehefrau, die in Italien lebt, natürlich nach Ablauf der Frist des Art 3 Abs 1 lit a 6. Str (Art 2 Abs 1 lit a 6. Str aF) in Deutschland verklagen.

2. Angehörige von Mitgliedstaaten

a) Mehrstaater

Die Staatsangehörigkeit ergibt sich aus dem **Staatsangehörigkeitsrecht** der betr Staa- 11
ten (Art 3 Rn 90). Das kann leicht zu mehrfacher Staatsangehörigkeit führen. Entsprechend dem zu Art 3 (Rn 100 ff) Gesagten, ist dann eine Gerichtspflicht der Partei in ihren mehreren Heimatstaaten anzunehmen, soweit das dortige nationale Recht eine Zuständigkeit begründet. Lebt ein belgischer Ehemann mit seiner deutsch-französischen Ehefrau in der Schweiz, kann er gem Art 6 (Art 7 aF) mit § 606a Abs 1 S 1 Ziff 1 ZPO in Deutschland klagen und mit art 14 c civ in Frankreich. Nach der hM ändert sich nichts, wenn ihre deutsche **Staatsangehörigkeit ineffektiv** ist. Das Ergebnis mag nicht überzeugen, ist aber angesichts der Rechtsprechung des EuGH wohl unvermeidlich (vgl Art 3 Rn 103 f).

Jedoch schützt Art 6 lit b eine deutsch-schweizerische Ehefrau vor einer Klage in 12
Frankreich auf der Grundlage von Art 14 fr c civ nur, wenn die deutsche Staatsangehörigkeit **aktuell** besteht. Hatte die schweizer Ehefrau die deutsche Staatsangehörigkeit nur bei Eheschließung, dann gehört sie keinem Mitgliedstaat mehr an und

kann von ihrem französischen Ehemann in Frankreich verklagt werden. In Deutschland kann sie wegen der früheren deutschen Staatsangehörigkeit aber ebenfalls weiterhin verklagt werden. Das deutsche Zuständigkeitsrecht kann gegenüber Drittstaatsangehörigen, hier der Schweiz, uneingeschränkt angewandt werden. Der französische Ehemann kann nur in Frankreich auf der Grundlage der EheGVO verklagt werden. Gegen eine Klage in der Schweiz vermag die EheGVO natürlich für beide nichts.

b) Gleichgestellte Personen

13 Welche Personen den eigenen Staatsangehörigen gleichstehen, sagt ebenfalls das **nationale Recht** inklusive von Staatsverträgen. In Deutschland ist also vor allem **Art 116 GG** heranzuziehen (Art 3 Rn 90 ff). Nationales Recht ist ebenso maßgebend für die Gleichstellung von Flüchtlingen und Asylbewerbern. Hier greift vor allem die **GenfFlKonv**, die gleichermaßen in anderen EU-Staaten gilt. Für anerkannte Asylbewerber und andere Flüchtlinge gelten dagegen das **AsylVerfG** und andere deutsche Gesetze.

14 Entsprechendes gilt für **Staatenlose**, da die EheGVO generell die Bestimmung der Staatsangehörigkeit den nationalen Rechten einschließlich eventueller, dort ratifizierter internationaler Übereinkommen überläßt. Zu beachten ist daher insbesondere das New Yorker Übereinkommen v 30. 8. 1961 (Art 16 Abs 2 und 3; vgl Art 3 Rn 105 ff). Es schließt aber weitere nationale Regelungen nicht aus.

15 Die Gleichstellung von Flüchtlingen und Staatenlosen mit Deutschen setzt in den betr Bestimmungen freilich stets den gewöhnlichen Aufenthalt in Deutschland voraus. Liegt dieser lange genug vor, so ergibt sich eine inländische Zuständigkeit bereits aus Art 3 Abs 1 lit a (Art 2 Abs 1 lit a aF), so daß es auf autonomes deutsches Zuständigkeitsrecht iSd Art 6 (Art 7 aF) gem Art 7 Abs 1 (Art 8 Abs 1 aF) nicht mehr ankommt. Und da die Gleichstellung der Staatenlosen mit Deutschen mit der Aufgabe des gewöhnlichen Aufenthalts in Deutschland endet, greift Art 6 lit b (Art 8 lit b aF) in derartigen Fällen nicht mehr ein. Für Staatenlose hat Art 6 (Art 7 aF) damit nur eine Funktion bevor die Fristen des Art 3 Abs 1 lit a 5. Str (Art 2 Abs 1 lit a 5. Str aF) erfüllt sind.

c) Domicile

16 Art 6 lit b (Art 7 lit b aF) stellt an die Stelle der Staatsangehörigkeit „im Falle des Vereinigten Königreiches und Irlands" das *domicile* in diesen Ländern. Das bedeutet für die deutschen Gerichte, daß Personen **gleich welcher Staatsangehörigkeit**, also auch Deutsche, in Deutschland nur unter den Voraussetzungen der Art 3 bis 5 (Art 2 bis 6 aF) verklagt werden dürfen, und nicht auf der Grundlage des § 606a ZPO, wenn sie ihr **domicile in England oder Irland** haben (dazu Art 3 Rn 108 ff).

17 Wenn ein Ehegatte **Engländer oder Ire** ist, sein ***domicile*** aber **auf dem Kontinent** und seinen gewöhnlichen Aufenthalt außerhalb der EheGVO hat (sonst wäre dort ein Beklagtengerichtsstand nach Art 3 Abs 1 lit a bzw Art 2 Abs 1 lit a aF), bestimmt das ***domicile*** und nicht die Staatsangehörigkeit seinen „Heimatstaat" iSd Art 3 Abs 1 lit b (Art 2 Abs 1 lit b aF). Das muß dann auch hier gelten. Die Partei kann nur in ihrem Domicile-Staat verklagt werden. Jedoch muß das dortige nationale Recht auch eine Zuständigkeit eröffnen. Art 6 (Art 7 aF) tut das seinerseits nicht. Hat sie ihr *domicile* zB in Deutschland aber nicht dem gewöhnlichen, ist sie deshalb noch nicht Deutsche iSd § 606a ZPO, denn die Zuständigkeit nach dieser Bestimmung kann nur auf der deutschen Staatsangehörigkeit des Antragstellers beruhen. Für ein englisch-irisches Ehepaar mit gemeinsamem *domicile* in einem Mitgliedstaat stellt sich die Frage des Art 6 lit b (Art 7 lit b aF) dagegen nicht, da die EheGVO selbst eine Zuständigkeit eröffnet. Hier ist der Domizilstaat der gemeinsame Heimatstaat iSd Art 3 Abs 1 lit b (Art 2 Abs 1 lit b aF).

3. Ausschließliche Zuständigkeit

Die Ausschließlichkeit der Zuständigkeiten nach Art 3 bis 7 (Art 2 bis 6 aF), von **18** der nur die Überschrift des Art 6 (Art 7 aF) spricht, hat **verschiedene Aspekte**.

a) Vorrang vor nationalem Recht

Es folgt eigentlich schon und primär aus Art 7 Abs 1 (Art 8 Abs 1 aF), daß natio- **19** nales Zuständigkeitsrecht zwar nicht aufgehoben, aber immer dann ausgeschlossen ist, wenn sich aus Art 3 bis 5 (2 bis 6 aF) die internationale Zuständigkeit **irgendeines Mitgliedstaates**, also nicht nur die des angerufenen Gerichts, ergibt. Ist zwar nach der EheGVO das deutsche Gericht nicht zuständig, aber ein italienisches, so kann der deutsche Richter nicht auf die ZPO zurückgreifen. Das geht erst, wenn kein Mitgliedstaat nach der EheGVO zuständig ist (Art 7 Rn 2).

Der eigentliche Regelungsgegenstand von Art 6 (Art 7 aF) hat vielmehr mit den **20** Vorrang der EheGVO vor nationalem Recht und dem **Schutz der Beklagten**, die einem Mitgliedstaat angehören, zu tun (Rn 6 ff). Freilich können diese nicht darauf verzichten (Borrás-Bericht Nr 28) und sich zB auf ein Verfahren in einem anderen Mitgliedstaat wirksam einlassen.

b) Verbot der Gerichtsstandsvereinbarung

Die Zuständigkeiten der Art 3 bis 5 (Art 2 bis 6 aF) sind im Anwendungsbereich **21** der EheGVO abschließend (Borrás-Bericht Nr 44). Das ergibt sich allerdings nicht erst aus Art 6 (Art 7 aF), sondern schon aus Art 3 bis 5 (Art 2 bis 6 aF), die keine Zuständigkeitsvereinbarungen zulassen und ebenso wenig eine internationale Zuständigkeit durch rügelose Einlassung (MünchKomm-ZPO/Gottwald Art 7 EheGVO aF Rn 1). Solange eine Zuständigkeit aus der EheGVO besteht, sind **Prorogationen** (Gaudemet-Tallon JDI 2001, 396 Nr 37) ebenso wie **Derogationen ausgeschlossen**.

Da Art 6 (Art 7 aF) das nationale Zuständigkeitsrecht nur ausschließt, soweit der **22** Antragsgegner in einem andern Mitgliedstaat verklagt werden kann, und nicht Gerichtsstandsvereinbarungen generell verbietet, kann die Vereinbarung einer Zuständigkeit des Heimatstaats des Beklagten wirksam sein, wenn sie nach dortigem Recht vorgesehen und etwa gar nötig ist, und dieses Recht von Art 6 lit b (Art 7 lit b aF) zugelassen wird (oben Rn 4). In Deutschland ist das aber nicht der Fall (§§ 38 ff ZPO).

Artikel 7
Restzuständigkeit

(1) Soweit sich aus den Artikeln 3, 4 und 5 keine Zuständigkeit eines Gerichts eines Mitgliedstaats ergibt, bestimmt sich die Zuständigkeit in jedem Mitgliedstaat nach dem Recht dieses Staates.

(2) Jeder Staatsangehörige eines Mitgliedstaats, der seinen gewöhnlichen Aufenthalt im Hoheitsgebiet eines anderen Mitgliedstaats hat, kann die in diesem Staat geltenden Zuständigkeitsvorschriften wie ein Inländer gegenüber einem Antragsgegner geltend machen, der seinen gewöhnlichen Aufenthalt nicht im Hoheitsgebiet eines Mitgliedstaats hat oder die Staatsangehörigkeit eines Mitgliedstaats besitzt oder im Fall des Vereinigten Königreichs und Irlands sein „domicile" nicht im Hoheitsgebiet eines dieser Mitgliedstaaten hat.

Bis 28. 2. 2005 geltende Regelung: Art 8 aF (s Textanhang).

Schrifttum

Vgl Schrifttum zu Art 3 EheGVO.

Systematische Übersicht

Alphabetische Übersicht

I. Allgemeines

Art 7 (Art 8 aF) regelt in seinen beiden Absätzen zwei ganz **verschiedene Fragen**. In Abs 1 geht es um das Verhältnis zu **nationalem Zuständigkeitsrecht**, in Abs 2 um die **Gleichstellung** von EU-Ausländern (außer Dänen) mit Inländern im Hinblick auf das nationale Zuständigkeitsrecht. 1

Abs 1 bringt zum Ausdruck, daß die EheGVO dem nationalen Zuständigkeitsrecht zwar vorgeht, es aber nicht aufhebt. Die vor allem wegen des Verhältnisses zu Art 6 (Art 7 aF) wenig klare Regelung leuchtete zunächst ein im Verhältnis zu Drittstaaten, doch weil die EheGVO keinen persönlichen Anwendungsbereich definiert (vgl Art 1 Rn 33 ff), handelt es sich nur um eine Rangordnung innerhalb der Zuständigkeitsvorschriften jedes Mitgliedstaates zugunsten der europäischen Regelungen immer, aber auch nur dann, wenn diese eine internationale Zuständigkeit in irgendeinem Mitgliedstaat ergeben (Spellenberg, in: FS Geimer [2002] 1274 f; ders, in: Sanchez Lorenzo/Mayo Escudero [Hrsg], La cooperacíon judicial en materia civil y la unficiacíon del derecho privado en Europa [2003] 85). In diesem Sinne wird die Zuständigkeit im justitiellen Raum Europa verteilt. Wenn aber nicht verteilt wird, weil die Voraussetzungen einer internationalen Zuständigkeit in keinem Mitgliedstaat erfüllt sind, kann jeder Staat „auf eigene Rechnung" Zugang zu seinen Gerichten gewähren. Nationale wie europarechtliche Zuständigkeitsregeln sind strukturell einseitige Regelungen. Damit bleibt namentlich den exorbitanten nationalen Zuständigkeiten ein Anwendungsbereich, und sie könnten, weil die EheGVO ihren persönlichen Anwendungsbereich nicht beschränkt, auch **Angehörige von Mitgliedstaaten** treffen. Sie soll dann Art 6 (Art 7 aF) lit b als Beklagte vor den exorbitanten Zuständigkeiten schützen, mit dem zusammen also Art 7 (Art 8 aF) Abs 1 zu lesen ist (ähnlich Rauscher/Rauscher Art 8 EheGVO aF Rn 1, 4; Thomas/Putzo/Hüsstege Art 8 EheGVO aF Rn 1; vHoffmann, IPR Rn 681). 2

Abs 2 soll dagegen dem **Diskriminierungsverbot des Art 12 EGV** Rechnung tragen (Schlosser Art 8 EheGVO Rn 4: „groteske Perfektionierung"; krit auch Hau FamRZ 2000, 1341). Begünstigt werden Angehörige anderer EU-Staaten, die ihren gewöhnlichen Aufenthalt in Deutschland haben. Sie können **deutsches Zuständigkeitsrecht wie Deutsche** in Anspruch nehmen, also die Zuständigkeit gem § 606a Abs 1 S 1 Nr 1 ZPO wegen deutscher Staatsangehörigkeit. Auf sie kommt es freilich nur vor Ablauf der Frist des Art 3 Abs 1 lit a 6. Str (Art 2 Abs 1 lit a 6. Str aF) an. Vorausgesetzt ist aber, daß der Antragsgegner nicht einem Mitgliedstaat angehört oder in ihm seinen gewöhnlichen Aufenthalt hat. Der in Deutschland lebende Franzose kann seine mexikanische in Mexiko lebende Ehefrau ohne Wartefrist sofort in Deutschland verklagen (weiter u Rn 15 f). 3

II. Abs 1

1. Anwendbarkeit deutschen Rechts

4 Abs 1 enthält den Vorrang der Art 3 bis 5 (Art 2–6 aF) vor autonomen, dh vom nationalen Gesetzgeber gesetzten Regeln. Auch die EheGVO ist innerstaatlich geltendes Recht und damit Bestandteil des deutschen Rechts, geht aber als **sekundäres Gemeinschaftsrecht** vor (Streinz, Europarecht Rn 179 ff, Rn 380). Geht es um seine internationale Zuständigkeit, hat der Richter zunächst zu prüfen, ob sie sich aus Art 5 bis 5 (Art 2–6 aF) ergibt. Bejahendenfalls ist er also zuständig.

5 Verneinendenfalls kann sich seine Zuständigkeit uU noch aus nationalem Recht, hier § 606a ZPO, ergeben, denn die EheGVO hebt dieses nicht einfach auf, sondern läßt ihm eine subsidiäre Anwendbarkeit selbst in Fällen mit Bezug zu anderen Mitgliedstaten. Es ist jedoch erst dann anzuwenden, wenn sich aus der EheGVO keine Zuständigkeit in **irgendeinem anderen Mitgliedstaat** ergibt. Der deutsche Richter muß also die Zuständigkeit auch anderer Mitgliedstaaten anhand der EheGVO prüfen und respektieren und die Klage abweisen, obwohl zwar nicht die EheGVO, wohl aber § 606a ZPO seine eigene Zuständigkeit ergäbe, sofern die EheGVO einem anderen Mitgliedstaaten Zuständigkeit gibt. Hier zeigt sich der Zweck der EheGVO, die Zuständigkeiten innerhalb der EU zu **verteilen**. Insoweit ist sie eine einheitliche **Zuständigkeitsordnung für Europa** (zutr Helms FamRZ 2002, 1595) und darum vorrangig.

6 Praktisch prüft der Richter daher zuerst, ob sich aus der EheGVO seine internationale Zuständigkeit ergibt. Ist das zu verneinen, muß er als zweites prüfen, ob sich aus den Art 3 bis 5 (Art 2–6 aF) die Zuständigkeit **eines anderen Mitgliedstaates** ergibt. Das ist der Fall, wenn der letzte gemeinsame oder der gewöhnliche Aufenthalt des Beklagten oder unter den Voraussetzungen des Art 3 Abs 1 5. oder 6. Str. der des Klägers in einem andern Mitgliedstaat ist, oder wenn beide Parteien Staatsangehörige desselben anderen Mitgliedstaates sind oder ihr domicile gemeinsam in Großbritannien, Schottland oder Irland haben. Erst wenn auch das zu verneinen ist, kann er sein nationales Recht heranziehen, muß aber – drittens – die **Grenzen in Art 6 lit b** (Art 7 lit b aF) beachten, daß der Beklagte nur in seinem Heimatstaat verklagt werden kann, wenn dies ein anderer Mitgliedstaat ist. Uneingeschränkt gilt nationales Recht nur gegenüber einem **Drittstaatsangehörigen** ohne gewöhnlichen Aufenthalt in einem Mitgliedstaat.

7 Für die Verdrängung nationalen deutschen Rechts durch Art 6 Abs 1 reicht **jede Zuständigkeit** in Deutschland oder einem anderen Mitgliedstaat gem der EheGVO gleichermaßen. Es kommt nicht auf Aufenthalt oder Staatsangehörigkeit des Beklagten für das Verhältnis zu nationalem Recht an, sondern nur darauf, ob eine Zuständigkeit nach Art 3 bis 5 (Art 2 bis 6 aF) gegeben ist und sei es wegen des Aufenthalts des Klägers (mit anderer Begründung ebenso Hau FamRZ 2000, 1341). Handelt es sich um ein dänisch-schweizerisches Ehepaar in der Schweiz und war der Ehemann bei Heirat Deutscher gewesen, dann können beide in Deutschland klagen (§ 606a Abs 1 S 1 Nr 1 ZPO). Art 6 schützt keinen davor, weil beide weder die Staatsangehörigkeit eines Mitgliedstaates haben noch einen gewöhnlichen Aufenthalt dort. Lebt der Mann aber inzwischen lange genug in Frankreich, gilt § 606a

ZPO nicht mehr, und er kann nur noch gem Art 3 Abs 1 lit a 6. Str (Art 2 Abs 1 aF) in Frankreich klagen. Auch die Frau kann nicht mehr ein deutsches Gericht entgegen § 606a Abs 1 S 1 Nr 1 ZPO anrufen, weil sie danach in Frankreich klagen könnte.

Die Regelung in Art 3 Abs 1 lit a 5. Str (Art 2 Abs 1 lit a 5. Str aF), daß der **8** dänische Ehemann im Beispiel in Frankreich erst klagen kann, wenn er dort seit einem Jahr seinen gewöhnlichen Aufenthalt hat, aber sofort verklagt werden kann, führt zu der Frage, ob **trotz** des **Beklagtengerichtsstands** in Frankreich § 606a ZPO anwendbar bleibt, wenn er in Deutschland **klagen will**, es aber in Frankreich noch nicht darf. Man wird das bejahen müssen, weil und solange der Kläger in keinem Mitgliedstaat klagen kann. Es genügt nicht, daß er in einem Mitgliedstaat verklagt werden könnte und dann eine Widerklage nach Art 4 (Art 5 aF) erheben könnte. Die Statusgestaltung hinge dann allein vom anderen Ehegatten ab (mit zT anderer Begründung ebenso Hau FamRZ 2000, 1341). Kann er aber nach der EheGVO in Frankreich klagen, dann entfällt § 606a ZPO auch dann, wenn die Beklagte, wie im Beispiel, nicht zu den von Art 6 (Art 7 aF) geschützten Personen gehört.

2. § 606a ZPO

a) Aufenthaltszuständigkeit

Sind diese Voraussetzungen alle erfüllt, ist die internationale Zuständigkeit für **9** Ehesachen aus § 606a ZPO zu entnehmen. Die Zuständigkeiten kraft gemeinsamen gewöhnlichen Aufenthalts der Parteien in Deutschland und auch Aufenthalts nur des Beklagten oder Klägers nach den Fristen begründen aber schon eine Zuständigkeit nach Art 3 Abs 1 EheGVO, der der ZPO vorgeht. Damit sind Restzuständigkeiten nur § 606a Abs 1 S 1 Nr 1 ZPO bei **einseitiger deutscher Staatsangehörigkeit** und Nr 4 bei **einseitigem gewöhnlichem Aufenthalt** nur des Klägers vor Ablauf der Fristen des Art 3 Abs 1 lit a 5. und 6. Str.

Auch Angehörige von **Drittstaaten** können wegen ihres Aufenthalts im Inland hier **10** klagen und verklagt werden. Hat zB bei einem dänisch-schweizerischen Ehepaar der Ehemann seinen gewöhnlichen Aufenthalt seit einem Jahr in Deutschland, kann er gem Art 3 (Art 2 aF) Abs 1 lit a 6. Str hier klagen und gem Art 3 (Art 2 aF) Abs 1 lit a 3. Str hier schon von Anfang an verklagt werden. Leben beide hier, gilt der 1. Str. Damit treten § 606a Abs 1 S 1 Ziff 2 und 3 ZPO hinter der EheGVO zurück, denn dann ist die Bedingung in Art 6 Abs 1 nicht erfüllt, daß die EheGVO keine Zuständigkeit eines Mitgliedstaates ergibt (Hausmann ELF 2000/01, 279). Die Verfasser des Übereinkommen verkennen insoweit die Bedeutung des gewöhnlichen Aufenthalts für Art 3 Abs 1 lit a (Art 2 Abs 1 lit a aF), wenn sie als Restzuständigkeit uneingeschränkt auch § 606a Abs 1 S 1 Nr 3 und 4 ZPO nennen (Borrás-Bericht Nr 47).

Die Zuständigkeit kraft gewöhnlichen Aufenthalts nur eines Ehegatten gem § 606a **11** Abs 1 S 1 Ziff 4 ZPO entsteht freilich nach § 606a Abs 1 S Nr 4 ZPO auch für den Kläger sofort und **ohne eine Wartefrist** des Art 2 Abs 1 lit a 5. oder 6. Str. Obwohl es dem Zweck des Art 2 Abs 1 lit a nicht entspricht, wenn auf diesem Wege das nationale Recht die bewußt eingeführte Wartefrist beseitigt, muß der Argentinier, der sich in Deutschland von seiner mexikanischen Frau scheiden lassen will, nicht warten (Hau FamRZ 2000, 1341; Thomas/Putzo/Hüsstege Art 8 EheGVO Rn 3; vielleicht auch Hausmann ELF 2000/01, 279 Sp). Wenn die EheGVO nicht eingreift, weil sie keine Zuständigkeit eröffnet, interessiert sie sich nicht für die Beklagten, die weder einem Mitgliedstaat angehören noch ihren gewöhnlichen Aufenthalt in einem haben. Allerdings ist in diesem Fall nur § 606a Abs 1 S 1 Ziff 4 ZPO einschlägig, so daß es auch auf die **Anerkennungsprognose** ankommt. Ist die Wartefrist für den Kläger im Laufe des Verfahrens abgelaufen, tritt an die Stelle von § 606a Abs 1 S 1 Nr 4 Art 3 Abs 1 lit a 5. Str (Art 2 Abs 1 lit a 5. Str aF), und **damit entfällt** die Anerkennungsprognose. Aber bis dahin hat sie die Funktion.

b) Staatsangehörigkeit

12 Für das deutsche Recht bleibt **vor allem** die Zuständigkeit kraft deutscher **Staatsangehörigkeit einer Partei** allein (vgl Art 1 Rn 27). Lebt ein deutsch-ausländisches Ehepaar außerhalb des Gebiets der EheGVO, kann der deutsche Teil immer in Deutschland verklagt werden. Und er kann immer in Deutschland klagen, wenn der andere Teil keinem Mitgliedstaat angehört oder dort seinen gewöhnlichen Aufenthalt hat (Art 6 bzw 7 aF). Nach ganz hM braucht die deutsche auch nur eine von **mehreren Staatsangehörigkeiten** zu sein. Richtigerweise sollte aber eine ganz ineffektive Staatsangehörigkeit außer Betracht bleiben (§ 606a ZPO Rn 83 f). Ob die deutsche Staatsangehörigkeit für eine Restzuständigkeit ausreicht, bestimmt deutsches Recht, nicht die EheGVO. Da die Restzuständigkeit auf deutschem Recht beruht, genügt auch die frühere deutsche Staatsangehörigkeit einer Partei selbst neben einer anderen bei Eheschließung (§ 606a Abs 1 S 1 Ziff 1 2. Alt ZPO).

13 Deutsche sind idS auch die unter **Art 116 GG** fallenden Personen (o Art 3 Rn 93 ff), und ggf die den Deutschen im Hinblick auf den Zugang zu den Gerichten **gleichgestellten** Flüchtlinge (Art 3 Rn 105 ff). Soweit deren Gleichstellung vom gewöhnlichen Aufenthalt in Deutschland abhängt, sind sie freilich genauer wie Staatenlose iSd § 606a Abs 1 S 1 Nr 3 ZPO anzusehen (s dort). Wegen des gewöhnlichen Aufenthalts besteht aber eine Beklagtenzuständigkeit schon nach Art 3 Abs 1 lit a 3. Str (Art 2 Abs 1 lit a 3. Str aF), womit § 606a ZPO ausscheidet, genau wie bei einem deutschen Staatsangehörigen. Jedoch kann der **Staatenlose** mit gewöhnlichem Aufenthalt hier nach § 606a Abs 1 S 1 Nr 3 ZPO gleich klagen ohne die Wartefrist des Art 3 Abs 1 lit a 6. Str (Art 2 Abs 1 lit a 6. Str aF).

14 Während Art 8 Abs 1 aF mit dem Verweis auch auf Art 3 aF Kindschaftssachen einbezog, verweist Art 7 Abs 1 nF nur noch auf die **Zuständigkeiten für die Ehesachen**. Die **Restzuständigkeiten für die elterliche Verantwortung** finden sich nun gesondert in **Art 14 nF**. Die Regelung ist aber dieselbe geblieben.

III. Abs 2. Gleichbehandlung

15 Abs 2 gebietet bei den Restzuständigkeiten des nationalen deutschen Rechts die **Gleichbehandlung** der Staatsangehörigen anderer Mitgliedstaaten mit einem deutschen Antragsteller. Für Zuständigkeiten nach der EheGVO hat eine Gleichstellung grundsätzlich keine Funktion, weil die Zuständigkeiten nicht auf der Staatsangehörigkeit beruhen. Die Ausnahme in Art 3 Abs 1 lit a 6. Str (Art 2 Abs 1 lit a aF) ist ohnehin europarechtswidrig und zu beseitigen (Art 3 Rn 28 f). Der EU-Ausländer mit gewöhnlichem Aufenthalt in Deutschland kann auch nicht Zuständigkeiten beanspruchen, die ein Deutscher nicht fände (Hau FamRZ 2000, 1340; Puszkajler IPRax 2001, 83; Boele-Woelki ZfRV 2001, 125; Niklas, Die Eur Zuständigkeitsordnung in Ehe- und Kindschaftsverfahren 103). Die Bedeutung liegt in der Ausdehnung der deutschen Restzuständigkeiten iSd Art 7 (Art 8 aF) auf EU-Bürger. Entsprechende Gleichstellung genießt auch ein Deutscher in einem anderen Mitgliedstaat. Diese Regelung folgt dem Diskriminierungsverbot des **Art 12 EGV** (o Rn 3). Sie gilt hier wie dort nur für Staatsangehörige von anderen Mitgliedstaaten, also zB nicht für Dänen.

Die Gleichbehandlung setzt freilich den gewöhnlichen Aufenthalt in Deutschland **16**
voraus. Da der Ausländer mit gewöhnlichem Aufenthalt im Inland hier schon nach Art 3 Abs 1 lit a 3. Str (Art 2 Abs 1 lit a 3. Str aF) verklagt werden kann, beschränkt sich die Bedeutung der Gleichstellung auf den Fall, daß der EU-Ausländer mit gewöhnlichem Aufenthalt hier **noch nicht die Wartefrist** des Art 3 (Art 2 aF) Abs 1 lit a 5. Str für eine Antragstellung erfüllt hat. Er kann vielmehr gleich klagen, und zwar in entsprechender Anwendung des § 606a Abs 1 S 1 Nr 1 ZPO. Auf die Anerkennungsprognose nach § 606a Abs 1 S 1 Nr 4 ZPO kommt es wegen der Gleichstellung mit Inländern nicht an. Die daraus resultierende Ausweitung der internationalen Zuständigkeiten gegenüber Drittstaatsangehörigen ist wegen der automatischen europaweiten Anerkennung der Urteile rechtspolitisch bedenklich (vgl Art 1 Rn 35 ff; Hau FamRZ 1999, 486; Niklas aaO 103), aber gewollt. Wenn der Antragsgegner einem Mitgliedstaat angehört oder dort seinen gewöhnlichen Aufenthalt hat, greift dagegen die Beschränkung nach Art 6 lit b (Art 7 lit b aF) ein (weiter Spellenberg, in: FS Geimer [2002] 1275 f; **aA** Rauscher/Rauscher Art 8 EheGVO aF Rn 11).

Jedenfalls verlangt Abs 2 nur eine Gleichstellung mit **aktueller deutscher Staatsangehörigkeit** bei der Scheidung. Der EU-Ausländer kann nicht wie ein früherer Deutscher behandelt werden. Daß er früher einmal bei Eheschließung seinen gewöhnlichen Aufenthalt in Deutschland hatte, nützt also nichts, auch wenn er damals wie ein Deutscher behandelt worden wäre. **17**

Gleichgestellt werden nur Angehörige von Mitgliedstaaten der EheGVO, also nicht **18**
Dänen. Das ist ihnen gegenüber kein Verstoß gegen Art 12 EGV, nachdem Dänemark aus eigenem Entschluß nicht teilnimmt (**aA** Rauscher/Rauscher Art 8 EheGVO aF Rn 14). Nach der Rechtsprechung des EuGH (vgl Art 3 Rn 103) genügt schon, daß die Staatsangehörigkeit eines Mitgliedstaates neben der eines dritten Staates besteht. Begünstigt wird auch, wer, gleich welcher selbst außereuropäischen Staatsangehörigkeit sein *domicile* (dazu Art 3 Rn 108 ff) in Großbritannien oder Irland, seinen gewöhnlichen Aufenthalt aber in Deutschland hat.

Hat ein Engländer oder Ire sein *domicile* auf dem Kontinent, kann praktisch da- **19**
hinstehen, ob seine Gleichstellung mit Deutschen wegen der Staatsangehörigkeit oder seines *domicile* geboten ist (zu der Frage bei Art 3 Abs 1 lit b vgl dort Rn 33 ff). Zweifelhaft ist, wenn das domicile in einem Drittstaat, zB der Schweiz liegt, ob er dann noch ein Angehörigen eines Mitgliedstaates idS ist. Da es um das Verbot der Diskriminierung wegen einer Staatsangehörigkeit gem Art 12 EGV geht, wird man wohl annehmen müssen, daß er mit Deutschen gleichzustellen ist, wenn er seinen gewöhnlichen Aufenthalt in Deutschland hat.

20 Die Gleichstellung gilt nach Art 8 Abs 2 aF auch für Fragen der **elterlichen Verantwortung**. Da hier verhältnismäßig häufig nationales Zuständigkeitsrecht zum Zuge kam, könnte die praktische Bedeutung erheblich sein. Da Art 9 Abs 1 nF nun die elterliche Verantwortung nicht mehr erfaßt, ist wohl anzunehmen, daß auch Art 7 Abs 2 nF sie nicht mehr betrifft.

Abschnitt 2
Elterliche Verantwortung

Vorbemerkungen zu Art 8 ff EheGVO

1 Im Bereich der **elterlichen Verantwortung** bringt die **neue VO** die größten **Veränderungen**. Während die bisherige EheGVO sich auf Regelungen aus Anlaß der Ehesache und nur für die gemeinsamen Kinder beschränkte, was zugegebenermaßen eine nicht durchweg befriedigende Grenzziehung mit sich brachte, tritt die neue EheGVO eine Flucht nach vorn an (Helms FamRZ 2002, 1594) und regelt nun alle Sorgerechtssachen aller Kinder mit und ohne Zusammenhang mit Eheverfahren und schließt gleich noch die Probleme der Kindesentführung mit ein. Die Ausweitung war der falsche Weg. Das HKEntfÜ hat sich bewährt und die Mängel des MSA vor allem im Bereich der Vollstreckung (vgl Vorbem 19 f zu Art 1 EheGVO) werden vom KSÜ beseitigt werden, das entsprechend der Aufforderung der Kommission im April 2003 von allen EU-Staaten unterzeichnet worden ist (Entsch d Rates v 19. 12. 2002 ABlEG 21. 2. 2002 Nr L 48). Gewiß kann die Ratifizierung dauern, aber das könnte man abwarten, um dann nicht eine europäische Reglung neben der staatsvertraglichen zu haben. Jedenfalls kompliziert das Nebeneinander der Regelungen unnötig und ohne Notwendigkeit (Helms FamRZ 2002, 1602; zurückhaltender Martiny ERA-Forum 2003, 97, 112; Rauscher/Rauscher Art 3 EheGVO aF Rn 1). Nach Art 61 lit f nF verdrängt die EheGVO das KSÜ im Verhältnis der Mitgliedstaaten der EheGVO. Die Mitgliedstaaten der EheGVO sollen bei der Unterzeichnung des KSÜ einen Vorbehalt zugunsten der EheGVO und ihrem Vorrang erklären, der von Art 32 KSÜ erlaubt werde (Entsch d Rates aaO Art 2). Während Art 37 aF das HKEntfÜ in Kraft beließ, wird es nun auch durch eine eigene Regelung ersetzt. Das Europäische Übereinkommen über die Anerkennung und Vollstreckung von Entscheidungen über das Sorgerecht etc vom 20. 5. 1980 (ESÜ) wurde schon bisher verdrängt.

2 Daß die Haager Übereinkommen nicht inhaltlich ersetzt werden müßten, zeigt sich schon daran, daß die EheGVO nF weitgehend nur deren prozessuale, nicht auch die kollisionsrechtlichen Regelungen übernimmt. Es gibt dabei zwar Abweichungen sowohl vom KSÜ als auch vom HKEntfÜ (näher Helms aaO 1601). Abgesehen davon, ob man sie rechtspolitisch begrüßen soll, kann man jedenfalls zweifeln, ob sie groß genug sind, die **Verdrängung des KSÜ und des HKEntfÜ** zu rechtfertigen. Man hätte diese Materien besser den Haager Übereinkommen überlassen (vgl Vorbem 20 zu Art 1 m N), wenn man davon einmal ausgeht, daß alle EU-Staaten dem Verlangen der EU entsprechen und es ratifizieren werden. Das würde auch den anderen Mangel des MSA beheben, nur von einem Teil der EU-Staaten ratifiziert zu sein.

Die **Abweichungen** in der Zuständigkeitsordnung können stören, denn nach Art 23 Abs 2 KSÜ können Drittstaaten die Anerkennung und Vollstreckung von Entscheidung ablehnen, wenn der entscheidende Staat nicht nach dem KSÜ, sondern nur nach der EheGVO zuständig war. Solche Regelungen werden dann nur im Gebiet der EheGVO wirksam. Das ist unbefriedigend und widerspricht den Zielen des KSÜ (Kritik bei Helms FamRZ 2002, 1601). **3**

Die folgende Kommentierung befaßt sich vor allem mit der ursprünglich allein vorgesehenen **Annexzuständigkeit** zu einem Eheverfahren, die in Art 12 beibehalten wurde. **4**

Artikel 8
Allgemeine Zuständigkeit

(1) Für Entscheidungen, die die elterliche Verantwortung betreffen, sind die Gerichte des Mitgliedstaats zuständig, in dem das Kind zum Zeitpunkt der Antragstellung seinen gewöhnlichen Aufenthalt hat.

(2) Absatz 1 findet vorbehaltlich der Artikel 9, 10 und 12 Anwendung.

Bis 28. 2. 2005 geltende Regelung: Keine Entsprechung.

Schrifttum

Siehe Schrifttum zu Art 12 EheGVO.

Systematische Übersicht

I. Allgemeines

Art 8 übernimmt Art 5 KSÜ, der wiederum hinsichtlich der hier behandelten Zuständigkeit Art 1 MSA entspricht. Zuständigkeitsgrund ist der **gewöhnliche Aufenthalt des Kindes**. Neu und anders als im KSÜ ist jedoch, daß mit der Fixierung auf den Zeitpunkt der Antragsstellung einer **perpetuatio fori** für die Dauer des Verfahrens entsteht (Helms FamRZ 2002, 1601), die allerdings Art 3 aF entspricht (vgl Art 12 Rn 66 ff). Art 9 erstreckt sie dann noch über die Entscheidung hinaus. **1**

Das KSÜ definiert in Art 1 Abs 2 und Art 3 die elterliche Verantwortung und die zulässigen Maßnahmen zum Schutz des Kindes. Die „**elterliche Verantwortung**" idS umfaßt nun auch staatliche Eingriffe in das Elternrecht bei Gefährdung des Kindes- **2** wohl (SIEHR RabelsZ 62 [1998] 475 f; BUSCH IPRax 2003, 219 ff) und geht mit letzterem deutlich über das hinaus, was unter Ehegatten anläßlich einer Scheidung zu regeln ist. Art 8 nF erfaßt Sorgerechte, Umgangsrechte, Mitsprache bei der Aufenthaltsbestimmung (Begr der Kommission KOM[2002] 222 S 7) uä auch dritter Personen oder juristischer Personen kraft Gesetzes oder Entscheidung (Art 2 Nr 7 bis 10). Gemeint sind so zB auch Maßnahmen nach § 1666 BGB. Er bezieht sich ebenso auf das **Vermögen** des Kindes wie seine **Person** (KOM[2002] 222 endg 7). Damit übernimmt Art 8 den **kindeszentrierten**, auf Schutz des Kindes gerichteten Ansatz des KSÜ, wenn auch nicht dieselben Formulierungen verwandt werden (BUSCH aaO). Für Art 12, wo es um die Verteilung der elterlichen Sorge unter den Ehegatten aus Anlaß ihrer Scheidung etc geht, wird ein engerer Begriff zugrunde zu legen sein (Art 12 Rn 48 ff).

II. Gewöhnlicher Aufenthalt

1. Selbständige Feststellung

3 Kinder teilen nicht gesetzlich den gewöhnlichen Aufenthalt ihrer Eltern oder des Sorgeberechtigten (so aber House of Lords 24. 7. 1997 [1997] 4 All ER 251), er ist vielmehr selbständig zu ermitteln (BGH 19. 6. 1997 FamRZ 1997, 1070; BGH 29. 10. 1980 BGHZ 78, 293, 295 f = FamRZ 1981, 136; OLG Düsseldorf 24. 10. 1997 FamRZ 1999, 112; OLG Hamm 21. 8. 1998 FamRZ 1999, 948; OLG Bremen 3. 4. 1992 FamRZ 1992, 963). Es ist dies ein Fall, wo ein internationaler Kompromiß nicht möglich erscheint. Für die EheGVO ergibt sich die aus Art 3, denn dieser müßte dann bei getrennt lebenden Elternteilen eine Regelung enthalten, auf welchen das Kind seinen Aufenthalt ableite. Sein eigener Lebensmittelpunkt entscheidet.

2. Soziale Integration

4 Je kleiner das Kind ist, um so ausschließlicher wird sein Lebensmittelpunkt durch die Personen bestimmt, bei denen es lebt. Das sind normalerweise einer oder beide Elternteile, können aber auch Dritte sein wie Großeltern (zB in AG Würzburg 5. 9. 1997 FamRZ 1998, 319; OLG Düsseldorf 24. 10. 1997 FamRZ 1999, 112; OLG Köln 13. 11. 1990 FamRZ 1991, 363; BGH 18. 6. 1997 FamRZ 1997, 1070). Leben die Eltern getrennt, so ist der gewöhnliche Aufenthalt nur bei dem, wo der Schwerpunkt der Beziehungen ist, auch wenn beide Eltern das Sorgerecht haben und das Kind den anderen regelmäßig besucht (OLG Bremen 3. 4. 1992 FamRZ 1992, 936).

5 Mit zunehmendem Alter des Kindes erlangen Beziehungen zu anderen Gewicht namentlich Schule (erheblich bei 10-Jährigen OLG Karlsruhe 9. 6. 1992 FamRZ 1993, 96 oder bei 13-Jähriger AG Würzburg 5. 9. 1997 aaO) und Sportvereine (AG Würzburg aaO; nicht erheblich Vorschulbesuch bei 3–4jährigem OLG Rostock 25. 5. 2000 IPRax 2001, 588 [BAETGE 373] = FamRZ 2001, 642). Wenn Schulort und Aufenthalt der Eltern auseinanderfallen wie bei Internatsbesuch und auswärtigem Studium sind grundsätzlich die familiären Beziehungen höher zu bewerten (BGH 5. 2. 1975 FamRZ 1975, 272; AG Rostock 20. 6. 1997 FamRZ 1997, 1408). Das muß nicht immer richtig sein, trifft aber zu, wenn man tatsächlich engen Kontakt zu den Eltern feststellen kann. Mit zunehmendem Alter und Vermehrung persönlicher Beziehungen entsteht aber auch das Problem der Abwägung, um den Lebensmittelpunkt des Kindes zu bestimmen. Bei Beziehungen zu zwei Staaten müssen diese gegeneinander gewogen werden (o Art 3 Rn 58).

In dem ungewöhnlichen Fall, daß das Kind vereinbarungsgemäß je etwa sechs Monate beim Vater und bei der Mutter lebte, hat das OLG Rostock den gewöhnlichen Aufenthalt da angenommen, wo er unzweifelhaft vor diesem Arrangement war (OLG Rostock 25.5.2000 FamRZ 2001, 642 = IPRax 2001, 588 [Baetge 573]). Hierdurch wurde ein ständiges Wechseln der gewöhnlichen Aufenthalte vermieden. Das überzeugt nicht. Das Gericht hätte den Lebensmittelpunkt am einen oder anderen Ort feststellen müssen. **6**

3. Integration. Dauer

Der gewöhnliche unterscheidet sich vom schlichten Aufenthalt durch ein Element der Stabilität, die mit der sozialen Integration einhergeht. Deren Entstehen braucht mehr oder weniger lange. Die beliebte Annahme, aus einer Anwesenheit von sechs Monaten lasse sie sich vermuten (BGH 29.10.1980 BGHZ 78, 293, 300 f; OLG Stuttgart 18.11.1977 NJW 1978, 1746; OLG München 1984, 194; OLG Köln 13.11.1990 FamRZ 1991, 363), ist wohl bei Kindern noch eher als bei Erwachsenen brauchbar (Baetge IPRax 2001, 575 Fn 25 berichtet von tatsächlichen Untersuchungen in den USA, die die Daumenregel bestätigen). Die Geschwindigkeit einer neuen Integration steht in einem umgekehrten Verhältnis zur Intensität der bisherigen persönlichen Integration, und die nimmt mit dem Alter zu. So dürfte die Regel der sechs Monate bei kleinen Kindern und bei solchen nahe dem Erwachsensein weniger brauchbar sein. Allenfalls kann man darin einen ersten Anhaltspunkt dafür sehen, daß die Integration bei Kindern mittleren Alters jetzt vollzogen sei (OLG Stuttgart 30.4.1996 FamRZ 1997, 51; Baetge IPRax 2001, 575; Winkler von Mohrenfels FuR 2001, 191). Richtig ist, daß das Entstehen eines gewöhnlichen Aufenthalts wegen der notwendigen Integration mehr oder weniger Zeit braucht. Je jünger das Kind ist, und damit weniger Kontakte außerhalb seiner unmittelbaren Familie hat, um so schneller entsteht sein neuer gewöhnlicher Aufenthalt da, wo die Bezugsperson sich niedergelassen hat. Daß die Eltern ihrerseits hier bereits ihren Lebensmittelpunkt haben, ist nicht nötig; das Kind kann ihn vor ihnen haben. Das hängt damit zusammen, daß ein kleines Kind die Kontakte mit seiner bisherigen Umwelt nicht selbständig aufrecht erhalten kann. Anders ist es dagegen, wenn der betreffende Elternteil dafür sorgt (bedenklich daher die Begründung in OLG Köln aaO). **7**

Ist ein Lebensmittelpunkt tatsächlich entstanden, so schadet es nicht, wenn seine **Aufgabe** demnächst bevorsteht. **Vorübergehende Abwesenheit** schadet ebenfalls nicht, weil die Rückkehr vorherzusehen ist und deshalb die sozialen Kontakte erhalten bleiben (BGH 5.2.1975 NJW 1975, 1068; AG Rottweil 20.6.1997 FamRZ 1997, 1408). Eine zunächst nur vorübergehende Abwesenheit, zB ein Besuch beim anderen Elternteil kann sich in einen dauerhaften Aufenthalt verwandeln (OLG Hamm 21.8.1998 FamRZ 1999, 948). **8**

Für einen gewöhnlichen Aufenthalt ist eine gewisse Stabilität nötig. Solange das Kind noch mit seinen Eltern von Ort zu Ort zieht oder zwischen neuem und alten Wohnort hin und her, ist der neue gewöhnliche Aufenthalt noch nicht entstanden, auch wenn der Lebensmittelpunkt des Kindes seinem geringen Alter entsprechend ausschließlich durch die Beziehung zu seinen Eltern geprägt wird. Er verlangt eine **9** gewisse Stabilität und entsteht erst mit einer neuen, festeren Niederlassung (OLG Schleswig 26. 7. 2000 FamRZ 2000, 1426 f). Nur deshalb entsteht der gewöhnliche Aufenthalt bei noch nicht anerkannten Asylbewerbern nicht sofort, trotz deren Absicht zu bleiben, solange noch eine Abschiebung in näherer Zukunft möglich ist. Ist aber die soziale Integration nach längerem Aufenthalt tatsächlich eingetreten, ist der gewöhnliche Aufenthalt entstanden (Art 3 Rn 63 ff).

4. Zukünftige Integration

10 Nicht zu folgen ist aber der Auffassung, daß ein gewöhnlicher Aufenthalt schon bevor die Integration eingetreten ist entstehe, wenn er nur auf Dauer angelegt sei. Teils wird auf die Absicht das Kindes, das also ein genügendes Alter haben muß, abgestellt (OLG Hamm 21. 8. 1998, FamRZ 1999, 948), teils auf die Absichten des Sorgeberechtigten (OLG Rostock 25. 5. 2000 FamRZ 2001, 642; im Erg auch OLG Celle 19. 6. 1992 FamRZ 1993, 95). Unstreitig handelt es sich nicht um einen rechtsgeschäftlichen, vielmehr um einen natürlichen Willen (OLG Köln 13. 11. 1990 FamRZ 1991, 363; OLG Karlsruhe 9. 6. 1992 FamRZ 1993, 99; Baetge IPRax 2001, 576 m N). Häufig scheint aber nicht die Absicht als entscheidend angesehen zu werden, sondern ob nach den objektiven Umständen in Zukunft mit einem Lebensmittelpunkt zu rechnen sei. Beides ist aus den bei Art 3 Rn 63 ff genannten Gründen auch bei Kindern abzulehnen (**aA** Winkler von Mohrenfels FÜR 2001, 191 f, der primär auf den gemeinsamen Willen der Eltern abstellt).

5. Rechtmäßigkeit

11 Das Entstehen eines neuen gewöhnlichen Aufenthalts ist nicht dadurch ausgeschlossen, daß der Aufenthalt des Kindes widerrechtlich durch seine Entführung oder ein Zurückhalten begründet wurde (BVerfG 29. 10. 1998 FamRZ 1999, 85, 88; BGH 5. 6. 2002 IPRax 2003, 145 [Bauer 135] = FamRZ 2002, 1182; BGH 29. 10. 1980 NJW 1981, 520; BGH 18. 6. 1997 FamRZ 1997, 1070; OLG Karlsruhe 9. 6. 1992 FamRZ 1993, 96 f; OLG Stuttgart 30. 5. 1996 FamRZ 1997, 51; OLG Bamberg 28. 3. 1996 FamRZ 1996, 1224; OLG Karlsruhe 9. 6. 1992 FamRZ 1993, 96 f; **aA** OLG Hamm 13. 6. 1989 FamRZ 1989, 1109; 12. 3. 1991 FamRZ 1991, 1346; OLG Stuttgart 30. 4. 1996 FamRZ 1997, 52; Pirrung IPRax 1997, 184; Martiny ERA-Forum 1/2003, 105 f; Holl IPRax 2000, 239; **aA** jedenfalls im Bereich der EheGVO, Siehr, in: FS W Lorenz [2001] 590; weiter Art 3 Rn 80 ff).

12 Dementsprechend bestimmt Art 4 aF nur, daß das Gericht von seiner so begründeten Zuständigkeit vor einer Entscheidung über die Rückführung keinen Gebrauch machen darf. Solange aber insbesondere wegen des HKEntfÜ eine Rückführung in näherer Zukunft möglich erscheint, wird auch angenommen, daß dem gewöhnlichen Aufenthalt noch die nötige Dauerhaftigkeit für die Zukunft fehle (OLG Bamberg 28. 3. 1996 FamRZ 1996, 1224 f; OLG Hamm 13. 6. 1989 FamRZ 1989, 1109). Das schließt sich nicht gegenseitig aus. Nach einiger Zeit oder sobald der Rückführungsantrag nicht mehr aussichtsreich ist, dh nach einem Jahr (Art 12 HKEntfÜ) oder aus sonstigen Gründen (vgl Art 27 HKEntfÜ), ist der neue Aufenthalt stabil genug. Ebenso kann man entscheiden, wenn der Antrag nicht gestellt wird, solange die Eltern noch eine gütliche Einigung versuchen. In dieser Zeit kann der gewöhnliche Aufenthalt entstehen und entfällt nicht, wenn danach ein Rückführungsantrag gestellt wird.

Man kann **zusammenfassen**, daß auch bei Kindern der gewöhnliche Aufenthalt erst und nur dort besteht, wo der Lebensmittelpunkt des Kindes tatsächlich ist. Die Integrationsabsicht des Kindes oder seiner Eltern ist als solche nicht relevant und wirkt sich nur tatsächlich aus, in dem sie die Integration befördern kann. Auch ein Bleibewille ist nicht nötig. Die Rechtswidrigkeit des Aufenthalts kann ihm für einige Zeit die nötige Stabilität nehmen, ist aber kein prinzipieller Hinderungsgrund. 13

Artikel 9
Aufrechterhaltung der Zuständigkeit des früheren gewöhnlichen Aufenthaltsortes des Kindes

(1) Beim rechtmäßigen Umzug eines Kindes von einem Mitgliedstaat in einen anderen, durch den es dort einen neuen gewöhnlichen Aufenthalt erlangt, verbleibt abweichend von Artikel 8 die Zuständigkeit für eine Änderung einer vor dem Umzug des Kindes in diesem Mitgliedstaat ergangenen Entscheidung über das Umgangsrecht während einer Dauer von drei Monaten nach dem Umzug bei den Gerichten des früheren gewöhnlichen Aufenthalts des Kindes, wenn sich der laut der Entscheidung über das Umgangsrecht umgangsberechtigte Elternteil weiterhin gewöhnlich in dem Mitgliedstaat des früheren gewöhnlichen Aufenthalts des Kindes aufhält.

(2) Absatz 1 findet keine Anwendung, wenn der umgangsberechtigte Elternteil im Sinne des Absatzes 1 die Zuständigkeit der Gerichte des Mitgliedstaats des neuen gewöhnlichen Aufenthalts des Kindes dadurch anerkannt hat, dass er sich an Verfahren vor diesen Gerichten beteiligt, ohne ihre Zuständigkeit anzufechten.

Bis 28. 2. 2005 geltende Regelung: Keine Entsprechung.

Artikel 10
Zuständigkeit in Fällen von Kindesentführung

Bei widerrechtlichem Verbringen oder Zurückhalten eines Kindes bleiben die Gerichte des Mitgliedstaats, in dem das Kind unmittelbar vor dem widerrechtlichen Verbringen oder Zurückhalten seinen gewöhnlichen Aufenthalt hatte, so lange zuständig, bis das Kind einen gewöhnlichen Aufenthalt in einem anderen Mitgliedstaat erlangt hat und

a) jede sorgeberechtigte Person, Behörde oder sonstige Stelle dem Verbringen oder Zurückhalten zugestimmt hat

oder

b) das Kind sich in diesem anderen Mitgliedstaat mindestens ein Jahr aufgehalten hat, nachdem die sorgeberechtigte Person, Behörde oder sonstige Stelle seinen Aufenthaltsort kannte oder hätte kennen müssen und sich das Kind in seiner

neuen Umgebung eingelebt hat, sofern eine der folgenden Bedingungen erfüllt ist:

i) Innerhalb eines Jahres, nachdem der Sorgeberechtigte den Aufenthaltsort des Kindes kannte oder hätte kennen müssen, wurde kein Antrag auf Rückgabe des Kindes bei den zuständigen Behörden des Mitgliedstaats gestellt, in den das Kind verbracht wurde oder in dem es zurückgehalten wird;

ii) ein von dem Sorgeberechtigten gestellter Antrag auf Rückgabe wurde zurückgezogen, und innerhalb der in Ziffer i) genannten Frist wurde kein neuer Antrag gestellt;

iii) ein Verfahren vor dem Gericht des Mitgliedstaats, in dem das Kind unmittelbar vor dem widerrechtlichen Verbringen oder Zurückhalten seinen gewöhnlichen Aufenthalt hatte, wurde gemäß Artikel 11 Absatz 7 abgeschlossen;

iv) von den Gerichten des Mitgliedstaats, in dem das Kind unmittelbar vor dem widerrechtlichen Verbringen oder Zurückhalten seinen gewöhnlichen Aufenthalt hatte, wurde eine Sorgerechtsentscheidung erlassen, in der die Rückgabe des Kindes nicht angeordnet wird.

Bis 28. 2. 2005 geltende Regelung: Keine Entsprechung.

Artikel 11
Rückgabe des Kindes

(1) Beantragt eine sorgeberechtigte Person, Behörde oder sonstige Stelle bei den zuständigen Behörden eines Mitgliedstaats eine Entscheidung auf der Grundlage des Haager Übereinkommens vom 25. Oktober 1980 über die zivilrechtlichen Aspekte internationaler Kindesentführung (nachstehend „Haager Übereinkommen von 1980“ genannt), um die Rückgabe eines Kindes zu erwirken, das widerrechtlich in einen anderen als den Mitgliedstaat verbracht wurde oder dort zurückgehalten wird, in dem das Kind unmittelbar vor dem widerrechtlichen Verbringen oder Zurückhalten seinen gewöhnlichen Aufenthalt hatte, so gelten die Absätze 2 bis 8.

(2) Bei Anwendung der Artikel 12 und 13 des Haager Übereinkommens von 1980 ist sicherzustellen, dass das Kind die Möglichkeit hat, während des Verfahrens gehört zu werden, sofern dies nicht aufgrund seines Alters oder seines Reifegrads unangebracht erscheint.

(3) Das Gericht, bei dem die Rückgabe eines Kindes nach Absatz 1 beantragt wird, befasst sich mit gebotener Eile mit dem Antrag und bedient sich dabei der zügigsten Verfahren des nationalen Rechts.

Unbeschadet des Unterabsatzes 1 erlässt das Gericht seine Anordnung spätestens sechs Wochen nach seiner Befassung mit dem Antrag, es sei denn, dass dies aufgrund außergewöhnlicher Umstände nicht möglich ist.

(4) Ein Gericht kann die Rückgabe eines Kindes aufgrund des Artikels 13 Buchstabe b) des Haager Übereinkommens von 1980 nicht verweigern, wenn nachgewiesen ist, dass angemessene Vorkehrungen getroffen wurden, um den Schutz des Kindes nach seiner Rückkehr zu gewährleisten.

(5) Ein Gericht kann die Rückgabe eines Kindes nicht verweigern, wenn der Person, die die Rückgabe des Kindes beantragt hat, nicht die Gelegenheit gegeben wurde, gehört zu werden.

(6) Hat ein Gericht entschieden, die Rückgabe des Kindes gemäß Artikel 13 des Haager Übereinkommens von 1980 abzulehnen, so muss es nach dem nationalen Recht dem zuständigen Gericht oder der Zentralen Behörde des Mitgliedstaats, in dem das Kind unmittelbar vor dem widerrechtlichen Verbringen oder Zurückhalten seinen gewöhnlichen Aufenthalt hatte, unverzüglich entweder direkt oder über seine Zentrale Behörde eine Abschrift der gerichtlichen Entscheidung, die Rückgabe abzulehnen, und die entsprechenden Unterlagen, insbesondere eine Niederschrift der Anhörung, übermitteln. Alle genannten Unterlagen müssen dem Gericht binnen einem Monat ab dem Datum der Entscheidung, die Rückgabe abzulehnen, vorgelegt werden.

(7) Sofern die Gerichte des Mitgliedstaats, in dem das Kind unmittelbar vor dem widerrechtlichen Verbringen oder Zurückhalten seinen gewöhnlichen Aufenthalt hatte, nicht bereits von einer der Parteien befasst wurden, muss das Gericht oder die Zentrale Behörde, das/die die Mitteilung gemäß Absatz 6 erhält, die Parteien hiervon unterrichten und sie einladen, binnen drei Monaten ab Zustellung der Mitteilung Anträge gemäß dem nationalen Recht beim Gericht einzureichen, damit das Gericht die Frage des Sorgerechts prüfen kann.

Unbeschadet der in dieser Verordnung festgelegten Zuständigkeitsregeln schließt das Gericht den Fall ab, wenn innerhalb dieser Frist keine Anträge bei dem Gericht eingegangen sind.

(8) Ungeachtet einer nach Artikel 13 des Haager Übereinkommens von 1980 ergangenen Entscheidung, mit der die Rückgabe des Kindes verweigert wird, ist eine spätere Entscheidung, mit der die Rückgabe des Kindes angeordnet wird und die von einem nach dieser Verordnung zuständigen Gericht erlassen wird, im Einklang mit Kapitel III Abschnitt 4 vollstreckbar, um die Rückgabe des Kindes sicherzustellen.

Bis 28. 2. 2005 geltende Regelung: Art 4 aF (s Textanhang).

Art 3 und 16 HKEntfÜ lauten:

Art 3 HKEntfÜ
[Widerrechtlichkeit des Verbringens/Zurückhaltens]

Das Verbringen oder Zurückhalten eines Kindes gilt als widerrechtlich, wenn

a) dadurch das Sorgerecht verletzt wird, das einer Person, Behörde oder sonstigen Stelle allein oder gemeinsam nach dem Recht des Staates zusteht, in dem das Kind unmittelbar vor dem Verbringen oder Zurückhalten seinen gewöhnlichen Aufenthalt hatte, und

b) dieses Recht im Zeitpunkt des Verbringens oder Zurückhaltens allein oder gemeinsam tatsächlich ausgeübt wurde oder ausgeübt worden wäre, falls das Verbringen oder Zurückhalten nicht stattgefunden hätte.

Das unter Buchstabe a) genannte Sorgerecht kann insbesondere kraft Gesetzes, aufgrund einer gerichtlichen oder behördlichen Entscheidung oder aufgrund einer nach dem Recht des betreffenden Staates wirksamen Vereinbarung bestehen.

Art 16 HKEntfÜ
[Verbot einer Sachentscheidung über das Sorgerecht]

Ist den Gerichten oder Verwaltungsbehörden eines Vertragsstaats, in den das Kind verbracht oder in dem es zurückgehalten wurde, das widerrechtliche Verbringen oder Zurückhalten des Kindes im Sinn des Artikels 3 mitgeteilt worden, so dürfen sie eine Sachentscheidung über das Sorgerecht erst treffen, wenn entschieden ist, daß das Kind aufgrund dieses Übereinkommens nicht zurückzugeben ist, oder sofern innerhalb angemessener Frist nach der Mitteilung kein Antrag nach dem Übereinkommen gestellt wird.

Schrifttum

Bauer, Neues Internationales Verfahrensrecht im Licht der Kindesentführungsfälle, IPRax 2002, 179
Coester-Waltjen, „Brüssel II" und das „Haager Kindesentführungsübereinkommen", FS W Lorenz (2001) 305
Lowe, Case Studies on the 1980 Hague Convention on the Civil Aspects of International Child Abduction, ERA-Forum 1/2003, 113
Mancini, Le déplacement illicite des enfants et le rôle de la Mission d'aide à la médiation internationale pour les familles, ERA-Forum 1/2003, 121
Martiny, Kindesentziehung – „Brüssel II" und die Staatsverträge, ERA-Forum 1/2003, 97
A Schulz, Internationale Regelungen zum Sorge- und Umgangsrecht, FamRZ 2003, 336
Siehr, Internationale Kindesentführung und Kindesschutzübereinkommen- Zur Koordinination von Staatsverträgen- in: FS W. Lorenz (2001) 579
Winkler von Mohrenfels, Internationale Kindesentführung: Die Problematik des gewöhnlichen Aufenthalts, FuR 2001, 189.

Systematische Übersicht

Alphabetische Übersicht

I. Neue Regelung

1. Verhältnis zum HKEntfÜ

Die Behandlung der Kindesentführungen ist bis zum Schluß umstritten gewesen, und der Gesetzestext ist immer wieder verändert worden. In der **Neufassung der EheGVO** ist Art 4 aF deshalb ersatzlos entfallen, weil nach Art 9 nF ohnehin grundsätzlich die Gerichte des **Ausgangsstaates** zuständig bleiben, über das Sorgerecht einschließlich einer Anordnung der Herausgabe des Kindes zu entscheiden. Entführungen durch den einen Elternteil geschehen häufig mit der Absicht, sofort im neuen Staat, der gewöhnlich der Heimatstaat des „Entführers" ist, eine Sorgerechtsregelung zu seinen Gunsten zu erwirken, und die Chancen wären ohne das HKEntfÜ erfahrungsgemäß gut (vgl auch zur Praxis Bach, FamRZ 1997, 1051). 1

2 Das Haager Übereinkommen über die zivilrechtlichen Aspekte internationaler Kindesentführungen (HKEntfÜ) ist das praktisch bedeutsamste der internationalen Übereinkommen, das sich mit diesem politisch brisanten, aber vor allem für die Betroffenen schwierigen Problem befasst. Es ist von allen EU-Staaten nach dem Stand vor der Erweiterung 2004 ratifiziert worden. Von den Beitrittsländern haben es ratifiziert Estland, Polen, die tschechische Republik, Slowenien, die Slowakei, Ungarn und Zypern (Nw bei Jayme/Hausmann, Intern Privat- und Verfahrensrecht [12. Aufl 2004] Nr 222; BGBl II 2004 Fundstellennachweis B). Sein Ziel ist die möglichst umgehende Rückführung eines Kindes, das ohne Zustimmung des allein oder zusammen mit einem anderen Sorgeberechtigten ins Ausland verbracht wurde. Der Entführung steht das rechtwidrige Zurückhalten des Kindes nach einem gestatteten Besuch im Ausland gleich. Insbesondere darf in diesem Staat **keine Regelung des Sorgerecht** stattfinden, **bevor über die Rückführung** des Kindes entschieden ist (Art 16 HK-EntfÜ). Über die Rückführung entscheiden die Gerichte des **„Entführungsstaates“**.

3 Art 4 aF sah durch die Verweisung auf Art 16 HKEntfÜ eine Aussetzung eines Sorgerechtsverfahrens im Staat der Ehesache bis zu einer Entscheidung über die Rückführung des Kindes vor. Über die Rückführung haben die Gerichte des „Entführungsstaates“ nach dem anwendbar bleibenden HKEntfÜ zu entscheiden. Es kommt zu einer Koordination dessen mit der EheGVO (Martiny ERA-Forum 1/2003, 104)

4 Die **Neuregelung** geht andere Wege. Zwischen ihren Mitgliedstaaten hat die **Ehe-GVO Vorrang**, soweit sie die Rückführung selbst regelt (Art 60 lit e). Nur im Übrigen bleibt das HKEntfÜ anwendbar. Es wird in Art 11 nF ausdrücklich darauf verwiesen. Seit dem 1. 5. 2004 gibt es zwar Mitglieder der EheGVO, die, einstweilen, nicht dem HKEntfÜ angehören. Doch da dieses unter Mitgliedern ohnehin nicht anwendbar ist, macht das anders als bisher nichts. Das nicht einfache Zusammenspiel der beiden Regelungen ist hier aber nicht zu behandeln, sondern nur die Auswirkungen einer Entführung auf die Zuständigkeit für Sorgerechtsanträge beim Gericht der Ehesache.

2. Keine Änderung der Aufenthaltszuständigkeit

5 Das Gericht der Ehesache kann mit der Sorgerechtsregelung befaßt werden, wenn das Kind bei Eröffnung des Eheverfahrens im Inland seinen gewöhnlichen Aufenthalt hat, und das nationale Recht einen Verbund vorsieht. In Deutschland sind dies die §§ 621 Abs 2 Nr 1 bis 3 mit 623 Abs 1 und 2 ZPO. Die internationale Zuständigkeit folgt hierfür nur aus Art 8 nF. Bei einer Kindesentführung bleibt diese **Zuständigkeit nun gem Art 10 nF weiter erhalten**. Das betrifft den Fall, daß das Kind vor oder nach dem Beginn des **Eheverfahrens aus dem Staat** seines gewöhnlichen Aufenthalts entführt wurde. Die Zuständigkeit dauert nun nach der **Neuregelung** grundsätzlich ein Jahr ab Kenntnis des Sorgeberechtigten vom neuen Aufenthaltsort des Kindes (lit b) fort oder bis zum Erlaß einer Sorgerechtsentscheidung durch das Gericht des Ausgansstaates, die keine Rückgabe des Kindes aus dem Ausland anordnet. Daß das Kind inzwischen hier einen neuen gewöhnlichen Aufenthalt erworben hat, ist möglich (Art 10 nF), ändert aber allein nichts. Die Alternative, daß das Kind ihn dort mit Zustimmung aller Beteiligter begründet hat (Art 10 nF lit a), ist sicher weit seltener als die, daß der Sorgeberechtigte ein Jahr lang nichts unternommen hat (Art 10 nF lit b).

Die **fortdauernde Zuständigkeit** des Ausgangsstaats schließt die **des neuen Aufenthaltsstaates** für Sorgerechtsregelungen aus. Art 10 geht Art 8 vor, obwohl grundsätzlich die Entführung den Erwerb eines neuen gewöhnllichen Aufenthalts nicht verhindert (vgl nur Art 21 Abs 2 nF, weiter Art 8 Rn 56). Ist das Kind in den Staat entführt worden, in welchem nun ein Eheverfahren beantragt wird, so kann dort über den Sorgerechtsantrag nicht entschieden werden. Zuständig ist allein der Ausgangsstaat. Eine Aussetzung des Sorgerechtsverfahrens im „Entführungsstaat" ist nicht mehr vorgesehen, vielmehr muß der **Antrag** anscheinend als **unzulässig** abgewiesen werden. 6

Die Zuständigkeit des Ausgangsstaates gilt gleichermaßen für selbständige Sorgerechtsanträge. Die **entscheidende Neuerung** ist, daß nun dieser mit einer Sorgerechtsregelung auch über die Rückführung entscheiden kann, selbst wenn das Kind einen neuen gewöhnlichen im „Entführungsstaat" begründet haben sollte (dazu Art 8 Rn 11 ff). Seine Entscheidung muß im „Entführungsstaat" ohne weiteres vollstreckt werden (Art 11 Abs 8 mit Art 42 Abs 1) 7

Das HKEntfÜ bleibt jedoch daneben für die Rückgabeanordnung anwendbar (Art 11 nF und Erwägungsgrund 17). Das ergibt die Verweisung in Abs 1 und 2. Die Rückführung kann bei der zentralen Behörde (Art 8 Abs 1 HKEntfÜ) oder, besser, direkt bei dem örtlichen Gericht des Entführungsstaates (Art 30 HKEntfÜ mit § 5 Abs 2 SorgeRÜbkAG) beantragt werden. Der Antrag steht aber einer Sorgerechtsregelung im Ausgangsstaat nicht entgegen. Diese geht vielmehr letztlich vor. Insbesondere kann dort die Rückgabe angeordnet werden, selbst wenn sie zuvor im „Entführungsstaat" abgelehnt wurde (Art 11 Abs 8). 8

II. Alte Regelung

1. Zweck

Es wäre mit den Vertragspflichten der Mitgliedstaaten der EheGVO als Mitglieder des HKEntfÜ nicht zu vereinbaren, wenn Art 3 aF im Widerspruch zu Art 16 HKEntfÜ eine Sorgerechtsentscheidung erlaubte, und sei es aus Anlaß einer Ehesache, wenn das Kind widerrechtlich ins Inland verbracht wurde. Allerdings setzt Art 3 Abs 1 aF für die Zuständigkeit einen gewöhnlichen Aufenthalt des Kindes im Inland voraus, der ohnehin nicht sofort entsteht (vgl Art 8 Rn 7 ff), und die Einigkeit für die Zuständigkeit nach Art 3 Abs 2 aF fehlt natürlich in diesen Fällen. Doch ggf sieht Art 4 aF eine Sperre für Sorgerechtsregelungen im „Entführungsstaat" vor. 9

2. Verhältnis zu HKEntfÜ und EuKEntfÜ

Während Art 4 aF ausdrücklich auf das HKEntfÜ verweist und ihm in gewissen Sinne sogar einen Vorrang einräumt, erklärt Art 60 lit d (Art 37 aF), daß die EheGVO **dem (Luxemburger) EuKEntfÜ** v 20. 5. 1980 **vorgeht**. Es spielt praktisch eine weit geringere Rolle und sieht die Anerkennung und Vollstreckung von Sorgerechtsentscheidungen im Ausland (Art 7) und die Rückführung des Kindes ggf 10 durch Vollstreckung der Sorgerechtsentscheidung (Art 8) vor. Eine solche Entscheidung kann sogar noch nach der Entführung im Ausgangsstaat erfolgen (Art 12). Es ist auch durchaus denkbar, daß eine solche Entscheidung schon vorliegt und nun im Scheidungsverfahren eine neue Regelung begehrt wird, nachdem das Kind widerrechtlich in den Staat des Scheidungsverfahrens verbracht wurde. Dagegen versucht **Art 4 aF** eine **Koordination** mit dem HKEntfÜ (Martiny ERA-Forum 1/2003, 104).

11 Der Borrás-Bericht (Nr 117) rechtfertigt die unterschiedliche Behandlung der beiden Übereinkommen damit, daß die Situation deswegen anders sei, weil eine Sorgerechtsentscheidung schon vorliege. Das erklärt aber nicht, warum eine Entscheidung aus dem Ausgangsstaat dann entgegen den EuKEntfÜ nicht mehr vollstreckt werden solle. Es ist im Gegenteil sinnwidrig, daß die Anhängigkeit einer Ehesache, womit nach Art 1 EheGVO aF eine Zuständigkeit für die elterliche Verantwortung erst entsteht, nun eine schon vorliegende Sorgerechtsregelung wertlos machen soll. Art 4 aF mit Art 16 HKEntfÜ verhindert nur eine neue, uU abweichende Regelung des Sorgerechts. Art 12 f HKEntfÜ ordnet eine Rückführungsentscheidung an. Die Vollstreckung einer schon vorliegenden Sorgerechtsentscheidung macht daneben durchaus Sinn und könnte auch schneller zur Rückführung führen.

3. Unzulässigkeit der Sorgeregelung

a) Zulässigkeitsregelung

12 Art 3 aF enthält eine Annexzuständigkeit sowohl dann, wenn das Kind sich im Lande der Ehesache gewöhnlich aufhält, als auch wenn es in einem anderen Mitgliedstaat der EheGVO lebt. Der praktisch häufigste Fall dürfte der sein, daß das Kind einen gewöhnlichen Aufenthalt im „Entführungsstaat“ erworben hat (vgl dazu Art 8 Rn 11 ff), und dort nun auch eine Scheidung beantragt wird. Hier haben dann die inländischen, nach dem HKEntfÜ zuständigen Gerichte des Entführungsstaates zuerst über die Rückführung zu entscheiden. Das kann uU auch das Gericht der Ehesache sein (§ 5 SorgeRÜbkAG). Die Regelung des HKEntfÜ geht also vor. Ist das Kind entführt worden, wird man nicht mit dem Einvernehmen der Eltern rechnen können, welches Art 3 Abs 2 aF verlangt, wenn eine Entscheidung des Ehegerichts bei Abwesenheit des Kindes verlangt wird. Diese Situation spielt wahrscheinlich keine erhebliche praktische Rolle, sondern allenfalls wenn zunächst ein Einvernehmen vorlag, und dann während des Verfahrens das Kind entführt wird.

13 Es kann immerhin sein, daß das Kind trotz der widerrechtlichen Verbringung oder des Zurückhaltens einen **neuen gewöhnlichen Aufenthalt** erworben hat. Das setzt Art 4 aF sogar voraus, sagt jedoch, daß die Zuständigkeit des Art 3 im Einklang mit dem HKEntfÜ auszuüben sei. Entgegen diesem unklaren Wortlaut handelt es sich jedoch nicht um eine Einschränkung der Zuständigkeit des „Zufluchtsstaates“, sondern um die **Unzulässigkeit** einer Entscheidung über die elterliche Verantwortung, solange noch nicht über die Rückführung des Kindes entschieden ist (Martiny ERA-Forum 1/2003, 106 f; zu Art 16 HKEntfÜ Staudinger/Pirrung [1994] Vorbem 642 zu Art 19 EGBGB; für Zuständigkeitsregelung; MünchKomm-ZPO/Gottwald Art 4 EheGVO Rn 2). Ist die Rückführung des Kindes abgelehnt, so kann über die elterliche Verantwortung entschieden werden (BGH 16. 8. 2000 NJW 2000, 3349), was bei Art 3 Abs 1 aF den gewöhnlichen Aufenthalt des Kindes voraussetzt. Ist das Kind dagegen in den Ausgangsstaat zurückgebracht worden, so entfällt die Zuständigkeit des „Entführungsstaates", falls die Eltern nun nicht doch mit einer Entscheidung im Staat der anhängigen Ehesache einverstanden sind (Art 3 Abs 2 aF; sehr unwahrscheinlich). Ebenso könnte theoretisch eine Zuständigkeit nach Art 3 Abs 2 aF in Betracht kommen bei einer Entführung in einen dritten Mitgliedstaat.

Art 4 aF oder Art 16 HKEntfÜ machen keinen Vorbehalt zugunsten **einstweiliger** **14**
Maßnahmen im Zufluchtsstaat. Da es um schnelle Rückführung des Kindes geht, wären einstweilige Anordnungen bezüglich des Sorgerechts hier auch nicht sinnvoll, und es sollte der Ausgangsstaat entscheiden.

b) Verhältnis zum HKEntfÜ

Alle Mitgliedstaaten der EheGVO waren beim Stande Europas 2003 auch Mit- **15**
glieder des HKEntfÜ. Wird aus einem solchen Staat in einen anderen entführt, kann im „Entführungsstaat" eine Sorgerechtsregelung nicht vor einer Entscheidung über die Rückführung vorgenommen werden. Das gilt vorallem, wenn das Eheverfahren erst im Entführungsstaat anhängig gemacht wird (Siehr, in: FS Lorenz [2001] 590). Dagegen muß der Ausgansstaat dessen Entscheidung nicht abwarten (Bauer IPRax 2002, 182; Siehr, in: FS W Lorenz [2001] 590, aber weil der gewöhnliche Aufenthalt als Zuständigkeitsgrund nicht wegfallen könne).

Die Situation hat sich mit der Erweiterung der EU einstweilen geändert (o Rn 2). Es **16**
kann nun sein, daß aus einem Staat, der der EheGVO und dem HKEntfÜ angehört, in einen Staat entführt wird, der zwar der EheGVO, nicht aber dem HKEntfÜ angehört, so daß dort nicht nach Art 12 f HKEntfÜ entschieden werden kann. Das setzen Art 4 EheGVO aF und Art 16 HKEntfÜ aber voraus, so daß das Sorgerechtsverfahren im Ausgansstaat **nicht auszusetzen** ist. Wird das Kind aus einem Staat, der nicht dem HKEntfÜ angehört, aber der EheGVO, in das Gebiet der EheGVO und des HKEntfÜentführt, so gilt Art 4 EheGVO. Ist das Kind aber aus einem Staat, der weder dem HKEntfÜ noch der EheGVO angehört, in das Gebiet der EheGVO entführt worden, so ist Art 4 EheGVO wohl unanwendbar (**aA** Coester-Waltjen, in: FS W Lorenz [2001] 309).

c) Mitteilung der Entführung

Das HKEntfÜ und das Verfahren der Rückführung ist nicht Gegenstand dieser **17**
Kommentierung (dazu vgl Bach/Gildenast, Internationale Kindesentführung [1999]; M Jorzik, Das neue zivilrechtliche Kindesentführungsrecht [Diss Bielefeld 1995]; Staudinger/Pirrung [1994] Vorbem 626 ff zu Art 19 EGBGB). Hier ist nur auf die Voraussetzungen für ein **Verbot der Sorgeentscheidung** einzugehen.

Bei Art 4 EheGVO **blockiert schon die Mitteilung**. Dabei muß die Entführung nicht **18**
von einem Elternteil mitgeteilt worden sein. Art 12 HKEntfÜ läßt den Rückführungsantrag noch nach der Mitteilung zu, und Art 16 HKEntfÜ setzt ihn nicht voraus. Und so kann ein Ehegatte durch die Mitteilung ein Sorgerechtsverfahren auch blockieren, ohne gleichzeitig die Rückführung zu beantragen (**aA** Bauer IPRax 2002, 161: Erst der Rückführungsantrag wirke sperrend). Jene kann im Sorgerechtsverfahren selbst erfolgen. Es muß aber dann innerhalb angemessener Frist ein Rückführungsantrag gestellt werden, die sicher nicht wesentlich über sechs Monaten liegt (Vomberg/Nehls, Rechtsfragen der internationalen Kindesentführung [2002] 35; Staudinger/Pirrung

[1994] Vorbem 693 zu Art 19 EGBGB), eher darunter. Zu den Gerichten oder Verwaltungsbehörden, bei denen die **Rückführung** beantragt werden kann, gehört neben den Zentralstellen (Art 8 HKEntfÜ) das Gericht des gewöhnlichen Aufenthalts des Kindes (Art 29 HKEntfÜ mit § 5 SorgeRÜbkAG) Das kann auch das Ehegericht sein. Rückführungsantrag und Mitteilung sind aber zweierlei.

19 Art 4 HKEntfÜ erfaßt Kinder nur bis 16 Jahre, die EheGVO dagegen bis 18 Jahre (Art 1 Rn 29). Da Art 4 EheGVO auf die Regelung des HKEntfÜ verweist, ist also eine Sorgerechtsregelung bei 17 bis 18jährigen nicht gesperrt (**aA** Coester-Waltjen, in: FS W Lorenz [2001] 308). Das wird mit dem Inkrafttreten des KSÜ auch nicht anders werden, das zwar Rückführung bis 18 Jahre vorsieht (Art 7 KSÜ), aber gem Art 61 (37 EheGVO aF) ausgeschlossen wird. Allerdings wird eine Rückführung annähernd Volljähriger gegen ihren Willen kaum jemals anzuordnen sein.

III. Übergangsrecht

20 Ist ein Sorgerechtsantrag im Rahmen einer Ehesache vor dem 1. 3. 2005 gestellt und das Kind in diesen Staat entführt worden, so ist über den Sorgerechtsantrag auch nach dem 1. 3. 2005 nicht zu entscheiden. Zwar ist in der Neufassung das Verbot nicht mehr enthalten, aber es fehlt nun wegen Art 10 nF die Zuständigkeit. Während die Art 3 und 4 aF aber auch keine **einstweilige Maßnahme** vorbehielten, ist nun nach dem 1. 3. 2005 immerhin dem „Entführungsstaat" erlaubt, die Rückführung durch eine solche Entscheidung vorläufig zu verweigern.

Artikel 12
Vereinbarung über die Zuständigkeit

(1) Die Gerichte des Mitgliedstaats, in dem nach Artikel 3 über einen Antrag auf Ehescheidung, Trennung ohne Auflösung des Ehebandes oder Ungültigerklärung einer Ehe zu entscheiden ist, sind für alle Entscheidungen zuständig, die die mit diesem Antrag verbundene elterliche Verantwortung betreffen, wenn

a) zumindest einer der Ehegatten die elterliche Verantwortung für das Kind hat

und

b) die Zuständigkeit der betreffenden Gerichte von den Ehegatten oder von den Trägern der elterlichen Verantwortung zum Zeitpunkt der Anrufung des Gerichts ausdrücklich oder auf andere eindeutige Weise anerkannt wurde und im Einklang mit dem Wohl des Kindes steht.

(2) Die Zuständigkeit gemäß Absatz 1 endet,

a) sobald die stattgebende oder abweisende Entscheidung über den Antrag auf Ehescheidung, Trennung ohne Auflösung des Ehebandes oder Ungültigerklärung einer Ehe rechtskräftig geworden ist,

b) oder in den Fällen, in denen zu dem unter Buchstabe a) genannten Zeitpunkt noch ein Verfahren betreffend die elterliche Verantwortung anhängig ist, sobald die Entscheidung in diesem Verfahren rechtskräftig geworden ist,

c) oder sobald die unter den Buchstaben a) und b) genannten Verfahren aus einem anderen Grund beendet worden sind.

(3) Die Gerichte eines Mitgliedstaats sind ebenfalls zuständig in Bezug auf die elterliche Verantwortung in anderen als den in Absatz 1 genannten Verfahren, wenn

a) eine wesentliche Bindung des Kindes zu diesem Mitgliedstaat besteht, insbesondere weil einer der Träger der elterlichen Verantwortung in diesem Mitgliedstaat seinen gewöhnlichen Aufenthalt hat oder das Kind die Staatsangehörigkeit dieses Mitgliedstaats besitzt,

und

b) alle Parteien des Verfahrens zum Zeitpunkt der Anrufung des Gerichts die Zuständigkeit ausdrücklich oder auf andere eindeutige Weise anerkannt haben und die Zuständigkeit in Einklang mit dem Wohl des Kindes steht.

(4) Hat das Kind seinen gewöhnlichen Aufenthalt in einem Drittstaat, der nicht Vertragspartei des Haager Übereinkommens vom 19. Oktober 1996 über die Zuständigkeit, das anzuwendende Recht, die Anerkennung, Vollstreckung und Zusammenarbeit auf dem Gebiet der elterlichen Verantwortung und der Maßnahmen zum Schutz von Kindern ist, so ist davon auszugehen, dass die auf diesen Artikel gestützte Zuständigkeit insbesondere dann in Einklang mit dem Wohl des Kindes steht, wenn sich ein Verfahren in dem betreffenden Drittstaat als unmöglich erweist.

Bis 28. 2. 2005 geltende Regelung: Art 3 aF (s Textanhang).

Schrifttum

BAETGE, Der gewöhnliche Aufenthalt bei Kindesentführungen, IPRax 2001, 573
F BAUER, Neues internationales Verfahrensrecht im Licht der Kindesentführungsfälle, IPRax 2002, 179
ders, Wechsel des gewöhnlichen Aufenthalts und perpetuatio fori in Sorgerechtsverfahren, IPRax 2003, 135
BUSCH, Schutzmaßnahmen für Kinder und der Begriff der „elterlichen Verantwortung" im internationalen und europäischen Recht – Anmerkungen zur Ausweitung der Brüssel II-Verordnung, IPRax 2003, 218
FRANCQ, Parental Responsiblity under „Brussels II", ERA-Forum 2003, 54
PUSZKAJLER, Das internationale Scheidungs- und Sorgerecht, nach Inkrafttreten der Brüssel II-Verordnung – Erste Hinweise für die Praxis anhand von Fällen, IPRax 2001, 81
A SCHULZ, Internationale Regelungen zum Sorge- und Umgangsrecht, FamRZ 2003, 336 = ERA-Forum 2003, 73
SUMAMPOUW; Parental Responsibility under Brussels II, in: Liber amicorum KURT SIEHR (2000) 729
SPELLENBERG, Die Annexzuständigkeit nach Art 3 EheGVO, in: FS Sonnenberger (2004) 677.

Systematische Übersicht

Alphabetische Übersicht

I. Allgemeines

Die EheGVO sollte ursprünglich nur Ehesachen umfassen. Offenbar vor allem auf Drängen von Frankreich und Spanien wurden Sorgerechtsfragen aufgenommen (Pirrung ZEuP 1999, 845 f; Sturlèse JCP 1998, I.145 No 31; Borrás-Bericht Nr 8), obwohl mit dem Haager Minderjährigenschutzabkommen (MSA) bereits eine gewisse Vereinheitlichung der internationalen Zuständigkeit in Sorgerechtssachen vorlag. Ihm gehören aber nicht alle EU-Staaten an. Die Einbeziehung der Sorgerechtsentscheidungen in die EheGVO hat insoweit Sinn, daß die EheGVO eine Vollstreckbarkeit der Entscheidungen im Ausland sichert (Art 21 ff aF bzw 28 ff nF), die nach Art 7 MSA nur nach Maßgabe der nationalen Rechte der Vollstreckungsstaaten einschließlich bilateraler Verträge möglich wäre (MünchKomm/Siehr Art 19 EGBGB Anh I Rn 289 ff; R Wagner aaO 74 f). Auch enthält das MSA, das nur primär auf den gewöhnlichen Aufenthalt des Kindes abstellt (Art 1 MSA), einen unklaren und problematischen Vorbehalt zugunsten des Heimatstaates des Kindes in Art 3 und 4. 1

Einen guter Teil dieser Mängel des MSA würde zwar das Haager Kinderschutzübereinkommen vom 19. 10. 1996 (KSÜ) beseitigen (Text RabelsZ 62 [1998] 502, dazu Siehr 464 ff, 493), es ist aber noch nicht in Kraft. Die EheGVO bemüht sich freilich, es inhaltlich schon jetzt aufzunehmen (MünchKomm-ZPO/Gottwald Art 3 EheGVO aF Rn 4; Borrás-Bericht Nr 38). So entsprechen Art 12 (Art 3 Abs 2 aF) dem Art 10 KSÜ und die Art 23, 28 (Art 21 ff aF) hinsichtlich der Anerkennung und Vollstreckung den Art 23 ff KSÜ. Wenn man annimmt, daß alle EU-Staaten das KSÜ ratifizieren würden, worauf die EU drängt, so muß man aber sehr fragen, ob man die Materie 2 nicht besser dem Haager Übereinkommen allein überlassen sollte (so Pirrung ZEuP 1999, 846; rechtpolitische Kritik an der Verdrängung der erfolgreichen Haager Übereinkommen bei Jayme IPRax 2000, 169). Das Inkrafttreten des KSÜ verzögert sich freilich möglicherweise. Nur in dieser Hinsicht mag man begrüßen, daß insoweit das KSÜ durch die EheGVO in allen Mitgliedstaaten dieser Verordnung schon teilweise und indirekt anzuwenden ist. Es bleibt aber möglicherweise ein größerer Nachteil, daß auf diese Weise eine gespaltene Regelung entsteht (krit zu den Abweichungen der EheGVO nF vom KSÜ Helms FamRZ 2002, 1594 f).

3 Die Inkorporierung der prozessualen Regelungen des KSÜ in der neuen Fassung hat weitreichende Konsequenzen: Während die alte Fassung nur eine Annexzuständigkeit für die Gerichte der Ehesache vorsah, enthalten nur Art 8 und 9 nF eine von der Anhängigkeit einer Ehesache unabhängige generelle Zuständigkeit für die Regelung des Sorgerechts. Es ist konsequenterweise auch nicht mehr erforderlich, daß es sich um ein gemeinsames Kind der Eheleute handelt. Selbst im Zusammenhang mit einer Ehescheidung kann nun das Sorgerecht eines einseitigen Kindes geregelt werden (vgl Art 12 Abs 1 nF mit Art 3 Abs 1 aF). Die Annexzuständigkeit ist aber aufrechterhalten, wenn das Kind nicht im Staate des Eheverfahrens seinen gewöhnlichen Aufenthalt hat und sie also nicht auf Art 8 nF gegründet werden kann.

4 Wenn die EheGVO aF eine Regelung der elterlichen Sorge nur im Zusammenhang mit einer Eheauflösung vorsieht (Art 1 Abs 1 lit b aF), entstehen keine besonderen Probleme, wenn sich beide Eltern und das Kind im Gerichtsstaat schon bisher gewöhnlich aufhalten. Mit Recht wird dagegen eine besondere Bedeutung dieser Annexzuständigkeit in dem Falle der Klägergerichtsstände gesehen, wenn nämlich ein Elternteil mit dem Kind nach Hause flieht, um dort, wenn nötig im Zusammenhang mit einer Ehescheidung, eine Sorgerechtsregelung zu seinen Gunsten zu erwirken (Bauer IPRax 2002, 180; Hau FamRZ 2000, 1334). Dabei ist die Sorgerechtsfrage wohl häufig das Motiv der Heimatzuflucht. Man erinnert sich ua an die spektakulären Fälle deutsch-französischer Ehen bis hin zu wechselseitigen **Kindesentführungen** (besonders BVerfGE 99, 145 [29. 10. 1998] = IPRax 2000, 216 [Staudinger 194 m w Entsch] = FamRZ 1999, 95). Möglicherweise war gerade deren politische Brisanz Grund für die Aufnahme der elterlichen Verantwortung in das EheGVÜ. Dabei aber erweist sich die Verbindung mit einem relativ leicht zu schaffenden Klägergerichtsstand für die Ehesache wenig sinnvoll und muß mit Art 4 aF wieder korrigiert werden (Thomas/Putzo/Hüsstege Art 4 EheGVO Rn 1), welcher eine Sorgerechtsentscheidung vor Klärung der Rückführung des entführten Kindes untersagt. Dafür läßt Art 37 aF das HKEntfÜ unberührt und räumt ihm insoweit sogar einen Vorrang ein.

5 Auch hier verfährt die EheGVO nF ganz anders: Art 60 lit e nF schließt unter ihren Mitgliedstaaten die Anwendung des HKEntfÜ aus und regelt in Art 10 und 11 die Rückführung selbst. Dabei entscheiden letztlich die Gerichte des Ausgangsstaates und nicht die des „Entführungsstaates“ wie nach dem HKEntfÜ und der EheGVO aF. Ob es vernünftig war, das doch sehr erfolgreiche HKEntfÜ, das immerhin anders als das MSA von allen Mitgliedern der EheGVO nach dem Stand von 2003 ratifiziert worden ist, zu verdrängen, mag man bezweifeln, auch wenn so die Rückführung wohl weiter erleichtert und begünstigt wird.

6 Es werden im Folgenden **zunächst Art 3 aF** und daran anschließend die Veränderungen durch **Art 12 nF** erörtert, der zwar im Wesentlichen Art 3 Abs 2 aF übernimmt, aber doch einiges Neue enthält.

II. Altes Recht, Art 3 aF

1. Annexständigkeit

a) Anhängigkeit der Ehesache

7 Art 3 aF statuiert keinen Scheidungsverbund, sondern eine Annexzuständigkeit (Boele-Woelki ZfVR 2001, 124; Thomas/Putzo/Hüsstege Art 13 EheGVO aF Rn 1; mißverständlich MünchKomm-ZPO/Gottwald Art 3 EheGVO aF Rn 1). Er bestimmt nämlich nur, daß die Gerichte des Staates, in welchem eine Ehesache anhängig ist, unter gewissen weiteren Voraussetzungen international auch für Sorgerechtsentscheidungen zuständig sind. Örtliche, sachliche, funktionale und Verbundszuständigkeiten bleiben wie sonstige Verfahrensfragen dem nationalen Recht überlassen. Der Charakter der Annexzuständigkeit ergibt sich daraus, daß eine Ehesache im Lande anhängig sein muß. Eine frühere Anhängigkeit der Ehesache genügt nicht (Art 3 Abs 3 aF). Auch die EuGVO hat eine Annexzuständigkeit im letzteren, weiteren Sinne nicht rezipiert (Geimer/Schütze Einl EuGVO Rn 74). Eine Regelung der elterlichen Verantwortung kann nur während der Anhängigkeit der Ehesache beantragt werden, nicht davor und nicht danach. Maßgebender letzter Zeitpunkt ist die formelle Rechtskraft der Entscheidung in der Ehesache oder der einer sonstigen Beendigung des Verfahrens zB durch Rücknahme des Antrags (Art 3 Abs 3 lit a und c aF). Ein zu diesem Zeitpunkt anhängiges Sorgerechtsverfahren kann aber noch zu Ende geführt werden (Art 3 Abs 3 lit b aF).

8 Nach dem Wortlaut des Art 3 aF besteht die Annexzuständigkeit für die Regelung des Sorgerechts nur, wenn die Ehesache von einem Gericht eines Mitgliedstaates „zu entscheiden ist“. Es ist daher von Bedeutung, **ab wann** das der Fall ist, weil vorher die nationalen Zuständigkeiten für Sorgerechtsfragen anwendbar bleiben. Sie sind nicht schon deswegen gesperrt, weil ein Antrag auf Ehescheidung gestellt werden könnte. Zu Art 21 EuGVÜ aF hatte der EuGH entschieden, der Zeitpunkt des Eintritts der Rechtshängigkeit sei nach den Regeln des jeweils angerufenen Gerichts zu bestimmen. Dies führte zu Unzuträglichkeiten (vgl Art 16 Rn 2). Um einen solchen Wettlauf zum Forum und sonstigen Zufälligkeiten vorzubeugen, hat Art 16 (Art 11 Abs 4 aF) eine eigenständige Bestimmung des Zeitpunkts der Anhängigkeit gegeben. Diese Definition des Tatbestandes des Eintritts der Anhängigkeit bezieht sich zwar auf die Rechtshängigkeitssperre und damit auf eine etwas andere Frage als die, bis zu welchem Zeitpunkt nationales Zuständigkeitsrecht für Sorgerechtsanträge noch maßgibt. Es liegt dennoch nahe, sie auch für Art 3 heranzuziehen, wenn es um die Frage geht, ab wann die Anhängigkeit der Ehesache geht, welche die Zuständigkeit für das Sorgerecht nach sich zieht.

b) Ehezuständigkeiten

9 Art 3 Abs 1 aF verlangt wie Art 12 Abs 1 nF, daß die Zuständigkeit für die Ehesache aus Art 2 aF (Art 3 nF) folgen muß, damit eine Annexzuständigkeit für die Sorgerechtsentscheidung entsteht. Sie kann damit entweder auf gemeinsamer Staatsangehörigkeit (Art 2 Abs 1 lit b aF, Art 3 Abs 1 lit b nF) oder auf dem

gewöhnlichen Aufenthalt eines oder beider Ehegatten beruhen (Art 2 Abs 1 lit a aF bzw Art 3 Abs 1 lit a nF).

10 Demgegenüber verweist Art 3 aF (Art 12 nF) nicht auf die sonstigen Zuständigkeiten nach Art 6 und 8 aF (Art 5 und 7 nF). Eine Zuständigkeit für die Ehesache kann sich zB aus Art 6 aF ergeben, wenn die beiden Eheleute den gemeinsamen Aufenthalt in Italien verlassen haben, nachdem sie dort gemäß italienischem Recht gerichtlich getrennt wurden. Sind die beiden Ehegatten verschiedener Nationalität (sonst Art 2 Abs 1 lit b aF) und in die Schweiz verzogen, so gibt Art 6 aF sogar die einzige Zuständigkeit für die Ehesache in der EU. Es ist wenig wahrscheinlich, aber dennoch möglich, daß das Kind noch in Italien seinen gewöhnlichen Aufenthalt zB bei Großeltern hat. Warum dann nach Art 3 aF keine Annexzuständigkeit in Italien besteht, ist nicht klar und wird vom Borrás-Bericht auch nicht erläutert. Man wird aber über den Wortlaut des Art 3 aF (Art 12 Abs 1 nF) nicht hinweg gehen können.

11 Gem Art **8 aF (Art 7 nF)** kommt nationales, also ggf deutsches Zuständigkeitsrecht zum Zuge, wenn nach der EheGVO kein Mitgliedstaat für die Ehesache zuständig ist. Da Art 3 aF eine Zuständigkeit nach Art 2 aF voraussetzt, fehlt auch in diesem Fall die Annexzuständigkeit (zutr Puzskajler IPRax 2001, 83; **aA** Jayme/Kohler IPRax 2000, 457). Das schließt der Verweis auf Art 2 aF in Art 3 aF aus. Dasselbe gilt gem Art 12 nF, der nur auf Art 3 nF verweist.

12 Lebt ein deutsch-schweizerisches Ehepaar in der Schweiz, so kann die Scheidung von beiden Ehegatten in Deutschland nach § 606a Abs 1 S 1 Nr 1 ZPO anhängig gemacht werden. Art 7 aF steht nicht im Wege: der Schweizer Ehegatte mit Aufenthalt in der Schweiz wird von ihm nicht geschützt, und der Deutsche wird ggf in seinem Heimatstaat erlaubtermaßen verklagt. Für Sorgerechtsregelungen ergibt sich keine internationale Zuständigkeit aus der EheGVO aF, denn eine andere als die Zuständigkeit des Art 3 aF enthält sie nicht, die die Zuständigkeit nach Art 2 aF voraussetzt. Dann kommt uU nationales Zuständigkeitsrecht für Sorgerechtssachen zum Zuge (u Rn 25 ff).

c) Zuständigkeitskonkurrenz

13 Die Abhängigkeit der Sorgerechtszuständigkeit von der Anhängigkeit einer Ehesache führt insoweit zu einer **Konzentration der Annexzuständigkeit**. Ein konkurrierendes Verfahren über die Ehe aufgrund von Art 3 aF in einem anderen Staat wird durch Art 11 Abs 1 aF (Art 19 nF) wegen Rechtshängigkeit und damit die Möglichkeit ausgeschlossen, in diesem anderen Staat eine weitere Sorgerechtsentscheidung im Zusammenhang mit der Eheauflösung zu erreichen. Art 11 Abs 1 aF (Art 19 nF) schließt auch eine Scheidung neben einer Trennung von Tisch und Bett aus, die Grundlage für eine Annexzuständigkeit dort sein könnte. Die innerhalb des Art 2 aF (Art 3 nF) bestehende Konkurrenz von Zuständigkeiten wird von Art 11 zugunsten des zeitlich ersten Antrags in der Ehesache gelöst (zutr Puszkajler IPRax 2001, 82 zu Art 3 aF). Für die Annexzuständigkeit tritt diese Sperre bereits mit der Anhängigkeit der Ehesache auch ohne Sorgerechtsantrag ein.

14 Art 3 Abs 2 aF ist keine **ausschließliche Zuständigkeit** (**aA** Helms FamRZ 2002, 1601 Fn 95). Art 3 Abs 2 läßt Art 3 Abs 1 aF unberührt und umgekehrt, die also nebeneinander gegeben sein können. Doch auch die **Anhängigkeit einer Sorgerechtsange-**

legenheit bewirkt eine Rechtshängigkeitssperre für weitere Sorgerechtsverfahren (Art 11 Abs 1 aF; Schlosser Art 11 EheGVO aF Rn 3). Da Art 12 Abs 1 nF den Fall behandelt, daß das Kind in einem anderen Mitgliedstaat seinen gewöhnlichen Aufenthalt hat, und Art 8 nF gerade diesem Staat eine generelle Zuständigkeit verleiht, ist vor allem in der EheGVO nF mit einer Konkurrenz zu rechnen. Der Wortlaut von Art 19 Abs 2 nF legt die Annahme nahe, daß wie bei den Ehesachen auch bei Kindschaftssachen **keine Identität der Anträge** nötig ist, und es nur darauf ankommt, daß Fragen der elterlichen Verantwortung **für dasselbe Kind** anhängig gemacht werden. Das sollte auch unter der **alten Fassung** gelten.

Ist vor Anhängigkeit der Ehesache ein Sorgerechtsantrag isoliert gestellt worden, **15** steht er einer Entscheidung in einem anderen Mitgliedstaat im Zusammenhang mit einer Ehesache entgegen und umgekehrt ebenso. Es kommt darauf an, wo der Antrag zuerst gestellt wurde. Ist nach dem Verfahrensrecht der Ehesache, mit dem sich die EheGVO nicht befaßt, über die elterliche Verantwortung von Amts wegen zu entscheiden, ist die erste aktenkundige Befassung damit maßgeben. Ist die Sorgerechtssache im Staat des Eheverfahrens anhängig, regelt dessen Recht, also §§ 621 Abs 3, 621 ZPO, die Verbindung.

2. Anwesenheit des Kindes

Daß eine Zuständigkeit für die elterliche Verantwortung eröffnet werden sollte, **16** wenn das Kind im Staate der anhängigen Ehesache seinen gewöhnlichen Aufenthalt hat, war für die Verfasser des Übereinkommens offenbar unproblematisch (Borrás-Bericht Nr 36), doch hätte sich diese Zuständigkeit ohnehin und ohne die Voraussetzung der Anhängigkeit der Ehesache der Eltern aus Art 1 MSA ergeben. Auch das KSÜ sieht das so vor (Art 5 KSÜ). Für die Zuständigkeit war also der Gesichtspunkt des Sachzusammenhangs hier eigentlich nicht mehr entscheidend. In der neuen Fassung spielt er ohnehin keine Rolle mehr, weil hier Art 8 nF wie Art 5 KSÜ eine allgemeine Aufenthaltszuständigkeit gibt.

Für den gewöhnlichen Aufenthalt des Kindes besteht **keine Mindestfrist**. Nur indi- **17** rekt ergibt sich eine Beschränkung, wenn der Kläger bzw die Klägerin für die Einleitung eines Eheverfahrens seit mindestens sechs Monaten den gewöhnlichen Aufenthalt im Gerichtsstaat haben muß (Art 2 Abs 1 lit a 5. oder 6. Str aF). Ist der Staat auch der gemeinsame Heimatstaat der Ehegatten, dann ist der gewöhnliche Aufenthalt nicht nötig (Art 2 Abs 1 lit b aF) und daher auch keine Mindestfrist. In einem solchen Fall der „Heimatflucht" kann der „Heimkehrer" sofort klagen, aber eine Sorgerechtsentscheidung erst beantragen, wenn das Kind seinen gewöhnlichen Aufenthalt hier begründet hat. Und ebenso ist bei einer Eheklage aufgrund des gewöhnlichen Aufenthalts eines Ehegatten hier nicht auch notwendigerweise der Lebensmittelpunkt des Kindes (zum gewöhnlichen Aufenthalt des Kindes siehe Art 8 Rn 3 ff).

3. Abwesenheit des Kindes

a) Gewöhnlicher Aufenthalt in einem Mitgliedstaat

Die Anwesenheit des Kindes ist in keinem Fall Voraussetzung für die Zuständigkeit **18** für die Ehesache. Es kann zu einem Eheverfahren in dem Staat kommen, in dem das Kind seinen gewöhnlichen Aufenthalt nicht hat. Leben die Ehegatten nach der Trennung in verschiedenen Staaten der EheGVO, so kann der Ehegatte, bei dem das Kind nicht lebt, an seinem Aufenthaltsort von dem anderen Ehegatten, der das Kind hat, gem Art 2 Abs 1 lit a 3. Str. aF verklagt werden, oder am letzten gemeinsamen gewöhnlichen Aufenthalt (Art 2 Abs 1 lit a 2. Str aF) oder im gemeinsamen Heimatstaat (lit b).

aa) Einverständnis

19 Hier kommt es nun zu einer Zuständigkeit des Staates des Eheverfahrens für die elterliche Verantwortung nur, wenn beide Eltern mit der Befassung eines Gerichts dieses Staates einverstanden sind und das außerdem dem Kindeswohl entspricht (Art 3 Abs 2 lit b aF), und wenn das Kind seinen gewöhnlichen Aufenthalt in einem anderen Mitgliedstaat der EheGVO, nicht in einem Drittstaat hat. Sorgerecht und Umgangsrecht sind verschiedene Gegenstände, so daß das Einverständnis für den einen Antrag und für den anderen verweigert werden kann (AG Lahr 9. 12. 2003 FamRZ 2004, 1042).

20 Am Einverständnis wird es natürlich fehlen, wenn eine Kindesentführung vorliegt (Bauer, IPRax 2002, 180 f), aber auch vermutlich oft schon, wenn die Eltern „nur" über die Sorgerechtsverteilung uneinig sind. Der Ehegatte mit dem Kind kann in einem gewissen Maße auf diese Weise auch den anderen Ehegatten nötigen, ihn bei sich zu verklagen, und von der Möglichkeit des Art 2 Abs 1 lit a 5. bzw 6. Str aF nicht Gebrauch zu machen. Zur Zuständigkeit für eine Sorgerechtsregelung wird es gewöhnlich nur in „friedlichen" Fällen kommen.

21 Das Einverständnis ist vor Gericht zu erklären. Ein Sorgerechtsantrag schließt es ein. Will das Gericht von Amts wegen entscheiden, müssen beide Ehegatten ihr Einverständnis erklären. Es dürfte **unwiderruflich** sein (Schlosser Art 3 EheGVO aF Rn 3). Ist ein Antrag erforderlich, so kann er zwar zurückgenommen werden, aber das Einverständnis bleibt namentlich für einen Antrag der Gegenpartei wirksam. Daß rügelose Einlassung ausreiche (Vogel MDR 2000, 1048; Schlosser aaO) trifft so allgemein nicht zu, denn dazu müßte die Partei wissen, daß sie zustimmen muß. In jedem Fall kann und muß der Richter im Verfahren nachfragen.

bb) Kindeswohl

22 In diesen Fällen kann die Zuständigkeit trotz eines Einverständnisses der Eltern nur entstehen, wenn sie zusätzlich auch dem Kindeswohl entspricht (Art 3 Abs 2 lit b aF, Art 12 Abs 1 lit b nF). Auch die Entscheidung in der Sache selbst muß sich am Kindeswohl orientieren, das überall in Europa das leitende Prinzip ist. Man muß zwischen diesem und dem **zuständigkeitsrechtlichen Kindeswohl** unterscheiden. (Boele-Woelki ZfRV 2001, 124 sieht Schwierigkeiten bei der Evaluation dieses zuständigkeitsrechtlichen Kindeswohls.) Unzulässig ist die eine Argumentation des Gerichtes, seine Zuständigkeit entspreche dem Kindeswohl, weil es eine bestimmte Sorgerechtsentscheidung im Interesse des Kindes treffen will. Der BGH (18. 6. 1997 FamRZ 1997, 1070 f; in der Sache ebenso 5. 6. 2002 IPrax 2003, 145 [Bauer 135] = FamRZ 2002, 1182 Anm Henrich) hat vielmehr zu Recht zu Art 4 MSA hervorgehoben, daß die Behörden des Aufenthaltstaates in erster Linie und besser die **Sachlage beurteilen** können (vgl auch Art 8 KSÜ). Danach ist die Zuständigkeit bei Kindern ohne gewöhnlichen Aufenthalt eher zurückhaltend zu bejahen (unzutreffend AG Leverkusen 2. 1. 2003 FamRZ

2003, 1569, 1570, das sich darauf beschränkt, die Unvereinbarkeit seiner Zuständigkeit mit dem Kindeswohl zu verneinen).

Es ist bemerkenswert, daß das Kindeswohl zu prüfen ist, um die Zuständigkeit zu begründen, selbst wenn beide Eltern damit einverstanden sind, daß aber das Umgekehrte nicht gilt, daß nämlich die Verweigerung des Einverständnisses etwa am Kindeswohl zu prüfen und ggf zu überwinden sei (zutr BAUER IPRax 2002, 181). Das unterstreicht den Charakter des Art 3 aF als bloße Annexzuständigkeit. **23**

b) Gewöhnlicher Aufenthalt in einem Drittstaat

Art 3 Abs 2 aF setzt außerdem noch voraus, daß das Kind zwar nicht im Staat des Eheverfahrens, aber doch in einem Mitgliedstaat seinen gewöhnlichen Aufenthalt hat. Lebt das Kind in einem Drittstaat, so kommt eine Zuständigkeit für die elterliche Verantwortung auch bei Einverständnis der Ehegatten und Kindeswohl nicht in Frage (PUZSKAJLER IPRax 2001, 83). Es bleibt gem Art 8 bei nationalem Zuständigkeitsrecht für die elterliche Verantwortung, auch wenn eine Zuständigkeit für die Ehesache aus Art 2 aF folgt. **24**

4. Nationales Zuständigkeitsrecht für Sorgerecht

a) Art 8 aF

Ist keine Ehesache anhängig, kommt Art 3 aF naturgemäß nicht zum Zuge (zB MARTINY ERA-Forum 1/2003, 103). Die Zuständigkeit für die elterliche Verantwortung kann aber trotz Anhängigkeit einer Ehesache auch daran scheitern, daß die Zuständigkeit für die Ehesache nicht auf Art 2 aF beruht, sondern auf Art 6 aF oder gem Art 8 aF auf nationalem Recht, oder daran, daß das Kind seinen gewöhnlichen Aufenthalt nicht im Lande hat und die Voraussetzungen von Art 3 Abs 2 aF nicht vorliegen. Trotz einer Zuständigkeit für die Ehesache nach der EheGVO ist dann für die Sorgerechtsangelegenheiten auf **nationales Recht** abzustellen (THOMAS/PUTZO/HÜSSTEGE Art 8 EheGVO aF Rn 15; SCHLOSSER Art 8 EheGVO aF Rn 3). Dieser Rückgriff auf nationales Recht ist auch möglich, wenn sich nur für die elterliche Verantwortung keine Zuständigkeit in einem Mitgliedstaat der EheGVO ergibt. Es wäre nicht sinnvoll und widerspräche dem Kindeswohl, wenn eine Zuständigkeit für die elterliche Verantwortung dadurch blockiert würde, daß zwar eine Zuständigkeit für die Ehesache aus der EheGVO bestünde, nicht aber auch für das Sorgerecht, denn während der Dauer des Eheverfahrens in einem Staat kann nirgendwo anders eine Annexzuständigkeit entstehen, weil einem Eheverfahren dort die Rechtshängigkeit im Wege stünde (Art 11 aF; THOMAS/PUTZO/HÜSSTEGE Art 8 EheGVO aF Rn 1; der BORRÁS-Bericht erwähnt die Sorgerechtsangelegenheiten in diesem Zusammenhang nicht). Andere als Annexzuständigkeiten sieht die EheGVO aF nicht vor. **25**

b) Art 7 aF

Art 7 aF greift auch hier begrenzend ein (so THOMAS/PUTZO/HÜSSTEGE Art 3 EheGVO aF Rn 15). Er sieht vor, daß, auch wenn nationales Zuständigkeitsrecht anwendbar ist, Angehörige eines Mitgliedstaates oder Personen mit gewöhnlichem Aufenthalt in einem solchen nur nach Maßgabe der Art 2 bis 6 dort verklagt werden können. Die Verfasser des EheGVÜ erwähnen zu Art 7 aF auch die Fragen der elterlichen Verantwortung, soweit sie im Zusammenhang mit der Ehesache zu regeln seien (BORRÁS-Bericht Nr 44). Nur Minderjährigenschutzmaßnahmen, die außerhalb **26** eines anhängigen Eheverfahrens ergriffen werden, fielen nicht unter diese Bestimmung.

27 Wenn ein deutsch-schweizerisches Ehepaar in der Schweiz lebt, dann kann auch der Schweizer Staatsangehörige nach § 606a Abs 1 S 1 Nr 1 ZPO in Deutschland die Scheidung beantragen. Art 7 aF erlaubt das dort, weil der deutsche Antragsgegner in seinem Heimatstaat verklagt wird. Soll in Belgien, was natürlich wenig wahrscheinlich ist (vielleicht weil das Kind dort lebt), ein Sorgerechtsverfahren eingeleitet werden, so steht Art 7 aF entgegen, wenn man ihn auf den Sorgerechtsantrag und Antragsgegner bezieht. Der Wortlaut des Art 7 aF unterscheidet in der Tat die beiden Verfahren nicht, so daß der deutsche Ehegatte auch in der Sorgerechtssache nicht außerhalb Deutschlands Recht nehmen muß. Nicht ausgeschlossen wäre aber eine Klage in der Schweiz, falls die dortigen Gerichte ihre Zuständigkeit an ein nach Art 7 aF für die Gerichte der Mitgliedstaaten unzulässiges Element anknüpfen. Konkret scheidet das freilich wegen Art 1 MSA aus.

c) Nationales Recht und Staatsverträge

28 Es ist näher zu präzisieren, was unter nationalem Recht zu verstehen ist. Auch Staatsverträge gehören grundsätzlich dazu (Schlosser Art 8 EheGVO aF Rn 3), doch Art 37 aF gibt der EheGVO den Vorrang vor dem MSA. Art 37 5. Str aF erklärt denselben Vorrang gewissermaßen vorsorglich auch vor dem KSÜ. Beide Male gilt der Vorrang nur „in den Beziehungen zwischen den Mitgliedstaaten" der EheGVO. Ob der betreffende andere Staat das MSA ratifiziert hat, ist dagegen nicht erheblich. Belgien ist zB kein Mitglied des MSA.

29 Der Vorrang gilt jedoch sinnvollerweise nicht, wenn die EheGVO auf nationales Recht verweist. Damit drückt sie aus, daß sie in diesen Fallkonstellationen nicht gelten will und daß diese nicht in ihren Anwendungsbereich fallen. Der Vorrang wird in Art 37 aF richtigerweise auf die „Bereiche, die in dieser Verordnung geregelt sind" beschränkt. Gibt es keine Zuständigkeit gem der EheGVO in einem Mitgliedstaat, dann gehört also zum nationalen Zuständigkeitsrecht ggf auch das MSA.

30 Lebte ein deutsch-schweizerisches Ehepaar in Deutschland, und ist die Schweizerin mit dem Kind in die Schweiz zurückgekehrt und beantragt einer in Deutschland die Scheidung, dann besteht eine Zuständigkeit nach Art 2 Abs 1 lit a 2. Str aF am letzten gemeinsamen gewöhnlichen Aufenthalt (Zuständigkeiten nach Art 2 Abs 1 lit a EheGVO hängen nicht von der EU-Angehörigkeit der Eheleute ab). Die Zuständigkeit für die elterliche Verantwortung scheitert aber schon am gewöhnlichen Aufenthalt des Kindes in einem Drittstaat (Art 3 Abs 2 aF). Sind beide in die Schweiz verzogen, dann können beide dennoch wegen der deutschen Staatsangehörigkeit des Mannes weiterhin in Deutschland klagen, nun aber gem § 606a Abs 1 S 1 Nr 1 ZPO; und dieser bietet von vornherein keine Grundlage für die Annexzuständigkeit nach Art 3 aF.

31 Da auch in keinem anderen Mitgliedstaat der EheGVO eine Zuständigkeit für die elterliche Verantwortung besteht, kommt deutsches Recht zum Zuge, zu dem das MSA bzw zukünftig das KSÜ gehören.

Ist das MSA bzw zukünftig das KSÜ und nicht die EheGVO anwendbar, dann enthalten sie beide eine ausschließliche Zuständigkeit am gewöhnlichen Aufenthalt des Kindes. Eine Regelung des Sorgerechts ist danach im Beispiel nur in der Schweiz zulässig (die Schweiz ist Mitglied des MSA). Die Heimatzuständigkeit nach Art 4 MSA ergibt nichts anderes, wenn das Kind Schweizer Staatsangehöriger ist. **32**

Das KSÜ wird nur ausgeschlossen, wenn das Kind im Gebiet der EheGVO seinen gewöhnlichen Aufenthalt hat (Art 37 5. Str aF). Diese Einschränkung ist dem Art 52 KSÜ entnommen und wird nicht weiter erläutert (Borrás-Bericht Nr 36 aE). Sie findet sich wohl deshalb nicht für das MSA. Sie sollte auch hier gelten (o Rn 31). Die einzige Situation, in der das Kind innerhalb des Gebietes der EheGVO lebt, und dennoch Art 3 aF keine Zuständigkeit ergibt, ist die des Abs 2, wenn das Einverständnis fehlt oder das Kindeswohl entgegen steht. Das aber bedeutet nicht, daß nun, während der Dauer des Eheverfahrens, eine Sorgerechtsregelung ausgeschlossen wäre. Das widerspräche dem Kindeswohl. Und es kann nicht der Zweck der EheGVO sein, zwar nationales Recht zuzulassen, und nur gerade die Haager Übereinkommen auszuschalten, die zudem Zuständigkeitskonkurrenzen einschränken. Sie bleiben als Bestandteile des nationalen Rechts der Mitgliedstaaten anwendbar. **33**

Hinsichtlich einer Sorgeregelung ist eine Beziehung zwischen Mitgliedstaaten der EheGVO gegeben, wenn das **Kind in einem Mitgliedstaat** seinen gewöhnlichen Aufenthalt hat. Hinsichtlich des KSÜ setzt Art 37 5. Str aF (Art 61 lit a nF) ganz entsprechend voraus, daß das Kind seinen gewöhnlichen Aufenthalt in einem der Mitgliedstaaten der EheGVO hat. Daraus ist gefolgert worden, daß das KSÜ gelte, wenn sich das Kind gewöhnlich in einem Drittstaat aufhalte. Diese Einschränkung ist aus Art 52 KSÜ entnommen worden (Borrás-Bericht Nr 36 aE). Eigenartigerweise macht Art 37 1. Str aF den Vorrang vor dem MSA nicht von gewöhnlichem Aufenthalt in einem Staat der EheGVO abhängig. Der Unterschied wird nicht erklärt. Die Einschränkung muß jedoch auch beim MSA gelten, denn Art 3 aF ist nie anwendbar, wenn das Kind seinen Lebensmittelpunkt außerhalb der EU hat, und damit kann die EheGVO nicht vorgehen. Wie nun Art 12 Abs 4 nF ergibt, ist aber vorausgesetzt, daß der Drittstaat Mitglied des MSA oder KSÜ ist. Der Vorbehalt zu deren Gunsten rechtfertigt sich daraus, daß die EheGVO nicht in völkerrechtliche Verpflichtungen ihrer Mitgliedstaaten gegenüber Drittstaaten eingreifen will. **34**

Art 37 aF (Art 60 lit a und Art 61 nF) erklärte den Vorrang der EheGVO vor MSA und KSÜ nur „in den Beziehungen zwischen den Mitgliedstaaten" der EheGVO. Wenn ein Schweizer Ehepaar Deutschland verläßt, sich die Frau mit dem Kind in der Schweiz, der Mann aber in Frankreich niederläßt, so kann dort eine Scheidung beantragt werden und mit Einverständnis der Ehegatten auch eine Sorgerechtsregelung. Die EheGVO ist anwendbar, wenn auch nur in einem Mitgliedstaat eine Zuständigkeit besteht, denn schon damit ergibt die EheGVO, daß in den anderen Mitgliedstaaten keine Zuständigkeit gegeben sein soll. Die Konsequenz ist, daß, wenn die Eheleute eine Regelung der elterlichen Verantwortung in Frankreich (Frankreich hat das MSA ratifiziert) wollen, das dortige Gericht nicht das MSA anwendet, woraus sich eine Zuständigkeit nur in der Schweiz ergäbe. **35**

Nach Art 37 1. und 5. Str aF schließt die EheGVO „in den Beziehungen zwischen den Mitgliedstaaten" das MSA aus und auch das KSÜ, wenn das Kind in einem **36**

Mitgliedstaat seinen gewöhnlichen Aufenthalt hat. Die Abkommen sind vorbehaltlich des Art 7 aF als Bestandteil des nationalen Rechts anzuwenden, wenn sich aus Art 3 aF keine Zuständigkeit ergibt. Es ist nicht anzunehmen, daß Art 37 5. Str aF noch eine weitere Einschränkung des nationalen Rechts bewirken kann und soll dergestalt, daß in Deutschland ZPO und FGG immer ohne das MSA heranzuziehen wären, wenn das **Kind** seinen gewöhnlichen Aufenthalt **nicht in einem Staat der EheGVO** hat. Es würde schon vom Ergebnis her nicht einleuchten, warum Art 37 aF das MSA ausschließen sollte, wenn die EheGVO keine Zuständigkeit ergibt und deshalb auf nationales Recht verweist.

5. Sachlicher Anwendungsbereich

a) Gemeinsame Kinder der Ehegatten

37 Es muß sich schon wegen der Voraussetzung einer anhängigen Ehesache um Ehegatten handeln, doch auch um deren **gemeinsame Kinder**. Sie können auch gemeinsam adoptiert sein (MünchKomm-ZPO/Gottwald Art 1 EheGVO aF Rn 3). Nicht erfaßt sind also einseitige Kinder, mögen sie nichtehelich sein oder aus einer früheren Ehe des betreffenden Ehegatten stammen. Daß die gemeinsamen Kinder im echten Sinne ehelich sein müssen, ist nicht gesagt und auch nicht zu verlangen. Denkbar ist, daß die Kinder nicht ehelich geboren wurden, daß ihre Eltern dann später geheiratet haben, ohne daß diese Ehe zu einer Legitimation geführt hat. (Im französischen Recht führt das matrimonium subsequens zur Legitimation nur dann, wenn die Vaterschaft vorher anerkannt war. Nachträgliche Anerkennung hilft nicht allein; art 331–1 c civ). Freilich muß für Art 3 aF die Abstammung von Mutter und Vater rechtlich feststehen, also insbesondere die Vaterschaft.

38 Das Problem der **Stiefkinder**, die heute in Europa immer häufiger in der Familie der Ehegatten mitleben, ist bei der Verfassung des Übereinkommens diskutiert worden, vor allem im Hinblick auf Regelungen im englischen, schottischen und niederländischen Recht (Borrás-Bericht Nr 25). Das Übereinkommen blieb hier recht konservativ mit dem nicht überzeugenden Argument, daß es sich nur mit der elterlichen Verantwortung im Zusammenhang mit einer Ehescheidung etc befasse. Und im übrigen hätten Grundrechte des in einem anderen Mitgliedstaat lebenden zweiten Elternteils beeinträchtigt werden können. Hier gehen die Verfasser anscheinend davon aus, daß bei den Stiefkindern die elterliche Verantwortung nicht ausschließlich bei den Ehegatten liege, so daß es in der Tat nicht um eine Sorgerechtsfrage nur zwischen den Ehegatten geht. Es ist aber keineswegs notwendig so, daß ein Dritter auch elterliche Verantwortung oder auch nur ein Umgangsrecht hat. Der andere Elternteil des Kindes kann verstorben sein oder bei seiner Scheidung kann die elterliche Gewalt dem nun wieder verheirateten allein zugewiesen worden sein.

39 Eine **teleologische Ausdehnung** des Art 3 aF wenigstens auf die Fälle, in denen der Ehegatte, von dem das Kind nicht abstammt, doch allein oder mit dem anderen zusammen die elterliche Verantwortung oder einen Teil davon hat, ist wohl geboten, und allgemeiner, wenn kein Dritter elterliche Verantwortung hat. Hierfür spricht der Zweck des Art 3 aF, eine Sorgerechtsregelung zwischen den zu scheidenden Ehegatten zusammen mit der Scheidung zu ermöglichen (rechtspolitische Bedenken bei Ancel/Muir Watt Rev crit 2001, 408, 426 Nr 3, Nr 19 und zu den Konsequenzen bei verschiedener Zuständigkeit für die bisher gemeinsam lebenden Kinder; Helms FamRZ 2002, 1594; Gaudemet-

TALLON JDI 2001, 387, Nr 10). Entscheidend ist weniger die Abstammung als die Inhaberschaft der elterlichen Verantwortung. Soweit man die Regelung aus der EheGVO ausklammert, bleibt nationales Recht anwendbar, und es wäre in der Tat nicht überzeugend, daß dann Gerichte anderer Staaten über diese Kinder zu entscheiden hätten, und die des Eheverfahrens über ihre Stiefgeschwister (zur Familienpsychologie der Stieffamilie zB GRIEBEL, in: HORSTMANN (Hrsg), Stieffamilie, Zweitfamilie [1994] 53 ff). Die neue Fassung läßt diese Einschränkung weg (u Rn 54).

Denkbar ist auch, daß die Ehegatten, die sich nun scheiden lassen wollen, **Pflegekinder** etwa im Hinblick auf eine geplante Adoption hatten. Bei wortgetreuer Anwendung des Art 3 Abs 1 aF handelt es sich weder um gemeinsame Kinder noch um elterliche Verantwortung. Auch hier wäre eine teleologische Ausdehnung erwägenswert, etwa in dem Fall, daß der eine Ehegatte mit den Pflegekindern in seinen Heimatstaat verzogen ist, die Scheidung jedoch im bisherigen gemeinsamen Aufenthaltsstaat anhängig gemacht wird (vgl u Rn 54). 40

Anders als Art 12 MSA (Minderjährig ist, wer es sowohl nach seinem Heimatrecht als auch nach dem des Aufenthaltsstaates ist) oder Art 2 KSÜ (Personen unter 18 Jahren) definiert die EheGVO nicht den **Begriff des „Kindes“** bzw „Minderjährigen“. Da es um die Regelung der elterlichen Sorge geht, dürfte darauf abzustellen sein, ob das Kind nach dem maßgebenden Statut unter elterlicher Sorge steht. Angesichts eines in Europa üblichen Volljährigkeitsalters von 18 Jahren ist nicht mit großen Unterschieden zu rechnen. Das maßgebende Recht ist über das IPR des angegangenen Gerichtes, dh in Deutschland nach Art 7 EGBGB zu bestimmen (THOMAS/PUTZO/HÜSSTEGE Art 1 EheGVO aF Rn 8). Obwohl Art 3 Abs 2 aF Art 10 KSÜ nachgebildet ist, wird man nicht ohne weiteres auch Art 2 KSÜ anwenden, und ebensowenig die doppelte Beurteilung des Art 12 MSA. Nicht erfaßt sind jedenfalls Erwachsene, die unter Vormundschaft oder ähnlichem stehen, wohl aber Volljährige, die wegen geistiger Behinderung oder drgl weiter unter der Obsorge ihrer Eltern stehen (SCHLOSSER EheGVO aF Rn 3 aE). 41

b) Sorgerecht der Ehegatten

Bei Art 3 Abs 2 lit a aF (Art 12 Abs 1 lit a nF) muß wenigstens einer der Ehegatten die elterliche Verantwortung haben. Letzteres dient wohl nicht dem Schutz etwaiger dritter Inhaber der elterlichen Sorge. Vielmehr besteht kein Anlaß wegen der Eheauflösung unter ihnen darüber zu entscheiden (der BORRÁS-Bericht Nr 38 geht hierauf nicht näher ein, sondern verweist darauf, daß die Regelung Art 10 KSÜ entnommen sei). Die EheGVO aF befaßt sich insgesamt nur mit der „elterlichen Verantwortung für ein gemeinsames Kind der beiden Ehegatten“. 42

Daß die Ehegatten die elterliche Verantwortung für ihre gemeinsamen Kinder nicht haben, ist sicher selten. Aber denkbar ist, daß die Kinder unter Vormundschaft stehen oder in Adoptionspflege sind (vgl LG Kassel 29. 7. 1992 FamRZ 1993, 234). Art 3 Abs 2 aF setzt für die Zuständigkeit nur voraus, verlangt aber auch, daß **mindestens ein Ehegatte** die elterliche Verantwortung hat. Ein Streit über das Sorgerecht unter Dritten fällt nicht unter Art 3 aF. Es könnte sein, daß neben diesem oder auch neben beiden ein Dritter einen Teil des Sorgerechts, zB Vermögenssorge oder das Aufenthaltsbestimmungsrecht hat (vgl die Situation in BayObLGZ 7. 12. 1993 FamRZ 1994, 913, Vormundschaft). Für die Einbeziehung dieser Situation in die EheGVO spricht 43 der Wortlaut von Art 3 Abs 2 mit Art 15 Abs 2 lit d aF, welcher ein Anerkennungshindernis enthält, wenn in die elterliche Verantwortung „einer Person" eingegriffen wurde, ohne ihr rechtliches Gehör zu gewähren. Das kann wohl auch ein Dritter sein. Danach ist für die Anwendung der EheGVO nötig und ausreichend, wenn **ein Ehegatte** das Sorgerecht hat (o Rn 42). Die Voraussetzung steht nur bei Art 3 Abs 2 aF, muß aber auch bei Abs 1 gelten. Ob **ein Ehegatte** Sorgerecht hat, bestimmt sich im deutschen Recht nach Art 21 EGBGB (SCHLOSSER Art 3 EheGVO aF Rn 3).

c) Zusammenhang mit der Eheauflösung

aa) Keine anhängige Ehesache

44 Die Annexzuständigkeit setzt ein Eheverfahren voraus. Ist eine Ehesache noch **nicht** oder nicht mehr **anhängig**, kann Art 3 aF keine Zuständigkeit für die elterliche Verantwortung begründen (etwas großzügiger SCHLOSSER Art 3 EheGVO aF Rn 3 aE). Daß eine Ehesache anhängig gemacht werden könnte, genügt nicht (HAU FamRZ 2002, 1338; **aA** wohl PIRRUNG ZEuP 1999, 846; SCHLOSSER Art 3 EheGVO aF Rn 3 aE für seltene Fälle). Ohne ein Eheverfahren beurteilt sich die Zuständigkeit für Sorgerechtsangelegenheiten nach nationalem Recht und insbesondere nach MSA, wenn das Kind in einem Mitgliedstaat des MSA lebt (Art 1 MSA; Art 5 Abs 1 KSÜ). Wenn zB in Deutschland eine Sorgerechtsregelung wegen der tatsächlichen Trennung der Eheleute nach § 1671 BGB beantragt wird und hier oder auch zB in Frankreich eine Scheidung oder eine gerichtliche Trennung von Tisch und Bett betrieben werden könnte, weil dort der letzte gemeinsame gewöhnliche Aufenthalt der Eheleute war, so steht dennoch der Anwendung zB des Art 1 MSA nicht entgegen, daß die Eheleute mit dem Verfahren in Frankreich eine Sorgerechtsregelung verbinden könnten. Es ist schon nicht abzusehen, ob es zu einem Scheidungsantrag kommen wird. Erst dann wird das MSA auch gem Art 37 1. Str aF verdrängt (vgl o Rn 28 ff).

bb) Anlaß der Eheauflösung

45 Sorgerechtsregelungen fallen nur unter die EheGVO aF, wenn sie „aus Anlaß" eines Eheauflösungsverfahrens erfolgen oder, nach der Formulierung in Erwägungsgrund 11, wenn sie in engem Zusammenhang damit stehen. Art 3 Abs 3 aF definiert einen zeitlichen Zusammenhang. Das Sorgerechtsverfahren darf nicht vor Eröffnung des Eheverfahrens begonnen haben, und nicht mehr nach dessen rechtskräftigem Abschluß. Die Regelung muß jedoch **„aus Anlaß"** der Eheauflösung und nicht nur zufällig zeitgleich stattfinden (THOMAS/PUTZO/HÜSSTEGE Art 1 EheGVO aF Rn 7). ZB fallen nur zeitgleiche Eingriffe in die elterliche Verantwortung nach § 1666 BGB wegen Versagens des einen oder beider Elternteile nicht unter Art 3 aF (wohl aber unter Art 8 nF).

46 Schwierigere Fragen wirft die Tatsache auf, daß zB im deutschen Recht die Sorgerechtsregelungen zwischen den Ehegatten **nicht mehr materiell** von der Scheidung **abhängig** gemacht und auf sie bezogen werden, sondern bei Ehegatten genauso wie bei nicht verheirateten Eltern wegen deren tatsächlichen Getrenntlebens stattfinden (§ 1671 BGB). Bei engem Verständnis würde also die Sorgerechtsregel nicht aus Anlaß einer Eheauflösung, sondern aus Anlaß des tatsächlichen Getrenntlebens stattfinden. Das nationale Sachrecht kann aber einen Zusammenhang zwischen der Sorgerechtsregelung und der Eheauflösung herstellen. § 1671 BGB aF tat dies, indem er eine Sorgerechtsregelung vorschrieb, wenn die Ehe geschieden wurde. So eng muß der Zusammenhang nicht sein. Es genügt, daß zB § 621 Abs 3 ZPO vorsieht, daß ein Sorgerechtsverfahren grundsätzlich mit dem Eheverfahren verbunden werden soll. Hier wird gewissermaßen typisierend festgelegt, daß bei der Sorgerechtsregel nicht nur die tatsächliche Trennung der Eheleute, sondern ggf auch die Auflösung des juristischen Ehebandes zu beachten sei. Und das ist auch tatsächlich meist von Bedeutung (Schwab FamRZ 1998, 459; vgl § 1568 BGB). Daß nach § 623 Abs 2 ZPO auf Antrag abgetrennt wird, widerspricht dem nicht.

Der Umkehrschluß trifft aber nicht zu, daß ein Zusammenhang zwischen Sorgerechtsantrag und Ehescheidung ausgeschlossen sei, wenn das maßgebende Recht des mit der Ehesache befaßten Gerichtes getrennte Verfahren vorsieht. 47

d) Elterliche Verantwortung

Erfaßt werden alle Fragen der **Personen- wie der Vermögenssorge** einschließlich zB der Aufenthaltsbestimmung und das Recht des persönlichen Umgangs beider Elternteile bzw des Kindes mit ihnen (Thomas/Putzo/Hüsstege Art 1 EheGVO aF Rn 4; Hausmann ELF 2000/01, 274; R Wagner IPRax 2001, 76 f; Vogel, MDR 2000, 1047; Martiny ERA-Forum 1/2003, 99 Umgangs- und Besuchsrecht]; zweifelnd Hess JZ 2001, 576). Welche Regelungen in Betracht kommen und dann zu treffen sind, wie zB Aufteilungen des Sorgerechts nach § 1671 BGB, sagt das vom IPR bezeichnete Sachrecht (Carlier/Francq/van Boxstael J T dr eur 2001, 73 Nr 7). Das ist jedenfalls hier gem Art 1 MSA oder Art 15 KSÜ das Recht des Aufenthaltsortes (Helms FamRZ 2002, 1601; Martiny ERA-Forum 1/2003, 99). Ob die betreffende Regelung unter den Begriff der elterlichen Verantwortung in Art 3 aF fällt, ist aber autonom durch dessen Auslegung zu entscheiden (R Wagner IPRax 2001, 76 f; Martiny aaO; **aA** Borrás-Bericht Nr 24). Es kann, wie auch sonst der **sachliche Anwendungsbereich** der EheGVO nicht der Bestimmung durch die nationalen Gesetzgeber überlassen bleiben, gerade weil erhebliche Unterschiede bestehen könnten. Er ist aber weit zu verstehen. Unter Umständen müssen ausländische Regelungen qualifiziert werden, wobei es auf die funktionale Entsprechung ankommt. Aus Art 2 Ziff 7, 9 und 10 EheGVO nF folgt, daß zwar die Voraussetzungen für die Zuständigkeit in bezug auf Anträge zum Sorgerecht einerseits und zum **Umgangsrecht** andererseits jeweils separat zu prüfen sind (so AG Lahr 9. 12. 2003 FamRZ 2004, 1042, 1043). EheGVO aF und EheGVO nF kennen jedoch nur eine einheitliche Zuständigkeit für die „elterliche Verantwortung“. 48

Auch Anträge auf Herausgabe des Kindes von einem Ehegatten gegen den anderen werden erfaßt, stehen aber nach Art 4 aF unter dem Vorbehalt des HKEntfÜ. Ansprüche auf Kindesherausgabe gegen Dritte (zB Großeltern) oder auch von diesen gegen einen Ehegatten fallen ebenso wenig unter Art 3 aF wie die Frage des Umgangs mit Dritten (vgl § 1685 BGB). 49

Statusfeststellung, Abstammungsfeststellung und natürlich **Unterhalt** sind nicht Gegenstand der Regelung (Erwägungsgründe 10 und 11 nF; R Wagner IPRax 2001, 76 unstr). 50

III. Neues Recht, Art 12 nF

1. Allgemeines

Art 12 Abs 1 und 2 nF übernimmt den Art 3 Abs 2 und 3 aF, also die **Annexzuständigkeit**, wenn das Kind nicht im Staat des anhängigen Eheverfahrens seinen ge- 51 wöhnlichen Aufenthalt hat. Nachdem Art 8 f nF auch ohne Eheverfahren eine Zuständigkeit kraft des Kindesaufenthalts eröffnet, war Art 3 Abs 1 aF nicht mehr nötig. Ob dann die Sorgerechtsregelung mit dem Eheverfahren verbunden werden kann oder muß, sagt auch schon nach der alten Fassung das nationale Recht.

52 Abs 3 hingegen eröffnet eine Zuständigkeit ohne anhängige Ehesache aufgrund eines anderen inländischen Verfahrens verbunden mit dem Einverständnis aller Parteien. Und der neue Abs 4 präzisiert in bestimmter Hinsicht das Verhältnis zum KSÜ.

2. Erweiterungen der Annexzuständigkeit

53 Ein genauerer Vergleich der Formulierungen mit Art 3 Abs 2 und 3 aF ergibt einige nicht unwesentliche Abweichungen. Sie erweitern vor allem den Anwendungsbereich der Annexzuständigkeit.

a) Einseitige Kinder

54 Es ist oben Rn 37 die Beschränkung des Art 3 aF auf die gemeinsamen Kinder der Ehegatten kritisiert und eine teleologische Erweiterung auf einseitige Kinder vorgeschlagen worden. Art 12 nF enthält nun in der Tat diese Beschränkung nicht mehr, so daß also auch das Sorgerecht einseitiger Kinder der Ehegatten zusammen mit ihrer Scheidung geregelt werden kann. Es wäre auch wenig konsequent, hier nur gemeinsame Kinder zu erfassen, wenn Art 8 mit Art 2 Nr 8 nF eine Regelung jeder Art von Sorgerecht erlaubt.

b) Pflegekinder, Vormundschaft

55 Es besteht natürlich weiterhin kein Zweifel, daß Adoptivkinder einbezogen werden. Angesichts der auffallend weitern Definition in Art 2 Nr 7 und 8 nF ist anzunehmen, daß auch **Pflegekinder** und **Vormundschaften** nun erfaßt werden, wenn man dies nicht auch schon für die aF annehmen will (vgl o Rn 38).

c) Dritte Träger elterlicher Verantwortung

56 Nachdem Art 2 Nr 7 und 8 nF alle Arten und alle Träger elterliche Verantwortung in die EheGVO einbezieht, sollte auch die Annexzuständigkeit in Art 12 nF und nicht Art 8 darauf angewandt werden, wenn denn in die Rechte dritter Beteiligter aus Anlaß eines Eheverfahrens einzugreifen ist, was immerhin manchmal denkbar erscheint.

3. Zuständigkeit

a) Ehezuständigkeit

57 Wie auch nach der aF trägt die Zuständigkeit für eine **Widerklage** oder eine auf **Umwandlung** einer Trennung in eine Scheidung die Annexzuständigkeit nicht, denn Art 12 verweist nur auf Art 3 nF und eine Sorgerechtsregelung kann grundsätzlich nicht erfolgen, wenn das Kind nicht auch seinen gewöhnlichen Aufenthalt im Inland hat. Wie bisher Art 8 aF beruft nun speziell für Sorgerechtsangelegenheiten Art 14 nF nationale Restzuständigkeiten. Wegen Art 1 MSA bzw Art 5 KSÜ mit ihren ausschließlichen Zuständigkeiten am gewöhnlichen Aufenthalt des Kindes kann das aber in Deutschland nicht eingreifen, wenn das Kind im Ausland lebt.

b) Zuständigkeitskonkurrenz

Art 3 aF kannte nur eine Annexzuständigkeit, und da Art 11 aF nur eine Ehesache innerhalb der EheGVO zuläßt, kann es auch danach nicht zu mehreren konkurrierenden Verfahren der elterlichen Sorge im Zusammenhang mit einem Eheverfahren kommen. Unter der nF ist das anders. Zwar kann nach wie vor nur eine Annexzuständigkeit entstehen im Staat des Eheverfahrens, aber es kann durchaus auch ein selbständiges Sorgerechtsverfahren nach Art 8 f nF in einem anderen Staat beantragt werden. Die Konkurrenz dieser Verfahren muß mangels anderer Regelung gem Art 19 Abs 2 nF nach der Priorität entschieden werden. Dabei kommt es nicht darauf an, ob beiderseits die gleichen Anträge gestellt werden, denn Art 19 Abs 1 nF stellt nur darauf ab, ob „Fragen bezüglich der elterlichen Verantwortung für ein Kind“ anhängig gemacht werden. 58

c) Abwesenheit des Kindes

Art 12 nF setzt voraus, daß das Kind nicht im Gerichtsstaat seinen gewöhnlichen Aufenthalt hat. Auffallenderweise verlangt Art 12 Abs 1 nF anders als Art 3 Abs 2 aF nicht, daß es ihn in einem anderen Mitgliedstaat der EheGVO hat. Ist dies aber der Fall, dann können grundsätzlich konkurrierende Zuständigkeit entstehen, die wie in Rn 58 beschrieben zu lösen sind. 59

Zweifelhafter ist die Situation, daß das Kind außerhalb der EheGVO lebt. Es ist denkbar, daß die beteiligten Träger der elterlichen Verantwortung dennoch mit einer Regelung innerhalb der EheGVO einverstanden sind. Das käme dann aber ggf in Konflikt mit dem MSA bzw dem KSÜ mit ihren zwingenden Zuständigkeiten in jenem Staat. Es ist anzunehmen, daß die EheGVO ihre Mitgliedstaaten nicht zur Verletzung ihrer **völkervertraglichen Pflichten** gegenüber Drittstaaten auffordert. Hier entfällt trotz des Wortlauts die inländische Zuständigkeit. 60

IV. Art 12 Abs 3 nF

1. Andere Verfahren

Abs 3 dehnt die Annexzuständigkeit über **abwesende Kinder** auf andere Verfahren aus. Es ist nicht gesagt, an welche Verfahren dabei zu denken ist. In Frage kommen wohl Vaterschaftsfestellungen und -anfechtungen. Auch an Adoptionsverfahren mag man denken. Daß sie als solche nicht von der EheGVO erfaßt werden, steht nicht notwendig entgegen. Ob das sinnvoll ist, ist eine andere Frage. Begründen kann man die Regelung damit, daß ohnehin in dem Staat des gewöhnlichen Kindesaufenthalts, wenn er in der EheGVO liegt, ein selbständiges Sorgerechtsverfahren zulässig wäre, und daß die Zuständigkeit dafür in den Staat des betreffenden Verfahrens als Annexzuständigkeit verschoben wird. 61

2. Inlandsbeziehung

Immerhin verlangt Abs 3 nF dafür noch eine besondere Inlandsbeziehung in lit a, die insbesondere auf der **Staatsangehörigkeit** des Kindes oder dem gewöhnlichen Aufenthalt eines Inhabers der elterlichen Verantwortung beruhen kann. Offenbar könnte auch eine andere Inlandsbeziehung genügen, doch ist nicht recht erkennbar, worauf sie beruhen könnte. Sie muß wohl von vergleichbarem Gewicht sein. 62

3. Einverständnis

63 Nach lit b müssen die Parteien des betreffenden Hauptverfahrens mit der Befassung des Gerichts auch mit der Sorgerechtsregelung einverstanden sein. Sie sind aber nicht notwendig identisch mit den Trägern der elterlichen Verantwortung. Auf diese stellt richtigerweise Abs 1 lit b ab. Man wird wohl auch Abs 3 nF im Konfliktsfall in diesem Sinne lesen müssen.

V. Art 12 Abs 4 nF

64 Abs 4 scheint einen recht begrenzten Regelungsgegenstand zu haben, indem er nur die Bewertung des zuständigkeitsrechtlichen Kindeswohls anspricht. Danach soll es grundsätzlich zu bejahen sein, wenn das Kind sich nicht in einem Mitgliedstaat des KSÜ gewöhnlich aufhält, wo ein Sorgerechtsverfahren nicht möglich ist. Es genügt also nicht, daß sein vermutlicher Ausgang mißfällt. Auch Mitglieder der EheGVO können noch für einige Zeit außerhalb des KSÜ sein. Offenbar soll Abs 4 nur gelten, wenn sich das Kind außerhalb der EheGVO gewöhnlich aufhält. Das soll wohl mit dem Wort „Drittstaat" gemeint sein.

65 Das MSA wird dagegen nicht genannt. Auch dieses haben nicht alle EU-Staaten ratifiziert und werden es schon im Hinblick auf das KSÜ wohl nicht mehr tun. Vor allem aber gibt es viele Drittstaaten, die es nicht ratifiziert haben. Nun ist der Sinn der Regelung anscheinend der, daß das Kindeswohl in guten Händen sei, wenn der Aufenthaltsstaat das KSÜ anwenden wird. Die Unterscheidung vom MSA rechtfertigt sich wohl damit, daß darunter ergangene Sorgerechtsregelungen nicht einfach im Ausland anzuerkennen und zu vollstrecken sind.

VI. Perpetuatio fori

1. Art 3 aF

66 Art 3 Abs 3 lit b aF enthielt eine perpetuatio fori für den Fall, daß das Eheverfahren endet, bevor über die elterliche Verantwortung entschieden ist (o Rn 7). Das kann insbesondere dann geschehen, wenn nicht das Ehegericht damit befasst ist. (Art 3 aF begründet nur eine internationale, keine örtliche Zuständigkeit). Es wird meist angenommen, daß auch dann diese Zuständigkeit fortdauert, wenn während des Sorgerechtsverfahrens das Kind seinen gewöhnlichen Aufenthalt in dem betreffenden Staat verliert (Hau FamRZ 2000, 1340 Fn 79; Schlosser Art 3 EheGVO aF Rn 4; Soumampow, in: Liber Amicorum Kurt Siehr 729; Thomas/Putzo/Hüsstege Art 2 EheGVO aF Rn 1 für das Eheverfahren; differenzierend Henrich FamRZ 2002, 1185; **aA** Bauer IPRax 2003, 139).

67 Die **Analogie** ist **nicht zwingend**, denn Art 3 enthält nur eine Annexzuständigkeit und erweitert sie über das Ende des Eheverfahrens hinaus. Das sagt nichts über die Folgen eines Wegfalls der anderen Voraussetzungen für die Annexzuständigkeit (Bauer IPRax 2003, 139). Man wird unterscheiden müssen, ob die Zuständigkeit nach Abs 1 aF auf dem gewöhnlichen Aufenthalt des Kindes oder nach Abs 2 nF auf dem Einverständnis der Ehegatten beruhte.

68 So entfällt die Zuständigkeit nach Abs 1, wenn das Kind den **Staat des Eheverfah-**

rens verläßt. Abs 1 ist Art 5 KSÜ nachgebildet, und Abs 2 dem Art 10. Bei ersterem ist bewußt keine perpetuatio fori in das KSÜ aufgenommen worden (Lagarde, Rapport explicatif de la convention concernant la compétence, la loi applicable, la reconnaissance, l'exécution et la coopération en matière de responsabilité parentale et de mesures de protection des enfants [1997] No 42 f). So spricht die Quelle der Regelung im KSÜ gegen eine perpetuatio fori, mit dem die EheGVO Widerspruch vermeiden will (Borrás-Bericht Nr 39; Bauer IPRax 2003, 139). Auch das MSA schließt sie aus (BGH 5. 6. 2002 FamRZ 2002, 1182; Henrich ebenda 1184). Im Anwendungsbereich des MSA hat der BGH sie wegen des Vorrangs des MSA verneint (5. 6. 2002 FamRZ 2002, 1182 m Anm Henrich).

69 Die Zuständigkeit nach Art 3 Abs 1 aF kraft gewöhnlichen Aufenthalts des Kindes beruht darauf, daß die Gerichte dieses Staates am besten das Kindeswohl ermitteln können (BGH 18. 6. 1997 FamRZ 1997, 1070). Das kann es nicht mehr, wenn das Kind vor einer Entscheidung wegzieht (Bauer IPRax 2003, 139). Für die Fortdauer der Zuständigkeit spräche zwar die allgemeine Ratio der Fortdauer, daß die bisherige Arbeit des Gerichts nicht nutzlos werden soll. Angesichts des hohen Stellenwertes des Kindeswohls wird man die **Fortdauer** der internationalen Zuständigkeit eher **ablehnen**, zumal mit deren Wegzug des Kindes sich häufig auch die zu bewertende und zu gestaltende Sachlage ändert. Die Verfasser der EheGVÜ selbst hielten Art 3 Abs 3 aF nicht für eine perpetuatio fori, die sie für die Sorgerechtssachen grundsätzlich ablehnten (aaO). Das ist zwar eine wohl falsche Deutung der Funktion dieser Bestimmung, aber man kann daraus entnehmen, daß sie nicht gilt, wenn das Kind seinen gewöhnlichen Aufenthalt aus dem Gerichtsstaat verlegt. Man käme freilich faktisch zu einer perpetuatio fori, wenn man bei Kindesentführung einen **Fortbestand des gewöhnlichen Aufenthalts** fingierte (so Siehr, in: FS Lorenz [2001] 590; Martiny ERA-Forum 1/2003, 105). Das ist **jedoch nicht** so. Die Kindesentführung erschwert nur die Entstehung eines neuen gewöhnlichen Aufenthalts (vgl Art 8 Rn 11 ff).

70 Im Fall des Art 3 Abs 2 aF freilich beruht die Zuständigkeit nicht auf dem Aufenthalt, sondern auf dem **Einverständnis der Eltern**. Da dieses unwiderruflich ist (o Rn 21), kann dieser Zuständigkeitsgrund nicht entfallen. Das erklärt vielleicht auch, daß es bei seinem Vorbild in Art 10 KSÜ nicht diskutiert wurde. An der Grundlage des Abs 2, daß dieses Gericht auch ohne Anwesenheit des Kindes geeignet sei, das Kindeswohl zu beurteilen, ändert sich nichts dadurch, daß das Kind von einem anderen Staat in einen dritten umzieht, denn es war voraussetzungsgemäß auch bisher nicht im Gerichtsstaat anwesend. Und es macht auch keinen Unterschied, ob der neue Aufenthalt im Gebiet der EheGVO oder außerhalb liegt (Schlosser Rn 5). **Wegfallen** kann allerdings damit **das Kindeswohl** und damit auch die Zuständigkeit.

2. EheGVO nF

a) Art 12 nF

71 Da Art 12 Abs 1 und 2 nF die alte Regelung im wesentlichen übernehmen, wird man auch wie bereits zu Art 3 aF ausgeführt entscheiden können. Hier kann nur eine Annexzuständigkeit aufgrund des Einverständnisses der Eheleute bei Abwesenheit des Kindes entstehen. Da dieses nicht widerruflich ist, dauert die Zuständigkeit wie bei Art 3 Abs 2 aF fort, wenn nicht nun das Kindeswohl entgegensteht.

b) Art 8 nF

72 Die Zuständigkeit für **isolierte Sorgerechtsanträge** kraft gewöhnlichen Aufenthalts des Kindes ist dem KSÜ entnommen, und schon wegen dieser Herkunft sollte eine perpetuatio fori abgelehnt werden, wenn das Kind seinen Lebensmittelpunkt aus diesem Staat verlegt. Im Übrigen gelten auch die oben Rn 69 genannten Gründe.

Artikel 13
Zuständigkeit aufgrund der Anwesenheit des Kindes

(1) Kann der gewöhnliche Aufenthalt des Kindes nicht festgestellt werden und ist kein mitgliedstaatliches Gericht gemäß den Artikeln 11 oder 12 zuständig, sind die Gerichte des Mitgliedstaats zuständig, in dem sich das Kind befindet.

(2) Absatz 1 gilt auch für Kinder, die Flüchtlinge oder, aufgrund von Unruhen in ihrem Land, ihres Landes Vertriebene sind.

Bis 28. 2. 2005 geltende Regelung: Keine Entsprechung.

Artikel 14
Restzuständigkeit

Soweit sich aus den Artikeln 8 bis 13 keine Zuständigkeit eines Gerichts eines Mitgliedstaats ergibt, bestimmt sich die Zuständigkeit in jedem Mitgliedstaat nach dem Recht dieses Staates.

Bis 28. 2. 2005 geltende Regelung: Art 8 aF (s Textanhang).

Systematische Übersicht

Alphabetische Übersicht

I. Nationales Recht für die elterliche Verantwortung

1. Neues Recht

Art 14 nF enthält heute für die elterliche Verantwortung einen gesonderten Verweis auf **nationale Zuständigkeitsregeln**, wenn sich aus der EheGVO nF keine Zuständigkeit in irgendeinem Mitgliedstaat ergibt. Der Inhalt ist jedoch derselbe wie bisher in Art 8 Abs 1 aF, der für Ehesachen und Sorgerecht gleichermaßen gilt. Doch sind nach der Einführung der unabhängigen Aufenthaltszuständigkeit in Art 8 und der Hilfszuständigkeit in Art 13 heute **kaum noch Fälle** denkbar. Ist das Kind im Gebiet der EheGVO, ist irgendwo immer eine Zuständigkeit nach Art 8, notfalls Art 13, gegeben nur nicht notwendig eine Annexzuständigkeit, denn dafür kann das Einverständnis der Ehegatten fehlen. 1

Lebt das Kind in einem Drittstaat, der Mitglied des MSA oder des KSÜ ist, so gelten diese. Nach Art 60 lit a und 61 nF gilt der Vorrang der EheGVO nur im Verhältnis der Mitgliedstaaten der EheGVO bzw, wenn das Kind seinen gewöhnlichen Aufenthalt in einem Mitgliedstaat der EheGVO hat. Andernfalls kommen diese Staatsverträge zum Zuge und, wenn auch sie nicht anwendbar sind, nationales Recht.

2. Altes Recht

Unter dem alten Recht ist das anders. Art 3 aF begründet nur eine Annexzuständigkeit und setzt daher eine anhängige Ehesache voraus. Ist das in keinem Mitgliedstaat der Fall, dann gilt schon deswegen nur nationales Recht einschließlich von Staatsverträgen. Ist in einem Mitgliedstaat ein Eheverfahren anhängig, dann setzt die Annexzuständigkeit aber noch weiter den gewöhnlichen Aufenthalt des Kindes im Inland oder andernfalls nach Art 3 Abs 2 aF das Einverständnis der Ehegatten mit der Zuständigkeit des angerufenen Gerichts voraus. Fehlen die speziellen Voraussetzungen der Annexzuständigkeit **im Staat des Eheverfahrens**, so gibt es nach der EheGVO aF keine Zuständigkeit für die elterliche Verantwortung. denn zugleich verhindert die Anhängigkeit der Ehesache in einem Mitgliedstaat nach Art 11 aF, daß eine Ehesache, die als Basis für eine Annexzuständigkeit dienen könnte, in einem anderen Mitgliedstaat anhängig gemacht werden kann. Zwar ist das zweite Eheverfahren zunächst nur auszusetzen, bis das erstbefaßte Gericht über seine internationale Zuständigkeit entschieden hat. Und erst wenn es sie verneint, kann das zweite Verfahren durchgeführt werden, aber die Chance ist keine Basis für eine Annexzuständigkeit. Damit fehlt eine Zuständigkeit für die elterliche Verantwortung insgesamt. Ist im Eheverfahren keine Regelung vorzunehmen, ist der Weg frei für eine **selbständige Regelung** gemäß nationalem Recht. Die Möglichkeit allein, im Eheverfahren einen Antrag zu stellen, hindert nicht. 2

Art 7 aF greift auch hier **begrenzend** ein (Thomas/Putzo/Hüsstege Art 3 EheGVO aF Rn 15). Er sieht vor, daß, auch wenn nationales Zuständigkeitsrecht anwendbar ist, Angehörige eines Mitgliedstaates oder Personen mit gewöhnlichem Aufenthalt nur 3 nach Maßgabe der Art 2 bis 6 aF verklagt werden können. Die Verfasser des EheGVÜ erwähnen zu Art 8 aF auch die Fragen der **elterlichen Verantwortung**, soweit sie im Zusammenhang mit der Ehesache zu regeln seien (Borrás-Bericht Nr 44). Nur Minderjährigenschutzmaßnahmen, die außerhalb eines anhängigen Eheverfahrens ergriffen werden, fielen nicht unter diese Bestimmung.

4 Wenn ein deutsch-schweizerisches Ehepaar in der Schweiz lebt, dann kann auch der Schweizer Staatsangehörige nach § 606a Abs 1 S 1 Nr 1 ZPO in Deutschland die Scheidung beantragen. Art 6 EheGVO erlaubt das gegen den Deutschen nur dort, weil der deutsche Antragsgegner dann in seinem Heimatstaat verklagt wird. Soll in Belgien, was natürlich wenig wahrscheinlich ist (vielleicht weil das Kind dort lebt), ein Sorgerechtsverfahren eingeleitet werden, so steht Art 8 aF EheGVO entgegen, wenn man ihn auf den Sorgerechtsantrag und **Antragsgegner bezieht**. Der Wortlaut des Art 7 aF unterscheidet in der Tat die beiden Verfahren nicht, so daß der deutsche Ehegatte auch in der Sorgerechtssache nicht außerhalb Deutschlands Recht nehmen muß.

II. Nationales Recht einschließlich Staatsverträge

1. Staatsverträge

5 Als deutsche Regelung kommt bei Anhängigkeit der Ehesache im Ausland § 35 FGG in Frage. Jedoch gilt in Deutschland vorrangig Art 1 MSA, so daß eine Zuständigkeit ausscheidet, wenn das Kind sich in einem von dessen Mitgliedstaaten gewöhnlich aufhält.

6 **Auch Staatsverträge** gehören grundsätzlich zum nationalen Recht (Schlosser Art 8 EheGVO aF Rn 3). Zwar gibt Art 60 lit a (Art 37 aF) der EheGVO den Vorrang vor dem MSA. Ob der betreffende andere Mitgliedstaat der EheGVO das MSA ratifiziert hat, ist dabei nicht erheblich (zum Verhältnis von EheGVO aF und kindschaftsrechtlichen Staatsverträgen Martiny ERA-Forum 2003, 97 ff; zu letzterem A Schulz ERA-Forum 2003, 73 ff). Doch wenn während der Dauer des Eheverfahrens eine Sorgerechtsregelung überhaupt ausgeschlossen wäre, obwohl dort kein Antrag gestellt wird, widerspräche das dem Kindeswohl. Es kann auch nicht der Zweck der EheGVO sein, zwar nationales Recht zuzulassen, und nur gerade die Haager Übereinkommen auszuschalten. Ist die Ehesache in den Niederlanden anhängig, besteht aber keine Sorgerechtszuständigkeit wegen fehlenden Einverständnisses der Ehegatten gem Art 3 Abs 2 aF, und ist das Kind in Deutschland, so gilt Art 1 MSA, nicht § 35 FGG. Ist es Frankreich, kann nur dort geregelt werden wegen Art 1 MSA, nicht auch in Deutschland. Ist es in Belgien, das das MSA nicht hat ratifiziert hat, gilt dagegen § 35 FGG.

2. Vorrang der EheGVO vor dem MSA

7 Der Vorrang der EheGVO gilt sinnvollerweise nicht, wenn sie selbst **auf nationales Recht verweist**. Damit drückt sie aus, daß sie in diesen Fallkonstellationen nicht gelten will und daß diese nicht in ihren Anwendungsbereich fallen. Gibt es keine Zuständigkeit gem der EheGVO in einem Mitgliedstaat, dann gehört also zum nationalen Zuständigkeitsrecht ggf auch das MSA.

Art 60 lit a und 61 (Art 37 aF) erklären den Vorrang der EheGVO vor MSA und KSÜ nur **„in den Beziehungen zwischen den Mitgliedstaaten"** der EheGVO. Das bei Art 12 Rn 28 ff zu Art 8 und 7 aF Gesagte gilt auch für Art 14 nF. **8**

Artikel 15
Verweisung an ein Gericht, das den Fall besser beurteilen kann

(1) In Ausnahmefällen und sofern dies dem Wohl des Kindes entspricht, kann das Gericht eines Mitgliedstaats, das für die Entscheidung in der Hauptsache zuständig ist, in dem Fall, dass seines Erachtens ein Gericht eines anderen Mitgliedstaats, zu dem das Kind eine besondere Bindung hat, den Fall oder einen bestimmten Teil des Falls besser beurteilen kann,

a) die Prüfung des Falls oder des betreffenden Teils des Falls aussetzen und die Parteien einladen, beim Gericht dieses anderen Mitgliedstaats einen Antrag gemäß Absatz 4 zu stellen, oder

b) ein Gericht eines anderen Mitgliedstaats ersuchen, sich gemäß Absatz 5 für zuständig zu erklären.

(2) Absatz 1 findet Anwendung

a) auf Antrag einer der Parteien oder

b) von Amts wegen oder

c) auf Antrag des Gerichts eines anderen Mitgliedstaats, zu dem das Kind eine besondere Bindung gemäß Absatz 3 hat.

Die Verweisung von Amts wegen oder auf Antrag des Gerichts eines anderen Mitgliedstaats erfolgt jedoch nur, wenn mindestens eine der Parteien ihr zustimmt.

(3) Es wird davon ausgegangen, dass das Kind eine besondere Bindung im Sinne des Absatzes 1 zu dem Mitgliedstaat hat, wenn

a) nach Anrufung des Gerichts im Sinne des Absatzes 1 das Kind seinen gewöhnlichen Aufenthalt in diesem Mitgliedstaat erworben hat oder

b) das Kind seinen gewöhnlichen Aufenthalt in diesem Mitgliedstaat hatte oder

c) das Kind die Staatsangehörigkeit dieses Mitgliedstaats besitzt oder

d) ein Träger der elterlichen Verantwortung seinen gewöhnlichen Aufenthalt in diesem Mitgliedstaat hat oder

e) die Streitsache Maßnahmen zum Schutz des Kindes im Zusammenhang mit der Verwaltung oder der Erhaltung des Vermögens des Kindes oder der Verfügung über dieses Vermögen betrifft und sich dieses Vermögen im Hoheitsgebiet dieses Mitgliedstaats befindet.

(4) Das Gericht des Mitgliedstaats, das für die Entscheidung in der Hauptsache zuständig ist, setzt eine Frist, innerhalb deren die Gerichte des anderen Mitgliedstaats gemäß Absatz 1 angerufen werden müssen.

Werden die Gerichte innerhalb dieser Frist nicht angerufen, so ist das befasste Gericht weiterhin nach den Artikeln 8 bis 14 zuständig.

(5) Diese Gerichte dieses anderen Mitgliedstaats können sich, wenn dies aufgrund der besonderen Umstände des Falls dem Wohl des Kindes entspricht, innerhalb von sechs Wochen nach ihrer Anrufung gemäß Absatz 1 Buchstabe a) oder b) für zuständig erklären. In diesem Fall erklärt sich das zuerst angerufene Gericht für unzuständig. Anderenfalls ist das zuerst angerufene Gericht weiterhin nach den Artikeln 8 bis 14 zuständig.

(6) Die Gerichte arbeiten für die Zwecke dieses Artikels entweder direkt oder über die nach Artikel 53 bestimmten Zentralen Behörden zusammen.

Bis 28. 2. 2005 geltende Fassung: Keine Entsprechung.

Die Regelung ist Art 8 KSÜ nachgebildet und bringt nur für **Sorgerechtsangelegenheiten** in das deutsche Zuständigkeitsrecht die Lehre vom Forum non conveniens ein, die ihre Wurzel im angelsächsischen Recht hat (dazu zB WAHL, Die verfehlte internationale Zuständigkeit, [1974]). Sie wurde bisher einhellig auch für das EuGVÜ und die EheGVO abgelehnt (Nachw bei GERMER/SCHÜTZE, EurZVR A.1 Art 2 Rn 70 ff). Zu ihrer Erläuterung ist auf Kommentare zum KSÜ zu verweisen.

Abschnitt 3
Gemeinsame Bestimmungen

Artikel 16
Anrufung eines Gerichts

Ein Gericht gilt als angerufen

a) zu dem Zeitpunkt, zu dem das verfahrenseinleitende Schriftstück oder ein gleichwertiges Schriftstück bei Gericht eingereicht worden ist, vorausgesetzt, dass der Antragsteller es in der Folge nicht versäumt hat, die ihm obliegenden Maßnahmen zu treffen, um die Zustellung des Schriftstücks an den Antragsgegner zu bewirken,

oder

b) falls die Zustellung an den Antragsgegner vor Einreichung des Schriftstücks bei Gericht zu bewirken ist, zu dem Zeitpunkt, zu dem die für die Zustellung verantwortliche Stelle das Schriftstück erhalten hat, vorausgesetzt, dass der Antragsteller es in der Folge nicht versäumt hat, die ihm obliegenden Maßnahmen zu treffen, um das Schriftstück bei Gericht einzureichen.

Bis 28. 2. 2005 geltende Regelung: Art 11 aF (s Textanhang).

Schrifttum

Vgl Schrifttum zu Art 19 EheGVO.

Systematische Übersicht

Alphabetische Übersicht

I. Allgemeines

Art 16 nF entnimmt aus dem alten Art 11 aF dessen Abs 4 und stellt ihn als allgemeine Bestimmung den – wenigen – gemeinsamen **Bestimmungen über den Verfahrensablauf** voran. Insgesamt befaßt sich die EheGVO nur mit Verfahrensfragen, wo das dringend erscheint. Im übrigen bleiben sie den nationalen Regelungen 1 überlassen. Art 11 aF ist wie Art 19 nF nötig, weil wegen des Systems konkurrierender Zuständigkeiten sonst parallele Verfahren mit konkurrierenden Urteilen möglich wären. Letztere würden sich auch gegenseitig an der Anerkennung hindern (Art 21 nF bzw 15 Abs 1 lit c und d aF). Diese Konsequenzen des Zuständigkeitssystems mußten durch eine Rechtshängigkeitssperre vermieden werden (Gruber FamRZ 2000, 1132; u Art 19 Rn 1 ff).

2 Bei der entsprechenden Regelung in Art 21 EuGVÜ (jetzt Art 27 und 30 EuGVO) ergaben sich Unzuträglichkeiten wegen der in den nationalen Rechten verschiedenen Regel über den Beginn der Rechtshängigkeit. Der EuGH hatte zu Art 21 EuGVÜ entschieden, daß die jeweilige nationale lex fori ergebe, ob die Rechtshängigkeit zeitlich durch Einreichung der Klage oder erst durch deren Zustellung eintrete (EuGH 7. 6. 1984 Rs 129/83 – Zelger/Salinitri – Slg 1984, 2397, 2414; EuGH 8. 12. 1987 Rs 144/86 – Gubisch/Palumbo – Slg 1987, 4861). Das erlaubte einem Beklagten, vor allem wenn er mit der ihm noch nicht zugestellten Klage rechnete, ggf deren erst durch Zustellung eintretenden Rechtshängigkeit dadurch zuvorzukommen, daß er seinerseits die Klage zB auf negative Feststellung bei einem Gericht einreichte, wo schon das die Rechtshängigkeit begründet (zB BGH 12. 2. 1992 IPRax 1994, 40; BGH 9. 10. 1985 IPRax 1987, 314 [Jayme 295]; OLG Koblenz 30. 11. 1990 EuZW 1991, 158). Das wird nun ausgeschlossen, indem der maßgebende Zeitpunkt einheitlich festgelegt und vorverlegt wird. Dieselbe Regelung findet sich, nun ebenfalls in einer selbständigen Bestimmung, in Art 30 EuGVO.

3 Diese Ablösung des Tatbestands der „Anrufung des Gerichts“ von den nationalen Rechtshängigkeitsregelungen, die dann an die Spitze der „gemeinsamen Bestimmungen“ gestellt wird, wirft die Frage auf, **wofür** denn nun **diese Festlegung des Zeitpunkts** der Anrufung eines Gerichts alles gelten soll außer für die Rechtshängigkeit: Von Anrufung des Gerichts ist noch in Art 17 (Art 9 aF) die Rede. Hier geht es aber nicht um die Bestimmung eines festen Zeitpunktes. Dagegen stellt Art 8 (gewöhnlicher Aufenthalt des Kindes bei Antragstellung) auf den Zeitpunkt der Antragstellung ab. Das könnte und sollte der Einfachheit halber wohl derselbe sein wie der in Art 19 (Anhängigkeit), so daß auch er also nach Art 16 festgestellt werden kann. Dagegen ist der Zeitpunkt der Anhängigkeit in Art 12 Abs 1 (Art 3 Abs 2 aF) zwar nicht genannt, aber von Bedeutung, weil erst mit diesem Zeitpunkt eine Annexzuständigkeit für die elterliche Sorge entstehen kann. Es dürfte weiter auch der Zeitpunkt des Art 16 (Art 11 Abs 4 aF) übereinstimmen mit dem Zeitpunkt der „Antragstellung“ in Art 3 Abs 1 lit a 5. und 6. Str (Art 2 Abs 1 lit a 5. und 6. Str aF). Hauptanwendungsbereich des Art 16 (Art 11 Abs 4 aF) ist aber die **Prioritätsbestimmung** bei konkurrierenden Verfahren.

II. Anrufung des Gerichts

1. Anhängigkeit

4 Nach Art 19 (Art 11 aF) hat das zuerst „angerufene“ Gericht den Vorrang. Mit dieser Formulierung unterscheidet sich die EheGVO bewusst und erkennbar von nationalen Vorstellungen von „Rechtshängigkeit“. In der Sache handelt es sich um das, was man im deutschen Recht als **Anhängigkeit** bezeichnet (zB iSd §§ 66, 147 ZPO).

2. Verfahrenseinleitendes Schriftstück

Der Zeitpunkt, der dann für die Priorität maßgibt, wird bestimmt nach der Einreichung des verfahrenseinleitenden Schriftstücks bei Gericht oder seiner Übergabe an die für die Zustellung an den Antragsgegner zuständige Stelle. **Welches Schriftstück** einzureichen und zuzustellen sind, um das Verfahren einzuleiten, sagt das nationale Recht ebenso, wie wann das Eheverfahren beginnt. Es ist denkbar, daß zunächst nur pauschale Angaben in einem ersten Schriftstück gefordert sind, die dann in einem weiteren Schriftstück zu konkretisieren sind, so daß zunächst nur der Gegenstand des Verfahrens identifiziert wird. Für die Rechtshängigkeit iSd Art 19 (Art 11 aF) genügt dieses Schriftstück; für das rechtliche Gehör in Art 18 (Art 10 aF) genügt dessen Zustellung dagegen möglicherweise nicht. Auch das „verfahrenseinleitende Schriftstück" ist nicht immer, wo es genannt wird, dasselbe. **5**

Der unterschiedliche Zweck könnte sich beim **Prozeßkostenhilfeantrag** auswirken. Man wird ihn unter Art 19 (Art 11 aF) subsumieren, wenn die Klage demnächst erhoben wird. Dies vermeidet, daß der Antragsgegner mit einem eigenen Antrag in die Zeitspanne zwischen der Entscheidung über den Prozeßkostenhilfeantrag und der Klagerhebung stößt und damit das mit dem Prozeßkostenhilfeantrag vorbereitete Verfahren sperrt. (Die zu Art 34 EuGVO viel erörterten Mahnbescheide, EuGH 13. 7. 1995 Rs C-474/93 – Hengst – IPRax 1996, 262 [Grunsky 257], spielen hier keine Rolle.) Das „verfahrenseinleitende Schriftstück" für Art 22 (Art 15 Abs 2 aF) und für das Anerkennungshindernis der nicht ausreichenden Ladung ist dagegen nur der Antrag selbst, denn über den genauen Inhalt der Klage braucht erst diese zu informieren. **6**

3. Einreichung und Zustellung

Die differenzierende Regelung in Abs 1 und 2 erklärt sich durch die Verschiedenheit der **nationalen Systeme der Verfahrenseinleitung**. In einigen ist der Antrag bei Gericht einzureichen und wird dann vom Gericht von Amts wegen oder im Parteibetrieb dem Beklagten zugestellt, wobei die Rechtshängigkeit teils mit der Klageeinreichung eintritt (zB Italien), zT erst mit ihrer Zustellung an den Beklagten (zB Deutschland). Anscheinend kann es auch vorkommen, daß der zuvor bei Gericht eingereichte Antrag durch den Antragsteller dem Antragsgegner zuzustellen ist (Rvgl bei Frank, Das verfahrenseinleitende Schriftstück, 35 ff; der Borrás-Bericht gibt keine Beispiele dafür). **7**

Schreibt die **lex fori** vor, daß der Antrag bzw das verfahrenseinleitende Schriftstück zuerst beim Gericht einzureichen ist, dann liegt die Alternative a des Abs 1 (Art 11 Abs 4 lit a aF) vor. Ist die Antragsschrift erst dem Beklagten zuzustellen, dann gilt Abs 2 (Art 11 Abs 4 lit b aF), und es ist die Übergabe an das amtliche Zustellungsorgan entscheidend. Eine private Zustellung des Klägers an den Beklagten genügt nicht (OLG Köln 8. 9. 2003 EWiR 2004, 441; Emde NJW 2004, 1830 ff; **aA** LG Trier NJW-RR 2003, 287; wohl Schlosser Art 30 EuGVO aF). Sollte diese in einem nationalen Recht vorgesehen sein, kann die Anhängigkeit erst dann eintreten, wenn der Antragsteller die Klage bei Gericht einreicht oder dort einen Termin beantragt. **8**

Sowohl nach lit a wie nach lit b (Art 11 Abs 4 lit a und b aF) tritt die Anhängigkeit bereits **vor der Zustellung** an den Beklagten ein. Ist im Recht des einen der beiden **9** befaßten Gerichte der Antrag erst bei Gericht einzureichen und beim anderen erst amtlich zuzustellen, dann ist entscheidend, ob das Gericht oder das Zustellungsorgan den Antrag zuerst erhalten hat. Im deutschen Recht legt ggf schon die Einreichung des Prozeßkostenhilfeantrags den Zeitpunkt für die Priorität fest (o Rn 6).

10 Die Sperrwirkung tritt aber nur unter der Voraussetzung ein, daß der Antragsteller auch das **weiter Nötige** tut oder schon getan hat, damit die Antragsschrift dem Gegner zugestellt werden kann, oder im Fall, daß erst dem Beklagten zuzustellen war, er die Schrift dann beim Gericht einreicht. Das dafür Nötige hat er eigentlich schon mit der Absendung getan. Er dürfte aber auch das **Risiko** des **Zugangs** des Schriftstückes beim Gericht oder beim Zustellungsorgan tragen müssen, so daß darauf abzustellen ist.

11 Was der Antragsteller im Einzelnen zu tun hat, sagt die **lex fori** (Thomas/Putzo/Hüsstege Art 30 EuGVO aF Rn 7). Man denkt in Deutschland insbesondere an die Einreichung der erforderlichen Abschriften der Klage, an die Mitteilung der ladungsfähigen Anschrift des Antragsgegners und an die Einzahlung des Gerichtskostenvorschusses (§ 65 GKG). Ist zunächst der Prozeßkostenhilfeantrag gestellt worden, so muß nicht nur dieser zugestellt, sondern natürlich dann auch unverzüglich die Klage erhoben werden.

12 Art 16 EheGVO sagt nichts über **Fristen**, innerhalb deren das Nötige zu tun, dh die Zustellung zu betreiben oder die Klage bei Gericht einzureichen ist. Der Rückgriff auf nationales Recht liegt nahe (so Thomas/Putzo/Hüsstege Art 30 EuGVO aF Rn 4; Schlosser Art 30 EuGVO Rn 1). Wenn dieses nicht unverzügliches Handeln verlangt, sondern bestimmte Fristen vorsieht, kann man vom Antragssteller nicht wegen Art 16 (Art 11 Abs 4 aF) verlangen und erwarten, daß er früher handelt, daß zB die Zustellung demnächst erfolgt (Schlosser Art 30 EuGVO aF Rn 1).

13 Man kann für das deutsche Verfahren wohl die Rechtsprechung zu **§ 167 ZPO** heranziehen (Thomas/Putzo/Hüsstege Art 30 EuGVO aF Rn 4, **aA** für § 286 ZPO Schlosser aaO). Danach kommt es entscheidend auf die Umstände des Einzelfalles an (zum Prozeßkostenvorschuß BGH 29. 6. 1993 NJW 1993, 2811; Wax NJW 1994, 2331; zu Klageabschriften BGH 24. 6. 1974 VersR 1974, 1106; ladungsfähige Anschrift BGH 25. 2. 1971 NJW 1971, 891). Ob dies Rechtsprechung zu § 167 ZPO nicht etwas zu großzügig ist, bleibt aber zu fragen (enger Hess NJW 2002, 2423; bedenklich BGH 31. 10. 2000 NJW 2001, 885: mehrere Monate). **Verzögerungen durch das Gericht** sind allemal unschädlich (BGH NJW 2000, 2282), wenn der Antragsteller das ihm Obliegende getan hat.

14 Wenn man dem Antragsteller die Fristen der lex fori gewährt, so führt das zu **unbefriedigenden Ergebnissen**, wenn sie dem Kläger **freie Hand** läßt, ob und wann das Verfahren durch Zustellung fortgesetzt werden soll. Er könnte den ersten Schritt tun, zB die Klage bei Gericht einreichen, und damit auf unbestimmte Zeit alle anderen Anträge blockieren, ohne das Verfahren weiter in Gang zu bringen, so daß das Gericht nicht einmal über seine Zuständigkeit entscheiden kann, um so ggf den Weg für andere Gerichte freizumachen. Dasselbe gälte für einen Prozeßkostenhilfeantrag, wenn dann nicht die Klage erhoben wird.

15 Versäumt der Antragsteller die weiteren Maßnahmen ganz, so tritt zwar gem Art 19

(Art 11 aF) zumindest die Rechtshängigkeitssperre nicht ein, unabhängig davon, ob nach der lex fori Rechtshängigkeit entstanden ist (Schlosser EU-ZPR Art 30 EuGVO aF). Damit ist aber noch nichts zur Frage gesagt, ab wann die Maßnahmen als nicht ergriffen anzusehen sind und die Sperre entfällt. Es ist zwar wahrscheinlich, daß die lex fori keine Rechtshängigkeitssperre eintreten läßt, solange der Kläger noch frei entscheiden kann, ob überhaupt ein Verfahren stattfinden soll, aber die EheGVO bestimmt gerade selbst und **autonom**, wann die Sperre eintritt. Man muß daher für den Fall, daß die lex fori **keine Fristen** setzt, Abs 4 ergänzend auslegen und wohl am besten ein Handeln des Klägers **ohne schuldhaftes Zögern** verlangen, damit nicht gewissermaßen auf Vorrat eine Rechtshängigkeitssperre bewirkt wird. Bezieht man den Prozeßkostenhilfeantrag mit ein (o Rn 6), dann muß die Klage also ohne Zögern auch erhoben werden.

4. Klageerweiterungen

Bei Klageerweiterungen und Widerklagen ist jeweils auf **deren Erhebung** abzustellen (Schlosser EU-ZPR Art 30 EuGVO). Das gilt insbesondere für Anträge auf Regelung der elterlichen Verantwortung im Rahmen eines Eheverfahrens (Schlosser EU-ZPR Art 30 EuGVO Rn 4). Wird darüber ohne Antrag von Amts wegen entschieden, bestimmt der erste aktenkundige Niederschlag der Befassung des Gerichts damit die Priorität (Schlosser aaO). 16

Artikel 17
Prüfung der Zuständigkeit

Das Gericht eines Mitgliedsstaats hat sich von Amts wegen für unzuständig zu erklären, wenn es in einer Sache angerufen wird, für die es nach dieser Verordnung keine Zuständigkeit hat und für die das Gericht eines anderen Mitgliedstaats aufgrund dieser Verordnung zuständig ist.

Bis 28. 2. 2005 geltende Regelung: Art 9 aF (s Textanhang) (unverändert).

Systematische Übersicht

Alphabetische Übersicht

I. Allgemeines

1 Art 17 (Art 9 aF) enthält **zwei Aussagen**. Zum einen ist von Amts wegen die internationale Zuständigkeit zu prüfen, und ist die Klage abzuweisen, wenn sie fehlt, jedoch zum anderen nur, wenn sich aus der EheGVO die Zuständigkeit eines anderen Mitgliedstaates ergibt. Letztere Begrenzung bedeutet natürlich weder, daß das deutsche Gericht in der Sache entscheiden müßte, obwohl es nicht international zuständig ist, nur weil auch kein anderer Mitgliedstaat nach der EheGVO zuständig ist, noch gar, daß es die Klage abweisen müßte, wenn sich seine Zuständigkeit nicht aus Art 3 bis 5 (Art 2 bis 6 aF), sondern „nur" aus einer deutschen Restzuständigkeit ergibt, die Art 7 Abs 1 (Art 8 Abs 1 aF) gerade zuläßt.

2 Der Sinn dieser eigenartigen Regelung, die die inländische Zuständigkeit von einer ausländischen abhängig macht, erschließt sich im **Zusammenhang mit 7 Abs 1 (Art 8 Abs 1 aF)**. Danach kommt eine **Restzuständigkeit** nach nationalem, also deutschem Recht erst in Betracht, wenn eine Zuständigkeit nach Art 3–5 (Art 2–6 aF) auch in keinem anderen Mitgliedstaat besteht. Gibt es aber eine solche, dann muß der Kläger eben dort klagen und eine Klage im Inland ist abzuweisen. Eine Verweisung selbst innerhalb Europas kennt die EheGVO nicht. Fehlt eine solche Zuständigkeit innerhalb des Gebietes der EheGVO, dann kann aber noch eine des Gerichts nach nationalem Recht bestehen, und die Klage ist natürlich nicht abzuweisen, sondern nur, wenn es auch daran fehlt.

3 Der Borrás-Bericht (Nr 49) sieht durchaus, daß es die gleichrangigen alternativen Gerichtsstände einem Ehegatten erlauben, das Gericht mit dem für ihn günstigeren Kollisionsrecht auszuwählen. Prüfung von Amts wegen, dh ohne Rüge des Beklagten, kann aber nur der Anrufung eines unzuständigen Gerichts wehren, nicht dem **Forum shopping**, wie der Borrás-Bericht wohl hofft. Es handelt sich um die Wahl unter zuständigen Gerichten. Höchstens die Zuständigkeitserschleichung kann damit bekämpft werden (vgl Vorbem 44 ff zu Art 1; krit unter anderen Gesichtspunkten Rauscher/Rauscher Art 9 EheGVO aF Rn 1).

II. Prüfung der Zuständigkeit

1. Amtsprüfung

4 Die Pflicht in Art 17 (Art 9 aF), von Amts wegen zu prüfen, bezieht sich nur auf die **Zuständigkeit nach der EheGVO**. Eine Zuständigkeit durch rügelose Einlassung oder Vereinbarung lehnt die EheGVO ab (vgl Art 6 Rn 21). Für die Restzuständigkeiten bleibt es bei den Prüfungsregeln des nationalen, deutschen Rechts (MünchKomm-ZPO/Gottwald Art 9 EheGVO aF Rn 3). Auch hier gilt aber Amtsprüfung.

Prüfung von Amts wegen heißt **nicht Ermittlung** der Tatsachen von Amts wegen (wie etwa in § 12 FGG). Was genau unter jener zu verstehen bzw wie genau dabei zu verfahren ist, sagt die EheGVO nicht. Der Borrás-Bericht (Nr 49) betont nur, daß es keiner Unzuständigkeitsrüge bedarf. Im übrigen ist den **deutschen Regeln** zu folgen (dazu grundlegend Rimmelspacher, Zur Prüfung von Amts wegen im Zivilprozeß [1966]), denn es gibt keine hinreichend detaillierten europäischen Verfahrensregeln (**aA** Rauscher/Rauscher Art 9 EheGVO aF Rn 13, doch entsprächen die zu Art 25 EuGVO entwickelten weitgehend den deutschen). Es gilt zunächst, daß der Antragsteller die objektive **Beweislast** für die zuständigkeitsbegründende Tatsachen trägt, und daß das Gericht weiter seine Zuständigkeit nur bejahen kann, wenn es von ihnen überzeugt ist (Kropholler Art 25 EuGVO Rn 4). Andernfalls muß der Antragsteller weitere Beweise anbieten. Keinesfalls genügt, daß der Antragsgegner nicht bestreitet oder gar zugesteht. Es ist gerade in Ehesachen denkbar, daß die Parteien gemeinsam eine Zuständigkeit „konstruieren" wollen. Nach Auffassung des BGH (9. 7. 1987 NJW 1987, 2875; 4. 6. 1992 NJW-RR 1992, 1338) soll der Richter auch von sich aus im Wege des Freibeweises Beweis für die Zuständigkeit erheben dürfen. Dem ist nicht zuzustimmen (Rosenberg/Schwab/Gottwald ZPR § 109 Rn 8; Stein/Jonas/Leipold vor § 355 Rn 21; **aA** Rauscher/Rauscher Art 9 EheGVO aF). 5

Doppelfunktionelle Tatsachen, die also sowohl ggf die Zuständigkeit als auch die Klage selbst begründen, müssen im Allgemeinen für die Zuständigkeit nur schlüssig behauptet, nicht schon bewiesen werden (BGH 9. 12. 1963 NJW 1964, 497; Schumann, in: FS Nagel [1987] 416 f; Gottwald IPRax 1995, 75). Sie können aber bei Art 3 (Art 2 aF) tatsächlich kaum vorkommen (**aA** Rauscher/Rauscher Art 9 EheGVO aF Rn 13). 6

Der Borrás-Bericht (Nr 49) erwähnt noch ausdrücklich, daß das Gericht seine Zuständigkeit nach der EheGVO von Amts wegen nur dann zu prüfen habe, wenn es in der Hauptsache angerufen werde, nicht, wenn die Ehesache nur eine Nebensache sei. Gemeint ist wohl eine **Vorfrage** zB für ein Erbrecht. Das versteht sich, da die Zuständigkeiten sich nach der Hauptsache richten. 7

2. Rechtsmittelinstanzen

Nach dem Wortlaut von §§ 513 Abs 2 und 545 Abs 2 ZPO nF kann die Unzuständigkeit des Gerichts erster Instanz weder mit der Berufung noch mit der Revision mehr gerügt werden. Die internationale Zuständigkeit ist jedoch von Amts wegen auch noch in der Revisionsinstanz zu prüfen. Das ergibt sich für die EheGVO schon aus Art 68 Abs 1 EGV, wonach nur die letzte Instanz Fragen der Auslegung der EheGVO dem EuGH vorlegen darf und muß (vgl Vorbem 62 ff zu Art 1). Es gilt jedoch auch bei Anwendung der nationalen Restzuständigkeiten nach Art 9 (Art 8 aF) trotz der allgemeinen Nennung der „Zuständigkeit". Denn sie hat eine wesentlich andere und größere Bedeutung als die örtliche und sachliche. Während alle inländischen Gerichte über den Antrag gleich entscheiden würden, hängt von der internationalen Zuständigkeit gem dem IPR des angerufenen Gerichts, das international verschieden ist, das anzuwendende Recht und damit das Urteil ab (BGH 28. 11. 2002 2002 FamRZ 2003, 370; dazu näher § 606a ZPO Rn 38). 8

III. Abweisung

9 Ggf ist der Antrag durch **Prozeßurteil als unzulässig abzuweisen**. Daß die Abweisung auch darauf gestützt wird, daß ein anderer Mitgliedstaat zuständig ist, ändert natürlich nichts, denn eine grenzüberschreitende Verweisung ist nicht möglich. Nicht zulässig wäre eine Aussetzung, um das Entstehen der Zuständigkeit abzuwarten, zB die Fristen des Art 3 (Art 2 aF) Abs 1 lit a 5. oder 6. Str. Mit der Abweisung ist dann der Weg frei für einen neuen Antrag in einem zuständigen Gericht.

Artikel 18
Prüfung der Zulässigkeit

(1) Lässt sich ein Antragsgegner, der seinen gewöhnlichen Aufenthalt nicht in dem Mitgliedstaat hat, in dem das Verfahren eingeleitet wurde, auf das Verfahren nicht ein, so hat das zuständige Gericht das Verfahren so lange auszusetzen, bis festgestellt ist, dass es dem Antragsgegner möglich war, das verfahrenseinleitende Schriftstück oder ein gleichwertiges Schriftstück so rechtzeitig zu empfangen, dass er sich verteidigen konnte, oder dass alle hierzu erforderlichen Maßnahmen getroffen wurden.

(2) Artikel 19 der Verordnung (EG) Nr. 1348/2000 findet statt Absatz 1 Anwendung, wenn das verfahrenseinleitende Schriftstück oder ein gleichwertiges Schriftstück nach Maßgabe jener Verordnung von einem Mitgliedstaat in einen anderen zu übermitteln war.

(3) Sind die Bestimmungen der Verordnung (EG) Nr. 1348/2000 nicht anwendbar, so gilt Artikel 15 des Haager Übereinkommens vom 15. November 1965 über die Zustellung gerichtlicher und außergerichtlicher Schriftstücke im Ausland in Zivil- und Handelssachen, wenn das verfahrenseinleitende Schriftstück oder ein gleichwertiges Schriftstück nach Maßgabe des genannten Übereinkommens ins Ausland zu übermitteln war.

Bis 28. 2. 2005 geltende Regelung: Art 10 aF (s Textanhang).

Die Bestimmungen der EuZustVO und das HZÜ lauten:

Art 19 EuZustVO
Nichteinlassung des Beklagten

(1) War ein verfahrenseinleitendes Schriftstück oder ein gleichwertiges Schriftstück nach dieser Verordnung zum Zweck der Zustellung in einen anderen Mitgliedstaat zu übermitteln und hat sich der Beklagte nicht auf das Verfahren eingelassen, so hat das Gericht das Verfahren auszusetzen, bis festgestellt ist,

a) daß das Schriftstück in einer Form zugestellt worden ist, die das Recht des Empfangsmitgliedstaats für die Zustellung der in seinem Hoheitsgebiet ausgestellten Schriftstücke an dort befindliche Personen vorschreibt, oder

b) daß das Schriftstück tatsächlich entweder dem Beklagten persönlich ausgehändigt oder nach einem anderen in dieser Verordnung vorgesehenen Verfahren in seiner Wohnung abgegeben worden ist,

und daß in jedem dieser Fälle das Schriftstück so rechtzeitig ausgehändigt bzw. abgegeben worden ist, daß der Beklagte sich hätte verteidigen können.

(2) Jeder Mitgliedstaat kann nach Artikel 23 Absatz 1 mitteilen, daß seine Gerichte ungeachtet des Absatzes 1 den Rechtsstreit entscheiden können, auch wenn keine Bescheinigung über die Zustellung oder die Aushändigung bzw. Abgabe eingegangen ist, sofern folgende Voraussetzungen gegeben sind:

a) Das Schriftstück ist nach einem in dieser Verordnung vorgesehenen Verfahren übermittelt worden.

b) Seit der Absendung des Schriftstücks ist eine Frist von mindestens sechs Monaten verstrichen, die das Gericht nach den Umständen des Falles als angemessen erachtet.

c) Trotz aller zumutbaren Schritte bei den zuständigen Behörden oder Stellen des Empfangsmitgliedstaats war eine Bescheinigung nicht zu erlangen.

(3) Unbeschadet der Absätze 1 und 2 kann das Gericht in dringenden Fällen einstweilige Maßnahmen oder Sicherungsmaßnahmen anordnen.

(4) War ein verfahrenseinleitendes Schriftstück oder ein gleichwertiges Schriftstück nach dieser Verordnung zum Zweck der Zustellung in einen anderen Mitgliedstaat zu übermitteln und ist eine Entscheidung gegen einen Beklagten ergangen, der sich nicht auf das Verfahren eingelassen hat, so kann ihm das Gericht in bezug auf Rechtsmittelfristen die Wiedereinsetzung in den vorigen Stand bewilligen, sofern

a) der Beklagte ohne sein Verschulden nicht so rechtzeitig Kenntnis von dem Schriftstück erlangt hat, daß er sich hätte verteidigen können, und nicht so rechtzeitig Kenntnis von der Entscheidung erlangt hat, daß er sie hätte anfechten können, und

b) die Verteidigung des Beklagten nicht von vornherein aussichtslos scheint.

Ein Antrag auf Wiedereinsetzung in den vorigen Stand kann nur innerhalb einer angemessenen Frist, nachdem der Beklagte von der Entscheidung Kenntnis erhalten hat, gestellt werden.

Jeder Mitgliedstaat kann nach Artikel 23 Absatz 1 erklären, daß dieser Antrag nach Ablauf einer in seiner Mitteilung anzugebenden Frist unzulässig ist; diese Frist muß jedoch mindestens ein Jahr ab Erlaß der Entscheidung betragen.

(5) Absatz 4 gilt nicht für Entscheidungen, die den Personenstand betreffen.

Die Bestimmung des Haager Übereinkommens vom 15. 11. 1965 über die Zustellung gerichtlicher und außergerichtlicher Schriftstücke im Ausland für Zivil- und Handelssachen (HZÜ) lautet:

Artikel 15 HZÜ

(1) War zur Einleitung eines gerichtlichen Verfahrens eine Ladung oder ein entsprechendes Schriftstück nach diesem Übereinkommen zum Zweck der Zustellung in das Ausland zu übermitteln und hat sich der Beklagte nicht auf das Verfahren eingelassen, so hat der Richter das Verfahren auszusetzen, bis festgestellt ist,

(a) daß das Schriftstück in einer der Formen zugestellt worden ist, die das Recht des ersuchten Staates für die Zustellung der in seinem Hoheitsgebiet ausgestellten Schriftstücke an dort befindliche Personen vorschreibt, oder
(b) daß das Schriftstück entweder dem Beklagten selbst oder aber in seiner Wohnung nach einem anderen in diesem Übereinkommen vorgesehenen Verfahren übergeben worden ist
und daß in jedem dieser Fälle das Schriftstück so rechtzeitig zugestellt oder übergeben worden ist, daß der Beklagte sich hätte verteidigen können.

(2) Jedem Vertragsstaat steht es frei zu erklären, daß seine Richter ungeachtet des Absatzes 1 den Rechtsstreit entscheiden können, auch wenn ein Zeugnis über die Zustellung oder die Übergabe nicht eingegangen ist, vorausgesetzt,

(a) daß das Schriftstück nach einem in diesem Übereinkommen vorgesehenen Verfahren übermittelt worden ist,
(b) daß seit der Absendung des Schriftstücks eine Frist verstrichen ist, die der Richter nach den Umständen des Falles als angemessen erachtet und die mindestens sechs Monate betragen muß, und
(c) daß trotz aller zumutbaren Schritte bei den zuständigen Behörden des ersuchten Staates ein Zeugnis nicht zu erlangen war.

(3) Dieser Artikel hindert nicht, daß der Richter in dringenden Fällen vorläufige Maßnahmen einschließlich solcher, die auf eine Sicherung gerichtet sind, anordnet.

Schrifttum

Bischof, Zustellung im internationalen Rechtsverkehr in Zivil- und Handelssachen (1997)

Burckhardt, Internationale Rechtshängigkeit und Verfahrensstruktur bei Eheauflösungen (Diss jur Heidelberg 1997)

Gsell, Direkte Postzustellung an Adressaten im EU-Ausland nach neuem Zustellungsrecht, EWS 2002, 115
M Frank, Das verfahrenseinleitende Schriftstück in Art 27 Nr 2 EuGVÜ, Lugano-Übereinkommen und in Art 6 Haager Unterhaltsübereinkommen (1998)
R Geimer, Der doppelte Schutz des Beklagten, der sich auf den Erstprozeß nicht eingelassen hat, gem Art 20 II-III und Art 27 Nr 2 EuGVÜ, IPRax 1985, 6
G Geimer, Die Neuordnung des internationalen Zustellungsrechts (1999)
Gottwald, Sicherheit vor Effizienz? – Auslandszustellung in der Europäischen Union in Zivil- und Handelssachen, in: FS für Schütze (1999) 225
Hess, Die Zustellung von Schriftstücken im europäischen Rechtsraum, NJW 2001, 15
ders, Neues deutsches und europäisches Zustellungsrecht, NJW 2002, 2147
Kondring, Die Heilung von Zustellungsfehlern im internationalen Zustellungsverkehr (1995)
Lindacher, Europäisches Zustellungsrecht, ZZP 114 (2001) 179
Linke, Die Probleme der internationalen Zustellung, in: Gottwald (Hrsg), Grundfragen der Gerichtsverfassung, Internationale Zustellung (1999) 110
Reichart, Zur „ordnungsgemäßen Zustellung" im Anerkennungsverfahren nach Art. 27 Nr. 2 LugÜ und Art. 15 HZÜ unter Berücksichtigung amerikanischer long arm statutes, in: FS für Siehr (2001), 163
Schack, Einheitliche und zwingende Regeln der internationalen Zustellung, in: FS für R Geimer (2002) 931
Stadler, Neues europäisches Zustellungsrecht, IPRax 2001, 514
Wiehe, Zustellungen, Zustellungsmängel und Urteilsanerkennungen am Beispiel fiktiver Inlandszustellungen in Deutschland, Frankreich und den USA (1993).

Systematische Übersicht

Alphabetische Übersicht

I. Allgemeines

An sich befaßt sich die EheGVO nicht mit dem Verfahrensablauf. Von diesem Grundsatz macht Art 18 (Art 10 aF) ebenso wie der gleichlautende Art 26 Abs 2 EuGVO eine Ausnahme, die sich dadurch rechtfertigt, daß eine Entscheidung ohne rechtzeitige und ausreichende Zustellung des verfahrenseinleitenden Schriftstückes gem Art 22 lit b (Art 15 Abs 1 Nr 2 aF) nicht anerkannt werden wird. Doch enthält Art 18 (Art 10 aF) selbst keine Aussage zur Anerkennung. Dafür sind allein Art 22 und 23 (Art 15 aF) einschlägig. Und da diese nicht auf ordnungsmäßiger, sondern nur auf rechtzeitiger und ausreichender Zustellung bestehen, kommt es für die Anerkennung auch nicht unmittelbar darauf an, nach welchen Regeln (ZPO, EuZustVO, HZÜ) zuzustellen war (vgl Art 22 Rn 19 ff). Jedoch dient Art 18 nicht nur der Sicherung der Anerkennung, sondern durch die Aussetzung des Verfahrens bis ordnungsgemäß zugestellt ist außerdem der Wahrung des **rechtlichen Gehörs** für den Beklagten im Verfahren selbst, welches Verfassungsrang hat (Art 6 EMRK bzw Art 103 GG). 1

Seit dem 31. 5. 2001 ist die VO(EG) Nr 1348/2000 über die Zustellung gerichtlicher und außergerichtlicher Schriftstücke in Zivil- und Handelssachen, **EuZustVO**, in Kraft (ABlEG 2000 L 160/37 ff). Deren Art 19 ersetzt den Absatz 1 des Art 18 (Art 10 aF), wenn die Zustellung nach der EuZustVO erfolgt, und Art 15 HZÜ ersetzt ihn, wenn danach zuzustellen war. Dieser lautet weitgehend gleich wie Art 19 EuZustVO, doch der räumliche Anwendungsbereich ist naturgemäß verschieden. Abs 1 gilt dagegen weiter, wenn nach anderen Regeln zuzustellen ist. 2

II. Anwendungsbereich

Unter einer zu weiten Überschrift enthält Art 18 (Art 10 aF) **zwei Regelungen**: Zum einen verweist er auf Art 19 EuZustVO und Art 15 HZÜ über die Aussetzung des Verfahrens bis zum Nachweis ordnungsmäßiger Zustellung des verfahrenseinleitenden Schriftstücks und tritt immer dann zurück, wenn nach ihnen im Ausland zuzustellen war. Zum anderen ist Abs 1 anwendbar, wenn nach anderen internationalen Verträgen oder nach § 183 ZPO zuzustellen war. Damit regelt er die die Abhängigkeit des Fortgangs des Verfahrens von der Zustellung. Art 18 (Art 10 aF) entspricht Art 26 Abs 2 bis 4 EuGVO. Die Regelung des Art 26 Abs 1 EuGVO betreffend die Abweisung des Antrags als unzulässig wegen Unzuständigkeit findet sich dagegen in Art 17 (Art 9 aF) EheGVO. 3

4 **Art 18 Abs 1** (Art 10 aF) setzt zunächst voraus, daß der **Antragsgegner** seinen **gewöhnlichen Aufenthalt** nicht im Gerichtsstaat, dh hier in Deutschland hat. Er muß ihn jedoch nicht in einem anderen Mitgliedstaat der EheGVO haben. Auch Bewohner dritter Staaten werden in den Schutz des Art 18 Abs 1 (Art 10 aF) mit einbezogen. Daß für die Anwendbarkeit auf den gewöhnlichen **Aufenthalt der Partei** außerhalb des Gerichtsstaates abgestellt wird, heißt aber **nicht** notwendig, daß **auch in diesem Staat zugestellt** werden muß. Abs 2 und 3 stellen darauf ab, daß in einen Mitgliedstaat der EuZustVO bzw des HZÜ zuzustellen war. Das sind zwei ganz verschiedene Aspekte. Nach § 177 ZPO kann überall zugestellt werden, wo der Adressat angetroffen wird. Wenn der Antragsteller mit gewöhnlichem Aufenthalt in Italien oder Pakistan in Deutschland angetroffen wird, ist keine Auslandszustellung veranlaßt, und EuZustVO und HZÜ, auf die Abs 2 verweist, sind nicht anzuwenden, also auch nicht deren Aussetzungsregeln (vgl Art 1 HZÜ bzw EuZustVO). Dagegen ist eine Auslandszustellung zulässig und uU geboten, wenn der Antragsgegner seinen gewöhnlichen Aufenthalt im Inland, aber derzeit seinen Aufenthalt im Ausland hat. Auf die Staatsangehörigkeit kommt es jedenfalls nicht an. Der Deutsche mit gewöhnlichem Aufenthalt im Ausland fällt unter Art 18 Abs 1 (Art 10 aF), und der Ausländer, der ihn in Deutschland hat, nicht (**aA** Rauscher/Rauscher Art 10 EheGVO aF Rn 5).

5 Nach der Systematik des Art 18 (Art 10 aF) könnte man annehmen, daß der Antragsgegner ebenso seinen gewöhnlichen Aufenthalt im Ausland für die Anwendung der **Abs 2 und 3** haben müsse. Weder die EuZustVO noch das HZÜ oder das HZPÜ setzen dies jedoch voraus; es ist nur verlangt, daß im Ausland zuzustellen ist (vgl jeweils Art 1). Da aber Art 19 EuZustVO und Art 15 HZÜ auch die Aussetzung bis zum Nachweis der Zustellung regeln, könnte Abs 1 also nur noch den Fall betreffen, in denen nach anderen Regeln ins Ausland zuzustellen war in einem Verfahren nach der EheGVO. Es ist allerdings nicht einzusehen, warum sich die Fortsetzung des Verfahrens bei fehlender oder unzureichender Ladung nach Art 18 Abs 1 richten soll, wenn der Antragsgegner seinen gewöhnlichen Aufenthalt im Ausland hat, und nach der ZPO, wenn er ihn im Inland hat, aber im Ausland zugestellt werden sollte. Es ist denkbar, daß die Verfasser irrig unterstellten, daß bei gewöhnlichem Aufenthalt im Inland auch hier zugestellt wird. Das ist meistens der Fall, aber nicht immer. Einer **Auslegung** muß erlaubt sein, daß es für Abs 2 und 3 **auf die Zustellung im Ausland** und nicht auf den gewöhnlichen Aufenthalt des Adressaten ankommt. Jedenfalls bedeutet der gewöhnliche Aufenthalt des Antragsgegners im Inland nicht, daß die EheGVO unanwendbar sei wie zB Art 3 Abs 1 lit a zeigt.

III. Zustellungsregelungen

6 Die **EuZustVO** gilt zwischen allen EU-Staaten mit Ausnahme Dänemarks. Sie hat **Vorrang** vor dem HZÜ (Art 20 EuZustVO). Die ZPO regelt Einzelheiten zur EuZustVO, die teilweise von dem Gestaltungsspielraum Gebrauch machen, den die EuZustVO dem nationalen Gesetzgeber beläßt. Die Zustellung von Schriftstükken vom In- in das Ausland ist in den §§ 183 ff ZPO (idF d EG-Beweisaufnahmedurchführungsgesetzes vom 4. 11. 2003, BGBl I 2166) geregelt. Für aus dem Ausland in Deutschland eingehende Zustellungen war in der Zeit vom 13. 7. 2001 bis zum 31. 12. 2004 das EG-Zustellungsdurchführungsgesetz vom 9. 7. 2001 (BGBl 2001 I 1536) maßgeblich, das seit dem 1. 1. 2004 durch die §§ 1067 ff ZPO idF des EG-

Beweisaufnahmegesetzes (aaO) ersetzt worden ist. Die Ausführung des HZÜ regelt das Gesetz v 22. 12. 1977 (BGBl 1977 I 3105).

Da sich der **räumliche Anwendungsbereich** der EheGVO und EuZustVO decken, ist letztere immer anzuwenden, wenn in einen Mitgliedstaat der EheGVO zuzustellen ist. Jedoch kann sich eine Zuständigkeit aus der EheGVO auch ergeben, wenn die beklagte Partei sich **außerhalb dieses Gebiets** aufhält. Hier kommt das **HZÜ** zur Anwendung, wenn in einen seiner Vertragstaaten zuzustellen ist (THOMAS/PUTZO/HÜSSTEGE Art 10 EheGVO Rn 4). Vertragsstaaten sind, nachdem für die Mitglieder der EuZustVO nur noch diese gilt: Ägypten, Antigua und Babuda, Argentinien, Bahamas, Barbados, Belarus, Botsuana, Bulgarien, (Volksrepublik) China ohne Hong Kong aber mit Macau, Dänemark, Israel, Japan, Kanada, Korea (Süd), Kuwait, Malawi, Mexiko, Norwegen, Pakistan, Russische Föderation, San Marino, Schweiz, Seychellen, Sri Lanka, Türkei, Ukraine, USA, Venezuela (BGBl II Fundstellennachweis B zum 31. 12. 2003). Ist auch das nicht der Fall, dann gilt das Haager Zivilprozeßübereinkommen v 1. 3. 1954 (HZPÜ) noch weiter gegenüber denen seiner Mitgliedstaaten, die nicht dem HZÜ beigetreten sind (Verzeichnis u Rn 46), und im Verhältnis zu Island ist noch das Haager Abkommen über den Zivilprozeß v 17. 7. 1905 maßgeblich (zur unübersichtlichen Quellenlage vgl LINKE, in: GOTTWALD [Hrsg], Grundfragen der Gerichtsverfassung [1999] 97 ff; LINDACHER ZZP 114 [2001] 182; HESS, NJW 2002, 2147 f; GSELL EWS 2002, 116; Texte ua in MünchKomm-ZPO Anhang zu § 202 Rn 21 ff). 7

Art 20 EuZustVO läßt **bilaterale Rechtshilfeabkommen** in Kraft, soweit sie ihr nicht widersprechen. Genauer wird man darauf abstellen, ob sie die Zustellung im Ausland vereinfachen und erleichtern. Das kann von Bedeutung werden, soweit der Staat, in welchem zugestellt werden soll, Vorbehalte zur EuZustVO erklärt und andere Regelungen erlassen hat (Verzeichnis dazu ABlEG 2001 C 202 v 18. 7. 2001 und C 242 v 6. 10. 2001). So lassen zB Österreich, Portugal, England, Wales und Nordirland die direkte Beauftragung der eigenen Zustellungsorgane durch ausländische Verfahrensbeteiligte nicht zu. Es kann sei, daß ein bilaterales Abk, insbesondere eines der Zusatzabkommen zum HZÜ, das Deutschland mit anderen EU-Staaten abgeschlossen hat, hier hilft. (Die Zusatzabkommen sind abgedruckt bei STEIN/JONAS/H ROTH, ZPO [21. Aufl 1994] Anh zu § 199 ZPO). Art 15 EuZustVO, gegen den der Vorbehalt sich richtet, betrifft aber nur Zustellungen im Parteibetrieb, und daher nicht die obligatorische Zustellung von Amts wegen der Antragsschrift nach der ZPO. Das HZÜ läßt das **HZPÜ** und **bilaterale Rechtshilfeabkommen** bzgl der Zustellung unberührt (Art 25 HZÜ), so daß diese also daneben anwendbar bleiben. Freilich wird bei einer Konkurrenz von HZÜ und HZPÜ ersteres praktischer sein. Von den bilateralen Abkommen gilt ua noch fort, weil die EuZustVO nicht eingreift, das **deutsch-britische Abkommen** v 20. 3. 1928 (BGBl II 623) mit den Art 2 bis 7. Es tritt zwar wegen Art 20 EuZustVO hinter dieser zurück, soweit es die Zustellung nicht erleichtert oder mit ihr nicht vereinbar ist, aber das Abkommen hat große Bedeutung noch im Verhältnis zu ehemaligen britischen Kolonien, die auch dem HZÜ nicht angehören: Australien, Dominica, Fidschi, Gambia, Grenada, Guyana, Jamaika, Kenia, Lesotho, Malaysia, Mauritius, Nauru, Neuseeland, Nigeria, Salomonen, Sambia, Sierra Leone, Singapur, St Lucia, Swaziland, Tansania, Trinidad und Tobago. Die Bahamas, Barbados und die Seychellen sind inzwischen dem HZÜ v 15. 11. 1965 beigetreten, womit das an sich weiter geltende Abkommen (Art 25 HZÜ) viel an praktischer Bedeutung verloren hat. Auch das deutsch-türkische 8

Abkommen v 28. 5. 1929 gilt noch fort, doch ist die Türkei nun ebenfalls Mitglied des HZÜ. Erst wenn kein Staatsvertrag mit dem Staat besteht, in den zuzustellen ist, gelten die §§ **183 ff ZPO** idF des Zustellungsreformgesetzes v 25. 6. 2001 (BGBl I 2001, 1206), das seit dem 1. 7. 2002 in Kraft ist. Auf die Zustellungsregelungen an sich ist hier nicht näher einzugehen (vgl dazu Schlosser, EuZustVO; Rauscher/Heiderhoff EuZustVO, Lindacher ZZP 114 [2001] 179 ff; Hess NJW 2001, 15 ff; Stadler IPRax 2001, 524 ff; Gsell EWS 2003, 115 ff), sondern nur auf ihre Bedeutung für den Fortgang des Verfahrens.

9 Die EuZustVO (Art 1) wie das HZÜ (Art 1) erklären sich nur für **anwendbar**, wenn ein gerichtliches Schriftstück von einem in einen anderen Mitgliedstaat zu übermitteln ist. Da aber weder die EuZustVO noch das HZÜ die Tatbestände nennen, in denen eine Auslandszustellung, oder eine Inlandszustellung des verfahrenseinleitenden Schriftstücks auch bei einem ausländischen Wohnsitz oder Aufenthalt der Partei, zulässig ist, **entscheidet** hierüber die **jeweilige nationale lex fori** (beklagt zB von Schack, IZVR Rn 612 und, in: FS Geimer [2002] 931 ff; Jayme/Kohler IPRax 1997, 387; Nagel/Gottwald § 7 Rn 60). Sie können die Anwendbarkeit der EuZustVO bzw des HZÜ stark einschränken. Die Auslegung hier des **§ 185 ZPO** muß aber Art 6 EMRK (Lindacher ZZP 114 [2001] 189) und Art 12 EGV beachten, denn fiktive Inlandszustellungen treffen vornehmlich Ausländer, die im Ausland wohnen (OLG Karlsruhe 12. 3. 1999 RIW 1999, 539; H Roth IPRax 2000, 498; Stadler IPRax 2001, 516).

10 Die EuZustVO und die anderen Rechtshilfeverträge dienen der Erleichterung der Auslandszustellung, und die Staaten sind verpflichtet, von ihnen wenn irgend möglich Gebrauch zu machen. Daß § 185 ZPO die öffentliche Zustellung bei **unbekanntem** dh nicht ermittelbarem **Aufenthalt** zuläßt, ist insoweit unbedenklich. Hingegen bestehen Bedenken zumindest innerhalb der EU, wenn eine Erfolglosigkeit der Auslandszustellung schon bei einer voraussichtlichen Dauer von sechs Monaten angenommen würde (wenigstens als Untergrenze bei OLG Hamm 8. 2. 1989 NJW 1989, 2203 m Anm Geimer). Die Zeit wurde in Europa unter dem HZÜ häufig überschritten (vgl Gottwald, in: FS Schütze [1999] 226), und inwieweit sich durch die EuZustVO daran etwas ändert, bleibt noch abzuwarten (optimistisch Hess NJW 2002, 2422). Jedenfalls sollte man nicht von Erfolglosigkeit **wegen langer Dauer** reden, wenn nicht der Rahmen des in Europa bei Auslandszustellung Üblichen weit überschritten wird, auch wenn letztlich die Interessen von Kläger und Beklagtem gegeneinander abzuwägen sind.

11 Liegen die Voraussetzungen des § 185 ZPO nF vor, ist im Inland **öffentlich zuzustellen**. Auch wenn dies aber nach deutschem Recht ordnungsgemäß ist, ist die Anerkennung des dann ergehenden Urteils im Ausland nicht gesichert. Das beurteilt der Anerkennungsstaat nach Art 22 lit b (Art 15 Abs 1 lit b aF) (vgl Art 22 Rn 19 ff).

IV. Fortsetzung des Verfahrens

1. Einlassung des Beklagten

12 Die Einhaltung der Zustellungsregeln und die Zustellung selbst werden nach Art 19 EuZustVO, Art 15 Abs 1 HZÜ entbehrlich, wenn der Beklagte sich auf das Verfahren einläßt. Die Zustellung des verfahrenseinleitenden Schriftstücks dient der Gewährung rechtlichen Gehörs und nicht dem öffentlichen Interesse, sondern nur dem **Interesse des Antragsgegners**. Er kann darauf auch verzichten. Diese Bestimmungen sind nur anwendbar, wenn nach EuZustVO oder HZÜ im Ausland zuzustellen war.

Das Erscheinen des Beklagten oder seines Bevollmächtigten zeigt, daß er von dem **13**
Verfahren gegen ihn faktisch Kenntnis hat. Zu Recht hat der EuGH zu Art 27 Nr 2 EuGVÜ aber entschieden, daß ein Beklagter sich nicht eingelassen habe, wenn ein **Anwalt ohne Vollmacht** für ihn auftritt (EuGH 10. 10. 1996 Rs C-78/95 – Hendrikman/Magenta – Slg 1996 I-4943 = IPRax 1997, 333 [Rauscher 314] = NJW 1997, 1061). In diesem Fall hatte der Beklagte selbst von der Klage gegen ihn keine Kenntnis. Aber auch bei Kenntnis läge kein „Erscheinen" vor.

Das Erscheinen des Beklagten beweist auch keineswegs, daß er vom Gegenstand **14**
des Verfahrens so **genau und rechtzeitig Kenntnis** erlangt hat, daß er seine Verteidigung angemessen organisieren kann. So könnte es sein, daß ihn zwar die Ladung zum Termin, aber nicht die Antragsschrift erreicht hat. Erscheint der Beklagte, nur um die **fehlende Zustellung** des Antrags **zu rügen**, so ist das keine Einlassung iSd Art 19 Abs 1 EuZustVO bzw Art 15 Abs 1 HZÜ (Rauscher/Rauscher Art 10 EheGVO aF Rn 6; Kropholler Art 34 EuGVO Rn 27; Wiehe, Zustellungen, Zustellungsmängel und Urteilsanerkennung am Beispiel fiktiver Inlandszustellungen in Deutschland, Frankreich und den USA [1993] 203 m N; Bischof, Die Zustellung im internationalen Rechtsverkehr in Zivil- und Handelssachen [1997] 357 ff; OLG Köln 8. 12. 1989 IPRax 1991, 114 [zust Linke 93]; OLG Hamm 28. 12. 1993 RIW 1994, 243 [nicht eherechtlich]; **aA** Schlosser Art 34–36 EuGVO Rn 20; MünchKomm-ZPO/Gottwald aaO Rn 29; it cass 28. 4. 1990 Riv dir int priv proc 1992, 297). Während im Anerkennungsstadium keine Zustellung mehr nachgeholt werden kann, muß im Rahmen der hier anzuwendenden Regelungen zum Fortgang des Verfahrens das Gericht auf Rüge unzulänglicher Zustellung pflichtgemäß dem Beklagten genügend Zeit zur Vorbereitung auf das Verfahren einräumen, namentlich durch Vertagung und Nachholung fehlender Zustellungen. Entscheidend ist, ob der Beklagte sich trotz an sich ungenügender Vorbereitungszeit **verteidigt**, und damit auf die ihm zustehende Vorbereitungszeit verzichtet hat. Die Rüge nur der Zuständigkeit oder sonstigen Unzulässigkeit ist daher ebenso als **Einlassung** zu werten wie die Einlassung zur Sache (OLG Köln aaO; Schlosser Art 15 HZÜ Rn 4; Geimer/Schütze Rn 103; BGH 24. 9. 1986 IPRax 1988, 159; **aA** Kropholler aaO Rn 22).

Keine Einlassung ist demgemäß, wenn der Beklagte geltend macht, das verfahrens- **15**
einleitende Schriftstück sei ihm **zu spät zugegangen** (zu den Fristen vgl Rn 61); oder in einer **Sprache**, die vom Zustellungsrecht nicht vorgesehen sei (dazu Rn 56) und die er nicht verstehe. Hier muß eine zusätzliche Einlassungsfrist gewährt werden bzw eine Antragsschrift in richtiger Sprache übergeben oder zugestellt werden.

Eine **Beschränkung der Einlassung** bzw Verteidigung nur auf einen Teil der Klage **16**
etwa auch durch Beschränkung der Anwaltsvollmacht ist nicht zulässig (EuGH 21. 4. 1993 Rs C-172/91 – Sonntag/Waidmann – Slg 1993 I – 1963 = IPRax 1994, 37 [Hess 10] Nr 40 ff).

2. Ordnungsgemäße Zustellung

17 **Art 19 EuZustVO** wie auch **Art 15 HZÜ** enthalten die Regel, daß grundsätzlich das Verfahren erst fortzusetzen ist, wenn der **Nachweis ordnungsgemäßer Zustellung** geführt ist. In diesem Fall kommt es nicht darauf an, ob der Beklagte dann auch von dem Inhalt der verfahrenseinleitenden Schriftstücke Kenntnis genommen hat. Es ist dabei durchaus denkbar, daß dem Beklagten die Schriftstücke in einer Sprache zugestellt worden sind, die nach diesen Zustellungsregeln richtig war, die er aber tatsächlich nicht versteht (zum Sprachproblem zB Gsell EWS 2002, 120 ff; Stadler IPRax 2001, 517 ff,), doch trifft den Beklagten dann eine Übersetzungsobliegenheit (u Rn 59). Andererseits aber ist in diesem Stadium des Verfahrens anders als bei Art 22 lit b (Art 15 Abs 1 lit b aF) die Einhaltung aller Zustellungsregeln verlangt (Rauscher/Rauscher Art 15 EheGVO aF Rn 9). Mängel sind vor Fortsetzung des Verfahrens erst noch zu beheben. Der Grundsatz des rechtlichen Gehörs hat einen hohen Stellenwert, so daß das Gericht, wenn der Beklagte erscheint und geltend macht, das Schriftstück nicht verstanden zu haben, ihm in der Regel eine entsprechende **Frist zur Kenntnisnahme** gewähren muß.

18 Wenn der Beklagte trotz ordnungsgemäßer Zustellung überhaupt nicht erscheint, ist zwar gem § 612 Abs 4 ZPO kein Versäumnisurteil gegen ihn zulässig, es ist aber in seiner Abwesenheit mit dem Kläger mündlich zu verhandeln, und es kann dann ein streitiges Urteil gegen den Beklagten auch ohne dessen Einlassung ergehen.

19 Art 18 Abs 1 EheGVO dagegen verlangt nicht eine Zustellung „in einer Form, die das Recht des Empfangsmitgliedsstaats" vorschreibt. Die Notwendigkeit der **Einhaltung** dieser **Zustellungsförmlichkeiten** ergibt sich **nur** aus **Art 19 EuZustVO** bzw **Art 15 HZÜ** und also nur, wenn diese anzuwenden sind. War die Zustellung im Ausland aber nicht danach, sondern nach § 183 ZPO oder einem anderen Rechtshilfeabkommen durchzuführen, verlangt **Abs 1 nur**, daß es dem Antragsgegner möglich war, das verfahrenseinleitenden Schriftstück so rechtzeitig zu empfangen, daß er sich verteidigen konnte. Die Formulierung ähnelt auffallend der in Art 22 lit b. Wie dort kommt es also **nicht** auf die **Einhaltung aller Zustellungsregeln** an, sondern darauf, daß der Antragsgegner materiell **rechtzeitig und ausreichend** durch die Zustellung über den Antrag und seinen Inhalt informiert wurde (vgl Art 22 Rn 36 ff). Die Möglichkeit der Kenntnisnahme reicht aus, aktuelle Kenntnis ist nicht verlangt. Darin liegt ein bedeutender Unterschied.

a) EuZustVO

20 Art 19 Abs 1 EuZustVO unterscheidet wie Art 15 Abs 1 HZÜ bei der Zustellung im **Wege der Rechtshilfe** zwischen der Zustellung in der Form des ersuchten Staates (Art 7 EuZustVO) und einer vom ersuchenden Staat speziell gewünschten Art und Weise (Art 7 Abs 2 EuZustVO bzw Art 5 Abs 1 lit b HZÜ). Daneben und mit gleichem Rang (Gsell EWS 2002, 117; **aA** Hess NJW 2001, 19) gibt es noch vor allem die direkte **Zustellung durch die Post** gem Art 14 EuZustVO ohne Inanspruchnahme der Rechtshilfe (dazu Gsell EWS 2002, 118 f). Hier muß aber das Schriftstück dem Beklagten persönlich übergeben oder in seiner Wohnung abgegeben werden, also nicht in seinen Geschäftsräumen (Schlosser Art 15 HZÜ Rn 5). Die aus Gründen der Tradition in Art 13 auch noch zugelassene Zustellung auf diplomatischem Wege durch die eigene ausländische Vertretung dürfte nur in sehr seltenen Fällen sinnvoll sein, am ehesten noch vielleicht, wenn der Adressat ein deutscher Diplomat im Ausland ist (§ 183 Abs 1 Nr 3 ZPO).

aa) Zustellung im Wege der Rechtshilfe

Antrags- und Klageschriften sind nach deutschem Verfahrensrecht vom Gericht amtlich zuzustellen nicht von Anwalt zu Anwalt. Übermittlungsstelle iSd Art 2 und 4 EuZustVO ist das jeweils entscheidende **Gericht** (§ 1069 ZPO). Es übermittelt das zuzustellende Schriftstück mit einem Antragsformular nach dem Anhang zur EuZustVO auf schnellstem Wege, der auch Fax oder e-mail sein kann, der Empfangsstelle im Zustellungsstaat, die dieser benannt hat. (Ein Verzeichnis ist zu finden im ABlEG 2001 Nr 2 L 298, 1 ff und ABlEG 2002 Nr L 125, 1 ff). Diese nimmt dann unverzüglich die Zustellung idR durch die Personen, zB Gerichtsvollzieher oder häufig durch die Post, und in der Weise vor, die im nationalen **Recht des ersuchten Staates** vorgesehen sind. Die Übermittlungsstelle, dh das deutsche Prozeßgericht, kann natürlich angeben, daß nicht durch die Post zugestellt werden solle (zu weitgehend Schlosser Art 15 HZÜ Rn 2, daß das im Zweifel gewollt sei) oder nur zu eigenen Händen etc, denn nach Art 7 Abs 1 EuZustVO kann eine besondere Form gewünscht werden. Die postalische Zustellung durch eine Behörde des Empfangsstaates im Wege der Rechtshilfe ist etwas anderes als die direkte postalische Zustellung durch das Gericht der anhängigen Sache (u Rn 31 ff). 21

Angesichts der Bedeutung des rechtlichen Gehörs widmet die EuZustVO zu Recht der **Sprache** des zuzustellenden Schriftstücks besondere Aufmerksamkeit. Es kann immer zugestellt werden, wenn es in der oder einer der **Amtssprachen des Empfangsstaates** abgefaßt oder in sie übersetzt ist (Art 8 Abs 1 EuZustVO). Die Zustellung in der **Sprache des Übermittlungsstaates**, dh im deutschen Verfahren in Deutsch, ist nur zulässig, wenn sie der Adressat versteht (Art 8 Abs 1 lit b EuZustVO). Die falsche Sprache macht zwar die Zustellung nicht unwirksam, aber der Adressat kann die Annahme verweigern und damit die **Zustellung verhindern**. Es ist auf der Zustellungsbescheinung zu bezeugen, daß er darauf in der örtlichen Sprache mündlich oder schriftlich hingewiesen wurde (Formular im Anhang zur EuZustVO). In welcher Sprache das zuzustellende Schriftstück abgefaßt ist, ist dort auf dem Begleitformular vermerkt (Nr 6. 3). 22

Wird an den Adressaten persönlich zugestellt und weist er nicht zurück, ist die **Zustellung** in jedem Fall **gelungen**. Weist er zurück, so muß vom Gericht über die **Zulässigkeit der Zurückweisung** für den Fortgang des Verfahrens entschieden werden (Art 19 EuZustVO; vgl auch Schlosser Art 8 EuZustVO Rn 5). Jedoch sind die konkreten deutschen Sprachkenntnisse des Beklagten in einem deutschen Verfahren, wenn zunächst über den Fortgang des Verfahrens in seiner Abwesenheit zu entscheiden ist, uU schwer zu beurteilen, wenn es sich nicht um einen Deutschen deutscher Abstammung handelt. Ist der Beklagte ein **Ausländer**, so kann sich uU aus den Akten ergeben, daß er genug Deutsch kann, um den Inhalt der Klage zu verstehen, wofür aber nicht immer schon ein Alltagsdeutsch ausreicht. Dasselbe gilt für die Ladung mit den gerichtlichen Aufforderungen, sich zu erklären. 23

Im Zweifel muß von nicht ausreichenden Deutschkenntnissen eines Ausländers ausgegangen werden. Die **Beweislast** trifft wie für sonstige Voraussetzungen einer wirksamen Zustellung den Antragsteller (BGH 2. 10. 1991 IPRax 1993, 324 [Linke 295]; OLG Hamm 30. 9. 1994 IPRax 1995, 295 [HK]; **aA** Schlosser Art 8 EuZustVO Rn 1). 24

25 Wird das Schriftstück in der Wohnung oder im Geschäft in einen Briefkasten oder ähnliches eingeworfen, kann die **Zurückweisung** ebenso erst später erfolgen wie bei seiner Aushändigung an Familienangehörige, Nachbarn oder Angestellte in Haus oder Geschäft, denn diese können über die Annahme nicht entscheiden (SCHLOSSER Art 8 EuZustVO Rn 2, 4). Freilich sagt die EuZustVO nicht, **bis wann und wie** der Adressat seine fehlende Sprachkenntnis geltend machen kann, und auch die nationalen Rechte nehmen sich, wie das deutsche, dieses Problems nicht an. Wenn diese Ersatzzustellungen von einem Schreiben in der Landessprache begleitet sind, in welchem die Natur des Schriftstücks und das Zurückweisungsrecht genannt sind, so darf man vom Adressaten erwarten, daß er das Schriftstück der Empfangsstelle unverzüglich zurücksendet, wenn er es nicht versteht (SCHLOSSER aaO Rn 3).

26 Sicher kosten Übersetzungen Zeit und Geld, aber sie sollten, da sonst der Beklagte einwenden kann, er habe seine Verteidigung nicht vorbereiten können, alle Anträge und tatsächlichen wie rechtlichen Behauptungen der Antragsschrift enthalten. Irrelevantes sollte sie ohnehin nicht enthalten, so daß sich die Ersparnis durch eine nur zusammenfassende Übersetzung in Grenzen hält (enger, aber für Handelssachen, GOTTWALD, in: FS Schütze [1999] 232 f; eher wie hier BAJONS ebenda 71; STÜRNER ZZP 1992, 330).

27 Ist die Zurückweisung berechtigt, so ist die Zustellung gescheitert, und das Verfahren kann erst nach einem neuen, verbesserten Versuch fortgesetzt werden. Ist sie unberechtigt, dann gilt das Schriftstück als zugestellt. Da die EuZustVO oder die EheGVO dazu nichts sagen, wird man **§ 179 ZPO** zumindest **analog** anwenden (SCHLOSSER Art 8 EU-ZustVO Rn 5). Wenn das Gericht die Berechtigung verkennt und mit dem Verfahren fortfährt, so kann der Beklagte nicht nach Art 19 Abs 4 EuZustVO nach Erlaß des Urteils in seiner Abwesenheit Wiedereinsetzung verlangen (unten Rn 80). Jedenfalls scheitert die Anerkennung an Art 22 lit b (Art 15 Abs 1 lit b aF). Man wird jedoch schon den Eintritt der Rechtshängigkeit und damit die Wirksamkeit des Urteils verneinen müssen.

28 Es ist unter Gesichtspunkten des rechtlichen Gehörs **rechtspolitisch bedenklich**, daß die Sprachenregelung in Art 8 EuZustVO ebenso wie in Art 14 EuZustVO **keine Rücksicht auf die konkreten Sprachkenntnisse** des Beklagten nimmt. So läßt Art 8 EuZustVO immer die Sprache des Zustellungsstaates ausreichen, auch wenn der Adressat ihm nicht einmal angehört (STADLER IPRax 2001, 517; GSELL EWS 2002, 120 ff). Der, möglicherweise nur vorübergehende, Aufenthalt begründet auch keine Obliegenheit, die örtliche Sprache zu können. Die Verfasser des EuZustVO dachten möglicherweise nur an den Fall einer Ehe zwischen Angehörigen des Gerichts- und des Zustellungsstaates. Weder das eine noch das andere muß aber der Fall sein, und selbst Staatsangehörigkeit bedeutet nicht mehr immer Sprachkenntnis. Man kann darauf hinweisen, daß ein entsprechendes Problem auch bei Inlandszustellung an Ausländer besteht, die die Gerichtssprache nicht beherrschen (GSELL EWS 2002, 120), aber eben deswegen bleibt in beiden Fällen dem nationalen, hier deutschen Verfahrensrecht überlassen, auf fehlende Kenntnis der an sich zulässigen Zustellungssprache beim Antragsgegner zu reagieren (u Rn 56).

29 In Deutschland wird zB ein Verfahren gegen einen Türken eingeleitet, der in der Türkei lebt und sich derzeit in Frankreich aufhält. Die Zustellung erfolgt, wo sich der Antragsgegner gerade aufhält. Entsprechend Art 8 EuZustVO wird die Antragsschrift ins Französische übersetzt, das der Adressat auch nicht versteht. Die **Zustellung ist ordnungsgemäß**, und gem Art 19 EuZustVO kann das Verfahren unter diesem Gesichtspunkt fortgesetzt werden.

Versäumt der Antragsgegner wegen der Sprachunkenntnis oder zB wegen der Dauer der Übersetzung eine Frist, so kann er jedoch **Wiedereinsetzung** (§ 233 ZPO) erhalten (BVerfG 10. 6. 1975 BVerfGE 40, 95, 100 = NJW 1975, 1597; Zöller/Geimer § 184 GVG Rn 3). Eine Verspätung iSd § 296 ZPO wäre entschuldigt. Dem steht Art 19 EuZustVO nicht entgegen (weiter u Rn 57 f) 30

bb) Direkte Zustellung durch die Post

Die **direkte Zustellung durch das Prozeßgericht** auf dem Postwege müssen alle Mitgliedstaaten zulassen (Art 14 EuZustVO). Sie können nur die Bedingungen ihrer Durchführung regeln (Nw ABlEG 2001 C 151/04 und C 202 und C 282). Dazu gehört insbesondere, aber nicht nur eine Festlegung der zulässigen Sprache (zweifelnd Lindacher ZZP 114 [2001] 188; wie hier Gsell EWS 2002, 121; Hess NJW 2002, 2422, 2451, beide mit Übersicht auch zu diesen und den anderen Bedingungen). Ähnlich wie Deutschland haben Italien **Übersetzung** ins Italienische, Österreich ins Deutsche bzw die Amtssprache des Zustellungsortes, die Niederlande ins Niederländische oder eine Sprache, die der Adressat versteht, das Vereinigte Königreich ins Englische oder eine andere Sprache, die der Empfänger versteht, vorgeschrieben. Belgien, Luxemburg, Spanien und Portugal verweisen schlicht auf Art 8 EuZustVO. Die Kosten der Übersetzung in diese Sprachen trägt der Antragsteller (Art 5 Abs 2 EuZustVO). 31

Man kann nicht Art 8 EuZustVO in entsprechender Anwendung entnehmen, wie zu verfahren ist, wenn die falsche Sprache verwandt wurde. Vielmehr entscheidet der Empfangsstaat, ob nur ein **Zurückweisungsrecht** besteht (so in Österreich) oder ob die **Zustellung definitiv unwirksam** ist (so wie in Deutschland bei eingehenden Zustellungen gem § 1068 Abs 2 ZPO). Allerdings darf das nationale Recht in dem ihm von Art 14 EuZustVO eingeräumten Rahmen keine strengeren Sprachanforderungen aufstellen, als sie Art 8 EuZustVO für die Zustellung im Rechtshilfeverkehr vorsieht (ebenso Nagel/Gottwald § 7 Rn 58; zweifelnd Lindacher ZZP 114 [2001] 177, 188). Da Art 8 EuZustVO ein Zurückweisungsrecht vorsieht, darf der Empfangsstaat zwar die Unwirksamkeit der Zustellung in falscher Sprache anordnen, jedoch nicht für den Fall der Annahme der Zustellung. 32

Wenn nicht wie in Belgien die postalische Zustellung mit einem der Zustellungsbescheinigung gem Art 19 EuZustVO entsprechenden Formular erfolgt, werden Schwierigkeiten des Nachweises gesehen, was in dem zugestellten Brief enthalten war (Schlosser Art 14 EuZustVO Rn 4). Da aber die hier allein interessierenden deutschen Zustellungen von Ladung und Antrag, die ins Ausland gehen, vom Gericht vorgenommen werden, läßt sich das idR aus den Akten entnehmen. Und sicher seltene Verwechslungen und Fehler mag der Beklagte durch Vorlage des Erhaltenen geltend machen. 33

Die EuZustVO sagt nichts zu den Folgen einer **unberechtigten Verweigerung** der Annahme der Postsendung oder der Unterzeichnung des Rückscheines. Man wird auch hier wie bei der Zustellung im Wege der Rechtshilfe (o Rn 27) § 179 S 2 ZPO 34 analog anwenden, wenn das Gericht ggf nach Beweisaufnahme die Annahmeverweigerung als unberechtigt befindet.

35 Auch der Übermittlungsstaat kann die Zustellungsmodalität regeln. Deutschland verlangt für ausgehende postalische Zustellungen ein Einschreiben mit internationalem Rückschein (§ 183 Abs 3 S 2 ZPO).

cc) Unmittelbare Zustellung

36 Art 15 EuZustVO, der mit Einverständnis des Zustellungsstaates die direkte Beauftragung seiner Zustellungsbehörden durch Ausländer erlaubt, betrifft nur Zustellungen im Parteibetrieb. Ladungen und Klagen sind aber vom deutschen Gericht von Amts wegen zuzustellen (§ 253 Abs 5 ZPO).

b) Haager Zustellungsübereinkommen (HZÜ) vom 15. 11. 1965

aa) Rechtshilfe

37 Die Zustellung auf diplomatischem Wege ist zwar gem HZÜ möglich, aber wegen ihrer Umständlichkeit und Dauer nicht sinnvoll. Eher kommt schon eine Zustellung durch eine deutsche Auslandsvertretung in Frage, die aber unsicher ist (vgl BSG 9. 2. 2000 B 9 V 29/98 R). In erster Linie kommt daher der Weg der Rechtshilfe nach Art 5 in Betracht, der die formlose Zustellung (Abs 2), die Zustellung nach dem Recht des ersuchten Staates (Abs 1 Nr 1) und die vom ersuchenden Staat gewünschte Zustellungsform (Abs 1 Nr 2) unterscheidet.

38 Die **formlose Zustellung** durch Organe des ersuchten Staates erfordert insbesondere keine Übersetzung, kann aber nur an den Adressaten persönlich, und wenn er zur **Annahme bereit** ist, erfolgen (Art 5 Abs 2 HZÜ). Ist das eine oder andere nicht der Fall, ist die Zustellung gescheitert (Hüsstege IPRax 1999, 290). Man wird auch verlangen, daß dem Adressaten entsprechend § 69 Abs 3 ZRHO für die Zustellung in Deutschland mitgeteilt wird, um was es sich handelt und daß er die Annahme verweigern kann (Schlosser Art 5 HZÜ Rn 4; OLG Hamm 7. 3. 1979 IPRspr 1979 Nr 195).

39 In der Regel wird die Zustellung in den **Formen des ersuchten Staates** angezeigt sein. Der Vorsitzende des erkennenden Gerichts ersucht die zentrale Behörde des Zustellungsstaates (Art 3 Abs 1 HZÜ), doch ist der Auftrag gem **§ 27 ZRHO** über die Prüfungsstelle iSd § 9 ZRHO, zB den Präsidenten des Landgerichts, zu leiten. Die zentralen Stellen der Vertragsstaaten sind mitgeteilt im BGBl 1995 II 755, 1965; 1996 II 2351; 1998 II 228; 1999 II 712 und bei Schlosser Art 2 HZÜ. Die Zustellung ist von Amts wegen zu veranlassen, und der Kläger braucht keine bestimmte Form zu beantragen (BGH 11. 7. 2003 RIW 2004, 147).

40 Das HZÜ enthält keine eigene Bestimmung der Sprache des zuzustellenden Schriftstücks, sondern erlaubt der zentralen Stelle des ersuchten Staates, eine **Übersetzung** in die oder eine seiner Amtssprachen zu verlangen. Das kann auch generell durch Gesetz oder Rechtsverordnung geschehen (wie für Zustellungen in Deutschland durch § 3 AusfG HZÜ): Antigua, Barbados, Botsuana verlangen eine englische, Bulgarien eine bulgarische, Argentinien, Mexiko, Venezuela eine spanische, die Schweiz eine deutsche, französische oder italienische Übersetzung je nach Zustellungsort; zu den kanadischen Provinzen BGBl 1989 II 807. § 25 ZHRO sieht grundsätzlich eine Übersetzung vor in die Sprache des Empfangsstaates. Bei der

formlosen Zustellung ist das zwar nicht vorgeschrieben aber empfohlen, wenn dadurch die Bereitschaft zur Annahme gefördert werden kann.

Wenn gesetzlich eine Übersetzung in die Landesprache gefordert ist, sieht Schlosser darin nur eine Anweisung an die zentrale Stelle, und die Übersetzung sei daher nur auf deren konkrete Aufforderung nötig (EU-ZPR Art 5 HZÜ Rn 6). Diese Regelungen dienen aber dem Schutz der Beklagten, so daß eine versehentlich **ohne die gesetzliche Übersetzung** erfolgte Zustellung durch die zentrale Behörde dennoch **nicht ordnungsgemäß** ist. Das HZÜ kennt nämlich kein Zurückweisungsrecht des Adressaten, der sich also nicht wehren könnte. Ob der Schutz des Beklagten einer Entscheidung der zentralen Stelle überlassen ist, sagt der dortige Gesetzgeber (verneint zB in § 3 AusfG HZÜ). Man kann es natürlich zunächst immer mit einer **formlosen Zustellung** ohne Übersetzung versuchen (vgl OLG Frankfurt aM 27. 5. 1986 RIW 1987, 628; OLG Bamberg 18. 12. 1986 RIW 1987, 541), die aber eine freiwillige Annahme erfordert, und bei Ablehnung geht dann uU viel Zeit nutzlos verloren. **41**

Die Zustellung wird gemäß Art 6 HZÜ durch ein **Zeugnis der zentralen Behörde** nachgewiesen, das eine öffentliche Urkunde iSd § 418 ZPO ist (BGH 13. 11. 2001 NJW 2002, 517 zu einer Zustellungsbescheinigung des englischen Senior Master Departments am Supreme Court of England and Wales). **42**

bb) Direkte Zustellung durch die Post

Wenn das HZÜ anzuwenden ist, ist zu beachten, daß Deutschland der postalischen Zustellung nach Art 10 lit a HZÜ widersprochen hat und unnötigerweise darüber hinaus in § 6 S 2 AusfG HZÜ nicht nur eine postalische Zustellung ins Inland, sondern nach verbreiteter Auffassung auch die ins Ausland durch deutsche Gerichte untersagt, selbst wenn der Zielstaat sie zulassen würde. Ob man den undifferenziert weiten Wortlaut „eine Zustellung nach Art. 10 findet nicht statt" einschränkend auf die Zustellung im Inland auslegen kann (so Schlosser Art 10 HZÜ Rn 47; Zöller/Geimer § 183 ZPO Rn 6; R Geimer IZPR Rn 418, 2045; Junker IPRax 1986, 204; Schack, IZVR Rn 593; **aA** OLG Düsseldorf 8. 2. 1999 Rpfleger 1999, 287; Kondring RIW 1996, 723; Gsell EWS 2002, 119), war zwar zweifelhaft, dürfte aber seit § 183 Nr 1 ZPO nF möglich sein, der generell eine Zustellung ins Ausland durch Einschreiben mit Rückschein vorsieht, wenn das aufgrund völkerrechtlicher Vereinbarungen zugelassen ist. Das HZÜ ist ein solches zulassendes Abkommen (**aA** Hess NJW 2002, 2424; wohl Nagel/Gottwald § 7 Rn 89). Das Hindernis wird primär in § 6 AusfG zum HZÜ zusammen mit einem völkerrechtlichen Gegenseitigkeitsprinzip gesehen, nachdem Deutschland darin den Vorbehalt gegen postalische Zustellung in Deutschland erklärt hat. ME ist der Vorbehalt durch § 183 Nr 1 ZPO nF für ausgehende Zustellungen aufgehoben, wenn er jemals so weit reichte, denn gemeint ist nur das Einverständnis des Ziellandes. Nötig ist, daß der Zielstaat die **postalische Zustellung erlaubt**, dh nicht den Vorbehalt nach Art 10 Abs 1 lit a HZÜ erklärt hat. Das haben getan (außer Deutschland): Ägypten, China, Norwegen, Schweiz, Türkei, Ukraine, Venezuela, USA. Entsprechende Erklärungen von Mitgliedstaaten der EuZustVO sind durch diese obsolet geworden, also seit 1. 5. 2004 auch die der Slowakei, von Estland und Litauen, Polen, Tschechien, Zypern. **43**

44 Die Zustellung wird hier durch den **postalischen Rückschein** nachgewiesen, der freilich keine öffentliche Urkunde ist.

cc) Unmittelbarer Verkehr

45 Art 10 lit b und c HZÜ ermöglichen vorbehaltlich eines Widerspruchs der Mitgliedstaaten eine direkte Beauftragung der Zustellungsorgane des Zustellungsstaates durch deutsche Gerichte oder Zustellungsorgane. (Die Beauftragung durch die Partei selbst kommt für Antragsschriften im deutschen Verfahren wegen § 270 ZPO [§ 3 ZustDG] nicht in Betracht.) Den Vorbehalt haben außer den in Rn 43 genannten Staaten **beschränkt auf Art 10 lit b und c** erklärt: Antigua und Barbuda, Botsuana, Dänemark, Israel, Japan. Für Finnland, Irland Schweden und das Vereinigte Königreich gilt das HZÜ nicht mehr wegen der EuZustVO. Trotz oder wegen des von der BRD gegen Art 10 eingelegten Widerspruchs, hat die BRD Zusatzabkommen mit Nachbarstaaten abgeschlossen, die einen direkten Auftrag an das örtlich zuständige Zustellungsorgan im Ausland erlauben. Von diesen sind heute nur noch das mit der Schweiz (RGBl 1910, 674 u 1930 II 1) und das mit Norwegen (BGBl 1979 II 1292) anwendbar. Die anderen sind durch die EuZustVO ersetzt.

c) HZPÜ vom 1. 3. 1954

46 Die Zustellung nach dem Haager Übereinkommen über den Zivilprozeß vom 1. 3. 1954 (BGBl 1958 II 577, HZPÜ) erfolgt im Wege der Rechtshilfe und wird durch ein Zustellungszeugnis der betreffenden Behörde des Zustellungsstaates nachgewiesen oder durch ein beglaubigtes Empfangsbekenntnis des Empfängers (Art 5 HZPÜ). Nachdem viele seiner Vertragsstaaten nun dem HZÜ beigetreten sind, gilt das HZPÜ allein (zum Verhältnis o Rn 8) noch für Argentinien, Armenien, Bosnien-Herzegowina, Jugoslawien, Kirgisistan, Kroatien, Libanon, Marokko, Mazedonien, Moldau, Rumänien, Serbien und Montenegro, Surinam, Usbekistan, Vatikanstadt (BGBl II Fundstellennachweis B zum 31. 12. 2003).

47 Die Zustellung erfolgt gem Art 1 auf Antrag eines, hier deutschen, Konsuls an die vom ersuchten Staat benannte Behörde durch dessen Zustellungsorgane (Art 2 HZPÜ). Wenn das Schriftstück in der Sprache der ersuchten Behörde abgefasst oder eine beglaubigte Übersetzung beigefügt ist, wird in den Formen dieses Staates zugestellt oder in einer besonderen, vom ersuchenden Staat gewünschten Form (Art 3 HZPÜ). Andernfalls, wenn die Übersetzung fehlt oder keine Zustellungsform gewünscht wird, wird eine einfache Übergabe an den Empfänger versucht, der aber zur Annahme bereit sein muß. Lehnt er ab, ist diese Zustellung gescheitert.

48 Ist das Schriftstück in der richtigen Sprache **förmlich** zugestellt, kommt es auf die entsprechende Sprachkenntnis des Empfängers nicht an. Unmittelbare Zustellung durch die Post, Direktzustellung durch Zustellungsorgane des Zustellungsstaates und Zustellung durch diplomatische Vertreter sind zwar an sich möglich (Art 6 HZPÜ), aber die dafür nötigen bilateralen Abkommen hat die BRD nicht abgeschlossen.

d) ZPO

aa) Auslandszustellung

49 § 183 nF ZPO nennt die Auslandszustellung im Wege der **Rechtshilfe neben der direkten postalischen**. Letztere setzt freilich einen Staatsvertrag voraus (§ 183 Abs 1

Nr 1 ZPO), womit man auf die EuZustVO, HZÜ, HZPÜ und bilaterale Abkommen verwiesen wird. Rechtshilfeersuchen ohne staatsvertragliche Grundlage sind wohl oft nicht erfolgreich. (Daß eine Zustellung durch die Post nicht auch ohne Staatsvertrag zulässig sein soll, wenn der betreffende Staat sie ohne Vertrag zuläßt, bleibt freilich nur mit überholten Souveränitätserwägungen erklärlich [Schack, IZVR Rn 593]).

Im vertraglich geregelten Verkehr ist eine Übersetzung beizufügen, wenn mittels Ersuchens an die ausländische Behörde oder auf diplomatischem oder konsularischem Wege (gem § 183 Abs 1 Nr 2 ZPO) zugestellt werden soll. Für eingehende Ersuchen verlangt die Bundesrepublik immer eine **Übersetzung** ins Deutsche (§ 3 AusfG), und entsprechend schreibt § 25 ZRHO bei allen **ausgehenden Ersuchen** eine Übersetzung in die Landessprache des ersuchten Staates vor, und zwar auch **im vertraglosen Verkehr**. § 25 ZRHO ist aber eine bloße Verwaltungsanordnung und führt daher nicht zu einem echten Zustellungsfehler, wenn ohne Übersetzung ins Ausland zugestellt wird. Die Rechtshängigkeit tritt auch dann ein, doch kann der Empfänger Wiedereinsetzung verlangen, wenn er schuldlos wegen Sprachunkenntnis eine Frist versäumt (o Rn 29 f). 50

Für die **formlose Zustellung** durch Übergabe an den Empfänger persönlich (§ 13 Abs 1 ZRHO) ist eine Übersetzung nicht nötig. Man nimmt an, daß der Adressat ein für ihn unverständliches Schriftstück nicht annehmen wird, und die formlose Zustellung setzt eine freiwillige Annahme voraus. Er darf vorher in das Schriftstück Einsicht nehmen und ist über sein Recht, die Annahme zu verweigern, nach § 69 Abs 3 ZRHO zu belehren (vgl zur formlosen Zustellung OLG Hamm 3. 8. 1987 IPRax 1988, 289; OLG Koblenz 3. 12. 1990 RIW 1991, 860; OLG Saarbrücken 14. 6. 1992 NJW-RR 1992, 1534, aber in casu nicht ersichtlich, ob der Adressat Einsicht nehmen konnte). 51

Die Zustellung nach § 183 Abs 1 Nr 3 nF ZPO durch das auswärtige Amt betrifft nur die an deutsche Diplomaten im Ausland. Nr 2 dagegen erlaubt nach deutschem Recht die Zustellung durch deutsche diplomatische Vertretungen an jedermann, wenn der Adressat das Schriftstück persönlich und freiwillig annimmt (§ 68 Abs 2 ZHRO). Ob der ausländische Staat es verbietet, ist eine andere Frage. 52

Der **Nachweis** der erfolgreichen Auslandszustellung kann auch anders als durch Zustellungszeugnis oder Rückschein geführt werden. Der Rückschein ist keine öffentliche Urkunde iSd § 418 ZPO, wohl aber die Einwurfbestätigung durch das Senior Master Department in England (BGH 13. 11. 2001 NJW 2002, 521). 53

bb) Zustellung im Inland

Keine Auslandszustellung und daher auch keine öffentliche Zustellung ist geboten, wenn der Antragsgegner **im Inland eine Zweitwohnung** (BGH 19. 12. 2001 NJW 2002, 827; OLG Köln 16. 8. 1988 NJW-RR 1989, 443) oder ein Geschäftslokal (OLG Düsseldorf 8. 11. 1977 MDR 1978, 930) oder bereits einen Prozeßbevollmächtigten hat (BGH 25. 2. 1999 NJW 1999, 2442). Zum Tatbestand der Wohnung im Inland (zB BGH 27. 10. 1987 NJW 1988, 713; BGH 13. 10. 1993 NJW-RR 1994, 564; BGH 4. 6. 1997 NJW-RR 1997, 1161; LAG Frankfurt/M 24. 1. 2000 ARST 2000, 282) bzw ihres Fehlens oder ihrer Aufgabe durch Wegzug oder lange Abwesenheit (BGH 12. 10. 1984 NJW 1985, 2197 Klinikaufenthalt; OLG Hamm 6. 3. 2003 NStZ-RR 2003, 189; BAG 2. 3. 1989 NJW 1989, 2213 Strafhaft) und der 54

Möglichkeit der Ersatzzustellung an Haushaltsangehörige (OLG Nürnberg 7.5.1997 NJW-RR 1998, 495) ist auf die Kommentare zu §§ 178 f ZPO zu verweisen.

55 Es ist **öffentlich** nach § 185 ZPO zuzustellen, wenn entweder selbst trotz eines Staatsvertrages die Zustellung im Ausland keinen Erfolg verspricht, oder wenn der Aufenthalt des Empfängers objektiv unbekannt ist. Wann das geschehen soll, regelt immer nur der deutsche Gesetzgeber. Dabei ist im Gefolge des BVerfG (26.10.1987 NJW 1988, 2361) die öffentliche Zustellung nur zulässig, wenn eine echte Zustellung im In- oder Ausland nicht oder praktisch nicht durchführbar ist (BGH 19.12.2001 NJW 2002, 827; BFH 16.5.2002 BFH/NV 2002, 1167). Sie ist nur letzte Möglichkeit und wegen des Grundrechts des rechtlichen Gehörs nur dann zulässig. Andernfalls ist sie unwirksam und setzt damit die vorgesehenen Verfahrens- oder Rechtsmittelfristen schon nicht in Gang. Eine Wiedereinsetzung ist nicht erforderlich, und die Versäumung der dafür vorgesehenen Frist also, anders als beider EuZustVO (o Rn 29), unschädlich. Auch eine Verjährung wird nicht unterbrochen bzw gehemmt (BGH aaO). Problematisch ist, wann eine überlange Dauer der Zustellung im Ausland, die in Europa nicht vorkommen sollte, aber außerhalb vorkommt, die öffentliche Zustellung erlaubt (weiter u Rn 92). Sie ist auch dann geboten, wenn Prozeßvoraussetzungen, insbesondere die internationale Zuständigkeit fehlen (OLG Köln 5.9.2002 RIW 2003, 301; Stein/Jonas/Leipold § 271 Rn 27). Auch wenn eine öffentliche Zustellung vorzunehmen und daher ordnungsgemäß ist, ist die Anerkennung des Urteils im Ausland idR nicht gesichert. Aber danach kann das Verfahren wenigstens fortgesetzt werden.

3. Gerichtssprache und rechtliches Gehör

56 Nach § 184 GVG ist die Gerichtssprache Deutsch, woraus ua gefolgert wird, daß nicht in Deutsch eingereichte Klageschriften keine **verfahrensrechtlichen Wirkungen** haben (OLG Koblenz 14.6.1978 FamRZ 1978, 714; KG 8.10.1985 MDR 1986, 156 [Rechtsmittel]; BayObLG 30.9.1986 NJW-RR 1987, 379 [Rechtsmittel]; Kissel GVG [3. Aufl 2001] § 184 Rn 5). Jedoch hat das Gericht die Antragsschrift in fremder Sprache immerhin zur Kenntnis zu nehmen, und den Antragsteller auf die Notwendigkeit der Übersetzung hinzuweisen (Rosenberg/Schwab/Gottwald ZPR § 21 Rn 4; ähnlich § 3 Abs 3 AVAG). Das VG München meint, daß die fremdsprachige Schrift ausreichend sei, wenn die Partei der Aufforderung, eine deutsche Übersetzung einzureichen, nachkommt (20.2.1975 NJW 1976, 1048 [Berufung]). Der Antrag muß also zumindest auch in Deutsch eingereicht werden.

57 Die Zustellung zB in Französisch in Frankreich erfüllt zwar die Voraussetzungen einer ordnungsgemäßen Zustellung nach der EuZustVO (o Rn 22 ff, 32), aber nicht auch alle für eine Rechtshängigkeit in Deutschland. Daran ändern die EuZustVO und die Rechtshilfeverträge nichts, denn das ist nicht ihr Regelungsgegenstand. Die Voraussetzungen der wirksamen **Zustellung** und der **Rechtshängigkeit** sind **nicht identisch**. Es ist zunächst vom deutschen Recht zu entscheiden, ob der Antrag für den Verfahrensbeginn bei Gericht in Deutsch eingereicht werden muß, und ob aus Gründen des rechtlichen Gehörs auch eine Übersetzung in die vom Adressaten verstandene Sprache erforderlich ist. Ersteres ist zu bejahen, und eine fremdsprachige Antragsschrift würde nicht ausreichen.

Für Letzteres ist über die Zustellungsregelungen hinaus der Anspruch auf **rechtliches Gehör** zu beachten (Art 103 Abs 1, 3 Abs 3 GG; BVerfG 10. 6. 1975 BVerfGE 40, 95, Strafrecht). Im Strafverfahren ist die Anklage wegen Art 6 Abs 3 MRK zu übersetzen (LG Essen 3. 9. 1965 NJW 1966, 1624; OLG Düsseldorf JZ 1985, 200; Braitsch, Gerichtssprache für Sprachunkundige im Lichte des „fair trial" [1991] 207). Für Zivilverfahren hat der BGH (2. 12. 1992 BGHZ 120, 305, 312) allerdings in Bezug auf Anerkennung und HZÜ erklärt, daß dem Beklagten nicht zuzumuten sei, sich eine Übersetzung der englischen Klage ins Deutsche zu beschaffen. Das widerspräche dem Schutz, den ihm die Bundesregierung mit ihrem Widerspruch zum HZÜ, der sich in § 6 Abs 2 AusfG HZÜ niedergeschlagen hat, beabsichtigt habe. § 3 AusfG zum HZÜ verlangt bei Zustellung in Deutschland eine Übersetzung ins Deutsche. Ob die Antragsgegnerin genug Englisch konnte, was sehr gut möglich war, wird nicht erörtert, soll also nach Meinung des BGH nicht erheblich sein. Es wäre es dagegen nach Art 8 Abs 1 lit b EuZustVO. Die Grundlage der Entscheidung des BGH war seine Auffassung, daß die Anerkennung eine formal fehlerfreie Zustellung verlange, konkrete Fragen des rechtlichen Gehörs wurden nicht gestellt. 58

Für die vorliegende, andere Frage des rechtlichen Gehörs im Fortgang des Verfahrens, ist anzunehmen, daß der europäische Gesetzgeber in Art 8 EuZustVO dem **Antragsgegner auch eine Übersetzungsobliegenheit** auferlegt, wenn in einer zugelassenen Sprache zugestellt wurde, die er aber nicht versteht. Wird die Antragsschrift im Beispiel einem türkischen Beklagten, der weder Deutsch noch Französisch kann und sich derzeit in Frankreich aufhält, in Französisch zugestellt, so muß er sich eine Übersetzung beschaffen. Die Beifügung des deutschen Originals ist nicht vorgeschrieben, aber zweckmäßig. Da der Antragsgegner ohnehin übersetzen muß, kann er gleich besser das Original nehmen, das ohnehin nach deutschem Verfahrensrecht einzureichen ist. Der Unterschied zum Strafverfahren mag sich rechtfertigen, weil auch das Rechtschutzinteresse des Antragstellers gleichgewichtig zu beachten ist. Ebenso wird man bei HZÜ und HZPÜ annehmen dürfen, daß der Antragsgegner für sich aus der zugelassenen Sprache übersetzen muß. Doch gebietet das **rechtliche Gehör**, daß ihm **genügend Einlassungsfrist** gewährt wird und andernfalls bei sprachlich bedingter Fristversäumung eine Wiedereinsetzung. Dasselbe gilt bei Zustellung nach §§ 183 ZPO. Nach der Zustellung der Antragsschrift entfällt das Problem durch den Anwaltszwang. 59

Die **Übersetzungsobliegenheit** bedeutet vor allem, daß der Antragsgegner, vorbehaltlich der Kostenfestsetzung am Ende, die Kosten dafür aufbringen muß. Fehlen ihm die Mittel, ist aber nach **§ 114 ZPO** vom Gericht eine Übersetzung einzuholen (BVerfG 25. 9. 1985 NVwZ 1987, 785, aber zu von der Partei eingereichten Unterlagen). 60

4. Rechtzeitige Zustellung

In jedem Fall, dh auch bei ordnungsmäßiger Zustellung, muß die Zustellung nach Art 19 Abs 1 EuZustVO und Art 15 Abs 1 HZÜ **so rechtzeitig** sein, daß der Beklagte seine **Verteidigung organisieren** kann. Konkrete Fristen nennen beide nicht, und sie können auch nicht angegeben werden. **Es kommt auf die Umstände des Einzelfalles an** (zu Art 34 EuGVO: BGH 23. 1. 1986 IPRax 1986, 366 [Walter 349]; OLG Hamm 3. 8. 1987 IPRax 1988, 289 [Geimer 271]; OLG Düsseldorf 11. 10. 1999 NJW 2000, 3290; Kropholler Art 34 EuGVO Rn 35; zu § 328 ZPO: BayObLG 11. 10. 1999 FamRZ 2000, 1170; 13. 3. 2002 61

FamRZ 2002, 1423 f; OLG Koblenz 19. 6. 1990 IPRax 1992, 35; 37 [GEIMER 5]; weitere Angaben bei WIEHE, Zustellungen 218; BISCHOF, Die Zustellung im internationalen Rechtsverkehr, 454 ff). Eine Rolle kann dabei zB die Erschwerung für den Beklagten spielen, sich rechtzeitig einen geeigneten Anwalt für das ausländische Verfahren zu besorgen. Wenn die Ladung in ihm fremder Sprache erfolgte und den Beklagten die Obliegenheit der Übersetzung trifft, muß ihm auch die dafür nötige Zeit gegeben werden (GEIMER, IZPR Rn 2926; BGH 20. 9. 1990 NJW 1991, 641: 3 Monate; OLG Hamm 3. 8. 1987 IPRax 1988, 289 [krit GEIMER 271]: 20 Tage zu kurz). Die Ladungsfristen des Rechts des Urteilsstaates sind als solche nicht verbindlich, wenngleich sie natürlich nicht unterschritten worden sein dürfen (MünchKomm-ZPO/GOTTWALD Art 27 EuGVÜ Rn 27; EuGH 16. 6. 1981 Rs 166/80 – Klomps – Slg 1981, 1593; BGH aaO; **aA** wohl BISCHOF aaO). Die Frist ist autonom für die EheGVO festzulegen, wobei die nationalen Einlassungsfristen nur Indizien sein können (BGH aaO; BISCHOF, Die Zustellung im internationalen Rechtsverkehr in Zivil- oder Handelssachen [1997] 454 ff; irrig für eine Obergrenze von 3 Wochen OLG Köln IPRax 1995, 256 = EWS 1994, 107; OLG Düsseldorf NJW 2000, 3290: 8 Tage zu kurz). Insbesondere muß eine erheblich **längere Frist** eingeräumt werden, wenn das zugestellte Schriftstück in einer Sprache war, die der Adressat nicht ausreichend versteht (BGH 20. 9. 1990 NJW 1991, 641: 3 Monate; OLG Hamm – IPRax 1988, 289 [krit GEIMER 271]: 20 Tage zu kurz). Doch auch sonst kommt es auf die Schwierigkeit der Sache an. Namentlich ist eine zusätzliche Zeit zu gewähren, wenn der Beklagte seine Verteidigung vor einem für ihn ausländischen Gericht organisieren muß. Findet das Verfahren im Lande statt, in welchem der Beklagte wohnt und versteht er die Sprache der Klage, so darf man die von der lex fori vorgesehenen Ladungsfristen als ausreichend ansehen. Sonst aber ist eine Verlängerung nötig (EuGH aaO Nr 18 ff). Die Frist beginnt mit der ordnungsgemäßen Zustellung (BayObLG 13. 3. 2002, 1423; DORNBLÜTH, Eur Regelung der Anerkennung [2003] 128), sonst mit dem Moment, in den der Antragsgegner die nötige Kenntnis hätte nehmen können (vgl Art 18 Abs 1).

62 Erscheint der Beklagte und macht zu Recht geltend, daß ihm die angemessene Zeit zur Vorbereitung fehlte, so ist eine zusätzliche Frist zu gewähren. Erscheint er nicht, und ist ersichtlich, daß die Einlassungsfrist zu kurz war, so ist nach Art 19 Abs 1 EuZustVO und Art 15 Abs 1 HZÜ **auszusetzen**. In diesem Stadium des Verfahrens kann nicht darauf abgestellt werden, daß der Beklagte auch in einem späteren Stadium des Verfahrens vielleicht noch seine Einwände vorbringen könnte.

5. Heilung

63 Heilung bedeutet in diesem Zusammenhang zum einen, ob das Gericht trotz eines Zustellungsfehlers im **Verfahren fortfahren** und namentlich ein Urteil ohne Einlassung des Antragsgegners fällen darf, und zum anderen auch, ob gegen dieses Urteil dann eine **Wiedereinsetzung** verlangt werden kann. Diese Frage muß deutlich von der meist diskutierten Heilung in Bezug auf Urteilsanerkennung **unterschieden** werden (dazu Art 22 Rn 39). Soweit internationale Zustellungsübereinkommen oder die EuZustVO diese Fragen regeln, **gehen sie der ZPO vor** und verdrängen § 189 ZPO. Sie sind zwar ebenfalls Bestandteil des deutschen Verfahrensrechts, es ist aber zunächst zu prüfen, ob sie eine Heilung von Zustellungsfehlern vorsehen oder ausschließen.

a) HZÜ

aa) Heilung nach dem Recht des Zustellungsstaates

Eine Heilung nach dem Recht des befaßten Gerichts ist nur nötig, wenn die Auslandszustellung, um die es hier geht, mangelhaft war. Die Durchführung einer Zustellung im Ausland erfolgt auch beim HZÜ grundsätzlich in den Formen des **Rechts des ersuchten Staates** (Art 5 Abs 1 lit a HZÜ) und soll grundsätzlich auch nur so beantragt werden (§ 20 ZRHO). Geschehen dabei Fehler, also Verstöße gegen das Recht des ersuchten Staates, so ist zunächst zu prüfen, ob sie nach diesem Recht geheilt und damit keine Verstöße mehr sind (STEIN/JONAS/H ROTH § 187 Rn 77; WIEHE, Zustellungen 36; STÜRNER JZ 1992, 331; RAUSCHER IPRax 1993, 376 f; ders IPRax 1991, 158 f; SCHLOSSER, in: FS Matscher 396 Fn 32; KONDRING, Heilung 269 ff). Allerdings im Rahmen einer Anerkennung eines ausländischen Urteils entnimmt BGH v 2.12.1992 aaO dem Art 5 Abs 3 HZÜ und dem § 3 HZÜAG (Übersetzungspflicht für eingehendes Ersuchen) in der Situation einer Zustellung ins Inland zu Unrecht, daß eine Heilung nach deutschem Recht ausgeschlossen sei, welches das Recht des ersuchten Staates war. Viele Staaten dürften dem § 189 ZPO ähnliche Regelungen kennen (GOTTWALD, in: FS Schumann [2001] 153), was aber Unterschiede im Detail nicht ausschließt (vgl KONDRING aaO 272). Ist ein Zustellungsfehler danach geheilt, kommen Heilungsvorschriften der lex fori schon deshalb nicht mehr zum Zuge. 64

Wird in einem Staat, der den Vorbehalt zu Art 5 Abs 3 HZÜ erklärt hat, ohne **Übersetzung** förmlich zugestellt, kann zunächst wie bei anderen Durchführungsfehlern eine Heilung nach dem Recht des ersuchten Staates eintreten. Aber darüber kann nur der ersuchte Staat entscheiden (KONDRING, Heilung 288), und sein Recht muß beantworten, ob das HZÜ die nationalen Heilungsregeln insoweit ausschließt (dies bejahen für Zustellungen in Deutschland STEIN/JONAS/H ROTH § 187 Rn 33). Im anderen Zusammenhang mit der Anerkennung ausländischer Urteile bei Ladung ohne Übersetzung in Deutschland hat die Rechtsprechung angenommen (EuGH 3.2.1990 Slg 1990, 2725 = IPRax 1991, 177 [RAUSCHER 155] – Lancray v Peters; BGH 2.12.1992 BGHZ 120, 305, 313), daß dafür das HZÜ abschließend sei, und keine Heilung vorsehe. Diese Begründung ist ungenau, denn das HZÜ (Art 5 Abs 1 lit a, Art 15 Abs 1 lit a) und die EuZustVO (Art 7 Abs 1, Art 19 Abs 1 lit a) verweisen auf das Recht des ersuchten Staates einschließlich seiner Heilungsregeln und regeln selbst diese Frage nicht (zB RAUSCHER IPRax 1991, 158; KONDRING, aaO 277 f). Insoweit gebietet das HZÜ wie die EuZustVO dem mit der Klage befaßten Gericht, die Konsequenz aus einem Verstoß nach dem **Recht des ersuchten Staates** zu ziehen. (In casu verbot angeblich das Recht des ersuchten Staates Deutschland die Heilung nach § 3 AGHZÜ). 65

An sich könnte das deutsche Gericht um eine Zustellung nach den deutschen Regeln bitten. Das würde dann auch zu § 189 ZPO führen, doch kommt ein solches Ersuchen wohl nicht vor, und wird von den Zustellungsbehörden des ersuchten Staates auch nicht gern angenommen werden. 66

bb) Vorrang von Art 15 HZÜ vor § 189 ZPO

Das HZÜ enthält keine Regelung über die Heilung von Zustellungsfehlern. Insbes betrifft **Art 15 HZÜ** in der Tat nicht die Heilung von Zustellungsmängeln, sondern regelt die Folgen einer fehlenden Zustellung (KONDRING, Heilung 271). Daher ist streitig, ob dieses Schweigen einen **Ausschluß nationaler Heilungsregeln** der lex fori bedeutet **oder** ob es umgekehrt die Frage dem **nationalen Recht** überläßt (für **ersteres** 67

OLG Hamm 30. 9. 1994 RIW 1996, 156 [Kondring 722] = IPRax 1995, 255 [HK]; Rauscher IPRax 1992, 91; im anderen Zusammenhang der Urteilsanerkennung BGH 2. 12. 1992 BGHZ 120, 305, 313 = FamRZ 1993, 311 = NJW 1993, 55, 98; Schack, IZVR Rn 619; für **letzteres** Stürner JZ 1992, 332; Geimer LM § 328 ZPO Nr 42; Wiehe, Zustellungen 135, Nagel/Gottwald, § 7 Rn 110).

68 Allerdings darf gem **Art 15 Abs 1 HZÜ** das Verfahren nicht fortgesetzt werden, solange der Zustellungsnachweis nicht geführt ist. Lit a verlangt die Zustellung in einer der Formen des ersuchten Staates. Das schließt dessen Heilungsregelungen ein, und es ist gerade nicht gesagt, daß der Nachweis durch das Zustellungszeugnis nach Art 6 HZÜ geführt werden müßte. Die den Vorschriften des Zustellungsstaates entsprechende Zustellung, also auch der Heilungstatbestand, kann in jeder Weise nachgewiesen werden. Freilich hat nur das Zustellungszeugnis den Beweiswert der öffentlichen Urkunde. Nach lit b genügt in jedem Fall eine Übergabe an den Antragsgegner persönlich. Ist danach geheilt, ist die Zustellung nicht mehr fehlerhaft und das Verfahren kann fortgesetzt werden. Die zweite Alternative der Übergabe in der Wohnung nach einem anderen im HZÜ vorgesehenen Verfahren betrifft den Fall der Zustellung nach einem vom ersuchenden Gereicht besonders gewünschten, zB dem eigenen Verfahren.

69 Art 15 Abs 2 HZÜ bedeutet zum einen, daß eine Heilung nach dem deutschen § 189 ZPO jedenfalls vor Ablauf der Frist von sechs Monaten nicht beachtet und dem Antragsteller auch nicht der Beweis gestattet werden darf, daß der Antragsgegner in einer § 189 ZPO genügenden Weise auf anderem Wege doch ausreichend informiert worden sei (Kondring, Heilung 263 ff, 271, der richtig hierdurch das deutsche Säumnisrecht ausgeschlossen sieht). Die **Heilungsregeln des befaßten Gerichts** sind dadurch jedenfalls bis zum Ablauf der sechs Monate ausgeschlossen.

70 Nachdem die Bundesrepublik den entsprechenden Vorbehalt erklärt hat, **kann** das Gericht das Verfahren gem **Art 15 Abs 2 HZÜ** nach Ablauf von sechs Monaten auch ohne den Nachweis fortsetzen. Es muß jedoch die Auslandszustellung nach dem HZÜ korrekt eingeleitet und zudem alles Mögliche getan haben, um den Zustellungsnachweis aus dem Ausland zu erhalten. Insbesondere muß bei den zuständigen Stellen nachgefragt werden. Das Gericht muß eine angemessene Zeit abwarten, die auch über die sechs Monate hinausgehen kann, bevor es fortfährt. Wenn es aber nach Ablauf dieser Frist auch ohne Zustellungsnachweis fortfahren kann, dann unabhängig davon, ob eine sonstige ausreichende Information des Beklagten nachgewiesen wird. Letztlich kommt es nach Art 15 Abs 2 HZÜ also nach sechs Monaten nicht mehr darauf an. Auch nach Ablauf der Frist wird so § 189 ZPO verdrängt, vorausgesetzt das Gericht hat korrekt nach dem HZÜ das Ersuchen auf den Weg gebracht.

71 Hat es das aber nicht getan, zB nicht die vorgeschriebene Übersetzung beigefügt, dann muß man Art 15 Abs 2 e contrario entnehmen, daß das Verfahren auch dann nicht fortgesetzt werden darf, wenn die Voraussetzungen des § 189 ZPO erfüllt wären. Es muß vielmehr eine neue, nunmehr korrekte Zustellung auf den Weg gebracht werden. Rechtspolitisch kann man das kritisieren, aber die Regelung ist wohl so.

cc) Wiedereinsetzung

Art 16 Abs 1 HZÜ ließe zwar zumindest die **Wiedereinsetzung** zu, wenn die Zustellung tatsächlich scheiterte. Es ist jedoch zu beachten, daß diese nur gegen die Versäumung einer Rechtsmittelfrist gewährt werden kann (zur EuZustVO ebenso RAUSCHER/HEIDERHOFF Art 19 EuZustVO Rn 23). Welche **Rechtsmittel** gegen ein Urteil zugelassen sind, sagt die **lex fori**. Diese Frage ist nicht Gegenstand des HZÜ. Jedoch sagt Art 16 Abs 4 HZÜ, daß dieser Artikel **nicht für Statusurteile** gilt. Hier bleibt ein Zustellungsfehler definitiv ohne Folgen, wenn das Gericht eine korrekte Zustellung versucht hat. 72

dd) Unwirksame Urteile

Nach Auffassung des BGH sind jedoch wegen Art 103 GG Urteile, die aufgrund einer unzulässigen öffentlichen Ladung ergehen, unwirksam (BGH 19. 12. 2001 NJW 2002, 827), es sei denn der Beklagte sei auf andere Weise ausreichend informiert gewesen. Eine Wiedereinsetzung ist also nicht nötig. Dasselbe muß gelten, wenn eine Auslandszustellung den Beklagten nicht erreicht hat. Das nationale Recht entscheidet über die Wirksamkeit des Urteils bei fehlender oder mangelhafter Zustellung, und Art 16 HZÜ wie 19 Abs 4 EuZustVO geben nur als Mindestschutz ggf eine Wiedereinsetzung. 73

b) HZPÜ

aa) Recht des Zustellungsstaates

Das **HZPÜ** enthält keine Art 15 Abs 2 HZÜ entsprechende Regelung, sondern regelt nur das Zustellungsverfahren (eingehend dazu KONDRING, Heilung 119 ff). Der BGH (2. 12. 1992 BGHZ 120, 305, 311 ff) argumentiert allerdings zu der anders liegenden Frage der Anerkennung nach § 328 Abs 1 Nr 2 ZPO und zum HZÜ, daß die Zulassung einer Heilung nach deutschem Recht eine Verletzung des völkerrechtlichen Vertrages und eine Einladung dazu darstellen würde. Das Gericht darf sicher nicht in der Hoffnung auf tatsächliche Kenntnisnahme das Schriftstück entgegen dem HZPÜ zB durch eingeschriebenen Brief oder ohne Übersetzung zustellen lassen (**aA** in einem besonderen Fall OLG Celle NdsRPfl 1947, 78). Hielte man die Zustellung wegen der Verletzung des völkerrechtlichen Vertrages für unwirksam (BGH 24. 9. 1986 BGHZ 98, 263, 269 f; STÜRNER JZ 1992, 331), darf das Verfahren nicht fortgesetzt werden, vielmehr muß die Zustellung erneut und nun korrekt wiederholt werden. Ein Nachweis, daß der Antragsgegner das Schriftstück doch erhalten und verstanden habe, wäre nicht zuzulassen. Nur seine Einlassung auf das Verfahren hülfe noch (§ 295 ZPO). 74

bb) Deutsche lex fori

Da aber auch die korrekte Zustellung nach den Regeln des HZPÜ nur den Zweck hat, die Partei ausreichend zu informieren, ist die Wiederholung gegenüber der bereits kundigen Partei eher eine Förmelei, auf die in Anwendung des § 189 ZPO verzichtet werden sollte (KONDRING, Heilung 194 ff, 236 f; SCHACK, IZVR Rn 619, nur für HZPÜ; LINKE, IZPR Rn 238; STEIN/JONAS/H ROTH § 187 Rn 29). Im deutschen Prozeß gilt für die Zustellung deutsches Recht einschließlich der Staatsverträge. Aber das HZPÜ regelt die Heilungsfrage nicht, und berührt daher die Regeln der ZPO nicht. Die eventuelle Verletzung des Völkerrechts im Verhältnis der Vertragsstaaten bewirkt zudem nicht den Ausschluß des § 189 ZPO, der das Verhältnis der privaten Parteien betrifft (eingehend KONDRING, Heilung 199 ff; STEIN/JONAS/H ROTH aaO). Freilich 75 trägt der Antragsteller die **Beweislast** für die tatsächliche ausreichende Zustellung und im Hinblick auf Fristen für deren Zeitpunkt. Eine entgegenstehende Regelung wie Art 15, die § 1289 ZPO ausschlösse, enthält das HZPÜ gerade nicht.

cc) Wiedereinsetzung

76 Anders als das HZÜ regelt das HZPÜ die Folgen einer mangelhaften oder überhaupt unterbliebenen Zustellung nicht. Es bleibt daher nationales, also deutsches Verfahrensrecht anwendbar. Ist nicht oder zu Unrecht nur im Inland öffentlich zugestellt worden, ist das Urteil wirkungslos (o Rn 73). Ist mangelhaft im Ausland zugestellt worden, und hat der Antragsgegner deshalb und schuldlos eine Frist versäumt, ist nach ZPO Wiedereinsetzung zu gewähren.

c) EuZustVO

aa) Recht des Zustellungsstaates

77 Art 19 Abs 1 lit a und b EuZustVO verbietet die Fortsetzung des Verfahrens, bis der Nachweis der Zustellung im Ausland geführt ist. Die Regelung folgt Art 15 Abs 1 HZÜ, doch anders als zum HZÜ hat die Bundesrepublik den Vorbehalt nach Abs 2 nicht erklärt, besteht also auf ordnungsgemäßer Zustellung. Man wird daraus folgern müssen, daß auf die Zustellung in einer von der EuZustVO vorgesehenen Weise und ihren Nachweis nicht verzichtet werden soll. Das Verfahren kann nicht wie nach Art 15 Abs 2 HZÜ nach einer Frist von sechs Monaten fortgesetzt werden. Wie auch im HZÜ erfolgt die Zustellung grundsätzlich nach den Regeln des ersuchten Staates (Art 7 Abs 1 EuZustVO). Dabei geschehene Fehler werden wie beim HZÜ, dem die EuZustVO weitgehend folgt, ggf nach dem **Recht des Zustellungsstaates** geheilt. Wenn dies nachgewiesen ist, kann das Verfahren seinen Fortgang nehmen. Die Regeln des Zustellungsstaates sind insoweit auch maßgebend bei direkter **postalischer Zustellung**. Man denke daran, daß der Postzusteller das Schriftstück ersatzweise an die falsche Person ausgehändigt hat oder es in der falschen Sprache war.

bb) Deutsches Recht

78 Natürlich kann das Verfahren nicht auf unbestimmte Zeit ruhen bleiben. Kommt kein Zustellungsnachweis oder gar die Mitteilung, daß der Versuch erfolglos war, dann muß **erneut zugestellt** werden. Ob im Ausland zuzustellen und dann ggf nach der EuZustVO, ergibt sich aus den §§ 183 ZPO. War die Adresse falsch, ist erneut an die richtige zuzustellen. Läßt sich trotz aller Bemühungen keine brauchbare Anschrift ermitteln, ist nach § 185 ZPO im Inland öffentlich zuzustellen. Der Fall, daß dies wegen übermäßiger Dauer geboten ist, dürfte in Europa nicht mehr auftreten. Danach kann das Verfahren fortgesetzt werden.

79 Es ist denkbar, daß allfällige Zustellungsfehler nicht nach dem Recht des ersuchten Staates geheilt sind, aber der Antragsgegner in einer § 189 ZPO genügenden Weise Kenntnis erlangt hat. Eine erneute formgerechte Zustellung an ihn wäre sachlich überflüssig und würde das Verfahren zum Nachteil des Antragstellers unnötig verzögern. Die Bundesrepublik hat aber gerade nicht von der Möglichkeit des Art 19 Abs 2 EuZustVO Gebrauch gemacht, die beim HZÜ zu einer Überlagerung der Heilungsregeln des Gerichts führt (Rn 70). Das könnte dahin verstanden werden, daß der deutsche Gesetzgeber nun auf einer förmlich korrekten Zustellung bestehe, oder daß es bei der ZPO bleiben solle. **§ 189 ZPO** kann und sollte aus denselben

Gründen wie beim HZPÜ (o Rn 76) **angewandt** werden (NAGEL/GOTTWALD § 7 Rn 61; LINKE, IZPR Rn 238; RAUSCHER/HEIDERHOFF Art 19 EuZustVO Rn 18 f; KONDRING, Heilung 338 ff; **aA** RAUSCHER IPRax 1993, 377; vgl BGH 2. 12. 1992 BGHZ 120, 305, 310 ff, aber zu HZÜ und Anerkennung).

cc) Wiedereinsetzung

Art 19 Abs 4 EuZustVO übernimmt wörtlich Art 15 Abs 2 HZÜ. Es gilt dasselbe wie dort (o Rn 75). Der Ausschluß der Wiedereinsetzung bei Statusurteilen wird vom Verordnungsgeber mit einem erhöhten **Rechtssicherheitsbedürfnis** erklärt. Es solle eine Scheidung nicht nachträglich aufgehoben werden, weil ein Ehegatte uU inzwischen wieder geheiratet hat (erläuternder Bericht ABlEG 1997 C 261/26 ff; krit GEIMER, IZPR Rn 2091 a; RAUSCHER/HEIDERHOFF Art 19 EuZustVO Rn 27 f). Das Urteil darf aber nicht unwirksam sein (o Rn 73). 80

d) Art 18 Abs 1 EheGVO

Ist weder nach der EuZustVO noch nach dem HZÜ, sondern nach dem HZPÜ oder bilateralen Abkommen oder nach §§ 185 ff ZPO im Ausland zuzustellen, so greift Art 18 Abs 1 EheGVO (Art 10 Abs 1 aF) ein. Auch er sieht die Aussetzung des Verfahrens bis zum Nachweis der Zustellung vor. Jedoch weicht die Regelung von HZÜ und EuZustVO deutlich ab, indem sie die Fortsetzung de Verfahrens erlaubt, sobald der Antragsgegner das verfahrenseinleitende Schriftstück hinsichtlich Inhalt und Rechtzeitigkeit so erhalten hat, daß er sich verteidigen kann. Die Regelung erübrigt oder inkorporiert **materiell Heilungsregelungen**. § 189 ZPO hat daneben keine Funktion mehr, sagt aber ganz dasselbe. Art 18 Abs 1 EheGVO gilt, wenn die Zuständigkeit auf der EheGVO beruht. 81

Jedoch enthält der letzte Halbsatz eine Möglichkeit, auch ohne nachgewiesene Zustellung im Verfahren fortzufahren, wenn alle dafür erforderlichen **Maßnahmen ergriffen** wurden. Das kann natürlich nicht heißen, daß ohne weiteres schon allein mit der Absendung des Zustellungsersuchens das Verfahren fortgesetzt werden dürfe. Der Passus kann nur den Fall meinen, daß ein korrekter Versuch erfolglos geblieben ist. Dafür muß erst einmal eine angemessene Zeit zugewartet werden, die aber nicht benannt wird (u Rn 84 ff). Es handelt sich, da HZÜ und EuZustVO voraussetzungsgemäß nicht anzuwenden sind, vornehmlich um außereuropäische Länder. Sechs Monate dürften oft zu wenig sein. Es ist eine andere Frage, ob bei überlanger Dauer wegen des Justizgewährungsanspruchs des Antragstellers im Inland öffentlich zuzustellen ist, um dann das Verfahren fortzusetzen. 82

Nach deutschem Recht kommt eine Heilung nur in Betracht, wenn die Urkunde wenigstens zum Zwecke der Zustellung amtlich auf den Weg gebracht wurde (THOMAS/PUTZO ZPO § 189 Rn 6; BGH 14. 3. 2000 NJW 2001, 3113). Das gilt auch für Art 18 Abs 1 (Art 10 Abs 1 aF), denn sonst sind nicht alle erforderlichen Maßnahmen getroffen worden. 83

V. Aussetzung des Verfahrens

1. Art 19 EuZustVO

Nach Art 19 EuZustVO ist das Verfahren **auszusetzen**, bis festgestellt ist, daß das 84

Schriftstück entweder in einer Form des ersuchten Staates, zugestellt wurde (Abs 1 lit a) oder nach einem anderen nach der Verordnung vorgesehenen Verfahren in der Wohnung abgegeben wurde (lit b 2. Alt). Solche anderen Verfahren sind die direkte postalische und die kaum vorkommende diplomatische Zustellung. Soweit Mängel der Zustellung geheilt sind, ist natürlich nicht auszusetzen.

85 Unklar ist die in Art 19 Abs 1 lit b enthaltene Alternative, daß dem Beklagten das Schriftstück tatsächlich **persönlich ausgehändigt** wurde. Der Text entspricht wörtlich dem Art 15 HZÜ, doch anders als dort (Art 5 Abs 2 HZÜ) ist in der EuZustVO keine persönliche, formlose Übergabe als besondere Form der Zustellung durch Organe des ersuchten Staates, sondern nur die durch die diplomatischen Vertreter des Ausgangsstaates (Art 13 EuZustVO) erwähnt. Der Wortlaut legt zwar die Deutung nahe, daß eine formlose Übergabe an den Beklagten dennoch genügen soll. Das entspräche aber nicht dem System der EuZustVO. Es handelt sich bei Art 15 Abs 1 lit b 1. Alt HZÜ vielmehr um eine Einschränkung: Wenn nicht in den Formen des ersuchten Staates einschließlich eventueller Ersatzzustellungen zugestellt wurde, sondern nach einer vom ersuchenden Staat gewünschten Form (Art 5 Abs 1 lit b HZÜ), muß die **amtliche Zustellung** entweder an den Beklagten in Person erfolgen oder in seiner Wohnung, also nicht in seinen Geschäftsräumen (Schlosser EU-ZPR Art 15 HZÜ Rn 5). Diese Auslegung macht auch bei Art 19 Abs 1 lit b EuZustVO Sinn, weil schon Art 7 genau Art 5 HZÜ entspricht. Das bedeutet vor allem, daß es nicht genügt, daß der Antragsgegner irgendwie auf privatem Weg informiert wurde. Art 19 EuZustVO schließt eine **Heilung** dadurch aus (o Rn 77; Lindacher ZZP 114 [2001] 190 meint, die EuZustVO behandle die Frage nicht).

86 Der Nachweis der Zustellung im Wege der Rechtshilfe (Art 7 EuZustVO) wird durch die **Bescheinigung nach Art 19 EuZustVO**, derjenige der postalischen durch den **Rückschein** geführt, der freilich im Gegensatz zu jener nicht den Beweiswert des § 418 ZPO hat. Andere Nachweise der Zustellung dürften aber auch zuzulassen sein. Nur Art 14 Abs 2 HZÜ und Art 15 Abs 2 EuZustVO stellen auf das Zustellungszeugnis ab, Abs 1 verlangt „nur" die Feststellung. Selbst eine Bescheinigung der ausländischen Zustellungsorgane, daß in der Wohnung des Antragsgegners abgegeben oder beim zuständigen Postamt hinterlegt wurde, und erst recht ein postalischer Rückschein beweist zwar den betreffenden Vorgang, aber nicht, daß dort auch tatsächlich die Wohnung des Antragsgegners war. Sie begründet allenfalls eine tatsächliche Vermutung, die widerlegt ist, wenn objektive Zweifel daran bestehen (BGH 17. 2. 1992 NJW 1992, 1963, nicht international). Eine Ersatzzustellung ist nur in der tatsächlichen Wohnung des Antragsgegners zulässig (BGH 4. 6. 1997 NJW 1997, 1161, nicht international).

87 Ist die Zustellung idS nicht nachgewiesen, ist das Verfahren auszusetzen und der Erfolg der laufenden Zustellung abzuwarten oder ein erneuter Versuch zu unternehmen. Deutschland hat von der Möglichkeit des Art 19 Abs 2 EuZustVO nicht Gebrauch gemacht, wonach nach sechs Monaten uU auch ohne Vorlage einer Zustellungsbescheinigung das Verfahren fortgesetzt werden kann. Das deutsche Recht besteht vielmehr in Europa auf einer korrekten, hilfsweise geheilten Zustellung. Sollte, was unwahrscheinlich erscheint, eine Zustellung nach Art 7 oder 14 EuZustVO nicht gelingen, ist **notfalls nach § 185 ZPO** öffentlich zuzustellen.

Die Aussetzung muß nicht förmlich erklärt werden, es dürfen nur **keine Prozeßhandlungen** erfolgen, die die Stellung des Beklagten verschlechtern (SCHLOSSER Art 15 HZÜ Rn 4; RAUSCHER/RAUSCHER Art 10 EheGVO aF Rn 8). 88

2. Art 15 Abs 1 HZÜ

Die Regelung in Art 15 Abs 1 HZÜ lautet praktisch gleich wie der ihm nachgebildete Art 19 EuZustVO. Zwar sind die Formen der Zustellung nach dem HZÜ und der EuZustVO nicht identisch, aber es geht in beiden Fällen um Situationen, in denen keine der Zustellungen gelungen ist. Das Verfahren ist dann wie unter der EuZustVO auszusetzen. 89

Während nach Art 19 EuZustVO in letzter Linie öffentlich zuzustellen ist und erst danach das Verfahren fortgesetzt werden kann, hat die Bundesrepublik den Vorbehalt nach Art 15 Abs 2 HZÜ erklärt (BGBl 1993 II 703). Das Gericht muß dann alle möglichen Schritte unternehmen, um das Zeugnis zu erlangen, dh namentlich die betreffende ausländische zentrale Behörde fragen (SCHLOSSER Art 15 HZÜ Rn 7). Damit muß auch nicht sechs Monate gewartet werden. Doch erst nach deren Ablauf kann das Verfahren fortgesetzt werden. 90

Es erstaunt, daß Art 15 Abs 2 lit c HZÜ nur Nachforschungen nach dem Verbleib des Zeugnisses verlangt und keinen **neuen Zustellungsversuch**, obwohl Art 14 lit a HZÜ auch eine postalische Zustellung ins Auge faßt, die uU mehr Erfolg verspräche. Ist man der Meinung, daß § 6 AGHZÜ nur noch bei eingehenden Zustellungen den Postweg ausschließt (o Rn 58), dann ist zu verlangen, daß noch dieser Weg eingeschlagen wird, wenn bekannt ist oder sich erweist, daß der Weg der Rechtshilfe schlecht funktioniert. Man sollte meinen, daß generell die „zumutbaren Schritte" für eine erfolgreiche Zustellung verlangt sind, uU auch ein verbesserter Versuch auf dem Wege der Rechtshilfe. 91

Eine **öffentliche Zustellung** nach § 185 ZPO ist zunächst wegen der Wartepflicht **vor Ablauf der sechs Monate unzulässig**, zumindest solange das Gericht keine Anhaltspunkte für die Erfolglosigkeit der laufenden Zustellung nach dem HZÜ hat. Dazu muß bei der ausländischen Behörde nachgefragt werden (OLG Hamm 8. 2. 1989 NJW 1989, 2203 m Anm GEIMER). Sie ist aber auch nach sechs Monaten noch nicht unbedingt zulässig. Das AG Bad Säckingen (23. 10. 1997 FamRZ 1997, 611) verlangt, mindestens zwei Jahre zu warten. Das dürfte eine Obergrenze sein. 92

3. Andere Zustellungssysteme

Art 18 Abs 1 (Art 10 Abs 1 aF) enthält die allgemeine Regelung, daß das Verfahren gegen einen nicht erschienenen Beklagten solange **auszusetzen** ist, bis er das verfahrenseinleitende Schriftstück erhalten hat oder erhalten konnte oder bis wenigstens alle erforderlichen Schritte hierfür ergriffen wurden. Trotz des etwas irreführenden Wortlauts von Art 18 Abs 2 Art 10 Abs 2 aF bleibt Abs 1 anwendbar, wenn nicht nach der EuZustVO oder dem HZÜ zuzustellen ist. Nur diese verdrängen Abs 1. Das noch immer häufig einschlägige HZPÜ von 1954 enthält keine eigenständigen Regelungen für die verfahrensrechtlichen Folgen nicht nachgewiesener Zustellungen. Art 18 Abs 1 (Art 10 Abs 2 aF) differenziert auch nicht, nach welchen 93 anderen Zustellungsregelungen vorzugehen war (ZPO, HZÜP 1954, Haager ZPAbk 1905, bilaterale Abk).

94 Wenn die ordnungsgemäße Zustellung nicht oder noch nicht festgestellt werden kann, verbietet der Justizgewährungsanspruch des Antragstellers ein zeitlich unbegrenztes Zuwarten. Abs 1 läßt darum für die Fortsetzung des Verfahrens auch genügen, daß alle erforderlichen Maßnahmen für eine Zustellung ergriffen wurden. Dazu gehört zum einen, eine angemessene Zeit abzuwarten, ob die versuchte Zustellung Erfolg hatte. Da Abs 1 nicht gänzlich auf Zustellung verzichtet, ist dann eine **öffentliche Zustellung** vorzunehmen und, soweit möglich, mit einer brieflichen Benachrichtigung des Antragsgegners. So ist mit Recht vom OLG Hamm (8. 2. 1989 NJW 1989, 2203 m Anm GEIMER) verfahren worden, wenn auch zu Art 15 HZÜ.

VI. Verfahrenseinleitendes Schriftstück

1. Verfahrensbeginn

95 In Ehesachen hat der Scheidung häufig ein **Versöhnungsverfahren** vorauszugehen (so in der Schweiz in fast allen Kantonen, in Frankreich bei Scheidung wegen Verschuldens [art 242 ff c civ] und wegen langdauernden Getrenntlebens [art 237 ff c civ] und in Japan [Familienpflegegesetz v 1947 Art 18 ff]; Darstellung bei BURCKHARDT, Internationale Rechtshängigkeit und Verfahrensstruktur bei Eheauflösungen 89 ff). Ob „das Verfahren" iSd Art 18 (Art 10 aF) schon mit dem Versöhnungsverfahren beginnt, hängt davon ab, ob und inwieweit beide Verfahren nach dem maßgebenden Recht eine Einheit bilden. Das ist etwa bei Frankreich zu bejahen (AG Tübingen 5. 10. 1990 IPRax 1992, 50 zust JAYME; SONNENBERGER IPRax 1992, 156; BURCKHARDT aaO 105 ff m Nw zur nicht ganz einheitlichen französischen Literatur; Cour d'Appel Colmar 11. 6. 1990 IPRax 1992, 173. Zu den Versöhnungsverfahren in der Schweiz und in Japan BURCKHARDT aaO 109 ff m Nw). Bei solcher Verfahrenseinheit ist also in Art 18 (Art 10 aF) auf die Einleitung des Vor- oder Versöhnungsverfahrens abzustellen.

2. Klagänderungen

96 Eine andere Frage ist es, ob Klagänderungen bzw **Änderungen des Streitgegenstands** als neues Verfahren anzusehen sind. In Ehesachen wäre das der Fall, wenn der Kläger in einem Verfahren auf Trennung von Tisch und Bett nun Scheidung beantragt oder von einem Scheidungs- auf einen Eheaufhebungsantrag übergeht oder umgekehrt. Hier wird eine andere Gestaltung verlangt. Bei Maßgeblichkeit ausländischen Eherechts kommt auch eine **Änderung des Scheidungsgrundes** in Betracht. ZB waren in Frankreich eine Scheidung aus Verschulden und wegen Zerrüttung verschiedene Scheidungen (art 229 c civ; Cass civ 1. 6. 1987 D 1989, 211 Anm MASSIP).

97 Die Frage wird bislang für Art 27 Nr 2 EuGVÜ (Art 34 Nr 2 EuGVO), also für die Anerkennung erörtert (FRANK, Das verfahrenseinleitende Schriftstück in Art 27 Nr 2 EuGVÜ, Lugano-Übereinkommen und in Art 6 Haager Unterhaltsübereinkommen 182 ff). Wegen der engen Beziehung zwischen Art 18 (Art 10 aF) und der Anerkennungsregel des Art 27 Abs 1 lit b (Art 15 Abs 1 lit b aF) ist hier nicht zwischen der Prüfung der Zustellung im laufenden Verfahren und im Rahmen der Anerkennung zu differen-

zieren. Der Zweck der Zustellungsregeln ist, dem Beklagten eine angemessene Verteidigung zu erlauben und also rechtliches Gehör zu gewähren. Dafür genügt es nicht, wenn er hinreichend von der Einleitung des Verfahrens und seinem Gegenstand informiert wurde. Vielmehr sind auch **spätere erhebliche Änderungen mitzuteilen** (Frank aaO 211 ff). Nur weil der Beklagte weiß, daß ein Verfahren gegen ihn anhängig ist, obliegt ihm deshalb nicht auch schon, sich von sich aus über dessen Entwicklung zu informieren (so aber BGH 21.3.1990 NJW 1990, 2203; Braun, Beklagtenschutz nach Art 27 Nr 2 EuGVÜ [1992] 71; wie hier Frank aaO 201 ff).

Ob und inwieweit Klagänderungen im Laufe des Verfahrens zulässig sind, sagt die 98
lex fori. Ob dem Antragsgegner dies förmlich mitzuteilen ist, ist aber nicht nur für Art 22 Abs 1 lit b (Art 15 Abs 1 lit b aF), sondern auch für Art 18 (Art 10 aF) und Art 19 (Art 11 aF) autonom nach der EheGVO zu bestimmen. In allen Fällen geht es um die **Verteidigungsmöglichkeit** des Antragsgegners. Eine wesentliche, mitteilungspflichtige Änderung ist nicht nur eine neue, veränderte Gestaltung wie Eheauflösung statt Scheidung, sondern auch der Übergang zu einem anderen Scheidungsgrund, zB von der Scheidung wegen Zerrüttung zu einer wegen Verschuldens nach bisherigem französischem Recht (im Zusammenhang mit der Rechtshängigkeitsproblematik so Burckhardt aaO 131 ff).

3. Relevantes Schriftstück

Als verfahrenseinleitendes Schriftstück kommen sowohl der **Antrag** als auch die 99
Ladung zum Termin in Betracht. Ersterer muß dem Beklagten zugestellt werden, damit er erfährt, um was zu streiten ist, und letztere teilt die Zeit mit, innerhalb derer er seine Verteidigung organisieren und insbesondere eine Antragserwiderung einreichen muß. In den verschiedenen Prozeßordnungen sind beide nicht notwendig gemeinsam zuzustellen (rvgl Frank, Das verfahrenseinleitende Schriftstück S 35 ff). Auch im deutschen Eheprozeß werden beide nicht notwendig zugleich zugestellt (vgl § 608 ZPO mit § 276 ZPO). So muß bei schriftlichem Vorverfahren die Aufforderung zugestellt werden, binnen einer gesetzten Frist (§ 276 Abs 1 S 3 ZPO) auf den Antrag zu erwidern. Zuzustellen ist auch die Ladung zum frühen ersten Termin. Für die Rechtzeitigkeit ist auf den **Zugang der letzten** beiden Zustellungen abzustellen.

Unklar ist, welche weiteren Schriftstücke „gleichwertig" sind. Man könnte hier 100
vielleicht an **Prozeßkostenhilfeanträge** denken, weil sie in Deutschland die wesentlichen Angaben zum Streitgegenstand enthalten und dem Antragsgegner zuzustellen sind (im Hinblick auf die Erfolgsaussichten der geplanten Rechtsverfolgung; § 118 Abs 1 ZPO; Rosenberg/Schwab/Gottwald, ZPR § 87 Rn 51 f). Jedoch muß dann noch die eigentliche Klage erhoben werden und dem Antragsgegner samt der Ladung zugestellt worden sein. Denn vorher hat er noch keinen Anlaß, seine Verteidigung zu organisieren. Der Prozeßkostenhilfeantrag kann nur die Einlassungsfrist verkürzen (anders ist zu entscheiden für Art 19). Ist er nicht zugestellt worden, sondern erst die endgültige Antragsschrift, so schadet das nichts. Der Prozeßkostenhilfeantrag leitet auch nicht eigentlich das Verfahren ein, denn der Antragsteller kann selbst nach Bewilligung die Klage noch unterlassen. Das Gericht muß also **nicht** etwa das Verfahren **aussetzen**, bis auch die Zustellung des Prozeßkostenhilfeantrags nachgewiesen ist.

4. Annexverfahren

a) Elterliche Verantwortung

101 Nach Art 12 (Art 3 aF) kann im Eheverfahren ein **Sorgerechtsantrag** gestellt werden. Das muß nicht zusammen mit dem Antrag in der Ehesache selbst, sondern kann auch noch später geschehen. Dann ist dieser Antrag gesondert so wie der verfahrenseinleitende zuzustellen.

102 Keine praktische Rolle spielt im deutschen Recht die Frage, ob eine Zustellung an einen für das Eheverfahren bestellten Zustellungsbevollmächtigten genügen würde. Denn in jedem Fall unterliegen Familienverfahren nach § 78 Abs 2 ZPO dem Anwaltszwang. Und an den für das Statusverfahren bevollmächtigten Anwalt kann auch der weitere Antrag wirksam zugestellt werden, selbst wenn die Bestellung des Anwaltes und dessen Vollmacht bislang auf das Statusverfahren beschränkt waren. Zwar hat der EuGH (vgl Art 22 Rn 59) angenommen, daß der Beklagte sich nicht auf das Verfahren eingelassen hat, wenn für ihn ein Anwalt ohne Vollmacht auftritt. Aber die Sachlage ist eine andere, wenn der Anwalt Vollmacht immerhin für die Ehesache hat.

b) Kostenfestsetzung

103 Die Festsetzung der **Gerichtskosten** ist nach hM eine **unselbständige Fortsetzung** des Hauptverfahrens (zu Art 34 EuGVO bzw Art 27 EuGVÜ: Braun, Der Beklagtenschutz nach Art 27 Nr 2 EuGVÜ [1992] 83 f; MünchKomm-ZPO/Gottwald Art 27 EuGVÜ Rn 13; Kropholler Art 34 EuGVO Rn 26), so daß eine erneute Zustellung nicht nötig ist. Bei **Kostenfestsetzungsbeschlüssen** im Verhältnis des Anwalts zu seinem Mandanten wird dagegen zurecht eine förmliche Zustellung an den Kostenschuldner verlangt (OLG Hamm 12. 12. 1994 IPRax 1996, 414; OLG Düsseldorf 23. 8. 1995 IPRax 1996, 415 [Tepper 398]; Frank aaO 187; Braun aaO 76; MünchKomm-ZPO/Gottwald Art 27 EuGVÜ Rn 13; zögernd Kropholler 34 EuGVO Rn 26).

Artikel 19
Rechtshängigkeit und abhängige Verfahren

(1) Werden bei Gerichten verschiedener Mitgliedstaaten Anträge auf Ehescheidung, Trennung ohne Auflösung des Ehebandes oder Ungültigerklärung einer Ehe zwischen denselben Parteien gestellt, so setzt das später angerufene Gericht das Verfahren von Amts wegen aus, bis die Zuständigkeit des zuerst angerufenen Gerichts geklärt ist.

(2) Werden bei Gerichten verschiedener Mitgliedstaaten Verfahren bezüglich der elterlichen Verantwortung für ein Kind wegen desselben Anspruchs anhängig gemacht, so setzt das später angerufene Gericht das Verfahren von Amts wegen aus, bis die Zuständigkeit des zuerst angerufenen Gerichts geklärt ist.

(3) Sobald die Zuständigkeit des zuerst angerufenen Gerichts feststeht, erklärt sich das später angerufene Gericht zugunsten dieses Gerichts für unzuständig.

In diesem Fall kann der Antragsteller, der den Antrag bei dem später angerufenen Gericht gestellt hat, diesen Antrag dem zuerst angerufenen Gericht vorlegen.

Bis 28.2.2005 geltende Regelung: Art 11 aF (s Textanhang).

Schrifttum

Bäumer, Die ausländische Rechtshängigkeit und ihre Auswirkungen auf das IZVR (1999)
Burckhardt, Internationale Rechtshängigkeit und Verfahrensstruktur bei Eheauflösungen (1997)
Buschmann, Rechtshängigkeit im Ausland als Verfahrenshindernis (1996)
Dohm, Die Einrede der ausländischen Rechtshängigkeit im deutschen IZPR (1996)
Gruber, Die neue „europäische Rechtshängigkeit" bei Scheidungsverfahren, FamRZ 2000, 1129
M Frank, Das verfahrenseinleitende Schriftstück in Art 27 Nr 2 EuGVÜ, Lugano-Übereinkommen und in Art 6 Haager Unterhaltsübereinkommen (1998)
Geimer, Lis pendens in der Europäischen Union, in: FS Sonnenberger (2004) 357
ders, English Substituted Service (Service by an Alternative Method) and the Race to the Courthouses, in: FS Schütze (1999) 205
Hau, Positive Kompetenzkonflikte im internationalen Zivilprozeßrecht. Überlegungen zur Bewältigung von multi-fora-disputes (1996)
ders, Europäische Rechtshängigkeit und (neues) deutsches Berufungsrecht, IPRax 2002, 117
Heiderhoff, Die Berücksichtigung ausländischer Rechtshängigkeit in Ehescheidungsverfahren (1998)
Isenburg-Epple, Die Berücksichtigung ausländischer Rechtshängigkeit nach dem Europäischen Gerichtsstands- und Vollstreckungsübereinkommen (Diss jur Heidelberg 1992)
Kerameus, Rechtsvergleichende Bemerkungen zur internationalen Rechtshängigkeit, in: FS K-H Schwab (1990) 257
Leipold, Internationale Rechtshängigkeit, Streitgegenstand und Rechtsschutzinteresse, in: GS Arens (1993) 227
Linke, Ausgewählte Probleme der Rechtshängigkeit und der Urteilsanerkennung, in: EuGH (Hrsg), Internationale Zuständigkeit und Urteilsanerkennung in Europa (Kolloquium 1991) (1993) 157
ders, Anderweitige Rechtshängigkeit im Ausland und inländischer Justizgewährungsanspruch, IPRax 1994, 17
Otte, Umfassende Streiterledigung durch Beachtung von Sachzusammenhängen (1998)
ders, Verfahrenskoordination im EuGVÜ: Zur angemessenen Gewichtung von Feststellungs- und Leistungsklage, in: FS Schütze (1999) 619
Schack, Die Versagung der deutschen internationalen Zuständigkeit wegen Forum non conveniens und lis alibi pendens, RabelsZ 58 (1994) 40
Schumann, Internationale Rechtshängigkeit, in: FS Kralik (1986) 301
Schütze, Die Wirkungen ausländischer Rechtshängigkweit in inländischen Verfahren, ZZP 104 (1991) 136
Sonnenberger, Deutsch-französische Ehescheidungsprobleme, IPRax 1992, 154
Thiele, Anderweitige Rechtshängigkeit im Europäischen Zivilprozeß – Rechtssicherheit vor Einzelfallgerechtigkeit, RJW 2004, 285.

Systematische Übersicht

Alphabetische Übersicht

I. Allgemeines

1 Da die EheGVO großzügig konkurrierende Zuständigkeiten zuläßt (krit ua Ancel/Muir Watt Rev crit 2001, 428 Nr 21), ist eine **Rechtshängigkeitssperre unbedingt nötig**,

um einander widersprechende Urteile zu vermeiden. Denn diese könnten gem Art 22 lit c (15 Abs 1 lit c aF) gegenseitig der Anerkennung im Wege stehen. Eine entsprechende Regelung enthält Art 23 lit e (Art 15 Abs 2 lit e aF) für Sorgerechtsregelungen. Freilich reicht die Sperrwirkung weiter als die der Rechtskraft nach Art 22 lit c oder d (GRUBER FamRZ 2000, 1134). So hindert zB ein Antrag auf Trennung einen zweiten auf Scheidung, obwohl diese ohne weiteres nach einer Trennung noch möglich ist. Art 19 (11 aF) führt so auch zu einer gewissen Konzentration der Verfahren (GRUBER FamRZ 2000, 1132), indem der Beklagte des ersten Verfahrens seinen Antrag auf eine andere Gestaltung nur als Widerklage anbringen kann, wenn er nicht bis zum Abschluß des ersten Verfahrens warten will (ANCEL/MUIR WATT Rev crit d i p 2001, 429). Art 19 (Art 11 aF) lädt so freilich auch zu einem **Wettlauf ums Forum** ein, der in internationalen Ehesachen häufiger zu beobachten ist (vgl Vorbem 44 ff zu Art 1; GAUDEMET-TALLOW JDI 2001, 381, Nr 55). Er findet wohl weniger wegen der Eheauflösung selbst statt als im Hinblick auf deren Folgen. Soweit sie im Verbund geltend gemacht werden können oder gar müssen, ist die Gewinnung des „richtigen" Scheidungsgericht von uU erheblicher Bedeutung.

II. Anwendungsbereich

1. Räumlich und intertemporal

Die Regelung erfaßt nur Verfahren, die **in zwei Mitgliedstaaten** anhängig sind. 2
Verfahren in Drittstaaten können stattdessen gem § 261 Abs 3 Nr 1 ZPO ein inländisches mit gleichem Gegenstand sperren (dazu § 328 ZPO Rn 577). Daß zwei parallele Eheverfahren zugleich in einem weiteren Mitgliedstaat und in einem Drittstaat anhängig sind, ist zwar wenig wahrscheinlich, aber denkbar. Dann sollte für den deutschen Richter Art 19 (Art 11 aF) vorgehen. Ist eines der Verfahren **vor Inkrafttreten** der EheGVO aF oder EheGVO nF anhängig gemacht worden, sperrt es ein nach Inkrafttreten der betr Fassung der EheGVO anhängig gemachtes weiteres Verfahren, falls das Erstgericht nach der EheGVO idF, die für das Zweitverfahren maßgeblich ist, zuständig wäre (dazu Art 64 Rn 12).

2. Sachlich

Art 19 (Art 11 aF) handelt wie die EheGVO insgesamt nur von Statusverfahren, 3
also Trennung, Scheidung und Aufhebung der Ehe und von Sorgerechtssachen. Entsprechend dieser Beschränkung (vgl Art 1 Rn 5 ff) sperrt also nach Art 19 (Art 11 aF) eine in einem anderen Mitgliedstat anhängige **Feststellungsklage** über die Nichtigkeit einer Ehe oder ihr Bestehen ein inländisches Verfahren auf Eheauflösung nicht (**aA** GRUBER FamRZ 2000, 1130, 1132; HAU FamRZ 1999, 485; wie hier HAUSMANN ELF 2000/01, 345). Der Wortlaut von Art 11 Abs 2 aF („Antrag auf Ehescheidung, Trennung ohne Auflösung des Ehebandes oder Ungültigerklärung einer Ehe") findet sich nicht im neuen Art 19, sondern in Art 2 aF als Definition wieder. Der Ausschluß der Feststellungsklagen vom Anwendungsbereich der EheGVO ist zwar rechtspolitisch sehr zu kritisieren, aber de lege lata hinzunehmen (Art 1 Rn 2, 8). In Bezug auf Feststellungsklagen und -urteile bleibt es daher sowohl im Hinblick auf die Anerkennung (Art 21 Rn 24 ff) wie auch die Rechtshängigkeitssperre beim nationalem Recht. Es gilt also ggf der engere **§ 261 Abs 3 Nr 1 ZPO**.

4 Wer allerdings entgegen der hier vertretenen Auffassung Feststellungsklagen in den Anwendungsbereich der EheGVO einbeziehen will, muß auch Art 19 (Art 11 aF) anwenden mit seiner erweiterten Sperrwirkung. Art 19 (Art 11 aF) ordnet nicht etwa an, daß eine inländische parallele Gestaltungsklage neben einer ausländischen Feststellungsklage über den Bestand der Ehe uneingeschränkt zulässig sein soll, weil letztere nicht unter die EheGVO fällt. Die EheGVO regiert nicht außerhalb ihres selbst beschränkten sachlichen Anwendungsbereichs in das nationale Recht hinein.

5 Keinesfalls gilt Art 19 (Art 11 aF) für im Ausland anhängige **Folgen** von Scheidung, Aufhebung oder Trennung außer für Sorgerechtsverfahren (Art 19 Abs 2 bzw Art 11 Abs 1 aF). Art 3 bis 7 (2 bis 6 aF) enthalten keinen Scheidungsverbund, verbieten ihn aber auch nicht. Ob die Anhängigkeit der Folgesache zusammen mit einer Statussache im Ausland einem isolierten Antrag zB auf Trennungsunterhalt im Inland entgegensteht, ist nach Art 22 u 30 EuGVO wie bei isolierter Anhängigkeit zu beurteilen. Es gibt keine **Verbundsunzuständigkeit** idS, daß die Möglichkeit, die Folgesache im Ausland mit der Statusklage zu verbinden, die deutsche internationale Zuständigkeit ausschlösse. Es kann nur die tatsächliche Rechtshängigkeit im Wege stehen (§ 606a ZPO Rn 280 ff), wenn dieselbe Sache iSd § 261 Abs 3 Nr 1 ZPO im Ausland rechtshängig ist.

6 Auch **Sorgerechtsangelegenheiten** werden in die Regelung einbezogen. Das sagt jetzt Abs 2, war aber bisher in Art 11 Abs 1 aF enthalten (weiter u Rn 33 ff).

7 **Einstweilige Maßnahmen**, die noch unter Art 11 Abs 1 aF subsumiert werden konnten, scheinen nun vom Wortlaut des neuen Art 19 ausgeschlossen. Jedenfalls besteht keine Gegenstandsidentität zwischen ihnen und dem entsprechenden Hauptsacheverfahren (Gruber FamRZ 2000 1134; Baumbach/Lauterbach/Albers Art 11 EheGVO aF Rn 8). Und unter zwei Anträgen auf einstweilige Maßnahmen wird kaum eine Anspruchsidentität vorliegen, so daß die Frage dahinstehen mag.

III. Gegenstandsidentität

1. Streitgegenstandsidentität

8 Im nationalen Verfahrensrecht macht die Feststellung, ob im Ausland dieselbe Sache schon anhängig ist wie jetzt im Inland wegen der Unterschiede bei den Streitgegenstandslehren erhebliche Schwierigkeiten (vgl § 606a ZPO Anh Rn 21 ff). Zur Vermeidung von Rechtskraftkollisionen wäre auf den Umfang der Rechtskraft abzustellen, der aber ebenso jeweils nach nationalem Recht zu beurteilen ist. Die daraus entstehenden Probleme hat der EuGH schon mit der zu Art 21 EuGVÜ (jetzt Art 27 EuGVO) entwickelten **Kernpunkttheorie** vermieden (8. 12. 1987 Rs 144/86 – Gubisch/Palumbo – Slg 1987, 4861; 6. 12. 1994 Rs C-406/92 – Tatry/Mucieji Rataj – Slg 1994 I 5439) und den Streitgegenstand bzw seine Identität **selbständig definiert** (vgl Gottwald, in: Symposion K H Schwab [2000] 85 ff; Hau, Positive Kompetenzkonflikte im internationalen Zivilprozeß [1996] 132 f; Bäumer, Die ausländische Rechtshängigkeit und ihre Auswirkungen auf das internationale Zivilverfahrensrecht [1999]; McGuire, Verfahrenskoordination und Verjährungsunterbrechung im Europäischen Prozessrecht [2004] 78 ff mwN; Rüssmann ZZP [1998] 399; Otte, Umfassende Streitentscheidung durch Beachtung von Sachzusammenhängen [1998] 412 ff, 418 ff; Prütting, in: GS Lüderitz [2000] 623; Leipold, Wege zur Konzentration von Zivilprozessen [1999]

20). Danach ist eine Rechtshängigkeitssperre schon dann gegeben, wenn in beiden Verfahren um dieselben Kernpunkte gestritten wird. Was alles „Kernpunkt" sein kann, ist noch nicht abschließend aufzulisten. Die Entscheidungen betrafen vor allem den Fall, daß es in beiden Verfahren auf die Gültigkeit desselben Vertrages ankam, einmal indem aus ihrem geklagt wurde und im andern Verfahren die Feststellung seiner Unwirksamkeit begeht wurde.

Art 19 Abs 1 (Art 11 Abs 1 aF) baut auf den zum EuGVÜ bzw des EuGVO 9
entwickelten Grundsätzen auf, geht aber **eigene Wege** (BORRÁS-Bericht Nr 52; krit dazu RAUSCHER/RAUSCHER Art 11 EheGVO aF Rn 25 f) und nennt alle in Europa vorkommenden Gestaltungen, so daß **jedes Verfahren auf Statusveränderung** alle anderen sperrt, nämlich Trennung von Tisch und Bett, Scheidung und Eheaufhebung. Auf die Kernpunkttheorie kommt es danach für Statusverfahren im einzelnen nicht mehr an (GRUBER FamRZ 2000, 1131 f). Die EheGVO hat damit auch nicht den Weg gewählt, daß die weiter gehende Gestaltung vorgehe, daß also eine Scheidungsklage ein Trennungsverfahren und nicht umgekehrt sperre. Der BORRÁS-Bericht verweist zu Recht dazu darauf, daß die Gründe für die eine Gestaltung in einer Rechtsordnung Gründe für eine andere Gestaltung in einer anderen sein können. Für die Rechtshängigkeitswirkung kommt es namentlich nicht darauf an, ob dieselben Scheidungsgründe geltend gemacht werden (GAUDEMET-TALLON JDI 2001, 381 Nr 48). Ob man nun annimmt, die in Abs 1 genannten Klagen hätte iSd Kernpunkttheorie denselben Streitgegenstand (so KOHLER NJW 2001, 12; HAU FamRZ 2000, 1039; THOMAS/PUTZO/HÜSSTEGE Art 11 EheGVO aF Rn 11) oder es handle sich um konnexe Klagen iSd Art 28 EuGVO (früher Art 22 EuGVÜ) (so wohl MünchKomm-ZPO/GOTTWALD Art 11 EheGVO aF Rn 3) mit an sich verschiedenen Gegenständen (so BORRÁS-Bericht Nr 54 aE), ist jedenfalls ohne praktische Bedeutung (SCHLOSSER Art 11 EheGVO aF Rn 2). Für die **elterliche Verantwortung** stellt nun Abs 2 auf denselben Anspruch ab. Das könnte auf die Kernpunkttheorie hinauslaufen (weiter u Rn 33 ff).

2. Parteiidentität

Die Verfahren müssen zwischen denselben Parteien anhängig sein. Die Parteirollen 10
können umgekehrt sein. Probleme könnte zwar eine Beteiligung Dritter machen, aber sie kommt in Statussachen wohl nicht vor.

IV. Prioritätsgrundsatz

1. Anhängigkeit

Die Konkurrenz mehrerer Ehe- oder Sorgerechtsverfahren löst Art 19 EheGVO 11
nach der zeitlichen **Priorität der Anhängigkeit**. Die Zeitpunkte legt Art 16 (Art 11 Abs 4 aF) fest.

Im seltenen, aber nicht undenkbaren Fall gleichzeitiger Anhängigmachung kann 12
Art 19 EheGVO nicht helfen. Hier sind beide Verfahren wohl fortzuführen, bis das erste abgeschlossen ist, so daß dann diese Entscheidung die Fortführung des anderen Verfahrens hindert (vgl Art 22 lit d).

2. Vor- und Hauptverfahren

13 Keine unmittelbare Antwort gibt Art 19 (Art 11 aF) auf die Frage, ob die verschiedenen ausländischen **Vor- oder Versöhnungsverfahren** schon als Anhängigkeit der Scheidung zu bewerten sind. Bei genügend engem Zusammenhang sperrt schon die Einleitung des Vorverfahrens einen anderweitigen Antrag auf Eheauflösung. Das ist bei dem Versöhnungsverfahren des französischen Rechts der Fall (Burckhardt, Internationale Rechtshängigkeit und Verfahrensstruktur bei Eheauflösungen 105 ff mN; tendentiell Gaudemet-Tallon JDT 2001, 402 Nr 51; Niboyet Reverit d i p 1989, 239).

3. Klageerweiterung

14 Bei **Klageerweiterungen** und **Widerklagen** ist jeweils auf deren Erhebung abzustellen (Schlosser Art 30 EuGVO). Das gilt insbesondere für Anträge auf Regelung der elterlichen Verantwortung (Schlosser Art 30 EheGVO Rn 4). Wird darüber ohne Antrag von Amts wegen entschieden, gilt der erste aktenkundige Niederschlag der Befassung des Gerichts damit (Schlosser aaO).

V. Aussetzung und Abweisung

1. Feststellung der Anhängigkeit

15 Das als zweites angegangene Gericht muß **von Amts wegen** prüfen, ob dieselbe Sache bereits anderweitig anhängig ist. Doch muß das Gericht Kenntnis davon erlangen, und das dürfte gewöhnlich durch den Vortrag der Parteien geschehen. Ermittlung von Amts wegen findet nicht statt. Hat das zweitbefaßte Gericht Anlaß anzunehmen, daß die Sache schon im Ausland anhängig ist, kann und muß es die Parteien befragen, um insbesondere zu ermitteln, ob und wann eine Statussache iSd Art 1 Abs 2 anhängig gemacht ist und namentlich, ob die weiteren dem dortigen Kläger „obliegenden Maßnahmen" iSd Art 16 (Art 11 Abs 4 aF) ergriffen wurden. Soweit sie fristgebunden sind, läßt sich anhand der jeweiligen lex fori (Art 16 Rn 12) entscheiden, ob die Anhängigkeit iSd Abs 4 definitiv eingetreten ist.

16 Danach ist die **Priorität** festzustellen. Ist das ausländische Verfahren noch zwischen dem ersten und zweiten Schritt der Verfahrenseinleitung iSd Art 16 (Art 16 Rn 7 ff), muß das Gericht mit seiner Entscheidung über eine eventuelle Aussetzung noch abwarten. Wenn der erste Schritt bei ihm selbst zuerst vorgenommen wurde und unter der weiteren Voraussetzung, daß bei ihm auch die „weiteren Maßnahmen" fristgerecht vorgenommen wurden, in Deutschland also wohl gem § 167 ZPO (o Art 16 Rn 13), ist das Verfahren fortzusetzen, weil sicher ist, daß das ausländische Verfahren später anhängig wurde. Die **Beweislast** für die Anhängigkeit im Ausland trägt der Beklagte.

2. Keine Prüfung der Zuständigkeit

17 Das Gericht hat nicht die internationale **Zuständigkeit des ausländischen** konkurrierenden **Gerichts** zu prüfen, sondern dessen Entscheidung abzuwarten (Gruber FamRZ 2000, 1133; EuGH 27. 6. 1991 Rs 351/89 – Overseas Union/New Hampshire Ins – Slg 1991 I 3317, 3349 = IPRax 1993, 34 [Rauscher/Gutknecht 21]; Rauscher/Rauscher Art 11 EheGVO

aF Rn 3). Es kommt insbesondere nicht darauf an, auf welcher Grundlage das ausländische Gericht zuständig sein kann. Für die Aussetzungspflicht ist allein entscheidend, daß eine Ehesache iSd Art 19 (Abs 1 [Art 11 aF]) anhängig ist. Ob das der Fall ist, ist nicht von Amts wegen zu ermitteln, sondern nur von Amts wegen zu beachten. Anders ist es nur, wenn das erste Verfahren vor dem 1. 3. 2001 eingeleitet wurde (OGH 9. 9. 2002 IPRax 2003, 456 [Hau 461]; EuGH 9. 10. 1997 Rs 162/95 – Horn/Cinnamond – Slg 1997, I-5451). Wird die ausländische Anhängigkeit nicht bekannt, geht das inländische Verfahren weiter und es kommt zu Entscheidungskollisionen iSd Art 22 lit c (Art 15 Abs 1 lit c aF).

3. Keine Anerkennungsprognose

18 Anders als bei § 261 Abs 3 Nr 1 ZPO hängt die Rechtshängigkeitssperre **nicht** davon ab, ob das ausländische Urteil voraussichtlich **im Inland anerkannt** werden wird. Obwohl die Regelung vor allem Rechtskraftkollisionen vermeiden will, konnte darauf verzichtet werden, weil mit der Anerkennung gerechnet werden kann. Die Hindernisse des Art 22 (Art 15 Abs 1 aF) greifen selten durch und zudem können manche in einem so frühen Stadium des ausländischen Verfahrens noch kaum abschließend beurteilt werden. Selbst eine fehlende Zustellung kann uU im ausländischen Verfahren noch nachgeholt werden.

4. Aussetzung

19 Art 19 Abs 1 und 2 (Art 11 Abs 1 und 2 aF) bestimmen, daß das später angerufene Gericht zunächst von Amts wegen das Verfahren **aussetzt**, und erst definitiv abweist, wenn die Zuständigkeit des ausländischen Gerichts feststeht. Sollte dieses Gericht des ersten Verfahrens seine Zuständigkeit verneinen, kann das zweite Verfahren **fortgeführt werden** und muß nicht neu begonnen werden. Das bedeutet u a, daß eine internationale Zuständigkeit des als zweites angerufenen Gerichts auch dann fortdauert, wenn die zuständigkeitsbegründenden Tatsachen inzwischen weggefallen sind (zur perpetuatio fori Art 3 Rn 125). Auch die Priorität des zweiten Verfahrens gegenüber weiteren Anträgen anderswo im Ausland bleibt dann gewahrt. Einstweilige Anordnungen, daß der Kläger im zweiten Verfahren die Klage zurücknehmen müsse, wie sie in England möglich sind (sec 37 8 [1] Supreme Court Act 1981), sind dagegen nicht zulässig (EuGH 27. 4. 2004 Rs C-159/02 – Turner/Grovit, anti-suit-injunction u Art 20 Rn 8). Es genügt, daß das zweite Verfahren ausgesetzt wird.

20 Die Aussetzung erfolgt **von Amts wegen**, nicht nur auf Antrag. Die Einzelheiten sind, da die EheGVO dazu schweigt, § 148 ZPO analog zu entnehmen (Gruber FamRZ 2000, 1133 Fn 43; Thomas/Putzo/Hüsstege Art 11 EheGVO Rn 12; Kropholler, EuZPR Art 21 Rn 23). Die Aussetzungsvoraussetzungen legt Art 19 (Art 11 aF) aber abschließend selbst fest. Insbesondere hat das zweitbefaßte Gericht die **Zuständigkeit des ersten** nicht zu beurteilen (o Rn 17).

21 Bevor das Gericht wegen anderweitiger Anhängigkeit aussetzt, muß und kann es aber die **Zulässigkeit seines eigenen Verfahrens** prüfen und zB wegen fehlender eigener internationaler Zuständigkeit den Antrag abweisen. Es darf nicht etwa einstweilen aussetzen. In keinem Fall darf es dagegen zur Sache selbst entscheiden, auch nicht wegen Unbegründetheit abweisen.

5. Abweisung

a) Feststellung der Zuständigkeit

22 Sobald das **zuerst angerufene Gericht** seine internationale Zuständigkeit festgestellt hat, weist das zweitangerufene den Antrag von Amts wegen ab. Erforderlich ist zur Vermeidung einer Rechtsverweigerung, daß das erstbefaßte Gericht seine **Zuständigkeit rechtskräftig bejaht** hat (Rauscher/Rauscher Art 11 EheGVO aF Rn 31; Thomas/Putzo/Hüsstege Art 11 EheGVO aF Rn 12). Wenn kein Zwischenurteil ergeht, muß also bis zum Ende des ausländischen Verfahrens gewartet werden (Gruber FamRZ 2000, 1133; Schlosser Art 27 EuGVO Rn 10; Hausmann ELF 2000/01, 347). Die Abweisung des zweiten Antrags geschieht durch Prozeßurteil wegen Unzulässigkeit (Rauscher/Rauscher aaO Rn 32 wie bei Unzuständigkeit). Nach der Entscheidung des EuGH wird allenfalls eine **konkret** übermäßige Dauer des Verfahrens von der Aussetzung dispensieren (**aA** Thiele RIW 2004, 288; OLG München [2. 6. 1998] RiW 1998, 631; wie hier zB bei Prozeßverschleppung OLG Düsseldorf [30. 9. 1999] GRURInt 2000, 776; Geimer/Schütze Art 27 Rn 58; u Rn 25). Das **zweitbefaßte** Gericht darf über die Zuständigkeit des erstbefaßten **nicht** urteilen (Art 24 bzw Art 17 aF) und auch dann nicht, wenn sie offensichtlich nicht gegeben zu sein scheint (vgl auch EuGH 9. 12. 2003 Rs C-116/02 – Gasser/Misat – RiW 2004, 289, Gerichtsstandsvereinbarung).

23 Ist im ausländischen Verfahren eine **Sachentscheidung rechtskräftig** geworden, endet auch die konkurrierende Rechtshängigkeit. Nach Abs 3 muß nun der zweite Antrag grundsätzlich abgewiesen werden. Eine Vorlage an das erstbefaßte Gericht kommt nach der Beendigung des Verfahrens dort nicht mehr in Betracht. Die Sperrwirkung der Rechtshängigkeit ist aber weiter als die der Rechtskraft. So sperrt ein Trennungsantrag einen späteren Scheidungsantrag, doch kann nach einem Trennungsurteil durchaus noch eine Scheidung beantragt werden (Art 21 Rn 55 ff; Gruber FamRZ 2000, 1135; Hausmann ELF 2000/01, 347; Thomas/Putzo/Hüsstege Art 11 EheGVO aF Rn 12). Nach Abweisung gem Art 19 Abs 3 (Art 11 aF) des zweiten Antrags könnte der Scheidungsantrag im Beispiel sofort neu gestellt werden. Wenn die Abweisung erst nach rechtskräftiger Beendigung des ersten Verfahrens erfolgen kann, macht sie hier keinen Sinn mehr. Vernünftiger ist, dann das bisher ausgesetzte **zweite Verfahren**, soweit die Rechtskraft des ersten Urteils nicht entgegensteht, nun **fortzusetzen** (**aA** Thomas/Putzo/Hüsstege aaO). Mit dem Ende der konkurrierenden Rechtshängigkeit entscheidet nun die **Rechtskraft**.

24 Das gilt auch bei **Abweisung** der ersten Klage **als unbegründet**. Diese ist zwar nicht nach Art 21 mit Art 2 Nr 3 (Art 13 Abs 1 aF) anzuerkennen, doch kommt dann richtigerweise § 328 ZPO zur Anwendung (Art 21 Rn 93 ff) und sperrt seine Rechtskraft die Fortsetzung des Verfahrens (Thomas/Putzo/Hüsstege Art 14 EheGVO aF Rn 14), soweit sie reicht. Ist das nicht der Fall, kann fortgesetzt werden (zB Abweisung eines Trennungsantrags und Fortsetzung eines Scheidungsverfahrens).

b) Überlange Verfahrensdauer

25 Zu § 261 Abs 3 Nr 1 ZPO wird vertreten, die ausländische Rechtshängigkeit stehe einem inländischen Verfahren nicht im Wege, wenn der Prozeß im Ausland schon oder voraussichtlich unangemessen lange dauert (BGH 26. 1. 1983 IPRax 1984, 152 [abl Luther 141]; Geimer, IZPR Rn 2725 mwN) Für die EheGVO (wie auch die EuGVO) kommt es insoweit auf die autonomen Maßstäbe des Gemeinschaftsrechts an. Will

man die Rechtshängigkeitssperre des Art 19 EheGVO (Art 27 EuGVO) nicht durch unterschiedliche nationale Vorstellungen (un-)angemessener Verfahrensdauer aufweichen und die Gefahr widersprüchlicher Urteile zu Lasten der Rechtssicherheit erhöhen, kann Art 19 EheGVO freilich nur in **eng begrenzten Ausnahmefällen** unangewendet bleiben. Grundsätzlich zu Recht hat der EuGH (zu Art 21 EuGVÜ) judiziert, das Gemeinschaftsverfahrensrecht sei von dem gegenseitigen Vertrauen der Mitgliedstaaten getragen und untersage damit grundsätzlich eine Prüfung des ausländischen Verfahrens anhand der Maßstäbe des inländischen Rechts (EuGH 9.12.2003 Rs C-116/02 – Gasser/Misat – Rn 48 ff = IPRax 2004, 243 Anm Grothe 205 und Schilling 294). Das läßt sich ohne weiteres auf die EheGVO übertragen. Die Gerichte eines Mitgliedstaates dürfen daher die durch ein zuvor eingeleitetes ausländisches Verfahren begründete Rechtshängigkeitssperre jedenfalls nicht mit der Begründung ignorieren, Verfahren in dem Staat der ausländischen Anhängigkeit dauerten ganz **generell unangemessen lange** (EuGH aaO). **Grenzen der Rechtshängigkeitssperre** des Art 19 ergeben sich durch den über **Art 6 EUV** auch zu den Grundsätzen des Gemeinschaftsverfassungsrechts zählenden Anspruch auf effektiven Rechtsschutz sowie dem fair trial-Grundsatz, wie sie in **Art 6 EMRK** festgeschrieben sind (vgl Schilling IPRax 2004, 294 ff; Grothe IPRax 2004, 205 ff; Krusche MDR 2000, 677 ff; MünchKomm-ZPO/Gottwald aaO; Schlosser Art 27 EuGVO Rn 11; Rauscher/Leible Art 27 EuGVO Rn 18; Geimer/Schütze Art 27 EuGVO Rn 58 mwN. Der EuGH aaO hat die Einschränkung der Rechtshängigkeitssperre durch Art 6 EUV/Art 6 EMRK zwar nicht erwähnt. Auf sie kam es im konkreten Fall aber auch nicht an, da der Kläger des [österreichischen] Zweitverfahrens den zuvor eingeleiteten [italienischen] Erstprozeß wegen Rechtsmißbrauchs ignoriert wissen wollte und eine konkret überlange Verfahrensdauer noch nicht einmal behauptet wurde). Allerdings lassen sich aus der Rechtsprechung des Europäischen Gerichtshofs für Menschenrechte keine verallgemeinerbaren Zeitgrenzen ableiten, deren Überschreitung zwingend zu einer überlangen Verfahrensdauer iSd Art 6 EMRK und damit zu einer Unbeachtlichkeit des Auslandsverfahrens führt. Entscheidend sind stets die **Umstände des konkreten Einzelfalles**, wobei gerade bei internationalen Prozessen den tatsächlichen und rechtlichen Problemen des Auslandsbezugs Rechnung zu tragen ist (Einzelheiten bei Miehsler/Vogler, in: Karl [Hrsg], IntKommEMRK [Losebl, Bearb 1986] Art 6 EMRK Rn 317 ff; Peukert, in: Frowein/Peukert [Hrsg], EMRK [1996] Art 6 EMRK Rn 143 ff sowie Grothe IPRax 2004, 205, 211: die Rspr zu Art 6 EMRK ließ teilw Verfahrensdauern von über 10 Jahren unbeanstandet, andererseits kann auch ein nicht nachvollziehbarer Verfahrensstillstand von 2 Jahren die Menschenrechte verletzen). Die hieraus resultierende Rechtsunsicherheit ist unbefriedigend, aber de lege lata nicht zu vermeiden. Im Einzelfall ist dem EuGH vorzulegen, wenn das inländische Gericht der Ansicht ist, die Dauer des Auslandsverfahrens sei inakzeptabel. Gegen die ablehende Entscheidung des EuGH hilft ggf nur der Rekurs nach Straßburg. Abhilfe kann jedenfalls in Sorgerechtsangelegenheiten der einstweilige Rechtsschutz leisten, insbesondere wenn er keine besondere Dringlichkeit erfordert (Art 20 Rn 28 ff). Von vornherein kommt ein Verstoß gegen Art 6 EMRK nicht in Frage, wenn beide Verfahren vom selben Antragsteller eingeleitet wurden.

VI. Vorlage an das erstbefaßte Gericht

Die in Abs 3 S 2 genannte Befugnis des Antragstellers, dessen späterer Antrag 26
wegen anderweitiger Rechtshängigkeit abgewiesen wurde, den Antrag dem erstbefaßten Gericht vorzulegen, ist unklar (Gruber FamRZ 2000, 1134). Es handelt sich

entgegen dem Borrás-Bericht (Nr 55 a E) jedenfalls nicht um eine Regelung erweiterter Zuständigkeit (Rauscher/Rauscher Art 11 EheGVO aF Rn 36), denn das zuerst angerufene Gericht ist ohnehin schon für alle Statusklagen zuständig. Die Regelung erlaubt vielmehr, den Antrag auch dann dort anzubringen, wenn dies sonst aus prozessualen Gründen beim erstbefaßten Gericht nicht mehr **zulässig** wäre, zB wegen Verfristung oder in der zweiten Instanz (Gruber FamRZ 2000, 1134; MünchKomm-ZPO/Gottwald Art 11 EheGVO aF Rn 8; nur für Verdrängung von Verspätungsvorschriften Rauscher/Rauscher aaO Rn 37). War der zweite Antrag dagegen schon beim zweitbefaßten Gericht unzulässig, ist dort nicht auszusetzen, sondern abzuweisen. Dieses Prozeßurteil hindert dann aber nicht, den Antrag gem Art 4 als Widerklage in ersten Verfahren anzubringen, soweit das nach den dortigen Vorschriften noch zulässig ist.

27 Es handelt sich **nicht** um eine **grenzüberschreitende Verweisung**, kommt dem im Ergebnis aber nahe (Gaudemet-Tallon JDI 2001, 381 Nr 53; Schlosser Art 27 EuGVO aF Rn 1). Beim Erstgericht entsteht eine Art **Klagenhäufung**, wenn die Parteirollen in den Verfahren die gleichen sind. Sind sie umgekehrt, dann ähnelt die Situation der der **Widerklage** (Art 4), ohne daß aber wirklich eine solche erhoben worden wäre. Die so zusammengeführten Anträge können natürlich miteinander unverträglich sein. So kann eine Ehe nicht zugleich von Tisch und Bett getrennt und geschieden werden. Ersteres geht vielmehr nur, wenn zuvor der Scheidungsantrag abgewiesen wird, und eine Scheidung kann nur erfolgen, wenn ein etwa gestellter Antrag auf Aufhebung abgewiesen wurde. Die weitergehende Gestaltung verdrängt die anderen (Ancel/Muir Watt Rev crit d i p 2001, 431 Nr 22). Da dasselbe Gericht entscheidet, darf man mit konsistenten Entscheidungen rechnen.

28 Es kann freilich geschehen, daß der erstbefaßte Richter dem zu ihm transferierten Antrag **in der Sache nicht** stattgeben kann im Gegensatz zur Entscheidung, die der ursprünglich später angerufene Richter zu treffen gehabt hätte. Der Borrás-Bericht (Nr 57) bildet das Beispiel eines ersten Antrags auf Ehescheidung in Schweden gefolgt von einer Aufhebungsklage wegen anfänglicher Mängel in Österreich, wobei das schwedische Recht letztere nicht kennt, sondern in jedem Fall nur die Scheidung. Nun scheitert ein Aufhebungsantrag in Schweden nicht schon deshalb, weil er in Schweden erhoben wird (so irrig Borrás-Bericht aaO; richtig Ancel/Muir Watt Rec crit d i p 2001, 431 Nr 22; Gruber FamRZ 2000, 1134 Fn 55), sondern erst wenn das schwedische IPR zB zu schwedischem Recht führt.

29 Der erstbefaßte Richter hat nach der „Vorlegung" **nicht das IPR des zweitbefaßten Richters** anzuwenden. Dies kann wegen der Uneinheitlichkeit des IPR in Europa dazu führen, daß der zweite Antragsteller seinen Anspruch mit der Vorlage nach Art 19 Abs 3 S 2 (Art 11 Abs 3 aF) nicht durchsetzen kann. UU ist ihm zu raten, nicht vorzulegen, sondern seinen Antrag auf Aufhebung ex tunc nach der Scheidung in Schweden, die nur ex nunc wirkt, in Österreich weiter zu verfolgen (Borrás-Bericht aaO; Gaudemet-Tallon JDI 2001, 381 Nr 54). Das setzt freilich voraus, daß die Rechtskraft der Scheidung eine Aufhebung nicht hindert (Art 21 Rn 55 ff). Der Weg ist sicher unnötig kompliziert, aber wegen der Unterschiede im IPR der einzig mögliche.

30 Soweit es der Zweck des Art 19 Abs 3 S 2 (Art 11 Abs 3 S 2 aF) ist, durch das Zusammenführen der Anträge die Ehesachen zu konzentrieren, hängt die Effizienz der Regelung von der **Entscheidung des Antragsstellers** im Zweitverfahren ab, der also auch hier das ihm günstigere Gericht wählen und ggf nach Beendigung des ersten Verfahrens mit einer Trennung von Tisch und Bett seinen Scheidungsantrag erneuern kann, dem die Rechtskraft nicht im Wege steht. Die Rechtshängigkeitssperre, die alle Statusregelungen erfaßt, reicht weiter als die Rechtskraft der späteren Entscheidung (o Rn 23).

Abs 3 sieht die Vorlage im ausländischen Gericht erst nach Abweisung des inländischen Antrags vor. Das kann aber dauern, weil der zweitbefasste Richter die endgültige Entscheidung des erstbefaßten Gerichts über seine Zuständigkeit abwarten muß. Es ist nicht verboten, den inländischen Antrag zurückzunehmen und im ausländischen Verfahren neu zu stellen. Die internationale Zuständigkeit wird dort in aller Regel gegeben sein. Es könnte aber aus anderen Gründen nicht zweckmäßig sein. Deshalb will Schlosser (Art 27 EuGVO aF Rn 5) dem Kläger des zweiten Verfahrens die **Vorlage** an das erstbefaßte Gericht **schon erlauben**, sobald das zweitangerufene Gericht sein **Verfahren aussetzt** (**aA** wohl Gruber FamRZ 2000, 1134). Der Wortlaut in Abs 3 („in diesem Fall“) spricht allerdings dagegen. Wenn man am Wortlaut des Abs 3 festhält, würde das bedeuten, daß das zweite Verfahren bis zum Ende des ersten ausgesetzt bleibt und erst dann fortgesetzt wird, soweit die Rechtskraft des ersten Urteils nicht entgegensteht. Wenn der Kläger nicht warten will, kann er durch Rücknahme des Antrags und Widerklage beim erstbefaßten Gericht praktisch dasselbe wie mit einer Vorlage erreichen. Zwar könnten dort inzwischen Präklusionen eingetreten sein, die er aber idR durch rechtzeitiges Handeln hätte vermeiden können. Man kann sich daher an den **Wortlaut von Abs 3 halten**. 31

Die Regelung macht keine Probleme, wenn das erstbefaßte Gericht durch **Zwischenurteil** über seine Zuständigkeit entscheidet. Das wäre wünschenswert, ist aber vermutlich nicht die Regel. Immerhin könnte der Kläger des zweiten Verfahrens im ersten darauf hinwirken. 32

VII. Elterliche Verantwortung

1. Identität der Gegenstände

Abs 1 nF betrifft nur die Statusverfahren. Abs 2 enthält dann die entsprechende Regelung für die Sorgerechtsangelegenheiten. Der **Wortlaut** der Art 11 Abs 1 und 2 aF ist **nicht identisch** mit **Art 19 Abs 1 und 2 nF**, denn letzterer enthält nun eine autonome Definition der Streitgegenstandsidentität auch für die elterliche Verantwortung. Das war bisher nicht der Fall, und Sorgerechtsanträge fielen unter Art 11 Abs 1 aF (Thomas/Putzo/Hüsstege Art 11 EheGVO aF Rn 1). Da Art 19 Abs 2 EheGVO wie Art 27 Abs 1 EuGVO von „demselben Anspruch“ spricht, ist auf die Rechtsprechung zu Art 27 EuGVO (bzw Art 22 EuGVÜ) zurückzugreifen, denn die EheGVO soll möglichst so wie die EuGVO ausgelegt werden. Es ist also die **Kernpunkttheorie** anzuwenden und darauf abzustellen, ob es um eine gemeinsame Kernfrage geht. Eine praktisch denkbare Konstellation ist etwa, daß im Ausland im Zusammenhang mit einem Scheidungsverfahren ein Antrag auf Zuweisung des Sorgerechts gestellt ist und nun im Inland isoliert eine Regelung des Umgangs mit dem Kind begehrt wird. Da das Umgangsrecht von der Regelung des Sorgerechts abhängt, greift wohl auch Art 19 Abs 2 (Art 11 aF). In den meisten Fällen dürfte 33 eine Rechtshängigkeitssperre eintreten, wenn es um dasselbe Kind derselben Eltern geht, es sei denn den beiden Anträgen kann ohne Widerspruch gleichzeitig stattgegeben werden (weitergehend Schlosser Art 11 EheGVO aF Rn 3). Die Gegenpartei muß ihre Anträge dann nach Art 4 widerklagend stellen.

34 Die **neue Fassung** von Art 19 Abs 2 sagt nun nicht mehr, daß die Verfahren zwischen denselben Beteiligten anhängig sein müssen. Anscheinend ist anders als bisher keine Parteiidentität mehr gefordert.

35 Nach Abs 3 wie nach dem bisherigen Art 11 Abs 3 aF hat das zweitbefaßte Gericht abzuweisen, wenn die Zuständigkeit des erstbefaßten feststeht. Sorgerechtsentscheidungen werden häufig nicht rechtskräftig, so daß man auf den **Erlaß des ersten Urteils** abstellen muß. Darüber hinaus paßt die Regelung für Statusklagen nicht ohne weiteres für die elterliche Verantwortung, denn die Entscheidungen hierüber sind gewöhnlich jederzeit abänderbar. Nach Abschluß des ersten Verfahrens kann ohnehin nicht mehr vorgelegt werden, so daß beim zweitbefaßten Gericht ein neuer Antrag gestellt werden kann, der auf **Abänderung der ersten Entscheidung** gerichtet wäre.

2. Übergangsrecht

36 Es könnte sein, daß am 1. 3. 2005 zwar Anträge in verschiedenen Staaten anhängig sind, zwischen denen nach der bisherigen Regelung keine Rechtshängigkeitssperre, wohl aber nach der neuen Regelung besteht. **Übergangsrechtlich** ist anzunehmen, daß das später eingeleitete Verfahren nun auszusetzen ist, so wie ein Verfahren unzulässig wird, wenn während seines Laufes ein anerkanntes rechtskräftiges Urteil ergeht. Art 64 sagt dazu nichts.

Artikel 20
Einstweilige Maßnahmen einschließlich Schutzmaßnahmen

(1) Die Gerichte eines Mitgliedstaats können in dringenden Fällen ungeachtet der Bestimmungen dieser Verordnung die nach dem Recht dieses Mitgliedstaats vorgesehenen einstweiligen Maßnahmen einschließlich Schutzmaßnahmen in Bezug auf in diesem Staat befindliche Personen oder Vermögensgegenstände auch dann anordnen, wenn für die Entscheidung in der Hauptsache gemäß dieser Verordnung ein Gericht eines anderen Mitgliedstaats zuständig ist.

(2) Die zur Durchführung des Absatzes 1 ergriffenen Maßnahmen treten außer Kraft, wenn das Gericht des Mitgliedstaats, das gemäß dieser Verordnung für die Entscheidung in der Hauptsache zuständig ist, die Maßnahmen getroffen hat, die es für angemessen hält.

Bis 28. 2. 2005 geltende Regelung: Art 12 aF (s Textanhang).

Schrifttum

Eilers, Maßnahmen des einstweiligen Rechtsschutzes im europäischen Zivilrechtsverkehr. Internationale Zuständigkeit, Anerkennung und Vollstreckung (1991)

Gronstedt, Grenzüberschreitender einstweiliger Rechtsschutz (1994)

Koch, Grenzüberschreitender einstweiliger Rechtsschutz, in: Heldrich/Kono (Hrsg), Herausforderung des internationalen Zivilverfahrensrechts (1994) 85

Renke, Der Prozeßkostenvorschuß im Ehescheidungsverfahren und Art 24 EuGVÜ, FuR 1990, 149

A Schulz, Einstweilige Maßnahmen nach dem Brüsseler Gerichtsstands- und Vollstreckungsübereinkommen in der Rechtsprechung des Gerichtshofes der Europäischen Gemeinschaften (EuGH), ZEuP 2001, 805

Spellenberg, Einstweilige Maßnahmen nach Art 12 EheGVO, in: FS Beys (2003) 1583

Spellenberg/Leible, Die Notwendigkeit vorläufigen Rechtsschutzes bei transnationalen Streitigkeiten, in: Gilles (Hrsg), Transnationales Prozeßrecht (1995) 293

Stadler, Erlaß und Freizügigkeit einstweiliger Maßnahmen im Anwendungsbereich des EuGVÜ, JZ 1999, 1089

Stichler, Das Zusammenwirken von Art 24 EuGVÜ und §§ 916 ff ZPO (1992)

Stürner, Der einstweilige Rechtsschutz in Europa, in: FS Geiß (2000) 199

De Vareilles-Sommières, La compétence internationale des tribunaux français en matière de mesures provisoires, Rev crit 85 (1996) 397

Ch Wolf, Konturen eines europäischen Systems des einstweiligen Rechtsschutzes, EWS 2000, 11

Ch Wolf/Lange, Das europäische System des einstweiligen Rechtsschutzes – doch kein System? RIW 2003, 55.

Systematische Übersicht

Alphabetische Übersicht

I. Allgemeines

1 Einstweilige oder vorläufige Maßnahmen spielen im Eherecht eine große praktische Rolle, denn der Anlaß für Regelungen der elterlichen Verantwortung, der Unterhaltspflichten oder der Wohnungsbenutzung entsteht gewöhnlich nicht erst mit und durch eine Scheidung, sondern schon durch die faktische Zerrüttung der ehelichen Lebensgemeinschaft bzw die Trennung. Die Eheleute und namentlich ihre Kinder sollen nach der Wertung der Gesetzgeber auf eine neue Regelung ihrer Verhältnisse nicht bis zu einer Entscheidung zusammen mit oder gar erst nach der Scheidung warten. Diese Fragen können, müssen aber nicht notwendig in ein Eheverfahren einbezogen werden. § 620 ZPO konzentriert grundsätzlich die einstweiligen Anordnungen in Sorgerechts-, Unterhalts-, Hausratsachen und zur Regelung des Getrenntlebens beim Gericht der Ehesache, wenn eine solche anhängig ist. Die Abtrennung der Scheidungsfolgen ist aber möglich (§ 623 ZPO), und dann kann das damit befaßte Gericht auch seinerseits einstweilige Maßnahmen ergreifen. Häufig sind sie aber auch bevor eine Ehesache rechtshängig gemacht wird (§ 621g ZPO). Jedenfalls werden einstweilige Maßnahmen **mit Bezug zu Eheauflösungen** in internationalen Fällen ähnlich häufig begehrt wie in nationalen (Rvgl dazu Eilers, Maßnahmen des einstweiligen Rechtsschutzes im europäischen Zivilrechtsverkehr [1991] 1 ff; Stürner, in: FS Geiß [2000] 199 ff).

Zu Recht haben darum die Verfasser der EheGVO in Art 20 (Art 12 aF) die internationale Zuständigkeit dafür geregelt.

Art 20 nF übernimmt den alten Art 12 im Wesentlichen unverändert. Der neue **2** Abs 2 bestimmt nun, daß einstweilige Maßnahmen mit einer eigenen Entscheidung des Gerichts der Hauptsache außer Kraft treten. Das kann, wie bisher unausgesprochen auch schon, eine Entscheidung in der Hauptsache sein. Neu ist, daß auch eine einstweilige Anordnung dieses Gerichts Vorrang hat.

Art 24 EuGVÜ (heute Art 31 EuGVO) hat zu einer praktisch unübersehbaren **3** Literatur (Nw zB bei Spellenberg/Leible ZZPInt 4 [1999] 222) geführt, weil viele Einzelheiten ungeregelt blieben. Immerhin hat der EuGH inzwischen einige Zweifelsfragen entschieden (EuGH 17. 11. 1998 Rs C-391/95 – van Uden – Slg 1998 I-7091 = ZZPInt 4 [1999] 205; 27. 4. 1999 Rs C-99/96 – Mietz/Intership Yachting – Slg 1999 I-2277 = ZZPInt 4 [1999] 213 m Anm zu beiden Spellenberg/Leible S 221 ff; weiter dazu Stadler JZ 1999, 1089 ff; Ch Wolf EWS 2000, 11; Hess/Vollkommer IPRax 1999, 220; Hess, IPRax 2000, 370; EuGH 6. 6. 2002 Rs 80/00 – Italian Leather – RIW 2002, 708; dazu Wolf/Lange RIW 2003, 55). Die Literatur und Rechtsprechung zu Art 24 EuGVÜ ist grundsätzlich auch zu Art 20 (Art 12 aF) EheGVO heranzuziehen. Er ist Art 31 EuGVO nachgebildet, weicht aber im Wortlaut an zwei Stellen ab, ohne daß das unbedingt auch eine sachlich Abweichung sein muß. So sollen die Gerichte einstweilige Maßnahmen aufgrund nationaler Zuständigkeiten nur „in dringenden Fällen“ vornehmen dürfen und „nur in bezug auf in diesem Staat befindliche Personen oder Güter“.

Mit dieser **Beschränkung auf inländische Personen und Güter** nimmt die EheGVO **4** die Einschränkung des EuGH (van Uden aaO Nr 39 f; Mietz/Intership Yachting aaO Nr 43 aE) zu Art 24 EuGVÜ (Art 31 EuGVO) auf, daß zwischen dem Gegenstand der Maßnahmen und dem Mitgliedstaat eine reale Verknüpfung bestehen müsse. Daß die **räumliche Beschränkung** nur gilt, wenn das Gericht **nicht nach den Art 3 bis 7** (Art 2 bis 6 aF) für die Ehesache zuständig ist, ist nach dem Wortlaut der Vorschrift unklar, die Entscheidungen des EuGH (Mietz/Intership Yachting aaO Nr 40, 43, 47 unter Berufung auf van Uden aaO Nr 27) deuten jedoch in diese Richtung (Spellenberg/Leible aaO 229; Wolf/Lange RIW 2003, 57). Dann können also die nach Art 3 bis 7 (Art 2 bis 6 aF) für die Ehesachen zuständigen Gerichte auch Maßnahmen bezüglich im Ausland befindlicher Personen und Güter ergreifen.

II. Sachlicher Anwendungsbereich

1. Gegenstand der einstweiligen Maßnahmen

Daß die einstweiligen Maßnahmen in den sachlichen Anwendungsbereich der Ehe- **5** GVO fallen müssen, ist nicht ausdrücklich gesagt. Bei Art 31 EuGVO ist es zu verlangen (EuGH 17. 11. 1998 Rs C-391/95 – van Uden Slg 1998 I-7091 Nr 37). Jedoch erfaßt der sachliche Anwendungsbereich in Art 1 EuGVO alle Zivil- und Handelssachen mit den Ausnahmen in Abs 2 genannten Materien, während Art 1 EheGVO aF wie nF nur die Statusaufhebung und die Regelung der elterlichen Verantwortung nennt. Regelungen des Personenstands durch einstweilige Anordnungen kommen aber in Europa nicht vor.

6 In der neuen Fassung hat sich hier eine Änderung ergeben, indem Art 1 Abs 1 lit a nF zwar weiterhin die Statusänderung nennt, aber Abs 1 lit b nF die elterliche Verantwortung auch ohne Bezug zu einer Ehesache einbezieht. Schon aus der systematischen Stellung des Art 20 nF unter den „gemeinsamen Bestimmungen" folgt, daß einstweilige Maßnahmen auch in Bezug auf die elterliche Verantwortung zulässig sind. Jedoch müssen diese nun nicht mehr aus Anlaß eines Statusverfahrens erfolgen, können es aber natürlich, wie namentlich Art 12 nF ergibt.

7 Unter der alten wie der neuen Fassung ist gleichermaßen anzunehmen, daß die einstweiligen Maßnahmen sachlich über den Anwendungsbereich der EheGVO hinausgehen können. Denn indem Art 20 (Art 12 aF) Maßnahmen ua auf Güter im Staat des betr Gerichts beschränkt, kommt zum Ausdruck, daß solche immerhin erfaßt werden können. Daraus kann man entnehmen, daß die Maßnahmen **inhaltlich auch andere als Statusfragen** und **elterliche Verantwortung** betreffen können, von denen erstere nichts mit „Gütern" zu tun haben und letztere nur manchmal (Vermögenssorge) (Schlosser Art 12 aF EheGVO Rn 2; MünchKomm-ZPO/Gottwald Art 12 EheGVO aF Rn 3; Thomas/Putzo/Hüßtege Art 12 EheGVO aF Rn 5; Fuchs/Tölg ZfRV 2002, 98 f; **aA** Rauscher/Rauscher Art 12 EheGVO aF Rn 9 f; Freudenthal/van der Velden, in: Liber Amicorum T W Grosheide [1999] 346; wohl Sumampouw, in: Liber Amicorum Kurt Siehr [2000] 740). Für Unterhalt geht aber die EuGVO vor (weiter u Rn 18). Doch jedenfalls ist erforderlich, daß die zB vermögensrechtliche Regelung sich auf die Statussache bezieht (Spellenberg, in: FS Beys 1588 ff) oder auf die elterliche Verantwortung.

8 Denn Art 20 (Art 12 aF) listet anders als § 620 ZPO oder Art 253 ff fr c civ nicht die Gegenstände einstweiliger Maßnahmen auf und verweist nur auf die **im Gerichtsstaat vorgesehenen einstweiligen Maßnahmen**. Doch können nicht alle Streitigkeiten unter Eheleuten erfaßt sein. Man denke an solche aus einem gemeinsamen Geschäft oder aus einer unerlaubten Handlung. Es ergibt sich eine Beschränkung aus dem Zusammenhang mit der Eheauflösung. Verfügungen, die einer Partei verbieten, Gerichte im Ausland anzurufen (wie nach sec 31 [1] Supreme Court Act 1981 in England) sind aber unter der EheGVO unzulässig (EuGH 27. 4. 2004 RS C-159/02 – Turner/Grovit).

9 In seiner Entscheidung vom 6. 3. 1980 hat der EuGH zunächst festgehalten, daß für einstweilige Maßnahmen selbständig zu prüfen sei, ob sie in den sachlichen Anwendungsbereich des EuGVÜ fallen (EuGH 6. 3. 1980 Rs 120/79 – de Clavel/de Clavel – Slg 1980, 731; in casu kam es darauf aber letztlich nicht an, da auch die einstweilige Maßnahme inhaltlich unter das EuGVÜ fiel. Zuvor ebenso 27. 3. 1979 Rs 143/74 – ebenfalls de Clavel/de Clavel – Slg 1979, 1055, wo die Anwendbarkeit verneint wurde, weil die Anordnung das Ehegüterrecht betraf). Und in seiner neueren Entscheidung vom 17. 11. 1998 (EuGH Rs C-391/95 – van Uden – Slg 1999 I Nr 34 = IPRax 1999, 240 = ZZPint 4 [1999] Anm Spellenberg/Leible) hat er formuliert, daß das EuGVÜ anwendbar sei, soweit der Gegenstand eines Antrags auf Erlaß einer einstweiligen Maßnahme eine Frage betrifft, die in den sachlichen Anwendungsbereich des Übereinkommens fällt. Dort heißt es dann aber weiter, daß sich die Zugehörigkeit der einstweiligen Maßnahme zum EuGVÜ nicht nach ihrer eigenen Rechtsnatur beurteilt, sondern nach derjenigen der **durch sie gesicherten Ansprüche** (aaO Nr 33. Der Passus stammt wörtlich aus EuGH 27. 3. 1979 Rs 143/78 Nr 8). Über Verfügungen zur Regelung eines einstweiligen Zustandes in Bezug auf ein streitiges Rechtsverhältnis iSd § 935 ZPO (Regelungsverfügung) hat der EuGH freilich noch nicht entschieden. Wenn aber Verfügungen mit befriedigender (die beiden in Rn 3 genannten Urteile betrafen Befriedigungsverfügungen, genauer „korte Gedingen“ des ndl Rechts) und mit sichernder Wirkung einbezogen sind, dann sollte iSd *effet utile* des EuGH auch die Regelungsverfügung unter Art 31 EuGVO bzw Art 12 EheGVO fallen (so auch Fuchs/Tölg ZfRv 2002, 98; Stürner, in: FS Geiss [2000] 206 f; Schlosser Art 31 EuGVO aF Rn 26).

Auf der Basis dieser Rechtsprechung lassen sich nur solche einstweiligen Maßnahmen unter die EheGVO subsumieren, die einen **Bezug zur Eheauflösung** haben (MünchKomm-ZPO/Gottwald Art 12 EheGVO aF Rn 3; Rauscher/Rauscher Art 12 EheGVO aF Rn 6) **und** der **Sicherung der Eheauflösung** oder der **Regelung des einstweiligen Zustandes** bis dahin dienen, **oder** die **elterliche Verantwortung** betreffen. Damit scheiden zunächst aus Maßnahmen der Sicherung zukünftiger Scheidungsfolgen, denn diese fallen unstreitig nicht unter die EheGVO. Außer den unter die EuGVO fallenden Unterhaltsregelungen sind das Maßnahmen im Bereich des Güterrechts, die auch § 620 ZPO nicht nennt. Dagegen kann man bei gebotener weiter Auslegung die Regelungen des Getrenntlebens einschließlich der Belästigungsverbote und Wohnungszuweisungen einbeziehen. In ihnen ist nicht eine Sicherung der zukünftigen Scheidung zu sehen, sondern eine Sicherung eines geordneten Scheidungsverfahrens und eine **Regelung des Rechtsfriedens** oder des einstweiligen Zustandes bis zur Scheidung. Auch in einer einstweiligen Hausratsverteilung und Wohnungszuweisung liegt nicht primär ein Vorgriff auf die zukünftige Scheidungsfolge, sondern eine Regelung des Verhältnisses der noch Verheirateten in Bezug auf die beantragte Eheauflösung. 10

2. Erfaßte Materien

a) Hausrat und Ehewohnung

Die internationalprozessuale **Qualifikation** der Hausratverteilung und Zuweisung der Ehewohnung ist umstritten. Es werden eine unterhaltsrechtliche (zB Henrich, in: FS Ferid [1988] 156 f; Kegel/Schurig, IPR [8. Aufl 2000] § 20 VII; OLG Koblenz 26. 11. 1990 IPRax 1991, 263) und eine Qualifikation als allgemeine Ehe- bzw Scheidungsfolge (zB Soergel/Schurig [12. Aufl 1996] Art 17 EGBGB Rn 123; OLG Hamm, FamRZ 1998, 1530), seltener eine güterrechtliche (v Lipp, in: Gottwald [Hrsg], Perspektiven der justiziellen Zusammenarbeit in Zivilsachen ind der europäischen Union [2003] 31; ansatzweise OLG Bamberg FamRZ 2001, 1316 f). Die Anwendung der lex rei sitae ist vereinzelt geblieben (KG FamRZ 1989, 74); dafür ließe sich jetzt aber Art 17a EGBGB ins Feld führen. Der EuGH hat sich mit Blick auf Art 5 Nr 2 EuGVÜ/EuGVO zur Unterscheidung zwischen Unterhalt und Güterrecht geäußert (EuGH 6. 3. 1980 Rs 120/79 – de Clavel/de Clavel – Slg 1980, 731 = IPRax 1981, 19 [Hausmann 5] = Rev crit d i p 1980 618 [Droz]; EuGH 27. 2. 1997 Rs 220/95 – vd Boogard/Laumen – Slg 1997 I 3767 = IPRax 1999, 35 [Weller 14] = Rev crit d i p 1998, 466 [Droz]). Obwohl die Entscheidungen nicht Hausrat oder Ehewohnung betreffen, sind sie auch hier von Bedeutung. Der EuGH definiert oder umschreibt Unterhalt als Leistung „die dazu bestimmt ist, den Unterhalt eines bedürftigen Ehegatte zu sichern“ (EuGH 27. 2. 1997 aaO). Das ist teilweise eine Tautologie und daher in den Grenzfällen wenig ergiebig (es war in EuGH 6. 3. 1980 genau die Frage, ob die prestations compensatoires den Unterhalt sichern sollen. So definiert art 270 fr c civ ihren Zweck dahin, die Disparitäten in den Lebensbedingungen der Eheleute nach der Scheidung möglichst zu kompensieren, was nicht unbedingt Unterhaltssicherung sein muß). Brauchbarer ist das 11

Kriterium der ersten Entscheidung, wonach es darauf ankommt, ob „die Bedürfnisse und die Mittel beider Ehegatten bei seiner Festsetzung berücksichtigt werden" (EuGH 6.3.1980 aaO Nr 5; 27.2.1997 aaO Nr 22).

12 Die **Ehewohnung** wird bei Scheidung in Deutschland nicht vornehmlich aus finanziellen Gründen zugewiesen, denn Geldmangel für die Anmietung einer neuen Wohnung soll durch Unterhaltszahlung ausgeglichen werden. Entscheidend ist vielmehr, wem unter den **sozialen Gesichtspunkten** ein Umzug weniger zugemutet werden kann (an erster Stelle steht **ggf das Kindeswohl**, BRUDERMÜLLER, FamRZ 1999, 129 f). Deshalb handelt es sich auch nicht um eheliches Güterrecht, das der EuGH umschreibt als die vermögensrechtlichen Beziehungen, „die sich unmittelbar aus der Ehe oder ihrer Auflösung ergeben" (EuGH 31.3.1982 Rs 25/81 – W/H – Slg 1982, 1189 = IPRax 1983, 77 Nr 6; EuGH 27.2.1997 aaO Nr 22) und regelmäßig zwischen den Eheleuten, ausnahmsweise aber auch zwischen ihnen und Dritten bestehen (vgl SCHLOSSER-Bericht zum EuGVÜ [ABlEG 5.3.1979 Nr C 59, 71 ff Nr 46]). Die einem Ehegatten zugewiesene Wohnung kann zwar dem anderen gehören oder von Dritten gemietet sein (§§ 3, 5 HausratsVO), und die Zuweisung geschieht auch anläßlich der Scheidung (§ 1 HausratsVO) oder Trennung (§ 18a HausratsVO), aber es wird nicht das Vermögen aus Anlaß der Scheidung unter den Ehegatten aufgeteilt. Mit der vorläufigen Anordnung wird lediglich das Getrenntleben bis zur Scheidung geregelt, indem einem Ehegatten die Wohnung ohne Übereignung zur alleinigen Nutzung zugewiesen wird, um unbillige Härte zu vermeiden (§ 1361b BGB). Durch das Gewaltschutzgesetz vom 21.12.2001 ist nun nicht mehr eine „schwere Härte" erforderlich (näher dazu BRUDERMÜLLER FamRZ 1999, 131 f).

13 Auch die **Hausratsverteilungen** durch vorläufige Anordnung gem § 1361a BGB, §§ 8 und 13 Abs 4 HausratsVO sind weder unterhaltsrechtlich noch güterrechtlich einzuordnen. In erster Linie entscheidet das Eigentum an den Gegenständen, und dem Nichteigentümer wird nur der Gebrauch überlassen, wenn er darauf angewiesen ist und es allen Umständen der Billigkeit entspricht, sie ihm zu überlassen. Bedürftigkeit ist nur einer der relevanten Umstände, und es geht nicht um Unterhaltssicherung, und, schon weil nur der Gebrauch überlassen wird, nicht um eine Vermögensauseinandersetzung. Damit ist in beiden Fällen der **Weg zur EuGVO** offen.

b) Regelungen des Getrenntlebens

14 Eine Gestattung des Getrenntlebens durch einstweilige Anordnung ist zwar zulässig, aber praktisch selten (SCHWAB/MAURER, Hdb Scheidungsrecht I Rn 888; dagegen erwähnt sie art 255 Nr 1 fr c civ ausdrücklich). Dagegen hat man schon bisher mittels einstweiliger Anordnung durch Ge- und Verbote, namentlich der Belästigung, die Trennung bzw das **Verhältnis der Parteien in der faktischen Trennung** geregelt (dazu ZÖLLER/PHILIPPI ZPO § 620 Rn 54). Streitig ist, ob dafür § 620 Nr 5 ZPO oder die einstweilige Verfügung nach § 940 ZPO der richtige Weg ist (so OLG Düsseldorf 14.9.1994 FamRZ 1995, 183; GIESSLER, Vorläufiger Rechtsschutz Rn 975; **aA** SCHWAB/MAURER, Hdb Scheidungsrecht I Rn 889). Eine eigenständige gesetzliche Grundlage haben diese bisher aus allgemeineren Regelungen entwickelten Eingriffe nun mit den §§ 1 und 2 Gewaltschutzgesetz vom 21.12.2001 (BGBl 2001 I 3513) und in § 620 Nr 9 ZPO gefunden. Ansprüche daraus können auch selbständig im Verfahren der freiwilligen Gerichtsbarkeit geltend gemacht werden, und wie für alle anderen Familiensachen sind nach dem neuen § 620g ZPO auch vorläufige Anordnungen möglich.

Für das Eingreifen des Gewaltschutzgesetzes ist keine besondere Nähe der Parteien zueinander vorausgesetzt, und die Zuständigkeit des Familiengerichts verlangt einen gemeinsamen Haushalt von mindestens sechs Monaten Dauer, nicht aber das Bestehen einer Ehe (§§ 23a Nr 6, 23b Abs 1 Nr 8 a GVG, 620 Nr 9, 621 Abs 1 Nr 13 ZPO). Wenn eine Ehesache anhängig wird, ist aber eine **Verbindung** des bisher selbständigen Verfahrens damit vorgeschrieben (§ 621 Abs 3 ZPO). Damit bringt das Gesetz typisierend und generalisierend den **Bezug zur Ehesache** zum Ausdruck. Während vorher eine vorläufige Anordnung nach § 64b Abs 3 FGG zulässig ist, ist nach der Verbindung eine einstweilige Anordnung nach § 620 Nr 9 ZPO nF möglich, die unter Art 20 (Art 12 aF) fällt (wohl auch Rauscher/Rauscher Art 12 EheGVO aF Rn 10). **15**

c) Elterliche Verantwortung

Nach Art 1 Abs 1 lit b und 3 **aF** erfaßte die EheGVO die elterliche Verantwortung nur soweit sie aus Anlaß eines Eheverfahrens zu regeln war. Die neue Fassung der EheGVO gilt nun für alle Entscheidungen über die elterliche Verantwortung, also auch ohne einen Zusammenhang mit einer Ehe (Art 8 nF). Damit sind vorläufige Anordnungen **im Rahmen von Eheverfahren wie außerhalb** von der EheGVO vorgesehen. Die „elterliche Verantwortung“ ist eingehend in Art 1 Abs 2 nF und erneut in Art 2 Nr 6 bis 9 umschrieben. Damit fallen Maßnahmen zur einstweiligen Sicherung und Gestaltung auf diesen Gebieten unter Art 20 (Art 12 aF). **16**

3. Ausgeschlossene Materien

Die EheGVO erlaubt nicht, so der EuGH zu Art 24 EuGVÜ, „einstweilige oder sichernde Maßnahmen auf Rechtsgebieten, die vom Anwendungsbereich des Übereinkommens ausgeschlossen sind, in diesen (scil den Anwendungsbereich) einzubeziehen“ (EuGH 17. 11. 1998 Rs C-391/95 – van Uden – Slg 1998 I 7091 Nr 33 unter Berufung auf Urteil vom 29. 3. 1992 Rs C-61/92 – Reichert/Kockler – Slg 1992 I – 2149 Nr 32). Maßgebend ist freilich nicht der Inhalt der Anordnung, sondern der zu sichernde „Anspruch“ (o Rn 9). **17**

a) Unterhalt

Unterhaltsklagen selbst fallen trotz eines Zusammenhangs mit Scheidungen nur unter die EuGVO (Art 5 Nr 2 EheGVO). Es war daher auch kein Anlaß, das Verhältnis zur EuGVO in Art 60 (Art 37 aF) ausdrücklich zu nennen. Wenn Art 67 EuGVO andere gemeinschaftliche Rechtsakte für besondere „Rechtsgebiete“ vorbehält, so sind auch die einstweilige Maßnahme bzgl Unterhalt kein besonderes „Rechtsgebiet“ idS Art 20 (Art 12 aF). Er gilt darum für einstweilige Maßnahmen im Unterhaltsrecht nicht, sondern **Art 31 EuGVO geht vor** (Fuchs/Tölg ZfRv 2002, 98; Rauscher/Rauscher Art 12 EheGVO aF Rn 11), deren Art 5 Nr 2 die Unterhaltsklagen ausdrücklich auch dann erfaßt, wenn über sie im Zusammenhang mit einem Eheverfahren zu entscheiden ist. Was unter Unterhalt zu verstehen ist, ist aus der EuGVO zu entnehmen (EuGH 6. 3. 1980 aaO; EuGH 31. 3. 1982 Rs 25/81 – W/H – Slg 1982, 1189 = IPRax 1983, 77 [Sauveplanne 65]; EuGH 27. 2. 1997 Rs C-220/95 – v d Boogaard/Laumen – Slg 1997 I 1147= IPRax 1999, 35 [Weller S 14]). **18**

b) Güterrecht

Vorläufige Anordnungen in güterrechtlichen Angelegenheiten stehen zwar im Zu- **19** sammenhang mit einer Ehescheidung etc, entsprechende Klagen fallen aber ratione materiae nicht unter die EuGVO. Damit wäre zwar der Weg zur Anwendung der EheGVO nicht von der EuGVO versperrt, die darauf nicht anzuwenden ist. Jedoch handelt es sich beim ehelichen Güterrecht um eine Scheidungsfolge, für die die EheGVO nicht gilt. Und einstweilige Anordnungen bezögen sich darauf und nicht auf die Eheauflösung. Sie sollen die spätere güterrechtliche Auseinandersetzung sichern.

4. Bezug zur anhängigen Ehesache

20 Belästigungsverbote durch einstweilige Anordnung etwa nach §§ 1 und 2 Gewaltschutzgesetz (vgl § 620 Nr 9 ZPO nF) und Wohnungszuweisungen nach § 1361b BGB nF können aber allein **wegen der Trennung** der Eheleute und **sogar ohne Ehe** erfolgen, wie auch eine Sorgerechtsregelung nach § 1671 BGB keine Ehe der Eltern voraussetzt. Art 12 aF verlangt jedoch einen Bezug zur Ehesache, wobei die EheGVO keine weitere Präzisierung des Begriffes enthält (Borrás-Bericht Nr 59). Art 20 nF nennt ihn nicht mehr, ist aber dennoch so zu verstehen. Der erforderliche Konnex **braucht nicht** darin zu liegen, daß die betr Maßnahmen nach nationalem Recht, auf das Art 20 (Art 12 aF) verweist, **im Verbund** innerhalb eines Eheverfahrens zu treffen sind, wie zB nach § 620 ZPO (oder Art 254–256 fr c civ). Es sollen auch vorläufige Anordnungen zulässig sein, wenn ein **Eheauflösungsverfahren anderweitig anhängig** ist. Ein Antrag auf Prozeßkostenhilfe dürfte schon genügen (aA MünchKomm-ZPO/Gottwald Art 12 EheGVO aF Rn 4). Es ist jedoch ein **zeitlicher und sachlicher Zusammenhang** nötig, indem das Verhältnis der Eheleute während des Eheverfahrens geregelt wird. So wie den nationalen Rechten der Verbund von Scheidung und Scheidungsfolgen bleibt, so auch die Entscheidung, ob einstweilige Anordnungen nur vom mit der Ehesache befaßten Gericht getroffen werden dürfen.

21 Ohne anhängiges Eheverfahren ist die Anwendbarkeit von Art 20 (Art 12 aF) zu verneinen. Das Regelungsbedürfnis beruht zwar idR auf der faktischen Trennung der Eheleute oder auf den Spannungen zwischen ihnen, die eine Scheidung zB nach § 1566 BGB oder art 237 fr c civ begründen könnten. Solange noch nicht abzusehen ist, ob überhaupt eine Scheidung beantragt werden wird, fehlt jeglicher Bezug zu einem konkreten Eheverfahren. Regelungen der **ehelichen Lebensgemeinschaft** und des **Getrenntlebens** als solche fallen nicht unter Art 1 EheGVO, und so kommen auch einstweilige Maßnahmen in diesem Zusammenhang nicht in Betracht. Die **bloße Möglichkeit einer Scheidung** oder das Vorliegen eines Scheidungsgrundes **reichen nicht**.

22 Erforderlich ist auch ein **sachlicher Zusammenhang**. Sorgerechtsregelungen können gem § 1628 oder § 1666 BGB auch ohne Ehekrise nötig werden. Ähnlich ist es im deutschen Recht bei der neuen Zuständigkeit des Familiengerichts für Maßnahmen nach §§ 1 und 2 des Gewaltschutzgesetzes vom 11. 12. 2001 (BGBl 2001 I 3513), für welche auch ein selbständiges Verfahren nach § 64b FGG nF eingeleitet werden kann. Diese Angelegenheiten und andere Fragen des Getrenntlebens haben materiell keinen notwendigen Bezug zu einer Änderung des Status der Eheleute. Das Gesetz stellt einen solchen Bezug in typisierender Wertung aber her, **sobald eine Ehesache anhängig wird**. Es schreibt deshalb in § 621 Abs 3 ZPO mit gewissen Einschränkungen, die den Zusammenhang mit der Ehe andeuten, die Verweisung

von bisher isoliert anhängigen Angelegenheiten an das Gericht der Ehesache vor, falls nicht die Sache nach § 623 Abs 1 und 2 ZPO wieder abgetrennt wird. Daß nach dem Recht des Gerichts der einstweiligen Maßnahme die Angelegenheit mit der Ehesache verbunden werden kann, genügt für eine Anwendung des Art 20 (Art 12 aF), ist aber nicht notwendig. Der Bezug zu dieser kann sich auch aus den materiellen Umständen des Falles ergeben (wegen des weiten § 620 ZPO kommt es darauf im deutschen Recht aber nicht an). Ist nirgendwo eine Ehesache anhängig, bleibt es bei nationalem Zuständigkeitsrecht und ebenso für die Vollstreckung vorher ergangener Entscheidungen.

III. Einstweilige Maßnahme

1. Definition des EuGH

In seiner grundlegenden Entscheidung vom 17. 11. 1998 (Rs C-391/95 – van Uden, Slg 23
1998 I 7091 Nr 37 = ZZPInt 4 [1999] 205 [Spellenberg/Leible 221 ff] = IPRax (1999) 240 [Hess/Vollkommer 220]) definiert der EuGH autonom zu Art 24 EuGVÜ (31 EuGVO), es seien darunter Maßnahmen auf Rechtsgebieten zu verstehen, die in den Anwendungsbereich des EuGVÜ fallen, und die eine Veränderung der Sach- oder Rechtslage verhindern sollen, um Rechte zu sichern, deren Anerkennung im übrigen bei dem in der Hauptsache zuständigen Gericht beantragt werde (EuGH 29. 3. 1992 Rs C-61/92 – Reichert/Kockler Slg 1992 I 2191). Die Definition erfaßt nicht nur einstweilige Verfügungen und Arreste, der EuGH hat auch das niederländische Korte Geding (dazu Breedenveld, Verdeling en kort geding, FJR 2001, 236) einbezogen, eine Art beschleunigtes Verfahren, das zu einer Befriedigung des Antragstellers unter Vorbehalt einer späteren Hauptsacheentscheidung führt (Nr 47; bestätigt in EuGH 27. 4. 1999 Rs C – 99/96 – Mietz/Intership – Slg 1999 I 2277 Rn 34 ff = ZZPInt 1999, 212 [Spellenberg/Leible 221 ff] = IPRax 2000, 411 [Hess 370]).

Über Inhalt und Zulässigkeit vorläufiger Maßnahmen entscheidet die EheGVO 24
nicht selbst. Sie regelt nur die Zuständigkeit für die Anordnungen des nationalen Rechts, so daß der EheGVO nur die **Kriterien** dafür zu entnehmen sind dafür, wann sie eine einstweilige Maßnahme idS ist (Schlosser Art 31 EuGVO Rn 26). Da auch bei einstweiligen Maßnahmen gem dem IPR des Gerichts ausländisches Recht anzuwenden sein kann (Anh zu § 606a ZPO Rn 201), kommt es also uU darauf an, welche Maßnahmen dieses vorsieht. Wenn Art 20 (Art 12 aF) „die nach dem Recht dieses Mitgliedsstaates vorgesehenen einstweiligen Maßnahmen“ nennt, schließt das das betreffende **IPR** mit ein.

Man wird nach diesen Urteilen des EuGH die „einstweiligen Maßnahmen“ in **drei** 25
verschiedene Gruppen einteilen müssen: Verfügungen, die die **spätere Vollstreckung** eines Urteils in der Hauptsache sicherstellen, **Leistungsverfügungen**, die schon vorab den Gläubiger ganz oder teilweise befriedigen (Spellenberg/Leible ZZPInt 1999, 223; Stürner, in: FS Geiß [1999] 199, 207 nicht zum Eherecht) und solche, die den **Rechtsfrieden sichern** (Schlosser Art 31 EuGVO Rn 26). Über diese hat der EuGH freilich noch nicht entschieden. Sie stehen in Ehesachen im Vordergrund.

2. Vorläufigkeit

26 Der EuGH hat als maßgebliches Kriterium für die Bestimmung der Vorläufigkeit einer Maßnahme iRd EuGVÜ gefordert, daß (bei der Anordnung von Geldzahlungen) die Rückzahlung gewährleistet sein müsse (EuGH 17.11.1998 aaO und 27.4.1999 aaO). Bei der bedeutsamen Einschränkung, daß im betr. nationalen Recht ggf die Rückzahlung gewährleistet sein muß, denkt man natürlich in erster Linie an Unterhaltsregelungen, selten einmal an Güterrecht, doch fallen beide nicht unter die EheGVO und Art 20 (Art 12 aF). Sorgerechtsanordnungen können zwar zusammen mit der Scheidung und auch sonst durchaus aufgehoben und geändert werden, und treten mit Abweisung des Scheidungsantrages automatisch außer Kraft (§ 620f ZPO), aber sie können nicht ieS für die Vergangenheit rückgängig gemacht werden. Auch eine vorläufige Wohnungszuweisung kann es nicht, selbst Ausgleichszahlungen sind nicht vorgesehen. Das große Gewicht, welches der EuGH auf die Sicherung der Rückgewähr legt (van Uden aaO Nr 46 f; Mietz/Intership Yachting Nr 42), ließe zweifeln, ob diese Rechtsbehelfe als einstweilige Maßnahmen iSd Art 2o (Art 12 aF) angesehen werden könnten. Jedoch hat der EuGH (aaO) die Gewährleistung der **Rückabwicklung nur für Leistungsverfügungen** verlangt, damit die Entscheidung in der Hauptsache nicht vorweggenommen werde und die Partei nicht die Zuständigkeitsordnung des EuGVÜ umgehen könne. Die von Art 20 (Art 12 aF) erfaßten einstweiligen Maßnahmen ähneln den Verfügungen zur **Regelung des Rechtsfriedens** iSv § 940 ZPO während des Eheverfahrens, so daß **ungeachtet der fehlenden Rückgewährungsmöglichkeit** eine einstweiligen Maßnahme iSd Art 12 EheGVO anzunehmen ist. Für diese Maßnahmen muß genügen, daß sie spätestens mit einer endgültigen Entscheidung in der Hauptsache außer Kraft treten, also vorläufig sind.

3. Eilbedürftigkeit und Dringlichkeit

27 Der EuGH hat sich in seinen Entscheidungen nicht näher dazu zu äußeren gehabt, ob der Tatbestand der einstweiligen Anordnungen neben der Vorläufigkeit auch eine Eilbedürftigkeit voraussetzt (es ging in beiden Urteilen um das niederländische Korte Geding, das sie voraussetzt).

28 Auch der Wortlaut von Art 20 (Art 12 aF) sagt nicht eindeutig, ob ein dringender Fall **nur für** die zusätzliche Inanspruchnahme der **nationalen Zuständigkeitsregeln** oder immer vorliegen muß. Daß die Gerichte, die nach EheGVO für die Hauptsache zuständig sind, auch einstweilige Maßnahmen vornehmen können, die den sachlichen Anwendungsbereich des Art 1 überschreiten (o Rn 5 ff), rechtfertigt sich nicht erst durch eine **Eilbedürftigkeit**. Sie ist jedenfalls in der EheGVO nicht zu verlangen. Die bloße Vorläufigkeit genügt (**aA** Rauscher/Rauscher Art 12 EheGVO aF Rn 12).

29 In Deutschland ist für die einstweiligen Anordnungen nach §§ 620 ff ZPO die Eilbedürftigkeit umstritten (verneinend OLG Zweibrücken FamRZ 1986, 1229; MünchKomm-ZPO/Klauser § 620 Rn 9; bejahend Rahm/Künkel/Niepmann Hdb FamGerVerf VI Rn 13.1; Spellenberg/Leible, in: Gilles [Hrsg], Transnationales Prozeßrecht (1995) 305 mN; OLG Stuttgart FamRZ 2000, 965 zu § 644). Jedenfalls ist anders als bei einstweiligen Verfügungen oder Arresten nicht zu verlangen, daß andernfalls das betreffende Recht vereitelt würde (so aber Giessler, Vorläufiger Rechtsschutz in Ehe-, Familien- und

Kindschaftssachen [3. Aufl 2000] Rn 122). Es muß aber eine Regelung schon jetzt nötig sein. Man kann von abgeschwächter Eilbedürftigkeit sprechen (STEIN/JONAS/SCHLOSSER ZPO § 620 Rn 14). So liegt den in § 620 ZPO genannten Fällen eine **typisierte Eilbedürftigkeit** zugrunde. Das muß aber bei einstweiligen Maßnahmen nach ausländischem Recht nicht notwendig genau so sein. Auffallend ist die Unterscheidung im französischen Recht, wo art 257 c civ Eilmaßnahmen und die art 254 bis 256 c civ vorläufige Anordnungen vorsehen, die also nicht dinglich sein müssen, sondern allein wegen der neuen Situation durch das Scheidungsverfahrens als nötig gelten (dazu, aber wenig klar ROVINSKI Gaz Pal 7. 12. 1999, doctr 1974),

Im Hinblick auf solche Regelungen könnte Art 20 (Art 12 aF) zwischen eilbedürftigen einstweiligen Maßnahmen und nicht so eilbedürftigen unterscheiden (**aA** wohl MünchKomm-ZPO/GOTTWALD Art 12 EheGVO aF Rn 2). Die Dringlichkeit findet sich hingegen nicht im Wortlaut von Art 31 EuGVO. Wenn dieser Unterschied zu Art 31 EuGVO einen sachlichen Sinn haben soll, dann müßte nur für einstweilige Maßnahmen allein auf der Grundlage nationaler Zuständigkeitsregeln eine besondere Eilbedürftigkeit verlangt sein im Gegensatz zu denen eines nach der EheGVO zuständigen Gerichts. Um so mehr erstaunt, daß der BORRÁS-Bericht auf diese Frage nicht eingeht. Im Bereich der EuGVO gehört zum Begriff der einstweiligen Maßnahme wohl eine gewisse, zumindest typisierte Eilbedürftigkeit (SPELLENBERG/LEIBLE aaO). Angesichts des rechtsvergleichenden Befunds muß man aber wohl in Ehesachen davon absehen und nationale Maßnahmen einbeziehen, die Dringlichkeit voraussetzen wie solche, die es nicht tun. Damit bleiben die **Kriterien der Vorläufigkeit** bis zum Abschluß längstens des Hauptverfahrens und die Veranlassung durch dieses. Dies genügt, damit das Gericht, das nach der EheGVO zuständig ist, die Maßnahme ergreift, und dafür, daß sie dann in den anderen Mitgliedstaaten anerkannt werden. 30

Eine **darüber hinausgehende internationale Zuständigkeit** nach nationalem Recht für einstweilige Maßnahmen wird von Art 20 (Art 12 aF) dagegen nur toleriert, wenn die Sache mehr eilt, also **dringender** ist. Da die EheGVO zB die internationale Zuständigkeit aufgrund der Staatsangehörigkeit nur einer Partei ablehnt (Art 2), ist eine einstweilige Maßnahme in Deutschland (§ 606a ZPO) oder Frankreich (art 14 c civ) also nur unter der weiteren Voraussetzung der echten oder besonderen Dringlichkeit zulässig. Daß nur die Entscheidung in der Ehesache nicht abgewartet werden kann, wie es in manchen Rechtsordnungen in jedem Fall verlangt wird, reicht nicht, um die nationalen Zuständigkeitsgründe zuzulassen (zu Art 24 EuGVO SPELLENBERG/LEIBLE ZZPInt 4 [1999] 226). Besondere Dringlichkeit für eine inländische einstweilige Regelung bedeutet, daß selbst eine ausländische vorläufige Maßnahme, nämlich im Staat der Hauptsache, zu spät kommen würde. Die Ehesache ist voraussetzungsgemäß im Ausland anhängig. 31

IV. Zuständigkeiten

1. Alternative Zuständigkeiten

Der Streit zu Art 24 EuGVÜ (Art 31 EuGVO), ob neben den Zuständigkeiten der EuGVO auch die des nationalen Rechts in Anspruch genommen werden können, ist vom EuGH (EuGH 17. 11. 1998 Rs C-391/95 – van Uden – Slg 1998 I 7091 = ZZPInt 4 [1999] 205; 32

27. 4. 1999 Rs C-99/96 – Mietz/Intership Yachting – Slg 1999 I 2277 = IPRax 2000, 411; ZZPInt 4 [1999] 213 [Spellenberg/Leible 221 ff]) im positiven Sinne entschieden worden. Art 24 EuGVÜ enthalte eine **weitere Zuständigkeitsvorschrift**, die nicht zum System der Art 2 und 5 bis 18 EuGVÜ (Art 2 und 5 bis 20 EuGVO) gehöre. Daß die für die Hauptsache zuständigen Gerichte einstweilige Maßnahmen ergreifen können, ist in der VO nicht extra gesagt, gilt aber als selbstverständlich.

33 Dementsprechend beruft Art 20 (Art 12 aF) **neben** den Zuständigkeiten **der Ehe-GVO** auch die **nationalen Zuständigkeitsvorschriften** für einstweilige Maßnahmen mit den Einschränkungen, die nun Art 20 (Art 12 aF) ausdrücklich nennt, daß die betroffenen Personen oder Güter im Inland sein müssen, und daß die Sache besonders dringlich ist (o Rn 30 f). Ist das Gericht auf dieser Basis international zuständig, so darf es nach Art 20 (Art 12 aF) (wie nach Art 31 EuGVO) alle nach nationalem Recht vorgesehenen einstweiligen Maßnahmen ergreifen. Daran wird es nach Auffassung des EuGH (17. 11. 1998 Rs C 391/95 – van Uden/Deco-Line – aaO Nr 29) nicht einmal dadurch gehindert, daß die Hauptsache, also nach dem EuGVÜ, in einem anderen Mitgliedstaat anhängig ist. Sicher sind mangels eines Hauptverfahrens im Inland die verfahrensabhängigen einstweiligen Maßnahmen, die nach § 620 ZPO nur innerhalb eines Eheverfahrens angeordnet werden können, indirekt ausgeschlossen (Spellenberg/Leible, in: Gilles [Hrsg], Transnationales Prozeßrecht [1995] 317), selbständige einstweilige Maßnahmen aber noch nicht.

34 Da der EuGH nur zum Verhältnis der nach nationalem Recht und der nach EuGVÜ für die Hauptsache zuständigen Gerichte entschieden hat, bleibt die Frage, ob auch die Staaten, in denen eine **konkurrierende Zuständigkeit nach Art 3 und 7** (Art 2 und 6 aF) bestünde, für einstweilige Maßnahmen ohne dort im Lande anhängiges Eheverfahren zuständig sind. Einem System, das bewußt konkurrierende Zuständigkeiten in der Hauptsache vorsieht, kann man **nicht** ohne weiteres **einen Konzentrationsgrundsatz** für einstweilige Maßnahmen entnehmen, so daß, wenn zB Staat A wegen des gewöhnlichen Aufenthalts des Beklagten mit der Ehesache befaßt ist, dennoch in Staat B, der nach Art 3 (Art 2 aF) wegen des letzten gemeinsamen gewöhnlichen Aufenthalts auch zuständig wäre, eine einstweilige Anordnung ohne die besondere Dringlichkeit über die Wohnungsnutzung erfolgen kann (so zu Art 31 EuGVO/Art 24 EuGVÜ Stadler JZ 1999, 1094 f; Hess/Vollkommer IPRax 1999, 221, 224; Spellenberg/Leible ZZPInt 4 [1999] 228; zu Art 12 EheGVO aF Spellenberg, in: FS Beys 1598 f; **aA** Wolf EWS 2000, 14; Kropholler Art 3 EuGVO Rn 19; wohl auch A Schulz, ZeuP 2001, 814). Es ist auch nicht recht zu sehen, warum unter den nach der EheGVO zuständigen Gerichten etwas anderes als im Verhältnis zu nach nationalem Recht zuständigen gelten müsste. Einstweilige Anordnungen außerhalb des Staates der anhängigen Ehesache haben durchaus Sinn, denn das kann schneller und effektiver sein als eine Anerkennung und Vollstreckung von in einem anderen Mitgliedstaat ergangenen Anordnungen (insoweit zutr Wolf/Lange EWS 2003, 60; für Arrest gem Art 31 EuGVO Schlosser Art 31 EuGVO aF Rn 19). So könnte eine Regelung der Wohnungsnutzung im Staat ihrer Belegenheit Sinn haben, wenn die Scheidung in einem anderen Staat anhängig ist. Gibt man demgemäß allen den Mitgliedstaaten, in denen die Ehesache hätte anhängig gemacht werden können, internationale Zuständigkeit für einstweilige Maßnahmen, so wird angesichts der weiten konkurrierenden Zuständigkeiten in Art 3 (Art 2 aF) die Bedeutung des nationalen Zuständigkeitsrechts erheblich reduziert. Freilich muß eine einstweilige Anordnung außerhalb des Eheverfahrens nach dem nationalen Recht zulässig sein, also kein notwendiger Verbund bestehen.

2. Hauptsache

„Die Hauptsache“ idS, die die internationale Zuständigkeit für einstweiligen Anordnungen nach sich zieht, ist grundsätzlich die **Eheauflösung** und nicht etwa die Folgesache, selbst wenn sie als selbständiger Anspruch möglich wäre (Spellenberg, in: FS Beys 1597 f; Nagel/Gottwald § 15 Rn 57; **aA** V Lipp, in: Gottwald [Hrsg], Perspektiven der justiziellen Zusamenarbeit in Zivilsachen in der europäischen Union [2003] 34). Die einstweiligen Anordnungen sollen das Zusammenleben der Eheleute während der Scheidung regeln (o Rn 14 f; weiter Spellenberg, in: FS Beys 1588 f), und so geht die EheGVO davon aus, daß das Gericht sie trifft, das für die Ehesache zuständig ist. Die EheGVO regelt allerdings die Zuständigkeit speziell für die **elterliche Verantwortung** auch als Hauptsache. Dann sollte man sie auch für einstweilige Maßnahmen und nicht Art 3 bzw 7 (Art 2 bzw 6 aF) heranziehen (Spellenberg, in: FS Beys 1600). Die internationale Zuständigkeit für die Ehesache nach Art 3 oder 7 (Art 2 oder 6 aF) entspricht den Art 8 und 12 (Art 3 aF) nicht. Hier haben sich zudem in der Neufassung Veränderungen ergeben. Während die alte Fassung der EheGVO nur eine Annexzuständigkeit für Sorgerechtsregelungen aus Anlaß einer Eheauflösung kennt, stellt die neue eine selbständige Zuständigkeit daneben. Man wird nicht sagen können, daß die eine Vorrang vor der anderen habe. 35

3. Zuständigkeiten nach EheGVO

a) Regelungen des Getrenntlebens

Die internationale Zuständigkeit für einstweilige Maßnahmen, die das Verhältnis der Ehegatten regeln, kann somit aus der Zuständigkeit für die Ehesache gem Art 3 oder 5 (Art 2 oder 6 aF) folgen. Art 4 (Art 5 aF) ist hier ohne Funktion, weil schon der Hauptantrag die Maßnahme trüge. Ist im Inland eine Ehesache anhängig, so kann das Gericht die nach nationalem Recht, also insbesondere die in § 620 ZPO, vorgesehenen einstweiligen Anordnungen treffen, **ohne** daß die **besondere Dringlichkeit oder die Anwesenheit von Personen oder Gütern** im Inland zu fordern wäre (EuGH 17. 11. 1998 C-39/95 – van Uden – Nr 20, 22 weiter o Rn 30). Mit der örtlichen Zuständigkeit oder einem Scheidungsverbund befaßt sich die EheGVO nicht. Es bleibt dem nationalen, hier deutschen Recht überlassen, ob auch andere Gerichte zB nach Abtrennung (§ 623 Abs 2 S 2 ZPO) einstweilige Maßnahmen anordnen können (vgl auch o Rn 34). 36

Bei gleichzeitiger Anhängigkeit von zwei Eheverfahren im In- und Ausland ist bis zur Klärung der internationalen Zuständigkeit des ausländischen Gerichts das inländische, spätere Eheverfahren nur **auszusetzen** (Art 19 bzw Art 11 aF), und es kann dann im Inland sogar eine verfahrensabhängige einstweilige Anordnung nach § 620 ZPO getroffen werden, denn noch ist die dafür **nötige Grundlage vorhanden** (Ch Wolf EWS 2000, 14), denn es kann dazu kommen, daß das inländische Verfahren übrig bleibt, wenn die Klage im Ausland sich als unzulässig erweist. Die Unsicherheit soll nicht nötige Eilmaßnahmen verhindern. 37

b) Elterliche Verantwortung

aa) Art 3 aF

38 Nach Art 3 aF besteht für Sorgerechtsregelungen eine Zuständigkeit, die ohne weitere Voraussetzungen einstweilige Maßnahmen erlaubt, nur in dem Staat der anhängigen Ehesache, sei es daß das Kind dort auch seinen gewöhnlichen Aufenthalt hat, sei es daß die Ehegatten mit der Zuständigkeit einverstanden sind. Obwohl es sich um eine bloße Annexzuständigkeit handelt, kann sie in allen Mitgliedstaaten bestehen, in denen eine konkurrierende Ehezuständigkeit bestünde (o Rn 34), sofern die weiteren Voraussetzungen nach Art 3 Abs 1 oder 2 aF vorliegen. Praktisch dürfte aber nur der erstere Fall sein, daß das Kind im Lande lebt.

bb) Art 8 und 12 nF

39 **Art 8 nF** sieht nun eine Zuständigkeit in der Hauptsache ohne die Voraussetzung eines anhängigen Eheverfahrens allein aufgrund des gewöhnlichen Aufenthalts des Kindes vor. In diesem Staat ist eine einstweilige Anordnung ohne weiteres möglich. **Art 12 nF dagegen** ist die alte **Annexzuständigkeit** des Art 3 Abs 2 aF. In einem Mitgliedstaat, in welchem das Kind sich nicht gewöhnlich aufhält, können einstweilige Maßnahmen bzgl des Sorgerechts ergriffen werden, wenn dort ein Eheverfahren anhängig ist oder gemacht werden könnte (o Rn 34), und im übrigen die Inhaber der elterlichen Verantwortung mit der Befassung des Gerichts einverstanden sind und das dem Kindeswohl entspricht. In diesem Falle des Art 12 Abs 1 nF ist ein Bezug zur Ehesache nötig. Ein Eheverfahren muß nicht anhängig sein, wenn stattdessen ein anderer Inlandsbezug iSd Art 12 Abs 3 nF besteht.

4. Zuständigkeiten nach nationalem deutschen Recht

a) Besonderer Inlandsbezug

40 **Alternativ** und nicht nur subsidiär kann die Zuständigkeit für einstweilige Maßnahmen auf nationales Recht gestützt werden, wenn die Sache besonders dringlich ist (o Rn 32 f).

41 Art 20 (Art 12 aF) schränkt diese nationale Zuständigkeit entsprechend den Entscheidungen des EuGH erheblich dadurch ein, daß sich in diesen Fall die betreffenden **Güter oder Personen im Inland** befinden müssen. Das ist eine **Zuständigkeitsvoraussetzung** (MünchKomm-ZPO/Gottwald Art 12 EheGVO aF Rn 2; Spellenberg/Leible ZZPInt 4 [1999] 226, 229; für Wirkungsbeschränkung dagegen Thomas/Putzo/Hüsstege Art 12 EheGVO aF Rn 6; der EuGH sieht darin ein Tatbestandselement der einstw Maßnahme, EuGH 27. 4. 1999 – Mietz/Intership – aaO Nr 40, 42, 56; 17. 11. 1998 – van Uden aaO Nr 22). Trotz des insoweit nicht ganz eindeutigen Wortlauts gilt diese Einschränkung nur für die auf nationales Recht zu gründenden Zuständigkeiten (EuGH 17. 11. 1998 – van Uden – Nr 22; **aA** wohl Borrás-Bericht Nr 59).

42 Bemerkenswert ist dabei, daß der EuGH (EuGH 17. 11. 1998 Rs C-391/95 – van Uden – Nr 47; Spellenberg/Leible ZZPInt 4 [1999] 230 f) forderte, daß die betroffenen Güter, in die zu vollstrecken wäre, sich im Gerichtsbereich „befinden oder befinden müßten“. Art 20 (Art 12 aF) verlangt anscheinend, daß sie sich **tatsächlich im Inland** befinden. Im vermutlich seltenen Zweifelsfall müßte das den Richter zu uU aufwendigen Feststellungen verpflichten, die mit der Eilbedürftigkeit der Sache nicht gut vereinbar scheinen. Besser sollte man auch Art 20 (Art 12 aF) so wie den EuGH verstehen, daß die Güter oder Personen **mit erheblicher Wahrscheinlichkeit** da sind (EuGH 17.11.1998 Rs C-391/95 – van Uden – Nr 47; SPELLENBERG/LEIBLE ZZPInt 4 [1999] 230 f).

Bei Sachen ist auf die Belegenheit, bei Personen auf die Anwesenheit zum Zeitpunkt der Anordnung abzustellen. Mit den im Inland befindlichen Personen sind die gemeint, gegen die sich die Anordnung richtet, oder das Kind, um dessen Sorge es geht (RAUSCHER/RAUSCHER Art 12 EheGVO aF Rn 17). Auf den Antragsteller kann man nicht abstellen, obwohl es um seinen Schutz gehen kann, denn wenn nur er im Inland ist, ist die Vollstreckung der Anordnung im Inland nicht möglich. Die Vollstreckungsmöglichkeit ist zwar nicht die einzige, aber doch eine wesentliche Ratio für die Zulassung der nationalen Kompetenznormen (HESS/VOLLKOMMER IPRax 1999, 224). 43

b) Deutsche Zuständigkeitsregeln

Die Zuständigkeit des Familiengerichts nach § 620 ZPO bringt, wenn sie auf einer Befassung des Gerichts mit der Ehesache nach 3 oder 5 (Art 2 oder 6 aF) aufbaut, keine zusätzliche nationale Zuständigkeit iSd Art 20 (Art 12 aF). Es kommen vielmehr die Regelungen für von einem Eheverfahren unabhängige vorläufige Anordnungen in Betracht. Hier richten sich die örtliche und die internationale Zuständigkeit gemäß § 621 Abs 2 S 2 ZPO nach den allgemeinen Vorschriften. Für Hausrats- und Wohnungsverteilung ergibt sie sich aus § 11 Abs 2 HausratsVO am Ort der gemeinsamen Wohnung und für Anordnungen nach dem Gewaltschutzgesetz aus § 64b FGG nF. Für Sorgerechts- und Umgangsrechtsverfahren knüpft § 35b FGG die internationale Zuständigkeit an die deutsche Staatsangehörigkeit oder den inländischen gewöhnlichen Aufenthalt der Kinder oder allgemein an ein inländisches Fürsorgebedürfnis. 44

Der EuGH verlangt, daß das Gericht sich auf die Zuständigkeit nach der EuGVO beruft und sie nennt, und daß andernfalls die Voraussetzungen für die Anwendung der nationalen Regelungen gegeben sein müssen (EuGH 27.4.1999 Rs C-99/96 – Mietz/Intership – Slg 1999 I 2277 Nr 55 = IPRax 2000, 411 [HESS 370] = ZZPInt 4 [1999] 212 [SPELLENBERG/LEIBLE 221]), dh hier die besondere Dringlichkeit und die Beschränkung auf inländische Güter oder Sachen (EuGH 27.4.1999 aaO Nr 56). Eine Zuständigkeit nach der EheGVO ist demnach nicht ausreichend, wenn sich der Richter nicht darauf beruft. 45

5. Außerkrafttreten

Art 12 aF enthielt keine ausdrückliche Regelung dafür, wann einstweilige Maßnahmen außer Kraft treten. Es war jedoch anerkannt, daß dies mit einer **Entscheidung in der Hauptsache** geschieht (THOMAS/PUTZO/HÜSSTEGE Art 12 EheGVO aF Rn 7; RAUSCHER/RAUSCHER Art 12 EheGVO aF Rn 19 ff). Das ergibt sich aus dem nur vorläufigen Charakter der Maßnahmen und ist Art 12 aF in autonomer Auslegung zu entnehmen. Es steht nun ausdrücklich in **Art 20 Abs 2 nF**. Er gilt sicher, wenn die endgültige Regelung von einem nach der EheGVO zuständigen Gericht getroffen wurde. Doch auch wenn die einstweilige Anordnung auf der Grundlage **nationalen Rechts** getroffen wurde, sollte die EheGVO herangezogen werden. Sonst müßte entgegen Art 24 nF (Art 17 aF) im Anerkennungs- bzw Vollstreckungsstadium die Zuständigkeit nachgeprüft werden. Nur einstweilige Verfügungen außerhalb des 46

Anwendungsbereichs des Art 1 folgen natürlich dem nationalen Recht (Thomas/Putzo/Hüsstege aaO).

47 Zweifelhaft ist, was sachlich hier die **„Hauptsache“** ist. Ist damit die Eheauflösung gemeint, dann träten die Anordnungen auch dann außer Kraft, wenn das Ehegericht über die betreffenden Fragen nicht mit entschieden hat, und es bestünde dann einstweilen keine Regelung mehr. Das sollte nicht gemeint sein, sondern die einstweilige Maßnahme tritt mit einer endgültigen Regelung der **betreffenden Angelegenheit** außer Kraft (so Rauscher/Rauscher Art 12 EheGVO aF Rn 21; wohl auch Thomas/Putzo/Hüsstege Art 12 EheGVO aF, wenn das Gericht „die Maßnahmen getroffen hat“). Art 20 (Art 12 aF) enthält jedoch nicht ausdrücklich wie § 620f ZPO eine Regelung, daß mit einer Beendigung des Eheverfahrens **ohne Eheauflösung** die einstweiligen Maßnahmen außer Kraft treten. Da Art 20 nun grundsätzlich eine Regelung enthält, wird man sie auch hier auszulegen haben. Da die Anordnungen das Zusammenleben der Eheleute während des Getrenntlebens im Verfahren regeln sollen, sollte sie mit der Antragsabweisung enden.

48 Neu ist dagegen, daß möglicherweise auch einstweilige Anordnungen eines „Hauptsachegerichts“ vorgehen. Der Wortlaut des Abs 2 nF ist unklar, indem hier nur von „Maßnahmen“ des Gerichts der Hauptsache die Rede ist, welches auch einstweilige Anordnungen sein könnten. Die Frage entsteht durch die oft konkurrierenden Zuständigkeiten für die Ehesache, wenn man nicht annimmt, daß nur das tatsächlich mit der Ehesache befaßte Gericht einstweilige Maßmahmen anordnen darf (o Rn 32 ff). Die Systematik spräche dafür, daß hier nur Anordnungen der nach nationalem Recht zuständigen Gerichte iSd Abs 1 gemeint sind, die außer Kraft treten, wenn ein nach der EheGVO zuständiges Gericht **vorläufig oder endgültig** entschieden hat. Dafür muß dann allerdings entgegen Art 24 dessen Zuständigkeit verifiziert werden.

49 Daraus kann aber nicht gewissermaßen im Umkehrschluß gefolgert werden, daß einstweilige Anordnung eines der für die Hauptsache nach der EheGVO zuständigen Gerichte nicht mit einer endgültigen Regelung außer Kraft träten. Das bleibt unverändert so. Ungeregelt erscheint, ob ein anderes Gericht, das für die Hauptsache auch zuständig wäre, eine **neue einstweilige Anordnung** treffen kann, die dann eine schon bestehende verdrängt. Da solche Anordnungen idR jederzeit geändert werden können, wird man dies zulassen müssen, aber verlangen, daß dabei die schon ergangene Regelung in Betracht gezogen wird.

V. Vollstreckung im Ausland

1. Vollstreckbarkeit

50 Einstweilige Anordnungen sind anerkennungsfähig (Art 21 Rn 32 ff). Art 31 mit 32 EuGVO ist dahin zu verstehen, daß **einstweilige Maßnahmen** auf dem Gebiet des Zivil- und Handelsrechts nach Art 25 EuGVÜ auch **vollstreckt werden** können (EuGH 21. 5. 1980 aaO; zu Art 24 EuGVÜ Schlosser, IPRax 1985, 321; MünchKomm-ZPO/Gottwald Art 25 EuGVÜ Rn 15). Die Verfasser des EheGVÜ gehen anscheinend auch für die EheGVO davon aus (Borrás-Bericht Nr 58 f; ebenso Thomas/Putzo/Hüsstege Art 13 EheGVO aF Rn 3).

51 Unproblematisch ist natürlich die Vollstreckung einstweiliger Maßnahmen im Inland. In Art 21 Abs 1 aF wie in Art 28 Abs 1 nF sind nur die Entscheidungen über elterliche Verantwortung ausdrücklich als vollstreckbar genannt. Statusentscheidungen sind nicht zu vollstrecken, wohl aber können einstweilige Anordnungen zur Regelung der Verhältnisse bis zur Scheidung einen vollstreckungsfähigen Inhalt haben. Man kann sie auch als „Entscheidungen" verstehen und möchte annehmen, daß die anderes als das Sorgerecht betreffenden einstweiligen Maßnahmen **ebenfalls** von den mit „Anerkennung und Vollstreckung" überschriebenen Art 28 ff (Art 21 ff aF) **erfaßt werden** (Kropholler Art 34 EuGVO Rn 21; **aA** Rauscher/Rauscher Art 13 EheGVO aF Rn 18; Fuchs/Tölg ZfRv 2002, 101 f). Insbesondere verlangt Art 21 (Art 13 aF) für die Anerkennung ebensowenig wie Art 38 EuGVO Rechtskraft. Die Zuständigkeit nach nationalem Recht verlangt gemäß Art 20 (Art 12 aF) zwar die Anwesenheit von Personen oder Gütern im Inland, und es ist auch richtig, daß dann eine Auslandsvollstreckung selten in Frage kommt (zutr MünchKomm-ZPO/Gottwald Art 12 EheGVO aF Rn 2; Kropholler Art 34 EuGVO Rn 24), aber denkbar ist, daß zB die herauszugebenden Sachen nachträglich ins Ausland gelangen. Der besondere Inlandsbezug ist nur eine Zuständigkeits- (o Rn 4), nicht Vollstreckungsvoraussetzung.

2. Mündliche Verhandlung

52 Nach Auffassung des EuGH kann eine einstweilige Maßnahme im Ausland **nur anerkannt und vollstreckt** werden, **wenn eine mündliche Verhandlung stattfand** oder die Gegenpartei wenigstens die Möglichkeit dazu hatte (EuGH 21. 5. 1980 Rs 125/79 – Denilauler/Couchet Frères – Slg 1980, 1553 Nr 17 = IPRax 1981, 95; krit Geimer/Schütze Art 38 EuGVO Rn 41). Das geschieht bei einstweiligen Maßnahmen des Familienrechts wohl meistens, doch scheitert eine Anerkennung in Sorgerechtssachen außer in dringenden Fällen auch, wenn das Kind nicht gehört wurde (Art 23 lit b [Art 15 Abs 2 lit b aF]).

3. Feststellung des besonderen Inlandsbezugs

a) Zuständigkeitsordnung

53 Der EuGH hat in seiner Entscheidung vom 27. 4. 1999 (Rs C 99/96 – Mietz – Slg 1999 I 2277 Nr 55) festgehalten, daß sich der Richter ausdrücklich auf seine Zuständigkeit nach dem EuGVÜ bzw also der EheGVO berufen müsse, andernfalls sei vom Vollsteckungsgericht nachzuprüfen, ob die besonderen Voraussetzungen für eine Anwendung der nationalen Zuständigkeitsregeln vorlagen. Damit solle eine Umgehung des Zuständigkeitssystems der Verordnung vermieden werden. Tut er ersteres, dann ist jedoch gemäß Art 24 (Art 17 aF) nicht nachzuprüfen, ob die EheGVO richtig angewandt wurde.

b) Inlandsbezug

54 Der EuGH hat dort weiter die Vollstreckungsfähigkeit in einem anderen Mitgliedstaat verneint, weil der Richter, für seine Zuständigkeit gem seinem nationalen Recht die damalige Anwesenheit der betreffenden Güter oder Personen **in seiner Entscheidungsbegründung** nicht festgehalten hatte (EuGH 27. 4. 1999 aaO Nr 56). Es handele sich sonst nicht um eine einstweilige Maßnahme iSd Art 24 EuGVÜ. Diese Begründung beruht auf der verfehlten Einordnung dieses Erfordernis in den Tatbestand der einstweiligen Maßnahme (Spellenberg/Leible ZZPInt 4 [1999] 228). Es geht vielmehr um eine Zuständigkeitsvoraussetzung (o Rn 4). Bei ihr verstieße freilich die vom EuGH im Ergebnis vorgesehene Überprüfung der Zuständigkeit durch das Vollstreckungsgericht gegen Art 24 (Art 17 aF).

55 Für eine Unterscheidung, daß zwar nicht die auf der EheGVO, wohl aber die gem Art 20 (Art 12 aF) auf nationalem Recht beruhende Zuständigkeit nachzuprüfen sei, gibt Art 24 (Art 17 aF) keinen Ansatzpunkt. Man wird dem EuGH allenfalls im Ergebnis zustimmen können, daß das entscheidende Gericht seine aus nationalem Recht folgende Zuständigkeit begründen muß (vgl auch Spellenberg/Leible ZZPint 4 [1999] 232). Es steht zwar weder in der EuGVO noch in der EheGVO, daß andernfalls nicht anzuerkennen sei. Aber man kann dem EuGH dennoch folgen, ohne sich in Widerspruch zum Verbot der Nachprüfung der Zuständigkeit und Richtigkeit der Entscheidung zu setzen. Denn daß eine **Begründung** gegeben wird, wenn an sich eine Zuständigkeit nach der EheGVO fehlte, gehört zum Wesen und zu den **Minimalanforderungen** an gerichtliche Entscheidungen, auch wenn sie dann nicht auf ihre Richtigkeit nachzuprüfen ist. Ähnlich hat die französische Rechtsprechung die Anerkennung von Entscheidungen ohne Begründung unter dem EuGVÜ unter Berufung auf den verfahrensrechtlichen ordre public verweigert (Cass 9. 10. 1991 Rev crit d i p 1992, 526, krit Anm Kessedjian; Paris 16. 3. 1979 Rev crit d i p 1980, 121 und Cass 10. 3. 1981 Rev crit d i p 1981, 553 Anm Mezger; vgl auch die Begründungspflicht nach §§ 30 f AVAG).

Kapitel 3
Anerkennung und Vollstreckung

Abschnitt 1
Anerkennung

Artikel 21
Anerkennung einer Entscheidung

(1) Die in einem Mitgliedstaat ergangenen Entscheidungen werden in den anderen Mitgliedstaaten anerkannt, ohne dass es hierfür eines besonderen Verfahrens bedarf.

(2) Unbeschadet des Absatzes 3 bedarf es insbesondere keines besonderen Verfahrens für die Beschreibung in den Personenstandsbüchern eines Mitgliedstaats auf der Grundlage einer in einem anderen Mitgliedstaat ergangenen Entscheidung über Ehescheidung, Trennung ohne Auflösung des Ehebandes oder Ungültigerklärung einer Ehe, gegen die nach dem Recht dieses Mitgliedstaats keine weiteren Rechtsbehelfe eingelegt werden können.

(3) Unbeschadet des Abschnitts 4 kann jede Partei, die ein Interesse hat, gemäß den Verfahren des Abschnitts 2 eine Entscheidung über die Anerkennung oder Nichtanerkennung der Entscheidung beantragen. Das örtlich zuständige Gericht,

das in der Liste aufgeführt ist, die jeder Mitgliedstaat der Kommission gemäß Artikel 68 mitteilt, wird durch das nationale Recht des Mitgliedstaats bestimmt, in dem der Antrag auf Anerkennung oder Nichtanerkennung gestellt wird.

(4) Ist in einem Rechtsstreit vor einem Gericht eines Mitgliedstaats die Frage der Anerkennung einer Entscheidung als Vorfrage zu klären, so kann dieses Gericht hierüber befinden.

Bis 28. 2. 2005 geltende Regelung: Art 13 und 14 aF (s Textanhang).

Schrifttum

BRUNEAU, La reconnaissance et l'exécution des décisions rendues dans l'union Européenne, J C P 2001, I, 314
GOTTWALD, Grundfragen der Anerkennung und Vollstreckung ausländischer Entscheidungen in Zivilsachen, ZZP 103 (1990) 261
HELMS, Die Anerkennung ausländischer Entscheidungen im europäischen Eheverfahrensrecht, FamRZ 2001, 257
K MÜLLER, Zum Begriff der „Anerkennung" von Urteilen, ZZP 79 (1966) 199
PFEIFFER, Einheitliche unmittelbare und unbedingte Urteilsgeltung in Europa, in: FS für Jayme (2004) 675
SPELLENBERG, Anerkennung eherechtlicher Entscheidungen nach der EheGVO, ZZPInt 6 (2001) 109
R WAGNER, Die Anerkennung und Vollstreckung von Entscheidungen nach der Brüssel II-Verordnung, IPRax 2001, 73.

Systematische Übersicht

Alphabetische Übersicht

A. Anzuerkennende Entscheidungen

I. Allgemeines

Art 21 nF faßt die alten Art 13 und 14 zusammen. Die frühere Definition der „Entscheidung" in Art 13 aF findet sich nun in Art 2 Nr 4 nF. Art 21 ff (Art 13 ff aF) sind insoweit das Herzstück der EheGVO, als die Freizügigkeit der Eheauflösung ihr Hauptzweck ist. Die Statusgestaltungen in einem Mitgliedstaat sollen unmittelbar auch in allen anderen wirksam sein (Erwägungsgründe 1, 4, 7 aF). Diese **ursprünglich nur für Eheurteile** gedachte Regelung ist dann auf **Sorgerechtentscheidungen** erstreckt worden, wobei aber die EheGVO in der alten Fassung für diese eine Zuständigkeit nur bei gleichzeitig anhängiger Ehesache begründet, und dann auch nur für solche **Annexentscheidungen** die erleichterte Anerkennung vorsieht. 1

Das ändert sich erheblich mit der Neufassung. Nun erfaßt die EheGVO nF auch **unabhängige Regelungen der elterlichen Verantwortung** und auch nicht nur im Verhältnis der Ehegatten zueinander. Art 21 Abs 1 nF spricht dementsprechend allgemein von „Entscheidungen". 2

Sehr zu kritisieren ist, daß auch in der Neufassung nur statusgestaltende und nicht klageabweisende Urteile und Feststellungsurteile erfaßt sind (u Rn 20 ff). Erforderlich ist weiter, daß es sich um einen **hoheitlichen Ausspruch** handelt. Bei den öffentlichen Urkunden in Abs 2 (Art 13 Abs 3 aF) ist wenigstens Vollstreckbarkeit nötig. Art 22 und 28 (Art 15 aF) enthalten die sehr reduzierten Anerkennungshindernisse. 3

II. Anerkennungsfähige Entscheidungen

1. Hoheitliche Auflösungen

a) Eheauflösung

Es muß sich um eine **Ehe** handeln. Es ist heute **zweifelhaft** geworden, was darunter noch zu verstehen ist. Die Frage stellt sich schon in Art 1 Abs 1 lit a, der den Anwendungsbereich der EheGVO insgesamt definiert, und es kann auf die Ausführungen dort (Art 1 Rn 11 ff) verwiesen werden. 4

Die Definition in Art 2 Nr 4 (Art 13 Abs 1 aF) nennt als anzuerkennen nur die **Eheaufhebungen** und zwar, soweit die Unterscheidung im materiellen Recht existiert, Nichtigkeits- wie Aufhebungsurteile, **Ehescheidungen** und die in manchen 5

Rechtsordnungen neben der Scheidung vorkommende **Trennung von Tisch und Bett**. Die Grenze zwischen Aufhebung der Ehe wegen anfänglicher Mängel und Scheidung mag in den verschiedenen Rechtsordnungen verschieden gezogen sein und im schwedischen Recht ist überhaupt nur die Scheidung möglich, aber das ist für die Anerkennung ohne Bedeutung. Entscheidend ist die Auflösung des Ehebandes.

6 Bei der ebenfalls erfaßten Trennung von Tisch und Bett (separation de corps, separazione personale), die in manchen Rechten neben der Scheidung (art 296 fr c civ) oder als Vorstufe für sie (Art 3 Abs 2 Gesetz no 7 vom 6. 3. 1987 in Italien) in Betracht kommt, handelt es sich auch um eine **Statusänderung**. Sie beendet in zB Frankreich die Pflicht zur ehelichen Lebensgemeinschaft ohne Aufhebung des Ehebandes und schließt deshalb die Wiederheirat aus (art 299 ff fr c civ). Auch mag noch sonst die eine oder andere Ehewirkung fortbestehen (vgl art 303 fr c civ).

7 **Nicht** gemeint sind Entscheidungen über das **Recht zum Getrenntleben** nach § 1353 Abs 2 BGB und andere Regelungen der ehelichen Lebensgemeinschaft. Um was es sich bei einem Urteil handelt, ist notfalls seinen Gründen zusammen mit dem ihm zugrunde gelegten Recht zu entnehmen, das nicht die lex fori sein muß.

b) Hoheitsakt

8 Die EheGVO befaßt sich mit der Auflösung von Ehen durch Richterspruch oder auch durch Verwaltungsakt, soweit eine Scheidung in dieser Weise in dem betreffenden EU-Staat vorgesehen ist. Letztere Erweiterung in Art 1 Abs 2 EheGVO bezieht sich ausweislich des Borrás-Berichts (Nr 20) auf die Scheidung durch das Statsamt, das die Funktion des Standesamtes in Dänemark hat. Nun gilt die EheGVO allerdings in Dänemark nicht. In Deutschland wird Ähnliches heute für einvernehmliche Scheidungen diskutiert (krit G Otto StAZ 1999, 162 ff). Vergleichbares gibt es sonst wohl noch nicht in Europa, mag auch die englische gerichtliche Scheidung dem sachlich sehr nahe kommen. Aber es kommt darauf an, daß ein Gericht tätig wird, nicht darauf wie. Es handelt sich in Dänemark um ein Verfahren, das mit einer anfechtbaren Entscheidung der Verwaltungsbehörde über die Zulässigkeit und Wirksamkeit der Scheidung endet, und nicht nur um eine bloße Registrierung der Erklärungen der Parteien, also um einen **gestaltenden Hoheitsakt**. Einen solchen setzt die EheGVO voraus. Bei richterlichen Entscheidungen kann es sich um Urteile oder Beschlüsse handeln.

2. Nichtstaatliche Auflösungen

a) Privatscheidungen

9 Durch die Betonung des „zivilgerichtlichen Verfahrens" in Art 1 lit a EheGVO sollen reine **Privatscheidungen** und rein **innerkirchliche Entscheidungen** von der Anerkennung ausgeschlossen werden (Erwägungsgrund 9 aF zur EheGVO; Borrás-Bericht Nr 20). Ersteres wird rechtspolitisch kritisiert (Jayme, IPRax 2000, 165, 170; Helms, FamRZ 2001, 260), ist aber konsequent und unvermeidlich, denn Anerkennung iS einer solchen Regelung kann sich nur auf Hoheitsakte beziehen und nicht auf private Rechtsgeschäfte. Das heißt nicht, daß diese nicht im Ausland wirksam wären, doch beurteilt sich das nach dem vom zB deutschen IPR bezeichneten Sachrecht, und es ist zu prüfen, ob die dort vorausgesetzten Tatsachen vorliegen (§ 328 ZPO Rn 1). Das fällt dann nicht mehr unter die EheGVO. Demgegenüber sind bei der Anerkennung iSd internationalen Prozeßrechts hoheitliche Gestaltungsakte und ggf Feststellungen über Rechtsverhältnisse im Anerkennungsstaat **ohne erneute Prüfung** wirksam. Man vertraut den fremden richterlichen Entscheidungen. Eine Révision au fond findet im Anerkennungsrecht nicht statt, wie auch Art 24 bis 26 (Art 18 u 19 aF) sagen.

Soweit ersichtlich ist in den Rechten der Mitgliedstaaten eine Privatscheidung der- **10**
zeit nirgends vorgesehen. Dennoch könnte sich die Frage stellen, wenn im Ausland eine **Privatscheidung nach dem Recht zB eines islamischen Drittstaates** vorgenommen werden könnte. Vor allem ostasiatische Rechte kennen die Scheidung durch Vertrag (vgl Staudinger/Mankowski [2003] Art 17 EGBGB Rn 64 ff), und manchmal ist zu ihrer Wirksamkeit die Registrierung nötig (Volksrepublik China [StAZ 1981, 89]; Thailand [Fuhrmann IPRax 1983, 137 f]). Wenn diese in einer Botschaft in der EU erfolgt, so handelt es sich jedoch nicht um eine Behörde eines Mitgliedstaates (zu einer ähnlichen Frage im deutschen Recht vgl § 328 ZPO Rn 232; Art 7 § 1 FamRÄndG Rn 35 f; Hoheitsgewaltstheorie), und übrigens auch nicht um einen Gestaltungsakt. Die Wirksamkeit derartiger Privatscheidungen ist nach Art 17 Abs 1 S 1 EGBGB zu beurteilen. Wird sie in Deutschland vorgenommen, steht Art 17 Abs 2 EGBGB im Wege, nicht dagegen wenn sie im Ausland erfolgt, selbst wenn dort ein ähnliches Verbot besteht (Staudinger/Mankowski [2003] Art 17 EGBGB Rn 113; weiter § 328 ZPO Rn 556, 562). Wenn in Deutschland eine Ehe nach einem Recht zu scheiden ist, das Scheidung zB durch private Erklärung des Mannes vorsieht, so muß sie in Deutschland wegen Art 17 Abs 2 EGBGB durch den Richter vollzogen werden, der die private Erklärung als Scheidungsgrund verwendet (Anh zu § 606a ZPO Rn 72). Anzuerkennen ist danach das Urteil.

Nicht jede selbst konstitutiv nötige **staatliche Mitwirkung** bringt die Eheauflösung **11**
schon unter die EheGVO (vgl § 328 ZPO Rn 564 zur entsprechenden Frage, wann die Wirksamkeit nach § 328 ZPO oder nach dem von Art 17 Abs 1 EGBGB benannten Recht zu beurteilen ist). Vielmehr muß der Staatsakt auf die Auflösung der Ehe gerichtet sein (wie das bei der dänischen Regelung [oben bei Rn 8] anzunehmen ist), sie zB nicht nur registrieren. Sofern es vorkommt, würde auch eine für den Eintritt der Statuswirkung nötige gerichtliche Bestätigung des privaten Scheidungsaktes ausreichen (Rauscher/Rauscher Art 13 EheGVO aF Rn 9). Wenn in Belgien und den Niederlanden das Scheidungsurteil noch auf Betreiben einer Partei registriert werden muß, so ist das eine Voraussetzung der Wirksamkeit der Gestaltung. Gegenstand der Anerkennung ist aber das Urteil.

b) Kirchliche Eheaufhebungen

aa) Konkordate

Eine besondere Regelung der Anerkennung wurde durch die Konkordate Portugals, **12**
Spaniens und Italiens veranlaßt (Art 63 bzw 40 aF). Die EheGVO will nicht in die völkervertraglichen Verpflichtungen dieser Mitgliedstaaten eingreifen.

In **Portugal** ergibt sich eine ausschließliche Zuständigkeit kirchlicher Gerichte für **13**
die Aufhebung der kanonisch geschlossenen Ehen wegen anfänglicher Mängel aus Art XXV des Konkordats mit dem Heiligen Stuhl und aus Art 1625 codigo civil. Deshalb werden die Aufhebungen solcher Ehen durch ausländische staatliche Gerichte in Portugal nicht anerkannt (Art 63 bzw Art 40 Abs 1 aF EheGVO). Eine

Scheidung durch kirchliche Gerichte kommt nicht in Betracht, da diese nur nach kanonischem Recht entscheiden. (Scheidungen erfolgen dagegen nur durch staatliche Gerichte auch bei kanonisch geschlossenen Ehen.) Die kirchlichen Eheaufhebungen wegen anfänglicher Mängel erhalten aber **zivilrechtliche Wirkungen** erst durch die Bestätigung eines Berufungsgerichtes und die danach erfolgende Eintragung in das Zivilstandsregister (Art 1626 codigo civil), wobei freilich keine Überprüfung stattfindet. Gegenstand der Anerkennung der Eheaufhebung durch die anderen Mitgliedstaaten ist diese Bestätigung (Helms FamRZ 2001, 259; Geimer, IZPR Rn 2872; Jayme IPRax, 1990, 32 f; Rauscher/Rauscher Art 13 EheGVO aF Rn 8), da erst dann eine anerkennungsfähige zivilrechtliche Gestaltungswirkung vorliegt.

14 In **Italien** und **Spanien** ist die Situation insoweit anders, als hier eine konkurrierende Zuständigkeit staatlicher Gerichte besteht, so daß diese Staaten auch eine Eheaufhebung durch ausländische staatliche Gerichte anerkennen müssen. Für die zivilrechtlichen Wirksamkeit der ebenfalls zulässigen kirchliche Eheaufhebungen ist aber auch dort eine staatliche Bestätigung nötig, wobei die Entscheidungen der kirchlichen Stelle in unterschiedlichem Umfang überprüft wird (Borrás-Bericht Nr 122 f). Gegenstand der Anerkennung ist wiederum nur die staatliche Bestätigung.

15 Art 63 Abs 2 (40 Abs 2 aF) formuliert zwar ungenau, daß eine Entscheidung „gemäß dem in Absatz 1 genannten Vertrag“ mit dem Heiligen Stuhl von den Mitgliedstaaten unter den in der EheGVO vorgesehenen Bedingungen anerkannt werde, das bezieht sich aber sinnvollerweise **nicht auf die kirchliche Entscheidung** selbst. Nicht nur würde diese ohne staatliche Bestätigung ein „rein innerkirchliches Verfahren“ sein, das durch die Beschränkung auf „zivilgerichtliche Verfahren“ in Art 1 ausgeschlossen werden soll, sondern es ergäbe sich vor allem die widersprüchliche Situation, daß eine kirchliche Entscheidung in den andern Mitgliedstaaten anerkannt würde, bevor oder sogar ohne daß sie in Italien oder Spanien wirksam geworden wäre (Jayme IPRax 1990, 32 f; ders, Religiöses Recht vor staatlichen Gerichten [1999] 16).

16 Für diese staatliche Bestätigung wird nicht vorausgesetzt, daß das betreffende Kirchengericht in Portugal, Italien oder Spanien seinen Sitz hatte (Jayme, Jb f it Recht [1988] 3 ff, 14 für Italien). Da die EheGVO die Bestätigung durch den betreffenden Staat anerkennt, steht Art 17 Abs 2 EGBGB nicht entgegen, auch wenn das Kirchengericht in Deutschland seinen Sitz hatte (Helms FamRZ 2001, 260; die Auffassung der LJV BW IPRax 1990, 51 f läßt sich zumindest unter der EheGVO nicht aufrechterhalten). Das Art 17 Abs 2 EGBGB zugrundeliegende Bedürfnis, durch Richterspruch Klarheit und Sicherheit über den Personenstand zu erhalten, wird durch die Bestätigung und Registrierung in Italien oder Spanien ausreichend befriedigt.

17 Welche Beziehung der Fall zu Italien bzw Spanien oder Portugal im übrigen haben muß, entscheiden das kirchliche Recht bzw die staatliche Bestätigungsregelung der betreffenden drei Länder.

bb) Ohne Konkordat

18 In **Griechenland** werden gem dem Vertrag von Lausanne von 1923 die Ehen der muslimischen Griechen, außer denen aus der Dodekanes, durch den Mufti geschie-

den, bedürfen aber der Bestätigung durch das Landgericht. Diese ist dann gem Art 14 Abs 1 EheGVO anzuerkennen.

Kirchliche Scheidungen sind, auch wenn sie dem nach Art 17 Abs 1 EGBGB maß- **19** gebenden Scheidungsstatut entsprechen, in Deutschland unwirksam, wenn der konstitutiv entscheidende Teil hier vorgenommen wurde (näher § 328 ZPO Rn 554), es sei denn sie sind im Ausland im genannten Sinne transkribiert worden (o Rn 16). Sie sind aber ungeachtet des Art 17 Abs 2 EGBGB gem Art 17 Abs 1 EGBGB für uns wirksam, wenn sie im Ausland, auch im europäischen vorgenommen wurden. Es steht nicht im Wege, wenn dort ein Art 17 Abs 2 EGBGB entsprechender Vorbehalt des richterlichen Scheidungsvollzuges besteht (Staudinger/Mankowski [2003] Art 17 EGBGB Rn 113; Soergel/Schurig Art 17 EGBGB Rn 64 a). Werden zwei Israelis mosaischen Glaubens in Deutschland vor dem Rabbi geschieden, ist das – für uns – unwirksam; werden sie in Frankreich so geschieden, ist das für uns wirksam, obwohl das französische Recht diese Scheidung nicht anerkennt, vorausgesetzt sie ist nach ihrem gemeinsamen Heimatrecht Israels wirksam. Doch unter Art 21 (Art 13 aF) fällt die Scheidung nur, wenn ein Gericht oder eine Behörde eines Mitgliedstaats konstitutiv mitgewirkt hat.

3. Nicht gestaltende Entscheidungen

a) Antragsabweisungen

Während Art 1 Abs 1 lit aF noch formuliert, daß die EheGVO für alle Klagen oder **20** Anträge gelten, die die Scheidung, Trennung oder Ungültigerklärung einer Ehe „betreffen", und ähnlich formuliert nun auch Art 1 Abs 1 lit a nF, ergibt sich aus Art 2 Nr 4 (Art 13 Abs 1 aF), daß die Anerkennungsregelungen nur für die stattgebenden Entscheidungen, **nicht für Klagabweisungen** gelten (Borrás-Bericht Nr 22, 60, 64 und andere Sprachfassungen zB italienisch: „decisione di divorzio …", und ähnlich die englische und die französische). Dieses ungewöhnliche und sehr unbefriedigende Ergebnis ist die Folge eines politischen Kompromisses bei der Ausarbeitung des Übereinkommens Brüssel II. „Eher nordeuropäische Staaten" wollten einer Partei, die im Ausland mit einem Scheidungsantrag etc abgewiesen wurde, einen neuen Antrag im Inland ermöglichen (Pirrung ULR/RDU 1998, 633; Sturlèse JCP 1998 I 145 Nr 49; Hau FamRZ 1999, 485; R Wagner IPRax 2001, 76; Klauer ELR 1998, 486; MünchKomm-ZPO/Gottwald Art 13 EheGVO aF Rn 2). Dabei dürften sie vornehmlich an die eigenen Staatsangehörigen gedacht haben, die nach dem Scheitern ihrer Ehe nach Hause zurückkehren (vgl Borrás-Bericht Nr 32, 60).

Die Begründung des Borrás-Berichts (Nr 6), der Auftrag der Gemeinschaft an die **21** Arbeitsgruppe habe nur die Erleichterung der Anerkennung von Scheidungen und Trennungen umfaßt, und zum anderen bestünden zwischen den Mitgliedstaaten erhebliche rechtliche Unterschiede in diesem Bereich, ist im ersten Teil **nicht überzeugend** und im zweiten Teil aufschlußreich. Zum einen hätte die Arbeitsgruppe, wenn der Auftrag tatsächlich so eng formuliert gewesen sein sollte, ohne weiteres darüber hinaus gehende Vorschläge machen können, und zum anderen zeigt sich hier eine Folge der fehlenden Harmonisierung des Kollisionsrechts (Vorbem 44 ff zu Art 1).

Das Ergebnis ist **ungerecht**, weil der erfolgreiche Kläger seinen neuen Status überall **22** in Europa geltend machen kann, während ein erfolgreicher Beklagter sich erneut vor anderen Gerichten in Europa verteidigen muß, bis der Kläger doch einmal siegt (GAUDEMET-TALLON Clunet 2001, 406 Nr 59; HAU aaO; PIRRUNG aaO; **aA** RAUSCHER/RAUSCHER Art 14 EheGVO aF Rn 10). Die EheGVO enthält nicht nur mehrere konkurrierende Zuständigkeiten, sondern der unterlegene, scheidungswillige Kläger kann gem Art 3 Abs 1 lit a 6. Str (Art 2 Abs 1 lit a 6. Str aF) auch eine neue herbeiführen durch Begründung eines neuen gewöhnlichen Aufenthalts in seinem Heimatstaat oder in einem anderen scheidungsfreundlicheren Staat. Mit Recht kritisiert KOHLER, daß damit die EheGVO die Scheidung fördert und nicht nur die Freizügigkeit der Urteile (NJW 2001, 14).

23 Dann ist es konsequent, daß **posthume Entscheidungen**, die eine Ehe für ungültig erklären, nicht erfaßt werden sollen (BORRÁS-Bericht Nr 27). Als Begründung wird zwar gegeben, daß es sich zumeist um Vorfragen in einer Erbsache handle. Der Ausschluß sollte aber auch gelten, wenn eine isolierte posthume Eheausflösung nach dem maßgebenden nationalen Recht vorkommen sollte, denn die Ehe ist schon durch den Tod aufgelöst.

b) Feststellungsurteile

24 Die Feststellung einer **ipso jure unwirksamen Ehe** (man denke an englisches Recht, das verhältnismäßig oft ipso jure unwirksame Ehen kennt [void marriages]) und ebenso die **positive Feststellung** der Wirksamkeit einer Eheschließung fallen nicht unter die Anerkennungsregeln der EheGVO (HELMS FamRZ 2001, 258 ff; SPELLENBERG, in: FS Schumann [2001] 433; HAUSMANN ELF 2000/01, 27; **aA** HAU FamRZ 2000, 1333; GRUBER FamRZ 2000, 1130) Dabei gelten für die entsprechenden Klagen auch schon die Zuständigkeiten der EheGVO nicht (vgl den zu Art 13 parallelen Wortlaut von Art 3 Abs 1 nF bzw 2 Abs 1 aF). Die Formulierungen sind etwas ungenau, denn Gerichte sind nicht erst für Entscheidungen zuständig, sondern für Klagen.

25 Daß, wie unten Rn 59 ff ausgeführt, die Gründe eines Gestaltungsurteils, soweit sie in Rechtskraft erwachsen, anerkannt werden, widerspricht dem nicht. Von der Anerkennung ausgenommen sind Feststellungsurteile, weil sie nicht gestalten. Das sagt nichts über die Reichweite der Rechtskraft von Urteilen, die gestalten.

26 Auch die für Scheidungen aus Drittstaaten weiterhin vorgesehenen **förmlichen Anerkennungen** wie nach Art 7 § 1 FamRÄndG (die italienische Regelung ist aufgehoben worden durch Gesetz v 31. 3. 1995 zum 1. 1. 1997; Delibation erfolgt aber noch in Österreich gem § 24 der 4. DVO zum EheG von 1941) werden nicht nach der EheGVO anerkannt, selbst wenn man diesen Entscheidungen – zu Unrecht – Gestaltungswirkung beilegen wollte.

c) Scheidungsfolgen

27 Die EheGVO erfaßt **nur die** Anerkennung der **Statusänderung** selbst, **nicht** jedoch die der **Scheidungsfolgen**. Eine Ausnahme gilt insoweit für Entscheidungen über die elterliche Sorge (BORRÁS-Bericht Nr 22). Bei Verbundentscheidungen erstreckt sich die Anerkennung nur auf den Teil des Urteils, der den Status und ggf die elterliche Sorge betrifft. Eine Teilanerkennung ist möglich. Eine andere Frage ist, wieweit die Statusentscheidung Rechtskraft für Folgeentscheidungen hat (dazu Rn 59 ff).

4. Elterliche Verantwortung

Ehen werden (derzeit noch) in Europa durch richterliches Urteil aufgelöst. Demgegenüber ist die Vielfalt der gerichtlichen Akte beim Sorgerecht erheblich. Art 21 (Art 13 aF) erfaßt gerichtliche **Urteile** ebenso wie **Beschlüsse** und **Verfügungen**, aber auch **Anordnungen anderer Behörden** (Art 2 Nr 1 nF). Während letztere kaum für Scheidungen zuständig sind, da Dänemark nicht Mitgliedstaat ist, ist das für Sorgerechtsregelungen durchaus denkbar. 28

Hinsichtlich der die elterlichen Verantwortung kann Gegenstand einer Anerkennung naturgemäß nur eine Entscheidung sein, die das Sorgerecht regelt. Eine Antragsabweisung hat keine anerkennungsfähigen Wirkungen. Eine Sorgerechtsregelung kann auch zusammen mit einer Abweisung eines Scheidungsantrags vorkommen (vgl Art 258 fr c civ). Sie ist dennoch anerkennungsfähig, auch wenn das Eheurteil es nicht ist. 29

Art 13 ff **aF** greifen jedoch nur bei Regelungen der elterlichen Verantwortung **„aus Anlaß" der Eheauflösung** ein, also nicht wenn sie nur durch eine faktische Trennung der Eltern, durch ihre Uneinigkeit über Erziehungsfragen oder wegen mangelnder Eignung oder Vernachlässigung der Kinder veranlaßt wurden. Zumindest muß eine Statusklage anhängig gewesen sein, und selbst dann ist nicht notwendig diese der „Anlaß". Zur Voraussetzung des Bezugs zur Ehesache ist auf die Erörterung zu Art 12 zu verweisen. 30

Diese Begrenzung ist mit der **neuen Fassung** von Art 21 Abs 1 in Verb m Art 8 bis 13 gefallen. **Alle Sorgerechtsregelungen** sind nun anzuerkennen, und es macht keinen Unterschied, ob sie aus Anlaß einer Ehesache nach Art 12 nF oder ohne erfolgen. Isolierte Sorgerechtsregelungen, die vor dem Inkrafttreten der neuen EheGVO ergangen sind, werden gem Art 64 Abs 3 weiterhin nicht nach den Art 21 ff anerkannt und vollstreckt, sondern nach dem MSA oder nationalem Recht, denn zur Zeit ihres Erlasses erfaßte sie die EheGVO in der damaligen Fassung nicht. 31

5. Einstweilige Maßnahmen

Wie sein Vorbild Art 31 EuGVO umfaßt Art 21 (Art 13 aF) auch **einstweilige Anordnungen**, für die Art 20 (Art 12 aF) die Zuständigkeiten regelt (Thomas/Putzo/Hüsstege Art 13 EheGVO aF Rn 3; weiter Art 20). Auch sie sind Entscheidungen idS. 32

Aber nach wie vor sprechen die Art 28 ff (Art 21 ff aF) nur von der **Vollstreckung** der Entscheidungen über die elterliche Verantwortung. Aber man muß annehmen, daß auch andere einstweilige Maßnahmen iSd Art 20 (Art 13 aF) im Ausland anerkennt und vollstreckt werden können. Nicht nur Regelungen der elterlichen Verantwortung, sondern auch die sonstigen einstweiligen Maßnahmen, die nicht selbst gegenständlich in den Anwendungsbereich der EheGVO gem Art 1 fallen, sondern Bezug zu einer Ehesache haben müssen (dazu Art 20 Rn 10), können einen vollstreckungsfähigen Inhalt haben. 33

6. Kostenfestsetzungen

34 Art 49 nennt als Gegenstand von Anerkennung und namentlich Vollstreckung ausdrücklich Kostenfestsetzungen und Kostenfestsetzungsbeschlüsse. Daß diese Rechtskraftwirkungen entfalten, ist denkbar, und nach dem Recht des Gerichts zu beurteilen, das sie erlassen hat. Im Vordergrund steht aber ihre Vollstreckbarkeit gem Art 21 Abs 1 S 2 (Art 13 Abs 2 aF).

35 Obwohl Art 13 EheGVO klagabweisende und nur feststellende Urteile ausnimmt, wird man die darin enthaltenen Kostenfestsetzungsbeschlüsse dennoch anerkennen und vollstrecken. Das Verfahren fiel als solches durchaus in den Anwendungsbereich der EheGVO (Rauscher/Rauscher Art 13 EheGVO aF Rn 16; Schlosser Art 13 EheGVO aF Rn 2). Ist zusammen mit der Eheentscheidung auch über Angelegenheiten entschieden worden, die wie Unterhalt und Güterrecht nicht in den sachlichen Anwendungsbereich der EheGVO fallen, so sollen die Kosten dafür nach Schlosser dennoch nach der EheGVO vollstreckt werden, weil sie von den anderen nicht abgegrenzt werden könnten (Schlosser Art 13 EheGVO aF Rn 2). Das hängt nun aber von der Ausgestaltung der Kostenfestsetzungsentscheidung ab. Wenn sie die Kosten aufteilt, kann auch bei der Vollstreckung unterschieden werden. Doch sollte man nicht von den Vollstreckungsorganen verlangen, daß sie die Aufteilung erst selbst vornehmen und ausrechnen müssen (so aber wohl Rauscher/Rauscher Art 13 EheGVO aF Rn 17).

7. Vergleiche. Vollstreckbare Urkunden

36 Eheauflösungen durch Vergleich vor Gericht kommen in Europa wohl nicht vor, jedoch Vergleiche über die **elterliche Verantwortung**. Sie werden dann wie Urteile anerkannt. Die Anerkennungshindernisse sind Art 23 (Art 15 Abs 2 aF) zu entnehmen, von denen besonders bedeutsam werden könnte, daß das Kind entsprechend seinem Alter angehört werden muß. Die häufigsten Vergleiche über finanzielle Scheidungsfolgen fallen nicht unter die EheGVO.

37 Welche **Bindungs- oder Rechtskraftwirkungen** der Vergleich hat, sagt das Recht, unter dem er geschlossen wurde. Sorgerechtsregelungen sind aber gewöhnlich und wohl auch, wenn sie durch Vergleich zustande kommen, jederzeit gemäß dem Kindeswohl änderbar.

38 Scheidungen durch **öffentlich beurkundete Erklärungen**, also durch Vertrag, gibt es im europäischen Recht derzeit nicht. Kämen sie vor, so stünde eine Anerkennung nach Art 21 Abs 1 S 3 (Art 13 Abs 3 aF) im Widerspruch zu der anerkannten Behandlung von Privatscheidungen, um die es sich dann handeln würde. Diese können nicht im Sinne des Art 21 (Art 14 aF) anerkannt werden, ihre Wirksamkeit ist gem Art 17 Abs 1 S 1 EGBGB zu beurteilen (o Rn 9 ff; **aA** wohl Schlosser Art 13 EheGVO Rn 3).

39 Offenbar haben die Verfasser der EheGVÜ auch nicht an notarielle Beurkundungen von Erklärungen gedacht, sondern an **behördliche oder gerichtliche Bestätigungen** von Einigungen der Eltern über die elterliche Verantwortung wie sie in Schweden vorkommen (Jänterä-Jareborg, Yb Priv Int Law 1 [1999] 25). Dort sind Fragen der elterlichen Sorge Sozialbehörden zugewiesen, die eine Einigung der Eltern herbeiführen sollen, die sie dann bestätigen müssen und wohl auch ablehnen können. Es handelt sich also nicht nur um ein privates Rechtsgeschäft, sondern um einen hoheitlichen Akt wie ihn Art 21 (Art 13 aF) verlangt (o Rn 11). In Schottland sollen von einer öffentlichen Stelle neue Urkunden über das Verhältnis der Ehegatten nach der Scheidung nach ihrer Eintragung in ein gerichtliches Register Gerichtsentscheidungen gleichstehen (Borrás-Bericht Nr 61). Mindestens die Registrierung ist ein für die Wirksamkeit konstitutiver Hoheitsakt, der dann anzuerkennen ist.

III. Bestandskraft

1. Formelle Rechtskraft

Für die Anerkennung wird Bestandskraft der Scheidung, namentlich **formelle Rechtskraft, nicht vorausgesetzt**. Das folgt auch aus Art 27 Abs 1 (20 Abs 1 aF) (Schlosser Art 13 EheGVO aF Rn 1; Rauscher/Rauscher Art 13 EheGVO aF Rn 13; Helms FamRZ 2001, 260). Doch wegen des Prinzips der Wirkungserstreckung kommt eine Anerkennung nur der Wirkungen in Betracht, die die ausländische Entscheidung schon hat. Und bei der im Vordergrund stehenden Gestaltungswirkung ist nicht zu vermuten, daß sie in einem europäischen Recht schon vor der formellen Rechtskraft eintritt. 40

Dagegen ist nach Art 21 (Art 14 Abs 2 aF) für die **Eintragung** einer ausländischen Eheauflösung in die inländischen Standesregister **formelle Rechtskraft** erforderlich (näher Rn 74 ff). 41

2. Registrierungserfordernisse

Nicht mit der Rechtskraft darf verwechselt werden, wenn eine Scheidung nicht schon mit dem Urteil wirksam wird, sondern erst mit ihrer Registrierung wie in den Niederlanden (Art 1: 163 I Burgerl Wetboek). Da Anerkennung Wirkungserstreckung ist (vgl u Rn 46 ff), kommt die Gestaltung hier erst zustande, wenn die **Registrierung** in den Niederlanden **erfolgt ist** (Helms FamRZ 2001, 260; Rauscher/Rauscher Art 14 EheGVO aF Rn 12). Eine Registrierung anderswo wird vom maßgebenden Recht, zB der Niederlande kaum als ausreichend angesehen werden. Auch eine materielle Rechtskraft des Urteils kann nicht vor Registrierung anerkannt werden, denn das Urteil wird unwirksam, wenn es nicht innerhalb von 6 Monaten registriert wird. 42

Häufiger ist aber eine Registrierung **nur nötig, damit** die Scheidung **Dritten gegenüber** wirkt und geltend gemacht werden kann (art 1278 belg code judiciaire, art 262 fr c civ; art 296 lux c civ), während sie davor schon zwischen den Parteien wirkt. Mit seiner Anerkennung entfaltet das Urteil dann auch in den anderen Staaten diese **nur relative Wirkung** (Rauscher/Rauscher Art 14 EheGVO aF Rn 12). Zwar kennt die juristische Umwelt im Anerkennungsstaat, zB in Deutschland uU das Institut der nur relativ wirkenden Scheidung nicht, aber der Zweck der EheGVO ist, daß die Parteien überall in Europa denselben Status haben. Hier zeigt sich ein deutlicher Unterschied zur Theorie der Anerkennung als Gleichstellung mit inländischen Urteilen. Die Umwelt darf nicht ohne weiteres davon ausgehen, daß „Scheidung" überall dasselbe wie im Inland meint. Das verbietet ebenso, bei solchen registrie- 43 rungsbedürftigen Scheidungen jede Anerkennung erst nach Registrierung eintreten zu lassen oder sie ohne weiteres zur drittwirksamen Scheidung aufzuwerten (etwas unklar Helms FamRZ 2001, 260).

B. Anerkennung

I. Allgemeines

44 Während Art 2 Nr 3 (Art 13 Abs 1 aF) die anzuerkennenden Entscheidungen nennt, behandeln Art 21 Abs 1 und 2 (Art 14 aF) die Anerkennung und ihre Wirkungen und Art 22 (Art 15 aF) die Anerkennungshindernisse für Eheurteile (Art 23 bzw Art 15 Abs 2 aF für Sorgerechtsregelungen). Systematisch wie inhaltlich ist die Regelung den Art 25 bis 27 EuGVÜ (Art 33 bis 35 EuGVO) nachgebildet, weicht aber in einzelnen Punkten auch ab. Die wichtigsten sind der Ausschluß aller nicht gestaltenden Entscheidungen und der völlige Verzicht auf die Nachprüfung der Zuständigkeit des Erstgerichts (Art 24 bzw 17 aF).

45 Zwei weitere Prinzipien verdienen Hervorhebung: Die Anerkennung ist unabhängig davon, ob der entscheidende Richter das aus der Sicht des Anerkennungsstaates richtige Recht angewandt hat (zur rechtspolitischen Problematik vgl Vorbem 36 vor Art 1; und zum Vorbehalt des ordre public Art 18), und die Anerkennung tritt ipso jure ein, die Delibation gem Art 7 § 1 FamRÄndG ist nicht mehr zu verlangen.

II. Wirkung

1. Wirkungserstreckung ipso jure

46 Die Anerkennung tritt automatisch mit der Wirksamkeit der Entscheidung ein. Eine Entscheidung des Anerkennungsstaates zB nach Art 7 § 1 FamRÄndG, eine Delibation, darf nicht verlangt werden (Abs 1 u 2). Das ist ohnehin nur noch in wenigen europäischen Rechten nötig, nämlich in Deutschland und Österreich.

47 Anerkennung bedeutet **Erstreckung der Wirkungen**, die eine Entscheidung nach ihrem Recht hat, **auf andere Staaten** (Geimer, Die Anerkennung ausländischer Entscheidungen in Deutschland [1995], S 86; G Fischer, in: FS f Henckel [1995] 199 ff; Kropholler, IPR [4. Aufl 2001] § 60 V 1; Kegel/Schurig, IPR [8. Aufl 2000] § 322 V 1 a S 907; Spellenberg IPRax 1984, 304, 306; Rosenberg/Schwab/Gottwald, ZPR § 156 Rn 8; Rauscher/Rauscher Art 13 EheGVO aF Rn 2; K Müller ZZP 79 [1966] 202; BGHZ 118, 312, 318; OLG Hamm FamRZ 1993, 213, 214; ganz hM für EuGVÜ und EheGVO) und **nicht nur Gleichstellung** des ausländischen Urteils mit einem entsprechenden inländischen (so aber Schack IPRax 1989, 142 zur ZPO). Das gilt erst recht für eine europäische Verordnung wie schon für das EuGVÜ (EuGH 4. 2. 1988 Rs 145/86 – Hoffmann ./. Krieg – Slg 1988, 645 Nr 10 = IPRax 1989, 159 [abl Schack aaO]; Geimer/Schütze Art 33 EuGVO Rn 1 f; amtl Bericht zum EuGVÜ [Jenard-Bericht] ABl [EG] 1979 C 59, S 42 f; Kropholler, Europäisches Zivilprozeßrecht vor Art 33 EuGVO Rn 9; **aA** Bülow/Böckstiegel/Wolf, Internationaler Rechtsverkehr [Losebl] Art 26 EuGVÜ Rn 6), weil diese Rechtsakte eine vollständige Freizügigkeit der Urteile bezwecken (EuGH aaO). Dh im Fall der Ehegestaltungsurteile, daß die Partei **überall in der EU** den Status hat, den das betr Urteil geschaffen hat.

In ihrem Wortlaut nehmen zwar weder das EuGVÜ noch die EheGVO noch § 328 ZPO ausdrücklich zu dieser Frage Stellung. Man findet eine Bestätigung aber in Art V des Protokolls zum EuGVÜ vom 27. 9. 1998, wo die Wirkungserstreckung angeordnet ist für die unterschiedlichen Wirkungen der deutschen Nebenintervention bzw Streitverkündung und den Interventionsklagen nach anderen Prozeßordnungen. Diese Regelung widerlegt auch, daß die Wirkungen des ausländischen Urteils nicht über die hinausgehen dürfen, die ein vergleichbares deutsches Urteil hätte (zum EuGVÜ so aber Bülow/Böckstiegel/Wolf, Internationaler Rechtsverkehr Art 26 EuGVÜ Rn 6 – sog Kumulationstheorie). Nur der deutsche ordre public kann in Extremfällen der Wirkungserstreckung entgegenstehen (MünchKomm-ZPO/Gottwald Art 26 EuGVÜ Rn 2, § 328 ZPO Rn 127). Dieser Vorbehalt des **ordre public** der **Unverträglichkeit**, der nur selten durchgreifen kann, ist von demjenigen gem Art 22 lit a (Art 15 Abs 1 lit a aF) zu unterscheiden, bei dem es um die Anerkennung überhaupt geht, nicht nur um ihre Wirkungen. Die EheGVO vereinheitlicht das Anerkennungsrecht iSd Wirkungserstreckung. 48

Es kommt also darauf an, welche **Wirkungen** das ausländische Urteil **nach seinem Recht** hat. Das ist nach hM die **lex fori** des Urteilsstaates. Welche Gestaltung vorgenommen wurde, ergibt sich allerdings aus dem vom Richter **tatsächlich angewandten Recht**, das darum bei der Bestimmung der Urteilswirkung auch beachtet werden muß. Es kann durchaus sein, daß der Richter für ihn ausländisches Recht angewandt hat. 49

2. Gestaltungswirkung

a) Auflösung und Trennung der Ehe

Bei den Eheauflösungen steht die Gestaltungswirkung im Vordergrund, um deren europaweite Anerkennung es der EheGVO vor allem geht. Wer in einem EU-Staaten geschieden wurde, ist es in allen anderen auch. Entsprechendes gilt für andere Arten der Eheauflösung und für den Zeitpunkt, zu dem die Wirkung eintritt. 50

Die EheGVO unterscheidet entsprechend dem rechtvergleichenden Befund in Europa die Aufhebung der Ehe wegen anfänglicher Mängel, die Scheidung und die Trennung von Tisch und Bett als Gestaltungen. Die ipso jure nichtige Ehe ist nur Gegenstand einer Feststellung, die nicht an der automatischen Anerkennung gem Art 21 teilnimmt (o Rn 24 ff). Nicht alle Mitgliedstaaten haben aber in ihrem Recht alle drei Gestaltungen. So kennt zB das deutsche Recht die Trennung von Tisch und Bett nicht, und das schwedische Recht scheidet die Ehe auch bei anfänglichen Mängeln. Die Anerkennung erstreckt diese **Gestaltungen** ins Inland so **wie sie nach dem Urteil sind**. Namentlich sind die Eheleute dann in Deutschland ggf nur von Tisch und Bett getrennt. 51

Auch der **Zeitpunkt der Gestaltungswirkung** ist anzuerkennen. Art 262 fr c civ sieht zB grundsätzlich vor (dazu Hauser/Huet-Weiller, Droit civil, La dissolution de la famille [1991] no 422 ff), daß die Scheidung für eine güterrechtliche Auseinandersetzung als mit der Klagerhebung (assignation) wirksam gilt, und daß der Richter den Zeitpunkt auf den der faktischen Trennung vorverlegen kann (für oder gegen Dritte aber erst, wenn das in den Personenstandsregistern vermerkt ist [art 262 c civ]). Die persönliche Statuswirkung, die Auflösung des Ehebandes, dagegen tritt erst, wie 52 üblich, mit Rechtskraft des Urteils ein (art 260 fr c civ). Auch ersteres nimmt dann an der Anerkennung teil, wenn etwa ein deutscher Richter nach der Scheidung in Frankreich über die Auseinandersetzung der Errungenschaftsgemeinschaft des französischen Rechts zu entscheiden hat. Zwar spielt das nur eine Rolle als Vorfrage im Folgeprozeß, doch soll die Scheidung nach dem Zweck der EheGVO überall in Europa die **ursprüngliche Wirkung** haben.

53 An die Statusänderung knüpfen vielerlei **Folgen** an vom Steuerrecht bis zum Unterhaltsrecht und der Möglichkeit der erneuten Heirat. Für sie ist die Anerkennung der Statusänderung **Vorfrage**. Zwar ist im deutschen Kollisionsrecht streitig, ob über die **Wiederverheiratungsfähigkeit** das von Art 13 Abs 1 EGBGB berufene Statut der neuen Eheschließung entscheiden soll, was bei einer Scheidung in einem anderen Staat als dem Heimatstaat der Partei bedeutet, daß sie im Heimatstaat anerkannt sein muß (so zB BGH 27. 11. 1996 FamRZ 1997, 542; Anh zu § 606a ZPO Rn 59 mwN), oder ob die Anerkennung in dem Staat, in dem die neue Heirat vorgenommen werden soll, also zB Deutschland, genügt (so Soergel/Schurig Art 13 EGBGB Rn 17, 61 ff). Da Scheidungen nun in allen EU-Staaten zugleich anerkannt sind, kann sich das Problem nur noch stellen, wenn die Nupturienten einem Drittstaat angehören. Zu dieser Art von Vorfragenproblematik sagt die EheGVO naturgemäß nichts. Die Entscheidung bleibt den nationalen IPR überlassen.

54 Regelungen der ehelichen Lebensgemeinschaft werden nicht erfaßt. Das nötigt zur Unterscheidung zwischen Trennungen von Tisch und Bett, die eine Gestaltung des Ehestatuts sind, und Entscheidungen über die Pflicht zum Zusammenleben aus der ehelichen Lebensgemeinschaft. Die Feststellung des Rechts, die Lebensgemeinschaft zu verweigern (§ 1353 Abs 2 BGB), ist keine Trennung wie nach art 296 ff fr c civ (séparation de corps) oder art 150 f it c c (separazione personale). Nur diese Art von Trennung ist gemeint und anzuerkennen, die eine **weitgehende Lockerung des Ehebandes** und eine Alternative zur Scheidung oder die Vorstufe zu dieser darstellt (zB Art 3 Abs 2 b G No 74 v 6. 3. 1987 in Italien). Sie schließt die Wiederheirat aus und läßt uU auch noch andere Restwirkungen der Ehe fortbestehen. Was in einer konkreten Entscheidung nun vorliegt, kann sich nur aus dem Recht ergeben, das der Richter angewandt hat.

b) Ne bis in idem; nachfolgende Gestaltung

55 Die **mehreren Arten der Gestaltung** werfen allerdings die Frage auf, welche **weitere Gestaltung** nach einer ersten, anerkannten im Anerkennungsstaat noch statthaft ist. Eine erneute Scheidung ist nicht mehr zulässig, auch wenn sie nach dem zB vom deutschen Richter nun gem Art 17 Abs 1 EGBGB anzuwendenden Recht auf andere Gründe zu stützen wäre, und auch nicht, wenn das vom ersten Richter angewandte Recht mehrere Scheidungsarten je nach Scheidungsgrund vorsieht wie zB das bisherige französische Recht die Scheidung wegen langdauernden Getrenntlebens oder kraft Einverständnisses (art 229 fr c civ). Eine zweite Scheidung läßt aber das französische Recht nicht zu. Eine Scheidung ist dagegen nach einer Trennung möglich, doch umgekehrt kann eine geschiedene oder aufgehobene Ehe nicht mehr getrennt werden (Helms FamRZ 2001, 265). Die **weitergehende Gestaltung** bleibt noch möglich, eine gleichartige oder gar weniger weit gehende nicht.

56 Ob insbesondere eine geschiedene Ehe noch wegen anfänglicher Mängel aufgeho-

ben oder vernichtet werden kann, entscheidet das gemäß dem IPR des damit nun befaßten Gerichts zu bestimmende Eheschließungsstatut, also Art 13 EGBGB (HELMS aaO will das immer zulassen). Vorauszusetzen ist aber, daß auch die Rechtskraft des ersten Urteils nicht entgegen steht. Dies wiederum hängt davon ab, ob das Statut des ersten Scheidungsurteils eine spätere Aufhebung noch erlaubte, denn dann waren die Parteien nicht verpflichtet, auch eventuelle Aufhebungs- oder Nichtigkeitsgründe schon gleich mit einzubringen. Im deutschen Recht ist die Zulässigkeit Aufhebungsklage nach einer der Scheidung seit dem Wegfall des § 616 ZPO aF streitig geworden (PHILIPPI FamRZ 2000, 525 ff m Nw) und wohl nun zu bejahen (PHILIPPI aaO 527; BECKER-EBERHARDT, in: FS Gaul [1997] 45 f; **aA** BGH 10. 7. 1996 BGHZ 133, 227). Eine deutsche Scheidung nach deutschem Recht stünde einer Eheaufhebung nicht im Wege und wohl auch nicht eine ausländische Scheidung, die nach deutschem Recht erfolgte.

3. Materielle Rechtskraft

Die objektiven einschließlich der zeitlichen **Grenzen der materiellen Rechtskraft** sind nach hM dem Recht des Urteilsstaates zu entnehmen (G FISCHER, in: FS Henckel [1995] 199 ff mwN; SCHACK JZVR Rn 913; Zweifel bei SPELLENBERG IPRax 1984, 306 f; für maßgebendes Sachrecht GRUNSKY ZZP 89 [1976] 258 f; rvgl bei SPELLENBERG, in: FS Henckel [1995] 511 ff; STÜRNER, in: FS Schütze [1999] 913 ff). Unterschiede bestehen insbesondere hinsichtlich einer Rechtskraft der Gründe. Was der Richter entscheidet, folgt aus dem von ihm angewandten Sachrecht, das nicht sein eigenes zu sein braucht. Ob und inwieweit das dann rechtskräftig feststeht, sei dann der lex fori zu entnehmen. So eindeutig lassen sich die beiden Rechtsordnungen im konkreten Fall aber nicht immer trennen. Über das Statut der Rechtskraft herrscht noch manche Unklarheit (Nw zB bei G FISCHER, in: FS Henckel [1995] 199 f). Ist dem ausländischen Urteil bzw seiner Begründung der Umfang der Rechtskraft nicht zu entnehmen, so ist **im Zweifel** die Inlandsklage zulässig (OLG Hamburg 12. 12. 1989 FamRZ 1990, 535). 57

a) Rechtskraft der Gestaltung

Auch **Gestaltungsurteile** haben, jedenfalls nach deutschem Recht, **materielle Rechtskraft**. Es steht ggf zwischen den Parteien fest, daß die Scheidung oder Trennung zu Recht erfolgte bzw daß ein Recht auf die Gestaltung bestand (ROSENBERG/SCHWAB/GOTTWALD aaO § 91 Rn 15; SCHLOSSER, Gestaltungsklagen und Gestaltungsurteile [1966] 68 ff). Das kann – zumindest theoretisch – bedeutsam werden, wenn Folgeansprüche mit der Begründung geltend gemacht werden sollten, daß die Gestaltung seinerzeit nicht hätte beantragt oder vorgenommen werden dürfen. 58

b) Scheidungsfolgen. Scheidungsgründe

Scheidungsfolgen hängen nach dem auf sie anwendbaren Recht nicht selten vom **Scheidungsgrund** ab. Das ist zwar unter dem Zerrüttungsprinzip in Deutschland weitgehend nicht mehr der Fall (§ 1579 Nr 6 BGB kommt dem aber nahe). Doch stellt zB das französische Recht dem Kläger die einverständliche Scheidung, die Scheidung aus Verschulden des Beklagten und die wegen mindestens sechsjährigen, seit 1. 1. 2005 zweijährigen Getrenntlebens (art 229 fr c civ und ff) zur Wahl, und bei diesen Scheidungen sind verschiedene Folgen vorgesehen für Schadensersatz, Rückforderung von Geschenken und die „prestations compensatoires" gem art 270 ff fr c civ (es handelt sich um eine Ausgleichszahlung, die Unterhaltsfunktion hat [vgl Cass 59 civ 27.6.1985 D 1986 230; EuGH 27.2.1997 Rs C-220/95 – v d Boogaard/Laumen – Slg 1997 I-1176] und eine Ungleichheit des Lebensniveaus der Geschiedenen vermeiden soll. Sie kann ua auch in Form einer Rente erfolgen.) So ist es eine praktisch wichtige Frage, ob bindend feststeht, daß die Scheidung aus diesem oder jenem Grund erfolgt ist, wenn die genannten Scheidungsfolgen des französischen Rechtes im selben oder in einem anderen Staat geltend gemacht werden als in dem, in dem die Scheidung ausgesprochen wurde.

60 Erwägungsgrund 10 aF formuliert, daß „die Anerkennung nach Art 14 aF nicht die in der Entscheidung ebenfalls geregelten Fragen wie das Verschulden der Ehegatten und die ehelichen Güterstände, die Unterhaltspflicht oder sonstige Folgen wirtschaftlicher oder anderer Art betrifft (vgl Erwägungsgrund 10 f nF). Sie bezieht sich somit ausschließlich auf die „Anerkennung der Auflösung der Ehe bzw der Trennung ohne Auflösung des Ehebandes“ (so auch wörtlich Borrás-Bericht Nr 64). Weiter werden Namensfolgen unter den **nicht erfaßten Nebenfolgen** genannt (Borrás-Bericht Nr 22). Das „Verschulden der Ehegatten“ ist aber keine Scheidungsfolge, sondern, je nach dem angewandten Recht, ggf **Scheidungsgrund**.

61 Sicher muß der mit Scheidungsfolgen befaßte Richter davon ausgehen, daß die Ehe wirksam geschieden ist, und klar ist auch, daß die EheGVO nicht auf die Scheidungsfolgen anwendbar ist. Dem Prinzip der **Wirkungserstreckung** entspricht es aber, daß **die Gründe** des Scheidungsurteils ebenfalls binden, wenn sie nach dem Recht des Urteils **an der Rechtskraft teilnehmen**, so daß der Richter die Feststellungen zugrunde zu legen hat, soweit zB ein eheliches Verschulden für die Entscheidung über die Scheidungsfolgen materiell erheblich ist. Da die Parteien in Rechtsordnungen, die danach unterscheiden, um den Scheidungsgrund (insbesondere um das Verschulden) typischerweise vor allem wegen der Scheidungsfolgen streiten, wäre es wenig befriedigend, wenn der Richter anläßlich der Folgesache darüber erneut und anders entscheiden müßte. Denn würde die Folgesache im Staat des Scheidungsurteils anhängig gemacht, so würde der Folgerichter selbstverständlich ggf die Rechtskraft beachten. Die Tatsache allein, daß die Folgesache nun in einem anderen Staat anhängig gemacht wurde, sollte nicht bewirken, daß die Parteien teilweise um das Ergebnis, um das sie wegen eventueller Folgen gestritten haben, gebracht würden, wenn das Statut der Scheidungsfolge zB auf Verschulden abstellt. Ist zB nach einer Scheidung in Frankreich in Deutschland über die Rückforderung von Geschenken nach französischem Recht zu entscheiden, dann sollte nun nicht der deutsche Richter das für diese Frage bedeutsame Scheidungsverschulden erneut prüfen. Art 21 (Art 14 aF) läßt diese Auslegung durchaus zu. Die Formulierung im Erwägungsgrund 10 aF ist dahin zu verstehen, daß die EheGVO nicht anzuwenden ist auf Klagen auf Schadensersatz wegen ehelichen Verschuldens (zB nach Art 266 fr c civ) und ähnliches.

62 Ob es für die Scheidungsfolge wie zB den Unterhalt auf das Verschulden ankommt, sagt das Scheidungsfolgenstatut. Beim nachehelichen Unterhalt ist dieses gem Art 8 HUnthÜ das Recht, nach welchem die Scheidung ausgesprochen wurde. So wird jedenfalls für den deutschen Richter nach einer Auslandsscheidung ein Auseinanderfallen der Statuten vermieden.

63 Jedoch muß das ausländische Gericht in der Sache nicht notwendig nach seinem Sachrecht entschieden haben. So könnte ein italienisches Gericht die Ehe gemäß

französischem Recht aus alleinigem Verschulden des Antragsgegners geschieden haben wobei, unterstellt, die Schuldfeststellung nur in den Gründen nicht rechtskräftig wird, wohl aber nach französischem Recht. Die hM entnimmt den Rechtskraftumfang hier dem italienischen Recht und verneint eine Bindung (G Fischer, in: FS für Henckel [1995] 202 ff; Zöller/Geimer § 328 Rn 31). Es gibt aber auch gute Gründe dafür, das dem Urteil zugrunde gelegte Scheidungsstatut heranzuziehen (vgl zu dieser Frage bei der Abänderung von Unterhaltstiteln MünchKomm/Siehr Art 18 Anh I Rn 319; Spellenberg IPRax 1984, 306 f). Da die Richter einen von einem fremden Scheidungsstatut geforderten Schuldausspruch in den Tenor aufnehmen sollten, dürfte das Problem sich praktisch seltener stellen.

Auf die Rechtskraft der Gründe und das dafür maßgebende Recht kommt es aber 64
an, wenn zB eine Trennung von Tisch und Bett in Griechenland nach französischem Recht ausgesprochen wurde. Dabei ist die Wirksamkeit der Ehe implizit festgestellt worden. Wenn nun in Deutschland eine Scheidung beantragt wird und der Antragsgegner eine Unwirksamkeit der Ehe einwendet, kann es darauf ankommen, ob die Rechtskraft der Feststellung zur Wirksamkeit der Ehe nach griechischem oder französischem Recht zu beurteilen ist. Die Beurteilung nach der französischen lex causae des Urteils hätte viel für sich, zumal wenn nun französisches Recht auch für die Scheidung gilt (Niederländer RabelsZ 20 [1955] 19, 47; Neuhaus, Grundbegriffe des IPR 130; Grunsky ZZP 89 [1976] 258 f, **aA** die hM). Enthält dagegen das anerkannte Urteil keinen rechtskräftigen Ausspruch über den Präjudizialpunkt, zB das Scheidungsverschulden, dann muß darüber inzident erneut entschieden werden.

c) Präklusionen

Das französische Recht wirft noch eine zweite Frage auf. Der Schadensersatz wegen 65
Verlustes der ehelichen Lebensgemeinschaft, der bei alleinigem Verschulden des Scheidungsbeklagten vorgesehen ist, kann **nur im Scheidungsverfahren selbst eingeklagt** werden (Art 266 fr c civ; Cass civ 6. 2. 1985, D 1986 IR 114 obs Bénabent), und dasselbe gilt für die „Ausgleichszahlungen“ (prestations compensatoires) (Cass civ 28. 1. 1987 J C P 1987, IV, 110), die bei allen Scheidungen außer der wegen langdauernden Getrenntlebens zugesprochen werden können. Isoliert und nachträglich können sie – anders als eine güterrechtliche Auseinandersetzung und die Rückforderung von Geschenken – nicht eingeklagt werden. Letztere Ansprüche hängen wiederum vom Scheidungsgrund ab. Es stellt sich also nicht nur die Frage einer Bindung an die Feststellung des Scheidungsgrundes, sondern auch an die Präklusion von Scheidungsfolgenansprüchen, die nicht mit der Scheidung geltend gemacht oder entschieden wurden. Das unterscheidet sie selbst vom obligatorischen Verbund des Versorgungsausgleiches im deutschen Recht, denn dieser kann, falls er doch nicht zusammen mit der Scheidung durchgeführt wurde, nachträglich noch isoliert beantragt werden (vgl §§ 628f ZPO; BGH NJW 1993, 2047 nach Auslandsscheidung).

Ob der Richter, wenn diese Leistungen später in einem anderen Staat nach franzö- 66
sischem Recht eingeklagt werden, die Klage abzuweisen hat, sollte nach dem Zweck der Regelung entschieden werden. Es wird vorgebracht, daß die „Ausgleichszahlung“ die bei der Scheidung gegebenen Vermögensungleichheiten ein für allemal beseitigen solle (Hauser/Huet-Weiller, Droit civil Dissolution de la famille No 453), und zum Schadensersatz, es solle nach der Scheidung keine Diskussion mehr über die Frage des Verschuldens zugelassen werden (Hauser/Huet-Weiller aaO No 483). Das

sind Zwecke des französischen materiellen Rechts, die eine spätere Klage ebenso ausschließen, wenn sie im Ausland erhoben wird, bzw die nicht durch eine „Flucht ins Ausland" vereitelt werden sollten. Und so können die Ansprüche **nicht mehr im Ausland** eingeklagt werden, wenn sie **nicht bei der Scheidung nach französischem Recht** in Frankreich mit geltend gemacht wurden, aber auch nicht mehr in Frankreich, wenn sie nicht in Deutschland bei einer Scheidung nach französischem Recht eingeklagt wurden. Das ist aber wohl keine Rechtskraftwirkung, sondern eine materielle Folge der Verspätung. Ganz ähnlich verweigert das polnische Recht den entsprechenden nachehelichen Unterhalt, wenn das Verschulden nicht im Scheidungsurteil ausgesprochen wurde (OLG Hamm 18. 1. 1999, FamRZ 2000, 29).

67 Im Falle der prestations compensatoires, die Unterhaltsfunktion haben und daher der EuGVO unterfallen (o Rn 59), sowie der dauernden Unterhaltspflicht (art 281 f fr c civ aF), die nur bei Scheidung wegen langdauernder Trennung und anstelle der prestations compensatoires vorgesehen ist, kann es wegen Art 18 Abs 4 EGBGB bzw Art 8 HUnthÜ nicht zu einem Wechsel der Anknüpfung kommen. Die Klagen auf prestations compensatoires sind also nach der Scheidung ebenfalls nach französischem Recht zu beurteilen und abzuweisen, wenn die Ansprüche nicht schon mit einer Scheidung nach französischem Recht erhoben wurden, während eine Klage auf eine Unterhaltsrente nach art 281 f fr c civ auch später erlaubt bleibt.

68 Eine **Ausnahme** von der Präklusion wird man nur machen können, aber auch müssen, wenn die Ansprüche wegen fehlender internationaler Zuständigkeit nicht mit der Scheidung zusammen geltend gemacht werden konnten.

d) Subjektive Grenzen der Rechtskraft

69 Die subjektiven Grenzen der Rechtskraft ergeben sich aus dem Recht des Ausgangsgerichts. Eine inländische Klage ist unzulässig, wenn die Parteien an die Rechtskraft des ausländischen Urteils gebunden sind. In Statussachen kommt nur ausnahmsweise eine Einbeziehung Dritter in Betracht. Im deutschen Recht sind bei bestimmten Aufhebungsklagen auch die Verwaltungsbehörde und bei Bigamie auch der Ehegatte der schon bestehenden Ehe antragsberechtigt (§ 1316 BGB; § 631 ZPO nF). Ob aber Dritte überhaupt klagebefugt sind, sagt das vom jetzigen Gericht anzuwendende Eherecht.

70 Die **subjektiven Grenzen der Rechtskraft** sind eng mit dem Rechtsmittelsystem verbunden, so daß diese Bindung nach dem Recht des Urteilsstaates zu beurteilen ist, auch wenn der Richter nach seinem IPR ein anderes Sachrecht als gem dem IPR des Anerkennungsstaates angewandt hat (vgl OLG Hamm 11. 2. 1991 FamRZ 1993, 213 zum EuGVÜ [Unterhalt des Kindes]; Spellenberg ZZP 106 [1993] 283). Da das deutsche Recht in den §§ 74 Abs 2, 68 ZPO eine ähnliche Regelung hat, dürfte auch eine Drittwirkung der Rechtskraft anzuerkennen sein, sofern dem Dritten ausreichend rechtliches Gehör gewährt, dh wenn er beteiligt wurde (Art 22 lit a oder b).

71 Die Frage der Einbeziehung Dritter in die Rechtskraft stellt sich noch am ehesten bei den Scheidungsfolgen. So hat das OLG Hamm (11. 2. 1991 FamRZ 1993, 213, 215) festgestellt, daß die Ehefrau nach italienischem Recht in Italien den Kindesunterhalt aus eigenem Recht verlangt habe. Daher sei das Kind nicht Partei des italienischen Verfahrens gewesen und nicht an das Urteil gebunden. Da das Kind in

Deutschland lebte, war in casu nun deutsches Recht maßgeblich, und das Kind habe den Anspruch und könne ihn geltend machen. Das darf im Ergebnis aber nicht dazu führen, daß die Mutter Unterhalt für das Kind und das Kind selbst ihn für dieselben Zeiträume noch einmal erhält.

Die subjektiven Grenzen der Rechtskraft entnimmt das OLG der italienischen lex fori. Allerdings hatte das italienische Gericht auch italienisches Sachrecht angewandt, so daß sich die Frage der Zuordnung zum Sach- oder Prozeßrecht nicht stellt, wenn man von dem vom italienischen Gericht angewandten Recht ausgeht. Dort war das Kind nicht Partei und nicht gebunden, weil das italienische Recht ihm überhaupt die Klagbefugnis bzw den Anspruch verweigert. Die Klagbefugnis rechnet man besser dem materiellen Recht zu. Der deutsche Richter hatte aber wegen Art 18 Abs 1 EGBGB deutsches Recht anzuwenden (der italienische eigentlich auch), und danach ist die Mutter Prozeßstandschafterin des Kindes. Die Schwierigkeiten resultieren also daraus, daß die beiden Gerichte nicht dasselbe Sachrecht anwenden können, und die Konstellation zeigt, daß Sachrecht und Parteistellung zusammenhängen. Man sollte das Problem aber durch Anpassung lösen können und braucht nicht die subjektiven Grenzen der Rechtskraft dem Sachrecht zuzuordnen. (Im Ergebnis sollte die zweite Klage des Kindes abgewiesen werden, weil sie weder nach italienischem noch nach deutschem Recht Erfolg hätte). 72

4. Tatbestandswirkungen

Soweit das materielle Recht Rechtsfolgen an die bloße Existenz eines Urteils knüpft, sind diese sog Tatbestandswirkungen ebenso wie Folgen der Einleitung des Verfahrens **keine Anerkennungsfolge**, sondern es ist der anzuwendenden Sachnorm zu entnehmen, ob auch ein ausländisches Urteil dafür ausreicht (Schack, IZVR Rn 780; MünchKomm/Sonnenberger Einl IPR Rn 428). Das kann als **Substitution** bezeichnet werden. Ein Beispiel bietet § 1933 BGB. 73

5. Eintragung der Statusänderung

Besondere Erwähnung findet die **Eintragung der Statusänderung in die Personenstandsbücher** der Anerkennungsstaaten in Art 21 Abs 2 (Art 14 Abs 2 aF). Nach dem Borrás-Bericht handelt es sich dabei um die von den Betroffenen am häufigsten begehrte Scheidungsfolge, und daß sie nun **ohne besonderes Verfahren** im Anerkennungsstaat erfolge, spare ihnen Zeit und Kosten (Borrás-Bericht Nr 63). 74

Freilich war in Europa das Erfordernis einer Delibation nicht mehr die Regel (in Italien ist sie durch das IPR-Gesetz vom 31. 3. 1995 abgeschafft worden; in Österreich besteht es noch nach der 4. DVO von 1941 zum Ehegesetz; die Regelung der DDR ist hinfällig geworden; unzutr Jänterä-Jareborg, Yb Private Int Law 1 [1999] 20). So groß ist die Neuerung und Erleichterung daher nicht mehr. Ebenso treten die anderen Wirkungen des Urteils (vgl o Rn 46 ff) automatisch ein. 75

Für die Eintragung ist in Abweichung von Art 21 Abs 1 (Art 13 Abs 1 aF) die **formelle Rechtskraft** des Eheurteils nötig (Gaudemet-Tallon Clunet 2001, 407 Nr 64; Borrás-Bericht Nr 63 aE), dh es darf kein ordentlicher Rechtsbehelf mehr zulässig sein. Was ein ordentlicher bzw ein außerordentlicher Rechtsbehelf ist, ist dem Recht 76 des Urteilsstaats zu entnehmen (Helms, FamRZ 2001, 260; näher EuGH 22. 11. 1977 Rs 43/77 – Industrial Diamond Suppliers/Riva – Slg 1977, 2175; weiter Art 27 Rn 6).

77 Demzufolge muß der **Standesbeamte selbst entscheiden** und eine ihm nachgewiesene ausländische Eheauflösung eintragen. Er prüft anhand der ihm vorgelegten nach Anhang der EheGVO auszustellenden formularmäßigen Zertifikate (dazu eingehend Sturm StAZ 2002, 193 ff), ob und welche Eheauflösung erfolgt ist, und ob sie formell rechtskräftig ist, und trägt entsprechend ein. Eine Vorlage an die Aufsichtsbehörde ist idR nicht nötig (§ 159a Abs 1 DA; Sturm StAZ 2002, 197), außer wenn Standesbeamte Zweifel an der Anerkennungsfähigkeit hat oder wenn ein Versäumnisurteil vorliegt. Dann muß er eine Übersetzung des Urteils anfordern und der Aufsichtsbehörde vorlegen (§ 159a Abs 5 DA). Diese Bescheinigungen bedürfen nicht der Legalisation (Art 52; Art 35 aF). Sie sind vom Gericht auszustellen, das die Entscheidung erlassen hat. Hat der Standesbeamte Zweifel, ob die Bescheinigung von diesem Gericht ausgestellt wurde, kann er sich dort erkundigen. Eine Legalisation ist zwar nicht vorgeschrieben, kann aber in Zweifelsfällen verlangt werden. Besser dürfte aber sein, ein Original oder eine Ausfertigung des Urteils selbst vorlegen zulassen.

78 Kann auch die Aufsichtsbehörde die Anerkennung nicht positiv feststellen, so lehnt sie die Eintragung ab, und es bleibt den Parteien überlassen, eine gerichtliche Klärung zu betreiben (u Rn 83 ff).

79 Die **Vorlage** an die „zuständige Verwaltungsbehörde" verstößt auch das **nicht gegen Art 21 Abs 2** (Art 14 Abs 2 aF) (Helms, FamRZ 2001, 261 Fn 67; **aA** Sturm aaO S 199), denn das gehört zum Bereich der dem Standesbeamten obliegenden Prüfung und ist kein „besonderes Verfahren". Damit sind nur Delibationsverfahren uä gemeint.

III. Gerichtliche Anerkennungen

80 Es können Zweifel und Meinungsverschiedenheiten darüber entstehen, ob und mit welchen Wirkungen im einzelnen überhaupt Anerkennung eingetreten ist. Art 21 Abs 3 und Abs 4 (Art 14 Abs 3 und 4 aF) sehen deshalb **zwei verschiedene Möglichkeiten** einer gerichtlichen Feststellung der Anerkennung einer Eheauflösung vor.

1. Inzidentfeststellung

81 Dabei ist die in Art 21 Abs 4 (Art 14 Abs 4 aF) vorgesehene **Inzidentfeststellung** eigentlich selbstverständlich. Denn die Auflösung der Ehe ist typischerweise Vorfrage für mancherlei Folgen. Der Richter muß mangels eines förmlichen Delibationsverfahrens wegen der automatisch schon eingetretenen Anerkennung selbst anhand der Art 21 f (14 f aF) feststellen, ob die ausländische Scheidung im Inland anerkannt ist. Ob und inwieweit seine Feststellungen über die Anerkennung in den Gründen seines Urteils dann zB für weitere Scheidungsfolgen Rechtskraft haben, ist Sache des nationalen Rechts. Nach deutschem Recht ist eine rechtskräftige Feststellung durch zu beantragendes **Zwischenfeststellungsurteil** zulässig (§ 256 Abs 2 ZPO). Abs 4 wäre sonst neben Abs 1 überflüssig (Schlosser Art 14 aF Rn 2; Thomas/Putzo/Hüsstege Art 14 EheGVO aF Rn 12; MünchKomm-ZPO/Gottwald Art 14 EheGVO aF Rn 5 mit Art 26 EuGVÜ Rn 18; Rahm/Künkel/Breuer Hdb FamGerVerf

VIII 287; Vogel MDR 2000, 1049; aA Helms FamRZ 2001, 262). Dieses Urteil wird dann aber nicht nach der EheGVO im Ausland anerkannt, nicht nur weil Art 2 Nr 4 (Art 13 Abs 1 aF) Feststellungsurteile von den Anerkennungsregelungen ausnimmt, sondern schon wegen seiner **auf das Inland bezogenen und beschränkten Aussage**. Dem entspricht, daß Art 22 lit a und c (Art 15 Abs 1 lit a und c aF) nur auf nationale Anerkennungshindernisse abstellt. Der Grundsatz „exequatur sur exequatur ne vaut" gilt auch unter den europäischen Verordnungen (Geimer/Schütze Art 38 EuGVO Rn 53, Art 33 EuGVO Rn 5). Etwas anderes ist es, daß der deutsche Richter beachten muß, wenn es darauf ankommt, daß auch in einem anderen Mitgliedstaat die Gestaltungswirkung eingetreten ist (vgl Geimer/Schütze Art 33 EuGVO Rn 84).

Insbesondere könnte es zu einer Inzidententscheidung kommen, wenn der Standesbeamte die Vornahme einer neuen Eheschließung verweigert, und die Beteiligten nach § 45 PStG Beschwerde einlegen. Der Borrás-Bericht denkt aber vor allem an die Bedeutung der Scheidung im Erbrecht und für Unterhaltsansprüche. 82

2. Isolierte Feststellung

Im Grundsatz klar ist auch Art 21 Abs 3 (14 Abs 3 aF), wonach jede interessierte Partei in der Form des Verfahrens für die Vollstreckung von Entscheidungen über die elterliche Verantwortung (Art 28 ff, 21 ff aF) die Feststellung beantragen kann, daß eine Entscheidung anzuerkennen oder nicht anzuerkennen sei. Die Vorschrift übernimmt wörtlich Art 26 Abs 2 EuGVÜ, verstärkt aber dessen **Unzulänglichkeiten** noch, die ihren Grund in der Anbindung dieser Feststellung an die Zwangsvollstreckung haben (zum EuGVÜ zurecht krit Geimer/Schütze Art 33 EuGVO Rn 73 ff). Denn Scheidungen und Trennungen sind als Gestaltungsurteile außer hinsichtlich der Kosten nicht zu vollstrecken. 83

Der Wortlaut des Art 21 Abs 3 (Art 14 Abs 3 aF) („im Rahmen") darf jedenfalls nicht so verstanden werden, daß diese Feststellung nur zusammen mit Anträgen auf Vollstreckung einer Sorgerechtsentscheidung zulässig sei. Es muß vernünftigerweise eine Feststellung **unabhängig von der Vollstreckung** einer Sorgerechtsentscheidung geben können. 84

Parteien eines Feststellungsverfahrens sind voraussichtlich meist die Parteien des Ausgangsverfahrens, aber es muß bei gegebenem Feststellungsinteresse **auch von oder gegen Dritte** betrieben werden können (Kropholler Art 26 EuGVO Rn 3; Geimer/Schütze Art 33 EuGVO Rn 94; Sturm StAZ 2002, 200; Schlosser Art 14 EuGVO aF Rn 2). Art 51 AVAG ist mit dem Verweis auf Art 3 AVAG (Klauselerteilungsverfahren) ganz unvollständig. Erforderlich ist gem Abs 3 ein **berechtigtes Interesse** an der Klärung (Sturm StAZ 2002, 200; Helms FamRZ 2001, 261). Das Feststellungsinteresse der geschiedenen Ehegatten dürfte idR gegeben sein. Zu denken ist an Kinder, Erben und andere, deren Rechtsverhältnisse vom Bestehen oder Nichtbestehen der Ehe abhängen, und namentlich an die, die einen der Geschiedenen heiraten wollen. So können die Anerkennung bzw die Nichtanerkennung auch die Verwaltungsbehörden betreiben, die wie früher die Staatsanwaltschaften die Aufhebung fehlerhaften, hier insbesondere bigamischen Ehen betreiben dürfen (Sturm aaO). Bei ihnen ergibt sich das berechtigte Interesse aus ihrer Aufgabe. Bei den Privaten ist 85 es **großzügig zu beurteilen** (Helms aaO; Schlosser aaO). Der Standesbeamte kann die Feststellung nicht beantragen, denn er muß bei Zweifeln der Aufsichtsbehörde vorlegen (o Rn 77 ff). Und diese muß bei fortdauernden Zweifeln die Eintragung in die Standesregister ablehnen und den Interessierten anheim stellen, eine gerichtliche Klärung zu betreiben.

86 Die isolierte Feststellung wird **durch einen Antrag** gem Art 28 Abs 1 (Art 21 Abs 1 aF) an das Familiengericht, das im Anhang genannt ist, betrieben. § 3 AVAG, der allgemein die inländischen Zuständigkeiten regelt, wird für Ehesachen von § 51 Abs 1 AVAG verdrängt. Heute gilt § 10 IntFamRG. Die internationale Zuständigkeit dafür ist wie bei Art 38 EuGVO in jedem EU-Staat ohne weiteres gegeben, denn das Scheidungsurteil ist ggf auch in allen wirksam.

87 Bei kinderlosen Ehepaaren gehen die Regelungen zur **örtlichen Zuständigkeit** in Art 29 Abs 2 (Art 22 Abs 2 aF) ins Leere, denn sie stellen auf den gewöhnlichen Aufenthalt der Kinder oder der Personen ab, gegen die die Vollstreckung der Sorgerechtsentscheidung bewirkt werden soll. Und selbst bei Ehen mit Kindern sind in den Staaten, in denen ein Feststellungsinteresse bestehen kann, keineswegs notwendig auch das Kind oder der potentielle Gegner anwesend. Deshalb gilt die Regelung nicht bei diesen Feststellungsanträgen, sondern gem **§ 51 Nr 1 AVAG bzw § 10 IntFamRG** besteht primär eine Zuständigkeit am gewöhnlichen Aufenthalt des Antragsgegners. Nur wenn es im Lande daran fehlt, ist hilfsweise nach § 51 Nr 2 AVAG bzw § 10 IntFamRG auf den Ort des Feststellungsinteresses abzustellen (Geimer/Schütze, Art 33 EuGVO Rn 101 zum parallelen Art 33 Abs 2 EuGVO), der am gewöhnlichen Aufenthalt oder Wohnsitz des Antragstellers sein kann, aber auch anderswo. Letzthilfsweise soll im Bezirk des KG (dh FamGer Pankow/Weißensee) eine Zuständigkeit gem § 51 Nr 3 AVAG § 10 Nr 3 IntFamRG sein, also eigenartigerweise, wenn kein Feststellungsinteresse im Inland hervortritt. Alle sind in dieser Reihenfolge ausschließlich.

88 Nicht recht einzusehen ist, daß der Gegner vor der ersten Entscheidung **nicht gehört werden** darf (§ 18 IntFamRG). Diese Regelung des Art 31 Abs 1 (Art 24 Abs 1 aF), die Art 34 Abs 1 EuGVÜ entstammt, hat Sinn für eine Zwangsvollstreckung, nicht aber hier, wo es um kompliziertere Fragen der Anerkennungshindernisse wie zB den ordre public gehen kann, ohne daß die Eile und die Überraschung geboten sind wie bei der Vollstreckung von Sorgerechtsentscheidungen.

89 Da diese Feststellungsentscheidung des Familiengerichts **nur inter partes** wirkt, bleibt abzuwarten, ob sie neben den immer möglichen Inzidententscheidungen im Rahmen von Scheidungsfolgen größere Bedeutung erlangen wird. Geht es zB um eine Anmeldung zur Eheschließung, so liegt das Verfahren nach § 45 PStG näher, wenn der Standesbeamte sie verweigert.

3. Feststellungsklage

90 Der Wortlaut der EheGVO **verbietet nicht**, das durch die Scheidung oder Trennung entstandene Rechtsverhältnis freiwillig zum Gegenstand einer **normalen Feststellungsklage** zu machen, sondern nur, für die inländische Wirkung eine spezielle Delibation oder ein anderes gerichtliches Verfahren vorzuschreiben. Die Inlandswirkung soll ipso jure eintreten. Damit ist nichts darüber gesagt, wie Vergewisserung über die so entstandene Rechtslage erlangt werden kann.

Jedoch **fehlt** für eine Feststellungsklage **das Feststellungsinteresse** wegen des einfacheren Verfahrens nach Art 21, 30 ff (Art 14, 21 ff aF), denn damit kann die gleiche Rechtsgewißheit erreicht werden, weil das Feststellungsverfahren mit einer rechtskräftigen Entscheidung endet. Das folgt ua aus § 14 AVAG/§ 25 IntFamRG; ähnlich schließt Art 7 § 1 FamRÄndG die Feststellungsklage aus (Art 7 § 1 FamRÄndG Rn 71 ff). Auch für eine negative Feststellungsklage fehlt das Feststellungsinteresse, weil Art 21 Abs 3 (Art 14 Abs 3 aF) auch einen negativen Feststellungsantrag zulässt. 91

4. Freiwillige Delibation

Nach richtiger und herrschender Auffassung kann der Antrag nach **Art 7 § 1 FamRÄndG** freiwillig auch für Scheidungen aus dem gemeinsamen Heimatstaat der Eheleute gestellt werden, für die diese Delibation nicht vorgeschrieben ist (BGH 11. 7. 1990, BGHZ 112, 127, 133 ff; u Art 7 § 1 FamRÄndG Rn 70), weil nur damit eine **Bindungswirkung inter omnes** erreicht werden kann. Dieser **Gesichtspunkt trägt auch hier**, denn die Feststellung der Anerkennung nach Art 21 Abs 3, 30 ff (Art 14 Abs 3, 21 ff aF) hat Rechtskraft nur zwischen den Parteien des Feststellungsverfahrens. Es besteht aber oft ein **Bedürfnis an umfassender Feststellung** im Hinblick auf die vielfältigen möglichen Folgen einer Scheidung. Dazu, ob das Verfahren nach Art 14 Abs 3 EheGVO ausschließlich zulässig sein soll (so Helms FamRZ 2001, 261; Vogel MDR 2000, 104 f unbeschadet der Inzidentfeststellung; zu Art 33 EuGVO Kropholler, Art 33 EuGVO Rn 2; Bülow/Böckstiegel/Wolf Art 26 EuGVÜ Rn 2), sagen Wortlaut und Materialien der EheGVO nichts (auch das AVAG schweigt, denn es regelt in Art 25 f nur das Verfahren nach Art 21 Abs 3, 30 ff bzw 14 Abs 3, 21 ff aF). Der Zweck der Regelung ist es, den Interessierten in allen Mitgliedstaaten ein beschleunigtes Verfahren zur Feststellung der eingetretenen Anerkennung zur Verfügung zu stellen. Er wird nicht berührt oder gar beeinträchtigt, wenn das nationale Recht weitere Möglichkeiten der Rechtsvergewisserung zur Verfügung stellt (für Zulässigkeit der Feststellungsklage neben Art 26 EuGVÜ offenbar uneingeschränkt Geimer JZ 1977, 146 f). Und wegen der weitergehenden Rechtskraft entfällt durch Art 21 Abs 3 (Art 14 Abs 3 aF) nicht das Rechtsschutzbedürfnis für eine freiwillige Delibation. 92

IV. Anerkennung nach nationalem Recht

Entscheidungen zu **Materien, die nicht unter die EheGVO fallen**, werden nach nationalem Recht einschließlich eventueller Staatsverträge anerkannt. Das gilt auch für Scheidungsfolgen, selbst wenn über sie im Verbund mit der Scheidung entschieden wurde. Für Unterhaltsentscheidungen sind zB die Art 33 ff EuGVO anzuwenden. 93

Doch auch die Entscheidungen über die Ehe selbst, die Art 2 Nr 4 m Art 21 Abs 1 (Art 1 Abs 1 und 13 Abs 1 aF) von dem Anerkennungssystem ausnehmen, fallen unter nationales Recht, also die **Feststellungsurteile und Klageabweisungen**. Die Anwendung des nationalen Anerkennungsrechts ist die natürliche Konsequenz dessen, daß die EheGVO diese Entscheidung nicht erfassen will (De Vareilles- 94

Sommières Gaz Pal 1999, doctr 2022 Nr 34; Bruneau J C P 2001 I 314 Nr 5; Helms FamRZ 2001, 258; Spellenberg, in: FS Schumann [2001] 432 f; **aA** Kohler NJW 2001, 14 Fn 37; Watté/Boularbah J T 2001, 369 ff no 50). Art 60 (Art 36 aF) gibt der EheGVO Vorrang vor Anerkennungsverträgen nur für in der Verordnung „geregelte Bereiche", hier also nicht.

95 Ausweislich der Materialien (Borrás-Bericht Nr 32; Jänterä-Jareborg aaO 19 f) wollte man zwar dem abgewiesenen Kläger die **Möglichkeit eines erneuten Scheidungsantrages** in einem anderen Lande offen halten. Es ist jedoch nicht zu erkennen, daß damit die erneute Scheidung auch gegen das **Recht des Landes** ermöglicht werden sollte, **in welchem der erste Antrag abgewiesen** wurde (so auch mit Bedenken Kohler NJW 2001, 14). Hier würde das eigene Urteil in den insbesondere zeitlichen Grenzen seiner Rechtskraft der Anerkennung einer nun anderswo erfolgenden Scheidung entgegenstehen (Art 22 lit c bzw Art 15 Abs 1 lit c aF). Es scheint konsequent, daß dasselbe auch für abweisende Urteile dritter Staaten gilt, die nach nationalem Recht schon anerkannt sind und damit einen neuen Antrag im Anerkennungsstaat (Art 22 lit d bzw Art 15 Abs 1 lit d aF) im Wege stehen. Abweisende Urteile **aus Mitgliedsstaaten** sollen dieselbe Wirkung haben wie solche **aus Drittstaaten**, die anerkannt werden. Die EheGVO will die Anerkennung klagabweisender Urteile nicht fördern, aber nicht auch hinter den bestehenden Rechtszustand zurückfallen.

96 Soweit es sich nicht nur um Prozeßurteile handelt (dazu § 328 Rn 193), ist nach Anerkennung eines abweisenden Urteils ein **erneuter Antrag** im Inland durch die Rechtskraft **ausgeschlossen**. Doch sehr weit reicht das Prozesshindernis nicht, da gewöhnlich zB **neue Scheidungsgründe** noch geltend gemacht werden können. Neu sind idS auch Gründe, die beim ersten Verfahren schon vorlagen, nach dem damals angewandten Recht aber nicht erheblich waren, wenn nun das, zB deutsche IPR zu einem Scheidungsstatut führt, das sie als Scheidungsgrund kennt (§ 328 ZPO Rn 146, 153). Stellt das ausländische, damals angewandte Recht mehrere Scheidungsgründe zur Wahl, kann die Scheidung auch bei uns mit einem anderen Grund erneuert werden, wenn hier dasselbe, zB französische Recht anzuwenden ist und diese Wiederholung erlaubt.

Artikel 22
Gründe für die Nichtanerkennung einer Entscheidung über eine Ehescheidung, Trennung ohne Auflösung des Ehebandes oder Ungültigerklärung einer Ehe

Eine Entscheidung, die die Ehescheidung, die Trennung ohne Auflösung des Ehebandes oder die Ungültigerklärung einer Ehe betrifft, wird nicht anerkannt,

a) wenn die Anerkennung der öffentlichen Ordnung des Mitgliedstaats, in dem sie beantragt wird, offensichtlich widerspricht;

b) wenn dem Antragsgegner, der sich auf das Verfahren nicht eingelassen hat, das verfahrenseinleitende Schriftstück oder ein gleichwertiges Schriftstück nicht so rechtzeitig und in einer Weise zugestellt wurde, dass er sich verteidigen konnte, es sei denn, es wird festgestellt, dass er mit der Entscheidung eindeutig einverstanden ist;

c) wenn die Entscheidung mit einer Entscheidung unvereinbar ist, die in einem Verfahren zwischen denselben Parteien in dem Mitgliedstaat, in dem die Anerkennung beantragt wird, ergangen ist; oder

d) wenn die Entscheidung mit einer früheren Entscheidung unvereinbar ist, die in einem anderen Mitgliedstaat oder in einem Drittstaat zwischen denselben Parteien ergangen ist, sofern die frühere Entscheidung die notwendigen Voraussetzungen für ihre Anerkennung in dem Mitgliedstaat erfüllt, in dem die Anerkennung beantragt wird.

Bis 28. 2. 2005 geltende Regelung: Art 15 Abs 1 aF (s Textanhang).

Schrifttum

Vgl Schrifttum zu Art 21 EheGVO.

Systematische Übersicht

Alphabetische Übersicht

I. Allgemeines

1 Eine uneingeschränkte Freizügigkeit der Eheurteile war politisch nicht zu erreichen wegen der nach wie vor erheblichen Unterschiede der Scheidungsrechte und namentlich des IPR der Mitgliedstaaten (Borrás-Bericht Nr 69). Und gewisse Ein-

schränkungen sind wie in der EuGVO auch sachangemessen. Art 22 (Art 15 Abs 1 aF) reduziert die Anerkennungshindernisse für Statusurteile aber auf ein Minimum. (Für Sorgerechtsregelungen enthält Art 23 entsprechendes bzw Art 15 Abs 2 aF.) Unverzichtbar waren Regelungen für die Kollision unvereinbarer Entscheidungen und für die Verweigerung des rechtlichen Gehörs. An die Spitze wurde der allgemeine Vorbehalt des ordre public gestellt. Die Verfasser des Übereinkommens waren sich dessen bewusst, daß er im EuGVÜ kaum angewandt wurde (sie meinten sogar irrig nie). Der Borrás-Bericht konstatiert jedoch eine größere Sensibilität in Bezug auf die **Grundprinzipien des Scheidungsrechts** in den Mitgliedstaaten, die offenbar schon in den Verhandlungen deutlich hervorgetreten war (Borrás-Bericht Nr 69). Es wurde befürchtet, daß Scheidungen aus „liberalen" Staaten in Staaten mit strengem Scheidungsrecht nicht anerkannt werden könnten. Man hat den Vorbehalt aber durch Art 25 (Art 17 aF) einzuschränken versucht, wonach die Anerkennung nicht deshalb verweigert werden darf, weil nach dem Recht des Anerkennungsstaates kein Scheidungsgrund gegeben gewesen wäre.

Die **Anerkennungshindernisse sind zwingend**. Auch für Sorgerechtsregelungen ist man nicht dem Art 23 KSÜ gefolgt, der die Verweigerung der Anerkennung und damit der Vollstreckung fakultativ macht. Das entspricht vielmehr dem Art 34 ff EuGVO, dient der Klarheit, und in einem System automatischer Anerkennung wäre eine fakultative Regelung auch nicht sinnvoll, weil regelmäßig keine Anerkennungsentscheidung ergeht, in der ein Ermessen ausgeübt werden könnte. 2

Für **Sorgerechtsentscheidungen** gilt Art 23 (Art 15 Abs 2 aF), der freilich vielfach Art 22 (Art 15 Abs 1 aF) nur wiederholt, aber doch auch an verschiedenen Stellen mehr oder weniger erheblich davon abweicht. So ist die geschlossene Anordnung in Art 23 (Art 15 Abs 2 aF) sinnvoll (**aA** Schlosser Art 15 EheGVO aF Rn 1), wobei aber die übereinstimmenden Passagen auch gleich auszulegen sind. Die Regelung lehnt sich an Art 23 KSÜ an. 3

Das Erfordernis der kollisionsrechtlichen Konformität (Vorbem 36 ff zu Art 1) ist schon 1986 aus § 328 ZPO entfernt worden. Es fand sich noch in Art 22 Nr 4 EuGVÜ, ist aber im Gefolge der EheGVO nun auch in Art 34 EuGVO nicht mehr enthalten. Gegenüber § 328 ZPO sind zwei weitere Anerkennungshindernisse nicht in Art 22 (Art 15 aF) aufgenommen worden: 4

Da in allen EU-Staaten nun dieselben Zuständigkeitsregeln gelten, ist die üblicherweise geforderte Anerkennungszuständigkeit bei richtiger Anwendung immer gegeben. Art 17 EheGVO verbietet sie im Hinblick auf eine Verweigerung der Anerkennung zu prüfen und ebenso bei ihrer Verfehlung den ordre public zu bemühen. Das ist bei nun 24 Mitgliedstaaten ein erheblicher Vertrauensvorschuß. Der Borrás-Bericht ermahnt darum die Mitgliedstaaten, ihre Entscheidungszuständigkeit genau zu prüfen (Nr 49), vor allem um der Zuständigkeitserschleichung um eines günstigen Scheidungsrechts willens zu wehren. Ein Gericht des Anerkennungsstaates kann, weil die Anerkennungszuständigkeit nicht mehr zu prüfen ist, nie eine Zuständigkeitsfrage dem EuGH vorlegen, sondern nur das entscheidende Gericht. Bemerkenswert ist auch, daß Art 36 EuGVO eine Prüfung bestimmter zwingender Zuständigkeiten vorsieht, nicht aber Art 22 (Art 15 aF), obwohl alle 5

Zuständigkeiten der EheGVO zwingend und gegenüber nationalem Recht ausschließlich sind (vgl Art 6).

6 Nicht nur die Einhaltung der Zuständigkeitsregeln der EheGVO kann nicht überprüft bzw gerügt werden, sondern auch nicht, ob das Erstgericht sein **nationales Zuständigkeitsrecht** zu Recht gem Art 7 Abs 1 (Art 8 Abs 1 aF) und richtig angewandt hat, sofern das Urteil nur sachlich in den Anwendungsbereich der EheGVO fällt und in einem Mitgliedstaat ergangen ist (zum EGVÜ EuGH 11.5.2000 Rs C-38/98 – Renault Maxicar – Slg 2000 I-2973 Nr 29 ff doch wohl unter Vorbehalt des ordre public). Die merkwürdige Ausnahme, die Art 16 aF erlaubt, (Gaudemet-Tallon J D I 2001, 411 Nr 70 konstatiert einen gewissen Mangel an Logik; Kegel/Schurig, IPR [8. Aufl 2000] S 922 sprachen von „skurrilem Schlupfloch"), spielt in Deutschland keine Rolle, weil solche Verträge mit Drittstaaten nicht bestehen. Sie findet sich in der neuen Fassung auch nicht mehr.

7 Wie Art 34 EuGVO (27 EuGVÜ) schließt Art 22 (Art 15 aF) nicht mehr die Anerkennung aus, wenn das Verfahren im Ausland begann, als bereits im Anerkennungsstaat ein Verfahren anhängig war (vgl § 328 Abs 1 Nr 3 2. Alt ZPO). Die **frühere Rechtshängigkeit** hätte aber im Urteilsstaat von Amts wegen beachtet werden müssen (Art 19 bzw Art 11 aF), so daß es eigentlich dort nicht mehr zu einem Urteil hätte kommen dürfen. Darauf vertraut die EheGVO und nimmt etwaige Verstöße hin, zu denen es kommen kann, wenn die Parteien zB die in Deutschland bestehende Rechtshängigkeit dort nicht einführen, und das Gericht nicht anders die Kenntnis erhält. Es kann so durchaus zu konkurrierenden Urteilen kommen, wobei aber das inländische die Anerkennung des ausländischen hindert, selbst wenn es jünger ist (Art 22 lit c bzw Art 15 Abs 1 lit c aF). Solange noch kein deutsches Urteil vorliegt, gilt lit c jedenfalls nicht.

8 Wird nun im Inland das ausländische Urteil bekannt, muß das inländische Verfahren wegen Rechtskraft beendet werden, auch wenn es früher begonnen hatte. Da die **frühere inländische Rechtshängigkeit** in Art 22 (Art 15 Abs 1 aF) nicht genannt wird, kann man, obwohl es sich auch um ein irreguläres ausländisches Verfahren handelt, nur in Ausnahmefällen, zB bei fraudulösen Machenschaften einer Partei, um das ausländische Urteil zu erlangen, den deutschen ordre public heranzuziehen. Dann sperrt die Rechtskraft des ggf früher im ausländischen Verfahren ergehenden Urteils ausnahmsweise den Fortgang des inländischen Verfahrens nicht.

9 Die Anerkennungshindernisse ähneln denen des § 328 Abs 1 ZPO, sind aber nicht identisch. Sie sind insbesondere autonom, europäisch auszulegen und sind deshalb hier und bei § 328 ZPO gesondert zu kommentieren. Nur der Vorbehalt des ordre public ist insoweit derselbe als Art 22 lit a (Art 15 Abs 1 lit a aF) den nationalen, deutschen ordre public vorbehält (u Rn 10 ff).

II. Ordre public*

1. Grundlagen

Allgemein üblich und akzeptiert ist der Vorbehalt des ordre public des Anerkennungsstaates, der sich genauso in Art 34 Nr 1 EuGVO findet. Er steht wie dort demonstrativ an erster Stelle. Solange das Scheidungsrecht noch nicht vereinheitlicht ist, ist er unverzichtbar, aber sehr zurückhaltend zu gebrauchen (unstr; MünchKomm-ZPO/GOTTWALD Art 15 EheGVO aF Rn 2; KROPHOLLER Art 34 Rn 4; EuGH 28. 3. 2000 Rs C-7/98 – Krombach/Bamberski – Slg 2000 I-1935 = IPRax 2000, 406). Letzteres bringt Art 22 lit a (Art 15 Abs 1 lit a aF) dadurch zum Ausdruck, daß der Verstoß „offensichtlich" sein muß. 10

Jedoch kann man die zwei verschiedenen Fragen unter dem manchmal sog **europäischen ordre public** (STEINDORFF EuR 1981, 435 ff; FRÖHLISCH, Gemeineuropäischer ordre public [1997]) aufwerfen, nämlich ob dem nationalen Recht eines anderen EU-Staates überhaupt noch der eigene ordre public entgegen gehalten werden darf, und ob Gemeinschaftsrecht den Inhalt des deutschen ordre public mitprägt. Die erste Frage ist ohne weiteres zu verneinen wie gerade Art 22 (Art 15 Abs 1 aF) wie auch zB Art 16 EVÜ zeigen (MünchKomm/SONNENBERGER Einl IPR Rn 187; SPICKHOFF, Der ordre public im internationalen Privatrecht [Diss jur Göttingen 1992] 89 f; ROTH RabelsZ 55 [1991] 661; zurückhaltender STAUDINGER/BLUMENWITZ [2003] Art 6 EGBGB Rn 79; für die Notwendigkeit eines anerkennungsrechtlichen ordre public auch in der EU nachdrücklich BRUNS JZ 1999, 278 ff; **aA** LEIPOLD, in: FS Stoll [2001] 646). Dagegen beeinflussen uU primäres wie sekundäres Gemeinschaftsrecht den Inhalt des deutschen ordre public, schon weil sie Bestandteil des deutschen Rechts sind. Schon deshalb können natürlich die Regelungen der EheGVO nicht gegen den deutschen ordre public verstoßen, wohl aber uU das Ergebnis ihrer falschen Anwendung (EuGH 11. 5. 2000 RS 38/98 – Renault – Slg 2000 I-2973 Nr 29 ff). 11

Ein **gemeineuropäischer Inhalt** bzw Standard des ordre public wurzelt nach der Rechtsprechung des EuGH (20. 3. 2000 Rs C-7198 – Krombach/Bamberski – Slg 2000 I - 1935 = IPRax 2000, 40) in den Grundrechten der EMRK (DORNBLÜTH, Die europäische Regelung der Anerkennung und Vollstreckbarerklärung von Ehe- und Kindschaftsentscheidungen 115). Das liegt zwar nahe, doch entsprechen sie den nationalen deutschen Grundrechten, so daß sich wohl die Frage nicht stellt, ob die letzteren noch herangezogen werden dürfen, wenn sie abwichen. So könnte zwar vorrangiges Europarecht den nationalen deutschen ordre public beeinflussen, doch lassen sich konkrete Fälle von solchen Differenzen bisher kaum ausmachen (LEIPOLD, in: FS Stoll 644 f). Sicher dürften auch europarechtswidrige nationale Vorschriften nicht für den nationalen ordre public herangezogen werden (MünchKomm/SONNENBERGER Einl IPR Rn 188, 194, Art 6 12

* **Schrifttum**: BASEDOW, Die Verselbständigung des europäischen ordre public, in: FS für Sonnenberger (2004) 291; BRUNS, Der anerkennungsrechtliche ordre public in Europa und den USA, JZ 1999, 278; LEIPOLD, Neuere Erkenntnisse des EuGH und des BGH zum anerkennungsrechtlichen Ordre public, in: FS für Hans Stoll (2001) 625; LOPEZ-TARTUELLA, Der ordre public im System von Anerkennung und Vollstreckung nach dem EuGVÜ, ELF 2000/01, 122; MARTINY, Die Zukunft des europäischen ordre public im Internationalen Privat- und Verfahrensrecht, in: FS für Sonnenberger (2004) 523; VÖLKER, Zur Dogmatik des ordre public. Die Vorbehaltsklausel bei der Anerkennung fremder gerichtlicher Entscheidungen und ihr Verhältnis zum ordre public des Kollisionsrechts (1998).

EGBGB Rn 67 f, 78), aber sie würden deshalb zumindest idR schon ohnehin nicht gelten. Im Bereich des Ehe- und Eheverfahrensrechts sind solche Widersprüche zu Europarecht sicher selten. Mit Recht hat der EuGH (11.5.2000 Rs C-37/98 – Renault/Maxicar – Slg 2000 I-2973 Nr 32) jedoch entschieden, daß ein Verstoß gegen den nationalen ordre public gleichermaßen in einer **fehlerhaften Anwendung des Gemeinschaftsrechts** liegen kann wie in der richtigen oder falschen Anwendung eines nationalen Rechts durch den urteilenden Richter.

2. Deutscher ordre public

13 Zum EuGVÜ hat der EuGH entschieden, daß trotz des Verbots der inhaltlichen Nachprüfung der Entscheidung auf ihre Gesetzmäßigkeit (Art 36 EuGVO) der Einwand des ordre public in Betracht komme, wenn die Anerkennung gegen einen **wesentlichen Grundsatz** der Rechtsordnung **des Anerkennungsstaates** verstieße und deshalb in einem nicht hinnehmbaren Gegensatz zu ihr stünde. „Damit das Verbot der Nachprüfung [...] gewahrt bleibt, muß es sich bei diesem Verstoß um eine offensichtliche Verletzung einer in der Rechtsordnung der Vollstreckungsstaaten als wesentlich geltenden Rechtsnorm oder eines dort als grundlegend anerkannten Rechts handeln" (28.3.2000 Rs C-7/98 – Krombach/Bamberski – Slg 2001 I-1935 = IPRax 2000, 406 Nr 36. Es ging zwar um den verfahrensrechtlichen ordre public, aber die Ausführungen sind nicht spezifisch nur für ihn). Dabei bestimmten die **Vertragsstaaten selbst**, im Rahmen der Europäischen Grundrechte, welche Anforderungen sich aus ihrer öffentlichen Ordnung ergeben (aaO Nr 22), doch könne der EuGH die **Grenzen prüfen**, innerhalb derer der Anerkennungsstaat seinen ordre public anwenden darf (unklar EuGH 11.5.2000 aaO Nr 28; krit LEIPOLD, in: FS Stoll [2001] 630 ff).

14 Der anerkennungsrechtliche ordre public kann ebenso **materiell- wie verfahrensrechtlich ausgerichtet** sein (zB KEGEL/SCHURIG, IPR § 16 III 3 S 466; RAUSCHER/RAUSCHER, Art 15 EheGVO aF Rn 5; BRUNEAU JCP 2001, doctr 314 Nr 10; unstr; weiter § 328 ZPO Rn 487 ff). Wie bei Art 6 EGBGB ist bei ersterem nicht das ausländische Recht oder die Begründung des Urteils Prüfungsgegenstand, sondern **nur das Ergebnis**, dh der Tenor und ggf die weiteren anzuerkennenden Urteilswirkungen. Das Urteil kann namentlich materiell auf außereuropäischem Recht beruhen, und seiner Anwendung mag der materielle ordre public des Urteilsstaates nicht entgegengestanden haben, wohl aber nun der deutsche im Rahmen der Anerkennung. Beispiele könnten aus dem Bereich der Scheidung aufgrund einseitiger „Verstoßung" vor Gericht (vgl Anh zu § 606a ZPO Rn 72) nach islamischen Rechten vorkommen, auch wenn deutsches Recht hier vielleicht sogar besonders großzügig ist (vgl § 328 ZPO Rn 556 ff).

15 Dagegen greift der verfahrensrechtliche ordre public ein, wenn das Urteil unter Verletzung **elementarer Verfahrensregeln** zustande kam. Das können auch einfachgesetzliche konkrete Regeln sein, nicht nur Verfahrensprinzipien, wenn sie zentrale Bedeutung haben (aA DORNBLÜTH aaO 117). Unerheblich ist, ob der Richter in concreto sein eigenes Verfahrensrecht richtig anwandte oder nicht (vgl RAUSCHER/LEIBLE, Art 34 EuGVO Rn 13 ff, 19 ff; NAGEL/GOTTWALD § 11 Rn 27 f). Das materielle Ergebnis muß in diesem Fall als solches nicht unbedingt auch objektiv untragbar sein.

16 In diesem Rahmen und ggf mit den Beiträgen aus europäischem Recht verweist also Art 22 lit a (Art 15 Abs 1 lit a aF) auf deutsches Recht. Das weitere ist daher bei

§ 328 ZPO (Rn 444 ff) zu erörtern. Zum ordre public im Verhältnis zu Art 24 und 25 (Art 18 u 19 aF) siehe dort.

3. Rechtsmittelobliegenheit

Von durchaus praktischer Bedeutung ist, was die EheGVO nicht ausdrücklich regelt, daß dem Einwand des ordre public manchmal entgegensteht, wenn die betroffene Partei die gegen den Rechtsverstoß im Urteilsstaat möglichen Rechtsmittel nicht eingelegt hat (so grundsätzlich Geimer, IZPR Rn 2922, 2955, 2991; Geimer/Schütze Art 34 EuGVO Rn 30; MünchKomm-ZPO/Gottwald Art 27 EheGVO aF Rn 12; BGH FamRZ 1990, 868, 870; IPRax 1992, 33, 35 [Geimer 514]; OLG Hamm IPRax 1998, 202, 204; **aA** Dornblüth, Europäische Regelung der Anerkennung und Vollstreckbarerklärung von Ehe- und Kindschaftsentscheidungen, 118). Jedoch handelt es sich nicht um eine echte Präklusion (so aber Geimer/Schütze Art 34 EuGVO Rn 30). Sondern soweit, aber auch nur soweit, sich die Partei gegen einen Verstoß gegen grundlegende Verfahrensgarantien zumutbarerweise und **mit Aussicht auf Erfolg** in der Instanz oder durch Rechtsmittel **hätte wehren können**, war das Verfahren nicht so rechtsstaatswidrig wie Art 22 lit a (Art 15 Abs 1 lit a aF) das voraussetzt (näher § 328 ZPO Rn 469 ff). Das trifft aber schon beim materiellen ordre public nicht zu, weil er nicht zur Disposition der Parteien steht. Liegt er zB in einem inakzeptablen Scheidungsgrund, ändert sich nichts dadurch, daß die Parteien ihn durch Unterlassen von Rechtsmitteln akzeptieren, soweit sie darüber nicht disponieren dürfen. 17

Daß die Parallelvorschrift in Art 34 Nr 2 EuGVO eine Rechtsmittelobliegenheit enthält, widerspricht dem nicht, denn diese Regelungen für die Verweigerung des rechtlichen Gehörs sind ein typisierter ordre public. Dagegen verlangt der allgemeine ordre public eine Prüfung und Bewertung der Umstände des Einzelfalles, und dabei können und müssen ohnehin die konkreten Möglichkeiten und Aussichten eines Rechtsmittels nur in dem genannten Rahmen berücksichtigt werden. 18

III. Nicht rechtzeitige Ladung

Das Recht des Beklagten, sich angemessen verteidigen zu können, genießt Verfassungsrang (Art 103 GG) auch auf europäischer Ebene (Art 6 EMRK [vgl EuGH 15. 5. 1986 Rs 222/84 – Johnston – Slg 1986, 1651]). Daß bei seiner Verletzung im Urteilsverfahren die Anerkennung zu verweigern ist, leuchtet ein. Dieses Hindernis ist von Amts wegen zu beachten (Thomas/Putzo/Hüsstege Art 27 EuGVO Rn 4 aE; MünchKomm-ZPO/Gottwald Art 27 EheGVO aF Rn 5; Kropholler Art 27 EuGVO Rn 45; **aA** Geimer/Schütze Art 34 EuGVO Rn 101) wie der Wortlaut im Vergleich mit § 328 Abs 1 Nr 2 ZPO zeigt, wonach der Beklagte die Einrede erheben muß. 19

1. Verfahrenseinleitendes Schriftstück

Art 22 lit b (Art 15 Abs 1 lit b aF) stellt auf „das verfahrenseinleitende Schriftstück oder ein gleichwertiges Schriftstück“ ab. Dasselbe ist in Art 18 Abs 1 (Art 10 Abs 1 aF) genannt, so daß auf die dortigen Erläuterungen verwiesen werden kann, denn auch dort geht es um die Sicherung des Rechts auf Gehör. Es müssen Antrag und Terminsladung zugestellt worden sein, denn der Antragsgegner muß wissen, daß ein Verfahren eröffnet werden soll und um was es geht (**aA** Geimer IPRax 2002, 379). 20

2. Fehlende Zustellung

a) Keine amtliche Zustellung

21 Die Anerkennung ist natürlich zu verweigern, wenn gar keine Zustellung versucht wurde. Ob mangels einer Zustellung überhaupt Rechtshängigkeit eingetreten ist, und ob das dann dennoch in Abwesenheit des Antragsgegners ergangene Urteil wirksam ist, entscheidet das Recht des entscheidenden Gerichts. ZB verlangt das deutsche Verfahrensrecht wenigstens den Versuch einer amtlichen Zustellung (vgl Art 18 Rn 99 f). Die EuZustVO oder das HZÜ sagen dazu nichts; Art 19 EuZustVO oder Art 15 HZÜ regeln nur die Frage, wann das Verfahren seinen Fortgang nehmen darf. Ist das Urteil nach seiner lex fori unwirksam, ist auch nichts anzuerkennen. Ist es aber danach wirksam, vor allem weil der Zustellungsmangel geheilt ist (vgl Art 18 Rn 63 ff), dann entscheidet allein Art 22 lit b (Art 15 Abs 1 lit b aF) in **autonomer Auslegung**, ob das Urteil dennoch anerkannt wird. Dazu wird eine ausreichende und rechtzeitige Information des Antragsgegners verlangt, so daß er seine Verteidigung noch angemessen vorbereiten konnte.

22 Dafür könnte an sich auch ausreichen, wenn der Antragsgegner auf andere Weise informiert wird, indem zB der Antragssteller brieflich eine Kopie des Antrages zusendet, während die lex fori eine amtliche Zustellung verlangt. Es ist hierfür zu fragen, ob der Zweck des Art 22 lit b (Art 15 Abs 1 lit b aF) verlangt, daß dem Antragsgegner das verfahrenseinleitende Schriftstück gem der lex fori auf amtliches Betreiben wenigstens auf den Weg gebracht wurde, oder ob auch eine private Information darüber ausreicht, daß und welches Verfahren in Gang gebracht werden soll (so Geimer/Schütze Art 34 EuGVO Rn 117). Schlosser (EU-ZPR Art 34–36 EuGVO Rn 18) verlangt, daß die Mitteilung an den Antragsgegner amtlichen Charakter hatte.

23 Andernfalls hat der Gegner noch nicht Anlaß anzunehmen, daß die Sache tatsächlich vom Gericht angenommen worden ist. Entsprechend verlangt Art 16 (Art 11 Abs 4 aF), daß das „verfahrenseinleitende Schriftstück" wenigstens dem Gericht oder dem amtlichen Zustellungsorgan übergeben wurde. Nach Art 16 lit b (Art 11 Abs 4 lit b aF) muß selbst bei Zustellung im Parteibetrieb ein amtliches Zustellungsorgan eingeschaltet werden. Wenn etwa der Anwalt des Antragsstellers ohne das eine Kopie der Antragsschrift dem Antragsgegner brieflich zuleitet, dann kann das aus der Sicht des Adressaten als eine bloße Drohung mit einer Klage erscheinen. Er hat noch nicht ausreichend sichere Information darüber, daß die Sache auch beim Gericht anhängig gemacht wurde. Man sollte daher Art 22 lit b (Art 15 Abs 1 lit b aF) wörtlich nehmen, der eine „Zustellung" und nicht nur Information verlangt, mag jene auch mangelhaft sein.

b) Fiktive Inlandszustellung

24 Ob an einen Beklagten im Ausland zuzustellen oder im Inland zuzustellen ist, entscheidet nach wie vor das nationale Recht (Art 1 EuZustVO, Art 1 HZÜ; Schlosser Art 1 HZÜ Rn 5 mwN; o Art 18 Rn 9).

25 Damit erlauben sowohl Art 1 HZÜ wie Art 1 EuZustVO zB die Zustellung an den im Ausland wohnenden Beklagten durch „remise au parquet" oder durch **öffentliche Zustellung** nach 185 ZPO u drgl (mit guten Gründen für eine Einschränkung fiktiver Inlands-

zustellungen kraft EMRK und EGV LINDACHER ZZP 114 [2001] 189; BAJONS, in: FS Schütze (1999) 60 f; H ROTH IPRax 2000, 497 f; OLG Karlsruhe RIW 1999, 539). Davon erfährt der Beklagte nur, wenn er, wie art 685 f fr ncpc in Frankreich vorgeschrieben, vom Gericht durch eingeschriebenen Brief mit Rückschein benachrichtigt wird. Das genügt, wenn es noch rechtzeitig ist (SCHACK IZPR Rn 610; SCHLOSSER Art 34–36 EuGVO Rn 14). Erreicht ihn der Brief aber nicht, so ist die Zustellung für Art 22 lit b (Art 15 Abs 1 lit b aF) gescheitert; ggf ist sie zu spät, denn nach französischem Recht gilt sie als erfolgt mit der Übergabe an den Staatsanwalt (parquet). Die Zustellung kann also zwar ohne Kenntniserlangung nach der lex fori ordnungsmäßig sein, genügt so aber für Art 22 lit b (Art 15 Abs 1 lit b aF) idR dennoch nicht (OLG Karlsruhe 12. 3. 1999 RIW 1999, 538 f; H ROTH IPRax 2000, 498; GEIMER IPRax 1988, 274).

Trotz des Wortlauts von lit b muß der Beklagte aber nicht immer tatsächlich informiert worden sein. Hat er zB mißbräuchlich seine Anschrift verheimlicht oder sich sonst **der Zustellung entzogen**, so greift Art 22 lit b (Art 15 Abs 1 lit b aF) nicht ein (BGH 2. 10. 1992 IPRax 1993, 324, 326; OLG Koblenz 20. 11. 1990 FamRZ 1991, 459; 461; GEIMER, IZPR Rn 2104). Man wird der Rspr des EuGH auch entnehmen, daß dem Gegner schon schadet, wenn die öffentliche Inlandszustellung **vor allem auf seinem Verschulden beruht** (BGH aaO; LINKE IPRax 1993, 396 zu EuGH 11. 6. 1985 Rs 49/84 – Debaecker/ Plouvier – Slg 1985, 1779). Auch in dieser Hinsicht hängt die Anerkennung nicht allein von der Einhaltung der lex fori für das Erkenntnisverfahren ab, sondern folgt eigenen, speziellen Regeln. Der Justizgewährungsanspruch des Klägers verlangt, daß auch dann ein anerkennungsfähiges Urteil zu erlangen ist, wenn der Beklagte nicht benachrichtigt werden kann, dessen Anspruch auf rechtliches Gehör verlangt dagegen, daß er benachrichtigt wurde, wenn das möglich ist. Es ist daher das Risiko der unmöglichen Auslandszustellung zu verteilen. **26**

Die **Ermittlung einer ladungsfähigen Anschrift** obliegt grundsätzlich dem Kläger und dem Gericht (BGH 2. 10. 1991 IPRax 1993, 324, 326 [LINKE 295]). Auch unter Ehegatten muß der Beklagte sich nicht stets für Klagen erreichbar halten, namentlich wenn sie schon lange getrennt leben. Anders kann man entscheiden, wenn ein Ehegatte verschwindet und schon eine Anrufung des Gerichts abzusehen war. Das kommt im Zusammenhang mit Kindesentführungen vor. Der BGH (aaO 326) entscheidet nach den Umständen, ob seine Unerreichbarkeit auf dem Verschulden des Adressaten beruht. **27**

Eine Zustellung an die letzte bekannte Anschrift kann ausreichen, auch wenn die Partei nicht mehr dort wohnt, wenn sie ihre Wohnungsänderung hätte bekannt geben müssen. Das ist nicht ohne weiteres anzunehmen (**aA** wohl BGH aaO). Daß der Adressat dort nicht mehr wohnte und warum, muß er vortragen. Die Beweislast für die Umstände, die die Zurechnung des Scheiterns der Zustellung ihm zurechenbar machen, trägt der Antragsteller (LINKE IPRax 1993, 297). **28**

c) Annahmeverweigerung. Sprache

Die Zustellungsübereinkommen enthalten meist eine Sprachregelung für das zuzustellende Schriftstück und zT auch ein Recht, Zustellungen in falscher Sprache zurückzuweisen. Das betrifft jedoch an sich nur die Fortsetzung des Erkenntnisverfahrens, während es hier um die Frage geht, ob die Zustellung für die Anerkennung ausreichte. Jene Regelungen entscheiden zwar nicht über diese, beeinflussen aber die Anerkennungsvoraussetzungen. **29**

30 Gem **Art 8 Abs 1 EuZustVO** kann die Zustellung an einer Annahmeverweigerung des Antragsgegners scheitern, wenn das verfahrenseinleitende Schriftstück nicht in der richtigen Sprache abgefaßt bzw nicht übersetzt ist (Art 18 Rn 22, 32). Immer richtig ist allein die Sprache des Zustellungsstaates. Die Sprache des entscheidenden Gerichts genügt nur, wenn sie der Adressat versteht, und dritte Sprachen können immer zurückgewiesen werden. Hat der Beklagte **zurecht die Annahme verweigert**, ist die Zustellung gescheitert und eine **Anerkennung ausgeschlossen**. Wenn der Antragsgegner die nicht zugelassene Sprache dennoch versteht, liegt zwar das Argument des Rechtsmißbrauchs nahe, doch läßt es Art 8 EuZustVO nicht zu, indem er eindeutig nur die beiden Sprachen erlaubt (**aA** wohl SCHLOSSER Art 8 EuZustVO Rn 5 aE). Es ist auch nicht wünschenswert, die Streitigkeiten über das Ausreichen von Sprachkenntnissen zu vermehren, wenn man noch weitere Sprachen als die des Gerichts unter dieser Voraussetzung zuließe (STADLER IPRax 2002, 284; HAU IPRax 1998, 457).

31 Schriftstücke in einer **Amtsprache des Zustellungsstaates** dürfen nie zurückgewiesen werden, auch wenn der Adressat, zB ein erst kurze Zeit in den Niederlanden anwesender Türke, die holländische Sprache nicht versteht. Das ist unter Gesichtspunkten des rechtlichen Gehörs bedenklich. Anscheinend aber erlegt ihm Art 8 EuZustVO als einheitliche europäische Regelung eine **Übersetzungsobliegenheit** auf. Das ist allenfalls hinzunehmen, wenn der Partei dann im Verfahren die nötige Zeit dafür eingeräumt wird (BGH 20. 9. 1990 NJW 1991, 641 [in casu 3 Monate]). Weist der Adressat aber zu Unrecht zurück und erscheint nicht zum Verfahren, so gilt die Zustellung als erfolgt (vgl § 179 ZPO; SCHLOSSER Art 8 EuZustVO Rn 5). Es kam dann wegen der unberechtigten Verweigerung zwar nicht zu einer tatsächlichen Zustellung, aber der Antragsgegner hätte doch seine Verteidigung organisieren können, und die Anerkennung findet statt.

32 Zulässig ist auch die **Sprache des Gerichts** des anhängigen Verfahrens, doch nur, wenn sie der Adressat versteht (Art 8 Abs 1 lit b EuZustVO). Das ist notfalls durch Beweisaufnahme im Anerkennungsstadium zu klären. Hat danach der Adressat zu Recht die Annahme verweigert, ist die Zustellung und damit, falls er sich auch nicht eingelassen hat, die Anerkennung gescheitert, andernfalls gilt die Zustellung als erfolgt.

33 War das Schriftstück in der falschen Sprache abgefaßt, hat der Antragsgegner aber trotz Belehrung über sein Annahmeverweigerungsrecht **freiwillig angenommen**, ist die Zustellung erfolgt, und das Hindernis der lit b entfällt.

34 **Art 5 HZÜ** enthält dagegen **keine** eigene **Regelung der Übersetzung**, sondern überläßt den Empfangsstaaten, eine Übersetzung in ihre Sprache zu verlangen (so zB in Deutschland § 3 AusfG zum HZÜ). Es geht davon aus, daß sonst in der Gerichtssprache zugestellt werden darf. Dagegen erwartet **Art 3 HZPÜ** von 1954 eine Übersetzung in die Sprache des Zustellungsstaates. Im Gegensatz zur EuZustVO enthalten aber beide Übereinkommen keine Regelung zur Annahmeverweigerung aus sprachlichen Gründen. Man kann sagen, daß die Annahme nicht verweigert werden darf, wenn diese **Sprachregelung eingehalten** war. Der Antragsgegner darf dagegen unabhängig von seinen Sprachkenntnissen die Zustellung zurückweisen, wenn das Schriftstück in einer anderen Sprache gehalten ist. Wenn dann die Zustellung einer entsprechenden Übersetzung nicht erfolgt, braucht das Urteil nicht anerkannt zu werden.

Der BGH (2. 12. 1992 BGHZ 120, 305, 309 f) hat ua eine Zustellung in Deutschland nach dem HZÜ in der englischen Gerichtssprache für unwirksam erklärt, obwohl die Adressatin vermutlich die Sprache verstand. Doch hier hatte sie das Schriftstück erhalten und anscheinend nicht zurückgewiesen, vielmehr war dem Verfahren nur fern geblieben. Nach Art 22 lit b (Art 154 Abs 1 lit b aF) wäre das Urteil unter diesen Umständen anzuerkennen. Die Information hatte die Antragsgegnerin in einer ausreichenden Weise tatsächlich erreicht. Sie hätte die Zustellung nur zurückweisen können und müssen. Das hätte sie auch noch alsbald nach dem Empfang des Schriftstücks tun können. Hat das Schriftstück den Adressaten tatsächlich, aber in der falschen Sprache erreicht, kann er untätig bleiben, wenn er nicht versteht, um was es sich handelt. Andernfalls aber muß er reagieren (ähnlich Schlosser Art 8 EuZustVO Rn 5), dh zurückweisen oder sich zur Sache einlassen. Im ersteren Fall kann dann noch einmal richtig zugestellt werden. **35**

3. Ausreichende Zustellung

Wichtig und zu begrüßen ist, daß Art 22 lit b (Art 14 Abs 1 lit b aF) **nicht mehr** auch die **Einhaltung aller Förmlichkeiten** des Zustellungsrechts verlangt (nachdrückliche Kritik an der früheren Regelung zB bei Geimer/Schütze Art 34 EuGVO Rn 72 ff; Kondring, Die Heilung von Zustellungsfehlern im Internationalen Rechtsverkehr, 1995; Linke RIW 1986, 409); die Ordnungsmäßigkeit der Zustellung erscheint nicht mehr im Text und ist auch in Art 34 Nr 2 EuGVO, nicht mehr enthalten. Damit sind namentlich die Entscheidungen des EuGH v 3. 7. 1990 (Rs C-305/88 – Lancray – Slg 1990 I-2725 = IPRax 1991, 177 [Rauscher 155]) und v 12. 11. 1992 (Rs C-123/91 – Minalmet – Slg 1992, 5661 = IPRax 1993, 394 [Rauscher 376]) nicht mehr zutreffend, in denen die Anerkennung eines Urteils gem Art 26 f EuGVÜ wegen Zustellungsfehlern verweigert wurde ohne Rücksicht darauf, daß bzw ob der Beklagte tatsächlich Kenntnis von der Klage und ihrem Inhalt erhalten hatte. Es kommt nur noch darauf an, ob der Antragsgegner **ausreichend und rechtzeitig informiert** wurde gemessen an den Anforderungen des rechtlichen Gehörs. Dazu gehört auch, daß der Beklagte über die Elemente des Rechtsstreits, also über Inhalt und Umfang der Klage in den Grundzügen informiert ist (EuGH Rs 172/9 – Sonntag – Slg 1993, I-1963 Nr 39; BGH 29. 4. 1999 JZ 2000, 107). **36**

Gründe für die neue Regelung waren, daß mit der Möglichkeit, sich dem Verfahren wegen jeden Zustellungsfehlers zu entziehen, oft Mißbrauch getrieben wurde (Bruneau JCP 2001, doct 801 Nr 12; Gaudemet-Tallon JDI 2001, 411 Nr 74), und die nicht überzeugenden Ergebnisse des zumindest übertriebenen Formalismus des BGH (2. 12. 1992 BGHZ 120, 305) und des EuGH (3. 7. 1990 und 12. 11. 1992 aaO; sehr krit dazu zB Geimer/Schütze Art 34 EuGVO Rn 72 ff; Schlosser Art 34–36 EuGVO Rn 12). **37**

Damit werden Gericht und Parteien nicht etwa dazu eingeladen, diese Regeln und internationale Abkommen zu mißachten (so aber BGHZ 120, 305, 312 = ZZP 106 (1993) 391 zum HZÜ und notwendiger Übersetzung). Ggf hat das Prozeßgericht das Verfahren auszusetzen, damit richtig zugestellt werde (Art 15 HZÜ, Art 19 EuZustVO; Art 18, s dort). Aber diese Sanktionen für Zustellungsfehler bleiben **auf das Erkenntnisverfahren** beschränkt. Die neue Fassung von Art 22 lit b (Art 15 Abs 1 lit b aF) wie Art 34 Nr 2 EuGVÜ hat das Problem nun richtig eingeordnet. Es geht hier **nicht um die Heilung** einer mangelhaften Zustellung für das Erkenntnisverfahren durch – nachgewiesene – Kenntniserlangung, sondern um **Mindestanforderungen**, die Art 22 **38** lit b (Art 15 Abs 1 lit b aF) **für die Anerkennung** stellt. Das ist eine Frage, die sich auch erst stellt, wenn das Urteil nach seinem Recht trotz eventueller Zustellungsmängel wirksam ist. Das ist freilich meistens der Fall, wenn überhaupt zugestellt wurde. Andernfalls gäbe es nichts anzuerkennen. Art 22 lit b (Art 15 Abs 1 lit b aF) gibt den Maßstab für die Anerkennung durch den Anerkennungsstaat und ersetzt insoweit dessen nationales Recht, hier § 328 Abs 1 Nr 2 ZPO. Anzuerkennen ist ein aus deutscher Sicht ausländisches Urteil, und zu bewerten ist eine Zustellung, die in diesem oder auch in einem andern Staat innerhalb oder außerhalb der EU erfolgt ist. Das kann auch Deutschland gewesen sein, denn der Zustellungsstaat ist nicht notwendig der Urteilsstaat.

39 Abs 1 lit b macht die Anerkennung **von der Einhaltung der Zustellungsregelungen unabhängig**. Die Einhaltung der nationalen Regeln des Gerichts für Inlandszustellung wie Auslandszustellung garantiert die Anerkennung nicht, und Zustellungsfehler verhindert sie nicht unbedingt. Letztlich kommt es also nicht auf die Einhaltung der Regeln an, sondern darauf, ob dem Antragsgegner konkret iSd Art 22 lit b (Art 15 Abs 1 lit b aF) ausreichend zugestellt wurde. Auch die Diskussionen die **Heilung** nach der lex fori oder dem Recht des Anerkennungsstaates von Zustellungsfehlern im Hinblick auf die Anerkennung **erübrigt sich**. Genaugenommen war das auch bisher schon der **falsche Ansatz** (vgl § 328 Rn 382 f, 389). Er hatte nur Sinn, wenn man annahm, daß nur die Ordnungsmäßigkeit der Zustellung nach der lex fori einschließlich internationaler Verträge die Anerkennung garantiere. Nachdem nun aber Art 22 lit b (Art 15 Abs 1 lit b aF) selbst die Anerkennungsvoraussetzungen definiert, ist eine eventuelle Heilung der Zustellungsmängel im Erkenntnisverfahren ohne Bedeutung. Wenn man von einem europäischen Maßstab des Rechtsmißbrauchs der Berufung auf Zustellungsfehler in Art 34 Nr 2 EuGVO, der Parallelvorschrift, spricht (Stadler IPRax 2002, 285), kommt das dem nahe.

40 Naturgemäß fehlt noch weitgehend Rechtsprechung dazu, was für die Anerkennung ausreicht und was sie hindert. Art 22 lit b (Art 15 Abs 1 lit b aF) verlangt, daß der Antragsgegner die **verfahrenseinleitenden Schriftstücke** tatsächlich durch eine – ggf auch fehlerhafte – „Zustellung“ erhält (o Rn 36 ff), und so, daß er Kenntnis nehmen könnte. Daß hier die Rechtsprechung Einzelfälle konkretisieren muß, ist die notwendige Konsequenz, daß nun eine **materiale Regelung** anstelle einer formalen gilt.

41 Es schadet nicht, sofern der Adressat das Schriftstück erhalten hat, wenn die Ersatzzustellung zunächst an eine falsche Person erfolgte (gegen BGH RIW 1993, 673), wenn die Zustellung nicht über die zuständige deutsche zentrale Behörde iSd Art 2 f HZÜ erfolgte (gegen OLG Jena 2. 5. 2001 IPRax 2002, 298 [abl Stadler 282]), wenn das deutsche Amtsgericht im Wege der Rechtshilfe (Art 7 EuZustVO) durch die Post zustellen läßt und der Postbote eine Ersatzzustellung statt in der Privatwohnung im Geschäftslokal des Adressaten versucht und die Nachricht über die Hinterlegung beim Postamt dort hinterläßt (gegen EuGH 12. 11. 1992 aaO). Auch eine Zustellung nach HZÜ statt EuZustVO würde genügen können (**aA** wohl Stadler IPRax 2002, 284). Wenn der Antragsgegner aufgrund der Zustellung tatsächlich Kenntnis nehmen konnte, sind wenig Zustellungsfehler vorstellbar, die die Anerkennung hindern würden. Erreichen die Informationen ihn wegen des Fehlers aber nicht, ist nicht anzuerkennen.

4. Rechtzeitigkeit der Zustellung

Die ordnungsgemäße Zustellung bzw die sonstige Kenntniserlangung des Beklagte vom Verfahren allein genügt nicht, um das Anerkennungshindernis des Art 22 lit b auszuräumen (vgl auch EuGH 3.7.1990 IPRax 1991, 177 [Rauscher 155]; zu Art 27 EuGVÜ/LugÜ oben Rn 36 f). Hinzukommen muß, daß dem Beklagten **genügend Zeit** zur Verfahrensvorbereitung geblieben ist. Hatte der Beklagte überhaupt keine Kenntnis von der Einleitung des Verfahrens, was zB bei einer öffentlichen Ladung im Ausland fast immer zu erwarten ist, stellt sich die Frage nicht, denn obwohl öffentliche Ladung nach der lex fori durchaus ordnungsgemäß sein mag, genügt sie nicht. 42

Welcher **Maßstab** für die Rechtzeitigkeit anzulegen ist, wird in der Rechtsprechung sehr unterschiedlich beurteilt (vgl BGH 20.9.1990 NJW 1991, 641: 3 Monate bei fremder Sprache: OLG Düsseldorf 19.10.1984 RIW 1985, 493 = IPRax 1985, 289 [Schumacher 265]: 11 Tage genug; OLG Koblenz 25.2.1987 RIW 1988, 476: 6 Tage zu wenig; OLG Hamm 3.8.1987 IPRax 1988, 289 [abl Geimer 271]: 20 Tage bei nicht übersetzter fremdsprachlicher Klage zu wenig; OLG Düsseldorf 11.10.1999 NJW 2000, 3290: 8 Tage bei nicht übersetzter Ladung zu wenig; LG Mönchengladbach 2.7.1987 IPRax 1988, 291 [Geimer 271 und van Venrooy IPRax 1989, 137]: vier Tage zu wenig; OLG Köln 6.10.1994 NJW-RR 1995, 446: drei Wochen inklusive Übersetzung genug; OLG Koblenz 19.6.1990 IPRax 1992, 35: 18 Tage genug; OLG Koblenz 10.6.1991 RIW 1991, 667: 23 Tage genug; OLG Saarbrücken 15.6.1992 NJW-RR 1992, 1534: ein Monat ausreichend [grds zwei Wochen]; BayObLG 11.10.1999 FamRZ 2000, 1170: 32 Tage zu wenig bei einem im Ausland inhaftierten Antragsgegner). 43

Der BGH hat die Anerkennung eines belgischen Versäumnisurteils verweigert, weil die Einlassungsfrist für den deutschen Beklagten mit 13 Tagen objektiv zu kurz für die Vorbereitung der Verteidigung war (BGH 23.1.1986 IPRax 1986, 366 [Walter] 349]). Dem ist zuzustimmen, aber man kann fragen, ob der Beklagte nicht sich hätte melden und eine verlängerte Einlassungsfrist beantragen müssen. Dafür wäre in casu genug Zeit gewesen. Wenn eine Fristverlängerung gewährt worden wäre, hätte er sich angemessen verteidigen können. Es dürfte nicht der Zweck von Art 22 lit b (Art 15 Abs 1 lit b aF) sein, dem Antragsgegner zu erlauben, sich dem Urteil dadurch zu entziehen, daß er wegen einer noch **behebbaren Verspätung** der Zustellung dem Verfahren fern bleibt. Wenn die Verlängerung freilich nicht gewährt wird, braucht er sich nicht einzulassen; die Rüge der Verspätung selbst ist keine Einlassung (u Rn 53 ff). 44

Konkrete Fristen nennt die EheGVO nicht, und sie können auch nicht angegeben werden. Insoweit gelten die in Art 18 Rn 61 dargestellten Grundsätze entsprechend. 45

Die Einhaltung der in **Deutschland geltenden Frist** kann als **regelmäßige Untergrenze** für die Rechtzeitigkeit angesehen werden, deren Nichteinhaltung grundsätzlich zur Verneinung der Rechtzeitigkeit führt (so BGH 23.1.1986 NJW 1986, 2197 = RIW 1986, 302 = IPRax 1986, 366 [zust Walter 349]; OLG Hamm 3.8.1987 IPRax 1988, 289 [Geimer 271] und van Venrooy IPRax 1989, 137; ähnlich laut Krzywon StAZ 1989, 100, die Landesjustizverwaltungen, die – sich an § 274 Abs 3 ZPO orientierend – eine Frist von mindestens zwei Wochen verlangen, um die Rechtzeitigkeit zu bejahen; vgl auch Rauscher IPRax 1991, 155 ff; **aA** OLG Koblenz 10.6.1991 RIW 1991, 667; Linke, IZPR Rn 407; Kropholler, Art 34 EuGVO Rn 35 [nur Indiz]). Zwar gibt das Recht des deutschen Anerkennungsstaates nicht notwendig Maß, aber bei einem 46 für den Beklagten ausländischen Prozeß sind die zwei Wochen des § 274 ZPO sicher nötig, doch schon wegen des ausländischen Gerichtsorts meist zu wenig. Und wenn das Schriftstück erlaubtermaßen in einer dem Adressaten unbekannten Sprache ist, muß noch zusätzlich Zeit für eine Übersetzung gegeben werden.

47 Bei der Feststellung, daß und wann der Beklagte hätte Kenntnis nehmen können, stellt der BGH nicht allein auf die tatsächliche Möglichkeit ab, sondern will nach allen Umständen des Einzelfalles abwägen und auch dem Antragsgegner wie dem Antragsteller **zurechenbares Verhalten bewerten** (BGH 2. 10. 1991 IPRax 1993, 324, 326 f zu Art 27 Nr 2 EuGVÜ; zust SCHLOSSER Art 34–36 EuGVO Rn 17 c). Gemeint ist die Zurechnung von Verhalten, das dazu geführt hat, daß der Antragsgegner nicht oder zu spät von dem Verfahren tatsächlich informiert wurde. Die Abwägung des beiderseitigen Verhaltens ist nicht immer einfach (LINKE IPRax 1993, 296). Auch die Amtspflichten des Gerichts sind zu berücksichtigen.

48 Die Frage stellt sich namentlich bei **Wohnungswechsel** des Antragsgegners. Weiß der Antragsteller, daß die bisherige Anschrift nicht mehr stimmt, oder muß er es wissen, dann obliegt ihm und dem Gericht, die neue ausfindig zu machen. Wäre das möglich gewesen, dann ist die Zustsellung nicht oder nicht rechtzeitig erfolgt. Man wird aber auch bewerten, daß der Antragsgegner seinen Wohnortwechsel nicht mitgeteilt hat, wenn und nur wenn er mit einem Verfahren rechnen konnte (BayObLG 13. 3. 2002 FamRZ 2002, 1423 f). Solche Mitteilung obliegt getrennt lebenden Ehegatten wohl idR. Ausnahmen mögen denkbar sein, wenn sie an sich einig waren, sich nicht scheiden zu wollen. Hatte der Antragsgegner seinen Umzug nicht angezeigt, hätte der Antragsteller das aber wissen und die neue Anschrift ermitteln können, dann muß wohl das **beiderseitige Verschulden** abgewogen werden. Auch der EuGH verlangt eine Gesamtschau (EuGH 11. 6. 1985 Rs 49/84 – Debaecker/Bowman – Slg 1985, 1779). Das BayObLG (Rn 45) hat zu Recht sein (überwiegendes) Verschulden des Antragsstellers angenommen, der keinerlei naheliegende Nachforschungen angestellt und dennoch vor Gericht behauptet hatte, ihm sei der neue Aufenthalt der Antragsgegnerin unbekannt.

49 Hat der Antragsgegner bei förmlicher Zustellung eine Antragsschrift **in falscher Sprache** trotz Art 8 EuZustVO **angenommen**, so ist damit die Zustellung zwar ausreichend, aber nicht notwendig auch rechtzeitig. Es geht hier um die Zeit bis zur ersten mündlichen Verhandlung oder ggf für eine Klagerwiderung an (vgl EuGH aaO). Hat der Antragsgegner seine Verteidigung im Ausland zu organisieren und die Antragsschrift zu übersetzen, so werden eher sechs als drei Wochen nötig sein; es handelt sich in Ehesachen idR nicht um auslandserfahrene Parteien.

50 Eine **formlose Zustellung** ist immer möglich, setzt aber freiwillige Annahme voraus. Auch bei ihr ist aber eine auseichende Einlassungsfrist nötig.

51 Es wird nicht einheitlich beurteilt, ob die tatsächliche Zeit zwischen Zustellung und ersterem Termin bzw dem Termin, zu welchem geladen wurde, zu beurteilen ist, oder ob die Zustellung noch rechtzeitig war, wenn dem Antragsgegner noch in einem **späteren Termin** volles rechtliches Gehör gewährt wurde oder, wenn er säumig bleibt, gewährt worden wäre (so OLG Köln RIW 1993, 149 f; OLG Hamm RIW 1993, 764; **aA** OLG Hamm 3. 8. 1987 IPRax 1988, 289 f; OLG Koblenz 19. 6. 1990 IPRax 1992, 35, 37; LG Mönchengladbach 20. 7. 1987 IPRax 1988, 291; offengelassen BayObLG 11. 10. 1999 aaO). Der EuGH hat einmal den Zeitpunkt genannt, zu dem der Beklagte nach dem Recht des entscheidenden Gerichts noch den Erlaß des Versäumnisurteils hätte verhindern können (EuGH 16. 6. 1981 Rs 166/80 – Klomps – Slg 1981, 1593). Man darf vom Antragsteller verlangen, daß er noch am Verfahren teilnimmt, wenn auch das verfahrenseinleitende Schriftstück zum ersten Termin verspätet kam, solange das für ihn ohne Nachteile möglich ist. Deshalb kann die Zustellung kurz vor dem Termin noch rechtzeitig sein, wenn der Beklagte erscheinen und voraussichtlich erfolgreich eine weiter Erklärungsfrist hätte beantragen können, weil sie nach der lex fori in solchen Fällen allgemein gewährt wird (Zöller/Geimer § 328 Rn 140; BGH 29. 4. 1999 NJW 1999, 3198, 3200).

Der Anerkennungsrichter ist an **Feststellungen des Erstrichters**, die dieser hinsicht- 52
lich der Rechtzeitigkeit der Zustellung getroffen hat, nicht gebunden (BGH 23. 1. 1986 NJW 1986, 2197 = IPRax 1986, 366 [Walter 349]; BayObLG 11. 10. 1999 FamRZ 2000, 1170; OLG Koblenz 21. 1. 1987 RIW 1987, 708; OLG Düsseldorf 2. 6. 1986 RIW 1987, 627; Martiny, Hdb IZVR Kap II Bd III/2 Rn 129; MünchKomm-ZPO/Gottwald § 328 Rn 78; Geimer, IZPR Rn 2930) und hat auch nicht das Prozeßrecht des Erststaates zugrunde zu legen (Kropholler Art 34 EuGVO Rn 35; Linke RIW 1986, 411 f). Allerdings sollte der Zweitrichter die **im Erststaat geltenden Fristen** als **Mindeststandards** betrachten; denn es sollten für die Frage der Rechtzeitigkeit zumindest keine kürzere Frist gelten (irrig daher OLG Köln 6. 10. 1994 NJW-RR 1995, 446 teilweise auch BayObLG 11. 10. 1999 FamRZ 2000, 1170).

5. Nichteinlassung

Der Begriff der „Einlassung" ist im Hinblick auf den Normzweck **weit auszulegen** 53
(Habscheid FamRZ 1981, 1143; Baumbach/Lauterbach/Hartmann § 328 Rn 20; Stein/Jonas/Schumann § 328 ZPO, Rn 183; Zöller/Geimer § 328 ZPO Rn 139). Das Gesetz nimmt dem Beklagten die Einrede gegen die Anerkennung, der sich trotz mangelhafter oder verspäteter Ladung am Verfahren beteiligt. Im einzelnen ist jedoch umstritten, was unter den Begriff Einlassung zu **subsumieren** ist.

Nach der weiteren Ansicht ist unter Einlassung **jede Handlung** des Beklagten oder 54
seines Vertreters zu verstehen, mit der dieser zu erkennen gibt, daß er von der gegen ihn erhobenen Klage **Kenntnis erhalten** hat. Eine Einlassung sei nicht erst in einer Stellungnahme zum materiellen Klageinhalt zu sehen, sondern bereits in jeder auf Abwehr gerichteten Handlung (Martiny, Hdb IZVR Bd III/1 Kap I Rn 852). Ein lediglich passives Verhalten des Beklagten, der die den Erstprozeß einleitende Ladung auf fehlerhafte Art und Weise oder gar nicht erhalten hat, reiche allerdings zur Annahme einer Einlassung nicht aus (KG 26. 1. 1988 FamRZ 1988, 641; Geimer NJW 1973, 2138, 2141; Bernstein, in: FS Ferid [1978] 79).

Das ist zu weit formuliert. So ist richtigerweise die **Rüge der mangelhaften Zustel-** 55
lung nicht als Einlassung zu werten (Bernstein aaO 79; Haecker 20; Schütze RIW 1979, 593; vgl auch Schack, IZVR Rn 843; OLG Köln 8. 12. 1989 IPRax 1991, 114 [Linke 92]; LJV Baden-Württemberg 31. 5. 1990 FamRZ 1990, 1015, 1018). Aus jeder Meldung des Beklagten bei dem ausländischen Gericht ergibt sich zwar, daß er Kenntnis von dem Verfahren erhalten hat (OLG Hamm 5. 7. 1978 RIW 1978, 689), doch hat der Beklagte damit zur Kenntnis gebracht, daß er die Ladung nicht akzeptiere. Gericht und Kläger haben im Gegenteil aufgrund der Rüge die Möglichkeit und die Pflicht, nun richtig zu laden (vgl den Fall EuGH 3. 7. 1990 Slg 1990, 2725 [Lancray/Peters] = IPRax 1991, 177 [Rau-

SCHER 155]). Welche Folge die gerügten Zustellungsmängel für den Prozeß haben, entscheiden die Art 19 EuZustVO, Art 15 HZÜ, Art 18 EheGVO, sonst die lex fori (s Kommentierung zu Art 18). Aber der Beklagte hat jedenfalls nicht die Rüge nach Art 22 lit b verloren. Entscheidend ist, ob der Antragsgegner sich gegen die Klage verteidigt, und sei es nur gegen ihre Zulässigkeit (STEIN/JONAS/H ROTH § 328 Rn 110).

56 Ist der Beklagte zu spät benachrichtigt worden und erscheint er, nur um die verspätete Zustellung und die **fehlende Zeit für seine Verteidigung zu rügen**, weil ihm zB der Inhalt der Klage nicht genug bekannt ist, so ist das ebenfalls keine Einlassung iSd Art 22 Abs 1 lit b (KROPHOLLER, Art 34 EuGVO Rn 27; WIEHE, Zustellungen, Zustellungsmängel und Urteilsanerkennung am Beispiel fiktiver Inlandszustellungen in Deutschland, Frankreich und den USA [1993] 203 m N; BISCHOF, Die Zustellung im internationalen Rechtsverkehr in Zivil- und Handelssachen [1997]; OLG Köln 8. 12. 1989 IPRax 1991, 114 [zust LINKE 93]; OLG Hamm 28. 12. 1993 NJW-RR 1995, 189 = RIW 1994, 243 [nicht eherechtlich] **aA** GEIMER/SCHÜTZE Art 34 EuGVO Rn 112; MünchKomm-ZPO/GOTTWALD aaO Rn 29; RAUSCHER/LEIBLE Art 34 EuGVO Rn 37; it cass 28. 4. 1990 Riv dir int priv proc 1992, 297). Wenn freilich das Gericht dem Beklagten auf dessen Rüge hin genügend Zeit zur Vorbereitung auf das Verfahren eingeräumt hatte, namentlich durch Vertagung, entfällt das Anerkennungshindernis. Entscheidend ist für die Anerkennung, ob der Beklagte sich verteidigen konnte oder sich trotz an sich ungenügender Vorbereitungszeit verteidigt, also auf die ihm zustehende Frist verzichtet hat. Deshalb sollte man auch die Rüge der Zuständigkeit als Einlassung werten (OLG Köln aaO; SCHLOSSER, EuGVÜ Art 27 Rn 20; GEIMER/SCHÜTZE Art 34 EuGVO Rn 112; RAUSCHER/LEIBLE Art 34 EuGVO Rn 37; **aA** KROPHOLLER Art 34 EuGVO Rn 27 mwN zur Gegenansicht).

57 Eine Einlassung ist daher bei der **Rüge** der mangelnden internationalen **Zuständigkeit** des ausländischen Gerichts anzunehmen (BGH 7. 3. 1979 BGHZ 73, 381 = FamRZ 1979, 495 [allerdings hatte der Bkl sich hilfsweise zur Sache eingelassen]; OLG Hamm 25. 3. 1987 NJW 1988, 653; KG 3. 3. 1987 NJW 1988, 649 = StAZ 1987, 222; weitere Nw bei KRZYWON StAZ 1989, 99 Fn 44; **aA** OLG München 17. 11. 1994 IPRspr 1994 Nr 170; LJV Baden-Württemberg 31. 5. 1990 FamRZ 1990, 1016, 1018).

58 Streitig ist, ob die Einlassung oder Handlung des Beklagten nach dem Recht des Erststaates **prozeßrechtliche Relevanz** besitzen bzw prozeßordnungsgemäß erfolgen muß (verneinend zB ZÖLLER/GEIMER § 328 ZPO Rn 139; GEIMER NJW 1973, 2138, 2141; **aA** [nach Maßgabe der ausländischen Verfahrensordnung beachtliches Prozeßhandeln] ua KG 3. 3. 1987 NJW 1988, 649 f; LJV BW 31. 5. 1990 FamRZ 1990, 1015; OLG München 17. 11. 1994 IPRspr 1994 Nr 170; SCHÜTZE, ZZP 90, 73; MünchKomm/WINKLER VON MOHRENFELS Art 17 EGBGB Rn 281; BAUMBACH/LAUTERBACH/HARTMANN § 328 Rn 21; KRZYWON StAZ 1989, 99). Auch wenn genügen muß, daß der Beklagte sich verteidigt hat (BERNSTEIN, in: FS Ferid [1978] 80), so muß die Äußerung doch noch auf das **Verfahren Einfluß nehmen**, sie darf namentlich also nicht wegen Verspätung zurückgewiesen werden oder gar erst nach dem Abschluß des Verfahrens erfolgen. Die LJV Baden-Württemberg (31. 5. 1990 aaO) hatte einen Fall zu beurteilen, in dem die Beklagte die Klage erst – zum zweiten Male – zugestellt erhielt (nach HZÜ), nachdem die vom Gericht eingeräumte Klagerwiderungsfrist längst abgelaufen war, und das Gericht von einer früheren ordnungsmäßigen Zustellung ausging. Mit Recht behandelt die LJV diese Frage aber nicht unter dem Gesichtspunkt der Einlassung, sondern nimmt an, daß die Zustellung verspätet war, weil sie den Beklagten keine Einlassung mehr erlaubte. Die Einlassung kann auch gegenüber dem Gegner oder seinem Anwalt erfolgen, aber zB die außerprozessuale Mitteilung, man werde ein Versäumnisurteil gegen sich ergehen lassen, genügt nicht (aA Geimer, IZPR Rn 2933).

59 Die Einlassung kann durch einen gesetzlichen oder bevollmächtigten **Vertreter** erfolgen, dagegen genügt die Einlassung eines **vollmachtlosen Vertreters** oder eines ohne Mitwirkung des Beklagten vom Gericht bestellten Vertreters oder Pflegers nicht (EuGH 10. 10. 1006 Rs C-78/95 – Hendrikmann – Slg 1996 I 4943 = IPRax 1993, 333 [Rauscher 314]; OLG Hamm 27. 7. 1995 FamRZ 1996, 178; 7. 12. 1995 FamRZ 1996, 951; BayObLG 17. 6. 1999 FamRZ 2000, 485 sub I 3; Stein/Jonas/H Roth § 328 Rn 112; Baumbach/Lauterbach/Hartmann § 328 Rn 21; MünchKomm-ZPO/Gottwald § 328 Rn 85), da der Beklagte hier eben gerade nicht mitwirkt (Riezler, IZPR 536). Ob der falsus procurator dabei die Interessen „seiner" Partei vertreten hat, ist nicht erheblich. Nach Meinung des BayObLG (24. 11. 1978 IPRspr 1978 Nr 176) liegt eine Einlassung noch nicht vor, wenn der im Ausland bestellte Verfahrenspfleger (nach Verfahrenseröffnung) **außerhalb des Verfahrens** mit einem von dem **Beklagten bevollmächtigten Anwalt** korrespondiert oder mit ihr selbst Kontakt aufnimmt. Bleibt die Partei danach passiv, beauftragt insbesondere den Vertreter nicht, ist das keine Einlassung. Teilt der Vertreter aber noch rechtzeitig und ausreichend genau den ihm zugestellten Antrag mit, kann eine rechtzeitige Zustellung bejaht werden, so daß die Partei sich noch, etwa durch einen anderen Anwalt, verteidigen konnte (aA MünchKomm-ZPO/Gottwald § 328 Rn 85).

60 Fraglich ist, ob die Beteiligung des Beklagten an einem unselbständigen **Vorverfahren**, an das sich von Amts wegen ein Hauptverfahren anschließt, auf das sich der Beklagte dann nicht mehr einläßt, bereits als Einlassung zu werten ist. Für das dänische Trennungsverfahren hat das BayObLG (2. 6. 1978 FamRZ 1978, 779) die Beteiligung hieran nicht als Einlassung angesehen. Das Gericht wertete dies jedoch nicht eigentlich als Problem der Einlassung, sondern ging von einer verfahrensrechtlichen Selbständigkeit des Trennungsverfahrens gegenüber dem Scheidungsverfahren aus, so daß eine erneute Ladung dafür notwendig gewesen wäre. Da diese nicht bzw nicht rechtzeitig erfolgte, konnte der Beklagte erfolgreich die Rüge gem § 328 Abs 1 Nr 2 ZPO erheben.

61 Für das **unselbständige Vorverfahren** bedeutet dies, daß die Einlassung hierauf die Rüge der Nichteinlassung iSd Nr 2 für den weiteren Verlauf ausschließt (Stein/Jonas/H Roth § 328 Rn 111; BayObLG BayObLGZ 1978, 132). Der Beklagte soll nicht willkürlich die Anerkennung eines Urteils verhindern können, indem er sich dem von Amts wegen anschließenden Hauptsacheverfahren verweigert. Anders ist es, wenn das nachfolgende Verfahren eine **neue Klagerhebung** oder drgl voraussetzt (BayObLG aaO). Dann mußte der Antragsgegner nicht mit der Fortsetzung rechnen bevor ihm erneut zugestellt wurde, und eine Erkundigungspflicht trifft ihn nicht.

62 Art 22 lit b (Art 15 Abs 1 lit b aF) verlangt, daß der Beklagte sich nicht eingelassen hat. Ein Versäumnisurteil im technischen Sinn muß es aber nicht sein, sondern es muß ohne Einlassung des Antragsgegners ergangen sein. Wenn er nichts vom Verfahren weiß, kann er sich schon tatsächlich nicht einlassen, und wenn er sich einläßt, hat er offenbar Kenntnis vom Verfahren und seinem Gegenstand. So kann die **„Einlassung" nur in besonderen Situationen** problematisch werden.

63 Eine **Beschränkung der Einlassung** bzw Verteidigung nur auf einen Teil der Klage etwa auch durch Beschränkung der Anwaltsvollmacht ist grundsätzlich nicht zulässig (EuGH 21. 4. 1993 Rs C-172/91 – Sonntag/Waidmann – Slg 1993 I – S 1963 = IPRax 1994, 37 [Hess 10] Nr 40 ff).

6. Rechtsmittelobliegenheit

64 Art 34 Nr 2 EuGVO enthält nun die Regelung, daß trotz unterbliebener oder verspäteter Ladung das Urteil anzuerkennen ist, wenn der Beklagte mögliche Rechtsmittel im Urteilsstaat nicht eingelegt hat. Eine solche **Rechtsmittelobliegenheit findet sich** in Art 22 lit b (Art 15 Abs 1 lit b aF) **nicht**. Die Rechtsmittelobliegenheit ist nicht nur versehentlich nicht übernommen wurde, obwohl die EheGVO sich soweit möglich an die EuGVO anlehnen soll. Zwar ist jene neue Fassung der EuGVO erst Ende 1999 in einem Vorschlag der Ad-hoc-Gruppe zur Überarbeitung des EuGVÜ eingeführt worden (KOM[1999] 348 endg ABlEG 1999 C 376 v 28. 12. 1999), und zuvor hatte der EuGH eine Rechtsmittelobliegenheit verneint (EuGH 10. 10. 1996 Rs C-78/95 – Hendrikmann/Magenta Druck – Slg 1996 I-4943 = IPRax 1997, 333 [Rauscher 314]; EuGH 12. 11. 1992 Rs C-12/91 – Minalmet/Brandeis – Slg 1992 I-5661 = IPRax 1993, 394 [Rauscher 376]; BGH NJW 1993, 598; **aA** Geimer/Schütze Art 34 EuGVO Rn 94 ff). Die Übernahme derselben Regelung in die EheGVO gemäß einem Vorschlag des Europaparlaments ist aber von der Kommission abgelehnt worden (KOM[2000]151 endg ABlEG C 274 E v 26. 9. 2000 S 4).

65 Der so entstandene Unterschied zwischen EuGVO und EheGVO ist bedauerlich, da ihn keine sachlichen Gründe rechtfertigen. Die Kommission verweist nur auf die besondere Sensibilität der Ehesachen (aaO). Er ist aber angesichts des Wortlauts nicht zu beseitigen (anders noch ZZPInt 6 [2001] 138) und hinzunehmen (Helms FamRZ 2001, 264; MünchKomm-ZPO/Gottwald Art 15 EheGVO aF Rn 5; Schlosser Art 15 EheGVO aF Rn 4). So kann der Beklagte in Ehesachen auch taktieren, **statt Rechtsmittel einzulegen**. Es ist nicht rechtsmißbräuchlich, wenn der Beklagte darauf vertraut, **daß die ausländische Scheidung nicht anerkannt wird**, und in Deutschland seinerseits eine Scheidung beantragt, und darin liegt auch kein Einverständnis mit dem ausländischen, in seiner Abwesenheit ergangenen Urteil, denn die beiden Scheidungen sind zumindest für die Folgen idR nicht gleichwertig (BGH 2. 12. 1992 BGHZ 120, 305, 308 f zu § 328 Abs 1 Nr 2 ZPO).

7. Einverständnis

66 Die verspätete oder fehlende Ladung steht jedoch steht der Anerkennung nicht entgegen, wenn der Beklagte mit der Entscheidung „**eindeutig einverstanden**“ ist. Damit weicht Art 22 lit b (Art 15 Abs 1 lit b aF) auch von § 328 Abs 1 Ziff 2 ZPO ab, wo der Beklagte sich im Anerkennungsstadium auf die fehlende Zustellung „berufen“ muß. Der Borrás-Bericht (Nr 70) nennt als Beispiel für diesen gegenüber der EuGVO neuen Aspekt, daß die Partei Schritte für eine neue Heirat unternimmt. Eine derartige Regelung machte bei Zahlungsurteilen auch kaum Sinn.

67 „Eindeutiges Einverständnis“ heißt **nicht notwendig ausdrückliches** Einverständnis (MünchKomm-ZPO/Gottwald Art 15 EheGVO aF Rn 5; Thomas/Putzo/Hüsstege Art 15 EheGVO aF Rn 3; Helms FamRZ 2001, 264). Ein konkludentes Einverständnis ist möglich. Man denkt mit Recht außer an die neue Eheschließung des Beklagten an die

Geltendmachung von Scheidungsfolgen wie Unterhalt, güterrechtlichen Ausgleich oder Versorgungsausgleich (THOMAS/PUTZO/HÜSSTEGE Art 15 EheGVO aF Rn 3).

Die Unterlassung eines Rechtsmittels im Urteilsstaat ist nicht als eindeutiges Einverständnis zu werten. Zwar wird der nicht geladene Beklagte oft nichts gegen die Scheidung unternehmen, weil er einverstanden ist, zumal wenn er keine Scheidungsfolgen geltend machen will. Das kann aber auch andere Gründe haben. **Schweigen**, gar bloße Gleichgültigkeit, ist nicht „eindeutig" und also **nicht ausreichend**. Man muß daher noch weiteres Verhalten des Beklagten mit Erklärungswert verlangen (KROPHOLLER Einl Rn 132; DORNBLÜTH aaO S 130). Die Anerkennung tritt solange nicht ein, bis die Partei ihr **Einverständnis positiv zum Ausdruck bringt**. Es kann also noch nachträglich dazu kommen. Das **wirkt** auf den Zeitpunkt des Urteils **zurück**. **68**

IV. Unvereinbare Urteile

1. Entgegenstehendes inländisches Urteil

a) Vorrang

Wie in Art 34 EuGVO steht der Anerkennung eine im Inland ergangene Entscheidung entgegen. Rechtskraft ist an sich nicht verlangt (MünchKomm-ZPO/GOTTWALD Art 27 EuGVÜ Rn 32; GEIMER/SCHÜTZE Art 34 EuGVO Rn 179 ff; **aA** BÜLOW/BÖCKSTIEGEL/LINKE Art 27 EuGVÜ Anm IV 2), jedoch müssen eine inländische und ausländische Eheauflösungen kollidieren, was in Statussachen praktisch Rechtskraft voraussetzt. Wären beide im Inland bindend, so entstünde ein nicht auflösbarer Konflikt, wenn die Entscheidungen inhaltlich unvereinbar sind. Zu dieser Kollision kann es trotz Art 19 EheGVO regelwidrig kommen, wenn im später anhängig gemachten, – in oder ausländischen – Verfahren das frühere nicht geltend gemacht wird. Das Gericht wird selten auf anderen Wegen von einem anderweitigen ausländischen Verfahren Kenntnis erlangen. **69**

Daß ein schon existierendes inländisches Urteil die Anerkennung eines neuen, später ergehenden ausländischen hindert, ist unproblematisch. Eine schon eingetretene Gestaltung steht einer neuen uU im Wege (vgl Art 21). Wie in Art 34 Nr 3 EuGVO hindert aber nach Art 22 lit c (Art 15 Abs 1 lit c aF) auch die **später ergangene inländische Entscheidung**. Genaugenommen beendet sie die bisher schon eingetretene inländische Wirkung der früheren ausländischen Entscheidung. Der Vorrang der selbst späteren inländischen Entscheidung wird viel kritisiert (MünchKomm-ZPO/GOTTWALD Art 27 EuGVÜ Rn 34 Fn 121; HAU, Positive Kompetenzkonflikte im internationalen Zivilprozeßrecht [1996] 103 ff). Allerdings wäre es ein problematischer Eingriff in das nationale Recht, wegen einer vorliegenden, aber zunächst unbekannten ausländischen Entscheidung der inländischen Entscheidung ipso facto die Wirkung zu verweigern. Die EheGVO verbietet dem nationalen Recht jedoch nicht, seinerseits auf die ältere anzuerkennende ausländische Entscheidung nach den eigenen Regeln zu reagieren. **70**

b) Restitutionsklage

Hier ist § 580 Nr 7 a ZPO einschlägig (MünchKomm-ZPO/GOTTWALD Art 27 EuGVÜ Rn 33 nennt § 580 Nr 7 b ZPO), der eine **Restitutionsklage** vorsieht und nicht eine Unwirksamkeit ipso jure. § 582 ZPO setzt freilich an sich voraus, daß die Partei **71** des inländischen Verfahrens das frühere Urteil während des Verfahrens nicht kannte oder nicht geltend machen. Es wird selten vorkommen, daß die Parteien eines inländischen Eheverfahrens ggf ein ausländisches ergangenes Urteil nicht kennen. Wenn sie dennoch das inländische Verfahren durchführen und das ausländische Urteil, das zur Beendigung des Verfahrens führen würde, verschweigen, so geschieht das wohl regelmäßig absichtlich, aus welchen Gründen auch immer.

72 Es wäre aber bedenklich, daß die Parteien gemeinsam so mit einem neuen Urteil das alte ausländische wenigstens für das Inland praktisch beseitigen könnten (dennoch verneinen die Anwendung von § 580 Ziff 7 a ZPO Geimer/Schütze Art 34 EuGVO Rn 165; Kropholler Art 27 EuGVO Rn 48; Matthias Koch, Unvereinbare Entscheidungen iSd Art 27 EuGVÜ und ihre Vermeidung [1993] 46; Lenenbach, Die Behandlung von Unvereinbarkeiten zwischen rechtskräftigen Zivilurteilen [1998] 208). Die Regelung in § 580 Ziff 7 a ZPO ist darauf abgestellt, daß die wissende Partei den Schutz nicht verdient und braucht, wenn sie das zweite Verfahren selbst will. Das hängt aber damit zusammen, daß bei Einführung der ZPO die Rechtskraft als Einrede gestaltet war, während sie **heute im öffentlichen Interesse** von Amts wegen zu beachten ist (BGHZ 36, 365, 367). Unter diesen veränderten Umständen ist eine korrigierende Auslegung von § 580 Ziff 7a ZPO wohl vorzunehmen und die spätere deutsche Entscheidung wieder aufzuheben, die bei früherer ausländischer Rechtskraft nicht mehr hätte ergehen dürfen (im Ergebnis Rahm/Künkel/Breuer, Hdb FamGerVerf VIII Rn 260).

73 Es ist dabei zunächst unterstellt, daß auch das **ausländische Verfahren früher** anhängig war und früher beendet wurde als das inländische, so daß letzteres wegen Art 19 (Art 11 aF) nicht hätte durchgeführt werden dürfen. Es kann aber auch sein, daß das **ausländische Verfahren später** begann und früher als das inländische zu einem Urteil führte. In diesem Fall hätte das ausländische Verfahren nach Art 19 (Art 11 aF) nicht durchgeführt werden dürfen. Jedoch kennt Art 22 für das nun zuerst ergangene ausländische Urteil das Anerkennungshindernis der früheren inländischen Rechtshängigkeit nicht mehr (vgl § 328 Abs 1 Nr 3 ZPO), so daß nur noch ausnahmsweise das ausländische Urteil im Inland keine Wirkung hat, wenn ein Verstoß gegen den deutschen **ordre public** anzunehmen ist etwa wegen betrügerischer Machenschaften. Nur in diesem Fall erübrigt sich die Restitutionsklage.

2. Kollidierende ausländische Urteile

74 Gem Art 22 lit d (Art 15 Abs 1 lit d aF; ebenso Art 34 Nr 4 EuGVO) gilt unter zwei ausländischen Urteilen die **Priorität**, und das ältere hindert die Anerkennung des jüngeren (Kegel/Schurig, IPR 909 sind rechtspolitisch hier wie bei der Kollision mit inländischen Entscheidungen für den Vorzug der jüngeren als dem letzten Wort). Es muß sich **nicht** um zwei **Urteile aus Mitgliedstaaten** handeln, solange beide anzuerkennen sind. Bei Urteilen aus Drittstaaten entscheidet nationales Recht einschließlich ggf von Staatsverträgen über ihre Anerkennung. Sie steht dann ggf der Anerkennung eines späteren Urteils aus einem Mitgliedstaat im Wege.

75 Letzteres gilt auch bei Feststellungsurteilen und Klageabweisungen, die nicht unter die EheGVO fallen. Ist zB eine Ehe in England als ipso facto nichtig festgestellt, dann aber in Spanien, weil dort das Urteil nicht anerkannt ist, geschieden worden, so steht die englische Entscheidung, wenn sie in Deutschland anerkannt ist, gegen die Anerkennung der spanischen. Ebenso ist es, wenn ein Scheidungsantrag in einem Mitgliedstaat abgewiesen und die Ehe dann in einem anderen geschieden wurde.

3. Unvereinbarkeit

a) Autonome Beurteilung

Die Unvereinbarkeit der Urteile ist **autonom zu bestimmen** (EuGH 4.2.1988 Rs 145/86 – Hoffmann/Krieg – Slg 1988, Nr. 21 = IPRax 1989, 159 [abl Schack 139] = NJW 1989, 663 zu Art 27 Nr 3 EuGVÜ; Geimer/Schütze Art 34 EuGVO Rn 167; Linke RIW 1988, 825). Man wird damit unabhängig von den verschiedenen und oft schwer zu vergleichenden nationalen Regeln der Rechtskraft. Doch ist das vom ersten Richter angewandte Recht beachtlich. **Für Art 22 lit c und d** (Art 15 Abs 1 lit c u d aF) gilt nicht derselbe weite Gegenstandsbegriff wie bei Art 19 Abs 1 (Art 11 Abs 2 aF), sondern ein **engerer** (Gruber, FamRZ 2000, 1134; zur EheGVO; zum EuGVÜ Gottwald, in: Gottwald et al [Hrsg], Dogmatische Grundfragen des Zivilprozesses im geeinten Europa; Symposium für K-H Schwab [2000] S 95 ff mit Änderungsvorschlägen). 76

Nach der Entscheidung des EuGH in Hoffmann ./. Krieg (EuGH 4.2.1988 aaO Nr 22 ff), besteht schon ein Rechtskraftkonflikt, wenn die Entscheidungen sich in einem präjudiziellen „Kernpunkt" widersprechen. Danach waren ein Scheidungsurteil und ein Urteil auf Ehegattenunterhalt unvereinbar. Letzteres war nicht mehr im Inland zu vollstrecken, weil die Ehe nachträglich im Inland geschieden wurde, womit das vom Unterhaltsurteil „notwendigerweise" vorausgesetzte Eheband gelöst worden sei. Der EuGH hat freilich **nicht über die Konkurrenz** zweier Statusgestaltungen entschieden, sondern über die Folgen einer Statusänderung für ein davon abhängiges Unterhaltsurteil (das Ergebnis wäre dasselbe, wenn die Scheidung vor dem Unterhaltsurteil erfolgt und übersehen worden wäre). In der **autonomen Auslegung** der „Unvereinbarkeit" für das EuGVÜ, die auch für die EheGVO gilt, liegt die Bedeutung der Entscheidung (dazu Gottwald aaO). Im Verhältnis von Statusentscheidung und Folgeregelung handelt es jedoch genauer um den Vorrang der Gestaltung (Lipp, in: Gottwald [Hrsg] Perspektiven der justiziellen Zusammenarbeit in Zivilsachen in der europäischen Union [2003] 34). Noch deutlicher wird dies bei der Rangordnung der Gestaltungen. 77

b) Konkurrierende ausländische Gestaltungen

Die **Kernpunkttheorie** ist **für** die Unvereinbarkeit von **Statusurteilen**, um die es hier geht, **ohne Bedeutung**. Entscheidend ist die Art der jeweiligen Gestaltung und ihre zeitliche Reihenfolge. So kann nach einer im Inland erfolgten oder anerkannten ausländischen Ehetrennung eine ausländische Scheidung durchaus anerkannt werden, wie sie auch im Inland noch hätte vorgenommen werden können (vgl Art 5 bzw 6 aF; Borrás-Bericht Nr 71). Das Umgekehrte ist dagegen nicht möglich: mit einer im Inland vorgenommenen oder anerkannten Scheidung steht eine spätere Ehetrennung im Ausland in Widerspruch; eine geschiedene Ehe kann nicht mehr getrennt werden. Bei aufeinander folgenden Gestaltungen bleibt eine **weitergehende noch möglich** (Gaudemet-Tallon JDI 2001, 381 Nr 77; Art 21 Nr 55 f). Die Reihenfolge folgt aus der Natur der Sache und ist nicht identisch mit der Prioritätsregel in lit d. 78

Es liegt keine Unvereinbarkeit vor, weil das erste Urteil eine weitere Gestaltung zuläßt. Es handelt sich beim zweiten Urteil um eine **weitergehende Eheauflösung**. 79

Mit der Scheidung entfällt die Ehetrennung, weil die Ehe ganz aufgelöst ist, so daß die Trennung auch keine Inlandswirkung mehr haben kann. Die Prioritätsregel nach lit d für die Konkurrenz zweier ausländischer Urteile ändert daran nichts.

80 Während der Borrás-Bericht (Nr 27) das Verhältnis von Scheidung und Ehetrennung in diesem Sinne erörtert, schweigt er zum Verhältnis von **Scheidung und Eheaufhebung** wegen anfänglicher Mängel. Nicht alle Rechtsordnungen kennen letztere überhaupt. Schweden zB kennt nur die Scheidung. Und jedenfalls muß mit unterschiedlichen Grenzziehungen gerechnet werden; Scheidungsgründe einer Rechtsordnung können Aufhebungsgründe in einer anderen sein. Liegen eine ausländische Scheidung und eine ausländische Eheaufhebung zur Anerkennung vor, so kann wegen Art 26 (Art 19 aF) der Anerkennungsstaat, also Deutschland, auch nicht nachprüfen, ob das zweite Urteil noch ergehen durfte. Schon deshalb muß die Unvereinbarkeit einheitlich und autonom aus der EheGVO entnommen werden. (Folgt man dem nicht, müßte man prüfen, ob die **Rechtskraft** einer ausländischen Scheidung das nachfolgende Aufhebungs- oder Nichtigkeitsurteil verbietet. Tut sie es nicht, so bestünde auch keine Unvereinbarkeit der Urteile. Ein Eheaufhebungs- oder Nichtigkeitsurteil wird wohl immer auch nach seinem Recht einer weitere Scheidung ausschließen, nicht aber immer eine Scheidung eine spätere Eheaufhebung oder soweit sachrechtlich vorgesehen, ein Nichtigkeitsurteil.)

81 Eine spätere Scheidung ist iSd EheGVO mit einer früheren Eheaufhebung unvereinbar, aber eine **spätere Aufhebung** ist mit einer **früheren Scheidung** vereinbar. Es steht nicht im Wege, daß iSd Kernpunkttheorie das Scheidungsurteil das Bestehen der Ehe angenommen hatte. Eine spätere Eheaufhebung beseitigt eine ältere Scheidung. **Zwei Scheidungen aufgrund der gleichen Gründe** sind unvereinbar. Es kann zwar durchaus sein, daß im Recht, nach welchem die erste Scheidung ausgesprochen wurde, noch andere Scheidungsgründe zur Wahl stehen, die zB widerklagend oder auch alternativ geltend gemacht werden konnten (zB art 229 ff fr c civ). In Frankreich ist aber, wie wohl auch sonst meist, eine zweite Scheidung aus einem der anderen Scheidungsgründe ausgeschlossen. Wenn **zwei Scheidungsurteile** aufgrund **verschiedener Scheidungsgründe** aus ausländischen Mitgliedstaaten vorliegen, besteht ein Widerspruch und nur das erste ist anzuerkennen.

c) Konkurrierende inländische Entscheidung

82 Wenn die **inländische Statusgestaltung älter** ist als eine ausländische, geht sie natürlich dieser vor, **soweit ein Widerspruch** besteht. Eine ausländische Scheidung oder Eheaufhebung kann mangels Unvereinbarkeit nach einer inländischen Ehetrennung anerkannt werden. Dagegen nicht eine ausländische Ehetrennung nach einer inländischen Scheidung. Ob nach dieser auch eine ausländische Eheaufhebung noch anerkannt werden kann, ist zweifelhaft, aber zu bejahen (vgl Rn 81; Art 21 Rn 55 f).

83 Ein **inländisches Urteil** geht auch als **späteres** vor, so daß ein ausländisches nur anerkannt wird, wenn es weiterhin damit vereinbar ist. Eine ausländische Ehetrennung und eine inländische Scheidung oder Eheaufhebung sind nicht vereinbar, jedoch machen letztere die Ehetrennung erst von da an unwirksam. Dasselbe gilt, wenn nach einer ausländischen Scheidung eine inländische Eheaufhebung erfolgt. Doch wirkt diese häufig zurück.

Der Vorrang der inländischen Entscheidung nach Art 22 lit c (Art 15 Abs 1 lit c aF) wirkt sich auch aus, wenn die inländische Statusgestaltung eigentlich wegen der Anerkennung der ausländischen älteren Entscheidung **nicht mehr hätte ergehen dürfen** wie eine inländische Trennung einer schon im Ausland geschiedenen oder aufgehobenen Ehe. Damit entfällt die Inlandswirkung des ausländischen Urteils, und die Eheleute sind für uns nur noch von Tisch und Bett getrennt; die Scheidung hinkt. Ebenso tritt eine inländische Scheidung an die Stelle einer bis dahin anerkannten ausländischen Scheidung oder Eheaufhebung, auch wenn das inländische Urteil nicht mehr hätte ergehen dürfen (zu den weiteren Folgen insb § 580 ZPO o Rn 71 ff). **84**

V. Prüfung

1. Prüfung vom Amts wegen

Die Anerkennungshindernisse sind nach hM von Amts wegen, dh **auch ohne Rüge** einer Partei zu prüfen (zum EuGVÜ: OLG Köln 12. 4. 1989 NJW-RR 1990, 127; OLG Koblenz 3. 12. 1990 RIW 1991, 860; MünchKomm-ZPO/Gottwald Art 27 EuGVÜ Rn 5; Thomas/Putzo/Hüsstege Art 24 EheGVO aF Rn 2; zweifelnd Kropholler vor Art 33 EuGVO Rn 6). Die EheGVO unterscheidet nicht erkennbar zwischen Hindernissen, die im öffentlichen oder privaten Interesse liegen (so aber Geimer/Schütze Art 34 EuGVO Rn 54 ff; Koch, Unvereinbare Entscheidungen iSd Art 27 Nr 3 und 5 EuGVÜ und ihre Vermeidung [1993] 150). Bei den einzelnen Hinderungsgründen wäre das manchmal schwer zu entscheiden, so daß der hM zuzustimmen ist. Bei lit a, c und d ist das öffentliche Interesse zumindest neben einem privaten stark berührt, und bei lit b, wo es nur um letzteres geht, weicht der Wortlaut auffallend von § 328 Abs 1 Nr 2 ZPO ab. Anders als dort soll es hier darauf ankommen, ob die Partei mit der Entscheidung der Eheauflösung einverstanden ist. Das ist jedoch eine notfalls konkludente Erklärung und keine Rüge im Anerkennungsverfahren. **85**

Amtsprüfung bedeutet nicht **Ermittlung von Amts wegen** (zT dafür aber Geimer, IZPR Rn 2991, 2707 f). Eine solche ordnet die EheGVO nicht an. Sie hätte zwar keine Einwände dagegen, nationales Recht anzuwenden, wenn es Amtsermittlung für die internationale Zuständigkeit vorsieht (Gothot/Holleaux J D I 1971, 787; Kropholler vor Art 33 EuGVO Rn 8 allerdings zum Anerkennungsverfahren, wo sich die Frage nicht stellt; Martiny in Hdb IZVR II/2 Rn 218). Das ist aber im deutschen Recht nicht der Fall. **86**

So sind namentlich Anerkennungshindernisse beachten, die aus dem betr Urteil selbst zu ersehen sind, das vorzulegen ist (Art 37 Abs 1 lit a, Art 33 Abs 1 lit a aF). Handelt es sich um ein Urteil ohne Anwesenheit des Antragsgegners, muß auch die rechtzeitige Ladung nachgewiesen werden, ohne daß der Antragsgegner rügen müßte (Art 37 Abs 2 lit a, Art 33 Abs 2 lit a aF). Das Gericht verlangt vielmehr von Amts wegen diese Nachweise (Art 38 Abs 1, Art 34 Abs 1 aF). Es ermittelt aber zB im Hinblick auf Art 22 lit b (Art 15 Abs 1 lit b aF) nicht von Amts wegen. **Zweifel** hinsichtlich eventueller Anerkennungshindernisse können sich aus dem Parteivortrag aber auch aus amtbekannten oder offenkundigen Tatsachen ergeben. Dann sind die Parteien zu weiteren Nachweisen aufzufordern. Das gilt gleichermaßen für eine **isolierte Feststellung** der Anerkennung oder Nichtanerkennung gem Art 21 Abs 3 mit Art 28 ff (Art 14 Abs 3 mit Art 21 ff aF) wie für eine **Inzidentfeststellung**, wenn die Anerkennung Vorfrage zB für ein Erbrecht ist (Art 21 Abs 4 bzw **87**

Art 14 Abs 4 aF). Es gilt ebenso, wenn die Anerkennung **Prozeßhindernis** für eine erneute Scheidungsklage ist, der die Rechtskraft zB einer ausländischen Scheidung im Wege stünde. Auch für Prozeßvoraussetzungen gilt nicht die Amtsermittlung (Rosenberg/Schwab/Gottwald ZPR § 78 Rn 46; Rimmelspacher, Prüfung von Amts wegen [1966] 147, 159). Der BGH will hier dagegen die geeigneten Beweise von Amts wegen erheben (BGH 9.1.1996 NJW 1996, 1059; BGH 4.11.1999 NJW 2000, 289).

88 Amtsermittlung obliegt dem Standesbeamten bzw der Aufsichtsbehörde, soweit sie für die Eintragungen in Personenstandsregister die Anerkennung zu prüfen haben. Und läßt man eine freiwillige Delibation nach Art 7 § 1 FamRÄndG zu (so o Art 21 Rn 92), dann ist gemäß § 12 FGG von Amts wegen zu ermitteln. Das rechtfertigt sich wegen der Bindungswirkung der Entscheidung inter omnes.

2. Beweislast

a) Ausgangspunkt

89 Auch bei Amtsprüfung (und selbst bei Amtsermittlung) stellt sich die Frage der Beweislast, wenn sich die **tatsächlichen Voraussetzungen** der in Art 22 (Art 15 Abs 1 aF) genannten **Anerkennungshindernisse** nicht aufklären lassen. Daraus, daß diese Anerkennungshindernisse traditionell negativ formuliert sind, läßt sich nicht herleiten, daß derjenige, der sich gegen die Anerkennung einer Entscheidung wendet, die Beweislast für die Hindernisse trage. Leipold (Beweislastregelungen und gesetzliche Vermutung [1986] 267) hat gezeigt, daß es keinen Einfluß auf Entstehen und Bestehen von Rechten hat, ob deren tatbestandliche Voraussetzungen negativ oder positiv formuliert worden sind. Entscheidend ist, ob das Gesetz mit seiner Formulierung eines Beweislastverteilung oder -umkehr ausdrücken will. So regelt § 328 ZPO nach ganz herrschender Auffassung trotz seines Wortlauts nicht Ausnahmen von einer regelmäßigen Anerkennung, sondern deren Voraussetzungen (BGH 29.4.1999 BGHZ 141, 286, 302 speziell zu § 328 Abs 1 Nr 5 ZPO; Stein/Jonas/H Roth § 328 Rn 28, 30; MünchKomm-ZPO/Gottwald § 328 Rn 55; implizit BGH 25.11.1993 IPRax 1995, 101 [Gottwald 74]; Schack, IZVR Rn 884). So beruht das Spiegelbildprinzip in § 328 Abs 1 Nr 1 ZPO historisch auf der Lehre Feuerbachs, daß der Anerkennungsstaat gerechterweise gehalten sei, ausländischen Urteilen dieselbe Zuständigkeit zuzugestehen, die er selbst in Anspruch nimmt (M Fricke, Die autonome Anerkennungszuständigkeitsregel im deutschen Recht des 19. Jahrhunderts [1993] 14 ff). Das bedeutet gerade nicht eine Vermutung für Anerkennungsfähigkeit. Zu Art 33 ff EuGVO wird allerdings verschiedentlich angenommen, daß diese eine Vermutung oder einen Grundsatz der Anerkennung enthalte und daher eine Beweislastumkehr für die Anerkennungshindernisse (Kropholler, vor Art 33 EuGVO Rn 7 unter Berufung auf den Jenard-Bericht zu Art 26 EuGVÜ; MünchKomm-ZPO/Gottwald Art 27 EuGVÜ Rn 8). Das ist jedoch den Verordnungen nicht zu entnehmen, die sich vielmehr offensichtlich in ihrer Struktur an § 328 ZPO und den entsprechenden Regelungen anderer Mitgliedstaaten ausrichten. Der Borrás-Bericht ergibt keine Hinweise zu dieser Frage. Anerkennung ist auch unter den EU-Staaten nicht selbstverständlich, sondern bedarf der Zulassung und der Definition der Voraussetzungen bzw Grenzen. Daß die EheGVO die Anerkennungshindernisse auf das strikte Minimum reduziert hat, ergibt auch nichts dazu, ob dann wenigstens deren Fehlen zu beweisen sei.

90 Ebensowenig läßt sich eine ganz allgemein gültige Regel aufstellen, daß der jenige, der die Anerkennung geltend macht, ihre Voraussetzungen zu beweisen habe (so aber SCHACK, IZVR Rn 884; zu dieser Grundregel der Beweislastverteilung ROSENBERG/SCHWAB/GOTTWALD ZPR § 114 Rn 7 ff). Es ist vielmehr die Beweislastverteilung bei den **einzelnen Anerkennungsvoraussetzungen** bzw -hindernissen jeweils zu prüfen (MARTINY, Hdb IZVR Bd III/1 Rn 1598 ff; GEIMER/SCHÜTZE Art 34 EuGVO Rn 1). Die Grundregel kann nur ein Ausgangspunkt sein, und allenfalls kann auf sie zurückgegriffen werden, wenn sich bei den einzelnen Anerkennungsvoraussetzungen keine Abweichungen ergeben. Der Wortlaut von Art 22 (Art 15 Abs 1 aF) trägt jedenfalls **keine generelle Umkehr** der Grundregel.

Gegen eine pauschale Gleichbehandlung aller Anerkennungsvoraussetzungen bzw -hindernisse im Hinblick auf die Beweislastverteilung spricht insbesondere die Heterogenität der hinter ihnen stehenden Wertungen. So dient Art 22 lit b (Art 15 Abs 1 lit b aF; rechtzeitige Zustellung) primär dem Schutz des Beklagten. Demgegenüber liegt die Prüfung des ordre public gem lit a im wesentlichen im öffentlichen Interesse, wonach in jedem Fall die Anerkennung abzulehnen ist, die fundamentale inländische Wertvorstellungen verletzen würde, selbst wenn beide Teile des Ausgangsverfahrens mit der Entscheidung einverstanden sein sollten. Die Anerkennungshindernisse der entgegenstehenden Rechtskraft (Art 22 lit c und d; Art 15 Abs 1 lit c und d aF) dienen neben dem Schutz der prozessualen Interessen der Parteien nach ganz herrschender Auffassung auch einer geordneten Rechtspflege (OLG München 2. 4. 1964 NJW 1964, 779 f; BGH 17. 1. 1952 4, 315, 322; zur Rechtshängigkeit MünchKomm-ZPO/LÜKE § 261 Rn 4 f; STEIN/JONAS/SCHUMANN § 261 Rn 3; ZÖLLER/GREGER § 261 Rn 1). Ebenfalls nicht weiterführend wäre eine Verteilung der Beweislast nach Parteirollen im Ausgangsverfahren mit der Folge, daß diejenige Partei die Nachteile aus der Nichterweislichkeit der Anerkennungsvoraussetzungen bzw -hindernisse trüge, die die fraglichen Umstände im Ausgangsverfahren hätte beweisen müssen. Das träfe mehr zufällig bei dem Anerkennungshindernis der fehlenden oder nicht rechtzeitigen Zustellung zu, jedoch sind die tatsächlichen Voraussetzungen der Buchstaben c und d (kollidierende Entscheidungen) und zumindest teilweise des Buchstaben a (ordre public) überhaupt nicht Gegenstand des Ausgangsverfahrens. 91

b) Anzuerkennende Entscheidung

In jedem Fall hat die die Anerkennung begehrende Partei die **Existenz des** anzuerkennenden **ausländischen Urteils** zu beweisen und ggf die Echtheit einer Urteilsurkunde (OLG Stuttgart 29. 4. 1974 FamRZ 1974, 459; LJV-BW 23. 1. 1987 IPRspr 1987 Nr 163 a). Das Argument, daß Art 22 (Art 15 Abs 1 aF) nach seinem Wortlaut eine Vermutung der Anerkennung aufstelle, griffe schon deswegen nicht, weil die Frage der Existenz der ausländischen Entscheidung den Gegenstand der Anerkennung selbst betrifft und damit der Prüfung der Anerkennungsvoraussetzungen vorgelagert ist. Gefälschte Urteile und dergleichen können natürlich keine inländische Wirkung entfalten und erst recht nicht gefälschte Bescheinigungen nach Art 39 (Art 33 aF). Die Partei, die die Feststellung der Anerkennung betreiben will, hat nach Art 37 (Art 27 aF) das ausländische Urteil vorzulegen. Die Echtheit des ausländischen Urteils kann, wenn ernsthafte Zweifel bestehen, durch Legislation nachgewiesen werden (dazu MünchKomm/SPELLENBERG Art 11 EGBGB Rn 95 ff). Art 37 und 44 (Art 27, 33 aF) verbieten das nicht. Aber innerhalb Europas könnte eine Anfrage beim angeblichen Gericht einfacher sein. Die **Beweislast** trägt hier also, wer die Anerkennung begehrt. 92

93 Im Fall des BayObLG (28. 7. 1999 FamRZ 2000, 836) hatten die Ehefrau und ein Freund unter Vorlage eines gefälschten Passes mit dem Namen des Ehemannes der islamischen Scheidungsbehörde ein scheidungswilliges Ehepaar vorgegaukelt. Von dem Vorgang hatte das deutsche Gericht durch Aussagen der beiden selbst in einem anderen Verfahren erfahren. Eine gegenteilige substantiierte Darstellung habe die Ehefrau und jetzige Antragstellerin im Anerkennungsfeststellungsverfahren, die festgestellt haben wollte, daß die Scheidung nicht anerkannt sei, nicht gegeben. Die Anerkennung wurde angelehnt. Es ist nicht gesagt, wie zu entscheiden wäre, wenn unklar geblieben wäre, ob die Täuschungsmanöver stattgefunden hatten. Es hätte dann möglicherweise keine Scheidung dieses Ehepaares vorgelegen, und solange eine solche nicht nachgewiesen ist, ist auch nicht anzuerkennen (ähnliche Fälle werden in Indien vermutet, LJV BW aaO).

94 Nicht nur die Existenz, sondern auch die **Wirksamkeit eines ausländischen Urteils** kann in seltenen Fällen zweifelhaft sein. Auch im Ausland sind ganz wirkungslose Urteile wohl eine Ausnahme. Zu beachten ist, daß auch ein Urteil, welches mit gravierenden Fehlern behaftet ist, häufig nur durch außerordentliche Rechtsmittel (zB Wiederaufnahmeklage) zu beseitigen sein wird. Bis dahin ist es jedoch wirksam und daher auch anerkennungsfähig. Nichtige Urteile könnten vielleicht zustande kommen, wenn der entscheidende Richter befangen oder vor allem bestochen ist, wenn überhaupt keine Zustellung der Klage stattfand, aber vor allem wenn der Beklagte immun war aufgrund völkerrechtlicher Bestimmungen als Diplomat oder Angehöriger eines Diplomatenhaushaltes. Gerade diese Tatsache kann schwierig aufzuklären sein.

95 Die Wirksamkeit des ausländischen Urteils ist zunächst eine Rechtsfrage, die im Anerkennungsverfahren von Amts wegen zu prüfen ist und sich nach dem Recht des Urteilsstaats bestimmt. Dessen Inhalt ist von Amts wegen zu ermitteln (BGH 20. 3. 1980 BGHZ 77, 32; BGH 24. 3. 1987 IPRax 1988, 227; BGH 7. 4. 1993 NJW 1993, 2305; BGH 2. 2. 1994 IPRax 1995, 111 [Henrich 86] – alle zur Ermittlung ausländischen Sachrechts) und ein non liquit sollte in Europa eigentlich nicht vorkommen.

96 Die die **Unwirksamkeit** des Urteils **begründenden Tatsachen**, zB die Voraussetzungen einer Immunität des Antragsgegners können im Anerkennungsverfahren unaufklärbar bleiben. Für die Immunität trägt der damalige Antragsgegner, dh der Immune, die Beweislast, wenngleich dies umstritten ist (wie hier Geimer, IZPR Rn 527; Walter NJW 1985, 12; Schack, IZVR Rn 160; **aA** Hess, Staatenimmunität bei Distanzdelikten [1994] 333). Erst der Nachweis der Immunität hindert die Anerkennung, nicht ihre bloße Möglichkeit (deshalb **aA** Hess aaO).

c) Rechtzeitige Ladung

97 Teilweise wird unter Berufung darauf, daß der Beklagte nach § 328 Abs 1 Nr 2 ZPO die mangelnde Ladung rügen muß, gefolgert, ihn treffe auch die Beweislast für die fehlende Zustellung des verfahrenseinleitenden Schriftstücks (Martiny, Hdb IZVR Bd III/1 Kap I Rn 1601). Da Art 22 lit b (Art 15 Abs 1 lit b aF) die Rügepflicht nicht mehr enthält, gilt das hier nicht. Jener Schluß trifft aber auch sonst nicht zu (zu Art 27 Ziff 2 EuGVÜ BGH 2. 10. 1991 IPRax 1993, 324; OLG Hamm 29. 5. 1992 IPRax 1993, 395 [Linke 295 zu beiden Entscheidungen]). Nicht nur kann der damalige Antragsgegner den negativen Beweis nur schwer führen, vielmehr trägt der **Antragsteller des Ausgangsverfahrens**

die Verantwortung für die rechtzeitige Ladung und ebenso ggf dafür, daß der Beklagte auf andere Weise die nötige Kenntnis erlangt hat (OLG Koblenz 20. 11. 1990 FamRZ 1991, 459, aber irrig zu § 328 Abs 1 Nr 4 statt Nr 2; OLG Karlsruhe 22. 1. 1996 IPRax 1996, 426). Der Antragssteller des Ausgangsprozesses hat auch am ehesten die Möglichkeit, die Ladung mit Hilfe von Unterlagen nachzuweisen, und muß dementsprechend nach Art 37 Abs 2 (Art 27 Abs 2 aF) die Urkunde oder eine beglaubigte Abschrift vorlegen, aus der sich ergibt, daß das verfahrenseinleitende Schriftstück zugestellt worden ist. Den Beweis dafür freilich, daß das amtliche Zustellungszeugnis, welches eine öffentliche Urkunde ist, unrichtig ist, trägt gem § 418 Abs 2 ZPO der Antragsgegner (BGH 29. 4. 1999 BGHZ 141, 286, 304 zur fehlenden Übersetzung). Die Beweislastfrage stellt sich allerdings nicht, wenn der Antragsgegner seinerzeit sich auf das Verfahren eingelassen hatte. Allfällige Zustellungsmängel sind damit irrelevant. Daß er sich eingelassen hat, muß freilich der Antragsteller des Ausgangsverfahrens ggf nachweisen. Läßt sich der Nachweis einer rechtzeitigen und ausreichenden Zustellung nicht durch eine Zustellungsurkunde führen, trägt der Antragsteller den Beweis dafür, daß der Kläger dennoch hinreichend und rechtzeitig informiert war (dazu Art 18 Rn 63 ff).

d) Entgegenstehendes inländisches Urteil

Über die Existenz eines kollidierenden rechtskräftigen inländischen Urteils werden **98**
selten tatsächliche Zweifel bestehen. Man kann jedenfalls nicht allein deshalb die Anerkennung verweigern, weil vielleicht ein inländisches Urteil vorliegt, da sich sonst die die Anerkennung begehrende Partei ggf weder auf das offenbar nicht bekannte inländische noch auf das anzuerkennenden ausländische Urteil berufen könnte und damit praktisch rechtlos gestellt wäre. Da bei einem inländischen Erkenntnisverfahren der Antragsgegner die Beweislast für die negative Prozeßvoraussetzung der entgegenstehenden Rechtskraft trüge (Musielak/Foerste ZPO [3. Aufl 2002] § 286 Rn 50; MünchKomm-ZPO/Lüke vor § 253 Rn 4), erscheint es sinnvoll, auch im Anerkennungsverfahren die Beweislast dafür dem aufzuerlegen, der das Anerkennungshindernis geltend macht. Wird das entgegenstehende inländische Urteil dann später doch noch aufgefunden, mag gegen einen die Anerkennung feststellenden Entscheid Restitutionsklage erhoben werden (§ 580 Nr 7 a ZPO).

e) Entgegenstehendes ausländisches Urteil

Eher können Zweifel darüber bestehen, ob im Ausland ein Urteil ergangen ist, das **99**
im Inland anerkannt war und der Anerkennung des jetzigen ausländischen Urteils entgegenstünde. Auch hier wird man der Partei, die dieses Anerkennungshindernis geltend macht, die Beweislast für die Existenz der früheren Entscheidung auferlegen. Der Partei, die die Anerkennung festzustellen begehrt, wäre auch schwerlich der Nachweis möglich, daß nirgendwo in der Welt ein solches Urteil ergangen ist. Zumindest müßte der Gegner der Anerkennung jenes Urteil genau benennen.

Für die Feststellung, ob jenes frühere ausländische Urteil seinerseits im Inland **100**
anerkannt ist, gelten dieselben Regeln wie für die Anerkennung eines ausländischen Urteils überhaupt.

f) Ordre public

Beim Anerkennungshindernis des ordre public, kann man jedenfalls nicht mit einer **101**
Behauptungslast argumentieren, da dieses Anerkennungshindernis von Amts wegen zu prüfen ist (aA Geimer, IZPR Rn 2991). Auch daß der Vorbehalt des ordre public

eine Ausnahmeregelung sei, sagt nichts Gegenteiliges (aA Martiny, Hdb IZVR Bd III/1 Kap 1 Rn 1603). Seine Wahrung ist vielmehr eine besonders wichtige und unverzichtbare Voraussetzung. Man sagt zwar, daß ein Verstoß dagegen in der Praxis häufig behauptet, selten substantiiert und noch seltener bewiesen werde (Martiny aaO Rn 979), aber wenn er gegeben ist, wäre es besonders wichtig, ihn ohne Rücksicht auf den Parteivortrag durchgreifen zu lassen.

102 Auch die Formulierung in Art 22 lit a (Art 15 Abs 1 lit a aF), daß der Verstoß **offensichtlich** sein müsse, betrifft **nicht Beweislastfragen**, sondern soll ausdrücken, daß die Abweichung erheblich und sachlich unbestreitbar sein muß (MünchKomm/Sonnenberger Art 6 EGBGB Rn 80 mwN). Eine solche Erheblichkeit ist etwas anderes als unmittelbare und zweifelsfreie Erkennbarkeit der Tatsachen, gar für jedermann.

103 Als der Beklagte geltend machte, ihm sei im Verlauf des ausländischen Verfahrens nicht ausreichend **rechtliches Gehör** iSd § 328 Abs 1 Nr 4 ZPO gewährt worden, hat das OLG Köln (29. 6. 1994 FamRZ 1995, 306 f) die Beweislast ebenso wie für die Zustellung des verfahrenseinleitenden Schriftstückes dem damaligen Kläger auferlegt. Dem ist auch für Art 22 lit a (Art 15 Abs 1 lit a aF) zuzustimmen. Eine unterschiedliche Behandlung des rechtlichen Gehörs bei Verfahrenseinleitung und im weiteren Verfahrensverlauf wäre nicht gerechtfertigt.

104 Nicht immer kann dem Antragsgegner des Ausgangsverfahrens oder dem, der die Anerkennungsfähigkeit bestreitet, die Beweislast für einen Verstoß gegen den ordre public auferlegt werden und ebensowenig kann sie immer dem Antragsteller des Ausgangsverfahrens oder dem, der die Anerkennung beantragt, auferlegt werden. Da die Parteien des Anerkennungsfeststellungsverfahrens keineswegs notwendig auch Parteien des Ausgangsverfahrens waren, fragt man ohnehin einfacher, ob die Beweislast für oder gegen die Anerkennungsfähigkeit streitet. So hat das BayObLG (11. 6. 1992 FamRZ 1993, 451) festgehalten, daß ein Verstoß gegen den ordre public vorliege, wenn ausländische Behörden erheblichen Druck auf einen Ehegatten oder nahe Angehörige mit dem Ziel ausgeübt haben, die Scheidung der Ehe zu erzwingen, in casu von einem Ehemann, welcher Rumänien verlassen hat. Hätte das Gericht nicht aufklären können, ob der Druck das nötige Maß erreicht hatte, so hätte es die Anerkennung der Scheidung feststellen müssen. Hier stritt die Beweislast für die Anerkennung. Angesichts der Vielfalt der möglichen Verstöße gegen den deutschen ordre public, läßt sich aber **keine generelle** Regel aufstellen.

105 Das Problem stellt sich hauptsächlich beim verfahrensrechtlichen ordre public, während es beim materiellen seltener zu Beweislastfragen kommen kann. Der materiellrechtliche ordre public greift ein, wenn die Scheidung aufgrund der festgestellten Tatsachen nach den Grundwertungen des deutschen Rechts keinesfalls hätte ausgesprochen werden dürfen. Hier dürften deswegen kaum Beweisprobleme auftreten, weil das Urteil vorliegt und die ihm zugrundegelegten Tatsachen auch bekannt sein dürften. Zum verfahrensrechtlichen ordre public gehört es dagegen, ob diese Tatsachen vielleicht dem Gericht betrügerisch vorgespiegelt worden sind. Scheidungsurteile, die im Ausland durch die Vorlage gefälschter Urkunden erlangt werden, können nicht anerkannt werden (BGH 10. 7. 1986 IPRax 1987, 236 f; vgl auch BayObLG 28. 7. 1999 FamRZ 2000, 836). Es liegt näher, die Beweislast für die Anerkennung streiten zu lassen.

Artikel 23
Gründe für die Nichtanerkennung einer Entscheidung über die elterliche Verantwortung

Eine Entscheidung über die elterliche Verantwortung wird nicht anerkannt,

a) wenn die Anerkennung der öffentlichen Ordnung des Mitgliedstaats, in dem sie beantragt wird, offensichtlich widerspricht, wobei das Wohl des Kindes zu berücksichtigen ist;

b) wenn die Entscheidung – ausgenommen in dringenden Fällen – ergangen ist, ohne dass das Kind die Möglichkeit hatte, gehört zu werden, und damit wesentliche verfahrensrechtliche Grundsätze des Mitgliedstaats, in dem die Anerkennung beantragt wird, verletzt werden;

c) wenn der betreffenden Person, die sich auf das Verfahren nicht eingelassen hat, das verfahrenseinleitende Schriftstück oder ein gleichwertiges Schriftstück nicht so rechtzeitig und in einer Weise zugestellt wurde, dass sie sich verteidigen konnte, es sei denn, es wird festgestellt, dass sie mit der Entscheidung eindeutig einverstanden ist;

d) wenn eine Person dies mit der Begründung beantragt, daß die Entscheidung in ihre elterliche Verantwortung eingreift, falls die Entscheidung ergangen ist, ohne dass diese Person die Möglichkeit hatte, gehört zu werden;

e) wenn die Entscheidung mit einer späteren Entscheidung über die elterliche Verantwortung unvereinbar ist, die in dem Mitgliedstaat, in dem die Anerkennung beantragt wird, ergangen ist;

f) wenn die Entscheidung mit einer späteren Entscheidung über die elterliche Verantwortung unvereinbar ist, die in einem anderen Mitgliedstaat oder in dem Drittstaat, in dem das Kind seinen gewöhnlichen Aufenthalt hat, ergangen ist, sofern die spätere Entscheidung die notwendigen Voraussetzungen für ihre Anerkennung in dem Mitgliedstaat erfüllt, in dem die Anerkennung beantragt wird;

oder

g) wenn das Verfahren des Artikels 56 nicht eingehalten wurde.

Bis 28. 2. 2005 geltende Regelung: Art 15 Abs 2 aF (s Textanhang).

Art 23 nF behandelt wie Art 15 Abs 2 aF die Anerkennungshindernisse für Sorgerechtsentscheidungen selbständig, aber doch in Anlehnung an Art 22 (Art 15 Abs 1 aF), der für Eheauflösungen gilt. Die Abweichungen ergeben sich vor allem, aber nicht ausschließlich aus der Einbeziehung des Kindeswohles und der Beteiligung des Kindes oder eines dritten Inhabers elterlicher Sorge, die beide nicht Beteiligte des Verfahrens ieS waren. Deswegen ist die getrennte Regelung doch sinnvoll (**aA** SCHLOSSER Art 15 EheGVO Rn 1). Die Einzelheiten sind in einer dem Eheverfahren gewidmeten Kommentierung nicht zu behandeln.

Anhang zu Art 23 EheGVO

Übereinkünfte mit Drittstaaten Art 16a aF

Die bis 28. 2. 2005 geltende Bestimmung des Art 16 aF, der Übereinkünfte mit Drittstaaten regelt, ist ersatzlos entfallen (s Textanhang).

1 Art 16 aF bezieht sich auf Art 8 aF, wonach nationales Zuständigkeitsrecht herangezogen werden darf, wenn sich aus der EheGVO keine Zuständigkeit irgendeines Mitgliedstaates ergibt. Und gem Art 14 nehmen auch solche Urteile an der europaweiten automatischen Anerkennung teil. Die nationalen Zuständigkeitsregeln können exorbitante sein, die die EheGVO an sich aus gutem Grund im Verhältnis der Mitgliedstaaten unterdrückt hat. Sie gelten im Verhältnis zu Parteien aus Drittstaaten weiter und ihre Wirkung wird durch Art 14 aF erheblich verstärkt, was ihrer schwachen Rechtfertigung nicht entspricht. In Deutschland betrifft das namentlich § 606a Abs 1 S 1 Nr 1 ZPO und besonders die Zuständigkeit kraft früherer deutscher Staatsangehörigkeit, in Frankreich art 14 c civ, wonach ein Franzose immer in Frankreich klagen und darauf bestehen kann, nur dort verklagt zu werden.

2 Um sich davor zu schützen, können Drittstaaten mit jedem Mitgliedstaat der EheGVO bilateral vereinbaren, daß letzterer Entscheidungen auf diesen Grundlagen aus anderen Mitgliedstaaten nicht anerkennt. Art 8 erlaubt solche Ausnahmen von der automatischen Anerkennung. Sie gälten aber nur für den betreffenden Mitgliedstaat. Verträge aus der Zeit vor der EheGVO würden auch genügen. Deutschland hat solche Verträge nicht abgeschlossen, denn der einzig in Frage kommende deutsch-norwegische Anerkennungs- und Vollstreckungsvertrag v 17. 6. 1977 über die gegenseitige Anerkennung und Vollstreckung gerichtlicher Entscheidungen und anderer Schuldtitel in Zivil- und Handelssachen (BGBl II 1981 S 341) betrifft nicht das Familienrecht. Deshalb ist es auch nicht nötig, daß in Deutschland nachgeprüft wird, auf welcher Zuständigkeitsgrundlage das Urteil im anderen Mitgliedstaat ergangen ist, denn die Anerkennung hängt mangels eines solchen Vertrages nicht davon ab (**aA** THOMAS/PUTZO/HÜSSTEGE Art 16 EheGVO aF Rn 1).

Artikel 24
Verbot der Nachprüfung der Zuständigkeit des Gerichts des Ursprungsmitgliedstaats

Die Zuständigkeit des Gerichts des Ursprungsmitgliedstaats darf nicht überprüft werden. Die Überprüfung der Vereinbarkeit mit der öffentlichen Ordnung gemäß Artikel 22 Buchstabe a) und Artikel 23 Buchstabe a) darf sich nicht auf die Zuständigkeitsvorschriften der Artikel 3 bis 14 erstrecken.

Bis 30. 6. 2004 geltende Regelung: Art 17 aF (s Textanhang).

Schrifttum

LEIPOLD, Neue Erkenntnisse des EuGH und des BGH zum anerkennungsrechtlichen ordre public, in: FS Stoll (2001) 625.

Wie Art 35 Nr 3 EuGVO verbietet Art 24 (Art 17 aF) die Nachprüfung, ob das Urteilsgericht seine Zuständigkeit zu Recht angenommen hat. Eine Ausnahme wie in Art 35 Abs 1 EuGVO bei bestimmten ausschließlichen Zuständigkeiten kennt Art 17 EheGVO nicht, obwohl alle Zuständigkeiten nach der EheGVO zwingend sind. 1

Ausdrücklich wird auch der Vorbehalt des ordre public im Gegensatz zu Art 18 und 19 ausgeschaltet. Dabei schließt Art 24 (Art 17 aF) auch die Prüfung der nationalen Zuständigkeiten aus, die nach Art 7 (Art 8 aF) als Restzuständigkeiten zum Zuge kommen. Da die EheGVO die nationalen Restzuständigkeiten gleich behandelt, darf der ordre public erstaunlicherweise auch nicht gegen **exorbitante Zuständigkeiten** oder deren fehlerhafte Anwendung ins Feld geführt werden (RAUSCHER/RAUSCHER Art 22 EheGVO aF Rn 2; THOMAS/PUTZO/HÜSSTEGE Art 16 EheGVO aF Rn 1; EuGH 28. 3. 2000 Rs C-7/98 – Krombach/Bamberski Slg 2000 I – 1935). 2

Das wirkt sich freilich wegen Art 6 (Art 7 aF) nur zu Lasten von Drittstaatsangehörigen aus (Art 6 Rn 5). Mag es noch vertretbar sein, daß die EheGVO sich nicht in zuständigkeitsrechtliche Beziehungen der Mitgliedstaaten mit Drittstaaten einmischt, so fragt man sich freilich vergeblich, warum dann den Anerkennungsstaaten auch der diesbezügliche ordre public-Vorbehalt genommen wird. Sinn hat das eigentlich nur bei den Art 3 bis 7 (Art 2 bis 6 aF). Die Ratio der Norm, daß man auf die richtige Anwendung der Zuständigkeitsregelungen der EheGVO vertraue (Erwägungsgründe 21) trägt so weit eigentlich nicht (vgl GEIMER ZIP 2000, 863 zur EuGVO; LEIPOLD, in: FS Stoll [2001] 642 f). 3

Muß so die Bejahung seiner internationalen Zuständigkeit im anzuerkennenden Urteil hingenommen werden, so doch nicht auch besonders grobe **Mängel des Verfahrens**, aufgrund deren das Gericht zu seinem Ergebnis gekommen ist. Zu denken ist an fraudulöse Erschleichungen der Zuständigkeit zB durch falsche An- 4 gaben (GAUDEMET-TALLON JDI 2001, 410 Nr 71; SCHLOSSER Art 17 EheGVO aF; RAUSCHER/RAUSCHER Art 17 EheGVO aF Rn 3; SPELLENBERG ZZPInt 6 [2002] 147). Hier greift Art 22 lit a (Art 15 Abs 1 lit a aF) ebenso ein wie wenn es um die Entscheidung in der Sache geht. Man denke auch an den Fall, daß das Gericht dem Antragsgegner keine Möglichkeit einräumte, zur Zustellungsfrage Stellung zu nehmen.

Artikel 25
Unterschiede beim anzuwendenden Recht

Die Anerkennung einer Entscheidung darf nicht deshalb abgelehnt werden, weil eine Ehescheidung, Trennung ohne Auflösung des Ehebandes oder Ungültigerklärung einer Ehe nach dem Recht des Mitgliedstaats, in dem die Anerkennung beantragt wird, unter Zugrundelegung desselben Sachverhalts nicht zulässig wäre.

Bis 28. 2. 2005 geltende Regelung: Art 18 aF (s Textanhang).

I. Allgemeines

1 Art 25 (Art 18 aF) stellt zusammen mit Art 22 lit a (Art 15 Abs 1 lit a aF) einen Kompromiß dar (BORRÁS-Bericht Nr 69, 76). Mitgliedstaaten mit großzügigem Scheidungsrecht hatten befürchtet, daß ihre Scheidungsurteile in Staaten mit strengeren Regeln unter Berufung auf den **ordre public** nicht anerkannt werden würden. Art 25 (Art 18 aF) soll nach dem BORRÁS-Bericht (Nr 76) dessen „allzu kategorische Geltendmachung" verhindern (KOHLER, in: MANSEL [Hrsg], Vergemeinschaftung des Eur Kollisionsrechts [2001] 44).

II. Verbot der Révision au fond

2 Art 25 (Art 18 aF) ist dahin zu verstehen, daß jedenfalls allein die Tatsache, daß nach dem IPR des Anerkennungsstaates ein **anderes** europäisches oder außereuropäisches **Sachrecht** anzuwenden und danach die Eheauflösung nicht auszusprechen wäre, der Anerkennung nicht entgegensteht (MünchKomm-ZPO/GOTTWALD Art 18 EheGVO aF Rn 1). Der deutsche Gesetzgeber hatte freilich eine solche Regelung in § 328 Abs 1 ZPO schon 1986 gestrichen. Und die entsprechende Bestimmung für Eheaufhebungen als Vorfrage in Art 27 Nr 4 EuGVÜ ist nun mit Art 34 EuGVO auch aufgegeben worden. Die bislang verbreitete Voraussetzung der kollisionsrechtlichen Konformität für die Anerkennung von Eheauflösungen, obwohl bei ihnen die Sensibilität in dieser Hinsicht stärker sei als bei Vermögensurteilen (BORRÁS-Bericht Nr 69), ist damit entfallen. Es hindert die Anerkennung nicht, wenn der Anerkennungsstaat die Ehe nicht aufgelöst hätte, weil er nach seinem IPR ein anderes Sachrecht angewandt hätte.

3 Eigentlich ergibt sich das aber schon aus dem Fehlen dieses Anerkennungshindernisses in der abschließenden Aufzählung in Art 22 (Art 15 Abs 1 aF). So ist die Funktion von Art 25 (Art 18 aF) neben dem allgemeinen Verbot der **révision au fond in Art 26** (Art 19 aF) unklar (SCHLOSSER Art 18 EheGVO aF hält ihn für überflüssig).

Die Verfasser des EheGVÜ suchten anscheinend nach einem Kompromiß zwischen einer Abhängigkeit der Anerkennung vom „richtigen Ergebnis" und einer vom Inhalt des Urteils ganz unabhängigen Anerkennung. Es fällt auf und ist bewußt so geschehen, daß in Art 25 (Art 18 aF) der Vorbehalt des **ordre public** anders als in Art 24 (Art 17 aF) **nicht ausgeschlossen** wird. Der materielle ordre public bleibt vielmehr vorbehalten, soll aber nicht „allzu kategorisch" geltend gemacht werden dürfen (Borrás-Bericht Nr 70, 77; Thomas/Putzo/Hüsstege Art 18 EheGVO aF Rn 1). Keinesfalls genügt jede Abweichung vom Ergebnis, das im Anerkennungsstaat erreicht worden wäre.

Die Formulierung „unter Zugrundelegung desselben Sachverhalts" ist ambivalent. **4**
Es wird nicht verlangt, daß das Urteil vom richtigen Sachverhalt ausgegangen sein muß, und daß das Verfahren nicht gegen den ordre public verstieß. Die Bestimmung zielt vielmehr auf die Scheidungsgründe und soll die Anerkennung nicht daran scheitern lassen, daß das Recht des Anerkennungsstaates sie nicht zugelassen hätte (Borrás-Bericht Nr 76).

Das „Recht des Mitgliedstaats" soll auch dessen IPR einschließen (Borrás-Bericht **5**
Nr 76), doch eigentlich kommt es darauf nicht an. Denn wenn auch ein „falscher" Scheidungsgrund anzuerkennen ist, ist es gleichgültig, welches das „richtige" Recht und sein Ergebnis gewesen wären.

Die Regelung gilt nicht nur, wenn die Anerkennung über den Status der Partei im **6**
Inland entscheidet, sondern auch, wenn die Eheaufhebung **Vorfrage** ist (Rauscher/Rauscher Art 18 EheGVO aF Rn 5). Ist die Ehe im Ausland geschieden worden, kann nun im Inland Scheidungsunterhalt geltend gemacht werden, auch wenn die Ehe im Inland nicht geschieden worden wäre. Dasselbe sagt nun Art 34 EuGVO.

III. Ordre Public

Es bleibt daher möglich, bei sehr krassen Abweichungen des ausländischen Schei- **7**
dungsurteils von den materiell-rechtlichen Maßstäben des deutschen Rechts den materiellen ordre public heranzuziehen (Rauscher/Rauscher Art 18 EheGVO aF Rn 4; Helms FamRZ 2001, 263; vgl Art 22 Rn 13 ff). Für ihn spielt dann keine Rolle, welches Scheidungsrecht im Ausland tatsächlich angewandt wurde. Die Fälle eines ordre public-widrigen Eherechts sollten in Europa aber sehr selten sein, wenn das Gericht des Mitgliedstaates sein eigenes Sachrecht angewandt hat. Daran haben die Verfasser des Übereinkommens wohl vornehmlich gedacht. Denkbar, wenn wohl auch eher selten, bleibt eine solche Verweigerung der Anerkennung wegen Anwendung eines ausländischen Rechts durch ein mitgliedstaatliches Gericht. Art 25 (Art 18 aF) setzt nicht voraus, daß das urteilende Gericht aus der Sicht des Anerkennungsstaates falsch angeknüpft hat.

Dabei kann das Gericht des betreffenden Mitgliedstaates durchaus das Recht eines **8**
außereuropäischen **Drittstaates** angewandt haben. Probleme kann das so erreichte Ergebnis insbesondere bei islamischen Rechten mit ihren „Verstoßungsscheidungen" machen. Solange das außergerichtlich geschieht, fällt das nicht unter die EheGVO (Art 21 Rn 9 ff), anders aber wenn die Verstoßungserklärung wie in Deutschland (§ 606a ZPO Anh Rn 72) als Grund für eine gerichtliche Scheidung verwandt wird.

Auch sonst ist natürlich möglich, daß im Ausland Scheidungsgründe dritter Rechte akzeptiert werden, die wir nicht hinnehmen können. Vieles dürfte zwar schon im Urteilsstaat mit Hilfe des dortigen ordre public herausgefiltert werden, aber ein Garantie dafür gibt es nicht. Man denke an Fragen der Gleichberechtigung im Scheidungsrecht (§ 328 ZPO Rn 503). In derartigen Fällen sollte Art 25 (Art 18 aF) nicht den Rekurs auf den anerkennungsrechtlichen materiellen ordre public verbieten (Hau FamRZ 2001, 263; Spellenberg ZZPInt 6 [2002] 145). Das bedeutet nicht, daß die Anerkennung verweigert wird, weil die Ehe aufgrund dieses Sachverhalts im Anerkennungsstaat nicht hätte geschieden werden können, sondern weil Grundwerte des deutschen Rechts entgegen stehen (weiter Art 22 Rn 13 ff). Das gilt ebenso, wenn die Scheidung etc Vorfrage ist.

Artikel 26
Ausschluss einer Nachprüfung in der Sache

Die Entscheidung darf keinesfalls in der Sache selbst nachgeprüft werden.

Bis 28. 2. 2005 geltende Regelung: Art 19 aF (s Textanhang) (unverändert).

1 Art 26 (Art 19 aF) enthält das klassische Verbot der **révision au fond**. Das entspricht den Grundsätzen der Urteilsanerkennung, weil nicht im Anerkennungsstaat erneut über etwas entschieden werden soll, was bereits Gegenstand des Verfahrens war (Borrás-Bericht Nr 77). Die Regelung entspricht Art 36 EuGVO. Es dürfen weder die tatsächlichen Feststellungen des Erstrichters noch seine Rechtsanwendung nachgeprüft werden, auch nicht, wenn er das Recht des Anerkennungsstaates angewandt hat.

2 Während Art 26 (Art 19 aF) verbietet, in der Sache nachzuprüfen, darf nach Art 25 (Art 18 aF) die Anerkennung nicht verweigert werden, weil die Scheidung etc aufgrund desselben Sachverhalts im Inland nicht zulässig gewesen wäre. Das ist im Tatbestand nicht dasselbe, obwohl der Zweck im Grunde derselbe ist. Art 26 (Art 19 aF) verbietet den **Einwand der falschen Tatsachenfeststellung und falschen Anwendung des richtigen Rechts**, Art 25 (Art 18 aF) dagegen schließt den Einwand aus, es sei aus der Sicht des Anerkennungsstaates und seines IPR aufgrund des falschen Rechts ein falscher Scheidungsgrund angewandt worden (s dort).

3 Die Betonung des Verbots mit dem Wort „keinesfalls" ließe vermuten, daß die Begründetheit des Urteils hier anders als bei Art 25 (Art 18 aF) nicht am ordre public überprüft werden dürfe (vgl Art 25 Rn 3). Die Verfasser des EheGVÜ hatten aber nur das allgemeine Verbot der révision auf fond im Auge (Borrás-Bericht Nr 77), so daß der **Vorbehalt des ordre public** wie bei Art 25 auch in diesem Zusammenhang nicht ausgeschlossen ist (Rauscher/Rauscher aaO Art 19 Rn 1). Soweit es um eine falsche Tatsachenfeststellung geht, muß diese aufgrund eines so schweren Verfahrensfehlers erfolgt sein, daß der verfahrensrechtliche ordre public durchgreift (Art 22 Rn 3).

Art 19 schließt keineswegs eine **Abänderung des Ersturteils** wegen **veränderter Umstände** aus. Damit würde der Zweitrichter seine Feststellungen und seine Rechtsauslegung auch nicht an die Stelle der des Erstrichters setzen. Abänderungen kommen vor allem bei Sorgerechtsregelungen in Betracht. Diese sind allerdings oft überhaupt stets abänderbar, so daß es auf veränderte Umstände letztlich nicht ankommt (enger MünchKomm-ZPO/Gottwald Art 19 EheGVO aF Rn 2). Das entspricht Art 27 KSÜ. Wieweit eine zu beachtende Bindung reicht, ist der zunächst anzuerkennenden Entscheidung zu entnehmen. Abänderung bedeutet nur, daß auf der Grundlage der vorigen Regelung zu entscheiden ist (Schlosser EU-ZPR Art 19 EheGVO Rn 2). Es ist nicht im Kindeswohl, ohne gute Gründe eine einmal zu Recht oder Unrecht geschaffene Sorgesituation zu ändern, doch ist in jedem Fall zu ändern, wenn sie nicht mehr dem Kindeswohl entspricht (Rauscher/Rauscher aaO Rn 4; zu Art 27 KSÜ Siehr RabelsZ 62 [1998] 494). Abänderung von Statusurteilen wegen veränderter Umstände ist wohl immer ausgeschlossen. 4

Daß nach einer Ehetrennung allemal noch eine Scheidung möglich ist (vgl Art 4), ist kein Problem der Nachprüfung der ausländischen Entscheidung, sondern eine Frage der Reichweite der Rechtskraft und Gestaltung (vgl Art 21 Rn 55 f). 5

Artikel 27
Aussetzung des Verfahrens

(1) Das Gericht eines Mitgliedstaats, vor dem die Anerkennung einer in einem anderen Mitgliedstaat ergangenen Entscheidung beantragt wird, kann das Verfahren aussetzen, wenn gegen die Entscheidung ein ordentlicher Rechtsbehelf eingelegt wurde.

(2) Das Gericht eines Mitgliedstaats, bei dem die Anerkennung einer in Irland oder im Vereinigten Königreich ergangenen Entscheidung beantragt wird, kann das Verfahren aussetzen, wenn die Vollstreckung der Entscheidung im Ursprungsmitgliedstaat wegen der Einlegung eines Rechtsbehelfs einstweilen eingestellt ist.

Bis 28. 2. 2005 geltende Regelung: Art 20 aF (s Textanhang).

Systematische Übersicht

I. Allgemeines

Art 27 (Art 20 aF) ist im Zusammenhang mit Art 21 Abs 3 (Art 14 Abs 3 aF) zu sehen, der eine gerichtliche Feststellung der Anerkennung einer ausländischen Entscheidung vorsieht. Er bestätigt zwar zugleich, daß auch nicht formell rechts- 1 kräftige Entscheidungen schon anerkannt werden, aber nur soweit sie trotz noch fehlender Rechtskraft anerkennungsfähige Wirkungen nach ihrem Recht haben. Er betrifft daher wohl nur Sorgerechtsregelungen. Es ist grundsätzlich sinnvoll, daß abgewartet wird, wenn ein Rechtsbehelf anhängig ist, durch den die Entscheidung möglicherweise demnächst wieder aufgehoben wird, so daß die inländische Feststellung alsbald der inzwischen geänderten Rechtslage widerspräche. Die Regelung entspricht Art 37 EuGVO.

II. Anerkennungsverfahren

2 Das Anerkennungsverfahren kann ein selbständiges nach Art 21 Abs 3 (Art 14 Abs 3 aF) sein oder ein **inzidentes nach Art 21 Abs 4** (Art 14 Abs 4 aF). Art 27 (Art 20 aF) erfaßt nur letzteres (zum gleich lautenden Art 37 EuGVO vgl Kropholler Art 37 EuGVO Rn 2; Schlosser Art 37 EuGVO Rn 1; Meinicke IPRax 2000, 298 gegen LG Darmstadt ebenda 309; Geimer/Schütze Art 37 EuGVO Rn 1; MünchKomm-ZPO/Gottwald Art 30 EuGVÜ Rn 3; Rauscher/Rauscher Art 20 EheGVO aF Rn 2), denn bei einem **selbständigen Anerkennungsverfahren** enthält **Art 35** (Art 28 aF) eine entsprechende Regelung (wie Art 46 EuGVO). Die Frage, ob bei selbständigem Anerkennungsverfahren iSd Art 21 Abs 3 nach Art 27 oder Art 35 auszusetzen ist, dürfte aber keine erhebliche praktische Bedeutung haben.

3 Für die Beischreibung einer Eheauflösung im Standesregister hat Art 27 (Art 20 aF) keine Bedeutung, denn diese erfolgt nach Art 21 Abs 2 (Art 14 Abs 2 aF) erst nach formeller Rechtskraft des Urteils. An und für sich setzt Anerkennung nach Art 21 (Art 14 aF) keine formelle Rechtskraft voraus (Art 21 Rn 40). Jedoch hat eine nicht rechtskräftige Eheauflösung keine Rechtskraft- und idR keine Gestaltungswirkung (MünchKomm-ZPO/Gottwald Art 20 EheGVO aF Rn 2). Dagegen hat die regelmäßig nicht rechtskraftfähige Regelung der elterlichen Verantwortung anerkennungsfähige Wirkungen, und deren Anerkennung ist vor allem die Grundlage der Vollstreckung.

4 Der Mangel an anerkennungsfähigen Wirkungen schließt natürlich nicht aus, daß eine Partei tatsächlich den Antrag auf Feststellung stellt, und nimmt ihr auch grundsätzlich nicht das Rechtsschutzinteresse. Auch Art 21 Abs 3 und 4 (Art 14 Abs 3 und 4 aF) enthalten keine derartige Einschränkung. Art 27 (Art 20 aF) hat nur den Zweck, demnächst vielleicht wegfallende Entscheidungen nicht unnötig anzuerkennen, und ist daher unabhängig von Fragen des Rechtsschutzinteresses anzuwenden (mit anderer Begr ebenso Schlosser Art 37 EuGVO Rn 2; Rauscher/Rauscher Art 20 EheGVO aF Rn 3).

5 Natürlich kann auch aus anderen Gründen ausgesetzt werden (§ 148 ZPO), zB wenn noch die Registrierung der Scheidung fehlt, die im betreffenden Staat nötig ist (vgl Art 21 Rn 42 f).

III. Ordentliche Rechtsbehelfe

6 Wichtig ist die Abgrenzung der ordentlichen von den außerordentlichen Rechtsmitteln. Die nationalen Bezeichnungen sind nicht entscheidend (zB daß die Kassationsbeschwerde in Frankreich als außerordentliches Rechtsmittel bezeichnet wird). Maßgeblich ist vielmehr, ob das Rechtsmittel nach seinem nationalen Recht zur

Aufhebung der Entscheidung führen kann, und nach Meinung des EuGH, ob für dessen Einlegung eine **Frist** besteht, die mit der angefochtenen Entscheidung selbst **in Lauf gesetzt** wird (EuGH 22. 11. 1977 Rs 43/77 – Int Diamond Supplies/Riva – Slg 1977, 2175). Das wären zB deutsche Restitutions- und Wiederaufnahmeklagen nicht, weil die Frist des § 586 ZPO nicht mit dem angegriffenen Urteil zu laufen beginnt (GEIMER/SCHÜTZE Art 37 EuGVO Rn 10; OLG Karlsruhe 29. 1. 1986 RIW 1986, 467).

Da aber ein außerordentlicher Rechtsbehelf ebenso zur Aufhebung der Entschei- **7**
dung führen kann, ist die Unterscheidung anhand der Fristgebundenheit nicht ohne weiteres einsichtig. Es kann sein, daß hier eine Unterscheidung unbesehen übernommen wurde, die für den Eintritt der Rechtskraft vor Einlegung von Rechtsmitteln mehr Sinn hat. Es wird daher zum Teil auch die Anwendung von Art 37 EuGVO (Art 30 EuGVÜ) vertreten, wenn ein außerordentliches Rechtsmittel tatsächlich eingelegt wurde (GEIMER/SCHÜTZE Art 37 EuGVO Rn 11; MünchKomm-ZPO/GOTTWALD Art 30 EuGVÜ Rn 5; KROPHOLLER Art 37 EuGVO Rn 4; BÜLOW/BÖCKSTIEGEL/WOLF Art 30 EuGVÜ Rn 8).

Über die Unterscheidung zwischen ordentlichen und außerordentlichen Rechtsbe- **8**
helfen kann man sich kaum hinwegsetzen, auch wenn sie nicht unmittelbar einleuchten mag. Aber man kann zweifeln, ob der EuGH zu recht auf die Fristbindung abstellt. Denn so wäre eine deutsche Verfassungsbeschwerde wegen § 93 BVerfG ein ordentlicher, die Beschwerde gegen eine Sorgerechtsregelung im Zusammenhang mit einer Scheidung ein außerordentlicher Rechtsbehelf, weil er nicht befristet ist.

Der EuGH hat in seiner Entscheidung jedoch nicht nur und **nicht in erster Linie** auf **9**
die **Fristbindung** abgestellt (**aA** KROPHOLLER aaO; GEIMER/SCHÜTZE aaO), sondern zunächst darauf, ob das Rechtsmittel zum **gewöhnlichen Ablauf des Verfahrens** gehört, mit dessen Einlegung jede Partei vernünftigerweise rechnen muß (aaO Nr 37). Die anschließend (Nr 38) genannte Befristung füllt dieses Kriterium nicht aus, denn wie die deutsche Verfassungsbeschwerde zeigt, ist mit ihr trotz Befristung gewöhnlich nicht zu rechnen, allenfalls ist nach Fristablauf nicht mehr damit zu rechnen. Ein Rechtsmittel gegen eine Sorgerechtsregelung ist auch dann ein normaler Verfahrensablauf, wenn es nach der lex fori unbefristet sein sollte. Dagegen sind Wiederaufnahmeklagen und Verfassungsbeschwerden keine ordentlichen Rechtsmittel idS.

Das Rechtsmittel muß eingelegt und noch anhängig sein (RAUSCHER/RAUSCHER Art 20 **10**
EheGVO aF Rn 4). Ob und wann das der Fall ist, entscheidet die ausländische lex fori.

Hinsichtlich Großbritanniens und Irlands wird nicht auf „ordentliche" Rechtsbe- **11**
helfe abgestellt, weil diese kontinentale Unterscheidung auf die dortigen Systeme nicht paßt (SCHLOSSER-Bericht zum EuGVÜ Nr 204; ABlEG 1979 Nr C 59 S 71 ff; BORRÁS-Bericht Nr 79). Insbesondere sind Rechtsmittel dort oft nicht fristgebunden. Hier zählt jeder eingelegte Rechtsbehelf, es ist aber zusätzlich erforderlich, daß die Vollstreckung einstweilen eingestellt worden ist, während letzteres auf dem Kontinent nicht nötig ist.

IV. Aussetzungsbefugnis

Das Gericht der Anerkennung kann, muß aber nicht aussetzen. Es hat von Amts **12** wegen zu prüfen (Kropholler Art 37 EuGVO Rn 5; MünchKomm-ZPO/Gottwald Art 30 EuGVÜ Rn 2; Geimer/Schütze Art 37 EuGVO Rn 4 f) und entscheidet nach pflichtgemäßem Ermessen. Auszusetzen ist nicht etwa die Anerkennung, sondern nur das inländische Feststellungsverfahren oder (nach Art 35 bzw Art 28 aF) der Prozeß, in welchem die Anerkennung, die schon ipso jure eingetreten ist, vorgreiflich ist. Da die Aussetzung nur abwarten soll, ob die ausländische Entscheidung etwa wieder aufgehoben wird, ist bei Inzidentanerkennung zunächst zu prüfen, ob die **ausländische Entscheidung überhaupt vorgreiflich** wäre und ob etwa ein **Anerkennungshindernis besteht** (MünchKomm-ZPO/Gottwald Art 30 EuGVÜ Rn 2). Das Gericht darf sich wohl für eine Aussetzung auch mit einer etwas kursorischen Prüfung begnügen, wenn diese Fragen schwierig sind oder größere Beweisaufnahmen erfordern, es sei denn vielleicht, wenn das ausländische Rechtsmittel sehr wahrscheinlich Erfolg haben wird. Es gilt § 148 ZPO entsprechend.

13 In England werden fast alle Scheidungen einvernehmlich vorgenommen und von den Parteien ausgehandelt. Es ergeht dann zunächst ein *decree nisi*, welches dann, wenn keine Einwände erhoben werden oder sonst entgegenstehende Gründe bekannt werden, nach einiger Zeit auf Begehr des Antragstellers in ein *decree absolute* umgewandelt wird. Stellt dieser den Antrag nicht, kann ihn der Antragsgegner stellen. Der *decree nisi* hat noch keine Gestaltungswirkung und ist kein Gegenstand der Anerkennung, sondern erst der *decree absolute*.

Abschnitt 2
Antrag auf Vollstreckbarerklärung

Eheurteile als Gestaltungsurteile brauchen keine Vollstreckung und haben auch keinen vollstreckbaren Inhalt. Einen solchen haben aus diesem Bereich nur die Kostenentscheidungen, und je nach ihrem Inhalt, einstweilige Anordnungen nach Art 20 (Art 12 aF). Zu ihrer Vollstreckung siehe Art 20 Rn 50 ff. Dementsprechend spricht Art 28 (Art 21 aF) auch nur von der Vollstreckung von Entscheidungen über die elterliche Verantwortung. Auch diese sind nur vollstreckungsbedürftig, soweit es um die Herausgabe von Kindern oder um die Duldung des Umgangs mit ihnen geht (Schlosser EU-ZPR vor Art 21 EheGVO). Die neue Fassung der EheGVO bezieht nun auch die Rückgabe von Kindern nach ihrer Entführung mit ein. Diese Fragen sind jedoch nicht Gegenstand der vorliegenden Kommentierung.

Zwar haben die Art 28 bis 36 (Art 21–31 aF) indirekt Bedeutung für die selbständige gerichtliche Feststellung der Anerkennung einer Eheentscheidung, indem sich gem Art 21 Abs 3 (Art 14 Abs 3 aF) das Verfahren dafür nach den Art 28 ff (Art 21 ff aF) mit §§ 16 ff IntFamRG richtet, auch wenn es so richtig nicht dafür paßt. Dennoch soll auf das Verfahren der Vollstreckbarerklärung hier nicht weiter eingegangen werden, da es primär und im Wesentlichen nur die elterliche Verantwortung betrifft.

Dementsprechend wird hier **nur der Wortlaut dieses Abschnittes** mitgeteilt.

Artikel 28
Vollstreckbare Entscheidungen

(1) Die in einem Mitgliedstaat ergangenen Entscheidungen über die elterliche Verantwortung für ein Kind, die in diesem Mitgliedstaat vollstreckbar sind und die zugestellt worden sind, werden in einem anderen Mitgliedstaat vollstreckt, wenn sie dort auf Antrag einer berechtigten Partei für vollstreckbar erklärt wurden.

(2) Im Vereinigten Königreich wird eine derartige Entscheidung jedoch in England und Wales, in Schottland oder in Nordirland erst vollstreckt, wenn sie auf Antrag einer berechtigten Partei zur Vollstreckung in dem betreffenden Teil des Vereinigten Königreichs registriert worden ist.

Bis 28. 2. 2005 geltende Regelung: Art 21 aF (s Textanhang).

Artikel 29
Örtlich zuständiges Gericht

(1) Ein Antrag auf Vollstreckbarerklärung ist bei dem Gericht zu stellen, das in der Liste aufgeführt ist, die jeder Mitgliedstaat der Kommission gemäß Artikel 8 mitteilt.

(2) Das örtlich zuständige Gericht wird durch den gewöhnlichen Aufenthalt der Person, gegen die die Vollstreckung erwirkt werden soll, oder durch den gewöhnlichen Aufenthalt eines Kindes, auf das sich der Antrag bezieht, bestimmt.

Befindet sich keiner der in Unterabsatz 1 angegebenen Orte im Vollstreckungsmitgliedstaat, so wird das örtlich zuständige Gericht durch den Ort der Vollstreckung bestimmt.

Bis 28. 2. 2005 geltende Regelung: Art 22 aF (s Textanhang).

Artikel 30
Verfahren

(1) Für die Stellung des Antrags ist das Recht des Vollstreckungsmitgliedstaats maßgebend.

(2) Der Antragsteller hat für die Zustellung im Bezirk des angerufenen Gerichts ein Wahldomizil zu begründen. Ist das Wahldomizil im Recht des Vollstreckungsmitgliedstaats nicht vorgesehen, so hat der Antragsteller einen Zustellungsbevollmächtigten zu benennen.

(3) Dem Antrag sind die in den Artikeln 37 und 39 aufgeführten Urkunden beizufügen.

Bis 28. 2. 2005 geltende Regelung: Art 23 aF (s Textanhang).

Artikel 31
Entscheidung des Gerichts

(1) Das mit dem Antrag befasste Gericht erlässt seine Entscheidung ohne Verzug und ohne dass die Person, gegen die die Vollstreckung erwirkt werden soll, noch das Kind in diesem Abschnitt des Verfahrens Gelegenheit erhalten, eine Erklärung abzugeben.

(2) Der Antrag darf nur aus einem der in den Artikeln 22, 23 und 24 aufgeführten Gründe abgelehnt werden.

(3) Die Entscheidung darf keinesfalls in der Sache selbst nachgeprüft werden.

Bis 28. 2. 2005 geltende Regelung: Art 24 aF (s Textanhang).

Artikel 32
Mitteilung der Entscheidung

Die über den Antrag ergangene Entscheidung wird dem Antragsteller vom Urkundsbeamten der Geschäftsstelle unverzüglich in der Form mitgeteilt, die das Recht des Vollstreckungsmitgliedstaats vorsieht.

Bis 28. 2. 2005 geltende Regelung: Art 25 aF (s Textanhang).

Artikel 33
Rechtsbehelf

(1) Gegen die Entscheidung über den Antrag auf Vollstreckbarerklärung kann jede Partei einen Rechtsbehelf einlegen.

(2) Der Rechtsbehelf wird bei dem Gericht eingelegt, das in der Liste aufgeführt ist, die jeder Mitgliedstaat der Kommission gemäß Artikel 68 mitteilt.

(3) Über den Rechtsbehelf wird nach den Vorschriften entschieden, die für Verfahren mit beiderseitigem rechtlichen Gehör maßgebend sind.

(4) Wird der Rechtsbehelf von der Person eingelegt, die den Antrag auf Vollstreckbarerklärung gestellt hat, so wird die Partei, gegen die die Vollstreckung erwirkt werden soll, aufgefordert, sich auf das Verfahren einzulassen, das bei dem mit dem Rechtsbehelf befassten Gericht anhängig ist. Lässt sich die betreffende Person auf das Verfahren nicht ein, so gelten die Bestimmungen des Artikels 18.

(5) Der Rechtsbehelf gegen die Vollstreckbarerklärung ist innerhalb eines Monats nach ihrer Zustellung einzulegen. Hat die Partei, gegen die die Vollstreckung erwirkt werden soll, ihren gewöhnlichen Aufenthalt in einem anderen Mitgliedstaat als dem, in dem die Vollstreckbarerklärung erteilt worden ist, so beträgt die Frist für den Rechtsbehelf zwei Monate und beginnt mit dem Tag, an dem die Vollstreckbarerklärung ihr entweder persönlich oder in ihrer Wohnung zugestellt worden ist. Eine Verlängerung dieser Frist wegen weiter Entfernung ist ausgeschlossen.

Bis 28. 2. 2005 geltende Regelung: Art 26 aF (s Textanhang) (unverändert).

Artikel 34
Für den Rechtsbehelf zuständiges Gericht und Anfechtung der Entscheidung über den Rechtsbehelf

Die Entscheidung, die über den Rechtsbehelf ergangen ist, kann nur im Wege der Verfahren angefochten werden, die in der Liste genannt sind, die jeder Mitgliedstaat der Kommission gemäß Artikel 68 mitteilt.

Bis 28. 2. 2005 geltende Regelung: Art 27 aF (s Textanhang).

Artikel 35
Aussetzung des Verfahrens

(1) Das nach Artikel 33 oder Artikel 34 mit dem Rechtsbehelf befasste Gericht kann auf Antrag der Partei, gegen die die Vollstreckung erwirkt werden soll, das Verfahren aussetzen, wenn im Ursprungsmitgliedstaat ein ordentlicher Rechtsbehelf gegen die Entscheidung eingelegt wurde oder die Frist für einen solchen Rechtsbehelf noch nicht verstrichen ist. In letzterem Fall kann das Gericht eine Frist bestimmen, innerhalb deren der Rechtsbehelf einzulegen ist.

(2) Ist die Entscheidung in Irland oder im Vereinigten Königreich ergangen, so gilt jeder im Ursprungsmitgliedstaat statthafte Rechtsbehelf als ordentlicher Rechtsbehelf im Sinne des Absatzes 1.

Bis 28. 2. 2005 geltende Regelung: Art 28 aF (s Textanhang).

Artikel 36
Teilvollstreckung

(1) Ist mit der Entscheidung über mehrere geltend gemachte Ansprüche entschieden worden und kann die Entscheidung nicht in vollem Umfang zur Vollstreckung zugelassen werden, so lässt das Gericht sie für einen oder mehrere Ansprüche zu.

(2) Der Antragsteller kann eine teilweise Vollstreckung beantragen.

Bis 28. 2. 2005 geltende Regelung: Art 29 aF (s Textanhang).

Abschnitt 3
Gemeinsame Bestimmungen für die Abschnitte 1 und 2

Artikel 37
Urkunden

(1) Die Partei, die die Anerkennung oder Nichtanerkennung einer Entscheidung oder deren Vollstreckbarerklärung erwirken will, hat Folgendes vorzulegen:

a) eine Ausfertigung der Entscheidung, die die für ihre Beweiskraft erforderlichen Voraussetzungen erfüllt,

und

b) die Bescheinigung nach Artikel 39.

(2) Bei einer im Versäumnisverfahren ergangenen Entscheidung hat die Partei, die die Anerkennung einer Entscheidung oder deren Vollstreckbarerklärung erwirken will, ferner Folgendes vorzulegen:

a) die Urschrift oder eine beglaubigte Abschrift der Urkunde, aus der sich ergibt, dass das verfahrenseinleitende Schriftstück oder ein gleichwertiges Schriftstück der Partei, die sich nicht auf das Verfahren eingelassen hat, zugestellt wurde,

oder

b) eine Urkunde, aus der hervorgeht, dass der Antragsgegner mit der Entscheidung eindeutig einverstanden ist.

Bis 28. 2. 2005 geltende Regelung: Art 32 aF (s Textanhang).

Die Bestimmung betrifft die gerichtlichen Verfahren zur Feststellung der Anerkennung und der Nichtanerkennung einer Statusänderung iSd Art 21 Abs 3 (Art 14 Abs 3 aF) und von Sorgerechtsentscheidungen. Die Anerkennung kann selbständig oder inzident begehrt sein (Rauscher/Rauscher Art 27 EheGVO aF Rn 3). Zum einen ist eine **Ausfertigung des ausländischen Urteils** vorzulegen. Die notwendige Beweiskraft hat nur eine Ausfertigung, nicht etwa eine Fotokopie (Schlosser Art 53 EuGVO Rn 2; MünchKomm-ZPO/Gottwald Art 27 EheGVO aF Rn 2). § 4 Abs 4 AVAG verlangt zusätzlich zwei Abschriften oder Kopien. Eine Übersetzung ist nicht schlechthin nötig, kann aber nach Art 38 Abs 2 (Art 33 Abs 2 aF) vom Gericht verlangt werden. Damit werden vom deutschen Richter nicht etwa ausgedehnte Sprachkenntnisse verlangt. Vielmehr liefert die außerdem vorzulegende Bescheinigung gem Art 39 (Art 33 aF) auf einem europäischen Formular nach Anhang IV die nötigen Informationen über die Art der vorgenommenen Gestaltung und über die formelle Rechtskraft. Die dort angekreuzten Punkte können mit der deutschen Fassung des Formulars verglichen werden (Hess JZ 2001, 577; vgl Art 21 Rn 42 f). 1

Auf dem Formular soll auch angegeben werden, ob die Entscheidung in Abwesenheit des Antragsgegners ergangen ist (Nr 5.4). Der Begriff „Versäumnisverfahren" ist weit zu verstehen, es muß nicht ein Versäumnisurteil im technischen Sinne gewesen sein (Thomas/Putzo/Hüsstege Art 27 EheGVO aF Rn 4; OLG Düsseldorf RIW 1996, 67; OLG Düsseldorf 2. 9. 1998 IPRax 2000, 307 [Hüsstege 289]). Entscheidend ist nicht, ob der Antragsgegner im Verfahren zugegen war, sondern ob ihm Gelegenheit zum rechtlichen Gehör gegeben wurde. Deshalb ist, wenn er nicht am Verfahren teilnahm, zu bescheinigen, daß er geladen war. Wenn im Formular nicht angegeben ist, daß der Antragsgegner nicht teilgenommen hat, so ist das kein absoluter Beweis, daß er sich eingelassen habe. Es könnte noch immer geltend gemacht werden, daß ein „Versäumnisurteil" vorlag. Das kann sich aus dem Urteil ergeben, welches bei Zweifeln angefordert werden kann. Der **Nachweis der Zustellung** des verfahrenseinleitenden Schriftstücks ist vorzulegen in Urschrift oder beglaubigter Abschrift. Soweit sie in fremder Sprache sind, ist eine Übersetzung nach Art 38 Abs 2 (Art 34 Abs 2 aF) beizubringen. 2

Die **Rechtzeitigkeit** iSd Art 22 lit b (Art 15 Abs 2 lit b aF) geht aus den Bescheinigungen nicht hervor. Sie ist vom Anerkennungsgericht selbständig zu prüfen. Das Zustellungsdatum ist aus dem Zustellungsnachweis zu ersehen (Thomas/Putzo/Hüsstege Art 32 EheGVO Rn 6). 3

Auf die Zustellung des verfahrenseinleitenden Schriftstücks kommt es nach Art 22 lit b (Art 15 Abs 1 lit b aF) nicht an, wenn die Partei sich auf das Verfahren **eingelassen hatte** (s dort). Der Nachweis dessen kann primär durch das Urteil geführt werden. 4

Die sonstigen **Verstöße gegen den ordre public** (vgl Art 22 lit a) können nur, wenn überhaupt, aus dem Urteil selbst ersehen werden, wie zB Verweigerung des rechtlichen Gehörs im Verlauf des Verfahrens. Zumindest bei Zweifeln wird eine Übersetzung des Urteils anzufordern sein. Zweifel werden wohl meist aus Parteivortrag erwachsen, da aber von Amts wegen zu prüfen ist, hat das Gericht auch anderen Hinweisen nachzugehen. 5

6 Es hilft aber auch, wenn der Antragsgegner sich mit dem Urteil **eindeutig einverstanden** erklärt hat (Art 22 Rn 66 ff). Das kann durch eine Erklärung geschehen. Wenn es eine Urkunde darüber gibt, kann und muß sie vorgelegt werden. Es ist jedoch aus Art 37 Abs 2 lit b (Art 32 Abs 2 lit b aF) nicht zu folgern, daß nur schriftliche Einverständniserklärungen wirksam sind, denn das hätte sonst in Art 27 lit b (dazu Art 15 Abs 1 lit b aF) gesagt werden müssen. Das Einverständnis kann auch konkludent sein (Art 22 Rn 67) und dann durch Zeugen nachgewiesen werden. Das ergibt sich aus Art 38 (Art 34 aF).

Artikel 38
Fehlen von Urkunden

(1) Werden die in Artikel 37 Absatz 1 Buchstabe b) oder Absatz 2 aufgeführten Urkunden nicht vorgelegt, so kann das Gericht eine Frist setzen, innerhalb deren die Urkunden vorzulegen sind, oder sich mit gleichwertigen Urkunden begnügen oder von der Vorlage der Urkunden befreien, wenn es eine weitere Klärung nicht für erforderlich hält.

(2) Auf Verlangen des Gerichts ist eine Übersetzung der Urkunden vorzulegen. Die Übersetzung ist von einer hierzu in einem der Mitgliedstaaten befugten Person zu beglaubigen.

Bis 28. 2. 2005 geltende Regelung: Art 34 aF (s Textanhang) (unverändert).

Artikel 39
Bescheinigung bei Entscheidungen in Ehesachen und bei Entscheidungen über die elterliche Verantwortung

Das zuständige Gericht oder die zuständige Behörde des Ursprungsmitgliedstaats stellt auf Antrag einer berechtigten Partei eine Bescheinigung unter Verwendung des Formblatts in Anhang I (Entscheidungen in Ehesachen) oder Anhang II (Entscheidungen über die elterliche Verantwortung) aus.

Bis 28. 2. 2005 geltende Regelung: Art 33 aF (s Textanhang).

1 Die Bescheinigung nach Anhang IV teilt mit, wann welche Eheauflösung ausgesprochen wurde, und ob sie endgültig bzw rechtskräftig ist. Die Bescheinigung ist vor allem nützlich und nötig für die Eintragungen in ausländischen Standesregistern (vgl Art 21 Rn 42 f).

2 Die Bescheinigung hat das **Gericht** auszustellen, welches die Ehe aufgelöst hat. Die anderen „zuständigen Behörden“ sind nicht etwa ein Standesamt, das die Eheauflösung eingetragen hat, sondern meint Behörden, die die Ehe aufgelöst haben. Eine Scheidung durch eine Behörde ist derzeit aber wohl in keinem Mitgliedstaat vorge-

sehen, nachdem Dänemark, das derartiges kennt, nicht Mitgliedsstaat der EheGVO ist (vgl Art 1 Rn 30). Ggf aber hätte sie die Bescheinigung auszustellen.

Abschnitt 4
Vollstreckbarkeit bestimmter Entscheidungen über das Umgangsrecht und bestimmter Entscheidungen, mit denen die Rückgabe des Kindes angeordnet wird

Artikel 40
Anwendungsbereich

(1) Dieser Abschnitt gilt für

a) das Umgangsrecht

und

b) die Rückgabe eines Kindes infolge einer die Rückgabe des Kindes anordnenden Entscheidung gemäß Artikel 11 Absatz 8.

2) Der Träger der elterlichen Verantwortung kann ungeachtet der Bestimmungen dieses Abschnitts die Anerkennung und Vollstreckung nach Maßgabe der Abschnitte 1 und 2 dieses Kapitels beantragen.

Bis 28. 2. 2005 geltende Regelung: Keine Entsprechung.

Artikel 41
Umgangsrecht

(1) Eine in einem Mitgliedstaat ergangene vollstreckbare Entscheidung über das Umgangsrecht im Sinne des Artikels 40 Absatz 1 Buchstabe a), für die eine Bescheinigung nach Absatz 2 im Ursprungsmitgliedstaat ausgestellt wurde, wird in einem anderen Mitgliedstaat anerkannt und kann dort vollstreckt werden, ohne dass es einer Vollstreckbarerklärung bedarf und ohne dass die Anerkennung angefochten werden kann. Auch wenn das nationale Recht nicht vorsieht, dass eine Entscheidung über das Umgangsrecht ungeachtet der Einlegung eines Rechtsbehelfs von Rechts wegen vollstreckbar ist, kann das Gericht des Ursprungsmitgliedstaats die Entscheidung für vollstreckbar erklären.

(2) Der Richter des Ursprungsmitgliedstaats stellt die Bescheinigung nach Absatz 1 unter Verwendung des Formblatts in Anhang III (Bescheinigung über das Umgangsrecht) nur aus, wenn

a) im Fall eines Versäumnisverfahrens das verfahrenseinleitende Schriftstück oder ein gleichwertiges Schriftstück der Partei, die sich nicht auf das Verfahren eingelassen hat, so rechtzeitig und in einer Weise zugestellt wurde, dass sie sich verteidigen konnte, oder wenn in Fällen, in denen bei der Zustellung des betreffenden Schriftstücks diese Bedingungen nicht eingehalten wurden, dennoch festgestellt wird, dass sie mit der Entscheidung eindeutig einverstanden ist;

c) alle betroffenen Parteien Gelegenheit hatten, gehört zu werden,

und

d) das Kind die Möglichkeit hatte, gehört zu werden, sofern eine Anhörung nicht aufgrund seines Alters oder seines Reifegrads unangebracht erschien.

Das Formblatt wird in der Sprache ausgefüllt, in der die Entscheidung abgefasst ist.

(3) Betrifft das Umgangsrecht einen Fall, der bei der Verkündung der Entscheidung einen grenzüberschreitenden Bezug aufweist, so wird die Bescheinigung von Amts wegen ausgestellt, sobald die Entscheidung vollstreckbar oder vorläufig vollstreckbar wird. Wird der Fall erst später zu einem Fall mit grenzüberschreitendem Bezug, so wird die Bescheinigung auf Antrag einer der Parteien ausgestellt.

Bis 28. 2. 2005 geltende Regelung: Keine Entsprechung.

Artikel 42
Rückgabe des Kindes

(1) Eine in einem Mitgliedstaat ergangene vollstreckbare Entscheidung über die Rückgabe des Kindes im Sinne des Artikels 40 Absatz 1 Buchstabe b), für die eine Bescheinigung nach Absatz 2 im Ursprungsmitgliedstaat ausgestellt wurde, wird in einem anderen Mitgliedstaat anerkannt und kann dort vollstreckt werden, ohne dass es einer Vollstreckbarerklärung bedarf und ohne dass die Anerkennung angefochten werden kann.

Auch wenn das nationale Recht nicht vorsieht, dass eine in Artikel 11 Absatz 8 genannte Entscheidung über die Rückgabe des Kindes ungeachtet der Einlegung eines Rechtsbehelfs von Rechts wegen vollstreckbar ist, kann das Gericht des Ursprungsmitgliedstaats die Entscheidung für vollstreckbar erklären.

(2) Der Richter des Ursprungsmitgliedstaats, der die Entscheidung nach Artikel 40 Absatz 1 Buchstabe b) erlassen hat, stellt die Bescheinigung nach Absatz 1 nur aus, wenn

a) das Kind die Möglichkeit hatte, gehört zu werden, sofern eine Anhörung nicht aufgrund seines Alters oder seines Reifegrads unangebracht erschien,

b) die Parteien die Gelegenheit hatten, gehört zu werden, und

c) das Gericht beim Erlass seiner Entscheidung die Gründe und Beweismittel berücksichtigt hat, die der nach Artikel 13 des Haager Übereinkommens von 1980 ergangenen Entscheidung zugrunde liegen.

Ergreift das Gericht oder eine andere Behörde Maßnahmen, um den Schutz des Kindes nach seiner Rückkehr in den Staat des gewöhnlichen Aufenthalts sicherzustellen, so sind diese Maßnahmen in der Bescheinigung anzugeben.

Der Richter des Ursprungsmitgliedstaats stellt die Bescheinigung von Amts wegen unter Verwendung des Formblatts in Anhang IV (Bescheinigung über die Rückgabe des Kindes) aus.

Das Formblatt wird in der Sprache ausgefüllt, in der die Entscheidung abgefasst ist.

Bis 28. 2. 2005 geltende Regelung: Keine Entsprechung.

Artikel 43
Klage auf Berichtigung

(1) Für Berichtigungen der Bescheinigung ist das Recht des Ursprungsmitgliedstaats maßgebend.

(2) Gegen die Ausstellung einer Bescheinigung gemäß Artikel 41 Absatz 1 oder Artikel 42 Absatz 1 sind keine Rechtsbehelfe möglich.

Bis 28. 2. 2005 geltende Regelung: Keine Entsprechung.

Artikel 44
Wirksamkeit der Bescheinigung

Die Bescheinigung ist nur im Rahmen der Vollstreckbarkeit des Urteils wirksam.

Bis 28. 2. 2005 geltende Regelung: Keine Entsprechung.

Artikel 45
Urkunden

(1) Die Partei, die die Vollstreckung einer Entscheidung erwirken will, hat Folgendes vorzulegen:

a) eine Ausfertigung der Entscheidung, die die für ihre Beweiskraft erforderlichen Voraussetzungen erfüllt,

und

b) die Bescheinigung nach Artikel 41 Absatz 1 oder Artikel 42 Absatz 1.

(2) Für die Zwecke dieses Artikels

- **wird der Bescheinigung gemäß Artikel 41 Absatz 1 eine Übersetzung der Nummer 12 betreffend die Modalitäten der Ausübung des Umgangsrechts beigefügt;**
- **wird der Bescheinigung gemäß Artikel 42 Absatz 1 eine Übersetzung der Nummer 14 betreffend die Einzelheiten der Maßnahmen, die ergriffen wurden, um die Rückgabe des Kindes sicherzustellen, beigefügt.**

Die Übersetzung erfolgt in die oder in eine der Amtssprachen des Vollstreckungsmitgliedstaats oder in eine andere von ihm ausdrücklich zugelassene Sprache. Die Übersetzung ist von einer hierzu in einem der Mitgliedstaaten befugten Person zu beglaubigen.

Bis 28. 2. 2005 geltende Regelung: Keine Entsprechung.

Abschnitt 5
Öffentliche Urkunden und Vereinbarungen

Artikel 46
Öffentliche Urkunden, die in einem Mitgliedstaat aufgenommen und vollstreckbar sind, sowie Vereinbarungen zwischen den Parteien, die in dem Ursprungsmitgliedstaat vollstreckbar sind, werden unter denselben Bedingungen wie Entscheidungen anerkannt und für vollstreckbar erklärt.

Bis 28. 2. 2005 geltende Regelung: Art 13 Abs 3 aF (s Textanhang).

Abschnitt 6
Sonstige Bestimmungen

Artikel 47
Vollstreckungsverfahren

(1) Für das Vollstreckungsverfahren ist das Recht des Vollstreckungsmitgliedstaats maßgebend.

(2) Die Vollstreckung einer von einem Gericht eines anderen Mitgliedstaats erlassenen Entscheidung, die gemäß Abschnitt 2 für vollstreckbar erklärt wurde oder für die eine Bescheinigung nach Artikel 41 Absatz 1 oder Artikel 42 Absatz 1 ausgestellt wurde, erfolgt im Vollstreckungsmitgliedstaat unter denselben Bedingungen, die für in diesem Mitgliedstaat ergangene Entscheidungen gelten.

Insbesondere darf eine Entscheidung, für die eine Bescheinigung nach Artikel 41 Absatz 1 oder Artikel 42 Absatz 1 ausgestellt wurde, nicht vollstreckt werden, wenn sie mit einer später ergangenen vollstreckbaren Entscheidung unvereinbar ist.

Bis 28. 2. 2005 geltende Regelung: Art 21, 23 aF (s Textanhang).

Artikel 48
Praktische Modalitäten der Ausübung des Umgangsrechts

(1) Die Gerichte des Vollstreckungsmitgliedstaats können die praktischen Modalitäten der Ausübung des Umgangsrechts regeln, wenn die notwendigen Vorkehrungen nicht oder nicht in ausreichendem Maße bereits in der Entscheidung der für die Entscheidung der in der Hauptsache zuständigen Gerichte des Mitgliedstaats getroffen wurden und sofern der Wesensgehalt der Entscheidung unberührt bleibt.

(2) Die nach Absatz 1 festgelegten praktischen Modalitäten treten außer Kraft, nachdem die für die Entscheidung in der Hauptsache zuständigen Gerichte des Mitgliedstaats eine Entscheidung erlassen haben.

Bis 28. 2. 2005 geltende Regelung: Keine Entsprechung.

Artikel 49
Kosten

Die Bestimmungen dieses Kapitels mit Ausnahme der Bestimmungen des Abschnitts 4 gelten auch für die Festsetzung der Kosten für die nach dieser Verordnung eingeleiteten Verfahren und die Vollstreckung eines Kostenfestsetzungsbeschlusses.

Bis 28.2.2005 geltende Regelung: Keine Entsprechung.

Artikel 50
Prozesskostenhilfe

Wurde dem Antragsteller im Ursprungsmitgliedstaat ganz oder teilweise Prozesskostenhilfe oder Kostenbefreiung gewährt, so genießt er in dem Verfahren nach den Artikeln 21, 28, 41, 42 und 48 hinsichtlich der Prozesskostenhilfe oder der Kostenbefreiung die günstigste Behandlung, die das Recht des Vollstreckungsmitgliedstaats vorsieht.

Bis 30.6.2004 geltende Regelung: Art 30 aF (s Textanhang).

Artikel 51
Sicherheitsleistung, Hinterlegung

Der Partei, die in einem Mitgliedstaat die Vollstreckung einer in einem anderen Mitgliedstaat ergangenen Entscheidung beantragt, darf eine Sicherheitsleistung oder Hinterlegung, unter welcher Bezeichnung es auch sei, nicht aus einem der folgenden Gründe auferlegt werden:

a) weil sie in dem Mitgliedstaat, in dem die Vollstreckung erwirkt werden soll, nicht ihren gewöhnlichen Aufenthalt hat, oder

b) weil sie nicht die Staatsangehörigkeit dieses Staates besitzt oder, wenn die Vollstreckung im Vereinigten Königreich oder in Irland erwirkt werden soll, ihr „domicile" nicht in einem dieser Mitgliedstaaten hat.

Bis 28.2.2005 geltende Regelung: Art 31 aF (s Textanhang).

Artikel 52
Legalisation oder ähnliche Förmlichkeit

Die in den Artikeln 37, 38 und 45 aufgeführten Urkunden sowie die Urkunde über die Prozessvollmacht, falls eine solche erteilt wird, bedürfen weder der Legalisation noch einer ähnlichen Förmlichkeit.

Bis 28. 2. 2005 geltende Regelung: Art 35 aF.

Die in Art 37, 43 und, nicht die Ehe bereffend, 49 (Art 32, 34 aF) genannten Urkunden und eine Prozeßvollmacht können ohne Legalisation vorgelegt werden, dh ohne die bei ausländischen Urkunden normalerweise vorgesehene Echtheitsbescheinigung. Einen Legalisationszwang gibt es aber auch sonst nicht (MünchKomm/Spellenberg Art 11 EGBGB Rn 96). Für den Beweiswert nicht legalisierter ausländischer Urkunden gilt § 437 ZPO (Thomas/Putzo/Hüsstege Art 56 EuGVO aF Rn 1; Schlosser Art 56 EuGVO aF Rn 1). Danach kann das Gericht bei Zweifeln an der Echtheit bei der angeblichen ausstellenden Stelle nachfragen (§ 437 Abs 2 ZPO). Damit dürfte eine Legalisation in aller Regel unnötig werden. 1

Die ausländische Urkunde steht ohne Legalisation einer inländischen öffentlichen Urkunde nicht gleich (Schlosser Art 56 EuGVO aF Rn 1). Das Gericht darf und hat aber über die Echtheit nach den Umständen zu entscheiden (§ 438 Abs 1 ZPO). Auch unter Art 52 (Art 35 aF) hat das Gericht aber gem § 438 Abs 2 ZPO das Recht, eine Legalisation zu verlangen, wenn es sich nicht anders über die Echtheit Gewißheit verschaffen kann, was in Europa aber wohl selten sein wird. Eine Legalisation genügt zum Nachweis. 2

Kapitel 4
Zusammenarbeit zwischen den zentralen Behörden bei Verfahren betreffend die elterliche Verantwortung

Dieses Kapitel hat keine Entsprechung im bisher geltenden Text. Es betrifft die Zusammenarbeit zentraler Behörden in Kindschafts- und Sorgerechtsangelegenheiten und ist deshalb nicht Gegenstand der vorliegenden Kommentierung. Es ist vielmehr auf die Kommentierungen des Kindschaftsrechts zu verweisen. Es wird der Text nur informations- und vollständigkeitshalber mitgeteilt.

Artikel 53
Bestimmung der Zentralen Behörden

Jeder Mitgliedstaat bestimmt eine oder mehrere Zentrale Behörden, die ihn bei der Anwendung dieser Verordnung unterstützen, und legt ihre räumliche oder sachliche Zuständigkeit fest. Hat ein Mitgliedstaat mehrere Zentrale Behörden bestimmt, so sind die Mitteilungen grundsätzlich direkt an die zuständige Zentrale Behörde zu richten. Wurde eine Mitteilung an eine nicht zuständige Zentrale Behörde gerichtet, so hat diese die Mitteilung an die zuständige Zentrale Behörde weiterzuleiten und den Absender davon in Kenntnis zu setzen.

Artikel 54
Allgemeine Aufgaben

Die Zentralen Behörden stellen Informationen über nationale Rechtsvorschriften und Verfahren zur Verfügung und ergreifen Maßnahmen, um die Durchführung dieser Verordnung zu verbessern und die Zusammenarbeit untereinander zu stärken. Hierzu wird das mit der Entscheidung 2001/470/EG eingerichtete Europäische Justizielle Netz für Zivil- und Handelssachen genutzt.

Artikel 55
Zusammenarbeit in Fällen, die speziell die elterliche Verantwortung betreffen

Die Zentralen Behörden arbeiten in bestimmten Fällen auf Antrag der Zentralen Behörde eines anderen Mitgliedstaats oder des Trägers der elterlichen Verantwortung zusammen, um die Ziele dieser Verordnung zu verwirklichen. Hierzu treffen sie folgende Maßnahmen im Einklang mit den Rechtsvorschriften dieses Mitgliedstaats, die den Schutz personenbezogener Daten regeln, direkt oder durch Einschaltung anderer Behörden oder Einrichtungen:

a) Sie holen Informationen ein und tauschen sie aus über

i) die Situation des Kindes,

ii) laufende Verfahren oder

iii) das Kind betreffende Entscheidungen.

b) Sie informieren und unterstützen die Träger der elterlichen Verantwortung, die die Anerkennung und Vollstreckung einer Entscheidung, insbesondere über das Umgangsrecht und die Rückgabe des Kindes, in ihrem Gebiet erwirken wollen.

c) Sie erleichtern die Verständigung zwischen den Gerichten, insbesondere zur Anwendung des Artikels 11 Absätze 6 und 7 und des Artikels 15.

d) Sie stellen alle Informationen und Hilfen zur Verfügung, die für die Gerichte für die Anwendung des Artikels 56 von Nutzen sind.

e) Sie erleichtern eine gütliche Einigung zwischen den Trägern der elterlichen Verantwortung durch Mediation oder auf ähnlichem Wege und fördern hierzu die grenzüberschreitende Zusammenarbeit.

Artikel 56
Unterbringung des Kindes in einem anderen Mitgliedstaat

(1) Erwägt das nach den Artikeln 8 bis 15 zuständige Gericht die Unterbringung des Kindes in einem Heim oder in einer Pflegefamilie und soll das Kind in einem anderen Mitgliedstaat untergebracht werden, so zieht das Gericht vorher die Zentrale Behörde oder eine andere zuständige Behörde dieses Mitgliedstaats zurate, sofern in diesem Mitgliedstaat für die innerstaatlichen Fälle der Unterbringung von Kindern die Einschaltung einer Behörde vorgesehen ist.

(2) Die Entscheidung über die Unterbringung nach Absatz 1 kann im ersuchenden Mitgliedstaat nur getroffen werden, wenn die zuständige Behörde des ersuchten Staates dieser Unterbringung zugestimmt hat.

(3) Für die Einzelheiten der Konsultation bzw. der Zustimmung nach den Absätzen 1 und 2 gelten das nationale Recht des ersuchten Staates.

(4) Beschließt das nach den Artikeln 8 bis 15 zuständige Gericht die Unterbringung des Kindes in einer Pflegefamilie und soll das Kind in einem anderen Mitgliedstaat untergebracht werden und ist in diesem Mitgliedstaat für die innerstaatlichen Fälle der Unterbringung von Kindern die Einschaltung einer Behörde nicht vorgesehen, so setzt das Gericht die Zentrale Behörde oder eine zuständige Behörde dieses Mitgliedstaats davon in Kenntnis.

Artikel 57
Arbeitsweise

(1) Jeder Träger der elterlichen Verantwortung kann bei der Zentralen Behörde des Mitgliedstaats, in dem er seinen gewöhnlichen Aufenthalt hat, oder bei der Zentralen Behörde des Mitgliedstaats, in dem das Kind seinen gewöhnlichen Aufenthalt hat oder in dem es sich befindet, einen Antrag auf Unterstützung gemäß Artikel 55 stellen. Dem Antrag werden grundsätzlich alle verfügbaren Informationen beigefügt, die die Ausführung des Antrags erleichtern können. Betrifft dieser Antrag die Anerkennung oder Vollstreckung einer Entscheidung über die elterliche Verantwortung, die in den Anwendungsbereich dieser Verordnung fällt, so muss der Träger der elterlichen Verantwortung dem Antrag die betreffenden Bescheinigungen nach Artikel 39, Artikel 41 Absatz 1 oder Artikel 42 Absatz 1 beifügen.

(2) Jeder Mitgliedstaat teilt der Kommission die Amtssprache(n) der Organe der Gemeinschaft mit, die er außer seiner/seinen eigenen Sprache(n) für Mitteilungen an die Zentralen Behörden zulässt.

(3) Die Unterstützung der Zentralen Behörden gemäß Artikel 55 erfolgt unentgeltlich.

(4) Jede Zentrale Behörde trägt ihre eigenen Kosten.

Artikel 58
Zusammenkünfte

(1) Zur leichteren Anwendung dieser Verordnung werden regelmäßig Zusammenkünfte der Zentralen Behörden einberufen.

(2) Die Einberufung dieser Zusammenkünfte erfolgt im Einklang mit der Entscheidung 2001/470/EG über die Einrichtung eines Europäischen Justiziellen Netzes für Zivil- und Handelssachen.

Kapitel 5
Verhältnis zu anderen Rechtsinstrumenten

Artikel 59
Verhältnis zu anderen Rechtsinstrumenten

(1) Unbeschadet der Artikel 60, 61, 62 und des Absatzes 2 des vorliegenden Artikels ersetzt diese Verordnung die zum Zeitpunkt des Inkrafttretens dieser Verordnung bestehenden, zwischen zwei oder mehr Mitgliedstaaten geschlossenen Übereinkünfte, die in dieser Verordnung geregelte Bereiche betreffen.

(2) a) Finnland und Schweden können erklären, dass das Übereinkommen vom 6. Februar 1931 zwischen Dänemark, Finnland, Island, Norwegen und Schweden mit Bestimmungen des internationalen Verfahrensrechts über Ehe, Adoption und Vormundschaft einschließlich des Schlussprotokolls anstelle dieser Verordnung ganz oder teilweise auf ihre gegenseitigen Beziehungen anwendbar ist. Diese Erklärungen werden dieser Verordnung als Anhang beigefügt und im Amtsblatt der Europäischen Union veröffentlicht. Die betreffenden Mitgliedstaaten können ihre Erklärung jederzeit ganz oder teilweise widerrufen.

b) Der Grundsatz der Nichtdiskriminierung von Bürgern der Union aus Gründen der Staatsangehörigkeit wird eingehalten.

c) Die Zuständigkeitskriterien in künftigen Übereinkünften zwischen den in Buchstabe a) genannten Mitgliedstaaten, die in dieser Verordnung geregelte Bereiche betreffen, müssen mit den Kriterien dieser Verordnung im Einklang stehen.

d) Entscheidungen, die in einem der nordischen Staaten, der eine Erklärung nach Buchstabe a) abgegeben hat, aufgrund eines Zuständigkeitskriteriums erlassen werden, das einem der in Kapitel II vorgesehenen Zuständigkeitskriterien entspricht, werden in den anderen Mitgliedstaaten gemäß den Bestimmungen des Kapitels III anerkannt und vollstreckt.

(3) Die Mitgliedstaaten übermitteln der Kommission

a) eine Abschrift der Übereinkünfte sowie der einheitlichen Gesetze zur Durchführung dieser Übereinkünfte gemäß Absatz 2 Buchstaben a) und c),

b) jede Kündigung oder Änderung dieser Übereinkünfte oder dieser einheitlichen Gesetze.

Bis 28. 2. 2005 geltende Regelung: Art 36 aF (s Textanhang).

Grundsätzlich treten die bilateralen oder auch multilateralen Übereinkünfte auf dem Gebiet der **Eheauflösung** und der **elterlichen Verantwortung** außer Kraft. Dasselbe sagt schon Art 36 aF. Deutschland hat einschlägige bilaterale Abkommen abgeschlossen mit Belgien (30. 6. 1958), Griechenland (4. 11. 1961), Großbritannien (14. 7. 1960), Italien (9. 3. 1936), Niederlande (30. 8. 1962), Österreich (6. 6. 1959), Spanien (14. 11. 1983). Die Abkommen bleiben anwendbar, soweit sie **andere Materien betreffen**. Die aufgehobenen bilateralen Abkommen sind auch in Art 69 EuGVO genannt. Hierzu kommt noch das dort nicht genannte deutsch-britische Abkommen. Aufgehoben sind sowohl die Regelungen zur Anerkennung, auch wenn letztere anerkennungsfreundlicher als die EheGVO sein sollten (Rauscher/Rauscher Art 36 EheGVO aF Rn 1). Die vorgenannten Abkommen regeln nur die Anerkennung und Anerkennungszuständigkeit, nicht die Zuständigkeit für die Entscheidung selbst. Soweit Abkommen unter anderen Mitgliedstaaten solche Regelungen enthalten, bleiben sie zwar als Bestandteil von deren nationalem Rechts gem Art 7 (Art 8 aF) als Restzuständigkeit anwendbar, für die Anerkennung in Deutschland 1 ist das aber ohne Bedeutung, da nach Art 24 (Art 17 aF) die Zuständigkeit ohnehin nicht nachzuprüfen ist.

2 Die Anerkennungs- und Vollstreckungsabkommen der ehemaligen DDR waren nicht mit heutigen EU-Staaten abgeschlossen worden und sind ohnehin nach 1990 aufgekündigt worden (vgl § 328 ZPO Rn 88).

3 Bilaterale Abkommen der Bundesrepublik mit neu beigetretenen **EU-Mitgliedstaaten** auf diesen Gebieten gibt es nicht und träten auch außer Kraft, da die EheGVO auf die Beitrittsstaaten erstreckt wird.

4 Das **Haager Übereinkommen** über die Anerkennung von Ehescheidungen und Ehetrennungen vom 1. 6. 1970 galt nicht für Deutschland, wohl aber zwischen Finnland, den Niederlanden, Portugal, Italien, Luxemburg und für Zypern, die tschechische Republik und die Slowakei. Es wird ebenso durch die EheGVO aF wie nF verdrängt.

5 Finnland und Schweden haben eine Sonderregelung durchgesetzt (Borrás-Bericht Nr 113) zugunsten des nordischen Übereinkommen vom 6. 2. 1931, das insoweit auch eine Besonderheit bietet, als Mitgliedstaaten der EheGVO und andere Staaten daran beteiligt sind (Dänemark, Island und Norwegen).

6 Die Folge ist, daß in Schweden und Finnland die internationale Zuständigkeit nicht nach Art 3 bis 7 (Art 2 bis 6 aF), sondern nach jenem Übereinkommen zu beurteilen ist. Die Unterschiede sind aber sehr gering, denn entsprechend einer Verabredung mit der EU sind die Zuständigkeitsregeln des Art 3 EheGVO aF in Art 7 des nordischen Übereinkommens durch eine Änderung vom 6. 2. 2001 übernommen worden. Schweden und Finnland haben die in Art 59 Abs 2 (Art 36 Abs 2 aF) vorgesehene Erklärung abgegeben (ABlEG 2001 Nr L 58 S 22), und sie sind mit den entsprechenden Änderungen der nationalen Gesetze wirksam geworden (dazu Jayme/Kohler IPRax 2001, 508).

7 In den anderen EU-Staaten tritt aber die Anerkennung nur ein, wenn Finnland oder Schweden auch nach der EheGVO international zuständig waren, was natürlich in dem betr Urteil nicht gesagt sein muß. Nach der Abgabe der Erklärungen muß also entgegen Art 29 (Art 17 aF) bei Urteilen aus Finnland und Schweden die Zuständigkeit im Anerkennungsstaat nachgeprüft werden (dazu Jayme/Kohler IPRax 2001, 508 Fn 87). Der Sinn der Regelung ist, den nordischen Staaten ihre staatsvertraglichen Zuständigkeitsregeln zu belassen, aber die Anerkennung davon abhängig zu machen, daß der EheGVO entsprochen ist.

8 Nur rechtspolitisch ist bedenklich bzw widersprüchlich, daß Art 7 (Art 8 aF) den Mitgliedstaaten ihre nationalen, eventuell exorbitanten Zuständigkeiten beläßt, wenn der Antragsgegner keinem anderen Mitgliedstaat angehört oder in keinem seinen gewöhnlichen Aufenthalt hat, und die Urteile werden dennoch europaweit uneingeschränkt anerkannt (vgl Art 7 Rn 2; Art 24 Rn 2). Dagegen wird bei Urteilen aus Schweden und Finnland Übereinstimmung mit Art 3 bis 8 (Art 2 bis 6 aF) verlangt und geprüft. Das führt sogar dazu, daß zB ein schwedisches Urteil aufgrund einer nationalen, selbst exorbitanten Zuständigkeit im Verhältnis zu Dänemark wie zu Kanada anerkannt wird, ein Urteil im Verhältnis zu Finnland aber uU nicht.

Zweifelhaft erscheint die **Reichweite der Prüfung**, wenn das Urteil „aufgrund eines Zuständigkeitskriteriums erlassen wurde", das einem in der EheGVO „vorgesehenen Zuständigkeitskriterium entspricht". Naturgemäß kann das Urteil aus Finnland oder Schweden nur auf Bestimmungen des nordischen Übereinkommens Bezug nehmen. Nach der Änderung dieses Übereinkommens dürften dessen Regeln denen der EheGVO „entsprechen". **9**

Obwohl die EheGVO keine Bindung an die tatsächlichen Feststellungen des anzuerkennenden Urteils vorsieht, dürfte nicht auch zu prüfen sein, ob das Gericht die betreffende Bestimmung des nordischen Übereinkommens richtig angewandt, den betreffenden Zuständigkeitsgrund aufgrund der Tatsachen, zB den gewöhnlichen Aufenthalt zu Recht bejaht hat. Erforderlich und zu prüfen dürfte aber sein, ob sich das Gericht auf einen entsprechenden Zuständigkeitsgrund berufen hat. **10**

Abs 2 lit a beschränkt den Vorbehalt zugunsten des nordischen Übereinkommens und die Zuständigkeitskontrolle aber auf das Verhältnis zu Schweden und Finnland. Gegenüber anderen Staaten einschließlich Dänemarks, die dem nordischen Übereinkommen angehören, nicht aber der EheGVO, kann es bei den Restzuständigkeiten bleiben gem Art 7 und 24 (Art 8 und 17 aF). **11**

Um einen Fall im Verhältnis von Schweden und Finnland handelt es sich aber gemäß dem räumlich-persönlichen Anwendungsbereich des nordischen Übereinkonmmens nur, wenn die Parteien Staatsangehörige von Schweden oder Finnland sind und ihren gewöhnlichen Aufenthalt in einem dieser Staaten haben (Art 7 des Übk). **12**

Artikel 60
Verhältnis zu bestimmten multilateralen Übereinkommen

Im Verhältnis zwischen den Mitgliedstaaten hat diese Verordnung vor den nachstehenden Übereinkommen insoweit Vorrang, als diese Bereiche betreffen, die in dieser Verordnung geregelt sind:

a) Haager Übereinkommen vom 5. Oktober 1961 über die Zuständigkeit der Behörden und das anzuwendende Recht auf dem Gebiet des Schutzes von Minderjährigen,

b) Luxemburger Übereinkommen vom 8. September 1967 über die Anerkennung von Entscheidungen in Ehesachen,

c) Haager Übereinkommen vom 1. Juni 1970 über die Anerkennung von Ehescheidungen und der Trennung von Tisch und Bett,

d) Europäisches Übereinkommen vom 20. Mai 1980 über die Anerkennung und Vollstreckung von Entscheidungen über das Sorgerecht für Kinder und die Wiederherstellung des Sorgeverhältnisses

und

e) Haager Übereinkommen vom 25. Oktober 1980 über die zivilrechtlichen Aspekte internationaler Kindesentführung.

Bis 28. 2. 2005 geltende Regelung: Art 37 aF (s Textanhang).

1 Daß Art 60 (Art 37 aF) die multilateralen Übereinkommen zur Anerkennung von Eheentscheidungen verdrängt, leuchtet ein. Diese Übereinkommen umfaßten nur einen Teil der Mitgliedstaaten der EheGVO und zB nicht Deutschland. Die EheGVO ist ein deutlicher Fortschritt. Der Vorrang wirkt zum einen nur im Verhältnis der Mitglieder der EheGVO, und er hat Bedeutung für Deutschland nur auf dem Gebiet des Kindschaftsrechts, da die Bundesrepublik die Abkommen über die Anerkennung von Entscheidungen in Ehesachen nicht ratifiziert hat

2 Nachdem die EheGVO nF nun umfassende Regelungen der Zuständigkeit in Kindschaftssachen und der Anerkennung und Vollstreckung der Entscheidungen enthält, können auch die Haager Kindschaftsübereinkommen nicht daneben stehen, aber es ist rechtspolitisch zu tadeln, daß diese Materien nicht den Haager Übereinkommen belassen wurden (Vorbem 20 zu Art 1). Es macht schon nicht viel Sinn, daß die Mitgliedstaaten der EheGVO untereinander zT andere Regeln in Kindschaftssachen haben als im Verhältnis zu Drittstaaten. Die Verbesserung der EheGVO gegenüber dem MSA entfallen wohl auch in absehbarer Zeit, nachdem alle EU-Staaten des KSÜ am 1. 4. 2003 gezeichnet haben. Zwar können die Ratifizierungen dauern, aber man hätte sie vielleicht abwarten können.

Artikel 61
Verhältnis zum Haager Übereinkommen vom 19. Oktober 1996 über die Zuständigkeit, das anzuwendende Recht, die Anerkennung, Vollstreckung und Zusammenarbeit auf dem Gebiet der elterlichen Verantwortung und der Maßnahmen zum Schutz von Kindern

Im Verhältnis zum Haager Übereinkommen vom 19. Oktober 1996 über die Zuständigkeit, das anzuwendende Recht, die Anerkennung, Vollstreckung und Zusammenarbeit auf dem Gebiet der elterlichen Verantwortung und der Maßnahmen zum Schutz von Kindern ist diese Verordnung anwendbar,

a) wenn das betreffende Kind seinen gewöhnlichen Aufenthalt im Hoheitsgebiet eines Mitgliedstaats hat;

b) in Fragen der Anerkennung und der Vollstreckung einer von dem zuständigen Gericht eines Mitgliedstaats ergangenen Entscheidung im Hoheitsgebiet eines anderen Mitgliedstaats, auch wenn das betreffende Kind seinen gewöhnlichen Aufenthalt im Hoheitsgebiet eines Drittstaats hat, der Vertragspartei des genannten Übereinkommens ist.

Bis 28. 2. 2005 geltende Regelung: s Art 37 aF letzter SW (s Textanhang).

Diese Bestimmung ist gewissermaßen auf Vorrat eingefügt worden. Das KSÜ ist noch nicht ratifiziert, obwohl die EU ihre Mitglieder dazu gedrängt hat. Sobald und soweit es in Kraft sein wird, wird es in Sorgerechtsangelegenheiten von der EheGVO verdrängt. In der alten Fassung stand dasselbe in Art 37, der dem Art 61 nF entspricht. Der Grund für diese Einzelstellung ist nicht leicht zu erkennen. Möglicherweise hängt es mit der differenzierenden Regelung in lit a und lit b zusammen. 1

Der **sachliche Vorrang** reicht naturgemäß nur soweit wie die Regelungen der EheGVO. Die in Art 60 Abs 1 erwähnte Einschränkung gilt auch hier, zB insbesondere hinsichtlich des Internationalen Privatrechts. Die EheGVO regelt nur die Zuständigkeits- und Anerkennungs- bzw Vollstreckungsfragen und nicht die im KSÜ enthaltene Bestimmung des dann anzuwendenden Kindschaftsrechts. 2

Wie sich aus lit a und lit b ergibt, sind auch für den räumlichen Vorrang die beiden Fragenkreise zu unterscheiden: Die Regeln der Zuständigkeit sind nur der EheGVO zu entnehmen, wenn das Kind in einem Mitgliedstaat der EheGVO seinen gewöhnlichen Aufenthalt hat (zum maßgebenden Zeitpunkt Art 8 Abs 1). Für die Anerkennung und Vollstreckung von Sorgerechtsregelungen dagegen ist allein entscheidend, daß die Entscheidung aus einem Mitgliedstaat stammt. Es kommt also nicht darauf an, ob dieser Staat auch nach dem KSÜ zuständig war. Nicht nur gilt auch hier das Verbot der Nachprüfung der Anerkennungszuständigkeit, sondern es ist anscheinend die Absicht, die Anerkennung auch dann schon nach der EheGVO eintreten zu lassen, wenn der Entscheidungsstaat noch nicht Mitglied des KSÜ ist. 3

Artikel 62
Fortbestand der Wirksamkeit

(1) Die in Artikel 59 Absatz 1 und den Artikeln 60 und 61 genannten Übereinkünfte behalten ihre Wirksamkeit für die Rechtsgebiete, die durch diese Verordnung nicht geregelt werden.

(2) Die in Artikel 60 genannten Übereinkommen, insbesondere das Haager Übereinkommen von 1980, behalten vorbehaltlich des Artikels 60 ihre Wirksamkeit zwischen den ihnen angehörenden Mitgliedstaaten.

Bis 28. 2. 2005 geltende Regelung: Art 38 aF (s Textanhang).

Art 62 Abs 1 (Art 38 Abs 1 aF) stellt klar oder wiederholt was schon in Art 60 Abs 1 (Art 37 Abs 1 aF) gesagt wird, daß die EheGVO nämlich Vorrang nur in Anspruch nimmt, soweit sie sachlich anwendbar ist. Das ist wiederum für Deutschland nur im Hinblick auf das Haager Kindschaftsrecht von praktischer Bedeutung. Dazu ist hier nicht Stellung zu nehmen. 1

Abs 2 ist eher unklar. Der Vorläufer in Art 38 Abs 2 aF enthielt eine Übergangsregelung und betraf die zeitlichen Anwendungsbereiche. Art 62 Abs 2 nF will wohl die sachlichen Anwendungsbereiche abgrenzen. Die hier gemeinten „Mitgliedstaa- 2 ten" sind die der jeweiligen anderen Übereinkommen. Sie sollen soweit zwischen ihnen anwendbar bleiben, als es nicht um Fragen geht, die in der EheGVO geregelt sind. Das hätte sich auch schon aus Art 60 Abs 1 ergeben, so daß Art 62 Abs 2 insoweit nur klarstellende Funktion hat. Eigenartig ist, daß hier Art 61 und das KSÜ nicht erwähnt werden. Das kann aber nicht bedeuten, daß es zwischen den Mitgliedern der EheGVO ganz ausgeschlossen werden soll zB auch hinsichtlich seiner kollisionsrechtlichen Bestimmungen. Sie bleiben anwendbar.

3 Art 38 Abs 2 aF enthielt die weitere zeitliche Anwendbarkeit der verdrängten Übereinkommen und entspricht Art 42 aF zum Verhältnis zu nationalem Recht. Entscheidungen, die vor Inkrafttreten der EheGVO aF ergangen sind, werden nach wie vor gem den betr Übereinkommen anerkannt und vollstreckt. Das betrifft wiederum praktisch nur Kindschaftsangelegenheiten, die hier nicht zu behandeln sind.

Artikel 63
Verträge mit dem Heiligen Stuhl

(1) Diese Verordnung gilt unbeschadet des am 7. Mai 1940 in der Vatikanstadt zwischen dem Heiligen Stuhl und Portugal unterzeichneten Internationalen Vertrags (Konkordat).

(2) Eine Entscheidung über die Ungültigkeit der Ehe gemäß dem in Absatz 1 genannten Vertrag wird in den Mitgliedstaaten unter den in Kapitel III Abschnitt 1 vorgesehenen Bedingungen anerkannt.

(3) Die Absätze 1 und 2 gelten auch für folgende internationalen Verträge (Konkordate) mit dem Heiligen Stuhl:

a) Lateranvertrag vom 11. Februar 1929 zwischen Italien und dem Heiligen Stuhl, geändert durch die am 18. Februar 1984 in Rom unterzeichnete Vereinbarung mit Zusatzprotokoll,

b) Vereinbarung vom 3. Januar 1979 über Rechtsangelegenheiten zwischen dem Heiligen Stuhl und Spanien.

(4) Für die Anerkennung der Entscheidungen im Sinne des Absatzes 2 können in Italien oder Spanien dieselben Verfahren und Nachprüfungen vorgegeben werden, die auch für Entscheidungen der Kirchengerichte gemäß den in Absatz 3 genannten internationalen Verträgen mit dem Heiligen Stuhl gelten.

(5) Die Mitgliedstaaten übermitteln der Kommission

a) eine Abschrift der in den Absätzen 1 und 3 genannten Verträge,

b) jede Kündigung oder Änderung dieser Verträge.

Bis 28. 2. 2005 geltende Regelung: Art 40 aF (s Textanhang).

Art 63 (Art 40 aF) ist dadurch veranlaßt, daß die EheGVO nicht in Verpflichtungen aus Konkordaten eingreifen will, die Portugal, Spanien und Italien mit dem Heiligen Stuhl abgeschlossen haben (Borrás-Bericht Nr 120). Art 63 (Art 40 aF) betrifft nur die Anerkennung von Eheauflösungen und nicht Zuständigkeits- oder andere Fragen. **1**

Abs 1 und 2 betreffen Portugal. Da nach dem Konkordat die kirchlichen Gerichte eine ausschließliche Zuständigkeit für Eheaufhebungen wegen anfänglicher Mängel haben, werden gem **Abs 1** auch gerichtliche Eheaufhebungen anderer Mitgliedstaaten nicht anerkannt (Art 21 Rn 12 ff). Der Vorbehalt gilt nicht für ausländische Scheidungen, die nach der EheGVO anerkannt werden können. Scheidungen auch kanonischer Ehen erfolgen in Portugal durch staatliche Gerichte. **2**

Abs 2 betrifft die umgekehrte Frage einer Anerkennung portugiesischer Eheaufhebungen in den anderen Mitgliedstaaten. Dort ist die gerichtliche Bestätigung und Eintragung im Zivilstandsregister anzuerkennen (Art 21 Rn 12 ff), die in Portugal der kirchlichen Entscheidung zivilrechtlichen Wirkungen verleiht. Scheidungen erfolgen ohnehin in Portugal durch staatliche Gerichte, und dafür bestehen keine Besonderheiten. **3**

In diesem Zusammenhang ist darauf hinzuweisen, dass die Bestimmung des Art 39 aF (s Textanhang) sich in der Neufassung nicht wiederfindet. Es ist auch unklar, ob solche ergänzenden Abkommen viel Nutzen hätten. Es sind jedenfalls bisher von Deutschland keine abgeschlossen worden. **4**

Kapitel 6
Übergangsvorschriften

Artikel 64

(1) Diese Verordnung gilt nur für gerichtliche Verfahren, öffentliche Urkunden und Vereinbarungen zwischen den Parteien, die nach Beginn der Anwendung dieser Verordnung gemäß Artikel 72 eingeleitet, aufgenommen oder getroffen wurden.

(2) Entscheidungen, die nach Beginn der Anwendung dieser Verordnung in Verfahren ergangen sind, die vor Beginn der Anwendung dieser Verordnung, aber nach Inkrafttreten der Verordnung (EG) Nr. 1347/2000 eingeleitet wurden, werden nach Maßgabe des Kapitels III der vorliegenden Verordnung anerkannt und vollstreckt, sofern das Gericht aufgrund von Vorschriften zuständig war, die mit den Zuständigkeitsvorschriften des Kapitels II der vorliegenden Verordnung oder der Verordnung (EG) Nr. 1347/2000 oder eines Abkommens übereinstimmen, das zum Zeitpunkt der Einleitung des Verfahrens zwischen dem Ursprungsmitgliedstaat und dem ersuchten Mitgliedstaat in Kraft war.

(3) Entscheidungen, die vor Beginn der Anwendung dieser Verordnung in Verfahren ergangen sind, die nach Inkrafttreten der Verordnung (EG) Nr. 1347/2000 eingeleitet wurden, werden nach Maßgabe des Kapitels III der vorliegenden Verordnung anerkannt und vollstreckt, sofern sie eine Ehescheidung, Trennung ohne Auflösung des Ehebandes oder Ungültigerklärung einer Ehe oder eine aus Anlass

eines solchen Verfahrens in Ehesachen ergangene Entscheidung über die elterliche Verantwortung für die gemeinsamen Kinder zum Gegenstand haben.

(4) Entscheidungen, die vor Beginn der Anwendung dieser Verordnung, aber nach Inkrafttreten der Verordnung (EG) Nr. 1347/2000 in Verfahren ergangen sind, die vor Inkrafttreten der Verordnung (EG) Nr. 1347/2000 eingeleitet wurden, werden nach Maßgabe des Kapitels III der vorliegenden Verordnung anerkannt und vollstreckt, sofern sie eine Ehescheidung, Trennung ohne Auflösung des Ehebandes oder Ungültigerklärung einer Ehe oder eine aus Anlass eines solchen Verfahrens in Ehesachen ergangene Entscheidung über die elterliche Verantwortung für die gemeinsamen Kinder zum Gegenstand haben und Zuständigkeitsvorschriften angewandt wurden, die mit denen des Kapitels II der vorliegenden Verordnung oder der Verordnung (EG) Nr. 1347/2000 oder eines Abkommens übereinstimmen, das zum Zeitpunkt der Einleitung des Verfahrens zwischen dem Ursprungsmitgliedstaat und dem ersuchten Mitgliedstaat in Kraft war.

Bis 28. 2. 2005 geltende Regelung: Art 42 aF (s Textanhang).

Schrifttum

HAU, Intertemporale Anwendungsprobleme der Brüssel II-VO, IPRax 2003, 461

SPELLENBERG, Der Anwendungsbereich der EheGVO („Brüssel II") in Statussachen, in: FS Schumann (2001) 423.

Systematische Übersicht

Alphabetische Übersicht

I. Allgemeines

Art 64 regelt wie zuvor Art 42 aF den zeitlichen Anwendungsbereich der EheGVO. 1
Art 64 nF ist im Vergleich mit Art 42 aF deutlich komplexer und länger geworden, weil er sowohl den Übergang vom nationalen Recht einschließlich Staatsverträgen zur EheGVO aF als auch den von dieser zur EheGVO nF regeln will. Dabei geht es nicht nur um die Auswechselung von Zuständigkeits- und Anerkennungsregelungen, sondern es ist auch der sachliche Anwendungsbereich der EheGVO nF weiter als der EheGVO aF. Letzteres betrifft allerdings nur Kindschaftssachen, die nicht eigentlicher Gegenstand dieser Kommentierung sind.

Die Übergangsregelungen zur internationalen Zuständigkeit zwischen nationalem 2
Recht und der EheGVO aF, die am 1. 3. 2001 in Kraft trat, sollten heute nur noch selten von Bedeutung sein. Die Frage ist seinerzeit schon in Art 42 Abs 2 EheGVO aF geregelt worden, und diese Regelung findet sich nun in Art 64 Abs 4 wieder. Dieser Übergang wird also ab dem 1. 3. 2005 nicht mehr nach der EheGVO aF, sondern nach der inhaltlich gleichen EheGVO nF beurteilt.

Art 64 Abs 1 betrifft die internationale Zuständigkeit und andere Verfahrensfragen, 3
soweit sie in der EheGVO nF geregelt werden, die Absätze 2 bis 4 (bzw Art 42 Abs 2 aF) nur die Anerkennung.

Als **Grundprinzip** ergibt sich, daß die Anerkennung und ggf Vollstreckung sich nach 4
der derzeitigen EheGVO richten, daß aber vorausgesetzt wird, daß damals bei Einleitung des betreffenden Verfahrens eine internationale Zuständigkeit auch nach der

jetzigen Regelung bestanden hätte. Denn naturgemäß konnte das Gericht damals nicht nach der heutigen Regelung verfahren. Das Prinzip fand sich schon in Art 42 aF.

II. Änderung der Zuständigkeiten

1. VO(EG) Nr 1347/2000 (EheGVO aF)

5 Art 64 Abs 1 nF betrifft nur Verfahren, die ab dem 1. 3. 2005 eingeleitet werden, also nicht ältere Verfahren. Daraus folgt, daß die Zuständigkeitsregelungen der EheGVO nF nicht auf früher eingeleitete Verfahren rückwirkend erstreckt werden. Damit bleibt für den Übergang von Verfahren, die schon vor dem 1. 3. 2001 begonnen haben, aber am 1. 3. 2005 noch anhängig sein sollten, die Übergangsvorschrift des Art 42 Abs 1 EheGVO aF maßgebend. Die Formulierung dort, daß die EheGVO aF nur für Verfahren gelte, die nach dem 1. 3. 2001 eingeleitet wurden, ist soweit einleuchtend, daß nicht durch die Aufhebung der nationalen Zuständigkeitsregelungen einschließlich ggf von Staatsverträgen und namentlich durch die Beseitigung der exorbitanten Zuständigkeiten ein vor dem 1. 3. 2001 eingeleitetes Verfahren wegen Wegfalls der Zuständigkeit unzulässig würde. In dem die EheGVO aF hierfür nicht gelten will, entspricht sie dem Grundsatz der perpetuatio fori internationalis (vgl § 606a ZPO Rn 294 ff). Solche früher eingeleiteten Verfahren bleiben zulässig (zum Zeitpunkt der Einleitung u Rn 14 ff), wenn die internationale Zuständigkeit nach dem nationalen Recht des Gerichts einschließlich von Staatsverträgen gegeben war (BGH 5. 6. 2002 FamRZ 2002, 1182).

6 Der Wortlaut darf aber nicht im umgekehrten Fall mißverstanden werden, daß ein Antrag weiterhin abzuweisen sei, obwohl nun nach der EheGVO aF eine internationale Zuständigkeit eingetreten ist, die bisher nach nationalem Recht fehlte. Das wäre sinnlos, weil der Antrag nun auf der Grundlage der EheGVO sofort erneuert werden könnte. Durch das Inkrafttreten einer der Eheverordnungen kann eine Zuständigkeit entstehen (Spellenberg, in: FS Schumann [2001] 428 f).

2. VO(EG) Nr 2201/2003 (EheGVO nF)

7 Art 64 Abs 1 nF lautet gleich wie Art 42 Abs 1 aF. Da die Zuständigkeiten für Ehesachen nicht verändert worden sind, stellt sich insoweit in Ehesachen praktisch kein Übergangsproblem. Und hinsichtlich für Ehesachen aus der Zeit vor dem 1. 3. 2001 ändert die neue VO auch nichts an der Regelung des Art 42 Abs 1 aF.

8 Erhebliche Veränderungen haben sich jedoch für die elterliche Verantwortung ergeben durch den Übergang der EheGVO aF zur nF zT durch Änderung der Zuständigkeitsregeln, vor allem aber durch die Ausweitung des sachlichen Anwendungsbereichs der EheGVO nF auf isolierte Sorgerechtsregelungen und auf Fragen der Kindesentführung. Auch hier wird man wohl so entscheiden können, daß ein bisher etwa nach MSA oder nationalem Recht zulässigerweise eingeleitetes Sorgerechtsverfahren nicht nach dem 1. 3. 2005 unzulässig wird, weil nun eine Zuständigkeit nicht mehr bestünde, und man wird auch umgekehrt sagen müssen, daß ein anhängiges und noch nicht abgewiesenes Verfahren, dem nach dem bisherigen Recht die internationale Zuständigkeit aus MSA oder nationalem Recht fehlte, zulässig wird.

III. Sonstige Prozeßvoraussetzungen

Art 18 und 19 (Art 10 und 11 aF) enthalten andere Zulässigkeitsschranken, nämlich Art 18 die der noch nicht erfolgten Zustellung und Art 19 die der anderweitigen Rechtshängigkeit. 9

1. Zustellung

Art 18 (Art 10 aF) entspricht Art 15 HZÜ, das seit dem 26. 6. 1979 in Deutschland gilt. Seit dem 31. 5. 2001 gilt aber die EuZustVO (dazu Art 18 Rn 2). Durch deren Art 19 ist vor allem eine Änderung gegenüber Art 15 HZÜ eingetreten: Während nach Art 15 Abs 2 HZÜ zusammen mit dem Vorbehalt der Bundesrepublik das Verfahren nach sechs Monaten fortgesetzt werden konnte, auch wenn die Zustellung des Antrags nicht nachgewiesen war, ist nach Art 19 EuZustVO dieser Nachweis abzuwarten (Art 18 Rn 70 [HZÜ], 87 [EuZustVO]). 10

War das verfahrenseinleitende Schriftstück seinerzeit noch nach HZÜ zuzustellen, bleibt es auch nach Inkrafttreten der EuZustVO bei dessen Art 15 Abs 2. Art 64 Abs 1 erklärt auch idS, daß die EheGVO nF in Verfahren nicht eingreife, die vor dem 1. 3. 2005 eingeleitet wurden. Man kann diese Regelung deswegen auch auf die EuZustVO und das HZÜ erstrecken, weil Art 19 EheGVO nF (Art 10 aF) diese Zustellungsübereinkommen inkorporiert. 11

2. Rechtshängigkeit

Ist eine Ehesache schon vor dem 1. 3. 2001 in einem Mitgliedstaat anhängig und wird eine zweite in einem anderen nach dem 1. 3. 2001 anhängig gemacht, so ist auf dieses zweite Verfahren Art 19 (Art 11 aF) anzuwenden, auch wenn die EheGVO nF nicht schon bei der ersten Antragsstellung anzuwenden war. Es geht um die Zulässigkeit des zweiten Verfahrens. Vorausgesetzt und zu prüfen ist jedoch, ob für das erste sperrende Verfahren eine Zuständigkeit entsprechend der EheGVO aF gegeben gewesen wäre (EuGH 9. 10. 1997 Rs C-169/95 – v Horn/Cinnamond – Slg 1997 I-5451 Nr 9 ff). Diese Voraussetzung ergibt sich aus dem Zweck des Art 11 aF, Rechtskraftkollisionen zu vermeiden, mit Art 42 Abs 2 aF, der die Anerkennung eines nach dem 1. 3. 2001 ergehenden Urteils, wenn das Verfahren schon vor dem 1. 3. 2001 begonnen hatte, von dieser nachzuprüfenden Voraussetzung abhängig macht (wie hier OGH 9. 9. 2002 IPRax 2003, 456, zust Anm Hau 461; Gruber FamRZ 2000, 1129, 1131; Thomas/Putzo/Hüsstege Art 42 EheGVO aF Rn 2). Beruht dagegen die Zuständigkeit des zuerst angerufenen Gerichts nicht auf einem solchen Zuständigkeitsgrund, ist das zweite Verfahren fortzuführen, da das Urteil aus dem ersten Verfahren nicht anerkannt werden wird. 12

Hat das zuerst angerufene Gericht schon endgültig über eine Zuständigkeit entschieden (dazu Art 19 Rn 22 ff), so kann das zweitangerufene Gericht entscheiden, ob sein Antrag abzuweisen, oder das Verfahren fortzusetzen ist, weil die Zuständigkeit des ersten Gerichts nicht anzuerkennen ist. Über seine Zuständigkeit wird häufig aber erst zusammen mit dem Endurteil endgültig entschieden. Bis dahin muß das zweitangerufene Gericht nach der Auffassung des EuGH zu Art 21 EuGVÜ einstweilen aussetzen (aaO Nr 22). Es könnte zwar kraft eigener Sachkenntnis einigermaßen zuverlässig schon jetzt prüfen, ob im Erststaat eine Zuständigkeit nach der 13

EheGVO nF gegeben wäre, es soll aber nach dem EuGH über eine hypothetische Zuständigkeit nach dem EuGVÜ bzw also der EheGVO nicht vor der endgültigen Entscheidung des zuerst angerufenen Gerichts urteilen (EuGH 27.6.1991 Rs 351/89 – Eurosis Union Ins/Deutsche Ruck UK – Slg 1991 I-3317 Nr 22 f).

IV. Anerkennung

1. Maßgebende Zeitpunkte der Entscheidung

14 Art 64 unterscheidet Entscheidungen, die nach dem Inkrafttreten der EheGVO nF, dh nach dem 28.2.2005, und solche, die während der Geltung der EheGVO aF ergangen sind, also zwischen dem 1.3.2001 und dem 28.2.2005. Entscheidungen aus der Zeit davor werden weder von der alten noch von der neuen Fassung erwähnt.

15 Da es um die Anerkennung vornehmlich der Gestaltungswirkung geht, liegt nahe, den Zeitpunkt zu nehmen, zu dem im Ausgangsstaat diese Wirkung eingetreten ist (Rauscher/Rauscher Art 42 EheGVO aF Rn 7; Wagner IPRax 2001, 81). Das ist in aller Regel der Zeitpunkt der formellen Rechtskraft des Urteils. Scheidung durch Akt einer Verwaltungsbehörde gibt es derzeit nur in Dänemark, das aber kein Mitgliedstaat ist. In Großbritannien ergeht in aller Regel zuerst ein decree nisi, dem ein decree absolute folgt, wenn in der Zwischenzeit keine Einwände erhoben wurden. Erst letzteres hat Gestaltungswirkung.

16 Dem entspricht, daß in der Bescheinigung nach Art 37 (Art 33 aF) anzugeben ist, ob noch Rechtsmittel zulässig sind. Allerdings ergibt sich daraus nicht der Zeitpunkt der Rechtskraft. Wenn es darauf ankommen kann, ist er zu ermitteln.

2. Entscheidungen vor dem 1.3.2001

17 Weder die alte noch die neue EheGVO regeln die Anerkennung für Entscheidungen, die vor dem 1.3.2001 ergangen sind. Obwohl die Verfasser des Übereinkommens die Frage nicht erörtern, darf man in der Beschränkung auf neue Entscheidungen eine Bestätigung der im nationalen deutschen Recht umstrittenen Auffassung sehen, daß nach bisherigem Recht nicht anerkannte Entscheidungen nicht durch eine Rechtsänderung anerkennungsfähig werden (OLG Bamberg 25.9.2002 OLG Rep 2003, 63; vgl § 328 ZPO Rn 483).

18 Für ältere Urteile bleibt es bei dem nationalen, deutschen Recht einschließlich von Staatsverträgen (Borrás-Bericht Nr 110; Rauscher/Rauscher EurZPR Art 42 EheGVO Rn 9). Es bleibt auch bei Art 7 § 1 FamRÄndG (Thomas/Putzo/Hüsstege Art 42 EheGVO Rn 7).

19 Zu beachten ist der sachliche Anwendungsbereich. Die EheGVO gilt nur für statusändernde Urteile, nicht für Antragsabweisungen und Feststellungsurteile und natürlich nicht für Scheidungsfolgenregelungen außer für die elterliche Verantwortung. Antragsabweisende Urteile werden weiter nach nationalem Recht anerkannt (Art 21 Rn 93 ff).

3. Entscheidungen nach dem 1.3.2001

20 Art 64 Abs 2 bis 4 sagen in allen Fällen, daß die Entscheidungen, die unter der Geltung der EheGVO aF ergehen, wie die, die ab dem 1. 3. 2005 ergehen, nach den Regeln des Kap III der EheGVO nF anerkannt und vollstreckt werden. Vor dem 1. 3. 2005 sind diese Entscheidungen aber bereits ipso iure und sofort nach den Regeln der EheGVO aF eingetreten. Die Art 64 Abs 3 und 4 nF können naturgemäß erst ab dem 1. 3. 2005 gelten. Der Wortlaut des Art 64, daß die Anerkennung nun nach Kap III der EheGVO nF erfolge, soll nicht bedeuten, daß nun mit dem 1. 3. 2005 die bisherigen Anerkennungswirkungen entfalten sollten und erst neue mit dem 1. 3. 2005 einträten, so daß nun rückwirkend die Anerkennung aufgehoben wäre. Gemeint ist vernünftigerweise nur, daß ab dem 1. 3. 2005 die **Anerkennungswirkungen übergeleitet** werden und sich namentlich eine noch ausstehende Vollstreckung nach der EheGVO nF richtet.

Für Statusurteile hat sich an den Anerkennungswirkungen jedoch nichts geändert, **21** so daß der Rechtsumschwung hier ohne praktische Bedeutung ist. Anders kann das bei der Vollstreckung von Sorgerechts- und Umgangsrechtsregelungen sein. Die Überleitung der Entscheidungswirkungen mit dem 1. 3. 2005 findet nach Art 64 Abs 3 und 4 nF gleichermaßen statt unabhängig davon, ob das betreffende Verfahren vor oder nach dem 1. 3. 2001 eingeleitet wurde.

Die Anerkennungsvoraussetzungen ändern sich nicht. Es besteht freilich für Status- **22** urteile auch kein erkennbarer Unterschied zwischen der alten und der neuen EheGVO. Bei der elterlichen Verantwortung beruhen die Unterschiede auf der Ausweitung des sachlichen Anwendungsbereiches, indem nun auch isolierte Sorgerechtsregelungen und Entscheidungen aus Anlaß von Kindesentführungen erfaßt werden. Solche Entscheidungen aus der Zeit vor dem 1. 3. 2005 werden jedoch nach wie vor nicht nach der EheGVO alte wie neue Fassung anerkannt, weil Art 64 Abs 3 und 4 nF nur Entscheidungen über die elterliche Verantwortung aus Anlaß eines Eheverfahrens entsprechend Art 1 Abs 1 lit b EheGVO aF nennt und nicht selbständige Entscheidungen, die erst ab dem 1. 3. 2005 vorgesehen sind.

Für solche Entscheidungen, insbesondere isolierte Sorgerechtsregelungen aus der **23** Zeit vor dem 1. 3. 2005 bleibt es also bei Art 7 MSA bzw nationalem Recht und ggf bei dem HKEntÜ. Die Ausweitung des sachlichen Anwendungsbereiches der EheGVO nF bringt diese alten Entscheidungen nicht unter deren Anerkennungsregelungen. Nur die Annexentscheidungen zur elterlichen Verantwortung gem Art 3 EheGVO aF werden wie zuvor nun nach der neuen EheGVO anerkannt und vollstreckt.

4. Entscheidungen ab dem 1. 3. 2005

Daß sich Anerkennung und Vollstreckung nach der EheGVO nF richten, wenn die **24** Entscheidung aufgrund eines Verfahrens ergangen ist, das ebenfalls erst nach dem 1. 3. 2005 eingeleitet wurde, ist selbstverständlich. Art 64 Abs 2 regelt dagegen den Fall, daß das Verfahren während der Geltung der EheGVO aF eingeleitet, aber nach dem 1. 3. 2005 abgeschlossen worden ist. Die Wirkungen der Anerkennung und die Regelungen für die Vollstreckung sind dann naturgemäß ebenfalls die der EheGVO nF, da die Entscheidung ja erst unter deren Geltung ergangen ist.

Regelungsbedürftig war die Frage, ob eine ausreichende Zuständigkeit des entschei- **25** denden Gerichts vorlag, die sich naturgemäß nur aus der EheGVO aF oder eventuell nationalem Recht ergeben konnte. Hier enthält Art 64 Abs 2 eine dem Art 42

Abs 2 aF nachgebildete Regelung. Die Anerkennung und Vollstreckung hängt davon ab, daß das Gericht aufgrund von Vorschriften zuständig war, die mit den Zuständigkeitsvorschriften der Art 3 ff nF übereinstimmen. Bei Ehesachen ist dies ohne praktische Bedeutung, weil die Zuständigkeitsvorschriften der alten und der neuen EheGVO übereinstimmen.

26 Es soll aber auch genügen, wenn nur eine Übereinstimmung mit Zuständigkeitsvorschriften der EheGVO aF gegeben ist. Die dort weiter erwähnten Abkommen zwischen zwei Mitgliedstaaten wären solche gem Art 39 EheGVO aF, die zwar erlaubt gewesen wären, aber wohl nicht abgeschlossen wurden. Wenn man hier auch ältere Übereinkommen mit einbezieht, was wohl anzunehmen ist, so wäre für Ehesachen nur das Nordische Übereinkommen vom 6. 2. 1931 zu nennen, das aber in Art 59 Abs 1 (Art 36 aF) eine eigene Regelung gefunden hat.

27 Die EheGVO nF rechnet mit Situationen, in denen das über den 1. 3. 2005 hinaus andauernde Verfahren während der Geltung der EheGVO aF eingeleitet wurde, ohne daß die Zuständigkeit damals aus Art 2 bis 8 aF folgte. In Ehesachen ist die Situation wegen Art 8 aF nicht denkbar. Anders kann es bei der elterlichen Verantwortung aussehen. Das hängt mit dem engeren Anwendungsbereich der EheGVO aF zusammen, die für isolierte Sorgerechtsverfahren keine Zuständigkeit enthielt. Sie hätte etwa aus Art 1 MSA folgen können oder in Staaten, die dem MSA nicht angehören, aus deren nationalem Recht. Ergeht nun die Entscheidung nach dem 28. 2. 2005, wobei die EheGVO nF offenbar von einer Fortdauer der Zuständigkeit trotz ihres Inkrafttretens ausgeht, so muß der damalige Zuständigkeitsgrund mit einer Regelung der EheGVO nF übereinstimmen. Hauptbeispiel dürfte eine Zuständigkeit für die elterliche Verantwortung aufgrund von Art 1 MSA sein. Die Aufenthaltszuständigkeit danach entspricht Art 8 EheGVO nF. Anerkennung und Vollstreckung richten sich hinfort nach der neuen Regelung deshalb, weil die Entscheidung unter der neuen Verordnung ergangen ist.

5. Entscheidungen zwischen dem 1. 3. 2001 und dem 28. 2. 2005

28 Art 64 Abs 3 und 4 betreffen nur Entscheidungen, die zwischen dem 1. 3. 2001 und dem 28. 2. 2005 ergangen sind, unterscheiden aber danach, ob das Verfahren vor oder nach dem 1. 3. 2001 eingeleitet wurde.

a) Einleitung des Verfahrens nach dem 1. 3. 2001

29 Bei Verfahren, die während der Geltung der EheGVO aF stattfanden und abgeschlossen wurden, richtete sich seinerzeit die Anerkennung naturgemäß und automatisch nach dieser VO. Einsichtigerweise will die EheGVO nF daran auch nichts ändern. Die Anerkennungswirkungen und vor allem die Regeln für eine noch vorzunehmende Vollstreckung werden freilich nach der EheGVO nF beurteilt. Zuständigkeitsvoraussetzungen sind hier nicht zu überprüfen.

30 Regelungsbedürftig war jedoch die Frage des **Anwendungsbereichs** bzw des Sachgebietes, zu dem die fragliche Entscheidung ergangen ist. Hier bestimmt nun Abs 3, daß die Anerkennung und Vollstreckung nach wie vor beschränkt ist auf Entscheidungen, die in den sachlichen Anwendungsbereich der EheGVO aF fallen. Es sind dies Ehescheidung, Trennung von Tisch und Bett und Aufhebung der Ehe wegen anfänglicher Mängel und nur die Entscheidungen zur elterlichen Verantwortung für die gemeinsamen Kinder der Ehegatten aus Anlaß des Eheverfahrens. Am Ausschluß antragsabweisender Entscheidungen in Ehesachen und isolierter Sorgerechtsregelungen aus dem Anwendungsbereich der EheGVO aF ändert sich nichts. Insoweit bleibt, eben da die EheGVO nF nichts ändert, Anerkennung und Vollstreckung nationalem Recht einschließlich ggf von Staatsverträgen überlassen (Art 21 Rn 4 ff; SPELLENBERG, in: FS f Schumann [2001] 432 f).

b) Einleitung des Verfahren vor dem 1. 3. 2001

Art 64 Abs 4 nimmt für Entscheidungen nach dem 1. 3. 2001, bei denen das Verfahren vor dem 1. 3. 2001 eingeleitet wurde, die Bestimmung des Art 42 Abs 2 aF auf. Diese besagt, daß Entscheidungen aus anderen Mitgliedstaaten auch dann anerkannt werden können, wenn das Verfahren vor dem 1. 3. 2001 eingeleitet, aber nach diesem Zeitpunkt beendet wurde. Die Anerkennungswirkungen werden auch dann nun unter die EheGVO nF überführt. Es müssen allerdings bestimmte Anerkennungsvoraussetzungen vorliegen. Selbstverständlich ist dabei, daß die Entscheidung, die also nach dem 1. 3. 2001 ergangen ist, in den sachlichen Anwendungsbereich der EheGVO aF fällt. Es genügt nicht, daß sie jetzt unter den Anwendungsbereich EheGVO nF fiele. Art 64 Abs 4 wiederholt die Bestimmung über den sachlichen Anwendungsbereich von Art 1 und 13 aF. 31

Die Anerkennung ist weiter von der Einhaltung von Zuständigkeitsvorschriften abhängig. Wie schon Art 42 Abs 2 aF geht die neue Regelung in Art 64 Abs 4 nF davon aus, daß das eingeleitete Verfahren seinerzeit seine Zuständigkeit auf Bestimmungen gegründet hat, die naturgemäß nicht der EheGVO nF entnommen werden konnten. Diese Regelungen müssen jedoch mit Regeln der EheGVO übereinstimmen, wie schon Art 42 Abs 2 aF sagt. 32

Ob dies der Fall ist, ist vom Anerkennungsstaat nachzuprüfen (BORRÁS-Bericht Nr 11). Es genügt dabei nicht, daß die Vorschrift des nationalen Rechts oder eines Staatsvertrages abstrakt mit den Regeln der EheGVO aF übereinstimmt, sondern es müssen auch deren tatsächliche Voraussetzungen nun überprüft werden, weil diese naturgemäß vom erkennenden Gericht damals nicht geprüft werden konnten, da es ja nicht die Vorschriften der EheGVO aF angewandt hat (vgl OLG Nürnberg 23. 7. 2003 FamRZ 2004, 278, 279 –Zu Art 42 Abs 2 EheGVO aF). 33

Bemerkenswert ist, daß Art 64 Abs 4 auch eine Übereinstimmung mit Zuständigkeitsregelungen der EheGVO nF genügen läßt. Wegen ihrer Übereinstimmung spielt dies zwar keine Rolle hinsichtlich der Zuständigkeiten für Ehesachen in der alten und der neuen EheGVO. Der Unterschied ist wiederum aber erheblich hinsichtlich Entscheidungen über die elterliche Verantwortung. Da die EheGVO aF insbesondere isolierte Sorgerechtsregelungen und Entscheidungen zur Kindesentführung nicht umfaßte, beruht die Zuständigkeit dafür vor wie nach dem 1. 3. 2001 nicht auf der EheGVO aF. Ist zwischen dem 1. 3. 2001 und dem 28. 2. 2005 eine solche Entscheidung zB auf der Grundlage von Art 1 MSA ergangen, so wird sie auch nach dem 1. 3. 2005 anerkannt und vollstreckt, weil dem Art 1 MSA der neue Art 8 EheGVO nF entspricht. Dagegen wäre eine Anerkennung und Vollstreckung nach den Regeln der EheGVO aF nicht eingetreten, weil solche Entscheidungen damals nicht in deren sachlichen Anwendungsbereich fielen. 34

6. Zeitpunkt der Einleitung des Verfahrens

35 Der nach Art 64 Abs 2 bis 4 relevante Zeitpunkt der Einleitung des Verfahrens kann iSd Rechtshängigkeit nach nationalem Recht zu verstehen sein (so Wagner IPRax 2001, 80; Hausmann ELF 2000/01, 275), oder nach Art 16 (Art 11 Abs 4 aF) (so Thomas/Putzo/Hüsstege Art 42 EheGVO aF Rn 2; Rauscher/Rauscher Art 42 EheGVO Rn 3). Art 11 aF legt den Zeitpunkt freilich ausdrücklich nur für die Zwecke der Priorität bei der Rechtshängigkeit fest. Art 16 nF ist allgemeiner formuliert. Der problematische Fall ist der, daß der Antrag vor dem 1. 3. 2001 bei Gericht eingereicht, aber erst danach dem Gegner zugestellt wurde, falls nach dem nationalen Recht erst damit die Rechtshängigkeit eingetreten ist. Nimmt man den früheren Zeitpunkt, so muß geprüft werden, ob das Gericht damals auch nach der EheGVO aF zuständig war. Nimmt man den späteren Zeitpunkt, so ist das nicht mehr zu prüfen gem Art 7 aF, wenn das Urteil auch noch vor dem 28. 2. 2005 ergangen ist.

36 Das Nachprüfungsverbot beruht auf einem Vertrauen darauf, daß die Mitgliedstaaten die Zuständigkeitsvorschriften der EheGVO richtig angewandt haben werden (vgl Art 24 Rn 3). Man kann jedoch nicht einen Zeitpunkt zugrunde legen, zu dem das Ausgangsgericht seine Zuständigkeit prüft. Ein solcher Zeitpunkt läßt sich häufig nicht feststellen, da die internationale Zuständigkeit wohl auch im Ausland während des ganzen Verfahrens zu prüfen ist. Es scheint besser, auf den früheren Zeitpunkt der Einreichung der Antragsschrift abzustellen, denn der Antragssteller mußte sich bei seiner Entscheidung, einen Antrag dort zu stellen, nach dem damals geltenden, älteren Recht richten und nicht nach der noch nicht geltenden EheGVO aF. Dann aber muß der damalige Zuständigkeitsgrund einem der neuen der EheGVO aF entsprechen, und das ist nachträglich zu verifizieren.

37 Entsprechend ist für Art 64 Abs 2 zu verfahren, der eine Überprüfung vorsieht, ob bei Verfahren, die nach dem 1. 3. 2001 eingeleitet wurden, die Zuständigkeitsvorschriften auch der EheGVO nF oder aF die Zuständigkeit des entscheidenden Gerichts getragen hätten.

Kapitel 7
Schlussbestimmungen

Artikel 65
Überprüfung

Die Kommission unterbreitet dem Europäischen Parlament, dem Rat und dem Europäischen Wirtschafts- und Sozialausschuss spätestens am 1. Januar 2012 und anschließend alle fünf Jahre auf der Grundlage der von den Mitgliedstaaten vorgelegten Informationen einen Bericht über die Anwendung dieser Verordnung, dem sie gegebenenfalls Vorschläge zu deren Anpassung beifügt.

Bis 28. 2. 2005 geltende Regelung: Art 43 aF (s Textanhang).

Artikel 66
Mitgliedstaaten mit zwei oder mehr Rechtssystemen

Für einen Mitgliedstaat, in dem die in dieser Verordnung behandelten Fragen in verschiedenen Gebietseinheiten durch zwei oder mehr Rechtssysteme oder Regelwerke geregelt werden, gilt Folgendes:

a) Jede Bezugnahme auf den gewöhnlichen Aufenthalt in diesem Mitgliedstaat betrifft den gewöhnlichen Aufenthalt in einer Gebietseinheit.

b) Jede Bezugnahme auf die Staatsangehörigkeit oder, im Fall des Vereinigten Königreichs, auf das „domicile" betrifft die durch die Rechtsvorschriften dieses Staates bezeichnete Gebietseinheit.

c) Jede Bezugnahme auf die Behörde eines Mitgliedstaats betrifft die zuständige Behörde der Gebietseinheit innerhalb dieses Staates.

d) Jede Bezugnahme auf die Vorschriften des ersuchten Mitgliedstaats betrifft die Vorschriften der Gebietseinheit, in der die Zuständigkeit geltend gemacht oder die Anerkennung oder Vollstreckung beantragt wird.

Bis 28.2.2005 geltende Regelung: Art 41 aF (s Textanhang).

Artikel 67
Angaben zu den Zentralen Behörden und zugelassenen Sprachen

Die Mitgliedstaaten teilen der Kommission binnen drei Monaten nach Inkrafttreten dieser Verordnung Folgendes mit:

a) die Namen und Anschriften der Zentralen Behörden gemäß Artikel 53 sowie die technischen Kommunikationsmittel,

b) die Sprachen, die gemäß Artikel 57 Absatz 2 für Mitteilungen an die Zentralen Behörden zugelassen sind,

und

c) die Sprachen, die gemäß Artikel 45 Absatz 2 für die Bescheinigung über das Umgangsrecht zugelassen sind.

Die Mitgliedstaaten teilen der Kommission jede Änderung dieser Angaben mit.

Die Angaben werden von der Kommission veröffentlicht.

Bis 31.7.2004 geltende Regelung: Keine Entsprechung.

Artikel 68
Angaben zu den Gerichten und den Rechtsbehelfen

Die Mitgliedstaaten teilen der Kommission die in den Artikeln 21, 29, 33 und 34 genannten Listen mit den zuständigen Gerichten und den Rechtsbehelfen sowie die Änderungen dieser Listen mit.

Die Kommission aktualisiert diese Angaben und gibt sie durch Veröffentlichung im Amtsblatt der Europäischen Union und auf andere geeignete Weise bekannt.

Bis 31. 7. 2004 geltende Regelung: Art 44 aF (s Textanhang).

Artikel 69
Änderungen der Anhänge

Änderungen der in den Anhängen I bis IV wiedergegebenen Formblätter werden nach dem in Artikel 70 Absatz 2 genannten Verfahren beschlossen.

Bis 31. 7. 2004 geltende Regelung: Keine Entsprechung.

Artikel 70
Ausschuss

(1) Die Kommission wird von einem Ausschuss (nachstehend „Ausschuss" genannt) unterstützt.

(2) Wird auf diesen Absatz Bezug genommen, so gelten die Artikel 3 und 7 des Beschlusses 1999/468/EG.

(3) Der Ausschuss gibt sich eine Geschäftsordnung.

Bis 31. 7. 2004 geltende Regelung: Keine Entsprechung.

Artikel 71
Aufhebung der Verordnung (EG) Nr. 1347/2000

(1) Die Verordnung (EG) Nr. 1347/2000 wird mit Beginn der Geltung dieser Verordnung aufgehoben.

(2) Jede Bezugnahme auf die Verordnung (EG) Nr. 1347/2000 gilt als Bezugnahme auf diese Verordnung nach Maßgabe der Entsprechungstabelle in Anhang VI.

Artikel 72
In-Kraft-Treten

Diese Verordnung tritt am 1. August 2004 in Kraft.

Sie gilt ab 1. März 2005 mit Ausnahme der Artikel 67, 68, 69 und 70, die ab dem 1. August 2004 gelten.

Diese Verordnung ist in allen ihren Teilen verbindlich und gilt gemäß dem Vertrag zur Gründung der Europäischen Gemeinschaft unmittelbar in den Mitgliedstaaten.

Geschehen zu Brüssel am 27. November 2003.

Anhang I
Bescheinigung gemäß Artikel 39 über Entscheidungen in Ehesachen*

1. Ursprungsmitgliedstaat

2. Ausstellendes Gericht oder ausstellende Behörde
    - 2.1. Bezeichnung
    - 2.2. Anschrift
    - 2.3. Telefon/Fax/E-Mail

3. Angaben zur Ehe
    - 3.1. Ehefrau
        - 3.1.1. Name, Vornamen
        - 3.1.2. Anschrift
        - 3.1.3. Staat und Ort der Geburt
        - 3.1.4. Geburtsdatum
    - 3.2. Ehemann
        - 3.2.1. Name, Vornamen
        - 3.2.2. Anschrift
        - 3.2.3. Staat und Ort der Geburt
        - 3.2.4. Geburtsdatum
    - 3.3. Staat, Ort (soweit bekannt) und Datum der Eheschließung
        - 3.3.1. Staat der Eheschließung
        - 3.3.2. Ort der Eheschließung (soweit bekannt)
        - 3.3.3. Datum der Eheschließung

4. Gericht, das die Entscheidung erlassen hat
    - 4.1. Bezeichnung des Gerichts
    - 4.2. Gerichtsort

---

* Verordnung (EG) Nr. 2201/2003 des Rates vom 27. November 2003 über die Zuständigkeit und Anerkennung und Vollstreckung von Entscheidungen in Ehesachen und in Verfahren betreffend die elterliche Verantwortung und zur Aufhebung der Verordnung (EG) Nr. 1347/2000.

5. Entscheidung
  5.1. Datum
  5.2. Aktenzeichen
  5.3. Art der Entscheidung
    5.3.1. Scheidung
    5.3.2. Ungültigerklärung der Ehe
    5.3.3. Trennung ohne Auflösung des Ehebandes
  5.4. Erging die Entscheidung im Versäumnisverfahren?
    5.4.1. Nein
    5.4.2. Ja*

6. Namen der Parteien, denen Prozesskostenhilfe gewährt wurde

7. Können gegen die Entscheidung nach dem Recht des Ursprungsmitgliedstaats weitere Rechtsbehelfe eingelegt werden?
  7.1. Nein
  7.2. Ja

8. Datum der Rechtswirksamkeit in dem Mitgliedstaat, in dem die Entscheidung erging
  8.1. Scheidung
  8.2. Trennung ohne Auflösung des Ehebandes

Geschehen zu … am …

Unterschrift und/oder Dienstsiegel

Vom Abdruck der Anhänge II–IV betreffend die elterliche Verantwortung, das Umgangsrecht und die Rückgabe des Kindes wurde abgesehen.

Anhang V

S Konkordanztabelle Vorbem 21 zu Art 1 EheGVO.

Anhang VI

Erklärungen Schwedens und Finnlands nach Artikel 59 Absatz 2 Buchstabe a) der Verordnung des Rates über die Zuständigkeit und Anerkennung und Vollstreckung von Entscheidungen in Ehesachen und in Verfahren betreffend die elterliche Verantwortung und zur Aufhebung der Verordnung (EG) Nr. 1347/2000.

Erklärung Schwedens

* Die in Artikel 37 Absatz 2 genannten Urkunden sind vorzulegen.

Gemäß Artikel 59 Absatz 2 Buchstabe a) der Verordnung des Rates über die Zuständigkeit und Anerkennung und Vollstreckung von Entscheidungen in Ehesachen und in Verfahren betreffend die elterliche Verantwortung und zur Änderung der Verordnung (EG) Nr. 1347/2000 erklärt Schweden, dass das Übereinkommen vom 6. Februar 1931 zwischen Dänemark, Finnland, Island, Norwegen und Schweden mit Bestimmungen des internationalen Verfahrensrechts über Ehe, Adoption und Vormundschaft einschließlich des Schlussprotokolls anstelle dieser Verordnung ganz auf die Beziehungen zwischen Schweden und Finnland anwendbar ist.

Erklärung Finnlands
Gemäß Artikel 59 Absatz 2 Buchstabe a) der Verordnung des Rates über die Zuständigkeit und Anerkennung und Vollstreckung von Entscheidungen in Ehesachen und in Verfahren betreffend die elterliche Verantwortung und zur Änderung der Verordnung (EG) Nr. 1347/2000 erklärt Finnland, dass das Übereinkommen vom 6. Februar 1931 zwischen Finnland, Dänemark, Island, Norwegen und Schweden mit Bestimmungen des internationalen Verfahrensrechts über Ehe, Adoption und Vormundschaft einschließlich des Schlussprotokolls anstelle dieser Verordnung in den gegenseitigen Beziehungen zwischen Finnland und Schweden in vollem Umfang zur Anwendung kommt.

Textanhang

Verordnung (EG) Nr. 1347/2000 des Rates

vom 29. 5. 2000

über die Zuständigkeit und die Anerkennung und Vollstreckung von Entscheidungen in Ehesachen und in Verfahren betreffend die elterliche Verantwortung für die gemeinsamen Kinder der Ehegatten

Der Rat der Europäischen Union –
gestützt auf den Vertrag zur Gründung der Europäischen Gemeinschaft, insbesondere auf Artikel 61 Buchstabe c) und Artikel 67 Absatz 1,
auf Vorschlag der Kommission*,
nach Stellungnahme des Europäischen Parlaments**,
nach Stellungnahme des Wirtschafts- und Sozialausschusses***,
in Erwägung nachstehender Gründe:

(1) Die Mitgliedstaaten haben sich zum Ziel gesetzt, die Union als einen Raum der Freiheit, der Sicherheit und des Rechts, in dem der freie Personenverkehr gewährleistet ist, zu erhalten und weiterzuentwickeln. Zum schrittweisen Aufbau dieses Raums hat die Gemeinschaft unter anderem im Bereich der justitiellen Zusammenarbeit in Zivilsachen die für das reibungslose Funktionieren des Binnenmarkts erforderlichen Maßnahmen zu erlassen.

(2) Für das reibungslose Funktionieren des Binnenmarkts muß der freie Verkehr der Entscheidungen in Zivilsachen verbessert und beschleunigt werden.

(3) Dieser Bereich unterliegt nunmehr der justitiellen Zusammenarbeit in Zivilsachen im Sinne von Artikel 65 des Vertrags.

(4) Die Unterschiede zwischen bestimmten einzelstaatlichen Zuständigkeitsregeln und bestimmten Rechtsvorschriften über die Vollstreckung von Entscheidungen erschweren sowohl den freien Personenverkehr als auch das reibungslose Funktionieren des Binnenmarkts. Es ist daher gerechtfertigt, Bestimmungen zu erlassen, um die Vorschriften über die internationale Zuständigkeit in Ehesachen und in Verfahren über die elterliche Verantwortung zur vereinheitlichen und die Formalitäten im Hinblick auf eine rasche und unkomplizierte Anerkennung von Entscheidungen und deren Vollstreckung zu vereinfachen.

(5) Nach Maßgabe des in Artikel 5 des Vertrags niedergelegten Subsidiaritäts- und Verhältnismäßigkeitsprinzips können die Ziele dieser Verordnung auf der Ebene der Mitgliedstaaten nicht ausreichend erreicht werden; sie können daher besser auf Gemeinschaftsebene verwirklicht werden. Diese Verordnung geht nicht über das für die Erreichung dieser Ziele erforderliche Maß hinaus.

---

* Abl. C 247 vom 31. 8. 1999, S. 1.
** Stellungnahme vom 17. November 1999 (noch nicht im Amtsblatt veröffentlicht)
*** Abl. C 368 vom 20. 12. 1999, S. 23.

(6) Der Rat hat mit Rechtsakt vom 28. Mai 1998* ein Übereinkommen über die Zuständigkeit und die Anerkennung und Vollstreckung von Entscheidungen in Ehesachen erstellt und das Übereinkommen den Mitgliedstaaten zur Annahme gemäß ihren verfassungsrechtlichen Vorschriften empfohlen. Die bei der Aushandlung dieses Übereinkommens erzielten Ergebnisse sollten gewahrt werden; diese Verordnung übernimmt den wesentlichen Inhalt des Übereinkommens. Sie enthält jedoch einige nicht im Übereinkommen enthaltene neue Bestimmungen, um eine Übereinstimmung mit einigen Bestimmungen der vorgeschlagenen Verordnung über die gerichtliche Zuständigkeit und die Anerkennung und Vollstreckung von Urteilen in Zivil- und Handelssachen sicherzustellen.

(7) Um den freien Verkehr der Entscheidungen in Ehesachen und in Verfahren über die elterliche Verantwortung innerhalb der Gemeinschaft zu gewährleisten, ist es angemessen und erforderlich, daß die grenzübergreifende Anerkennung der Zuständigkeiten und der Entscheidungen über die Auflösung einer Ehe und über die elterliche Verantwortung für die gemeinsamen Kinder der Ehegatten im Wege eines Gemeinschaftsrechtsakts erfolgt, der verbindlich und unmittelbar anwendbar ist.

(8) In der vorliegenden Verordnung sind kohärente und einheitliche Maßnahmen vorzusehen, die einen möglichst umfassenden Personenverkehr ermöglichen. Daher muß die Verordnung auch auf Staatsangehörige von Drittstaaten Anwendung finden, bei denen eine hinreichend enge Verbindung zu dem Hoheitsgebiet eines Mitgliedstaats gemäß den in der Verordnung vorgesehenen Zuständigkeitskriterien gegeben ist.

(9) Der Anwendungsbereich dieser Verordnung sollte zivilgerichtliche Verfahren sowie außergerichtliche Verfahren einschließen, die in einigen Mitgliedstaaten in Ehesachen zugelassen sind, mit Ausnahme von Verfahren, die nur innerhalb einer Religionsgemeinschaft gelten. Es muß daher darauf hingewiesen werden, daß die Bezeichnung „Gericht" alle gerichtlichen und außergerichtlichen Behörden einschließt, die für Ehesachen zuständig sind.

(10) Diese Verordnung sollte nur für Verfahren gelten, die sich auf die Ehescheidung, die Trennung ohne Auflösung des Ehebandes oder die Ungültigerklärung einer Ehe beziehen. Die Anerkennung einer Ehescheidung oder der Ungültigerklärung einer Ehe betrifft nur die Auflösung des Ehebandes. Dementsprechend erstreckt sich die Anerkennung von Entscheidungen nicht auf Fragen wie das Scheidungsverschulden, das Ehegüterrecht, die Unterhaltspflicht oder sonstige mögliche Nebenaspekte, auch wenn sie mit dem vorgenannten Verfahren zusammenhängen.

(11) Diese Verordnung betrifft die elterliche Verantwortung für die gemeinsamen Kinder der Ehegatten in Fragen, die in engem Zusammenhang mit einem Antrag auf Scheidung, Trennung ohne Auflösung des Ehebandes oder Ungültigerklärung einer Ehe stehen.

(12) Die Zuständigkeitskriterien gehen von dem Grundsatz aus, daß zwischen dem Verfahrensbeteiligten und dem Mitgliedstaat, der die Zuständigkeit wahrnimmt, eine tatsächliche Beziehung bestehen muß. Die Auswahl dieser Kriterien ist darauf zurückzuführen, daß sie in verschiedenen einzelstaatlichen Rechtsordnungen bestehen und von den anderen Mitgliedstaaten anerkannt werden.

* Abl. C 221 vom 16. 7. 1998, S. 1. Der Rat hat am Tag der Fertigstellung des Übereinkommens den erläuternden Bericht von Frau Professor Alegría Borrás zur Kenntnis genommen. Dieser erläuternde Bericht ist auf Seite 27 des vorstehenden Amtsblatts enthalten.

(13) Eine Eventualität, die im Rahmen des Schutzes der gemeinsamen Kinder der Ehegatten bei einer Ehekrise berücksichtigt werden muß, besteht in der Gefahr, daß das Kind von einem Elternteil in ein anderes Land verbracht wird. Die grundlegenden Interessen der Kinder sind daher insbesondere in Übereinstimmung mit dem Haager Übereinkommen vom 25. Oktober 1980 über die zivilrechtlichen Aspekte internationaler Kindesentführung zu schützen. Der rechtmäßige gewöhnliche Aufenthalt wird daher als Zuständigkeitskriterium auch in den Fällen beibehalten, in denen sich der Ort des gewöhnlichen Aufenthalts aufgrund eines widerrechtlichen Verbringens oder Zurückhaltens des Kindes faktisch geändert hat.

(14) Diese Verordnung hindert die Gerichte eines Mitgliedstaats nicht daran, in dringenden Fällen einstweilige Maßnahmen einschließlich Sicherungsmaßnahmen in bezug auf Personen oder Vermögensgegenstände, die sich in diesem Staat befinden, anzuordnen.

(15) Der Begriff „Entscheidung" bezieht sich nur auf Entscheidungen, mit denen eine Ehescheidung, Trennung ohne Auflösung des Ehebandes oder Ungültigerklärung einer Ehe herbeigeführt wird. Öffentliche Urkunden, die im Ursprungsmitgliedstaat aufgenommen und vollstreckbar sind, sind solchen „Entscheidungen" gleichgestellt.

(16) Die Anerkennung und Vollstreckung von Entscheidungen der Gerichte der Mitgliedstaaten beruhen auf dem Grundsatz des gegenseitigen Vertrauens. Die Gründe für die Nichtanerkennung einer Entscheidung sind auf das notwendige Mindestmaß beschränkt. Im Rahmen des Verfahrens sollten allerdings Bestimmungen gelten, mit denen die Wahrung der öffentlichen Ordnung des ersuchten Staats und die Verteidigungsrechte der Parteien, einschließlich der persönlichen Rechte aller betroffenen Kinder, gewährleistet werden und zugleich vermieden wird, daß miteinander nicht zu vereinbarende Entscheidungen anerkannt werden.

(17) Der ersuchte Staat darf weder die Zuständigkeit des Ursprungsstaats noch die Entscheidung in der Sache überprüfen.

(18) Für die Beischreibung in den Personenstandsbüchern eines Mitgliedstaats aufgrund einer in einem anderen Mitgliedstaat ergangenen rechtskräftigen Entscheidung kann kein besonderes Verfahren vorgeschrieben werden.

(19) Das Übereinkommen von 1931 zwischen den nordischen Staaten sollte in den Grenzen dieser Verordnung weiter angewandt werden können.

(20) Spanien, Italien und Portugal haben vor Aufnahme der in dieser Verordnung geregelten Materien in den EG-Vertrag Konkordate mit dem Heiligen Stuhl geschlossen. Es gilt daher zu vermeiden, daß diese Mitgliedstaaten gegen ihre internationalen Verpflichtungen gegenüber dem Heiligen Stuhl verstoßen.

(21) Den Mitgliedstaaten muß es freistehen, untereinander Modalitäten zur Durchführung dieser Verordnung festzulegen, solange keine diesbezüglichen Maßnahmen auf Gemeinschaftsebene getroffen wurden.

(22) Die Anhänge I bis III betreffend die zuständigen Gerichte und die Rechtsbehelfe sollten von der Kommission anhand der von dem betreffenden Mitgliedstaat mitgeteilten Änderungen angepaßt werden. Änderungen der Anhänge IV und V sind gemäß dem Beschluß 1999/468/EG des Rates

vom 28. Juni 1999 zur Festlegung der Modalitäten für die Ausübung der der Kommission übertragenen Durchführungsbefugnisse* zu beschließen.

(23) Spätestens fünf Jahre nach Inkrafttreten dieser Verordnung sollte die Kommission die Anwendung der Verordnung prüfen und gegebenenfalls erforderliche Änderungen vorschlagen.

(24) Das Vereinigte Königreich und Irland haben gemäß Artikel 3 des dem Vertrag über die Europäische Union und dem Vertrag zur Gründung der Europäischen Gemeinschaft beigefügten Protokolls über die Position des Vereinigten Königreichs und Irlands mitgeteilt, daß sie sich an der Annahme und Anwendung dieser Verordnung beteiligen möchten.

(25) Dänemark wirkt gemäß den Artikeln 1 und 2 des dem Vertrag über die Europäische Union und dem Vertrag zur Gründung der Europäischen Gemeinschaft beigefügten Protokolls über die Position Dänemarks an der Annahme dieser Verordnung nicht mit. Diese Verordnung ist daher für diesen Staat nicht verbindlich und ihm gegenüber nicht anwendbar –

hat folgende Verordnung erlassen:

Kapitel I
Anwendungsbereich

Artikel 1

(1) Die vorliegende Verordnung ist anzuwenden auf

a) zivilgerichtliche Verfahren, die die Ehescheidung, die Trennung ohne Auflösung des Ehebandes oder die Ungültigerklärung einer Ehe betreffen;

b) zivilgerichtliche Verfahren, die die elterliche Verantwortung für die gemeinsamen Kinder der Ehegatten betreffen und aus Anlaß der unter Buchstabe a) genannten Verfahren in Ehesachen betrieben werden.

(2) Gerichtlichen Verfahren stehen andere in einem Mitgliedstaat amtlich anerkannte Verfahren gleich. Die Bezeichnung „Gericht“ schließt alle in Ehesachen zuständigen Behörden der Mitgliedstaaten ein.

(3) In dieser Verordnung bedeutet der Begriff „Mitgliedstaat“ jeden Mitgliedstaat mit Ausnahme des Königreichs Dänemark.

* Abl. L 184 vom 17. 7. 1999, S. 23.

Kapitel II
Gerichtliche Zuständigkeit

Abschnitt 1
Allgemeine Bestimmungen

Artikel 2
Ehescheidung, Trennung ohne Auflösung des Ehebandes und Ungültigerklärung einer Ehe

(1) Für Entscheidungen, die die Ehescheidung, die Trennung ohne Auflösung des Ehebandes oder die Ungültigerklärung einer Ehe betreffen, sind die Gerichte des Mitgliedstaats zuständig,

a) in dessen Hoheitsgebiet

- beide Ehegatten ihren gewöhnlichen Aufenthalt haben oder
- die Ehegatten zuletzt beide ihren gewöhnlichen Aufenthalt hatten, sofern einer von ihnen dort noch seinen gewöhnlichen Aufenthalt hat, oder
- der Antragsgegner seinen gewöhnlichen Aufenthalt hat oder
- im Falle eines gemeinsamen Antrags einer der Ehegatten seinen gewöhnlichen Aufenthalt hat oder
- der Antragsteller seinen gewöhnlichen Aufenthalt hat, wenn er sich dort seit mindestens einem Jahr unmittelbar vor der Antragstellung aufgehalten hat, oder
- der Antragsteller seinen gewöhnlichen Aufenthalt hat, wenn er sich dort seit mindestens sechs Monaten unmittelbar vor der Antragstellung aufgehalten hat und entweder Staatsangehöriger des betreffenden Mitgliedstaats ist oder, im Falle des Vereinigten Königreichs und Irlands, dort sein „domicile“ hat;

b) dessen Staatsangehörigkeit beide Ehegatten besitzen, oder, im Falle des Vereinigten Königreichs und Irlands, in dem sie ihr gemeinsames „domicile“ haben.

(2) Der Begriff „domicile“ im Sinne dieser Verordnung bestimmt sich nach britischem und irischem Recht.

Artikel 3
Elterliche Verantwortung

(1) Die Gerichte des Mitgliedstaats, in dem nach Artikel 2 über einen Antrag auf Ehescheidung, Trennung ohne Auflösung des Ehebandes oder Ungültigerklärung einer Ehe zu entscheiden ist, sind zuständig für alle Entscheidungen, die die elterliche Verantwortung für ein gemeinsames Kind der beiden Ehegatten betreffen, wenn dieses Kind seinen gewöhnlichen Aufenthalt in diesem Mitgliedstaat hat.

(2) Hat das Kind seinen gewöhnlichen Aufenthalt nicht in dem in Absatz 1 genannten Mitgliedstaat, so sind die Gerichte dieses Staates für diese Entscheidungen zuständig, wenn das Kind seinen gewöhnlichen Aufenthalt in einem der Mitgliedstaaten hat und

a) zumindest einer der Ehegatten die elterliche Verantwortung für das Kind hat und

b) die Zuständigkeit der betreffenden Gerichte von den Ehegatten anerkannt worden ist und im Einklang mit dem Wohl des Kindes steht.

(3) Die Zuständigkeit gemäß den Absätzen 1 und 2 endet,

a) sobald die stattgebende oder abweisende Entscheidung über den Antrag auf Ehescheidung, Trennung ohne Auflösung des Ehebandes oder Ungültigerklärung einer Ehe rechtskräftig geworden ist oder aber

b) in den Fällen, in denen zu dem unter Buchstabe a) genannten Zeitpunkt noch ein Verfahren betreffend die elterliche Verantwortung anhängig ist, sobald die Entscheidung in diesem Verfahren rechtskräftig geworden ist oder aber

c) sobald die unter den Buchstaben a) und b) genannten Verfahren aus einem anderen Grund beendet worden sind.

Artikel 4
Kindesentführung

Die nach Maßgabe von Artikel 3 zuständigen Gerichte haben ihre Zuständigkeit im Einklang mit den Bestimmungen des Haager Übereinkommens vom 25. Oktober 1980 über die zivilrechtlichen Aspekte internationaler Kindesentführung, insbesondere dessen Artikel 3 und 16, auszuüben.

Artikel 5
Gegenantrag

Das Gericht, bei dem ein Antrag auf der Grundlage der Artikel 2 bis 4 anhängig ist, ist auch für einen Gegenantrag zuständig, sofern dieser in den Anwendungsbereich dieser Verordnung fällt.

Artikel 6
Umwandlung einer Trennung ohne Auflösung des Ehebandes in eine Ehescheidung

Unbeschadet des Artikels 2 ist das Gericht eines Mitgliedstaats, das eine Entscheidung über eine Trennung ohne Auflösung des Ehebandes erlassen hat, auch für die Umwandlung dieser Entscheidung in eine Ehescheidung zuständig, sofern dies im Recht dieses Mitgliedstaats vorgesehen ist.

Artikel 7
Ausschließlicher Charakter der Zuständigkeiten nach den Artikeln 2 bis 6

Gegen einen Ehegatten, der

a) seinen gewöhnlichen Aufenthalt im Hoheitsgebiet eines Mitgliedstaats hat oder

b) Staatsangehöriger eines Mitgliedstaats ist oder – im Falle des Vereinigten Königreichs und Irlands – sein „domicile“ im Hoheitsgebiet eines dieser Mitgliedstaaten hat, darf ein Verfahren vor den Gerichten eines anderen Mitgliedstaats nur nach Maßgabe der Artikel 2 bis 6 geführt werden.

Artikel 8
Restzuständigkeiten

(1) Soweit sich aus den Artikeln 2 bis 6 keine Zuständigkeit eines Gerichts eines Mitgliedstaats ergibt, bestimmt sich die Zuständigkeit in jedem Mitgliedstaat nach dessen eigenem Recht.

(2) Jeder Staatsangehörige eines Mitgliedstaats, der seinen gewöhnlichen Aufenthalt im Hoheitsgebiet eines anderen Mitgliedstaats hat, kann die in diesem Staat geltenden Zuständigkeitsvorschriften wie ein Inländer gegenüber einem Antragsgegner geltend machen, wenn dieser weder seinen gewöhnlichen Aufenthalt im Hoheitsgebiet eines Mitgliedstaats hat noch die Staatsangehörigkeit eines Mitgliedstaats besitzt oder – im Falle des Vereinigten Königreichs und Irlands – sein „domicile" im Hoheitsgebiet eines dieser Mitgliedstaaten hat.

Abschnitt 2
Prüfung der Zuständigkeit und der Zulässigkeit des Verfahrens

Artikel 9
Prüfung der Zuständigkeit

Das Gericht eines Mitgliedstaats hat sich von Amts wegen für unzuständig zu erklären, wenn es in einer Sache angerufen wird, für die es nach dieser Verordnung keine Zuständigkeit hat und für die das Gericht eines anderen Mitgliedstaats aufgrund dieser Verordnung zuständig ist.

Artikel 10
Prüfung der Zulässigkeit

(1) Läßt sich eine Person, die ihren gewöhnlichen Aufenthalt nicht in dem Mitgliedstaat hat, in welchem das Verfahren eingeleitet wurde, auf das Verfahren nicht ein, so hat das zuständige Gericht das Verfahren so lange auszusetzen, bis festgestellt ist, daß es dem Antragsgegner möglich war, das verfahrenseinleitende Schriftstück oder ein gleichwertiges Schriftstück so rechtzeitig zu empfangen, daß er sich verteidigen konnte, oder daß alle hierzu erforderlichen Maßnahmen getroffen worden sind.

(2) An die Stelle von Absatz 1 tritt Artikel 19 der Verordnung (EG) Nr. 1348/2000 des Rates vom 29. Mai 2000 über die Zustellung gerichtlicher und außergerichtlicher Schriftstücke in Zivil- oder Handelssachen in den Mitgliedstaaten*, wenn das verfahrenseinleitende Schriftstück oder ein gleichwertiges Schriftstück nach Maßgabe jener Verordnung von einem Mitgliedstaat in einen anderen zu übermitteln war.

(3) Sind die Bestimmungen der Verordnung (EG) Nr. 1348/2000 nicht anwendbar, so gilt Artikel 15 des Haager Übereinkommens vom 15. November 1965 über die Zustellung gerichtlicher und außergerichtlicher Schriftstücke im Ausland in Zivil- und Handelssachen, wenn das verfahrenseinleitende Schriftstück oder ein gleichwertiges Schriftstück nach Maßgabe des genannten Übereinkommens ins Ausland zu übermitteln war.

---

* Siehe Seite 37 dieses Amtsblatts.

Abschnitt 3
Rechtshängigkeit und abhängige Verfahren

Artikel 11

(1) Werden bei Gerichten verschiedener Mitgliedstaaten Anträge wegen desselben Anspruchs zwischen denselben Parteien gestellt, so setzt das später angerufene Gericht das Verfahren von Amts wegen aus, bis die Zuständigkeit des zuerst angerufenen Gerichts geklärt ist.

(2) Werden bei Gerichten verschiedener Mitgliedstaaten Anträge auf Ehescheidung, Trennung ohne Auflösung des Ehebandes oder Ungültigerklärung einer Ehe, die nicht denselben Anspruch betreffen, zwischen denselben Parteien gestellt, so setzt das später angerufene Gericht das Verfahren von Amts wegen aus, bis die Zuständigkeit des zuerst angerufenen Gerichts geklärt ist.

(3) Sobald die Zuständigkeit des zuerst angerufenen Gerichts feststeht, erklärt sich das später angerufene Gericht zugunsten dieses Gerichts für unzuständig.

In diesem Fall kann der Antragsteller, der den Antrag bei dem später angerufenen Gericht gestellt hat, diesen Antrag dem zuerst angerufenen Gericht vorlegen.

(4) Für die Zwecke dieses Artikels gilt ein Gericht als angerufen

a) zu dem Zeitpunkt, zu dem das verfahrenseinleitende Schriftstück oder ein gleichwertiges Schriftstück bei Gericht eingereicht worden ist, vorausgesetzt, daß der Antragsteller es in der Folge nicht versäumt hat, die ihm obliegenden Maßnahmen zu treffen, um die Zustellung des Schriftstücks an den Antragsgegner zu bewirken, oder

b) falls die Zustellung an den Antragsgegner vor Einreichung des Schriftstücks bei Gericht zu bewirken ist, zu dem Zeitpunkt, zu dem die für die Zustellung verantwortliche Stelle das Schriftstück erhalten hat, vorausgesetzt, daß der Antragsteller es in der Folge nicht versäumt hat, die ihm obliegenden Maßnahmen zu treffen, um das Schriftstück bei Gericht einzureichen.

Abschnitt 4
Einstweilige Maßnahmen einschließlich Sicherungsmaßnahmen

Artikel 12

In dringenden Fällen können die Gerichte eines Mitgliedstaats ungeachtet der Bestimmungen dieser Verordnung die nach dem Recht dieses Mitgliedstaats vorgesehenen einstweiligen Maßnahmen einschließlich Sicherungsmaßnahmen in bezug auf in diesem Staat befindliche Personen oder Güter auch dann ergreifen, wenn für die Entscheidung in der Hauptsache gemäß dieser Verordnung ein Gericht eines anderen Mitgliedstaats zuständig ist.

Kapitel III
Anerkennung und Vollstreckung

Artikel 13
Bedeutung des Begriffs „Entscheidung“

(1) Unter „Entscheidung“ im Sinne dieser Verordnung ist jede von einem Gericht eines Mitgliedstaats erlassene Entscheidung über die Ehescheidung, die Trennung ohne Auflösung des Ehebandes oder die Ungültigerklärung einer Ehe sowie jede aus Anlaß eines solchen Verfahrens in Ehesachen ergangene Entscheidung über die elterliche Verantwortung der Ehegatten zu verstehen, ohne Rücksicht auf die Bezeichnung der jeweiligen Entscheidung, wie Urteil oder Beschluß.

(2) Die Bestimmungen dieses Kapitels gelten auch für die Festsetzung der Kosten für die nach dieser Verordnung eingeleiteten Verfahren und die Vollstreckung eines Kostenfestsetzungsbeschlusses.

(3) Für die Durchführung dieser Verordnung werden öffentliche Urkunden, die in einem Mitgliedstaat aufgenommen und vollstreckbar sind, sowie vor einem Richter im Laufe eines Verfahrens geschlossene Vergleiche, die in dem Mitgliedstaat, in den sie zustande gekommen sind, vollstreckbar sind, unter denselben Bedingungen wie die in Absatz 1 genannten Entscheidungen anerkannt und für vollstreckbar erklärt.

Abschnitt 1
Anerkennung

Artikel 14
Anerkennung einer Entscheidung

(1) Die in einem Mitgliedstaat ergangenen Entscheidungen werden in den anderen Mitgliedstaaten anerkannt, ohne daß es hierfür eines besonderen Verfahrens bedarf.

(2) Insbesondere bedarf es unbeschadet des Absatzes 3 keines besonderen Verfahrens für die Beischreibung in den Personenstandsbüchern eines Mitgliedstaats auf der Grundlage einer in einem anderen Mitgliedstaat ergangenen Entscheidung über Ehescheidung, Trennung ohne Auflösung des Ehebandes oder Ungültigerklärung einer Ehe, gegen die nach dessen Recht keine weiteren Rechtsbehelfe eingelegt werden können.

(3) Jede Partei, die ein Interesse hat, kann im Rahmen der Verfahren nach den Abschnitten 2 und 3 dieses Kapitels die Feststellung beantragen, daß eine Entscheidung anzuerkennen oder nicht anzuerkennen ist.

(4) Ist in einem Rechtsstreit vor einem Gericht eines Mitgliedstaats die Frage der Anerkennung einer Entscheidung als Vorfrage zu klären, so kann dieses Gericht hierüber befinden.

Artikel 15
Gründe für die Nichtanerkennung einer Entscheidung

(1) Eine Entscheidung, die die Ehescheidung, die Trennung ohne Auflösung des Ehebandes oder die Ungültigerklärung einer Ehe betrifft, wird nicht anerkannt,

a) wenn die Anerkennung der öffentlichen Ordnung (ordre public) des Mitgliedstaats, in dem sie beantragt wird, offensichtlich widerspricht;

b) wenn dem Antragsgegner, der sich auf das Verfahren nicht eingelassen hat, das verfahrenseinleitende Schriftstück oder ein gleichwertiges Schriftstück nicht so rechtzeitig und in einer Weise zugestellt worden ist, daß er sich verteidigen konnte, es sei denn, es wird festgestellt, daß er mit der Entscheidung eindeutig einverstanden ist;

c) wenn die Entscheidung mit einer Entscheidung unvereinbar ist, die in einem Verfahren zwischen denselben Parteien in dem Mitgliedstaat, in dem die Anerkennung beantragt wird, ergangen ist; oder

d) wenn die Entscheidung mit einer früheren Entscheidung unvereinbar ist, die in einem anderen Mitgliedstaat oder in einem Drittland zwischen denselben Parteien ergangen ist, sofern die frühere Entscheidung die notwendigen Voraussetzungen für ihre Anerkennung in dem Mitgliedstaat erfüllt, in dem die Anerkennung beantragt wird

(2) Eine Entscheidung betreffend die elterliche Verantwortung, die aus Anlaß der in Artikel 13 genannten Verfahren in Ehesachen ergangen ist, wird nicht anerkannt,

a) wenn die Anerkennung der öffentlichen Ordnung (ordre public) des Mitgliedstaats, in dem sie beantragt wird, offensichtlich widerspricht, wobei das Wohl des Kindes zu berücksichtigen ist;

b) wenn die Entscheidung – ausgenommen in dringenden Fällen – ergangen ist, ohne daß das Kind die Möglichkeit hatte, gehört zu werden, und damit wesentliche verfahrensrechtliche Grundsätze des Mitgliedstaats, in dem die Anerkennung beantragt wird, verletzt werden;

c) wenn der betreffenden Person, die sich auf das Verfahren nicht eingelassen hat, das verfahrenseinleitende Schriftstück oder ein gleichwertiges Schriftstück nicht so rechtzeitig und in einer Weise zugestellt worden ist, daß sie sich verteidigen konnte, es sei denn, es wird festgestellt, daß sie mit der Entscheidung eindeutig einverstanden ist;

d) wenn eine Person dies mit der Begründung beantragt, daß die Entscheidung in ihre elterliche Verantwortung eingreift, falls die Entscheidung ergangen ist, ohne daß die Person die Möglichkeit hatte, gehört zu werden;

e) wenn die Entscheidung mit einer späteren Entscheidung betreffend die elterliche Verantwortung unvereinbar ist, die in dem Mitgliedstaat, in dem die Anerkennung beantragt wird, ergangen ist; oder

f) wenn die Entscheidung mit einer späteren Entscheidung betreffend die elterliche Verantwortung unvereinbar ist, die in einem anderen Mitgliedstaat oder in dem Drittland, in dem das Kind seinen gewöhnlichen Aufenthalt hat, ergangen ist, sofern die spätere Entscheidung die notwendigen Voraussetzungen für ihre Anerkennung in dem Mitgliedstaat erfüllt, in dem die Anerkennung beantragt wird.

Artikel 16
Übereinkünfte mit Drittstaaten

Ein Gericht eines Mitgliedstaats hat die Möglichkeit, auf der Grundlage einer Übereinkunft über die Anerkennung und Vollstreckung von Entscheidungen eine in einem anderen Mitgliedstaat ergangene Entscheidung nicht anzuerkennen, wenn in Fällen des Artikels 8 die Entscheidung nur auf in den Artikeln 2 bis 7 nicht genannte Zuständigkeitskriterien gestützt werden konnte.

Artikel 17
Verbot der Nachprüfung der Zuständigkeit des Gerichts des Ursprungsmitgliedstaats

Die Zuständigkeit des Gerichts des Ursprungsmitgliedstaats darf nicht nachgeprüft werden. Die Überprüfung der Vereinbarkeit mit der öffentlichen Ordnung (ordre public) gemäß Artikel 15 Absatz 1 Buchstabe a) und Absatz 2 Buchstabe a) darf sich nicht auf die in den Artikeln 2 bis 8 vorgesehenen Vorschriften über die Zuständigkeit erstrecken.

Artikel 18
Unterschiede beim anzuwendenden Recht

Die Anerkennung einer Entscheidung, die die Ehescheidung, die Trennung ohne Auflösung des Ehebandes oder die Ungültigerklärung einer Ehe betrifft, darf nicht deshalb abgelehnt werden, weil eine Ehescheidung, Trennung ohne Auflösung des Ehebandes oder Ungültigerklärung einer Ehe nach dem Recht des Mitgliedstaats, in dem die Anerkennung beantragt wird, unter Zugrundelegung desselben Sachverhalts nicht zulässig wäre.

Artikel 19
Ausschluß einer Nachprüfung in der Sache

Die Entscheidung darf keinesfalls in der Sache selbst nachgeprüft werden.

Artikel 20
Aussetzung des Anerkennungsverfahrens

(1) Das Gericht eines Mitgliedstaats, vor dem die Anerkennung einer in einem anderen Mitgliedstaat ergangenen Entscheidung beantragt wird, kann das Verfahren aussetzen, wenn gegen die Entscheidung ein ordentlicher Rechtsbehelf eingelegt worden ist.

(2) Das Gericht eines Mitgliedstaats, bei dem die Anerkennung einer in Irland oder im Vereinigten Königreich ergangenen Entscheidung beantragt wird, kann das Verfahren aussetzen, wenn die Vollstreckung der Entscheidung im Ursprungsmitgliedstaat wegen der Einlegung eines Rechtsbehelfs einstweilen eingestellt ist.

Abschnitt 2
Vollstreckung

Artikel 21
Vollstreckbare Entscheidungen

(1) Die in einem Mitgliedstaat ergangenen Entscheidungen betreffend die elterliche Verantwortung

für ein gemeinsames Kind, die in diesem Mitgliedstaat vollstreckbar sind und die zugestellt worden sind, werden in einem anderen Mitgliedstaat vollstreckt, wenn sie dort auf Antrag einer berechtigten Partei für vollstreckbar erklärt worden sind.

(2) Im Vereinigten Königreich jedoch wird eine derartige Entscheidung in England und Wales, in Schottland oder in Nordirland vollstreckt, wenn sie auf Antrag einer berechtigten Partei zur Vollstreckung in dem betreffenden Teil des Vereinigten Königreichs registriert worden ist.

Artikel 22
Örtlich zuständige Gerichte

(1) Ein Antrag auf Vollstreckbarerklärung ist bei dem Gericht zu stellen, das in der Liste in Anhang I aufgeführt ist.

(2) Das örtlich zuständige Gericht wird durch den gewöhnlichen Aufenthalt der Person, gegen die die Vollstreckung erwirkt werden soll, oder durch den gewöhnlichen Aufenthalt eines Kindes, auf das sich der Antrag bezieht, bestimmt.

Befindet sich keiner der in Unterabsatz 1 angegebenen Orte in dem Mitgliedstaat, in dem die Vollstreckung erwirkt werden soll, so wird das örtlich zuständige Gericht durch den Ort der Vollstreckung bestimmt.

(3) Hinsichtlich der Verfahren nach Artikel 14 Absatz 3 wird das örtlich zuständige Gericht durch das innerstaatliche Recht des Mitgliedstaats bestimmt, in dem der Antrag auf Anerkennung oder Nichtanerkennung gestellt wird.

Artikel 23
Stellung des Antrags auf Vollstreckbarerklärung

(1) Für die Stellung des Antrags ist das Recht des Mitgliedstaats maßgebend, in dem die Vollstreckung erwirkt werden soll.

(2) Der Antragsteller hat für die Zustellung im Bezirk des angerufenen Gerichts ein Wahldomizil zu begründen. Ist das Wahldomizil im Recht des Mitgliedstaats, in dem die Vollstreckung erwirkt werden soll, nicht vorgesehen, so hat der Antragsteller einen Zustellungsbevollmächtigten zu benennen.

(3) Dem Antrag sind die in den Artikeln 32 und 33 aufgeführten Urkunden beizufügen.

Artikel 24
Entscheidung des Gerichts

(1) Das mit dem Antrag befaßte Gericht erläßt seine Entscheidung ohne Verzug, ohne daß die Person, gegen die die Vollstreckung erwirkt werden soll, in diesem Abschnitt des Verfahrens Gelegenheit erhält, eine Erklärung abzugeben.

(2) Der Antrag darf nur aus einem der in den Artikeln 15, 16 und 17 aufgeführten Gründe abgelehnt werden.

(3) Die ausländische Entscheidung darf keinesfalls in der Sache selbst nachgeprüft werden.

Artikel 25
Mitteilung der Entscheidung

Die Entscheidung, die über den Antrag ergangen ist, wird dem Antragsteller vom Urkundsbeamten der Geschäftsstelle unverzüglich in der Form mitgeteilt, die das Recht des Mitgliedstaats, in dem die Vollstreckung erwirkt werden soll, vorsieht.

Artikel 26
Rechtsbehelf gegen eine Entscheidung über die Zulassung der Vollstreckung

(1) Gegen die Entscheidung über den Antrag auf Vollstreckbarerklärung kann jede Partei einen Rechtsbehelf einlegen.

(2) Der Rechtsbehelf wird bei dem Gericht eingelegt, das in der Liste in Anhang II aufgeführt ist.

(3) Über den Rechtsbehelf wird nach den Vorschriften entschieden, die für Verfahren mit beiderseitigem rechtlichen Gehör maßgebend sind.

(4) Wird der Rechtsbehelf von der Person eingelegt, die den Antrag auf Vollstreckbarerklärung gestellt hat, so wird die Partei, gegen die die Vollstreckung erwirkt werden soll, aufgefordert, sich auf das Verfahren einzulassen, das bei dem mit dem Rechtsbehelf befaßten Gericht anhängig ist. Läßt sich die betreffende Person auf das Verfahren nicht ein, so gelten die Bestimmungen des Artikels 10.

(5) Der Rechtsbehelf gegen die Vollstreckbarerklärung ist innerhalb eines Monats nach ihrer Zustellung einzulegen. Hat die Partei, gegen die die Vollstreckung erwirkt werden soll, ihren gewöhnlichen Aufenthalt in einem anderen Mitgliedstaat als dem, in dem die Vollstreckbarerklärung erteilt worden ist, so beträgt die Frist für den Rechtsbehelf zwei Monate und beginnt mit dem Tag, an dem die Vollstreckbarerklärung ihr entweder persönlich oder in ihrer Wohnung zugestellt worden ist. Eine Verlängerung dieser Frist wegen weiter Entfernung ist ausgeschlossen.

Artikel 27
Für den Rechtsbehelf zuständiges Gericht und Anfechtung der Entscheidung über den Rechtsbehelf

Die Entscheidung, die über den Rechtsbehelf ergangen ist, kann nur im Wege der in Anhang III genannten Verfahren angefochten werden.

Artikel 28
Aussetzung des Verfahrens

(1) Das nach Artikel 26 oder Artikel 27 mit dem Rechtsbehelf befaßte Gericht kann auf Antrag der Partei, gegen die die Vollstreckung erwirkt werden soll, das Verfahren aussetzen, wenn im Ursprungsmitgliedstaat ein ordentlicher Rechtsbehelf eingelegt oder die Frist für einen solchen Rechtsbehelf noch nicht verstrichen ist. In letzterem Fall kann das Gericht eine Frist bestimmen, innerhalb deren der Rechtsbehelf einzulegen ist.

(2) Ist die Entscheidung in Irland oder im Vereinigten Königreich ergangen, so gilt jeder im

Ursprungsmitgliedstaat statthafte Rechtsbehelf als ordentlicher Rechtsbehelf im Sinne von Absatz 1.

Artikel 29
Teilvollstreckung

(1) Ist durch die Entscheidung über mehrere geltend gemachte Ansprüche erkannt worden und kann die Entscheidung nicht in vollem Umfang zur Vollstreckung zugelassen werden, so läßt das Gericht sie für einen oder mehrere Ansprüche zu.

(2) Der Antragsteller kann auch eine teilweise Vollstreckung der Entscheidung beantragen.

Artikel 30
Prozeßkostenhilfe

Ist dem Antragsteller in dem Ursprungsmitgliedstaat ganz oder teilweise Prozeßkostenhilfe oder Kostenbefreiung gewährt worden, so genießt er in dem Verfahren nach den Artikeln 22 bis 25 hinsichtlich der Prozeßkostenhilfe oder der Kostenbefreiung die günstigste Behandlung, die das Recht des Mitgliedstaats, in dem er die Vollstreckung beantragt, vorsieht.

Artikel 31
Sicherheitsleistung oder Hinterlegung

Der Partei, die in einem Mitgliedstaat die Vollstreckung einer in einem anderen Mitgliedstaat ergangenen Entscheidung beantragt, darf eine Sicherheitsleistung oder Hinterlegung, unter welcher Bezeichnung es auch sei, nicht aus einem der folgenden Gründe auferlegt werden:

a) weil sie in dem Mitgliedstaat, in dem die Vollstreckung erwirkt werden soll, nicht ihren gewöhnlichen Aufenthalt hat,

b) weil sie nicht die Staatsangehörigkeit dieses Staates besitzt oder, wenn die Vollstreckung im Vereinigten Königreich oder in Irland erwirkt werden soll, ihr „domicile“ nicht in einem dieser Mitgliedstaaten hat.

Abschnitt 3
Gemeinsame Vorschriften

Artikel 32
Urkunden

(1) Die Partei, die die Anerkennung oder Nichtanerkennung einer Entscheidung anstrebt oder den Antrag auf Vollstreckbarerklärung stellt, hat vorzulegen:

a) eine Ausfertigung der Entscheidung, die die für ihre Beweiskraft erforderlichen Voraussetzungen erfüllt, und

b) eine Bescheinigung nach Artikel 33.

(2) Bei einer im Versäumnisverfahren ergangenen Entscheidung hat die Partei, die die Anerkennung einer Entscheidung anstrebt oder deren Vollstreckbarerklärung, ferner vorzulegen

a) entweder die Urschrift oder eine beglaubigte Abschrift der Urkunde, aus der sich ergibt, daß das verfahrenseinleitende Schriftstück oder ein gleichwertiges Schriftstück der säumigen Partei zugestellt worden ist, oder

b) eine Urkunde, aus der hervorgeht, daß der Antragsgegner mit der Entscheidung eindeutig einverstanden ist.

Artikel 33
Weitere Urkunden

Das zuständige Gericht oder die zuständige Behörde eines Mitgliedstaats, in dem eine Entscheidung ergangen ist, stellt auf Antrag einer berechtigten Partei eine Bescheinigung unter Verwendung des Formblatts in Anhang IV (Entscheidungen in Ehesachen) oder Anhang V (Entscheidungen betreffend die elterliche Verantwortung) aus.

Artikel 34
Fehlen von Urkunden

(1) Werden die in Artikel 32 Absatz 1 Buchstabe b) oder Absatz 2 aufgeführten Urkunden nicht vorgelegt, so kann das Gericht eine Frist einräumen, innerhalb deren die Urkunden vorzulegen sind, oder sich mit gleichwertigen Urkunden begnügen oder von der Vorlage der Urkunden befreien, wenn es eine weitere Klärung nicht für erforderlich hält.

(2) Auf Verlangen des Gerichts ist eine Übersetzung dieser Urkunden vorzulegen. Die Übersetzung ist von einer hierzu in einem der Mitgliedstaaten befugten Personen zu beglaubigen.

Artikel 35
Legalisation oder ähnliche Förmlichkeit

Die in den Artikeln 32 und 33 und in Artikel 34 Absatz 2 aufgeführten Urkunden sowie die Urkunde über die Prozeßvollmacht, falls eine solche erteilt wird, bedürfen weder der Legalisation noch einer ähnlichen Förmlichkeit.

Kapitel IV
Allgemeine Bestimmungen

Artikel 36
Verhältnis zu anderen Übereinkünften

(1) Diese Verordnung ersetzt – unbeschadet der Artikel 38 und 42 und des nachstehenden Absatzes 2 – die zum Zeitpunkt des Inkrafttretens dieser Verordnung bestehenden, zwischen zwei oder mehr Mitgliedstaaten geschlossenen Übereinkünfte, die in dieser Verordnung geregelte Bereiche betreffen.

(2) a) Finnland und Schweden steht es frei zu erklären, daß anstelle dieser Verordnung das Übereinkommen vom 6. Februar 1931 zwischen Dänemark, Finnland, Island, Norwegen und

Schweden mit Bestimmungen des internationalen Verfahrensrechts über Ehe, Adoption und Vormundschaft einschließlich des Schlußprotokolls ganz oder teilweise auf ihre gegenseitigen Beziehungen anwendbar ist. Diese Erklärungen werden in den Anhang zu der Verordnung aufgenommen und im Amtsblatt der Europäischen Gemeinschaften veröffentlicht. Die betreffenden Mitgliedstaaten können ihre Erklärung jederzeit ganz oder teilweise widerrufen*.

b) Eine Diskriminierung von Bürgern der Union aus Gründen der Staatsangehörigkeit ist verboten.

c) Die Zuständigkeitskriterien in künftigen Übereinkünften zwischen den unter Buchstabe a) genannten Mitgliedstaaten, die in dieser Verordnung geregelte Bereiche betreffen, müssen mit den Kriterien dieser Verordnung im Einklang stehen.

d) Entscheidungen, die in einem der nordischen Staaten, der eine Erklärung nach Buchstabe a) abgegeben hat, aufgrund eines Zuständigkeitskriteriums erlassen werden, das einem der in Kapitel II vorgesehenen Zuständigkeitskriterien entspricht, werden in den anderen Mitgliedstaaten gemäß den Bestimmungen des Kapitels III anerkannt und vollstreckt.

(3) Die Mitgliedstaaten übermitteln der Kommission

a) eine Abschrift der Übereinkünfte sowie der einheitlichen Gesetze zur Durchführung dieser Übereinkünfte gemäß Absatz 2 Buchstaben a) und c),

b) jede Kündigung oder Änderung dieser Übereinkünfte oder dieser einheitlichen Gesetze.

Artikel 37
Verhältnis zu bestimmten multilateralen Übereinkommen

Diese Verordnung hat in den Beziehungen zwischen den Mitgliedstaaten insoweit Vorrang vor den nachstehenden Übereinkommen, als diese Bereiche betreffen, die in dieser Verordnung geregelt sind:

- Haager Übereinkommen vom 5. Oktober 1961 über die Zuständigkeit der Behörden und das anzuwendende Recht auf dem Gebiet des Schutzes von Minderjährigen,
- Luxemburger Übereinkommen vom 8. September 1967 über die Anerkennung von Entscheidungen in Ehesachen,
- Haager Übereinkommen vom 1. Juni 1970 über die Anerkennung von Ehescheidungen und der Trennung von Tisch und Bett,
- Europäisches Übereinkommen vom 20. Mai 1980 über die Anerkennung und Vollstreckung von Entscheidungen über das Sorgerecht für Kinder und die Wiederherstellung des Sorgeverhältnisses,
- Haager Übereinkommen vom 19. Oktober 1996 über die Zuständigkeit, das anzuwendende Recht, die Anerkennung, Vollstreckung und Zusammenarbeit auf dem Gebiet der elterlichen Verantwortung und der Maßnahmen zum Schutz von Kindern, sofern das Kind seinen gewöhnlichen Aufenthalt in einem Mitgliedstaat hat.

---

* Diese Erklärung wurde von keinem dieser Mitgliedstaaten zum Zeitpunkt der Annahme der Verordnung abgegeben.

Artikel 38
Fortbestand der Wirksamkeit

(1) Die in Artikel 36 Absatz 1 und Artikel 37 genannten Übereinkünfte behalten ihre Wirksamkeit für die Rechtsgebiete, auf die diese Verordnung nicht anwendbar ist.

(2) Sie bleiben auch weiterhin für die Entscheidungen und die öffentlichen Urkunden wirksam, die vor Inkrafttreten dieser Verordnung ergangen beziehungsweise aufgenommen sind.

Artikel 39
Übereinkünfte zwischen den Mitgliedstaaten

(1) Zwei oder mehr Mitgliedstaaten können untereinander Übereinkünfte zur Ergänzung dieser Verordnung oder zur Erleichterung ihrer Durchführung schließen.

Die Mitgliedstaaten übermitteln der Kommission

a) eine Abschrift der Entwürfe dieser Übereinkünfte sowie

b) jede Kündigung oder Änderung dieser Übereinkünfte.

(2) Die Übereinkünfte dürfen keinesfalls von Kapitel II und Kapitel III dieser Verordnung abweichen.

Artikel 40
Verträge mit dem Heiligen Stuhl

(1) Diese Verordnung gilt unbeschadet des am 7. Mai 1940 in der Vatikanstadt zwischen dem Heiligen Stuhl und Portugal unterzeichneten Internationalen Vertrags (Konkordats).

(2) Eine Entscheidung über die Ungültigkeit der Ehe gemäß dem in Absatz 1 genannten Vertrag wird in den Mitgliedstaaten unter den in Kapitel III vorgesehenen Bedingungen anerkannt.

(3) Die Absätze 1 und 2 gelten auch für die folgenden internationalen Verträge (Konkordate) mit dem Heiligen Stuhl:

a) Lateranvertrag vom 11. Februar 1929 zwischen Italien und dem Heiligen Stuhl, geändert durch die am 18. Februar 1984 in Rom unterzeichnete Vereinbarung mit Zusatzprotokoll;

b) Vereinbarung vom 3. Januar 1979 über Rechtsangelegenheiten zwischen dem Heiligen Stuhl und Spanien.

(4) Für die Anerkennung der Entscheidungen im Sinne des Absatzes 2 können in Italien oder in Spanien dieselben Verfahren und Nachprüfungen vorgegeben werden, die auch für Entscheidungen der Kirchengerichte gemäß den in Absatz 3 genannten internationalen Verträgen mit dem Heiligem Stuhl gelten.

(5) Die Mitgliedstaaten übermitteln der Kommission

a) eine Abschrift der in den Absätzen 1 und 3 genannten Verträge sowie

b) jede Kündigung oder Änderung dieser Verträge.

Artikel 41
Mitgliedstaaten mit zwei oder mehr Rechtssystemen

Für einen Mitgliedstaat, in dem die in dieser Verordnung behandelten Fragen in verschiedenen Gebietseinheiten durch zwei oder mehr Rechtssysteme oder Regelwerke geregelt werden, gilt folgendes:

a) Jede Bezugnahme auf den gewöhnlichen Aufenthalt in diesem Mitgliedstaat betrifft den gewöhnlichen Aufenthalt in einer Gebietseinheit;

b) jede Bezugnahme auf die Staatsangehörigkeit oder, im Falle des Vereinigten Königreichs, auf das „domicile" betrifft die durch die Rechtsvorschriften dieses Staats bezeichnete Gebietseinheit;

c) jede Bezugnahme auf den Mitgliedstaat, dessen Behörde mit einem Antrag auf Ehescheidung, Trennung ohne Auflösung des Ehebandes oder Ungültigerklärung einer Ehe befaßt ist, betrifft die Gebietseinheit, deren Behörde mit einem solchen Antrag befaßt ist;

d) jede Bezugnahme auf die Vorschriften des ersuchten Mitgliedstaats betrifft die Vorschriften der Gebietseinheit, in der die Zuständigkeit geltend gemacht oder die Anerkennung oder die Vollstreckung beantragt wird.

Kapitel V
Übergangsvorschriften

Artikel 42

(1) Diese Verordnung gilt nur für gerichtliche Verfahren, öffentliche Urkunden und vor einem Richter im Laufe eines Verfahrens geschlossene Vergleiche, die nach Inkrafttreten dieser Verordnung eingeleitet, aufgenommen beziehungsweise geschlossen worden sind.

(2) Entscheidungen, die nach Inkrafttreten dieser Verordnung in einem vor diesem Inkrafttreten eingeleiteten Verfahren ergangen sind, werden nach Maßgabe des Kapitels III anerkannt und vollstreckt, sofern das Gericht aufgrund von Vorschriften zuständig war, die mit den Zuständigkeitsvorschriften des Kapitels II oder eines Abkommens übereinstimmen, das zum Zeitpunkt der Einleitung des Verfahrens zwischen dem Ursprungsmitgliedstaat und dem ersuchten Mitgliedstaat in Kraft war.

Kapitel VI
Schlußbestimmungen

Artikel 43
Überprüfung

Die Kommission legt dem Europäischen Parlament, dem Rat und dem Wirtschafts- und Sozialausschuß spätestens am 1. März 2006 einen Bericht über die Anwendung dieser Verordnung, insbesondere der Artikel 36 und 39 und des Artikels 40 Absatz 2, vor. Diesem Bericht werden gegebenenfalls Vorschläge zur Anpassung dieser Verordnung beigefügt.

Artikel 44
Änderung der Listen mit den zuständigen Gerichten und den Rechtsbehelfen

(1) Die Mitgliedstaaten teilen der Kommission die Texte zur Änderung der in den Anhängen I bis III enthaltenen Listen mit den zuständigen Gerichten und den Rechtsbehelfen mit. Die Kommission paßt die betreffenden Anhänge entsprechend an.

(2) Die Aktualisierung oder technische Anpassungen der in den Anhängen IV und V wiedergegebenen Formblätter werden nach dem Verfahren des beratenden Ausschusses gemäß Artikel 45 Absatz 2 beschlossen.

Artikel 45

(1) Die Kommission wird von einem Ausschuß unterstützt.

(2) Wird auf das Verfahren dieses Absatzes Bezug genommen, so gelten die Artikel 3 und 7 des Beschlusses 1999/468/EG.

(3) Der Ausschuß gibt sich eine Geschäftsordnung.

Artikel 46
Inkrafttreten

Diese Verordnung tritt am 1. März 2001 in Kraft.

Im Einklang mit dem Vertrag zur Gründung der Europäischen Gemeinschaft ist diese Verordnung in allen ihren Teilen verbindlich und gilt unmittelbar in jedem Mitgliedstaat.

Geschehen zu Brüssel am 29. Mai 2000.

Zweiter Teil

Deutsches Recht

Erster Abschnitt

Internationale Zuständigkeit. Verfahren in Ehesachen

Vorbemerkungen zu §§ 606a, 328 ZPO

Schrifttum

I. Allgemeines Schrifttum

S Allgemeines Schrifttum S IX.

II. Besonderes Schrifttum

BASEDOW, Die Neuregelung des Internationalen Privat- und Prozeßrechts, NJW 1986, 2978

BEITZKE, Vorschläge und Gutachten zur Reform des deutschen und internationalen Personen-, Familien- und Erbrechts (1981)

ders, Zur Reform des deutschen internationalen Privatrechts, DAVorm 1983, 163

BÖHMER, Das deutsche Gesetz zur Neuregelung des Internationalen Privatrechts von 1986 – Struktur, Entstehung, Lücken und Schwerpunkte, RabelsZ 50 (1986) 656

BRAEUER, Zuständigkeitsfragen bei Ehescheidungen mit Beteiligung von Ausländern, AnwBl 1985, 439

DESSAUER, IPR, Ethik und Politik (1986)

DOPFFEL/DROBNIG/SIEHR, Reform des deutschen Internationalen Privatrechts, Kolloquium des Max-Planck-Instituts für ausländisches und internationales Privatrecht vom 19.-21. 6. 1980 (1980)

DOPFFEL/SIEHR, Thesen zur Reform des internationalen Privat- und Verfahrensrechts, RabelsZ 44 (1980) 344

DOPFFEL, Die Voraussetzungen der Ehescheidung im neuen Internationalen Privat- und Verfahrensrecht, FamRZ 1987, 1205

GEIMER, Verfassung, Völkerrecht und Internationales Zivilverfahrensrecht, ZfRV 1992, 321

GOTTWALD, Auf dem Weg zur Neuordnung des internationalen Verfahrensrechts, ZZP 95 (1982) 3

ders, Das internationale Verfahrensrecht im Entwurf eines IPR-Gesetzes, IPRax 1984, 57

ders, Grundfragen der Gerichtsverfassung und internationale Zustellung (1999)

ders, Deutsche Probleme internationaler Familienverfahren, in: FS für Nakamura (1996) 188

GRAF, Die internationale Verbundszuständigkeit (1984)

GRUNDMANN, Zur parallelen Anknüpfung von Anerkennungserfordernis (§ 606 b Nr 1 ZPO) und Scheidungsstatut, StAZ 1984, 152

HAU, Positive Kompetenzkonflikte im internationalen Zivilprozeßrecht (1996)

HELDRICH, Reform des internationalen Familienrechts durch Richterspruch, FamRZ 1983, 1079

HENRICH, Das internationale Eherecht nach der Reform, FamRZ 1986, 841

ders, Zur Berücksichtigung der ausländischen Rechtshängigkeit von Privatscheidungen, IPRax 1995, 86

JAYME, Fragen der internationalen Verbundszuständigkeit, IPRax 1984, 121

ders, Das neue IPRGesetz – Brennpunkte der Reform, IPRax 1986, 265

ders, Internationales Familienrecht heute, in: FS Müller-Freienfels (1986) 341

M KILIAN, Aktuelle Probleme der internationalen Zuständigkeit in Ehesachen § 606 a ZPO, IPRax 1995, 9

KÜHNE, Das internationale Personen- und Eherecht im Regierungsentwurf des Gesetzes zur Neuregelung des IPR, StAZ 1984, 3

LASS, Der Flüchtling im deutschen IPR (1995)

LÜDERITZ, Die Ehescheidung nach dem Gesetz zur Neuregelung des Internationalen Privatrechts, IPRax 1987, 74

MANSEL, Personalstatut, Staatsangehörigkeit und Effektivität (1988)

Max-Planck-Institut für Ausländisches und Internationales Privatrecht, Kodifikation des deutschen Internationalen Privatrechts – Stellungnahme zum Regierungsentwurf von 1983, RabelsZ 47 (1983) 595

Neuhaus, Um die Reform des deutschen Internationalen Personen-, Familien- und Erbrechts, FamRZ 1981, 741

Pirrung, Der Regierungsentwurf eines Gesetzes zur Regelung des IPR, IPRax 1983, 201

Rausch, Internationales Privatrecht in der familiengerichtlichen Praxis, NJW 1994, 188

H Roth, Die Reichweite der lex-fori-Regel im internationalen Zivilprozeßrecht, in: FS Walter Stree und Johannes Wessels (1993) 1045

Schnorr, Grenzüberschreitende Familienverfahren in der Praxis, eine empirische Untersuchung IPRax 1994, 340

J Schröder, Internationale Zuständigkeit (1960)

Spellenberg, Internationale Zuständigkeit, JA 1978, 1

ders, Die Neuregelung der internationalen Zuständigkeit in Ehesachen, IPRax 1988, 1

Südmeier, Öffentliche Klagezustellung an den Antragsgegner und deutsche internationale Zuständigkeit nach § 606 a Abs 1 S 1 Nr 4 ZPO (1992)

Walchshöfer, Die deutsche internationale Zuständigkeit in der streitigen Gerichtsbarkeit, ZZP 80 (1967) 165.

Systematische Übersicht

Alphabetische Übersicht

A. Anwendungsbereich der ZPO

I. Gegenstand der Regelung

Gegenstand des internationalen Verfahrensrechts in Ehesachen ist einmal das **Verfahren im Inland** bei Streitfällen mit Auslandsberührung, zum anderen die **Anerkennung ausländischer Eheurteile**. Wichtigster, aber nicht einziger Punkt in beiden Fragebereichen ist die internationale Zuständigkeit. Die der deutschen Gerichte zur Entscheidung über eine Ehesache ist in § 606a ZPO geregelt und kann **Entscheidungszuständigkeit** genannt werden. Die internationale Zuständigkeit der ausländischen Gerichte ist eine der Voraussetzungen für die Anerkennung ihrer Urteile nach § 328 Abs 1 Nr 1 ZPO und wird zur Unterscheidung **Anerkennungszuständigkeit** genannt. 1

Die internationale Entscheidungszuständigkeit deutscher Gerichte wird zudem in § 606a Abs 1 S 1 Nr 4 ZPO bei reinen Ausländerehen von der Anerkennung des eventuell ergehenden deutschen Eheurteils im Heimatstaat eines der Ehegatten abhängig gemacht. Damit wird ein Stück Rechtsvergleichung – das Anerkennungsrecht der ausländischen Länder – für die Rechtsanwendung von unmittelbarer Bedeutung. Angesichts des Versuchs, Auskunft über das Recht von Ägypten bis Zypern zu geben, sind einschränkende Klauseln dringend notwendig, beruht hier doch das meiste auf Auskünften und Quellen zweiter Hand. Auch sind verlässliche Auskünfte über fremdes Recht nicht nur oft genug unsicher, sondern darüber hinaus ständigem Wandel unterworfen. Immerhin ist dieses Dilemma nicht neu. Schon Ludwig vBar schrieb in der Vorrede zum ersten Band seines berühmten Werkes „Theorie und Praxis des internationalen Privatrechts“: „Wer das gesamte internationale Privatrecht eingehend behandelt, setzt seine Rechtskenntnisse in sehr verschiedenartigen Materien einer nichts weniger als angenehmen Probe aus; Irrtümer sind 2 da sehr möglich, sowohl bei der Würdigung einzelner Rechtsinstitute, wie in Ansehung der positiven Gesetze und Rechtsnormen einzelner Länder [...] In der Tat muß, namentlich bei dem raschen Wechsel der Gesetze in unserer Zeit, jede allgemeine Bearbeitung des internationalen Privatrechts den Irrtum, wie der Geschäftsmann sich ausdrückt, vorbehalten und den praktischen Benutzer des Buches im einzelnen Falle auf genaue Verifikation durch Rechtskundige des einzelnen Landes verweisen".

3 Die Auslandsberührung führt aber auch in anderen Bereichen des Erkenntnisverfahrens als bei der Zuständigkeit und Anerkennung zu Abweichungen von rein nationalen Situationen, die aber nur teilweise erläutert werden können. Die Bearbeitung hat ihren Schwerpunkt im Bereich der internationalen Zuständigkeit und der Anerkennung ausländischer Entscheidungen und will nicht bei dieser Gelegenheit eine Gesamtdarstellung des internationalen Prozeßrechts unternehmen.

4 Das Schwergewicht der folgenden Erläuterungen liegt bei den **Statusurteilen**. Mit der Scheidung werden jedoch nicht nur in Deutschland, sondern auch in vielen anderen Staaten Sorgerechts-, Unterhalts- und andere **Folgesachen** verfahrensrechtlich verbunden. Hier sollen im wesentlichen nur die Fragen der **Verbundszuständigkeit** behandelt werden. Im übrigen muß für die unterhaltsrechtlichen und anderen vermögensrechtlichen Streitsachen, die auch isoliert möglich sind und die Besonderheiten der Statusurteile nicht aufweisen, auf die einschlägigen Darstellungen des internationalen Zivilprozeßrechts verwiesen werden. Zuständigkeits- und Anerkennungsfragen bei den Akten der Freiwilligen Gerichtsbarkeit in Ehesachen werden im sachlichen Zusammenhang angesprochen.

II. Vorrang der EheGVO

5 Sowohl die internationale Entscheidungszuständigkeit als auch die Anerkennung ausländischer Urteile sind nun Gegenstand der EheGVO, die den Vorrang vor nationalem Recht hat, soweit ihr sachlicher und räumlicher **Anwendungsbereich** reicht (vgl Art 1 EheGVO Rn 29 ff). Dadurch verringert sich natürlich auch die praktische Bedeutung der §§ 606a, 328 ZPO; sie bleibt aber nach wie vor erheblich, denn die Welt ist größer als Europa. Freilich wird die Bedeutung des § 328 ZPO ggf mit Art 7 § 1 FamRÄndG weniger reduziert als die des § 606a ZPO, denn Art 9 (Art 8 aF) EheGVO läßt **im sachlichen Anwendungsbereich der EheGVO** deutsche Zuständigkeitsregeln nur in einem bestimmten Umfang zu (Art 9 EheGVO), während § 328 ZPO nur bei Urteilen aus Mitgliedstaaten verdrängt wird.

6 Für § 606a ZPO gilt aber wie für § 328 ZPO, daß ihr **sachlicher Anwendungsbereich** über den der Art 5 (Art 2 aF) bzw Art 21 ff (Art 13 ff aF) EheGVO hinausgeht. Insoweit bleiben jene anwendbar. Da die EheGVO nur statusändernde Entscheidungen erfaßt (Art 2 Nr 3 bzw Art 1 lit a mit Art 13 aF), bleiben der ZPO Herstellungsklagen, Feststellungsklagen und -urteile und Antragsabweisungen (vgl Art 2 Nr 4).

1. Anerkennung

7 Die Anerkennungsregelungen der EheGVO erfassen alle **statusverändernden Ehe-**

urteile aus den Mitgliedstaaten der EheGVO. Das sind die derzeitigen Mitglieder der EU außer Dänemark mit überseeischen Gebieten (Art 1 EheGVO Rn 29 f), so daß die ZPO räumlich maßgebend bleibt für Urteile aus anderen Staaten.

Sachlich ist der Anwendungsbereich der EheGVO beschränkt auf statusändernde Entscheidungen, so daß Antragsabweisungen und Feststellungsurteile über Bestehen und Nichtbestehen von Ehen ebenfalls der ZPO unterfallen vgl (Art 1 EheGVO Rn 8, Art 21 Rn 20 ff). 8

Scheidungsfolgenregelungen fallen nur unter die ZPO (vgl Art 21 EheGVO Rn 27 f). 9
Davon ausgenommen sind die Sorgerechtsregelungen. Für sie gilt die EheGVO unabhängig davon, ob sie aus Anlaß eines Eheverfahrens getroffen wurden oder nicht. Soweit eine unter die EheGVO fallende Entscheidung nach dieser anerkannt ist, bindet diese Anerkennung auch für nun im Inland zu treffende Folgeregelungen. Das kann auch für Scheidungsgründe, namentlich das Verschulden gelten, wenn sie von der Rechtskraft des ausländischen Urteils umfaßt sind (Art 21 EheGVO Rn 61).

Zeitlich werden von der EheGVO aF nur Urteile erfaßt, die ab dem 1. 3. 2001 10
ergangen sind, dem Inkrafttreten der EheGVO aF. Da der sachliche und räumliche Anwendungsbereich bei Ehesachen in der Neufassung der EheGVO vom 23. 12. 2003 nicht verändert wurde, braucht hinsichtlich des Anwendungsbereiches von § 328 ZPO und Art 7 § 1 FamRÄndG nicht zwischen den VO Brüssel II und II a unterschieden zu werden (vgl Art 64 EheGVO Rn 20 ff).

2. Internationale Zuständigkeit

Die EheGVO hebt § 606a ZPO nicht auf, sondern geht diesem nur vor, wenn sie 11
anwendbar ist. Beide setzen einen internationalen Fall voraus (dazu Art 1 EheGVO Rn 34). Wenn sich dann dafür eine Zuständigkeit aus der EheGVO in Deutschland ergibt, darf nicht mehr auf die ZPO zurückgegriffen werden. Es wäre aber auch ohne Nutzen. Wenn sich dagegen keine deutsche Zuständigkeit aus der EheGVO ergibt, ist § 606a ZPO nicht ausgeschlossen, sondern kann die fehlende deutsche Zuständigkeit ergeben. Die EheGVO ist also nicht auch negativ abschließend, vielmehr beruft Art 7 (Art 8 aF) das nationale Recht als Restzuständigkeiten (Art 7 EheGVO Rn 4 ff). Diese Kumulation der Zuständigkeitsgründe beschränkt dann wiederum Art 6 (Art 7 aF) EheGVO, indem Personen, die in einem Mitgliedstaat der EheGVO ihren gewöhnlichen Aufenthalt (dazu Art 3 EheGVO Rn 38 ff) oder die Staatsangehörigkeit eines solchen haben (dazu Art 3 EheGVO Rn 90 ff), nur in diesem Staat auf der Grundlage seines nationalen Zuständigkeitsrecht verklagt werden dürfen.

Am häufigsten wird § 606a ZPO zum Zuge kommen, wenn beide Ehegatten ihren 12
gewöhnlichen Aufenthalt außerhalb der Mitgliedstaaten **der EheGVO** haben, und einer von ihnen Deutscher ist oder bei Eheschließung war (§ 606a Abs 1 S 1 Nr 1 ZPO). Da die Zuständigkeiten der EheGVO (Art 3 bzw Art 2 aF) primär auf dem gewöhnlichen Aufenthalt beruhen, kommen die Aufenthaltszuständigkeiten nach § 606a Abs 1 S 1 Nr 2 bis 4 ZPO nur selten zum Zuge, nämlich nur dann, wenn ihn nur der Kläger im Inland hat, aber die Fristen des Art 3 Abs 1 lit a 5. und 6. Str (Art 2 Abs 1 lit a 5. und 6. Str aF) noch nicht abgelaufen sind. Außerdem darf wegen

Art 6 (Art 7 aF) der Beklagte weder seinen gewöhnlichen Aufenthalt in einem anderen Mitgliedstaat noch dessen Staatsangehörigkeit haben.

13 **Zeitlich** gilt der Vorrang der EheGVO erst für Verfahren, die ab dem 1. 3. 2001, dem Inkrafttreten der EheGVO aF eingeleitet wurden (dazu Art 64 EheGVO Rn 5 ff). Für ältere Verfahren, die nur nach § 606a ZPO zulässig waren, bleibt die internationale Zuständigkeit auch danach erhalten (Spellenberg, in: FS Schumann [2001] 429). Es sollten freilich nicht mehr viele Verfahren aus der Zeit davor anhängig sein. Der Zeitpunkt ihrer Anhängigkeit bestimmt sich nach der EheGVO (dazu Art 64 EheGVO Rn 35).

B. Deutsche Gerichtsbarkeit*

I. Begriff

14 Man **unterscheidet** richtigerweise die deutsche Gerichtsbarkeit von der deutschen internationalen Zuständigkeit (Geimer, IZPR Rn 371 ff, 846; Heldrich, Internationale Zuständigkeit und anwendbares Recht [1969] 69 ff; Rosenberg/Schwab/Gottwald, ZPR § 9 Rn 1, § 31 Rn 1; Schack, IZVR Rn 131; BGH 14. 6. 1965 BGHZ 44, 46, 51). Während die **internationale Zuständigkeit** bestimmt, ob deutsche Gerichte überhaupt über einen Streitgegenstand entscheiden dürfen, betrifft die **Gerichtsbarkeit** allein die Frage, ob spezielle Personen bei an sich vorliegender Zuständigkeit der von der Judikative ausgeübten deutschen **Hoheitsgewalt** unterliegen. Nicht nur sind die Wirkungen von Verstößen gegen die jeweiligen Normen verschieden, sondern diese folgt im wesentlichen Regeln des Völkerrechts, während die internationale Zuständigkeit vom deutschen Gesetzgeber nach eigenem Gutdünken eröffnet oder verweigert werden kann. Man sollte darum die Dinge auch sprachlich gut unterscheiden (Schack, IZVR Rn 132). Vor allem in Gerichtsurteilen ist noch manchmal von internationaler Zuständigkeit die Rede, wenn es um die deutsche Gerichtsbarkeit geht und umgekehrt (vgl zB BGH 16. 5. 1984 = FamRZ 1984, 674).

---

* **Schrifttum**: Damian, Staatenimmunität und Gerichtszwang (1985); Faltoni, Le immunità dei familiari degli agenti diplomatici nel diritto internazionale generale, Riv dir int 1985, 544; Geimer, Zur Prüfung der Gerichtsbarkeit und der Internationalen Zuständigkeit bei der Anerkennung ausländischer Urteile (1966); Hess, Staatenimmunität bei Distanzdelikten – Der private Kläger im Schnittpunkt von zivilgerichtlichem und völkerrechtlichem Rechtsschutz (1992); Kissel, Gerichtsverfassungsgesetz (1981) §§ 18–20; Leipold, Immunität versus Rechtsschutzgarantie, in: FS Lüke (1997) 353; Lewis, State and Diplomatic Immunity (7. Aufl 1985); O'Keeffe, Privileges and Immunities of the Diplomatic Family, Int Comp LQ 25 (1976) 329 ff; Pagenstecher, Über Prozesse Exterritorialer, in: FS zum 24. Deutschen Anwaltstag (1929); Schlosser, Das völkerrechtswidrige Urteil nach deutschem Prozeßrecht, ZZP 79 (1966) 164; Schwenk, Die zivilprozessualen Bestimmungen des NATO-Truppenstatuts und der Zusatzvereinbarungen, NJW 1976, 1562; Sennekamp, Die völkerrechtliche Stellung der ausländischen Streitkräfte in der Bundesrepublik Deutschland, NJW 1983, 2731; Steinmann, Ein Beitrag zu Fragen der zivilrechtlichen Immunität von ausländischen Diplomaten, Konsuln und anderen bevorrechtigten Personen sowie von fremden Staaten, die durch ihre Mission oder auf ähnliche Weise in der Bundesrepublik Deutschland tätig werden, MDR 1965, 706 und 795.

15 Korrelat des Begriffs Gerichtsbarkeit ist derjenige der „**Immunität**", der die Befreiung der betreffenden Personen von der Gerichtsbarkeit umschreibt. Kern und Ausgangspunkt der Immunitäten ist die Staatenimmunität, derzufolge kein Staat über einen anderen judizieren darf, soweit dieser seine Hoheitsgewalt betätigt hat. Hier ist manches streitig und im Fluß. Von ihr leitet sich die Exemtion der Staatsorgane und Träger der Amtsfunktionen ab, die im Interesse der Funktionsfähigkeit der betreffenden Organe besteht (BVerfG 10. 6. 1997 NJW 1998, 50, 52). Sie ist nicht auf Hoheitsakte beschränkt, sondern umfaßt grundsätzlich auch die privaten Angelegenheiten der Person. Letzteres rechtfertigt sich nicht nur aus einer manchmal vielleicht unsicheren Grenzziehung, sondern vor allem aus der Gefahr, indirekt auch Druck auf die Amtstätigkeit ausüben zu können. Doch hat die persönliche Exemtion gewisse Grenzen (vgl Geimer, IZPR Rn 473 ff, 769).

16 Im Zusammenhang mit den Eheverfahren interessiert nur, wie weit **natürliche Personen Immunität** genießen. Häufig wird auch der Begriff **„Exemtion"** verwandt. Habscheid (FamRZ 1972, 214; Schaumann-Habscheid, Die Immunität ausländischer Staaten nach Völkerrecht und deutschem Zivilprozeß [1968]) will bei natürlichen Personen nur den Begriff „Exemtion" zulassen (**aA** Kissel GVG § 18 Rn 1; Fliedner ZRP 1973, 263). Von „Immunität" sprechen auch die Wiener Übereinkommen (dazu sogleich). Man kann beide Begriffe verwenden.

17 Es muß weiter zwischen einer **amtlichen Tätigkeit** und den **persönlichen Verhältnissen** der betreffenden Personen unterschieden werden. Ehe und Familie gehören unzweifelhaft zu letzteren (OLG München 27. 8. 1971 FamRZ 1972, 210 m Anm Habscheid [214]; BayObLG 30. 9. 1971 BayObLGZ 1971, 303 = FamRZ 1972, 212; OLG Hamburg 25. 10. 1983 IPRspr 1983 Nr 153).

II. Rechtsgrundlagen

18 Die Gerichtsfreiheit ist in den §§ **18–20 GVG** positiv geregelt, wurzelt aber unstreitig im **Völkerrecht** (vgl zB BGH 26. 9. 1978 NJW 1979, 1101), und die §§ 18 und 19 GVG verweisen auf das Wiener Übereinkommen über diplomatische Beziehungen vom 18. 4. 1961 (in Kraft seit dem 11. 12. 1964, BGBl 1965 II 147) und auf das Wiener Übereinkommen über konsularische Beziehungen vom 24. 4. 1964 (in Kraft seit dem 7. 10. 1971, BGBl 1971 II 1285). § 20 GVG stellt weiter klar, daß auch in § 18 und 19 GVG nicht genannte Personen befreit sind, soweit sie es nach **Völkergewohnheitsrecht** oder nach anderen **völkerrechtlichen Verträgen** sind.

III. Gerichtsfreiheit

1. Personenkreis

19 Nach den beiden Wiener Übereinkommen genießen **nur Diplomaten** Gerichtsfreiheit in **persönlichen Angelegenheiten**. Das sind der Missionschef und die Mitglieder des Personals der Missionen, die in diplomatischem Rang stehen (Art 1 a, 1 b WÜD), sowie die zum Haushalt der Diplomaten gehörenden ausländischen Familienmitglieder (Art 37 Abs 2 WÜD). Sicher sind „Familie" hier Ehegatten und Kinder, sie kann aber durchaus weitere Verwandte umfassen (O'Keeffe Int Comp LQ 25 [1976] 333, 336 ff; Faltoni Riv dir int 1986, 544 ff). Auch die Haushaltszugehörigkeit

kann Zweifelsfragen aufwerfen. Diese Personen dürfen nicht Staatsangehörige des Empfangsstaates sein. Ein Diplomatenpaß allein besagt nicht viel für die Immunität, es kommt auf den realen Besitz des Status an (vgl OLG München 27. 8. 1971 FamRZ 1972, 210). Nach LG Köln 29. 1. 1962 (MDR 1962, 903) ist die Ehefrau eines Diplomaten nur solange exemt, als sie dem gemeinsamen Haushalt angehört. Das bedeutet, daß sie zB auf Scheidung verklagt werden kann, sobald die Eheleute getrennt leben, und diese Sicht ist von der ratio der diplomatischen Immunität her zutreffend. Für die Immunität ist nicht Voraussetzung, daß der Entsendestaat dem Wiener Übereinkommen beigetreten ist (§ 18 GVG). Von den Beschränkungsmöglichkeiten des § 2 des Gesetzes zum WÜD vom 6. 8. 1964 (BGBl 1964 II 957) ist kein Gebrauch gemacht worden. Dieser Personenkreis ist auch exemt, wenn er nicht zu einer im Geltungsbereich des GVG errichteten Mission gehört, sondern nur auf der Durchreise ist (Art 40 WÜD). Nach OLG Köln (4. 11. 1991 FamRZ 1992, 460) steht der Zweck der Immunität der Eintragung des Namens des Kindes im Personenstandsregister nicht entgegen (dazu Wengler IPRax 1992, 223).

20 Dagegen sind die Mitglieder der **konsularischen Vertretungen** und Angestellte internationaler Organisationen in persönlichen Angelegenheiten nicht befreit (Art 43 WÜD) (BGH 6. 10. 1993 FamRZ 1994, 28, FAO; BayObLG 5. 11. 1991 NJW 1992, 641; OLG Hamburg 25. 10. 1983 IPRspr 1983 Nr 153). Auch Hausangestellte und Verwaltungs- sowie technisches Personal der diplomatischen Mission sind in persönlichen Angelegenheiten nie befreit (Art 37 Abs 2 WÜD).

21 Ausländische Staatsoberhäupter sind ebenfalls kraft Völkergewohnheitsrechts immun (Nagel/Gottwald § 2 Rn 29), doch dürfte das im vorliegenden Zusammenhang kaum einmal relevant werden. Regierungsmitglieder sind in privaten Angelegenheiten nicht immun, soweit sie nicht ad hoc in diplomatischer Mission reisen (Nagel/Gottwald § 2 Rn 3 e; BGH 27. 2. 1984 NJW 1984, 2048).

22 Nach Art 105 der **Charta der Vereinten Nationen** und dem Abkommen über Vorrechte und Befreiungen der Sonderorganisationen der Vereinten Nationen vom 21. 11. 1977 genießen der UN-Generalsekretär, die Untergeneralsekretäre und die Leiter von UN-Sonderorganisationen dieselben Rechte wie Diplomaten (vgl BGBl 1954 II 639; 1966 II 288; 1973 II 497). Während jedoch der Diplomat in seinem Entsendestaat gerichtspflichtig bleibt, sind diese hohen Funktionäre befreit, bis ihre Immunität von der Generalversammlung der UNO aufgehoben ist (Seidl-Hohenveldern/Loibl, Das Recht der internationalen Organisationen einschl der supranationalen Gemeinschaften [6. Aufl 1996] Rn 1918). Die anderen Funktionäre genießen im privaten Bereich keine Immunität.

23 Nicht exemt von der deutschen Gerichtsbarkeit in den hier interessierenden Angelegenheiten sind die Mitglieder der NATO-Truppen (vgl Art VIII NATO-Truppenstatut). Dagegen nimmt Art 17 Abs 1 des deutsch-russischen Vertrages vom 12. 10. 1990 über den befristeten Aufenthalt und den planmäßigen Abzug der sowjetischen Truppen aus Deutschland (BGBl 1991 II 256) die Rechtsbeziehungen zwischen Mitgliedern dieser Truppen und ihren Familienmitgliedern oder unter Familienmitgliedern von Truppenangehörigen von der deutschen Gerichtsbarkeit aus (Furtak IPRax 1992, 79).

2. Dauer

Die Gerichtsfreiheit **beginnt** mit der Erlangung des Diplomatenstatus. Sie **endet** gem Art 39 Abs 2 WÜD mit dem Zeitpunkt der Ausreise der Person, deren dienstliche Tätigkeit beendet ist, oder aber mit dem Ablauf einer hierfür gewährten angemessenen Frist (BVerfG 10. 6. 1997 NJW 1998, 50 f); nach LG Heidelberg (7. 4. 1970 NJW 1970, 1514, Strafsache) auch ohne Ausreise mit der Notifizierung des Entsendestaates, daß die dienstliche Tätigkeit beendet sei (zur Nachwirkung diplomatischer Immunität BVerfG 10. 6. 1997 aaO). **24**

Der **Entsendestaat**, nicht der Diplomat selbst (Geimer, IZPR, Rn 791; unklar BGH 26. 9. 1978 NJW 1979, 1101), kann auf die Immunität seines Diplomaten **verzichten**, doch muß dies ausdrücklich erklärt werden. Ein solcher Verzicht in einem Erkenntnisverfahren gilt nicht als Verzicht auch für die Vollstreckung (§ 32 WÜD). Bis zu einer gegenteiligen Erklärung seiner Regierung kann auch der Chef der Mission den Verzicht erklären (Geimer, IZPR Rn 793). **25**

3. Wirkungen

Gegen die gerichtsfreie Person darf nach **hM kein Termin** anberaumt werden (OLG Hamburg 11. 11. 1952 MDR 1953, 109; OLG Stuttgart 1. 6. 1946 SJZ 1946, 67; OLG München 12. 8. 1975 NJW 1975, 2144, auch zur Beschwerde gegen die Ablehnung der Terminsbestimmung; Kissel, GVG § 18 Rn 3: Stein/Jonas/Leipold, ZPO § 171 Rn 24; **aA** Geimer, IZPR Rn 525). Ihre **Säumnis** ist **unschädlich**. Nur zur Klärung der Frage, ob Gerichtsfreiheit besteht, kann ein Termin anberaumt werden (OLG Braunschweig 27. 10. 1953 JR 1954, 263; LG Hamburg 10. 4. 1986 NJW 1986, 3034; Riezler, IZPR 360; **aA** Wieczorek, ZPO [2. Aufl 1975] § 18 GVG Rn A II d). Hat eine Verhandlung hierüber oder überhaupt stattgefunden, so ist die Klage als unzulässig abzuweisen, wenn im Termin die fehlende Gerichtsbarkeit festgestellt wird (BGH 10. 1. 1956 BGHZ 19, 341, 348). § 280 ZPO ist anwendbar. Bestehen objektiv ernstzunehmende Zweifel, ob im konkreten Fall eine Völkerrechtsregel die deutsche Gerichtsbarkeit ausschließt, so ist die Frage nach Art 100 Abs 2 GG dem Bundesverfassungsgericht vorzulegen (vgl BVerfG 12. 4. 1983 NJW 1983, 2766; Geimer, IZPR Rn 523). Tritt die **Immunität während des Verfahrens** ein, so ist der Prozeß zu beenden. Endet sie während des Verfahrens (und ist die Klage noch nicht abgewiesen), so kann das Verfahren nun uneingeschränkt fortgesetzt werden. Diplomaten und ihre Angehörigen und in geringem Umfang Angehörige des konsularischen Corps müssen auch nicht als Zeugen aussagen (§§ 18 f GVG; Art 31 Abs 2 WÜD bzw Art 44 WÜK; BVerwG 30. 9. 1988 NJW 1989, 678). **26**

Streitig ist, welche **Wirkungen** ein deutsches Urteil gegen einen Exemten entfaltet. Die wohl herrschende Meinung hält das Urteil für **absolut unwirksam**. Freilich handle es sich nicht um ein Nicht-Urteil, weil immerhin ein Gericht entschieden habe. Deshalb könne das Urteil auch mit normalen Rechtsmitteln angefochten werden, doch könne jedermann sich stets auch ohne dies auf die Unwirksamkeit berufen (Riezler, Internationales Zivilprozeßrecht 361; Pagenstecher, in: FS zum 24. Deutschen Anwaltstag [1929] 446; Rosenberg/Schwab/Gottwald, ZPR § 62 Rn 22; Nagel/Gottwald § 2 Rn 41; Zöller/Gummer vor § 18 GVG Rn 3; Stein/Jonas/Schumann, ZPO Einl XIV B Rn 679; Kissel, GVG § 18 Rn 6; Schack, IZVR Rn 161; Steinmann MDR 1965, 711; RGZ 157, 389, 393; OLG München 27. 8. 1971 FamRZ 1972, 210; BayObLG 30. 9. 1971 BayObLGZ 1971, 303 **27**

= FamRZ 1972, 212; LG Bonn FamRZ 1991, 1329). Eine **andere Auffassung** will das Urteil dann als wirksam ansehen und nur die **normalen Rechtsmittel** zulassen, wenn das Gericht die Frage gesehen und entschieden hat (Jauernig, Das fehlerhafte Zivilurteil [1958] 163; Zöller/Geimer, IZPR Rn 192; Geimer, IZPR Rn 528 f; wohl auch Rosenberg/Schwab/Gottwald, ZPR § 19 Rn 14 ff; Stein/Jonas/Grunsky Rn 5 vor § 579). Schlosser (ZZP 79 [1966] 182 ff) will nur, wenn ein Spruch eines internationalen Gerichtshofes vorliegt oder die Frage der Immunität übersehen wurde, die **Restitutionsklage** nach § 579 ZPO zulassen. Sonst aber sei das Urteil lediglich mit den normalen Rechtsmitteln anzugreifen. Schließlich wird auch vertreten, das Verfehlen der völkerrechtlichen Grenzen der Gerichtsbarkeit sei nie anders zu werten als eine Verfehlung der Rechtswegeinteilung, das Urteil werde also immer mit der formellen Rechtskraft **unanfechtbar** (Kralik ZZP 74 [1961] 23 f; Habscheid BerDesGVR 8 [1968] 159 ff; Strebel RabelsZ 44 [1980] 70; Hess, Staatenimmunität 389 Fn 469). Die Meinungen führen namentlich hinsichtlich der Fristen, innerhalb derer die Immunität geltend gemacht werden kann, zu unterschiedlichen Ergebnissen.

28 Die Aufrechterhaltung eines solchen Urteils ist zwar eine fortdauernde Verletzung fremder Souveränität. Dem steht aber das Interesse an Rechtssicherheit gegenüber, daß nicht jedermann jederzeit die Wirkungslosigkeit des immerhin in gebührender Form ergangenen Urteils geltend machen kann. Den **Ausgleich bietet § 579 ZPO** mit der Frist des § 586 ZPO, dann aber unabhängig davon, ob das Erstgericht die Frage behandelt hat. Unter §§ 513 Abs 2, 545 Abs 2 ZPO fällt die deutsche Gerichtsbarkeit jedenfalls sicher nicht (so schon RG 16. 5. 1938 RGZ 157, 394; Schlosser, in: FS Nagel [1987] 354).

29 Dagegen ist der Diplomat etc nicht gehindert; seinerseits vor deutschen Gerichten zu klagen (OVG Münster 11. 2. 1992 NJW 1992, 2043; BVerfG NJW 1996, 2744; Wengler IPRax 1992, 224). Da seine Immunität von der des Entsendestaates herrührt, braucht der Diplomat die Zustimmung auch, wenn er klagt. Nach Wengler (IPRax 1992, 224) ist die fehlende Genehmigung aber kein Verfahrenshindernis. Bei Zustimmung ist seine Immunität auch für Widerklagen aufgehoben, „die mit der Hauptklage in unmittelbarem Zusammenhang stehen" (Art 32 Abs 3 WÜD), und entsprechend für andere Abwehrklagen wie § 767 ZPO (Rosenberg/Schwab/Gottwald, ZPR § 19 Rn 24).

4. Prüfung

30 Die Immunität ist stets **von Amts wegen** und in **jeder Lage des Verfahrens**, also auch noch in der Revisionsinstanz zu prüfen (BVerfG 13. 12. 1977 BVerfGE 46, 342, 359; RG 16. 5. 1938 aaO; BGH 10. 1. 1956 BGHZ 19, 345), und zwar auch, wenn sie erst während des Laufs des Verfahrens eintritt (wohl Wieczorek, ZPO [2. Aufl 1976] § 263 Rn C IIb 1). Bestehen Zweifel, ob die Person Amtsimmunität genießt, so ist das von Amts wegen zu prüfen und dafür ein Termin anzuberaumen (LG Hamburg NJW 1986, 3034; implizit OLG Düsseldorf 20. 3. 1986 NJW 1986, 20 44 [Strafsache]). Es erscheint logisch, sie als erstes vor den anderen Prozeßvoraussetzungen zu prüfen, allenfalls nach der Ordnungsmäßigkeit der Klageerhebung. So könnte freilich auch ein örtlich oder sachlich unzuständiges Gericht diese Frage behandeln (vielleicht **aA** LG Gießen 30. 11. 1955 NJW 1956, 555). Da bei fehlender Gerichtsbarkeit weder Termin anberaumt werden noch eine Entscheidung gegen den Gerichtsbefreiten ergehen darf, und zwar auch nicht über sonstige Zulässigkeitsfragen, sollte die Gerichtsbarkeit zuerst geprüft werden (BGH 26. 9. 1978 NJW 1979, 1101; BAUMBACH/LAUTERBACH/HARTMANN, ZPO Vorbem 3 E a vor § 253; STEIN/JONAS/SCHUMANN aaO).

Die **objektive Beweislast** für die Immunität trägt der Beklagte (GEIMER, IZPR Rn 527; WALTER RIW 1984, 9, 12; SCHACK, IZVR Rn 160; vSCHÖNFELD NJW 1986, 2980). Daß die Immunität von Amts wegen zu prüfen ist, besagt hierfür nichts (aA HESS RIW 1989, 259 Fn 102, Staatenimmunität bei Distanzdelikten 333). 31

C. Zuständigkeiten

I. Örtliche Zuständigkeit

Für die Einzelheiten der örtlichen und sachlichen Zuständigkeiten sei auf die Kommentare zur ZPO verwiesen. Im folgenden wird nur auf einige Punkte eingegangen, die bei internationalen Ehesachen von Interesse sein können. 32

1. Ausschließlichkeit

Die **örtliche Zuständigkeit** für Ehesachen ergibt sich allein aus § 606 ZPO. Die §§ 12 ff ZPO sind nicht anwendbar, auch nicht § 15 ZPO (OLG Düsseldorf 29. 4. 1968 FamRZ 1968, 467 m Anm BEITZKE; BAUMBACH/LAUTERBAUCH § 15 Rn 4). Der inzwischen im Ausland wohnende Beklagte kann daher nicht an seinem letzten inländischen Wohnsitz, sondern nur am letzten gemeinsamen Wohnsitz oder, wenn auch der Kläger dort nicht mehr wohnt, an dessen inländischem Wohnsitz, hilfsweise in Berlin-Schöneberg, verklagt werden (rechtspolitische Bedenken dagegen bei BEITZKE aaO). 33

Die örtliche Zuständigkeit aus § 606 ZPO ist **ausschließlich**. § 606a Abs 1 S 2 ZPO gilt hier nicht. Gerichtsstandsvereinbarungen sind nicht möglich (§ 40 Abs 2 ZPO). § 606 ZPO regelt nur die örtliche Zuständigkeit und betrifft trotz der Unterscheidung von In- und Ausland nicht die internationale, die in § 606a ZPO selbständig und abschließend behandelt ist. 34

2. Zuständigkeitsleiter

§ 606 ZPO enthält eine **gestufte Regelung über die örtliche Zuständigkeit**. In erster Linie ergibt sich diese aus dem gemeinsamen gewöhnlichen Aufenthalt **der Eheleute**, hilfsweise aus dem gewöhnlichen Aufenthalt **des Ehegatten**, der die gemeinsamen minderjährigen **Kinder** bei sich hat, weiter hilfsweise aus dem **letzten** gemeinsamen gewöhnlichen Aufenthalt **der Eheleute**, wenn einer ihn beibehalten hat, weiter hilfsweise aus dem gewöhnlichen Aufenthalt **des Beklagten** im Inland, hilfsweise des **Klägers**, und schließlich enthält Abs 3 in letzter Linie eine Auffangzuständigkeit des Familiengerichts beim Amtsgericht Schöneberg in Berlin. Haben beide Ehegatten im Inland ein Verfahren anhängig gemacht, so besteht die ausschließliche Zuständigkeit bei dem **zuerst zulässigerweise angerufenen Gericht**. 35

Anders als § 13 ZPO knüpft § 606 ZPO die örtliche Zuständigkeit an den **gewöhnlichen Aufenthalt** des oder der Ehegatten. Denselben Tatbestand verwendet auch § 606a Abs 1 Nr 2–4 ZPO, um eine internationale deutsche Zuständigkeit zu eröff- 36 nen. Es wäre zwar denkmöglich, den Tatbestand in § 606 ZPO anders als in § 606a ZPO zu definieren, doch würde dies die Rechtslage unnötig komplizieren. Besser verwendet man beide Male dasselbe Konzept (so auch implizit LG Stuttgart 17. 12. 1968 NJW 1969, 384) und läßt allenfalls kleine differenzierende Randkorrekturen zu. Es sei daher auf die Erläuterungen bei Art 3 EheGVO Rn 38 ff verwiesen.

37 Kommt es auf den **gewöhnlichen Aufenthalt der Kinder** an, so genügt auch deren bloß vorübergehende Anwesenheit nicht, vielmehr muß das Kind hier den Schwerpunkt seiner persönlichen Bindungen, seinen Daseinsmittelpunkt haben (dazu Art 8 EheGVO Rn 3 ff). Bei Kleinkindern bestimmt er sich vor allem nach dem Aufenthalt dessen, der das Kind versorgt. Das gilt auch, wenn beide Elternteile das Sorgerecht haben (OLG Bremen 3. 4. 1992 FamRZ 1992, 963). Es kommt daher mittelbar auf die Situation dieses Elternteils an. Das gilt freilich nicht, solange bei Kindesentführung die Möglichkeit besteht, daß der andere Sorgeberechtigte die Rückführung des Minderjährigen durchsetzen kann (BGH 29. 10. 1980, BGHZ 78, 293 = FamRZ 1981, 135 zu Art 1 Haager Minderjährigenschutzabkommen; bei Kindesentführung oder rechtswidriger Verweigerung der Rückgabe im Inland gilt das HKEntfÜ nicht). Hat der andere Elternteil eine Sorgerechtsentscheidung zu seinen Gunsten herbeigeführt, bevor sich der Aufenthalt des Kindes verfestigt hat und betreibt er die Durchsetzung dieser Entscheidung, so hindert dies zumindest auf einige Zeit die Verfestigung des Aufenthalts zum gewöhnlichen (BGH 29. 10. 1980 FamRZ 1981, 135, 137; OLG Bamberg 12. 3. 1982 FamRZ 1983, 82; MünchKomm-ZPO/Bernreuther § 606 Rn 21; BayObLG 20. 7. 1981 DAVorm 1981, 691, 702 zu Art 1 MSA). Zwar regelt Art 16 des HKEntfÜ diese Frage nicht direkt, man kann ihn aber analog anwenden oder seinen Gedanken heranziehen (für Anlehnung an Art 1 MSA Zöller/Philippi § 606 Rn 24; MünchKomm-ZPO/Bernreuther § 606 aaO).

38 Der gewöhnliche Aufenthalt des oder der Ehegatten muß sich **im Inland** befinden. Anderenfalls ist das AG Berlin-Schöneberg örtlich zuständig, wenn die deutsche Staatsangehörigkeit gegeben ist (§§ 606a Abs 1 S 1 Nr 1 mit § 606 Abs 3 ZPO). Dem Fehlen eines inländischen gewöhnlichen Aufenthalts steht es gleich, wenn trotz Amtsermittlung **ungewiß** bleibt, ob ein inländischer gewöhnlicher Aufenthalt besteht (BGH 19. 9. 1982 FamRZ 1982, 1199; OLG Stuttgart 22. 9. 1964 NJW 1964, 2166; OLG Düsseldorf 28. 5. 1973 FamRZ 1974, 92; OLG Hamburg 6. 7. 1973 FamRZ 1974, 93; OLG Zweibrükken 7. 11. 1984 FamRZ 1985, 81; **aA** LG Stuttgart 14. 12. 1957 NJW 1958, 955; LG Köln 20. 10. 1961 NJW 1962, 350).

39 Ob ein Aufenthaltsort **Inland oder Ausland** ist, beurteilt sich nach dem Zeitpunkt des Verfahrens, nicht nach dem, zu dem die Ehegatten dort ihren Wohnsitz hatten (KG 16. 5. 1940 DR 1940, 1383 [Danzig]; Levis ZZP 51 [1926] 286). Der Begriff von „Inland“ und „Ausland“ bemaß sich bis zum 3. 10. 1990 nach dem Geltungsbereich des GVG und der ZPO. Heute kann man die deutschen staatsrechtlichen Grenzen heranziehen.

3. Prüfung von Amts wegen

40 Die örtliche Zuständigkeit ist vom Gericht **erster Instanz von Amts wegen** zu prüfen (§ 606 iVm § 40 Abs 2 ZPO). Es genügt, wenn das Gericht zum Zeitpunkt der letzten mündlichen Verhandlung zuständig wurde. Nach § 261 Abs 3 Nr 2 ZPO schadet es nicht, wenn die bei oder nach Klageerhebung vorliegenden Gründe der örtlichen Zuständigkeit später wieder wegfallen (perpetuatio fori) (zu dieser Frage hinsichtlich der internationalen Zuständigkeit vgl § 606a ZPO Rn 294 ff; anders bei der deutschen Gerichtsbarkeit, vgl Rn 14). Die örtliche Zuständigkeit (der ersten Instanz) ist schon in der **Berufungsinstanz** nicht mehr zu rügen und zu prüfen (§§ 513 Abs 2, 621e Abs 4 ZPO nF; dazu Bergerfurth FamRZ 2001, 1494 f).

Fehlt die örtliche oder sachliche Zuständigkeit des angegangenen Gerichts, im Gegensatz zur internationalen, so **ist auf Antrag** gem § 281 ZPO an das zuständige Gericht zu verweisen. Wird die Verweisung nicht beantragt, ist die Klage auch dann abzuweisen, wenn das Scheidungsurteil im Heimatstaat einer Partei trotzdem anerkannt würde (OLG München 22. 5. 1907 ZRpflBay 1907, 478). **41**

II. Sachliche Zuständigkeit

1. Ausschließlichkeit

Für Ehesachen ist das AG als Familiengericht sachlich zuständig (§ 23b Abs 1 Nr 1 GVG). Die Zuständigkeit ist **ausschließlich**, kann also nicht durch Vereinbarung geändert werden (§ 40 Abs 1 ZPO). Ggf ist auf Antrag an das Familiengericht zu verweisen (§ 281 ZPO). Die Regelung der sachlichen Zuständigkeit betrifft jedoch nur das Verhältnis der deutschen Gerichte untereinander. Sie steht nicht etwa der Anerkennung eines ausländischen Urteils entgegen, das nicht von einem Familiengericht, das dort uU nicht existiert, gefällt wurde. **42**

2. Prüfung von Amts wegen

Die sachliche Zuständigkeit ist durch das Familiengericht von Amts wegen zu prüfen und kann schon mit der Berufung nicht mehr gerügt werden (§ 513 Abs 2 ZPO nF). **43**

Vor allem spielt die Qualifikation der Klage als eine Ehesache eine entscheidende Rolle für die internationale Zuständigkeit, und diese muß selbst in der Revisionsinstanz noch in jeder Lage des Verfahrens von Amts wegen geprüft werden (BGH 14. 6. 1965 BGHZ 44, 46 = JZ 1966, 237 [Neuhaus] = NJW 1965, 1665; BGH 13. 6. 1978 RIW/AWD 1979, 58 = JZ 1979, 231 [Maier-Reimer]; BGH 23. 10. 1979 NJW 1980, 1224 [Schlosser] = JZ 1980, 147 [Kropholler 532] = RIW/AWD 1980, 216 [Böhlke]; BGH 28. 11. 2002 FamRZ BGHZ 153, 82; Rosenberg/Schwab/Gottwald, ZPR § 31 Rn 25; näher § 606a ZPO Rn 38). Da die deutsche internationale Zuständigkeit von dieser Qualifikation abhängt, muß sie also auch nach dem 1. 1. 2002 noch in der Berufungs- und Revisionsinstanz geprüft werden. Qualifiziert die höhere Instanz anders als die untere und verneint sie demgemäß die deutsche internationale Zuständigkeit, ist die Klage abzuweisen. Bejaht sie dagegen entgegen der Vorinstanz die internationale Zuständigkeit, dann ist nach Auffassung des BGH (21. 11. 1996 BGHZ 134, 127, 130) auch über die örtliche Zuständigkeit neu mit zu entscheiden, wenn für sie dieselben Tatumstände maßgebend sind. Dasselbe muß für die sachliche Zuständigkeit gelten, d h für die Qualifikation als Ehesache. Beide sind unter diesen Gesichtspunkten gem § 513 Abs 2 ZPO noch in der höheren Instanz zu prüfen. **44**

3. Ehe und Partnerschaften

45 Angesichts vielfältiger Formen rechtlich anerkannter, registrierter und nicht registrierter Lebenspartnerschaften ist der Tatbestand der Ehe rechtsvergleichend zweifelhaft geworden. Da Ehen in manchen Rechtsordnungen durch privaten Vertrag ohne oder, zumindest ohne konstitutive Mitwirkung von Amtsträgern geschlossen werden können, wird man die Unterscheidung nicht anhand der Eheschließungsformen vornehmen können. Gleichgeschlechtliche Partnerschaften fallen allenfalls unter § 661 ZPO. Heterosexuelle Partnerschaften können Ehen oder davon zu unterscheidende nichteheliche Partnerschaften sein. Die Abgrenzung ist schwierig und im Einzelfall vorzunehmen. Es sollten aus praktischen Gründen dieselben Kriterien wie für die EheGVO angewandt werden (vgl Art 1 EheGVO Rn 12 ff).

4. Ehesachen

46 § 606 Abs 1 ZPO enthält eine **Definition** der Ehesachen. Es sind dies Scheidung und Aufhebung der Ehe wegen anfänglicher Mängel, Feststellungen des Bestehens oder Nichtbestehens einer Ehe und Klagen auf Herstellung der ehelichen Lebensgemeinschaft bzw auf Unterlassung ehewidrigen Verhaltens. Hier gelten §§ 606, 606a ZPO über die EheGVO (Art 1) hinaus (vgl Art 1 EheGVO Rn 5 ff). Soweit die Klage nicht unter die EheGVO fällt, bleibt es bei § 606a ZPO, nämlich für Feststellungs- und Herstellungsklagen.

47 Hat der Richter gem Art 13, 15 oder 17 EGBGB nach fremdem Recht zu entscheiden, so kann die Einordnung unter diesen Begriff eventuell schwierig werden. Ausländische Rechte kennen Regelungen und Entscheidungen über Ehestreitigkeiten, die dem deutschen Recht mehr oder weniger fremd sind. Entscheidend ist, ob der vom ausländischen Eherecht gewährte Rechtsbehelf einer der in § 606 Abs 1 ZPO genannten Ehesachen **funktional ähnlich** ist.

48 Nach §§ 1313 ff BGB nF gibt es nur noch einheitlich die Aufhebung der Ehe bei anfänglichen Mängeln außer dem Fall der – heilbaren – Nichtehe, die nicht vor dem Standesbeamten geschlossen wurde (§ 1310 BGB nF). Die Grenze zwischen **Scheidung** und **Aufhebung** bzw **Nichtigkeit** der Ehe wird in manchen Rechten anders als im deutschen gezogen. Verfahren und Gründe sind in einem gewissen Maß austauschbar (vgl Neuhaus, in: FS Ficker [1967] 337 ff). Auch die Unterscheidung zwischen Nichtehe, Nichtigkeit und Aufhebung der Ehe ist oft unbekannt oder wird anders vorgenommen (rvgl Henrich RabelsZ 37 [1973] 230). Der deutsche Richter hat sowohl hinsichtlich der Voraussetzungen als auch der Folgen nach dem ausländischen Recht zu entscheiden (vorbehaltlich Art 6 EGBGB). Für die Anwendung der §§ 606, 606a ZPO ist aber letztlich von geringer praktischer Bedeutung, unter welche der in § 606 ZPO genannten Ehesachen der Fall genau einzuordnen ist (vgl auch BGH 4. 3. 1981 FamRZ 1981, 445 zu § 621 Abs 1 Nr 3 ZPO). Es liegt jedenfalls eine Ehesache vor. Ebenso braucht für §§ 606, 606a ZPO nicht untersucht zu werden, ob die im ausländischen Recht häufig bekannte Trennung von Tisch und Bett eine „kleine Scheidung" oder eine Regelung der ehelichen Lebensgemeinschaft ist.

49 Entspricht der ausländische Rechtsbehelf keiner der in § 606 ZPO genannten Ehesachen, so gelten die allgemeinen Regeln der **§§ 13 ff ZPO**, insbesondere folgt die internationale Zuständigkeit nicht aus § 606a ZPO (vgl zB OLG Düsseldorf 26. 10. 1984 FamRZ 1985, 82). Zwar wäre es logisch möglich, den Begriff der Ehesache in § 606 ZPO anders als in § 606a ZPO auszulegen, das würde aber die Rechtslage nicht nur unnötig komplizieren, sondern das Gesetz will offenbar in § 606a ZPO den zuvor in § 606 ZPO definierten Begriff verwenden.

5. Einteilung der Ehesachen

Wenn auch die Abgrenzung untereinander ohne wesentliche praktische Bedeutung ist, so können Ehesachen für die Abgrenzung nach außen in **drei** große **Gruppen** unterteilt werden: Verfahren wegen anfänglicher Mängel der Eheschließung, Scheidung der Ehe und Klagen auf Herstellung der ehelichen Lebensgemeinschaft, wozu auch Klagen auf Unterlassung ehewidrigen Verhaltens zählen. **50**

a) Aufhebung und Nichtigkeit

Mängel der Eheschließung können bedeuten, daß der fragliche Vorgang überhaupt keine Ehe zustande brachte, daß also im deutschen Sinne eine **Nichtehe** vorliegt, der zB im englischen Sprachgebrauch weitgehend die void marriage entspricht. Obwohl sich in diesem Fall jedermann ohne weiteres auf die Nichtexistenz der Ehe berufen kann, so kann doch sehr wohl ein Rechtsschutzinteresse für eine Klage auf Feststellung der Nichtehe oder auch auf Feststellung der Ehe gegeben sein. **51**

In den meisten Fällen führen Eheschließungsmängel jedoch nur zur **Aufhebung** oder **Vernichtung** der Ehe, die dann durch ein Gestaltungsurteil auszusprechen ist. Es kann sich um Ehehindernisse, Formmängel einschließlich einer Eheschließung vor nicht dazu befugten Personen und um Willensmängel bei der Eheschließung handeln. Es erscheint nicht sinnvoll, hier die große Zahl einschlägiger Urteile aufzuführen. Es sei auf die Erläuterungen bei Staudinger/Mankowski (2003) Art 13 EGBGB Rn 440 ff verwiesen (vgl auch BGH 7. 4. 1976 FamRZ 1976, 336; Soergel/Schurig Art 13 EGBGB Rn 31, 39 ff). Das deutsche Recht kennt nun in §§ 1313 ff BGB nur noch einheitlich die Aufhebung der Ehe. Das schließt eine Nichtigkeitsklage aber ein, wenn eine solche nach dem maßgebenden ausländischen Recht vorgesehen ist. Der deutsche Richter hat gemäß diesem Recht zu entscheiden und zu tenorieren. **52**

Als Sonderfall sei die italienische Regelung in Art 16 Gesetz vom 27. 3. 1929 erwähnt, wonach die kirchlich geschlossene Ehe bürgerlich-rechtliche Wirkungen durch Eintrag ins Standesregister erlangt (vgl Grunsky/Wuppermann, Italienisches Familienrecht [2. Aufl 1978] 24 f; dazu und zu ähnlichen Regelungen Staudinger/Mankowski [2003] Art 13 EGBGB Rn 676 ff). Das italienische Recht kennt eine Klage auf **Nichtigerklärung der Transkription** (Jayme RabelsZ 31 [1967] 493 f), wenn Ehehindernisse des weltlichen Rechts bestanden. Sie entspricht einer Nichtigkeits- oder Aufhebungsklage, und anscheinend sind solche Urteile auch außerhalb Italiens ergangen und anerkannt worden (vgl Turin 23. 12. 1949 Riv dir matrim 1949, 78 und 13. 7. 1957, Annali di diritto intern 1957, 105; Venedig 26. 6. 1958, Riv dir matrim 1959, 128). Die Klage muß auch in Deutschland zulässig sein (OLG Frankfurt aM 12. 12. 1977 FamRZ 1978, 510). Es geht um die bürgerlich-rechtlichen Wirkungen der Ehe, und das italienische Recht zwingt die Parteien nicht, den Weg über die Annullierung der Ehe vor einem kirchlichen Gericht zu gehen. Nach Art 14 EheGVO ist die Anerkennung in Italien gesichert. Ob dann für die Wirksamkeit der deutschen Entscheidung für uns noch die Ein- **53** tragung in Italien erforderlich ist, entscheidet wie bei der Scheidung das italienische Recht und ist zu bejahen (vgl Anhang zu § 606a ZPO Rn 185 f).

54 Sehr umstritten ist die Frage, ob Italiener im Ausland eine **kanonische Ehe** schließen können, deren Wirkungen in Italien anerkannt werden und die dort in das Standesregister transkribiert werden kann (vgl Jayme RabelsZ 31 [1967] 488 f m Nw der Rechtsprechung; Grunsky/Wuppermann, Italienisches Familienrecht 30 f; Cian-Trabucchi, Codice civile Art 82 Anm A II). Ohne die Transkription liegt (bürgerlich-rechtlich) eine Nichtehe vor, und dies kann durch staatliche Gerichte, auch durch deutsche, festgestellt werden.

b) Scheidung, Ehetrennung

55 Theoretisch unterscheidet sich im deutschen Recht wie in den meisten anderen Rechten die **Scheidung** von der **Ungültigkeit** der Ehe dadurch, daß die Scheidungsgründe erst nach Eheschließung eintreten, die Ehe also gültig gewesen sein muß, und die Scheidung nur für die Zukunft wirkt. Der Unterschied ist aber bereits im deutschen Recht dadurch stark verwischt, daß Eheaufhebung und Ehenichtigkeit zT nur noch die Folgen der Scheidung haben (§ 1318 BGB). Sinnvoller erscheint daher die Differenzierung nach anfänglichen und nachträglichen Gründen der Aufhebung. Doch im ausländischen Recht ergibt manchmal ein anfänglicher Mangel, zB ein Irrtum bei der Eheschließung, nur einen Scheidungsgrund. Ggf hat der deutsche Richter die Ehe dann also anders als nach deutschem Recht zu scheiden.

56 Die in ausländischen Rechten häufiger vorkommende **gerichtliche Trennung von Tisch und Bett** kann dort Ersatz für eine grundsätzlich ausgeschlossene Scheidung sein. Vielfach handelt es sich um eine Alternative (zB Art 296–309 fr c civ und neuerdings wieder Art 61 ff poln FVGB) oder um eine Vorstufe zur Scheidung, wobei nach einer gewissen Zeit eine Umwandlung der Trennung in eine Scheidung begehrt werden kann (Beispiele Staudinger/Mankowski [2003] Art 17 EGBGB Rn 460); oder sie kann auch mehr in die Richtung einer Regelung der ehelichen Lebensgemeinschaft gehen (vgl Staudinger/Mankowski [2003] Art 17 EGBGB Rn 459 f). In jedem Fall ist eine solche Klage in Deutschland zulässig und fällt unter §§ 606a ZPO. Dazu gibt es seit BGH 22. 3. 1967 (BGHZ 47, 324 FamRZ 1967, 452 = JZ 1967, 671 [Heldrich] = NJW 1967, 2109 = StAZ 1967, 237 [Chr Böhmer] = RabelsZ 32 [1968] 313 [Jayme] BGH 23. 4. 1994 FamRZ 1994, 825) eine reiche Rechtsprechung*

* OLG Düsseldorf 7. 8. 1968 OLGZ 1969, 455; OLG Hamm 28. 2. 1968 FamRZ 1968, 321; OLG Karlsruhe 12. 7. 1973 FamRZ 1973, 546; LG Hamburg 12. 12. 1973 FamRZ 1974, 257 (Portugiesen); LG München I 15. 11. 1973 FamRZ 1974, 257 (Spanier); OLG Köln 28. 10. 1974 FamRZ 1975, 497; LG Hamburg 12. 5. 1976 IPRspr 1976 Nr 47 (Portugiesen); OLG Düsseldorf 11. 1. 1978 FamRZ 1978, 418; OLG Düsseldorf 7. 2. 1978 FamRZ 1978, 418; OLG München 4. 4. 1978 NJW 1978, 1117; AG Hamburg 19. 9. 1978 FamRZ 1980, 578 (Neuhaus 580); OLG Bamberg 22. 9. 1978 FamRZ 1979, 514; OLG Frankfurt aM 11. 7. 1979 FamRZ 1979, 813; OLG Koblenz 15. 1. 1980 FamRZ 1980, 714; OLG Stuttgart 11. 11. 1980 IPRax 1981, 142 (Jayme 143); OLG Karlsruhe 14. 7. 1981 IPRax 1982, 75 (Jayme 56); OLG Hamm 11. 6. 1981 NJW 1981, 2648; OLG Düsseldorf 2. 11. 1981 IPRax 1982, 159; OLG Stuttgart 13. 11. 1981 FamRZ 1982, 296; OLG Frankfurt aM 19. 11. 1982 IPRax 1983, 193 (Jayme); OLG Stuttgart 28. 2. 1984 IPRspr 1984 Nr 155 = Justiz 1984, 346; OLG Frankfurt aM 18. 1. 1985 FamRZ 1985, 619; OLG Frankfurt aM 17. 11. 1987 IPRax 1988, 250 LS (Anm Jayme); OLG Karlsruhe 21. 3. 1991 FamRZ 1991, 1308; OLG Karlsruhe 4. 12. 1997 FamRZ

vornehmlich zu Italienern (dazu KINDLER, Einführung in das italienische Recht [1993] § 11)*.

Auch die gerichtliche Bestätigung einer einverständlichen Trennung ist in Deutschland zulässig (OLG Karlsruhe 21. 3. 1991 FamRZ 1991, 1308; OLG Düsseldorf 1. 7. 1992 FamRZ 1993, 433 implizit) und fällt unter §§ 606a ZPO**, wenn sie im ausländischen Recht vorgesehen ist. 57

Folgt man der bedenklichen Rechtsprechung des RG, das auf Rücknahme einer im Ausland erhobenen Scheidungsklage aus § 826 BGB verurteilt hat (RG 3. 3. 1938 RGZ 157, 136), so wäre diese Klage wie die auf Unterlassung ihres Zieles wegen als Ehesache zu qualifizieren. Jedoch sind solche Unterlassungsklagen (in England sind anti-suit-injunctions verbreitet) unzulässig, da sie dem Gegner den Zugang zu einem ihm offenstehenden Gericht nehmen wollen. Die Partei, die das will, mag sofort selbst klagen, womit eine Rechtshängigkeitssperre eintritt. 58

Sieht das maßgebende ausländische Recht ein besonderes Verfahren der Eheauflösung auf der Grundlage einer **Todeserklärung** vor (vgl STAUDINGER/MANKOWSKI [2003] Art 17 EGBGB Rn 243 f), so ist dies eine Ehesache sui generis (so in der Schweiz, GÖTZ, in: Berner Kommentar Art 102 ZGB Rn 4), doch werden die Regeln des Scheidungsverfahrens entsprechend angewandt. Einer Qualifikation als Ehesache iSd §§ 606, 606a ZPO könnte das Bedenken entgegenstehen, daß es sich – naturgemäß – nicht um ein Zweiparteienverfahren handelt (vgl GÖTZ Rn 12). Eine Zuweisung der Sache an die freiwillige Gerichtsbarkeit ist jedoch unbefriedigend, weil dort weder eine Zuständigkeitsregelung noch ein Verfahren zu finden sind. Es erscheint richtiger, der Regelungsmaterie entsprechend die Sache unter § 606 ZPO zu subsumieren und dem deutschen Familienrichter ausnahmsweise ein Verfahren ohne Gegenpartei zuzumuten (zur Anpassung Anh zu § 606a ZPO Rn 71 ff). Wenn dagegen das gem Art 17 EGBGB (STAUDINGER/MANKOWSKI [2003] Art 17 EGBGB Rn 243) maßgebende ausländische Recht an die Todeserklärung automatisch die Auflösung der Ehe knüpft (so zB 59

1999, 454 (Türkei), zu neuen Regelung in Polen GRALLA StAZ 2000, 42.

* BGH 1. 4. 1984 IPRax 1988, 173; OLG Karlsruhe 14. 7. 1981 IPRax 1982, 75 (JAYME 56); OLG Karlsruhe 21. 3. 1991 (FamRZ 1991, 1308; OLG Karlsruhe 26. 3. 1998 FamRZ 1999, 605; 12. 1. 1999 FamRZ 1999, 1680; OLG Saarbrücken 19. 2. 1997 FamRZ 1997, 1523 (LS); OLG Frankfurt aM 8. 8. 1994 FamRZ 1995, 375; OLG München 19. 10. 1992 FamRZ 1993, 459; OLG Stuttgart 25. 12. 1995 FamRZ 1997, 879; AG Frankfurt aM 5. 11. 1981 IPRspr 1981 Nr 179 (Bericht in IPRax 1982, 79); AG Passau 25. 1. 1983 IPRspr 1983 Nr 62; FamRZ 1974, 257 (Portugiesen); OLG Hamm 11. 6. 1981 NJW 1981, 2648; OLG Düsseldorf 2. 11. 1981 IPRax 1982, 159; OLG Düsseldorf 1. 7. 1992 FamRZ 1993, 433; OLG Stuttgart 13. 11. 1981 FamRZ 1982, 296; OLG Frankfurt aM 19. 11. 1982 IPRspr 1982, Nr 162 = IPRax 1983, 193 (JAYME); OLG Stuttgart 28. 2. 1984 IPRspr 1984 Nr 155 = Justiz 1984, 346; OLG Frankfurt aM 18. 1. 1985 FamRZ 1985, 619; OLG Frankfurt aM 17. 11. 1987 IPRax 198, 250 LS (Anm E J); BGH 1. 4. 1984 IPRax 1988, 173; OLG Karlsruhe 21. 3. 1991 FamRZ 1991, 1308; weitere Nachw STAUDINGER/SPELLENBERG (1997) §§ 606 ff ZPO Rn 39.

** LG Stuttgart 10. 7. 1973 FamRZ 1974, 255 (WALTHER); AG Offenbach 7. 10. 1977 FamRZ 1978, 509 (JAYME); OLG Düsseldiorf 15. 10. 1080 FamRZ 1981, 146; OLG Karlsruhe 14. 7. 1981 IPRspr 1981 Nr 78 = IPRax 1982, 75 (JAYME 56); AG Frankfurt aM 5. 11. 1981 IPRspr Nr 179 (Bericht in IPRax 1982, 79); AG Passau 25. 1. 1983 IPRspr 1983 Nr 62.

heute Art 85 cc in Spanien), ist eine Feststellungsklage zulässig, wenn ein Feststellungsinteresse besteht.

c) Fremde Scheidungsformen

60 Wenn ein Rechtsbehelf des ausländischen Rechts als Ehesache zu qualifizieren ist, unterliegt er den Zuständigkeiten der §§ 606 ff ZPO, auch wenn das sachlich maßgebende ausländische Recht an sich ein **anderes Verfahren** vorsieht (Soergel/Schurig Art 17 EGBGB Rn 64). Das ausländische Verfahren wird im Prinzip durch den deutschen Prozeß ersetzt (zu Anpassungen bei religiösen Scheidungen Anh zu § 606a Rn 71 ff). Das gilt etwa für Scheidungen im Verfahren der freiwilligen Gerichtsbarkeit wie in Österreich bei Einvernehmen der Eheleute, durch Verwaltungsakt wie in Dänemark oder durch registrierte Erklärung vor dem Standesbeamten. Jedoch bestimmt **Art 17 Abs 2 EGBGB** (BGH 14.10.1981 BGHZ 82, 34, 46 = IPRspr 1981 Nr 192 = IPRax 1983, 37 [Kegel 22] = FamRZ 1982, 44; mwN Staudinger/Mankowski [2003] Art 17 EGBGB Rn 182 ff; Soergel/Schurig Art 17 EGBGB Rn 52) und entgegen zu Recht erhobener Kritik (Gottwald StAZ 1981, 85 mwN), daß Ehen in Deutschland stets nur durch das staatliche Gericht geschieden werden können, selbst wenn das nach Art 17 EGBGB maßgebende ausländische Recht etwas anderes vorsieht. Schon deswegen müssen die deutschen Gerichte dann diese Aufgaben übernehmen, damit die Scheidung der Ausländer im Inland nicht an der Ungleichheit der Verfahren scheitert. Das betrifft einerseits Privatscheidungen, sei es durch Vertrag der Ehegatten, sei es durch einseitige private Erklärung (Verstoßung, talaq), und andererseits die durch das ausländische Recht ausschließlich geistlichen Gerichten zugewiesenen Scheidungen. Nachdem Scheidungen in Deutschland nicht so vollzogen werden können (zum Begriff „Inland" Anh zu § 606a ZPO Rn 70; Staudinger/Mankowski [2003] Art 17 EGBGB Rn 188 ff; BGH aaO), müssen sie dann hier durch Urteil vorgenommen werden können, dh daß das deutsche Verfahren angepaßt werden muß (Anh zu § 606a ZPO Rn 69 ff), wenn der Antrag nicht wegen sog wesenseigener Unzuständigkeit abzuweisen ist (Anh zu § 606a ZPO Rn 77).

61 Ob eine Ehe unwirksam oder nur aufhebbar oder scheidbar ist, entscheiden die von Art 13 bzw 17 EGBGB berufenen Rechte. Daraus ergibt sich dann, ob eine Feststellung des Nichtbestehens oder eine Scheidung bzw Aufhebung in Frage kommt.

d) Hinkende Ehen

62 Durch Unterschiede zwischen deutschem IPR und dem des Heimatstaates namentlich bei der Anknüpfung der Form der Eheschließung können Ehen nur für das deutsche Recht wirksam oder unwirksam sein (hinkende Ehen). Ist die Ehe nur für das deutsche Recht wirksam, spricht man von **„Inlandsehe"**. Ist sie umgekehrt für das deutsche Recht ungültig, aber für den Heimatstaat wirksam, mag man von **„Auslandsehe"** reden. Desgleichen können hinkende Ehen entstehen, wenn eine ausländische Scheidung vom deutschen Recht nicht anerkannt wird, sowie bei einer nicht gerichtlichen Scheidung von Ausländern im Inland entgegen Art 17 Abs 2 EGBGB, aber in Übereinstimmung mit dem Heimatstaat (vgl Staudinger/Mankowski [2003] Art 13 EGBGB Rn 260).

63 Bei einer Inlandsehe ist es nur konsequent, daß sie dann auch im Inland geschieden werden kann, wobei freilich auf die Anerkennung im Heimatstaat, in dem sie als nicht (mehr) bestehend angesehen wird, zu verzichten ist (§ 606a ZPO Rn 167 f).

Bei einer Auslandsehe, die also im Inland als nicht (mehr) bestehend gilt, wird vertreten, daß für die Scheidung durch deutsche Gerichte kein Anlaß sei. E gilt der Grundsatz: Keine Scheidung ohne Ehe (LG Berlin 12. 10. 1939 StAZ 1940, 112, obiter; OLG Hamm 15. 10. 1951 IPRspr 1950/51 Nr 73; OLG Düsseldorf 19. 12. 1956 IPRspr 1956/57 Nr 110; Ferid JR 1955, 62; Soergel/Schurig Art 17 EGBGB Rn 10; Winkler von Mohrenfels IPRax 1988, 342; **aA** Hausmann, Kollisionsrechtliche Schranken von Scheidungsurteilen [1980] 319 ff; Staudinger/Mankowski [2003] Art 17 EGBGB Rn 81 f). Die Situation kann nicht nur entstehen, wenn das Heimatrecht die religiöse Eheschließung entgegen Art 13 Abs 3 EGBGB vorschreibt oder erlaubt und danach die Ehe für gültig hält, sondern heute auch häufiger wegen § 606a Abs 1 S 1 Nr 2 ZPO, wenn die deutsche Scheidung einer Ausländerehe nicht die Anerkennung im Heimatstaat findet. Schließlich, wenn eine Scheidung in einem dritten Staat von uns anerkannt wird, nicht aber vom Heimatstaat der Parteien. Ob und wann bei einem besonderen Rechtsschutzinteresse dennoch eine Zweitscheidung im Inland zulässig ist, ist unter Anh zu § 606a ZPO Rn 57 ff zu behandeln. **64**

Eine Trennung von Tisch und Bett hindert die Scheidung im Inland hingegen nicht, denn es handelt sich um verschiedene Klagen (OLG Darmstadt 9. 3. 1936 StAZ 1936, 333; Soergel/Schurig Art 17 EGBGB Rn 119; weiter Art 21 EheGVO Rn 55). **65**

e) Feststellungsklagen

Die §§ 606 f ZPO nennen ausdrücklich Klagen auf Feststellung des Bestehens oder Nichtbestehens einer Ehe. Es muß dafür aber nach den allgemeinen Regeln ein **Feststellungsinteresse** bestehen. Mit seiner Bejahung sollte man nicht kleinlich sein. Namentlich im internationalen Bereich können durch Feststellungsurteile zu behebende Unklarheiten bestehen. **66**

Grundsätzlich wäre nicht nur die **Feststellung** einer von Anfang an nichtigen Ehe zulässig, sondern auch, daß die Ehe durch Scheidung im Ausland beendet ist. Hier besteht jedoch im Interesse der Rechtsklarheit ein **Vorrang** des **förmlichen Anerkennungsverfahrens** nach **Art 7 § 1 Abs 1 FamRÄndG** (dazu dort Rn 12). Soweit dieses Feststellungsmonopol aber nicht reicht (dazu Art 7 § 1 FamRÄndG Rn 71 ff), ist eine Feststellungsklage, daß die Ehe nicht mehr bestehe, als Ehesache zulässig (AG Hamburg 12. 4. 1979 FamRZ 1980, 453; AG Hamburg 10. 6. 1982 IPRspr 1982 Nr 66 A). Dasselbe gilt für ausländische Trennungen von Tisch und Bett. **67**

f) Herstellungsklagen

Das Feld der **Herstellungsklagen**, zu denen auch Klagen auf **Unterlassung ehewidrigen Verhaltens** gehören, ist zwar weit (rechtsvergleichend Staudinger/Mankowski [2003] Art 14 EGBGB Rn 260 f), sie spielen jedoch in der Praxis anscheinend eine untergeordnete Rolle. Ob und welche Ansprüche hier bestehen, ergibt das nach Art 14 EGBGB bestimmte Recht. Viele Eherechte kennen eine grundsätzliche Pflicht zur ehelichen Lebensgemeinschaft. **68**

Unter §§ 606 f ZPO fallen die allgemeine Klage auf Herstellung der **ehelichen Lebensgemeinschaft** und ihr – häufigeres – Gegenstück: die Klage auf Feststellung des **Rechts zum Getrenntleben** (zB OLG Karlsruhe 6. 3. 1984 IPRax 1985, 106 [Henrich 88]) und die Trennungen von Tisch und Bett, wo man sie nicht als „kleine Scheidung" qualifizieren kann (o Rn 56). Auch Klagen auf Erfüllung **einzelner Pflichten** aus der ehelichen Lebensgemeinschaft können hierunter fallen, wie etwa Klagen auf Haushaltsführung, **69**

Rückkehr in die eheliche Wohnung, Aufgabe einer Berufstätigkeit, allgemein auf Unterlassen ehewidrigen Verhaltens, insbesondere ehewidriger Beziehungen.

70 Die Herstellungsklage wird zwar im deutschen Recht ua dadurch charakterisiert, daß das Urteil nicht vollstreckbar und die Pflicht auch nicht mit einer Schadensersatzforderung bewehrt ist. Dies kann jedoch im ausländischen Recht anders sein. Bei Verletzung des **räumlich-gegenständlichen Bereiches der Ehe** gibt das deutsche Recht einen (auch) aus § 823 Abs 1 BGB begründeten – vollstreckbaren – Unterlassungs- und Beseitigungsanspruch, vielleicht auch Schadensersatzanspruch. Diese Ansprüche werden von der überwiegenden Meinung wegen dieser deliktsrechtlichen Begründung **nicht** als **Ehesache** iSv § 606 ZPO angesehen*. Folgt man dieser durchaus problematischen Auffassung, so ist bei Geltung ausländischen Rechts danach zu unterscheiden, ob der Klageanspruch dort speziell eherechtlich oder allgemein deliktsrechtlich begründet wird (rechtsvergleichend STAUDINGER/MANKOWSKI [2003] Art 14 EGBGB Rn 260 f; JAYME, Die Familie im Recht der unerlaubten Handlungen [1971] 223 ff, 321 ff). Jedoch sollte diese Klage zumindest zwischen den Ehegatten nach deutschem wie ausländischem Recht als Ehesache qualifiziert werden (vgl STAUDINGER/MANKOWSKI [2003] Art 14 EGBGB Rn 262 f).

71 Kennt das maßgebende ausländische Recht keine Herstellungsklage, statt dessen aber eine Klage auf **Feststellung der Verletzung** von Pflichten aus der ehelichen Lebensgemeinschaft (zB Art 143 cc it), so ist diese auch vor deutschen Gerichten zulässig (KG 16. 5. 1968 FamRZ 1968, 646), für die die §§ 606 f ZPO gelten. Sie wäre uU selbst nach deutschem Recht möglich.

§ 606a ZPO
Internationale Zuständigkeit

(1) Für Ehesachen sind die deutschen Gerichte zuständig,

1. wenn ein Ehegatte Deutscher ist oder bei der Eheschließung war,

2. wenn beide Ehegatten ihren gewöhnlichen Aufenthalt im Inland haben,

3. wenn ein Ehegatte Staatenloser mit gewöhnlichem Aufenthalt im Inland ist oder

4. wenn ein Ehegatte seinen gewöhnlichen Aufenthalt im Inland hat, es sei denn, daß die zu fällende Entscheidung offensichtlich nach dem Recht keines der Staaten anerkannt würde, denen einer der Ehegatten angehört.

Diese Zuständigkeit ist nicht ausschließlich.

---

* BGH 26. 6. 1952 BGHZ 6, 361, 368; KG 14. 12. 1982 FamRZ 1983, 616; OLG Hamm 22. 10. 1980 FamRZ 1981, 477; OLG Düsseldorf 24. 2. 1981 FamRZ 1981, 577 mwN; OLG Karlsruhe 16. 3. 1978 FamRZ 1980, 139; GERNHUBER, Familienrecht § 23, 2 S 257 f; **aA** OLG Celle 29. 11. 1979 FamRZ 1980, 242, auch gegen den Dritten; LÖWISCH, Der Deliktsschutz relativer Rechte (1970) 184 ff; WALTER JZ 1983, 476.

(2) Der Anerkennung einer ausländischen Entscheidung steht Absatz 1 Satz 1 Nr. 4 nicht entgegen, wenn ein Ehegatte seinen gewöhnlichen Aufenthalt in dem Staat hatte, dessen Gerichte entschieden haben. Wird eine ausländische Entscheidung von den Staaten anerkannt, denen die Ehegatten angehören, so steht Absatz 1 der Anerkennung der Entscheidung nicht entgegen.

Materialien: BT-Drucks 10/504; 10/5632;
BR-Drucks 222/83.

Schrifttum

I. Allgemeines Schrifttum

S Allgemeines Schrifttum S IX.

II. Besonderes Schrifttum

BASEDOW, Die Neuregelung des Internationalen Privat- und Prozeßrechts, NJW 1986, 2978

BEITZKE, Vorschläge und Gutachten zur Reform des deutschen und Internationalen Personen-, Familien- und Erbrechts (1981)

ders, Zur Reform des deutschen Internationalen Privatrechts, DAVorm 1983, 163

BÖHMER, Das deutsche Gesetz zur Neuregelung des Internationalen Privatrechts von 1986 – Struktur, Entstehung, Lücken und Schwerpunkte, RabelsZ 50 (1986) 656

BRAEUER, Zuständigkeitsfragen bei Ehescheidungen mit Beteiligung von Ausländern, AnwBl 1985, 439

DESSAUER, IPR, Ethik und Politik (1986)

DOPFFEL/DROBNIG/SIEHR, Reform des deutschen Internationalen Privatrechts, Kolloquium des Max-Planck-Instituts für ausländisches und internationales Privatrecht vom 19.-21. 6. 1980 (1980)

DOPFFEL/SIEHR, Thesen zur Reform des Internationalen Privat- und Verfahrensrechts, RabelsZ 44 (1980) 344

DOPFFEL, Die Voraussetzungen der Ehescheidung im neuen Internationalen Privat- und Verfahrensrecht, FamRZ 1987, 1205

GEIMER, Verfassung, Völkerrecht und Internationales Zivilverfahrensrecht, ZfRV 1992, 321

GOTTWALD, Auf dem Weg zur Neuordnung des internationalen Verfahrensrechts, ZZP 95 (1982) 3

ders, Das internationale Verfahrensrecht im Entwurf eines IPR-Gesetzes, IPRax 1984, 57

ders, Grundfragen der Gerichtsverfassung und internationale Zustellung (1999)

ders, Deutsche Probleme internationaler Familienverfahren, in: FS für Nakamura (1996) 188

GRAF, Die internationale Verbundszuständigkeit (1984)

GRUNDMANN, Zur parallelen Anknüpfung von Anerkennungserfordernis (§ 606 b Nr 1 ZPO) und Scheidungsstatut, StAZ 1984, 152

HAU, Positive Kompetenzkonflikte im internationalen Zivilprozeßrecht (1996)

HELDRICH, Reform des internationalen Familienrechts durch Richterspruch, FamRZ 1983, 1079

HENRICH, Das internationale Eherecht nach der Reform, FamRZ 1986, 841

ders, Zur Berücksichtigung der ausländischen Rechtshängigkeit von Privatscheidungen, IPRax 1995, 86

JAYME, Fragen der internationalen Verbundszuständigkeit, IPRax 1984, 121

ders, Das neue IPR-Gesetz – Brennpunkte der Reform, IPRax 1986, 265

ders, Internationales Familienrecht heute, in: FS Müller-Freienfels (1986) 341

M KILIAN, Aktuelle Probleme der internationalen Zuständigkeit in Ehesachen § 606a ZPO, IPRax 1995, 9

KÜHNE, Das internationale Personen- und Eherecht im Regierungsentwurf des Gesetzes zur Neuregelung des IPR, StAZ 1984, 3

LASS, Der Flüchtling im deutschen IPR (1995)

LEIPOLD, Lex fori, Souveränität, Discovery: Grundfragen des Internationalen Zivilprozeßrechts (1989)

LÜDERITZ, Die Ehescheidung nach dem Gesetz

zur Neuregelung des Internationalen Privatrechts, IPRax 1987, 74
Mansel, Zu Auslegungsproblemen des IPR-Reformgesetzes, StAZ 1986, 315
Max-Planck-Institut für Ausländisches und Internationales Privatrecht, Kodifikation des deutschen Internationalen Privatrechts Stellungnahme zum Regierungsentwurf von 1983, RabelsZ 47 (1983) 595
Neuhaus, Um die Reform des deutschen Internationalen Personen-, Familien- und Erbrechts, FamRZ 1981, 741
Otte, Umfassende Streitentscheidung durch Beachtung von Sachzusammenhängen (1998)
Pfeiffer, Internationale Zuständigkeit und prozessuale Gerechtigkeit (1995)
Pirrung, Der Regierungsentwurf eines Gesetzes zur Regelung des IPR, IPRax 1983, 201
Rausch, Internationales Privatrecht in der familiengerichtlichen Praxis, NJW 1994, 188
Rauscher, Jugoslawisches IZPR vor deutschen Gerichten? – Zur Beachtlichkeit ausländischer Rechtshängigkeit, IPRax 1992, 14
ders, Rechtshängigkeitseinwand bei belgischen Parallelverfahren, IPRax 1994, 188
Rimmelspacher, Die internationale Zuständigkeit in den zivilprozessualen Rechtsmittelinstanzen, JZ 2004, 894
H Roth, Die Reichweite der lex-fori-Regel im internationalen Zivilprozeßrecht, in: FS Walter Stree und Johannes Wessels (1993) 1045
Schnorr, Grenzüberschreitende Familienverfahren in der Praxis, eine empirische Untersuchung IPRax 1994, 340
Jochen Schröder, Internationale Zuständigkeit (1960)
Spellenberg, Internationale Zuständigkeit, JA 1978, 1
ders, Die Neuregelung der internationalen Zuständigkeit in Ehesachen, IPRax 1988, 1
Südmeier, Öffentliche Klagezustellung an den Antragsgegner und deutsche internationale Zuständigkeit nach § 606a Abs 1 Nr 4 ZPO (1992)
Walchshöfer, Die deutsche internationale Zuständigkeit in der streitigen Gerichtsbarkeit, ZZP 80 (1967) 165.

Systematische Übersicht

Alphabetische Übersicht

I. Allgemeines

Zum Anwendungsbereich von § 606a ZPO vgl Vorbem 5 ff zu §§ 606a, 328 ZPO.

1. Internationale Zuständigkeit

a) Begriff

In Fällen mit Auslandsberührung hat der Richter neben der örtlichen und sachlichen Zuständigkeit auch zu prüfen, ob für die Sache überhaupt ein deutsches Gericht zuständig ist. Nach nunmehr gefestigter Auffassung und gefestigtem Sprachgebrauch spricht man hier von internationaler Zuständigkeit und unterscheidet sie von der deutschen Gerichtsbarkeit (Rosenberg/Schwab/Gottwald, ZPR § 9 Rn 1, § 31 Rn 1; Heldrich, Internationale Zuständigkeit und anwendbares Recht 69 ff; BGH 14. 6. 1965 BGHZ 44, 46 ff; dazu Vorbem 14 ff zu §§ 606a, 328 ZPO). Welches deutsche Gericht konkret zuständig ist und welcher Rechtsweg einzuschlagen ist, interessiert hier noch nicht. 1

b) Verhältnis zur örtlichen Zuständigkeit

Regelmäßig läuft nach der ZPO die internationale Zuständigkeit mit der örtlichen dergestalt parallel, daß auch jene gegeben ist, wenn die Voraussetzungen der örtlichen Zuständigkeit eines bestimmten deutschen Gerichtes vorliegen (vgl schon amtliche Begründung der CPO Hahn-Mugdan, Materialien zur CPO, 399 zu § 544). § 606a ZPO weicht (wie § 35b FGG) von diesem Prinzip ab, indem er **eigene Voraussetzungen** für die internationale Zuständigkeit aufstellt. Während § 606 ZPO für die örtliche Zuständigkeit auf den gewöhnlichen Aufenthalt eines der beiden Ehegatten abstellt, ergibt sich zB für deutsche Staatsangehörige die deutsche internationale Zuständigkeit auch allein schon aus ihrer Staatsangehörigkeit. Eine deutsche Partei kann stets auch in Deutschland klagen und verklagt werden. § 606 Abs 2 ZPO sorgt in der Konsequenz dessen dann dafür, daß eine örtliche Zuständigkeit notfalls in Berlin-Schöneberg bestimmt ist. Die §§ 606 und 606a ZPO sind so ein Beleg für die allgemein anerkannte **eigenständige Bedeutung** der internationalen Zuständigkeit (vgl BGH 14. 6. 1965 BGHZ 44, 46; Schack, IZVR Rn 188; 190). 2

c) Verhältnis zum IPR

Diese Eigenständigkeit rechtfertigt sich vor allem aus ihrer besonderen und im Vergleich zur örtlichen Zuständigkeit größeren Bedeutung. So ist die Notwendigkeit, eventuell im Ausland und nicht nur anderswo im Inland prozessieren zu müssen, nicht nur für die Partei lästiger, sondern die internationale Zuständigkeit hat auch mittelbar Einfluß auf den Ausgang des Verfahrens und den Inhalt der Entscheidung: Die Gerichte wenden stets ihr eigenes (nationales) und von dem anderer Staaten oft verschiedenes IPR an, so daß die Eröffnung einer internationalen Zuständigkeit auch über das **anwendbare Recht** und damit über den Ausgang des Prozesses entscheidet. Die Eröffnung zB einer Heimatzuständigkeit für deutsche Staatsangehörige durch § 606a ZPO, auch wenn sie beide im Ausland leben, sichert dem oder den deutschen Ehegatten über Art 13 und 17 EGBGB die Möglichkeit, ihre Ehe nach deutschem Recht auflösen zu lassen (zum Verhältnis von inter- 3 nationaler Zuständigkeit und anwendbarem Recht vgl BGH 14. 6. 1965 BGHZ 44, 46; BGH 28. 11. 2002 FamRZ 2993, 370; J Schröder, Internationale Zuständigkeit 504; Neuhaus, Grundbegriffe des IPR 409; Niederländer RabelsZ 20, 1 ff; Spellenberg IPRax 1984, 306 ff; Schack, IZVR Rn 214 ff; Heldrich, Internationale Zuständigkeit und anwendbares Recht; Geimer, IZPR Rn 1041 ff). Dies war auch die Absicht des Gesetzgebers (vgl unten Rn 10).

4 Je großzügiger man die eigene internationale Zuständigkeit eröffnet, um so mehr muß man damit rechnen, daß die Kläger auch im Ausland eine **konkurrierende** Zuständigkeit finden und die Wahl des Gerichts nach den Erfolgsaussichten also insbesondere mit Blick auf das von den verschiedenen Gerichten anzuwendende Sachrecht treffen (sog **Forum shopping**; vgl Jasper, Forum shopping in England und Deutschland [1990]; Geimer, IZPR Rn 1095 ff; Siehr, ZfRV 1984, 124; H Roth, IPRax 1984, 183; Kropholler, IPR 533 ff; Schack, IZVR Rn 220 ff). Gerade in Ehesachen beobachtet man einen Wettlauf um das günstigere Forum, weniger im Hinblick auf die Scheidung als auf die Scheidungsfolgen. Dieser mißliche Zustand könnte nur durch eine Vereinheitlichung des IPR behoben werden. Das ist weltweit eine Illusion, sollte aber in Europa möglich sein (vgl Vorbem 144 ff zu Art 1 EheGVO). Und solange die verschiedenen Zuständigkeiten auf vertretbaren Gründen beruhen, ist die **Konkurrenz** von Zuständigkeit, die hier durch die verschiedenen nationalen Regelungen entsteht, auch nicht in jeder Hinsicht schlecht (Siehr ZfRV 1984, 142; Kropholler aaO; Schack, IZVR Rn 222; kritischer Geimer, IZPR Rn 1095 ff). Es muß aber vermieden werden, daß aus den konkurrierenden Zuständigkeiten konkurrierende Entscheidungen folgen, dh die internationale Rechtshängigkeits- und erst recht Rechtskraftsperre ist streng zu beachten (Anh zu § 606a ZPO Rn 3 ff).

5 Es ist deshalb nur konsequent, daß der BGH (BGH 14. 6. 1965 BGHZ 44, 46; BGH 11. 1. 1984 BGHZ 89, 325 = NJW 1984, 1302; BGH 18. 3. 1987 FamRZ 1987, 580; BGH 1. 4. 1987 FamRZ 1987, 793; BH 25. 11. 1993 BGHZ 124, 237 = IPRax 1995, 101 [Gottwald 75]; BGH 28. 11. 2002 FamRZ 2003, 370; weiter u Rn 38) die Rüge der fehlenden internationalen Zuständigkeit unbeschränkt noch in der Revisionsinstanz zuläßt und also § 549 ZPO nicht anwendet. Ganz entsprechend sind auch die Beschränkungen der Rüge der örtlichen Zuständigkeit in der Berufungsinstanz (§ 529 ZPO) hier nicht anzuwenden (Stein/Jonas/Schumann Einl XI F Rn 776 mwN).

6 Während so die internationale Zuständigkeit indirekt über das IPR den Ausgang des Verfahrens festgelegt, bestimmt das IPR umgekehrt auch über die Zuständigkeit. § 606a ZPO ist eine streitgegenstandsabhängige Zuständigkeit. Ob eine Klage eine Ehesache idS ist, hängt von der sachrechtlichen Begründung ab. Problematisch kann im wesentlichen nur die Feststellung sein, ob es um eine „Ehe" geht" (Vorbem 45 ff zu §§ 606a, 328 ZPO). Um das zu entscheiden, muß auf die rechtliche Ausgestaltung durch das Sachrecht abgestellt werden, das nur vom IPR des Gerichts bezeichnet werden kann.

2. Grundlagen

7 Ebensowenig wie beim „internationalen Privatrecht" darf die Bezeichnung „internationale Zuständigkeit" zu dem Irrtum verführen, sie folge aus dem Völkerrecht oder einer anderen internationalen Rechtsquelle. Das **Völkerrecht** regelt nur die Gerichtsbarkeit (Vorbem 18 zu §§ 606a, 328 ZPO). Dagegen ist jeder Staat – zumindest grundsätzlich – frei zu entscheiden, wieweit er seine Gerichte für Streitigkeiten mit Auslandsbezug öffnet. Dem Völkerrecht könnte man vielleicht die Forderung entnehmen, daß kein Staat Ausländern schlechthin den Zugang zu seinen Gerichten verweigern und andererseits seine eigene Zuständigkeit nicht schrankenlos für Angelegenheiten in Anspruch nehmen darf, zu denen er weder räumlich, noch persönlich, noch sachlich irgendeine Beziehung hat, und daß er weiterhin nicht schlechthin die Anerkennung ausländischer Urteile im Inland ausschließen darf (vgl Heldrich, Internationale Zuständigkeit 81, 142; Kralik ZZP 74 [1961] 12; Gottwald, in: FS Habscheid [1989] 119, 130). Jedoch hat man aus diesen Maximen keine konkreten Regeln ableiten können. Jedenfalls hält sich das positive deutsche Recht zweifellos in diesem völkerrechtlichen Rahmen, und wo die genauen Grenzen der deutschen internationalen Zuständigkeit verlaufen, ist autonom und ausschließlich in den einfachen deutschen Gesetzen (der ZPO und dem GVG) geregelt.

Anders ist es natürlich, wenn völkerrechtliche Verträge eingreifen. Das EuGVÜ ist nun durch die EuGVO ersetzt worden, und für Ehesachen gilt vorrangig die Ehe-GVO. Die bilateralen Anerkennungsabkommen regeln nur ausnahmsweise die internationale Entscheidungszuständigkeit, vielmehr idR nur die Anerkennungszuständigkeit. Darum stehen sie der deutschen internationalen Zuständigkeit nicht entgegen (KG 23. 7. 1987 FamRZ 1988, 167). 8

Für den deutschen Gesetzgeber ist Ausgangspunkt der **Justizgewährungsanspruch**, den nicht nur Inländer haben. Er besagt, daß der Staat bei einer hinreichenden Inlandsbeziehung Rechtsschutz gewähren muß. Welcher Art und Intensität die Inlandsbeziehung dafür sein muß, läßt sich allerdings nicht exakt bestimmen. Hier hat der Gesetzgeber auch angesichts des GG erheblichen Spielraum (enger wohl Geimer, IZPR Rn 1947 ff), und dieser ist noch deswegen erheblich weiter, weil es in vielen Fällen auch den Anforderungen genügt, wenn ausländische Entscheidungen anerkannt werden, so daß die Verweigerung inländischer Zuständigkeiten die Parteien letztlich nicht rechtlos stellt (Pfeiffer, Internationale Zuständigkeit und prozessuale Gerechtigkeit 372 f). Soweit der Justizgewährungsanspruch aber reicht, muß der Gesetzgeber entweder das eine oder das andere geben, ist aber bei der Wahl auch nicht ganz frei: Bei stärkerer Inlandsbeziehung muß er die Klage im Inland zulassen und kann die Partei nicht auf Klagen im Ausland verweisen. Es ist jedoch gegen das Interesse des Beklagten abzuwägen, nicht vor für ihn beziehungsarmen Gerichten prozessieren zu müssen. 9

3. Struktur

Wie alle Gerichtsstandsnormen sind auch die der internationalen Zuständigkeit einseitig in dem Sinne, daß das deutsche Gesetz nur die Zuständigkeit der deutschen Gerichte regelt und regeln kann. Es kann und will nicht über die ausländischer Gerichte bestimmen. Das verstieße gegen ausländische Souveränität und wäre in jedem Fall nicht durchsetzbar. Darum ist zB auch eine **Verweisung** mit bindender Wirkung an ein ausländisches Gericht **nicht möglich**. Der ausländische Staat mag von sich aus seine internationale Zuständigkeit eröffnen, doch kann das deutsche Recht ihn dazu nicht zwingen. Die Formulierung in § 328 Nr 1 ZPO ist ungenau. Sie will nur besagen, daß die Anerkennung ausländischer Urteile davon abhängt, daß der Urteilsstaat keine andere oder mehr Zuständigkeit für sich in Anspruch genommen hat als der deutsche in der analogen (umgekehrten) Situation für sich in 10

Anspruch nimmt. Man spricht hier richtig von einer **Anerkennungszuständigkeit** und unterscheidet sie von der **Entscheidungszuständigkeit** (vgl zur Anerkennungszuständigkeit grundlegend GEIMER, Zur Prüfung der Gerichtsbarkeit und der internationalen Zuständigkeit bei der Anerkennung ausländischer Urteile [1966]; FRICKE, Anerkennungszuständigkeit zwischen Spiegelbildgrundsatz und Generalklausel [1990]).

11 Infolge der einseitigen Struktur der Zuständigkeitsnormen in der Welt sind **konkurrierende internationale Zuständigkeiten**, wenn also mehrere Staaten in derselben Sache zuständig sein wollen, ebenso möglich wie Fälle, in denen keine Zuständigkeit zu finden ist. Konkurrierende Zuständigkeiten sind nicht immer von Übel (SCHRÖDER, Internationale Zuständigkeit 140; oben Rn 4), sondern in § 606a Abs 2 ZPO ausdrücklich akzeptiert. Dagegen sollte dem internationalen Zuständigkeitsmangel, um Rechtsverweigerung zu vermeiden, durch eine Notzuständigkeit begegnet werden (vgl Rn 22, 283 ff). Nichts hindert im übrigen die nationalen Gesetzgeber, bei konkurrierender Zuständigkeit eine ausländische **Rechtshängigkeit** ebenso wie eine ausländische **Rechtskraft** als Prozeßhindernis zu beachten, um konkurrierende Urteile zu vermeiden, wie dies das deutsche Recht richtigerweise tut (vgl Anh zu § 606a ZPO Rn 3 ff und Rn 48 ff). Das dürfte auch ein Gebot prozessualer Gerechtigkeit sein. Eine gewisse Harmonisierung der internationalen Zuständigkeiten wäre freilich wünschenswert. Sie ist in erster Linie durch internationale Verträge zu erreichen, da das Völkergewohnheitsrecht hierzu nichts ergibt. Hier gilt nun die EheGVO. Die EuGVO bzw das LugÜ gelten dagegen für Ehesachen iSd §§ 606 f ZPO nicht (Art 1 Abs 2 Nr 1, Art 5 Nr 2 EuGVO/EuGVÜ/LugÜ), wohl aber für Unterhalts- und sonstige Zahlungsklagen. Für Sorgerechtsangelegenheiten geht namentlich das Haager Minderjährigenschutzabkommen und zukünftig das KSÜ vor, soweit sie nicht durch die EheGVO verdrängt werden (Art 60 lit a, 61 EheGVO).

4. Geschichtliche Entwicklung

12 Keine der Vorschriften des internationalen Eherechts hat seit ihrem Inkrafttreten (hier 1877) eine so bewegte Geschichte gehabt wie die heutigen §§ 606 und 606a ZPO (vgl STAUDINGER/SPELLENBERG [1997] §§ 606 ff ZPO Rn 70 ff; STAUDINGER/GAMILLSCHEG[10/11] § 606b ZPO Rn 53 ff mNw). Dabei kann man **drei verschiedene Komplexe** unterscheiden: das Verhältnis von Wohnsitz bzw gewöhnlichem Aufenthalt zur Staatsangehörigkeit als Zuständigkeitsgrund, das Erfordernis der Anerkennung der deutschen Scheidung im Heimatstaat der ausländischen Partei und seit 1949 das Problem der Gleichberechtigung von Mann und Frau. Hierzu sei auf STAUDINGER/SPELLENBERG (1997) §§ 606 ff ZPO Rn 70 ff verwiesen.

5. Grundprinzipien der Regelung*

a) Staatsangehörigkeit und Aufenthalt

13 Mit der Neuregelung **zum 1. 9. 1986** sind nun endgültig die deutsche Staatsangehörigkeit und der gewöhnliche Aufenthalt bei reinen Ausländerehen nebeneinander

* **Schrifttum**: BASEDOW, Die Neuregelung des Internationalen Privat- und Prozeßrechts, NJW 1986, 2971 ff; BÖHMER, Das deutsche Gesetz zur Neuregelung des Internationalen Privatrechts, RabelsZ 50 (1986) 646; DOPFFEL, Die Voraussetzungen der Ehescheidung im neuen Internationalen Privat- und Verfahrensrecht, FamRZ 1987, 1205; GEIMER, Verfassungsrechtliche Vor-

gleichberechtigte Grundlage der deutschen internationalen Zuständigkeit (vgl BT-Drucks 10/504, 89 f), und zwar genügt jetzt die deutsche **Staatsangehörigkeit** eines Ehegatten bei Antragstellung oder bei Heirat (sog **Antrittszuständigkeit**). Hat oder hatte keiner die deutsche Staatsangehörigkeit, so genügt der **gewöhnliche Aufenthalt** eines Ehegatten im Inland, doch darf dann nicht offenbar sein, daß die ehetrennende Entscheidung in keinem der Heimatstaaten anerkannt werden wird. Das Anerkennungserfordernis entfällt, wenn der sich im Inland aufhaltende Ehegatte, sei es der Kläger oder der Beklagte, staatenlos ist. Der Rechtsausschuß verzichtete auf die Anerkennung auch, wenn beide ausländischen Ehegatten ihren gewöhnlichen Aufenthalt im Inland haben, weil damit eine stärkere, genügende Inlandsbeziehung bestehe, und die Gefahr einer hinkenden Ehe relativ gering sei (BT-Drucks 10/5632, 47; vgl Johanssen/Henrich Eherecht § 606a Rn 28 aE). Deren Wahrscheinlichkeit nimmt aber mit der Einschränkung der Anerkennungsprognose zu.

Das **Nebeneinander** einer Heimatzuständigkeit für Deutsche und einer Aufenthaltszuständigkeit für Ausländer entspricht sicher einer langen Entwicklung im deutschen Recht, wobei die Aufenthalts- bzw Wohnsitzzuständigkeit die ältere ist (näher Staudinger/Gamillscheg[10/11] § 606b ZPO Rn 53 ff; Dessauer IPR, Ethik und Politik 55 ff). Für beides finden sich auch jeweils viele Beispiele im Ausland. Seltener ist in der Welt die Kombination beider Kriterien, doch ist sie durchaus nicht ungewöhnlich. 14

b) Heimatzuständigkeit

Ob für im Ausland lebende Deutsche eine **Heimatzuständigkeit** noch nötig und angemessen ist (für Vorrang der Aufenthaltszuständigkeit zB Kropholler, Hdb IZVF Bd I Kap III Rn 447; vgl auch vHoffmann IPRax 1982, 221 bei Fn 55), läßt sich rechtspolitisch diskutieren (R Wagner FamRZ 2003, 803 zum IPR). Sie ist erst im 20. Jahrhundert nach und nach in das Gesetz aufgenommen worden (Dessauer, IPR, Ethik und Politik 55 ff), was mit dem Aufkommen des Staatsangehörigkeitsprinzips seit der 2. Hälfte des 19. Jahrhunderts zusammenhängt (dazu zB Jayme, Pasquale Stanislao Mancini, IPR zwischen risorgimento und praktischer Jurisprudenz [1980]; Mansel, Personalstatut, Staatsangehörigkeit und Effektivität [1988] Rn 4 ff). Das EGBGB hält an ihm für das internationale Familien- und Erbrecht grundsätzlich fest, wenngleich mit mancherlei Modifikationen zugunsten des Aufenthaltsprinzips. Von daher ist es konsequent, ihm auch im Recht der internationalen Zuständigkeit Raum zu geben (zu solchen Zusammenhängen grundsätzlich 15

---

gaben bei der Normierung der internationalen Zuständigkeiten, in: FS Schwind (1993) 17; Gottwald, Deutsche Probleme internationaler Familienverfahren, in: FS Nakamura (1996) 179; Graf, Die internationale Verbundszuständigkeit (1984); Henrich, Das internationale Eherecht nach der Reform, FamRZ 1986, 841, 849; Jayme, Das neue IPR-Gesetz, Brennpunkte der Reform, IPRax 1986, 265; M Kilian, Aktuelle Probleme der internationalen Zuständigkeit in Ehesachen, § 606a ZPO, IPRax 1995, 9; Koch, Das neue IPR, Teil 1; Verschnitt aus mehreren Lagen, JZ 1986, 1102 ff; Lüderitz, Die Ehescheidung nach dem Gesetz zur Neuregelung des Internationalen Privatrechts, IPRax 1987, 74; Mansel, Personenstatut, Staatsangehörigkeit und Effektivität (1988); ders, Zu Auslegungsproblemen des IPR-Reformgesetzes, StAZ 1986, 315 ff; Pirrung, Der Regierungsentwurf zur Neuregelung des Internationalen Privatrechts IPRax 1983, 201; Spellenberg, Die Neuregelung der internationalen Zuständigkeit in Ehesachen, IPRax 1988, 1; Südmeier, § 606 a Abs 1 Nr 4 ZPO: öffentliche Klagezustellung an den Antragsgegner und deutsche internationale Zuständigkeit (1995).

Dessauer 54 ff). Art 2 EheGVO schließt diese Zuständigkeit kraft einseitiger Staatsangehörigkeit nun aber gerade aus und damit praktisch auch weitgehend Art 17 Abs 1 S 2 EGBGB.

16 **Heimatzuständigkeit** gibt im Ausland lebenden Deutschen und selbst ehemaligen Deutschen (Antrittszuständigkeit, o Rn 13) die Möglichkeit, ihren Personenstand im Heimatstaat zu regeln ist ohne Rücksicht darauf, ob die Scheidung etc im Staat ihres neuen Lebensmittelpunktes anerkannt wird. Ebenso haben sie grundsätzlich eine Heimatzuständigkeit als Doppelstaater (unten Rn 80). So kann die Heimatzuständigkeit durchaus eine **Heimatzuflucht** sein (Heldrich, Int Zuständigkeit und anwendbares Recht 89, 108, 176 Fn 21). Rechtspolitisch ist diese Heimatzuständigkeit nicht über alle Zweifel erhaben, aber so hat der Gesetzgeber 1986 entschieden. (So hat sich zB ein einschränkender Reformvorschlag von Staudinger/Gamillscheg[10/11] § 606b ZPO Rn 37 ff nicht durchgesetzt.) Im großen und ganzen läßt sich diese Entscheidung damit begründen, daß die Menschen gewöhnlich noch immer mit ihrem Heimatstaat verbunden bleiben, auch wenn sie im Ausland ihren gewöhnlichen Aufenthalt, dh ihren Lebensmittelpunkt haben. Die Ausrichtung ihrer Lebensverhältnisse auf ihren neuen Aufenthaltsstaat bedeutet nicht notwendig den Abbruch vergleichbarer Beziehungen zum Heimatstaat (weiter bei Art 3 EheGVO Rn 9 ff). Dies läßt sich mit einigen Bedenken selbst für den Fall vertreten, daß diese Personen eine zusätzliche ausländische Staatsangehörigkeit erworben haben (zu den verfassungsrechtlichen Bedenken namentlich Geimer, in: FS Schwind [1993] 17 ff). Die deutsche Staatsangehörigkeit neben einer ausländischen darf aber nicht ganz ineffektiv sein (Rn 83 ff).

17 Da nach § 606a ZPO aber nicht nur der deutsche Ehegatte in Deutschland klagen kann, sondern auch der andere ggf nicht deutsche, gewährt die Regelung nicht nur eine Heimatzuflucht im engeren Sinne (zutr Geimer, IZPR Rn 1949 f). Wenn der Gesetzgeber den deutschen Ehegatten immer erlaubt, „zu Hause" zu klagen, so kann er keine Bedenken dagegen haben, wenn sie dort verklagt werden. Die so dem anderen Ehegatten zu gewährende Zuständigkeitsgleichheit folgt der Heimatzuflucht für den deutschen Partner. Zwingend wäre sie nicht.

18 Die **Heimatzuständigkeit** und namentlich die auf eine deutsche Staatsangehörigkeit bei Eheschließung gegründete **Antrittszuständigkeit** sichern in der Folge den ehemals deutschen Staatsangehörigen den Zugang zu deutschem Kollisionsrecht und damit zu deutschem Scheidungsrecht: Wenn nicht schon nach Art 17 Abs 1 S 1 mit Art 14 Abs 1 Nr 1 und 2 EGBGB deutsches Recht gilt, so hilft dem **die Scheidung begehrenden** deutschen oder ehemals bei Heirat deutschen Ehegatten Art 17 Abs 1 S 2 EGBGB. Das bedeutet, daß zumindest vor deutschen Gerichten der bei Heirat deutsche Ehegatte auch nach einem Staatsangehörigkeitswechsel immer auf deutsches Scheidungsrecht zurückgreifen kann (Antrittsstatut) und also nicht stärker als nach deutschem Recht gebunden wird (vgl amtl Begründung zur CPO von 1898, Materialien zur CPO, 1898, Beilage zur ZZP 24 [1898] 297 f; G Wagner IPRax 2000, 512 ff; weiter zu diesem Zweck der internationalen Zuständigkeit Dessauer aaO 188 ff; zur Frage, ob die Regel allseitig gelesen werden sollte, verneinend Staudinger/Mankowski [2003] Art 17 EGBGB Rn 181, Kersting FamRZ 1992, 273 f; bejahend Soergel/Schurig Art 17 EGBGB Rn 32). Es ist zu billigen, daß dann dieser Schutz nicht nur gewährt wird, wenn die Partei die deutsche Staatsangehörigkeit im Zusammenhang mit der Eheschließung verliert, sondern auch, wenn dies erst später aus anderen Gründen geschieht (anders aber Lauterbach

[Hrsg], Vorschläge und Gutachten zur Reform des deutschen internationalen Eherechts [1962] 29 ff = RabelsZ 25 [1960] 339 ff). Zur begrenzten Gleichstellung von Flüchtlingen mit deutschen Staatsangehörigen unten Rn 92 ff.

Obwohl die amtliche Begründung die Parallele zwischen § 606a Nr 1 ZPO und Art 17 Abs 1 S 2 EGBGB zieht (BT-Drucks 10/504, 90), ist der Gleichlauf nicht vollkommen. Denn während Art 17 Abs 1 S 2 EGBGB das deutsche Scheidungsrecht nur dem die **Scheidung begehrenden** deutschen oder bei Heirat deutschen Ehegatten garantiert, enthält § 606a Nr 2 ZPO eine solche Beschränkung wegen der Zuständigkeitsgleichheit nicht. Auch der ausländische Ehegatte eines ehemals Deutschen kann in Deutschland klagen. 19

c) Aufenthaltszuständigkeit

Ein Staat wie Deutschland mit rund 8 Mio ausländischen Bürgern tut sicher gut daran, ihnen die Regelung ihrer Statusverhältnisse hier zu erlauben, wo viele von ihnen ihren Lebensmittelpunkt haben. Dies bedeutet nicht, daß die Regelung ganz ihrem Heimatrecht entzogen würde, vielmehr ist ja nach Art 13 und 17 EGBGB in erster Linie nach diesem Recht zu entscheiden. Zwar bietet das Abstellen auf den **gewöhnlichen Aufenthalt** gewisse Möglichkeiten der Zuständigkeitserschleichung (BT-Drucks aaO), indem ein solcher vorgetäuscht wird, das nötigt aber nicht, darauf zu verzichten. Man muß vielmehr ausreichende Sorgfalt auf die Feststellung der entsprechenden Tatbestandsmerkmale legen (dazu Art 3 EheGVO Rn 12, 38 ff). Zudem ist die deutsche Zuständigkeit nicht ausschließlich, so daß Urteile aus dem Heimatstaat der Ausländer anerkannt werden können (§ 606a Abs 1 S 2 ZPO). 20

Der schlichte Aufenthalt soll freilich zu Recht nicht genügen, denn dieser böte nicht nur der Zuständigkeitserschleichung weit offene Türen, sondern vor allem fehlt mit dem inländischen Lebensmittelpunkt das Bedürfnis, die Statusverhältnisse hier zu regeln. Gegenüber dem Wohnsitz hat der gewöhnliche Aufenthalt den Vorteil, bei Auseinanderfallen den tatsächlichen Lebensmittelpunkt und die soziale **Umwelt** besser zu bezeichnen. Meist freilich fallen beide zusammen. Auch daß der gewöhnliche Aufenthalt nur eines Ehegatten im Inland genügt, ist grundsätzlich zu billigen, denn für jeden Ehegatten besteht das Bedürfnis einer Regelung seiner Ehe in seiner sozialen Umwelt. Damit entsteht freilich gegebenenfalls ein **Klägergerichtsstand** und uU die Gefahr einer Begünstigung des Ehegatten, der als erster bei sich zu Hause klagt. Das Gesetz nimmt letzteres in Kauf. Art 5 Abs 1 lit a 5. und 6. Str EheGVO verlangen vernünftigerweise eine Mindestdauer gewöhnlichen Aufenthalts im Inland. Damit läßt **Art 5 Abs 1 EheGVO** dem **§ 606a ZPO** einen zeitlich begrenzten Anwendungsbereich. Die Zuständigkeit der EheGVO ist unabhängig von der Staatsangehörigkeit. Klagt ein Angehöriger eines Mitgliedstaates der EheGVO in Deutschland bevor er sechs Monate hier seinen gewöhnlichen Aufenthalt gehabt hat oder ein Drittstaatsangehöriger vor Ablauf von 12 Monaten, so gilt gem Art 7 Abs 2 (Art 8 aF) EheGVO § 606a ZPO (vgl Art 7 EheGVO Rn 15 f). Klagt er später, gilt nur noch Art 3 (Art 2 aF) EheGVO. Rechtspolitisch ist das nicht einleuchtend. 21

d) Anerkennungserfordernis

Im Anerkennungserfordernis kommt zum Ausdruck, daß der **Heimatstaat** der oder des jeweiligen Ehegatten **in erster Linie** zur Regelung des Status berufen sei oder daß wenigstens nicht im Gegensatz zu ihm gehandelt werden soll (Grundmann NJW 22

1986, 2166 f), weil keine sehr starke Beziehung zum Urteilsstaat besteht. Es verstärkt damit die Anknüpfung in Art 13 und 17 mit 14 EGBGB und erzeugt eine gewisse Übereinstimmung mit dem Heimatstaat gerade dann, wenn die Scheidung nicht an die Staatsangehörigkeit angeknüpft wird. Das ist eine wertende Entscheidung des Gesetzgebers, die vielleicht nicht zwingend erforderlich war, die aber bei dem verbreiteten Festhalten am Staatsangehörigkeitsprinzip in der Welt für eine Aufenthaltszuständigkeit vertretbar ist (**aA** Geimer, IZPR Rn 1954 f; Kropholler, in: Hdb IZPR I Kap III Rn 447, dagegen amtl Begr BT-Drucks 10/504, 90; Rechtsausschuß BT-Drucks 10/5632, 36, 47). Sie verringert hinkende Scheidungen und damit hinkende neue Ehen (amtl Begr BT-Drucks 10/504 S 90; Stein/Jonas/Schlosser Rn 18; **aA** Wieczorek/Becker/Eberhard Rn 51, 55; für einen anderen Weg Gottwald IPRax 1984, 57, 59). Das Dictum von G Holleaux, viele lebten ganz bequem in hinkenden Personenstandsverhältnissen (FamRZ 1963, 637), trifft eigentlich so nur zu, solange beide Eheleute im **Urteilsland** bleiben; gerade im Zusammenhang mit der Scheidung kommt es aber häufig zu (Rück-)Wanderungen. Man darf idR eine gewisse Heimatbindung bei den Parteien annehmen. Eine Justizverweigerung liegt in dieser Beschränkung der internationalen Zuständigkeit grundsätzlich nicht. Freilich wird man eine deutsche **Notzuständigkeit** eröffnen müssen, wenn die Parteien weder in ihrem Heimatstaat noch in einem anderen Land, dessen Urteil der Heimatstaat anerkennt, ein Forum finden (Linke, IZPR Rn 205, näher unten 283 ff).

23 Das Argument (Geimer FamRZ 1980, 789 ff; BT-Drucks 10/5632, 47; BR-Drucks 222/83, 13), durch Aufgabe oder Abschwächung des Anerkennungserfordernisses werde den Gerichten Arbeit erspart, weil die Prognose schwierig ist, überzeugt nicht, denn mit dieser Erweiterung der deutschen internationalen Zuständigkeit kommt auf die Gerichte mehr Arbeit zu, zumal auch noch die Scheidungsfolgen mitzuregeln sind, und gerade bei Ausländerehen wird in der Sache gewöhnlich ausländisches Eherecht anzuwenden und zu ermitteln sein (zutr amtl Begr BT-Drucks 10/504 S 90).

24 Die Regelung ist **nicht** deshalb **verfassungswidrig**, weil sie die Ausländer aus einem anerkennungsbereiten Heimatstaat und die aus einem nicht anerkennungsbereiten hinsichtlich ihres Justizgewährungsanspruches ungleich behandelt (so aber Geimer, IZPR Rn 1954; Zöller/Geimer § 606a Rn 53; zur Verfassungswidrigkeit des alten § 606b BVerfG BVerfG 3. 12. 1985 NJW 86, 658 = FamRZ 1987, 793; Stein/Jonas/Schlosser § 606a Rn 17). Streiten kann man nur über die rechtspolitische Berechtigung der Regelung. Sie kann darin gesehen werden, daß das Anerkennungserfordernis die Schwäche einer Zuständigkeitsbegründung durch den inländischen Aufenthalt nur eines Ehegatten ausgleichen soll. In dieser Situation hat eine inländische Personenstandsregelung normalerweise sofort erhebliche Auswirkungen im Ausland, wo der andere Ehegatte seinen Lebensmittelpunkt hat. Zwar muß das nicht unbedingt auch sein Heimatstaat sein, doch der Gesetzgeber hat hier zulässig vereinfacht und die Anerkennung nur durch den Heimatstaat verlangt, mit dem typischerweise die engsten Beziehungen bestehen.

25 Freilich erscheint es einigermaßen **willkürlich** und läßt sich nur als praktischen Kompromiß verstehen (vgl BT-Drucks 10/5632, 47), daß die Übereinstimmung nur mit einem der beiden Heimatstaaten hergestellt bzw das Hinken der Scheidung vermieden werden soll, und daß dies auch nur dann geschieht, wenn die Verweigerung der Anerkennung offensichtlich ist (dazu näher unten Rn 185 ff). Die einzige andere ebenfalls gleichberechtigungskonforme Alternative, bei gemischtnationaler Ausländerehe die Anerkennung von beiden Heimatstaaten zu fordern, hätte nach Ansicht des Gesetzgebers die Scheidung zu sehr erschwert (nachdrücklich THÜMMEL NJW 1985, 523, 526). Nicht nötig erscheint es jedenfalls, nur zu scheiden, wenn auch im Heimatstaat geschieden würde. Es genügt, daß dieser Staat die deutsche Scheidung anerkennen wird.

Der Vorschlag, nicht auf den Heimatstaat abzustellen, sondern die Anerkennung durch das nach Art 17 EGBGB bestimmte Scheidungsstatut zu verlangen (THÜMMEL aaO; ähnlich ZÖLLER/GEIMER § 606a Rn 58; DESSAUER, Internationales Privatrecht, Ethik und Politik [Bd 2] 853 ff; WIECZOREK/BECKER-EBERHARD § 606a Rn 54), hat sich nicht durchgesetzt. Er hätte auch der Wertung des Gesetzes widersprochen, daß in erster Linie an die Staatsangehörigkeit anzuknüpfen sei (Art 17 Abs 1 mit Art 14 Abs 1 Nr 1 EGBGB), so daß Übereinstimmung vor allem mit diesem Staat zu suchen ist. 26

6. Keine ausschließliche Zuständigkeit

Wie schon zT vor 1986 sind diese internationalen Zuständigkeiten nicht **ausschließlich** (§ 606a Abs 1 S 2 ZPO). Der Gesetzgeber war der Meinung, daß es den Rechtsschutzinteressen der Parteien und Beteiligten besser entspreche, auch die internationale Zuständigkeit anderer Staaten anzuerkennen (BT-Drucks 10/504, 89). Dies liegt schon in der Konsequenz der gleichrangigen Anknüpfung der internationalen Zuständigkeit an gewöhnlichem Aufenthalt und Staatsangehörigkeit, wonach damit zu rechnen ist, daß Ausländer auch eine Heimatzuständigkeit haben und Deutsche auch im Ausland eine Aufenthaltszuständigkeit finden können. 27

Für die weiteren Familiensachen im Scheidungsverbund soll § 621 Abs 2 S 1 ZPO nach Auskunft der amtl Begr klarstellen, daß die damit zugleich implizit anerkannte internationale Wirkung des Scheidungsverbundes auch keine ausschließliche internationale Zuständigkeit sei (BT-Drucks 10/504 S 90). Für den entscheidenden deutschen Familienrichter ist dies ohne Bedeutung, besagt vielmehr nur, daß die Anerkennung ausländischer Eheurteile nie gem § 328 Abs 1 S 1 Nr 1 ZPO wegen einer inländischen ausschließlichen Zuständigkeit ausgeschlossen ist. Über eine Zuständigkeit ausländischer Gerichte könnte das deutsche Recht ohnehin nicht bestimmen. 28

Nach früherem Recht war die internationale Zuständigkeit des § 606 ZPO grundsätzlich ausschließlich, doch enthielt § 606a ZPO aF einige Ausnahmen, in denen dennoch ein ausländisches Eheurteil anzuerkennen war (näher zu dieser Regelung STAUDINGER/GAMILLSCHEG[10/11] § 328 Rn 118 ff; kritisch auch J SCHRÖDER, Internationale Zuständigkeit, 687; ZÖLLER/GEIMER, ZPO [14. Aufl 1984] § 606a Rn 13 ff). Hier hat 1986 eine wesentliche Änderung gebracht. 29

7. Zwingende Regelung

Jedoch ist § 606a ZPO nach wie vor zwingendes Recht. Die Parteien können nach hM weder eine deutsche Zuständigkeit **ausschließen** (derogieren), noch eine solche **prorogieren** und auch nicht durch **rügelose Einlassung** begründen (§ 40 Abs 2 ZPO m §§ 23 Nr 2, 23a GVG). § 606a Abs 1 S 2 ZPO soll dies nicht ändern. Der Ausschluß 30 der Prorogation auf ein deutsches Gericht ist heute wohl anerkannt (Zöller/Geimer, ZPO § 606a Rn 87). Die **Derogation** dagegen wird in unterschiedlichem Umfang von manchen für zulässig gehalten (Walchshöfer ZZP 80 [1967] 213 f hinsichtlich der Aufenthalts- wie der Staatsangehörigkeitszuständigkeit; Zöller/Geimer Rn 86 hinsichtlich der Antrittszuständigkeit), ist aber ebenfalls abzulehnen (MünchKomm-ZPO/Bernreuther § 606a Rn 170; Stein/Jonas/Schlosser § 606a Rn 7; Habscheid, in: FS Schima [1969] 175 ff).

8. Das Verhältnis der einzelnen Zuständigkeiten zueinander

a) Alternativität

31 Neben der Zuständigkeit kraft deutscher Staatsangehörigkeit mindestens eines Ehegatten steht gleichberechtigt die kraft inländischen gewöhnlichen Aufenthalts, wenn beide ihn hier haben. Und anders als früher, als die Anerkennungsprognose nötig wurde, wenn keiner Deutscher war, ist nun nach Nr 2 diese internationale Zuständigkeit ohne weiteres gegeben. Der inländische gewöhnliche Aufenthalt selbst nur einer Partei genügt dagegen unter der zusätzlichen Voraussetzung der voraussichtlichen Anerkennung im Heimatstaat.

32 Den deutschen Staatsangehörigen stehen Statusdeutsche und Flüchtlinge gleich, doch letztere nur, wenn sie im Inland leben. Hat nur eine Partei ihren gewöhnlichen Aufenthalt hier, müssen die Staatsangehörigkeitsverhältnisse geklärt werden, weil die Anerkennungsprognose nur entfällt, wenn eine Partei die deutsche Staatsangehörigkeit hat oder die mit dem inländischen Aufenthalt staatenlos ist. Ist die Staatsangehörigkeit einer Partei bekannt und mit der Anerkennung des deutschen Urteils in diesem Staat zu rechnen, so kann allerdings die Staatsangehörigkeit der anderen Partei dahinstehen. Die Feststellung der Staatsangehörigkeit ist freilich ohnehin spätestens für die international-privatrechtliche Anknüpfung nötig (Art 13, 14 mit 17 EGBGB), so daß das Gericht praktisch nur dann Arbeit spart, wenn die Klage als unzulässig abzuweisen wäre.

33 Es ist leicht möglich, daß die Voraussetzungen **mehrerer Nummern** des § 606a Abs 1 S 1 ZPO erfüllt sind, zB wenn beide Ehegatten im Inland leben und einer von ihnen die deutsche Staatsangehörigkeit besitzt oder staatenlos ist. Der Richter kann den Zuständigkeitsgrund frei **wählen**. Das Vorliegen einer der anderen Alternativen des Abs 1 kann dahinstehen Rahm/Künkel/Breuer VIII Rn 140; **aA** wohl AG Mainz 12. 6. 1991 IPRax 1991, 422). Für die Klageabweisung müssen natürlich alle Alternativen geprüft werden und darf keine bejaht werden können.

b) Wahlfeststellung*

34 Die internationale Zuständigkeit ist in jeder Lage des Verfahrens von Amts wegen zu prüfen, und wenn sie nicht bejaht werden kann, ist die Klage als unzulässig abzuweisen. In diesem Sinne trägt der Kläger die objektive Beweislast. Zwischen den einzelnen möglichen Zuständigkeitsgründen ist uU auch eine **Wahlfeststellung** zulässig (Rahm/Künkel/Breuer VIII Rn 140), wenn sicher ist, daß jedenfalls (wenigstens) einer vorliegt. Sowohl die Feststellung der deutschen Staatsangehörigkeit als

* **Schrifttum**: Schumann, Internationale Zuständigkeit: Besonderheiten, Wahlfeststellung, doppelrelevante Tatsachen, in: FS Nagel (1987) 402; Gottwald, Anerkennungszuständigkeit und doppelrelevante Tatsachen, IPRax 1995, 75.

auch des inländischen gewöhnlichen Aufenthalts oder die Anerkennungsprognose können im konkreten Fall schwierig sein.

Freilich sind Situationen einer Wahlfeststellung nicht sehr häufig, denn es muß sicher sein, daß der eine oder andere Zuständigkeitsgrund vorliegt, ohne daß gesagt werden könnte, welcher. Kann auch nur einer positiv bejaht werden, käme es nicht zur Wahlfeststellung. Denkbar ist jedoch zB, daß sicher ist, daß der im Inland lebende Ehegatte Deutscher oder staatenlos ist oder als Flüchtling einem Deutschen gleichsteht. Gleiches gilt, wenn der im Ausland Lebende entweder Deutscher ist oder einem Staat angehört, der die Entscheidung anerkennen würde. Eine echte Wahlfeststellung ist dagegen nicht möglich zwischen Staatsangehörigkeit und inländischem gewöhnlichen Aufenthalt. Wenn beispielsweise der inländische gewöhnliche Aufenthalt nur einer Partei sicher festgestellt werden kann, und die Anerkennung in einem der Heimatstaaten der beiden Ausländer zu erwarten ist, ist die Zuständigkeit nach Nr 4 erwiesen und Nr 2 kann dahinstehen. Aber es handelt sich eben nicht darum, daß das eine oder andere vorliegen muß, ohne daß gesagt werden könnte, welches. Die beiden Tatbestandselemente haben nichts miteinander zu tun; ebenso kann nicht offenbleiben, ob eine Partei Deutscher ist oder beide inländischen gewöhnlichen Aufenthalt haben. Es muß das eine oder andere festgestellt werden. 35

Zu einer negativen Wahlfeststellung besteht allerdings nur Anlaß, wo das Gesetz in Umkehrung der normalen Beweislastverteilung (dazu Rn 44 ff) nicht die positive Feststellung der Zuständigkeitsvoraussetzungen verlangt. Denn sonst wird man die Feststellung treffen können und müssen, daß diese Voraussetzungen eben nicht erwiesen sind. Eine Beweislastumkehr enthält nun jedoch Abs 1 Nr 4 für die Anerkennungsprognose. Nicht nur wenn feststeht, daß die Anerkennung aus dem einen oder dem anderen Grunde vom fremden Recht verweigert wird, ohne daß entschieden werden kann, welcher in casu dort durchgreift, sondern namentlich auch, wenn unklar bleibt, ob die Partei dem einen oder anderen ausländischen Staat angehört, die aber beide die Anerkennung verweigern, ist die Zuständigkeit zu verneinen. 36

9. Prüfung

a) Von Amts wegen

Die internationale Zuständigkeit ist in jeder Lage des Verfahrens **von Amts wegen** zu prüfen (FamRZ 1983, 1215 = IPRax 1985, 162 N[Filios/Henrich 150]; BGH 21. 11. 1996 BGHZ 134, 127, 129 f; für Anerkennungszuständigkeit; BGH 25. 11. 1993 BGHZ 124, 237 = IPRax 1995, 101 [Gottwald 75] unstr). Daher gibt es grundsätzlich keine subjektive Beweisführungslast außer hinsichtlich der Anerkennungsprognose (dazu näher Rn 49 ff). 37

b) Rechtsmittelinstanz

Zwar spricht die ersatzlose Streichung des § 551 Nr 4 ZPO aF, wonach die Verfehlung nur der internationalen Zuständigkeit ein absoluter **Revisionsgrund** war, dafür, daß der Reformgesetzgeber diese mit der sachlichen und örtlichen Zuständigkeit auf eine Ebene stellen wollte, doch verkennt das den fundamentalen Unterschied, den der gemeinsame Senat des BGH (14. 6. 1965 BGHZ 44, 46; BGH 21. 9. 1983 NJW 1984, 1305 = FamRZ 1983, 1215 = IPRax 1985, 162 [Filios/Henrich 150]; BGH 25. 11. 1993 BGHZ 124, 237 = IPRax 1995, 101 [Gottwald 75] unstr) herausgestellt hat. Wenn die erste Instanz nur 38 ihre örtliche Zuständigkeit zu Unrecht bejaht hat, so entscheidet sie dennoch in der Sache so wie das wirklich zuständige Gericht. Und hält sie sich zu Unrecht für zuständig, dann würde ein anderes Gericht, insbesondere aufgrund Verweisung nach § 281 ZPO, ebenso entscheiden. Verneint das Gericht aber seine **internationale Zuständigkeit**, dann ist damit eine Klage in Deutschland insgesamt nicht möglich, und das bedeutet eine Verletzung des Anspruchs auf Justizgewährung in Deutschland mit Zugang zum deutschen IPR. Eine Entscheidung mit solcher Bedeutung muß revisibel sein. Die Ratio der Vereinfachung und Beschleunigung für die örtliche und sachliche Zuständigkeit trägt hier nicht, denn von der internationalen Zuständigkeit hängt wegen der national verschiedenen Kollisionsrechte der Ausgang des Verfahrens sachlich ab (BGH 14. 6. 1965 aaO). Aus entsprechenden Gründen muß der in Deutschland nicht gerichtspflichtige Beklagte noch die in der ersten oder zweiten Instanz bejahte internationale Zuständigkeit bestreiten können (BGH 21. 11. 1996 aaO 131). Das ist auch der Standpunkt des Art 17 EheGVO (Art 9 EheGVO aF) (vgl dort Rn 8), mit dem sich die ZPO nicht in Widerspruch setzen sollte (Staudinger IPRax 2001, 300). Die letztlich auf dem Justizgewährungsanspruch beruhenden Argumente gelten im Verhältnis zu außereuropäischen Ländern noch mehr als innerhalb Europas. Mit Recht hat daher der BGH (28. 11. 2002 BGHZ 153, 82 = NJW 2003, 426 = FamRZ 2003, 370) entschieden, daß § 545 Abs 2 ZPO nicht die internationale Zuständigkeit erfassen solle und könne; (weiter BGH 20. 11. 2003 NJW-RR 2004, 497; 4. 5. 2004 NJW 2004, 1652; 16. 11. 2003 NJW 2003, 3620; 30. 4. 2003 NJW-RR 2003, 1582; 11. 7. 2003 NJW 2003, 2830; 27. 5. 2003 NJW 2003, 2916; 25. 4. 2004 BB 2004, 853; ebenso Geimer IZPR Rn 1008 f, 1855; Staudinger/Lauterbach/Albers § 45 Rn 17; krit de lege lata Rimmelspacher JZ 2004, 894 ff). Entsprechend muß auch die Rüge in der **Berufung** trotz § 513 Abs 2 ZPO zulässig sein, daß die erste Instanz ihre internationale Zuständigkeit zu Unrecht bejaht habe (Zöller/Gummer ZPO § 513 Rn 8). Zu den Fragen für die örtliche und sachliche Zuständigkeit vgl o Rn 2.

39 Prüfung von Amts wegen heißt, daß der Richter seine internationale Zuständigkeit unabhängig davon prüft, welche Partei die relevanten Tatsachen vorträgt. Ggf muß er die Klage abweisen, auch wenn der Beklagte die Mängel der Zulässigkeit nicht rügt. Man muß an sich differenzieren. Wo das Gesetz eine internationale Zuständigkeit auf rügelose Einlassung des Beklagten gründet wie in § 39 ZPO und Art 24 EuGVO (Geimer, IZPR Rn 1816), ist der Richter an einen übereinstimmenden Sachvortrag der Parteien gebunden und kann keine weiteren Beweise verlangen (Schack, IZVR Rn 385 f). In Ehesachen iSd § 606 ZPO ist dies aber nicht der Fall und der Richter muß unabhängig davon, welche Partei vorträgt, die Klage als unzulässig abweisen, wenn er nicht von seiner internationalen Zuständigkeit überzeugt ist (grundlegend Rimmelspacher, Zur Prüfung von Amts wegen im Zivilprozeß 153 ff [1966]).

40 **Doppelrelevante Tatsachen** sind solche, die sowohl für die Zuständigkeit als auch für die Begründetheit der Klage entscheidend sind. Für die sachrechtliche Begründetheit eines eherechtlichen Antrags können die Zuständigkeitsgrundlagen der Staatsangehörigkeit oder des gewöhnlichen Aufenthalts im Inland kaum jemals eine Rolle spielen, wohl aber für die kollisionsrechtliche Anknüpfung nach Art 17 und 14 EGBGB. Nach hM müssen solche Tatsachen für die Zuständigkeit und sonstige Zulässigkeit der Klage nicht bewiesen sein, sondern die schlüssige Behauptung durch den Kläger genügt (BGH 25. 11. 1993 BGHZ 124, 237, 340 = IPRax 1995, 101 [Gottwald 75 f]; Würthwein ZZP 106 [1993] 64 ff; Schack, IZVR Rn 387; Mansel IPRax 1989, 86;

Schumann, in: FS Nagel [1987] 420; wesentlich enger Geimer, IZPR Rn 1825 f). Dem ist aus Gründen der Prozeßökonomie zuzustimmen. Denn andernfalls könnte die Klage zunächst wegen fehlenden Beweises der betreffenden Tatsachen als unzulässig abgewiesen und wiederholt werden, wenn der Kläger wenig später die nötigen Beweismittel zur Verfügung haben sollte. Es ist vielmehr dem Interesse des Beklagten an einem Sachurteil Rechnung zu tragen. Bei Unerweislichkeit der Tatsachen tritt die für die beklagte Partei günstige Rechtskraftwirkung der Klageabweisung nur bei einem Sach- nicht bei einem Prozeßurteil ein. Diese Erwägungen gelten gleichermaßen für das Verhältnis von Sachrecht und Prozeßrecht wie für das von Kollisionsrecht und Prozeßrecht.

Prüfung von Amts wegen bedeutet aber nicht auch Ermittlung von Amts wegen. 41
Der Richter darf darum nicht über den von §§ 355 ff ZPO gesteckten Rahmen hinaus von sich aus Beweise über Tatsachen aufnehmen, wohl aber hat er ausländisches Recht zu ermitteln, das auch für die Zuständigkeit erheblich sein kann (Anh zu § 606a ZPO Rn 91 ff). Von den Parteien angebotene Beweise muß er aufnehmen. Der Unterschied zur Verhandlungsmaxime besteht vor allem darin, daß eine Klageabweisung nicht die Rüge der fehlenden internationalen Zuständigkeit voraussetzt, und namentlich, daß das Gericht, wenn es an seiner Zuständigkeit zweifelt, die Partei, die die Beweislast hat (Rn 44 ff), auffordern muß, die nötigen Tatsachen nachzuweisen. Deren bloße Behauptung zB eines inländischen gewöhnlichen Aufenthalts genügt ebenso wenig wie das Geständnis des Beklagten. Wird der Beweis nicht erbracht, ist die Klage unzulässig (Geimer, IZPR Rn 1816).

c) Reihenfolge der Prüfung

In welcher Reihenfolge die örtliche, sachliche und die internationale Zuständigkeit 42
zu prüfen sind, ist umstritten. Manche sind **gegen jede Reihenfolge***. **Bei denjenigen, die eine Rangordnung** vertreten, besteht über diese freilich keine Einigkeit. Das gilt auch für die Rechtsprechung. Manche wollen die internationale vor der örtlichen (und sachlichen) Zuständigkeit geprüft sehen**. Die internationale Zuständigkeit gehe gewissermaßen **logisch vor**, und jedenfalls sei die Frage wichtiger als die der örtlichen Zuständigkeit. Mindestens aus praktischen Gründen sei es daher geboten,

* **Schrifttum**: Harms ZZP 83 (1970) 167 ff; Rimmelspacher, Zur Prüfung von Amts wegen im Zivilprozeß (1966); Cohn NJW 1969, 992; Kralik ZZP 74 (1961) 36; Schmitz JuS 1976, 443; für die hier interessierenden Fragen auch Einmahl RabelsZ 34 (1970) 763 ff; Kropholler, in: Hdb IZVR I Kap III Rn 236 ff mwN; Stein/Jonas/Schumann, ZPO EinlVII D Rn 325, u Einl XVF, Rn 773; Zöller/Stephan, ZPO Rn 11 vor § 253; Thomas/Putzo, ZPO vor § 253 Rn 14, 18; Baumbach/Lauterbach/Albers vor § 253 Rn 22; Soergel/Kronke Art 38 Anh IV Rn 48; MünchKomm/Winkler von Mohrenfels Art 17 EGBGB Rn 241; H Roth IPRax 1989, 281; Schack, IZVR Rn 390: bar jeder praktischen Relevanz.

** **Schrifttum**: Rosenberg/Schwab, ZPR § 97 Abs 5 5 S 576; Geimer NJW 1974, 1045; Mathies, Die deutsche internationale Zuständigkeit (1955) 63 f; Walchshöfer ZZP 80 (1967) 165, 223; Geimer, IZPR Rn 1841 will nur die Rechtswegzuständigkeit zuerst prüfen; BGH 23. 10. 1979 NJW 1980, 1224 m Anm Schlosser = JZ 1980, 147 m krit Anm Kropholler 532; BGH 17. 9. 1980 FamRZ 1981, 23; BayObLGZ 1957, 213 v 16. 7. 1957 (interlokal); wohl auch BayObLGZ 1962, 39 v 6. 2. 1962 = FamRZ 1962, 480; BayObLGZ 1962, 151 v 19. 4. 1962 = DNotZ 1964, 32; BayObLGZ 1963, 52 v 22. 2. 1963 = DNotZ 1964, 40; OLG Hamburg 11. 9. 1974 RIW/AWD 1975, 498.

daß das angegangene Gericht sogleich darüber entscheide, da damit der Fall erledigt sei und nicht erst ein zweites Gericht, an das etwa nach § 281 ZPO verwiesen werde, dazu entscheide (Cohn NJW 1969, 992). Andere verfahren jedoch gerade **umgekehrt***. Nur ein örtlich zuständiges Gericht sei berufen, über die internationale Zuständigkeit zu entscheiden.

43 **Stellungnahme**: Es geht nicht um die Reihenfolge, in der das Gericht sich seine Gedanken machen oder auch seine Entscheidungsgründe abfassen muß, sondern darum, ob ein – unterstellt – örtlich unzuständiges Gericht die deutsche internationale Zuständigkeit bejahen oder wegen ihres Fehlens abweisen darf. Ein örtlich unzuständiges Gericht müßte sich nun einer solchen Entscheidung dann enthalten, wenn die Parteien ein Recht darauf hätten, daß nur das örtlich oder auch sachlich zuständige Gericht **diese** Entscheidung trifft (so Pohle ZZP 81 [1968] 171). Die ZPO erachtet aber die Eingangsgerichte für gleichwertig und sieht eine Verfehlung der örtlichen und sachlichen Zuständigkeiten nicht als gravierend an (vgl §§ 513 Abs 2, 545 Abs 2 ZPO). Es verneint sogar ein besonderes Parteiinteresse an der Wahrung dieser Zuständigkeiten. Das gilt auch für deren Entscheidung über die internationale Zuständigkeit (vgl BGH 14. 6. 1965 BGHZ 44, 46, 49). Fehlen örtliche und internationale Zuständigkeit, kann man der ersten Instanz erlauben, die Klage wegen fehlender internationaler Zuständigkeit abzuweisen oder an das örtlich zuständige Gericht zu verweisen. Die Berufungsinstanz kann wegen § 513 Abs 2 ZPO nur mehr über die internationale Zuständigkeit entscheiden (o Rn 38).

10. Beweislast

a) Zuständigkeitsgründe

44 Im Bereich der Prüfung von Amts wegen gibt es keine eigentlich subjektive Beweisführungslast, wohl aber eine **objektive Beweislast**. Kann die deutsche internationale Zuständigkeit nicht bejaht werden, so sind nach den allgemeinen Grundsätzen Klage bzw Antrag als unzulässig abzuweisen. In diesem Sinne trägt der Kläger grundsätzlich die objektive Beweislast. Sie geht dahin, daß wenigstens einer der möglichen **Zuständigkeitstatbestände** vorliegt. Dieser ergibt sich entweder aus der deutschen Staatsangehörigkeit und den gleichgestellten Fällen oder aus dem inländischen gewöhnlichen Aufenthalt, wobei bei letzterem noch verschiedene Situationen zu unterscheiden sind (Nr 2–4).

45 Die Auffassung, bei **Nichtfeststellbarkeit** der für die internationale Zuständigkeit vorausgesetzten Umstände sei die deutsche Zuständigkeit zu bejahen (so früher

* KG 16. 2. 1961 FamRZ 1961, 383 m zust Anm Bosch, abl Neuhaus 540; KG 14. 9. 1961 FamRZ 1961, 477, 479; KG 27. 6. 1963 FamRZ 1963, 576; KG 22. 11. 1962 JR 1963, 144; OLG Stuttgart 22. 3. 1962 JR 1963, 421; KG 21. 2. 1966 OLGZ 1966, 321 = FamRZ 1966, 266; OLG Hamm 5. 3. 1966 OLGZ 1966, 354 = FamRZ 1966, 458 (interlokal); OLG Celle 14. 8. 1969 FamRZ 1969, 555; OLG Hamm 3. 12. 1968 OLGZ 1969, 250 = FamRZ 1969, 174 = NJW 1969, 385 m abl Anm Cohn 992: OLG München 17. 11. 1970 Rpfleger 1971, 68; OLG Hamburg 4. 1. 1972 MDR 1972, 421; OLG Hamm 7. 2. 1975 FamRZ 1975, 426 = NJW 1975, 1083; OLG Hamm 26. 10. 1976 OLGZ 1977, 39 = FamRZ 1977, 132; LG München I 25. 11. 1982 IPRax 1984, 318 m Anm Jayme; Jansen, FGG § 1 Rn 134; Keidel, FGG (12. Aufl 1987) Einl Rn 78.

STAUDINGER/GAMILLSCHEG[10/11] § 606b ZPO Rn 201; ähnlich STEIN/JONAS/SCHLOSSER[19] § 606b Anm III Fn 7 a), kann jedenfalls mit dem neuen § 606a ZPO nicht mehr vereinbart werden, denn dieser enthält nun ausdrücklich in Abs 1 S 1 Nr 4 für die Anerkennungsprognose eine **Beweislastumkehr** (Rn 183 ff). Man muß daraus e contrario folgern, daß ansonsten die allgemeine Verteilung der Beweislast **zu Lasten des Klägers** gilt (OLG Düsseldorf 13. 3. 1961 MDR 1961, 695; ROSENBERG/SCHWAB/GOTTWALD, ZPR § 39 Rn 8).

Die deutsche internationale Zuständigkeit beruht auf der deutschen Staatsangehörigkeit oder auf einem gewöhnlichen Aufenthalt im Inland. Kann erstere nicht festgestellt werden, würde letzterer auch genügen. Es genügt aber als Zuständigkeitsgrundlage nicht, wenn die Partei möglicherweise Deutsche ist und ebenso wenig, wenn sie möglicherweise hier ihren gewöhnlichen Aufenthalt hat. Wenn etwa keine Partei ihren gewöhnlichen Aufenthalt im Inland und nur eine möglicherweise die deutsche Staatsangehörigkeit hat, so hilft auch die Vermutung in § 606a Abs 1 S 1 Nr 4 ZPO nicht. Sie betrifft nur die nötige positive Anerkennungsprognose, wenn nur eine Partei im Inland den gewöhnlichen Aufenthalt hat (dazu Rn 49). Dieser muß ebenso wie die deutsche Staatsangehörigkeit nachgewiesen sein. Es handelt sich nicht um eine allgemeine Vermutung der deutschen Zuständigkeit. 46

Art 5 Abs 2 EGBGB sieht für das IPR eine Gleichstellung **unaufklärbarer Staatsangehörigkeit** mit Staatenlosigkeit vor. Sie wäre im IZPR auch nicht analog anwendbar (Rn 82). Auch dann müßte die betr Partei ihren gewöhnlichen Aufenthalt im Inland haben (§ 606a Abs 1 S 1 Nr 3 ZPO). Hat nur diese eine ihn hier, dann entfiele anders, als wenn sie Ausländer wäre, die Anerkennungsprognose, die sonst Nr 4 fordert. Eine vielleicht eher seltene Situation ist die, daß einerseits nicht festzustellen ist, daß die Partei keine Staatsangehörigkeit hat, andererseits aber mehrere ausländische in Frage kommen. So ist es zB, wenn eine Partei eine bestimmte Staatsangehörigkeit hat, aber unaufklärbar bleibt, ob sie diese zugunsten einer anderen gewechselt hat. Ist eine der mehreren Staatsangehörigkeiten nachweislich gegeben, gilt sie und Nr 4, und es ändert nichts, wenn möglicherweise noch eine weitere besteht (in einem ähnlichen Fall hat LG Hamburg 30. 3. 1977 IPRspr 1977 Nr 130 allerdings angenommen, den Verlust der ersten Staatsangehörigkeit nicht feststellen zu können). Hat die Partei mehrere ausländische Staatangehörigkeiten nur möglicherweise, so kann dennoch gesichert sein, daß sie jedenfalls nicht staatenlos ist. Für die Anerkennungsprognose muß das maßgebende Heimatrecht identifiziert werden. Die Frage braucht jedoch nicht entschieden zu werden, wenn alle in Frage kommenden Heimatrechte voraussichtlich das deutsche Urteil anerkennen werden oder wenn sie alle nicht anerkennen werden. Entsprechend ist die Zuständigkeit nach Nr 4 gegeben oder nicht gegeben. Der problematische Fall ist, daß eines der möglichen Heimatrechte das deutsche Urteil anerkennen wird, ein anderes jedoch nicht. Hier muß man sich entscheiden, ob die Anerkennung eines möglichen Heimatstaates genügt oder ob die Anerkennungsverweigerung eines ebenfalls möglichen Heimatstaates die deutsche Zuständigkeit ausschließt. Da § 606a ZPO keine generelle Vermutung der deutschen internationalen Zuständigkeit enthält (Rn 46), wird man letzteres annehmen müssen. Der Zweck der Nr 4 ist, im Verhältnis zum Heimatstaat hinkende Ehescheidungen zu verhindern. Da die Partei möglicherweise einem solchen Staat angehört, kommt es also ggf zu einer hinkenden Scheidung. Praktisch bedeutet das, daß zunächst zu prüfen ist, ob einer der ernsthaft möglichen Heimat- 47 staaten die Scheidung nicht anerkennen würde. Ggf muß die Staatsangehörigkeit ausgeschlossen werden. Eine analoge Anwendung von **Art 5 Abs 2 EGBGB** findet **nicht** statt.

48 Gehört bei einer reinen Ausländerehe die Partei mit inländischem gewöhnlichem Aufenthalt einem nicht anerkennenden Staat an, so würde nach Nr 4 auch genügen, wenn der **Heimatstaat des anderen Ehegatten** die Scheidung anerkennen wird, welcher voraussetzungsgemäß im Ausland sein wird. Ist dieser staatenlos, so wäre für die Anerkennugn gem Art 16 GenfFlKonv auf seinen Aufenthaltsstaat abzustellen. Ist er nicht staatenlos, doch seine Staatsangehörigkeitsverhältnisse ungeklärt, so ist entsprechend die deutsche Zuständigkeit zu verneinen, wenn nur einer der möglichen Heimatstaaten die Anerkennung verweigert.

b) Anerkennungsprognose

49 Für die Beweislast hinsichtlich der Anerkennungsprognose muß man unterscheiden zwischen der Ermittlung des ausländischen Anerkennungsrechts, der Feststellung, auf welchen Staat es ankommt (s soeben) und der Ermittlung der tatsächlichen Voraussetzungen nach dessen Recht. Ist klar, welchem ausländischem Staat die eine oder andere Partei angehört, wenn nur eine ihren gewöhnlichen Aufenthalt im Inland hat, läßt sich aber trotz der gebotenen Ermittlungen (dazu u Rn 182) dessen Anerkennungsrecht nicht aufklären, dann ergibt die Formulierung in Nr 4 „es sei denn", daß die Anerkennung und damit die deutsche internationale Zuständigkeit zu vermuten ist. Dieser Fall der **Unklarheit über** den Inhalt des ausländischen **Anerkennungsrechts** hatten die Väter der neuen Regelung anscheinend allein im Auge. Die Vermutung ist zudem erst widerlegt, wenn die Anerkennungsverweigerung offensichtlich (dazu u Rn 185 ff) ist. Es kann aber auch nach den gebotenen Ermittlungen zwar die ausländische gesetzliche Regelung klar sein, aber unklar bleiben, ob eine **Tatsache** vorliegt, die nach dem ausländischen Anerkennungsrecht für eine Anerkennung vorausgesetzt wird oder diese hindert. Der häufigste Fall könnte die **Anerkennungszuständigkeit** aus der Sicht dieses ausländischen Rechts sein. Es spricht viel dafür, die Beweislastumkehr auch in dieser Situation anzuwenden.

50 Im deutschen Verfahren trägt dies Beweislast für die **ausreichende Zustellung** des Verfahrens eines Schriftstücks der Antragsteller. Bei der Anerkennungsprognose geht es aber um die ausländische Regelung der zukünftigen Anerkennung des deutschen Urteils, die häufig an nicht ausreichender Zustellung scheitern kann. Das deutsche Gericht weiß naturgemäß, welche Zustellung es versucht hat und kennt den Erfolg in der Regel durch das zurücklaufende Zustellungszeugnis (zur Auslandszustellung vgl Art 18 EheGVO Rn 20 ff). Es ist jedoch anhand des ausländischen Rechts der Anerkennung zu prüfen, ob das dafür ausreicht. Im Zweifel über diese Rechtsfrage ist die deutsche internationale Zuständigkeit zu bejahen. Art 15 Abs 2 HZÜ gilt hier allerdings nicht, und wenn ungeklärt bleibt, ob die Auslandszustellung überhaupt erfolgt ist, kann zwar das deutsche Verfahren gem Art 15 Abs 2 HZÜ uU fortgesetzt werden, sofern das HZÜ anzuwenden ist. Wenn aber das ausländische Anerkennungsrecht, wie meist, eine tatsächliche Ladung verlangt, ist die Anerkennung nicht gesichert. Wenn bei Zustellung im Wege der Rechtshilfe der Zustellungsnachweis nicht eingeht, ist als nachgewiesen anzusehen, daß die Zustelung gescheitert und damit auch die Anerkennungsprognose negativ ist.

11. Übergangsrecht

51 Für das Erkenntnisverfahren dürften sich Fragen der intertemporalen Anwendung der Neuregelung der internationalen Zuständigkeit von 1986 heute nicht mehr stellen. Insoweit sei auf STAUDINGER/SPELLENBERG[12] §§ 606 ff ZPO Rn 95 f verwiesen. Das ist anders für die Anerkennung ausländischer Urteile, die vor dem 1. 9. 1986 ergangen sind, denn diese ist fortdauernd von Bedeutung und eine förmliche Anerkennung wird oft erst sehr spät beantragt. Fragen des Übergangs zur EheGVO sind in Art 63 (Art 42 aF) geregelt (weiter dort).

II. Die einzelnen Zuständigkeitsgründe

1. Staatsangehörigkeitszuständigkeit (§ 606a Abs 1 S 1 Nr 1 ZPO)

52 Die deutschen Gerichte sind für alle Ehesachen zuständig, wenn wenigstens einer der Ehegatten die deutsche Staatsangehörigkeit hat oder bei Eheschließung hatte. Zur ratio legis s Rn 15 ff.

53 Klagt der Ehegatte der früheren Ehe oder die Verwaltungsbehörde gegen einen Ehegatten einer **bigamischen** Zweitehe, so ist die internationale Zuständigkeit gegeben, wenn einer der Ehegatten der zweiten Ehe Deutscher ist (BGH 7. 4. 1976 FamRZ 1976, 336; implizit BGH 10. 1. 2001 FamRZ 2001, 991; OLG Karlsruhe 17. 9. 1990 FamRZ 1991, 92).

a) Deutsche Staatsangehörigkeit*

54 Ob jemand Deutscher ist oder war, ergibt das RuStAG vom 22. 7. 1913, zuletzt geändert durch Gesetz vom 15. 7. 1999 (BGBl I 1618). Die Reform erleichtert ua den Erwerb der deutschen Staatsangehörigkeit durch Geburt in Deutschland (zum Gan-

* **Schrifttum**: BEITZKE, Staatenlose, Flüchtlinge und Mehrstaater, in: LAUTERBACH (Hrsg), Vorschläge und Gutachten zur Reform des deutschen internationalen Personen- und Sachenrechts (1972) 143; ders. Das Personalstatut der Doppelstaater, in: Liber Amicorum Adolf F Schnitzer (1970) 19; BLUMENWITZ, Die deutsche Staatsangehörigkeit und die Schutzpflicht der Bundesrepublik Deutschland, in: FS Ferid (1978) 439; FERID, Zur kollisionsrechtlichen Behandlung des Inländers mit zugleich ausländischer Staatsangehörigkeit, RabelsZ 23 (1958) 498 ff; HECKER, Bibliographie zum Staatsangehörigkeitsrecht in Deutschland in Vergangenheit und Gegenwart (1976); MANSEL, Personalstatut, Staatsangehörigkeit und Effektivität (1988); ders, Verfassungsrechtlicher Gleichheitssatz, deutsche Doppelstaater und die Lehre von der effektiven Staatsangehörigkeit im IPR, NJW 1986, 625; vMANGOLDT/SONNENBERGER, Anerkennung der Staatsangehörigkeit und effektive Staatsangehörigkeit natürlicher Personen im Völkerrecht und im internationalen Privatrecht, Bericht der deutschen Gesellschaft für Völkerrecht, Heft 29 (1988); MIKAT, Zur Diskussion um die Lehre vom Vorrang der effektiven Staatsangehörigkeit (1983); SCHOLZ/PITSCHAS, Effektive Staatsangehörigkeit und Grundgesetz, NJW 1984, 2721. Schrifttum zum Staatsangehörigkeitsrecht STAUDINGER/BLUMENWITZ (2003) Anh II zu Art 5 EGBGB. Zur Reform des Staatsangehörigkeitsrechts v 15. 7. 1999: FUCHS, Neues Staatsangehörigkeitsrecht und internationales Privatrecht, NJW 2000, 489; HAILBRONNER, Das neue deutsche Staatsangehörigkeitsrecht, NVWZ 2001, 1329; HELLWIG, Die Staatsangehörigkeit als Anknüpfung im deutschen IPR unter besonderer Berücksichtigung des Gesetzes zur Reform des Staatsangehörigkeitsrechts (Diss jur Würzburg

zen HAILBRONNER NVwZ 2001, 1329 ff). Die Ausstellung von Personalpapieren (Paß, Personalausweis) begründet nicht die deutsche Staatsangehörigkeit. Das gilt auch für eine Staatsangehörigkeitsbescheinigung. Vor allem letztere mag ein starkes Indiz sein, ist aber kein zwingender Beweis der deutschen Staatsangehörigkeit (BVerfG 21. 10. 1987 BVerfGE 77, 138, 147; KG 11. 2. 1983 NJW 1983, 2324; MAKAROV/vMANGOLDT, Deutsches Staatsangehörigkeitsrecht, § 3 RuStAG Rn 11 ff; bedenklich zum Reisepaß KG 27. 6. 2000 FamRZ 2000, 1363 [LS]; 22. 5. 1998 FamRZ 1999, 1129; zu Art 116 Abs 1 GG wie hier OLG Hamm 11. 3. 1993 FamRZ 1994, 573). Wegen der zT diffizilen Staatsangehörigkeitsverhältnisse vom Krieg besonders betroffener Volksgruppen vgl das Gesetz zur Regelung von Fragen der Staatsangehörigkeit v 22. 2. 1955 BGBl I 65 (zuletzt geändert durch Gesetz v 18. 7. 1979, BGBl I 1061 und im einzelnen STAUDINGER/BLUMENWITZ [2003] Anh II zu Art 5 EGBGB Rn 19 ff; HECKER aaO und StAZ 1986, 337 ff). Die deutsche Staatsangehörigkeit konnte auch gemäß dem Staatsangehörigkeitsrecht der ehemaligen DDR erworben werden (STAUDINGER/BLUMENWITZ [2003] Anh II zu Art 5 EGBGB Rn 141 ff).

55 Ein rechtskräftiges **Feststellungsurteil** über die deutsche Staatsangehörigkeit bindet dagegen alle Behörden und Gerichte (BVerwG 21. 5. 1985 StAZ 1986, 139, 141). In engen Grenzen kommt bei Tätigkeit einer Behörde mit Einbürgerungskompetenz auch ein Erwerb der Staatsangehörigkeit durch Vertrauensschutz in Betracht (MAKAROV/vMANGOLDT aaO mNw). Der Besitz einer ausländischen Staatsangehörigkeit steht nicht entgegen, da die Person dennoch die deutsche haben kann (zur Behandlung doppelter Staatsangehörigkeit s Rn 80 ff).

56 Schwierigkeiten machten die in den Jahren 1938–1945 vom Deutschen Reich vorgenommenen **Sammeleinbürgerungen**. Sie sind nach BVerfG 28. 5. 1952 (NJW 1952, 777) nicht schlechthin als unwirksam zu betrachten, bleiben vielmehr für uns jedenfalls dann gültig, wenn der ursprüngliche Staat die Betroffenen nicht mehr als seine Staatsbürger betrachtet und die Person als Deutsche behandeln will (Art 1 Abs 1, 5 Abs 1 S 1 Gesetz zur Regelung von Fragen der Staatsangehörigkeit v 22. 2. 1955 [BGBl I 65], zuletzt geändert 18. 7. 1979 [BGBl I 1061]; näher STAUDINGER/BLUMENWITZ [2003] Anh II zu Art 5 EGBGB Rn 19 ff, 44 ff).

57 Für die Sudetengebiete, das Memelgebiet, Böhmen und Mähren, die Ostgebiete einschließlich Danzig, Untersteiermark, Kärnten und Krain und die Ukraine stellt das 1. StARegG vom 22. 2. 1955 (BGBl I 65), zuletzt geändert am 18. 7. 1979 (BGBl I 1061), die Gültigkeit der Einbürgerungen fest, doch konnten die Betroffenen bis zum Ablauf eines Jahres nach Inkrafttreten des Gesetzes die deutsche Staatsangehörigkeit mit Rückwirkung ausschlagen. Das gilt auch, wenn die Eingebürgerten ihren Wohnsitz oder gewöhnlichen Aufenthalt außerhalb der Grenzen Deutschlands nach dem Stand vom 31. 12. 1937 haben und auch, wenn sie eine weitere Staatsangehörigkeit haben.

58 Für Österreicher bestimmt das 2. StARegG vom 17. 5. 1956 (BGBl I 431 mit Änderung durch Gesetz vom 18. 7. 1979, BGBl I 1061; vgl BGBl III 102–6), daß deren deutsche Staatsangehörigkeit mit Wirkung vom 26. 4. 1945 wieder erloschen ist. Doch konnten die

2000); HORN/SAUERLAND, Die Ermesseneinbürgerung nach dem reformierten Staatsangehörigkeitsrecht insbesondere von Ehegatten deutscher Staatsangehöriger, StAZ 2000, 317; MEIREIS, Das neue deutsche Staatsangehörigkeitsrecht, StAZ 2000, 65.

Betroffenen, wenn sie seit dem 26. 4. 1945 ihren dauernden Aufenthalt im Gebiet des deutschen Reiches nach dem Stand vom 31. 12. 1937 hatten, durch Erklärung mit Wirkung zum 26. 4. 1945 die deutsche Staatsangehörigkeit zurückerwerben. Die Erklärung mußte bis zum 30. 6. 1957 bzw bis zum 31. 12. 1957 abgegeben werden (§ 8). Zwischen 1938 und 1945 bestand demnach allemal eine deutsche Staatsangehörigkeit, was insbesondere für die Antrittszuständigkeit in § 606a Abs 1 S 1 Nr 1 ZPO bedeutsam sein kann.

Für Elsaß-Lothringen und Luxemburg ist nach **AHK-Gesetz Nr 12** v 17. 11. 1949 59
(Abl AHK S 36) iVm BVerfG v 28. 5. 1952 aaO anzunehmen, daß diese Sammeleinbürgerungen von Anfang an unwirksam waren (vgl Note des früheren französischen Hohen Kommissars GMBl 1950, 143; StAZ 1950, 271; 1951, 78 und 171; Schleser, Die deutsche Staatsangehörigkeit, 86).

Bei Eupen, Malmedy und Moresnet gilt dasselbe (Verbalnote des Auswärtigen Amtes an 60
die Königlich-Belgische Botschaft v 25. 1. 1954, BundAnz v 4. 5. 1954 S 1; Schleser 87; OLG Köln 8. 8. 1960 IPRspr 1964/65 Nr 72).

Auch über den **Verlust** der deutschen Staatsangehörigkeit entscheidet allein das 61
deutsche Recht. §§ 18 f StAG sehen eine Entlassung vor. Der Erwerb einer ausländischen Staatsangehörigkeit schadet grundsätzlich nicht; Doppelstaatsangehörigkeit nimmt sogar tendenziell zu durch das Vordringen der Regelung, daß das Kind durch Abstammung die Staatsangehörigkeit von Vater und Mutter erwirbt (vgl § 4 StAG). Der Erwerb einer ausländischen Staatsangehörigkeit bewirkt den Verlust der deutschen nach § 25 StAG nur, wenn die ausländische Staatsangehörigkeit auf Antrag erworben wird. Für Kinder müssen die gesetzlichen Vertreter einen eigenen Antrag gestellt haben (§ 19 StAG; BVerwG 27. 6. 1956 StAZ 1958, 151; 9. 5. 1986 StAZ 1986, 357). Seit dem 1. 1. 1975 verlor ein volljähriger Deutscher die deutsche Staatsangehörigkeit aber selbst bei inländischem Wohnsitz oder dauerndem Aufenthalt, wenn er auf Antrag die Staatsangehörigkeit eines Vertragsstaates des Europarat-Übereinkommens v 6. 5. 1963 über die Verringerung der Mehrstaatigkeit und über die Wehrpflicht von Mehrstaatern (BGBl 1964 II 1953) erwirbt (Vertragsstaaten BGBl Fundstellennachweis B 2003, 499; gekündigt zum 31. 12. 2002). Ausländisches Recht kann an der deutschen Staatsangehörigkeit nach deutschem Recht nichts ändern (BGH 4. 10. 1951 BGHZ 3, 178, 181; BVerfG 28. 5. 1952 NJW 1952, 777). Nur mittelbar kann ausländisches Recht des Staatsangehörigkeitserwerbs bedeutsam werden.

Bürger der ehemaligen DDR wurden vor dem 3. 10. 1990 nicht schlechthin Inlän- 62
dern gleichgestellt (BGH 30. 11. 1987 IPRax 1984, 92). Für das Erkenntnisverfahren spielen diese interlokalen Probleme heute anders als für die Anerkennung ausländischer Urteile keine Rolle mehr (dazu u § 328 ZPO Rn 80 ff).

b) Zivilrechtliche Vorfragen

Die deutsche Staatsangehörigkeit ist als Voraussetzung der internationalen 63
Zuständigkeit von Amts wegen und in jeder Lage des Verfahrens zu **prüfen** wobei natürlich das Gericht das deutsche Staatsangehörigkeitsrecht kennen muß.

Zivilrechtliche Vorfragen der deutschen Staatsangehörigkeit wie namentlich die 64
Abstammung von deutschen Eltern oder deren Ehe sind nach den Regeln des

EGBGB anzuknüpfen (zB VG Darmstadt 9. 8. 1982 StAZ 1984, 44 m Anm vMANGOLDT; BayObLG 7. 12. 1979 BayObLGZ 1979, 405; BVerwG 6. 12. 1983 JZ 1984, 837, 839; OLG Düsseldorf 2. 11. 1998 FamRZ 1999, 328; MünchKomm/SONNENBERGER Einl IPR Rn 528; MAKAROV/vMANGOLDT, Deutsches Staatsangehörigkeitsrecht Einl III Rn 1 ff). Entsprechend ist für die Feststellung einer ausländischen Staatsangehörigkeit das dortige Recht einschließlich seines IPR heranzuziehen (MünchKomm/SONNENBERGER aaO Rn 523).

65 Die Heirat mit einem Deutschen bewirkt nicht mehr automatisch den Erwerb der deutschen Staatsangehörigkeit, sondern gibt einen Anspruch auf erleichterte Einbürgerung. Ebenso ist die Scheidung der Ehe ohne direkten Einfluß auf die deutsche Staatsangehörigkeit. Ähnliche Regelungen kennen viele ausländische Staaten, namentlich die Vertragsstaaten des New Yorker UN-Übereinkommen über die Staatsangehörigkeit verheirateter Frauen vom 20. 2. 1957 (BGBl 1973 II 1250).

c) Zuständigkeitserschleichung

66 Wenn ein Ausländer die deutsche Staatsangehörigkeit nur zur Erschleichung der deutschen internationalen Zuständigkeit erworben hat, wird vertreten, daß das Gericht die Klage abweisen könne (GEIMER, IZPR Rn 1015 in Extremfällen; STAUDINGER/GAMILLSCHEG[10/11] § 606b ZPO Rn 86). Wenn der Ausländer aber die Einbürgerungsvoraussetzungen, insbesondere die der Assimilation (MAKAROV/vMANGOLDT § 8 RuStAG Rn 58), wirklich erfüllt und das Verfahren durchlaufen hat, stehen der Anwendung des § 606a Abs 1 S 1 ZPO keine Bedenken entgegen, unabhängig von den Motiven des Ausländers für den Erwerb der Staatsangehörigkeit. Denkbar ist es natürlich, daß die Einbürgerungsbehörde im Einzelfall falsch entschieden hat; es ist aber nicht zulässig, in Eheverfahren über die Rechtmäßigkeit dieses dennoch bis zu einer eventuell möglichen Rücknahme wirksamen Gestaltungsaktes streiten zu lassen. Im übrigen ist die Gefahr gering, seitdem die Scheidung meist auch im Ausland möglich ist.

d) Statusdeutsche (Art 116 Abs 1 GG)

67 Den deutschen Staatsangehörigen stehen Deutsche iSd Art 116 Abs 1 2. Alt GG gleich. **Art 9 Abs 2 Nr 5 FamRÄndG** vom 11. 8. 1961 (BGBl I 1221): „Soweit im deutschen bürgerlichen Recht die Staatsangehörigkeit einer Person maßgebend ist, stehen den deutschen Staatsangehörigen die Personen gleich, die, ohne die deutsche Staatsangehörigkeit zu besitzen, Deutsche iSd Art 116 Abs 1 des GG sind […].“

68 Der Betroffene muß also erstens deutscher Volkszugehöriger sein und zweitens als Vertriebener oder Flüchtling drittens Aufnahme im ehemaligen Reichsgebiet in den Grenzen vom 1. 12. 1937 gefunden haben. Diese territoriale Grenze ist infolge der Wiedervereinigung und des Zwei-Plus-Vier-Vertrages auf die heutige BRD zu beschränken (STAUDINGER/BLUMENWITZ [2003] Anh IV zu Art 5 EGBGB Rn 15; **aA** MAKAROV/vMANGOLDT, Deutsches Staatsangehörigkeitsrecht Art 116 Rn 52, wonach in den Ostgebieten nach deren Eingliederung in die polnische oder russische Verwaltung aber keine Aufnahme „als Flüchtling“ mehr vorkam). Den Flüchtlingen und Vertriebenen stehen gem § 4 Bundesvertriebenengesetz (BVFG) idF der Neubekanntmachung v 2. 6. 1993 (BGBl I 829) und der Änderung v 26. 5. 1994 (BGBl I 1014, zuletzt geändert durch G v 30. 7. 2004 Art 6, BGBl I 1950) Spätaussiedler gleich. Zu den Tatbeständen der „deutschen Volkszugehörigkeit“, der „Vertriebenen“, „Flüchtlingen“ und „Spätaussiedler“ sind die §§ 1 und 4 und 6 BVFG und auch für die nicht legal definierte „Aufnahme" die speziellen Erläuterungswerke heranzuziehen.

Volksdeutsche Vertriebene ohne deutsche Staatsangehörigkeit stehen Deutschen erst nach ihrer Aufnahme im heutigen Bundesgebiet bzw zuvor in der BRD und DDR gleich. Erst damit entsteht dann auch die Heimatzuständigkeit iSd § 606a Abs 1 S 1 Nr 1 ZPO. Seit dem 1. 8. 1999 werden sie und ihre Kinder Deutsche mit der Ausstellung des Vertriebenenausweises. 69

Der Status endete, wenn der deutsche Volkszugehörige wieder in dem Vertreibungsstaat seinen „dauernden Aufenthalt" genommen hat (§ 7 Abs 2 1. StAngRegG 1955). Dies ist ein grundsätzlich auf unbestimmte Zeit begründeter und für dauernd gedachter Aufenthalt. Teilweise wird der gesetzliche Begriff mit dem „gewöhnlichen Aufenthalt" gleichgesetzt (BT-Drucks 2/1391, 4; Lichter/Hoffmann, Staatsangehörigkeitsrecht [3. Aufl 1966] S 278 f), während andere noch größeres Gewicht auf die „unbestimmte Dauer" legen (OLG Hamm 11. 3. 1993 NJW-RR 1993, 1352 f; Hailbronner/Renner, StAngRegG § 17 Rn 8; Makarov/vMangoldt StAngRegG § 7 Rn 8) und im Ergebnis verlangen, daß die Inlandsbeziehungen bzw die Rückkehrabsicht ganz aufgegeben werden. 70

Ob der Status auch durch Aufenthalt in einem andern Land endet, ist streitig (verneinend Staudinger/Blumenwitz [2003] Anh IV zu Art 5 EGBGB Rn 19). Jedenfalls endete er bis zum 1. 8. 1999 in entsprechender Anwendung der automatischen Verlusttatbestände des RuStAG und aufgrund der besonderen Tatbestände der §§ 6 Abs 2, 7 1. StAngRegG. Dann bleibt aber immer noch eine Antrittszuständigkeit nach § 606a Abs 1 S 1 Nr 1 ZPO, wenn die Heirat während des Bestandes des Status stattgefunden hat. 71

Die Eigenschaft eines Statusdeutschen **erstreckt** sich auf Ehegatten und Abkömmlinge in entsprechender Anwendung der für den automatischen Erwerb deutscher Staatsangehörigkeit kraft Gesetzes, also nicht durch Antrag auf Einbürgerung, geltenden Bestimmungen (BVerwG 9. 6. 1959 BVerwGE 8, 340; BVerwG 20. 10. 1987 BVerwGE 78, 139, 145; Makarov/vMangoldt Art 116 Rn 56). Für Abkömmlinge kommt es wegen der verschiedenen Änderungen des RuStAG also auf den Zeitpunkt ihrer Geburt an (Zu den Folgen der Neuregelung des RuStAG von 1999 vgl Göbel-Zimmermann DÖV 2000, 95). Ehefrauen von Statusdeutschen erwarben entsprechend nur bei Heirat bis zum 31. 3. 1953 automatisch diese Eigenschaft (Makarov/vMangoldt Art 116 Rn 60). Ein Erwerb durch einseitige Erklärung kann danach auch nicht mehr in Betracht kommen (Makarov/vMangoldt, Deutsches Staatsangehörigkeitsrecht Art 116 Rn 60). Für Spätaussiedler sagt § 4 Abs 3 BVFG, daß die nicht deutschen Ehegatten und die Abkömmlinge des Volksdeutschen ihrerseits den Status erst mit Aufnahme im Geltungsbereich des Gesetzes erwerben. Für Flüchtlings- und Vertriebenenangehörige sagt dasselbe schon Art 116 Abs 1 GG. 72

Art 116 Abs 2 GG bezweckt die Wiedergutmachung des nationalisozialistischen Unrechts der Ausbürgerungen aus rassischen, religiösen oder politischen Gründen. Das BVerfG hat mit Recht mehrfach ausgesprochen, daß sie wegen Verletzung fundamentaler Gerechtigkeitsprinzipien nichtig waren (BVerfG 14. 2. 1968 BVerfGE 23, 98; BVerfGE 54, 74), hat sich dann unter dem an sich berechtigten Gesichtpunkt, daß 73 auch Art 116 Abs 2 GG den Betroffenen die deutsche Staatsangehörigkeit nicht aufdrängen solle, möglicherweise in Widerspruch oder wenigstens Unklarheiten zur Aktualisierung der deutschen Staatsangehörigkeit verstrickt (dazu eindringlich MANN, in: FS f Coing [1982] Bd 2, 323 ff). ZT sind diese Unklarheiten schon im Text des Art 116 Abs 2 GG angelegt, da dort eine Rückwirkung, wie sie bei Unwirksamkeit der Ausbügerung an sich selbstverständlich ist, doch nur bei Wohnsitznahme in Deutschland ausdrücklich vorgesehen ist, aber nicht bei „Wiedereinbürgerung“ auf Antrag, ein Unterschied, der nicht unmittelbar einleuchtet.

74 Es ist hier nicht näher auf die genauere Eingrenzung des Kreises der betroffenen Ausbürgerungen einzugehen und ebensowenig auf die Modalitäten des Rückerwerbs oder der Aktualisierung der deutschen Staatsangehörigkeit und deren Rückwirkung. Dazu sei auf die Erläuterungen zum Staatsangehörigkeitsrecht verwiesen (zB MAKAROV/vMANGOLDT, Deutsches Staatsangehörigkeitsrecht Art 116 Rn 82 ff). Hier ist nur auf die Wirkungen dieser Regelungen für § 606a ZPO, d h die Staatsangehörigkeitszuständigkeit einzugehen.

75 Hat der Betroffene durch Antrag oder Wohnsitznahme in Deutschland die deutsche Staatsangehörigkeit wieder erworben bzw aktualisiert, so besteht von da an auch eine Heimatzuständigkeit nach § 606a Abs 1 S 1 Nr 1 ZPO. Da ohnehin die deutsche Staatsangehörigkeit eines Ehegatten genügt, schadet es nichts, daß Art 116 Abs 2 GG nicht für solche Ehegatten des Ausgebürgerten gilt, die nicht selbst ausgebürgert wurden.

76 Haben die Ausgebürgerten nach dem Rückerwerb der deutschen Staatsangehörigkeit geheiratet und dann die Staatsangehörigkeit wieder aufgegeben – zB gem § 25 RuStAG durch Erwerb einer ausländischen auf Antrag –, so bleibt eine Antrittszuständigkeit. Dasselbe gilt natürlich bei Heirat vor der Ausbürgerung.

77 Das BVerfG hat betont, daß die Ausbürgerungen von Anfang an nichtig waren. Daraus wäre abzuleiten, daß auch ohne Wohnsitz in Deutschland oder Einbürgerungsantrag eine Heimatzuständigkeit besteht, und daß eine Antrittszuständigkeit bei Verlust durch einen regulären Vorgang, wie etwa dem Erwerb einer ausländischen Staatsangehörigkeit, gegeben ist (dazu MAKAROV/vMANGOLDT aaO Rn 104 ff). Der Wortlaut des Art 116 Abs 2 GG spricht aber dagegen (hM MAKAROV/vMANGOLDT aaO Rn 109 f mwN; **aA** MANN aaO). Der nach Chile ausgewanderte und dort verheiratete Ausgebürgerte kann also nicht ohne weiteres in Deutschland auf Scheidung klagen. Er muß und kann erst noch seine Wiedereinbürgerung beantragen bzw nach Deutschland zurückkehren. Dem stünde nicht im Wege, wenn er inzwischen die chilenische Staatsangehörigkeit erworben hätte, zumindest solange er dabei oder damit nicht deutlich einen „Verzicht“ auf diese Möglichkeit des Rückerwerbs der deutschen Staatsangehörigkeit zum Ausdruck brachte (MAKAROV/vMANGOLDT aaO Rn 114 mwN). Daran wird es oft schon deshalb fehlen, weil dem Betroffenen diese Wahlmöglichkeit dabei nicht bewußt war. Kommt es dann zur Wiedereinbürgerung in Deutschland, entsteht eine Doppelstaatsangehörigkeit, die idR gerade wegen des Antrags oder gar einer Wohnsitznahme in Deutschland nicht ganz ineffektiv ist. Unrichtig und ohne Anhalt in Art 116 Abs 2 GG ist die Auffassung, daß die nur latente deutsche Staatsangehörigkeit in entsprechender Anwendung von § 25 RuStAG durch den Erwerb einer fremden Staatsangehörigkeit ganz verloren gegangen sei, denn diese Vorschrift kann erst nach einer Wiedereinbürgerung wieder zum Zuge kommen (wie hier Makarov/vMangoldt aaO Rn 95; BVerfG 10. 7. 1998 BVerfGE 8, 81, 88; BVerwG 28. 9. 1993 BVerwGE 94, 185, 195; BGH 11. 6. 1958 BGHZ 27, 375, 378; bedenklich) Der „Wiedereinbürgerungsantrag" ist ebenso wenig wie die Aufenthaltsnahme in Deutschland fristgebunden.

Die rückwirkende Aktualisierung der deutschen Staatsangehörigkeit gem Art 116 Abs 2 GG kann zu einer Antrittszuständigkeit führen. Die Rückwirkung tritt bei neuer Wohnsitznahme in Deutschland ein, nicht aber bei Wiedereinbürgerung nur auf Antrag. Der Unterschied leuchtet sachlich nicht ein, ist aber wohl geltendes Recht. Es leben noch viele, die zwischen 1933 und 1945 selbst ausgebürgert wurden. Zunehmend wird Art 116 Abs 2 GG aber für Abkömmlinge von Ausgebürgerten relevant, die nach dem 8. 5. 1945 geboren wurden, also nicht mehr selbst ausgebürgert wurden, sondern wegen der Ausbürgerung ihrer Eltern nicht Deutsche wurden. Hierbei sind Veränderungen im hypothetisch geltenden deutschen Staatsangehörigkeitsrecht bzgl der Übertragung der Staatsangehörigkeit auf Kinder zu beachten. Erst ab dem 1. 4. 1953 erwarb das eheliche Kind auch die Staatsangehörigkeit seiner deutschen Mutter (Makarov/vMangoldt aaO Rn 90). Dementsprechend können diese Abkömmlinge auch für sich allein ihre Wiedereinbürgerung bewirken, müssen es aber auch, um eine deutsche internationale Zuständigkeit nach § 606a ZPO zu erreichen 78

Die zivilrechtliche Vorfrage der Abstammung beurteilt sich nach dem vom deutschen IPR bezeichneten Recht. Einschlägig waren bis zum 1. 7. 1998 die Art 19 bis 21 EGBGB aF und ist seitdem Art 19 EGBGB nF, wobei die Art 19 und 20 EGBGB der Fassung vor 1986 mit dem 1. 9. 1986 verändert und durch die Art 19 bis 21 EGBGB der Fassung von 1986 ersetzt wurden. Maßgebend ist grundsätzlich der Zeitpunkt der Geburt, ggf der der Eheschließung bei – damals vorgesehener – Legitimation durch nachfolgende Ehe oder auch einer Adoption (Art 22 EGBGB aF und nF). Auch wenn zB eine Vaterschaftsfestellung erst nach dem 1. 9. 1986 stattfand, so sei nach Auffassung des BGH dennoch ein davor schon abgeschlossener Vorgang iSd Art 220 EGBGB anzunehmen, wenn das Kind davor geboren ist, denn die Vaterschaftsfeststellung wirke zurück und finde naturgemäß erst nach der Geburt statt (BGH FamRZ 1987, 583). Das ist hier nicht zu vertiefen (vgl MünchKomm/Sonnenberger [3. Aufl 1998] Art 220 Rn 8 ff, 16; MünchKomm/Schwimann [2. Aufl 1990] Art 19 Rn 9; MünchKomm/Klinkhardt [2. Aufl 1990] Art 20 Rn 58 und Art 21 Rn 86). 79

e) Mehrstaater

Durch gemischtnationale Ehen kann es zu einer doppelten Staatsangehörigkeit der **Eheleute** kommen (zur Zunahme von Doppelstaatigkeit Mansel, Personalstatut, Staatsangehörigkeit und Effektivität Rn 86 f; Zahlenangaben bei Fuchs, NJW 2000, 489 f; Hailbronner NVwZ 2001, 1329). Die **Reform des StAG 1999** hat die Tendenz noch verstärkt. **Vor allem** haben eheliche **Kinder** aus einer deutsch-ausländischen Ehe heute immer die deutsche (§ 4 StAG) und oft auch eine ausländische Staatsangehörigkeit. Lassen sich die Eltern im Ausland einbürgern, so bewirkt dies einen Verlust der deutschen Staatsangehörigkeit des **Kindes** nach §§ 25 Abs 1, 19 Abs 2 StAG nur, wenn die Eltern die Einbürgerung auch für das Kind beantragen (BVerwG 9. 5. 1986 StAZ 1986, 356). Das gilt auch nach der Reform. Ob eine ausländische Staatsangehörigkeit gegeben ist, beurteilt sich unstreitig allein nach dem Recht des in Frage kommenden 80

Staates. Um Verringerung der Mehrstaatigkeit bemühen sich das UN-Übereinkommen vom 30. 6. 1961 über die Verminderung der Staatenlosigkeit (Ausführungsgesetz vom 29. 6. 1977, BGBl I 1101), das CIEC-Übereinkommen vom 13. 9. 1973 zur Verringerung der Fälle von Staatenlosigkeit (Zustimmungsgesetz vom 29. 6. 1977, BGBl 1977 II 597) und das Europarats-Übereinkommen vom 6. 5. 1963 über die Verringerung der Mehrstaatigkeit und über die Wehrpflicht von Mehrstaatern (Zustimmungsgesetz vom 29. 9. 1969, BGBl II 1953) (dazu Staudinger/Blumenwitz [2003] Anh II zu Art 5 EGBGB Rn 124). § 26 StAG erlaubt den Verzicht auf die deutsche Staatsangehörigkeit bei Mehrstaatigkeit, erzwingt ihn aber nicht. Wie sich die neue Wahlpflicht in § 29 StAG auswirken wird, bleibt noch abzuwarten. Jedenfalls wird die nun durch Geburt in Deutschland erworbene Staatsangehörigkeit sich erst später im Eherecht auswirken.

81 Es ist ganz hM, daß für die deutsche internationale Zuständigkeit in Ehesachen deutsche Staatsangehörigkeit genüge, auch wenn sie **nicht die effektive** ist*. Man beruft sich auf den Wortlaut des Gesetzes (zB BGHZ 3, 181). Das ist möglich, aber ein schwaches Argument angesichts der Ratio der Regelung (o Rn 15 f).

82 **Art 5 Abs 1 S 2 EGBGB greift jedenfalls nicht ein**, weil er von internationalprivatrechtlicher Anknüpfung, nicht von Zuständigkeitsfragen handelt. Auch die amtliche Begründung zu Art 5 Abs 1 EGBGB betont den Unterschied der Materien (BT-Drucks 10/504, 4) in grundsätzlicher Übereinstimmung mit dem BGH (17. 4. 1980 NJW 1980, 2016 [Samtleben 2645]). Die Frage sollte damit nicht geregelt werden. Das schließt freilich eine entsprechende Anwendung nicht notwendig aus. Der Wortlaut des § 606a Abs 1 S 1 Nr 1 ZPO nF ist nicht ergiebiger als der der bisherigen §§ 606 und 606b ZPO (J Schröder, Int Zuständigkeit 716; **aA** Staudinger/Gamillscheg[10/11] § 606b ZPO Rn 100). Auch aus § 606a Abs 1 Nr 4 ZPO ist nichts abzuleiten, denn er betrifft die Fragen der Anerkennungsprognose und meint die gemischt-nationale Ehe, nicht die Mehrstaatigkeit.

83 Vom **Zweck** des § 606a Abs 1 S 1 Nr 1 ZPO her bestehen Bedenken gegen eine Zuständigkeit auch im Falle einer gar nicht effektiven deutschen Zweitstaatsangehörigkeit (anders BGH 18. 6. 1997 FamRZ 1997, 1070, 1071 zu Art 4 MSA zur internationalen Zuständigkeit). Die Heimatzuständigkeit, die § 606a Abs 1 S 1 Nr 1 ZPO sichert,

* RG 19. 3. 1936 RGZ 150, 374; BGH 4. 10. 1951 BGHZ 3, 178 = NJW 1952, 184 f (Lauterbach) = ZZP 65 (1952) 208; OLG Hamm 13. 6. 1975 FamRZ 1975, 630 = StAZ 1976, 102; BayObLG 20. 7. 1981 BayObLGZ 1981, 250; BayObLG 28. 1. 1982 BayObLGZ 1982, 37 (beide zu Kindschaftsrecht); offengelassen von OLG Frankfurt aM 7. 10. 1980 IPRspr 1980 Nr 159; mit gewissen Vorbehalten OLG Hamburg 4. 1. 1972 IPRspr 1972 Nr 145 = MDR 1972, 421; Basedow, in: Reform des deutschen internationalen Privatrechts (1980) 93; Stein/Jonas/Schlosser[20], ZPO § 606b Rn 3; Otto FamRZ 1974, 655 ff; Henrich IPRax 1982, 28 f; Jayme IPRax 1984, 124; Riezler, IZPR 152; Zöller/Geimer § 606a Rn 37; J Schröder, Internationale Zuständigkeit (1971) 716, 726; Jayme IPRax 1984, 121, 124 bei Fn 30; Staudinger/Spellenberg[12] Rn 100; Mansel, Personalstatut, Staatsangehörigkeit und Effektivität Rn 444 ff mwN; **aA** in einer Kindschaftssache OLG Bamberg 1. 7. 1981 FamRZ 1981, 1106 = IPRax 1982, 28 (DH); im Urteil vom 20. 6. 1979, wo er sich zur Anknüpfung an die effektivere Staatsangehörigkeit bekennt, läßt der BGH ausdrücklich offen, ob dies auch für die internationale Zuständigkeit gelte (NJW 1979, 1776, 1778 rSp).

beruht auf der Annahme, daß die deutsche Staatsangehörigkeit zumindest bei genereller Betrachtung eine fortdauernde Verbundenheit mit der Gerichtsbarkeit des Heimatstaats begründe (BGH 20. 12. 1972 BGHZ 60, 85, 90; im Erg ebenso Pfeiffer, Internationale Zuständigkeit und prozessuale Gerechtigkeit 86 ff; vgl Art 3 EheGVO Rn 9 f und BVerfG 4. 5. 1971 BVerfGE 31, 58, 78) bzw bei der Antrittszuständigkeit, daß sie bei Eheschließung bestanden hat (Rn 13 ff). Es dürfte nicht wenige Fälle geben, in denen es an einer solchen Heimatverbundenheit faktisch fehlt. Man denke an den Fall des Kindes einer Deutschen, die mit einem Ausländer verheiratet ist und bei ihm im Ausland lebt und nach der Geburt des Kindes die ausländische Staatsangehörigkeit, möglicherweise unter Aufgabe der deutschen, erwirbt. Das Kind ist und bleibt Deutscher, solange es auf die deutsche Staatsangehörigkeit nicht verzichtet, wenn nicht auch für das Kind ein Einbürgerungsantrag im Ausland gestellt worden ist (Rn 78). Heiratet dieses Kind, das auch einem Staat angehört, der scheidungsfeindlich ist, so eröffnet ihm die hM dennoch eine „Heimatzuständigkeit" in Deutschland. Es ist durchaus möglich, daß das Kind bis zur Entdeckung dieser Scheidungsmöglichkeit seine deutsche Staatsangehörigkeit nicht einmal kannte (vgl den krausen erbrechtlichen Fall bei Ferid, in: FS Kegel [1978] 473). Das scheint wenig sinnvoll. Man kann nicht argumentieren, dieser Deutsche dürfe aus gleichheitsrechtlichen Gründen nicht anders als andere Personen mit auch deutscher Staatsangehörigkeit behandelt und ihm der Schutz des deutschen Rechts entzogen werden (so Pitschas/Scholz NJW 1984, 2721 ff; richtig dagegen Sonnenberger, in: vMangoldt/Sonnenberger, Berichte der deutschen Gesellschaft für Völkerrecht, Heft 29 [1988] 18 ff; MünchKomm/Sonnenberger Einl IPR Rn 299, Art 5 Rn 10 ff). Die ganz fehlende tatsächliche Verbundenheit mit der deutschen Lebens- und Rechtsordnung rechtfertigt eine andere Behandlung durchaus (Pfeiffer, Internationale Zuständigkeit und prozessuale Gerechtigkeit 615/16; Geimer, in: FS Schwind [1993] 17). Es geht hier nicht um die Souveränität des Staates über seine Bürger oder auch deren staatsrechtlichen Anspruch auf Schutz, sondern darum, daß zwischen den Parteien und dem Gerichtsstaat eine genügende, die Zuständigkeit zur Regelung des Status gegenüber dem anderen Ehegatten rechtfertigende Verbindung besteht. Ehe und Familie sind eine Lebensform, für die das öffentlich-rechtliche Band der Staatsangehörigkeit als solches und direkt sachlich wenig bedeutet. Fehlt die zuständigkeitsrechtliche Nähebeziehung wegen Ineffektivität der Staatsangehörigkeit ganz, rechtfertigt das nicht, den Antragsgegner vor deutsche Gerichte zu zwingen.

Die Berechtigung der Heimatzuständigkeit liegt in der typischen Vertrautheit mit der und dem Vertrauen in die heimatliche Gerichtsbarkeit (vgl Art 3 EheGVO Rn 9 f). Es wird kaum vorkommen, daß die Partei mit dem Staat ihrer einzigen Staatsangehörigkeit keine Verbindung hält; sie müßte sich sonst als staatenlos fühlen. Hat sie aber zwei Staatsangehörigkeiten, so kann es sein, daß die eine Beziehung ganz durch die andere verdrängt ist. Wenn zu jenem Staat keine Beziehungen mehr bestehen, die Partei namentlich sich dort nie aufhält, so entfällt der Sinn, dort den Status regeln zu lassen, und dem Antragsgegner diesen Gerichtsstand zuzumuten. Es ist denkbar, daß der Doppelstaater eine Nähebeziehung zu beiden Staaten hat, und eine konkurrierende Zuständigkeit wäre vertretbar. Das KG (5. 11. 1997 FamRZ 1998, 440 in einer Kindschaftssache) will generell nur auf die effektivere Staatsangehörigkeit abstellen. Richtiger scheint, eine Zuständigkeitskonkurrenz zuzulassen, wenn die hier deutsche Staatsangehörigkeit auch **effektiv** ist. In vielen Fällen wird sie aber wohl hinreichend effektiv sein. Für § 606a Abs 1 S 1 ZPO ist man auch 84 nicht an die gegenteilige Rechtsprechung des EuGH gebunden (vgl Art 3 EheGVO Rn 103). Entsprechend muß eine Staatsangehörigkeit für die **Antrittszuständigkeit** bei Heirat hinreichend effektiv gewesen sein. Freilich bezweckt § 606a Abs 1 S 1 ZPO auch den Zugang zu deutschem IPR, und Art 5 Abs 1 S 2 EGBGB stellt auf die selbst ineffektive deutsche von mehreren Staatsangehörigkeiten ab. Man sollte ihn aber auch teleologisch reduzieren (MünchKomm/Sonnenberger Art 5 Rn 14; Staudinger/Blumenwitz [2003] Art 5 EGBGB Rn 17 ff; Bernhardt, in: Jayme/Mansel [Hrsg], Nation und Staat im IPR [1990] 336; Siehr, in: FS Ferid [1988] 443; **aA** Mansel, Personalstatut, Staatsangehörigkeit und Effektivität Rn 444 ff, nur für § 606a ZPO), denn § 606a Abs 1 Nr 1 ZPO verlangt nur eine hinreichende aber keine relativ stärkste Inlandsbeziehung. Doch ineffektiv darf sie nicht sein.

85 Für deutsche Staatsangehörige in den ehemals **unter polnischer Verwaltung** stehenden Gebieten des deutschen Reiches nach dem Stande vom 31. 12. 1937 wird ein Ruhen der deutschen Staatsangehörigkeit angenommen, die wiederauflebe, wenn die Person ihren dauerhaften Aufenthalt im Bundesgebiet nimmt (Seeler NJW 1978, 926). Vorher gelte dann also nicht Nr 1. Andere halten jedoch an der deutschen Staatsangehörigkeit fest (Meessen JZ 1972, 671, 674; BVerfG 7. 6. 1975 BVerfGE 40, 141 ff, 170 ff zur Interpretation der Ostverträge). Der Vertrag vom 12. 9. 1990 und der Nachbarschaftsvertrag mit Polen vom 17. 6. 1991 haben diese Frage offen gehalten (Staudinger/Blumenwitz [2003] Anh II zu Art 5 EGBGB Rn 82 ff). Auch wenn man staatsangehörigkeitsrechtlich mit dem BVerfG an einer deutschen Staatsangehörigkeit dieses Personenkreises festhält, so schlösse das nicht aus, in **teleologischer Reduktion** diese Staatsangehörigkeit für § 606a Abs 1 S 1 Nr 1 ZPO nicht ausreichen zu lassen, wenn das Ergebnis sinnwidrig erscheint. Man muß sich fragen, ob es einen Sinn hat, eine Ehe zwischen einem Chilenen mit jetzigem Aufenthalt in Frankreich, dessen Heimatstaat die Scheidung nicht anerkennen würde, und einer Deutschen aus den ehemaligen Ostgebieten, die auch die polnische Staatsangehörigkeit hat, in der Bundesrepublik Deutschland zu scheiden. Die Lösung dieses Falles, bei dem es um eine Bewertung der Doppelstaatsangehörigkeit geht (MünchKomm/Sonnenberger Art 5 Rn 14), hängt entscheidend davon ab, worin man den Sinn der Heimatzuständigkeit in § 606a Abs 1 S 1 ZPO sieht (vgl dazu Rn 15 ff). Erwartet man hierfür wenigstens einen schwachen tatsächlichen Bezug zur deutschen Rechtsordnung, weil darin die Ratio der Staatsangehörigkeitszuständigkeit wie der Staatsangehörigkeitsanknüpfung liegt, dann muß man das auch hier prüfen (so Rn 15 ff). Bei Mitgliedern der jüngeren Generation, die keine reale Beziehung zur deutschen Rechts- und Gesellschaftsordnung mehr gehabt haben, kann man das verneinen. Die notwendige Mindestbindung kann ebenso fehlen, wenn der Deutsche aus den Ostgebieten diese verlassen hat, seinen gewöhnlichen Aufenthalt aber nicht in Deutschland, sondern in einem dritten Staat genommen hat.

f) Antrittszuständigkeit

86 Es genügt, wenn die deutsche Staatsangehörigkeit bei **Eheschließung** bestand. Es genügt nicht, wenn sie nur einmal davor oder danach gegeben war. Im Falle des Art 116 Abs 2 GG kommt es darauf an, ob die rechtswidrige Ausbürgerung als von Anfang an nichtig oder wenigstens als rückwirkend beseitigt anzusehen ist (so Rn 78). Die Anwendung des § 606a Abs 1 S 1 Nr 1 kann aber weiter davon abhängen, ob die Betroffenen in der Zeit vor 1945 oder ihrer Wiedereinbürgerung ihre, hier eherechtlichen, Rechtsverhältnisse weiter nach deutschem oder – wahrscheinlich – nach fremdem Recht begründet und geführt haben (weiter STAUDINGER/BLUMENWITZ Anh II zu Art 5 EGBGB Rn 49 ff). Hat sich der Betroffene während seiner Ausbürgerung auf ein anderes Recht eingestellt, entfällt die Ratio der Antrittszuständigkeit.

Diese Antrittszuständigkeit hat den **Zweck**, dem deutschen Nupturienten die Heimatzuständigkeit und damit uU deutsches Ehescheidungsrecht zu sichern, auch wenn er später die deutsche Staatsangehörigkeit verliert (vgl Rn 18 f). Es ist nicht nötig, daß er sie aus Gründen aufgegeben hat, die mit der Ehe zusammenhängen. Die Prüfung der Gründe und Motive des Staatsangehörigkeitswechsels wäre zu schwierig (so auch in Abweichung von seiner früheren Auffassung der Deutsche Rat für IPR, in: BEITZKE [Hrsg], Vorschläge und Gutachten zur Reform des deutschen internationalen Personen-, Familien- und Erbrechts [1981] 44). Der Zweck trägt nicht, wenn der Ehegatte die deutsche Staatsangehörigkeit schon vorher aufgegeben hatte. Hier ist die Partei bereits unter fremdem Recht in die Ehe eingetreten. 87

Denkbar ist, wenn auch die Fälle wegen Änderungen der Staatsangehörigkeitsrechte seltener werden, daß die deutsche Frau **mit der Eheschließung** automatisch die fremde Staatsangehörigkeit des Mannes erwirbt. Dies bedeutet jedoch nicht zugleich einen Verlust der deutschen Staatsangehörigkeit. Dieser tritt nach § 25 StAG nur ein, wenn die deutsche Frau einen eigenen Antrag auf Erwerb der ausländischen Staatsangehörigkeit gestellt hat (vgl dazu OVG Münster 28. 4. 1971 OVGE 26, 260 = StAZ 1972, 43 f; weiter BVerwG 21. 5. 1985 StAZ 1986, 139, 142). 88

Wenn das Recht zB des Ehemannes der deutschen Verlobten erlaubt, wie früher § 6 RuStAG, bei der Eheschließung durch Erklärung die Staatsangehörigkeit des Mannes zu erwerben, so **entfällt** damit nach § 25 StAG die deutsche Staatsangehörigkeit bei Eheschließung. Man darf jedoch von seinem Zweck her § 606a Abs 1 S 1 Nr 1 ZPO trotzdem noch für anwendbar halten. Er unterstellt, daß die Nupturienten bei der Heirat die Bindungswirkungen ihres (bis dahin) Heimatrechts vor Augen hatten. In diesem Sinne bestand die deutsche Staatsangehörigkeit bei Eheschließung noch. 89

Früher konnte die ausländische Frau eines Deutschen die deutsche Staatsangehörigkeit durch Erklärung vor dem Standesbeamten **erwerben** (§ 6 RuStAG aF), und zwar mit sofortiger Wirkung. Genau genommen war dies eine Wirkung der Eheschließung, so daß die deutsche Staatsangehörigkeit nicht im echten Sinne des Wortes schon „bei" Eheschließung bestand. Und nach dem eben genannten Sinn und Zweck der Bestimmung wird man hier entsprechend davon ausgehen, daß die Ehefrau bei Eheschließung eine ausländische Staatsangehörigkeit hatte (JOHANNSEN/HENRICH, Eherecht § 606a Rn 15). Letztlich kommt es darauf aber nicht an, weil die deutsche internationale Zuständigkeit nach § 606a Abs 1 Nr 1 ZPO schon durch die damalige deutsche Staatsangehörigkeit des Ehemannes begründet ist. 90

Nach heutigem Recht erwerben die ausländischen Ehegatten beiderlei Geschlechts durch die Heirat mit Deutschen einen Anspruch auf Einbürgerung unter erleichterten Voraussetzungen (§ 9 StAG). Kommt es dann später dazu, und verlieren anschließend beide Ehegatten die deutsche Staatsangehörigkeit wieder, so genügt dies nicht für eine Antrittszuständigkeit. Der Sinn des § 606a Abs 1 S 1 Nr 1 ZPO ist 91 nicht, jedem, der während der Ehe einmal Deutscher war, das deutsche Recht zu sichern.

g) Flüchtlinge*

aa) Personenkreis

92 Flüchtlinge werden in verschiedenen Gesetzen für Fragen der internationalen Zuständigkeit deutschen Staatsangehörigen gleichgestellt.

93 α) **AHK-Gesetz Nr 23 über die Rechtsverhältnisse verschleppter Personen und Flüchtlinge** vom 17. 3. 1950 (ABl 140 SaBl 256)**

Art 3

Bei bürgerlichen Rechtsstreitigkeiten, die im 6. Buch der ZPO geregelt sind, finden deren Vorschriften auf verschleppte Personen und Flüchtlinge Anwendung, als ob sie deutsche Staatsangehörige wären.

Die Anwendung des Gesetzes Nr. 13 der Alliierten Hohen Kommission wird durch die Vorschriften dieses Artikels nicht berührt.

94 β) **Gesetz über die Rechtsstellung heimatloser Ausländer im Bundesgebiet** vom 25. 4. 1951 (BGBl I 269 zuletzt geändert durch Gesetz v 30. 7. 2004 [u Rn 96])***

§ 11

Im Verfahren vor allen deutschen Gerichten sind heimatlose Ausländer den deutschen Staatsangehörigen gleichgestellt. Sie genießen unter den gleichen Bedingungen wie deutsche Staatsangehörige das Armenrecht und sind von den besonderen Pflichten der Angehörigen fremder Staaten und der Staatenlosen zur Sicherheitsleistung befreit.

95 λ) Abkommen über die Rechtsstellung der Flüchtlinge **(Genfer Flüchtlingskonvention)** vom 28. 7. 1951, in Kraft in der BRD seit 24. 12. 1953 (BGBl II 559), ergänzt

---

* **Schrifttum**: Beitzke, Probleme der Flüchtlingsscheidung, in: FS Fragistas (1966) 377; ders, Staatenlose, Flüchtlinge, Mehrstaater, in: Lauterbach (Hrsg), Gutachten und Vorschläge zur Reform des deutschen internationalen Familien- und Erbrechts (1972) 143; Brintzinger, Rückwirkung des gesetzlichen Statutenwechsels im Flüchtlingsrecht?, FamRZ 1968, 1; Lass, Der Flüchtling im deutschen Internationales Privatrecht (1995).

** **Schrifttum**: Dölle, Das Gesetz Nr 23 über die Rechtsverhältnisse verschleppter Personen und Flüchtlinge, StAZ 1950, 106; Makarov, Das Gesetz Nr 23 über die Rechtsverhältnisse verschleppter Personen und Flüchtlinge, DRiZ 1950, 318; vStackelberg, Die persönlichen Rechtsbeziehungen der displaced persons, NJW 1950, 808.

*** **Schrifttum**: Jahn, Das Gesetz über die Rechtsstellung heimatloser Ausländer im Bundesgebiet, JZ 1951, 326; Makarov, Das internationale Flüchtlingsrecht und die Rechtsstellung heimatloser Ausländer nach dem Bundesgesetz vom 25. 4. 1951, ZaöRV 1951/52, 431; Massfeller, Die Rechtsstellung heimatloser Ausländer im Bundesgebiet, StAZ 1951, 130, 155.

durch Protokoll vom 31. 1. 1967 (BGBl 1969 II 194), in Kraft seit dem 5. 11. 1969 (BGBl II 194); zum Kreis der Vertragsstaaten vgl BGBl Fundstellennachweis B 2003, 360*.

Art 12
Personalstatut

1. Das Personalstatut jedes Flüchtlings bestimmt sich nach dem Recht des Landes seines Wohnsitzes oder, in Ermangelung eines Wohnsitzes, nach dem Recht seines Aufenthaltslandes.

2. Die von einem Flüchtling vorher erworbenen und sich aus seinem Personalstatut ergebenden Rechte, insbesondere die aus der Eheschließung, werden von jedem vertragschließenden Staat geachtet, gegebenenfalls vorbehaltlich der Formalitäten, die nach dem in diesem Staat geltenden Recht vorgesehen sind. Hierbei wird jedoch unterstellt, daß das betreffende Recht zu demjenigen gehört, das nach den Gesetzen dieses Staates anerkannt worden wäre, wenn die in Betracht kommende Person kein Flüchtling geworden wäre.

Art 16
Zugang zu den Gerichten

1. Jeder Flüchtling hat in dem Gebiet der vertragschließenden Staaten freien und ungehinderten Zugang zu den Gerichten.

2. In dem vertragschließenden Staat, in dem ein Flüchtling seinen gewöhnlichen Aufenthalt hat, genießt er hinsichtlich des Zugangs zu den Gerichten einschließlich des Armenrechts und der Befreiung von der Sicherheitsleistung für Prozeßkosten dieselbe Behandlung wie ein eigener Staatsangehöriger.

3. In den vertragschließenden Staaten, in denen ein Flüchtling nicht seinen gewöhnlichen Aufenthalt hat, genießt er hinsichtlich der in Nr. 2 erwähnten Angelegenheiten dieselbe Behandlung wie ein Staatsangehöriger des Landes, in dem er seinen gewöhnlichen Aufenthalt hat.

δ) **Gesetz über Maßnahmen für im Rahmen humanitärer Hilfsaktionen aufgenommene Flüchtlinge** vom 22. 7. 1980 (BGBl I 1057); zuletzt geändert durch Gesetz v 9. 7. 1990 (BGBl I 1353)** 96

§ 1
Rechtsstellung

(1) Wer als Ausländer im Rahmen humanitärer Hilfsmaßnahmen der Bundesrepublik Deutschland

* **Schrifttum**: Hirschberg, Die Scheidung von Flüchtlingen iSd Genfer Flüchtlingskonvention, NJW 1972, 361; ders, Die internationale Zuständigkeit für Flüchtlinge iSd Genfer Flüchtlingskonvention, IPRax 1984, 19; Lass, Der Flüchtling im deutschen internationalen Privatrecht (1995); Schätzel, Die Rechtsstellung ausländischer Flüchtlinge in der Bundesrepublik Deutschland, ROW 1958, 138; Schätzel-Veiter, Hdb des internationalen Flüchtlingsrechts (1960) 264 ff; Seidl-Hohenveldern, Die internationale Flüchtlingskonvention von 1951 in der Praxis, in: FS Schätzel (1960) 441.

** **Schrifttum**: Jayme, Zum Personalstatut der „Kontingentflüchtlinge", IPRax 1981, 73; Wiestner, Die Rechtsstellung der Kontingentflüchtlinge in der Bundesrepublik Deutschland (Diss Würzburg 1984).

aufgrund der Erteilung einer Aufenthaltserlaubnis vor der Einreise in der Form des Sichtvermerks oder aufgrund einer Übernahmeerklärung nach § 33 Abs 1 des Ausländergesetzes im Geltungsbereich dieses Gesetzes aufgenommen worden ist, genießt im Geltungsbereich dieses Gesetzes die Rechtsstellung nach Art 2 bis 34 des Abkommens über die Rechtsstellung der Flüchtlinge vom 28. Juli 1951 (BGBl. 1953 II S 559).

Auch ohne Aufenthaltserlaubnis oder Übernahmeerklärung genießt die Rechtsstellung nach Abs 1, wer als Ausländer vor Vollendung des 16. Lebensjahres im Rahmen humanitärer Hilfsaktionen der Bundesrepublik.

Das Gesetz tritt am 1. 1. 2005 außer Kraft (Art 15 G zur Steuerung und Begrenzung der Zuwanderung und zur Regelung des Aufenthalts und der Integration von Unionsbürgern und Ausländern [Zuwanderungsgesetz] vom 30. 7. 2004 [BGBl I 1950]). Am zivilrechtlichen Status der vorhandenen Flüchtlinge sollte sich nichts ändern (Art 1 § 103 Zuwanderungsgesetz).

97 ε) **Gesetz über das Asylverfahren** idF der Bekanntmachung v 27. 7. 1993 (BGBl I 1361 zuletzt geändert am 5. 5. 2004 und durch das Zuwanderungsgesetz v 30. 7. 2004 zum 1. 1. 2005 [o Rn 96]).

§ 3
Rechtsstellung

(1) Asylberechtigte genießen im Bundesgebiet die Rechtsstellung nach dem Abkommen über die Rechtsstellung der Flüchtlinge vom 28. Juli 1951 (BGBl. 1953 II S 559).

(2) Unberührt bleiben die Vorschriften, die den Asylberechtigten eine günstigere Rechtsstellung einräumen.

(3) Ausländer, denen bis zum Wirksamwerden des Beitritts in dem in Artikel 3 des Einigungsvertrages genannten Gebiet Asyl gewährt worden ist, gelten als Asylberechtigte.

98 Zu den Voraussetzungen der Flüchtlingseigenschaft nach den jeweiligen Bestimmungen (vgl Staudinger/Blumenwitz [2003] Anh IV zu Art 5 EGBGB zugleich mit weiteren Texten und MünchKomm/Sonnenberger II zu Art 5 EGBGB Rn 53 f).

Das Zuwanderungsgesetz (o Rn 96) enthält zwar verschiedene Änderungen des AsylVfG, doch keine des Art 3.

bb) Gleichstellung

99 Eine **ausdrückliche Gleichstellung** mit deutschen Staatsangehörigen enthalten also das AHK-Gesetz Nr 23 und das Gesetz über die Rechtsstellung heimatloser Ausländer (OLG Hamburg 3. 2. 1979 IPRspr 1979 Nr 53; BGH 12. 12. 1984 IPRax 1985, 292, 293 [vBar 272] = FamRZ 1985, 280, 281 = NJW 1985, 1283). Für die Genfer Flüchtlingskonvention wird diskutiert, ob Art 12 oder 16 anzuwenden ist (Beitzke, Staatenlose, Flüchtlinge, Mehrstaater 155; ders, in: FS Fragistas 381 ff, 385; Hirschberg NJW 1972, 361, 363 f und IPRax 1984, 19, 20 hält nicht einmal Art 16 für ergiebig; BGH 30. 6. 1982 NJW 1982, 2732 = FamRZ 1982, 996 wendet Art 16 Abs 2 an). Die hM entnimmt dem einen wie dem anderen Gesetz die Gleichstellung mit **Inländern** (MünchKomm/Sonnenberger Art 5 Anh II Rn 63; Stein/

Jonas/Schlosser[20] § 606b Rn 4; BGH 30. 6. 1982 NJW 1982, 2732 = FamRZ 1982, 996; BGH 11. 4. 1979 FamRZ 1979, 577, 579), während andere eine Gleichstellung mit **Staatenlosen** sehen (Hirschberg aaO; Kropholler, Hdb IZVR Bd 1 Kap III Rn 58; Zöller/Geimer § 606a Rn 77, 81; M Kilian IPRax 1995, 10; OLG München 19. 9. 1989 IPRax 1989, 238, 239 [Jayme 223]; unentsch BGH 18. 10. 1989 IPRax 1991, 54 [Dörner/Kötters 39] = NJW 1990, 636). Das Ergebnis, daß es nach § 606a Abs 1 S 1 Nr 4 ZPO nicht auf die Anerkennung im einen oder anderen Heimatstaat ankommt, wenn der Flüchtling etc im Inland seinen gewöhnlichen Aufenthalt hat, ist jedenfalls unstreitig. Auf die Flüchtlingskonvention verweisen dann das AsylVfG und das Gesetz vom 22. 7. 1980 („Kontingentflüchtlinge"). Dabei ist zu beachten, daß Art 2 AsylVfG erst die anerkannten Asylberechtigten gleichstellt, nicht die Asylbewerber, die aber durchaus unter eine der anderen Regelungen fallen können, namentlich wenn sie Flüchtlinge sind (OLG Hamm 25. 2. 1992 IPRax 1992, 390 [DH], jedenfalls wenn die Anerkennung später erfolgt). Andernfalls kommt es bei noch nicht anerkannten Asylbewerbern mit inländischem gewöhnlichem Aufenthalt auf die Anerkennung in ihrem oder des Ehegatten Heimatland an (OLG Hamm 5. 5. 1989 IPRax 1990, 247; OLG Koblenz 15. 6. 1989 IPRax 1990, 249 [zu beiden Spickhoff 225]).

Die Gleichstellung setzt **gewöhnlichen Aufenthalt** in Deutschland voraus. Art 1 und 3 AHK-Gesetz Nr 23 weichen von den anderen Gesetzen darin ab, daß der schlichte Aufenthalt im Inland genügt, wenn die betroffene Person keinen gewöhnlichen Aufenthalt anderswo hat. In allen anderen Gesetzen wird stets gewöhnlicher Aufenthalt verlangt. Das betrifft die große Mehrheit der Flüchtlinge. Bei ihnen kann jedoch, wenn sie keinen gewöhnlichen Aufenthalt haben, bei schlichtem Aufenthalt im Inland eine inländische Notzuständigkeit in Betracht kommen (vgl Rn 22 ff). Zu den Wirkungen einer Asylgewährung in der ehemaligen DDR vgl Staudinger/Spellenberg (1997) Rn 173. **100**

Wegen dieses Erfordernisses eines gewöhnlichen Aufenthalts in Deutschland ist der **Anwendungsbereich** der Gleichstellung mit Deutschen sehr beschränkt. Denn wenn er beim **Antragsgegner** gegeben ist, besteht schon eine Zuständigkeit nach Art 5 Abs 1 lit a 3. Str (Art 2 Abs 1 lit a 3. Str aF) EheGVO und § 606a Abs 1 S 1 Nr 1 ZPO ist nicht mehr anwendbar. Bedeutung hat er nur, wenn nur der **Antragsteller** seinen gewöhnlichen Aufenthalt hier hat, und dieser noch nicht sechs Monate besteht (vgl Art 5 Abs 1 lit a 6. Str bzw Art 2 Abs 1 lit a 6. Str EheGVO aF). Der gewöhnliche Aufenthalt bewirkt eine Gleichstellung mit Deutschen auch in dieser Hinsicht. **101**

Die **Gleichstellung** der Flüchtlinge mit deutschen Staatsangehörigen **endet** mit der Aufgabe des inländischen gewöhnlichen Aufenthalts gem Art 12 und 16 GenferFlKonv. Letztere gewährt den gleichen Zugang zu Gerichten nur in dem Staat, in dem der Flüchtling diesen Aufenthalt „hat". § 2 Gesetz über die Rechtsstellung heimatloser Ausländer v 25. 4. 1951 sagt gleiches noch deutlicher. **102**

Ob der Flüchtling **Kläger oder Beklagter** ist, steht gleich. Auch der im Ausland lebende Ehegatte, der nicht Flüchtling ist, kann im Inland gegen den hier lebenden Flüchtling klagen. Zwar spricht Art 16 Genfer Flüchtlingskonvention, auf die das AsylVerfG und das Gesetz über Maßnahmen für im Rahmen humanitärer Hilfsaktionen aufgenommene Flüchtlinge verweisen, von „freiem und ungehindertem **103**

Zugang zu den Gerichten" für den Flüchtling. Hingegen formulieren das AHK-Gesetz Nr 23 und das Gesetz über die Rechtsstellung heimatloser Ausländer, daß die Vorschriften der ZPO Anwendungen finden, „als ob sie deutsche Staatsangehörige wären" (Art 3 AHK-Gesetz Nr 23) bzw, daß sie „den deutschen Staatsangehörigen gleichgestellt" werden. Das sollte auch für die GenfFlüchtKonv gelten.

104 Die Gleichbehandlung ist **nicht ohne Einschränkungen** möglich (vgl auch Hirschberg IPRax 1984, 19 f; NJW 1972, 361 ff). Die für deutsche Staatsangehörige eröffnete Antrittszuständigkeit gilt nicht für Flüchtlinge, auch wenn sie zum Zeitpunkt der Heirat Flüchtlinge waren und gewöhnlichen Aufenthalt im Inland besaßen und ihren Aufenthalt erst später ins Ausland verlegten. Die fraglichen Gesetze sollten durch § 606a Abs 1 S 1 Nr 1 ZPO nF nicht verändert werden, denn dies entspräche nicht dem Zweck jener Flüchtlingsregelungen (Zöller/Geimer § 606a Rn 77). Im Ergebnis handelt es sich daher um eine **Gleichstellung mit Staatenlosen** iSd Nr 3 (Nw Rn 99).

2. Aufenthaltszuständigkeiten

a) Anwendungsbereich

105 § 606a Abs 1 S 1 Nr 2 bis 4 ZPO enthalten die Zuständigkeiten kraft **gewöhnlichen Aufenthalts** in Deutschland. Wegen des Vorrangs der EheGVO (vgl Vorbem 5 f zu §§ 606a, 328 ZPO) ist ihr **Anwendungsbereich** sehr **reduziert**. Hat der Antragsgegner ihn ihn Deutschland, entsteht ohne Erfordernis einer Mindestdauer nach Art 5 Abs 1 lit a 3. Str (Art 2 Abs 1 lit a 3. Str aF) EheGVO ein Beklagtengerichtsstand. Ebenso ist nur die EheGVO anzuwenden, wenn beide Ehegatten ihren gewöhnlichen Aufenthalt hier haben; § 606a Abs 1 S 1 Nr 2 ZPO kommt heute nicht mehr zum Zuge. Hat ihn nur der Antragsteller hier, können Nr 3 und 4 angewandt werden, aber nur wenn der Aufenthalt noch nicht zwölf Monate bzw sechs Monate besteht (dazu Art 3 EheGVO Rn 24 ff). Keine Wartefrist ist nötig, wenn der letzte gemeinsame gewöhnliche Aufenthalt der Eheleute hier war und nur der Antragsteller noch in Deutschland lebt, Art 3 Abs 1 lit a 2. Str (Art 2 Abs 1 lit a 2. Str aF) EheGVO. Die Anwendung der EheGVO hängt nicht von der Staatsangehörigkeit der Parteien ab. Jedoch geht die EheGVO nur für Anträge auf Auflösung oder Trennung der Ehe vor (Art 1 EheGVO; vgl dort Rn 5 ff). § 606a ZPO bleibt für **Feststellungs- und Herstellungsklagen** anwendbar (Vorbem bzw §§ 606a, 328 ZPO).

b) Aufenthalt beider Ehegatten im Inland (§ 606a Abs 1 S 1 Nr 2 ZPO)

aa) Ratio legis

106 Wenn beide Ehegatten mit ausländischer Staatsangehörigkeit ihren gewöhnlichen Aufenthalt im Inland haben, sieht das Gesetz darin eine starke Inlandsbeziehung. Die Bestimmung ist an sich nur nötig, wenn kein Ehegatte die deutsche Staatsangehörigkeit hat (zur Doppelstaatsangehörigkeit vgl Rn 80 ff), weil sonst Nr 1 gilt, und nicht staatenlos ist, da sonst Nr 3 bereits eine Zuständigkeit begründen. Ob jemand eine ausländische Staatsangehörigkeit hat (und nicht etwa staatenlos ist, vgl Nr 3), beurteilt sich an sich nach dem Recht des in Betracht kommenden ausländischen Staates. An sein IPR sind auch die relevanten familienrechtlichen Vorfragen anzuknüpfen.

107 Die uU schwierige Ermittlung der Staatsangehörigkeit kann aber dahinstehen, wenn beide Ehegatten im Inland den gewöhnlichen Aufenthalt haben. Der Zuständigkeitsgrund des beiderseitigen inländischen gewöhnlichen Aufenthalts steht dem der deutschen Staatsangehörigkeit völlig gleich. Man kann ebensogut sagen, daß es auf diese nur ankommt, wenn nicht beide Ehegatten hier Aufenthalt haben.

bb) Gewöhnlicher Aufenthalt

Der Begriff des gewöhnlichen Aufenthalts wird aber im deutschen Recht in sehr verschiedenen Zusammenhängen und darunter auch als Anknüpfungsmoment im Kollisionsrecht und als Zuständigkeitsgrund im internationalen Prozeßrecht verwandt (näher BAETGE, Der gewöhnliche Aufenthalt im IPR). Die wohl hM will denn auch bei der Bestimmung des Tatbestands grundsätzlich den jeweiligen Zusammenhang und Normzweck beachten (NEUHAUS, Grundbegriffe 228; PAPENFUSS, Der gewöhnliche Aufenthalt im internationalen und interlokalen Privatrecht; MünchKomm/SONNENBERGER Einl IPR Rn 663 f; namentlich MANN JZ 1965, 466 ff), und in der Tat muß man vorsichtig sein, die Tatbestandsdefinition zB des § 9 Abs 1 AO oder § 30 SGB I im internationalen Privat- und Prozeßrecht zu verwenden (OLG Hamm 5. 5. 1989 IPRax 1990, 247; OLG Koblenz 15. 6. 1989 IPRax 1990, 249; **aA** KEGEL/SCHURIG IPR § 13 III 3 a). 108

Andererseits aber ist es sehr wünschenswert, wenigstens zwischen internationalem Privat- und Prozeßrecht unterschiedliche Tatbestandsdefinitionen tunlichst zu vermeiden (OLG Nürnberg 28. 3. 1989 IPRax 1990, 249; SPICKHOFF IPRax 1990, 227). Das dient nicht nur der Vereinfachung, sondern ein Gleichlauf von zuständigkeitsrechtlicher und kollisionsrechtlicher Anknüpfung im Eherecht hat auch inhaltlich viel für sich (SPICKHOFF IPRax 1990, 227). In gewissem Maße sind Differenzierungen aber wohl unvermeidlich, doch sind sie auf das Unumgängliche zu beschränken (KROPHOLLER, IPR § 39 II 5 S 261 f). Die folgenden Ausführungen beziehen sich nur auf § 606a ZPO, ohne daß Abweichungen vom IPR näher zu erörtern sind. 109

Wenn bei der Anerkennungsprognose gem Nr 4 das Heimatrecht der Partei auf Wohnsitz, domicile oder Aufenthalt abstellt, sind die Maßstäbe dieses Rechts, und nicht die deutschen anzuwenden (AG München 6. 3. 1979 IPRspr 1979 Nr 56 = FamRZ 1979, 607), denn § 606a Abs 1 Nr 4 ZPO stellt darauf ab, ob der Heimatstaat tatsächlich anerkennt. Nur so wird eine hinkende Scheidung vermieden. 110

Der **gewöhnliche Aufenthalt** ist nach deutschem Recht zu bestimmen* und bezeichnet den **tatsächlichen räumlichen Lebensmittelpunkt**. Dies ist der Ort, an dem sich 111

* BGH 19. 3. 1958 BGHZ 27, 47 = NJW 1958, 830 = FamRZ 1958, 216 = JZ 1959, 411 (ZWEIGERT) = ZZP 72 (1959) 217; wohl auch BGH 5. 2. 1975 NJW 1975, 1068 = FamRZ 1975, 272 = MDR 1975, 477; BGH 31. 5. 1983 NJW 1983, 2771 = RIW/AWD 1983, 694 = JR 1984, 62 (HOHLOCH) = MDR 1984, 134; BGH 3. 2. 1993 IPRax 1994, 132 zu Art 14 EGBGB; BayObLG 19. 9. 1991 IPRax 1992, 178 = FamRZ 1992, 584; weiter zB OLG Frankfurt aM 1. 2. 1971 FamRZ 1973, 33; OLG Zweibrücken 7. 11. 1984 FamRZ 1985, 81; ZÖLLER/GEIMER § 606a Rn 48; MünchKomm-ZPO/WALTER § 606a Rn 22; SPELLENBERG IPRax 1988, 1, 4; M KILIAN IPRax 1995, 10 BAUMBACH/LAUTERBACH/ALBERS, ZPO § 606 Rn 10; **aA** wohl RIEZLER, IZPR 103 f. Für die Schweiz enthält jetzt Art 20 Abs 1 lit c des IPRG eine Definition; die Resolution (72) I der Minister des Europarates vom 18. 1. 1972, die Wohnsitz und Aufenthalt einheitlich definiert, ist nicht für Deutschland bindendes Recht, kann aber natürlich bei Zweifelsfragen in Betracht gezogen werden (BGH 3. 2. 1993 IPRax 1994, 132 f; Text ÖJZ 1974, 144; KROPHOLLER, IPR § 39).

die Person hauptsächlich, nicht unbedingt ständig, aufzuhalten pflegt und **wo der Schwerpunkt ihrer Bindungen liegt** (BGH 29. 10. 1980 BGHZ 78, 293 = FamRZ 1981, 135 = NJW 1981, 520 = IPRax 1981, 139 – MSA; OLG Frankfurt aM 1. 2. 1971 FamRZ 1973, 33 [JAYME] = IPRspr 1971 Nr 136; OLG Zweibrücken 7. 11. 1984, FamRZ 1985, 81; AG München 6. 3. 1979 FamRZ 1979, 607 = IPRspr 1979 Nr 56; HENRICH FamRZ 1986, 841, 846). Obwohl für § 606a ZPO der gewöhnliche Aufenthalt nach deutschem Recht und nicht nach den autonomen Maßstäben der EheGVO zu bestimmen ist, ist es doch zweckmäßig, den Tatbestand wie für Art 3 Abs 1 (Art 2 Abs 1 aF) EheGVO zu bestimmen. Verschiedene Tatbestände im einzelnen würden das internationale Eheverfahrensrecht nicht nur unnötig komplizieren, es könnte auch zu bedenklichen Widersprüchen im Einzelfall kommen. Es ist deshalb auf die Ausführungen zu Art 3 EheGVO (Rn 38 ff) zu verweisen.

c) Staatenlose mit gewöhnlichem Aufenthalt im Inland* (§ 606a Abs 1 S 1 Nr 3 ZPO)

aa) Anwendbarkeit

112 Nr 3 eröffnet die internationale deutsche Zuständigkeit schon, wenn nur ein Ehegatte seinen gewöhnlichen Aufenthalt im Inland hat und er staatenlos ist. Hat er dagegen eine ausländische Staatsangehörigkeit, so gilt Nr 3 nicht, selbst wenn der andere, im Ausland lebende Ehegatte staatenlos ist. Mit dieser gegenüber dem früheren Recht eingeschränkten Regelung trug der Gesetzgeber der Kritik Rechnung (STAUDINGER/GAMILLSCHEG$^{10/11}$ § 606b ZPO Rn 46). Da Nr 3 einen gewöhnlichen Aufenthalt des Staatenlosen im Inland verlangt, kommt sie wegen des Vorrangs der EheGVO (Vorbem 51 zu Art 1 EheGVO; Vorbem 5 ff zu §§ 606a, 328 ZPO) nur zum Zuge, wenn dieser nicht für die Zuständigkeit nach Art 5 Abs 1 EheGVO (Art 2 Abs 1 aF) ausreicht. Dies ist der Fall, wenn der Staatenlose seit zwölf Monaten hier lebt oder wenn der letzte gemeinsame gewöhnliche Aufenthalt der Eheleute in Deutschland war, und der Staatenlose den Antrag stellt (Art 5 Abs 1 lit a 2. und 5. Str EheGVO) (Art 2 Abs 1 lit a aF). Ist er der Antragsgegner, bleibt für Nr 3 wegen Art 5 Abs 1 lit a 1. Str EheGVO (Art 2 Abs 1 lit a aF) kein Raum.

bb) Staatenlosigkeit

113 Staatenlos ist, wer **keine Staatsangehörigkeit** besitzt. Sie fällt nicht notwendig mit der Flüchtlingseigenschaft zusammen. Über jene entscheiden nach einer allgemein anerkannten (völkerrechtlichen) Regel die Staatsangehörigkeitsgesetze der jeweiligen in Betracht kommenden Staaten (vgl die Definition in Art 1 des New Yorker [UN-] Übereinkommen v 28. 9. 1954 über die Rechtsstellung der Staatenlosen [BGBl 1976 II 473 ff], für die Bundesrepublik Deutschland in Kraft seit dem 24. 1. 1977 [BGBl II 235]). Ohne weitere Prüfung gilt als staatenlos, wer einen Reiseausweis nach Art 28 des New Yorker Übereinkommen hat. Staatenlosigkeit bzw Verlust einer Staatsangehörigkeit kann verschiedene Gründe haben: Auswanderung mit Aufgabe der Staatsangehörigkeit ohne Erwerb einer neuen, Ausbürgerung ohne den Willen des Betroffenen, Heirat (von Frauen) mit einem Ausländer, ohne daß dabei dessen

* **Schrifttum**: CLAUS ARNDT, Neuregelung zur Verringerung von Staatenlosigkeit, NJW 1977, 1564; BEITZKE, Staatenlose, Flüchtlinge und Mehrstaater, in: LAUTERBACH (Hrsg), Vorschläge und Gutachten zur Reform des deutschen internationalen Personen- und Sachenrechts (1972), 143 ff; WEIS, Nationality and Statelessness in International Law (2. Aufl 1979), mit Texten.

Staatsangehörigkeit erworben wird, was aber seltener geworden und vom New Yorker UN-Übereinkommen über die Staatsangehörigkeit verheirateter Frauen vom 20. 2. 1957 verboten ist; staatenlos können weiterhin sein nichteheliche Kinder, welche in Ländern mit Anerkennungssystem von niemandem anerkannt wurden, und Kinder, die von Eltern eines ius-soli-Staates oder Staatenlosen in einem Staat des ius-sanguinis-Prinzips geboren werden. Freilich sorgt hier vielfach das New Yorker Abkommen vom 30. 8. 1961 über die Verminderung der Staatenlosigkeit (BGBl 1977 II 597, 1217; AusfG, BGBl 1977 I 1101) für den Erwerb einer Staatsangehörigkeit. Insgesamt kommen heute wohl Ausbürgerungen wesentlich weniger vor als zwischen den beiden Weltkriegen. Betroffen sind aber noch vielfach Abkömmlinge der damals Ausgebürgerten.

Setzt der Erwerb oder Verlust einer Staatsangehörigkeit nach dem Recht des betreffenden Staates einen **familienrechtlichen Vorgang** (Heirat, Vaterschafts-, Mutterschaftsanerkennung etc) voraus, so beurteilt sich dessen Gültigkeit (in unselbständiger Anknüpfung) nach dem Recht des betreffenden Staates einschließlich seines IPR (zB BayObLG 7. 12. 1979 BayObLGZ 1979, 405; VG Darmstadt 9. 8. 1982 StAZ 1984, 44 m Anm vMangoldt = IPRspr 1982 Nr 4 A; Makarov/vMangoldt, Deutsches Staatsangehörigkeitsrecht Einl III Rn 1 ff; Kegel, IPR § 13 II 4 S 395 und § 9 II 2 a S 330; zur Staatenlosigkeit infolge solcher Anknüpfung zivilrechtlicher Vorfragen van Sasse van Ysselt StAZ 1969, 265; Kegel/Schurig, IPR [2000]). 114

Nr 3 kann aber nur selten tatsächlich zur Anwendung kommen, denn es gilt hier das **New Yorker Übereinkommen** v 28. 9. 1954 über die **Rechtsstellung der Staatenlosen** (BGBl 1976 II 473 ff, für die Bundesrepublik in Kraft seit dem 24. 1. 1977). Es stellt den Staatenlosen mit den Angehörigen des Staates, in dem er seinen gewöhnlichen Aufenthalt hat, gleich und eröffnet ihm also auch die deutsche internationale Zuständigkeit wie einem Deutschen (vgl Becker-Eberhard, in: FS Schütze [1999] 85, 97). 115

Art 1
Definition des Begriffs „Staatenloser"

(1) Im Sinne dieses Übereinkommens ist ein „Staatenloser" eine Person, die kein Staat aufgrund seines Rechtes als Staatsangehörigen ansieht.

(2) Dieses Übereinkommen findet keine Anwendung

(i) auf Personen, denen gegenwärtig ein Organ oder eine Organisation der Vereinten Nationen mit Ausnahme des Hohen Flüchtlingskommissars der Vereinten Nationen Schutz oder Beistand gewährt, solange sie diesen Schutz oder Beistand genießen;

(ii) auf Personen, denen die zuständigen Behörden des Landes, in dem sie ihren Aufenthalt genommen haben, die Rechte und Pflichten zuerkennen, die mit dem Besitz der Staatsangehörigkeit dieses Landes verknüpft sind;

(iii) auf Personen, bei denen aus schwerwiegenden Gründen die Annahme gerechtfertigt ist,

a) daß sie ein Verbrechen gegen den Frieden, ein Kriegsverbrechen oder ein Verbrechen gegen die Menschlichkeit i. S. d. internationalen Übereinkünfte begangen haben, die abgefaßt wurden, um Bestimmungen hinsichtlich derartiger Verbrechen zu treffen;

b) daß sie ein schweres nichtpolitisches Verbrechen außerhalb ihres Aufenthaltslandes begangen haben, bevor sie dort Aufnahme fanden;

c) daß sie sich Handlungen zuschulden kommen ließen, die den Zielen und Grundsätzen der Vereinten Nationen zuwiderlaufen.

Art 16
Zugang zu den Gerichten

(1) Ein Staatenloser hat im Hoheitsgebiet aller Vertragsstaaten freien und ungehinderten Zugang zu den Gerichten.

(2) Ein Staatenloser erfährt in dem Vertragsstaat, in dem er seinen gewöhnlichen Aufenthalt hat, die gleiche Behandlung wie dessen Staatsangehörige hinsichtlich des Zugangs zu den Gerichten, einschließlich des Armenrechts und der Befreiung von der Sicherheitsleistung für Prozeßkosten.

(3) Ein Staatenloser erfährt in den Vertragsstaaten, in denen er nicht seinen gewöhnlichen Aufenthalt hat, hinsichtlich der in Abs. 2 genannten Angelegenheiten die gleiche Behandlung wie die Staatsangehörigen des Landes, in dem er seinen gewöhnlichen Aufenthalt hat.

116 Hinsichtlich des **persönlichen Anwendungsbereiches** gehen gem Art 1 Abs 2 (ii) New Yorker Übereinkommen v 28. 9. 1954 die oben Rn 92 ff genannten Flüchtlingsübereinkommen und Gesetze vor, wenn der Staatenlose zugleich die dort geforderte Flüchtlingseigenschaft hat und deshalb hinsichtlich der internationalen Zuständigkeit einem Deutschen bereits gleichsteht.

117 Art 16 Genfer FlKonv und Art 16 Übereinkommen über die Rechtsstellung der Staatenlosen sind inhaltlich identisch. Bei staatenlosen Flüchtlingen kann die Anwendbarkeit des einen oder anderen praktisch dahinstehen. Im Verhältnis zu § 606a Abs 1 S 1 Nr 3 ZPO geht dagegen der völkerrechtliche Vertrag vor, dh für Flüchtlinge die Genfer FlKonv und für Staatenlose das UN-Übereinkommen über die Rechtsstellung der Staatenlosen (Palandt/Heldrich Art 5 EGBGB Rn 7).

118 Eine palästinensische Staatsangehörigkeit gibt es (noch) nicht trotz der beginnenden Autonomie, und Palästinenser sind, zumindest wenn sie keine andere Staatsangehörigkeit erworben haben, also staatenlos (MünchKomm/Sonnenberger Einl IPR Rn 651; Börner IPRax 1997, 51; BVerwG 23. 2. 1993 NVwZ 1993, 782). Haben beide ihren gewöhnlichen Aufenthalt in Deutschland, begründet das eine Scheidungszuständigkeit gem § 606a Abs 1 S 1 Nr 2 ZPO. Zwar ist das New Yorker Übereinkommen vom 28. 9. 1954 gem Art 1 Abs 2 (i) nicht auf die **Palästinenser** anwendbar, die unter der Obhut der United Nations Reliefs and Works Agency for the Palestine Refugees (UNRWA) stehen, doch sind das nur die Palästina-Flüchtlinge von 1948 und deren Abkömmlinge im Libanon, in Syrien, Jordanien, der West-Bank und im Gaza-Streifen (Nachw Börner IPRax 1997, 52 Fn 45), also nicht die, die sich in Deutschland gewöhnlich aufhalten. Für die anderen gilt die Gleichstellung in Art 16 New Yorker Übereinkommen v 28. 9. 1954. Viele Palästinenser haben eine andere Staatsangehörigkeit, insbesondere verschiedener Staaten des mittleren Ostens erworben. Dann sind sie grundsätzlich nicht staatenlos, doch verbriefen die befristeten jordanischen Pässe nach der Auffassung Jordaniens nicht diese Staatsangehörigkeit (Börner IPRax 1997, 52 Fn 44 mN). Palästinenser, die zB nach dem Golfkrieg Kuwait verlassen mußten, sind, wenn sie nicht überhaupt die kuwaitische Staatsangehörigkeit verloren haben, Flüchtlinge und fallen also bei deutschem gewöhnlichem Aufenthalt unter die betreffenden Gesetze (Rn 92 ff). Im übrigen bleiben für § 606a Abs 1 S 1 Nr 3 ZPO wohl praktisch nur Staatenlose, die im ernsten Verdacht schwerer Straftaten stehen (Art 1 Abs 2 [iii] des New Yorker Übereinkommen v 28. 9. 1954).

Völkerrechtswidrige und aus vergleichbaren Gründen inakzeptable **Ausbürgerungen** **119** sind nach Art 6 EGBGB nF (ordre public) an sich nicht anzuerkennen. Dies hätte die Folge, daß die Person weiterhin wie mit der bisherigen Staatsangehörigkeit zu behandeln wäre. Art 9 des New Yorker Übereinkommen über die Verminderung der Staatenlosigkeit vom 30. 8. 1961 (BGBl 1977 II 597, 1217, AusfG vom 29. 6. 1977 BGBl I 1101) verbietet Ausbürgerungen aus rassischen, religiösen und politischen Gründen, und Art 15 Abs 1 der UN-Deklaration der Menschenrechte vom 10. 12. 1948 verbietet willkürliche Ausbürgerungen. Solche Entziehungen der Staatsangehörigkeit sind als völkerrechtswidrig anzusehen (Wengler, Völkerrecht Bd 2 [1964] 1030). Dennoch wird im IPR die Anknüpfung an die entzogene Staatsangehörigkeit verworfen, weil nicht ein Recht angewandt werden solle, das selbst nicht angewandt werden will (BGB-RGRK/Wengler Bd VI 1 249, 252). Für die internationale Zuständigkeit würde es den Zugang zu deutschen Gerichten erschweren, wenn man den völkerrechtswidrig Ausgebürgerten weiter als dem betreffenden Staat angehörend und nicht als staatenlos behandelt, denn dann könnte es entgegen § 606a Abs 1 S 1 Nr 3 ZPO auf eine Anerkennung der deutschen Entscheidung im ehemaligen Heimatstaat ankommen. Daher sollte Nr 3 dennoch gelten (im Ergebnis zustimmend Wieczorek/Schütze/Becker-Eberhard Rn 48). Doch könnte man die Anwendung der Nr 4 anstelle der Nr 3 erwägen, wenn die völkerrechtswidrig ausgebürgerte Partei sich auf ihr (bisheriges) Heimatrecht beruft.

cc) Einwanderer

Es gibt zahlreiche Ausländer, die seit Jahrzehnten oder gar in zweiter oder dritter **120** Generation hier leben, aber trotz sozialer Integration aus welchen Gründen auch immer nicht eingebürgert sind (vgl dazu Mansel, Personalstatut, Staatsangehörigkeit und Effektivität Rn 83, 561; Otto FamRZ 1974, 655, 656). Neben echten zB polnischen, ungarischen oder baltischen Einwanderern vor Jahrzehnten und Gastarbeitern, die die Heimatbindung gänzlich aufgegeben haben, sind auch Spätaussiedler ins Auge zu fassen, die, wenn man der einengenden Rechtsprechung des BVerwG (Rn 72) folgt, nicht notwendig unter § 116 Abs 1 GG fallen und auch nicht notwendig Flüchtlinge sind, und möglicherweise ihre ausländische Staatsangehörigkeit noch haben. Bei konkretem vollständigem Wegfall der Heimatbindung ist entsprechend den Vorschlägen und Überlegungen im internationalen Familienrecht (Simitis StAZ 1976, 6, 13; Neuhaus/Kropholler RabelsZ 44 [1980], 326, 335; Mansel Rn 567 ff, 578 mwN) daran zu denken, nicht § 606a Abs 1 S 1 Nr 4 ZPO, sondern Nr 1 oder 3 anzuwenden. Wegen Nr 2 kommt es freilich praktisch darauf nur an, wenn der andere Ehegatte sich nicht (mehr) im Inland aufhält.

Man kann jedoch nicht allein auf die Dauer des Inlandsaufenthaltes abstellen **121**

(Mansel Rn 565; Ansay/Martiny, Gastarbeiter in Gesellschaft und Recht [1974] 201 ff), denn häufig besteht dennoch eine ernsthafte Bindung an das Heimatland oder Rückkehrabsicht. Auch ist ein solches subjektives Element seinerseits oft unsicher festzustellen, und im Scheidungsstreit wird die scheidungswillige Partei zum scheidungsfreundlichen Gericht drängen, die scheidungsunwillige dagegen nicht. Wenn weiter der Gesetzgeber im IPR sich gegen eine allgemeine Ausweichklausel entschieden hat (BT-Drucks 10/504, 29 ff; Zajtay, Beiträge zur Rechtsvergleichung: Ausgewählte Schriften [1976] 313 ff), wird man nur in seltenen Ausnahmefällen vorsichtig die ausländische Staatsangehörigkeit vernachlässigen dürfen. In diesen klaren Fällen scheint das aber als teleologische Reduktion vertretbar (so zum IPR Mansel Rn 578). Ein solcher Fall dürften die (noch) nicht eingebürgerten Spätaussiedler sein, wenn man sie nicht unter § 116 Abs 1 GG faßt. Auch darüber hinaus können wohl **Einzelfälle** so zu behandeln sein, Gastarbeiter auch nach längerem Aufenthalt jedoch in aller Regel nicht (MünchKomm/Sonnenberger Einl IPR Rn 657 mit dem Hinweis, daß solche Fragen auf der Einbürgerungsebene zu lösen seien).

122 Jedoch empfiehlt sich der Verzicht auf die Anerkennungsprognose, dh eine Gleichstellung mit Staatenlosen iSd Nr 3 nur, solange die Person im Inland ist. Die Anwendung von Nr 1, dh die Gleichstellung mit Deutschen würde auch die deutsche internationale Zuständigkeit eröffnen, wenn eine solche Partei bei Eheschließung hier ihren Lebensmittelpunkt hatte. Ist sie aber inzwischen, ohne die deutsche Staatsbürgerschaft erworben zu haben, in ein drittes Land ausgewandert, so besteht kein genügender Anlaß für eine deutsche Gerichtsbarkeit mehr.

dd) De facto-Staatenlosigkeit

123 Von **de facto-Staatenlosigkeit** spricht man sowohl, wenn der betreffende Staat den Vollzug des völkerrechtlichen und staatsrechtlichen Schutzes seiner Staatsangehörigkeit **verweigert**, als auch, wenn die Person selbst keine Beziehungen zu ihrem Heimatstaat mehr unterhalten **kann** (Henrichs NJW 1958, 89; BGB-RGRK/Wengler Bd VI 1 S 253; § 9 Abs 3 öster IPRG stellt Personen, deren Beziehungen zu ihrem Heimatstaat aus vergleichbar schwerwiegenden Gründen abgebrochen sind, den Flüchtlingen gleich). Es genügt nicht, daß sie die Beziehung zum Heimatstaat nur von sich aus abbricht (Auswanderung). Ein weiterer Fall ist der, daß der Heimatstaat handlungsunfähig ist, zB durch Kriegsereignisse oder Besetzung. Das New Yorker Übereinkommen v 28. 9. 1954 über die Rechtsstellung von Staatenlosen empfiehlt die Gleichbehandlung, ordnet sie aber nicht an (vgl bei Staudinger/Blumenwitz [2003] Art 5 EGBGB Rn 34 ff).

124 Im IPR und im IZPR spielt die de-facto-Staatenlosigkeit keine wesentliche Rolle. Daß der Heimatstaat seinen Bürgern im Ausland nicht den üblichen diplomatischen Schutz gewähren kann oder will, hindert keineswegs, im Rahmen von § 606a Abs 1 S 1 Nr 4 ZPO auf die rechtliche Anerkennung deutscher Scheidungen dort abzustellen. Ebenso ist es, wenn der Heimatstaat durch Annexion untergegangen ist. Auf das Heimatrecht ist erst dann nicht mehr abzustellen, wenn die dortige ursprüngliche Privatrechtsordnung nicht mehr effektiv ist (vgl Rn 83 f). Ebenso ist unerheblich, solange dort eine eigene Privatrechtsordnung existiert, ob die Bundesrepublik Deutschland den betreffenden Staat völkerrechtlich anerkennt. Es kommt nicht auf die völkerrechtlichen Qualitäten des Heimatstaates an, sondern auf die Existenz einer Privatrechtsordnung auf diesem Gebiet.

Ist jedoch der Kontakt der Person zur Heimat aufgrund der dortigen Verhältnisse (zB Vertreibung) unmöglich oder unzumutbar geworden, ausnahmsweise ohne daß die Flüchtlingseigenschaft gegeben ist, kann Nr 3 angewandt werden, wenn die Partei sich auch nicht mehr auf dieses Recht beruft. Nicht jeder Exilant hat sich auch seinerseits von der Heimat abgewandt. 125

ee) Ungeklärte Staatsangehörigkeit

Namentlich infolge der Bevölkerungsbewegungen und Grenzverschiebungen nach den Weltkriegen und anderer politischer Vorgänge kann die Feststellung der Staatsangehörigkeit schwierig sein und zu zweideutigen Ergebnissen führen. Personalpapiere sind nicht immer ein sicherer Beweis und binden jedenfalls nicht. 126

Texte geltender Staatsangehörigkeitsrechte ua in: Bergmann/Ferid, Internationales Ehe- und Kindschaftsrecht; Sammlung geltender Staatsangehörigkeitsgesetze, hrsg vom Institut für internationale Angelegenheiten der Universität Hamburg (in unregelmäßiger Folge erscheinende Veröffentlichungen). Kurzinformationen Staudinger/Blumenwitz (2003) Anh IV zu Art 5 EGBGB Rn 1 ff. 127

Für den Fall unaufklärbarer Staatsangehörigkeit ist heute (entsprechend der bisherigen hM) für das IPR die Anwendung der Regeln für Staatenlose vorgeschrieben (Art 5 Abs 2 EGBGB). Die Bestimmung ist im internationalen Verfahrensrecht nicht anwendbar. § 606a Abs 1 S 1 Nr 1 ZPO ist nur anwendbar, wenn die deutsche Staatsangehörigkeit wenigstens eines Ehegatten positiv festgestellt wird. Die des anderen ist dann ohnehin unerheblich. Auf die Staatsangehörigkeit kommt es für die internationale Zuständigkeit weiter nicht an, wenn beide ihren gewöhnlichen Aufenthalt im Inland haben (Nr 2). Die Gleichstellung der ungeklärten Staatsangehörigkeit mit der Staatenlosigkeit würde relevant in Nr 3. Hat diese Partei ihren gewöhnlichen Aufenthalt im Inland, so käme es auf die Anerkennung der deutschen Entscheidung nicht an. Die Gleichstellung ist aber abzulehnen; es ist vielmehr nach den in Rn 44 f dargestellten Beweislastregeln zu entscheiden. 128

d) Inländischer Aufenthalt nur eines ausländischen Ehegatten (§ 606a Abs 1 S 1 Nr 4 ZPO)

aa) Ratio legis

§ 606a Abs 1 S 1 Nr 4 ZPO behält die bisherige Regel bei, daß bei reinen Ausländerehen auch der gewöhnliche Aufenthalt nur eines Ehegatten im Inland grundsätzlich die deutsche Zuständigkeit trägt. Das ist einleuchtend, wenn man überhaupt am Aufenthalt als zweitem Zuständigkeitsgrund festhalten will. Gerade beim Scheitern einer Ehe kommt es aber öfter dazu, daß die Eheleute ihren gewöhnlichen Aufenthalt in verschiedenen Staaten nehmen. Die Annahme der ZPO ist, daß die Ehe dann in beiden Staaten geschieden werden kann, ohne daß freilich über die Zuständigkeit eines fremden Staates verfügt werden könnte. Der schlichte Aufenthalt eines Ehegatten genügt dagegen nicht, auch wenn er keinen gewöhnlichen Aufenthalt anderswo hat (so aber der Vorschlag des Deutschen Rates für IPR, Lauterbach [Hrsg], Vorschläge und Gutachten zur Reform des deutschen internationalen Eherechts [1962] 30 f). 129

Jedoch verlangt Nr 4 eine, wenn auch gegenüber dem früheren Recht abgeschwächte positive Anerkennungsprognose, weil die Inlandsbeziehung allein wegen des gewöhnlichen Aufenthalts nur einer Partei im Inland als zu schwach eingestuft 130 wurde (zur Entstehungsgeschichte vgl STAUDINGER/SPELLENBERG [1997] §§ 606 ff ZPO Rn 76, 230 f). Es genügt aber die voraussichtliche Anerkennung in **einem** Heimatstaat bei gemischtnationalen Ausländerehen. Da das Anerkennungserfordernis das Hinken der Scheidung verhindern soll, ist die Regelung, die einen Kompromißcharakter hat, freilich nicht ganz logisch.

bb) Anwendungsbereich: Einfluß der EheGVO

131 § 606a Abs 1 S 1 Nr 4 macht die deutsche Zuständigkeit von der Anerkennung in einem Heimatstaat abhängig, wenn der nicht deutsche Antragsteller oder der Antragsgegner allein ihren gewöhnlichen Aufenthalt im Inland haben. Im letzteren Fall besteht jedoch eine Zuständigkeit schon nach Art 3 Abs 1 lit a) 3. Str EheGVO ganz unabhängig von der ausländischen Staatsangehörigkeit der Parteien. Eine Anerkennungsprognose entfällt dann, so daß sie nur erforderlich ist, wenn nur der Antragsteller hier seinen Lebensmittelpunkt hat, und wegen Art 3 Abs 1 lit a) 5. Str wenn er noch nicht ein Jahr besteht (dazu Art 3 EheGVO Rn 26 f). Es ist jedoch wegen § 300 Abs 1 ZPO unzulässig, das Verfahren fortzusetzen in der Erwartung, daß die Zuständigkeit im Laufe des Verfahrens noch entstehen werde. Der Antrag ist vielmehr abzuweisen. Es ist auch nicht sicher, ob der Antragsteller bis dahin noch hier sein würde. Vor Ablauf des Wartejahres kommt es also auf die Anerkennungsprognose noch an, natürlich soweit nicht das Heimatrecht des anderen Ehegatten anerkennen wird. Das ist ohne weiteres der Fall, wenn dieser einem Mitgliedstaat der EheGVO angehört (dazu Art 7 EheGVO Rn 11).

cc) Heimatstaat

132 IdR bezeichnet die Staatsangehörigkeit den „Heimatstaat“, mit dem die Regelung des Status der Personen in Einklang gehalten werden soll. Dieses Prinzip ist jedoch in besonderen Fällen einzuschränken oder auch auszudehnen.

133 Es genügt nicht, wenn zwar der Heimatstaat nicht anerkennt, aber der Staat, dessen Recht durch Art 13 oder 17 mit 14 EGBGB zur Anwendung berufen ist, anerkennen würde (so aber ZÖLLER/GEIMER § 606a Rn 30, 71, der ein Redaktionsversehen annimmt; wie hier BAUMBACH/LAUTERBACH/ALBERS § 606a Rn 9). Ein entsprechender Reformvorschlag von DESSAUER (IPR, Ethik und Politik [1986] Bd 2, 850 ff) hat sich nicht durchgesetzt, und der Gesetzgeber wollte die Übereinstimmung mit dem Heimatstaat (vgl o Rn 49 f), nicht mit dem davon uU nach Art 17 mit 14 Abs 1 Nr 2 EGBGB verschiedenen Scheidungsstatut.

α) Ausländische Staatsangehörigkeit*

134 Kein Ehegatte darf Deutscher oder einem Deutschen gleichgestellt sein, da sonst Nr 1 gilt. Ebenfalls scheidet Nr 4 zugunsten von Nr 3 aus, wenn die Partei mit inländischem gewöhnlichen Aufenthalt staatenlos ist. Hat der Staatenlose ihn im Ausland, gilt freilich Nr 4. Die Staatsangehörigkeitsfrage muß daher geklärt werden, sowohl um Nr 1 und 3 auszuschließen, als auch um zu wissen, nach welchem Recht die Anerkennungsprognose zu stellen ist.

* **Schrifttum und Quellennachweise zu ausländischem Staatsangehörigkeitsrecht**: STAUDINGER/BLUMENWITZ (2003) Anh IV zu Art 5 EGBGB Rn 2–204; Institut für Internationale Angelegenheiten der Univ Hamburg (Hrsg), Sammlung geltender Staatsangehörigkeitsgesetze.

Ob eine Partei die deutsche Staatsangehörigkeit hat, entscheidet das deutsche Recht, **ob** sie **eine ausländische** hat, entsprechend das Recht der in Frage kommenden Staaten. Zivilrechtliche Vorfragen für ihren Erwerb oder Verlust sind hier wie im IPR nach dem vom Kollisionsrecht dieser Staaten berufenen Recht zu beurteilen; es ist nicht etwa vom deutschen IPR auszugehen. **135**

Die ausländische Staatsangehörigkeit ist anhand des ausländischen Rechts zu prüfen. Der Besitz ausländischer Personalpapiere oder Pässe ist zwar ein uU starkes Indiz, aber kein zwingender Beweis. **136**

Darauf, ob die Bundesrepublik Deutschland den fraglichen Staat oder seine Regierung **völkerrechtlich anerkennt**, kommt es im IPR nach ganz hM grundsätzlich nicht an (MünchKomm/Sonnenberger Einl IPR Rn 116 f, 651; Stoll BerDGesVR Heft 4 [1961] 131 ff, 134 ff). Der Grund ist, daß bei der Suche nach der Rechtsordnung, mit der die engste Beziehung in der betreffenden Frage besteht, die Staatsangehörigkeit zB im Familienrecht typischerweise die entscheidende Heimatbindung bezeichnet (Sonnenberger, in: vMangoldt/Sonnenberger, Anerkennung der Staatsangehörigkeit und effektive Staatsangehörigkeit natürlicher Personen im Völkerrecht und im internationalen Privatrecht 12 f). Beim Anerkennungserfordernis in § 606a Abs 1 S 1 Nr 4 ZPO geht es um eine Übereinstimmung der in Deutschland erfolgenden Scheidung mit diesem Heimatrecht. Das Hinken soll nicht im Interesse des Staates verhindert werden, dem die Partei angehört, sondern im Interesse der Parteien, denen die nachteiligen Folgen hinkender Rechtsverhältnisse erspart werden sollen. Erforderlich ist dagegen, daß die üblichen Attribute eines Staates vorliegen, dh eine Regierung und ein Staatsvolk und daß für dieses oder auf seinem Territorium ein staatliches Recht gilt. Das Problem der südafrikanischen Homelands ist nun entfallen, nicht aber das der Palästinenser. Sie sind grundsätzlich staatenlos (Rn 118). **137**

β) Flüchtlinge im Ausland

Hat ein Ausländer seinen gewöhnlichen Aufenthalt im Inland, ist der andere Ehegatte dagegen Flüchtling mit gewöhnlichem **Aufenthalt im Ausland**, so kann es nicht auf die Anerkennung in dem Staat ankommen, dem dieser angehört; Flüchtlingseigenschaft bedeutet keineswegs notwendig Staatenlosigkeit. Auf die Staatsangehörigkeit abzuheben widerspräche aber dem Flüchtlingsschutz, und zB nach der Genfer Flüchtlingskonvention (vgl Rn 95) wird im IPR lediglich an den gewöhnlichen Aufenthalt des Flüchtlings angeknüpft (Art 12). Dem entspricht es, die Anerkennung im Staat des gewöhnlichen Aufenthalts genügen zu lassen, aber auch zu fordern (so Art 16 Abs 3 Genfer Flüchtlingskonvention). Dieses Recht heranzuziehen ist tendenziell scheidungsfreundlicher, als allein auf das Heimatrecht des anderen Ehegatten mit ausländischer Staatsangehörigkeit abzustellen, da heute die Anerkennung in einem Heimatstaat genügt. So kann der Ehegatte, der einem scheidungsfeindlichen Staat angehört, die Scheidung in Deutschland betreiben, wenn der Flüchtling sich in einem scheidungsfreundlichen Staat aufhält. **138**

Hat dagegen der Flüchtling mit ausländischer Staatsangehörigkeit seinen gewöhnlichen Aufenthalt im Inland, steht er einem Deutschen gleich und es gelten, wie in Rn 99 ff ausgeführt, § 606a Abs 1 S 1 Nr 1 ZPO bzw vorrangig die Flüchtlingsgesetze und es kommt auf Anerkennung nicht an. **139**

γ) Staatenlose im Ausland

140 Ehen zwischen Ausländern mit gewöhnlichem Aufenthalt im Inland und Staatenlosen mit gewöhnlichem Aufenthalt im Ausland fallen nach der Neuregelung unter Nr 4. Die frühere Regelung verzichtete auf die Anerkennung ganz, wenn ein Staatenloser beteiligt war. Dies soll nach der Neuregelung nicht mehr sein. Es kommt daher nur in Betracht, allein auf den Heimatstaat der Partei mit ausländischer Staatsangehörigkeit abzustellen, oder auch auf den Aufenthaltsstaat des Staatenlosen. Letzteres folgt nicht aus Art 5 Abs 2 EGBGB, der im Zuständigkeitsrecht nicht gilt (vgl Rn 82), sondern aus Art 16 Genfer FlKonv bzw Art 16 New Yorker Übereinkommen v 28. 9. 1954 (Rahm/Künkel/Breuer VIII Rn 147). Wenn der Heimatstaat des einen Ehegatten anerkennt, kommt es auf den Staatenlosen nicht an. Ist dies nicht der Fall, so könnte die deutsche Zuständigkeit immer noch eröffnet werden, wenn der Aufenthaltsstaat des Staatenlosen anerkennt. Das ist enger als die alte Regelung, die auf die Anerkennung bei jeder Beteiligung eines Staatenlosen ganz verzichtete, weil es nun auf den Aufenthaltsstaat ankommt.

141 Palästinenser sind grundsätzlich staatenlos (Rn 118), so daß es auf Anerkennung in ihrem Aufenthaltsstaat ankommt. Leben sie auf der West-Bank oder im Gaza-Streifen, so ist die schwierige Frage, ob dort nach Erlangung einer gewissen Autonomie ein Staat im völkerrechtlichen Sinne besteht, nicht entscheidend. Denn jedenfalls gibt es dort eine private Rechtsordnung (Börner IPRax 1997, 48 ff), auf deren Anerkennungsregeln abzustellen ist (**aA** AG Neumünster 16. 12. 1986 Rpfleger 1987, 311). Soweit Palästinenser aber eine Staatsangehörigkeit eines anderen Staates erworben haben, ist nach den Regeln über die Maßgeblichkeit der effektiveren Staatsangehörigkeit zu entscheiden (Rn 118), und das kann zum palästinensischen Recht führen.

δ) Untergegangene Staaten

142 Ist der Heimatstaat der Partei untergegangen, so scheint es zunächst, daß seine Angehörigen staatenlos geworden sind und für eine Rücksichtnahme auf ihren Heimatstaat kein Raum mehr ist (so OLG Jena 28. 11. 1940 DR 1941, 655 m Anm Lauterbach [Polen]; OLG Posen 21. 11. 1942 DR 1942, 885 m Anm Klein [Polen]). Sieht man jedoch nicht auf den Staat als (anerkanntes) völkerrechtliches Gebilde, sondern auf das Rechtsgebiet, dem die Person entstammt und mit dessen Auffassung ihr Status in Einklang gehalten werden soll, so sollte der Untergang jedenfalls keinen unmittelbaren Einfluß haben, bevor sich die Verhältnisse konsolidiert haben (KG 23. 6. 1941 DRW 1941, 2072 [Jugoslawien]).

143 Eine militärische Besetzung als solche ändert weder die Staatsangehörigkeit noch das dort geltende Privatrecht einschließlich des Rechts der Anerkennung ausländischer Eheurteile. Anders ist es dagegen, wenn der besetzende Staat die Bewohner zwangsweise einbürgert und neues Privatrecht effektiv einführt; denn man fügte, nachdem dies geschehen ist, neues Unrecht hinzu, wenn man diese Bevölkerung nicht nach diesem neuen Recht, sondern nach dem nicht mehr effektiven früheren des besetzten Staates, behandelte (Hohloch, in: Thürer/Herdegen/Hohloch, Der Wegfall der effektiven Staatsgewalt: „The failed State" [1995] 99). Denn es soll damit vermieden werden, daß in der Bundesrepublik geschiedene Eheleute in der Rechtsordnung, mit der sie primär verbunden sind, noch als verheiratet gelten.

Das neu eingeführte Recht erfaßt aber die Betroffenen nicht mehr, wenn sie das annektierte Gebiet **vorher verlassen** haben. Hier wird im IPR die Anwendung des früheren Recht des annektierten Staates vorgeschlagen (OLG Stuttgart 28.5.1947 SüddJZ 1947, 383 ff [Estland]; vBAR/MANKOWSKI, IPR Bd 1 Rn 162 f). Ist der Staat, genauer seine ursprüngliche Rechtsordnung, jedoch ganz untergegangen, wie zeitweise in den baltischen Staaten, so hat es keinen Sinn, die in der Welt verstreuten Flüchtlinge, soweit sie nicht ohnehin Flüchtlingsstatus haben, noch weiterhin nach dem früheren Recht ihres früheren Heimatstaates zu behandeln. Das wird nur für eine relativ kurze Übergangszeit nach dem Untergang des Staates noch angemessen sein. Danach sind sie als Staatenlose zu behandeln. Das gilt dann auch für die Anerkennungsprüfung. Es kommt weniger darauf an, ob der betreffende Staat noch handlungsfähig ist (so aber vBAR/MANKOWSKI, IPR Bd I Rn 162), sondern daß es im Parteiinteresse nicht sinnvoll und geboten ist, den Status der Parteien in Einklang mit ihrem früheren Heimatrecht zu halten. **144**

Für die untergegangenen baltischen Staaten hat sich das Problem nun mit ihrer neuen Unabhängigkeit erledigt. Bei der zerfallenen Sowjetunion und der Republik Jugoslawien ist auf das Recht der nun selbständigen Staaten abzustellen, deren Staatsangehörigkeit die Partei nun hat (OLG Nürnberg 10.11.2000 FamRZ 2001, 837). **145**

ε) Mehrrechtsstaaten

Gehört der Ehegatte einem Mehrrechtsstaat an, so ist natürlich zuerst zu fragen, ob wenigstens die Urteilsanerkennung, wie zB früher in Jugoslawien (Art 89 f IPRG) und jetzt in Restjugoslawien, zentral geregelt ist. Möglich ist auch, daß nur eine zentrale Regelung darüber besteht, nach welchem Recht die Anerkennung zu beurteilen ist. Dann sind diese Regeln zu beachten. Mit derartigen Regelungen ist namentlich bei den islamischen Staaten zu rechnen, die Ehe und Scheidung den verschiedenen religiösen Rechten überlassen (vgl Fall AG Wiesbaden 5.3.1986 IPRax 1986, 247 [HENRICH]; AG Kaiserslautern 28.2.1990 IPRax 1994, 223 [DH]; BÖRNER, Die Anerkennung ausländischer Titel in arabischen Staaten [1996] 47 ff; vgl zB Rn 217 „Philippinen"). Solche Anerkennungsregelungen stehen oft in Zusammenhang mit dem materiellen interreligiösen Kollisionsrecht. **146**

Fehlt eine interlokale oder intergentile Kollisionsnorm, so muß nach deutschem Recht, dh durch Interpretation des § 606a Abs 1 S 1 Nr 4 ZPO, die maßgebende Teilrechtsordnung ermittelt werden (RG 21.11.1929 RGZ 126, 353). Eine Anlehnung an den freilich nicht unmittelbar einschlägigen Art 4 Abs 3 EGBGB liegt nahe (so zum alten Recht KG 7.3.1938 JW 1938, 1258; OLG Hamburg 30.9.1958 IPRspr 1958/59 Nr 122). **147**

Da es gewöhnlich keine Teilstaatsangehörigkeit gibt, liegt – da § 606a Abs 1 S 1 Nr 4 ZPO den „Heimatstaat" prinzipiell anhand der Staatsangehörigkeit bestimmt – deren Ersetzung durch den gewöhnlichen Aufenthalt nahe, der auch sonst häufig im IPR an deren Stelle tritt. Handelt es sich um die Partei mit gewöhnlichem Aufenthalt in der Bundesrepublik, so wird man als ihren (Teil-)Heimatstaat den ihres letzten gewöhnlichen Aufenthalts im Staat ihrer Staatsangehörigkeit wählen. Ebenso ist für die andere Partei zu entscheiden, die ihren gewöhnlichen Aufenthalt in einem dritten Staat hat. Das scheint zwar bedenklich, weil mit der Aufgabe des gewöhnlichen Aufenthalts in diesem Heimatstaat die Beziehung zum Teilstaat be- **148** endet wurde, aber der letzte gewöhnliche Aufenthalt ist immer noch das relativ stärkste Element.

149 In den **USA** bestehen allerdings für die interstaatliche Ehescheidungskompetenz und -anerkennung bundesverfassungsrechtliche Vorgaben, denen zufolge (abgesehen von einer rügelosen Einlassung des Beklagten) die Zuständigkeit dort gegeben ist, wo eine Partei ihr domicile hat (Hay IPRax 1988, 267 m Nw). Nach amerikanischem Bundesrecht ist eine im Domizilstaat ergangene Entscheidung in allen Einzelstaaten anzuerkennen (zB Scoles/Hay, Conflict of Laws §§ 15.4–7, 15.12–13; Sosna v Iowa, 419 US 393, 407 [1975]). So liegt es nahe, auch für die Wahl des Heimatstaates iSd § 606a Abs 1 S 1 Nr 4 ZPO auf den Domizilstaat und nicht auf den davon leicht verschiedenen des (letzten) gewöhnlichen Aufenthalts in den USA abzustellen. Immerhin ist dieses Domizilprinzip in der US-Verfassung begründet, und man bleibt auch deshalb näher an § 606a Abs 1 S 1 Nr 4 ZPO, weil das domicile im anglo-amerikanischen Kollisionsrecht weitgehend die Funktion hat, die im deutschen IZPR und IPR die Staatsangehörigkeit ausübt*. Nicht zuletzt bleibt ein domicile in den USA oft erhalten, auch wenn der gewöhnliche Aufenthalt ins Ausland verlegt wird, bildet also im Gegensatz zu diesem noch einen gegenwärtigen Bezug (bei Aufenthalt eines Armeesangehörigen: OLG Zweibrücken NJW-RR 99, 948).

ζ) Mehrstaater

150 Besitzt eine Partei mehrere ausländische Staatsangehörigkeiten, so gilt nach hM für die Anerkennung die **effektive**, dh es kommt auf den Staat an, mit dem die Partei hinsichtlich ihres Status die engeren Beziehungen hat (OLG Hamburg 30. 9. 1958 IPRspr 1958/59 Nr 122 [im einzelnen nicht immer überzeugend]; IPG 1969 Nr 45 [Heidelberg]; Stein/Jonas/Schlosser[20] § 606b Rn 9; zum neuen Recht Henrich FamRZ 1986, 849; Johannsen/Henrich, Eherecht § 606a Rn 30; Schack, IZVR Rn 371 Fn 1; Baumbach/Lauterbach/Albers § 606a Rn 7; MünchKomm/Winkler von Mohrenfels Art 17 EGBGB Rn 257; MünchKomm/Coester Art 13 EGBGB Rn 133; Bergerfurth, Ehescheidungsprozeß Rn 214; M Kilian IPRax 1995, 11 f; AG Kaiserslautern 28. 2. 1990 IPRax 1994, 223 [zust Henrich]; Spellenberg IPRax 1988, 5).

151 Andere lassen es genügen, wenn in einem der mehreren „Heimatstaaten" anerkannt wird (so schon Habicht, Internationales Privatrecht [1907], 136; Wieczorek/Becker-Eberhard,

* So LG Wiesbaden 30. 10. 1958 IPRspr 1958/59 Nr 185; LG Mannheim 4. 7. 1961 IPRspr 1960/61 Nr 184; OLG Heidelberg 10. 12. 1964 MDR 1965, 663 = IPRspr 1964/65 Nr 234; auch BG Zürich 22. 2. 1956 SJZ 1956, 352 = SchwJBlntR 1957, 266; vielleicht auch, wenngleich in Verkennung des amerikanischen Domizilbegriffs LG Stuttgart 23. 12. 1969 NJW 1970, 1512 (Cohn 2169), Lisner NJW 1971, 331; **dagegen** will BGH 19. 3. 1958 BGHZ 27, 47 = NJW 1958, 830 = FamRZ 1958, 216 = IPRspr 1958/59 Nr 1 das Heimatrecht anhand des letzten, in casu noch fortbestehenden gewöhnlichen Aufenthalts des Amerikaners, welcher allerdings zugleich nach dem Sachverhalt auch sein Domizil hätte sein können, festlegen; auf den Wohnsitz stellt ab LG Heidelberg 3. 12. 1954 FamRZ, 74 (Kegel) = IPRspr 1954/55 Nr 184; offen lassend, ob domicile oder gewöhnlicher Aufenthalt entscheidet, IPG 1969 Nr 47 v 30. 6. 1969 und IPG 1965/66 Nr 24 v 19. 7. 1966 (Hamburg); ganz unklar von „amerikanischem" Recht sprechen AG Landstuhl 20. 9. 1984 IPRspr 1984 Nr 69 (Bericht IPRax 1985, 231); unklar auch LG München II 30. 11. 1955 IPRspr 1954/55 Nr 215 = MDR 1956, 236, das von Staatsangehörigkeit von Michigan spricht.

ZPO § 606a Rn 56; zum neuen Recht Mansel, Personalstatut, Staatsangehörigkeit und Effektivität Rn 455; Rahm/Künkel/Breuer VIII Rn 147; Zöller/Geimer Rn 64; MünchKomm-ZPO/Walter § 606a Rn 30; Palandt/Heldrich Art 17 EGBGB Rn 27).

Die letztere Auffassung ist zuständigkeitsfreundlich, denn sie vermehrt die Anerkennungschancen und erlaubt, daß die Anerkennungsfeindlichkeit des Staates der effektiven Staatsangehörigkeit kompensiert wird durch eine Anerkennungsfreundlichkeit des anderen Staates (so das Argument von Mansel aaO). Jedoch ist es nicht der Zweck des § 606a Abs 1 S 1 Nr 4 ZPO, die deutsche Zuständigkeit von der Anerkennung durch irgendeinen Staat abhängig zu machen, sondern es ist die Übereinstimmung mit dem Staat zu suchen und erforderlich, dem die Statusfragen der Person aus deutscher Sicht zugeordnet sind (Art 5 Abs 1 S 1 EGBGB). Das ist der Staat der effektiven Staatsangehörigkeit. Mit ihm soll ein Hinken der Scheidung vermieden werden. Nur für deutsch-ausländische Mehrstaater gilt anderes und es kommt auf Anerkennung im Ausland nicht an (oben Rn 81 ff). 152

η) Anerkennungsrenvoi. Drittstaatsanerkennung

Wenn der Heimatstaat iSd § 606a Abs 1 S 1 Nr 4 ZPO nicht selbst über die Anerkennung des deutschen Urteils entscheidet, sondern diese Entscheidung einem dritten Recht überläßt, so ist dem zu folgen, wenn und weil das Urteil auf diese Weise Wirkungen im Heimatstaat erhält (LG Hamburg 14. 7. 1954 NJW 1954, 1894; OLG Hamburg 30. 9. 1958 IPRspr 1958/59 Nr 122). Mit § 606a Abs 1 S 1 Nr 4 ZPO soll ein Hinken der deutschen Scheidung vermieden werden. Hierfür ist nicht erheblich, warum der Heimatstaat die deutsche Scheidung für wirksam ansieht, wenn er es nur tut. 153

dd) Voraussetzung der Anerkennung

α) Begriff

Anerkennung bedeutet bei Statusurteilen, daß das Heimatrecht die Auflösung des Ehebandes als auch in seinem Recht wirksam ansieht. Die Abgrenzungen erweisen sich aber in mancher Hinsicht als schwierig. 154

Es schadet nicht, wenn nur die Anerkennung einer Entscheidung über eine Scheidungsfolge verweigert wird (Jayme IPRax 1984, 122; Baumbach/Lauterbach/Albers § 606a Rn 8). Es ist unerheblich, ob dort ein besonderes **Delibationsverfahren** bzw eine förmliche Anerkennungsentscheidung (wie zB auch nach Art 7 Abs 1 FamRÄndG) verlangt wird. Es genügt in diesem Fall, daß ein solches Verfahren positiv ausgehen würde (KG 15. 11. 1947 NJW 1948, 591 [Lauterbach 569]; OLG Bamberg 8. 7. 1948 IPRspr 1945/49 Nr 59; KG 13. 10. 1948 IPRspr 1945/49 Nr 99; LG Berlin 6. 3. 1961 IPRspr 1960/61 Nr 182; noch weitergehend Rahm/Künkel/Breuer, VIII Rn 144). Das gilt ebenso, wenn die Scheidung dort noch in ein Register eingetragen werden muß (Stein/Jonas/Schlosser § 606a Rn 18; Riezler, IZPR 249). In beiden Situationen werden allenfalls Anerkennungsvoraussetzungen geprüft, dem Urteil aber ggf ohne inhaltliche Überprüfung Inlandswirkung verliehen oder zugesprochen, wenn man von dem auf der Grenze liegenden Vorbehalt des ordre public absieht. 155

Zweifelhaft ist die Anerkennung, wenn der Heimatstaat nicht nur Anerkennungsvoraussetzungen prüft, sondern eine **sachliche Nachprüfung** des Urteils vornimmt, dh die Anerkennung davon abhängig macht, daß die Ehe auch im Inland geschieden 156 werden könnte. Hier ist früher verschiedentlich eine Anerkennung verneint worden*.

157 Man kann bei fließenden Übergängen **drei Hauptfälle** unterscheiden: Anerkennung ggf aufgrund spezieller Anerkennungsvoraussetzungen wie namentlich der internationalen Anerkennungszuständigkeit, Anerkennung aufgrund einer sachlichen révision au fond, bei der aber bei inhaltlicher Übereinstimmung mit inländischem Recht dem deutschen Urteil als solchem Inlandswirkung gegeben wird, und die Zweitscheidung, bei der das deutsche Scheidungsurteil nur eine wichtige Rolle als Scheidungsgrund spielen kann (vgl zum alten italienischen Recht BASEDOW, Die Anerkennung von Auslandsscheidungen [1980] 221).

158 Bei einer **révision au fond** ist naturgemäß eine positive Prognose unsicherer, doch es hindert nur die (relativ) sichere negative Prognose. Vor allem will § 606a Abs 1 S 1 Nr 4 ZPO das Hinken von Ehen bzw Scheidungen verhindern (Rn 22 ff). Dahinter tritt die Frage eines Automatismus der Anerkennung zurück. Es ist wichtiger, daß anerkannt wird, als wie und warum (so auch LG Aachen aaO). Zu verlangen bleibt jedoch, daß das ausländische Recht das deutsche Urteil in dem Sinne anerkennt, daß ihm Inlandswirkungen zugesprochen werden. Es sei daran erinnert, daß auch § 328 Abs 1 Nr 3 ZPO aF die Anerkennung ausländischer Eheurteile davon abhängig machte, daß nicht anders entschieden wurde als nach dem vom deutschen IPR berufenen Recht zu entscheiden gewesen wäre.

159 Auch kann man durchaus von Anerkennung iSd § 606a Abs 1 S 1 Nr 4 ZPO sprechen, wenn der Heimatstaat nur Scheidungen aus bestimmten Gründen anerkennt, zB nur solche im Einvernehmen oder aufgrund Verschuldens oder nur, wenn eine längere Trennung vorausging, sei es faktisch, sei es aufgrund eines Trennungsurteils. Hier wird idR nicht überprüft, ob dieser Grund vorlag, sondern nur, ob das deutsche Gericht aus einem solchen Grund geschieden hat.

160 Es ist streitig, ob man auch dann von Anerkennung sprechen kann, wenn das deutsche Urteil im Ausland nicht per se zur Eheauflösung führt, sondern lediglich als **Grundlage für eine weiterhin erforderliche Scheidung** durch das ausländische Gericht dient. Ein Beispiel bildete Art 3 Abs 2 des italienischen Gesetzes vom 6. 3. 1987 über die Auflösung von Ehen (FamRZ 1988, 786 ff). In diesen Fällen kann man nicht mehr von der Erstreckung der Wirkungen des deutschen Urteils ins Ausland iSd Anerkennung sprechen, sondern allenfalls noch von einer **Tatbestandswirkung**, denn die Tatsache, daß eine Scheidung ausgesprochen wurde, wird zum Scheidungsgrund. Insbesondere unterscheiden sich Voraussetzungen und Folgen dieser Tatbestandswirkung zu stark von der Anerkennung, als daß § 606a Abs 1 S 1 Nr 4 ZPO eingreifen könnte. Aufgrund der auch im Ausland regelmäßig vorherrschenden Dispositionsmaxime kommt es zur „Anerkennung" des deutschen Urteils regelmäßig nur, wenn eine Partei im Ausland einen Scheidungsantrag stellt,

* KG 23. 2. 1929 StAZ 1929, 347; KG 22. 11. 1929 JW 1930, 1877; OLG Hamm 18. 6. 1953 IPRspr 1952/53 Nr 301; OLG Karlsruhe 16. 9. 1970 Justiz 1971, 23; HELDRICH, in: FS Ficker (1967) 221; DESSAUER, IPR. Ethik und Politik 448 f; **aA** OLG Stuttgart 23. 10. 1958 IPRspr 1958/59 Nr 184 (Griechenland, begrenzte révision au fond); vielleicht auch OLG Köln 26. 2. 1960 IPRspr 1960/61 Nr 179; LG Aachen 18. 3. 1954 FamRZ 1954, 113.

was nicht vorhersehbar ist. Zudem könnte es sein, daß die ausländische Zweitscheidung nicht auf die Eheauflösung in Deutschland, sondern im konkreten Prozeß auf andere Scheidungsgründe gestützt wird und somit eine „Anerkennung" in den Entscheidungsgründen ausbleibt.

Diese Unterscheidung ist unabhängig davon, ob das ausländische Recht die Anerkennung deutscher Urteile aufgrund eines förmlichen Anerkennungsverfahrens oder ipso jure ohne Delibation vornimmt (wie zB Italien seit dem 1. 1. 1997). Auch im ersteren Fall unterscheidet sich eine Zweitscheidung dadurch, daß im Gegensatz zur echten Anerkennung von deutschen Urteilen die Scheidung lediglich mit Wirkung ex nunc eintritt, dh mit Erlaß bzw Rechtskraft des Zweiturteils und nicht mit der anerkennungstypischen Rückwirkung auf den Zeitpunkt der Rechtskraft des deutschen Urteils (Zöller/Geimer § 606a Rn 61; **aA** Rahm/Künkel/Breuer VIII Rn 144; weitgehend auch Basedow aaO 187; MünchKomm-ZPO/Walter § 606a Rn 32; wenn auch Rechtskraftbindung angenommen wird). 161

Deshalb reicht es auch nicht aus, um von Anerkennung idS zu sprechen, wenn der Heimatstaat wegen des deutschen Urteils in einem eher summarischen Verfahren die Zweitscheidung ausspricht (**aA** Basedow 187). 162

Wird die deutsche Scheidung als solche nicht anerkannt, dh nicht mit Inlandswirkung versehen, so kann das **Parteiverhalten** uU materiellrechtliche Wirkungen nach dem Recht des Heimatstaates haben. Eine Einverständniserklärung mit dem deutschen Scheidungsantrag wird selten für ein neues Verfahren im Heimatstaat binden (zB nicht in Jugoslawien, Varady IPRax 1984, 252 gegen OLG Karlsruhe 2. 8. 1983 ebenda 270 = FamRZ 1984, 57). Daß es auf diesem Wege zu einer Anerkennung kommen könnte, genügt für Abs 1 S 1 Nr 4 nicht, sondern nur, wenn das Verhalten der Partei im deutschen Prozeß die Anerkennung im Heimatstaat sichert. Die in Anpassung an deutsches Verfahrensrecht vom deutschen Richter ausgesprochene Verstoßung islamischen Rechts wirkt in manchen islamischen Staaten als solche scheidend, so daß dort nicht eigentlich das deutsche Urteil anerkannt wird (Börner, Die Anerkennung ausländischer Urteile in arabischen Staaten [1996] 47 ff; zur Anpassung unten Rn 491 ff; weiter Rn 213). Ebenso kann es liegen, wenn Ausländer eine nach manchen südostasiatischen Rechten mögliche vertragliche Scheidung vor deutschen Gerichten vollziehen müssen. Dennoch genügt das für § 606a Abs 1 S 1 Nr 4 ZPO (vgl u Rn 168, 213). 163

β) Anerkennung mit abgeschwächter Wirkung

Wenn wie zB wohl bisher in Chile das deutsche Ehescheidungsurteil nicht als das Eheband trennend, wohl aber als Trennung von Tisch und Bett anerkannt wird, so **genügt** das **nicht**. Es geht insbesondere um die Möglichkeit der Wiederverheiratung, die diese Staaten gerade nicht eröffnen (zust Zöller/Geimer § 606a Rn 61; MünchKomm-ZPO/Bernreuther § 606a Rn 32). 164

Im philippinischen Recht fand sich vor der Gesetzesreform vom 6. 7. 1987 die Regelung, daß die Scheidung im Ausland einer gemischt philippinisch-ausländischen Ehe für den ausländischen Ehegatten mit der Möglichkeit der Wiederverheiratung auf den Philippinen anerkannt wird, nicht jedoch für den philippinischen Ehegatten, der also nicht wieder heiraten kann (Burmester/Beer StAZ 1988, 276). Da der Zweck des § 606a Abs 1 S 1 Nr 4 ZPO die Vermeidung hinkender Statusverhältnisse ist, 165 kann eine derartige Regelung, die ein solches Hinken konserviert, nicht genügen. Dasselbe gilt, wenn die Wiederheirat nur im Anerkennungsstaat verboten bleibt, nicht aber im Ausland.

ee) Anerkennungsbedürftige Urteile

α) Statusurteile

166 Der Anerkennung bedürfen Nichtigkeits-, Aufhebungs- und Scheidungsurteile und Trennungen von Tisch und Bett (vgl hierzu in Rn 42). Die zum alten Recht vertretene Meinung, Nichtigkeitsklagen des Staatsanwaltes seien stets unabhängig von der Anerkennung (Stein/Jonas/Schlosser [20. Aufl 1977] § 606b Rn 15; **aA** wohl BGH 7. 4. 1976 FamRZ 1976, 336) gilt unter dem neuen Recht nicht. Sie verstand sich als eine Ausdehnung der Sonderregelung für die Nichtigkeitsklage ehemals deutscher Frauen auf die Klagen des Staatsanwalts. Bei reinen Ausländerehen trägt selbst ein deutsches öffentliches Interesse an der Nichtigkeitsklage den Verzicht auf die Anerkennungsprognose nicht, vorbehaltlich des ordre public, zumal hier gem Art 13 EGBGB stets das Heimatrecht anzuwenden ist (BGH 7. 4. 1976 FamRZ 1976, 336 = NJW 1976, 1590 gibt keine Einschränkung in dieser Hinsicht zu erkennen; irrig Stein/Jonas/Schlosser aaO). Es genügt aber die Anerkennung in einem Heimatstaat eines Ehegatten.

β) Scheidung hinkender Ehen

167 Ist die Ehe nach einem maßgebenden Heimatrecht bereits geschieden, aufgehoben oder eine Nichtehe (sog **Inlandsehe**), so kommt es auf die Anerkennung nicht an (BGH 14. 10. 1981 BGHZ 82, 34, 50; BayObLG 30. 8. 1984 StAZ 1985, 11; OLG Stuttgart 20. 5. 1980 FamRZ 1980, 783; 11. 4. 1989 IPRax 1988, 172; OLG Koblenz 6. 1. 1994 FamRZ 1994, 1262; OLG Hamm 18. 3. 1994 FamRZ 1994, 1182). Die Inlandszuständigkeit ist ein Gebot der Rechtshilfe für die Parteien. Insbesondere wird durch die Scheidung der Ehe in Deutschland der Einklang mit dem Heimatrecht, wenn auch ggf mit Unterschieden in den Nebenfolgen, hergestellt* und namentlich die neue Heirat ermöglicht.

168 Das gilt nicht nur bei anfänglicher Nichtigkeit der Ehe nach dem Heimatrecht (zB bei nur standesamtlicher Heirat orthodoxer Zyprioten in Deutschland), sondern auch, wenn die Ehe im Heimatstaat als wieder aufgelöst gilt, was aber in Deutschland nicht anerkannt wurde. Da § 606a Abs 1 S 1 Nr 4 ZPO heute die Anerkennung in einem Heimatstaat genügen läßt, entfällt das Anerkennungserfordernis schon, wenn die Ehe in dem Heimatstaat eines Ehegatten bei gemischt-nationaler Ehe aufgelöst ist (Rahm/Künkel/Breuer, Hdb Fam GerVerf VIII Rn 151; Zöller/Geimer, IZPR

* Zöller/Geimer § 606 Rn 69; Johannsen/Johannsen/Henrich, Eherecht Art 17 EGBGB Rn 34; Gottwald, in: FS Nakamura 190; vBar, IPR Bd 1 Rn 259; Rahm/Künkel/Breuer VIII Rn 149; BGH 14. 10. 1981 BGHZ 82, 50 = FamRZ 1983, 47; LG Osnabrück 24. 9. 1948 IPRspr 1950/51 Nr 141; LG Berlin 23. 5. 1949 IPRspr 1945/49 Nr 68; OLG Tübingen 1. 6. 1950 IPRspr 1950/51 Nr 80; OLG Nürnberg 13. 7. 1950 IPRspr 1952/53 Nr 125; LG Köln 23. 10. 1950 MDR 1951, 621; LG Frankfurt/Main 6. 12. 1950 MDR 1951, 297 m Anm Neumayer; LG Mannheim 17. 3. 1953 JR 1955, 61 m Anm Ferid; LG Waldshut 11. 4. 1957 FamRZ 1958, 28 m Anm Neuhaus; LG Bremen 12. 7. 1966 FamRZ 1966, 635 m Anm Beitzke; OLG Karlsruhe 16. 9. 1970 Justiz 1971, 23; LG Berlin 11. 3. 1971 NJW 1971, 2130; OLG Stuttgart 20. 5. 1980 FamRZ 1980, 783; IPG 1972 Nr 17 (München); IPG 1976 Nr 48 (Köln); OLG Hamm 18. 3. 1994 FamRZ 1994, 1182 = StAZ 1994, 221.

Rn 69). Hauptbeispiel sind entgegen Art 17 Abs 2 EGBGB im Inland, aber in Übereinstimmung mit dem ausländischen Recht vollzogene Privat- und Verstoßungsscheidungen*. Kann eine Scheidung im Ausland aber gem Art 7 § 1 FamRÄndG hier noch anerkannt werden, dann fehlt für eine gerichtliche Inlandsscheidung das Rechtsschutzbedürfnis. Vielmehr ist diese Anerkennung nachzuholen.

Ist die Ehe im Heimatstaat dagegen zwar nichtig oder aufhebbar, aber noch nicht für nichtig erklärt oder aufgehoben, so kann von § 606a Abs 1 S 1 Nr 4 ZPO nicht abgesehen werden (RG 17.12.1941 RGZ 168, 175; LG Darmstadt 30.4.1931 IPRspr 1931 Nr 75; LG Stuttgart 12.1.1949 IPRspr 1949/50 Nr 21; OLG Hamburg 26.4.1934 StAZ 1935, 256 [Bergmann]). Daß im Heimatstaat die Ehe aufgehoben werden kann, läßt auch das Rechtschutzbedürfnis für einen Antrag in Deutschland nicht entfallen. 169

Bei einer nur für das deutsche Recht ungültigen oder schon geschiedenen Ehe (**Auslandsehe**) ist bei bestehendem Rechtsschutzbedürfnis eine Zweitscheidung zuzulassen. Hier ist aber auch dann die Anerkennung im Heimatstaat nötig, wenn beide Eheleute ihren gewöhnlichen Aufenthalt im Inland haben (Anh zu § 606a ZPO Rn 62 ff). 170

γ) Klageabweisende Urteile

Vielfach wird vertreten, daß klageabweisende Sachurteile nicht der Anerkennungsprognose bedürfen, weil dann keine hinkende Ehe entstehen könne (Riezler, IZPR S 247; Heldrich, Internationale Zuständigkeit und anwendbares Recht [1969] 246 Fn 50; Stein/Jonas/Schlosser § 606a Rn 18; MünchKomm-ZPO/Walter § 606a Rn 33; implizit BGH 22.3.1967 BGHZ 47, 324 = FamRZ 1967, 452). 171

Dem ist nicht zuzustimmen, weil **bei der Prüfung der Zuständigkeit** die Begründetheit der Klage noch nicht bekannt ist. Als Zuständigkeitsvoraussetzung ist die Nichtanerkennung vor jeder Beweiserhebung in der Sache zu prüfen. Verneinendenfalls ist die Klage zur Entscheidung reif und als unzulässig abzuweisen und das Verfahren nicht „auf Verdacht erst einmal durchzuführen, um dann, wenn der Klage stattzugeben wäre, sie doch wegen wegen negativer Anerkennungsprognose als unzulässig abzuweisen, aber zur Sache zu entscheiden, wenn die Klage unbegründet ist (wie hier Rahm/Künkel/Breuer, VIII Rn 146; Zöller/Geimer § 606a Rn 62; Dessauer, IPR. Ethik und Politik 377 ff). Es genügt aber, die Anerkennungsfähigkeit eines stattgebenden Urteils zu prüfen, schon weil der Heimatstaat kaum jemals differenzieren wird (zutr insoweit MünchKomm-ZPO/Bernreuther § 606a Rn 33). 172

Deshalb darf die Anerkennung und damit ggf die Zuständigkeit wie auch in anderen Verfahren **nicht dahingestellt** bleiben, weil die Klage auf jeden Fall unbegründet sei (irrig OLG Düsseldorf 12.11.1920 DJZ 1921, 375; OLG Karlsruhe 13.7.1934 BadRspr 1934, 102). 173

* LG Köln 29.1.1962 MDR 1962, 903: LG Stuttgart 9.12.1971 IPRspr 1971 Nr 60; AG Hamburg 12.4.1979 FamRZ 1980, 453 = NJW 1980, 2026; BayObLG 25.2.1982 FamRZ 1982, 813 (LS); LG Hamburg 16.7.1976 IPRspr 1976 Nr 51; BGH 14.10.1981 FamRZ 1982, 44 = NJW 1982, 517 (Privatscheidungen von Thailändern im Inland); IPG 1970 Nr 35 (Köln; Aufhebungsvertrag chinesischer Ehegatten im Inland); irrig LG Berlin II 26.3.1931 StAZ 1933, 156.

δ) Herstellungsklage

174 Die §§ 606, 606a ZPO verlangen nach ihrem **Wortlaut** die Anerkennung auch bei Herstellungsklagen. § 606 Abs 4 ZPO idF v 1898 verlangte dies nur für Scheidungen (OLG Hamburg 15.12.1908 HamGZ 1909 Bbl Nr 96; 13.7.1911 ebd 1912 Bbl Nr 28 II; OLG Dresden 10.12.1911 OLG Rspr 23, 197; KG 1.3.1937 JW 1937, 1325; RG 20.1.1936 JW 1936, 2473 [Süss]; RG 12.6.1922 WarnR 1923/24 Nr 21; Riezler, IZPR, 245 Fn 4; **aA** KG 24.5.1937 JW 1937, 2239, jedoch für eine die Scheidung vertretende Trennung von Tisch und Bett). Die neue Formulierung findet sich erstmals in der 4. DVO von 1941. Der Zweck des Anerkennungserfordernisses, hinkende Statusverhältnisse zu vermeiden, trägt nicht bei den Klagen auf Erfüllung der Pflicht zur ehelichen Lebensgemeinschaft bzw auf Unterlassung eines ehewidrigen Verhaltens (zweifelnd auch LG Berlin 6.3.1961 IPRspr 1960/61 Nr 182; Staudinger/Gamillscheg[10/11] Rn 428). Man sollte eine **teleologische Reduktion** vornehmen (Rahm/Künkel/Breuer VIII Rn 152; AG Hamburg 19.9.1978 FamRZ 1980, 578). Wenn die Herstellungsklagen noch vorkommen, so handelt es sich wohl kaum mehr um das gemeinsame Wohnen, sondern um Unterlassung von ehewidrigem Verhalten, das uU auch auf andere Rechtsgrundlagen gestützt werden kann. Auch Klagen auf Feststellung eines Rechts zum Getrenntleben iSd § 1353 Abs 2 BGB, die den Status nicht verändern, sind deshalb von der Anerkennungsprognose auszunehmen.

175 Dagegen ist die Anerkennungsprognose nötig, bei der gerichtlichen Trennung, die das Eheband lockert (vgl Vorbem 55 ff zu §§ 606a, 328 ZPO). Eine Einschränkung auf die nach ausländischem Recht die Scheidung vertretende Trennung von Tisch und Bett wäre sachlich nicht gerechtfertigt. Es macht keinen Unterschied, ob die gerichtliche Trennung eine Alternative zur Scheidung oder deren Vorstufe ist. Wenn und soweit die Beendigung der Ehe durch das Scheidungsurteil nur mit Anerkennung durch den Heimatstaat erfolgte, dann auch eine Trennung der ehelichen Lebensgemeinschaft ohne vollständige Lösung des rechtlichen Bandes der Ehe (OLG Frankfurt aM 1985 FamRZ 1985, 619 f zu Italien; **aA** Rahm/Künkel/Breuer Hdb d FamGerVErf VIII Rn 152: keine Anerkennungsprognose nötig, wenn die Trennung – wie in Italien – Vorstufe der Scheidung ist). Auch wenn die gerichtliche Trennung Voraussetzung einer Scheidung ist, so können die Parteien es bei ihr belassen und leben dann in einem anderen Personenstand. Macht es auch für die Anerkennungsprognose für eine Trennungsklage keinen Unterschied, ob es außerdem noch in jenem Recht eine Scheidung gibt oder nicht, so muß jene doch das Eheband wenigstens lockern (das war in AG Hamburg 19.9.1978 FamRZ 1980, 578 nach Auffassugn des Gerichts im spanischen Recht nicht der Fall). Andernfalls handelt es sich um eine einfache Herstellungsklage.

ε) Feststellungsurteile

176 Da ein Feststellungsurteil den **Status nicht verändert** und damit keine hinkende Ehe schafft, könnte man erwägen, in § 606a Abs 1 S 1 Nr 4 ZPO auf die Anerkennung im Heimatstaat zu verzichten. Es besteht auch ein Unterschied zu den gestaltenden Trennungsurteilen, die eine Pflicht zur ehelichen Lebensgemeinschaft aufheben. Eine Einschränkung ist nicht nur mit dem Wortlaut des Gesetzes schwer vereinbar (anders Staudinger/Gamillscheg[10/11] § 606b ZPO Rn 226), sondern wenn das Nichtbestehen einer Ehe hier rechtskräftig festgestellt und im Heimatstaat nicht anerkannt würde, entstünde vor allem faktisch eine ähnlich hinkende Situation wie bei einer inländischen Gestaltung.

Bei bloßer **Inlandsehe** (vgl Rn 167) erfordert die Feststellung ihres Bestehens oder Nichtbestehens ebensowenig wie ihre Scheidung die Anerkennung (LG Mannheim 17. 3. 1953 FamRZ 1955, 72; OLG Hamm 10. 3. 1970 NJW 1970, 1509; BEITZKE StAZ 1952, 171; vgl Rn 167, 213). Bei einer nur im Ausland, vor allem im Heimatstaat, gültigen Ehe (**Auslandsehe**, vgl Rn 170) kann die Klage auf Feststellung, daß sie nur für das deutsche Recht nicht wirksam sei, naturgemäß nicht von der Anerkennung im Heimatstaat abhängen. Das sind insbesondere Ehen, die in Deutschland nicht vor dem Standesbeamten, aber durchaus in der Form des ausländischen Heimatrechts geschlossen wurden (vgl Art 13 Abs 3 EGBGB). **177**

ff) Anerkennungsprognose

Warum der Heimatstaat die Anerkennung verweigert, ist für § 606a Abs 1 S 1 Nr 4 unerheblich. Der Heimatstaat kann sowohl eine ausschließliche Zuständigkeit für seine Bürger in Anspruch nehmen, wie bestimmte Anforderungen an die Ladung des Beklagten stellen, zB den Ausschluß öffentlicher Klagezustellung, oder die Mitwirkung eines Staatsanwalts verlangen. Es stellt sich allenfalls in Extremfällen die Frage des deutschen ordre-public (Rn 205 ff). **178**

α) Amtsprüfung

Die Gerichte haben die Anerkennung **von Amts wegen zu prüfen**. Die oben Rn 37 ff dargestellten Grundsätze der Prüfung von Amts wegen gelten auch hier, soweit es um die Feststellung von Tatsachen geht, wie zB darum, ob die Parteien einen von ihrem Heimatrecht für die Anerkennung vorausgesetzten gewöhnlichen Aufenthalt oder ihr domicile in Deutschland haben. Soweit es dagegen um das ausländische Anerkennungsrecht geht, hat das Gericht dies von **Amts wegen zu ermitteln**. **179**

Anders als die sachliche und örtliche Zuständigkeit ist die internationale auch noch in der **Revisionsinstanz** zu überprüfen (Nw Rn 33, 665; BGH 28. 11 2002 FamRZ 2003, 370; weitere Nachw Rn 38). Die Gründe dafür, daß § 545 Abs 2 ZPO für die internationale Zuständigkeit nicht gilt (BGH-GZS 14. 6. 1965 BGHZ 44, 46 = NJW 1965, 1665), tragen ebenso für die Revisibilität des ausländischen Anerkennungsrechtes, wenn die Zuständigkeit davon abhängt (GOTTWALD IPRax 1988, 211; ZÖLLER/GEIMER § 606a Rn 68; SCHACK, IZVR Rn 647; ebenso noch RG 24. 2. 1936 RGZ 150, 293, 295; **aA** BGH 11. 1. 1984 BGHZ 89, 325 = FamRZ 1984, 350), wenn man nicht richtigerweise überhaupt generell die Nachprüfung der Anwendung ausländischen Rechts in der Revisionsinstanz zulassen will (so de lege ferenda die hM NEUHAUS, Grundbegriffe 326; ZWEIGERT JZ 1959, 412; KEGEL, IPR § 15 IV; GOTTWALD, Die Revisionsinstanz als Tatsacheninstanz [1975] 107 f und IPRax 1988, 210; SCHACK, IZVR Rn 646 f; rvgl KERAMEUS ZZP 99 [1986] 166 u Anh zu § 606a ZPO Rn 101 ff). **180**

Jedenfalls steht § 545 Abs 1 ZPO auch nach Auffassung des BGH nicht entgegen, wenn das Berufungsgericht sich nicht mit dem **ausländischen Anerkennungsrecht** oder nicht mit der einschlägigen Norm befaßt hat (BGH 23. 10. 1963 BGHZ 40, 197, 201; BGH 29. 2. 1968 BGHZ 49, 384, 387; BGH 8. 4. 1987 NJW 1987, 3077, 3080; das Problem, daß nicht erkennbar gemacht ist, mit welchem ausländischen Recht [dazu H ROTH IPRax 1989, 213], dürfte sich hier nicht stellen), oder wenn sich das ausländische Recht **nachträglich geändert** hat (BGH 21. 2. 1962 BGHZ 36, 348 = NJW 1962, 961 = ZZP 75 [1962] 132; zu den verschiedenen Durchbrechungen des Grundsatzes und mit Rvgl KERAMEUS ZZP 99 [1986] 172 f). **181**

Der BGH übt aber eine Kontrolle aus, ob das Berufungsgericht das ausländische **182**

Recht pflichtgemäß **ermittelt** hat (BGH 24. 3. 1987 RIW 1987, 545 f und 794; BGH 24. 3. 1987 IPRax 1988, 227 und 29. 6. 1987 IPRax 1988, 228 [GOTTWALD 210]; BGH 21. 1. 1991 IPRax 1992, 324 [abl KRONKE 303]; einschränkend BGH 30. 4. 1992 BGHZ 118, 151). Diese Frage ist als Verfahrensfrage revisibel, aber schwer von der einer eventuell fehlerhaften Anwendung des fremden Rechts zu unterscheiden. Insbesondere muß das Berufungsgericht in seinen Gründen sagen, wie es das ausländische Recht ermittelt hat, damit das Revisionsgericht das Verfahren nachprüfen kann.

β) Beweislastumkehr

183 Entgegen noch dem RegEnt hat der Gesetzgeber (entsprechend dem Beschluß des Rechtsausschusses, BT-Drucks 10/5632, 47) entschieden, daß der gewöhnliche Aufenthalt einer Partei im Inland allein die deutsche internationale Zuständigkeit trägt, solange nicht festgestellt wird, daß der Heimatstaat oder die Heimatstaaten beider Parteien die Anerkennung des deutschen Urteils **verweigern** werden. Darin liegt eine praktisch bedeutsame Umkehr der Beweislast in diesem Punkt (dazu näher Rn 202).

184 Der Beklagte trägt so die **objektive Beweislast**. Wenn die Verweigerung der Anerkennung für die Anerkennungsverweigerung durch den Heimatstaat (dazu, welcher das ist o Rn 132 ff) nicht feststeht, ist von der deutschen Zuständigkeit auszugehen. Dagegen hängt von der Auslegung des Wortes „offenkundig" in Nr 4 ab, wieweit das Gericht zu ermitteln und die Parteien bei der Ermittlung mitzuwirken haben.

γ) Offensichtlichkeit

185 Das Fehlen der Anerkennungsfähigkeit muß für den deutschen Richter „offensichtlich" sein. Dieser **vieldeutige Begriff** wird im Gesetz nicht näher definiert. Der Rechtsausschuß, der die Regelung eingefügt hat, sagt nur, daß der deutsche Richter keine „intensiven Nachforschungen" und langwierigen Ermittlungen anstellen muß (BT-Drucks 10/5632, 47). Die Regelung bezweckt nicht, Deutschland zum Scheidungsparadies zu machen, und den nicht seltenen Wettlauf ums Forum zu fördern. Sie ist offenbar ein Kompromiß. Die verschiedenen Interpretationen der Literatur liegen teils auf einer materiellrechtlichen, teils auf einer beweisrechtlich-prozessualen Ebene. Die beiden Ansätze schließen sich nicht notwendig aus.

186 Der erstere Ansatz überwiegt wohl: Offensichtlich sei die Nichtanerkennung nur bei Rechtsordnungen, die ausländische Scheidungen überhaupt nicht anerkennen, zB weil sie Scheidung ganz ablehnen, oder doch zumindest bei Beteiligung eigener Staatsangehöriger bzw indem sie für bestimmte Parteien eine eigene ausschließliche Zuständigkeit in Anspruch nehmen (M KILIAN IPRax 1995, 17; LÜDERITZ IPRax 1987, 74, 81; DOPFFEL FamRZ 1987, 1210). Andere wollen auch weitere **klare Rechtslagen** (BAUMBACH/LAUTERBACH/ALBERS § 606a Rn 8) oder überhaupt allgemein unzweifelhafte Situationen beachten (JAYME IPRax 1986, 265, 267; 1987, 187), oder generell die deutsche internationale Zuständigkeit erst bejahen, wenn nach Ausschöpfung aller Erkenntnisquellen ohne Gutachten nicht sicher ist, daß die Anerkennung verweigert werden wird (MANSEL StAZ 1986, 317 Fn 21; SCHWAB/MAURER, Hdb Scheidungsrecht I Rn 1071; in diese Richtung gehen OLG Hamm 30. 1. 1987 IPRspr 1987 Nr 133 [Ausschöpfung der jedermann zugänglichen Erläuterungsbücher]). Sie beziehen die Offenkundigkeit primär auf die **objektive ausländische Rechtslage** und bejahen die deutsche Zuständigkeit vor allem, wenn die Rechtslage im Lande selbst ungeklärt oder umstritten ist. Dies war lange Zeit etwa in Italien der Fall betr die Frage, ob Scheidungen von Italienern im Ausland nur anerkannt werden konnten, wenn im Verfahren ein Staatsanwalt mitwirkte (dazu Tortorici IPRax 1983, 252, heute zu verneinen), und heute vielleicht, ob das Urteil mit Gründen versehen sein muß, die das längere Getrenntleben der Parteien feststellen. Namentlich im Bereich des allgemein verbreiteten Vorbehalts des ordre public des Anerkennungsstaates sind derartige unklare Rechtslagen möglich (vgl Kilic IPRax 1994, 478 zur Türkei). In diesem Sinne bemühen sich auch die OLG meist, die Rechtslage mit den üblichen Mitteln einschließlich der Einholung von Rechtsauskünften und Gutachten, soweit dies nötig erscheint, aufzuklären (zB OLG Stuttgart 18. 3. 1997 FamRZ 1997, 1161; OLG Hamm 31. 1. 1992 IPRax 1994, 305 [Elwan 282] = FamRZ 1992, 822 [Iran]; OLG Koblenz 16. 11. 1995, IPRax 1996, 278 [Argentinien]; wohl auch OLG Karlsruhe 25. 3. 1991 FamRZ 1991, 839 [Gottwald] [Italien]; AG Minden 17. 1. 1991 IPRax 1992, 108; unvollständig OLG Karlsruhe 25. 3. 1991 aaO; dagegen scheint OLG Frankfurt aM 16. 12. 1991 FamRZ 1992, 700 eine ungeklärte Rechtslage in Italien einfach zu vermuten).

Bei der **Ermittlungspflicht** oder den Beweisanforderungen setzen die an, die nur die Anerkennungshindernisse als offenkundig gelten lassen, welche aus den gängigen oder allgemein zugänglichen Nachschlagewerken oder aus dem ausländischen Gesetz direkt (Johannsen/Henrich § 606a Rn 31; OLG Celle 21. 10. 1992 IPRax 1994, 209, 210 [abl Rauscher 188], 191; OLG Nürnberg 10. 11. 2000 FamRZ 2001, 837; Henrich FamRZ 1986, 841, 849; Basedow NJW 1986, 2979; wohl auch OLG Hamm 30. 1. 1987 IPRax 1987, 250) oder nur aus der grundsätzlich insgesamt heranzuziehenden deutschen Literatur zu ersehen sind (MünchKomm/Winkler von Mohrenfels Art 17 EGBGB Rn 258; Rahm/Künkel/Breuer, VIII Rn 148; MünchKomm-ZPO/Bernreuther § 606a Rn 35, üblicherweise zur Verfügung stehend"), oder gar nur aus der dem Richter greifbaren (Zöller/Geimer Rn 60). 187

Stellungnahme: Die Verweigerung der Anerkennung ist sicher nicht offensichtlich, wenn die Rechtslage im Heimatstaat selbst **objektiv ungeklärt** bzw streitig ist. Der deutsche Richter muß nicht klüger sein als die ausländischen und soll auch nicht die von diesen noch nicht geklärten Fragen entscheiden müssen. Dabei ist in erster Linie auf die Rechtsprechung und, wenn ein Delibationsverfahren vorgesehen ist, auf die Praxis dieser Gerichte oder Behörden abzustellen. Gegenüber einer gefestigten Rechtsprechung fallen vereinzelte abweichende Stellungnahmen in der Literatur nicht ins Gewicht. Es müßte dann schon eine gute Chance erkennbar sein, daß die Rechtsprechung sich bald zB unter dem Einfluß einer starken wissenschaftlichen Meinung ändern werde. Denn wegen des Zweckes des § 606a Abs 1 S 1 Nr 4 ZPO, hinkende Scheidungen zu vermeiden, ist entscheidend, ob die Gerichte und Behörden des Heimatstaates anerkennen werden, nicht wie das Heimatrecht an sich richtigerweise zu verstehen ist. 188

Man kann aber nicht schlechthin dem Fall der im Ausland selbst ungeklärten bzw umstrittenen Rechtslage die Situation an die Seite stellen, daß das ausländische Gesetz die Anerkennung nicht von wenigen klar umrissenen Tatbeständen abhängig macht, sondern von vielen Umständen und von einer umfassenden Bewertung wie insbesondere beim allgemein üblichen Vorbehalt des ordre public. Es können sich hier durchaus feste Fallgruppen entwickelt haben. Manchmal gilt die Mißachtung (früherer) inländischer Rechtshängigkeit oder öffentliche Zustellung als Verstoß gegen den allgemeinen ordre public. 189

190 Zu denken ist dagegen insbesondere an die nicht seltene Situation, daß im ausländischen Recht die Anerkennungsfrage nur sehr unvollständig geregelt ist, ohne daß Rechtsprechung und Lehre bisher die Lücke gefüllt haben. Hier ist oft eine Vorhersage über die zukünftige ausländische Entwicklung nicht möglich. Dabei ist naturgemäß der Übergang fließend. Wenn der Anerkennungsrichter im Hinblick auf den ordre public aufgrund aller Umstände des Einzelfalls eine umfassende Bewertung nach seinem Wertesystem vornehmen soll, kann dies der deutsche Richter oft nicht sicher vorwegnehmen.

191 Häufig begegnet auch der Vorbehalt, daß das deutsche Gericht zum Nachteil eines Angehörigen des Anerkennungsstaates anderes Eherecht angewandt hat als nach dem IPR des Anerkennungsstaates anzuwenden war, oder es wird gleich verlangt, daß die Scheidung auch im Anerkennungsstaat hätte erfolgen können. In wohl den meisten Fällen gibt hier das ausländische Recht eine eindeutige Antwort, welche Scheidungsgründe anerkannt werden (rvgl Staudinger/Mankowski [2003] Art 17 EGBGB Rn 19 ff).

192 Nach dem Willen des Rechtsausschusses soll mit dem Offenkundigkeitserfordernis wohl **verfahrensrechtlich** die Ermittlungspflicht des Gerichtes eingeschränkt werden, wenngleich das im Wortlaut des Gesetzes nicht zwingend zum Ausdruck kommt. Die Grenze der Offenkundigkeit griffe bei diesem Ansatz nicht erst ein, wenn sich nach Ausschöpfung aller erreichbaren Erkenntnisquellen ergibt, daß die Rechtslage in der ausländischen Rechtsordnung selbst objektiv unklar ist, sondern setzt beim **Umfang der Tätigkeit** des Gerichtes an. Der vielleicht auf den ersten Blick naheliegenden Auslegung, daß der Richter nur die **ihm greifbaren** oder allgemein verbreiteten deutschen Erläuterungsbücher über fremdes Anerkennungsrecht heranziehen müsse (so OLG Nürnberg 10. 11. 2000 FamRZ 2001, 837; MünchKomm-ZPO/Bernreuther § 606a Rn 35; „übliche Erläuterungswerke"), stehen durchgreifende rechtsstaatliche Bedenken entgegen, denn damit wird der Ausgang des Verfahrens von den Zufälligkeiten der Bibliotheken oder der Buchproduktion abhängig gemacht (ähnlich Mansel StAZ 1986, 317 Fn 21; Dopffel aaO; Rahm/Künkel/Breuer VIII Rn 148 will aus ähnlichen Gründen Einsicht in alle erreichbaren deutschen Werke; vgl weiter Spellenberg IPRax 1988, 6 ff; abzulehnen OLG Frankfurt aM 29. 1. 1998 FamRZ 1998, 917, das allein wegen einer nicht weiter erörterten Gesetzesänderung in Italien ensthafte Zweifel hat, ob dort noch von einer Nichtanerkennung auszugehen sei). Eine Limitierung der Quellen, die der Richter zur Kenntnis nehmen müsse oder dürfe, ist grundsätzlich nicht der richtige Weg in einer für die Parteien wichtigen Angelegenheit. Ob die vom Gesetzgeber vor allem erstrebte Arbeitsersparnis für die Gerichte wirklich eintritt, ist zudem mehr als zweifelhaft, denn die Regelung soll die deutsche Zuständigkeit erweitern, führt also dazu, daß deutsche Gerichte häufiger nach ausländischem Recht zur Sache und zu Scheidungsfolgen entscheiden müssen, da bei § 606a Abs 1 S 1 Nr 4 ZPO beide Ehegatten Ausländer sind.

193 Man kann auch nicht argumentieren, es gehe lediglich um die nur summarisch zu prüfende Zuständigkeit, und immerhin würde dann in der Sache selbst nach voller Aufklärung des ausländischen Rechts richtig entschieden werden. Eine voreilige Bejahung der deutschen Zuständigkeit aufgrund wenig überprüfter Anerkennungsprognosen verletzte den **Justizgewährungsanspruch** des Antragsgegners, nicht überall Recht nehmen zu müssen (ähnlich MünchKomm-ZPO/Walter [1. Aufl 1992] § 606a Rn 36).

Eine darauf gegründete deutsche Entscheidung kann wegen einer anderen kollisionsrechtlichen Anknüpfung anders ausfallen als im Heimatstaat. Sie würde dort zwar uU deshalb nicht anerkannt, würde aber in jedem Fall den Status und namentlich seine Folgen für das Inland und eventuell andere anerkennungsbereite Staaten regeln. Auch der Antragsgegner kann verlangen, daß nur auf einer genügend gesicherten Grundlage über seinen Status entschieden wird.

Einen Ansatz zur Beschränkung der Ermittlungstätigkeit bietet nur **§ 293 ZPO** (zust M Kilian IPRax 1995, 13; MünchKomm-ZPO/Walter § 606a Rn 34; ähnlich MünchKomm/Winkler von Mohrenfels Art 17 EGBGB Rn 117). Das deutsche Recht muß der Richter kennen, das ausländische nicht, aber er muß es nach der Auslegung des § 293 ZPO durch die Rechtsprechung (BGH 21. 2. 1962 BGHZ 36, 353; BGH 27. 4. 1976 FamRZ 1976, 444 = NJW 1976, 1588; weitere Nw Rn 579 ff; Stein/Jonas/Leipold § 293 Rn 33; unstr) entgegen dem Gesetzeswortlaut von Amts wegen ermitteln. Allerdings darf das Gericht danach die Mithilfe der Parteien in einem ihnen zumutbaren Umfang beanspruchen (BGH 22. 9. 1971 BGHZ 57, 72, 78; BGH 16. 11. 1981 NJW 1982, 933; Stein/Jonas/Leipold Rn 47 ff; weiter Anh zu § 606a ZPO Rn 91 ff). Man kann vertreten, daß für § 606a Abs 1 S 1 Nr 4 ZPO den Parteien anheimzustellen ist, weitere Informationen über das ausländische Recht beizubringen und insbesondere Beweis auch durch Gutachten anzutreten. Den Beweisanträgen hat das Gericht stattzugeben und die vorgelegten Informationen zu prüfen. Das führt zwar praktisch zu einem ähnlichen Ergebnis wie eine Amtsermittlung, wenn eine Partei die Zuständigkeit bestreitet, nicht jedoch, wenn beide sie akzeptieren, was nicht selten der Fall ist. Die internationale Zuständigkeit steht zwar in Ehesachen nicht zur Disposition der Parteien, doch kann das Gericht anstatt vom Amts wegen weiter zu ermitteln, bei Zweifeln den Parteien den Nachweis des ausländischen Rechts überlassen, und sich selbst mit der Einsicht in die zugängliche deutsche Literatur begnügen. 194

Jedenfalls muß der Richter alle von den Parteien vorgelegten Informationen über das **ausländische Recht** zur Kenntnis nehmen und würdigen. Er darf sie nicht etwa zurückweisen, weil die Quelle, zB ein einschlägiges ausländisches Urteil, in Deutschland nicht allgemein bekannt oder zugänglich sei. Die Mitwirkung der Parteien im Rahmen des § 293 ZPO muß jedoch nicht notwendig darin bestehen, daß sie selbst Informationen vorlegen. Sie können auch insbesondere durch Sachverständige **Beweis antreten**. Gerade angesichts der Bedeutung, die ein Scheidungsurteil für die Parteien haben kann, darf das Gericht einen solchen Beweisantritt nicht ablehnen. 195

Zweifelt das Gericht bei der Anerkennungsprognose, muß und kann es daher zunächst auch im Rahmen der Amtsprüfung die Parteien zur Mithilfe auffordern, darf aber deswegen eigene Ermittlungen über **ausländisches Recht** nicht einfach einstellen. Daß Prüfung von Amts wegen nicht auch Ermittlung von Amts wegen ist, gilt nur für Tatsachen und nicht im Rahmen von § 293 ZPO. Erst wenn das ausländische Anerkennungsrecht dennoch unklar bleibt bzw ist, ist im Zweifel die deutsche Zuständigkeit zu bejahen. Im Ansatz richtig hat das OLG Stuttgart (18. 3. 1997 FamRZ 1997, 1161) die Zuständigkeit bejaht, als wegen des Bürgerkrieges in Bosnien weitere Ermittlungen über die Rechtspraxis dort nicht mehr Erfolg versprachen. 196

Ergebnis. Sachlich **nicht offenkundig** ist die Verweigerung der Anerkennung, wenn in 197 dem ausländischen Staat in dieser Frage vor allem zwischen den Gerichten selbst Uneinigkeit herrscht. Geteilte Meinungen unter deutschen Beobachtern gehören nicht hierher. Beachtlich kann aber eine starke Gegenauffassung im ausländischen Recht sein. Der Richter muß in jedem Fall von den Parteien selbst oder durch Beweisantritt angebotene Informationen zur Kenntnis nehmen. Bleibt die Rechtslage dennoch unklar, ist die Zuständigkeit zu bejahen.

198 Die Offensichtlichkeit wird jedenfalls nur für ausländisches Recht verlangt. Zum deutschen Recht gehören auch **Anerkennungs- und Vollstreckungsabkommen** und damit die darin (auch) für den ausländischen Staat niedergelegten Anerkennungsvoraussetzungen. Über diese rechtliche Regelung muß sich der Richter uneingeschränkt vergewissern und ggf Streitfragen entscheiden.

199 In vielen Anerkennungsübereinkommen und im autonomen Recht findet sich weiter die Regelung, daß der ausländische Staat die Anerkennung deutscher Entscheidungen verweigern kann, wenn das deutsche Gericht in einer Ehesache zu Lasten eines Angehörigen des Anerkennungsstaates ein anderes internationales Privatrecht angewandt hat als in diesem Staat anzuwenden gewesen wäre (ähnlich § 328 Abs 1 Nr 3 ZPO aF, **kollisionsrechtliche Konformität**). Für die Ermittlung dieser ausländischen Rechtsregel gilt dieselbe Amtsermittlungspflicht und bei Unaufklärbarkeit ist von Anerkennung auszugehen.

δ) Tatsächliche Voraussetzungen

200 Das ausländische Anerkennungsrecht stellt uU auf **Tatsachen** ab, zB darauf, ob eine Partei im betreffenden Staat ihren gewöhnlichen Aufenthalt hat. Zweifelt der Richter zwar nicht hinsichtlich des Inhalts der ausländischen Regelung, aber hinsichtlich der relevanten Tatsache, dann muß Beweis erhoben werden. Ist die Sachlage nicht aufzuklären, so muß der Richter nach der Formulierung in § 606a Abs 1 S 1 Nr 4 ZPO seine Zuständigkeit bejahen.

201 Wenn aber die Parteien trotz Aufforderung keinen Beweis anbieten und ihre an sich mögliche Mitwirkung verweigern, um zB die deutsche Zuständigkeit nicht zu gefährden, so muß man entweder den Richter auch die Tatsachen von Amts wegen ermitteln lassen, wozu er aber praktisch oft nicht in der Lage ist, oder man muß die Umkehrung der Beweislast einschränken: Bleiben die für die Anerkennungsprognose relevanten Tatsachen trotz Aufforderung wegen einer fehlenden Mitwirkung der Partei zweifelhaft, ist ihr Antrag unzulässig.

202 Die deutsche internationale Zuständigkeit ist danach in **Umkehrung der normalen Beweislast** bei nicht ermittelbarer oder nicht hinreichend aufzuklärender tatsächlicher Voraussetzungen für die Anerkennung zu bejahen. Nicht selten aber hängt die Anerkennung von Umständen ab, die erst nach dem deutschen Urteil eintreten können. Häufiges Beispiel ist das Einverständnis des Beklagten mit der Anerkennung des Urteils im Unterschied zu seiner Einlassung auf das Verfahren in Deutschland. Im Hinblick darauf hat das OLG Stuttgart (18. 3. 1997 FamRZ 1997, 1161) die deutsche Zuständigkeit bejaht, weil der Heimatstaat darauf abstellte, und in einem andern Fall sie offenbar verneint, weil der Beklagte auf absehbare Zeit nicht erreichbar war und sich also auch nicht würde erklären können (aaO S 1162 mitgeteilt). Dem ist im Ansatz zuzustimmen. Im ersten Fall hatte der Beklagte aber vor dem deutschen Gericht mehrmals erklärt, nicht geschieden werden zu wollen, und das Gericht hatte keinen Anlaß, auf einen Sinneswandel zu spekulieren.

Wie auch immer man die Ermittlungspflicht des Gerichtes abgrenzt, ist die Ausübung des **pflichtgemäßen Ermessens** bei der Ermittlung des ausländischen Anerkennungsrechts revisibel. Der BGH verlangt im übrigen zu § 293 ZPO, daß die Urteilsgründe erkennen lassen, in welchem Umfang und mit welchen Mitteln das Gericht das ausländische Recht ermittelt hat (vgl Anh zu § 606a ZPO Rn 104). 203

Für die **Staatsangehörigkeitsfragen** gilt das oben (Rn 134 ff) Gesagte. Der Heimatstaat muß von Amts wegen festgestellt werden. Und das Ergebnis ist dann auch maßgeblich, wenn dieser Heimatstaat für die Anerkennungsregelung auf die Staatsangehörigkeit seiner Bürger abstellt. 204

gg) Ordre public

Grundsätzlich kann eine Anerkennungsverweigerung durch den Heimatstaat wegen Verstoßes gegen den **deutschen ordre public** unbeachtlich sein, doch ist dies wie im IPR (vgl BGH 29.4.1964 BGHZ 42, 7; Staudinger/Mankowski [2003] Art 17 EGBGB Rn 105 ff) nicht schon dann der Fall, weil jener Staat Scheidungen überhaupt ablehnt oder nur bei bestimmten Scheidungsgründen anerkennt. 205

Der ordre public kann eingreifen, wenn die Verweigerung der Anerkennung auf einer für uns **inakzeptablen** Scheidungsregelung beruht, wobei freilich die Ablehnung von Scheidungen generell oder auch das Verlangen eines Verschuldens nicht gegen den ordre public verstößt. Gegen den ordre public verstieße aber wegen Art 3 Abs 2 GG eine Ungleichbehandlung der Frau, wenn also zB in islamischen Rechten eine Scheidung nicht anerkannt würde, die von der Ehefrau betrieben (oder ausgesprochen) wurde, oder wenn der Heimatstaat einen Scheidungsgrund verlangt, der auch in seinem Recht enthalten ist und dabei etwa nur den Ehebruch der Frau, aber nicht den des Mannes genügen läßt (vgl zu solchen und anderen Regelungen Staudinger/Mankowski [2003] Art 17 EGBGB Rn 105 ff). 206

§ 606a Abs 1 S 1 Nr 4 ZPO verlangt eine Prognose, ob das auf den Antrag hin in Deutschland ergehende Urteil im Heimatstaat der einen oder anderen Partei offenbar nicht anerkannt werden wird. Das ist nach dem Recht des betreffenden Staates einschließlich eventueller Anerkennungsverträge zu beurteilen. Hier ist zuerst die **EheGVO** zu nennen. Sie erfaßt alle statusändernden Urteile, auch dann wenn die deutsche internationale **Zuständigkeit nicht aus der EheGVO** sondern aus § 606a ZPO folgte (vgl Art 22 EheGVO Rn 5 f). Soweit eine Partei einem Mitgliedstaat der EheGVO angehört, ist damit die **Anerkennung gesichert**. An sich bleiben die Anerkennungshindernisse nach Art 27 EheGVO (Art 15 Abs 1 aF) erheblich und aus der Sicht des Heimatstaates zu prüfen, dh ordre public, unzureichende Ladung und entgegenstehendes Urteil. Dafür kann aber auf die Erläuterungen zu Art 27 EheGVO verweisen werden. Sie dürften sehr selten offensichtlich eingreifen. 207

Damit ist im Folgenden für Anträge auf Eheauflösung nicht mehr auf das nationale Recht der bisherigen EU-Mitgliedstaaten ohne Dänemark einzugehen, zu denen ab dem 1.5.2004 hinzugekommen sind: Estland, Lettland, Litauen, Malta, Polen, Slo- 208 wakei, Slowenien, Tschechische Republik, Ungarn und Zypern. Für sie gilt sofort auch die **EheGVO**.

209 Art 26 (Art 14 aF) EheGVO sichert die Anerkennung aber **nur für statusgestaltende** Entscheidungen (Eheaufhebung, Ehescheidung und Trennung von Tisch und Bett). Es kann durchaus das Scheidungsrecht eines dritten Staats angewandt worden sein. Daß Urteile, die solche Anträge abweisen, nicht nach Art 21 (Art 14 aF) EheGVO anerkannt werden, ändert nichts, denn das ist bei Antragstellung noch nicht vorherzusehen. Die Zuständigkeits- und vor allem die Anerkennungsregelungen der EheGVO gelten also nicht für **Feststellungs- und Herstellungsurteile**. Soweit § 606a ZPO auch für solche Anträge eine Anerkennungsprognose verlangt (o Rn 176), dh für Feststellungsklagen, bleibt das nationale Anerkennungsrecht in anderen Mitgliedstaaten der EheGVO weiterhin von Bedeutung. Hier sind dann auch zweiseitige Anerkennungsverträge heranzuziehen. Zwischen ihnen und dem nationalen Prozeßrecht gilt das Günstigkeitsprinzip. Da jedoch für Herstellungsklagen auf die Anerkennungsprognose verzichtet werden sollte (o Rn 174), bleibt sie nur für Feststellungsklagen an sich nach nationalem Recht zu prüfen. Da jedoch Klagen auf Feststellung des Nichtbestehens einer Ehe sehr selten sind, weil sie in den Rechten der Staaten der EheGVO wohl kaum noch vorgesehen sind, soll auf die Erläuterung ihres Anerkennungrechts insoweit aus praktischen Gründen verzichtet werden. Eine Ausnahme erscheint für England sinnvoll, weil englisches Recht verhältnismäßig oft void marriages kennt.

hh) Länderberichte

210 Die **Anerkennungsvoraussetzungen** für deutsche Eheurteile liegen nur teilweise bereits mit dem Verfahrensbeginn fest. In diesem frühen Stadium nachprüfbar sind nur die **Anerkennungszuständigkeit** und die **Ladung des Beklagten**. Andere Voraussetzungen des ausländischen Rechts beziehen sich auf den Ablauf des Verfahrens und den Inhalt des Urteils. Schließlich kann die Anerkennung auch noch von einer Entscheidung der Parteien nach dem Urteil, namentlich von ihrem Einverständnis mit der Anerkennung abhängen. Die Prüfung gem § 606a Abs 1 S 1 Nr 4 ZPO kann sich nur auf die Voraussetzungen erstrecken, die zum **Zeitpunkt** der Entscheidung über die Zuständigkeit festgestellt werden können. Das sind namentlich die deutsche internationale Zuständigkeit aus der Sicht des Heimatstaates und die Anforderungen an die Ladung des Beklagten. Wenn der Heimatstaat eine **Delibation** verlangt (zB Türkei), so genügt, daß die Voraussetzungen einer positiven Entscheidung dort gegeben sind.

211 Nicht selten hängt die Anerkennung davon ab, daß das deutsche Gericht das **Recht** anwendet, das nach dem **IPR des Anerkennungsstaates** anzuwenden ist. Dann kann das Gericht über seine Zuständigkeit auch erst nach Feststellung des nach den beiderseitigen Kollisionsrechten anzuwendenden Rechts entscheiden. Wenn dabei die weitere Einschränkung gemacht wird, daß die Anerkennung nur verweigert wird, wenn auch das konkrete Ergebnis zum Nachteil einer Partei von dem abweicht, das bei der Anwendung des anderen Rechts herausgekommen wäre, dann ist grundsätzlich auch dieses auf der Grundlage des vom IPR des Anerkennungsstaates bezeichneten Eherechts festzustellen. Im Hinblick auf das Offenkundigkeitserfordernis kann die Ermittlungspflicht aber begrenzt werden. Es genügt, wenn eine Scheidung auch nach jenem Recht ernsthaft in Betracht kommt. Dagegen wäre die

deutsche Zuständigkeit zu verneinen, wenn nach dem vom EGBGB bestimmten Scheidungsstatut für den deutschen Richter zB eine Trennung von einem Jahr ausreicht, nach dem anderen Recht aber fünf Jahre nötig und noch nicht abgelaufen sind (über die Scheidungsgründe der ausländischen Rechte unterrichtet Staudinger/Mankowski [2003] Art 17 EGBGB Rn 27 ff, und über ausländische Rückverweisungen aaO Rn 158 ff).

Wenn die Anerkennung davon abhängt, daß das **Urteil begründet** wird oder bestimmte Feststellungen zB zur Trennungszeit oder zum Verschulden des Beklagten enthält, ist dem Genüge zu tun. Die Anerkennung kann zB durch einen Schuldausspruch gesichert werden. Vor allem aber ist zu beachten, wenn die Anerkennung bei nicht persönlicher Ladung oder häufig auch bei Ladung nicht im Wege der Rechtshilfe ausgeschlossen ist. Hier hängt die Zuständigkeit von der Einhaltung dieser Regeln ab. 212

§ 606a Abs 1 Nr 4 ZPO ZPO geht ersichtlich von der Annahme aus, daß auch der Heimatstaat die Scheidung durch Urteil oder jedenfalls durch Hoheitsakt vorsieht. Das ist aber keinesfalls überall in der Welt so, vielmehr kennt man dort auch Privatscheidungen. Wenn das deutsche Gericht nach einem derartigen Recht scheidet, dann ist das deutsche Verfahren anzupassen (Rn § 606a Anh Rn 69 ff), jedoch kann das ausländische Anerkennungsrecht statt des deutschen Urteils das **private Rechtsgeschäft anerkennen**, also zB den außerhalb oder innerhalb des deutschen Gerichts abgeschlossenen Scheidungsvertrag oder die „Verstoßungserklärung". Das genügt für § 606a Abs 1 S 1 Nr 4 ZPO, auch wenn das deutsche Urteil dieses Rechtsgeschäft nur als Scheidungsgrund ansieht. Daß das ausländische Recht dabei aber nicht eigentlich dem deutschen Urteil inländische Wirksamkeit gibt, schadet nicht. Wird die private Scheidung in Deutschland vollzogen, so ist sie für uns nur wegen Art 17 Abs 2 EGBGB nicht wirksam, wohl aber für das betr ausländische Recht. Es ist eine Inlandsehe entstanden, und eine Anerkennung im Heimatstaat nicht mehr nötig (vgl Börner, Die Anerkennung ausländischer Titel in den arabischen Staaten, 1996, S 51 u pass; o Rn 167 f). 213

Wenn ein Staat die Scheidung ganz ablehnt, was selten geworden ist, und dann meist auch ausländische Scheidungen nicht anerkennt, so kann er doch durchaus **Nichtigkeits- oder Aufhebungsurteile** anerkennen. Dies ist von praktischer Bedeutung, denn erfahrungsgemäß kennen solche Rechte oft mehr Aufhebungsgründe. 214

Die Anerkennungsprognose ist negativ, wenn die Anerkennung im Heimatstaat von einem erst dann zu erteilenden **Einverständnis** der Parteien **mit der Scheidung** bzw Anerkennung abhängt (zB Volksrepublik China). Man muß dies von einem Einverständnis mit der Scheidung in Deutschland unterscheiden, wenn das Scheidungsstatut einverständliche Scheidungen kennt. 215

Viele gesetzliche Regeln über die Anerkennung ausländischer Urteile enthalten ausdrücklich den **Vorbehalt des ordre public** (wie zB auch § 328 Abs 1 Nr 4 ZPO). Der Vorbehalt gilt jedoch auch in den Staaten, die ihn nicht ausdrücklich geregelt haben. In den folgenden Ausführungen wird, soweit dies feststellbar war, angegeben, wenn es feste Fallgruppen für diesen Vorbehalt gibt. Gerade in diesem Zusammenhang wirkt sich die „Offenkundigkeitsregel" aus, wenn sich im Ausland 216 noch keine Fallgruppen oder wenigstens klarere Präzedenzentscheidungen finden lassen.

217 Nicht wenige Staaten schreiben in ihren Anerkennungsregeln ausdrücklich vor, daß das Gericht des Scheidungsurteiles sein eigenes Verfahren und insbesondere seine eigenen **Zuständigkeitsregeln** richtig beachtet habe. Darauf wird im folgenden nicht näher eingegangen, denn es ist zu unterstellen, daß das deutsche Gericht die deutsche ZPO richtig anwendet.

Ägypten

Wie auch bei vielen anderen islamischen Staaten ist bei Ägypten zunächst zu prüfen, ob die Ehe nicht bereits durch eine unwiderrufliche, dh dreimalige private Verstoßungserklärung geschieden ist (o Rn 213). Zur Verstoßung befugt ist nach dem Gesetz vom 3. 7. 1985 grundsätzlich der muslimische Ehemann. Allerdings kann die Ehefrau auch sich selbst im Namen des Gatten verstoßen, wenn dieser ihr entsprechende Vollmacht erteilt hat. Ob ägyptisches Recht anwendbar ist, ist in diesem Zusammenhang vom ägyptischen IPR zu entscheiden. Nach Art 13 Abs 2 des bürgerlichen Gesetzbuches vom 16. 7. 1948 ist an die Staatsangehörigkeit des Ehemannes zum Zeitpunkt der Verstoßung anzuknüpfen. Ist die Verstoßung wirksam, so ist die Ehe damit bereits geschieden. Es liegt nur noch eine Inlandsehe vor, und dann verlangt Nr 4 keine Anerkennung mehr (vgl Börner, Anerkennung ausländischer Titel in arabischen Staaten [1996] 50 f). Eine Verstoßung kann notfalls im deutschen Verfahren erklärt werden (o Rn 213, Anh zu § 606a ZPO Rn 72). Diese Frage ist zuvor zu klären. Die Anerkennungsfrage ieS stellt sich praktisch nur bei Klagen der Ehefrau. Insoweit kennt auch Ägypten gerichtliche Scheidungen in seltenen Fällen (Art 298 G über das Personenrecht, Bergmann/Ferid S 59).

Gem Art 28 und 298 der Zivilprozeßordnung von 1968 nimmt Ägypten eine ausschließliche Zuständigkeit für die Klagen gegen einen ägyptischen muslimischen Ehegatten an, so daß die **Anerkennung ausgeschlossen** erscheint. Ist der Beklagte Muslim mit nicht-ägyptischer Staatsangehörigkeit, so ist die Anerkennung zwar zweifelhaft (vgl El-Mikayis RabelsZ 33 [1969] 213 f; IPG 1973 Nr 21 [München]; OLG Braunschweig 18. 12. 1984 FamRZ 1985, 1145 ff; OLG Celle FamRZ 1974, 314; Rahm/Künkel/Breuer VIII Rn 154; **aA** Bergerfurth, Ehescheidungsprozeß Rn 241), aber für Nr 4 unerheblich, die auf die ägyptische Staatsangehörigkeit abstellt.

Es ist auch anzunehmen, daß der Anerkennung zumindest der ordre public entgegensteht, wenn bei Beteiligung eines Muslim nicht islamisches Recht angewandt wird. Im übrigen verlangen die Art 491–497 der ZPO für die Anerkennung, daß das deutsche Gericht zuständig war, daß der Beklagte ordnungsgemäß geladen war (gegenüber Ägypten gilt das HZÜ), daß kein ägyptisches Urteil in derselben Sache besteht, und daß der ägyptische ordre public nicht verletzt ist.

Da das Personenstandsrecht in Ägypten interreligiös gespalten ist, gibt es die Möglichkeit der Verstoßung für koptische Christen und andere Christen in deren religiösem Recht an sich nicht. Dennoch ist streitig, ob auch Nichtmuslime verstoßen können. Andererseits schließt Art 99 G Nr 78/1931 die Scheidung aus, wenn das religiöse Recht einer Partei, zB eines Katholiken, sie verbietet (Menhofer, Religiöses

Recht und internationales Privatrecht [1995] 92 ff). Hier dürfte also auch die Anerkennung einer deutschen Scheidung verweigert werden.

Äthiopien

Die Anerkennungsvoraussetzungen für ausländische Urteile in Äthiopien sind unklar. Das bürgerliche Gesetzbuch Äthiopiens enthält keine international prozessualen und international privatrechtlichen Vorschriften. Gleichzeitig hat Äthiopien bisher, soweit ersichtlich, keine Anerkennungsabkommen abgeschlossen. In der älteren Literatur (Arnold RabelsZ 25 [1969] 53 ff, 66) wird von einer Entscheidung des Obersten Gerichtshofs Äthiopiens berichtet, in der nach den Grundsätzen des englischen common law ein ausländisches Urteil anerkannt wurde. Ob diese Grundsätze auch heute noch einschlägig sind, kann zwar nicht als gesichert angesehen werden, jedoch scheint in diesem Rahmen die Anerkennung auch nicht offensichtlich ausgeschlossen.

Afghanistan

Ein ausländisches, afghanische Staatsangehörige betreffendes Urteil wird in Afghanistan dann anerkannt, wenn die Scheidung nach afghanischem materiellen Recht erfolgt ist. Denn die Scheidung der Ehe afghanischer Staatsangehöriger unterliegt nach Art 20 Nr 2, Art 21 ZGB stets afghanischem Recht (vgl Krüger IPRax 1985, 151; AG Bonn IPRax 1985, 165 entgegen der irrigen hM). Da der afghanische Ehemann (als Muslim) sich durch Verstoßung scheiden kann, ist mit der Verstoßung die Ehe für afghanisches Recht bereits aufgelöst, und es gilt dasselbe wie bei Ägypten. Urteile auf Antrag der afghanischen Ehefrau sind anerkennungsfähig, wenn das Gericht afghanisches Recht und einen der dort genannten Scheidungsgründe angewandt hat (vgl Krüger IPRax 1985, 151). Das sind insbesondere unheilbare oder langdauernde Erkrankung des Ehemannes, auch wohl Impotenz, Nichterfüllung der Unterhaltspflicht, Unzumutbarkeit der Fortsetzung der ehelichen Lebensgemeinschaft wegen Beleidigung oder Körperverletzung der Ehefrau, grundloses Verlassen der Ehefrau seit mindestens drei Jahren oder mehr als fünfjährige Trennung oder mehr als zehnjährige Freiheitsstrafe für den Mann (vgl Bergmann/Ferid/K Wähler, Afghanistan S 19).

Albanien

Das albanische Recht enthält für die Anerkennung ausländischer Scheidungsurteile keine ausdrücklichen Vorschriften. Ein Anerkennungsabkommen mit der Bundesrepublik Deutschland besteht nicht.

Albanien nimmt im Falle der Zuständigk eit albanischer Gerichte eine ausschließliche Zuständigkeit für sich in Anspruch (Art 70 ZPO von 1981). Daher muß davon ausgegangen werden, daß Ehescheidungen von Albanern, die im Ausland erfolgen, in Albanien nicht anerkannt werden (vgl Bergmann/Ferid/Stoppel, Albanien, 14; Rahm/Künkel/Breuer VIII Rn 154, Albanien).

Algerien

Art 325 des algerischen Zivilprozeßrechtes von 1966 enthält nur die Bestimmung, daß ausländische Urteile der Exequatur bedürfen, wobei heute aber klar ist, daß diese für Eheurteile nicht erforderlich ist. Anerkennungsvoraussetzung soll jedoch sein, daß das deutsche Gericht aus algerischer Sicht zuständig war, und daß das deutsche Urteil das vom algerischen IPR berufene Scheidungsstatut angewandt hat (Mohand Issad, Droit international privé, Bd 2 [2 Aufl 1987] 71). Algerien nimmt wie Frankreich eine ausschließliche Zuständigkeit in Anspruch, wenn eine Partei die algerische Staatsangehörigkeit hat und nicht auf dieses Privileg verzichtet, was also den Beklagten betrifft (Mebroukine, in: Carlier/Verwilghen [Hrsg], Le Statut personnel des musulmans [Brüssel 1992] 237 f). Die weitere nötige Beziehung zum Urteilsstaat wäre am Gericht des ehelichen Wohnsitzes gegeben (Art 8 Abs 3 Zivilprozeßordnung). Nach algerischem IPR ist algerisches Recht anzuwenden, nicht nur wenn beide, sondern schon wenn nur ein Ehegatte die algerische Staatsangehörigkeit hat (Art 12 Code civil, Ordonnance no 75/58 vom 26. 9. 1975; Payrad Rev crit 1977, 403), wobei bei Doppelstaatsangehörigkeit in jedem Fall die algerische Staatsangehörigkeit den Ausschlag gibt (Art 22 aaO). Es gibt aber gewichtige Hinweise, daß die algerischen Gerichte dann nur noch die Wahrung des ordre public verlangen, wenn das Urteil im wesentlichen mit dem übereinstimmt, was ein algerisches Gericht judiziert hätte (Mohand Issad Pénant 1974, 11 ff), dh insbesondere, wenn das deutsche Gericht algerisches Recht angewandt hat.

Im übrigen darf das Urteil nicht gegen den algerischen ordre public verstoßen, so daß wohl gem Art 49 Familiengesetzbuch ein Versöhnungsversuch unternommen worden sein muß, weiterhin dürfen keine schwerwiegenden Verfahrensfehler vorgekommen sein, und die unterlegene Partei muß insbesondere die Gelegenheit gehabt haben, ihre Rechte ausreichend wahrnehmen zu können (vgl Mebroukine aaO; IPG 1982 Nr 37 [Berlin]).

Andorra

Da Andorra weiterhin die Scheidung überhaupt ablehnt, ist mit einer Anerkennung eines deutschen Scheidungsurteils nicht zu rechnen.

Angola

Es ist wohl immer noch Art 1094 des ehemals portugiesischen Zivilgesetzbuches von 1961 in der Fassung von 1967 maßgebend (vgl Bergmann/Ferid/Rau, Angola S 9). Danach werden rechtskräftige deutsche Urteile anerkannt, wenn deutsche Gerichte nach den Regeln der internationalen Gerichtsbarkeit Angolas zuständig sind. Nach Art 75 Zivilprozeßgesetz sind Gerichte zuständig am Wohnsitz oder Aufenthaltsorts des Klägers (vgl zu Portugal AG Siegheim 28. 11. 1983 IPRax 1984, 277). Es darf nicht bereits in Angola ein Verfahren anhängig gemacht worden oder ein Urteil ergangen sein, es sei denn, das deutsche Verfahren war zuerst anhängig gemacht worden. Der Beklagte muß ordnungsgemäß geladen worden sein. Ein Urteil in Abwesenheit des Antragsgegners wird nur anerkannt, wenn er persönlich geladen wurde. Das deutsche Gericht muss angolanisches Recht angewandt haben, wenn dieses nach dem IPR von Angola anzuwenden war. Dies ist der Fall nach Art 52, 55 des insoweit noch fortgeltenden portugiesischen Zivilgesetzbuches von 1966, wenn beide Ehegatten angolanische Staatsangehörige sind oder bei verschiedener Staatsangehörigkeit bei gemeinsamem gewöhnlichem Aufenthalt in Portugal haben und, falls ein solcher fehlt, als Heimatrecht des Ehemannes. Dieselbe Anknüpfung gilt für die Trennung von Tisch und Bett.

Der angolanische ordre public ist vorbehalten. Nach portugiesischer Praxis, die möglicherweise auch in Angola befolgt werden könnte, gehört dazu bei einer einvernehmlichen Scheidung der Ehegatten, daß das Gericht zunächst eine Versöhnung versucht, nach welcher die Parteien frühestens nach 3 Monaten und spätestens vor Ablauf eines Jahres den Antrag erneuern müssen, und der Richter erneut die Versöhnung versuchen muss, bevor er nun die Scheidung aussprechen kann (Supremo Tribunal Lissabon 14. 06. 1983 IPRax 1986, 112 [Rau 117]). Eine Einigung der Parteien über die Scheidungsfolgen wird wohl nicht zum ordre public gezählt. Doch dürfte die Beachtung dieser Regeln des portugiesischen Rechts sehr zu empfehlen sein (Rau 120).

War nach angolanischem IPR angolanisches Scheidungsrecht anzuwenden, so muss das deutsche Urteil darauf eingehen, damit der Anerkennungsrichter die Richtigkeit seiner Anwendung nachprüfen kann (Jayme IPRax 1984, 278 zu Portugal). Wird dieses Recht gegen einen Angolaner falsch angewandt, ist die Anerkennung nach Art 1096g Zivilprozeßgesetz zu versagen.

Antigua und Barbuda

Deutsche Scheidungsurteile werden voraussichtlich anerkannt gemäß dem Recognition of Divorce and Legal Separation Act Nr 25 von 1975, wenn eine Partei ihren gewöhnlichen Aufenthalt im Urteilsstaat hatte oder beide Parteien am Verfahren teilgenommen haben, und der – nicht erschienene – Antragsgegner ordnungsgemäß geladen war. Es gilt das HZÜ. Der anerkennungsrechtliche ordre public darf nicht verletzt sein (Bülow/Böckstiegel/Geimer/Schütze, Int Rechtsverkehr 1007. 6), doch ist über dessen Inhalt nichts näheres bekannt.

Argentinien

Die Anerkennungsvoraussetzungen in Argentinien sind in Art 517 CPN (idF des Gesetzes von 1981) geregelt. Seit dem Scheidungsgesetz vom 12. 6. 1987 können auch ausländische Scheidungen anerkannt werden. Danach muß das Urteil von dem nach internationalem Recht zuständigen Gericht erlassen worden sein, die verurteilte Partei muß persönlich vorgeladen worden sein, und ihre Verteidigung muß gewährleistet worden sein. Öffentliche Zustellung genügt nicht, doch kann im Fall persönlicher Zustellung auch ein Versäumnisurteil anerkannt werden (Möllring, Anerkennung und Vollstreckung ausländischer Urteile in Südamerika [1985] 100 f). Das ausländische Scheidungsurteil darf ferner nicht dem argentinischen ordre public widersprechen und mit einem anderen argentinischen Urteil unvereinbar sein (vgl Möllring 78 ff). Die Zuständigkeit (für die Anerkennun) folgt dem gemeinsamen, notfalls dem letzten gemeinsamen Wohnsitz der Eheleute, wobei darunter der gewöhnliche Aufenthalt von einiger Dauer zu verstehen ist (Art 92 cc); liegt dieser (letzte) gemeinsame Wohnsitz in Argentinien, so nimmt Argentinien eine ausschließliche

Zuständigkeit in Anspruch. Eine Trennung der Parteien verändert den Gerichtsstand nicht (Möllring 37 f).

Armenien

Die Sowjetunion hat am 27. 6. 1968 das Gesetz zur Bestätigung der Grundlagen der Gesetzgebung der Union der SSR und der Unionsrepubliken über Ehe und Familie erlassen. Es enthält in Art 33 eine Anerkennungsregelung, daß die Scheidung einer Ehe von zwei Staatsangehörigen im Ausland anerkannt wird, wenn beide Ehegatten zum Zeitpunkt der Ehescheidung im Ausland lebten, und bei gemischt-nationalen Ehen mit einem eigenen Staatsangehörigen, wenn ein Ehegatte im Ausland lebte. Diese Regelungen sind, soweit erkennbar, in die Gesetzgebung von Unionsrepubliken übernommen worden (Bergmann/Ferid/Geilke UdSSR S 26 ff), in Armenien mit Gesetz vom 18. 7. 1969. Unter der Voraussetzung, daß nicht inzwischen neue Gesetze ergangen sind, gilt dann folgendes:

Sind beide Eheleute Armenier, ist mit einer Anerkennung wohl nur zu rechnen, wenn sie zum Zeitpunkt des Verfahrens beide im Ausland gelebt haben. Bei gemischt-nationaler Ehe braucht nur einer im Ausland gelebt zu haben, wohl nicht notwendig der armenische Partner (Schulze WGO 1990, 11, 14).

Aserbeidschan

Es soll dasselbe wie für Armenien gelten. Das Unionsgesetz ist dort am 6. 8. 1968 übernommen worden.

Australien

In Australien werden ausländische Eheurteile gem sec 104 Family Act 1975 anerkannt, wenn zum Zeitpunkt der Klageerhebung der Antragsteller oder der Antragsgegner in Deutschland ihr domicile (iSd australischen Rechts) haben oder hatten. Das dürfte selten sein (vgl Art 3 EheGVO Rn 103 ff). Es genügt aber auch, wenn der Antragsteller seine ordinary residence bei Klageerhebung in Deutschland hatte, wenn dieser Aufenthalt wenigstens seit einem Jahr bestand oder der letzte gemeinsame gewöhnliche Aufenthalt der Eheleute hier war. Es genügt zwar auch die deutsche Staatsangehörigkeit des Antragsgegners oder die des Antragstellers, wenn zusätzliche Elemente vorliegen, doch stellt sich in diesem Falle nach § 606a Abs 1 S 1 Nr 1 ZPO die Anerkennungsfrage nicht.

Der Begriff der ordinary residence läßt sich nicht präzise definieren. Er meint sicher nicht das *domicile*, sondern wohl eine physische Anwesenheit, die nicht nur zufällig oder anläßlich der Durchreise oder eines Touristenbesuches entstanden sein darf. Ein Wille, auf Dauer oder für längere Zeit zu bleiben, wird anscheinend nicht verlangt. Man kann auch mehrere solche Aufenthaltsländer zugleich haben. Aber es muß immerhin eine stärkere Beziehung zum Land als bloße vorübergehende Anwesenheit vorliegen (Sykes/Pryles, Australien Private International Law [2. Aufl 1987] 422 f).

Die gesetzliche Regelung läßt weitergehende Anerkennungsmöglichkeiten nach common law unberührt (Abs 5). Zu denken ist an die Scheidung von Australiern in Deutschland, für die die genannten Zuständigkeitsgründe nicht bestanden, die Scheidung aber in einem dritten Staat anerkannt wird, in dem einer sein domicile oder lang dauernden gewöhnlichen Aufenthalt hat. Gem der Entscheidung *Armitage v Attorney General (1906) P 135* wird auch ohne die vorgenannten Zuständigkeitsgründe für ein deutsches Gericht eine deutsche Scheidung anerkannt, wenn sie in dem dritten Staat anerkannt wird, in dem beide Parteien zum Zeitpunkt der Klageerhebung ihr domicile hatten, oder mit dem eine Partei eine real and substantial connection hat.

Bestandteil des australischen Anerkennungsrechts ist auch die Regel aus der englischen Entscheidung *Indyka v Indyka* (1969) 1 AC 33, wonach es genügt, wenn eine der Parteien eine sonstige „real and substantial connection" mit dem Urteilsstaat hat. An das Vorliegen einer solchen Beziehung werden jedoch restriktive Anforderungen gestellt, so daß neben der gesetzlichen Regelung der ordinary residence nicht viel Spielraum bleibt. Zu denken wäre etwa an einen länger dauernden, aber kurz vor Klageerhebung beendeten Aufenthalt in Deutschland, wenn zusätzlich zumindest früher die Eheleute sich hier gemeinsam aufgehalten haben. Nicht genügend ist jedenfalls ein Aufenthalt kürzerer Dauer und die Tatsache, daß die Ehe hier geschlossen wurde.

Trotz Vorliegens der Anerkennungszuständigkeit wird die Anerkennung verweigert wegen Verstoßes gegen natural justice, wenn der Beklagte nicht persönlich geladen wurde, obwohl dies möglich gewesen wäre, oder wenn er sonst nicht genügend Gelegenheit hatte, sich zu verteidigen, wenn das Urteil hinsichtlich Zulässigkeits- wie Begründetheitsvoraussetzungen durch Täuschung seitens einer Partei erlangt wurde, und generell wenn der australische ordre public verletzt wird (vgl zum Ganzen Sykes/Pryles, Australian Private International Law 435 ff).

Bangladesch

Anerkennungsvoraussetzung ist, daß das deutsche Gericht nach dem Recht von Bangladesch international zuständig war (Bergmann/Ferid/Weishaupt, Bangladesch, S 23). Das ist nach Sec 6 Family Courts Ordinance der Fall, wenn entweder der Klagegrund im Urteilsstaat entstanden ist, oder beide Parteien hier gemeinsam ihren gewöhnlichen Aufenthalt haben oder zuletzt hatten, oder die Ehefrau hier ihren gewöhnlichen Aufenthalt hat, wenn sie klagt.

Es muß rechtliches Gehör gewährt, insbesondere der Antragsgegner ausreichen und rechtzeitig geladen worden sein. Es gilt das HZÜ.

Nach Sec 13c Civil Procedure Code muß sowohl in der Sache das Recht von Bangladesch angewandt worden sein, wenn das vom dortigen IPR verlangt wird. Das ist der Fall, wenn der Ehemann zum Zeitpunkt der Antragstellung sein domicile in Bangladesch hat. Da ähnlich hohe Anforderungen an den Erwerb eines domicile of choice wie in England (vgl Art 3 EheGVO Rn 103 ff) gestellt werden (Bergmann/Ferid/Weishaupt, aaO S 18), ist in aller Regel bei Ehemännern aus Bangladesch vom Fortbestand ihres domicile dort auszugehen. Das deutsche Urteil wird aber, auch wenn es nicht das Recht von Bangladesch angewandt hat, wohl anerkannt werden, wenn ein Scheidungsgrund zugrunde gelegt wird, der im Recht von Bangladesch auch vorgesehen ist (WEISHAUPT, aaO S 23). Das Scheidungsrecht ist freilich interreligiös gespalten und durchaus verschieden (nähere Ausführung bei BERGMANN/FERID/WEISHAUPT, Bangladesch). Hindu-Ehen sind überhaupt unauflöslich und daher sind gegebenfalls deutsche Urteile nicht anerkennungsfähig.

Der ordre public wird vorbehalten (Natural Justice), worunter insbesondere eine ausreichende und rechtzeitige Ladung und die Gewährung rechtlichen Gehörs im Laufe des Verfahrens verstanden werden dürfte. Das Urteil darf auch nicht durch betrügerische Machenschaften erlangt sein.

Belarus (Weißrussland)

Es gilt weiterhin das Ehe- und Familiengesetzbuch der Republik Belarus vom 13. 6. 1969, das auf dem Gesetz der UdSSR über die Grundlagen von Ehe und Familie vom 27. 6. 1968 beruht. Nach Art 218 jenen Gesetzes ist mit einer Anerkennung einer Auslandsscheidung zu rechnen, wenn beide Eheleute Weißrussen sind und beide zum Zeitpunkt der Ehescheidung ihren Wohnsitz im Ausland haben. Bei gemischt-nationalen Ehen braucht nur ein Ehegatte im Ausland gelebt zu haben, nicht notwendig der weißrussische Partner. Weitere Anerkennungshindernisse werden nicht genannt.

Benin

Benin hat die Frage der Anerkennung ausländischer Statusurteile im Jahr 2004 in den art 969 ff Code des Personnes et de la famille geregelt. Auch diese Urteile bedürfen eines Exequaturs, das verweigert werden muß, wenn das ausländische Urteil gegen den ordre public Benins verstößt, wenn die Partei nicht ordnungsgemäß geladen war, nicht ordnungsgemäß vertreten sein konnte oder nicht ihre Einwendungen vorbringen konnte, oder wenn ein Verfahren mit demselben Gegenstand früher im Lande anhängig gemacht worden war oder sogar schon ein Urteil ergangen ist, oder wenn ein älteres Urteil eines ausländischen Staates über dieselbe Angelegenheit ergangen ist, sofern dieses in Benin anerkannt werden könnte. Das Exequatur muß dafür noch nicht vorliegen. Diese Anerkennungshindernisse des art 972 sind international weit verbreitet und entsprechen §§ 328 Abs 1 ZPO.

Gem art 973 ist die Anerkennung auch zu verweigern, wenn das ausländische Gericht zu einem anderen Urteil gelangt ist als ergangen wäre, wenn die Kollisionsregeln Benins angewandt worden wären. Dieses Anerkennungshindernis der kollisionsrechtlichen Non-Konformität wird allerdings nur auf Einrede der Partei mit beninischer Staatsangehörigkeit beachtet. Die hier interessierende Kollisionsnorm ist art 989. Danach bestimmt in erster Linie das Recht der gemeinsamen Staatsangehörigkeit der Eheleute zum Zeitpunkt der Klagerhebung über die Gründe und die Wirkungen einer Scheidung oder einer Trennung von Tisch und Bett. Mangels gemeinsamer Staatsangehörigkeit zu diesem Zeitpunkt gilt das Recht des gemeinsamen Wohnsitzes, hilfsweise des letzten gemeinsamen Wohnsitzes, vorausgesetzt daß einer der Ehegatten ihn noch hat. Wenn nie ein gemeinsamer Wohnsitz bestand, wird das Recht des Gerichtes angewandt. Der gemeinsame Wohnsitz ist in art 978 definiert als der Ort, wo beide Eheleute sich gemeinsam gewöhnlich aufhalten. Sind also beide Parteien des in Deutschland anhängig gemachten Eheverfahrens Beniner, so würde auch das deutsche Gericht gern Art 17 Abs 1 mit Art 14 Abs 1 Nr 1 das Recht von Benin anwenden, so daß dies Anerkennungshindernis nicht vorläge. Ebenfalls läge es nicht vor, wenn bei gemischt-nationaler Ehe mit hier vorausgesetzter Beteiligung eines Beniners der letzte gemeinsame gewöhnliche Aufenthalt in Deutschland war. Dann würde das deutsche Gericht deutsches Recht in übereinstimmung mit art 989 anzuwenden haben.

Weniger klar ist die Frage der Anerkennungszuständigkeit geregelt. In art 966 Abs 2 ist festgehalten, daß Benin keine ausschließliche Zuständigkeit für Eheklagen in Anspruch nimmt, auch wenn eine der beiden Parteien die Staatsangehörigkeit von Benin hat. Aus art 935 ist zunächst zu entnehmen, daß ausländischen Staaten jedenfalls Anerkennungszuständigkeit konzediert wird, wenn sie dort auf Umständen beruht, die auch in Benin die internationale Zuständigkeit begründen würden. Dies sind gem art 966 Abs 1 die Staatsangehörigkeit Benins des Klägers oder des Beklagten bei Klagerhebung. In anscheinend gemeinter spiegelbildlicher Anwendung würde dies also bedeuten, daß Kläger oder Beklagter deutscher Staatsangehöriger gewesen sein müsse. Jedoch ist in § 606a Abs 1 Nr 4 ZPO der Zuständigkeitsgrund der gewöhnliche Aufenthalt des Klägers; nur dann kommt es auf die Heimatstaatsanerkennung an. (Hat der Beklagte ihn hier, gilt Art 3 Abs 1 lit a 3. Str EheGVO). Diesen Zuständigkeitsgrund kennt aber das beninische Gesetz nicht. Für diesen Fall sagt zwar art 965 weiter, daß in Benin eine Zuständigkeit gegen einen deutschen Staatsangehörigen aus demselben Grund eröffnet werde. Dennoch wird aber mE verlangt, daß das ausländische Gericht, um dessen Urteil es geht, nach den Kriterien Benins international zuständig gewesen sein muß. Art 965 bedeutet nicht, daß Benin keine Anerkennungszuständigkeit verlangt. Indem art 966 keine genaue und abschließende Festlegung der Anerkennungszuständigkeit gibt, folgt er stillschweigend der französischen Praxis seit dem Urteil der Cour de Cassation v 6. 2. 1985 (Rev crit dr priv 1985 369 – Simitich v Fairhurst) und v 5. 5. 1998 (Rev crit dr int pr 1998 622 – Mailian v Mailian), wonach für die Anerkennung immer eine ausreichende und konkrete Beziehung („lien caracterisé") zwischen dem Verfahren und dem Gerichtsstaat bestehen müsse (nach freundlicher Auskunft von Prof Dr jur, Docteur en droit N A Gbaguidi, Directeur de l'Ecole nationale d'administration et de la magistrature, Cotonou).

Allerdings gibt es in Frankreich und erst recht in Benin wenig Rechtsprechung zur Konkretisierung des „lien caractérisé". Nach Cass v 5. 5. 1998 genügt ein nur vorübergehender Aufenthalt des Klägers, selbst mit den gemeinsamen Kindern nicht. In Cass 6. 2. 1985 genügte jedenfalls, daß die Klägerin die Staatsangehörigkeit des Urteilsstaates hatte, daß beide Ehegatten dort ursprünglich ihren ehelichen Wohnsitz genommen hatten und die Klägerin noch dort lebte und der beklagte Ehemann dort Vermögen hatte. So wird man mit einer Anerkennung rechnen können, wenn der aktuelle oder letzte gemeinsame gewöhnliche Aufenthalt der Eheleute in Deutschland ist, und vielleicht auch, wenn ihn nur der Kläger hier hat, wenn er weitere Dauer verspricht.

Bhutan

Das Recht von Bhutan enthält keine Regelungen über die Anerkennung ausländischer Zivilurteile. Staatsverträge über die Anerkennung ausländischer Urteile wurden ebenfalls nicht abgeschlossen. Mit einer Anerkennung ausländischer Urteile in Bhutan wird nicht gerechnet werden können (vgl Schütze JR 1981, 498 f).

Bolivien

Maßgebend sind die Art 552 ff Codigo de procedemiento civil vom 6. 8. 1975. Entsprechend Art 387 des Familiengesetzbuches vom 2. 4. 1973 wird deutschen Gerichten (Anerkennungs)-Zuständigkeit konzediert, wenn der letzte gemeinsame Wohnsitz oder der letzte Aufenthalt des Antragstellers hier lagen. Dafür, daß Bolivien auf diese Anerkennungszuständigkeit verzichte (so RAHM/KÜNKEL/BREUER VIII Rn 154), sind keine ausreichenden Anzeichen zu finden (so auch MÖLLRING 41; BERGMANN/FERID, Bolivien 8). Hat der Beklagte seinen Wohnsitz in Bolivien, so muß er ordnungsgemäß geladen worden sein, und zwar wohl nach den Regeln des bolivianischen Rechts (ein Staatsvertrag besteht nicht). Nicht notwendig ist, daß das deutsche Urteil das Recht angewandt hat, das nach bolivianischem IPR anzuwenden gewesen wäre (MÖLLRING, Anerkennung und Vollstreckung ausländischer Urteile in Südamerika [1985] 75; **aA** BERGMANN/FERID, Bolivien 8). Erforderlich ist dagegen nach Art 554 die Gegenseitigkeit, dh ein bolivianisches Urteil müßte unter den gleichen Umständen in Deutschland anerkannt werden. Da das bolivianische Recht heute eine Scheidung auch aufgrund mindestens zweijähriger, freilich beiderseits freiwilliger Trennung vorsieht, dürfte der bolivianische ordre public einer Anerkennung auch einer vom deutschen Richter ausgesprochenen Zerrüttungsscheidung nicht entgegenstehen.

Bosnien-Herzegowina

Es könnte dasselbe wie in Jugoslawien gelten (RAHM/KÜNKEL/BREUER, Hdb FamGerVerf VIII Rn 154).

Botswana

Gem sec 4(1) der Botswana Independence Order von 1966 gilt (wie schon nach der General Law [Cape] Statutes Revisions Proclamation 1959) in Botswana das Recht der Kap-Kolonie nach dem Stand vom 10. 6. 1891. Damit wird das Roman-Dutch Law, so wie es sich in Südafrika entwickelt hat, rezipiert. Eine ausdrückliche eigene gesetzliche Regelung ist nicht erfolgt. Es ist zu vermuten, daß die Beschränkung auf den 10. 6. 1891 nicht strikt gehandhabt wird, so daß die Anerkennung deutscher Eheurteile heute unter den gleichen Voraussetzungen wie in Südafrika zu erwarten ist (vgl dort; **aA**, aber zu Unrecht, SCHÜTZE JR 1978, 54 f, ihm zustimmend RAHM/KÜNKEL/BREUER Hdb FamGerVerf VIII 154).

Brasilien

Nachdem im internen Recht die Scheidung zugelassen ist, werden auch ausländische Scheidungsurteile von Brasilianern grundsätzlich anerkannt. Wenn jedoch ein Ehegatte Brasilianer ist, setzt Art 7 § 6 EinführungsG zum Zivilgesetzbuch voraus, daß seit dem Urteil drei Jahre vergangen sind, sofern dem Urteil nicht eine ebenso lange gerichtliche Trennung vorausgegangen ist. Eine davor beantragte Anerkennung verleiht dem Urteil nach verbreiteter Auffassung zunächst nur die Wirkungen einer Trennung von Tisch und Bett, doch treten die Wirkungen der Scheidung nach Ablauf der Frist automatisch ein. Nachdem nun in Art 226 der Verfassung von 1988 festgelegt wurde, daß eine Scheidung schon ein Jahr nach einem gerichtlichen Trennungsurteil erfolgen kann, ist auch ohne die vermutlich übersehene Änderung des EinfG anzunehmen, daß ausländische Scheidungen ebenfalls schon nach einem Jahr anerkannt werden. Eine solche Wartezeit für die Anerkennung steht der deutschen internationalen Zuständigkeit iSd § 606a Abs 1 S 1 Nr 4 ZPO nicht entgegen.

Weiter sollte das Urteil bei streitiger Scheidung mit Gründen versehen sein. Hatte der Beklagte bei Klageerhebung seinen feststellbaren Wohnsitz in Brasilien, so ist für die Anerkennung Voraussetzung, daß er im Wege der Rechtshilfe geladen wurde. (Ein Zustellungsabkommen besteht nicht.) Das dauert freilich 12–18 Monate. Öffentliche Zustellung genügt nicht. Der Mangel wird geheilt, wenn der Beklagte vor Gericht zur Sache verhandelt. Ansonsten scheidet die Anerkennung aus bei öffentlicher Zustellung, Zustellung durch die Post oder durch deutsche diplomatische Vertretungen oder durch den Antragsteller selbst (Nachw bei RECHSTEINER aaO 145 f). Die deutschen Gerichte müssen nach brasilianischen Regeln zuständig sein. Sie lassen anscheinend nun auch in Ehesachen Gerichtsstandsvereinbarungen zu (RECHSTEINER RabelsZ 49 [1989] 144 f; BÜLOW/BÖCKSTIEGEL/GEIMER/SCHÜTZE/SAMTLEBEN 1023.26; **aA** BERGMANN/FERID/WEISHAUPT, Brasilien S 16). Einlassung der Antragsgegner auf das Verfahren genügt auch.

Die Zuständigkeitsgründe im übrigen sind nicht genau fixiert (dazu BÜLOW/BÖCKSTIEGEL/GEIMER/SCHÜTZE/SAMTLEBEN, Int Rechtsverkehr 1023.26). Es wird eine hinreichende Beziehung zum Urteilsstaat verlangt. Diese wird jedenfalls bejaht, wenn der eheliche Wohnsitz dort ist, auch wenn einer während des Verfahrens nach Brasilien verzieht. Ist der eheliche Wohnsitz in Brasilien, wir nur anerkannt, wenn sich beide Ehegatten auf das deutsche Verfahren eingelassen haben. Ob der Wohsitz des Antragstellers in Deutschland alleine auch genügt, wird von RECHSTEINER (RabelsZ 49 [1989] 144) bejaht.

Der Vorbehalt des ordre public wird anscheinend sehr zurückhaltend gehandhabt.

Bulgarien

Ausländische Scheidungsurteile, auch wenn sie einen bulgarischen Staatsangehörigen betreffen, werden anerkannt, wenn der Beklagte im Zeitpunkt der Klageerhebung den Wohnsitz in dem Staat hatte, in dem die anzuerkennende Gerichtsentscheidung ergangen ist (Art 303 Abs 4 Zivilgesetzbuch). In der in § 606a Abs 1 S 1 ZPO vorausgesetzten Situation, daß nur der Antragsteller den gewöhnlichen Aufenthalt hier hat, wird dananch nicht anerkannt.

Es wird weiter nicht anerkannt, wenn der bulgarische Beklagte nicht ordnungsgemäß und nicht rechtzeitig geladen wurde und wenn dieselbe Sache früher in Bulgarien rechtshängig war oder rechtskräftig entschieden wurde (BERGMANN/FERID Bulgarien 27).

Burkina Faso

Nach Art 998 des Code des personnes et de la famile von 1990 (dazu NUYTINCK Penant 1991, 258 ff) sind ausländische Scheidungsurteile anerkennungsfähig, wenn die internationale Zuständigkeit des ausländischen Gerichtsbarkeit gegeben ist. Das ist der Fall:

„1. wenn in der Sache keine ausschließliche Zuständigkeit der burkinischen Gerichte begründet ist;

2. wenn der Rechtstreit seiner Natur nach zu dem Staat Verbindungen aufweist, dessen Gericht angerufen wurde;

3. wenn die Wahl der Gerichtsbarkeit nicht in Umgehungsabsicht erfolgt war.“

Mit dieser Formulierung gibt der Code offenbar den französischen Arrêt Fairhurst c Simich der französischen Cour des Cassassion wider. Zur Erläuterung dieser Regelung kann daher auch das bei Benin Gesagte verwiesen werden.

Weiter wird die Anerkennung verweigert, wenn die Parteien nicht ordnungsgemäß geladen waren oder für säumig erklärt wurden, sowie wenn sie nicht ordnungsgemäß vertreten waren oder ihre Beweismittel nicht geltend machen konnten. Ein Zustellungsübereinkommen besteht mit Burkina Faso anscheinend nicht. Ist die Zustellung des verfahrenseinleitenden Schriftstücks nicht gelungen, so dürfte mit Anerkennung nicht gerechnet sein.

Ein früher in Burkina Faso anhängiges Verfahren mit gleichem Gegenstand hindert die Anerkennung ebenso wie ein dortiges früheres Urteil oder ein drittstaatliches Urteil, das in Burkina Faso anerkannt ist.

Art 100 c p f verweigert die Anerkennung weiter, wenn das deutsche Gericht ein anderes Recht angewandt hat, als nach dem IPR von Burkina Faso anzuwenden gewesen wäre und dadurch zu einem anderen Ergebnis gekommen ist. Nach Art 1028c p f ist Scheidungsstatut das gemeinsame Heimatrecht der Ehegatten bei Antragstellung. Mangels gemeinsamer Staatsangehörigkeit gilt das Recht des gemeinsamen Wohnsitzes der Ehegatten, hilfsweise des letzten gemeinsamen Wohnsitzes, sofern einer von ihnen diesen Wohnsitz beibehalten hat. Hatten die Ehegatten niemals einen gemeinsamen Wohnsitz, wendet das zuständige Gericht sein eigenes Recht an.

Der ordre public ist vorbehalten (Art 999 c p f), dürfte aber wie in Frankreich sehr zurückhaltend angewandt werden.

Burundi

Gem Art 145 des Gerichtsverfassungszuständigkeitsgesetzes von 1979 ist mit der Anerkennung eines ausländischen Scheidungsurteils in Burundi zu rechnen, wenn die Zuständigkeit des entscheidenden Gerichts nicht nur auf die Staatsangehörigkeit des Antragstellers gestützt worden ist; der gewöhnliche Aufenthalt auch nur des Antragstellers, den § 606a Abs 1 S 1 Nr 4 ZPO voraussetzt, genügt also (vgl Rahm/Künkel/Breuer VIII Rn 154). Weiter müssen die Rechte der Verteidigung gewahrt sein, der Beklagte also rechtzeitig und ordnungsgemäß geladen worden sein. Die Anwendung des vom burundischen IPR berufenen Scheidungsstatuts wird nicht verlangt. Die Bestimmung reproduziert Art 570 des belgischen code judiciaire, dessen Großzügigkeit sich an sich dadurch erklärt, daß zwar eine révision au fond vorgesehen ist, auf sie jedoch (wie in Belgien) bei Statusurteilen verzichtet wird (vgl Rigaux, Droit international privé Bd 2 [1993] No 861).

Chile

Chile hat am 17. 5. 2004 ein neues Gesetz übe die Zivilehe erlassen, wonach nunmehr ausländische Scheidungen anerkannt werden können (Art 83 Abs 2 ley de matrimonio civil No 19.9947). Dieses verweist auf die allgemeinen Anerkennungsregelungen in Art 245 Codigo de Procedrua civil. Danach sind ausländische Urteile anzuerkennen, wenn sie nicht gegen die chilenischen Gesetze verstoßen, nicht die internationale Zuständigkeit der chilenischen Gerichte verletzen und nicht ohne Ladung und Verteidigungsmöglichkeit des Beklagten ergangen sind.

Offenbar wird eine Verletzung chilenischer Zuständigkeiten nicht schon dann gesehen, wenn auch in Chile eine Scheidungszuständigkeit vorläge. Es wird berichtet, daß die Anerkennung ausländischer Scheidung daran jedenfalls nie gescheitert sei (Samtleben StAZ 2004, 289). Zwar war bisher in diesen Fällen eine Wiederheirat in Chile ausgeschlossen, worin man eine Verweigerung der Anerkennung hätte sehen können, da sie nicht volle inländische Wirkung entfaltet, doch diese Vorschrift ist nun gestrichen.

Das Hindernis der unzureichenden Ladung oder Verteidigungsmöglichkeit entspricht § 328 Abs 2 Nr 2 ZPO. Ein Zustellungsübereinkommen mit Chile besteht aber offenbar nicht, und öffentliche Zustellung in Deutschland dürfte nicht ausreichen.

Nicht abschließend ist definiert, wann ein deutsches Urteil gegen chilenisches Recht verstoßen würde. Eine genaue Übereinstimmung des Scheidungsgrundes, den das deutsche Gericht ggf verwendet hat, mit einem im chilenischen Recht vorgesehen Scheidungsgrund wird wohl nicht verlangt. Scheidungsgründe im chilenischen Recht sind heute ein übereinstimmender Antrag auf Scheidung nach wenigstens einjähriger faktischer Trennung, sofern die Parteien auch eine Vereinbarung über ihre rechtlichen Beziehungen untereinander und gegenüber den Kindern vorlegen. Jeder Ehegatte kenn einseitig nach mindestens dreijähriger faktischer Trennung die Scheidung beantragen, es sei denn er habe während dieser Zeit wiederholt seine Unterhaltspflichten gegenüber dem anderen Ehegatten und den Kindern schuldhaft versäumt. Der dritte Scheidungsgrund ist der, daß dem Antragsgegner eine schuldhafte Eheverfehlung vorzuwerfen ist, die eine schwere Pflichtverletzung gegenüber dem Ehegatten oder den Kindern darstellt und das gemeinsame Leben unerträglich macht. Die beiden erstgenannten Scheidungsgründe entsprechen dem § 1566 BGB. Insoweit dürfte der Anerkennung kein Hindernis im Wege stehen. Auch die Scheidung aufgrund Verschuldens des Gegners, die zu einer Zerrüttung geführt hat, kann auf Anerkennung hoffen.

Unklar ist Art 83 Abs 4 cpc, der eine Anerkennung solcher Urteile ausschließt, die auf einer Gesetzesumgehung beruhen. Als Gesetzesumgehung, die die Anerkennung hindert, soll anzusehen sein, wenn im Ausland eine Scheidung ausgesprochen wird, obwohl die Ehegatten (oder einer von ihnen) während eines der drei dem Urteil vorausgehenden Jahre ihren Wohnsitz in Chile hatten, und sie sich darüber einig sind, daß sie zumindest während dieser drei Jahre getrennt gelebt haben. Wenn sie sich über die Dauer nicht einig sind, verlängert sich die Frist, während der kein Ehegatte seinen Wohnsitz in Chile haben durfte, auf fünf Jahre. Was damit im einzelnen gemeint ist, ob zB der Wohnsitz während eines vollen Jahres in Chile vorausgesetzt wird, oder ob jeder Wohnsitz innerhalb dieses Zeitraums schadet, ist unklar (Samtleben StAZ 2004, 289). Der Gedanke der Vorschrift ist wohl der, daß vermieden werden soll, daß chilenische Ehegatten die Trennungsfristen von einem oder drei Jahren, die das chilenische Gesetz vorsieht, durch Anrufung eines ausländischen Gerichtes umgehen könnte. Lebten beide Ehegatten bis dahin in Chile, und ist der Antragsteller nun nach Deutschland verzogen und hat hier seinen gewöhnlichen Aufenthalt noch nicht ein Jahr, und beantragt er die Scheidung (dies dürfte der häufigste Problemfall sein), so ist mit der Anerkennung jedenfalls dann nicht zu rechnen, wenn der andere Ehegatte in Chile verblieben ist.

Republik China (Taiwan)

Gerichtliche Scheidungen von Chinesen in Deutschland werden nicht anerkannt, da Taiwan mangels diplomatischer Beziehungen und zwischenstaatlicher Abkommen die erforderliche Gegenseitigkeit nicht vereinbart sei (Bergmann/Ferid/Altenburger 15 mNw; unter Berufung auf eine Erklärung des Zustizverwaltungsministeriums von 1958; übersehen von Rahm/Künkel/Breuer VIII Rn 154). Ansonsten würde auch die eine deutsche internationale Zuständigkeit nach chinesischen Regeln gegeben, weil für Chinesen eine ausschließliche Zuständigkeit in Anspruch genommen wird (die gegenteilige Auffassung von Rahm/Künkel/Breuer überzeugt nicht; vgl Nachw bei Bergmann/Ferid/Altenburger aaO). Der Beklagte muß ordnungsgemäß im Prozeßstaat oder durch internationale Rechtshilfe geladen werden, und das Urteil darf nicht gegen den chinesischen ordre public verstoßen.

Jedoch können die Ehegatten nach § 1049f des Bürgerlichen Gesetzbuches ihre Ehe auch durch schriftlichen Vertrag scheiden, wobei zwei Zeugen unterschreiben müssen. Gem § 14 des Gesetzes über die Anwendung Bürgerlichen Rechts bei Ausländern vom 6. 6. 1953 gilt chinesisches Recht nach chinesischem IPR schon dann, wenn ein Ehegatte Staatsangehöriger der Republik China ist. Vollziehen die Eheleute diese Privatscheidung spätestens während des deutschen Scheidungsverfahrens, so kommt es auf die Anerkennung des Urteils im Heimatstaat nicht mehr an (vgl Rn 213).

China, Volksrepublik

vSenger (Internationales Privat- und Zivilverfahrensrecht der Volksrepublik China [1994]) berichtet zunächst noch von Stellungnahmen des obersten Volksgerichts und von dessen Verlautbarungen zu Fragen der Durchsetzung und Vollstreckung des Zivilprozeßgesetzes der VR China, das versuchsweise in Kraft gesetzt worden war. Inzwischen ist auch ein neues Zivilprozeßgesetz 1991 ergangen, das in den Art 266–168 gewisse Regelungen enthält, die allerdings nicht spezielle Auslandsscheidungen erwähnen.

Schon 1957 hatte das oberste Volksgericht dem Außenministerium mitgeteilt, daß ein Scheidungsurteil eines ausländischen, hier polnischen, Gerichts, betreffend zwei dort lebende Bürger der Volksrepublik China in China anerkannt werden könne, wenn das Urteil in verfahrensmäßiger Hinsicht und materieller Hinsicht nicht in Widerspruch zum chinesischen Ehegesetz stehe (vSenger aaO 528 f). 1984 allerdings hatte das Volksgericht seine „Ansichten" zu dieser Frage so formuliert: „Wenn das chinesische Bürger berührende Scheidungsurteil eines ausländischen Gerichts nicht gegen den grundlegenden Geist des Ehegesetzes unseres Landes verstößt und beide Parteien keine Einwände erheben, kann seine Bindungswirkung für beide Parteien anerkannt werden" (vSENGER aaO). Neu an dieser Formulierung gegenüber früher ist, daß die Anerkennung von dem nachträglichen Einverständnis beider Parteien abhängt. Dann ist die Anerkennung nicht gesichert (o Rn 163).

Es scheint jedoch zweifelhaft, ob diese Bedingung tatsächlich heute noch gestellt wird. Das Zivilprozeßgesetz von 1991 behandelt in seinen Art 266–268 offenbar nur vollstreckungsfähige Leistungsurteile, denn es geht im wesentlichen um die Vollstreckung ausländischer Urteile. Einschlägig dürfte vielmehr die vom 5. 7. 1991 datierenden „Bestimmungen des obersten Volksgerichts über Fragen des Verfahrens bei Anträgen von chinesischen Bürgern auf Anerkennung von Scheidungsurteilen ausländischer Gerichte" sein (mitgeteilt bei vSENGER S 530). Danach wird die Anerkennung nur verweigert, wenn

1. das Urteil noch nicht in Rechtskraft erwachsen ist;
2. das ausländische Gericht unzuständig war;
3. das Urteil in Abwesenheit des Beklagten bzw ohne dessen gesetzmäßige Vorladung ergangen ist;
4. der betreffende Scheidungsfall vor einem chinesischen Gericht anhängig oder bereits Gegenstand des Urteils eines chinesischen Gerichts ist oder wenn bereits das Urteil des Gerichts eines Drittstaats über denselben Scheidungsfall von einem chinesischen Gericht anerkannt worden ist;
5. wenn das Scheidungsurteil den Grundprinzipien des chinesischen Rechts wiederspricht oder die Souveränität, Sicherheit bzw die gesellschaftlichen und öffentlichen Interessen des chinesischen Staates schädigt.

Hier ist nicht der Hinweis darauf enthalten, daß eine chinesische Partei Einwände gegen die Anerkennung erheben könnte.

Die Voraussetzung der ordnungsgemäßen und der rechtzeitigen Ladung ist üblich, ebenso die Anerkennungshindernisse der inländischen Rechtshängigkeit oder inländischen Rechtskraft, wobei auch die Anerkennung drittstaatlicher Urteile hindert. Der unter Nr 5 genannte Vorbehalt ist im wesentlichen der des ordre public. Die Voraussetzung der Zuständigkeit ausländischer Gerichte scheint anhand der Zuständigkeitsnormen des Urteilsstaates, nicht Chinas geprüft zu werden (vSENGER aaO S 370). Von daher gesehen ist mit einer Anerkennung im wesentlichen zu rechnen, wenn die Ehesache nicht in China anhängig ist oder dort schon entschieden ist.

Congo (Demokratische Republik, ehem Zaire)

Man erkennt ausländische Eheurteile sehr großzügig an. Gem dem wahrscheinlich auch hierfür anwendbaren Art 127 Code de l'organisation et de la compétence judiciaire ist nur erforderlich, daß die Rechte der Verteidigung beachtet wurden und daß das ausländische Gericht nicht nur kraft der Staatsangehörigkeit des

Klägers zuständig war und daß allgemein der ordre public gewahrt ist (Mutombe Kabelu Pénant 1974, 106 ff; de Burlet, Précis de droit international privé congolais [Brüssel 1971] Nr 170 f). Die Bestimmung entspricht Art 570 des belgischen Code judiciaire, doch werden wie dort seit längerem Statusurteile von der sonst generell vorgesehenen révision au fond ausgenommen. De Burlet behandelt die Frage wesentlich unter dem Gesichtspunkt der wohlerworbenen Statusrechte und meint, daß die internationale Zuständigkeit des Urteilsgerichts und die Frage des anzuwendenden Scheidungsrechts nach dem Kollisionsrecht des entscheidenden Gerichts zu beurteilen und zu überprüfen seien (aaO Nr 159 ff). Wert wird auf die Prüfung des ordre public und der Gesetzesumgehung (fraude à la loi) gelegt (aaO Nr 115 ff); letzteres wäre der Fall, wenn das deutsche Gericht gerade zu Erleichterung der Scheidung gewählt würde.

Costa Rica

Costa Rica nimmt keine ausschließliche Zuständigkeit für die Eheauflösung eigener Staatsangehöriger in Anspruch. Für die Anerkennung ausländischer Urteile wird nicht die Einhaltung einer bestimmten Anerkennungszuständigkeit verlangt. Es wird jedoch stattdessen gefordert, dass das ausländische Eheurteil einen Scheidungs- oder Nichtigkeitsgrund des Familiengesetzbuches von Costa Rica zugrunde gelegt haben oder, bei Anwendung anderen Rechts, einen Scheidungsgrund, der diesen entspricht oder gleichwertig ist. Dies wird unter dem Gesichtspunkt des ordre public verlangt (Bülow/Böckstiegel/Geimer/Schütze/Rissel, Int Rechtsverkehr 1030. 8). Nach Art 14 FGB sind bigamische Ehen, Ehen zwischen Verwandten und Verschwägerten in gerader Linie, zwischen blutsverwandten Geschwistern, zwischen Adoptivverwandten in gerader Linie und zwischen Geschwistern kraft Adoption, zwischen adoptierten und ehemaligen Ehegatten des Adoptierenden und zwischen dem Adoptierende und ehemaligen Ehegatten des Adoptierten nichtig. Nichtig sind auch Ehen zwischen Tätern, Mittätern oder Gehilfen eines Tötungsdeliktes gegen einen der Ehegatten und dem überlebenden Ehegatten. Würde eine Ehe etwa wegen Bigamie nur aufgehoben und nicht ihre Nichtigkeit ipso iure festgestellt, so dürfte die Anerkennung aber gesichert sein. Vernichtbar ist eine Ehe gem Art 15 FGB, wenn die Einwilligung zur Ehe durch Nötigung oder aufgrund eines Irrtums über die Identität des anderen zustande kam, wenn der Eheschließende zur Zeit der Eheschließung an Geisteskrankheit litt, unter 15 Jahren war, wenn ein Ehegatte an absoluter oder relativer Impotenz litt, die ihrer Natur nach unheilbar ist und schon vor der Eheschließung vorhanden war, und schließlich, wenn die Ehe vor einem unzuständigen Beamten geschlossen wurde. Ehescheidungsgründe sind der Ehebruch, der Angriff eines Ehegatten auf das Leben des anderen oder von dessen Kindern, der Versuch eines Ehegatten, den anderen zu Prostitution oder sittlicher Verderbtheit zu veranlassen und die versuchte oder vollendete Herbeiführung einer sittlichen Verderbtheit der Kinder eines der Ehegatten, Ausschreitungen gegen den anderen Ehegatten oder dessen Kinder, eine gerichtliche Trennung, nachdem sie mindestens ein Jahr dauerte, sofern während dieser Frist keine Versöhnung der Ehegatten erfolgt ist, die gerichtlich erklärte Verschollenheit eines Ehegatten, die faktische Trennung für eine Zeit von mindestens drei Jahren und das Einverständnis beider Ehegatten mit der Scheidung. Letztere Scheidung kann erst drei Jahre nach der Eheschließung beantragt werden. Die erstgenannten Scheidungsgründe sind solche eines Verschuldens des anderen Ehegatten. Zu beachten ist Art 49 FGB, daß die Scheidungsklage nur durch den unschuldigen Ehegatten und nur innerhalb eines Jahres seit Kenntnis dieser Scheidungsgründe erhoben werden kann. Wird die Ehe in Deutschland zB aufgrund deutschen Rechtes wegen einjähriger Trennung geschieden, so dürfte die Anerkennung als Konsensscheidung bzw als ihr gleichwertig in Costa Rica zu erwarten sein. Wird die Ehe nach dreijähriger Trennung geschieden (§ 1566 Abs 2 BGB) so entspricht dies auch dem Recht von Costa Rica.

Der Antragsgegner muss ordnungsgemäß geladen sein, was aber beurteilt wird nach dem Recht des Erststaates. Ein Zustellungsübereinkommen gilt anscheinend mit Costa Rica nicht. Ob eine öffentliche Zustellung gem § 185 ZPO ausreichen würde, ist nicht festzustellen gewesen. Versäumnisurteile können jedenfalls anerkannt werden, wenn die säumige Partei ordnungsgemäß geladen worden war. Der Anerkennung darf keine inländische Rechtshängigkeit und kein inländisches Urteil in derselben Sache entgegenstehen.

Dänemark

Die EheGVO gilt in Dänemark nicht. Deutsche Eheurteile sind nach § 223a Rechtspflegegesetz anzuerkennen. Die königliche Anordnung vom 13. 4. 1938 über die Anerkennung deutscher Urteile findet für Ehescheidungsurteile gemäß ihrem § 5 keine Anwendung. Nach der Lehre wird für die Anerkennung zunächst vorausgesetzt, daß das deutsche Gericht nach den dänischen Regeln des § 448c Rechtspflegegesetz international zuständig war. Die Verwaltungspraxis geht anscheinend davon aus, daß wenigstens einer der Ehegatten im Urteilsstaat domiziliert gewesen sein muss. Das könnte also auch der Antragsteller sein. Die sehr spärliche dänische Rechtsprechung hat die Anerkennungszuständigkeit anscheinend kaum geprüft. ME erklärt sich das aber daraus, daß vor allem schon der ordre public der Anerkennung in casu entgegenstand (vgl dazu Bergmann/Ferid/Dopffel, Dänemark S 20, 26). Die Anerkennungszuständigkeit ergäbe sich aus § 448c Rechtspflegegesetz in spiegelbildlicher Anwendung, wonach es genügt, wenn der Kläger bei Klageerhebung seinen gewöhnlichen Aufenthalt in Deutschland hat und entweder in den letzten zwei Jahren davor in Deutschland gelebt oder früher hier seinen gewöhnlichen Aufenthalt gehabt hat (Abs 1 Nr 2). Anscheinend muss nicht schon der gewöhnliche Aufenthalt zwei Jahre bestanden haben, sondern es genügt bei Antragstellung. Im Dänischen wird hier freilich von Domizil gesprochen, und dieser Begriff ist im dänischen Sinn zu verstehen. Es ist der Ort, an dem eine Person ihren Wohnsitz hat oder sich in der Absicht aufhält, auf Dauer zu verbleiben oder zumindest nicht nur vorübergehend verweilen möchte. Es muß ein animus manendi gegeben sein, wobei allerdings eine Gesamtwürdigung der verschiedenen objektiven Umstände vorgenommen wird wie der Zweck des Aufenthalts, die beabsichtigte Dauer und der Charakter des Wohnsitzes. Ein unfreiwilliger, auch längerer Aufenthalt gilt wohl nicht als Domizil (Dübeck, Einführung in das dänische Recht, [1996] 265 f). Noch 1966 ist von Alan Philip (Liber Amicorum Baron Louis Frédéric [1966] 785 ff) vertreten worden, daß nicht die Absicht bestehen dürfe, in näherer oder etwas fernerer Zukunft den Aufenthalt aufzugeben. Ob diese recht strenge Auffassung heute noch gilt, ist nicht sicher.

Weiter muß das Verfahren fair gewesen sein, das heißt es muß insbesondere eine ordentliche und rechtzeitige Ladung erfolgt sein. Im Verhältnis zu Dänemark gilt das HZÜ. Auch muß während des Verfahrens rechtliches Gehör gewährt werden. Im übrigen ist der ordre public vorbehalten, der aber der Anerkennung deutscher Scheidungen kaum im Wege stehen dürfte.

Ecuador

Nach dem Wortlaut des Art 129 codigo civil können ausländische Scheidungen von Ehen, die in Ecuador geschlossen wurden und bei denen wenigstens ein Ehegatte die Staatsangehörigkeit von Ecuador besitzt, nicht anerkannt werden. Im Umkehrschluß wird man daraus entnehmen können, daß die Ehescheidung anerkannt werden kann, wenn bei Beteiligung ecuadorianischer Staatsangehöriger die Ehe im Ausland geschlossen wurde. Aber in sehr vielen Fällen würde die Anerkennung einer Scheidung in Deutschland auf der Grundlage des § 660a Abs 1 S 1 Nr 4 ZPO scheitern.

Es gibt jedoch gute Hinweise darauf, daß dies Formulierung gründlich mißraten ist und nicht so gewollt ist (Kadner, Das internationale Privatrecht von Ecuador [1999] 70 ff). Es sei nur gemeint, daß solche Scheidungen nicht ipso facto in Ecuador wirksam sind, sondern sie diese Wirksamkeit erst dadurch erlangen sollten, daß die ausländische Scheidung in die inländischen Standesregister eingetragen wird aufgrund eines richterlichen Beschlusses. Dann handelt es sich also um das Erfordernis einer förmlichen Anerkennung und nicht um eine Einschränkung der Anerkennungsfähigkeit selbst, auf die es hier allein ankommt. Wenn diese Auffassung, die Kadner eingehender begründet (aaO), zutrifft, so käme es nur noch darauf an, ob die allgemeinen Anerkennungsvoraussetzungen für ausländische Urteile gegeben sind. Diese sind Art 424 codigo de procidimiento civil zu entnehmen. Hierbei ist die Anerkennung ausgeschlossen, wenn das Urteil gegen das ecuadorianische öffentliche Ordnung oder irgendein nationales ecuadorianisches Gesetz verstößt. In einer Entscheidung vom 19. 9. 1975 (mitgeteilt bei Kadner aaO S 177) hatte der oberste Gerichtshof in der Tat überprüft, ob das Urteil auch nach dem ecuadorianischen Recht so hätte ausfallen müssen. Er hat also eine vollständige révision au fond vorgenommen. Es handelt sich wohl in der Tat nicht nur um eine Überprüfung am ecuadorianischen ordre public (so aber Möllring, Die Anerkennung und Vollstreckung ausländischer Urteile in Südamerika [Diss jur Göttingen 1985] 83 f, doch ohne nähere Begründung).

An sich würde man bei einer so vollständigen révision au fond nicht mehr von Anerkennung sprechen. Für eine deutsche internationale Zuständigkeit für eine Eheauflösung mit Beteiligung eines ecuadorianischen Staatsbürgers kann man aber genügen lassen, daß das deutsche Urteil so ausfällt, wie ein Urteil in Ecuador ausfallen würde. Mit der Anerkennung kann man daher wohl rechnen, wenn das deutsche Gericht die Eheauflösung aufgrund ecuadorianischen Eherechts vornimmt.

Zu den zu beachtenden und dann auch ausreichenden ecuadorianischen Gesetzen dürfte auch das dortige IPR zählen. Nun sagen allerdings art 22 und 93 codigo civil, daß in Ecuador eine Scheidung nach dem Recht von Ecuador vorgenommen werden müßte. (Art 92: Im Ausland in Übereinstimmung mit den Gesetzen des besagten Ortes geschiedene Ehe, die jedoch nicht gemäß den ecuadorianischen Gesetzen hätte geschieden werden könne, befähigt keinen der Ehegatten in Ecuador zu heiraten, solange diese Ehe nicht auch gültig in der Republik aufgelöst wird. – Art 93: Die Ehe, die gemäß den Gesetzen des Ortes, an dem sie geschlossen wurde, an diesem aufgelöst werden könnte, kann in Ecuador nur in Übereinstimmung mit den ecuadorianischen Gesetzen aufgelöst werden.) Ein renvoi findet danach nicht statt.

Es ist allerdings für die Anerkennungsfähigkeit nicht erforderlich, daß das deutsche Recht wirklich nach dem Recht von Ecuador vorgegangen ist. Es genügt wohl nach art 424 codigo de procidimiento civil, daß die Ehe auch nach dem Recht von Ecuador geschieden worden wäre. Das Scheidungsrecht von Ecuador ist sehr großzügig, so daß diese Voraussetzung vielfach vorliegen wird. Das ist hier aber nicht näher auszuführen.

Elfenbeinküste

Die Anerkennung ausländischer Statusurteile ist in der Elfenbeinküste nur sehr rudimentär geregelt. Man nimmt an, daß weitgehend die französischen Regeln angewandt werden (Bourel, Encyclopédie juridique de l'Afrique Bd 1 [1982] 273; Ido Rev juridique africaine 1990, 29 ff). Nimmt die Elfenbeinküste eine ausschließliche Zuständigkeit in Anspruch, so ist die Anerkennung ausgeschlossen. Eine ausschließliche Zuständigkeit in Personenstandssachen wie in anderen Angelegenheiten enthalten die Art 14 und 15 c civ, wonach ein (bei Klageerhebung) dem Staat angehörender Beklagter nicht vor einem ausländischen Gericht Recht nehmen muß, es sei denn er verzichtet auf dieses Jurisdiktionsprivileg. Der Verzicht kann zwar konkludent erfolgen, muß sich aber aus dem Verhalten der Partei unzweideutig ergeben (Cass civ 16. 6. 1981 D 1982 inf 71 [Audit]). Ein Verzicht liegt nicht vor, wenn der Beklagte im ausländischen Verfahren nicht auftritt (TGI Paris 12. 5. 1992 Gaz Pal 1993 somm 507), aber auch eine Einlassung zur Sache ist nicht notwendig als Verzicht zu werten, jedenfalls dann nicht, wenn der Beklagte die Zuständigkeit bestritten hat. Selbst eine Einlassung zur Sache ohne Rüge der Unzuständigkeit ist je nach den Umständen des Falles als nicht genügend für einen Verzicht auf das Jurisdiktionsprivileg angesehen worden, wenn die Rüge der Unzuständigkeit offensichtlich vom ausländischen Gericht zurückgewiesen worden wäre. Grundsätzlich muß der Verzicht freiwillig und bewußt und nicht erzwungen durch die Umstände erfolgen. So gilt es in Frankreich nicht als Verzicht, wenn sich der Beklagte auf den deutschen Scheidungsprozeß einläßt, um sich gegen hier ggf vollstreckbare Unterhaltsansprüche oder Sorgerechtsentscheidungen im Gefolge der Scheidung zu wehren. Es bedeutet auch keinen Verzicht auf das Jurisdiktionsprivileg für die Scheidung, wenn die Partei ihrerseits in Deutschland einstweilige Maßnahmen zB betreffend die Kinder oder den Unterhalt beantragt hatte, selbst wenn sie im Hinblick darauf sogar einen Scheidungsantrag in Deutschland hatte stellen müssen. In manchen Fallsituationen schwankt aber die französische Rechtsprechung. Der deutsche Richter sollte im Hinblick auf § 606a Abs 1 S 1 Nr 4 ZPO die Partei fragen, ob sie auf das Jurisdiktionsprivileg verzichten will. Dieser Verzicht kann zwar auch konkludent erfolgen, aber die Cour de Cassation in Frankreich hat betont, daß der Verzicht auf Handlungen beruhen müsse, die unzweifelhaft den Willen zum Ausdruck bringen (Cass mixte 26. 4. 1974 D 1974, 249 n Boré). Eine Einlassung zur Sache genügt allein nicht (vgl Ancel/Lequette in: Grands arrêts de la jur francaise de d i p [3. Aufl 1998] 361), und selbst die Klagerhebung des Franzosen im Ausland begründet nur eine widerlegliche Verzichtsvermutung (Cass civ 20.11.1990 Bull civ I no 248). Diese Möglichkeit des Verzichts auch noch nach dem Urteil, zu dem die Partei in keiner Weise verpflichtet ist, genügt nicht, um die deutsche Zuständigkeit iSd § 606a Abs 1 S 1 Nr 4 ZPO zu begründen (Rn 163).

Dic Staatsangehörigkeit muß, braucht aber auch nur zum Zeitpunkt der Klageerhebung im Ausland vorgelegen zu haben, um die ausschließliche französische Zuständigkeit zu begründen. Daß die Partei noch eine andere Staatsangehörigkeit besitzt, ändert nichts (zum ganzen Batiffol/Lagarde, Droit international privé, no 677 ff; Angriffe gegen das Jurisdiktionsprivileg hat abgewehrt Cass civ 18.11.1990 Rev crit 1991, 759).

Die französische Cour de Cassation hat in einer Entscheidung (6.2.1985 Rev crit 1985, 369 [Simitch], dazu Francescakis 243 ff; Herzfelder ZVglRWiss 86 [1987] 49 ff) nun entschieden, daß, selbst bei Verzicht auf das Jurisdiktionsprivileg, ausländische Urteile nur anerkannt werden können, sofern eine hinreichend enge Beziehung zum Urteilsstaat besteht. Es muß nicht ein Zuständigkeitsgrund genau nach den französischen Zuständigkeitsregeln bestanden haben, denn die Cour de Cassation und ihr folgend die Lehre (Mayer, Droit international privé [5. Aufl 1994] 373) folgt einem System der eigenständigen Entwicklung von Regeln für die Anerkennungszuständigkeit. Freilich hat der Gesetzgeber dazu noch nicht gesprochen, so daß die Rechtsprechung anhand der Umstände des Falles prüft, ob eine hinreichende Beziehung zum Urteilsstaat bestand (Cass civ 6.1.1987 Rev crit 1988, 337 n Lequette; Cass 15.6.1994 Rev crit 1996, 127 n Ancel). Ein Einverständnis mit dem Verfahren in Deutschland allein genügt aber nicht, da in Ehesachen Gerichtsstandsvereinbarungen ausgeschlossen sind (P Meyer, Droit international privé [5. Aufl 1994] N° 370). Jedenfalls würde ein Urteil nicht anerkannt, wenn die Wahl des Gerichtsortes willkürlich, gekünstelt oder mißbräuchlich war, dh wenn das Gericht zum Zweck der leichteren Scheidung gewählt wurde (Cass civ 6.2.1985 aaO; Ancel aaO; Fricke IPRax 1988, 205; vgl weiter Paris 18.6.1964 Rev crit 1967, 340 [Deprez]: Scheidungsparadies). Während bisher die Anerkennung nicht hinderte, wenn auch eine Scheidungszuständigkeit im Anerkennungsstaat bestand, hat nun die Cour de Cass am 17.2.2004 (D 2004 824 no 260 m Aufs Courbe S 819) gegenteilig entschieden. Ob diese Neuerung in der Elfenbeinküste übernommen werden wird, ist noch unbekannt. Möglicherweise meint die Cour de Cassation auch nur, daß keine engere zuständigkeitsrechtliche Beziehung zum, französischen, Anerkennungsstaat bestehen darf.

Es ist durchaus möglich, daß man in der Elfenbeinküste mangels einer eigenen Regelung in Anlehnung an art 1070 des französischen Noveau code de procédure civil, den gewöhnlichen Aufenthalt des Antragstellers allein nicht genügen läßt. Auch im Arrêt Simitch, in dem zwar die Klägerin in England lebte, hat die Cour de cassation festgestellt, daß dort auch der frühere eheliche Wohnsitz und der Eheschließungswohnsitz war, und die Ehefrau die dortige Staatsangehörigkeit sowie der Ehemann Vermögen dort hatte. Das letztere dürfte bei Scheidungen keine Rolle spielen und findet sich auch nicht in Art 1070 NCPC, und § 606a Abs 1 S 1 Nr 4 ZPO setzt das Fehlen der deutschen Staatsangehörigkeit voraus. Art 1070 NCPC läßt genügen, wenn auch die minderjährigen Kinder im Inland wohnen. Möglicherweise würde auch genügen, wenn der letzte gemeinsame eheliche Wohnsitz und die Eheschließung im Urteilsstaat waren.

Im Prinzip setzt die Anerkennung voraus, daß das Gericht das vom IPR der Elfenbeinküste vorgesehene Recht angewandt hat. Es genügt aber, wenn ein Scheidungsgrund verwandt wurde, der dem im eigentlich anzuwendenden Recht vorgesehenen äquivalent ist (P Meyer, aaO N° 386 mNw).

Die Anerkennung wird weiter verweigert bei Verstößen gegen fundamentale Grundsätze des Verfahrensrechts, insbesondere den Grundsatz des rechtlichen Gehörs. So ist die Anerkennung zu verweigern, wenn die beklagte Partei nicht persönlich geladen worden ist, obwohl dies möglich war. Hingegen ist die Anerkennung zu gewähren, wenn der Beklagte schuldhaft die persönliche Ladung verhindert hat, zB durch Wegzug ohne Hinterlassung einer Anschrift (Einmahl RabelsZ 33 [1969] 124 f). Im Verhältnis zu Deutschland gilt kein Zustellungsabkommen. Weiter muß zwischen Ladung und Entscheidung eine angemessene Zeit gelegen haben, und der Beklagte muß ordentlich vertreten gewesen sein. Damit der dortige Richter die Regelmäßigkeit des deutschen Verfahrens nachprüfen kann, muß das Urteil an sich nicht mit Gründen versehen sein, doch müßten dann notfalls Unterlagen namentlich über Ladungen vorgelegt werden können, die diese Nachprüfung erlauben (zum ganzen vgl Batiffol/Lagarde no 725).

Schließlich stehen eine rechtskräftige Entscheidung der Elfenbeinküste und eine frühere inländische Rechtshängigkeit einer Anerkennung im Wege.

El Salvador

Aus Art 170 f codigo civil ist zu entnehmen, daß eine ausländische Scheidung nach ausländischen Recht jedenfalls bei Beteiligung eines Staatsangehörigen von El Salvador nicht mit der Möglichkeit der Wiederheirat anerkannt wird, wenn die Ehe nicht auch nach dem Recht von El Salvador hätte geschieden bzw aufgelöst werden können. Zumal da El Salvador eine Trennung von Tisch und Bett nicht neben der Scheidung kennt, ist mit dieser Formulierung die Anerkennung ausländischer Scheidungen gänzlich abgelehnt. Die einzuhaltenden Scheidungsgründe finden sich in Art 145 f des ZGB. Es sind dies der Ehebruch der Frau, oder auch die Schwangerschaft aufgrund unerlaubter Beziehungen, von denen der Mann nichts wusste; der Ehebruch des Mannes, sofern er offenkundig und unter Verlassung der Frau erfolgt ist; wenn ein Ehegatte dem anderen nach dem Leben stellte; schwere Beleidigungen oder häufige tätliche Mißhandlungen, Ärgernis erregende und gewohnheitsmäßige Trunksucht eines Ehegatten; freiwilliges Verlassen des einen Ehegatten durch den anderen für die Dauer von 6 Monaten; Verurteilung eines Ehegatten wegen eines gemeinen Verbrechens zu Zuchthaus oder einer schweren Strafe; Versuch eines Ehegatten, seine Kinder dem Laster zuzuführen oder Teilnahme an dem Laster derselben oder Versuch des Ehemannes, seine Frau zur Prostitution zu bringen; und eine gänzliche Trennung der Ehegatten während eines Jahres oder länger. Eine in Deutschland nach § 1566 vorgenommene Scheidung würde vor allem nach letzterer Bestimmung anerkannt werden. Die anderen Scheidungsgründe setzen Verschulden voraus und können nur von dem unschuldigen Teil geltend gemacht werden (Art 146 ZGB). Es wird Verzeihung widerleglich vermutet, wenn die Klage nicht innerhalb von vier Monaten seit Kenntnis davon erhoben wird. Art 170 codigo civil darf man entnehmen, daß für die Anerkennung nicht Voraussetzung ist, daß das deutsche Gericht das Recht von El Salvador angewandt hat, sondern daß der in Anwendung eines anderen Rechtszugs maßgebliche Scheidungsgrund denen des Art 144 ZGB gleichsteht. Anforderungen an die Anerkennungszuständigkeit ausländischer Gerichte sind den Gesetzen nicht zu entnehmen. Jedoch folgt aus Art 452 ZPO von 1916, daß Versäumnisurteile nicht anerkannt werden, offenbar unabhängig von erfolgter Ladung.

England

Für die Anerkennung deutscher Feststellungsurteile (vgl o Rn 176) ist maßgebend der am 4. 4. 1988 in Kraft getretene Family Law Act von 1986, der den Recognition of Divorce and Legal Separations Act von 1971 ersetzt. Letzterer behandelte nur ausländische Scheidungen und gerichtliche Trennungen, während das neue Gesetz auch Nichtigkeitsurteile einschließt. Bei Abs 1 S 1 Nr 4 ist nationales englisches Recht nur noch für Feststellungsurteile erheblich, da die Anerkennung statusaufhebender Urteile nun durch Art 21 f EheGVO gesichert ist. Ihre Anerkennung in England richtet sich daher nach sec 46 Family Law Act 1986, dessen sec 54 ihn nun ausdrücklich auch auf ausländische Feststellungsurteile erstreckt. Dagegen ist das deutsch-britische Anerkennungs- und Vollstreckungsabkommen vom 14. 7. 1960 (BGBl 1960/61 III 302) ohne praktische Bedeutung im Rahmen des § 606a ZPO, da dieses Abkommen nur für Urteile oberer Gerichte gilt und Amtsgerichte nach der Definition in Art 1 Nr 2 nicht darunter fallen. Vor allem ersetzt der Family Law Act die von den Gerichten früher entwickelten Regeln. Voraussetzungen für die Anerkennung sind nach sec 46, daß das deutsche Urteil „effective" ist. Das muß nicht formelle Rechtskraft bedeuten, aber darauf kommt es für die Anerkennungsprognose nicht an.

Vor allem muß das deutsche Gericht nach englischem Recht international zuständig gewesen sein. Dafür genügt sicher, daß wenigstens eine der Parteien zum Zeitpunkt der Klageerhebung in Deutschland ihr domicile hatte. Allerdings verlangt der Erwerb eines domicile of choice anstelle des domicile of origin des Engländers, daß er sich in Deutschland auf unabsehbare Dauer niedergelassen und insbesondere jede Absicht, später eventuell nach England zurückzukehren aufgegeben hat. Das ist selten (vgl Art 3 EheGVO Rn 110 ff). Nach sec 46 Abs 4 genügt aber auch die „habitual residence" einer Partei in Deutschland. Sie entspricht nicht genau dem deutschen gewöhnlichen Aufenthalt, und obzwar sie nicht schon seit einer Mindestzeit bestanden haben muß, so wird doch nicht sofort aus residence eine habitual residence. Ein Jahr residence reicht gewöhnlich (Jaffey/Clarkson/Hill, Conflict of Laws [2. Aufl 2002] 54), doch für § 606a Abs 1 S 1 Nr 4 ZPO ist entscheidend und nötig, daß sie vorher entsteht. Einige Monate können reichen, wenn ein „settled purpose" besteht. Auch dies entzieht sich aber einer genaueren Definition. Arbeitsaufnahme für eine von vornherein begrenzte Zeit oder Studium werden genannt (Jaffey aaO 54). Sicher genügt nicht eine Niederlassung, um gerade vom deutschen Scheidungsrecht zu profitieren. Auch Ferienaufenthalte genügen nicht. Uneinheitlich wird beurteilt, wenn die Eheleute sich hier niederlassen, um, dann offensichtlich erfolglos, ihre ehelichen Schwierigkeiten zu beheben. Bejaht wurde habitual residence nach sechs Monaten einmal, weil die Ehefrau aus Deutschland stammte (in Re B No 2 [1993] FLR 993), ohne diese zusätzliche Beziehung in Australien verneint (in Re B [Child Abduction] [1994] 2 FLR 915, 918). Es gibt Hinweise, daß die Absicht, noch für länger zu bleiben, die habitual residence schneller, aber keinesfalls gleich entstehen läßt (Cheshire/North/Fawcett, Private Inernational Law [13. Aufl 1999] 166 f).

In drei Fällen kann das Gericht je nach Lage des Einzelfalles die Anerkennung versagen, ohne hierzu aber gezwungen zu sein. Zum einen kommt dies in Betracht, wenn das Gericht nicht die gebotenen Maßnahmen ergriffen hat, um einer oder beiden Parteien Kenntnis vom Verfahren zu verschaffen. Zu denken ist dabei besonders an Konstellationen, in denen der Kläger vorsätzlich die Adresse des Beklagten verschweigt (*Macalpine v Macalpine* [1958] P 35 = [1957] 3 All ER 134; weiter Dicey/Morris, Conflict of Laws [13. Aufl 2000] Rule 84 S 750 ff) und letzterer daher nur öffentlich geladen wurde. Die zweite Situation ist dadurch gekennzeichnet, daß einer Partei auf andere Weise die Möglichkeit genommen wurde, am Verfahren teilzunehmen. Beispielhaft sind die Fälle zu nennen, daß der mittellose Beklagte aufgrund verweigerter Unterstützung durch die Staatskasse oder aus anderen Gründen seine Verteidigung nicht sinnvoll gestalten kann. Schließlich kann auch das Eingreifen des allgemeinen Vorbehalts des englischen ordre publics eine Anerkennung verhindern.

Bei diesen drei Versagungsgründen hat der Richter alle Umstände des Falles zu berücksichtigen. So kommt es darauf an, ob das Verfahren bei ordnungsgemässem Vorgehen anders verlaufen wäre, ob der die Anerkennung begehrende Ehegatte gerechtfertigte Ziele verfolgt, und wie sich die Anerkennung auf die Familie auswirkt (*Newmarch v Newmarch* [1978] 1 All ER 1; Cheshire/North, Private International Law [13. Aufl 1999] 817).

Ein englisches Urteil oder ein in England anerkanntes Urteil eines Drittstaates steht entgegen sec 51 (1) b.

Für § 606a Abs 1 S 1 Nr 4 ZPO bedeutsam ist die Bestimmung der Staatsangehörigkeit der Ehegatten, da es auf die Anerkennungsprognose in deren Heimatstaat ankommt. Der heute für die britische Staatsangehörigkeit maßgebliche British Nationality Act 1981 (dazu vMangoldt StAZ 1983, 220 ff) enthält allerdings drei unterschiedliche Hauptkategorien britischer Staatsangehörigkeit: British Citizenship (sec 1–14), British Dependent Territories Citizenship (sec 15–25) und British Overseas Citizenship (sec 26–35). Daneben existieren weitere Unterscheidungen, so unter anderem die Commonwealth Citizenship, die jedoch im Rahmen des § 606a ZPO irrelevant sind. Britisches Anerkennungsrecht im Sinne des § 606a ZPO gilt unmittelbar nur bei British Citizenship. Bei den beiden anderen Formen dagegen kommt es darauf an, daß in den fraglichen Gebieten auch das britische (Anerkennungs-)Recht anwendbar ist. Das scheint bei den Dependent Territories (Verzeichnis British Nationality Act Schedule 6) der Fall zu sein. Bei den British Overseas Nationals kommt es wohl ebenso darauf an, ob in dem Gebiet, dem sie angehören und das diese britische Staatsangehörigkeit vermittelt, das britische Anerkennungsrecht gilt. British Overseas Citizenship haben alle die bisherigen Staatsbürger des Vereinigten Königreichs und der Kolonien, die nicht eine der beiden anderen Formen der britischen Staatsangehörigkeit erworben haben. Ob die Personen der beiden letzteren Kategorien ausnahmsweise ein Recht zur Einwanderung nach Großbritannien haben, ist hier nicht erheblich. Die legale Einwanderung oder das Recht dazu (vgl Immigration Act 1971) können ein Recht zum Erwerb der British Citizenship geben, doch gilt für § 606a Abs 1 S 1 Nr 4 ZPO britisches Anerkennungsrecht erst nach der Einbürgerung. Hat ein British citizen außerdem eine weitere Staatsangehörigkeit, so kommt es wie auch sonst auf die effektive Staatsangehörigkeit an.

Gabun

Die Anerkennung ausländischer Urteile ist in Art 71–77 code civil vom 29. 7. 1972 geregelt (loi no 15/72 portant adoption de la première partie du code civil; JO 20. 12. 1972 idF v 30. 12. 1989). Nach Art 74 c civ ist erforderlich: (1) daß für die Klage kein gabunisches Gericht zuständig war, und daß das ausländische Gericht nach seinen Regeln zuständig war; (2) daß das Verfahren ordnungsgemäß war, und daß der Beklagte seine Einwendungen vorbringen konnte; (3) daß der Streit sowohl hinsichtlich der Tatsachenfeststellungen wie hinsichtlich der Interpretation der Rechtsnormen, die auf ihn anwendbar waren, richtig entschieden wurde; (4) daß kein gabunisches Urteil in derselben Sache ergangen, und kein Verfahren darüber vor einem gabunischen Gericht anhängig ist.

Hinsichtlich Nr 1 übernimmt Art 27 in etwas verändertem Wortlaut die Art 14 und 15 des französischen c civ, so daß einerseits sogar eine ausschließliche Zuständigkeit für eigene Staatsbürger in Anspruch genommen wird, andererseits aber wohl auch die Möglichkeit existiert, darauf zu verzichten (vgl näher bei Elfenbeinküste).

Nr 2 wird einer Anerkennung bei öffentlicher Zustellung zumindest dann entgegenstehen, wenn nicht sicher ist, daß der Beklagte nicht zu erreichen war.

Nach Nr 3 kann der gabunische Anerkennungsrichter eine vollständige révision au fond vornehmen, dh die Richtigkeit der Entscheidung nachprüfen. Das entspricht der Praxis in Frankreich vor 1964 (Arrêt Munzer Cass civ 7. 1. 1964 Rev crit 1964, 344). Obwohl diese Entscheidung 1972 in Gabun bekannt sein konnte, scheint es gut möglich, daß Art 74 Abs 2 c civ heute iSd neueren französischen Praxis interpretiert wird, die nur noch bestimmte Anerkennungsvoraussetzungen nachprüft (so wohl Bourel, Encyclopédie juridique d'Afrique Bd 1 [1982] 273). Es kann dann auf das zur Elfenbeinküste Gesagte verwiesen werden.

Das hieße, daß nicht erforderlich ist, daß das nach dem IPR Gabuns richtige Recht angewandt wurde („règles de droit qui leur étaient applicables") sondern daß es genügt, wenn ein dem gabunischen Recht gleichwertiger Scheidungsgrund verwandt wurde (vielleicht Bourel aaO). In diesem Zusammenhang ist dann zu beachten, daß Art 36 c civ die Anwendung des gabunischen Scheidungsrechtes schon dann verlangt, wenn einer der Ehegatten diese Staatsangehörigkeit hat. Dem Staatsangehörigen steht nach Art 32 Abs 2 c civ der Ausländer gleich, der seit mehr als fünf Jahren seinen Wohnsitz in Gabun hat.

Diese auch bei der genannten Einschränkung noch sehr weitgehende Kontrolle des ausländischen Urteils verlangt eine Entscheidung mit Gründen; ein Urteil in der Form des § 313a ZPO wird nicht anerkannt.

Gambia

Gem sec 3 (1) Law of England (Application) Act von 1953 bzw Cap 104, Laws of the Gambia 1966, gelten in Gambia englische Gesetze über die Ehescheidung und das Eheverfahren nach dem Stande vom 18. 2. 1965. Da England zu diesem Zeitpunkt aber keine einschlägigen Gesetze hatte, gilt die allgemeine Rezeption des common law nach dem Stand vom 1. 11. 1888, jedoch ist anzunehmen, daß auch die neueren Entwicklungen der englischen Rechtsprechung übernommen werden. Es kann daher auf die Ausführungen zu Kenia verwiesen werden.

Georgien

Die Frage der Anerkennung ausländischer Eheurteile in Georgien ist nun geregelt durch das Gesetz über das Internationale Privatrecht vom 20. 5. 1998. Nach dessen Art 68 ist eine Anerknnung nur ausgeschlossen, wenn eine ausschließliche Zuständigkeit Georgien bestand oder der Urteilsstaat nach dem georgischen Gesetz nicht zuständig war, wenn die Partei entsprechend der Gesetzgebung des ausländischen Staates nicht durch Zustellung der Benachrichtigung über die Klage benachrichtigt worden ist und bei anderen Verfahrensverstößen, wenn eine rechtskräftige Entscheidung Georgiens vorliegt oder eine frühere rechtskräftige Entscheidung des Gerichts eines dritten Staates, die in Georgien bereits anerkannt ist; oder die Entscheidung gegen die grundlegenden Prinzipien des georgischen Rechts verstößt. Gegenseitigkeit ist nicht erforderlich. Ist in Georgien derselbe Rechtsstreit zwischen denselben Parteien bereits anhängig, so kann über die Anerkennung erst nach Beendigung dieses Rechtsstreits entschieden werden. Gemeint ist nach dem Zusammenhang, daß dieses inländische Verfahren nicht mit einem sonst entgegenstehenden Sachurteil geendet hat.

Nach Art 10 IPRG nimmt Georgien keine ausschließliche Zuständigkeit in Anspruch. Die spiegelbildlich anzuwendenden Regeln der internationalen Zuständigkeit Georgiens in Ehesachen sehen in Art 12 keine Zuständigkeit kraft gewöhnlichen Aufenthalts des Antragstellers vor, sondern nur bei einem solchen des Antragsgegners. Ist dieser in Deutschland, so ergibt sich jedoch die deutsche Zuständigkeit aus Art 3 Abs 1 lit a, 5. Strich EheGVO, ohne daß eine Anerkennungsprognose nötig ist. Hat nur der Antragsteller den gewöhnlichen Aufenthalt in Deutschland, ist also mit einer Anerkennung in Georgien nicht zu rechnen (vgl auch o Rn 131).

Ghana

Gem sec 36 des ghanaischen Matrimonial Causes Act 1971 (Act No 367) wird ein ausländisches Scheidungs- oder Ehenichtigkeitsurteil, soweit es nicht Grundsätzen der natural justice widerspricht, dann anerkannt, wenn es entweder von einem Gericht eines Staates erlassen wurde, der in signifikanter und realer Verbindung mit den Ehegatten steht, oder wenn es mit dem Recht des Ortes in Einklang steht, an dem beide Ehepartner zur Zeit der Klageerhebung ihren gewöhnlichen Aufenthalt haben. Eine „signifikante und substantielle Verbindung“ ist insbesondere dann gegeben, wenn die Parteien durch ihre Staatsangehörigkeit, ihr Domizil oder mindestens dreijährigen gewöhnlichen Aufenthalt mit dem Gerichtsstaat verbunden sind (Ghana Law Reform Commission, Memorandum and Comments Matrimonial Causes Bill 1970, 1st draft, part II 3). Aus sec 31 des Matrimonial Causes Act, der freilich die eigene Entscheidungszuständigkeit ghanaischer Gerichte definiert, ist zu entnehmen, daß es genügt, wenn eine der Parteien diese Verbindung hat (vgl *Turczak v Turczak* [1970] P 198 für England). Die Aufzählung der Beispiele für substantielle Verbindungen durch die Law Reform Commission ist nicht abschließend. Das Gesetz verweist vielmehr durch diese Formulierung auf die englische Entscheidung *Indyka v Indyka* ([1970] 1 AC 33 = [1967] WLR 510 [HL]; dazu zB Schurig FamRZ 1972, 288; Webb [1967] 16 I CLQ 997; [1968] 17 I CLQ 209; [1968] 18 I CLQ 453; FA Mann [1968] 84 LQR 18). Danach genügt vielleicht auch der letzte gemeinsame eheliche Aufenthalt im Gerichtsstaat, wenn ein Ehegatte, dh hier der Antragsteller ihn behalten hat. Die zweite Alternative (Übereinstimmung mit dem Recht des Ortes des gewöhnlichen Aufenthalts beider Ehegatten) meint entsprechend *Armitage v Attorney General* ([1906] P 135 [GB]), daß Ghana auch anerkennt, wenn der dritte Staat des domicile seiner Partei, oder heute vielleicht auch eines länger dauernden gewöhnlichen Aufenthalts beider Parteien das Urteil anerkennt (Drittstaatsanerkennung). Es wird dann auf die vorgenannten Voraussetzungen des ghanaischen Rechts verzichtet (vgl auch bei Kenia). Der englische Recognition of Divorces and Legal Separation Act 1971 und der Family Law Act 1986 gelten in Ghana nicht.

Der Vorbehalt der „natural justice" meint wie in der englischen Rechtsprechung den ordre public und vor allem, daß der Beklagte hinreichend geladen wurde und genügend Gelegenheit hatte, am Verfahren teilzunehmen. Mit Verweigerung der Anerkennung ist sicher zu rechnen, wenn der Antragsteller die Anschrift des Beklagten verschweigt und so eine öffentliche Zustellung herbeiführt und auch, wenn das Gericht keine Ermittlungsversuche macht (Thanawalla, Foreign Inter Partes Judgements. Their Recognition and Enforcement in the Private International Law of East Africa, IntCompLQ 19 [1970] 430, 435; Allott, New Essays in African Law [London 1970] 159 f). UU kann eine öffentliche Zustellung gem § 185 ZPO ausreichen, obwohl sie den Antragsteller nicht erreicht, wenn der Antragsteller gutgläubig angibt, den Aufenthalt der anderen nicht ermitteln zu können (Macalpine v Macalpine [1958] p 35, 45).

Soweit eine Ehe unter Ghanaern nicht standesamtlich oder vor einem Geistlichen einer christlichen Kirche, sondern wie meist gewohnheitsrechtlich geschlossen wurde, können die Ehegatten sich auch gewohnheitsrechtlich scheiden lassen, müssen es aber nicht. Diese Scheidung geschieht ohne staatliche Mitwirkung, soll oder muß vielleicht danach registriert werden. Ist das geschehen, so ist die Ehe für Ghana bereits aufgelöst, und eine Anerkennungsprognose im Rahmen von § 606a Abs 1 S 1 Nr 4 ZPO nicht mehr nötig (vgl o Rn 163).

Gibraltar

In Gibraltar gilt die EheGVO, so daß die Anerkennung deutscher Urteile gesichert ist. Für Feststellungsurteile ist auf England zu verweisen.

Guatemala

Die Anerkennung ausländischer Scheidungsurteile bestimmt sich nach dem – unklaren – Dekretgesetz Nr 107 vom 14. 9. 1963, Art 344 und 345. Guatemala erkennt bei Gewährleistung der Gegenseitigkeit (Art 344) ein ausländisches Urteil dann an, wenn es nicht in Abwesenheit oder gegen eine Person ergangen ist, für welche die Vermutung der Verschollenheit besteht und die ihren Wohnsitz in Guatemala hat.

Voraussetzung ist ferner, daß das Urteil gem den Gesetzen des Landes, in welchem es erlassen wurde, vollstreckbar ist und daß kein Verstoß gegen den ordre public besteht. Zwar enthält Art 155 cc das Prinzip der Verschuldensscheidung, doch dürfte einer deutschen Scheidung wegen vermuteter Zerrüttung (§ 1566 BGB) der ordre public nicht entgegenstehen, da Art 155 Nr 4 auch eine freiwillige Trennung von mehr als einem Jahr genügen läßt.

Guinea (Volksrepublik)

Eine ausdrückliche Regelung über die Anerkennung ausländischer Eheurteile ist anscheinend nicht erlassen worden. Jedoch hat der Code civil in Art 16 und 17 praktisch wörtlich die Art 14 und 15 des französischen Code civil übernommen, so daß auch das Jurisdiktionsprivileg für eigene Staatsangehörige gilt. Anders als in Frankreich ist diese Zuständigkeitsregel aber gem Art 18 zwingend; es kann also nicht darauf verzichtet werden (Lampué Pénant 1974, 73). Die Anerkennung ausländischer Eheurteile bei Beteiligung eines Staatsangehörigen von Guinea ist daher ausgeschlossen.

Haiti

Haiti lehnt die Vollstreckung ausländischer Urteile grundsätzlich ab (Art 470 Zivilprozeßordnung v 1928), es wird aber vertreten, daß dies nicht für Eheurteile gelte, und daß diese anerkannt werden können, wenn die, also beide Eheleute im Urteilsstaat ihr Domizil, dh wohl ihren Wohnsitz hatten (Staudinger/Gamillscheg[10/11] § 606b ZPO Rn 266). Das hilft im Fall des § 606a Abs 1 S 1 Nr 4 ZPO nicht. Daß Haiti – wohl erfolglos – ein Scheidungsparadies für Ausländer werden will, sagt nicht, daß das haitianische Recht auch bereit ist, Auslandsscheidungen eigener Staatsangehöriger anzuerkennen (**aA** Rahm/Künkel/Breuer VIII Rn 154).

Honduras

Das honduranische Recht enthält keine Bestimmungen, die die Anerkennung ausländischer Scheidungsurteile oder sonstiger den Personenstand betreffender Urteile regeln. Mit einer Anerkennung von Scheidungsurteilen kann jedoch gerechnet werden, wenn die Parteien in Deutschland domiziliert waren.

Hong Kong

Hong Kong hat im Matrimonial Causes Ordinance in den sec 55 bis 62 den englischen Recognition of Divorces and Legal Separations Act von 1971 übernommen.

Danach wird eine ausländische Scheidung oder Trennung von Tisch und Bett anerkannt, wenn zum Zeitpunkt der Antragstellung einer der Ehegatten seinen gewöhnlichen Aufenthalt im Urteilsstaat hatte (habitual residence). Die Staatsangehörigkeit eines Ehegatten dieses Staates würde auch ausreichen, spielt aber bei § 606a Abs 1 S 1 Nr 4 ZPG keine Rolle. Eine konkrete, gar gesetzliche Definition des „gewöhnlichen Aufenthalts" existiert nicht. Es ist anzunehmen, daß man in Hong Kong der englischen Praxis und Interpretation folgen wird, die aber auch umfangreich und etwas im Fluß ist (hierzu s bei Kenia).

Anerkennungshindernisse sind, daß nicht die Maßnahmen ergriffen wurden, um dem Antragsgegner von dem Verfahren Kenntnis zu geben, die vernünftiger- und fairerweise hätten ergriffen werden sollen oder daß der Antragsgegner im Verfahren nicht ausreichend rechtliches Gehör erhalten hat. Im Übrigen steht der ordre public von Hong Kong entgegen, doch dürfte dieses Hindernis sehr zurückhaltend angewandt werden.

Indien

Sec 13 des Indian Courts Civil Procedure Code von 1908 enthält eine allgemeine Anerkennungsregel (vgl auch sec 41 Indian Evidence Act 1872). Danach wird nicht anerkannt, wenn das ausländische Gericht nicht zuständig war, wenn ohne streitige Verhandlung entschieden wurde, wenn offensichtlich internationales Recht verkannt oder die Anwendung indischen Rechts abgelehnt wurde, wenn dieses nach indischem IPR berufen war, wenn das Verfahren der natürlichen Gerechtigkeit widersprach oder wenn das Urteil durch Täuschung erlangt wurde. Grundlegend ist auch das Urteil des Supreme Court *Satya v Teja Singh* [1975] AIR 105, welches ausführlich einige dieser Anerkennungshindernisse und überhaupt allgemein die Voraussetzungen der Anerkennung darlegt (weitere Nachw bei Phadnis/Otto RIW 1994, 471; die Aussage von Bergmann/Ferid/Agrawal, Indien S 12, daß ein am Wohnsitz der Parteien ergangenes Urteil immer anerkannt werde, weil die Rechtsprechung noch keine anderen Grundsätze entwickelt habe, ist zu pauschal).

Die Voraussetzung der internationalen Zuständigkeit wird nach indischen Maßstäben beurteilt (*Satya v Teja Singh* aaO). Eine internationale Anerkennungszuständigkeit besteht jedenfalls am gemeinsamen domicile der Eheleute. Nach bisheriger Auffassung teilte allerdings die Ehefrau ex lege das domicile des Mannes, so daß es also letztlich nur auf ihn ankam. Diese Regelung wird nicht nur aus Gründen der Gleichberechtigung, sondern auch deswegen in vielen Commonwealth-Ländern kritisiert, daß die vom Ehemann verlassene Frau ihm die Klage nachtragen müsse, wenn er sein domicile verlegt. Es gibt Hinweise darauf, daß man in Zukunft der Ehefrau ein eigenes domicile zugestehen wird. Danach dürfte sie zB in Deutschland klagen, auch wenn der Mann Deutschland verlassen und sein domicile zB wieder in Indien genommen hat. Es ist allerdings selten, daß ein Inder ein domicile of choice in Deutschland begründet. Die Anforderungen daran sind ähnlich hoch wie in England (vgl Spellenberg IPRax 1992, 233; o Art 3 EheGVO Rn 110 ff).

Es gibt Hinweise darauf, daß eine Anerkennungszuständigkeit auch gegründet wird auf den gemeinsamen gewöhnlichen Aufenthalt der Eheleute, hilfsweise auf den letzten gemeinsamen gewöhnlichen Aufenthalt (Phadnis/Otto RIW 1994, 74 mNw). Der muß aber wohl qualitativen wie quantitativen Kriterien entsprechen (*Satya v Teja Singh* aaO), dh wohl von einer längeren Dauer und eine Art Lebensmittelpunkt sein. Jedenfalls wird nicht anerkannt, wenn der Aufenthalt gerade zum Zwecke der Anrufung eines Scheidungsgerichtes gewählt wurde (*Satya v Teja Singh*, aaO).

Nicht anerkannt wird auch, wenn der Antragsteller zuständigkeitsbegründende Tatsachen, wie zB domicile oder Lebensmittelpunkt vorgetäuscht hat oder auch wenn sonst das Urteil arglistig erschlichen wird.

Wenn das Verfahren der natürlichen Gerechtigkeit entsprechen muss, so heißt dies vor allem, daß ordentlich und rechtzeitig zum Verfahren geladen wurde und daß im Verfahren rechtliches Gehör gewährt wurde.

Entgegen der etwas mißverständlichen Formulierung wird nicht unbedingt verlangt, daß das deutsche Gericht das Recht angewandt hat, welches nach indischem IPR anzuwenden gewesen wäre, sondern es ist ein Verstoß gegen den indischen ordre public gemeint (Phadnis/Otto aaO 473). ME darf von indischen Scheidungsgründen nicht zu weit abgewichen werden. Hindu-Ehen aber sind nicht scheidbar.

Eine Ausnahme gilt für Parsen, die allerdings nur etwa 2 Prozent der Bevölkerung ausmachen, aber eine größere Rolle in der indischen Gesellschaft spielen. Nach sec 52 (2) Parsian Marriage and Divorce Act 1986 besteht eine ausschließliche internationale Zuständigkeit besonderer religiöser Familiengerichte in Indien. Deutsche Gerichte haben dann also keine Anerkennungszuständigkeit. Vorausgesetzt ist allerdings, daß die Ehe nach dieser besonderen religiösen Form in Indien und ausschließlich zwischen Angehörigen der parischen Religionsgemeinschaft geschlossen worden ist. Soweit also zwei Parsen eine Zivilehe vor dem Standesbeamten eingehen, was sie können, gilt dies nicht, und ebensowenig, wenn nicht beide Ehegatten Parsen sind.

Indonesien

Das indonesische Recht enthält auch nach Erlaß des Gesetzes von 1974 über die Auflösung der Ehe keine Vorschriften über die Anerkennung ausländischer Ehescheidungsurteile. Nach dem derzeitigen Kenntnisstand kann damit gerechnet werden, daß in Indonesien ein ausländisches Scheidungsurteil anerkannt wird, wenn es auf der Grundlage des indonesischen internationalen Privatrechts ergangen ist. Weiter wird vorausgesetzt, daß das deutsche Gericht entsprechend den Art 20 f der Regierungsverordnung betreffend die Durchführung des Gesetzes über die Ehe vom 1. 4. 1975 zuständig war (OLG Hamburg 25. 10. 1983 IPRspr 1983 Nr 153; Rahm/Künkel/Breuer VIII Rn 154, etwas ungenau). Danach ist die Klage meistens am Wohnsitz des Beklagten zu erheben, jedoch am Wohnsitz des Klägers, wenn der Beklagte den anderen ohne dessen Erlaubnis oder ohne gesetzlichen Grund verlassen hat (vgl weiter Auskunft der indonesischen Botschaft, mitgeteilt in IPG 1969 Nr 16).

Irak

Irak nimmt keine ausschließliche Zuständigkeit für die Scheidung seiner Staatsbürger in Anspruch, insbesondere bestehen die früheren religiösen Scheidungsgerichte nicht mehr (freundliche Auskunft von Hilmar Krüger, Köln). Eine solche Zuständigkeit steht also der Anerkennung nicht mehr entgegen (anders noch OLG Hamm FamRZ 1974, 26 = StAZ 1974, 64; Schnittinger StAZ 1969, 307; **aA** Bergmann/Ferid/Löschner, Irak 7). Es wird allerdings bei Beteiligung auch nur eines Moslem erforderlich sein, daß das Urteil im wesentlichen den Grundsätzen islamischen Rechts entspricht. Sonst steht wohl der ordre public entgegen.

Die Möglichkeit der privaten Verstoßungsscheidung ist in dem Gesetz über das

Personalstatut von 1959, zuletzt geändert 1985, grundsätzlich ausgeschlossen worden (§ 39).

Iran

Das deutsch-persische Niederlassungsabk v 17. 2. 1929 enthält für die Anerkennung von Scheidungen keine Regelung, sondern befaßt sich nur mit der internationalprivatrechtlichen Anknüpfung der Scheidung (Art 8 Abs 2; RGBl 1930 II 1006). Aus Art 7 Abs 2 des Familienschutzgesetzes v 12. 2. 1975 ist zu entnehmen, daß auch ausländische Eheurteile anerkannt werden können. Denn nach dieser Bestimmung können die Parteien, wenn sie beide im Ausland wohnen, die dortigen Gerichte anrufen, und deren Urteile können von iranischen Notaren oder Konsulaten registriert werden. Nach Elwan ist diese Regel – anders als der Rest – noch in Kraft (IPRax 1994, 293 mit eingehenden Nachweisen). Nach einer bei Rahm/Künkel/Breuer (Hdb FamGerVerf VIII Rn 154, Iran) mitgeteilten Erklärung des iranischen Generalkonsulats vom 7. 9. 1993 nimmt Iran nun eine ausschließliche Zuständigkeit in Anspruch, doch nach der iranischen Botschaft in Bonn vom 25. 2. 1994 (ebenda) ist anscheinend nur eine Bestätigung in Iran für deutsche Urteile nötig. Jedenfalls ist die Anerkennung deutscher Urteile nicht eindeutig ausgeschlossen. Jedoch nimmt Iran eine ausschließliche Zuständigkeit in Anspruch bzw erkennt eine ausländische Scheidung nicht an, wenn ein oder gar beide Ehegatten den Wohnsitz in Iran haben, denn Art 7 Abs 2 G v 12. 2. 1975 erlaubt die Anrufung ausländischer Gerichte nur, wenn die (beiden) Streitparteien im Ausland wohnen (OLG Hamm 31. 1. 1992 IPRax 1994, 305 [Elwan 282] = FamRZ 1992, 822; Johannsen/Henrich EheR § 606a Rn 36).

Aus Art 7 mit Anmerkung dazu ist nicht eindeutig zu ersehen, ob die beiden persischen Ehegatten im selben ausländischen Staat leben müssen (für ungeklärt hält deshalb Elwan die Frage, IPrax 1994, 285). Es spricht mE manches für die Auslegung, daß bei Wohnort in verschiedenen Staaten (außerhalb Persiens) eine Zuständigkeit in jedem Staat anerkannt werden wird, also auch wenn nur der in Deutschland wohnhafte Ehegatte hier klagt.

Leben beide Ehegatten im Ausland, so muß das deutsche Urteil weiter iranisches Recht angewandt haben (Art 7 Abs 2 G v 12. 2. 1975). Ist das nicht geschehen, scheint eine Anerkennung möglich, wenn die unterlegene Partei nicht innerhalb eines Monats in Iran Widerspruch einlegt. Aber auf diese ganz im Belieben der Partei stehende Möglichkeit kann man die deutsche internationale Zuständigkeit nicht gründen (Rn 163). So ist mit einer Anerkennung nur zu rechnen, wenn das deutsche Gericht iranisches, dh wenn der Ehemann Muslim ist, islamisches Recht anwendet (dazu Yassari FamRZ 2002, 1078 ff).

Die Regeln islamischen (hier schiitischen) Rechts müssen nur bei Beteiligung eines Angehörigen dieser Religion eingehalten werden. Für andere Religionszugehörige gelten die Rechte ihrer Religionsgemeinschaft (Art 12 der Verfassung der islamischen Republik vom 15. 11. 1979). Der vom iranischen Recht vorgeschriebene Versöhnungsversuch ist durchzuführen, da sonst wohl nicht mit Anerkennung gerechnet werden kann (Herfarth IPRax 2000, 102; Soergel/Schurig Art 17 EGBGB Rn 57). Nicht zutreffend ist die Auffassung, deutsche Gerichte könnten wegen des religiösen

Charakters einer Scheidung in Iran nicht tätig werden (dazu Anh zu § 606a ZPO Rn 73, 76).

Island

In Island soll mit der Anerkennung ausländischer Scheidungsurteile, die isländische Staatsangehörige betreffen, dann gerechnet werden können, wenn der Beklagte im Urteilsstaat seinen Wohnsitz hat und das ausländische Urteil nicht dem ordre public oder den allgemeinen Grundsätzen des isländischen Rechts widerspricht (Löning RabelsZ 9 [1935] 409). Da sich das weniger entwickelte isländische IPR gerne an das dänische anlehnt, ist es möglich, daß auch die anderen bei Dänemark genannten Zuständigkeiten anerkannt und Hindernisse beachtet werden. Isländische Informationen über die Voraussetzungen der Anerkennungszuständigkeit liegen nicht vor.

Israel

Bei Israel ist der Vorrang des religiösen Rechts zu beachten. Die Anerkennung ist ausgeschlossen, wenn beide Eheleute Juden, Moslems, Drusen oder Angehörige einer christlichen Gemeinschaft sind, die in Israel ein religiöses Gericht unterhält (wohl nicht Protestanten). Hier wird eine ausschließliche Zuständigkeit dieser religiösen Gerichte angenommen, wobei freilich auch ausländische religiöse Gerichte angegangen werden könnten. Liegt eine solche religiöse Scheidung freilich bei Erlaß des deutschen Scheidungsurteils schon vor, so kommt es auf dessen Anerkennung in Israel nicht mehr an, da dort die Ehe als bereits geschieden gilt (Herfarth, Die Scheidung nach jüdischem Recht im internationalen Zivilverfahrensrecht [2000] 247 ff; Rahm/Künkel/Breuer Hdb FamGerVerf VIII Rn 154 Israel). Eine ausländische gerichtliche Scheidung wird als solche in Israel nicht voll anerkannt, weil sie nicht in der nur Rabbinatsgerichten zugänglichen religiösen Weise geschehen ist. Zwar wird die ausländische Scheidung im Zivilstandsregister registriert, aber sie hat die Ehe nicht beendet (Parter, FamRZ 1980, 979; Bergmann/Ferid/Schepfelowitz, Israel 42 f). Das reicht für § 606a Abs 1 S 1 Nr 4 ZPO nicht. Das gilt auch bei einer im Ausland nur standesamtlich geschlossenen Ehe, wenn sie in Israel dennoch voll wirksam ist (dazu Bergman/Ferid/Scheftelowitz S 41). Dagegen scheint, wenn die israelischen Staatsangehörigen keiner der betreffenden Religionsgemeinschaften angehören, eine Anerkennung der ausländischen Scheidung nach den Regeln des Haager Ehescheidungsabkommens von 1902 (RGBl 1904, 221, 231) möglich zu sein, dessen Regeln in Israel beachtet werden, obwohl der Staat dem Abkommen nicht beigetreten ist (Bergmann/Ferid/Scheftelowitz 42). Es sind dann allerdings dessen Zuständigkeitsregeln zu beachten (Wohnsitz des Beklagten oder gemeinsamer ehelicher Wohnsitz).

Jamaika

Jamaika hat bei Erlangung der Unabhängigkeit 1962 das englische common law in Kraft belassen (LG Berlin IPRspr 1966/67 Nr 229). Eine eigene abändernde Gesetzgebung ist nicht bekannt geworden. Es gelten daher die Anerkennungsregeln des englischen common law, jedoch nicht die englischer neuerer Gesetze. Es ist jedoch gut möglich, daß die Praxis in Jamaika auch die anerkennungsfreundlichen Entwicklungen des englischen Rechts nach 1962 (also vor allem *Indegka v Indegka* [1909] 1 AC 33) übernimmt. Es kann daher auf die Ausführungen zu Kenia verwiesen werden.

Japan

Nach § 118 der Zivilprozeßordnung idF von 1996 wird ein deutsches Urteil anerkannt, wenn (1) „die deutsche internationale Zuständigkeit gem dem Japanischen Recht gegeben war, wenn (2) dem Antragsgegner die Ladung anders als öffentlich zugestellt wurde oder er sich trotz nicht ordnungsgemäßer Ladung auf die Klage eingelassen hat, und wenn (3) das Urteil des ausländischen Gerichts nicht gegen die öffentliche Ordnung oder die guten Sitten verstößt; und wenn (4) die Gegenseitigkeit gewährleistet ist" (Petersen, Das internationale Zivilprozeßrecht in Japan [2003] 451 ff).

Die Gegenseitigkeit ist gewährleistet (Petersen, aaO 490 ff), wenn sie überhaupt bei Eheurteilen verlangt wird. Japan nimmt auch keine ausschließliche Zuständigkeit in Ehesachen für seine Staatsangehörigen in Anspruch.

In Japan selbst ist zwar etwas umstritten aber hM, daß die Regeln Japans über seine eigene Zuständigkeit in Ehesachen spiegelbildlich auch für die Anerkennung vom Urteilsstaat eingehalten sein müssen. Es wird auch die Auffassung vertreten (Kawakami RabelsZ 33 [1969] 510), daß es genüge, wenn das japanische Recht die ausländische Zuständigkeit nicht geradezu verneine. Nach japanischem Recht besteht jedenfalls eine Ehescheidungszuständigkeit, wenn beide Ehegatten ihren Wohnsitz im Urteilsstaat haben, oder wenn der Beklagte hier wohnt, und der Kläger ihn absichtlich im Stich gelassen hat oder wegen eines Verbrechens ausgewiesen wurde oder verschollen ist oder wenn der Beklagte sich auf die Klage am Wohnsitz des Klägers freiwillig einläßt (Kono/Trunk ZZP 102 [1989] 326). Zwar ist in diesen Fällen eine Anerkennungszuständigkeit anzunehmen, nicht aber bei bloßem Klägerwohnsitz. Weiterhin ist streitig, ob für die Anerkennung vorausgesetzt ist, daß das ausländische Gericht das Recht angewandt hat, das nach japanischem IPR anzuwenden gewesen wäre. Dies wird in Japan jedoch ernsthaft bestritten (Kawakami 511), so daß also dies für § 606a Abs 1 S 1 Nr 4 ZPO nicht zu verlangen ist.

Jemen

Nach dem Familiengesetz von 1992 (dazu im einzelnen Forster StAZ 1993, 249 ff, 280 ff) kann der Ehemann sich ohne Gericht durch „Verstoßung" scheiden. Ist dies in Deutschland anläßlich eines Scheidungsantrags geschehen, dann kommt es auf Anerkennung des Urteils im Jemen nicht mehr an (vgl Rn 213 u bei Ägypten). Durch Richterspruch kann die Ehe dagegen bei anfänglichen, vielleicht auch bei gewissen später eingetretenen Mängeln auf Antrag des Mannes oder der Frau aufgehoben werden. Vor allem kann die Frau die Aufhebung bzw Scheidung wegen unüberwindlicher Abneigung und aus anderen Gründen durch den Richter verlangen.

Die Anerkennung ausländischer Urteile ist ebenfalls seit 1992 allgemein geregelt im Zivilprozeßgesetz dazu Krüger RIW 1993, 470 ff). Art 282, 284 nennen freilich ausländische Eheurteile nicht ausdrücklich. Es ist gut möglich, dass diese Bestimmung, die ganz allgemein für ausländische Urteile gilt, auch hierauf anzuwenden ist.

Art 282 verlangt Gegenseitigkeit bei der Anerkennung von Urteilen. Diese gilt meistens als im Verhältnis zum Jemen als nicht gesichert (Krüger aaO 471; zust Zöller/Geimer Anh IV; **aA** Rahm/Künkel/Breuer VIII Rn 154). Der § 328 ZPO verlangt bei Eheurteilen Gegenseitigkeit nicht. Es könnten jemenitische Scheidungsurteile uU auch dann anerkannt werden, wenn sie islamisches Recht angewandt haben. Das ist vor allem dann der Fall, wenn die Ehe auch nach deutschem Recht wegen ein- oder dreijähriger Trennung hätte geschieden werden können. Unter diesem Gesichtspunkt mag die Anerkennungsprognose für den Jemen nicht eindeutig negativ sein. Jedoch wird die Anerkennung im Jemen nach Art 284 Nr 4 verweigert, wenn das Urteil gegen Bestimmungen der islamischen Scharia verstößt. Mit einer Anerkennung ist daher nur zu rechnen, wenn das deutsche Gericht islamisch-jemenitisches Recht angewandt hat. In diesem Fall ist aber die Anerkennung wohl nicht offensichtlich ausgeschlossen.

Nach Art 284 Nr 2 müssen die Parteien geladen und ordnungsgemäß vertreten sein. Ein Zustellungsübereinkommen besteht nicht. Die Ladung muß wohl tatsächlich an die Partei erfolgt sein.

Ein früheres oder späteres jemenitisches Urteil hindert die Anerkennung. Im Übrigen ist der ordre public allgemein vorbehalten, der allerdings weitgehend schon dadurch absorbiert wird, dass die Entscheidung dem jemenitischen Recht entsprechen muß.

Jordanien

Nach Auffassung des OLG Hamburg (10. 2. 1981 IPRax 1981, 181 [DH]) ist eine Anerkennung in Jordanien möglich, wenn die Ehe im Ausland gemäß dem jordanischen Scheidungsrecht erfolgt ist. Das stimmt in dieser Allgemeinheit nicht. Zunächst ist zu beachten, daß jordanisches Eherecht religiös gespalten ist (dazu Elwan/Ost IPRax 1996, 389 ff). Sind beide Ehegatten Muslime, sind nach jordanischer Kollisionsregel die Schariatgerichte ausschließlich zuständig und damit ein deutsches Gerichtsurteil nicht anerkennungsfähig. Zwar kann der muslimische Ehemann sich durch „Verstoßung" scheiden, so daß es danach auf die Anerkennung eines deutschen Scheidungsurteils nicht mehr ankommt (vgl Rn 213 u bei Ägypten). Anders ist es jedoch bei der Klage der Ehefrau, die ein Verstoßungsrecht nicht hat. Hier scheidet die Anerkennung aus.

Sind die Ehegatten nicht Muslime oder ist es nur einer von ihnen, so sind allerdings die ordentlichen Gerichte in Jordanien zuständig (Elwan/Ost aaO 391). Eine Anerkennung des deutschen Urteils scheidet also nicht deswegen schon von vornherein aus (vgl jedoch ein 40 Jahre altes Urteil, welches eine ausschließliche Zuständigkeit der Scharia-Gerichte bei einer muslimisch-christlichen Mischehe annahm, berichtet bei Behrens, Das Kollisionsrecht Jordaniens [1970] 34).

Es wird jedoch berichtet (Elwan/Ost aaO 391), daß jordanische Gerichte bei Beteiligung nur eines Muslim zwischen Ehegatten stets islamisches Recht angewandt haben. Eine Anerkennung ist dann wohl allenfalls zu erwarten, wenn auch das deutsche Gericht nach diesem Recht entschieden hat.

Über die Anerkennung ausländischer Scheidungen von Angehörigen anderer Religionen ist wenig bekannt. Art 23 des Zivilgesetzbuches von 1976 ist aber wohl zu entnehmen, daß jedenfalls von jordanischer Seite keine besondere Anerkennungszuständigkeit verlangt wird, weil danach die lex fori über die Zuständigkeit entscheiden soll. Im Übrigen wird das betreffene religiöse Recht über die Anerkennung einer ausländischen Scheidung zu entscheiden haben. Sind die Ehegatten Katholiken, so dürfte die Anerkennung am Scheidungsverbot des kanonischen Eherechts scheitern.

Jugoslawien (Serbien und Montenegro)

Die Anerkennung ausländischer Scheidungsurteile war in Art 86 f jugoslawisches IPRG v 1982 geregelt (abgedruckt in IPRax 1983, 6 f). Es gilt weiter in Restjugoslawien (Serbien, Montenegro). Eine Anerkennung ist ausgeschlossen, wenn derjenige, gegen den sich die Entscheidung richtet, rügt, daß er an diesem Verfahren nicht teilnehmen konnte, weil er nicht persönlich geladen wurde bzw eine Ladung nicht versucht wurde. Hatte die Partei die Möglichkeit der Teilnahme, wird auch ein Versäumnisurteil anerkannt (Varady RabelsZ 51 [1987] 665; Art 88).

Ein Anerkennungshindernis besteht weiterhin (Art 89), wenn im gegebenen Fall eine ausschließliche Zuständigkeit der Gerichte oder einer anderen Behörde der SFRJ besteht. Nach Art 61 nimmt Jugoslawien für seine Gerichte eine ausschließliche Zuständigkeit in Anspruch, wenn der Ehegatte, der nicht den Antrag stellt, jugoslawischer Staatsangehöriger ist und in Jugoslawien seinen Wohnsitz hat. Dabei muß davon ausgegangen werden, daß nach jugoslawischer Rechtsauffassung ein jugoslawischer Staatsangehöriger seinen Wohnsitz in Jugoslawien auch bei längerem Aufenthalt im Ausland als Gastarbeiter nicht verliert (vgl OLG Hamburg ZfJ 1985, 303; OLG Stuttgart 21. 4. 1982 FamRZ 1982, 897; OLG Stuttgart IPRax 1984, 277). UU kann ein jugoslawischer Gastarbeiter einen zweiten, für die Anerkennung genügenden Wohnsitz im Ausland begründen, doch bisher nur nach der Rspr der Wojwodina (Varady IPRax 1984, 249 ff und weiter RabelsZ 51 [1987] 660 f).

Gem Art 89 Abs 2 stellt diese ausschließliche Zuständigkeit der Gerichte der SFRJ zwar kein Hindernis für die Anerkennung einer ausländischen Entscheidung in einer Ehesache dar, wenn der Beklagte die Anerkennung in Jugoslawien beantragt oder keinen Widerspruch gegen den Antrag des Klägers erhoben hat; da die Partei sich aber im Urteilsverfahren hierzu nicht bindend verpflichten kann (Varady aaO), genügt diese Möglichkeit selbst dann nicht, wenn der Beklagte eine solche Erklärung vor dem deutschen Gericht abgibt (Varady aaO; OLG Stuttgart 7. 2. 1984 IPRspr 1984 Nr 1523). Breuer (Rahm/Künkel/Breuer VIII Rn 154) meint, es sei anzunehmen, daß der Antragsgegner, der sich nicht gegen die Scheidung wendet, auch der Anerkennung in Jugoslawien zustimmen werde. Das reicht für § 606a Abs 1 S 2 Nr 4 ZPO jedoch nicht (o Rn 163).

Wenn weiter nach jugoslawischem IPR-Gesetz jugoslawisches Eherecht anzuwenden war, dann wird die Anerkennung verweigert, sofern das Urteil wesentlich von dem abweicht, was sich nach jugoslawischem Eherecht ergeben hätte (Art 93 IPR-G). Nach Art 27 IPR-G gilt jugoslawisches Recht, wenn beide Eheleute diese Staatsangehörigkeit haben, bei einer jugoslawisch-ausländischen Ehe finden beide Rechte kumulativ Anwendung und hilfsweise jugoslawisches Recht, wenn es die Scheidung erlaubt, das andere Recht aber nicht.

Die Anerkennung ist nach Art 90 Abs 1 IPR-G auch dann ausgeschlossen, wenn in der gleichen Sache bereits ein Gericht oder ein anderes Organ Jugoslawiens rechtskräftig entschieden hat oder wenn dort bereits eine andere ausländische Gerichtsentscheidung in der gleichen Sache anerkannt worden ist (vgl insgesamt VARADY RabelsZ 51 [1987] 632 ff).

Kambodscha

Nach dem Ehe- und Familiengesetz vom 1989 (StAZ 1990, 304) werden ausländische Scheidungen anerkannt, wenn beide kambodschanische Ehegatten im Ausland wohnen (Art 81 Abs 1) und die Ehe im Ausland geschlossen wurde. Wohnt einer in Kambodscha, ist wohl die Anerkennung ausgeschlossen, weil dann Kambodscha eine ausschließliche Zuständigkeit in Anspruch nimmt (Art 81 Abs 3). Über sonstige Anerkennungshindernisse ist nichts Näheres bekannt.

Kamerun

Gesetzliche Regelungen über die Anerkennung ausländischer Eheurteile sind, soweit ersichtlich, ebensowenig ergangen wie solche über das IPR. Es kommt bei Kamerun darauf an, ob für die Parteien die französisch orientierte Rechtsordnung im größeren, östlichen Teil oder die englisch orientierte im kleineren westlichen Teil maßgebend ist (vgl OLG Hamburg 27.1.1986 IPRax 1987, 37 [DH]). Ob das eine oder andere Anerkennungsrecht Anwendung findet, ist danach zu entscheiden, ob die Partei im einen oder anderen Teil Kameruns ihren Lebensmittelpunkt hat bzw zuletzt hatte.

Gem den Überleitungsregelungen anläßlich der Unabhängigkeit des frankophonen Teils am 1.1.1960 sind die französischen Regelungen in Kraft geblieben, wobei wahrscheinlich ist, daß die kamerunische Praxis ggf auch die späteren Entwicklungen der französischen Rechtsprechung nachvollziehen wird (vgl daher bei Elfenbeinküste). Weiter muß das aus der Sicht des kamerunischen IPR richtige Recht angewandt worden sein. Hier bezieht man sich auf den älteren französischen arrêt Rivière (JCl droit comparé [POUGOUÉ/ANOUKAHA 1996] no 76, 82). Danach ist bei rein kamerunischer Ehe das kamerunische Eherecht maßgebend, bei einer gemischtnationalen Ehe das Recht des gemeinsamen gewöhnlichen Aufenthalts.

Der Beklagte muß ordentlich und rechtzeitig geladen worden sein, und der Anerkennung darf keine rechtskräftige kamerunische Entscheidung oder Anhängigkeit der Sache in Kamerun entgegenstehen. Im übrigen macht man den Vorbehalt des ordre pulic. Ein Zustellungsübereinkommen besteht nicht.

In den Westprovinzen, die sich am 1.10.1960 Kamerun anschlossen und vorher zu Nigeria gehörten, gilt nigerianisches Recht fort. Nigeria hat die Anerkennungsfrage jedoch erst 1970 gesetzlich geregelt (s bei Nigeria), so daß nach der allgemeinen Rezeptionsklausel damals in jenen Provinzen Nigerias und infolgedessen heute weiterhin in Kamerun das englische common law nach dem Stande vom 1.1.1900 gilt (vgl EKOW DANIELS, THE Common Law in West Africa [London 1964] 61 f). Es ist jedoch sehr wahrscheinlich, daß auch die spätere, sehr viel anerkennungsfreundlichere englische Rechtsprechung befolgt wird (ALLOTT, Essays in African Law [London 1975] 31 f). Es sei daher auf die Ausführungen zu Kenia verwiesen.

Kanada

Die Anerkennung ausländischer Scheidungen ist zum einen in sec 22 Divorce Act 1985 geregelt. Danach wird anerkannt, wenn ein Ehegatte seit mindestens einem Jahr vor Klageerhebung seinen gewöhnlichen Aufenthalt („ordinarily resident") im Urteilsstaat hatte. Domicile ist also nicht (mehr) erforderlich, aber ausreichend (sec 22). Jedoch ist der neue Divorce Act nicht abschließend, so daß die Anerkennungsregeln des common law für die nach ihm lebenden Provinzen bzw des droit civil (Quebec) unberührt bleiben (sec 22 II). Der Divorce Act 1985 läßt die Anerkennungsmöglichkeiten der Provinzen unberührt (übersehen von Bergmann/Ferid/Reinhard, Kanada 23; wie hier Grottier, Précis de droit international privé québéquois [4. Aufl 1990] no 311; Castel, Canadian Conflict of Laws [2. Aufl 1986] no 221).

In den Provinzen des common law war immer unbestritten, daß Urteile aus dem Staat des domicile des Ehemannes, das vom gewöhnlichen Aufenthalt verschieden sein kann, anzuerkennen sind. Seit dem Divorce Act 1968 genügte auch das domicile der Frau, die im common law an sich ihr domicile beim Ehemann hätte. Mehr und mehr wurde jedoch die englische Entscheidung des House of Lords in *Indyka v Indyka* (1967) 2 All ER 689 = (1969) 1 AC 33 übernommen (McClean, Recognition of Family Judgements in the Commonwealth [1983] 47; Castel, Canadian Conflict of Laws 312 f; Powell v Cockburn [1977] 2 RCS 211 [Supreme Court]; Bevington v Hewitson [1974] 4 OR [2 d] 227 [SC Ontario]; Gwyn v Mellen [1979] 101 DLR [3 d] 609 [CA Brit Columbien]). Es genügt also eine „real and substantial connection" einer Partei mit dem Urteilsstaat, die der Richter anhand aller Umstände des Sachverhaltes zu klären hat (Castel 313 m Nw). Es kann der gewöhnliche Aufenthalt des Antragstellers durchaus genügen, wenn dieser eine substantielle Beziehung begründet. Das wichtigste Element dafür ist seine Dauer. Ist sie allerdings unter 2 Jahren, so ist zweifelhaft, ob es genügt. Es müssten wohl noch weitere Elemente hinzukommen. Es gibt kanadische Rechtsprechung, die unter dieser Voraussetzung auch eine Aufenthaltsdauer von knapp unter 12 Monaten hat genügen lassen (McClean, Recognition of Family Judgments in the Commonwealth [1983] 48). Residence muss allerdings vielleicht nicht unbedingt die Intensität eines gewöhnlichen Aufenthalts im deutschen Sinne haben. Besteht dieser schon ein Jahr, so erübrigt sich wegen Art 3 Abs 1 lit a 5. Str EheGVO die Anerkennung.

Die Regeln von Indyka werden auch auf Nichtigkeitsurteile erstreckt (*Gwyn v Mellen* aaO), jedenfalls wenn der Kläger die substantielle Beziehung zum Urteilsstaat hatte (Castel 328). Der Begriff der „real and substantial connection" ist sehr unbestimmt, weswegen er in England durch präzisere gesetzliche Kriterien ersetzt wurde, doch gilt der Family Act natürlich nicht in Kanada.

Die kanadische Praxis folgt auch der englischen Rule in *Armitage v Attorney General* (1906) P 135, wonach eine Entscheidung anerkannt wird, obwohl die vom kanadischen Recht verlangten Zuständigkeitsvoraussetzungen nicht vorliegen, wenn sie von dem Staat anerkannt wird, in dem der Ehemann oder die Frau domiziliert ist, und ganz generell möglicherweise bei Anerkennung durch einen Staat, mit dem eine real and substantial connection im og Sinn besteht (Castel 313 unter Berufung auf englische Entscheidungen, die in diese Richtung deuten können).

Auch Québec hat sein eigenes Anerkennungsrecht durch Gesetz vom 18.12.1991, in Kraft seit dem 1.1.1994, neu geregelt (abgedr IPRax 1994, 322). Nach Art 3155 gilt allgemein, daß nicht anerkannt wird, wenn das ausländische Urteil nicht rechtskräftig ist, wenn das ausländische Gericht nicht international zuständig war, wenn wesentliche Grundsätze des (kanadischen) Prozeßrechts verletzt wurden, wenn über dieselbe Sache ein kanadisches rechtskräftiges oder noch nicht rechtskräftiges Urteil ergangen ist, oder dieselbe Sache früher in Québec rechtshängig geworden ist, oder wenn eine anerkennungsfähige Entscheidung eines dritten Staates vorliegt, und wenn die deutsche Entscheidung gegen den internationalprivatrechtlichen ordre public verstößt. Die Anerkennungszuständigkeit ist gem Art 3167 gegeben, wenn ein Ehegatte im Urteilsstaat sein domicile (wohl im Sinne des englischen Rechts) oder zumindest seit einem Jahr seinen gewöhnlichen Aufenthalt (residence) hat. Es genügt aber auch, wenn die deutsche Entscheidung in einem dritten Staat anerkannt wird, in dem eine Partei domicile oder résidence hat. Mit den wesentlichen Grundsätzen des Prozeßrechts von Québec ist zumindest eine ordnungsgemäße und rechtzeitige Zustellung des verfahrenseinleitenden Schriftstücks und die weitere Gewährung des rechtlichen Gehörs gemeint (Art 3156). Hier gilt ähnliches wie in Großbritannien (Castel 3145, 329 mN). Es gilt das HZÜ.

Kapverdische Republik

Die Anerkennung einer ausländischen Scheidung in der Kapverdischen Republik setzt eine formale Nachprüfung des Urteils voraus, für die gem Art 31 Nr 9 des Gerichtsverfassungsgesetzes Nr 33 vom 16.7.1975 der nationale Justizrat zuständig ist (vgl Bergmann/Ferid/Jayme, Kapverdische Republik 6). Die materiellen Anerkennungsvoraussetzungen hierfür sind, soweit erkennbar, nicht geregelt. Es soll jedoch mit einer anerkennungsfreundlichen Praxis gerechnet werden können; auf die Scheidungsgründe, die dem Urteile zugrundeliegen, soll es im einzelnen nicht ankommen (vgl Bergmann/Ferid/Jayme aaO). Im übrigen gelten die Regeln des portugiesischen Rechts wohl fort, so daß auf die Ausführungen zu Angola verwiesen wird.

Kasachstan

Kasachstan hat das internationale Privat- und Prozeßrecht sowie das Familienrecht in den Jahren 1998/99 neu geregelt. Die bisher weiterhin angewandte einschlägige Gesetzgebung der UdSSR gilt also nicht mehr (Texte der neuen Gesetze IPRax 2002, 53 ff mit Einführung von Weishaupt).

Nach Art 417 Abs 3 des Zivilprozeßgesetzes nimmt Kasachstan eine ausschließliche Zuständigkeit in Anspruch für die Auflösung der Ehe kasachischer Staatsangehöriger mit Ausländern und Staatenlosen, wenn beide ihren ständigen Wohnsitz in Kasachstan haben. Es dürfte auch aus Art 426 Abs 3 folgen, daß natürlich erst recht eine ausschließliche Zuständigkeit in Anspruch genommen wird für die Auflösung von Ehen kasachischer Staatsangehöriger, die beide ihren ständigen Wohnsitz in Kasachstan haben. Für § 606a Abs 1 S 1 Nr 4 ZPO kommen diese Fälle ohnehin nicht in Betracht. Hat der Kläger seinen gewöhnlichen Aufenthalt in Deutschland, so ergibt sich aus Art 426 Abs 2, daß eine Anerkennung möglich ist, wenn beide Ehegatten kasachische Staatsangehörige sind, aber beide ihren ständigen Aufenthalt ausserhalb der Republik Kasachstan haben. Das heißt nicht, daß sie ihn beide in

Deutschland haben müssen. Hat nur der Antragsteller ihn hier, so kommt eine Anerkennung unter diesem Gesichtspunkt in Frage. Handelt es sich um eine Ehe von einem kasachischen Staatsangehörigen mit einem ausländischen Staatsangehörigen, der also bei § 606a Abs 1 S 1 Nr 4 ZPO nicht deutscher Staatsangehöriger sein darf, so kommt eine Anerkennung in Betracht, wenn wenigstens einer der Ehegatten seinen ständigen Aufenthalt außerhalb Kasachstans hat. Der andere darf ihn dort haben.

Das findet sich bestätigt in Art 204 Abs 3 Familiengesetzbuch, wonach die Auflösung von Ehen zwischen Staatsangehörigen der Republik Kasachstan und Ausländern oder Staatenlosen in Kasachstan als rechtsgültig anerkannt wird. Die in Art 204 Abs 2 eingeräumte Möglichkeit der Eheauflösung vor konsularischen Vertretern oder Botschaften der Republik Kasachstan, soweit kasachisches Recht die Auflösung vor dem Standesamt zuläßt, ist wegen Art 17 Abs 2 EGBGB in Deutschland ohne Bedeutung.

Sonstige Anerkennungshindernisse, wie insbesondere das der unzulänglichen Ladung zum Verfahren, sind in dem Gesetz offenbar nicht erwähnt. Immerhin enthält Art 1090 des Zivilgesetzbuches einen allgemeinen Vorbehalt des ordre public gegenüber der Anwendung ausländischen Rechts im IPR. Da ist wohl anzunehmen, daß dieser grundsätzlich auch gegenüber der Anerkennung ausländischer Entscheidungen ins Feld geführt werden könnte.

Kenia

Weder der Matrimonial Causes Act (Cap 152, Laws of Kenya, Rev Ed 1962) noch ein anderes kenianisches Gesetz enthalten eine Vorschrift über die Anerkennung ausländischer Eheurteile. Daher ist gem sec 3 (1) (c) des Judicature Act (Cap 8, Laws of Kenya, Rev Ed 1983) auf „the substance of the common law, the doctrines of equity and the statutes of general application in force in England on 12th August, 1897“ zurückzugreifen, die ggf den örtlichen Erfordernissen anzupassen sind. Die Gerichtspraxis beruft sich jedoch auch auf das nach 1897 in englischen Entscheidungen entwickelte common law (Sawyerr und Hiller, The Doctrine of Precedent in the Court of Appeal for East Africa [Dar es Salaam 1971] 15 ff mwN; vgl *Re Sansone Banin* [1960] Eastern Africa Law Reports 532). Nach dem Stand des englischen common law von 1897 war ein ausländisches Scheidungsurteil nur dann anzuerkennen, wenn zu Beginn des Verfahrens der Ehemann im Gerichtsstaat domiziliert war (*Le Mesurier v Le Mesurier* [1895] AC 517). Diese sehr enge Regel wurde in späteren englischen Entscheidungen stark erweitert. So wurde ein ausländisches Scheidungsurteil auch dann anerkannt, wenn es von den Gerichten des Domizilstaates der Parteien, dh des Ehemannes solange die Ehefrau kraft Gesetzes sein domicile teilt, anerkannt werden würde (*Armitage v Attorney General* [1906] P 135), oder wenn das ausländische Gericht nach englischem Recht zuständig war (*Travers v Holley* [1953] P 246). So verwendet die im Jahr 1960 ergangene Entscheidung des Supreme Court of Kenya im og Fall *Re Sansone Banin* als Kriterium für die Anerkennung eines ausländischen Ehenichtigkeitsurteiles die Zuständigkeit des ausländischen Gerichts nach dem damaligen Stand des englischen common law. Seit der Entscheidung *Indyka v Indyka* (1969) 1 AC 33 wurde im englischen common law ein ausländisches Scheidungsurteil schon dann anerkannt, wenn Kläger oder Beklagter eine „tatsächliche und substantielle

Verbindung“ zu dem Gerichtsstaat hatten, die beispielsweise auch in der Staatsangehörigkeit oder einem länger dauernden gewöhnlichen Aufenthalt nur des Antragstellers gesehen werden kann. Das House of Lords blieb in seinem Urteil mangels gesetzlicher Vorgaben sehr vage und verwies auf die Umstände des Einzelfalles. Es ist anzunehmen, daß die kenianischen Gerichte auch dieser Rechtsprechung folgen (McClean, Recognition of Family Judgments in the Commonwealth [1983] 47), jedoch ist nicht anzunehmen, daß der englische Recognition of Divorces and Legal Separations Act von 1971 oder der Family Law Act von 1986 angewandt werden. Die „reale und gewichtige Beziehung“ ist eine Art unbestimmter Rechtsbegriff und ob sie vorliegt, ist nach den Umständen des Falles zu beurteilen.

Deutlich beherrschendes Element ist jedoch der gewöhnliche Aufenthalt (habitual residence) im Lande. Eine feste konkrete Definition kann nicht gegeben werde. Es gibt in England eine reiche und sich auch entwickelnde Rechtsprechung, der man in Kenia sehr wahrscheinlich folgen wird. Gewöhnlicher Aufenthalt setzt neben physischer Anwesenheit auch eine spezifische Absicht voraus, die verwirklicht ist oder jedenfalls werden wird. Man spricht von Absicht, sich wenigstens für eine bestimmte Zeit hier niederzulassen und hier zu leben (*Re B* [Abduction] [1993] 1 FLR 993,995). Der Aufenthalt muß eine besondere Qualität und Festigkeit haben. Ein nur besuchsweiser Aufenthalt genügt sicher nicht, wohl aber einer für die Aufnahme einer Arbeit oder Anstellung oder für ein längeres Studium. Hat der Aufenthalt deutlich mehr als ein Jahr gedauert, besteht eine starke Vermutung, daß er gewöhnlich ist. Bei kürzerer Dauer müssen gewichtige zusätzliche Umstände vorliegen (McClean, Recognition of Family Judgments in the Commonwealth [1983] 48) bzw die genannte Absicht nachgewiesen sein. Die Beweislast trägt der Antragsteller. Der Ort der Eheschließung hat wenig Gewicht. Dagegen kann in Betracht gezogen werden, wenn die Partei vor einer Unterbrechung des Aufenthalts schon früher eimal lange Zeit im Lande war. Eine vorübergehende kürzere Abwesenheit schadet nicht (vgl Smart IntCompLQ 38 [1989] 175 ff).

Die *habitual residence* entspricht nicht ganz dem deutschen gewöhnlichen Aufenthalt, muß nicht der echte Lebensmittelpunkt sein, denn eine Partei kann auch zwei solche Residenzen haben (*Ikimi v Ikimi* [2001] 2 FCR 385; vgl zum Ganzen Jaffey/Clarkson/Hill, Conflict of Laws [2. Aufl 2002] 50 ff).

Im übrigen gilt der Vorbehalt des ordre public, der vor allem bei nicht hinreichender Ladung des Beklagten, der sich darum nicht ordentlich verteidigen konnte, eingreift (vgl bei Ghana).

Kirgisistan

Kirgisistan hat das Internationale Verfahrensrecht im Zivilprozeßgesetzbuch von 1999 neu geregelt. Die bis dahin weiterhin geltende Gesetzgebung der UdSSR ist damit nicht mehr in Kraft.

Art 381 ZPG regelt die Anerkennung von Entscheidungen, die ihrer Natur nach keiner Vollstreckung bedürfen, also insbesondere der Ehescheidung. Die Anerkennung einer ausländischen Scheidung einer Ehe zwischen Staatsbürgern von Kirgisistan und ausländischen Staatsbürgern findet statt, wenn zu diesem Zeitpunkt mindestens einer der Ehegatten ausserhalb der kirgisischen Republik wohnte. Die Scheidung oder Ungültigerklärung einer Ehe kirgisischer Staatsbürger kann anerkannt werden, wenn beide zu diesem Zeitpunkt ausserhalb von Kirgisistan wohnten.

Nach Art 371 wären kirgisische Gerichte ausschließlich zuständig für die Scheidung einer Ehe zwischen einem kirgisischen Staatsangehörigen und einem Ausländer, wenn beide ihren Wohnsitz in Kirgistan haben.

Über sonstige Anerkennungshindernisse ist nichts bekannt.

Kolumbien

Sachlich ist zwischen der Scheidung von Zivilehen und kirchlich geschlossenen Ehen zu unterscheiden.

Bei Zivilehen ist maßgeblich Art 164 codigo civil idF vom 19. 1. 1976. Ist die Ehe in Kolumbien geschlossen worden, so wird die ausländische Scheidung der Zivilehe nur anerkannt, wenn der Scheidungsgrund auch vom kolumbianischen Recht zugelassen ist, dem Beklagten die Klage persönlich zugestellt wurde oder wenn er nach dem an seinem Wohnsitz geltenden Zustellungsrecht geladen worden ist. Ist die Ehe nicht in Kolumbien geschlossen worden, so wird jedenfalls eine Scheidung nach dem Recht des Wohnsitzes der Eheleute anerkannt werden. Ehewohnsitz ist gem Art 163 codigo civil der Ort, an dem die Eheleute im gemeinsamen Einverständnis leben. Fehlt ein solcher, gilt der Wohnsitz des Beklagten. Es scheint aber, daß die Gerichte auch bei der im Ausland geschlossenen Zivilehe eines oder zweier Kolumbianer die Einhaltung kolumbianischer Scheidungsgründe verlangen (Rahm/Künkel/Breuer VIII Rn 154; Möllring, Anerkennung und Vollstreckung ausländischer Urteile in Südamerika [1985] 86 f).

Die Scheidung kirchlich geschlossener bzw katholischer Ehen wurde nicht anerkannt, weil solche Ehen nach kolumbianischem Recht unauflösbar sind und dieser Grundsatz als Bestandteil des ordre public angesehen wurde (Möllring aaO). Daß derartige Scheidungen möglicherweise als Trennung von Tisch und Bett anerkannt werden, genügt nicht (vgl Monroy Cabra, Tratado de derecho internacional privado [Bogota 1983] 317, 341 ff). Nun bestimmt aber Art 152 des Gesetzes vom 17. 1. 1992, daß eine, also zugelassene, Scheidung solcher Ehen durch zivile Gerichte lediglich zivilrechtliche Wirkungen entfalte. Seit einer Entscheidung des Verfassungsgerichtshofs vom 5. 2. 1993 dürfte für die Praxis entschieden sein, daß solche Ehen trotz des Konkordats mit dem Heiligen Stuhl von staatlichen Gerichten mit der Wirkung geschieden werden können, daß die Ehegatten standesamtlich neu heiraten können (Samtleben IPRax 1994, 63 f). Damit kann auch mit einer Anerkennung im Ausland staatlich geschiedener kanonischer Ehen gerechnet werden.

Republik Korea (Süd)

Südkorea hat die Anerkennung ausländischer Entscheidungen mit dem Gesetz über das Internationale Privatrecht 2001 und dem Zivilprozeßgesetz 2002 neu geregelt. Gem Art 217 ZPG werden ausländische Urteile anerkannt, wenn das ausländische Gericht nach den Grundsätzen der internationalen Entscheidungszuständigkeit entsprechend den Gesetzen und Staatsverträgen der Republik Korea als international zuständig anzuerkennen ist, der unterlegene Beklagte die Klage und die schriftliche Terminsmitteilung oder vergleichbare Schriftstücke im Wege der Zustellung (aber nicht durch öffentliche Zustellung oder ähnliche Zustellungsmethoden) so rechtzeitig erhalten hat, daß ihm nach den gesetzlichen Bestimmungen genügend Zeit für seine Verteidigung geblieben ist, oder wenn er sich auf den Rechtsstreit eingelassen hat, ohne entsprechende Unterlagen enthalten zu haben, die Anerkennung des ausländischen Urteils nicht gegen den koreanischen ordre public verstoßen würde und die Gegenseitigkeit verbürgt ist (Übersetzung bei Bülow/Böckstiegl/Geimer/Schütze/Stiller/Schleicher Int Rechtsverkehr 1073.13).

Die spiegelbildlich anzuwendende internationale Zuständigkeit gem dem IPRG ist gegeben, wenn der Antragsgegner seinen Wohnsitz im Gerichtsstaat hat. Der Wohnsitz des Antragstellers reicht, wenn der Verbleib des Antragsgegners ungewiß ist oder dieser sich auf das Verfahren eingelassen hat und keine Besorgnis besteht, daß seine Interessen durch das Verfahren in diesem Land unangemessen beeinträchtigt können (Stiller/Schleicher 1073.9). Danach würde also der Wohnsitz des Antragstellers in Deutschland nur unter diesen besonderen Voraussetzungen ausreichen. Daß in der Literatur offenbar diskutiert wird, ob auch die koreanische Staatsangehörigkeit bei einer koreanisch-ausländischen Ehe ausreicht, ist im Hinblick auf § 606a Abs 1 S 1 Nr 4 ZPO ohne Bedeutung.

Der Antragsgegner muß ordentlich und rechtzeitig geladen worden sein. Im Verkehr mit Korea gilt das HZÜ. Nach von einer Stiller/Schleicher (aaO 1073.14) mitgeteilten Entscheidung des Obersten Gerichtshofs von 1992 reicht eine Ersatzzustellung und auch eine Zustellung auf dem Postwege nicht. In diesem Fall war aber das Schriftstück auch nicht in koreanischer Sprache. Die Gegenseitigkeit, wenn sie denn auch für Ehescheidungen verlangt wird, gilt als verbürgt (Stiller/Schleicher aaO 1073.15/16).

Allerdings können koreanische Ehegatten ihre Ehe auch durch Vereinbarung außergerichtlich auflösen. Diese, wohl schriftliche, Vereinbarung muß nicht nur beim koreanischen Standesamt registriert werden, um wirksam zu sein, sondern diese Registrierung setzt seit 1979 eine Bestätigung des Familiengerichts darüber voraus, daß der Scheidungswille wirklich besteht (Lee 18 f). Dieses letztere dürfte es praktisch ausschließen, daß die koreanischen Eheleute durch Privatscheidung in Deutschland die Ehe für den Heimatstaat aufheben, so daß in Deutschland nur eine gerichtliche und damit anerkennungsbedürftige Scheidung in Frage kommt. Nur bei nach koreanischem Recht wirksamer Privatscheidung entfiele die Notwendigkeit einer Anerkennungsprognose (oben Rn 213).

Kroatien

Kroatien hat zwar 1998 das Familienrecht neu geregelt (Familiengesetz), hat aber dennoch das von der Republik Jugoslawien 1982 erlassene Gesetz über die Regelung der Kollision von Gesetzen mit den Vorschriften anderer Staaten in bestimmten Verhältnissen (IPR-G) übernommen. Es kann auf das bei Jugoslawien Gesagte verwiesen werden.

Kuba

Die Anerkennung ausländischer Ehescheidungsurteile ist in Kuba in Art 64 des Familiengesetzbuchs von 1975 geregelt. Eine allgemeine Bestimmung über die Anerkennung ausländischer Entscheidungen findet sich in Art 483 des Prozeßgesetzes von 1977. Die Bestimmung über das Internationale Privatrecht im neuen Zivilgesetzbuch von 1987 sagt zu dieser Frage offenbar nichts (Texte bei HUZEL IPRax 1990, 418 f).

Nach Art 64 Familiengesetzbuch wird ein „im Ausland ergangenes Scheidungsurteil, das eine in Übereinstimmung mit dem kubanischen oder mit ausländischen Gesetzen geschlossene Ehe zwischen Kubanern, zwischen Kubanern und Ausländern oder zwischen Ausländern auflöst, ... in Kuba wirksam, wenn von der konsularischen Vertretung Kubas in dem Staat, in dem die Scheidung ausgesprochen wurde, beglaubigt wird, daß das Scheidungsverfahren und das Urteil in Übereinstimmung mit den Gesetzen dieses Staates ergangen ist". Ob und was die konsularische Vertretung dabei überprüfen soll, ist unklar (BERGMANN/FERID, Kuba S 9: möglicherweise eine Sachprüfung; RAHM/KÜNKEL/BREUER VIII Rn 154: keine Überprüfung). Da ausdrücklich gesagt ist, daß die Übereinstimmung mit den Gesetzen des Urteilsstaates bescheinigt werden soll, ist es jedenfalls keine übliche revision au fond anhand des kubanischen Rechts. Es läßt sich m. E. die Auslegung vertreten, daß die verfahrensrechtliche Ordnungsmäßigkeit des Urteils bescheinigt wird, da ja in der Sache durchaus nicht deutsches Recht angewandt worden sein kann. In dieser Hinsicht erscheint eine Anerkennung in Kuba nicht offensichtlich ausgeschlossen.

Auch in Art 483 Prozeßgesetz ist eine Anerkennungszuständigkeit nicht gefordert. Möglich ist, daß allerdings Urteile bei Säumnis des Beklagten nicht anerkannt würden. Es ist zu vermuten, daß dies auch bei Eheurteilen gelten wird.

Da Art 483 Abs 4 ZPG verlangt, daß das ausländische Urteil den Erfordernissen des kubanischen Rechtes entsprechen muß, damit das Urteil in Kuba beweiskräftig sei, wird jedenfalls eine Begründung des Urteils von Nöten sein.

Lesotho

Eine gesetzliche Regelung fehlt größtenteils. Für Fragen des internationalen Verfahrensrechts wird im wesentlichen auf die Regeln des common law und des südafrikanischen Rechts zurückgegriffen (D OTTO StAZ 1996, 199 f). Demgemäß darf mit einer Anerkennung nur gerechnet werden, wenn der Ehemann bei Antragstellung sein domicile iSd common law in Deutschland hatte. 1978 wurde eine zusätzliche Regelung für die internationale Zuständigkeit Lesothos eingeführt, wonach die Gerichte auch zuständig sind, wenn nur die Ehefrau seit mindestens einem Jahr in Lesotho wohnt und vor ihrer Heirat ihr domicile oder das ihres Ehemannes dort lag. Hintergrund der Regelung ist, daß nach common law – früher – die Ehefrau das domicile des Ehemannes teilte.

Es ist zu vermuten, daß anerkannt wird, wenn diese Tatbestände in Deutschland verwirklicht sind. Danach können Ehemann und Ehefrau in Deutschland auch klagen, wenn die Ehefrau vor der Heirat hier ihr domicile hatte, das sie an sich mit der Heirat verliert. Domicile bedeutet nicht notwendig, daß auch der gewöhnliche Aufenthalt dort ist, dieser ist aber für § 606a Abs 1 S 1 in Nr 4 ZPO nötig. Hat oder hatte ein Ehegatte sein domicile in Deutschland, dann kann mit Anerkennung gerechnet werden. Jedoch wird eine Partei aus Lesotho nur selten ihr domicile in Deutschland haben (vgl Art 3 EheGVO Rn 110 ff).

Wenn nun 1978 die Anerkennungszuständigkeit in dieser Weise neu geregelt wurde, so liegt es nahe, darin eine abschließende Regelung zu sehen. Der gewöhnliche Aufenthalt des Antragstellers allein ohne domicile würde dann sicher ausreichen, denn die neue Regelung nimmt die immerhin schon elf Jahre alte Entscheidung *Indyka v Indyka* [1967] P 233 offenbar nicht auf, die die ordinary residence verbunden mit einer substantiellen Verbindung zum Gerichtsstaat ausreichen läßt. Zudem bestand 1978 auch südafrikanisches Recht auf dem domicile eines Ehegatten (vgl Forsyth, Private International Law [3. Aufl. 1996] 383 ff, 387). Man wird daraus folgern müssen, daß deutsche Urteile in Lesotho nur anerkannt werden, wenn ein Ehegatte sein domicile in Deutschland hat.

Libanon

Die Anerkennung ausländischer Urteile richtet sich nach den Art 1009 ff nouveau code de procédure civile vom 17. 9. 1983, der inhaltlich freilich kaum von den Art 4 ff des Gesetzes vom 19. 12. 1967 über die Vollstreckung ausländischer Urteile und öffentlicher Urkunden abweicht. Gem Art 1014 CPC setzt die Anerkennung voraus: (1) daß das Urteilsgericht nach dem Recht seines Staates zuständig war, sofern diese Zuständigkeit nicht ausschließlich auf der Staatsangehörigkeit des Klägers beruht; (2) daß das Urteil nach dem Recht des Urteilsstaates rechtskräftig und vollstreckbar ist; (3) daß die Rechte der Verteidigung gewahrt wurden; (4) daß der Urteilsstaat die Vollstreckung libanesischer Urteile auf seinem Territorium, sei es aufgrund einfacher Kontrolle, sei es nach einer Exequaturentscheidung erlaubt; (5) daß das Urteil nicht gegen den ordre public verstößt.

Den Anforderungen der Nr 1 entspricht § 606a Abs 1 S 1 Nr 4 ZPO. Bei eigenen Staatsangehörigen und einer religiös geschlossenen Ehe sind die religiösen Gerichte des Libanon wohl gem Art 75 NCPC ausschließlich zuständig (J Cl Dr comp Gannagé 1994, Fasc 6 no 28 ff unter Berufung auf CA Mont-Liban 19. 2. 1991 und 24. 2. 1992), dagegen nicht bei einer zivil im Ausland geschlossenen Ehe, und vielleicht auch nicht bei einer zivil im Libanon geschlossenen Ehe, wenn diese Heirat nicht überhaupt nichtig ist. Vermutlich ähnlich wie in Frankreich (vgl Elfenbeinküste) wird die Anerkennung des Urteils aber verweigert, wenn die Zuständigkeit nur zum Zweck der Scheidung herbeigeführt wurde (Gannagé aaO Rn 27).

Die Rechte der Verteidigung müssen gewahrt sein. (Im Verhältnis zum Libanon gilt das Haager Zivilprozeßübereinkommen vom 1. 3. 1954.) Ein inländisches rechtskräftiges Urteil (Art 1061-1 NCPC) und eine frühere inländische Rechtshängigkeit hindern die Anerkennung wie ein Verstoß gegen den ordre public. Es wird auch nicht unter dem Gesichtspunkt des ordre public verlangt, daß das ausländische Urteil das Recht angewandt habe, das vom libanesischen IPR berufen wird.

Schließlich verlangt das libanesische Recht die Gegenseitigkeit (Nr 4). Auch diese

Anforderung an das deutsche Anerkennungsrecht wäre, wenn sie besteht, gegeben. Es wird zwar im deutschen Recht zu § 328 Abs 1 Nr 5 ZPO die Gegenseitigkeit verneint (MARTINY, in: Hdb IZVR III/1 Kap 1 Rn 1427 mwNw), jedoch wird diese unsererseits für Eheurteile nicht verlangt (Art 7 § 1 Abs 1 S 2 FamRÄndG) so daß also § 328 Abs 1 Nr 5 ZPO einer Anerkennung libanesischer Urteile und damit der Gegenseitigkeit iSd libanesischen Rechts nicht entgegenstehen kann (vgl NAJJAR Rev trim dr civ 1994, 970).

Die Art 1015 und 1016 CPC enthalten Ausnahmen der Anerkennung, wenn (1) das ausländische Urteil mit falschen Urkunden erlangt wurde, (2) nachträglich Urkunden aufgefunden werden, deren Vorlage die siegreiche Partei verhindert hat; (3) der Tenor in sich widersprüchlich ist; oder (4) der Urteilsstaat libanesische Urteile einer révision au fond unterwirft. Die ersteren beiden Ausnahmen entsprechen im wesentlichen dem deutschen Wiederaufnahmerecht, bedeuten aber, daß die Anerkennung auch ohne deutsche Wiederaufnahme verweigert wird. Jedoch kann dies das deutsche Gericht bei seiner Entscheidung über die Zuständigkeit nicht wissen und beachten. Eine révision au fond nimmt das deutsche Anerkennungsrecht, was auch die Gegenseitigkeit ausschlösse, nicht vor (Zum ganzen vgl NAM, Les effets au Liban des actes juridiques étrangers [Beirut 1985] 55 ff).

Soweit allerdings der Libanese mit islamischer Religionszugehörigkeit vor oder während des deutschen Verfahrens die Ehe durch „Verstoßung" seiner muslimischen Ehefrau oder durch Vertrag scheidet, kommt es auf die Anerkennung des Urteils nicht mehr an (und ebenso wenig, wenn er die Verstoßung noch nachholt) (BÖRNER, Anerkennung ausländischer Titel in arabischen Staaten [1996] 51; BEITZKE IPRax 1993, 232).

Das Ehe- und Scheidungsrecht im Libanon ist religiös gespalten. Es gibt mehrere christliche und islamische Gemeinschaften. Erstere lehnen die Scheidung oft grundsätzlich ab. Dennoch werden Auslandsscheidungen anerkannt, wenn die Libanesen (im Ausland) nicht religiös, sondern zivil geheiratet haben (NAJJAR Rev trim dr civ 1992, 670; 1994, 970), aber wohl nicht, wenn die Ehe in der religiösen Form geschlossen wurde, es sei denn, die Eheleute gehören der Religionsgemeinschaft nun nicht mehr an (NAJJAR aaO).

Liberia

Das liberianische Recht folgt aus historischen Gründen dem US-amerikanischen, dessen Grundsätze insbesondere heranzuziehen sind, wo liberianische Gesetzgebung schweigt. Die ZPO von 1962 enthält keine Bestimmungen über die Anerkennung ausländischer Eheurteile. Es ist daher auf die Ausführungen zu den USA zu verweisen. Danach wird in Liberia aller Voraussicht nach eine Ehesache als actio in rem angesehen und die internationale Zuständigkeit angenommen, wenn eine der Parteien im Urteilsstaat ihr Domizil im Sinne des amerikanischen Rechts hat (s bei Vereinigte Staaten). In diesem Fall hat das liberianische bzw amerikanische Recht nichts dagegen, daß der Scheidungsrichter sein eigenes Recht anwendet, verlangt dies aber nicht. Das liberianische Recht verlangt daher bei ausländischen Urteilen nicht die Anwendung liberianischen Rechts. Es wird aber wohl Wert auf die Wahrung der Rechte der Verteidigung gelegt. Das steht zwar einer Anerkennung von

Versäumnisurteilen nach öffentlicher Ladung nicht schlechthin entgegen, doch muß zumindest sicher sein, daß die Unauffindbarkeit des Beklagten wirklich selbst verschuldet ist (vgl bei Vereinigte Staaten).

Libyen

Nach dem wohl auch auf Scheidungssachen anwendbaren Art 405 der ZPO vom 28.10. 1958 werden in Libyen Urteile unter denselben Bedingungen anerkannt und vollstreckt, wie sie nach den Gesetzen des Urteilsstaates für die Vollstreckung der Urteile und Entscheidungen libyscher Gerichte gelten. Da § 328 Abs 1 Nr 1 ZPO den ausländischen Staaten dieselbe Anerkennungszuständigkeit konzediert, die § 606a ZPO für Deutschland in Anspruch nimmt, müßte Libyen insoweit auch deutsche Urteile anerkennen. Es müßten allerdings auch die weiteren Voraussetzungen des § 328 Abs 1 ZPO eingehalten sein, also insbesondere ordnungsmäßig geladen worden sein. Die Zuständigkeit geistlicher Gerichte, die uU ausschließlich hätte sein können, ist abgeschafft (Rahm/Künkel/Breuer VIII Rn 154).

Es ist anzunehmen, daß der ordre public von Libyen geltend gemacht würde, wenn die Scheidung bei Beteiligung eines libyschen muslimischen Ehegatten nicht nach islamischem Recht erfolgt ist. In den meisten Fällen wäre danach durch „Verstoßung" oder Vertrag zu scheiden, und damit wird ggf auch die Anerkennung des deutschen Urteils überflüssig (o Rn 213).

Liechtenstein

Anscheinend wird bei Statusurteilen die Anerkennung nicht mehr von der in Art 44 der Rechtssicherungsverordnung von 1923 geforderten Verbürgung der Gegenseitigkeit abhängig gemacht. Vielmehr bildet nun auch für die Auslandsscheidung liechtensteinischer Katholiken Art 89 Zivilgesetzbuch Personen- und Gesellschaftsrecht die Rechtsgrundlage für die Anerkennung ausländischer Scheidungsurteile. Er ist freilich sehr vage und verlangt nur, daß das Urteil von der zuständigen Behörde „aufgrund" des anwendbaren Rechts ergangen sei. Ein Regierungsbeschluß vom 9.4. 1985 konkretisiert für Mischehen mit einem liechtensteinischen Partner, daß Urteile (aus Deutschland) anerkannt werden, wenn ein Ehegatte im Urteilsland seinen Wohnsitz hatte. Der Wohnsitz darf nicht zum Zwecke der Scheidung dort begründet worden sein. Es scheint aber zweifelhaft, ob auch eine Auslandsscheidung zweier Liechtensteiner anerkannt würde (Fricke, Die Anerkennung und Vollstreckung ausländischer Entscheidungen in Zivilsachen [St Gallen 1992] erwähnt den Fall nicht). Im übrigen muß rechtliches Gehör gewährt werden, wenigstens rechtzeitige Ladung vorgelegen haben. Privatscheidungen, namentlich Verstoßungen und ausländische Scheidungen zur Umgehung des strengeren liechtensteinischen Eherechts verstoßen gegen den ordre public (zum Ganzen Fricke 210 ff; Sprenger, Das Ehetrennungs- und Ehescheidungsrecht des Fürstentums Liechtenstein [Zürich 1985] 275). Das neue IPR-Gesetz v 19.9. 1996 enthält keine Regelungen zur Anerkennung.

Madagaskar

In Madagaskar enthält der Code de procédure civile vom 24.9. 1962 idF des Gesetzes vom 19.12. 1966 in Art 1 dieselbe Regelung wie Art 15 des französischen

Code civil und weitgehend auch die hier weniger wichtige des Art 14 französischer Code civil. Madagaskar nimmt also ein verzichtbares Jurisdiktionsprivileg für seine Staatsangehörigen in Anspruch (vgl näher bei Elfenbeinküste), die als im Ausland Beklagte sich auf ihre Heimatzuständigkeit berufen können (vgl LAMPUÉ Penant 1974, 73). Mit einer Anerkennung ist daher nur zu rechnen, wenn der beklagte Madegasse auf sein Privileg verzichtet; wenn er der Antragsteller ist, wird das widerleglich vermutet (weiter vgl bei Elfenbeinküste).

Da im übrigen das IPR die damaligen, alten französischen Regeln übernommen hat (Ordonnance 62-041 vom 19. 9. 1962; J Cl Droit comparé, Madagascar no 123 ff), ist damit zu rechnen, daß auch die Anwendung des richtigen Rechts durch das Urteilsgericht verlangt wird.

Malawi

Eine ausdrückliche Regelung für die Anerkennung ausländischer Eheurteile ist in Malawi nicht ergangen. Immerhin statuiert sec 4 of the Malawi Divorce Act (Cap 25:04 of the Laws of Malawi, 1968), daß die Jurisdiction der malawischen Gerichte in Eheangelegenheiten, da der Divorce Act nichts Gegenteiliges anordnet, in Übereinstimmung mit dem Recht ausgeübt werden soll, das im High Court of Justice in England in Eheverfahren angewandt wird. Daraus kann auch folgen, daß für die Anerkennung ausländischer Eheurteile das englische Recht angewandt wird (vgl oben England). Diese dynamische Verweisung auf die jeweilige Praxis in England in einem Gesetz, das nach der Unabhängigkeit ergangen ist, bedeutet heute (wohl), daß der Family Act 1986 und nicht die Regeln des Common Law heranzuziehen sind, obwohl jener Act natürlich nicht direkt in Malawi gilt.

Malaysia

Das malaysische Anerkennungsrecht folgt den Grundsätzen des englischen common law, wie es zum Rezeptionsdatum 7. 4. 1956 galt (BERGMANN/FERID/RICHTER, Malaysia 25 f). Dazu siehe bei Kenia, doch ist es angesichts der verbreiteten Praxis in anderen Commonwealth-Staaten anzunehmen, daß die malaysische Praxis auch der neueren anerkennungsfreundlicheren englischen Rechtsprechung dh namentlich *Indyka v Indyka* (MCCLEAN, Recognition of Family Judgements in the Commonwealth [1983] 47), nicht aber der englischen Gesetzgebung, dh dem Family Act 1986, folgen wird (vgl hierzu bei Kenia; MCCLEAN, Recognition of Family Judgments in the Commonwealth [1983] 47).

Mali

Mangels eigener gesetzlicher Regelungen ist auf französische Grundsätze zurückzugreifen. Es gilt also insbesondere das verzichtbare Jurisdiktionsprivileg für eigene Staatsangehörige und das Gebot der kollisionsrechtlichen Konformität (vgl SCHÜTZE JR 1985, 456). Im einzelnen kann daher auf die Elfenbeinküste verwiesen werden.

Marokko

Liegt eine nach marokkanischem Recht wirksame Verstoßung vor, kommt es auf Anerkennung nicht mehr an (vgl bei Ägypten). Eine gewisse Grundlage findet sich im

Gesetz vom 28.9.1974 Art 430: „Entscheidungen ausländischer Gerichte sind in Marokko nur vollstreckbar, wenn sie das Exequatur des erstinstanzlichen Gerichts am Wohnsitz oder gewöhnlichen Aufenthalt des Beklagten erhalten haben." Dieses Gericht prüft die Gesetzmäßigkeit des Urteils nach. Damit ist ordnungsgemäße bzw ausreichende Ladung, rechtliches Gehör und wohl faires Verfahren zu verstehen. Es gilt das HZPÜ. Es prüft auch, ob eine Bestimmung des Urteils gegen den marokkanischen ordre public verstößt. Die Anwendung des vom marokkanischen IPR berufenen Sachrechts scheint zwar vom Gesetz nicht mehr gefordert, doch prüfen die Gerichte praktisch wohl doch nach, ob (auch) ein Scheidungsgrund des marokkanischen Rechts vorlag (OLG Stuttgart 26.2.1997 FamRZ 1997, 882). Jedenfalls zählt zum vorbehaltenen marokkanischen ordre public, daß bei Beteiligung eines Muslim, selbst wenn das nicht der marokkanische Ehegatte ist, wenigstens den Grundprinzipien des islamischen Rechts (malekitischer Ritus) entsprochen wurde (Decroux Revue juridique, politique et économique du Maroc 1981, 159–170; Deprez ebda 135 ff; ders, Rec d Cours 211 [1988] 110 ff, 122, 124; Cour Suprême 5.7.1974 Clunet 1976, 681 [Decroux]). Der Vorrang des islamischen Rechts gilt wohl für alle Marokkaner, auch wenn sie nicht Muslime sind, außer für Juden. Dann gilt das spezielle marokkanische Statut für Juden (Art 3 des marokkanischen Staatsangehörigkeitsgesetzes vom 6.9.1958).

Ob das entscheidende Gericht nach den Zuständigkeitsvorschriften des marokkanischen Rechts oder der lex fori zuständig gewesen sein muß, scheint noch umstritten (J Cl Dr Comp Maroc Fasc 4 No 158). Wenn Marokko keine ausschließliche Zuständigkeit für seine Bürger in Anspruch nimmt, gilt vielleicht der Gerichtsstand des ehelichen Wohnsitzes (Art 212 des Gesetzes vom 28.9.1974) auch für die Bestimmung der internationalen Zuständigkeit. Die Vornahme der Scheidung durch ein weltliches Gericht steht in Marokko der Anerkennung jedenfalls nicht mehr entgegen.

Mauritanien

Die Anerkennung ausländischer Urteile ist, wenn auch etwas knapp, im Gesetz über den Zivilprozeß vom 24.7.1999 geregelt. Danach darf das ausländische Urteil nicht gegen den mauritanischen ordre public oder die guten Sitten verstoßen.

Die ausländische Entscheidung muß durch ein gesetzmäßig errichtetes Gericht des betreffenden Staates erlassen und dort vollstreckbar sein. Daß Mauritanien eine bestimmte Anerkennungszuständigkeit verlangt, ist nicht gesagt. Es wird also auch möglicherweise nicht verlangt (vgl auch Bergmann/Ferid/Weishaupt, Mauritanien 17).

Die Parteien müssen geladen worden sein und die Möglichkeit gehabt haben, sich zu verteidigen. Ein Zustellungsübereinkommen existiert nicht. Die Anerkennung wird verweigert, wenn ein widersprechendes mauritanisches Urteil vorliegt (Bergmann/Ferid/Weishaupt aaO 17; Krüger RIW 1990, 990 f).

Mauritius

Grundlage der Anerkennung ausländischer Urteile ist wohl Art 546 code de procedure civile. Daß Exequatur nötig ist, ist im vorliegenden Zusammenhang ohne Bedeutung (vgl o Rn 155). Voraussetzungen für die Anerkennung sind, daß das ausländische Gericht international zuständig war. Eine ausschließliche Zuständigkeit nimmt Mauritius für die eigenen Staatsangehörigen nicht mehr in Anspruch (Bülow/Böckstiegel/Geimer/Schütze/Otto Int Rechtsverkehr 1089.3). Es scheint aber, daß dies nach den mauritianischen Regeln zu beurteilen ist (Bülow/Böckstiegel/Geimer/Schütze/Otto aaO 1089.3). Da nach der Divorce and Judicial Separation Amendment Ordinance nur Gerichte am gemeinsamen Wohnsitz sowie die des Heimatstaats einer Partei zuständig sind, sowie die des Staates des domiciles des Ehemannes, dürfte ein deutsches Urteil, das seine Zuständigkeit nur auf den gewöhnlichen Aufenthalt des Antragstellers gegründet hat, nicht anerkannt werden.

Das ausländische Verfahren muß rechtsstaatlichen Grundsätzen genügen. Insbesondere muß der Gegner ordnungsgemäß geladen und rechtliches Gehör gewährt worden sein. Die Entscheidung darf auch nicht betrügerisch erlangt worden sein.

Das Urteil darf nicht einem früheren Urteil eines mauritianischen Gerichts oder einem anerkennungsfähigen früheren Urteils eines Drittstaats widersprechen (Otto aaO 1089.7 mNw).

Mazedonien

Es gilt mangels bekanntgewordener neuerer Gesetzgebung weiterhin das jugoslawische Gesetz über das Internationale Privatrecht vom 15. 7. 1982. Es kann auf das zu Jugoslawien Gesagte verwiesen werden.

Mexiko

In Mexiko gehört die Anerkennung ausländischer Eheurteile in die Zuständigkeit der einzelnen Bundesstaaten. Diese haben die Materie nur teilweise geregelt (Bülow/Böckstiegel/Geimer/Schütze/von Sachsen Gessaphe, Int Rechtsverkehr, Mexiko 1090.15).

Es gibt eine neuere eingehende Regelung für den Bundesdistrikt, in dem immerhin über 20 Mio Menschen leben (zur Reform des IPR dort, wenngleich nicht zur Anerkennungsfrage, vgl von Sachsen Gessaphe IPRax 1989, 111 ff). Hier ergibt sich aus Art 606 Codigo de procedimientos civiles para el distrito federal idF 7. 1. 1988 mit Art 156, daß anerkannt wird, wenn das Urteilsgericht seine internationale Zuständigkeit nach anerkannten internationalen Regeln bejaht hat, soweit diese vereinbar mit den Vorschriften dieser Prozeßordnung oder der Bundesprozeßordnung sind. Damit dürfte eine spiegelbildliche Anwendung der eigenen Vorschriften über internationale Zuständigkeit gemeint sein. Nach den eigenen Vorschriften besteht eine Scheidungszuständigkeit am gemeinsamen Wohnsitz der Parteien, oder, wenn eine Partei diesen verlassen hat, am Wohnsitz des verlassenen Teils. Behauptet jeder, daß er der verlassene Teil sei, dann gilt der Wohnsitz des Antragstellers, um die Begründetheit des Antrags nicht zu präjudizieren. Eine Zuständigkeitsvereinbarung ist zulässig (Art 566 Codigo federal de procedimientos civiles) (von Sachsen Gessaphe aaO 1090.17 mit 9 f).

Weiter muß der Beklagte persönlich geladen worden sein. Es genügt aber, daß er sonstwie Kenntnis erlangt und am Verfahren teilnimmt. Eine frühere inländische Rechtshängigkeit hindert die Anerkennung. Abgesehen vom allgemeinen Vorbehalt des ordre public muß zusätzlich die Gegenseitigkeit verbürgt sein. Diese wird im

Verhältnis zu Deutschland bejaht (Martiny, in: Hdb IZVR III/1 Kap 1 Rn 1441). Selbst wenn, wofür es Hinweise gibt, die Praxis die Anerkennung (noch) verweigern sollte, so ist angesichts dieser Gesetzeslage die Anerkennungsverweigerung nicht offenbar iSd § 606a Abs 1 S 1 Nr 4 ZPO (vgl auch von Sachsen Gessaphe 1090.17).

Republik Moldau (Moldawien)

Die Republik Moldau hat 1993 das Familienrecht neu geregelt und die Anerkennung ausländischer Scheidungen in Art 196 des Ehe- und Familienkodex nun zugelassen, wenn beide Ehegatten moldawischer Staatsangehörigkeit zum Zeitpunkt der Scheidung außerhalb Moldaus lebten. Bei einer gemischt-nationalen Ehe braucht nur einer der Ehegatten im Ausland gelebt zu haben, und das muß nicht der moldawische Staatsbürger sein. Nicht anerkannt wird also die Scheidung einer rein moldawischen Ehe, wenn einer der Ehegatten in Moldawien lebte. Weitere Anerkennungshindernisse sind nicht genannt.

Monaco

In Monaco werden ausländische Scheidungsurteile gem Art 472 ff des Zivilprozeßgesetzbuches anerkannt, wenn sie von einem zuständigen Gericht erlassen wurden, und dieses das Heimatrecht der Eheleute angewandt hat (Boschau, Europäisches Familienrecht[5] [1972] 316).

Mongolei

Die am 1. 6. 2004 in Kraft tretende Zivilprozeßordnung enthält keine eingehendere Bestimmung über die Anerkennung ausländischer Urteile in Ehesachen. Es findet sich lediglich in Art 194, daß die Vollstreckung ausländischer Gerichtsurteile durch die mongolische Gesetzgebung und völkerrechtlichen Abkommen, denen die Mongolei beigetreten ist, geregelt wird. Ein Anerkennungsvertrag für Ehesachen oder auch andere Sachen existiert zwischen der Bundesrepublik und der Mongolei nicht mehr. Das Abkommen der ehemaligen DDR mit der Mongolei ist gekündigt. Der Verweis auf mongolische Gesetzgebung geht ins Leere, da eine einschlägige Gesetzgebung in der ZPO nicht enthalten ist und auch sonst nicht bekannt ist.

Vielleicht hilft Art 10. 5 weiter, wonach, „wenn es der Verfassung der Mongolei nicht widerspricht, das Gericht im Zivilverfahren mit internationalem Bezug die allgemein anerkannten internationalen Rechtsnormen anwenden“ kann. Man kann argumentieren, daß Urteilsanerkennung in Ehesachen zu den international üblichen Regelungen zählt. Und man kann weiter wohl auch sagen, daß Voraussetzung einer Anerkennung in Ehesachen eine internationale Zuständigkeit des Urteilsgerichts in spiegelbildlicher Anwendung ist, daß der Beklagte hinreichend und rechtzeitig zum Verfahren geladen wurde und daß der in diesem Fall mongolische ordre public nicht entgegenstehen darf. Es dürfte auch international üblich sein, daß ein inländisches rechtskräftiges Urteil und eine frühere inländische Rechtshängigkeit der Anerkennung im Wege stehen.

Für die internationale Zuständigkeit in Ehesachen findet sich dann in Art 192 eine Regelung. Danach besteht eine internationale Zuständigkeit in der Mongolei, wenn ein Ehegatte die mongolische Staatsangehörigkeit hat oder sie vor der Eheschließung hatte. Gemeint dürfte sein, daß er sie bis zur Eheschließung hatte. Weiter genügt es, wenn der Beklagte ausländischer Staatsangehöriger oder Staatenloser mit ständigem Wohnsitz in der Mongolei ist. Der ständige Wohnsitz bzw wohl gewöhnliche Aufenthalt des Klägers in der Mongolei genügt nicht.

Diese Zuständigkeit kann gelten für Verfahren über die Eheaufhebung, Feststellung der Nichtigkeit der Ehe oder Klagen auf Wiederherstellung der Ehe (Art 192. 2).

Wendet man diese Vorschriften spiegelbildlich an, so ist also mit der Anerkennung in der Mongolei zu rechnen, wenn der Antragsgegner in Deutschland seinen gewöhnlichen Aufenthalt hat, aber nicht wenn ihn nur der Antragsteller hat, wie dies § 606a Abs 1 S 1 Nr 4 ZPO voraussetzt.

Namibia

Namibia hat die Frage der Anerkennung ausländischer Eheurteile nicht gesetzlich geregelt. Es gibt zwar ein Gesetz vom 29. 11. 1994 über Enforcement of Foreign Civil Judgements, doch ist dieses Gesetz nur im Rahmen internationaler Anerkennungs- und Vollstreckungsverträge anwendbar. Einen solchen hat Namibia mit der Bundesrepublik nicht geschlossen. Jedoch bestimmt sec 9, daß dieses Gesetz der Anerkennung (und Vollstreckung) ausländischer Urteile nach den bisherigen Anerkennungsregeln nicht entgegenstehe.

Nach Art 66 und 140 der namibischen Verfassung vom 31. 3. 1990 bleibt das bisherige Recht bis zu einer Neuregelung in Kraft. Es ist daher davon auszugehen, daß die Anerkennungsregeln Südafrikas weiterhin anzuwenden sind (s dort).

Neuseeland

Die Anerkennungsvoraussetzungen in Neuseeland richten sich nach Art 44 des Family Proceedings Act von 1980. Anerkennungsvoraussetzung ist danach, daß im Zeitpunkt des Urteilserlasses wenigstens eine Partei ihr domicile im Urteilsstaat hatte oder bei Klageerhebung sich davor mindestens die letzten zwei Jahre ununterbrochen aufgehalten hat. Wenn der Ehemann die Frau verlassen hat, genügt es, daß er unmittelbar vor dem Verlassen im Urteilsstaat domiziliert war, oder, wenn vorher ein Trennungsurteil erging, wenn er bei dessen Erlaß dort sein domicile hatte. Es genügt auch die Drittstaatsanerkennung in einem Staat, in welchem wenigstens eine Partei ihr domicile hat.

„Domicile" ist im englischen Sinne zu verstehen und das in Deutschland gewöhnlich allein in Frage kommende domicile of choice wird nur sehr selten gegeben sein (vgl bei Art 3 EheGVO Rn 110 ff). Es kommt praktisch nur die Voraussetzung mindestens zweijähriger residence vor. In diesem Fall wird aber in aller Regel auch ein gewöhnlicher Aufenthalt im deutschen Sinne seit mindestens einem Jahr bestehen, auch wenn die Tatbestände nicht ganz gleich sind. Dann greift Art 3 Abs 1 lit a 5. Str EheGVO ein und nicht mehr § 606a ZPO. Vor diesem Zeitpunkt ist dagegen eine Anerkennung einer Scheidung in Neuseeland ausgeschlossen. Dieselbe Regelung gilt für Eheaufhebungen und Feststellung der Ehenichtigkeit.

Nicaragua

In Nicaragua soll mit der Anerkennung gerechnet werden können, wenn die Parteien im Urteilsstaat ihren Wohnsitz hatten, und das Urteil entsprechend den dort geltenden Vorschriften zustande gekommen ist (Bergmann/Ferid, Nicaragua 4 c). Der Wohnsitz des Antragstellers allein würde also nicht genügen.

Nigeria

Maßgebend ist sec 81 Matrimonial Causes Decrete (no 18 von 1970). Ein deutsches Scheidungs- oder Eheaufhebungsurteil wird danach in Nigeria anerkannt werden, wenn bei Klageerhebung die Partei, auf deren Antrag die Ehe geschieden oder aufgehoben wird, oder, wenn beide den Antrag gestellt haben, einer der Ehegatten in Deutschland sein domicile im nigerianischen/englischen Sinne hatte. Im Falle der Feststellung einer ipso iure nichtigen Ehe genügt auch der gewöhnliche Aufenthalt. Scheidungsurteile auf Antrag einer von ihrem Mann verlassenen Frau werden auch anerkannt, wenn sie unmittelbar vor ihrer Heirat oder unmittelbar bevor sie von ihrem Mann verlassen wurde, ihr domicile im Urteilsstaat hatte. Weiter gilt die Frau als im Lande domiziliert, womit die Anerkennungszuständigkeit begründet ist, wenn sie unmittelbar vor Klageerhebung wenigstens drei Jahre lang ihren Aufenthalt in Deutschland hatte. Die besonderen Regelungen für Ehefrauen erklären sich daraus, daß diese an sich ex lege das domicile des Mannes teilen, also mit der Heirat ihr eigenes domicile verlieren. (Ob das heute noch so ist, mag man bezweifeln.)

Ein domicile wird nur selten in Deutschland bestehen, ist aber nicht unmöglich (vgl bei Art 3 EheGVO Rn 110 ff). Ein dreijähriger Aufenthalt der Frau wird in aller Regel zu ihrem gewöhnlichen Aufenthalt hier führen, der auch ein Jahr gedauert hat, so daß sie nach Art 3 Abs 1 lit a 5. Str. klagen kann.

Darüber hinaus aber kann ein Scheidungs- oder Nichtigkeitsurteil anerkannt werden, das nicht im Lande des domicile des Klägers ergangen ist, wenn es von dem Staat seines domicile anerkannt wird (Drittstaatsanerkennung).

Weiterhin genügt es auch, wenn das Scheidungs- oder Nichtigkeitsurteil nach den Regeln des internationalen Privatrechts anerkannt wird (Abs 5). Die „Regeln des internationalen Privatrechts" werden hierbei verstanden als die international-privatrechtlichen Anerkennungsregeln des englischen common law (Adesanya, Laws of Matrimonial Causes [Ibadan, Univ Press 1980] 31 f; McClean, Recognition of Family Judgments in the Commonwealth [1983] 65). Es wird nicht auf den englischen Family Law Act oder den Foreign Divorces Recognition Act von 1971 verwiesen. Man muß sich vielmehr vor allem halten an die Entscheidung *Indyka v Indyka* ([1967] 2 All ER 689; [1969] 1 AC 33; vgl dazu Webb 16 [1967] IntCompLQ 997 ff). Danach genügt für die Anerkennung bei einem Scheidungsurteil, daß eine Partei, also auch der Antragsteller allein, eine „real and substantial connection" zu diesem Staat hatte (weiter bei Kenia).

Norwegen

Die Voraussetzungen sind durch das Gesetz Nr 38 vom 2. 6. 1978 über die Anerkennung ausländischer Scheidungen und Aufhebung der ehelichen Gemeinschaft geregelt worden. Nach § 1 ist Voraussetzung, daß einer der Ehegatten im Zeitpunkt der Rechtshängigkeit seinen ständigen Aufenthalt oder Wohnsitz im Urteilsstaat hatte oder dessen Staatsangehöriger war. „Wohnsitz" wird verstanden als der Ort, an dem sich die Person tatsächlich und mit der Absicht niedergelassen hat, dort auf Dauer zu wohnen (Bergmann/Ferid/Korkisch, Norwegen 12). Darüber hinaus kommt auch die Anerkennung eines Scheidungsurteils in Betracht, das nicht diesen Voraussetzungen genügt, sofern es in dem Staat anerkannt wird, in dem einer der Ehegatten bei Klageerhebung seinen ständigen Aufenthalt hatte (vgl § 1 des Gesetzes Nr 38 vom 2. 6. 1978, abgedruckt bei Bergmann/Ferid/Korkisch, Norwegen 39).

Pakistan

Die Anerkennung ausländischer Scheidungsurteile ist im Zivilprozeßgesetz von 1908 geregelt. Nach dessen sec 13 werden Urteile jeglichen Streitgegenstandes anerkannt, es sei denn, daß das Urteil nicht von einem zuständigen Gericht erlassen wurde. Die Zuständigkeit des ausländischen Gerichtes ist nach pakistanischen Regeln zu bestimmen. Eine ausdrückliche gesetzliche Regelung fehlt. Die Anerkennungszuständigkeit ist Fallrecht gestützt vor allem auf alte englische Entscheidungen (Otto IPRax 1997, 437). Danach besteht eine Anerkennungszuständigkeit im Staat des gemeinsamen domiciles der Eheleute. Da wohl nach wie vor die Ehefrau ex lege das domicile des Mannes teilt, ist also dessen domicile in Deutschland nötig aber auch ausreichend. Der domicile-Begriff ist im wesentlichen der des englischen und indischen Rechts, so daß ein domicile eines pakistanischen Staatsangehörigen in Deutschland recht unwahrscheinlich ist. Anerkennungszuständigkeit soll auch am gemeinsamen Aufenthalt der Eheleute bestehen (Otto aaO). Der gewöhnliche Aufenthalt des Antragstellers allein reicht sehr wahrscheinlich nicht (auch die West Pakistan Family Court Rules 1965 enthalten in sec 6 b eine örtliche Zuständigkeit nur an dem Ort, an dem die Parteien zuletzt – beide – wohnhaft waren). Sec 6 West Pakistan Family Court Rules enthalten eine örtliche Zuständigkeit am Ort, an dem der Klagegrund entstanden ist. Das könnte etwa der Ort des Ehebruchs oder eines anderen Scheidungsgrundes sein. Die spiegelbildliche Anwendung dieser Bestimmung auf die Anerkennungszuständigkeit im internationalen Verkehr ist nicht anzunehmen (**aA** beiläufig Bergmann/Ferid/Weishaupt, Pakistan 32), denn in der angelsächsischen Tradition wird eigentlich durchweg die Anerkennungszuständigkeit nicht durch spiegelbildliche Anwendung der inländischen Vorschriften bestimmt (für Pakistan so auch Otto aaO 437).

Es ist nicht festzustellen gewesen, daß Pakistan etwa der neueren Entwicklung der englischen Rechtsprechung insbesondere durch und seit *Indyka v Indyka* gefolgt wäre (hierzu vgl bei Kenia). Im Übrigen hätte dies auch nur unter besonderen Umständen dazu geführt, daß Urteile, bei denen nur der Kläger seinen gewöhnlichen Aufenthalt weniger als ein Jahr in Deutschland hatte, anerkannt werden würden. Man wird insgesamt eine Anerkennungszuständigkeit in der Situation des § 606a Abs 1 S 1 Nr 4 ZPO verneinen außer, wenn ausnahmsweise der Ehemann sein domicile of choice in Deutschland hat.

Bei Eheaufhebungsklagen könnte wohl der gewöhnliche Aufenthalt des Beklagten ausreichen und, für § 606a Abs 1 S 1 Nr 4 ZPO gegebenenfalls erheblich, der Ort der Eheschließung.

Sein zweites, noch gravierenderes Anerkennungshindernis ist die Bestimmung in sec 13 CPC, daß die Anerkennung verweigert wird, wenn das Urteil offensichtlich auf der unrichtigen Auslegung internationalen Rechts beruht oder auf der Weigerung, pakistanisches Recht in Fällen anzuwenden, in denen dieses anwendbar wäre. In Pakistan wird demgemäß die Anerkennung verweigert, wenn an der Ehe ein Muslim, möglicherweise selbst fremder Staatsangehörigkeit, beteiligt ist, und die Scheidung nicht nach islamischem Recht ausgesprochen wurde (Otto aaO unter Berufung auf eine Entscheidung von 1995).

Das Urteil darf nicht durch Betrug erlangt werden. Das trifft insbesondere auf die arglistige Vortäuschung von zuständigkeitsbegründenden Tatsachen.

Dem Gegner muß rechtliches Gehör gewährt werden und ihm deswegen insbesondere die verfahrenseinleitenden Schriftstücke rechtzeitig zugestellt werden. Es gilt das HZÜ.

Zweifelhaft ist, ob sec 13 lit f Zivilprozeßgesetz nicht überhaupt eine révision au fond vorsieht. Dann könnte man nicht von Anerkennung sprechen. Es gibt aber einige Hinweise darauf, daß nicht eine echte inhaltliche Nachprüfung vorgenommen wird, sondern nur die Voraussetzung für die Anerkennung gemacht wird, daß das ausländische Recht das vom IPR Pakistans vorgeschriebene Recht angewandt hat. Das wäre bei Beteiligung eines Muslim islamisches Recht.

Insgesamt ist die Anerkennung deutscher Urteile in Pakistan wohl recht selten anzunehmen.

Das Anerkenntniserfordernis entfällt, wenn eine gültige Privatscheidung durch Verstoßung (talaq) oder Vertrag erfolgt ist, jedoch wird diese erst 90 Tage nach Eingang einer Mitteilung davon bei der zuständigen Behörde in Pakistan wirksam. Das betrifft die Muslime, ca 95% der Bevölkerung. Nach der Muslim Family Laws Ordinance von 1961 ist dies der Union Council am Ort des gewöhnlichen Aufenthalts der Frau in Pakistan; falls sie einen solchen in Pakistan nicht hat, der Ort, an dem sich die Frau irgendwann einmal zusammen mit dem Mann in Pakistan aufhielt, und sonst der Ort des gewöhnlichen Aufenthalts des Mannes in Pakistan. Letzterer Ort kann auch dann noch in Pakistan liegen, wenn der Mann sich dort früher dauerhaft aufhielt und die Verbindungen dazu nicht ganz aufgegeben hat. Der gemeinsame Aufenthalt der Eheleute in Pakistan kann ein sehr kurzer, von nur wenigen Tagen sein (Carroll [1983] 99 LQR 515 ff zu einer Entscheidung des High Court von Lahore).

Paraguay

Seit dem 4. 11. 1989 gilt in Paraguay eine neue Zivilprozeßordnung. Gem Art 532 sind ausländische Urteile generell anerkennungsfähig und vollstreckbar, wenn dies ein Staatsvertrag vorsieht. Ein solcher besteht mit der Bundesrepublik nicht. Im übrigen wird anerkannt, wenn die internationale Zuständigkeit nach den Regeln des Rechts von Paraguay vorliegt. Freilich fehlen dazu nähere Regelungen.

Im argentinischen Recht, das traditionell starken Einfluß hat, wird auf den ehelichen Wohnsitz abgestellt. Weiter muß der Beklagte, wenn er in Paraguay Wohnsitz hat, gemäß dortigem Recht ordnungsgemäß geladen und vertreten sein. Inländische paraguayische Rechtshängigkeit hindert die Anerkennung.

Vor allem aber muß das Urteil den Grundlagen des paraguayischen Rechts entsprechen und darf nicht dem dortigen ordre public widersprechen. Nachdem das Gesetz vom 1. 10. 1991 die Scheidung auch von in Paraguay geschlossenen Ehen eigener katholischer Staatsangehöriger erlaubt, scheint die Anerkennung einer Scheidung im Ausland möglich, wenn ein Scheidungsgrund nach dem Recht von Paraguay vorlag. Versäumnisurteile gegen den Beklagten werden nicht anerkannt. Wann Nichtigkeitsurteile anerkannt werden, ist noch nicht geklärt. Angesichts der Bestimmung, daß das ausländische Urteil nicht den Grundlagen der Rechtsordnung von Paraguay widersprechen darf, wird man aber wohl annehmen müssen, daß Nichtigkeitsurteile nur anerkannt werden können, wenn sie nach paraguayischem Recht erfolgten oder ein Nichtigkeitsgrund vorlag, der diesem Recht entspricht.

Peru

Seit der Neuregelung des Codigo civil in Peru am 14. 11. 1984 nimmt Peru keine ausschließliche Zuständigkeit mehr für die Scheidung seiner Staatsangehörigen in Anspruch. Damit ist das bisherige Anerkennungshindernis für deutsche Scheidungen entfallen (vgl zur Neuregelung SAMTLEBEN RabelsZ 49 [1985] 486, Text 523 ff; IPRax 1987, 96 f). Die in Art 2103 CC verlangte Gegenseitigkeit ist im Verhältnis zur Bundesrepublik gegeben.

Nach Art 2104 CC wird anerkannt, wenn (1) keine ausschließliche peruanische Zuständigkeit vorliegt (was, wie gesagt, heute nicht mehr der Fall ist); (2) das deutsche Gericht nach den allgemeinen Grundsätzen der internationalen Zuständigkeit zuständig war; (3) der Beklagte entsprechend dem Recht des Prozeßortes geladen wurde, ihm aber eine angemessene Frist zum Erscheinen eingeräumt wurde und ihm prozessuale Garantien zu seiner Verteidigung geboten wurden; (4) […]; (5) in Peru kein Gerichtsverfahren zwischen denselben Parteien und über denselben Gegenstand rechtshängig ist, welches vor dem Zeitpunkt der Einreichung der Klage, auf der das Urteil beruht, eingeleitet worden ist; (6) es nicht unvereinbar mit einem früheren Urteil ist, das den Erfordernissen der Anerkennung und Vollstreckung entspricht, welche in diesem Titel verlangt werden.

Die Anerkennungszuständigkeit wird beurteilt nach dem Recht des Urteilsstaates. Sie muß aber auch den allgemeinen Grundsätzen der internationalen Zuständigkeit genügen. Wenn sich der derzeitige Wohnsitz des Beklagten oder der letzte eheliche Wohnsitz in Deutschland befanden, kann man das wohl bejahen. Ein Gerichtsstand nur aufgrund des gewöhnlichen Aufenthalts des Antragsstellers ist mE nicht international üblich (zu den Regeln im Commonwealth vgl bei Kenia), wohl auch nicht eine Gerichtsstandsvereinbarung oder rügelose Einlassung als Zuständigkeitsgrund. Es genügt nach Nr 3 zwar, daß der Beklagte nach den deutschen Regeln geladen wurde, doch muß ihm in jedem Fall eine angemessene Zeit zum Erscheinen im Prozeß eingeräumt werden.

Philippinen

Auch nach dem Inkrafttreten des neuen Family Code of the Philippines vom 6. 7. 1987 mit Durchführungsverordnung vom 17. 7. 1987 bleibt im philippinischen Recht das Verbot der Scheidung bestehen. Aus den weiter geltenden Art 15 und 17 Abs 2 des Civil Code ergibt sich zunächst, daß jedenfalls eine Auslandsscheidung einer Ehe zweier philippinischer katholischer Staatsangehöriger nicht anerkannt wird. Eine ausnahmsweise Anerkennung enthält nun aber Art 26 des Family Code. Wenn eine Ehe zwischen einem philippinischen Staatsangehörigen und einem Ausländer im In- oder Ausland gültig geschlossen wurde und danach von dem ausländischen Ehegatten im Ausland eine gültige Scheidung erlangt wird, die diesen zu einer Wiederheirat befähigt, so darf auch der philippinische Ehegatte nach philippinischem Recht erneut heiraten. (Nach früherem Recht konnte nur der ausländische Ehegatte erneut heiraten, nicht der philippinische.) Voraussetzung für die Anerkennung ist danach, daß es sich nicht um eine rein philippinische Ehe handelt, und daß nicht der philippinische Ehegatte die Scheidung beantragt oder ihr zugestimmt hat, so daß die Scheidung zB nicht nach § 1566 Abs 1 BGB, sondern nach § 1565 Abs 1 BGB oder § 1566 Abs 2 BGB erfolgt sein muß. Bei deutsch-philippinischer Doppelstaatsangehörigkeit zieht das philippinische Kollisionsrecht die eigene Staatsangehörigkeit vor. Nicht erforderlich ist, daß das ausländische Gericht auch nach philippinischen Regelungen international zuständig war. Deutsche Ehenichtigkeits- oder Aufhebungsurteile werden jedoch gem Art 26 Abs 1 Family Code jedenfalls dann anerkannt, wenn die Ehe auch in Deutschland geschlossen worden war. Gerichtliche Trennungen von Tisch und Bett werden anerkannt, zumal wenn dabei philippinisches Recht angewandt wurde.

Für Muslime gilt der Code of Muslim Personal Laws (Muslim Code), welcher sowohl eine gerichtliche als auch eine rechtsgeschäftliche Scheidung (Verstoßung) kennt. Dieser Code ist nur anwendbar, wenn beide Ehegatten Moslems sind, oder wenn nur der Ehemann es ist, und die Ehe nach moslemischem Recht auf den Philippinen geschlossen wurde. Danach bleibt der (nicht religiöse) Civil Code anwendbar, wenn die moslemische Frau einen andersgläubigen Mann geheiratet hat (was sie nach moslemischem Recht nicht, nach weltlichem Recht aber durchaus darf), oder wenn der moslemische Mann eine andersgläubige Frau nicht auf den Philippinen oder zwar dort, aber nicht nach muslimischem Ritus geheiratet hat (Art 13 Muslim Code). Soweit der Muslim Code danach anwendbar ist, ist die Anerkennung einer ausländischen Scheidung der philippinischen Staatsangehörigen möglich. (Zum ganzen Burmester-Beer, Deutsch-philippinische Ehe- und Familienbeziehungen in rechtsvergleichender und kollisionsrechtlicher Hinsicht [1987] bes 60 ff, 261 ff, StAZ 1988, 276 und 1989, 256 f).

Ruanda

Nach Art 113 Code d'organisation des compétences judiciaires vom 24. 8. 1962 idF vom 11. 10. 1973, der Art 570 des belgischen Code judiciaire entspricht, werden ausländische rechtskräftige Urteile anerkannt, wenn die Rechte der Verteidigung beachtet wurden, wenn das ausländische Gericht sich nicht nur wegen der Staatsangehörigkeit des Beklagten für zuständig erklärt hat, und wenn der ordre public rouandais nicht verletzt wurde. Mit der Anerkennung deutscher Eheurteile bei Beteiligung eines Staatsangehörigen von Ruanda kann daher gerechnet werden, wenn der Beklagte tatsächlich und rechtzeitig geladen war. Die Frist bei Ladung im Ausland beträgt nach ruandischem Recht zwei Monate (Art 18 Abs 2 Code de procédure civile et commerciale 1964). Öffentliche Zustellung ist nur bei tatsächlich unbekanntem Aufenthalt oder Wohnsitz des Beklagten zulässig (Art 18 Abs 2). Besondere weitere Anforderungen an die Anerkennungszuständigkeit bestehen dagegen nicht. Wie in Belgien dürfte auch in Ruanda bei Statusentscheidungen auf die an sich vorgesehene révision au fond, deretwegen engere Anerkennungsvoraussetzungen entbehrlich sind, verzichtet werden.

Rumänien

Die Anerkennung ausländischer Urteile ist im Gesetz vom 22. 9. 1992 über internationale Privatrechtsverhältnisse neu geregelt worden (Text RabelsZ 58 [1994] 534). Nach Art 166 werden anerkannt: „Entscheidungen, sofern sie sich auf den Personenstand von Staatsangehörigen" des Urteilsstaates beziehen, Entscheidungen eines Drittstaates, wenn sie im Heimatstaat einer jeden Partei anerkannt worden sind. Art 167 regelt dann die Anerkennungsvoraussetzungen von Entscheidungen, „die sich auf andere Gerichtsverfahren als die in Art 166 bezeichneten beziehen". Daraus wird entgegen dem Wortlaut aber anscheinend nicht gefolgert, daß Scheidungen von Rumänen im Ausland nie anerkannt würden, sondern es gelten dann nur die Voraussetzungen der Art 167, 168 (Căpăţînă RabelsZ 58 [1994] 518).

Eine ausschließliche Zuständigkeit nimmt Rumänien für die Scheidung oder Nichtigkeit der Ehe nur in Anspruch, wenn beide Ehegatten ihren Wohnsitz in Rumänien haben und wenigstens einer die rumänische Staatsbürgerschaft hat oder staatenlos ist (Art 151 Nr 5). Für die Anerkennung genügt andernfalls wohl, daß das deutsche Gericht nach § 606a ZPO zuständig war.

Jedoch ist die Anerkennung zu versagen, wenn das Urteil in Abwesenheit des Beklagten ergeht, sofern dieser nicht das verfahrenseinleitende Schriftstück und die Ladung zur Hauptsache rechtzeitig zugestellt erhalten hat, oder wenn er nicht die Möglichkeit hatte, sich zu verteidigen und Rechtsmittel einzulegen (Art 167 Abs 2). Das Urteil darf nicht betrügerisch erwirkt worden sein, nicht gegen den rumänischen ordre public verstoßen, es darf kein rumänisches Urteil in derselben Sache ergangen sein oder nicht bereits früher ein rumänisches Verfahren anhängig gewesen sein. Vor allem darf das Urteil nicht zu einem anderen Ergebnis geführt haben als nach dem vom rumänischen IPR bezeichneten Recht (Art 168 Abs 3). Die Scheidung unterliegt nach Art 20, 22 dem gemeinsamen Heimatrecht oder bei gemischt-nationaler Ehe dem Recht des gemeinsamen Wohnsitzes.

Russische Föderation

Ausländische Entscheidungen werden in Rußland anerkannt, wenn mit dem Urteilsstaat entsprechende völkerrechtliche Vereinbarungen bestehen (Art 63 der Grundlagen des Zivilverfahrens der UdSSR, Art 1 des Erlasses des Präsidiums des Obersten Sowjets der UdSSR vom 21. 6. 1988) oder bei nicht zu vollstreckenden Urteilen gem russischen Gesetzen, allerdings existieren zwischen Deutschland und Rußland keine derartigen Verträge.

Die Anerkennung von Eheauflösungen ist neu in Art 160 Abs 3 Familiengesetzbuch vom 29. 12. 1995 idF vom 15. 11. 1997 geregelt für den Fall, daß keine Staatsverträge bestehen. Dort heißt es nur, daß anerkannt werde, wenn die Ehe in Übereinstimmung mit den ausländischen Vorschriften des Verfahrens- und Eherechts erfolgt ist. Anerkennungshindernisse werden dort nicht genannt. Es ist jedoch unwahrscheinlich, daß damit auf alle Vorbehalte verzichtet werden soll. Eine neue Entscheidung des Obersten Gerichtes vom 7. 6. 2002 stellt zB darauf ab, daß eine faktische Gegenseitigkeit besteht (IPRax 2003, 356 [Breig/Schröder 359, 361], nicht eherechtlich).

Sambia

Für die Anerkennung ausländischer Eheurteile gilt in Sambia das jeweilige englische Recht (s 11 High Court Act, Cap 50 of the Laws of Zambia [Ausgabe 1972]). Heute ist dies also der englische Family Law Act von 1986 (vgl England). An sich sind die Gesetze Englands in Sambia nur insoweit in Kraft, als die sambische Gesetzgebung und die inländischen Umstände dies erlauben. Doch sind, soweit festzustellen, im vorliegenden Zusammenhang entgegenstehende sambische Gesetze nicht ergangen und örtliche Umstände gelten als nicht entgegenstehend. Es kann daher auf das englische Recht verwiesen werden (England).

San Marino

In San Marino ist 1986 die Scheidung zugelassen worden (Jayme IPRax 1988, 189), so daß insoweit das Anerkennungshindernis des ordre public weggefallen ist. Im übrigen scheint für die Anerkennung nötig, daß die Ehe in dem Staat geschieden wurde, in welchem sie zivil oder in religiöser Form geschlossen wurde. Weiter darf die Entscheidung nicht gegen den sanmarinischen ordre public verstoßen (Bergmann/Ferid/Reinkenhof, San Marino 12).

Saudi Arabien

Mit einer Anerkennung deutscher, weltlicher Scheidungsurteile ist in Saudi-Arabien nicht zu rechnen, wohl aber mit der einer Verstoßung nach islamischem Recht.

Schweiz

Die Schweiz ist mit Wirkung vom 17. 7. 1976 dem Haager Übereinkommen über die Anerkennung von Ehescheidungen und Ehetrennungen vom 1. 6. 1970 beigetreten. Im Verhältnis zur Bundesrepublik Deutschland gilt dieses Abkommen jedoch nicht. Hier ist vielmehr das deutsch-schweizerische Anerkennungs- und Vollstreckungsabkommen vom 2. 11. 1929 (RGBl 30 II 1066) maßgebend.

Nach Art 3 des Abkommens werden rechtskräftige Entscheidungen in Ehesachen im anderen Staat nicht anerkannt, wenn ein Angehöriger des Staates, in dem die Entscheidung geltend gemacht wird, also ein Schweizer, beteiligt war und nach dem Recht der Schweiz die internationale Zuständigkeit der deutschen Gerichte nicht begründet war. Das gilt dann auch für vermögensrechtliche Verbundentscheidungen. Heute enthält Art 59 Schweizer IPRG vom 18. 12. 1987 (abgedruckt zB IPRax 1988, 376) eine Zuständigkeitsregelung für Ehescheidungen und -trennungen, die gem

Art 26 spiegelbildlich bei Anerkennung ausländischer Urteile angewandt werden soll. Die internationale Zuständigkeit kann danach zwar auf dem (deutschen) Wohnsitz des Klägers beruhen, doch nur, wenn er sich mindestens seit einem Jahr im Lande aufhält. Es kann sein, daß die Partei diese Bedingungen erfüllt, ohne schon ein Jahr auch ihren gewöhnlichen Aufenthalt in Deutschland zu haben. Dann beruht die deutschc internationale Zuständigkeit auf § 606a Abs 1 S 1 Nr 4 und es greift noch nicht Art 3 Abs 1 lit a EheGVO ein.

Weiter ist gem Art 4 Abs 3 die Anerkennung dann zu versagen, wenn der Beklagte sich auf den Rechtsstreit nicht eingelassen hat, soweit die prozeßeinleitenden Schriftstücke nicht rechtzeitig oder nur im Wege der öffentlichen Zustellung oder außerhalb des Gerichtsstaates nicht im Wege der Rechtshilfe zugestellt worden sind. Es gilt das HZÜ.

Allgemein ist die Anerkennung zu versagen, wenn sie gegen den ordre public der Schweiz verstieße (Art 4 Abs 1 des Abk) und vor allem (Art 4 Abs 2 des Abk), wenn zum Nachteil einer schweizer Partei vom deutschen Gericht anderes Recht angewandt wurde, als nach schweizer IPR anzuwenden gewesen wäre (kollisionsrechtliche Benachteiligung; vgl früher § 328 Abs 1 Nr 3 ZPO aF). Die Anknüpfungsregeln sind nun in Art 61 IPRG enthalten. Entgegen seinem mißverständlichen Art 61 Abs 1 IPRG enthält er eine Anknüpfungsleiter: in erster Linie gilt das Recht der gemeinsamen Staatsangehörigkeit jedenfalls, wenn ein Ehegatte seinen Wohnsitz im Lande hat. Anderes Recht kann gelten, wenn zu diesem eine wesentlich engere Beziehung besteht (BGE 119 II 81).

Die Anknüpfung an den gemeinsamen Wohnsitz (Heini/Keller/Siehr/Vischer/Volken, IPRG Kommentar [1993] Art 61 Rn 5) dürfte für § 606a Abs 1 S 1 Nr 4 ZPO keine Rolle spielen. Bei gemischtnationalen Ehen ist die Anknüpfung unklar. Schweizer Richter würden wohl an den Wohnsitz des Beklagten anknüpfen, wenn er in der Schweiz liegt. Wohnt nur dagegen der Kläger in der Schweiz, gilt wohl ebenfalls schweizer Recht, wenn dieser schon zwei Jahre in der Schweiz wohnt (Heini/Keller/Siehr/Vischer/Volken aaO Rn 5). Es ist nicht ausgeschlossen, daß in der Schweiz die Anwendung deutschen Rechts unter den gleichen Voraussetzungen anerkannt wird.

Weiter muß die Anwendung des „falschen“ Rechts den schweizer Ehegatten benachteiligen. Das kann für den Beteiligten der Fall sein, wenn die dem Schweizer Recht unbekannten Vermutungen des § 1566 BGB angewandt wurden.

Obwohl sich das deutsch-schweizerische Abkommen anders als die meisten anderen Abkommen der Schweiz zu der Frage nicht äußert, wird doch in der Schweiz auch im Rahmen dieses Abkommens die inländische Rechtshängigkeit als Hindernis angesehen (Niedermann, Die ordre-public-Klauseln in den Vollstreckungsverträgen des Bundes und den kantonalen Zivilprozeßgesetzen [1976] 69 f m Nw).

Daß neben dem deutsch-schweizerischen Abkommen und trotz seines Wortlautes („ist zu versagen“, Art 4 Abs 1) das **autonome** Schweizer Anerkennungsrecht anzuwenden ist, wenn es anerkennungsfreundlicher ist, wurde vor dem IPRG von der wohl herrschenden Meinung verneint (Niedermann 21 ff m Nw). Sie wird heute mehrheitlich bejaht, nachdem das IPRG die gesetzlichen Grundlagen für diese Frage verändert hat (bejahend zB HAUSER/TOBLER JR 1987, 354; WALTER Internationales Zivilprozeßrecht der Schweiz [1995] 359; SIEHR IPRax 1989, 96 m Nachw und insbesondere OG Zürich ZR 68 [1969] Nr 100; BGH 18.3.1987 IPRax 1989, 104 [SIEHR 96]; ähnlich BGE 94 IV 294 f [1968]). Freilich müssen dann alle vom autonomen Recht verlangten Voraussetzungen erfüllt sein.

Nach Art 65 IPRG sind ausländische Scheidungen oder Trennungen anzuerkennen, „wenn sie im Staate des Wohnsitzes, des gewöhnlichen Aufenthalts oder im Heimatstaat eines Ehegatten ergangen sind oder wenn sie in einem dieser Staaten anerkannt werden". Ist jedoch die Entscheidung in einem Staat ergangen, dem kein oder nur der klagende Ehegatte angehört, so wird sie in der Schweiz nur anerkannt, „wenn im Zeitpunkt der Klageeinleitung wenigstens ein Ehegatte in diesem Staat Wohnsitz oder gewöhnlichen Aufenthalt hatte und der beklagte Ehegatte seinen Wohnsitz nicht in der Schweiz hatte", oder „wenn der beklagte Ehegatte sich der Zuständigkeit des ausländischen Gerichts vorbehaltlos unterworfen hat", oder „wenn der beklagte Ehegatte mit der Anerkennung der Entscheidung in der Schweiz einverstanden ist". Die Anerkennung wird also verweigert, wenn nur der Kläger in Deutschland lebt, und der Beklagte in der Schweiz wohnt. Weiter ist die Anerkennung zu verweigern (abgesehen von einem Verstoß gegen den schweizer ordre public), wenn eine Partei nachweist, „daß sie weder nach dem Recht an ihrem Wohnsitz noch nach dem am gewöhnlichen Aufenthalt gehörig geladen wurde, es sei denn, sie habe sich vorbehaltlos auf das Verfahren eingelassen"; oder „daß die Entscheidung unter Verletzung wesentlicher Grundsätze des schweizerischen Verfahrensrechts zustande gekommen ist, insbesondere, daß ihr das rechtliche Gehör verweigert worden ist"; oder „daß ein Rechtsstreit zwischen denselben Parteien und über denselben Gegenstand zuerst in der Schweiz eingeleitet oder in der Schweiz entschieden worden ist …". Das autonome Schweizer Anerkennungsrecht enthält vor allem keine Forderung der kollisionsrechtlichen Konformität mehr.

Senegal

Nach Art 854 Abs 2 des Code de la famille von 1972 ist für ausländische Statusurteile kein förmliches Anerkennungsverfahren nötig. Die sachlichen Anerkennungsvoraussetzungen sind in Art 787 des Code de procédure civile von 1964 geregelt. Danach muß das ausländische Gericht in spiegelbildlicher Anwendung senegalesischer Zuständigkeitsnormen international zuständig gewesen sein (dazu zB Cour d'Appel Dakar, Pénant 1973, 277 m Anm BOUREL). In diesem Zusammenhang ist zu beachten, daß nach Art 853 Abs 1 des Familiengesetzbuches ein senegalesischer Staatsangehöriger ein Jurisdiktionsprivileg entsprechend den Art 14 und 15 des französischen Code civil genießt. Auf dieses Privileg kann allerdings verzichtet werden. Insoweit kann auf die Elfenbeinküste verwiesen werden.

Weiterhin muß gem Art 787 lit b das nach senegalesischem IPR maßgebende Recht angewendet worden sein. Das ist nach Art 843 Abs 4 Code de la famille das Recht der gemeinsamen Staatsangehörigkeit, hilfsweise des Staates, in dem beide Parteien bei Klageerhebung ihren Wohnsitz haben, letzthilfsweise die lex fori. Gem Art 787 lit b müssen die grundlegenden verfahrensmäßigen Rechte der Parteien im ersten Verfahren gewährleistet gewesen sein und müssen die Parteien ordnungsgemäß geladen, vertreten oder für säumig erklärt worden sein (Art 787 lit d Cpc). Das

Urteil darf gem Art 787 lit e keinen Verstoß gegen den senegalesischen ordre public enthalten (vgl Schütze RIW 1985, 777 f).

Sierra Leone

In Sierra Leone wird für die Scheidung einer Ehe grundsätzlich das Gericht des Landes für international zuständig gehalten, in dem der Ehemann sein domicile wohl im englischen Sinne hat, das die Frau ex lege teilt, auch wenn sie getrennt lebt. Das Anerkennungsrecht ist aber nicht gesetzlich geregelt und nach sec 64 des Courts Act 1965 können Lücken im eigenen Recht durch das Common Law Englands nach dem Stand vom 1. 1. 1980 sowie durch die Grundsätze der Equity gefüllt werden. Die Beschränkung auf das genannte Datum wird bei Anwendung des englischen Common Law vermutlich auch in Sierra Leone negiert, so daß jedenfalls nicht ausgeschlossen ist, daß die Gerichte im gegebenen Fall die neuere Entwicklung des englischen Common Law nachvollziehen werden (vgl bei Kenia), sehr wahrscheinlich aber nicht den englischen Family Act 1986.

Singapur

In Singapur sind für die Anerkennung ausländischer Scheidungsurteile die Grundsätze des englischen common law heranzuziehen. Das sagt sec 3 The Application of English Law Act 1993. Schon vorher war in Singapur die Rechtsprechung von Indyka v Indyka und die nachfolgende Rechtsprechung übernommen worden (McClean, Recognition of Family Judgements in the Commonwealth [1983] 47 unter Verweis auf eine dortige Entscheidung von 1972; zur Rezeption vgl Klötzel RIW 1995, 203). Daß Singapur eine ausschließliche Zuständigkeit für die Scheidung seiner Staatsbürger in Anspruch nähme (vgl Bergmann/Ferid/Richter, Singapur 23) ist danach unwahrscheinlich. Denkbar wäre es bei gemeinsamem domicile der Ehegatten in Singapur, wobei wahrscheinlich ist, daß nach heutigem Stand die Ehefrau nicht mehr gesetzlich und zwangsweise das domicile des Ehemanns teilt. Es kann also insoweit auf die Ausführungen bei Kenia verwiesen werden.

Über die Anerkennung im Falle, daß die Ehegatten Mohammedaner sind, ist nichts näheres bekannt. Es ist möglich, daß eine Anerkennung erfolgt, wenn die Scheidung nach islamischem Recht möglich gewesen wäre und erfolgt ist (vgl Bergmann/Ferid/Richter, Singapur 23 f) und vor allem, wenn die Ehe schon durch „Verstoßung" geschieden wurde.

Sri Lanka

Eine einschlägige gesetzliche Regelung findet sich offenbar nicht (Bülow/Böckstiegel/Geimer/Schütze/Otto Int Rechtsverkehr, Sri Lanka 1131. 4 ff). Es ist anzunehmen, daß die englische Rechtsprechung als maßgebend gelten wird (dh insbesondere Indyka v Indyka [1969] 1 AC 33; McClean, Recognition of Family Judgements in the Commonwealth [1983] 47 f). Es kann daher mit Anerkennung gerechnet werden, wenn der Kläger sein *domicile* im englischen Sinne in Deutschland hatte, was sehr selten der Fall sein dürfte. In Anwendung der englischen Rechtsprechung seit Indyka v Indyka kann auch der Aufenthalt in Deutschland genügen, der nicht unbedingt Lebensmittelpunkt zu sein braucht, sofern er im Grundsatz mehrere Jahre gedauert hat. Es kann iÜ auf die Ausführungen zu Kenia verwiesen werden.

Sudan

Die Anerkennung ist in den §§ 306 f Civil Procedure Act von 1983 geregelt. Danach setzt die Anerkennung eines deutschen Urteils voraus, daß (1) das Gericht nach den deutschen Regeln zuständig war und (2) das Urteil rechtskräftig ist, daß (3) die Prozeßparteien ordnungsgemäß geladen und vertreten waren, daß (4) das Urteil nicht mit einer früheren sudanesischen Entscheidung kollidiert und (5) nicht erschlichen ist. Bei der Vorlage einer beglaubigten Abschrift des deutschen Urteils wird zunächst vermutet, daß die deutschen Zuständigkeitsvorschriften richtig eingehalten worden sind. Die ordnungsmäßige Ladung wird verlangt, wobei an einen Antragsgegner in Sudan auf diplomatischem Wege zugestellt worden sein muß (Bergmann/Ferid/Weishaupt Sudan 20).

Das sudanesische Justizministerium weist darauf hin, daß für Angehörige einer anerkannten Religionsgemeinschaft zumindest die Wiederverheiratung nach dem religiösen Recht zu beurteilen ist. Während dies bei Muslimen einer Anerkennung nicht im Wege steht, ist die Lage bei Angehörigen der katholischen und der unierten Kirche, die die Scheidung ablehnen, anders (Weishaupt StAZ 1991, 78 f). Wenn beide Ehegatten einer dieser Kirchen angehören, so dürfte von einer Anerkennungsfähigkeit des deutschen Scheidungsurteils nicht gesprochen werden können. Bei Beteiligung eines Muslim dürfte der sudanesische ordre public die Einhaltung der wesentlichen Grundsätze des islamischen Scheidungsrechts verlangen. Danach kann der Ehemann aber „verstoßen", und damit entfällt die Notwendigkeit einer Anerkennung der deutschen Scheidung (vgl bei Ägypten).

Südafrika

Die Anerkennung ausländischer Scheidungen und Eheaufhebungen ist nun geregelt in sec 13 des Divorce Act von 1979 idF des Domicile Act von 1992. Die gesetzliche Regelung ersetzt praktisch die bis dahin maßgebende Rechtsprechung, die dem englischen common law vielfach folgte (Forsyth, Private International Law [3. Auflage [1996] 383). An sich könnte die englische Rechtsprechung, dh insbesondere *Indyka v Indyka,* wohl weiterhin befolgt werden (Forsyth aaO 388), doch spielt das wohl praktisch keine Rolle mehr.

Die Regelung in sec 13 Divorce Act 1979 sieht eine Anerkennung ausländischer Eheaufhebungsurteile vor oder gerichtlicher Trennungen von Tisch und Bett, wenn zum Zeitpunkt des Urteilserlasses eine der beiden Parteien – oder beide – im Urteilsstaat domicile hatte. Die Ehefrau teilt nicht mehr ex lege das domicile des Mannes. Der domicile-Begriff ist nicht offenbar strikt der des englischen Rechts. Ein domicile of choice kann wohl einfacher erworben werden. Sicher wird der animus manendi ausreichen, wenn die Partei für immer im Lande bleiben will. Es gibt aber zumindest eine starke Strömung in der südafrikanischen Rechtsprechung und Lehre, die einen ausreichenden Bleibewillen auch dann schon annimmt, wenn die Partei auf Dauer im Lande bleiben will, es sei denn, ein noch ungewisses, aber mögliches Ereignis tritt ein, das sie zum Verlassen des Landes bewegen würde. Hier liegt der Unterschied zum englischen domicile-Begriff, wo der animus manendi schon verneint wird, wenn die Partei daran denkt, möglicherweise das Land zu verlassen in einer Situation, die nicht ganz vage und ganz unwahrscheinlich ist. Aber auch so dürfte es selten sein, daß ein Südafrikaner sein domicile in Deutschland genommen hat. Die deutsche Anerkennungszuständigkeit kann aber auch auf einer *ordinary residence* einer Partei, des Antragstellers oder Antragsgegners beruhen. Eine bestimmte Mindestdauer dieses „gewöhnlichen Aufenthaltes" ist im Gesetz nicht genannt. Aber damit der Aufenthalt zum „ordinary" wird, muß noch etwas hinzukommen, das allerdings in der südafrikanischen Praxis und Lehre umstritten ist (vgl Forsyth aaO 218 f). Und jedenfalls darf der Aufenthalt nicht zufällig und kurz sein. Man formuliert, das sei der Ort, wo er gewöhnlich, regelmäßig lebt. Die Partei könne sehr wohl an einem Ort ihren „gewöhnlichen Aufenthalt" und an einem andern ihren schlichten Aufenthalt haben. Es seien in Betracht zu ziehen Umstände wie Arbeit und Anstellung, Wohnung, Lage von Eigentum, Wohnung der Familie usw. Es scheint doch, daß sich der Begriff der „ordinary residence" etwas dem deutschen gewöhnlichen Aufenthalt nähert (vgl Forsyth aaO 219). Unter diesem Gesichtspunkt können deutsche Urteile in Südafrika anerkannt werden.

Es ist zwar in sec 13 Divorce Act nicht ausdrücklich erwähnt, aber anerkannt, daß der südafrikanische ordre public entgegenstehen kann. Dazu gehört insbesondere auch, daß die Partei ordnungsgemäß geladen war und im Verfahren rechtliches Gehör erhielt (vgl Forsyth aaO 399). Allerdings wird dieses Hindernis wohl nur sehr zurückhaltend angewandt. Das Urteil darf nicht durch Täuschung erlangt worden sein.

Dieselben Regeln gelten für Nichtigkeitsurteile.

Syrien

Nach Art 306 und 308 der syrischen Zivilprozeßordnung sind ausländische Urteile anerkennungsfähig. Es ist jedoch eine ordnungsgemäße Ladung und Vertretung des Antragsgegners nachzuweisen. Er muß also die Möglichkeit zum rechtlichen Gehör gehabt haben. Unter diesen Voraussetzungen ist wohl auch mit einer Anerkennung des Urteils in Abwesenheit des Beklagten zu rechnen (Börner, Die Anerkennung ausländischer Titel in arabischen Staaten [1996] 215; Bülow/Böckstiegel/Geimer/Schütze/Börner Int Rechtsverkehr, Syrien 1135. 10).

Ein syrisches Urteil in derselben Sache steht der Anerkennung einer deutschen Entscheidung entgegen (Börner aaO 203 f).

Die gesetzliche Bestimmung verlangt, daß das urteilende Gericht nach seinem Recht international zuständig war. Eine ausschließliche syrische internationale Zuständigkeit würde aber entgegenstehen. Dies wird unter dem Gesichtspunkt des ordre public gesehen. Inwieweit die syrischen Vorschriften für die eigene Entscheidungszuständigkeit in diesem Sinne ausschließlichen Charakter haben, ist in der Literatur offenbar äußerst umstritten, während es so gut wie keine veröffentlichte Rechtsprechung dazu gibt, sondern nur ein, möglicherweise sehr besonderes Urteil des Kassationshofes (vgl Börner aaO 172–179). Es ist jedenfalls nicht offensichtlich so, daß Syrien in Ehesachen eine ausschließliche Zuständigkeit in Anspruch nähme. Vielleicht ist das anders, wenn der Antragsgegner seinen Wohnsitz in Syrien hat (vgl Börner aaO 194).

Dagegen wird der ordre public herangezogen werden, wenn das deutsche Gericht nicht das islamisch-syrische Recht anwendet, wenn dieses nach syrischem IPR anzuwenden gewesen wäre (vgl Börner aaO 231; Deprez Rec d Cour 211 [1988] 110 f, 122, 124). Zumindest darf das Urteil im Ergebnis nicht vom islamischen Recht deutlich abweichen. Freilich ist bei Beteiligung eines muslimischen Ehemannes nach syrisch-islamischen Recht die Verstoßung die Regel. Ist diese wirksam vorgenommen, so entfällt das Anerkennungsproblem (Börner aaO S 50 f; o Rn 213).

Das Ehe- und Scheidungsrecht in Syrien ist interreligiös gespalten. Sieht dieses religiöse Recht, zB das kanonische Eherecht, eine Scheidung nicht vor, so dürfte der Anerkennung ebenfalls der ordre public entgegenstehen.

Tansania

a) Tanganyika
Gem sec 91 The Law of Marriage Act 1971 (Act N°5/1971) werden ausländische Scheidungs- und Ehenichtigkeitsurteile eines nach seinem Recht zuständigen Gerichts in **Festland-Tansania** anerkannt, wenn der Kläger sein „domicile" oder seit mindestens zwei Jahren vor Klageerhebung seine „residence" im Urteilsstaat hatte, oder wenn das Scheidungs- oder Ehenichtigkeitsurteil im Domizilstaat einer oder beider Parteien als wirksam anerkannt worden ist. Zu beachten ist, daß der „Aufenthalt" (residence) nicht gewöhnlich zu sein braucht. Aber er muß mindestens seit zwei Jahren bestanden haben. Gelegentliche kürzere Unterbrechungen dürften nicht schaden (McClean, Recognition of Family Judgements in the Commonwealth [1983] 72).

Dasselbe gilt für Urteile, die das Bestehen oder Nichtbestehen einer Ehe feststellen. Dagegen muß der Kläger für die Anerkennung eines Nichtigkeitsurteils nach sec 77 (3) (b) Law of Marriage Act im Urteilsstaat nur ein Jahr seinen gewöhnlichen Aufenthalt, oder sein „domicile" gehabt haben.

b) Sansibar
Der Law of Marriage Act gilt wegen weitgehend getrennter Gesetzgebungskompetenzen der beiden Unionspartner (Constitution 1977, Art 4 [3] iVm 1st Schedule) nicht für Sansibar.

Wie in Kenia gibt es in Sansibar wohl keine gesetzlichen Vorschriften über die Anerkennung ausländischer Eheurteile, weshalb auch hier auf die sog Rezeptionsklausel zurückzugreifen ist. Danach gelten „the substance of the common law, the doctrines of equity, and the statutes of general application in force in England on the 7th day of July, 1897 […]". die gegebenenfalls den örtlichen Erfordernissen anzupassen sind (Zanzibar Order in Council 1924, Art 24). Wie in Kenia berufen sich die Gerichte in Sansibar jedoch auch auf englisches common law nach 1897 (A Ramedhani, The Problems and Solutions of Administration of Justice in a Plural System of the Common Law, African Customary Law and Islamic Law, Vortrag, Second Commonwealth Africa Judicial Conference [Arusha 1988] 8). Vgl hierzu im einzelnen die Ausführungen zu Kenia. Die Anpassung des rezipierten englischen common law an die örtlichen

Verhältnisse könnte im Falle Sansibars im Ergebnis zu einer stärkeren Berücksichtigung islamischer Rechtsauffassungen führen.

Thailand

Die Anerkennungsfähigkeit ausländischer Ehescheidungsurteile in Thailand muß als ungeklärt angesehen werden. Soweit erkennbar, enthält das thailändische Recht keine ausdrücklichen Anerkennungsvorschriften; ein Anerkennungsabkommen mit der Bundesrepublik Deutschland ist nicht geschlossen.

Das materielle thailändische Scheidungsrecht kennt die Scheidung im gegenseitigen Einvernehmen oder die Scheidung durch Gerichtsurteil (vgl § 1514 thail BGB). Die einverständliche Scheidung setzt jedoch die Eintragung ins Scheidungsregister voraus. Ggf kommt es dann auf Anerkennung eines deutschen Urteils nicht mehr an (Rn 213). Soweit die Scheidung aber nicht im gegenseitigen Einvernehmen erfolgt, kann die Ehe nur aus den in § 1516 thail BGB geregelten Scheidungsgründen geschieden werden. Diese knüpfen aber an ein Fehlverhalten, ein körperliches oder geistiges Gebrechen bzw an die Verschollenheit eines Ehegatten an und ermöglichen nicht die im deutschen Recht mögliche Scheidung bei Zerrüttung der Ehe. Ob daher ein deutsches Ehescheidungsurteil, das auf §§ 1565 f BGB beruht, in Thailand anerkannt wird, kann nicht als gesichert angesehen werden (Rahm/Künkel/Breuer, Handbuch, „Thailand": Rechtslage ungeklärt).

Togo

Togo hat, soweit ersichtlich, keine gesetzliche Regelung der Anerkennung vorgenommen. Gem Art 60 der (ersten) Verfassung vom 14. 4. 1961 gilt das früher eingeführte französische Recht fort, soweit nicht abweichend legiferiert wurde. Es gelten daher die französischen Grundsätze und es ist auf „Elfenbeinküste" zu verweisen.

Trinidad und Tobago

Trinidad und Tobago hat in seinem Matrimonial Proceedings and Property (Amendment) Act 1982 die Regelung des englischen Recognition of Divorce and Legal Separation Act 1971 aufgenommen. Es gilt dasselbe wie in Hong Kong.

Tschad

Die Anerkennung ist außerhalb von Staatsverträgen nicht näher geregelt. Man muß annehmen, daß die Anerkennung deutscher Urteile davon abhängt, daß das deutsche Gericht nach den Regeln des Tschad zuständig war, dh der Beklagte Wohnsitz oder Aufenthalt in Deutschland hatte. Weiter ist erforderlich, daß das vom IPR des Tschad bezeichnetet Recht angewandt wurde, das ist das Heimatrecht des Mannes, daß der Beklagte ordnungsgemäß geladen wurde und daß die Entscheidung nicht gegen den ordre public verstößt (Bergmann/Ferid/Weishaupt 16). Diese Regelung entstammt dem Übereinkommen von Antananarivo vom 12. 9. 1961 und gilt eigentlich nur unter den afrikanischen Vertragsstaaten. Da aber eine gesetzliche Regelung fehlt und der bilaterale Anerkennungsvertrag mit Frankreich noch etwas liberaler ist, kann als zumindest möglich angesehen werden, daß die Gerichte so entscheiden würden. Jedenfalls wird bei Scheidungen keine révision au fond vorgenommen, die sonst vorgesehen ist (Séid-Nabia RabelsZ 55 [1991] 64).

Türkei

Die Anerkennung deutscher Scheidungsurteile in der Türkei ist durch das Gesetz Nr 2675 über das Internationale Privat- und Zivilverfahrensrecht vom 22. 11. 1982 geregelt (Text mit Erläuterungen von Krüger IPrax 1982, 252 ff). Maßgebend sind die Art 42 mit Art 38 lit d, c und e. Gem Art 28 nimmt die Türkei auch für die Scheidung von Türken keine ausschließliche Zuständigkeit mehr in Anspruch (Atali, Internationale Zuständigkeit im deutsch-türkischen Rechtsverkehr, 2001, 136). Eine bestimmte Anerkennungszuständigkeit wird vom türkischen Recht offenbar nicht verlangt (vgl auch Kiliç IPrax 1994, 477 ff).

Die Entscheidung darf nicht offensichtlich gegen den türkischen ordre public verstoßen. Das erfaßt namentlich den Fall nicht ordnungsmäßiger oder nicht rechtzeitiger Ladung zum Verfahren (Kiliç aaO 478). Unter diesem Gesichtspunkt ist mit einer Anerkennung deutscher Urteile bei gewöhnlichem Aufenthalt des Antragstellers in Deutschland zu rechnen.

Nach Art 38 lit d muß der Antragsgegner ordnungsgemäß und rechtzeitig zum Verfahren geladen worden sein. Im Verhältnis zur Türkei gilt das HZÜ. Der Antragsgegner kann auch einwenden, im Verfahren nicht ordnungsgemäß vertreten worden zu sein.

Nach Art 38 lit e wird das deutsche Urteil nicht anerkannt, wenn es nicht das Recht angewandt hat, das nach türkischem IPR anzuwenden gewesen wäre. Nach türkischem IPR gilt türkisches Recht, wenn beide Ehegatten Türken sind. Bei Mehrstaatern wird auf die türkische Staatsangehörigkeit abgestellt. Bei gemischtnationaler Ehe wird angeknüpft an den gemeinsamen Wohnsitz, hilfsweise an den gemeinsamen gewöhnlichen Aufenthalt. Der letzte gemeinsame gewöhnliche Aufenthalt wird in Art 13 nicht genannt. Bei der Scheidung von Türken durch deutsche Gerichte ist also mit einer Anerkennung nur zu rechnen, wenn türkisches Recht angewandt worden ist.

In einer Entscheidung vom 27. 10. 1995 hat der türkische Kassationshof entschieden, daß der Antragsgegner sich nicht gegen die Anerkennung der deutschen Scheidung in der Türkei wenden darf, wenn er seinen Einwand, vom deutschen Gericht sei das türkische Recht nicht richtig angewandt worden, nicht im Wege des Rechtsmittels zuvor in Deutschland geltend gemacht hat (FamRZ 1996, 1491). Auf die Entscheidung ist vielleicht kein großes Gewicht zu legen, da sie irrig im Verhältnis zu Deutschland das CIEC-Abkommen vom 8. 9. 1967 über die Anerkennung von Entscheidungen in Ehesachen angewandt hat, das von Deutschland nicht ratifiziert worden ist (Rumpf FamRZ 1996, 1492). Nach diesem Abkommen, schadet es nicht, wenn die Nichtanwendung des aus türkischer Sicht richtigen Rechts nicht zu einem anderen Ergebnis geführt hat (so zu einem österreichischen Scheidungsurteil, für das das CIEC-Abkommen gilt, Türk Kassationshof 22. 9. 1997 FamRZ 1998, 1119). Hat das deutsche Gericht etwa bei einem deutsch-türkischen Staatsangehörigen gemäß Art 5 Abs 1 EGBGB die Ehe nach deutschem Recht geschieden, so ist dagegen eine Anerkennung in der Türkei wohl unabhängig vom Ergebnis nicht zu erwarten. Daß bei der Anwendung türkischen Rechts durch das deutsche Gericht in der Türkei im Anerkennungsverfahren noch geltend gemacht werden könne, daß das deutsche Gericht das türkische Recht falsch angewandt habe, meint NOMER (JZ 1993, 1144). Das kann allerdings bei der Zuständigkeitsprüfung gemäß § 606a Abs 1 S 1 Nr 4 ZPO keine Rolle spielen, denn das deutsche Gericht wird ja nicht einen vom türkischen Recht nicht zugelassenen Scheidungsgrund des gemeinsamen Einvernehmens etc heranziehen. Für den Fall, daß in der Türkei die richtige Anwendung des türkischen Rechts durch deutsche Gerichte mehr oder weniger nachgeprüft wird, ist zumindest sehr zu empfehlen, wenn nicht notwendig, daß das deutsche Urteil mit einer Begründung versehen wird, aus der der Scheidungsgrund ersichtlich ist.

Hat das deutsche Gericht türkisches Scheidungsrecht angewandt, andernfalls würde schon deswegen die Anerkennung scheitern, kommt ein Eingreifen des türkischen materiellen ordre public kaum noch in Frage. Es müßte denn bei der Anwendung des türkischen Rechts ein sehr grober Fehler passiert sein.

Versäumnisurteile bzw Urteile in Abwesenheit des Antragsgegners können auch anerkannt werden, es sei denn dies sei unter Verletzung der deutschen Verfahrensregeln geschehen (Art 38 lit d türk IPRG).

Tunesien

Die Anerkennungsvoraussetzungen im Verhältnis zu Tunesien bestimmen sich nach Art 32 des deutsch-tunesischen Vertrags vom 19.7.1966 (BGBl 1969 II 889, 890 f, 912–914). Danach werden deutsche Eheurteile in Tunesien **nicht** anerkannt, wenn beide Ehegatten die tunesische Staatsangehörigkeit besitzen (Art 29 Abs 1 Nr 1, 32 Abs 1 HS 1; AG Mönchengladbach 25.1.1983 IPRax 1984, 101).

Wenn nur einer der beiden Ehegatten die tunesische Staatsangehörigkeit besitzt, ist nach Art 32 Abs 2 des Abkommens das Gericht des Entscheidungsstaates iSd Abkommens zuständig, wenn der Beklagte zur Zeit der Einleitung des Verfahrens seinen gewöhnlichen Aufenthalt im Entscheidungsstaat hatte, oder wenn die Ehegatten dort ihren letzten gemeinsamen gewöhnlichen Aufenthalt hatten, und sich einer der Ehegatten, also ggf nur der Antragsteller zur Zeit der Einleitung des Verfahrens noch im Entscheidungsstaat aufhielt.

Weitere Versagungsgründe sind nach Art 29 des Abkommens ein Verstoß gegen die öffentliche Ordnung des Anerkennungsstaates, die zuvor eingetretene Rechtshängigkeit eines Verfahrens in derselben Sache im Anerkennungsstaat Tunesien und schließlich die Unvereinbarkeit mit einer im Anerkennungsstaat ergangenen rechtskräftigen Entscheidung.

Wenn bei einer gemischt-nationalen Ausländerehe der Ehemann oder die Ehefrau oder beide Muslime sind, dann dürfte mit einer Anerkennung nicht zu rechnen sein, wenn das deutsche Urteil von den Prinzipien des islamischen Rechts zB in Anwendung deutschen Rechts abweicht (vgl MEZIOU, in: CARLIER/VERWILGHEN, Le statut personnel des musulmans [Brüssel 1992] 287 f).

Ukraine

Es gilt das Ehe- und Familiengesetzbuch der Ukraine vom 20.6.1969 idF vom 23.6.1992. Nach dessen Art 197 werden Ehescheidungen von Ukrainern im Ausland anerkannt, wenn beide ukrainische Staatsangehörige zum Zeitpunkt der Ehescheidung außerhalb der Ukraine gelebt haben. Bei gemischt-nationalen Ehen mit Beteiligung eines Ukrainers wird anerkannt, wenn im Zeitpunkt der Ehescheidung wenigstens einer der Ehegatten außerhalb der Ukraine gelebt hat. Auf dessen Staatsangehörigkeit kommt es dabei nicht an.

Weitere Anerkennungshindernisse werden nicht genannt.

Uruguay

Die für die Anerkennung einer ausländischen Ehescheidung notwendige internationale Entscheidungszuständigkeit vgl (Art 514 Nr 1 CPC) ist dann gegeben, wenn sich der eheliche Wohnsitz im Urteilsstaat befindet. Ob eine Anerkennung eines Ehescheidungsurteils, das uruguayische Staatsangehörige betrifft, auch ohne das, dh allein aufgrund des gewöhnlichen Aufenthalts des Antragstellers in Deutschland, möglich ist, ist sehr zweifelhaft (vgl Bergmann/Ferid, Uruguay 5: Rahm/Künkel/Breuer VIII Rn 154, Uruguay; verneinend wohl Möllring, Anerkennung und Vollstreckung ausländischer Urteile in Südamerika [1985] 57). Das uruguayische Recht nennt keine weiteren ausdrücklichen Anerkennungsvoraussetzungen. Wesentlich ist jedoch, daß gem Art 103 des Bürgerlichen Gesetzbuchs die Fähigkeit der Ehegatten, sich in Uruguay wieder zu verheiraten, davon abhängig ist, ob die im Ausland erfolgte Scheidung auch bei Anwendung der Gesetze der Republik Uruguay hätte erfolgen können. Nach einer Entscheidung des Corte Suprema (CS 23.2.1979 La Justizia Uruguaya 1977 [75, S 130]) ist jedoch iSd Art 103 nicht erforderlich, daß die ausländischen Scheidungsgründe mit dem uruguayischen Recht völlig übereinstimmen. Die Durchführung eines Exequaturverfahrens ist notwendig.

Venezuela

Die Anerkennung ausländischer Eheurteile ist nun geregelt im Gesetz vom 6.8.1998 über internationales Privatrecht (Text IPRax 1999, 196). Art 53 verlangt die Rechtskraft nach dem Recht des Urteilsstaates und enthält in Nr 4 das Prinzip, daß der ausländische Staat nach den venezolanischen Prinzipien international zuständig gewesen sein muß. In Art 42 Nr 2 entsteht die internationale Zuständigkeit durch ausdrückliche oder stillschweigende Unterwerfung, dh durch schriftliche Vereinbarung (Art 44) oder durch rügelose Einlassung (Hernández-Breton, IPRax 1999, 196). Der Fall muß dazu allerdings eine wirkliche Verknüpfung mit dem Urteilsstaat haben, hier also mit Deutschland. Außerdem entsteht eine Zuständigkeit venezolanischer Gerichte, wenn das venezolanische Recht gemäß den Bestimmungen des IPRG maßgebend ist (Art 42 Nr 1). Was dies für die Anerkennungszuständigkeit aus venezolanischer Sicht bedeutet, mag zweifelhaft sein. Es könnte sich um eine Art Statutszuständigkeit handeln, so daß die Anerkennungszuständigkeit bestünde, wenn nach venezolanischem IPR deutsches Scheidungsrecht maßgebend und angewandt worden wäre. Gemäß Art 23 richtet sich die Scheidung und die Trennung von Tisch und Bett nach dem Recht des Wohnsitzes des Ehegatten, der die Klage anstrengt, vorausgesetzt, der Wohnsitz besteht dort schon seit einem Jahr. So könnte etwa ein deutsches Urteil anerkannt werden, wenn die klagende Partei hier ihren Wohnsitz hatte und nach deutschem Recht geschieden worden wäre. Das geschieht nach deutschem IPR zwar nicht wegen des Wohnsitzes der klagenden Partei, sondern wegen des aktuellen oder letzten gemeinsamen gewöhnlichen Aufenthalts der Ausländer verschiedener Staatsangehörigkeit in Deutschland. Das führt dazu, daß zB eine deutsche Scheidung zweier Venezolaner nach venezolanischem Recht gem Art 14 Abs 1 Nr 1 EGBGB in Venezuela nun anerkannt werden kann, wenn eine Vereinbarung der deutschen Gerichte iSd Art 42 vorlag. Im übrigen müßte der Beklagte ordnungsgemäß und rechtzeitig zum Verfahren geladen worden sein, und auch sonst muß das rechtliche Gehör gewährt werden (Art 53 Nr 5). Der Anerkennung steht entgegen, wenn vor dem Erlaß des deutschen Urteils ein Verfahren mit demselben Gegenstand in Venezuela anhängig gemacht worden ist. An sich beachtet Venezuela die ausländische Rechtshängigkeit (Hernández-Breton IPRax 1999, 196), so daß die Situation eigentlich nicht entstehen dürfte, aber natürlich trotzdem entstehen kann. Wird in Venezuela später ein weiteres Scheidungsverfahren anhängig gemacht, entfällt die Anerkennungsfähigkeit. Auch ein früheres venezolanisches Urteil sperrt die Anerkennung.

Vereinigte Staaten von Amerika

In den USA gibt es kein einheitliches normiertes Kollisionsrecht. Die Anerkennungsvoraussetzungen sind in den verschiedenen Bundesstaaten unterschiedlich. Im Grundsatz kann jedoch davon ausgegangen werden, daß in den jeweiligen Bundesstaaten der USA ein ausländisches Statusurteil dann anerkannt werden wird, wenn das entscheidende Gericht „jurisdiction" hat. Diese besteht, wenn beide oder zumindest einer der Ehegatten im Zeitpunkt der Entscheidung im Urteilsstaat domiziliert war, sich also dort auf unabsehbare Zeit und (derzeit) ohne Absicht der Rückkehr in die USA niedergelassen hat. Manche deutschen Entscheidungen bejahen freilich das domicile of choice mit zweifelhafter Begründung und vorschnell.

Sehr im Fluß ist die Frage, ob eine deutsche Scheidung auch ohne engen Zuständigkeitsbezug zum Gericht anerkannt werden kann, wenn die Parteien damit einverstanden sind. Zwar werden dazu eher Scheidungsparadiese in der Nähe der USA als deutsche Gerichte aufgesucht (Scoles/Hay 520 f), doch erscheint eine Anerkennung aufgrund der Zustimmung des Beklagten zur deutschen Zuständigkeit möglich, wenn entweder das Recht des betreffenden US-Staates angewandt wurde oder dieser die Scheidung ohne Verschulden kennt.

Bestreitet der Beklagte die deutsche internationale Zuständigkeit, so wird das Gericht das domicile feststellen müssen, doch ist anzunehmen, daß die Zuständigkeit dann in den USA im Anerkennungsstadium nicht mehr bestritten werden kann (Scoles/Hay 516 f).

Bei einer Scheidung in Abwesenheit des Beklagten wird die Anerkennung von einem tatsächlichen domicile in Deutschland oder allenfalls von einer vergleichbar engen Beziehung abhängen (Scoles/Hay 521 f). Wichtig ist die ordentliche und rechtzeitige Ladung des Beklagten. Es gilt das HZÜ, aber es genügt auch eine andere zuverlässige Mitteilung der Ladung (eingeschriebener Brief). Öffentliche Zustellung ist hingegen nicht genügend, wenn eine Adresse bekannt, vielleicht schon, wenn sie ermittelbar war (Scoles/Hay 396 f). Zudem muß der Beklagte rechtliches Gehör erhalten haben.

Der amerikanische Staatsbürger wird idR ein amerikanisches domicile of origin gehabt haben, das er nur unter relativ strengen Voraussetzungen zugunsten eines deutschen domicile of choice ablegen kann. Das verlangt physische Anwesenheit und den Lebensmittelpunkt hier, etwa im Sinne des gewöhnlichen Aufenthalts, und die Absicht, hier zu bleiben. Bezüglich der erforderlichen Absicht ist die Rechtsentwicklung in den USA noch nicht abgeschlossen. Es ist nicht mehr nötig, auf immer in Deutschland bleiben zu wollen, vielmehr genügt der Wille, in Deutschland für einen längeren Zeitraum den Lebensmittelpunkt zu haben (Scoles/Hay, Conflict of Laws [2. Aufl 1992] 178 ff). Jedenfalls sind die Anforderungen deutlich niedriger als in England.

Fehlt dieses domicile zum Zeitpunkt der Klageerhebung, zB weil die Partei bereits Deutschland verlassen oder nicht die genannte Absicht hat, so scheint eine Anerkennung in den USA möglich, wenn US-amerikanisches Recht angewandt wurde (Scoles/Hay 517 f).

Zentralafrikanische Republik

Es fehlt eine ausdrückliche Regelung über die Anerkennung ausländischer Urteile. Hingegen hat das Gesetz Nr 65–71 vom 3. 6. 1965 in Art 31–33 die Art 3, 14 und 15 des französischen code civil praktisch wörtlich übernommen, so daß das Jurisdiktionsprivileg für die eigenen Staatsangehörigen in Anspruch genommen wird und die Anerkennung davon abhängig gemacht wird, daß das Eheurteil das richtige Recht, dh wohl das Heimatrecht der Staatsangehörigen angewandt hat (Texte Rev crit 1973, 394 ff). Es ist auf die Ausführungen zu „Elfenbeinküste“ zu verweisen.

Zimbabwe

Die Regelung der sec 13 des Matrimonial Causes Act ist recht dunkel. Sie sieht an sich vor, daß der Präsident förmliche Erklärungen abgibt, daß das Scheidungsrecht des ausländischen Staates, dessen Urteile anzuerkennen wären, im wesentlichen dieselben Regelungen wie das Recht von Zimbabwe enthält. Solche Erklärungen sind nicht erfolgt. Es spricht jedoch sehr viel dafür, daß in Zimbabwe alternativ zu dieser nicht real gewordenen Möglichkeit einer Anerkennungsregelung das common law Englands befolgt wird. Das wäre die Rechtsprechung in *Indyka v Indyka* und die Folgen. Insoweit kann auf Kenia verwiesen werden. Dagegen dürfte nicht anzuwenden sein die neuere Gesetzgebung zur Anerkennung ausländischer Scheidungsurteile von Südafrika (vgl dort). Für die Anerkennungsprognose bezüglich Zimbabwe ist also ua vorauszusetzen, daß eine der Parteien, hier also der Antragssteller, seine habitual residence in Deutschland hat.

3. Verbundszuständigkeit*

a) Staatsvertragliche Regelungen

218 § 621 Abs 2 ZPO enthält mit § 623 eine ZPO Verbundszuständigkeit. Jedoch finden sich vorgehende Bestimmungen für die internationale Zuständigkeit kraft Verbundes für bestimmte Scheidungsfolgen in Staatsverträgen.

aa) Art 15 MSA

219 Art 15 MSA erlaubte den Vertragsstaaten, einen Vorbehalt zugunsten einer Verbundszuständigkeit für Sorgerechtsentscheidungen zu erklären. Die Bundesrepublik hat wie andere Staaten auch von dieser Möglichkeit keinen Gebrauch gemacht, so daß es ausschließlich bei der **internationalen Zuständigkeit** nach Art 1, 4 und 9 MSA bleibt (BGH 11. 1. 1984 BGHZ 89, 325; BGH 27. 4. 1994 FamRZ 1994, 827; BGH 18. 6. 1997 FamRZ 1997, 1070; OLG Karlsruhe 2. 8. 1983 FamRZ 1984, 58; OLG Düsseldorf 11. 5. 1981 FamRZ 1981, 1005; OLG Bamberg 1. 7. 1981 FamRZ 1981, 1106, 1107; OLG München 1. 2. 1982 FamRZ 1982, 316; OLG Hamm 13. 6. 1989 FamRZ 1989, 1109; OLG Düsseldorf 13. 4. 1993 NJW-RR 1994, 268; Jayme FamRZ 1979, 21; Rahm/Paetzold Rn 353; unstr). Ist eine deutsche Zuständigkeit nach dem MSA gegeben, so gilt nur für die **örtliche Zuständigkeit** § 621 Abs 2 ZPO. Art 10 KSÜ enthält nun eine Verbundzuständigkeit, die aber noch nicht in Kraft ist.

220 Der Vorrang des MSA gilt, wenn es im konkreten Fall anwendbar ist, wenn also das Kind seinen gewöhnlichen **Aufenthalt in einem Vertragsstaat** (Art 1 MSA) hat. Es muß ihn nicht in der Bundesrepublik haben. Lebt das Kind dann nicht hier, und ist die Scheidung bei uns anhängig, so steht das MSA einer deutschen internationalen Zuständigkeit kraft Scheidungsverbundes entgegen. Allenfalls kann noch Art 9 (Eilzuständigkeit) eingreifen. Ist das Kind Deutscher, dann kommt an sich auch Art 4 (Heimatzuständigkeit) in Betracht. Jedoch begründet das Verbundsprinzip

* **Schrifttum**: Adam, Internationaler Versorgungsausgleich (1985); Beitzke, Zur Internationalen Zuständigkeit der künftigen Familienrichter, FamRZ 1973, 411; Gottwald, Deutsche Probleme internationaler Familienverfahren, in: FS Nakamura (1996) 189; Graf, Die internationale Verbundszuständigkeit (1984); Hausmann, Zur Anerkennung von Annex-Unterhaltsentscheidungen nach dem EG-Gerichtsstands- und Vollstreckungsübereinkommen, IPRax 1981, 5; vHoffmann, Gegenwartsprobleme der internationalen Zuständigkeit, IPRax 1982, 217 ff; Jayme, Zur internationalen Verbundszuständigkeit deutscher Gerichte für die Regelung des Sorgerechts nach der Scheidung, FamRZ 1979, 21; ders, Ausländische Scheidung und inländischer Versorgungsausgleich, FamRZ 1979, 557; ders, Versorgungsausgleich und Internationales Privatrecht unter besonderer Berücksichtigung der deutsch-österreichischen Scheidungsfälle, ZfRV 21 (1980) 175; ders, Internationale Verbundszuständigkeit und Scheidungsfolgen nach ausländischem Recht, IPRax 1981, 9; ders, Fragen der internationalen Verbundszuständigkeit, IPRax 1984; ders, Rechtshängigkeit kraft Verbunds im Ausland und inländisches gesondertes Unterhaltsverfahren, IPRax 1987, 295; Linke, Verbundszuständigkeit – anderweitige Rechtshängigkeit, res judicata, IPRax 1992, 159 Mitzkus, Internationale Zuständigkeit im Vormundschafts-, Pflegschafts- und Sorgerecht (1982); Nolte-Schwarting, Der Versorgungsausgleich in Fällen mit Auslandsberührung (1984); H Roth, Vernetzte Prozeßmaximen in familiengerichtlichen Verbundverfahren ZZP 103 (1990) 5; Schwimann, Die internationale Zuständigkeit deutscher Gerichte gegenüber Ausländern zur Regelung des Rechtsverkehrs zwischen geschiedenen Eltern und ihren Kindern, FamRZ 1979, 325.

des § 623 ZPO bzw die Tatsache der Scheidung im Heimatstaat allein nicht das inländische **Schutzbedürfnis** (Jayme IPRax 1984, 121, 123; FamRZ 1979, 21 f; OLG Stuttgart 18. 11. 1977 NJW 1978, 1746; LG Heilbronn 10. 10. 1972 IPRspr 1972 Nr 75; **aA** BayObLG 9. 5. 1978 BayObLGZ 1978, 113, 116 f = StAZ 1979, 38; Staudinger/Kropholler [1994] Vorbem 540 zu Art 18 EGBGB). Sicher ist eine Regelung der elterlichen Sorge oft durch die Scheidung veranlaßt, aber daraus folgt nicht, daß sie regelmäßig gerade zusammen mit der Scheidung erfolgen müßte. Nur im Einzelfall kann dies anders sein, namentlich wenn der Aufenthaltsstaat untätig bleibt oder nicht schnell genug tätig wird (OLG Karlsruhe 30. 1. 1978 FamRZ 1979, 73; OLG Stuttgart 18. 11. 1977 NJW 1978, 1746; Jayme IPRax 1984, 121, 123).

bb) Art 5 Nr 2 EuGVO, EuGVÜ und LugÜ

Ebenso **gehen EuGVO, EuGVÜ** (nur im Verhältnis zu Dänemark noch anwendbar) **221**
und **LugÜ** dem autonomen Recht in Bezug auf den nachehelichen Unterhalt unter Ehegatten (EuGH 6. 3. 1980 Rs 120/79 – de Clavel/de Clavel – Slg 1980, 89; Stein/Jonas/Schumann Einl XII G Rn 793; OLG München 24. 10. 1978 FamRZ 1979, 153) sowie den Unterhaltsanspruch der Kinder **vor** (Henrich IPRax 1985, 207; Geimer/Schütze, EuZPR Art 5 Rn 132 f). Sie schließen also § 621 und § 623 ZPO aus (insow unzutr KG 17. 11. 1997 FamRZ 1998, 564; BGH 27. 6. 1984 IPRax 1985, 224). Nach Art 3 Abs 1 EuGVO/EuGVÜ/LugÜ können Personen, die in einem Vertragsstaat ihren Wohnsitz haben, **nur aufgrund** der Zuständigkeitsnormen der **EuGVO/LugÜ** bzw des EuGVÜ verklagt werden. EuGVO, EuGVÜ und LugÜ erlauben in ihrem jew **Art 5 Nr 2** aber eine Verbundszuständigkeit, wenn das Gericht seine Zuständigkeit nicht nur aus der Staatsangehörigkeit einer der Parteien herleiten kann. Damit ist die Verbundszuständigkeit jedenfalls ausgeschlossen, wenn nur ein Ehegatte Deutscher ist oder gar nur bei Eheschließung war und kein Ehegatte in Deutschland seinen gewöhnlichen Aufenthalt hat (Jayme FamRZ 1988, 793; irrig KG 23. 7. 1987 FamRZ 1988, 167). Der Unterhaltsprozeß ist dann vor einem anderen, nach EuGVO/EuGVÜ/LugÜ zuständigen Gericht zu führen (Kropholler, EuZPR Art 5 Rn 25).

EuGVO, EuGVÜ und LugÜ halten eine einseitige Staatsangehörigkeits- bzw Hei- **222**
matzuständigkeit für exorbitant und schließen sie gem ihrem jew Art 3 Abs 2 aus. Die Ratio spräche vielleicht für den Ausschluß der Verbundszuständigkeit, auch wenn die Zuständigkeit auf die deutsche Staatsangehörigkeit beider Ehegatten zu gründen ist, ist aber nicht so gemeint wie Art 5 Nr 2 ergibt (ebenso Schlosser, Bericht zum EuGVÜ, ABl der EG 1979 Nr C 59, S 71 ff Nr 32 ff; Kropholler, EuZPR Rn 53). Somit kann bei gemeinsamer deutscher Staatsangehörigkeit über Unterhalt auch im Verbund entschieden werden (Thomas/Putzo/Hüsstege Art 5 EheGVO Rn 14; MünchKomm/Gottwald Art 5 EuGVÜ Rn 29 aE; Geimer/Schütze, EurZVR Art 5 Rn 135; Rahm/Künkel/Breuer Hdb FamGerVerf VIII Rn 232; **aA** Kaye, Civil Jurisdiction and Enforcement of Foreign Judgements [1985] 555) bemerkenswerter Weise aber auch, wenn nur ein Ehegatte hier seinen gewöhnlichen Aufenthalt hat.

Art 5 EuGVO, EuGVÜ und LugÜ setzen zunächst voraus, daß der Unterhalts- **223**
schuldner in einem Vertragsstaat verklagt wird, aber in einem anderen seinen Wohnsitz hat. Wohnsitz ist nicht identisch mit gewöhnlichem Aufenthalt, fällt aber in der Praxis oft mit ihm zusammen. Der Beklagte, auf dessen Wohnsitz es ankommt, ist nicht der des Scheidungsverfahrens, sondern der Unterhaltsschuldner, und er kann durchaus der Antragsteller der Scheidung sein, wenn der Trennungs-

oder Nachscheidungsunterhalt widerklagend verlangt wird. Hat der Unterhaltsschuldner seinen Wohnsitz im Land des Eheverfahrens, so folgt die internationale Zuständigkeit für den Unterhaltsanspruch aus Art 2 Abs 1 EuGVO, und es bleibt, da dieser nicht auch die örtliche Zuständigkeit regelt, für den Verbund bei § 621 Abs 2 ZPO. Die Einschränkung des Art 5 Nr 2 EuGVO bzgl der Begründung der Zuständigkeit den Statusprozeß greift nicht, weil Art 5 Nr 2 EuGVO in dieser Situation nicht anwendbar ist. Im Übrigen wäre die internationale Zuständigkeit für das Statusverfahren meist auch auf den gewöhnlichen Aufenthalt der einen Partei zu gründen (Art 3 Abs 1 lit a EheGVO oder § 606a Abs 1 S 1 Nr 4 ZPO). Hat der Unterhaltsschuldner seinen Wohnsitz außerhalb der EU, gelten nicht die EuGVO und das EuGVÜ, sondern die ZPO, wenn also in KG 17.11.1997 (aaO) die beiden deutschen Ehegatten nicht in Spanien, sondern in Florida gewohnt hätten. Und handelt es sich um eine Unterhaltsklage überhaupt ohne realen Auslandsbezug, dann gilt ebenfalls die EuGVO nicht, sondern nur die ZPO.

224 Nach KG 17.11.1997 (IPRax 1999, 37 [Schulze 21] = FamRZ 1998, 564) gilt Art 5 Nr 2 EuGVÜ (heute EuGVO) nicht, wenn während eines Verfahrens auf Trennung von Tisch und Bett Unterhalt bis zur Scheidung begehrt wird, denn es sei nicht für den Fall einer Scheidung, sondern bis zu ihr zu entscheiden (zust Thomas/Putzo/Hüsstege Art 5 EuGVO Rn 14; **aA** MünchKomm/Gottwald Art 5 EuGVÜ Rn 30; Schulze IPRax 1989, 23). Art 5 Nr 2 spricht aber nur von Bezug zum Personenstand, der gegeben ist. Klägerin und Beklagter hatten ihren gewöhnlichen Aufenthalt in Spanien. Das Eheverfahren war, wohl wegen deutscher Staatsangehörigkeit der Parteien, in Berlin anhängig. (Heute gälte Art 3 Abs 1 lit b EheGVO.) Ob ein Unterhalt begehrt wird, und wann „im Zusammenhang" mit einem Personenstandsverfahren, ist durch autonome Auslegung der EuGVO zu entscheiden (EuGH 6.3.1980 aaO zum „Unterhalt"), und nicht anhand der §§ 621, 623 ZPO (so aber Schulze IPRax 1999, 22). Eine Einschränkung nur auf Nachscheidungsunterhalt ist dem Wortlaut von Art 5 Nr 2 EuGVO nicht zu entnehmen. Er erfaßt vielmehr Unterhalt, über den in einem Statusverfahren zu entscheiden ist. „Unterhalt" ist in der Rspr des EuGH weit zu verstehen. Ob über ihn im „Statusverfahren" zu entscheiden ist, sagen §§ 621 Abs 1 Nr 5 und § 623 ZPO und verneinen eine Scheidungsfolge. Es handelt sich vielmehr um eine selbständige Familiensache (Thomas/Putzo/Hüsstege § 623 Rn 3 a), die aber nach § 621 Abs 2 ZPO mit dem Scheidungsverfahren zu verbinden ist. Das reicht für Art 5 Nr 2 EuGVO (vgl BGH 13.12.2000 IPRax 2001, 454).

225 Hat der Schuldner seinen Wohnsitz in einem andern Vertragsstaat als dem des laufenden Statusverfahrens, dann regelt Art 5 Nr 2 EuGVO/EuGVÜ/LugÜ nicht nur die internationale, sondern **auch** die **örtliche Zuständigkeit** und stellt drei Gerichtsstände zur **Wahl**. Zunächst kommt als Gerichtsstand derjenige des Wohnsitzes des Unterhaltsberechtigten in Betracht. Sodann gibt die zweite Variante dem Berechtigten den Gerichtsstand an dem Ort seines gewöhnlichen Aufenthaltes. Letztlich kann der Gläubiger vor dem für die Scheidung kompetenten Gericht um den Scheidungsunterhalt prozessieren.

226 Von den Tatbestandsvarianten des § 606a Abs 1 S 1 ZPO scheidet wegen des Vorbehalts in EuGVO/EuGVÜ/LugÜ Nr 1 für die Begründung der Verbundszuständigkeit aus, da dort die deutsche Staatsangehörigkeit einer Partei für ausreichend erachtet wird. Sobald jedoch beide Eheleute die deutsche Staatsangehörigkeit besitzen, ohne daß eine der anderen Alternativen des § 606a ZPO erfüllt wäre (so auch Kropholler, EuZPR Art 5 Rn 38), oder sobald eine Zuständigkeit kraft Aufenthalts nach Nr 2–4 eingreift, sind deutsche Gerichte auch für den Scheidungsunterhalt zuständig.

Liegt demnach eine von EuGVO/EuGVÜ/LugÜ akzeptierte internationale Zuständigkeit für Ehesachen vor, so werden die beiden ersten Varianten des Art 5 Nr 2 EuGVO/EuGVÜ/LugÜ nicht durch die §§ 621, 623 ZPO verdrängt, obwohl das deutsche Recht einen Zwangsverbund vorsieht und die entsprechende Zuständigkeit nach der ZPO ausschließlich ist. Der Kläger kann vielmehr **wählen**, ob er im Verbundverfahren oder in einem der anderen Gerichtsstände separat klagen will. Obschon diese Möglichkeit verwundert, entspricht sie doch dem Wortlaut von EuGVO, EuGVÜ und LugÜ. 227

Für den Scheidungsverbund läßt sich die Rechtslage folgendermaßen resümieren: Der Verbund ist auch für den Unterhaltsanspruch gem § 623 ZPO obligatorisch, wenn sowohl Unterhaltsgläubiger als auch -schuldner ihren Wohnsitz in Deutschland haben. Dagegen gilt nur ein fakultativer Verbund nach Art 5 EuGVO, wenn beide Parteien in verschiedenen Staaten wohnen, wobei es gleichgültig ist, worauf die Zuständigkeit für die Ehesache beruht, solange sie nicht nur auf der Staatsangehörigkeit einer Partei beruht (§ 606a Abs 1 S 1 Nr 1 ZPO). 228

Zweifelhaft ist, ob der für die Unterhaltszuständigkeit genügende Grund ausdrücklich (in den Urteilsgründen) zu nennen ist. Dies ist zu verneinen. Denn außer in den Fällen des Art 28 EuGVO/EuGVÜ/LugÜ, zu denen Art 5 nicht gehört, darf der Anerkennungsrichter die Zuständigkeit nicht nachprüfen, so daß er auch keiner detaillierten Entscheidungsbasis bedarf (Martiny, Hdb IZVR Bd III/2 Kap II Rn 161 f). EuGVO/EuGVÜ und LugÜ verdrängen nationale Regelungen der internationalen Zuständigkeit jedoch nur, wenn der Beklagte seinen Wohnsitz in einem Vertragsstaat hat (vgl Art 4 EuGVO/EuGVÜ/LugÜ; AG Hamburg 10. 9. 1984 IPRax 1985, 297 [Henrich]). Ist das nicht der Fall, gelten die §§ 621, 623 ZPO uneingeschränkt, sofern sie international wirken (u Rn 244 ff). 229

Streitigkeiten aus dem ehelichen **Güterrecht** werden von EuGVO/EuGVÜ/LugÜ nicht erfaßt (Art 1 Abs 2 Nr 1; EuGH 6. 3. 1980 RS 120/79 – de Clavel/de Clavel – Slg 1980 89 = IPRax 1981, 19 [Hausmann 5]; EuGH 27. 2. 1997 Rs C-220/95 – Boogaard/Laumen – Slg 1997 I 1147; EuGH, Urt v 27. 3. 1979 Rs 143/78 ergangen auf Vortagsbeschluß des BGH NJW 78, 1768; OLG Düsseldorf 18. 6. 1993 NJW-RR 1994, 453; Kropholler EuZPR Art 1 Rn 22 ff; Stein/Jonas/Schlosser § 621 Rn 33). Hier bleibt es bei den nationalen deutschen Regelungen. Unter Güterrecht sind in einer weiten Definition alle Ansprüche und Rechte „an oder auf Vermögen" zu verstehen, die sich aus der ehelichen Beziehung ergeben (EuGH 27. 2. 1997 aaO; Schlosser Ber EuGVÜ, ABl EG 5. 3. 1979 Nr C 59 No 50, weiter m Nachw Kropholler, EurZPR Art 1 Rn 23 ff). Doch auch der **Begriff des Unterhalts** wird weit ausgelegt. Er umfaßt Ansprüche, die **Unterhaltsfunktion** haben und auf ein familienrechtliches Band gestützt sind. Dies sind nach Ansicht des EuGH zB auch die prestations compensatoires des französischen Rechts, die bei Scheidung geschuldet sein können, weil sie nach den beiderseitigen Mitteln und Bedürfnissen berechnet werden, worauf der EuGH entscheidend abstellt (EuGH 6. 3. 1980 aaO; Kropholler, ZPR Art 5 Rn 19), und die Zuweisung von Kapital und Sachen als full ancillary relief 230 bei einer Scheidung an einen Ehegatten nach englischem Recht (EuGH 27. 2. 1997 aaO; OLG Karlsruhe FamRZ 2002, 839). Wenn der EuGH in den genannten Entscheidungen darauf abstellt, ob die begehrten Leistungen „Unterhaltsfunktion" haben, so ist das eine Tautologie und daher zur Entscheidung in Grenzfällen weniger geeignet. Ergiebiger ist, wenn er darauf abstellt, ob die Höhe der Leistungen nach den Bedürfnissen des Berechtigten und der Leistungsfähigkeit des Verpflichteten bemessen wird. Ob das der Fall ist, entscheidet aber das vom IPR bestimmte Sachrecht (so auch EuGH aaO). Ob die Leistung in einer Gesamtsumme erfolgt oder in regelmäßigen Beträgen, mache keinen Unterschied. So umfaßt Art 5 EuGVO zB nicht den Zugewinnausgleich.

231 Umstritten ist die Qualifikation von **Hausratsverteilung** und **Wohnungszuweisung** im wesentlichen im IPR, aber die Frage, ob es sich dabei um eine Regelung mit **Unterhaltsfunktion** oder um eine güterrechtliche Auseinandersetzung oder gar um eine allgemeine Scheidungsfolge handelt, ist für die internationale Zuständigkeit ebenso entscheidend, denn für Unterhaltsansprüche gehen EuGVO/EuGVÜ/LugÜ in ihrem jeweiligen Geltungsbereich vor. Im IPR werden Hausratsverteilung und Wohnungszuweisung verbreitet **unterhaltsrechtlich** qualifiziert (Henrich, in: FS Ferid [1988] 152 ff, 156 f; Hessler, IPRax 1988, 97; Kropholler, IPR § 46 II; Jayme IPRax 1981, 49 f; Johannsen/Henrich/Henrich Art 17 Rn 78; Kegel/Schurig, IPR § 20 VII 4; OLG Hamm 30. 6. 1981 FamRZ 1981, 875; OLG Hamm 15. 11. 1988 IPRax 1990, 114 [zust H Weber 97]; OLG Hamm 15. 2. 1991 FamRZ 1992, 191; OLG Karlsruhe NJW-RR 1999, 730; OLG Koblenz IPRax 1991, 263). Danach käme ein Scheidungsverbund gegen „Europäer" nur nach Art 5 Nr 2 EuGVO/EuGVÜ/LugÜ zustande, und auch die isolierte Zuständigkeit folgte nur aus EuGVO/EuGVÜ/LugÜ. Die angeführten Entscheidungen haben zwar das EuGVÜ nicht gesehen (nur AG Kerpen 13. 9. 1995 FamRZ 1997, 893, lehnt es mit falscher Begründung ab). Im Ergebnis bestand freilich eine deutsche Zuständigkeit auch gem dem EuGVÜ.

232 Die Gegenauffassung hält die Hausratsverteilung und insbesondere die Wohnungszuweisung für eine **allgemeine Scheidungsfolge** gem Art 17 EGBGB (OLG Düsseldorf 5. 10. 1992 FamRZ 1993, 575; OLG Frankfurt aM 14. 3. 1988 FamRZ 1989, 75; OLG Celle 14. 1. 1998 FamRZ 1998, 443; OLG Karlsruhe FamRZ 1997, 33; OLG Hamm 20. 2. 1998 FamRZ 1998, 1530; OLG Stuttgart 10. 11. 1989 FamRZ 1990, 1394; Palandt/Heldrich Art 17 Rn 17; Soergel/Schurig Art 17 EGBGB Rn 123; MünchKomm/Winkler von Mohrenfels Art 17 EGBGB Rn 175; Staudinger/Mankowski [2003] Art 14 EGBGB Rn 272; Erman/Hohloch Art 14 Rn 33; wohl Brudermüller FamRZ 1999, 205; OLG Bamberg 25. 10. 2000 FamRZ 2001, 1316 offengelassen ob Art 15 oder 17). Sie kommt damit zur Anwendung der Zuständigkeitsvorschriften der ZPO.

233 Demgegenüber ist die Anwendung der deutschen lex rei sitae auf die Wohnungszuweisung vereinzelt geblieben (OLG Stuttgart 30. 5. 1979 FamRZ 1978, 686; KG 24. 6. 1988 FamRZ 1989, 74), findet sich aber neuerdings in **Art 17a EGBGB**.

234 In seiner zweiten Entscheidung zur Abgrenzung von Unterhalt und Güterrecht, in der es um die Anerkennung einer entsprechenden Entscheidung ging, geht der EuGH vom Vorliegen einer Unterhaltssache aus, wenn die angeordnete Leistung dazu bestimmt sei, den Unterhalt des bedürftigen, geschiedenen Ehegatten zu sichern, und, was entscheidend ist, wenn die Bedürfnisse und Mittel der beiden

Ehegatten bei der Festsetzung berücksichtigt werden (EuGH 27. 2. 1997 Rs C-220/95 – v d Boogaard/Laumen – Slg 1997 I 1147). Um Güterrecht gehe es dagegen bei einer Verteilung der Güter zwischen den Ehegatten (Rn 22 ff), ohne daß Rücksicht auf die beiderseitigen Bedürfnisse der Eheleute genommen wird.

Bei diesen Kriterien steht einer Qualifikation der Wohnungszuweisung nach deutschem Recht als Unterhalt entgegen, daß Kriterien für die Zuweisung das Wohl der Kinder (vgl §§ 2, 5 HausratsVO) und die Vermeidung unbilliger Härte (§ 3 HausratsVO) sind. Es wird also nicht oder nicht zwingend auf Unterhaltsbedürfnisse abgestellt (zB OLG Bamberg 26. 11. 1999 FamRZ 2000, 1101; KG 24. 6. 1988, FamRZ 1989, 74; weiter Johansen/Henrich/Brudermüller EheR § 3 HausratsVO Rn 5–7, § 2 Rn 3 ff). Daran ändert sich nichts, wenn, was nicht immer der Fall sein muß, dadurch auch der Unterhaltsbedarf des in der Wohnung Verbleibenden geringer wird. Das ist nicht der Zweck der Zuweisung. Es handelt sich um eine allgemeine **Scheidungsfolge**. 235

Dasselbe gilt für eine **Wohnungszuweisung bei Getrenntleben** gem § 1361b BGB, der den §§ 3, 5 HausratsVO nachgebildet ist (vgl OLG Bamberg 26. 11. 1999 aaO; OLG Hamm 19. 1. 1996 FamRZ 1996, 1411). Hier verweist § 1361b Abs 2 BGB noch auf weitere nicht unterhaltsrechtliche Kriterien. 236

Hausrat ist nach § 8 HausratsVO gerecht bzw nach § 1361a BGB nach Billigkeit zweckmäßig zu verteilen. Hier können eher die beiderseitigen Mittel und Bedürfnisse berücksichtigt werden, und es kann § 1579 BGB entsprechend zur Versagung einer Zuweisung herangezogen werden (Palandt/Brudermüller § 1361a Rn 13). Dennoch sollte man auch hier den primären Zweck nicht in der Unterhaltssicherung sehen. Dafür spricht nicht zuletzt die Parallele zur Wohnungszuweisung. Und auf internationaler Ebene hat großes Gewicht, daß das HaagerUntÜbk von 1973, das durch Art 18 EGBGB rezipiert wird, nach den Vorstellungen seiner Verfasser Wohnung und auch Hausrat nicht umfassen sollte (Henrich, in: FS Ferid [1988] 153; OLG Stuttgart 10. 11. 1989 FamRZ 1990, 1354; 1356; OLG Celle 14. 1. 1998 aaO). Bei der Hausratsverteilung nach Scheidung handelt es sich also um eine allgemeine Scheidungsfolge, bei derjenigen während des Getrenntlebens der Eheleute um eine Ehewirkung. Damit sind dann EuGVO/EuGVÜ/LugÜ nicht anwendbar und es bleibt bei der Geltung der ZPO. 237

Ebenfalls umstritten ist die Einordnung der **Morgengabe** islamischer Rechte, bei der vereinbart werden kann, daß sie ganz oder teilweise erst bei Scheidung der Ehe auszuzahlen ist. Die Probleme entstehen insbesondere daraus, dass dieses Institut im deutschen Recht keine Entsprechung findet. Die Stellungnahmen beziehen sich auch hier gewöhnlich auf die Qualifikation im IPR. Sie gelten aber ebenso für die Zuständigkeit. Entscheidend ist, welchem deutschen Rechtsinstitut und damit einhergehend welcher Zuständigkeitsregelung dieses fremdartige Institut am ehesten entspricht. In den meisten Entscheidungen ging es um den Anspruch nach Scheidung (anders OLG Nürnberg 25. 1. 2001 FamRZ 2001, 1613). Der BGH konnte die Frage anscheinend immer offen lassen (BGH 28. 1. 1987 IPRax 1988, 109 [Hessler 95], 14. 10. 1998 FamRZ 1999, 217). 238

Vielfach wird der Zweck der Morgengabe darin gesehen, der Frau für den Fall ihrer Scheidung auf Kosten des Ehemanns materielle Sicherheit zu geben. Andererseits 239 wird die Morgengabe Teil des Vermögens der Frau, wenn sie ihr schon vor der Scheidung ausgezahlt wird. Im letzteren Fall ließe sich folglich an ihre Einordnung zum Güterrecht im allgemeinen denken (ähnlich differenzierend Rauscher DEuFamR 1999, 196 f). Für den Zusammenhang mit der Scheidung legt der unterhaltsrechtliche Aspekt bei den Ansprüchen auf bei Scheidung noch auszuzahlende Beträge eine unterhaltsrechtliche Qualifikation nahe (Zöller/Geimer § 606a Rn 24; Johansen/Henrich/Henrich Eherecht Art 18 Rn 27; ders, Int Familienrecht S 70 m Einschränkungen; ders, IPRax 1985, 230; Hessler IPRax 1988, 95; Heldrich IPRax 1983, 64; Göppinger/Wax/Linke, Unterhaltsrecht [7. Aufl] Rn 3109; OLG 29. 10. 1981 IPRax 1983, 73; OLG Hamburg 17. 12. 1981 IPRax 1983, 76; OLG Zweibrücken 31. 10. 1983 IPRax 1984, 329; KG 11. 9. 1987 FamRZ 1988, 296; OLG Düsseldorf 3. 1. 1997 FamRZ 1998, 623; OLG Celle 17. 1. 1997 FamRZ 1998, 374; OLG Stuttgart 26. 2. 1997 FamRZ 1997, 882; AG Kerpen 29. 1. 1999 FamRZ 1999, 2429; AG Würzburg 24. 9. 1997 FamRZ 1998, 1591; der BGH 14. 10. 1998 FamRZ 199, 217 will das in einem besonders liegenden Fall von dem durch Auslegung des Ehevertrages zu ermittelnden Parteiwillen abhängig machen). Es geht allerdings entscheidend um die Frage, ob Art 5 Nr 2 EuGVO/EuGVÜ/LugÜ für die Zuständigkeit und entsprechend Art 33 ff EuGVO/EuGVÜ/LugÜ für die Anerkennung anzuwenden sind. Dies bestimmt sich anhand der Maßstäbe und Kriterien von EuGVO, EuGVÜ und LugÜ, nicht nach deutschem Recht (EuGH 6. 3. 1980 Rs 120/79 – de Clavel/de Clavel – Slg 1980, 89 = IPRax 1981, 19 [Hausmann 5]; EuGH 27. 2. 1997 Rs C-220/95 v d Boogaard/Laumen Slg 1997 I 1147; Vorlagebeschluß d BGH NJW 1978, 1768). Damit kommt es darauf an, ob die Verpflichtungen von wirtschaftlicher Leistungsfähigkeit und Bedürfnissen der Parteien abhängen (o Rn 230 f). Das ist nun, soweit ersichtlich, in der Regel in den betreffenden islamischen Rechten nicht der Fall. Die Höhe der Morgengabe wird schon bei Eheschließung vereinbart. Es fällt übrigens auf, daß die Entscheidungen, die unterhaltsrechtlich qualifizieren, nie die Konsequenz der Anwendung von EuGVO/EuGVÜ/LugÜ gezogen haben.

240 Eine **güterrechtliche** Qualifikation zumindest der bei Scheidung noch ausstehenden Morgengabe (so OLG Bremen 9. 8. 1979 FamRZ 1980, 606; OLG Frankfurt/M 29. 2. 1996 FamRZ 1996, 1478 aber ohne Entscheidung zwischen Art 14 und Art 15 EGBGB; MünchKomm/Siehr Art 15 Rn 97; Soergel/Schurig Art 15 EGBGB Rn 35) entspricht der häufiger vertretenen Einordnung der schon bei Eheschließung bezahlten Morgengabe als güterrechtlich (Rauscher aaO 197); MünchKomm/Siehr Art 15 Rn 97; Soergel/Schurig Art 15 EGBGB Rn 35) und vermeidet eine Differenzierung zwischen beiden Varianten der Morgengabe. Bedenken gegen diese Qualifikation erweckt die in islamischen Rechten vorkommende Regel, daß die Morgengabe in voller Höhe erst bei vollzogener Ehe geschuldet wird. Und auch weil die Summe sehr niedrig sein kann (vgl den Fall OLG Hamm 30. 6. 1981 FamRZ 1981, 875: 5 ägyptische Pfund), wird man nicht ohne Bedenken von einer Teilhabe am Vermögen des Ehemannes sprechen.

241 Damit bleibt nur die Einordnung als **güterrechtliche** oder allgemeine Ehewirkung bzw **allgemeine Scheidungsfolge** (Staudinger/Mankowski [2003] Art 14 EGBGB Rn 272 ff; Staudinger/Mankowski [2003] Anh I zu Art 18 EGBGB Rn 282; Palandt/Heldrich Art 17 Rn 17; Rauscher aaO sieht dagegen eine Art Vertragsstrafenversprechen). Für die Frage, ob EuGVO/EuGVÜ/LugÜ oder die ZPO über die Zuständigkeit entscheiden, genügt die Feststellung, daß jedenfalls nicht unterhaltsrechtlich zu qualifizieren ist (anders Staudinger/Spellenberg [1997] §§ 606 ff ZPO Rn 357). Muß man sich aber zwischen allgemeiner Scheidungsfolge und Güterrecht entscheiden, so liegt doch wegen des vermögensrechtlichen Charakters der Morgengabe und ihrer Vereinbarung in einem

Ehevertrag die Einordnung beim **Güterrecht** näher (**aA** für Ehe- bzw Scheidungsfolge Henrich, in: FS Sonnenberger [2004] 393 ff m Nachw zum Meinungsstand). Art 5 Nr 2 EuGVO ist also nicht anwendbar.

b) Deutsches Recht; hM

aa) Praktische Bedeutung

Die Frage ist, ob § 621 Abs 2 ZPO eine internationale Zuständigkeit für Folgesachen begründet, die dann gem § 623 ZPO im Verbund zu entscheiden sind. Auf eine internationale Wirkung des Scheidungsverbundes kommt es nur an, wenn für die betreffenden Scheidungsfolgen sonst keine (ursprüngliche) deutsche Zuständigkeit gegeben wäre (Überblick bei Stein/Jonas/Schlosser § 621 Rn 54). Das ist selten und vor allem dann der Fall, wenn die Scheidungszuständigkeit nur auf der deutschen Staatsangehörigkeit einer Partei beruht, alle Beteiligten aber im Ausland sind. 242

Für den Komplex der **Sorgerechtsregelung** enthält § 35b mit § 43 FGG eine weitgespannte internationale Zuständigkeit, die kein Bedürfnis für eine erweiterte Zuständigkeit mehr läßt. Für den **Versorgungsausgleich** fehlt freilich eine Regelung und die Auffassungen über die internationale Zuständigkeit für den isolierten Versorgungsausgleich sind geteilt. Für **Unterhaltsansprüche** gibt § 23a ZPO noch einen inländischen Klägergerichtsstand, wenn der Beklagte im Inland sonst keinen hat. Für güterrechtliche Ansprüche gelten die allgemeinen Regelungen und für die Hausratsverteilung ergibt sich aus § 11 Abs 2 HausratsVO die Zuständigkeit am Ort der Wohnung. Ist eine Zuständigkeit nach einer dieser Bestimmungen gegeben, so braucht man § 621 Abs 2 ZPO nur noch für die Konzentration der örtlichen und sachlichen Zuständigkeit. Zugleich aber sind die Zuständigkeitsregelungen für die isolierten Scheidungsfolgen wichtig für die Frage, ob eine darüber hinausgehende internationale Zuständigkeit kraft Verbundes sinnvoll ist. 243

bb) Rechtsgrundlagen

Die Rechtsprechung und die hM bejahen die allgemeine internationale Wirkung des § 621 bzw § 623 ZPO. Entscheidungen liegen namentlich für **Unterhaltsansprüche** vor, für die freilich ggf Art 5 Nr 2 EuGVO/EuGVÜ/LugÜ vorgeht (BGH 14.12.1983 NJW 1984, 2041; **aA** aber KG 17.11.1997 IPRax 1999, 37 [abl Schulze 21], Ehegattenunterhalt; OLG Hamm 1.9.1993 FamRZ 1994, 773, Kindesunterhalt; weiter Rn 258 f), **güterrechtliche Ansprüche** (OLG Düsseldorf 18.6.1993 NJW-RR 1994, 453; zu beiden auch BGH 28.1.1987 IPRax 1988, 109 [Hessler] = NJW 1987, 2161), **Hausratverteilung** (OLG München 10.4.1980 IPRspr 1980 Nr 150; grundsätzlich auch, nur in casu verneinend OLG Köln 29.6.1994 FamRZ 1994, 1476; OLG Köln 29.6.1994 FamRZ 1994, 1476; OLG Hamm 25.5.1992 FamRZ 1993, 211; OLG Karlsruhe 15.5.1996, NJW 1997, 202; LG Düsseldorf 14.9.1995 FamRZ 1995, 1280), **Versorgungsausgleich*** und zu **Auskunftsansprüchen** bzgl der vorgenannten Ansprüche 244

* BGH 26.5.1982 FamRZ 1982, 795 = IPRspr 1982 Nr 66 = IPRax 1983, 180 (Henrich 161); BGH 30.6.1982 FamRZ 1982, 996 = IPRax 1984, 33 (Hirschberg 19) = NJW 1982, 2732; BGH 16.5.1984 BGHZ 91, 186 = FamRZ 1984, 674 = NJW 1984, 2361 = IPRax 1985, 37 (DDR) (vBar 18); BGH 3.2.1993 FamRZ 1993, 798; BGH 23.2.1994 FamRZ 1994, 825; BGH 27.4.1994, FamRZ 1994, 827 = NJW-RR 1994, 834; OLG München 24.10.1978, FamRZ 1979, 153; KG 20.3.1979 NJW 1979, 1107; OLG Oldenburg 10.1.1984 FamRZ 1984, 715; (wohl) OLG Stuttgart 14.5.1984 IPRax 1987, 121 (Adam 98) = FamRZ 1986, 687; AG Hamburg

(OLG Hamm 2. 7. 1987 IPRax 1988, 108 [JAYME/BISSIAS 94]; OLG Stuttgart 4. 10. 1988 IPRax 1990, 113; OLG Hamm 3. 7. 1992 FamRZ 1993, 69; OLG Bamberg 3. 11. 1983 IPRspr 1983 Nr 59). Die Gerichte haben die Verbundszuständigkeit bei inländischen Scheidungsverfahren freilich ohne nähere Begründung bejaht. Sie berufen sich vor allem auf BGH 7. 11. 1979 BGHZ 75, 244. Diese Entscheidung enthält aber ebenfalls keine Begründung und verwendet den Verbundsgedanken zudem noch für einen isolierten Versorgungsausgleich nach einer ausländischen Scheidung und kann also wenig dafür ergeben, ob die inländische Anhängigkeit einer Scheidung eine Zuständigkeit für den Versorgungsausgleich ergibt. Hier müssen Regeln für den isolierten Versorgungsausgleich entwickelt werden.

245 Es sind sogar dem deutschen Recht so **unbekannte Ansprüche** mit einbezogen worden wie die **Morgengabe** islamischer Rechte (BGH 28. 1. 1987 IPRax 1988, 109 [HESSLER 95] = NJW 1987, 2161; KG 12. 11. 1979 FamRZ 1980, 470; OLG Bremen 9. 8. 1979 FamRZ 1980, 606; OLG Köln 29. 10. 1981 IPRax 1983, 73; AG Hamburg 19. 12. 1980 IPRax 1983 74 [HELDRICH]; **aA** OLG Koblenz 15. 1. 1980 FamRZ 1980, 713). Die Literatur stimmt dem ganz überwiegend grundsätzlich zu, macht aber einige Einschränkungen (ZÖLLER/GEIMER § 606a Rn 19 ff, 22; BAUMBACH/LAUTERBACH/ALBERS § 621 Rn 30, 33; GOTTWALD, in: FS Nakamura [1996] 194 f; JAYME IPRax 1984, 121; SCHWAB/MAURER, Hdb d Scheidungsrechts [3. Aufl 1995] Rn I 1122 ff; einschränkend namentlich GRAF, Verbundszuständigkeit 147; vHOFFMANN IPRax 1982, 221; zur Qualifikation o Rn 241). Soweit die internationale Zuständigkeit danach anzunehmen ist, setzt sie sich in der Rechtsmittelinstanz auch dann fort, wenn nur noch über die Scheidungsfolge gestritten wird und die Scheidung selbst rechtskräftig geworden ist (OLG Hamm 8. 2. 1990 FamRZ 1990, 781; OLG Karlsruhe 2. 10. 1991 FamRZ 1992, 1465; OLG Stuttgart 20. 3. 1996 FamRZ 1997, 958).

246 Die Gerichte wenden § 623 ZPO gewöhnlich an, ohne zu prüfen, ob nicht schon ohnehin eine deutsche internationale Zuständigkeit gegeben war, zB kraft Wohnsitzes des Beklagten, so daß es auf eine internationale Wirkung des Verbundes nicht mehr ankam. Das ist selten der Fall, und gerade dann erscheint eine internationale Verbundszuständigkeit oft wenig gerechtfertigt. In Vermögensangelegenheiten ist eine Zuständigkeit aufgrund der Staatsangehörigkeit weniger überzeugend als in Statusfragen, so daß deren mittelbare Erstreckung auf die Vermögensfolgen kraft des Verbundes Bedenken erwecken muß. Das ist vor allem der Fall, wenn kein Ehegatte sich im Inland aufhält, und gar nur einer Deutscher ist oder bei Heirat war (GEIMER, in: FS Schwind [1993] 25 f; SCHACK, IZVR Rn 377; GRAF aaO; vHOFFMANN IPRax 1982, 221; vgl KG 17. 11. 1997 IPRax 1999, 37). Wenn die ZPO für die betreffende Sache die deutsche internationale Zuständigkeit verneint, dann hat das gewöhnlich gute Gründe, und das Bedürfnis, die Angelegenheit gleich zusammen mit der Scheidung im Inland zu regeln, müßte schon gewichtig sein, um jene Wertungen zu überspielen. Das gilt besonders für die internationale Zuständigkeit, die für die Parteien mehr Gewicht hat als die örtliche. Teleologische Reduktionen sind möglich und geboten. Im Grundsatz ist für das autonome deutsche Recht die internationale Verbundszuständigkeit zu verneinen; der Scheidungsverbund nach §§ 621, 623

17. 4. 1978 FamRZ 1978, 421; AG Landstuhl 20. 9. 1984 IPRax 1985, 231 [EJ]; 19. 6. 1997 IPRax 1999, 109 (zust R WAGNER 49); AG Hamburg 4. 12. 1985 IPRax 1987, 120 [implizit]; AG Bingen 28. 3. 1985 IPRspr 1985 Nr 73.

ZPO setzt eine deutsche internationale Zuständigkeit voraus und schafft sie nicht (KG 17. 11. 1997 FamRZ 1998, 564).

Gem dem 1976 eingeführten § 621 Abs 2 ZPO soll „unter den deutschen Gerichten" das Gericht ausschließlich zuständig sein, bei dem die Ehesache im ersten Rechtszuge anhängig ist oder war. Diese Formulierung soll nach der Mitteilung des Gesetzgebers klarstellen, daß sich aus der Verbundszuständigkeit keine ausschließliche internationale Zuständigkeit ergibt, vielmehr solle nur die örtliche, nicht die internationale Zuständigkeit ausschließlich sein (Amtl Begr BT-Drucks 10/504, S 90). Der Gesetzgeber scheint also davon ausgegangen zu sein, daß der **Scheidungsverbund** eine **internationale** Zuständigkeit begründet, was der Rechtsprechung schon vor 1986* und im Grundsatz auch der hM entsprach**. Letztere hat freilich die Verbundszuständigkeit nur mit Einschränkungen teils unter dem Gesichtspunkt des forum non conveniens, bejaht (JAYME IPRax 1984, 121, 122; GRAF, Internationale Verbundszuständigkeit 135–140 für Sorgerecht und noch weitergehend 141 ff). 247

Jedoch kommt die internationale Wirkung des Scheidungsverbundes **im Text des Gesetzes nicht** zum Ausdruck (GOTTWALD IPRax 1984, 58). Aus einer Bestimmung, daß „unter den deutschen Gerichten" das Scheidungsgericht örtlich ausschließlich zuständig ist, läßt sich logisch keine Aussage über das Vorliegen einer internationalen Zuständigkeit der deutschen Gerichte insgesamt herleiten (**aA** JAYME IPRax 1986, 265). Man kann § 621 Abs 2 ZPO (heute noch mehr als früher) auch dahin verstehen, daß er eine internationale Zuständigkeit voraussetzt, die sich **aus anderen Gründen** ergibt (zB § 35a FGG), und nur danach die örtliche Zuständigkeit „unter den deutschen Gerichten" konzentriert. Der Gesetzgeber hat schon im 1. EheRG die internationale Zuständigkeit nicht mitregeln wollen (BASEDOW, in: DOPFFEL/DROBNIG/SIEHR, Reform des deutschen IPR [1980] 221; GRAF, Internationale Verbundszuständigkeit 26; BT-Drucks 7/650 § 204). Die Frage muß durch Auslegung des § 621 ZPO nach seinem Sinn und Zweck beantwortet werden (GRAF 27 ff) und nicht a priori, sondern nur vor dem Hintergrund der Regelung der Zuständigkeit für die **isolierte Folgesache** (irrig daher BGH 7. 11. 1979 aaO). 248

Oft wurden die §§ 623 ff ZPO als Grundlage angegeben (BGH 7. 11. 1979 BGHZ 75, 241, 244; BGH 16. 5. 1984 BGHZ 91, 186 FamRZ 1984, 674; OLG München 10. 4. 1980 IPRspr 1980 Nr 150; OLG München 1. 2. 1982 FamRZ 1982, 315; PILTZ IPRax 1984, 194). Es kommt aber nur **§ 621 ZPO** in Betracht (BGH 30. 9. 1992 IPRax 1993, 189 = FamRZ 1993, 176; OLG Düsseldorf 18. 6. 1993 NJW-RR 1994, 453; OLG Frankfurt aM 26. 11. 1993 FamRZ 1994, 715; OLG Düsseldorf 11. 5. 1981 FamRZ 1981, 1005; OLG Karlsruhe 12. 1. 1999 FamRZ 1999, 1680; JAYME FamRZ 1979, 23; STEIN/JONAS/SCHLOSSER § 621 Rn 18; GRAF, Internationale Verbundszuständigkeit 20; SCHACK, IZVR Rn 377 f; ZÖLLER/GEIMER § 606a Rn 19). § 623 ZPO nennt nur die gemeinsame 249

* BGH 7. 11. 1979 BGHZ 75, 241 = NJW 1980, 47 (m Anm KROPHOLLER) = FamRZ 1980, 29; BGH 26. 5. 1982 IPRax 1983, 180 (HENRICH 161) = FamRZ 1982, 795; BGH 16. 5. 1984 BGHZ 91, 186 = IPRax 1985, 37; OLG München 10. 4. 1980 IPRspr 1980 Nr 150.

** JAYME IPRax 1984, 121 ff; ders, FamRZ 1979, 21 ff; GRAF, Die internationale Verbundszuständigkeit, besonders 32 ff, 103 (nur für § 621 Nr 5–9); JOHANNSEN/HENRICH/SEDEMUND-TREIBER, EheR § 621 Rn 18; STEIN/JONAS/SCHLOSSER § 621 Rn 56; KEIDEL/KUNTZE/WINKLER, FGG § 64a Rn 70, 72 ff; MITZKUS, Internationale Zuständigkeit im Vormundschafts-, Pflegschafts- und Sorgerecht (1982) 188 f; **aA** vHOFFMANN IPRax 1982, 217, 221; BUMILLER/WINKLER, FGG § 64 Anm 1 d; ZÖLLER/PHILIPPI § 621 Rn 76.

Verhandlung und Entscheidung für die Folgesachen, und nur § 621 Abs 2 ZPO zieht zuständigkeitsrechtliche Konsequenzen (weiter Rn 269 ff).

cc) Verbund bei Ehetrennung

250 § 621 Abs 2 ZPO wird auch angewandt, wenn die Folgesachen im Zusammenhang nicht mit einer Scheidung oder Eheaufhebung, sondern mit einer **Ehetrennungsklage** zu regeln sind (OLG Düsseldorf 15. 10. 1980 FamRZ 1981, 146; OLG Hamm 11. 6. 1981 NJW 1981, 2648; OLG Frankfurt aM 26. 11. 1993 FamRZ 1994, 715; OLG Karlsruhe 12. 1. 1999 FamRZ 1999, 1680; AG Rüsselsheim 17. 9. 1985 IPRax 1986, 115 [EJ]; Jayme IPRax 1984, 121, 124; Graf 178 ff, 189; Henrich, Int Familienrecht 147; Graf, Verbundszuständigkeit 178). Das betraf namentlich die gerichtliche Trennung nach italienischem Recht, die seit 1970 notwendige Voraussetzung einer späteren Ehescheidung ist. Die Frage kann sich aber ebenso für gerichtliche Trennungen nach anderen Rechten stellen (OLG Karlsruhe 21. 3 1991 FamRZ 1991, 1308; OLG Frankfurt aM 26. 11. 1993 FamRZ 1994, 715; OLG Stuttgart 8. 1. 1988 Justiz 1988, 131; OLG Saarbrücken 19. 2. 1997 FamRZ 1997, 1353 [LS]).

251 Wohl die Mehrheit der OLG hält sich aber eng an den Wortlaut des § 623 ZPO, der von einer Entscheidung für den „Fall der Scheidung" spricht und lehnt die Anwendung des § 621 ZPO im Zusammenhang mit bloßen Trennungsverfahren ab (OLG Koblenz 15. 1. 1980 FamRZ 1980, 713; OLG Bremen 14. 1. 1983 IPRax 1985, 47; OLG München OLG Report 1992, 223; OLG Frankfurt aM 18. 1. 1985 FamRZ 1985, 619; OLG Frankfurt aM 8. 8. 1994 FamRZ 1995, 375 = NJW-RR 1995, 140; implizit OLG München 19. 10. 1992 FamRZ 1993, 459). Das ist aber ein schwaches Argument angesichts der auch sonst nicht sehr präzisen Gesetzesformulierung. Selbst wenn, was so nicht zutrifft, der Entscheidungsverbund den Eheleuten vor allem die Tragweite ihrer Scheidungsabsicht vor Augen führen sollte (so OLG Frankfurt aM 8. 8. 1994 aaO), gälte entsprechendes auch bei einem die Pflicht zur Lebensgemeinschaft beendenden Urteil in Italien. Die **analoge Anwendung** ist daher **geboten** (Gottwald, in: FS Nakamura 191). Auch die Ehetrennung ist ein Ehegestaltungsteil. Nicht erheblich ist es dafür, ob auch im ausländischen, vom Gericht anzuwendenden Scheidungsrecht ein Verbund vorgesehen ist oder nicht (so aber anscheinend OLG Karlsruhe 12. 1. 1999 aaO).

dd) Vermögensrechtliche Scheidungsfolgen

252 Der ZPO liegt zwar die Idee zugrunde, alle Scheidungsfolgen bzw auch die einer Eheaufhebung oder Trennung von Tisch und Bett grundsätzlich dem Familiengericht zur Regelung zuzuweisen, aber um der Rechtsklarheit willen zählen die §§ 23b GVG und 621 ZPO die vermögensrechtlichen Scheidungsfolgen enumerativ auf, denn nicht jede Vermögensauseinandersetzung aus Anlaß der Scheidung rechtfertigt nach Auffassung des Gesetzgebers ihrer Art nach die Verbundszuständigkeit. Man kann daher auch nicht ohne weiteres im Wege der Analogie über die Aufzählung hinausgehen (Gottwald, in: FS Nakamura [1996] 195 f).

253 Bei einer Auslandsberührung kann aber nach Art 14 ff EGBGB auf die Scheidungsfolgen ausländisches Recht anwendbar sein, dessen Regelungen möglicherweise von den deutschen abweichen. Damit stellt sich die Frage der sog Qualifikation, dh ob die betreffende Regelung noch einer der in §§ 23b GVG, 621 ZPO genannten **funktional entspricht** (MünchKomm/Sonnenberger Einl IPR Rn 473; BGH 19. 12. 1958 BGHZ 29, 137 zur Methode der Qualifikation), so daß der Verbund eingreift. Andernfalls bleibt es bei den allgemeinen Zuständigkeitsregeln.

Während diese Subsumtion beim Sorgerecht keine Schwierigkeiten macht, ist dies bei vermögensrechtlichen Fragen durchaus anders. Und selbst wenn man hier dem Verbund keine internationale Zuständigkeitswirkung geben will, muß die Frage genauso für die örtliche und sachliche Zuständigkeit gestellt werden. 254

Die Methode der Qualifikation ist im IPR umstritten (MünchKomm/SONNENBERGER Einl 255
IPR Rn 444 ff), und das muß im Zuständigkeitsrecht, soweit dies auf die Natur der Ansprüche oder ihre Begründung abstellt, seine Auswirkungen haben. Allerdings sind Überlegungen zum IPR nicht ohne weiteres unverändert zu übernehmen.

Da der Kläger nicht sagen muß, auf welches Recht er seine Klage stützen will, und 256
da er an einer dennoch erfolgten Erklärung wegen des Grundsatzes jura novit curia auch nicht festgehalten werden kann, ist für die streitgegenstandsbezogene Zuständigkeit primär vom konkreten Klagebegehren auszugehen. Dieses ist sodann nach den Kriterien des deutschen Rechts einzuordnen. Daraus, wie danach der Anspruch begründet werden könnte, ergibt sich die internationale, sachliche und örtliche Zuständigkeit, uU auch mehrere konkurrierende.

Da aber die ausländischen Regelungen sowohl nach Anspruchsinhalt wie -voraus- 257
setzungen von den deutschen abweichen können und es meist auch tun, darf die Zuständigkeit des Familiengerichts nicht schon verneint werden, wenn das in der Sache anzuwendende Recht dem deutschen nicht völlig entspricht. Es genügt, ist aber auch nötig, daß das ausländische Recht Rechtsinstitute oder Regelungen kennt, die den betreffenden deutschen funktional entsprechen (o Rn 253). Fehlt es daran, dann kann der Antrag jedenfalls nicht in den Verbund eingestellt und mit der Scheidung über ihn entschieden werden. Die Klage ist als unzulässig abzuweisen oder ggf nach § 281 ZPO an ein anderes inländisches Gericht zu verweisen.

Bei **Unterhaltsansprüchen** unter Ehegatten muß es sich um gesetzliche handeln. 258
Rein vertraglich begründete können nicht einbezogen werden, doch schadet es nicht, wenn die Parteien den gesetzlichen Anspruch vertraglich in seiner Höhe oder die Art der Leistung modifizieren (GOTTWALD, in: FS Nakamura [1996], 196).

Schwieriger ist die Abgrenzung zum **Güterrecht**. Der EuGH hat, letztlich zu Recht, 259
die bei manchen Scheidungsgründen nach französischem Recht geschuldeten, grundsätzlich einmaligen Zahlungen von **prestations compensatoires als Unterhaltsanspruch** angesehen (EuGH 6. 3. 1980 o Rn 335). Damit soll dem anspruchsberechtigten Ehegatten das Lebensniveau der Ehe auch nach der Scheidung erhalten werden. Insoweit entspricht das funktional dem deutschen Unterhaltsanspruch, und diese Qualifikation darf auch gelten, wenn es sich nicht um die Anwendung von EuGVO/EuGVÜ/LugÜ handelt. Allerdings ist die Frage praktisch kaum erheblich, solange es nur um die Reichweite des § 621 ZPO geht, weil dieser Unterhalt unter geschiedenen Ehegatten und ihre güterrechtliche Auseinandersetzung gleichermaßen erfaßt. Die Abgrenzung wird aber entscheidend, wenn der Unterhaltsschuldner seinen Wohnsitz in einem anderen Vertragsstaat hat, denn dann gelten für einen Unterhaltsanspruch ausschließlich EuGVO/EuGVÜ/LugÜ, nicht aber für den güterrechtlichen Anspruch, der nach den Regeln der ZPO behandelt wird. Die Abgrenzung ist nach den Kriterien von EuGVO/EuGVÜ/LugÜ zu treffen, denn diese gehen dem nationalen Recht vor.

260 Die Qualifikation der Morgengabe islamischer Rechte ist sehr umstritten, doch ist die güterrechtliche wohl vorzuziehen (o Rn 241), womit sie aus dem Anwendungsbereich der EuGVO herausfällt.

261 Manche Rechtsordnungen kennen eine Art **Schadensersatzanspruch** bei Scheidung aus Verschulden. Die Einordnung ist schwierig, weil das deutsche Recht derartige Ansprüche überhaupt ablehnt. Im IPR müßte dann entschieden werden, wo das deutsche Recht das fremde Institut einordnen würde (MünchKomm/Sonnenberger Einl IPR Rn 476 ff). Wegen der enumerativen Aufzählung der zu verbindenden Ehesachen in den §§ 23b GVG, 621 ZPO ist für die Zuständigkeit eine Subsumtion unter einen dieser Tatbestände zu verneinen (**aA** Gottwald, in: FS Nakamura 196; OLG München 17. 12. 1979 IPRax 1981, 22 [Jayme 9]; vgl weiter allg Rumpf ZfRV 29 [1988] 272 ff zum türkischen Recht).

262 Ob Ansprüche **auf Herausgabe persönlicher Gegenstände** anläßlich der Scheidung unter § 621 ZPO fallen, ist streitig. Es kann sich um in die Ehe eingebrachte Sachen handeln oder auch um eine Aussteuer, die die Eltern der Frau gestellt haben. Wenn diese Gegenstände nach dem gem Art 15 EGBGB maßgebenden Güterstatut Alleineigentum des Ehegatten geblieben sind, handelt es sich im Grunde um einen Vindikationsanspruch, der **nicht** als Güterrechts- und **Familiensache** iSd §§ 23b GVG, 621 ZPO qualifiziert werden sollte (OLG Frankfurt aM 14. 3. 1988 FamRZ 1989, 75; OLG Hamm 25. 5. 1992 FamRZ 1993, 211 [Art 146 türk ZGB]; OLG Köln 29. 6. 1994 FamRZ 1994, 1476 [Aussteuer, Art 146 türk ZGB]; **aA** OLG Hamm 10. 4. 1992 FamRZ 1992, 963 [Art 146 türk ZGB]; Gottwald 197). Anders wäre erst zu entscheiden, wenn nach dem Güterstatut gemeinsames Eigentum entstanden wäre, das nun auch insoweit auseinanderzusetzen wäre, oder wenn die betr Gegenstände in einen schuldrechtlichen oder ähnlichen Ausgleich mit einzubeziehen wären. Insoweit ist erheblich, nach welchem Recht der Anspruch zu beurteilen ist. Erst dann besteht eine funktionale Ähnlichkeit mit deutschem Güterrecht (weitergehend Gottwald aaO).

263 Ansprüche aus **Widerruf von Schenkungen** unter Ehegatten aufgrund der Scheidung, wie sie manche Rechte erlauben und wie sie ähnlich nach §§ 812 ff, 530 ff BGB im deutschen Recht vorkommen, sind in §§ 23b GVG, 621 ZPO nicht ausdrücklich genannt. Sie können daher nicht in den Verbund mit einbezogen werden (BGH 26. 9. 1979 NJW 1980, 193; OLG Köln 18. 2. 1994 FamRZ 1995, 236 [türk Recht]). Erst recht gilt das für Ansprüche auf Herausgabe von Geschenken, die Dritte dem Kläger anläßlich der Heirat gemacht haben (so wohl OLG Hamm 25. 5. 1992 FamRZ 1993, 211). Zur **Morgengabe** vgl o Rn 241, 245.

264 **Herausgabeansprüche** müssen gegen Ansprüche auf **Hausratsverteilung** abgegrenzt werden. Da es nach deutschem Verständnis bei letzterem gerade nicht auf die Eigentumsverhältnisse ankommt, ist danach zu unterscheiden, ob die Klage bzw der Antrag auf Gegenstände gerichtet ist, die bisher im Haushalt gemeinsam genutzt werden und die der Antragsteller für seinen zukünftigen eigenen Haushalt zu brauchen behauptet. Ansprüche auf Herausgabe von bisher dem einseitigen persönlichen Gebrauch dienenden Gegenständen scheiden aus. Dagegen gehören hierher Ansprüche auf Zuweisung der Ehewohnung. Soweit es um die Anwendung von § 621 ZPO geht, kann praktisch dahin stehen, ob es dabei um einen Unterhaltsanspruch geht (so Jayme IPRax 1981, 50) oder um eine eigenständige Scheidungsfolge. Die

Unterscheidung ist aber erforderlich, wenn EuGVO/EuGVÜ/LugÜ räumlich und persönlich anwendbar wären. Eine Einordnung als Scheidungsfolge dürfte dem Zweck der Regelungen besser entsprechen (o Rn 237). Die Frage ist ggf dem **EuGH vorzulegen**.

Falsch wäre es sicher, die deutsche Zuständigkeit zu verneinen, wenn das maßgebliche fremde Recht den Anspruch nicht gibt, weil seine tatbestandlichen Voraussetzungen nicht vorliegen. Das ist erst eine Frage der Begründetheit. Die Gerichte haben die Verbundszuständigkeit aber auch verneint, wenn das ausländische Recht einen derartigen Anspruch überhaupt nicht kennt (OLG Köln 29. 6. 1994 FamRZ 1994, 1476; OLG Köln 29. 6. 1994 FamRZ 1994, 1476; OLG Hamm 25. 5. 1992 FamRZ 1993, 211; OLG Karlsruhe 15. 5. 1996 NJW 1997, 202; LG Düsseldorf 14. 9. 1995 FamRZ 1995, 1280; **aA** Gottwald 197 f). Auch dem ist nicht zuzustimmen, denn das Gericht hat erst noch in der Begründetheit über die kollisionsrechtliche Anknüpfung zu entscheiden. Gottwald (aaO) will notfalls aus Gründen des ordre public auf die Wohnungszuweisung deutsches Recht anwenden. Wie man bei einem dem deutschen Recht unbekannten ausländischen Institut fragt, wo es bei uns einzuordnen wäre (MünchKomm/Sonnenberger Einl IPR Rn 476), ist bei einem dem ausländischen Recht unbekannten die deutsche Einordnung zugrunde zu legen. Es kommt also hier darauf an, daß ein Anspruch auf alleinige Zuweisung bisher gemeinsam genutzter Haushaltsgegenstände erhoben wird. Die Klage kann aber unbegründet sein, wenn das ausländische Recht den Anspruch nicht gibt, doch darüber hat das FamG zu entscheiden. **265**

Auskunftsbegehren folgen auch zuständigkeitsrechtlich dem Anspruch, dessen Geltendmachung sie dienen. Wenn das ausländische materielle Recht aber keinen Auskunftsanspruch gibt, weil dafür eine Ermittlung von Amts wegen vorgesehen ist oder eine prozessuale Verpflichtung zu Auskunft oder Urkundenvorlage (discovery des US-amerikanischen Rechts), ist im Wege der Anpassung oder Umqualifikation für das deutsche Verfahren ein materieller Auskunftsanspruch zugrunde zu legen, über den dann gemäß den ausländischen Tatbestandsvoraussetzungen das FamG auch im Wege der Stufenklage entscheiden kann (OLG Hamm 2. 7. 1987 IPRax 1988, 108 [Jayme/Bissias 94]; OLG Stuttgart 4. 10. 1988 IPRax 1990, 114; OLG Hamm 3. 7. 1992 FamRZ 1993, 69; OLG Bamberg 3. 11. 1983 IPRspr 1983 Nr 59 S 145; Jayme IPRax 1982, 11; Jayme IPRax 1989, 330; Morweiser IPRax 1992, 65; Eidenmüller IPRax 1992, 356; Gottwald, in: FS Nakamura 199 f). **266**

Es ist selten, daß es im ausländischen Recht einen mit dem deutschen identischen **Versorgungsausgleich** gibt (vgl Zacher [Hrsg], Der Versorgungsausgleich im internationalen Vergleich und in der zwischenstaatlichen Praxis [1985]; auch Adam, Der internationale Versorgungsausgleich [1985]). Aber es kommt darauf an, ob es dort ein funktional äquivalentes Institut gibt. Manche Rechtsordnungen beziehen Rentenanwartschaften in die allgemeine güterrechtliche Auseinandersetzung mit ein, namentlich wenn Gütergemeinschaft bestand. Daneben finden sich, ebenfalls in den USA, güterstandsunabhängige rentenrechtliche Bestimmungen, die den teilweisen Übergang der Berechtigung auf den geschiedenen Ehegatten vorsehen (inbesondere Pensionen von Soldaten). **267**

ee) Sorgerecht

268 Für Sorgerechtsregelungen wird die Verbundszuständigkeit vorbehaltlich des vorgehenden MSA (Rn 219 ff) **meist bejaht** (OLG München 1.2.1982 FamRZ 1982, 315 = IPRax 1982, 204 [Bericht DH]; OLG Düsseldorf 11.5.1981 FamRZ 1981, 1005; OLG München 10.4.1980 IPRspr 1980 Nr 150; OLG München 11.7.1984 IPRax 1985, 49 [DH] OLG Stuttgart 20.3.1996 FamRZ 1997, 958; OLG Hamm 1.9.1993 FamRZ 1994, 773; AG Kelheim 3.5.1984 IPRax 1984, 329 [LS] = IPRspr 1984 Nr 157). Sie ist von einigen Gerichten aber auch **verneint** worden in Fällen, in denen eine Regelung in Deutschland untunlich oder sinnlos erscheint, vor allem weil die Kinder sich im Ausland aufhalten (AG Hannover 3.2.1978 IPRspr 1978 Nr 60; AG Eggenfelden 6.11.1981 IPRax 1982, 78 [EJ]; AG Kaiserslautern 13.12.1983 IPRax 1984, 217; AG Böblingen 27.10.1987 IPRax 1988, 115 [EJ]; OLG Frankfurt aM 15.11.1982 IPRax 1983, 294 [Schlosser 285]). Dabei wird vor allem der Gedanke des **forum non conveniens** herangezogen (OLG Frankfurt aM aaO; Jayme IPRax 1984, 121, 124; 1988, 115; allg Wahl, Die verfehlte internationale Zuständigkeit. Forum non conveniens und internationales Rechtsschutzbedürfnis [1974]; Jayme StAZ 1975, 91 ff; FamRZ 1979, 22 f; in: FS Bosch [1976] 459, 466).

c) Stellungnahme

aa) Sorgerecht

269 Mindestens seit der Neufassung des § 35b FGG bedarf es weder des internationalen Verbundes noch, zu seiner Eingrenzung, der dem deutschen Prozeßrecht fremden Lehre (Schlosser IPRax 1983, 285 f; Geimer, IZPR [1987] Rn 1075 ff, Rn 408) vom Forum non conveniens. **§ 35b FGG**, der gem § 43 FGG für Sorgerechtsentscheidungen gilt, bietet eine **ausreichende Regelung**. Danach ist die deutsche internationale Zuständigkeit ohne Anhängigkeit einer Scheidung gegeben, wenn das Kind die deutsche Staatsangehörigkeit oder seinen gewöhnlichen Aufenthalt im Inland hat oder (Abs 2) sonst ein Bedürfnis der Fürsorge durch ein deutsches Gericht gegeben ist. (So war die Berufung auf den Verbund in OLG Zweibrücken 3.11.1998 FamRZ 1999, 940 angesichts des gewöhnlichen Aufenthalts der Kinder in Deutschland überflüssig.) Es scheint keine vernünftige Auslegung von § 621 ZPO, über § 35a FGG hinaus die internationale Zuständigkeit zu eröffnen, wenn nicht einmal ein Fürsorgebedürfnis im Inland gegeben ist. Nicht nur wird die deutsche Sorgerechtsregelung im Lande des Kindesaufenthalts in der Regel nicht anerkannt werden, sondern und vor allem besteht die ernste Gefahr, daß sie von den Eltern in ihrem Streit als Munition vor dem zuständigen ausländischen Gericht verwandt wird, was die Chancen einer Einigung verschlechtert. So stehen die **Interessen des Kindes** hier einer Verbundszuständigkeit und einem eventuellen Interesse der Eltern an sofortiger Sorgerechtsentscheidung entgegen (ähnlich vHoffmann IPRax 1982, 217, 222). Der Verbund soll bezüglich des Sorgerechts dafür sorgen, daß das Kind sofort weiß, wo es hingehört und spätere Änderungen der elterlichen Sorge vermieden werden. In jenen Situationen wird aber eher das Gegenteil erreicht. Die **internationale Wirkung** des § 621 ZPO ist jedenfalls für Sorgerechtsentscheidungen **zu verneinen** (Kegel/Schurig, IPR § 20 IV 4 c S 705: man begnüge sich besser mit der Zuständigkeit wegen Fürsorgebedürfnisses; Passauer FamRZ 1990, 15 idR; ebenso Graf, Verbundszuständigkeit 146 f schon zur alten Fassung des FGG). Dabei begründet die Tatsache, daß im Inland geschieden wird, allein kein Bedürfnis, gerade auch hier über das Sorgerecht zu entscheiden (irrig wohl OLG Frankfurt aM 27.1.1984 IPRax 1984, 279 [DH]: französische Mutter in Frankreich, jugoslawischer Vater in Frankfurt, Kind in Jugoslawien, frühere einstweilige Anordnung auf Herausgabe des Kindes an die Mutter blieb ohne Erfolg). Man denke an den Fall, daß die Scheidung hier nur erfolgt, weil ein Elternteil früher Deutscher war. Anders mag es sein und § 35b

Abs 2 FGG eingreifen, wenn im Ausland eine Regelung in absehbarer Zeit nicht zu erlangen wäre (vgl oben Rn 219 zum entsprechenden Problem beim MSA). Insbesondere ist an den Fall zu denken, daß der eigentlich kompetente Staat auf einer Verbundsentscheidung im (deutschen) Scheidungsstaat besteht, also selbst nicht zuständig ist.

Ist eine deutsche internationale Zuständigkeit nach § 35b FGG gegeben, dann bewirken §§ 621, 623 ZPO eine Konzentration der örtlichen und sachlichen Zuständigkeit. 270

bb) Vermögensrecht

Bei der **Hausratsverteilung** ist eine inländische Zuständigkeit wenig sinnvoll und ein besonderes Bedürfnis der Parteien kaum zu erkennen, wenn die Wohnung im Ausland liegt. Eine Verbundszuständigkeit entgegen oder über § 11 HausratsVO hinaus, der auf die Belegenheit der Wohnung abstellt, ist abzulehnen, zumal die sogar von Amts wegen anzustellenden Ermittlungen (§ 12 FGG) für das Gericht im Ausland besonders schwierig wären, wie die event Beteiligung Dritter (Vermieter). Beispiel: Beide oder gar nur ein Ehegatte mit deutscher Staatsangehörigkeit hatten ihre eheliche Wohnung in den USA. Auch dürfte die Anerkennung und Vollstreckung der deutschen Entscheidung recht unsicher sein. 271

Ähnlich ist es bei **unterhalts- und güterrechtlichen Ansprüchen**. In den kritischen Fällen, daß nämlich keine Partei ihren gewöhnlichen Aufenthalt oder Wohnsitz im Inland hat und hier auch kein Vermögen belegen ist (sonst wären §§ 13, 23, 23a ZPO oder Art 2 Abs 1, vorbehaltlich Art 5 Nr 2 EuGVO/EuGVÜ/LugÜ ohnehin einschlägig), ist die Gefahr groß, daß das Urteil im Ausland nicht vollstreckbar sein wird. 272

Wenn tragfähige Inlandsbeziehungen bestehen, braucht man eine internationale Verbundszuständigkeit eigentlich nicht, und wo es auf sie ankäme, ist sie bedenklich. Will man dem Willen der Gesetzesverfasser Rechnung tragen, so ließe sich die internationale Wirkung von § 621, 623 bei Unterhalt und Güterrecht vielleicht damit rechtfertigen, daß mangels Vollstreckbarkeit im Ausland dem Beklagten wenig Schaden droht (teilw **aA** Geimer, in: FS Schwind [1993] 25 f), und gut beratene Gläubiger deshalb den Antrag unterlassen. Zwar kann man zur Not den Antragsteller entscheiden lassen, ob er eine Regelung zugleich mit der Scheidung für sinnvoll hält. Doch sinnvoller ist es, die internationale Zuständigkeit zu **verneinen**, denn in den Fällen, in denen es auf den Verbund ankommt, ist die zuständigkeitsrechtliche Inlandsbeziehung zu schwach (KG 17. 11. 1997 IPRaX 1999, 37 [abl Schulze 21] = FamRZ 1998, 564). Art 5 Nr 2 EuGVO (bzw EuGVÜ für Dänemark) geht jedoch vor (o Rn 221 ff). Und da manche Staatsverträge eine Verbundszuständigkeit anerkennen (§ 328 ZPO Rn 349 ff), mag man sie um der Einheitlichkeit willen auch im nationalen Recht zulassen. 273

Beim **Versorgungsausgleich** ergibt sich eine schwierigere Lage dadurch, daß eine gesetzliche Zuständigkeitsregelung für den isolierten Versorgungsausgleich fehlt. § 45 FGG regelt nur die örtliche Zuständigkeit (BGH 7. 11. 1979 BGHZ 75, 244; Keidel/Kuntze/Winkler, FGG § 45 Rn 21; Janssen, FGG § 45 Rn 5; im wesentlichen Adam, Der internationale Versorgungsausgleich [1985] 72 ff, 99 ff; teilweise Beitzke FamRZ 1967, 592, 600; **aA** Nolte-Schwarting, Der Versorgungsausgleich in Fällen mit Auslandsberührung [1984] 75 f; Bür- 274

GLE, in: ZACHER [Hrsg], Der Versorgungsausgleich im internationalen Vergleich und in der zwischenstaatlichen Praxis [1985] 403). Er setzt deutsche internationale Zuständigkeit schon voraus. Das zeigt sich in dem § 606 Abs 3 ZPO nachgebildeten Abs 4 mit einer örtlichen Auffangzuständigkeit (aA LIPP, in: Gottwald [Hrsg], Perspektiven der europäischen Zusammenarbeit in der Ehe 26), denn es sollen deutsche Gerichte sicher nicht immer international zuständig sein. Man sollte aber nicht deshalb § 621 ZPO in Betracht ziehen (so der BGH aaO; BGH 30. 9. 1992 NJW 1992, 3294; KG 20. 3. 1979 IPRspr 1979 Nr 58 = NJW 1979, 1107 [unklar]; JAYME FamRZ 1979, 557, 559; SCHÄFER, Die Sozialversicherung [1987] 318 f; HANNEMANN-KINZEL, Die Angestelltenversicherung [1978] 371; wie hier GRAF, Internationale Verbundszuständigkeit 194), sondern die richtige Zuständigkeitsregel entwickeln. Derzeit freilich ist die Frage noch weitgehend ungeklärt (vgl die verschiedenen Vorschläge bei ADAM aaO; BEITZKE aaO; JAYME FamRZ 1979, 557, 559). So ist eine deutsche internationale Zuständigkeit abgesehen von einem eventuellen Verbund jedenfalls zu verneinen, wenn keine Partei Deutscher ist, keine ihren gewöhnlichen Aufenthalt im Inland hat, keine deutschen öffentlichen Versorgungsanwartschaften bestehen, also vor allem bei einer Antrittszuständigkeit für die Scheidung. In diesem Fall ist auch eine **Verbundszuständigkeit zu verneinen** (ZÖLLER/GEIMER § 606a Rn 22). Ob aber jedes der vorgenannten Elemente allein für eine internationale Zuständigkeit reicht, ist zweifelhaft (deutsche Anwartschaften genügten AG Gütersloh 13. 7. 1983 IPRax 1984, 214 [PILTZ 193] wohl zurecht). Die Staatsangehörigkeit, mindestens die einseitige, ist für Vermögensansprüche wenig geeignet, wohl aber der Wohnsitz des Beklagten hilfsweise der des Klägers entsprechend §§ 13 und 23a ZPO, und wohl auch die Existenz inländischer teilbarer Anwartschaften allein. Mit dem Verbund sollte man nicht darüber hinausgehen wegen der Beteiligung der Versorgungsträger.

275 Die Einschränkungen der internationalen Verbundszuständigkeit beruhen auf einer **teleologischen Auslegung**, und hier stellen sich die Dinge im internationalen Bereich manchmal anders dar als im nationalen (vgl vHOFFMANN IPRax 1982, 223; ZÖLLER/GEIMER § 606a Rn 22). Der Verbund soll den Gerichten und den Parteien Doppelarbeit und letzteren auch weitere, längerdauernde Konfrontation mit der gescheiterten Ehe ersparen. Die Eröffnung einer internationalen Zuständigkeit vermehrt aber die Belastung der deutschen Gerichte insgesamt, so daß nur Parteiinteressen die internationale Verbundszuständigkeit tragen können. In Sorgerechtsangelegenheiten geht das Interesse der Kinder vor, gerade konkurrierende Entscheidungen zu vermeiden. Bei Unterhalt und Güterrecht mag man mit Bedenken (Rn 273) den Parteien, die ohnehin den Antrag stellen müssen, die Entscheidung überlassen, aber beim Versorgungsausgleich sollte man einschränken, denn hier sind die ausländischen Versorgungsträger mitbetroffen. Daß die Ehe im Inland geschieden wird, trägt die Zuständigkeit für den Versorgungsausgleich noch nicht allein.

d) Isolierte „Verbundzuständigkeit"

276 Nach Auffassung des BGH (7. 11. 1979 BGZ 75, 24 = FamRZ 1980, 29; BGH 26. 10. 1988 FamRZ 1990, 142; BGH 30. 9. 1992 FamRZ 1993, 416; und vom selben Tag 30. 9. 1992 NJW 1992, 3293 = FamRZ 1993, 176; KG 23. 7. 1987 IPRax 1988, 234 [vBAR 220: Trennungsausgleich, aber einstw Anordnung]; JOHANNSEN/HENRICH/SEDEMUND-TREIBER, EheR § 621 ZPO Rn 23; teilw zust KEIDEL/KUNTZE/WINKLER, FGG § 45 Rn 26 a) soll aus § 623 ZPO (genauer ist § 621 ZPO, s Rn 244 ff) auch dann eine internationale Zuständigkeit für Scheidungsfolgen zu entnehmen sein, wenn die Folgeregelung nicht im Rahmen eines Eheverfahrens zu treffen ist. Damit sind deutsche Familiengerichte für die Folgesache selbst dann zuständig, wenn die Scheidung im Ausland vorgenommen wurde, sofern eine Zuständigkeit für die Scheidung in Deutschland bestanden hätte. Erheblich wird diese Frage insbesondere für den Versorgungsausgleich, da dieses Rechtsinstitut im Ausland kaum bekannt ist und daher eine entsprechende Folgenregelung dort kaum vorgenommen wird (vgl BGH 30. 9. 1992 aaO). Gegebenenfalls muß für den Folgesachenprozeß somit ein für die Scheidung zuständiges deutsches Gericht bestimmt werden, obwohl die Ehe bereits im Ausland aufgelöst wurde und dieses Urteil anerkennungsfähig ist.

Schon diese Konsequenz der Rechtsprechungsansicht zeigt, daß die Konstruktion **277** einer isolierten Verbundszuständigkeit **verfehlt** ist (OLG Karlsruhe 30. 5. 2000 FamRZ 2001, 1012; Soergel/Schurig Art 17 EGBGB Rn 55 Johannsen/Henrich/Sedemund-Treiber § 621 ZPO Rn 22; Schack, IZVR Rn 378, Soergel/Schurig Art 17 EGBGB Rn 55). Sinn und Zweck des Verbundes liegen in der Bündelung der Verfahren und Zuständigkeiten, um den Eheleuten zahlreiche Prozesse und um den Gerichten Arbeit zu ersparen. Dabei ist nur die Verbindung von Scheidung und Versorgungsausgleich zwingend. § 621 Abs 2 S 2 ZPO bestimmt folgerichtig, daß sich iü bei den isolierten Folgesachen die örtliche Zuständigkeit nach den **allgemeinen Regeln** richtet, die vollkommen ausreichen. § 621 Abs 2 ZPO, der hier die örtliche Zuständigkeit verneint, kann schon darum nicht die internationale begründen. Dabei muß die Folgesache Versorgungsausgleich nicht anders behandelt werden als die sonstigen Varianten des § 621 Abs 1 ZPO. Denn die Sondervorschrift des § 623 Abs 3 ZPO betrifft primär eine Einschränkung der Dispositionsmaxime und sollte insbesondere nicht für den Bereich der internationalen Zuständigkeit überbewertet werden (Schack, IZVR Rn 378; Henrich IPRax 1993, 189; Graf, Internationale Verbundszuständigkeit 194; zust zumindest für den Versorgungsausgleich Zöller/Geimer § 606a Rn 22).

Der Versorgungsausgleich hat funktionale Ähnlichkeit mit Güterrecht und Unter- **278** haltsregelungen. In Anlehnung an §§ 23 und 23a sowie § 13 ZPO kann man eine inländische Zuständigkeit bejahen, wenn es um inländische Versorgungsanwartschaften geht (AG Gütersloh 13. 7. 1983 IPRax 1984, 214 [Piltz 193]), oder wenn der Berechtigte oder der Verpflichtete hier seinen gewöhnlichen Aufenthalt hat (o Rn 274). Dagegen macht es keinen Sinn, an die Staatsangehörigkeit anzuknüpfen.

Für isolierte **Hausratsverfahren** ergibt sich die internationale Zuständigkeit aus § 11 **279** HausRVO (OLG Düsseldorf 8. 3. 1982 IPRax 1983, 129; OLG Hamm 30. 6. 1981 FamRZ 1981, 875; OLG Karlsruhe IPRax 1985, 106 [Henrich 88]; Henrich, in: FS Ferid [1988] 147; Zöller/Geimer § 606a Rn 23 f; darüber ist nicht wegen einer fiktiven Verbundszuständigkeit hinauszugehen). Für isolierte **Unterhaltsansprüche** und **güterrechtliche** Ansprüche gelten ebenso nur die allgemeinen Regeln, wobei aber für erstere EuGVO/EuGVÜ/LugÜ vorgehen (zur **Morgengabe** vgl Rn 238 ff).

e) Konkurrierende Zuständigkeit. „Verbundsunzuständigkeit“

Die internationale Verbundszuständigkeit ist, soweit man sie überhaupt anerkennt, **280** jedenfalls wie die für die Ehesache selbst **nicht ausschließlich**, dh ausländische Entscheidungen in Scheidungsfolgen sind anzuerkennen, selbst wenn Scheidung und Scheidungsfolge auch im Inland hätten anhängig gemacht werden können (amtl Begr BT-Drucks 10/504, 90; KG 7. 1. 1994 FamRZ 1994, 759; Gottwald, in: FS Nakamura 195; unstr).

281 Umgekehrt gibt es auch keine deutsche internationale „Verbundsunzuständigkeit“ in dem Sinne, daß die deutschen Gerichte für eine Scheidungsfolge **unzuständig** wären, weil im Ausland eine Scheidung anhängig ist oder gar nur anhängig gemacht werden könnte, mit der nach dortigem Verfahrensrecht die Folgesache verbunden werden könnte oder gar nur, weil der deutsche § 621 ZPO so etwas vorsieht (OLG München 24. 10. 1978 FamRZ 1979, 153; OLG Nürnberg 28. 10. 1980 IPRspr 1980 Nr 98; OLG Frankfurt aM 23. 12. 1980 IPRspr 1980 Nr 64; OLG Frankfurt aM 2. 10. 1981 FamRZ 1982, 528; OLG Düsseldorf 6. 9. 1982 IPRax 1983, 129 [Jayme]; OLG Hamm 6. 10. 1993 FamRZ 1994, 774; Linke IPRax 1992, 159 f; Zöller/Philippi § 621 Rn 76; unstr). § 621 Abs 3 ZPO gilt in dieser Hinsicht nicht.

282 Davon zu unterscheiden ist jedoch, daß die **Rechtshängigkeit** einer Folgesache im Ausland oder auch die Rechtskraft einer dortigen Entscheidung zu beachten sind (BGH 9. 10. 1985 IPRax 1987, 314; Jayme ebd 295 ff). Hierbei ist es unerheblich, ob die Folgesache im Ausland im Verbund oder isoliert anhängig ist. Das weitere ist daher nicht hier zu behandeln (Anh zu § 606a ZPO Rn 23, 34).

4.) Notzuständigkeit*

283 Es ist sinnvoll und geboten, die deutsche Zuständigkeit für Scheidungen etc zu begrenzen. Grundsätzlich hat § 606a ZPO abschließend geregelt, unter welchen Voraussetzungen ein Interesse zur Öffnung der deutschen Gerichtsbarkeit anzuerkennen ist. Jedoch ist für besondere Fälle auch hier eine Notzuständigkeit über den Rahmen des Gesetzes hinaus **anerkannt**. Grundsätzlich ist dafür zu verlangen, daß der Kläger oder der Antragsteller kein oder kein ihm zumutbares ausländisches Gericht für seine Klage findet. **Rechtsverweigerung** muß vermieden werden**.

284 Ob man von Notzuständigkeit oder internationaler Ersatzzuständigkeit spricht, steht gleich. Jedoch genügt nicht allein die Tatsache, daß die Partei oder die Parteien kein zumutbares Gericht im Ausland finden (bedenklich die Formulierung bei

* **Schrifttum**: Dessauer, IPR. Ethik und Politik (1986) 615, 623 und 825, 869; Geimer, Zur Prüfung der Gerichtsbarkeit und der internationalen Zuständigkeit (1959) 52 ff; ders, Einige Zweifelsfragen zur Abgrenzung nach dem EWG-Übereinkommen vom 27. 9. 1968, RIW 1975, 81; Jayme, Zur verfassungskonformen Auslegung des § 606 b Nr 1 ZPO bei Scheidung einer Ausländerehe und verschiedener Staatsangehörigkeit der Ehegatten, FamRZ 1973, 4; Matthies. Die deutsche internationale Zuständigkeit (1955) 52 ff; Milleker, Der negative internationale Kompetenzkonflikt (1975); Schröder, Internationale Zuständigkeit (1971) 192 ff; Schütze, Deutsches Internationales Zivilprozeßrecht (1985) 41; Walchshöfer, Die deutsche internationale Zuständigkeit in der streitigen Gerichtsbarkeit, ZZP 80 (1967) 165 ff, 204.

** Milleker, Der negative internationale Kompetenzkonflikt, 60 ff; Stein/Jonas/Schumann, ZPO Einl XV F Rn 769 mwN; Schröder, Internationale Zuständigkeit 205 ff, 790 ff; Neuhaus RabelsZ 20 (1955) 201 f, insbes 265; Riezler, IZPR 268; Spellenberg JA 1978, 59; Geimer AWD 1975, 83; Geimer, IZPR Rn 1024; speziell für Ehesachen Zöller/Geimer § 606a Rn 85; Dessauer, IPR. Ethik und Politik 615, 623; Nagel/Gottwald, IZPR § 3 Rn 296; RG 3. 7. 1939 RGZ 160, 396; AG Groß-Gerau 11. 6. 1980 FamRZ 1981, 51; unklar OLG Braunschweig 18. 12. 1984 FamRZ 1985, 1145; OLG Hamburg 9. 7. 1976 IPRspr 1976 Nr 125 b; LG Kleve 17. 9. 1952 IPRspr 1952 Nr 107; LG Göttingen 25. 5. 1948 IPRspr 1948 Nr 114 = MDR 1948, 361 m Anm Raape.

NEUHAUS, Grundbegriffe des IPR 447). Es muß zudem ein irgendwie geartetes nicht zu schwaches Interesse daran bestehen, daß der Status **gerade in Deutschland** geregelt wird (GEIMER, IZPR Rn 1030; STEIN/JONAS/SCHLOSSER [20. Aufl] § 606b Rn 17 will Deutschstämmigkeit genügen lassen. Oft dürfte heute eine Antrittszuständigkeit wegen früherer deutscher Staatsangehörigkeit gegeben sein).

Zwischen dem an sich schon recht weiten § 606a ZPO und den Erfordernissen eines Inlandskontaktes bleibt nicht sehr viel Raum für eine Notzuständigkeit. So ist sie zu bejahen, wenn nur ein Ehegatte seinen gewöhnlichen Aufenthalt im Inland hat, aber keiner der Heimatstaaten die deutsche Scheidung anerkennen wird, zugleich aber auch keiner ein zumutbares Scheidungsforum eröffnet. Es kommt hierbei auch anders als beim Eingreifen des ordre public nicht auf den Grund der Zuständigkeits- und Anerkennungsverweigerung an. **285**

Zweifelhaft ist, ob eine Notzuständigkeit zu eröffnen ist, wenn eine oder auch beide Parteien nur ihren **schlichten Aufenthalt** im Inland haben. Selbst wenn ein zumutbarer Gerichtsstand im Ausland fehlt, wird man Zurückhaltung üben. IdR wird man abwarten können und sollen, ob die Parteien hier ihren gewöhnlichen Aufenthalt begründen. Tut dies nur eine von ihnen, so ist wohl meist mit dem eben erwähnten Verzicht auf die Anerkennung zu helfen, wenn diese in einem der Heimatstaaten nicht ohnehin gegeben ist. Auch die Flüchtlingsgesetze (vgl Rn 92 ff ff) und § 606a Abs 1 S 1 Nr 3 ZPO setzen gewöhnlichen Aufenthalt im Inland voraus. Es erscheint aber in seltenen Ausnahmefällen geboten, eine deutsche Scheidungszuständigkeit zu eröffnen, wenn beide Parteien nur einen vorübergehenden Aufenthalt hier nehmen. KEGEL (KEGEL/SCHURIG IPR § 20 IV 46, S 820) bedauert, daß bei staatenlosen Nomaden keine Zuständigkeit kraft schlichten Aufenthalts im Inland eröffnet werde. Hier kann man an eine Notzuständigkeit denken, wenn diese Personen nirgends einen gewöhnlichen Aufenthalt haben. Zuvor ist aber zu beachten, daß ein inländischer gewöhnlicher Aufenthalt nicht Aufenthalt an einem bestimmten Ort verlangt. ZB haben Roma, wenn sie im wesentlichen nur in Deutschland wandern, hier ihren Lebensmittelpunkt. Personen, die ständig zwischen zwei Staaten pendeln, haben uU in beiden Staaten einen gewöhnlichen Aufenthalt (vgl Art 3 EheGVO Rn 45), jedenfalls gewöhnlich in einem. **286**

Staatenlose ohne gewöhnlichen Aufenthalt sind eher selten. Zwar stellt Art 16 des New Yorker UN-Übereinkommen über die Rechtsstellung der Staatenlosen vom 28. 9. 1954 auf den gewöhnlichen Aufenthalt ab, doch kann man hilfsweise auf den schlichten Aufenthalt zurückgreifen, nachdem Art 12 des Übereinkommen ihn hilfsweise für das Personalstatut heranzieht. Dasselbe gilt für die an sich nicht notwendig auch staatenlosen Flüchtlinge, die man nicht auf ihren Heimatstaat verweisen kann (Art 16, 12 Genfer FlKonv v 28. 7. 1951). Wenn diese Personen ohne Heimatstaat iSd § 606a ZPO zwischen mehreren Staaten wandern, so muß man eine Notzuständigkeit eröffnen, wenn sie kein anderes Gericht finden können. Dies ist freilich schwer festzustellen und vor allem könnten andere Staaten ihre Zuständigkeit auch nur subsidiär öffnen wollen. So wird man ohne Rücksicht darauf die Zuständigkeit eröffnen, wenn sich die Partei wenigstens einen wichtigen Teil der Zeit und nicht nur sehr vorübergehend hier aufhält. **287**

Auch ist an die allerdings ebenfalls seltene Situation zu denken, daß die Staaten, **288** denen die Parteien angehören, und ggf auch die, in denen sie ihren gewöhnlichen Aufenthalt haben, ihre internationale Zuständigkeit verneinen, weil sie ausschließlich den Heiratsort für maßgebend ansehen, der in Deutschland liegt. Unter der Voraussetzung, daß der eine oder der andere dieser Staaten die deutsche Entscheidung wenigstens anerkennt, kann man diesen Zuständigkeitsrenvoi (so Milleker 123 ff) unter dem allgemeineren Gesichtspunkt der Notzuständigkeit akzeptieren (so im Ergebnis mit eingehenden Nachw ausländischer Rechtsprechung J Schröder, Internationale Zuständigkeit 811 ff, 815 ff). Sonst aber wirkt der Zuständigkeitsrenvoi nicht.

5. Der maßgebende Zeitpunkt

289 Fragen des Übergangsrechts anläßlich der Reform von 1986 sind bei Staudinger/Spellenberg[12] Rn 95 f behandelt. Hier geht es um die Situation, in denen sich die für die Entscheidung über die internationale Zuständigkeit **relevanten Tatsachen** wie zB die **Staatsangehörigkeit** der Parteien nach Antragstellung ändern.

a) Entstehen der internationalen Zuständigkeit nach Antragstellung

290 Entsteht die bisher nicht gegebene deutsche internationale Zuständigkeit, so wird die Klage, wenn sie nicht bereits rechtskräftig abgewiesen ist, **zulässig**. Es genügt, wenn die Zuständigkeitsvoraussetzungen bis zum Ende der letzten mündlichen Verhandlung selbst in der Revisionsinstanz (BGH 17. 12. 1969 BGHZ 53, 128; BGH 27. 10. 1976 NJW 1977, 498, jedenfalls wenn keine Sachermittlungen mehr nötig sind) gegeben sind. Anderenfalls müßte zB ein Scheidungsantrag als unzulässig abgewiesen werden, der sofort erneut gestellt werden könnte. Über diese Regel herrscht Einigkeit (vgl ua Schack, IZVR Rn 388; MünchKomm-ZPO/Bernreuther § 606a Rn 22; Schumann, in: FS Nagel [1987] 402, 410 f)*.

291 Sehr wohl denkbar ist auch, daß ein Ausländer seinen gewöhnlichen **Aufenthalt** hier erst begründet. Verlangt man dafür, daß er sich bereits eine gewisse Zeit hier aufhält (Art 3 EheGVO Rn 75 ff), dann könnte diese Zeit während des Verfahrens vollendet werden (MünchKomm-ZPO/Bernreuther § 606a Rn 25). Ausdrückliche Rechtsprechung hierzu ist freilich nicht bekannt geworden.

292 Hierher zählen schließlich auch **Rechtsänderungen im Ausland**, die dazu führen, daß nun mit einer Anerkennung eines deutschen Urteils gerechnet werden kann, oder diese nicht mehr offensichtlich verweigert wird (RG 16. 12. 1920 WarnR 1921 Nr 35 = LZ 1921, 309; OLG Karlsruhe 2. 8. 1983 FamRZ 1984, 57 = IPRax 1984, 270 [Varady 249]; irrig RG 15. 4. 1935 RGZ 147, 385 = JW 1935, 1848 [Massfeller]).

---

* Zum Beispiel Erwerb der deutschen Staatsangehörigkeit während des Eheverfahrens: BGH 17. 12. 1969 BGHZ 53, 128 = FamRZ 1970, 139 (Staatsangehörigkeitserwerb in der Revisionsinstanz); BGH 21. 2. 1975 StAZ 1975, 338; BGH 26. 5. 1982 FamRZ 1982, 795 = IPRax 1983, 180 (Henrich 161); KG 20. 8. 1936 JW 1936, 3575 (Süss); OLG Hamburg 25. 2. 1937 JW 1937, 963; OLG Braunschweig 31. 3. 1955 FamRZ 1955, 258; OLG Zweibrücken 29. 5. 1980 FamRZ 1980, 781; BayObLG 17. 11. 1980 BayObLGZ 1980, 351.
Erwerb der Staatsangehörigkeit eines anerkennungsfreundlichen Staates, so daß Abs 1 S 1 Nr 4 eingreift: OLG Hamburg 31. 3. 1927 StAZ 1927, 247.
Eintritt der Staatenlosigkeit: RG 15. 2. 1926 RGZ 113, 38 = StAZ 1931, 162; RG 17. 9. 1941 RGZ 167, 274.

293 Wenn abzusehen ist, daß eine Partei zB die deutsche Staatsangehörigkeit demnächst erwerben wird, so kann nach OLG Hamburg (25. 2. 1937 JW 1937, 963 [Wiedereinbürgerungsverfahren]; OGHbrZ 16. 4. 1946 JBl 1946, 257) das Verfahren aus Gründen der Prozeßökonomie ausgesetzt werden, um nicht später von neuem beginnen zu müssen. Eine Verpflichtung des Gerichts hierzu bestehe aber nicht. § 148 ZPO deckt diese Argumentation nach seinem Wortlaut allerdings nicht. Es ist grundsätzlich auch anerkannt, daß ein Prozeß nicht ausgesetzt werden darf, um erst die Voraussetzungen für die Zulässigkeit (oder Begründetheit) der zur Abweisung reifen Klage zu schaffen (Stein/Jonas/H Roth § 148 Rn 15 mwN; Zöller/Greger § 148 Rn 4 m N). Anders wäre es wohl, wenn die Entscheidung zurückwirken würde (K Schmidt NJW 1979, 411), dies ist jedoch hier nicht der Fall. Daß § 148 ZPO die Aussetzung nur im Hinblick auf die Entscheidung über **bestehende** Rechtsverhältnisse zuläßt, hat seinen Grund darin, daß die Parteien ein Recht darauf haben, daß bei Entscheidungsreife entschieden wird (vgl auch OLG Celle v 11. 11. 1965 NJW 1966, 668). Eine Aussetzung nach § 148 ZPO, um die Einbürgerung abzuwarten, scheidet also aus (Stein/Jonas/Schlosser § 606a Rn 2; **aA** Zöller/Geimer § 606a Rn 40). Die Entscheidung des BGH vom 15. 4. 1964 (BGHZ 41, 303, 309 f) läßt sich auf den vorliegenden Fall nicht übertragen, weil es um die Wirksamkeit einer Bestellung eines Verfahrenspflegers durch eine Behörde ging. Erst recht darf nicht ausgesetzt werden, um die Zeit abzuwarten, bis ein gewöhnlicher Aufenthalt der einen oder anderen Partei im Inland entsteht. Anders ist es natürlich, wenn ein Feststellungsverfahren über das Bestehen der deutschen Staatsangehörigkeit anhängig ist.

b) Perpetuatio fori internationalis*

aa) Ehesache

294 Fällt **eine** Voraussetzung der deutschen internationalen Zuständigkeit während des Verfahrens weg, so schadet das natürlich solange nichts, als die Zuständigkeit nach einer anderen Vorschrift gegeben bleibt, wie zB wenn der eine Ehegatte einer reinen Ausländerehe (606a Abs 1 Nr 2 ZPO) ins Ausland verzieht, solange der andere hier bleibt und die Voraussetzungen der Nr 4 gegeben sind.

295 Vielfach wird gesagt, daß die deutsche internationale Zuständigkeit auch dann gem § 261 Abs 3 Nr 2 ZPO erhalten bleibe, wenn ihre Voraussetzungen nach Klageerhebung ganz entfallen (**perpetuatio fori**)**. Das ist jedoch bestritten (Damrau, in: FS Bosch [1976] 103 ff; vHoffmann, IPR § 3 Rn 70) und vielfach wird nach den Zuständigkeitsvoraussetzungen differenziert (Beitzke, in: FS Rammos [1979] 72 ff u JZ 1961, 652;

* **Schrifttum**: Beitzke, Bemerkungen zur Perpetuatio fori im deutschen internationalen Verfahrensrecht, in: FS Rammos (Athen 1979) 71; Jacobs, Die Perpetuatio fori im internationalen Recht des Zivilprozesses und der freiwilligen Gerichtsbarkeit (Diss Köln 1962); Damrau, Die Fortdauer der internationalen Zuständigkeit trotz Wegfalls ihrer Voraussetzungen, in: FS Bosch (1976) 113; Schlosser, Die perpetuatio litis als rechtsstaatlicher Leitgedanke im nationalen und internationalen Zivilprozeßrecht, in: FS Nagel (1987) 352; Schumann, Internationale Zuständigkeit: Besonderheiten, Wahlfeststellung, doppelrelevante Tatsachen, in: FS Nagel (1987) 402.

** MünchKomm-ZPO/Bernreuther § 606a Rn 167; Baumbach/Lauterbach/Hartmann § 261; Zöller/Geimer § 606a Rn 40; Rosenberg/Schwab/Gottwald, ZPR § 101 III 2 S 608; BGH 30. 11. 1960 BGHZ 34, 134; BAG 29. 6. 1978 NJW 1979, 1119; vgl auch BayObLG 17. 11. 1980 BayObLGZ 1980, 351; Geimer, IZPR Rn 1835; Schack, IZVR Rn 392.

Riezler, IZPR 455 ff; Kralik ZZP 74 [1961] 45; Matthies RabelsZ 18 [1953] 707; Pagenstecher RabelsZ 11 [1937] 449 ff, 460 ff).

296 Die anerkannte Eigenständigkeit und die Besonderheiten der internationalen Zuständigkeit (oben Rn 2) erlauben es, sie nicht unreflektiert unter § 261 Abs 3 Nr 2 ZPO zu subsumieren. Zwar spricht diese Norm generell von „den die Zuständigkeit begründenden Umständen", so daß auch an die internationale Zuständigkeit gedacht werden könnte. Doch ein Gleichlauf von örtlicher und internationaler Zuständigkeit ist nicht immer zwingend. Und selbst innerhalb des § 606a ZPO lassen sich durchaus Unterschiede zwischen den einzelnen Anknüpfungspunkten finden, die hinsichtlich der perpetuatio fori eine differenzierte Behandlung möglich erscheinen lassen.

297 Besonders weitgehend will Damrau (in: FS Bosch 112 ff) daher die perpetuatio fori internationalis gänzlich ablehnen. Andere lehnen sie zwar ebenfalls grundsätzlich ab (Schumann, in: FS Nagel [1987] 408 f), gestatten aber Ausnahmen. Ebenso wird vertreten, die perpetuatio fori internationalis davon abhängig zu machen, daß die deutsche Entscheidung im Heimatstaat der Eheleute anerkannt wird (so zB MünchKomm-ZPO/Bernreuther § 606a Rn 124 mwN). Den Besonderheiten der internationalen Zuständigkeit angemessen ist eine Unterscheidung danach, welches Anknüpfungsmoment nachträglich entfällt:

298 Für den Fall der **Verlegung des gewöhnlichen Aufenthalts** ins Ausland haben Gerichte die perpetuatio fori **bejaht** (RG 6. 4. 1936 RGZ 151, 103, 105; BGH 21. 9. 1983 = FamRZ 1983, 1215 = IPRax 1985, 162 [Henrich/Filios 150]; OLG Koblenz 8. 1. 1974 FamRZ 1974, 189; BayObLG 11. 6. 1979 BayObLGZ 1979, 193 = FamRZ 1979, 1015 [zu Art 7 § 1 Abs 4 FamRÄndG]; OLG Hamm 12. 6. 1985 IPRspr 1985 Nr 58; OLG München 23. 9. 1987 IPRax 1988, 354 [Winkler von Mohrenfels 341] Geimer IZPR Rn 1832).

299 Neuere Entscheidungen zum Fall des **Verlustes der deutschen Staatsangehörigkeit** während des Verfahrens fehlen. RG 19. 3. 1936 RGZ 150, 374 = JW 1936, 1659 bejaht die perpetuatio fori in einem solchen Fall (aA Walchshöfer ZZP 80 [1967] 226), doch wäre die Zuständigkeit wegen früherer deutscher Staatsangehörigkeit des klagenden Ehemannes nach § 606 Abs 2 S 2 ZPO damaliger Fassung begründet geblieben. Nach der Verallgemeinerung der Antrittszuständigkeit kann sich das Problem heute nur selten stellen, wenn die deutsche Staatsangehörigkeit nach Eheschließung erworben wurde und erst während des Verfahrens wieder wegfällt. Hier scheint eine Fortdauer der Heimatzuständigkeit gerechtfertigt (Zöller/Geimer § 606a Rn 40; Geimer, IZPR Rn 1835).

300 Bei **Wegfall der Anerkennungsfähigkeit** haben dagegen die Fortdauer der deutschen Zuständigkeit zu Recht **verneint** BGH 21. 9. 1983 aaO; LG Aachen 18. 3. 1954 FamRZ 1954, 113; LG München I 23. 10. 1973 IPRspr 1974 Nr 161 und OLG Karlsruhe 6. 6. 1957 FamRZ 1958, 31, wenn und weil nach der Verlegung des gewöhnlichen Aufenthalts ins Ausland mit der **Anerkennung** in dem Heimatstaat der Partei **nicht** mehr gerechnet werden konnte. Das ist aber ein anderer Gesichtspunkt, der vor allem in der Literatur zur Ablehnung der perpetuatio fori in solchen Fällen verwandt wird (Beitzke, in: FS Rammos [1978] 75 ff und AcP 151 [1950–1951] 268, 275; Matthies, Die deutsche internationale Zuständigkeit [1955] 79; Riezler, IZPR 457; Kralik

ZZP 74 [1962] 45; Stein/Jonas/Schlosser § 606a Rn 3; MünchKomm-ZPO/Bernreuther § 606a Rn 167; Walchshöfer ZZP 80 [1967] 227). So unterscheidet der BGH (21. 9. 1983 FamRZ 1983, 1215 = IPRax 1985, 162 [Filios-Henrich 150]) und nimmt einen Wegfall der internationalen Zuständigkeit nur an, wenn die Anerkennungsfähigkeit im Ausland dadurch entfällt, daß eine Partei ihren gewöhnlichen Aufenthalt ins Ausland verlegt (**aA** OLG Bamberg 20. 7. 1983 IPRax 1985, 162). Freilich ist genau zu prüfen, ob dadurch tatsächlich nach dem Heimatrecht die Anerkennung entfällt. (Beim deutsch-griechischen Anerkennungs- und Vollstreckungsübereinkommen vom 4. 11. 1961 [BGBl 1963 II 110] war dies nicht der Fall, entweder weil auch das Übereinkommen die Fortdauer der Zuständigkeit vorsieht oder das neben dem Abkommen anwendbare autonome griechische Recht weiterhin anerkennt [Filios/Henrich aaO; BGH aaO; **aA** OLG Köln Vorinstanz zu BGH aaO]).

Ebenso ist zu urteilen, wenn im Heimatstaat der Eheleute eine Änderung der **301**
Anerkennungsregeln eintritt. Da die Anerkennung ausländischer Entscheidungen Ausfluß der Souveränität eines jeden Staates ist und daher dessen freier Disposition unterliegt, sollten wir im Rahmen des § 606a ZPO die entsprechenden Rechtsänderungen auch berücksichtigen und eine perpetuatio fori ablehnen (vgl weiter Spellenberg IPRax 1988, 6) und nicht unnötig eine hinkende Scheidung vornehmen. Manche Staaten lassen die Anerkennungsfähigkeit ausländischer Urteile entfallen, wenn selbst nachträglich im Inland ein Parallelverfahren anhängig wird. Es liegt nahe, hier ebenso zu verfahren. Jedoch ist denkbar, daß es dort nicht zu einem Urteil kommt, so daß das Anerkennungshindernis wieder entfiele. Daher sollte das deutsche Verfahren erst beendet werden, wenn dort ein seiner Anerkennung im Wege stehendes Urteil ergangen ist. Daß es an sich die frühere deutsche Rechtshängigkeit mißachtete, hindert nicht, denn dieselbe Regelung findet sich in § 328 Abs 1 Nr 3 1. Alt ZPO.

Entfällt danach die internationale Zuständigkeit während des Verfahrens, so ist die **302**
Klage nicht ohne weiteres als unzulässig abzuweisen. Vielmehr kann der Kläger seine bisher aussichtsreiche Klage einseitig **für erledigt erklären**, falls nicht der Beklagte ohnehin zustimmt (Schumann, in: FS Nagel [1987] 402, 410).

bb) Sorgerechtsregelungen

Der BGH stellt allgemein die Frage, ob diese Grundsätze der perpetuatio fori auch **303**
in der freiwilligen Gerichtsbarkeit gelten und läßt sie in casu offen (27. 4. 1994 FamRZ 1994, 827 = NJW-RR 1994, 834; 5. 6. 2002 FamRZ 2002, 1182 m Anm Henrich; verneinend OLG Celle 2. 1. 1991 FamRZ 1991, 1221; OLG Hamm 12. 3. 1991. FamRZ 1991, 1346; 13. 6. 1989 FamRZ 1989, 1109 [beide aber zum MSA]; OLG Köln 3. 2. 1998 FamRZ 1998, 958, beiläufig; Brehm, Freiw. Gerichtsbarkeit [2. Aufl 1993] Rn 182; Henrich IPRax 1986, 365 f; tendenziell Adam, Internationaler Versorgungsausgleich [1985] 108 Fn 53; bejahend Habscheid, Freiw Gerichtsbarkeit [7. Aufl 1983] § 11 III A 3 d; H Roth IPRax 1994 20).

Das **MSA** geht für **Sorgerechtsregelungen** jedenfalls vor (BGH 5. 6. 2002 aaO). Hat das **304**
Kind seinen gewöhnlichen Aufenthalt in einem Vertragsstaat, dann entfällt nach dem MSA die Zuständigkeit, wenn das Kind, solange das Verfahren noch in der Tatsacheninstanz anhängig ist, in einen anderen Vertragsstaat verzieht (OLG Stuttgart 6. 7. 1989 FamRZ 1989, 1111; Staudinger/Kropholler [2003] Vorbem 158 zu Art 19 EGBGB mwN; Henrich IPRax 1986, 364, 365). Ist bereits eine wirksame Entscheidung getroffen

worden, so bleibt diese gem Art 5 Abs 1 MSA bis zum Erlaß einer anders lautenden Maßnahme im neuen Aufenthaltsstaat wirksam.

305 Verlegt der Minderjährige dagegen seinen Aufenthalt in einen Nicht-Vertragsstaat, dann gelten die Grundsätze des FGG. Die hM läßt die perpetuatio fori internationalis zu, stellt aber darauf ab, ob, das im Einzelfall die Abwägung der beiligten Interessen gebietet (OLG Hamburg 7. 5. 1986 IPRax 1987, 319 [zust Mansel 301 f]. OLG Frankfurt aM 15. 11. 1982 IPRax 1983, 294 mit anderer Begründung; Staudinger/Kropholler [2003] Vorbem 160 zu Art 19 EGBGB; **ohne Einschränkung** OLG München 16. 9. 1992 IPRax 1994, 42 [H Roth 20]; LG Augsburg 26. 2. 1996 FamRZ 1996, 1032; Habscheid, Freiwillige Gerichtsbarkeit [7. Aufl 1983] S 73; obiter Bay ObLG 6. 12. 1996 FamRZ 1997, 959; **gegen** perpetuatio fori OLG Hamm 13. 6. 1989 FamRZ 1989, 1109; OLG Hamm 12. 3. 1991 FamRZ 1991, 1346; OLG Celle 2. 1. 1991 FamRZ 1991, 1221). Für die Fortdauer spricht der Wortlaut von § 43 Abs 1 2. HS FGG, doch muß man sicher Einschränkungen namentlich wegen des Kindeswohls zulassen. Die Frage stellt sich verhältnismäßig selten, da meist weiter einer der Zuständigkeitsgründe des § 35b FGG vorliegt. Wenn nicht das Kind Deutscher ist oder seinen gewöhnlichen Aufenthalt hier hat, entsteht die Zuständigkeit auch, wenn ein Bedürfnis der Fürsorge im Inland besteht. Da also die perpetuatio fori nur relevant würde, wenn kein inländisches Fürsorgebedürfnis mehr besteht, sollte man sie ablehnen, denn idR schadet eine Entscheidung dann dem Kind im Ausland eher als daß sie ihm nützt (so im Ergebnis OLG Frankfurt/M aaO; Henrich IPRax 1986, 366; KG 5. 11. 1997 FamRZ 1998, 440). Die deutsche Entscheidung wird selten im Ausland auf dieser Zuständigkeitsgrundlage anerkannt werden und stattdessen häufig in Konflikt mit dortigen Entscheidungen treten. Sollte aber der neue Aufenthaltsstaat keine Regelung vornehmen, besteht ein deutsches Fürsorgebedürfnis iSd § 35b Abs 2 FGG.

306 Ist das MSA nicht anwendbar, so trägt die Anhängigkeit der Scheidung nach dem in Rn 304 Ausgeführten die internationale Zuständigkeit für die Sorgerechtsregelung nicht. In den gegenteiligen Entscheidungen bestand trotz der Verlegung des gewöhnlichen Aufenthalts des Kindes weiter ein Zuständigkeitsgrund iSv § 35b FGG im Inland (OLG Düsseldorf 11. 5. 1981 FamRZ 1981, 1005: Die Eltern waren weiter beide in Deutschland und es war nicht ersichtlich, daß das ohne Einverständnis des anderen Elternteils nach Griechenland verbrachte Kind dort auf Dauer bleiben würde; in BayObLG 2. 7. 1981 BayObLGZ 1971, 238 = FamRZ 1972, 578 m Anm Behr = NJW 1971, 2131 stützt sich das Gericht darauf, daß das Kind gegen den Willen der Mutter nach Zypern entführt worden war; in AG Köln [17. 7. 1987 IPRax 1988, 115 ⟨EJ⟩] waren vielleicht wenigstens beide italienischen Elternteile in der Bundesrepublik geblieben, was ein Fürsorgebedürfnis iSv § 35b Abs 2 FGG begründen kann [Graf, Internationale Verbundszuständigkeit 113 ff, 126]; in OLG Frankfurt aM 15. 11. 1982 [IPRax 1983, 294 ⟨Schlosser 285⟩] dagegen waren Eltern und Kind in einen Nicht-Vertragsstaat verzogen und wurde die Fortdauer der Zuständigkeit im Ergebnis zu Recht verneint [ebenso AG Eggenfelden 6. 11. 1981 IPRax 1982, 78 ⟨EJ⟩]). Richtig verneint man die Fortdauer der Zuständigkeit, wenn keine zuständigkeitsbegründenden anderen Tatsachen mehr gegeben sind (Henrich IPRax 1986, 366; Siehr IPRax 1982, 89; im Ergebnis aber mit anderer Begründung, OLG Frankfurt aM 15. 11. 1982 IPRax 1983, 294 [Schlosser 285]). Der Scheidungsverbund ist kein solcher Zuständigkeitsgrund (**aA** Henrich aaO). Eine zweite deutsche Staatsangehörigkeit genügte dem KG (5. 11. 1997 FamRZ 1998, 440) mit Recht nicht, als Mutter und Kind in ihren gemeinsamen Heimatstaat Argentinien verzogen waren und nur noch der deutsche Vater hier war. Es werde besser in Argentinien entschieden.

In **vermögensrechtlichen Angelegenheiten** der freiwilligen Gerichtsbarkeit kann man aber wohl die allgemeinen Verfahrensgrundsätze von FGG und ZPO anwenden. **307**

6. „Wesenseigene Unzuständigkeit"

Die Anwendung ausländischen materiellen Rechts sowie des damit einhergehenden **308**
Verfahrensrechts kann den deutschen Richter zu Verrichtungen nötigen, die vom deutschen Recht nicht vorgesehen sind. Es ist jedoch durchaus im Sinne des IPR, wenn der deutsche Richter Urteile fällen muß, die das deutsche Sach- und Prozeßrecht mit diesem Inhalt nicht vorsieht (vgl BGH 22. 3. 1967 BGHZ 47, 327 = FamRZ 1967, 457 = StAZ 1967, 237 [Böhmer] = JZ 1967, 671 [Heldrich] = RabelsZ 32 [1968] 313 [Jayme]). Eine Grenze besteht erst dann, wenn die vom ausländischen Recht geforderte Tätigkeit mit den vorhandenen Mitteln nicht erfüllt werden kann oder mit den Grundlagen des deutschen Prozeßrechts schlechthin nicht zu vereinbaren wäre, ihnen **wesensfremd** ist. Man spricht hier wenig glücklich von **„wesenseigener Zuständigkeit"** (so wohl zuerst Reu, Die staatliche Zuständigkeit im internationalen Privatrecht [1938]; Heldrich, Internationale Zuständigkeit und anwendbares Recht [1996], 255 ff; Haunhorst, Die wesenseigene [Un-]Zuständigkeit deutscher Gerichte [Diss Osnabrück 1992]). Diese Begrenzung greift jedoch nicht schon deswegen ein, weil das IPR den Richter zu einer dem deutschen Recht unbekannten Entscheidung oder Tätigkeit verpflichtet, solange dieses mit den Mitteln, die die Gerichtsverfassung und die ZPO dem Richter zur Verfügung stellen, bewältigt werden kann (Gottwald, in: FS Nakamura [1996] 192 f; ähnlich Heldrich aaO und NJW 1967, 421; BayObLG 2. 12. 1965 NJW 1967, 447 [Erbrecht]). Wenn der BGH aaO bemerkt, notfalls seien die deutschen Verfahrensregeln **anzupassen**, so ist im vorliegenden Zusammenhang zu folgern, daß bei der Beachtung ausländischer Verfahrensregeln nicht kleinlich vorzugehen ist, vielmehr den deutschen Gerichten durchaus einige Flexibilität abverlangt wird. Der Verzicht auf die Anwendung der wesensfremden ausländischen Regelung ist nur die letzte Konsequenz. Zuvor ist zu überlegen, ob nicht der Zweck der ausländischen Regelung durch Anpassung verwirklicht werden kann (dazu Anh zu § 606a ZPO Rn 68 f).

7. Heilung des Zuständigkeitsmangels

Ergeht ein Sachurteil trotz fehlender internationaler Zuständigkeit, so tritt zwar **309**
keine Heilung ieS ein, aber die **Rechtskraft** des Urteils schließt die Berufung auf die Unzuständigkeit aus (Rosenberg/Schwab/Gottwald, ZPR § 31 Rn 24; Geimer, IZPR Rn 1010 f; für freiwillige Gerichtsbarkeit Brehm, Freiwillige Gerichtsbarkeit § 8 II; unstr). Das gilt auch, wenn die Anerkennung im Ausland fehlt (OLG Hamburg 3. 1. 1923 OLGE 43, 347 = StAZ 1924, 70; KG 11. 7. 1924 StAZ 1924, 306; KG 17. 10. 1930 StAZ 1931, 102; KG 7. 3. 1938 JW 1938, 1258 [Massfeller]; Peters StAZ 1965, 310 [unstr]). Es entsteht eine hinkende Scheidung.

8. Forum non conveniens*

Erweitert man die internationale Zuständigkeit der deutschen Gerichte, indem man **310**

* **Schrifttum:** Dorsel, Forum non conveniens. Richterliche Beschränkung der Wahl des Gerichtsstandes im deutschen und amerikanischen Recht (1996); Gottwald, Das Wetterleuchten des forum non conveniens, in: FS Jayme (2004) 277; P Huber, Die englische forum-non-conve-

die Tatbestandsvoraussetzungen der einschlägigen Normen großzügig gestaltet, so führt dies unweigerlich zu einer Zunahme von Verfahren mit geringerem Bezug zur internen Gerichtsbarkeit. Das gilt auch für die Ausdehnungen der deutschen internationalen Zuständigkeit durch § 606a ZPO nF von 1986. Die aus dieser Zuständigkeitserweiterung resultierenden Probleme lassen sich aber nicht dadurch beheben, daß man den Gerichten die Kompetenz zugesteht, **im Einzelfall** die Klage deshalb als unzulässig abzuweisen, weil es an der erforderlichen Sachnähe deutscher Instanzen fehle. Ein derartiges Forum non conveniens läßt sich weder mit dem Gesetzeswortlaut noch mit System und Grundlagen der deutschen Zuständigkeitsordnung vereinbaren (Schack, IZVR Rn 500 ff; Geimer, IZPR Rn 1073 ff; Schütze, ZZP 88 [1975] 478; Kropholler, IPR § 58 II 4; OLG München 22. 6. 1983 IPRax 1984, 319 [Jayme 303]; BayObLG 22. 12. 1981 FamRZ 1982, 640; **aA** Wahl, Die verfehlte internationale Zuständigkeit 114 ff; Jayme aaO; auch de lege ferenda ist dies nicht zu befürworten; dazu Schütze DWiR 1991, 239; Fischer RIW 1992, 57).

311 Wenn der BGH (2. 7. 1991 BGHZ 115, 90 = NJW 1991, 3092 [Geimer 3072] = IPRax 1992, 160 [Schlosser 140]) zu § 23 ZPO einschränkend eine zusätzliche hinreichende Inlandsbeziehung verlangt, so handelt es sich methodisch lediglich um den Versuch einer sachgerechten Präzisierung des viel kritisierten Tatbestands des Vermögensgerichtsstandes (Schlosser IPRax 1992, 142).

312 Auf der gleichen Linie argumentiert das OLG Frankfurt aM in einem Beschluß vom 15. 11. 1982 (IPRax 1983, 294). Zu Recht lehnte es eine Entscheidung über die elterliche Sorge im Scheidungsverbund ab, weil das Kind sich unerreichbar im Ausland befand und auch seine Eltern nicht mehr in Deutschland wohnten. Obwohl sich das Gericht auf die Lehre vom Forum non conveniens beruft, kann man seine Begründung auch für eine zutreffende Auslegung der §§ 621 Abs 1 Nr 1 ZPO, 35a (heute § 35b) FGG sehen. Das OLG sieht im Forum non conveniens jedenfalls keinen allgemeinen Vorbehalt, mit dessen Hilfe man alle Zuständigkeiten beschränken kann.

9. Umstände, die die inländische Zuständigkeit nicht begründen

a) Statutszuständigkeit

313 Die deutsche internationale Zuständigkeit wird bei Fehlen der Voraussetzungen des § 606a ZPO nicht dadurch begründet, daß nach Art 13 bzw Art 17 mit Art 14 EGBGB oder kraft Rückverweisung (Art 4 Abs 1 EGBGB) deutsches Eherecht anzuwenden ist (Beitzke FamRZ 1967, 597; Zöller/Geimer ZPO § 606a Rn 29; Geimer, IZPR Rn 1041 ff; Dessauer, IPR. Ethik und Politik [1986] 566; vBar, IPR Bd 1 Rn 408; Linke, IZPR Rn 134 f; Schack, IZVR Rn 216 f; mit Einschränkungen zum Schweizer Recht Vischer, in: FS vOverbeck [1990] 367 ff; hM; **aA** Heldrich, Internationale Zuständigkeit und anwendbares Recht [1969] 181, 189 ff; Neuhaus JZ 1966, 241; Breuleux, Internationale Zuständigkeit und anwendbares Recht [1969] 138; Walchshöfer ZZP 80 [1967] 197 ff). Nicht nur ist auch bei Gestaltungsklagen davon auszugehen, daß ausländische Gerichte deutsches Recht ordentlich anwenden könnten (Geimer, IZPR Rn 1049). Vielmehr kann eine deutsche

---

niens-Doktrin und ihre Anwendung im Rahmen des EuGVÜ (1994); Juenger, Forum non conveniens – who needs it?, in: FS für Schütze (1999) 317; Schütze, Forum non conveniens und Rechtschauvinismus, in: FS Jayme (2004) 849; Wahl, Die verfehlte internationale Zuständigkeit (1974).

internationale Zuständigkeit bei Anwendbarkeit deutschen Eherechts gem Art 13, 14, 17 EGBGB fehlen, wenn der letzte gemeinsame Aufenthalt der ausländischen Eheleute in Deutschland oder hilfsweise sonst die engsten Beziehungen hierher bestanden. Wenn aber beide Eheleute Ausländer und nun ins Ausland verzogen sind, ist kein rechter Grund ersichtlich, warum sie hier geschieden werden sollten. Ein besonderes Interesse der deutschen Rechtsordnung an der Verwirklichung ihrer Rechtsregeln besteht in diesem Fall nicht.

b) Letzter Aufenthalt

Es genügt nicht, daß der letzte gemeinsame gewöhnliche Aufenthalt oder Wohnsitz der Eheleute im Inland war (Zöller/Geimer § 606a Rn 49). Auch der Ort der Eheschließung trägt die Zuständigkeit nicht. Nur die deutsche Staatsangehörigkeit begründet eine Antrittszuständigkeit. **314**

c) Zuständigkeitsrückverweisung

Ebensowenig wird sie dadurch begründet, daß der Heimatstaat oder ein anderer Staat, der nach den Maßstäben des § 606a ZPO zuständig wäre, deutsche Gerichte für zuständig hält oder deutsche Urteile anerkennen würde (Zöller/Geimer § 606a Rn 89). Das ist unbestritten, wenn jener Staat sich auch für zuständig erklärt. Eröffnet er jedoch keine Zuständigkeit, so kann eine Rückverweisung uU beachtlich werden, jedoch nur unter dem Gesichtspunkt der Notzuständigkeit (eingehend dazu J Schröder, Internationale Zuständigkeit 815 ff; weiter Rn 283 ff). **315**

d) Gerichtsstandsvereinbarung

Die deutsche internationale Zuständigkeit in Ehesachen kann nicht durch Parteivereinbarung **begründet** werden, § 40 Abs 2 ZPO (Zöller/Geimer § 606a Rn 86; Geimer, IZPR Rn 1751, 1773, MünchKomm-ZPO/Bernreuther § 606a Rn 127; Stein/Jonas/Schlosser § 606a Rn 7; Riezler, IZPR 307; Beitzke FamRZ 1967, 593, 597; **aA** wohl Habscheid, in: FS Schima [1969] 200, wenn mit Anerkennung des Urteils im Heimatstaat zu rechnen ist). **316**

Auch eine **Derogation** der deutschen internationalen Zuständigkeit durch Parteivereinbarung ist nicht zulässig (hM; **aA** Zöller/Geimer § 606a Rn 86: auf die auf ehemaliger deutscher Staatsangehörigkeit beruhende Antrittszuständigkeit könne verzichtet werden; Habscheid aaO 194 im Hinblick auf einen bestimmten Scheidungsgrund und nach dessen Verwirklichung; weitergehend hält Walchshöfer ZZP 80 [1967] 214 f jede Staatsangehörigkeitszuständigkeit für derogierbar). In beiderlei Hinsicht ist das Gesetz (§ 606a ZPO) eindeutig dagegen. **317**

III. Keine Ausschließlichkeit

Abs 1 S 2 erklärt die deutsche internationale Zuständigkeit ausdrücklich für nicht ausschließlich im Gegensatz zum früheren § 606b ZPO, der zT ausschließliche deutsche Zuständigkeiten enthielt. Von Bedeutung ist dies für die Anerkennung ausländischer Urteile nach § 328 Abs 1 Nr 1 ZPO und daher dort anzusprechen (§ 328 ZPO Rn 318). **318**

IV. Abs 2

1. Anerkennung ausländischer Aufenthaltszuständigkeit

319 Abs 2 S 1 modifiziert die Anerkennungsvoraussetzung der Anerkennungszuständigkeit. Hatte ein Ehegatte seinen gewöhnlichen Aufenthalt im ausländischen Urteilsstaat, dann ist entgegen Abs 1 Nr 4 nicht zusätzlich eine Anerkennung im Heimatstaat der einen Partei erforderlich (dazu § 328 ZPO Rn 335).

2. Heimatstaatsanerkennung

320 Anders sind Struktur und Zweck des S 2. Hier verzichtet das deutsche Recht überhaupt auf eine Anerkennungszuständigkeit iSd § 328 Abs 1 Nr 1 ZPO mit § 606a ZPO. Es genügt, wenn diese nach den Regeln des § 606a Abs 1 ZPO fehlt, daß die Heimatstaaten der Eheleute ihrerseits die Scheidung anerkennen. Dann tun wir das auch (weiter § 328 ZPO Rn 353 ff).

Anhang zu § 606a ZPO

Erkenntnisverfahren

Schrifttum

Vgl Schrifttum zu § 606a ZPO.

Systematische Übersicht

Alphabetische Übersicht

A. Sonstige Prozeßvoraussetzungen

I. Prozeßfähigkeit

Die Prozeßfähigkeit wird durch das **Heimatrecht** der Partei geregelt. Das ergibt sich aus § 55 ZPO (vBar, IPR Bd 1 Rn 370; Schack, IZVR Rn 535), wird jedoch überwiegend mit § 52 ZPO iVm Art 7 EGBGB begründet (zB MünchKomm/Sonnenberger Einl IPR Rn 413; Kralik, Die Prozeßfähigkeit des Ausländers [auch in Ehesachen], ZfRV 1970, 161 ff; BGH 7. 12. 1955 JZ 1956, 535 m Anm Neuhaus; wie hier Stein/Jonas/Leipold § 55 Rn 1; Furtak, Die Parteifähigkeit in Zivilverfahren mit Auslandsberührung [1995] 152 ff, 164 ff vermittelnd). Wer dann aber und inwieweit als **Vertreter** im Prozeß auftreten kann, richtet sich bei Minderjährigen nach Art 21 (elterliche Sorge) und Art 24 EGBGB bei Vormundschaft bzw vorrangig nach dem Haager MSA oder KSÜ (LG Mannheim 19. 8. 1960 FamRZ 1961, 79 m Klarstellung zum ndl Recht von van Sasse van Ysselt FamRZ 1962, 27; Stein/Jonas/Leipold § 55 Rn 8). Das so bestimmte Recht entscheidet auch darüber, ob und inwieweit ein gesetzlicher Vertreter einer Genehmigung (zB des Vormundschaftsgerichts) zur Prozeßführung bedarf (Riezler, IZPR Rn 423; Stein/Jonas/Leipold aaO). Notfalls kann einem ausländischen Minderjährigen für den inländischen Prozeß ein Ergänzungspfleger bestellt werden (KG 10. 11. 1981 OLGZ 1982, 175 = NJW 1982, 526). 1

Wäre der Ausländer aber nach **deutschem Recht** prozeßfähig, so genügt das auch (§ 55 ZPO). Es kommt also auf das Heimatrecht nur an, wenn der Ausländer noch nicht 18 Jahre alt oder sonst nach deutschem Recht nicht prozeßfähig ist. Ist der Ausländer im Inland entmündigt worden (Art 24 Abs 1 EGBGB), so ist er prozeßunfähig, auch wenn das Heimatrecht die Entmündigung nicht anerkennt, ihn also weiter für prozeßfähig hält (Stein/Jonas/Leipold § 55 Rn 3; Riezler, IZPR 421). 2

II. Entgegenstehende Rechtshängigkeit*

1. Allgemeines

a) Zweck

3 Auch im Ausland anhängige Verfahren können die von Amts wegen zu prüfende Einwendung der Rechtshängigkeit für eine spätere deutsche Klage gem **§ 261 Abs 3 Nr 1 ZPO** begründen. Dieser Grundsatz ist heute allgemein anerkannt.

---

* **Schrifttum**: BASEDOW, Parallele Scheidungsverfahren im In- und Ausland, IPRax 1983, 278; ders, Nochmals: Parallele Scheidungsverfahren im In- und Ausland; IPRax 1984, 84; BÜRGLE, Zur Konkurrenz von inländischen Scheidungsverfahren mit ausländischen Scheidungsverfahren und -urteilen, IPRax 1983, 281; BUSCHMANN, Rechtshängigkeit im Ausland als Verfahrenshindernis (1996); DOHM, Die Einrede ausländischer Rechtshängigkeit im deutschen internationalen Zivilprozeßrecht (1996); GEIMER, Beachtung ausländischer Rechtshängigkeit und Justizgewährungsanspruch, NJW 1984, 527; GRUBER, Die „ausländische Rechtshängigkeit" bei Scheidungsverfahren, FamRZ 1999, 1563; ders; Die neue europäische Rechtshängigkeit – Zur EG-Verordnung über die Zuständigkeit und die Anerkennung und Vollstreckung von Entscheidungen in Ehesachen und in Verfahren betreffend die elterliche Verantwortung für die gemeinsamen Kinder, FamRZ 2000, 1129; HABSCHEID, Non-licet bei ausländischer Rechtshängigkeit, in: FS Heinrich Lange (1970) 429; ders, Die Folgen der Nichtbeachtung ausländischer Rechtshängigkeit, RabelsZ 31 (1967) 266 ff; ders, Bemerkungen zur Rechtshängigkeitsproblematik im Verhältnis der Bundesrepublik Deutschland und der Schweiz einerseits und der USA andererseits, in: FS Zweigert (1981) 109; HAU, Positive Kompetenzkonflikte im Internationalen Zivilprozeßrecht (1996); ders, Rechtshängigkeitssperre durch paralleles Scheidungsverfahren in Tennessee, IPRax 1995, 80; HEIDERHOFF, Die Berücksichtigung ausländischer Rechtshängigkeit in Ehescheidungsverfahren (1998); HENRICH, Zur Berücksichtigung der ausländischen Rechtshängigkeit von Privatscheidungen, IPRax 1995, 86; JAYME, Rechtshängigkeit kraft Verbundes im Ausland und inländisches gesondertes Unterhaltsverfahren, IPRax 1987, 295; KERAMEUS, Rechtsvergleichende Anmerkungen zur internationalen Rechtshängigkeit, in: FS K H Schwab (1990) 257; LEIPOLD, Internationales Rechtshängigkeit, Streitgegenstand und Rechtsschutzinteresse, in: Gedächtnisschrift für Peter Arens (1993) 227; LINKE, Zur Berücksichtigung ausländischer Rechtshängigkeit eines Scheidungsverfahrens vor deutschen Gerichten, IPRax 1982, 229; ders, Verbundszuständigkeit – anderweitige Rechtshängigkeit – res judicata, IPRax 1992, 159; ders, Anderweitige Rechtshängigkeit im Ausland und inländischer Justizgewährungsanspruch, IPRax 1994, 17; LUTHER, Die Beachtung einer ausländischen Rechtshängigkeit im Eheprozeß, MDR 1970, 725; ders, Die Grenzen der Sperrwirkung ausländischer Rechtshängigkeit, IPRax 1984, 141 ff; McGUIRE, Verfahrenskoordination und Verjährungsunterbrechung im europäischen Prozeßrecht, 2004; MANSEL, Inländische Rechtshängigkeitssperre durch ausländische Streitverkündung IPRax 1990, 214; OTTE, Umfassende Streiterledigung durch Beachtung von Sachzusammenhängen (1998); PHILIPPI, Doppelte Scheidungsprozesse im In- und Ausland, FamRZ 2000, 525; RAUSCHER, Ausländische Rechtshängigkeit und Rechtsschutzeinwand, IPRax 1986, 274; ders, Jugoslawisches IZPR vor deutsche Gerichte? – Zur Beachtlichkeit ausländischer Rechtshängigkeit, IPRax 1992, 14; ders, Rechtshängigkeitseinwand bei belgischem Parallelverfahren, IPRax 1994, 188; SCHACK, Die Versagung der deutschen internat. Zuständigkeit wegen forum non conveniens und lis alibi pendens, RabelsZ 88 (1994) 40; SCHLOSSER, Die perpetuatio litis als rechtsstaatlicher Leitgedanke des nationalen und internationalen Zivilprozeßrechts, in: FS Nagel (1987) 352; ders, Parallele Eheaufhebungs- und Ehescheidungsverfahren im In- und

Zweck des § 261 Abs 3 ZPO ist es zum einen, Rechtskraftkollisionen zu vermeiden, die bei einer Anerkennung der ausländischen Entscheidung eintreten würden (ebenso zB LINKE IPRax 1994, 17). Zum anderen soll die Rechtshängigkeitssperre dem in einem zweiten Verfahren Beklagten die doppelte Prozeßführung ersparen. Da dies in internationalen Situationen nicht anders ist als in nationalen, ist § 261 Abs 3 ZPO auch hier anzuwenden (**aA** DOHM, Einrede der ausländischen Rechtshängigkeit 252 ff, der § 148 ZPO anwenden will; WAHL, Die verfehlte internationale Zuständigkeit [1974] 114 ff, der die Lehre vom Forum non conveniens heranzieht; ähnlich de lege ferenda KROPHOLLER und NEUHAUS RabelsZ 444 [1980] 340). Für die Rechtshängigkeitswirkung ist daher zu verlangen, daß das mögliche ausländische Urteil im Inland anerkannt werden kann, dh es bedarf einer positiven **Anerkennungsprognose** (BGH 16. 6. 1982 FamRZ 1982, 917; BGH 9. 10. 1985 NJW 1986, 662 = IPRax 1987, 314 [JAYME 295]; BGH 18. 3. 1987 FamRZ 1987, 580 = IPRax 1989, 104 [SIEHR 93] = NJW 1987, 3083 [GEIMER]; BGH 12. 2. 1992 IPRax 1994, 40 [LINKE 17]; OLG Hamm 25. 11. 1992 IPRspr 1992 Nr 214; STEIN/JONAS/SCHUMANN § 261 Rn 11; BÜRGLE IPRax 1983, 284; LINKE IPRax 1982, 229; IPRax 1994, 17 f; SCHACK, IZVR Rn 756 f; RAHM/KÜNKEL/BREUER VIII Rn 20; GEIMER NJW 1987, 3085; OLG Hamm 6. 7. 1988 NJW 1988, 3102). Im Anwendungsbereich der EheGVO, der EuGVO (für Unterhaltssachen), des EuGVÜ und LugÜ entfällt die Anerkennungsprognose (Art 27 EuGVO, Art 21 EuGVÜ/LugÜ, Art 19 EheGVO; HAU IPRax 1998, 457 f; KROPHOLLER, EurZPR Art 27 Rn 18; SCHACK, IZVR Rn 761), genau genommen, weil die Anerkennung hier gesichert ist. 4

Da Rechtsschutz sowohl durch ein Verfahren im Inland als durch Anerkennung eines ausländischen Urteils gewährt werden kann (PFEIFFER, Internationale Zuständigkeit und prozessuale Gerechtigkeit [1995] 449 ff; HEIDERHOFF, Ausländische Rechtshängigkeit 103 f; LINKE, IPRax 1994, 17; vgl auch OLG Frankfurt aM 29. 5. 1995 FamRZ 1997, 92; dagegen für uneingeschränkten Anspruch auf inländische Rechtsspflege SCHÜTZE, ZZP 104 [1991] 136 ff), ist es auch unter dem Aspekt des Justizgewährungsanspruches nicht erforderlich, den Parteien konkurrierenden Zugang zu den inländischen Gerichten zu gewähren, falls im Ausland bereits ein Verfahren eingeleitet wurde, dessen Urteil im Inland grundsätzlich anerkennungsfähig ist. Und wegen dieser Anerkennungsmöglichkeit darf ein nachträgliches inländisches Verfahren nicht mehr eingeleitet werden (BUSCHMANN, Rechtshängigkeit im Ausland 23; RAUSCHER/GUTHKNECHT IPRax 1993, 23; KERAMEUS, in: FS Schwab [1990] 257 ff mit Rvgl), und zwar auch dann nicht, wenn im Inland anders entschieden würde, weil hier gem dem deutschen IPR ein anderes Recht angewandt würde. Die Anerkennung von Urteilen ist unabhängig von ihrem Inhalt und insbesondere ihrer materiell-rechtlichen Grundlage. Die ausländischen Verfahren und Urteile sind grundsätzlich gleichwertig (GEIMER, IZPR Rn 37; SCHACK, IZVR Rn 35 ff; HEIDERHOFF aaO 105; COESTER-WALTJEN, Internationales Beweisrecht [1983] 140 ff; bedenklich OLG Karlsruhe IPRax 1992, 171 ff; **aA** SCHÜTZE, ZZP 101 [1994] 136 ff, 146). Hiergegen spricht auch nicht, daß nach § 328 Abs 1 Nr 3 ZPO ein späteres inländisches Urteil der 5

Ausland, IPRax 1985, 16; SCHUMANN, Der Einwand internationaler Rechtshängigkeit am Beispiel paralleler deutsch-türkischer Ehescheidungsverfahren, IPRax 1986, 14; ders, Internationale Rechtsanhängigkeit (Streitanhängigkeit), in: FS Kralik (1986) 301; SCHÜTZE, Die Berücksichtigung der Rechtshängigkeit eines ausländischen Verfahrens, RabelsZ 31 (1967) 233; ders, Die Wirkungen ausländischer Rechtshängigkeit in inländischen Verfahren, ZZP 104 (1991) 136; ders, Zur internationalen Rechtshängigkeit im deutschen Recht, in: FS Beys (2003) 1501; SIEHR, Rechtshängigkeit im Ausland und das Verhältnis zwischen staatsvertraglichen sowie autonomen Anerkennungsvorschriften, IPRax 1989, 93.

Anerkennung des ausländischen entgegensteht. Denn die Regel bedeutet nur, daß das inländische Urteil trotzdem Bestand hat, obwohl es eigentlich wegen der Rechtshängigkeitssperre nicht mehr hätte ergehen dürfen (Kerameus aaO S 263 f).

6 Man kann die Sperrwirkung des ausländischen Verfahrens dementsprechend als eine **vorgezogene Wirkungserstreckung** des ausländischen Verfahrens deuten (zur Wirkungserstreckung kraft Anerkennung vgl § 328 ZPO Rn 121 ff). Der Grund dafür, daß das deutsche Recht sie zuläßt, ist, daß der Justizanspruch der Parteien schon im Ausland befriedigt werden wird, wenn das dortige Urteil im Inland wirken wird.

7 Das Prozeßhindernis der Rechtshängigkeit ist auch in den meisten **Anerkennungs- und Vollstreckungsabkommen** enthalten. Zu nennen ist vor allem Art 11 EheGVO, der die zweiseitigen Abkommen in Europa ersetzt hat. Daneben zu nennen sind Art 4 Abs 1 Nr 5 des deutsch-israelischen Abkommens v 20. 7. 1977 (BGBl 1980 II 923, 1531: dazu BGH 2. 2. 1994 IPRax 1995, 111 [Henrich 86]), Art 21 des deutsch-norwegischen Vertrages v 17. 6. 1977 (BGBl 1981 II 341), Art 28 des deutsch-tunesischen Abkommens v 19. 7. 1966 (BGBl 1969 II 889). Art 21 EuGVO ist im Eherecht sachlich nur auf Unterhaltsklagen anzuwenden (dazu EuGH 27. 6. 1991 – Overseas v New Hampshire – Slg 1991, 3317; OLG Frankfurt aM 1. 12. 1981 IPRax 1981, 243 [Luther 229]).

b) Rechtsgrundlage

8 **§ 261 Abs 3 Nr 1 ZPO** bestimmt die Voraussetzungen der internationalen Rechtshängigkeitssperre (zB Stein/Jonas/Schumann § 261 Rn 11 mwNachw; Schack, IZVR Rn 747 f; Zöller/Geimer, IZPR Rn 96; Rosenberg/Schwab/Gottwald, ZPR § 97 Rn 18; Riezler, IZPR 453; Basedow IPRax 1983, 279; Buschmann, Rechtshängigkeit 10 ff mwN; Hausmann IPRax 1982, 52; Heiderhoff, Ausländische Rechtshängigkeit 70 ff; Habscheid RabelsZ 31 [1967] 254 ff; Schumann IPRax 1986, 14; ders, in: FS Kralik [1986] 301 ff m Rvgl; Schlosser IPRax 1985, 16; Linke IPRax 1994, 17; RG 25. 8. 1938 RGZ 158, 145; BGH 16. 6. 1982 FamRZ 1982, 917; BGH 26. 1. 1983 NJW 1983, 1269 = FamRZ 1983, 366 = IPRax 1984, 152 [Luther 141] = LM Nr 107 zu § 261 ZPO; BGH 18. 3. 1987 IPRax 1989, 104 [Siehr 93]; BGH 12. 2. 1992 FamRZ 1992, 1058; BGH 2. 2. 1994 FamRZ 1994, 434; OLG Düsseldorf 20. 3. 1985 IPRax 1986, 29 [Schumann 14]; OLG Frankfurt aM 8. 12. 1986 IPRax 1988, 24 [Schumann 13] OLG Frankfurt aM 11. 3. 1999 FamRZ 2000, 35; OLG Karlsruhe 15. 12. 1969 FamRZ 1970, 419; OLG Nürnberg 10. 4. 1999 FamRZ 2000, 369; OLG Bamberg 5. 11. 1999 FamRZ 2000, 1289; OLG Hamm 16. 4. 1997 FamRZ 1998, 303; BayObLG 28. 1. 1983 = FamRZ 1983, 501; **aA** Schütze, ZZP 104 [1991] 136 ff). § 261 Abs 3 Nr 1 ZPO ist jedoch **nur noch anwendbar**, wenn die andere Klage nicht in einem Mitgliedstaat der EheGVO rechtshängig ist, denn deren Art 19 geht vor und weicht von § 261 Abs 3 Nr 3 ZPO ab (dazu dort).

9 Der Bezug zur Urteilsanerkennung legt nahe, nicht strikt auf die Erfüllung der Voraussetzungen des § 261 Abs 3 ZPO durch Vorgänge im Ausland abzustellen. Es sind also nicht nur die ausländischen Parteihandlungen oder Prozeßlagen unter den Tatbestand des § 261 Abs 3 Nr 1 ZPO zu subsumieren und eine Art Substitution vorzunehmen (so aber OLG Karlsruhe 21. 12. 1990 IPRax 1992, 171, 173 [Sonnenberger 154 f]; OLG Hamm 6. 7. 1988 NJW 1988, 310 2; OLG Stuttgart 4. 10. 1988 IPRax 1990, 113; Gruber FamRZ 1999, 1565: Gleichwertigkeit der Prozeßlagen; Geimer, IZPR Rn 2699; Rahm/Künkel/Breuer Hdb FamGerVerf VIII Rn 20). Vielmehr sind die inländischen Regeln der internationalen Lage anzupassen (ähnlich Linke, IZPR Rn 42, ders IPRax 1994, 18; Heiderhoff aO 176). Das zeigt sich schon an der Anerkennungsprognose. Zunächst ist die aus-

ländische Prozeßlage nach dortigem Recht festzustellen. Und da es um die Rechtshängigkeitssperre für die spätere inländische Klage geht, muß die ausländische Rechtslage der des § 261 Abs 3 Nr 1 ZPO funktional entsprechen (LINKE IPRax 1994, 18; LINKE IPRax 1982, 230; RIEZLER, IZPR [1994] 116 f). Das entscheidende Kriterium ist dafür, ob das frühere ausländische Verfahren nach seinem Recht auch dort ein zweites zwischen denselben Parteien und mit demselben Streitgegenstand sperrt (so auch GRUBER FamRZ 1999, 1564 f). Solange das nicht der Fall ist, ist auch die zweite Klage im Inland zulässig (LINKE IPRax 1982, 230). Wenn hier dann eine Sperrwirkung eintritt, bevor sie im Ausland schon eingetreten ist, entsteht ggf für das spätere ausländische Urteil das Anerkennungshindernis des § 328 Abs 1 Nr 3 2 Alt ZPO (**aA** OLG Bamberg 13. 3. 1996 FamRZ 1997, 95). Idealiter wird freilich das ausländische Verfahren wegen der Rechtshängigkeit in Deutschland beendet (so FamG Istanbul 17. 6. 1997 FamRZ 1998, 919), doch muß sich der deutsche Richter jedenfalls nicht weiter um das ausländische Verfahren kümmern. Im Mittelpunkt der Diskussion steht indes der umgekehrte Fall, daß im Ausland die Rechtshängigkeit schon mit der Einreichung der Klage bei Gericht eintrat, bevor die deutsche Klage dem Beklagten zugestellt wurde (u Rn 14 ff).

2. Rechtshängigkeit im Ausland

a) Ausländisches Verfahren

§ 261 ZPO erfordert für die Rechtshängigkeitssperre, daß dieselbe Sache bereits im **10**
Ausland rechtshängig, dh bei einer zu **hoheitlicher Streitentscheidung** befugten Stelle angebracht ist (**aA** GRUBER FamRZ 1999, 1565, wenn die Privatscheidung nach ihrem Recht andere Verfahren blockiere). Es kann sich natürlich um staatliche Gerichte, aber auch um Verwaltungsbehörden handeln. Ob kirchliche Scheidungsverfahren auch eine Rechtskraftssperre bewirken, hat der BGH (2. 2. 1994 IPRax 1995, 111) jedenfalls dann verneint, wenn nach Art 17 Abs 1 EGBGB deutsches Recht Scheidungsstatut war, denn dann stehe schon § 1564 BGB der Anerkennung im Wege. Anders wäre es jedoch bei einem ausländischen Scheidungsstatut, das die kirchliche bzw private Scheidung zuläßt (HENRICH IPRax 1995, 87). In casu handelte es sich um ein israelisches Rabbinatsgericht (zum betr Scheidungsverfahren HERFARTH, Die Scheidung nach jüdischem Recht im internationalen Zivilverfahrensrecht [2000] und FamRZ 2002, 17). Immer unter der Voraussetzung der späteren Anerkennungsfähigkeit der Scheidung muß auch die Anhängigkeit dort genügen, wenn nach dortigem staatlichem Recht kirchliche Scheidungen wirksam sind.

Dagegen wird man nicht von Anhängigkeit und Verfahren reden bei **Privatschei-** **11**
dungen ohne Beteiligung entscheidender Dritter, also bei den traditionellen Scheidungen durch „Verstoßung" nach islamischen Rechten. Doch gibt es mancherlei Zwischenstufen. Wenn zB wie nach persischem Recht (ELWAN IPRax 1992, 326) der Ehemann eine gerichtliche Genehmigung für die „Verstoßung" braucht, dann ist die Sache mit dem Beginn dieses Verfahrens anhängig. Das OLG Stuttgart (4. 10 1988 IPRax 1990, 113; abl HEIDERHOFF, Ausländische Rechtshängigkeit 167, 180) hat die Rechtshängigkeitssperre bei einem Unterhaltsanspruch verneint, solange dieser in Japan erst in einem wohl obligatorischen Scheidungsverfahren mit privaten Schlichtern anhängig war, ua weil dieses nicht prozeßähnlich ausgestaltet sei. Diese Begründung trägt nicht, weil, wie das OLG mitteilt, der Antrag nach einem Scheitern der Vermittlung automatisch in ein Verfahren der freiwilligen Gerichtsbarkeit übergeleitet

würde. Das OLG hätte prüfen müssen, ob in diesem Stadium der Antrag in Japan noch anderswo hätte erhoben werden können, und ob wirklich der Antrag automatisch und ohne neuen Antrag vor Gericht kommt. Wäre das letztere nicht der Fall, würde mit dem Scheitern des Vermittlungsverfahrens die „Rechtshängigkeit" wieder enden (zum japanischen Scheidungsverfahren, aber ohne auf diese Frage einzugehen NISHITANI FamRZ 2002, 49). Führt aber das ausländische Verfahren nicht sicher zu einem Sachurteil, dann braucht das inländische nicht gesperrt zu werden. In ostasiatischen Rechten muß andererseits eine Scheidung durch Vertrag der Eheleute beim Standesamt registriert werden, um wirksam zu werden. Hier wird man nicht von der Anhängigkeit eines Scheidungsantrages reden, wenn dabei die Wirksamkeit oder gar Berechtigung der Scheidung nicht geprüft und entschieden wird. Ist das aber zB bei einer Vertragsscheidung vorgesehen, träte mit dem Eintragungsantrag eine Rechtshängigkeit ein (HEIDERHOFF aaO 173; vgl Hinweise STAUDINGER/MANKOWSKI [2003] Art 17 EGBGB Rn 65 ff).

b) Rechtshängigkeit

12 Ob die Sache **schon** und **noch rechtshängig** ist, bestimmt das Prozeßrecht des ausländischen Gerichts (BGH 16. 6. 1982 FamRZ 1982, 917; BGH 9. 10. 1985 NJW 1986, 662 = IPRax 1987, 314 [JAYME 295]; BGH 18. 3. 1987 FamRZ 1987, 580, [zust GOTTWALD] = IPRax 1989 [zust SIEHR 93] = NJW 1987, 3083 [GEIMER]; BGH 12. 2. 1992 IPRax 1994, 40 [Linke 17]; BGH 2. 2. 1994 FamRZ 1994, 434; BGH 28. 9. 1994 FamRZ 1994, 1585; OLG Frankfurt aM 11. 3. 1999 FamRZ 2000, 35; OLG Bamberg 5. 11. 1999 FamRZ 1999, 1289; OLG Hamm 25. 11. 1992 IPRspr 1992 Nr 214; OLG Hamm 16. 4. 1997 FamRZ 1998, 303; OLG Thüringen 20. 10. 1998 FamRZ 1999, 211; OLG Hamm 6. 7. 1988 NJW 1988, 3102; LG Stuttgart 3. 1. 1967 JZ 1968, 706 [GRUNSKY]; teilw LINKE IPRax 1982, 229; IPRax 1994, 17 f; SCHACK, IZVR Rn 756 f; RAHM/KÜNKEL/BREUER VIII Rn 20; GEIMER NJW 1987, 3085; STEIN/JONAS/SCHUMANN § 261 Rn 14; HEIDERHOFF, Ausländische Rechtshängigkeit IPRax 1983, 284, SCHUMANN, in: FS Kralik [1986] 301, 308; BUSCHMANN Rechtshängigkeit im Ausland 155; GOTTWALD FamRZ 1987, 582; SONNENBERGER IPRax 1992, 157), das damit die Voraussetzungen der Rechtshängigkeit und den Zeitpunkt ihres Eintrittes als prozessuale Lage festlegt. Hier können Unterschiede zwischen dem deutschen und dem ausländischen Recht vor allem darin bestehen, ob schon die Klageeinreichung oder erst die Zustellung die Rechtshängigkeit begründet. Die lex fori gilt weiter dafür, ob mit der Einreichung eines Scheidungsantrages kraft zwingenden Verbunds zB auch ein Unterhaltsanspruch rechtshängig wird (implizit wohl BGH 9. 10. 1985 NJW 1986, 662; Rechtshängigkeit in casu für Italien bejaht von JAYME IPRax 1987, 296; OLG München 26. 6. 1991 IPRax 1992, 174; OLG Nürnberg 10. 8. 1999 FamRZ 2000 369, HEIDERHOFF, Ausländische Rechtshängigkeit 199).

13 Ob die Ehesache nach ausländischem Recht schon rechtshängig ist, kann bei vorangestellten **Versöhnungsverfahren** problematisch sein. Der BGH (12. 2. 1992 IPRax 1994, 40 [LINKE 17] = FamRZ 1992, 1058; vgl OLG Karlsruhe 21. 12. 1990 IPRax 1992, 171 [SONNENBERGER 154]; OLG Stuttgart 4. 10. 1998 IPRax 1990, 113) hat einmal das OLG angewiesen zu prüfen, ob die französische requête en divorce nach französischem Recht schon die Rechtshängigkeit begründet, wenn erst gem art 251 ff c civ, 1105 NCPC ein obligatorisches Schlichtungsverfahren stattfindet. SONNENBERGER (aaO 157) bejaht das mit eingehender Begründung und in Übereinstimmung mit Cour d'Appel Colmar 11. 6. 1990 (IPRax 1992, 173). Die Frage stellt sich heute zwar nicht mehr für § 261 Abs 3 Nr 1 ZPO, sondern für Art 11 EheGVO, welcher eine autonome Definition der Rechtshängigkeit enthält. Wichtig und richtig ist für solche und ähnliche

Fälle aber der Verweis auf das ausländische Recht. Dabei ist letztlich, dem oben Gesagten entsprechend, entscheidend, ob ein gescheitertes Versöhnungsverfahren in ein streitiges übergeleitet wird, und ob, was dann wohl die Regel sein wird, schon mit dem Beginn des ersteren eine parallele Klage ausgeschlossen wird (Gruber FamRZ 1999, 1566).

c) Priorität

14 Auf der Grundlage der hM kann der Beklagte eines deutschen Verfahrens nach Einreichung, aber vor Zustellung der deutschen Klage das inländische Verfahren noch dadurch sperren, daß er im Ausland seinerseits eine Klage einreicht, die dort bereits mit der Einreichung rechtshängig iSd § 261 Abs 3 Nr 1 ZPO wird (dazu rvgl Krusche MDR 2000, 680). Dieses Vorgehen ist gerade bei Prozessen mit Auslandsbezug erfolgversprechend, weil die nach deutschem Recht für die Rechthängigkeit erforderliche Zustellung der Klage im Ausland langwierig sein kann. Um derartige Manipulationen zu verhindern, verlangen manche, daß das ausländische Verfahren ungeachtet der nach dortigem Recht eingetretenen Rechtshängigkeitssperre einen dem deutschen § 621 Abs 3 Nr 1 ZPO gleichwertigen Stand erreicht hat, was idR erst mit der Klagzustellung der Fall sei (Schack, IZVR Rn 758; Geimer, IZPR Rn 2699; 18 f; OLG Hamm 6. 7. 1988 NJW 1988, 3103; Heiderhoff, Ausländische Rechtshängigkeit 195 f; läßt wohl auch andere Kenntniserlangung als durch Zustellung genügen; genauer Gruber aaO).

15 Das auf der Basis der hM mögliche Manöver kann sowohl hinsichtlich der Scheidungsgründe als auch der -folgen weitreichende Folgen haben, denn uU wird das ausländische Gericht ein anderes Scheidungsrecht anwenden müssen. Der bewußte Wettlauf um das günstigere Forum kommt in der Praxis durchaus vor (man kann ihn zumindest vermuten in OLG Hamburg 3. 7. 1990 IPRax 1992, 38 [Rauscher 14]; OLG Celle 21. 1. 1992 IPRax 1994, 209 [Rauscher 188]; BGH 2. 12. 1992 BGHZ 126, 305 = FamRZ 1993, 311 = JZ 1993, 619 [Schack]). Nicht selten ist auch, daß eine Partei alsbald aufgrund der Trennung der Ehegatten ins Ausland verzieht und dann dort einen Antrag stellt, um den in Deutschland noch zu überholen (so in BGH 12. 2. 1992 IPRax 1994, 40 [Linke 17]; BGH 2. 2. 1994 IPRax 1995, 111 [Henrich 86], wo der neue Antrag nach dem Umzug von der betr Partei selbst gestellt wurde, die schon den ersten gestellt hatte). Stets ist das Ergebnis mißlich, wenn man jeweils die lex fori entscheiden läßt, wann die Rechtshängigkeit eingetreten ist. Der BGH will die unterschiedlichen Zeitpunkte der Rechtshängigkeit hinnehmen, weil so am ehesten erreicht werde, daß das ausländische und das inländische Gericht den Zeitpunkt des Eintritts der Rechtshängigkeit und also insbesondere ihrer Sperrwirkung gleich beurteilen (BGH 12. 2. 1992 IPRax 1994, 40 [Linke 17] = FamRZ 1992, 1058). Das ist zwar ein erstrebenswertes Ziel, aber auch die Waffen- oder Chancengleichheit der Parteien sollte möglichst gewahrt bleiben und nicht von den unterschiedlichen Gestaltungen der Rechtshängigkeitssperre abhängen.

16 Aus den genannten Gründen sehen Art 19 mit 16 (Art 11 Abs 2 aF) EheGVO und Art 30 Nr 1 EuGVO vor, daß in ihrem Anwendungsbereich einheitlich die **Priorität der Klageeinreichung** bei Gericht oder der Übergabe an das Zustellungsorgan entscheidet (vgl Art 16 EheGVO Rn 7 ff). Ebenfalls auf die Einreichung der Klage stellen auch die §§ 90 Abs 1 VwGO, 90 und 94 Abs 1 SGG und 64 Abs 1 und 66 Abs 1 FGO ab. Es erscheint daher angemessen, auch in der ZPO die **deutsche Rechtshängigkeit** für diese Frage der internationalen Priorität auf die Einreichung des Antrages bzw

der Klage beim deutschen Gericht **vorzuverlegen** (wie hier de lege lata BURCKHARDT, Internationale Rechtshängigkeit und Verfahrensstruktur bei Eheauflösungen [Diss Heidelberg 1997] S 65 ff, 83 ff mwNachw; ähnlich GEIMER EWiR 1987, 310; BGH 12. 2. 1992 FamRZ 1992, 1058, 1060 will nur im Einzelfall bei besonderen Umständen von der inländischen Partei unzumutbare Nachteile abwenden; de lege ferenda SCHACK, IZVR Rn 758; ähnlich iE LG Stuttgart 3. 11. 1967 JZ 1968, 706 m Anm GRUNSKY). Damit wäre, da auch ausländische Gerichte die deutsche Regelung zu beachten hätten, die Chancengleichheit hergestellt.

17 Gegen die hier vertretene Ansicht spricht nicht zwingend der Wortlaut der §§ 253, 261 ZPO. Denn iRd § 261 Abs 3 ZPO ist auf die Besonderheiten internationaler Verfahren Rücksicht zu nehmen und § 261 Abs 3 Nr 1 ZPO nur analog anzuwenden (GRUNSKY JZ 1968, 707 f). Die unterschiedliche Bestimmung des Rechtshängigkeitszeitpunktes in nationalen und grenzüberschreitenden Verfahren lässt sich rechtfertigen mit der im internationalen Verkehr gewöhnlich viel länger als im Inland dauernden Zustellung und mit der Notwendigkeit, inländische und ausländische Kläger gleichzustellen. Auch nach dem Gedanken des § 207 ZPO soll die Verzögerung der Zustellung nicht zulasten der Partei gehen.

18 Im ausländischen wie inländischen Verfahren ist allerdings zu verlangen, daß die bei Gericht eingereichte Klage dann noch in angemessener Zeit bzw so rechtzeitig zugestellt wird, daß der Beklagte sich noch in der Instanz verteidigen kann (vgl § 328 Abs 1 Nr 2 ZPO). Ferner ist zu beachten, dass für den Fall, dass das ausländische Prozeßrecht die Rechtshängigkeitssperre erst mit der Klagezustellung eintreten läßt, es bei §§ 253, 261 Abs 3 Nr 17 ZPO bewenden kann. Sonst würde das deutsche Verfahren bevorzugt.

d) Beendigung der Rechtshängigkeit

19 Die Rechtshängigkeit im Ausland **endet** spätestens mit dem Abschluss des ausländischen Verfahrens durch ein rechtskräftiges Urteil (OLG München 30. 10. 1979 IPRspr 1979 Nr 192; unklar, weil die Rechtskraft nicht festgestellt wird, OLG Koblenz 8. 1. 1974 FamRZ 1974, 189), mit einer Rücknahme der ausländischen Klage (BGH 16. 6. 1982 FamRZ 1982, 917) oder auch, wenn aus sonstigen Gründen nicht mehr mit einer Entscheidung im ausländischen Verfahren gerechnet werden kann. Ist im Ausland ein rechtskräftiges Scheidungsurteil ergangen, sperrt dieses aufgrund seiner Rechtskraftwirkungen das Verfahren im Inland mit gleichem Streitgegenstand, wenn es anerkannt werden kann (Rn 48 ff). Klagabweisungen als unzulässig erlauben dagegen die Fortsetzung des inländischen Verfahrens.

3. Identität des Streitgegenstands und der Parteien

a) Parteiidentität

20 Die **Parteien** müssen in beiden Verfahren dieselben sein, brauchen aber nicht dieselben Parteirollen zu haben (BGH 18. 3. 1987 FamRZ 1987, 580 = NJW 1987, 3083; OLG Düsseldorf 20. 3. 1985 IPRax 1986, 29 [SCHUMANN 14]). Es begegnet in der Praxis recht häufig, daß der inländische Beklagte seinerseits im Ausland klagt und umgekehrt (BÜRGLE IPRax 1983, 281; BASEDOW ebd 278 f). Es liegt in der Natur der Sache, daß bei Statussachen idR nur die Ehegatten Parteien sind. Ausnahmen sind bei Streitverkündung an angebliche Ehebrecher uä und bei Feststellungsklagen Dritter denkbar, sind aber anscheinend noch nicht aufgetreten. Dagegen könnte eine praktische

Bedeutung haben, daß ein Ehegatte die Eheaufhebung oder -nichtigerklärung beantragt, und in einem anderen Land der Staatsanwalt oder eine Verwaltungsbehörde. Hier fehlt die Parteienidentität.

b) Streitgegenstandsidentität

Der Umfang der Rechtshängigkeit und damit die Identität des **Streitgegenstandes** 21
wird zum einen dadurch bestimmt, was im ersten Verfahren im Ausland nach dortigem Recht anhängig ist (OLG Hamburg 14.10.1964 FamRZ 1965, 151). Erst aus dem späteren deutschen Verfahren ist jedoch zu ersehen, ob im Inland derselbe Gegenstand anhängig gemacht wird (STEIN/JONAS/SCHUMANN § 261 Rn 12). Letzterer ist nach deutschem Recht zu beurteilen, und dann ist zu vergleichen (SONNENBERGER IPRax 1992, 155).

Der EuGH (8.12.1987 Slg 1987, 4861, Gubisch v Palumbo; dazu LEIPOLD, in: Gedächtnisschrift 22
Arens 227 ff) geht für Art 21 EuGVO/EuGVÜ/LugÜ über deutsche Regeln deutlich hinaus, und nimmt eine Identität des Streitgegenstandes schon an, wenn zwei Ansprüche auf demselben Rechtsverhältnis beruhen. An diese vertragsautonome Interpretation des Art 21 EuGVO/EuGVÜ/LugÜ muß man sich in dessen Anwendungsbereich halten. Das betrifft also namentlich Unterhaltsansprüche. In Personenstandssachen gilt dagegen Art 11 EheGVO im Verhältnis der EU-Staaten ohne Dänemark, der ebenfalls einen weiten Begriff der Identität von Streitgegenständen verwendet und näher beschreibt, daß Anträge auf Ehetrennung, Ehescheidung und Eheaufhebung sich gegenseitig immer sperren (dazu GRUBER FamRZ 2000, 1131). Außerhalb des Anwendungsbereichs der EheGVO ist aber weiter von § 261 Abs 3 Nr 1 ZPO auszugehen.

Bei diesem Vergleich der Streitgegenstände sind die **Statusklage** und die eventuellen 23
Scheidungsfolgenanträge nicht zusammenzufassen, sondern jeweils separat zu betrachten. So ist die Identität einer inländischen und ausländischen Scheidungsklage nicht schon deshalb zu verneinen, weil im Ausland von Amts wegen oder auf Antrag andere Scheidungsfolgen mit anhängig sind als im Inland (BGH 26.1.1983 FamRZ 1983, 366 = IPRax 1984, 152 [LUTHER 141] = NJW 1983). Die Sperrwirkung tritt dann nur soweit ein, als die jeweiligen Verfahrensgegenstände identisch sind (BGH 26.1.1983 aaO; BGH 9.10.1985 IPRax 1987, 314 [JAYME 295]).

Man kann die Fragen unterscheiden, ob verschiedene Gestaltungsanträge, dh Ehe- 24
trennungs-, Ehescheidungs- und Aufhebungs- bzw Nichtigkeitsklagen sich gegenseitig sperren, ob die Streitgegenstände gleichartiger Klagen dadurch verschieden sind, daß sie nach verschiedenen Rechten beurteilt werden, womit uU auch verschiedene Gründe zugrunde zu legen sind, und ob schließlich auch bei gleichem angewandtem Recht schon verschiedene Scheidungs- bzw Aufhebungsgründe verschiedene Streitgegenstände ergeben.

Mit dem herrschenden deutschen zweigliedrigen Streitgegenstandsbegriff sind schon 25
bei verschiedenen Scheidungs- oder Aufhebungs- bzw Nichtigkeitsgründen verschiedene Streitgegenstände gegeben. Zwar hat das deutsche Recht nur noch einen Scheidungsgrund der Zerrüttung, aber ausländische Rechte stellen oft zB Verschuldensscheidungen neben Konsens- und Zerrüttungsscheidungen (zB Frankreich). Auch die Unterscheidung von Aufhebung und Nichtigkeit von Ehen wegen anfäng-

licher Mängel kommt anderswo vor, und das deutsche Recht kennt immerhin mehrere Aufhebungsgründe. Wenn im In- und Ausland über wechselseitige Scheidungsanträge der Eheleute nach deutschem Recht zu entscheiden ist, will PHILIPPI (FamRZ 2000, 526 f) trotz verschiedenen Tatsachenvortrages die Rechtshängigkeit deswegen bejahen, weil wegen § 1566 Abs 1 BGB der Grund der Zerrüttung nicht aufgeklärt werden muß. Dagegen sei Streitgegenstandsmehrheit anzunehmen, wenn im In- und Ausland verschiedenes Eherecht mit verschiedenen Scheidungsgründen angewandt wird. Zum Verhältnis von Scheidung und Aufhebung nimmt er nicht Stellung, aber wird dann wohl ebenfalls keine Identität annehmen.

26 Schaut man auf die ehebeendende Wirkung der Gestaltungsurteile und die Maxime, daß eine nicht mehr bestehende Ehe nicht geschieden werden kann, dann läßt sich die Rechtshängigkeit zwischen mehreren Scheidungsklagen auch ohne Identität der Gründe und vorgetragenen Lebenssachverhalte annehmen (so HEIDERHOFF, Ausländische Rechtshängigkeit 224 f), und man erspart sich damit Schwierigkeiten mit den sehr verschiedenen Streitgegenstands- und Rechtskraftlehren im In- und Ausland (so erklärtermaßen HEIDERHOFF aaO; rvgl SPELLENBERG, in: FS Henckel [1995] 841; STÜRNER, in: FS Schütze [1999] 913). Das entspräche der Lehre von der Einheitlichkeit der Entscheidungen in Ehesachen, der aber mit der Aufhebung des § 616 ZPO aF 1977 die Grundlage im Gesetz entzogen wurde (BECKER-EBERHARD, in: FS Gaul [1997] 40 ff). Der BGH hat in einem nicht internationalen Fall (10. 7. 1996 BGHZ 133, 227 = FamRZ 1996, 1209) eine Aufhebungsklage nicht wegen Rechtskraft, sondern „nur" wegen fehlenden Rechtsschutzbedürfnisses für unzulässig erklärt, weil die Ehe bereits geschieden war. Die Begründung widerspricht dem Grundsatz der Einheitlichkeit der Entscheidung in Ehesachen (zur früheren Rspr PHILIPPI aaO 525).

27 Bei Klagen auf Scheidung oder Eheaufhebung ist primär die **Statusänderung** entscheidend (vgl § 328 ZPO Rn 133 ff). Es steht nach hM der Identität nicht entgegen, wenn im In- und Ausland verschiedene Scheidungsgründe geltend gemacht werden (OLG Hamburg 14. 10. 1964 aaO; HEIDERHOFF aaO 224 f; WIECZOREK/BECKER-EBERHARD § 606a Rn 23; **aA** PHILIPPI 527). Der BGH geht bei doppelten Scheidungsverfahren im In- und Ausland auf die Frage nicht ein, hält sie möglicherweise nicht für erheblich (BGH 18. 3. 1987 FamRZ 1987, 580 m Anm GOTTWALD; BGH 12. 2. 1992 FamRZ 1992, 1058 f). Es kann aber leicht sein, daß der ausländische Richter kraft seines IPR ein anderes Scheidungsrecht und damit andere Scheidungsgründe anwenden muß als der deutsche Richter. Dieser Unterschied ändert nichts an der Identität der Gestaltung, wenn beide Gerichte die Ehe scheiden würden. Wenn im ausländischen Verfahren die Ehe geschieden wird, so entfällt die Ehe auch für das Inland, sofern das Urteil hier anerkannt wird, unabhängig davon, aus welchen Gründen sie geschieden worden ist (BGH 26. 1. 1983 FamRZ 1983, 368; spätere Entscheidungen bestätigen das, indem sie keine Angaben über das im Ausland angewandte Recht machen; HEIDERHOFF, Ausländische Rechtshängigkeit 217 ff). Die Gründe können nur für die Scheidungsfolgen entscheidend sein wie zB Unterhaltsansprüche. Und noch mehr kommt es darauf an, wenn die Klage aus dem einen Scheidungsgrund abgewiesen wird. So hinderte früher in Frankeich die Abweisung eines Scheidungsantrags wegen Verschuldens eine spätere Klage wegen Zerrüttung nicht. Es ist verständlich, daß der im Ausland zB wegen Verschuldens auf Scheidung Verklagte dem gerne im Inland durch einen Antrag auf Scheidung wegen Zerrüttung zuvorkommen möchte.

Das Problem des Wettlaufs zum Gericht, dessen IPR zu einem dem jeweiligen Antragsteller günstigeren Recht für die Scheidung bzw für Scheidungsfolgen führt, ist nicht mit Streitgegenstandsdefinitionen zu lösen, sondern verlangt eine **teleologische Interpretation** des § 261 Abs 3 Nr 1 ZPO (ähnlicher Ansatz bei HEIDERHOFF aaO 218). Eine zweite konkurrierende Scheidung ist nicht zuzulassen. Wer zuerst klagt, hat nach den Grundsätzen der Rechtshängigkeit den Vorrang, wenn man die Priorität wie oben Rn 16 beschrieben bestimmt. Und daß mit einer anderen Zuständigkeit ein anderes Recht anzuwenden wäre, ist ein struktureller Fehler des IPR, den man auf der Ebene des IZPR nicht beseitigen kann, sondern nur durch Vereinheitlichung der IPR (weiter in: FS Geimer [2002] 1260 ff). Inwieweit Scheidungsgründe des Urteils im ersten Verfahren über Scheidungsfolgen entscheiden, sagt deren Statut. Im Ergebnis gilt die **Priorität des ersten Scheidungsverfahrens** und seines Urteils ungeachtet der geltend gemachten Scheidungsgründe. 28

Ein ausländisches Verfahren auf **Trennung** von Tisch und Bett ist dagegen nicht identisch mit einer im Inland beantragten **Scheidung** und steht ihr in Deutschland nicht im Wege (KG 11. 2. 1983 NJW 1983, 2324, Italien; AG Siegburg 11. 6. 1996 FamRZ 1997, 503; WIECZOREK/BECKER-EBERHARD § 606a Rn 23; HENRICH, Int Familienrecht 149; RAHM/KÜNKEL/BREUER, Hdb FamGerVerf VIII Rn 20, anders als nach Art 19 EheGVO), und ebensowenig steht eine ausländische Trennungsklage nur deshalb einem inländischen Scheidungsverfahren entgegen, weil ein Trennungsurteil nach dem ausländischen Eherecht später in ein Scheidungsurteil umgewandelt werden könnte (OLG Frankfurt aM 14. 8. 1974 FamRZ 1975, 632 Frankreich). Eine getrennte Ehe kann durchaus noch geschieden werden. 29

Umgekehrt hindert aber ein ausländisches **Scheidungsverfahren** eine inländische **Trennungsklage** (nach ausländischem Recht) oder eine Klage auf Feststellung des Rechts zum Getrenntleben (HENRICH IPRax 1985, 90 ff gegen OLG Karlsruhe 6. 3. 1984 IPRax 1985, 106 Türkei), wenn der ausländische Scheidungsrichter auch auf Trennung zB wegen noch fehlender Scheidungsgründe erkennen könnte, weil dann der Streitgegenstand des deutschen Verfahrens im Grunde im ausländischen mit eingeschlossen ist. Doch auch wenn nach dem für den ausländischen Richter maßgebenden Recht die beiden Klageziele getrennte sind, dann sollte die Trennungsklage im Inland nicht mehr zulässig sein, denn ihr wird mit der ausländischen Scheidung ggf der Boden entzogen werden (RAHM/KÜNKEL/BREUER Hdb FamGerVerf VIII Rn 20; WIECZOREK/BECKER-EBERHARD § 606a Rn 23). 30

Nach hM hindert gleichermaßen weder ein ausländisches Scheidungsverfahren ein inländisches Eheaufhebungsverfahren (OLG Karlsruhe 2. 2. 1984 IPRax 1985, 36 [zust SCHLOSSER 16]; WIECZOREK/BECKER-EBERHARD § 606a Rn 23) noch ein ausländisches Aufhebungs- ein inländisches Scheidungsverfahren (OLG Karlsruhe 22. 4. 1993 FamRZ 1994, 47; AG Mannheim 2. 12. 1986 IPRax 1990, 50; HENRICH Int Familienrecht 149). Überträgt man jedoch die zu einem rein deutschen Sachverhalt ergangene Entscheidung des BGH (10. 7. 1996 BGHZ 133, 227), wonach nach einer Scheidung nichts mehr aufzuheben sei, auf internationale Sachverhalte, dann müßte die zweite inländische Klage in beiden Konstellationen unzulässig sein. Der Antragsteller hat an dem zweiten Verfahren allenfalls Interesse wegen der Rückwirkung der Eheaufhebung oder -nichtigkeit und wegen der unterschiedlichen Folgen. Der BGH läßt für die Folgeansprüche nur eine Art rechtsgestaltende Feststellungsklage dahingehend zu, daß die Ehe auch hätte 31 aufgehoben werden können (BGH 10.7.1996 BGHZ 133, 233). Die umgekehrte Feststellung, daß auch hätte geschieden werden können, ist dagegen nutzlos. Damit ist den Rechtsschutzinteressen der Parteien ausreichend gedient.

32 Da Verfahren des **einstweiligen Rechtsschutzes** einen anderen Streitgegenstand haben als die entsprechenden Hauptsachen hindert die Anhängigkeit einer Scheidung im Ausland nicht einen im Inland gestellten Antrag auf Erlaß einer einstweiligen Anordnung zB im Hinblick auf die Wohnungszuweisung (OLG Düsseldorf 6.9.1982 IPRax 1983, 129; OLG Karlsruhe 6.3.1984 IPRax 1985, 106 [Henrich 88]), und die Rechtshängigkeit einer Unterhaltsklage schließt eine einstweilige Verfügung in derselben Sache ebenfalls nicht aus (OLG Köln 19.8.1991 FamRZ 1992, 75).

33 Ein Antrag auf **Prozeßkostenhilfe** im Inland steht der Anerkennung eines ausländischen Urteils in der Hauptsache nicht im Wege (BGH 22.6.1983 BGHZ 88, 17 = JZ 1983, 903 [Kropholler] = NJW 1984, 568; Geimer, IZPR Rn 2693) und dann umgekehrt auch nicht der ausländische Prozeßkostenhilfeantrag der inländischen Hauptklage.

4. Rechtshängigkeit bei Verbundssachen

34 Es gibt insbesondere **keine internationale Verbundsunzuständigkeit** idS, daß deutsche Gerichte allein deshalb nicht entscheiden dürften, weil im Ausland die betr Scheidungsfolge nur im Verbund mit der Ehesache anhängig gemacht werden dürfte (OLG Düsseldorf 6.9.1982 IPRax 1983, 129 [EJ]; OLG Frankfurt aM 23.10.1981 FamRZ 1982, 528; Henrich IPRax 1985, 90; **aA** Gruber FamRZ 1999, 1564; wohl Linke IPRax 1992, 160; Geimer, IZPR Rn 2694; OLG Karlsruhe 6.3.1984 IPRax 1985, 106 [Henrich 88] Rn 378). Ist jedoch die fragliche **Scheidungsfolge** im Ausland zusammen mit einem Scheidungsantrag bereits **rechtshängig**, so tritt insoweit Rechtshängigkeitssperre ein. Ob die Scheidungsfolge von dem ausländischen Richter von Amts wegen oder auf Antrag mit zu regeln ist, kann keinen Unterschied machen (BGH 9.10.1985 IPRax 1987, 314 [Jayme 295]; OLG Nürnberg 10.8.1999 FamRZ 2000, 369; irrig wohl OLG Karlsruhe 6.3.1984 IPRax 1985, 105 [abl Henrich 88]). Daß die deutsche Verbundszuständigkeit jedenfalls nicht international ausschließlich ist und daher nicht entgegen steht, stellt heute § 621 Abs 2 S 1 ZPO klar (amtl Begr BT-Drucks 10/504, 90).

35 Eine Folgesache wird im Ausland in jedem Fall rechtshängig, wenn in Bezug auf sie ein entsprechender Antrag gestellt wird, und soweit ein solcher nach dem maßgebenden Recht nötig ist auch erst dann (so in BGH 9.10.1985 IPRax 1987, 315). Bei einem notwendigen Verbund kann es auf die Antragstellung in Bezug auf die im Verbund zu entscheidende Folgesache nicht ankommen. Hier ist nur fraglich, ob die Rechtshängigkeit der Folgesache zugleich mit der Scheidungsklage eintritt (so OLG München 26.6.1991 IPRax 1992, 174 [Linke 159]; OLG Karlsruhe 6.3.1984 FamRZ 1986, 1226; Henrich, Int Familienrecht 160) oder erst, wenn das Gericht sich auch damit befaßt (Linke IPRax 1992, 159 f). Erstere Auffassung ist vorzuziehen, weil nur damit der **Zeitpunkt** genau genug festgestellt werden kann (Gottwald, in: FS Nakamura [1996] 195; Geimer, IZPR Rn 2694).

36 Soweit ein paralleles Statusverfahren wegen ausländischer Rechtshängigkeit unzulässig ist, kommt die Geltendmachung von Folgesachen im Verbund natürlich nur noch zusammen mit einem anderen Statusverfahren in Betracht, wenn also zB im

Inland ein Scheidungsverfahren, im Ausland aber ein Trennungsverfahren anhängig ist. Dabei ist aber der im Ausland geltend gemachte Unterhalt nach Trennung nicht identisch mit einem in Deutschland begehrten Unterhalt nach Scheidung (vgl auch Jayme IPRax 1987, 297).

Häufiger ist damit zu rechnen, daß eine Partei des ausländischen Verfahrens eine Folgesache im Inland **isoliert anhängig** macht (vgl den Fall BGH 9. 10. 1985 IPRax 1987, 314 [Jayme 295]: Unterhalt; OLG Hamm 29. 1. 1988 FamRZ 1988, 864; OLG München 16. 9. 1992 FamRZ 1993, 349: Sorgerecht; OLG München 26. 6. 1991 FamRZ 1992, 73 = IPRax 1992, 174 [Linke 159]: Unterhalt). Ist dieselbe Angelegenheit auch im Ausland, und sei es im Verbund, anhängig, so ist das inländische Verfahren gesperrt. Freilich ist eine im Ausland begehrte Regelung für die Zeit nach der Scheidung nicht identisch mit einer im Inland beantragten für die Zeit des Getrenntlebens bis zur Scheidung (so letztlich wohl OLG Karlsruhe 6. 3. 1984 aaO). 37

Ist eine **Folgesache** im Ausland als **Hauptsache** anhängig, sind **einstweilige Maßnahmen** bei inländischem Rechtsschutzbedürfnis zulässig (Rn 190, 196). Sie haben nicht denselben Streitgegenstand wie die Hauptsache (OLG Hamm 29. 1. 1988 FamRZ 1988, 864; OLG Hamm 29. 11. 1969 OLGZ 1970, 227 = FamRZ 1970, 95; Jansen, FGG § 35 Rn 124; Keidel/Kuntze/Winkler, FGG § 35 Rn 16; H Roth IPRax 1994, 19 f; BayObLG 16. 1. 1959 BayObLGZ 1959, 9 und 25. 7. 1966 BayObLGZ 1966, 248 sind nicht einschlägig, da die Angelegenheit zuerst im Inland anhängig wurde). Wenn im Ausland auch eine einstweilige Anordnung beantragt ist, so steht das nicht entgegen, denn diese könnte auch jederzeit, bei inländischem Regelungsbedürfnis, geändert werden. Im Ergebnis gilt hier das letzte Wort, wenn die Anordnungen sich widersprechen. Das gilt insbesondere für **Sorgerechtsregelungen**. 38

5. Anerkennungsprognose

Der Zweck des § 261 Abs 3 ZPO, Rechtskraftkollisionen zu vermeiden, entfällt, wenn das begehrte Urteil des ausländischen Parallelverfahrens im Inland nicht anerkannt werden kann (RG 13. 4. 1901 RGZ 49, 340; RG 25. 8. 1938 RGZ 158, 145; BGH 16. 6. 1982 FamRZ 1982, 917; BGH 26. 1. 1983 FamRZ 1983, 366; BGH 18. 3. 1987 IPRax 1989, 104 [Siehr 93]; BGH 12. 2. 1992 FamRZ 1992, 1058 = IPRax 1994, 40 [Linke 17]; BGH 2. 2. 1994 IPRax 1995, 111 [Henrich 86]; OLG Celle 21. 10. 1994, 209 [Rauscher 188]; OLG Frankfurt aM 11. 3. 1999 FamRZ 2000, 35; OLG Bamberg 5. 11. 1999 FamRZ 2000, 1289; Heiderhoff, Die Berücksichtigung ausländischer Rechtshängigkeit in Ehescheidungsverfahren [1998] 134 ff; Siehr IPRax 1989, 95; Gruber FamRZ 1999, 1566; Henrich, Int Scheidungsrecht [1998] Rn 13; Philippi FamRZ 2000; 525; Gruber FamRZ 1999, 1566 f; Baumbach/Lauterbach/Albers/Hartmann § 261 Rn 6; **aA** Schütze, ZZP 104 [1991] 147; Geimer, IZPR Rn 2688). 39

Da im Ausland noch kein Statusurteil ergangen ist, kommt Art 7 § 1 FamRÄndG nicht in Betracht, und der deutsche Richter muß **implicite** eine Anerkennungsprognose treffen. Dafür ist insbesondere zu prüfen, ob das ausländische Gericht nach deutschen Regeln international zuständig ist (§ 328 Abs 1 Nr 1 ZPO). Die Gegenseitigkeit (§ 328 Abs 1 Nr 5 ZPO) ist nur bei vermögensrechtlichen Ansprüchen erforderlich. Nr 3 kann schon abschließend beurteilt werden, während bei Nr 4 im Prinzip Verstöße gegen den ordre public auch noch später entstehen können. Wenn sie schon vorliegen und im ausländischen Verfahren nicht mehr behoben werden 40 können, ist die Rechtshängigkeitssperre zu verneinen. Streitig ist, mit **welcher Sicherheit** eine positive oder negative Anerkennungsprognose getroffen werden muß. Sinnvollerweise sollte hinsichtlich des § 328 Abs 1 Nr 2 und 4 ZPO im Zweifel die Anerkennungsfähigkeit und damit die Rechtshängigkeitssperre angenommen werden (Stein/Jonas/Schumann § 261 Rn 18; Basedow IPRax 1983, 280 f; Habscheid RabelsZ 31 [1967] 265; Geimer/Schütze, Internationale Urteilsanerkennung Bd 1/2 S 1651; enger Riezler, IZPR 453; **aA** Gruber FamRZ 1999, 1567). Bei **Privatscheidungen** wie der Scheidung vor einem Rabbinatsgericht in Israel, ist eine Anerkennung dann ausgeschlossen, wenn nach Art 17 Abs 1 EGBGB auch deutsches Recht anwendbar ist (BGH 2. 2. 1994 IPRax 1995, 111 [Henrich 86 ff]). Hier steht § 1564 BGB entgegen, wenn man solchen Verfahren überhaupt Rechtshängigkeitswirkungen geben wollte.

6. Prüfung von Amts wegen

41 Die Voraussetzungen der ausländischen Rechtshängigkeit sind **von Amts wegen** zu prüfen (Nagel/Gottwald, IZPR § 5 Rn 213; Stein/Jonas/Schumann § 261 Rn 20; Geimer NJW 1984, 528). Nach OLG Zweibrücken 20. 1. 1998 (FamRZ 1998, 1445) muß das Gericht bei substantiiertem Vortrag über die ausländische Rechtshängigkeit von Amts wegen die Vorlage von Urkunden vom Beklagten verlangen und ihre Übersetzung vornehmen lassen, um die Rechtshängigkeit und ihrem Umfang festzustellen. Die objektive Beweislast hierfür trägt der Beklagte (Stein/Jonas/Schumann § 261 Rn 21). Hinsichtlich der Anerkennungsprognose gelten die Regeln des § 328 ZPO (§ 328 ZPO Rn 265 f). Soweit Staatsverträge einen **Abweisungsantrag** verlangen, gehen sie an sich vor. Das ist noch der Fall bei Israel und Tunesien, während für Belgien und Italien nun Art 19 EheGVO gilt. Heiderhoff (Rechtsabhängigkeit 261) schiebt den Antragsvorbehalt aber mit dem Günstigkeitsprinzip beiseite (im Ergebnis zust Linke StAZ 2000, 58).

7. Sperrwirkung

a) Abweisung

42 Ob die inländische Klage bei entgegenstehender ausländischer Rechtshängigkeit wie bei rein inländischen Fällen abzuweisen oder das Verfahren nur auszusetzen ist, ist umstritten. Die Sachlage ist hier anders: Bei nur inländischen konkurrierenden Gerichten ist sicher, daß jedenfalls eines entscheiden wird, bei Auslandsfällen ist nicht immer sicher, daß das ausländische Gericht überhaupt international zuständig ist und ob sein Urteil im Inland wirksam werden wird.

43 Die bilateralen Verträge mit Israel (Art 22), Norwegen (Art 21) und Tunesien (Art 44) stellen es in das Ermessen des Gerichts, auszusetzen oder abzuweisen. Diese Staatsverträge enthalten gewöhnlich gleichzeitig eine einfachere Anerkennungsregelung, so daß die Prognose sicherer ist. In der EU ausgenommen Dänemark gilt nach Art 19 EheGVO die Aussetzung des Verfahrens wie nach den für Unterhaltsansprüche einschlägigen Art 27 EuGVO bzw 21/EuGVÜ/LugÜ.

44 Soweit es dagegen auf das autonome deutsche Recht ankommt, lassen auch diejenigen, die grundsätzlich die **Abweisung** der Klage als unzulässig vertreten, in engen Grenzen bei besonderem Bedürfnis eine Aussetzung zu (Sonnenberger IPRax 1992, 155; bei unsicherer Prognose Gruber FamRZ 1999, 1567; ebenso Heiderhoff, Ausländische

Rechtshängigkeit 241; SCHUMANN, in: FS Kralik 311; 241; STEIN/JONAS/ROTH § 148 Rn 142; BGH 18. 3. 1987 IPRax 1989, 104 [SIEHR 93]; BGH 10. 10. 1985 NJW 1986, 2195 = RIW/AWD 1986, 115 = EWiR 1985, 1015 [GEIMER]; BGH 28. 11. 1985 IPRax 1986, 293 [RAUSCHER 274]; BGH 18. 3. 1987 FamRZ 1987, 580; BGH 12. 2. 1992 FamRZ 1992, 1058; OLG KOBLENZ 8. 1. 1974 FamRZ 1974, 189; OLG KARLSRUHE 15. 12. 1969 FamRZ 1970, 410; OLG FRANKFURT 8. 12. 1986 WM 1987, 276 = IPRax 1988, 24 [SCHUMANN 13]). Für die Klagabweisung zumindest als Regelfolge sprechen der Wortlaut des § 261 Abs 3 Nr 1 ZPO, dagegen aber Art 19 EheGVO.

b) Aussetzung

Die zutreffende Gegenmeinung sieht dagegen wegen der Nachteile der Klageab- **45**
weisung **regelmäßig** eine **Aussetzung** nach § 148 ZPO vor (HABSCHEID RabelsZ 31 [1967] 266 ff; GEIMER/SCHÜTZE, Intern Urteilsanerkennung Bd I/2 S 1659; ROSENBERG/SCHWAB/GOTTWALD ZPR § 97 Rn 6; KERAMEUS, in: FS f Schwab [1990] 265 f; GOTTWALD ZZP 95 [1982] 6 f; LUTHER IPRax 1984, 142; HEIDERHOFF aaO 255; RAHM/KÜNKEL/BREUER, Hdb FamGerVerf VIII Rn 20; RAUSCHER IPRax 1994, 191; GEIMER NJW 1984, 528; SCHACK, IZVR Rn 764; SCHACK RabelsZ 58 [1994] 53 nur nach richterlichem Ermessen; OLG Karlsruhe 25. 12. 1969 FamRZ 1970, 410; OLG Karlsruhe 22. 4. 1993 FamRZ 1994, 47; OLG Frankfurt aM 14. 8. 1974 FamRZ 1975, 632; OLG Frankfurt aM 12. 11. 1985 IPRax 1986, 297), die die Rechtshängigkeit bewahrt. Weist das ausländische Gericht seinen Antrag wegen Unzulässigkeit ab, so könnte er zwar im Inland erneuert werden. Doch können die Parteien ein berechtigtes Interesse am Erhalt der früheren inländischen Rechtshängigkeit wegen materieller Folgen der Scheidung haben (dagegen HEIDERHOFF, Ausländische Rechtshängigkeit 237 ff). So kommt es zB für die Berechnung des Zugewinns gem § 1384 BGB auf den Zeitpunkt der Rechtshängigkeit an. Zu bedenken ist auch, daß die Anerkennungsprognose im nicht staatsvertraglich geregelten Bereich mit einigen Unsicherheiten belastet ist, die nicht zu Lasten des inländischen Antragstellers gehen sollten. Trotz positiver Anerkennungsprognose kann die Anerkennung des ausländischen Scheidungsurteils dann uU doch ausbleiben. Um das Verfahren zu entlasten, zumal ausländisches Scheidungs- oder Scheidungsfolgensrecht maßgebend sein kann, sollte auch kein konkreter Nachweis der Interessen der Partei verlangt werden (vgl aber SCHACK, IZVR Rn 764), sondern immer ausgesetzt werden, es sei denn, es ist sicher, daß das ausländische Urteil nicht anerkannt werden wird (BGH 2. 2. 1994 IPRax 1995, 111 [HENRICH 86] = FamRZ 1994, 434; HAU IPRax 1995, 82; gerade umgekehrt HEIDERHOFF aaO 236 f und die hM). Das ist insbesondere der Fall, wenn die Anerkennungszuständigkeit des ausländischen Gerichts fehlt. Ist nach einer Aussetzung im Ausland ein rechtskräftiges Sachurteil ergangen, das anerkannt wird, ist der inländische Antrag endgültig abzuweisen, falls der Antragsteller ihn nicht für erledigt erklärt. Im anderen Fall ist das Verfahren fortzusetzen.

Ist das mögliche Urteil in einem **im Ausland** noch **anhängigen Verfahren** für das **46**
deutsche Verfahren nur **vorgreiflich**, ohne aber denselben Streitgegenstand zu haben, so kann nach § 148 ZPO ausgesetzt werden, wenn das ausländische Urteil im Inland anerkannt werden kann. Man vermeidet so Rechtskraftwidersprüche (OLG Frankfurt aM 12. 11. 1985 IPRax 1985, 297; GEIMER NJW 1984, 528). Das betrifft zB inländische Unterhaltsklagen bei ausländischem Scheidungsverfahren. Hat das ausländische Verfahren denselben Streitgegenstand, so ist grundsätzlich das spätere inländische Verfahren wegen anderweitiger Rechtshängigkeit auszusetzen, denn es kann ein Rechtsschutzbedürfnis dahingehend bestehen (OLG Karlsruhe 15. 12. 1969 FamRZ 1970, 410; o Rn 45), zB um eine Verjährung zu unterbrechen oder andere Fristen zu

wahren, wenn das ausländische Verfahren dies nicht sicherstellt (zB weil die Anerkennung nicht sicher ist, OLG Karlsruhe aaO).

c) Unzumutbarkeit

47 Die ausländische Rechtshängigkeit ist dann nicht zu beachten, wenn die Entscheidung dort unzumutbar lange auf sich warten läßt (BGH 26. 1. 1983 FamRZ 1983, 366 = IPRax 1984, 152 [LUTHER 141], vier Jahre in Italien zu lang; OLG Hamm 6. 7. 1988 NJW 1988, 3102; OLG Düsseldorf 20. 3. 1985 IPRax 1986, 29 [SCHUMANN 14]; OLG München 31. 10. 1985 RIW 1986, 815; sehr zurückhaltend BGH 10. 10. 1985 NJW 1986, 2195 = EWiR 1985, 1015 [GEIMER]; OLG Frankfurt aM 8. 12. 1986 NJW 1987, 276 = IPRax 1988, 24 [SCHUMANN 13]; RAHM/KÜNKEL/BREUER, Hdb FamGerVot VIII Rn 22; SCHACK, IZVR Rn 759; GEIMER NJW 1984, 529; GRUBER FamRZ 1999, 1568; BURCKHARDT, Internationale Rechtshängigkeit und Verfahrensstruktur bei Eheauflösungen [Diss Heidelberg 1997] S 87 ff). Das sind im Ergebnis freilich nur Ausnahmefälle, wenn das ausländische Urteil noch sehr viel länger auf sich warten lassen wird als das deutsche, und wenn weitere Gründe der Unzumutbarkeit vorliegen (BGH 10. 10. 1985 aaO). Dabei kommt es jedenfalls nicht auf die bisherige Dauer des ausländischen Verfahrens, sondern auf die mutmaßliche **zukünftige** an (OLG Frankfurt aM 8. 12. 1986 aaO). Es dürfte aber schon genügen, wenn das ausländische Verfahren deutlich länger dauern wird als ein vergleichbares in Deutschland (GRUBER FamRZ 1999, 1568), wobei auch für Deutschland ein Verfahren mit Anwendung ausländischen Rechts zugrunde zu legen ist. Zum europäischen Prozeßrecht hat der EuGH nunmehr sehr zurückhaltend entschieden (vgl Art 19 EheGVO Rn 25). Das ist nicht unbedingt hierher übertragbar, da im Verhältnis zu Drittstaaten das besondere Vertrauen in die ausländische Justiz nicht immer begründet ist.

III. Entgegenstehende Rechtskraft*

1. Grundsatz

48 Das anerkannte ausländische Urteil in der Ehesache wie in einer Folgesache steht einer erneuten Klage mit **demselben Gegenstand** unter denselben Parteien entgegen (zB BGH 6. 10. 1982 IPRax 1983, 292 [BASEDOW 278, BÜRGLE 281] = FamRZ 1982, 1203; BGH

* **Schrifttum**: BASEDOW, Parallele Scheidungsverfahren im In- und Ausland, IPRax 1983, 178; ders, Nochmals: Parallele Scheidungsverfahren im In- und Ausland, IPRax 1984, 84; BÜRGLE, Zur Konkurrenz von inländischen Scheidungsverfahren mit ausländischen Scheidungsverfahren und -urteilen, IPRax 1983, 281; GEIMER, Grundfragen der Anerkennung und Vollstreckung ausländischer Urteile im Inland, JuS 1965, 475 ff; ders, Zur Prüfung der Gerichtsbarkeit und der internationalen Zuständigkeit bei der Anerkennung ausländischer Urteile (1966); ders, Anerkennung ausländischer Entscheidungen in Deutschland (1995); GEORGIADES, Die Abänderung ausländischer Urteile im Inland, in: FS Zepos (1973) Bd II 189; HABSCHEID, Zur Anerkennung klageabweisender ausländischer Eheurteile, FamRZ 1973, 431 f; HAU, Positive Kompetenzkonflikte im internationalen Zivilprozeßrecht (1996); HAUSMANN, Die kollisionsrechtlichen Schranken der Gestaltungskraft von Scheidungsurteilen (1980); ders, Zur Bindungswirkung inländischer Scheidungsurteile in Fällen mit Auslandsberührung, FamRZ 1981, 833 ff; KLEINRAHM/PARTIKEL, Die Anerkennung ausländischer Entscheidungen in Ehesachen (2. Aufl 1970) 131; K MÜLLER, Zum Begriff der „Anerkennung" von Urteilen in § 328 ZPO, ZZP 79 (1966) 199; SCHLOSSER, Zur Abänderung ausländischer Unterhaltsentscheidungen, IPRax 1981, 120; ders, Parallele Eheaufhe-

7. 3. 1979 BGHZ 73, 378 = FamRZ 1979, 495 [Vaterschaftsfeststellung]; KG 28. 10. 1929 StAZ 1930, 150: OLG München 17. 2. 1982 DAVorm 1983, 246; STEIN/JONAS/H ROTH § 328 Rn 8 mit § 322 Rn 39 [LEIPOLD], 199; MARTINY, Hdb IZVR Bd III/1, Kap I Rn 1620; GEIMER, IZPR Rn 2801 ff; NAGEL/GOTTWALD § 11 Rn 13). Das ergibt sich aus § 328 mit § 322 ZPO. Eine ausländische Scheidung hindert eine erneute inländische, jedoch muß jene anerkannt sein. Das ist zB gem § 328 Abs 1 Nr 3 2. Alt ZPO nicht der Fall, wenn das inländische Verfahren vor dem ausländischen rechtshängig wurde (insoweit irrig OLG Bamberg 13. 3. 1996 FamRZ 1997, 95). Liegt das ausländische Urteil bei Antragstellung im Inland schon vor, ist der Antrag als unzulässig zurückzuweisen. Wird das ausländische Urteil erst danach rechtskräftig, dann wird das inländische Verfahren unzulässig (insoweit zutr OLG Bamberg aaO). Die Rechtskraftsperre setzt voraus, daß über den nun im Inland gestellten Antrag im Ausland ein rechtskräftiges **Sachurteil** ergangen ist (weiter § 328 ZPO Rn 181 ff, 274 ff). Zum **Umfang** der Sperrwirkung der Rechtskraft ist auf Art 21 EuGVO Rn 55 ff zu verweisen.

Die Anerkennung und damit die Rechtskraftwirkung richtet sich jedoch nach Art 21 **49**
EheGVO bei allen eheauflösenden Urteilen aus einem Mitgliedstaat der EheGVO. Unterschiede ergeben sich bei den Anerkennungsvoraussetzungen, bei den Wirkungen jedoch praktisch nur, soweit bei Drittstaaten eine förmliche Anerkennung nach Art 7 § 1 FamRÄndG nötig ist. Die **ZPO** ist außer bei Urteilen aus Drittstaaten auch **anwendbar** bei Urteilen aus Mitgliedstaaten der EheGVO, wenn diese den Status nicht verändern. Das sind Feststellungsurteile und vor allem Antragsabweisungen.

2. Voraussetzung der förmlichen Anerkennung (Art 7 § 1 FamRÄndG)

Im Rahmen des Anwendungsbereichs des **Art 7 § 1 FamRÄndG** werden ausländi- **50**
sche Entscheidungen nur nach Feststellung der Anerkennungsfähigkeit des Urteils durch die Landesjustizverwaltung oder des Präsidenten des OLG wirksam. Vor deren positiver Entscheidung über die Anerkennungsfähigkeit entfaltet die ausländische Entscheidung im Inland grundsätzlich keine Wirkungen (BGH 6. 10. 1982 FamRZ 1982, 1203 f = IPRax 1983, 292 [BASEDOW 278; BÜRGLE 281]; BGH 5. 2. 1975, FamRZ 1975, 273 f; BGH 28. 6. 1961 FamRZ 1961, 427 f). Die Anerkennung im Verfahren gem Art 7 § 1 FamRÄndG wirkt auf den Zeitpunkt der Rechtskraft des ausländischen Scheidungsausspruchs zurück (BGH 28. 6. 1961 aaO). Das gilt auch bei klageabweisenden Urteilen (vgl Art 7 § 1 FamRÄndG Rn 50).

Wenn es für ein im Inland anhängiges Verfahren auf die Rechtskraftwirkungen **51**
eines ausländischen Scheidungsurteils ankommen kann, ist aber eine **Aussetzung** des inländischen Verfahrens bis zur Entscheidung der Landesjustizverwaltung geboten (dazu Art 7 § 1 FamRÄndG Rn 13). Hier geht es nicht um den zukünftigen Eintritt relevanter Tatsachen, sondern um die Feststellung des Vorliegens eines Rechtsverhältnisses iSd § 148 ZPO, für die die LJV ein Monopol hat. In dieser Weise entfaltet das ausländische Urteil doch bereits inländische Wirkungen. Entgegen dem OLG Karlsruhe (30. 9. 1999 FamRZ 2000, 1021). kann dem Kläger auch für eine erneute Klage

---

bungs- und Ehescheidungsverfahren im In- und Ausland, IPRax 1985, 16; SCHÜTZE, Anerkennung und Vollstreckung ausländischer Zivilurteile in der BRD als verfahrensrechtliches Problem (1960); weitere Nachw bei § 328 ZPO.

auf Scheidung im Inland keine Prozeßkostenhilfe bewilligt werden. Er mag vielmehr einen Nichtanerkennungsantrag an die LJV bzw den Präsidenten des OLG stellen.

52 Teilweise wird hier die **Aussetzung von Amts wegen** in das pflichtgemäße **Ermessen** des Gerichts gestellt, um die Entscheidung der LJV abzuwarten (Stein/Jonas/H Roth § 148 Rn 124, 144; BGH 6. 10. 1982 IPRax 1983, 292 [Basedow 278, Bürgle 281]; OLG Frankfurt aM 7. 10. 1980 IPRspr 1980 Nr 159), während andere einen **Aussetzungszwang** annehmen (Staudinger/Mankowski [2003] Art 17 EGBGB Rn 84; Soergel/Schurig Art 17 EGBGB Rn 95; Geimer, IZPR Rn 3016 f; Basedow StAZ 1977, 6 und IPRax 1983, 281 [Bürgle]; Hohloch, JuS 1999, 823; Hausmann, Kollisionsrechtliche Schranken von Scheidungsurteilen [1980] 305 ff; BayObLG 25. 9. 1973 BayObLGZ 1973, 251; OLG Hamburg 13. 7. 1965 MDR 1965, 828; OLG Stuttgart 29. 4. 1974 FamRZ 1974, 459; OLG Schleswig 23. 1. 1978 SchlHA 1978, 54; OLG Frankfurt aM 5. 7. 1988 NJW 1989, 671; OLG Köln 18. 3. 1998 NJW-RR 1999, 81). Die erstere Auffassung hat zwar den Wortlaut des **§ 148 ZPO** und das Prinzip der generell im Ermessen stehenden Aussetzung für sich. Wegen des Feststellungsmonopols der LJV und wegen der drohenden Rechtskraftkollision und der Komplikationen durch unterschiedliche Rechtswirkungen der beiden Scheidungen sollte aber immer ausgesetzt werden (näher Art 7 § 1 FamRÄndG Rn 15 ff). Ob der Antrag bei der LJV schon gestellt ist, oder nicht, macht keinen Unterschied (so aber OLG Karlsruhe 30. 9. 1999 FamRZ 2000, 1021). Der für Nichtigkeitsurteile geltende **§ 151 ZPO**, der einen Aussetzungszwang enthielt (dazu BGH 6. 10. 1982 aaO, obiter), wurde aufgehoben.

53 Es ist natürlich nicht auszusetzen, wenn das ausländische Urteil der förmlichen Anerkennung nach Art 7 § 1 Abs 1 S 3 FamRÄndG nicht bedarf, weil es im gemeinsamen Heimatstaat ergangen ist, und ebensowenig bei Urteilen der DDR (BGH 29. 9. 1982 BGHZ 85, 16 = IPRax 1983, 184 [vBar]). Hier wirkt deren Rechtskraft gegebenenfalls unmittelbar, worüber das Gericht selbst entscheiden muß. Schwebt allerdings für die Heimatstaatsscheidung ein freiwilliges Anerkennungsverfahren (dazu Art 7 § 1 FamRÄndG Rn 70 ff), dann gilt § 148 ZPO.

54 Die Delibation nach Art 7 § 1 FamRÄndG ist nicht erforderlich bei Urteilen aus dem gemeinsamen Heimatstaat der Parteien (Abs 1 S 3). Sie wirken ipso jure nach § 328 ZPO. Hier steht einer Zweitscheidung im Inland die Rechtskraft sofort im Wege. Auch bei einer reinen **Privatscheidung** im Ausland kommt das Delibationsverfahren nicht zum Zuge. Ist sie wirksam, was davon abhängt, ob das deutsche IPR das betreffende Recht zur Anwendung beruft, so ist ein Scheidungsantrag vor deutschen Gerichten zwar zulässig, aber mangels noch bestehender Ehe unbegründet. **Zweifel** über die Inlandswirkung einer Scheidung des gemeinsamen Heimatstaates oder einer reinen Privatscheidung können ggf durch eine Feststellungsklage oder einer freiwilligen Delibation behoben werden (dazu Art 7 § 1 FamRÄndG Rn 70 ff). Jedoch kann auch unmittelbar erneut auf Scheidung geklagt werden, wobei über die inländische Rechtskraft der Auslandsscheidung implizit zu entscheiden ist.

55 Das deutsche Gericht ist nach hM hinsichtlich des Prozeßhindernisses der anderweitigen Rechtskraft nicht verpflichtet, von Amts wegen **Ermittlungen** über die Existenz eines anerkennungsfähigen ausländischen Urteils anzustellen (Riezler, in: Das internationale Familienrecht Deutschlands und Frankreichs [1955] 569; Schütze, Die Anerkennung und Vollstreckung ausländischer Zivilurteile in der BRD als verfahrensrechtliches Problem

[1960] 34; Martiny, Hdb IZVR Bd III/1 Kap I Rn 1599; vielleicht OLG Stuttgart 29. 4. 1974 FamRZ 1974, 459 f). Soweit sich jedoch Hinweise darauf ergeben, ist es von Amts wegen zu berücksichtigen (Harries RabelsZ 1961, 655).

Aus einem anderen Grund gilt § 148 ZPO, wenn ein **Staatsangehörigkeitsfeststellungsverfahren** anhängig ist, denn dieses Urteil bindet die Zivilgerichte. 56

3. Zweitscheidung

a) Nach Drittstaatsscheidung

Sehr umstritten ist, ob eine **Zweitscheidung** möglich sein soll, um der einen oder 57
anderen Partei eine erneute Heirat im Inland zu ermöglichen, welche sonst das Heimatrecht der Parteien nicht zuließe (vgl zB Staudinger/Mankowski [2003] Art 17 EGBGB Rn 81 ff Art 13 Rn 141 ff bejahend; Martiny, Hdb IZVR Bd III/1 Kap I Rn 403 ff verneinend). Ist die Ehe nicht im nach Art 13 EGBGB für die Ehefähigkeit maßgebenden Heimatstaat der Partei geschieden worden, sondern in einem **Drittstaat**, so kann es sein, daß das Heimatrecht die Scheidung entgegen dem deutschen Recht nicht anerkennt.

Eine vor allem in der Literatur verbreitete Auffassung stellt die **Rechtskraft** der 58
anerkannten Auslandsscheidung wie der Inlandsscheidung in den Vordergrund und lehnt darum eine erneute Scheidung ab. Sie läßt, da sie die Auflösung des Ehebandes für Art 13 EGBGB selbständig anknüpft, zugleich die **Wiederheirat** (im Inland) ohne Rücksicht darauf zu, daß der Heimatstaat der Nupturienten, dessen Recht gem Art 13 EGBGB das Eheschließungsstatut stellt, die Scheidung nicht anerkennt (Soergel/Schurig Art 13 EGBGB Rn 61 ff m Nachw; MünchKomm/Winkler von Mohrenfels Art 17 EGBGB Rn 117; Müller RabelsZ 36 (1972) 60, 63; wohl auch Palandt/Heldrich Art 13 EGBGB Rn 7; KG 28. 10. 1929 STAZ 1930, 196; KG 9. 2. 1931 IPRspr 1931 Nr 79; KG 18. 1. 1932 IPRspr 1932 Nr 148; KG 17. 12. 1934 IPRspr 1934 Nr 58 und in derselben Sache RG 19. 3. 1936 RGZ 150, 374 = JW 1936, 1659 [Massfeller] = StAZ 1936, 354; LG Nürnberg/Fürth 1. 6. 1934 IPRspr 1934 Nr 132 = StAZ 1934, 283; KG 13. 2. 1936 JW 1936, 1689 [Massfeller]; KG 4. 5. 1937 JW 1937, 1977 [Massfeller]; OLG Hamburg HansGRZ 1941, B 213, in derselben Sache RG 26. 4. 1941 RGZ 166, 367 = DR 1941, 1744 [Pagenstecher]; OLG Hamm 5. 10. 1951 IPRspr 1951 Nr 73; OLG Braunschweig 10. 10. 1963 FamRZ 1963, 569; OLG Hamburg 21. 11. 1977 IPRspr 1977 Nr 54; OLG Frankfurt aM 10. 7. 1980 OLGZ 1981, 11; LG Wuppertal 6. 4. 1971 FamRZ 1972, 143; AG München 12. 1. 1987 IPRax 1987, 250).

Die heute vor allem in der Rechtsprechung vertretene Meinung macht dagegen die 59
Wiederverheiratungsfähigkeit in unselbständiger Anknüpfung der Vorfrage der Scheidung von der **Anerkennung im Heimatstaat** der Partei abhängig (BGH 12. 2. 1964 BGHZ 41, 136 = FamRZ 1964, 188 = JZ 1964, 617 [Wengler] = NJW 1964, 976 [Fischer 1323; Henrich 2015] = StAZ 1964, 188; BGH 14. 7. 1966 BGHZ 46, 87 = FamRZ 1966, 495 = NJW 1966, 1811 = StAZ 1966, 287; BGH 19. 4. 1972 FamRZ 1972, 360 = StAZ 1972, 227 [Jayme] = NJW 1972, 1619; BGH 7. 4. 1976 NJW 1976, 1590; BGH 27. 11. 1996 FamRZ 1997, 542 unter Vorbehalt des ordre public; OLG Karlsruhe 3. 9. 1962 StAZ 1963, 42; KG 9. 12. 1968 NJW 1969, 987 = FamRZ 1969, 87 = StAZ 1970, 19; OLG Celle 25. 6. 1962 FamRZ 1963, 91 [Blanke] = NJW 1962, 2012 = StAZ 1963, 66; OLG München 17. 12. 1962 NJW 1963, 2233 [Landgraf] = IPRspr 1962/63 Nr 72; OLG Celle 26. 6. 1963 FamRZ 1963, 570 = NJW 1963, 2232; OLG Hamm 3. 5. 1968 FamRZ 1968, 389 = OLGZ 1968, 364 = StAZ 1969, 123 [Lüderitz]; KG 9. 12. 1968 OLGZ 1969, 244 = FamRZ

1969, 87 = StAZ 1970, 19; OLG Köln 14.7.1971 StAZ 1972, 140; OLG Hamm 10.3.1970 IPRspr 1970 Nr 45; OLG Hamm 10.8.1973 OLGZ 1973, 440 = NJW 1973, 2158; OLG Hamm 20.10.1981 FamRZ 1982, 166 [Rau]; KG 27.1.1986 IPRax 1987, 33 [Siehr 19] = OLGZ 1986, 433; Gamillscheg RabelsZ 33 [1969] 690 ff; Luther RabelsZ 34 [1970] 691 f; Staudinger/Mankowski [2003] Art 13 Rn 287 ff). Die Gerichte waren in diesem Zusammenhang allerdings gewöhnlich nicht gezwungen, auch dazu Stellung zu nehmen, ob deshalb eine Zweitscheidung im Inland zulässig wäre, wenn diese im Heimatstaat anerkannt würde, um so das Hindernis zu beseitigen. Jedoch liegt, wenn man die Wiederverheiratungsfähigkeit nach Art 13 EGBGB anknüpft, die Zulassung einer Zweitscheidung zur Erlangung der Wiederverheiratungsfähigkeit nahe (so insbesondere Hausmann, Kollisionsrechtliche Schranken von Scheidungsurteilen 104 ff [Inlandsscheidung] 314 ff [Auslandsscheidung]; Serick RabelsZ 21 [1956] 207 ff, 224 ff; Dorenberg, Hinkende Rechtsverhältnisse im internationalen Familienrecht [1968]; Marquardt StAZ 1963, 46 ff; Gamillscheg JZ 1963, 24; Süss, in: FS Rosenberg [1949] 149 f; Neumayer aaO).

60 Das Problem ist durch **Art 13 Abs 2 EGBGB nF** nicht klar entschieden. Manche entnehmen ihm, daß die Verlobten ohne Rücksicht auf ihr Heimatrecht und das Eheschließungsstatut in Deutschland heiraten dürfen (selbständige Anknüpfung der Vorfrage; so Soergel/Schurig Art 13 EGBGB Rn 61 ff). Richtiger ist die Auslegung, daß primär in unselbständiger Anknüpfung der Vorfrage ihr Heimatrecht entscheide, und nur der deutsche ordre public ihnen dennoch die Heirat im Inland erlaube (so BGH 27.11.1996 FamRZ 1997, 542; Staudinger/Mankowski [2003] Art 13 EGBGB Rn 117 ff). Denn Art 13 Abs 2 EGBGB verlangt in Nr 1 und 2 bestimmte zusätzliche Voraussetzungen für die Unbeachtlichkeit der Anerkennungsverweigerung durch den Heimatstaat, die Konkretisierungen der von Art 6 GG bzw dem ordre public verlangten Inlandsbeziehung sind, und ohne die unselbständige Anknüpfung stellt sich die Frage des ordre public nicht. Allerdings hat die Neuregelung die Möglichkeit der Zweitheirat gegen das Heimatrecht nun deutlich vermehrt.

61 Der Vorteil einer erneuten Scheidung im Inland trotz von uns anerkannter oder anerkennungsfähiger Scheidung in einem Drittstaat liegt in der Vermeidung einer hinkenden neuen Ehe. Wer unselbständig an Art 13 EGBGB anknüpft, braucht dafür die Zweitscheidung unbedingt, wer selbständig anknüpft, muß sie wünschen, denn man soll hinkende Ehen nicht einfach hinnehmen. Wird die Erstscheidung im Heimatstaat nicht anerkannt oder ist das schon förmlich abgelehnt worden, wäre aber eine deutsche Zweitscheidung anerkennungsfähig, läßt man sie aber wegen der Rechtskraft der in Deutschland bereits anerkannten ersten Scheidung nicht zu, dann führen beide Anknüpfungstechniken zu unbefriedigenden Konsequenzen: Läßt man mit selbständiger Anknüpfung der Vorfrage der Scheidung die Heirat entgegen dem Heimatrecht zu, entsteht eine hinkende Ehe. Läßt man sie in unselbständiger Anknüpfung entsprechend dem Heimatrecht nicht zu, so verweigert man unnötigerweise eine Zweitehe. Zwar entsteht keine hinkende Zweitehe, aber es dürfte den Beteiligten schwer klar zu machen sein, daß sie zwar bei uns geschieden sind, aber nicht wieder heiraten können.

62 Das Dilemma läßt sich durch Zulassung einer im Heimatstaat anerkennungsfähigen **deutschen Zweitscheidung** lösen. Man sollte dabei allerdings nicht so sehr auf der Ebene der Rechtskraft argumentieren. Es handelt sich vielmehr um ein **Problem des Rechtsschutzbedürfnisses** (dazu unten Rn 130 ff; ähnlich Staudinger/Mankowski [2003]

Art 17 EGBGB Rn 82). Auch im rein nationalen Bereich kennt die ZPO wiederholte Klagen in Ausnahmefällen, wenn zB das erste Urteil verlorengegangen ist (OLG Hamburg 28. 6. 1917 SeuffA 72, 391; OGHbrZ 8. 10. 1948 NJW 1949, 144) oder sonst nicht brauchbar ist (BGH 3. 4. 1957 LM Nr 7 zu § 325 ZPO; näher WIESER, Das Rechtsschutzinteresse des Klägers im Zivilprozeß [1971] 238 ff). Letzteres ist der vorliegenden Situation vergleichbar, wenngleich entsprechende Umstände im Inland weit seltener eintreten.

Art 13 Abs 2 EGBGB gibt den Parteien auf, das Ehehindernis ihres Heimatrechts **63** zu beseitigen. Gedacht ist zunächst an die Herbeiführung einer förmlichen Anerkennung dort, wenn diese nötig ist (vgl u Rn 185 ff). Kann die Partei in ihrem Heimatstaat die Delibation der vorliegenden Scheidung aus dem Drittstaat erlangen, so sollte ihr die Wiederheirat in Deutschland nicht unter Berufung auf die bereits bestehende Anerkennung der Scheidung in Deutschland erlaubt werden (BGH 27. 11. 1996 FamRZ 1997, 542). Geht dies nicht, wäre aber eine **deutsche Zweitscheidung** geeignet, die Wiederverheitungsfähigkeit herbeizuführen, ist dieser Weg geboten und den Nupturienten daher zu eröffnen. Vorausgesetzt ist, daß diese Scheidung im Heimatstaat anerkannt werden wird. Würde diese dagegen im Heimatstaat ebenfalls nicht anerkannt, dann ist sie abzulehnen. In diesem Fall kann allerdings noch Art 13 Abs 2 Nr 3 EGBGB als eine Ausprägung des Art 6 GG helfen, wenn die dort genannten Voraussetzungen vorliegen.

Könnte die Partei auch in ihrem Heimatstaat die Zweitscheidung erreichen, so ist zu **64** fragen, ob sie auf diese Möglichkeit zu verweisen ist (OLG Hamm 10. 8. 1973 OLGZ 1973, 440 = FamRZ 1974, 26 = NJW 1973, 2158; STAUDINGER/MANKOWSKI [2003] Art 13 EGBGB Rn 290 ff). Sie dürfte gerade wegen der Nichtanerkennung dort vielfach bestehen. Eröffnet der Heimatstaat aber keine (zB mangels domicile dort) oder keine zumutbare Zuständigkeit, dann bleibt nur die Zweitscheidung in Deutschland. Selbst wenn auch diese Möglichkeit bestünde, entfällt dennoch das **Rechtsschutzinteresse** für eine Zweitscheidung im Inland ebensowenig, wie sonst die Möglichkeit einer Scheidung im Ausland einer im Inland entgegensteht.

b) Nach Inlandsscheidung

Ist die Ehe im Inland geschieden, das jedoch im Heimatstaat nicht anerkannt wor- **65** den, so hilft eine Zweitscheidung im Inland natürlich idR nicht weiter. Sind die vom Heimatstaat geforderten Anerkennungsvoraussetzungen aber nachträglich eingetreten, so vielleicht auch die Anerkennung. In jedem Fall haben die Parteien vor einer Heirat in Deutschland die in ihrem Heimatstaat vorgeschriebene Delibation herbeizuführen (OLG Hamm 5. 10. 1972 FamRZ 1973, 143 m Anm JAYME; OLG Hamm 18. 2. 2003 StAZ 2003, 169; STAUDINGER/MANKOWSKI [2003] Art 13 Rn 295). Andernfalls wird man wohl von den Parteien erwarten, daß sie gemäß Art 13 Abs 2 EGBGB soweit möglich eine Scheidung im Heimatstaat betreiben (STAUDINGER/MANKOWSKI [2003] Art 13 EGBGB Rn 290 f). Nur wenn das nicht möglich ist, ist die Heirat im Inland unter den Voraussetzungen des Art 13 Abs 2 EGBGB zuzulassen.

B. Durchführung des Verfahrens

I. Anwendbares Recht

1. Lex fori-Grundsatz*

a) Sachrecht und Verfahrensrecht

66 Der Grundsatz, daß das deutsche Gericht stets und nur sein eigenes Verfahrensrecht anwende, **verliert** in dieser pauschalen Form zu Recht mehr und mehr **an Zustimmung** (vgl zB GEIMER, IZPR Rn 319 ff; COESTER-WALTJEN, Internationales Beweisrecht, [1983] Rn 83, 102 ff; BUCIEK, Beweislast und Anscheinsbeweis im internationalen Recht [1984] 86 ff; GRUNSKY ZZP 89 [1976] 241 ff; früher schon NIEDERLÄNDER RabelsZ 20 [1955] 1 ff; NEUHAUS ebd 201; RADTKE, Der Grundsatz der lex fori und die Anwendbarkeit ausländischen Verfahrensrechts [1982] 3 ff; SCHACK, IZVR Rn 44). Es ist vielmehr oft sachangemessen und geboten, auch **ausländisches Verfahrensrecht**, das zum maßgeblichen Sachrecht gehört, **anzuwenden**. Es führt zwar prinzipiell zum selben richtigen Ergebnis, ist aber der methodisch falsche Weg, wenn man das eine oder andere ausländische Rechtsinstitut, um es anwenden zu können, als materiellrechtlich qualifiziert (für diese Methode NEUHAUS RabelsZ 20 [1955] 201, 237 ff; SIEHR, IPR § 54 III S 512 f). Richtigerweise muß für das jeweilige Rechtsinstitut untersucht werden, ob die deutschen Verfahrensregeln trotz fremden Sachrechts, hier des Scheidungs- bzw Scheidungsfolgenstatuts, angewandt werden können (so zB das Vorgehen von COESTER-WALTJEN, Internationales Beweisrecht bes Rn 144 ff; trotz Benennung als „Qualifikation" wohl auch SCHACK, IZVR Rn 47 f).

67 Als Maxime taugt dabei weniger der Gesichtspunkt, ob die Parteien sich noch im Laufe des Verfahrens auf die lex fori einstellen können (so GRUNSKY ZZP 89 [1976] 249), als der im Grundsatz alte Gesichtspunkt, daß das Verfahrensrecht des Gerichtes keinen entscheidenden **Einfluß auf die Entscheidung** in der Sache, die nach dem

---

* **Schrifttum**: ARENS, Prozessuale Probleme bei der Anwendung ausländischen Rechts im deutschen Zivilprozeß, in: FS Zajtay (1982) 7; BÖHM, Die Rechtsschutzformen im Spannungsfeld von lex fori und lex causae, in: FS Fasching (1988) 107; BUCIEK, Beweislast und Anscheinsbeweis im internationalen Recht. Eine Untersuchung zum Grundsatz des „Verfahrens nach eigenem Recht" (Diss Bonn 1984); COESTER-WALTJEN, Internationales Beweisrecht (1983); vCRAUSHAAR, Die internationalrechtliche Anwendbarkeit deutscher Prozeßnormen (1961); GAMILLSCHEG, Die „wesenseigene Zuständigkeit" bei der Scheidung von Ausländern, in: FS Dölle Bd 2 (1963) 289; GRASMANN, Relevanz ausländischen Prozeßrechts in Ehesachen, ZZP 83 (1970) 214; GRUNSKY, Lex fori und Verfahrensrecht, ZZP 89 (1976) 241; HELDRICH, Internationale Zuständigkeit und anwendbares Recht (1969); ders, Fragen der internationalen Zuständigkeit der deutschen Nachlaßgerichte, NJW 1967, 417; LEIPOLD, Lex fori, Souveränität Discovery, Grundfragen des Internationalen Zivilprozeßrechts (1989); NEUHAUS, Internationales Zivilprozeßrecht und internationales PRIVATRECHT, RabelsZ 20 (1955) 201; NIEDERLÄNDER, Materielles Recht und Verfahrensrecht im IPR, RabelsZ 20 (1955) 1; RADTKE, Der Grundsatz der lex fori und die Anwendbarkeit ausländischen Verfahrensrechts (Diss Münster 1982); ROTH, Die Reichweite der lex fori-Regel im IZPR, in: FS Stree und Wessels (1993) 1045; SCHLECHTRIEM, Ausländisches Erbrecht im deutschen Verfahren (1966); SZASZY, International Civil Procedure (1967); STALEV, Der Fremde im Zivilprozeß. Der Grundsatz der lex fori und seine Durchbrechung, in: Zeitgenössische Fragen des internationalen Zivilverfahrensrechts (1972) 31.

IPR ausländischem Recht untersteht, haben darf, bzw daß das deutsche Verfahrensrecht nicht zu einer anderen Entscheidung führen darf als sie der Richter im Staat des anwendbaren Rechts treffen würde (ähnlich NIEDERLÄNDER RabelsZ 20 [1955] 19, 42; NEUHAUS ebd 237 f; HABSCHEID FamRZ 1975, 79; RADTKE, Grundsatz der lex fori 31; BUCIEK, Beweislast und Anscheinsbeweis im internationalen Recht 91 f; SCHACK, IZVR Rn 44; **aA** LEIPOLD, Lex fori [1989] 28 f; BÖHM, Rechtsschutzformen 117 f). Denn die Aufgabe des IPR ist es vor allem, den Fall so zu entscheiden, wie der Richter des anzuwendenden Sachrechts ihn entscheiden würde (**internationaler Entscheidungseinklang**). Damit entspricht man der Forderung SAVIGNYS, daß der Fall überall gleich entschieden werden sollte, wo auch immer er anhängig gemacht werden kann (SAVIGNY, System des heutigen römischen Rechts Bd 8, 27; sog internationaler Entscheidungseinklang). Unter diesem Gesichtspunkt ist es zB unproblematisch, daß Form und Frist von Klagen und Anträgen, Anwaltszwang (OLG Köln 9. 2. 2001 FamRZ 2002, 165), Rechtsmittel (KG 7. 3. 2000 FamRZ 2001, 658), die Präklusion von Angriffs- und Verteidigungsmitteln wegen Verspätung und die Verbindung mehrerer Klagen bzw die Widerklage, die Anforderungen an eine ordnungsmäßige Klage, ihre Zustellung bzw die Gewährung rechtlichen Gehörs, die Anordnung des persönlichen Erscheinens (u Rn 145 ff) und das Verfahren der Beweisaufnahme der lex fori unterstellt werden. Beweislastregeln sind dagegen dem Scheidungsstatut zu entnehmen. Im Eherecht dürfte insbesondere für Beweisvorschriften, die eheerhaltende Funktion haben (zB Ausschluß bestimmter Zeugen) nur das Scheidungsstatut gelten (u Rn 155 ff). Im einzelnen ist jedoch noch vieles ungeklärt und kann nur für die einzelnen Fragen jeweils gesondert behandelt werden (GEIMER, IZPR Rn 333; zum vorgeschaltenen Versöhnungsversuch s Rn 147 ff).

68 Manche Entscheidungen berufen sich zu pauschal auf den lex-fori-Grundsatz (zB BGH 30. 7. 1954 JZ 1955, 702; BGH 9. 4. 1986 FamRZ 1986, 663 [Vaterschaftsfeststellung]; BGH 17. 9. 1980 BGHZ 78, 108 [sachliche Zuständigkeit]; OLG Stuttgart 23. 10. 1958 IPRspr 1958/59 Nr 184), doch ist die Rechtsprechung im Ergebnis der Anwendung ausländischen Verfahrensrechts nicht besonders abgeneigt. Vor allem qualifiziert sie um des Ergebnis willen manches materiellrechtlich. Richtig bemerkt der BGH anläßlich einer Trennung von Tisch und Bett durch deutsche Gerichte, „es lasse sich nicht allgemein sagen, welche für das Eheverfahren geltenden Bestimmungen der ZPO im einzelnen anwendbar sind, und inwieweit eine Anwendung dieser Bestimmungen wegen der Besonderheit des mit der Klage verfolgten Ziels ausgeschlossen ist oder Bestimmungen des Verfahrensrechts nur sinngemäß mit entsprechenden Veränderungen herangezogen werden können" (BGH 22. 3. 1967 BGHZ 47, 324 = FamRZ 1967, 452).

b) Privatscheidungen vor deutschen Gerichten

69 Der Gesetzgeber hat mit Art 17 Abs 2 EGBGB entgegen einer verbreiteten Forderung (KEGEL IPRax 1983, 22; HAUSMANN, Kollisionsrechtliche Schranken von Scheidungsurteilen [1982] 247 Fn 13; GOTTWALD StAZ 1981, 84, 85; STAUDINGER/GAMILLSCHEG[10/11] Art 17 EGBGB Rn 518; weitere Nachw STAUDINGER/MANKOWSKI [2003] Art 17 EGBGB Rn 207 ff) entschieden, daß Scheidungen **im Inland nur durch Urteil** eines deutschen Gerichts vollzogen werden können (so schon BGH 14. 10. 1981 BGHZ 82, 34 = FamRZ 1982, 44 = IPRax 1983, 37 [KEGEL 22]). Privatscheidungen im Inland sind unwirksam (BGH 14. 10. 1981 BGHZ 82, 34 = IPRax 1983, 37 [abl KEGEL 22]; OLG Frankfurt StAZ 2001, 37). Das wirft **Anpassungsprobleme** auf, wenn das Scheidungsstatut eine Privatscheidung vorsieht, sei es durch

„Verstoßung“ wie in islamischen Rechten, oder durch Übergabe eines Scheidebriefes wie im mosaischen Recht, oder durch privaten Vertrag wie in manchen asiatischen Rechten (Thailand, Japan, Korea), oder eine kirchliche Scheidung. Das gerichtliche Scheidungsmonopol in Deutschland kann und darf hier keine wesentliche Veränderung des Scheidungsstatuts bewirken, welches eine solche Art der Scheidung vorsieht. Hier ist das deutsche Verfahren anzupassen.

70 Das Scheidungsmonopol gilt nur bei **Inlandsscheidungen**. Inland ist rein räumlich zu verstehen und schließt zB ausländische diplomatische Vertretungen in Deutschland ein. Die Scheidung ist hier vollzogen, wenn der für den Scheidungsvollzug konstitutive Akt ein privater ist (Art 7 § 1 FamRÄndG Rn 34 ff), bei Vertragsscheidung also die Vereinbarung. Wenn das Scheidungsstatut eine nachträgliche Registrierung oder eine vorherige gerichtliche Feststellung der Scheidungsberechtigung verlangt, wäre es theoretisch denkbar, dies von Behörden oder Gerichten in Deutschland vornehmen zu lassen, solange nur der eigentlich konstitutive Akt im Ausland geschieht.

71 Die praktischen Schwierigkeiten der Anwendung ausländischen Rechts sind bei verfahrensrechtlichen Regelungen nicht anders als bei sachrechtlichen. Die unbezweifelbare Arbeitserleichterung durch **Substitution** deutschen Rechts **rechtfertigt** sich aber nur dann, wenn sie den Parteien nicht Rechte abschneidet bzw gibt, die sie nach dem gem unserem IPR maßgebenden ausländischen Recht hätten bzw nicht hätten (ähnlich Buciek, Beweislast und Anscheinsbeweis im internationalen Recht 90 ff; Schack, IZVR Rn 44). Verlangt zB das ausländische Scheidungsrecht zwingend einen richterlichen Versöhnungsversuch, und macht es damit die Scheidung von dessen Scheitern abhängig, dann muß er auch in Deutschland unternommen werden, und der deutsche Richter muß und kann insoweit ausländisches Verfahrensrecht anwenden (vgl Rn 147 ff).

72 Nur in seltenen Fällen ist eine Befolgung ausländischer Verfahrensregelungen und auch eine **Anpassung** ganz unmöglich, in der Regel ist vielmehr wenigstens letztere erfolgreich und **bei Privatscheidungen** auch schon länger gesichert (Gottwald, in: FS Nakamura [1996] 192 ff; Zöller/Geimer § 606a Rn 14; Haunhorst, Die wesenseigene [Un-] Zuständigkeit deutscher Gerichte [Diss Osnabrück 1992] 124 ff, 177 meint, daß in der Praxis keine Fälle auftraten, in denen Anpassung nicht möglich wäre). Das Problem entsteht hier dadurch, daß das Scheidungsstatut ein privates Rechtsgeschäft und Art 17 Abs 2 EGBGB einen richterlichen Scheidungsvollzug verlangen (zur Unwirksamkeit von nicht gerichtlichen Scheidungen auf deutschen Boden o Rn 69). Man kann, um hinkende Scheidungen zu vermeiden, beiden Forderungen dadurch nachkommen, daß der Ehemann (seltener die Ehefrau; vgl AG Hamburg 27. 5. 1999 FamRZ 2000, 958) die **Verstoßung vor dem Gericht** und, wenn gefordert, vor geeigneten Zeugen (gewöhnlich Männern guten Leumunds) ausspricht, und daß das Gericht daraufhin die Scheidung vornimmt (OLG München 19. 9. 1988 IPRax 1989, 238 [Jayme 223]; LG München I 7. 10. 1976 FamRZ 1977, 332 [Hepting]; LG Köln 29. 1. 1962 MDR 1962, 903; LG Mönchen-Gladbach 13. 1. 1971 NJW 1971, 1526; LG Stuttgart 9. 12. 1971 IPRspr 1971, 1526). Es ist aber auch möglich und ausreichend, die Verstoßung außerhalb der Verhandlung auszusprechen, namentlich wenn das Scheidungsstatut vorsieht, daß die Verstoßungserklärung erst nach einer gewissen Frist unwiderruflich wird (ebenso im Ergebnis AG Esslingen 19. 3. 1992 IPRax 1993, 250 [Beitzke 231]; Bolz NJW 1990, 620; Jayme Rec 251 [1995] 233; Soergel/Schurig Art 17 EGBGB Rn 64 a; Staudinger/Mankowski Art 17 Rn 185; MünchKomm/Winkler von Mohren-

FELS Art 17 EGBGB Rn 126; HAUNHORST, Die „wesenseigene (Un-)Zuständigkeit" deutscher Gerichte [1992] 93 f). Zwar ist nach dem ausländischen Scheidungsstatut die Ehe materiell bereits durch die Erklärung geschieden, doch verlangt Art 17 Abs 2 EGBGB eine richterliche Gestaltung, so daß der Vorschlag abzulehnen ist, nun nur noch die Eheauflösung gerichtlich festzustellen (so KEGEL/SCHURIG, IPR § 20 VII 3 b S 749). Entsprechend kann bei Scheidungen durch **privaten Vertrag** verfahren werden (LG Düsseldorf 29. 9. 1970 IPRspr 1970 Nr 118 [Taiwan]; LG Hamburg 12. 1. 1977 IPRspr 1977 Nr 66 [Japan]; KEGEL, IPR § 20 VII 3 b).

c) Religiöse Scheidungen vor deutschen Gerichten

73 Hinsichtlich **religiöser Scheidungen** wird vertreten, daß deutsche weltliche Gerichte nicht an Stelle der geistlichen Gerichte tätig werden dürften (OLG Hamburg 4. 1. 1971 MDR 1972, 421; KG 11. 1. 1993 FamRZ 1994, 839, jüdisches Recht; KG 27. 11. 1998 IPRax 2000, 126 [abl HERFARTH 101] persisches Recht, aufgehoben v BGH 6. 10. 2004 FamRZ 2004, 1952 [Anm HENRICH]; LG München I 15. 11. 1973 FamRZ 1974, 257; GAMILLSCHEG, in: FS Dölle Bd 2 [1963] 289, 312). Rechtsordnungen, die die Scheidung (ihren) geistlichen Gerichten überlassen, stünden aus deutscher Sicht praktisch auf demselben Standpunkt wie die, welche die Scheidung, zB aus religiösen Gründen, überhaupt ablehnen.

74 Die Bedenken gegen eine Scheidung durch weltliche Gerichte rühren daher, daß aus der Sicht des Scheidungsstatuts die Scheidung ihren Charakter wesentlich verändert, wenn sie von weltlichen Gerichten ausgesprochen wird. Das, was das Scheidungsstatut fordert, können deutsche weltliche Gerichte in der Tat nicht erbringen, und das, was sie tun können, entspricht nicht dem Scheidungsstatut. Verlangt das Scheidungsstatut einen **religiösen Akt** für die Scheidung, kann das deutsche Gericht diesen nicht wirklich ersetzen. Daraus ist aber noch nicht zu folgern, daß ein deutsches Gericht den Antrag wegen **wesenseigener Unzuständigkeit** abweisen muß oder darf, denn den beteiligten Rechtsordnungen kann auch hier durch Anpassung Rechnung getragen werden. Denn wenn es dem religiösen Recht vornehmlich auf das Vorliegen konkreter Scheidungsgründe ankomme, kann diese auch ein deutsches Gericht anwenden (BGH [Rn 73] 1952, 1955 f zu Iran)

75 Die im ersten Fall des KG israelischen Staatsbürger mosaischen Glaubens hätten sich notfalls auch vor einem Rabbinatsgericht in Deutschland scheiden lassen können (GOTTWALD, in: FS Nakamura [1992] 193; STUMPF ZRP 1999, 208; HERFARTH IPRax 2000, 103 und 2002, 17 ff; ders, Die Scheidung nach jüdischem Recht im IZVR [2000] 166 ff, 242 ff; SOERGEL/SCHURIG Art 17 EGBGB Rn 64 a; NAGEL/GOTTWALD IZPR § 5 Rn 76; STAUDINGER/MANKOWSKI [2003] Art 17 EGBGB Rn 222; so auch eine Praxis in Frankreich zwischen den Weltkriegen bei russischen und türkischen Juden, BERG/LÉVY/URBAN-BORNSTEIN, Les juifs devant le droit français [1993] no 288 ff). Das KG verwies die Parteien auf die Möglichkeit der Scheidung in Israel, wohl in Verkennung des Art 17 Abs 2 EGBGB. Dieser schließt zwar aus, dem kirchlichen Urteil im Inland Gestaltungswirkungen zuzuschreiben, aber er erlaubt, daß das deutsche Gericht ein solches Urteil dem seinigen als Scheidungsgrund zugrunde legt, um die Scheidung zu vollziehen. Und in der Tat verfahren viele Juden auch so (vgl OLG Düsseldorf 3. 10. 1965 FamRZ 1966, 451; OLG Stuttgart 4. 11. 1969 FamRZ 1970, 30; AG München 5. 12. 1980 IPRax 1982, 250; HENRICH IPRax 1995, 88).

76 Die hier vertretene Lösung geht den Weg der Anpassung. Zu weit geht dagegen der Weg der Qualifikation der kirchlichen Scheidung als Verfahren, das nach dem

Grundsatz der lex fori durch ein staatliches deutsches zu ersetzen sei (so Henrich IPRax 1995, 88; Staudinger/Mankowski [2003] Art 17 EGBGB Rn 222; Einhorn, Liber Amicorum Kurt Siehr 2000, 135; Gamillscheg, in: FS Döbler II S 289, 313 ff; wegen der Pflicht zur religiösen Neutralität des Staates letztlich auch Herfarth IPRax 2002, 103). Selbst wenn das ausländische religiöse Recht definierte Scheidungsgründe nennt, was nicht notwendig so sein muß, so verlöre diese Scheidung zwar ihren religiösen Charakter ohne die Mitwirkung des Geistlichen. Soweit man ihn durch **Anpassung des deutschen Rechts** bewahren kann, sollte man es aber tun. Die Pflicht des Staates zur religiösen Neutralität spricht vielmehr gerade dafür, den ausländischen Gläubigen soweit möglich die Beachtung ihrer religiösen Lebensformen zu ermöglichen (BGH [Rn 73] 1956 f mwN auch wegen Art 6 GG). Die Anpassung hat den weiteren wichtigen Effekt, daß die Scheidung nicht hinkt, denn der Heimatstaat wird wahrscheinlich die gerichtliche Scheidung nicht anerkennen, wohl aber den kirchlichen Akt. Notfalls hätte das Gericht auszusetzen, um den Parteien die nötige religiöse Scheidung zu ermöglichen. Tun sie dies dann nicht, so ist der Antrag wegen des fehlenden „Scheidungsgrundes" unbegründet.

77 Nur in seltenen Situationen ist eine Anpassung des deutschen Verfahrens überhaupt nicht möglich, weil der nötige „Scheidungsgrund" **nicht im Inland** gelegt werden kann. KG 27. 11. 1998 (o Rn 73) vermißt vielleicht ein, nach persischem Recht wohl nicht verlangtes (BGH [Rn 73] 1955), Sharia-Gericht im Inland. Man denke aber an Gewohnheitsrechte, nach denen die Scheidung durch Vertrag und Diskussion der Familien vollzogen wird (vgl Trib Nouméa 9. 8. 1984 Clunet 1985, 431 Anm Agostini). Hier ist die Klage als unzulässig abzuweisen. Es fehlt die sachliche Zuständigkeit. Es bleibt den Parteien nur die Möglichkeit der Scheidung im Ausland, und diese Scheidung ist dann hier anzuerkennen, so daß ein inländischer Scheidungsvollzug nicht mehr in Frage kommt. Nur wenn ihnen oder einer von ihnen das nicht zugemutet werden kann zB wegen drohender Verfolgung, dann muß man notfalls eine Zuständigkeit deutscher Gerichte direkt eröffnen, die dann die ausländischen religiösen Regeln so gut als möglich anwenden müssen, namentlich seine Scheidungsgründe (Herfarth IPRax 2000, 103).

78 Erwirken die Parteien freiwillig oder gezwungenermaßen die **religiöse Scheidung im Ausland** und ist sie, wie meist, anerkennungsfähig, dann ist eine erneute Scheidung im Inland unzulässig, entweder weil die Ehe kraft der Anerkennung auch für uns aufgelöst ist oder weil der einfachere Weg über Art 7 § 1 FamRÄndG zu nehmen ist. Dasselbe gilt, wenn die Parteien eine **private Scheidung im Ausland** vorgenommen haben (irrig AG Hamburg 27. 5. 1999 FamRZ 2000, 958 abl Anm Henrich).

79 Anders stellt sich die Frage, wenn es für § 606a Abs 1 S 1 Nr 4 ZPO auf die **Anerkennung im Heimatstaat** ankommt, der eine religiöse Scheidung oder eine Privatscheidung zwingend vorschreibt. Hier ist mit einer Anerkennung des deutschen Urteils idR nicht zu rechnen (vgl OLG Hamburg 4. 1. 1971 MDR 1972, 421; LG München I 15. 11. 1973 FamRZ 1974, 257). Wenn aber dem deutschen Urteil eine kirchliche Scheidung oder ein privater Akt vorausging, wird dieser idR dort anerkannt werden. Das genügt. Es liegt in der Sache nur noch eine Inlandsehe vor, für deren Scheidung eine Heimatstaatsanerkennung nicht mehr nötig ist (§ 606a ZPO Rn 167 f).

2. Anwendung ausländischen Rechts*

a) Anknüpfung

Die Regeln des **deutschen IPR** über die Bestimmung des Scheidungs- oder Ehegültigkeitsstatuts hat der Richter **von Amts wegen**, und nicht etwa nur auf Antrag oder bei Berufung einer Partei darauf anzuwenden (BGH 23. 1. 1985 JZ 1985, 951; BGH 7. 4. 1993 NJW 1993, 2305; BGH 21. 9. 1995 NJW 1996, 54; BT-Drucks 10/504, 26 amtl Begr zum IPRG; vBar, IPR Rn 541; Koerner, Fakultatives Kollisionsrecht [1995] 122 ff; Palandt/Heldrich Einl vor Art 3 EGBGB Rn 1; Schack, IZVR Rn 622; Geimer, IZPR Rn 2570 ff; Neuhaus, Grundbegriffe des IPR § 7 II 5). Die Gegenauffassung vom fakultativen Kollisionsrecht (Flessner RabelsZ 34 [1970] 547, 574 ff; Zweigert RabelsZ 37 [1973] 435, 445 f; Raape/Sturm, IPR § 17 II 4; Simitis StAZ 1976, 6, 15) dürfte jedenfalls nach der Neufassung von Art 3 Abs 1 EGBGB nicht mehr zu vertreten sein. Dementsprechend muß der Richter auch die **Anknüpfungstatsachen**, im Eherecht insbesondere die Staatsangehörigkeitsverhältnisse, von Amts wegen ermitteln. Andernfalls könnten die Parteien durch übereinstimmenden Vortrag die Anknüpfung manipulieren. Anders wäre es nur, wo die Parteien Rechtswahlfreiheit haben. Das ist im Personenstandsrecht nicht der Fall. Die Amtsermittlungspflicht ergibt sich in Ehe- und Kindschaftssachen aus §§ 616 Abs 1, 617, 640 Abs 1 ZPO (Schack, IZVR Rn 624). 80

Nach BGH 28. 1. 1987 (IPRax 1988, 109 [Hessler 95] = FamRZ 1987, 463) kann die Entscheidung zwischen **verschiedenen deutschen Kollisionsnormen** oder ihre streitige Auslegung (OLG Düsseldorf aaO) offen bleiben, wenn alle in Frage kommenden gleichermaßen zum deutschen oder demselben fremden Recht führen. Ebenso ist zu verfahren, wenn die Anknüpfungstatsachen unklar bleiben, zB die Staatsangehörigkeit der Parteien, man aber notfalls zB mit dem gewöhnlichen Aufenthalt zu demselben, deutschen oder ausländischen Recht kommt (OLG Celle aaO). Ist das aber nicht der Fall, dann ist nach Auffassung des BGH der Revision stattzugeben, weil das OLG möglicherweise das falsche Recht angewandt hat. Über die Anknüpfung kann der BGH dann selbst entscheiden, wenn keine Tatsachenfestellung mehr nötig ist. 81

Der Richter kann die **Anknüpfung offenlassen**, wenn alle in Frage kommenden 82

* **Schrifttum**: Fastrich, Revisibilität der Ermittlung ausländischen Rechts, ZZP 97 (1985) 423; Gottwald, Zur Revision ausländischen Rechts, IPRax 1988, 210; Heldrich, Probleme bei der Ermittlung Ausländischen Rechts in der gerichtlichen Praxis, in: FS Nakamura (1996) 243; Hüsstege, Zur Ermittlung ausländischen Rechts. Wie man in den Wald hineinruft, so hallt es zurück, IPRax 2002, 292; Kindl, Ausländisches Recht vor deutschen Gerichten, ZZP 111 (1998) 177; Lindacher, Zur Anwendung ausländischen Rechts, in: FS Beys (2003) 909; ders, Die Mitwirkung der Parteien bei der Ermittlung ausländischen Rechts, in: FS Schumann (2001) 283; Otto, Der verunglückte § 243 ZPO und die Ermittlung ausländischen Rechts durch „Beweislasterhebung", IPRax 1985, 299; Rixen, Die Anwendung ausländischen Verfahrensrechts im deutschen Zivilprozeß (1999); Schellack, Selbstermittlung oder ausländische Auskunft unter dem europäischen Rechtsauskunftsübereinkommen (1998) (rvgl); Schilken, Zur Rechtsnatur der Ermittlung ausländischen Rechts, in: FS Schumann (2001) 373; Spickhoff, Richterliche Aufklärungspflicht und materielles Recht. Ein Beitrag zum Verhältnis von Zivilprozeßrecht, Sachrecht und IPR (1999); ders, Fremdes Recht vor inländischen Gerichten, Rechts- oder Tatfrage, ZZP 112 (1999) 265.

verschiedenen Rechte **sachlich zum selben Ergebnis** führen, wenn zB die Partei entweder die eine oder andere Staatsangehörigkeit hat, und die Ehe nach beiden Rechten geschieden werden kann (15. 2. 1926 RGZ 113, 38; 17. 9. 1941 RGZ 167, 274; OLG Kiel 31. 3. 1949 IPRspr 1945/49 Nr 73; OLG Celle 5. 3. 1950 IPRspr 1950/51 Nr 163; OLG Düsseldorf 2. 4. 1976 OLGZ 1976, 414= StAZ 1976, 274; LG Münster 25. 7. 1973 FamRZ 1974, 132 [Strümpell]). Der BGH ist als Revisionsinstanz manchmal so vorgegangen (BGH 14. 2. 1955 BGHZ 19, 266 = FamRZ 1956, 83 = NJW 1956, 509; BGH 7. 7. 1980 WM 1980, 1085 = ZIP 1980, 866; BGH 28. 1. 1987 IPRax 1988, 109; BGH 25. 1. 1991 NJW 1991, 2214), verlangt aber, daß die **Berufungsinstanz** über die **Anknüpfung entscheidet**, wenn auch deutsches Recht anzuwenden sein könnte (BGH 29. 10. 1962 JZ 1963, 214; BGH 7. 7. 1980 aaO; BGH 25. 1. 1991 NJW 1991, 2214; BGH 21. 9. 1995 NJW 1996, 54 [Mäsch 1453]). Die Revisionsinstanz selbst kann jedenfalls die Anknüpfung offen lassen, wenn beide danach in Frage kommenden Rechtsordnungen zum selben Ergebnis kommen (BGH 12. 11. 2003 NJW-RR 2004, 308, 309). Weitergehend hat der BGH einmal gebilligt, daß das OLG die Anknüpfung offen gelassen hatte, da deutsches wie englisches Recht den Anspruch bejahten, weil nach Meinung des BGH deutsches Recht anzuwenden war (22. 11. 1990 NJW-RR 1990, 613). Es sollte jedoch die Wahlfeststellung allen Tatsacheninstanzen, insbesondere der Berufungsinstanz erlaubt sein (Zöller/Geimer § 293 Rn 13; Schack, IZVR Rn 648; Soergel/Kegel vor Art 3 Rn 168; Kegel/Schurig, IPR § 15 I; Koch RabelsZ 61 [1997] 625).

83 Das Problem entsteht durch **§ 545 Abs 1 ZPO**, wonach nur das deutsche, nicht auch das ausländische Recht revisibel ist (dazu aber u Rn 101 ff). Dieser Beschränkung kann ausreichend dadurch Rechnung getragen werden, daß das Revisionsgericht die Anwendung des deutschen Rechts nachprüft, wenn es auch zur Wahl steht. Ist es richtig angewandt worden, so ist die Revision unbegründet. Ist es falsch angewendet worden, so kann das Revisionsgericht **zurückverweisen**, damit das Berufungsgericht nun auch die Anknüpfungsfrage entscheidet, weil doch nicht beide Rechte zum selben Ergebnis führen, nämlich nicht das deutsche (ebenso Kegel/Schurig, IPR § 15 I S 437). So hat auch einmal der BGH entschieden (5. 11. 1980 BGHZ 78, 318 = IPRax 1981, 130 [Grossfeld 116] = JZ 1981, 139 = NJW 1981, 522). Will der BGH dagegen in Anwendung deutschen Rechts **selbst entscheiden**, muß er zuvor die offen gelassene Anknüpfung selbst vornehmen (so BGH 22. 1. 1990 NJW-RR 1990, 613, nicht eherechtlich). Da die Anwendung des deutschen IPR aber revisibel ist, steht dem auch nichts entgegen, selbst wenn das Berufungsgericht sich nicht festgelegt hat: Ist nach Auffassung des BGH dann deutsches Recht anzuwenden, und sind neue Tatsachenfeststellungen hierfür nicht nötig, so sollte er selbst entscheiden. Ist nach seiner Meinung nicht deutsches, sondern ein ausländisches Recht anzuwenden, muß er die Revision zurückweisen, weil er dessen richtige Anwendung nicht nachprüfen darf (BGH 29. 10. 1962 JZ 1963, 214 f; vgl aber u Rn 102 f). Die Anwendung des deutschen Rechts ist dann nicht mehr zu prüfen.

b) Anwendung

aa) Rechtsanwendung

84 Ausländisches Recht ist **als Recht** und nicht als Tatsache anzuwenden, und es ist **von Amts wegen** zu ermitteln (zB BGH 21. 4. 1961 BGHZ 77, 32, 38; 24. 3. 1987 IPRax 1988, 227 [Gottwald 210]; BGH 29. 6. 1987 NJW 1988, 647 mwN; BGH 30. 4. 1992 BGHZ 118, 151, 162 f = IPRax 1993, 87 [Hanisch 64]; zuletzt BGH 23. 6. 2003 NJW 2003, 2685; Spickhoff ZZP 112 (1999) 265 ff, 272 ff; Kegel/Schurig, IPR § 15 II S 439; wohl unstr), und zwar so wie es im Ausland

tatsächlich angewandt wird (BGH 23.12.1981 FamRZ 1982, 263 = IPRax 1983, 193; BGH 21.1.1991 IPRax 1992, 324 [Kronke 303] = NJW 1991, 1418; BGH 30.1.2002 IPRax 2002, 302 [Hüsstege 292]; BGH 23.6.2003 aaO; Kegel/Schurig, IPR § 15 II S 440; Lindacher, in: FS Beys 909 ff). Die Lehre vom fakultativen Kollisionsrecht, daß ausländisches Recht nur anzuwenden sei, wenn eine Partei es verlangt, hat sich mit Recht nicht durchgesetzt (Schurig RabelsZ 59 [1995] 240 ff; jedenfalls für Familienrecht auch G Wagner ZeuP 1999, 6 ff; gegen Flessner, Interessenjurisprudenz im IPR [1990] 97 ff)

Nur mit guten Gründen wird das Gericht dabei von einer ausländischen Gerichtspraxis abweichen dürfen, und jedenfalls nicht von einer gefestigten (vgl BGH 30.3.1976 NJW 1976, 1581). Der deutsche Richter hat gegenüber **Präzendentien** nur dieselbe Freiheit wie der ausländische, ist also ggf in einem case-law-System an sie gebunden. In anderen Systemen ist er zwar nicht rechtlich gebunden, aber sollte ihnen aber dennoch in aller Regel folgen, denn er wird selten dartun können, daß er das ausländische Gesetz zutreffender interpretieren könne als ein dortiges, insbesondere oberes Gericht. Abweichen mag er allenfalls, wenn die dortige Rechtsprechung schlechterdings unhaltbar erscheint (Lindacher, in: FS Beys S 910 f). Dann wird aber oft auch der deutsche ordre public durchgreifen. Dementsprechend ist vor allem die ausländische Rechtsprechung zu ermitteln. Mit dem Gesetzeswortlaut allein sollte man sich möglichst nicht zufrieden geben.

Häufig stellt sich das Problem einer auch **im Ausland umstrittenen Rechtslage**. Hier 85
ist eher der **Rechtsprechung** zu folgen und ggf die obergerichtliche vorzuziehen, jedenfalls wenn sie gefestigt ist (in BGH 30.3.1976 aaO). Sind Rechtsprechung und Lehre im Ausland nicht einheitlich, bleibt dem deutschen Richter nichts anderes übrig, als im Meinungsstreit Stellung zu beziehen, wie es auch ein ausländischer Richter tun müßte und könnte. Freilich sind hier Vorsicht und Takt am Platze, da der deutsche Richter mit dem ausländischen System weniger vertraut ist (Kegel/Schurig, IPR § 15 II S 444; BGH 30.3.1976 aaO; BGH 23.12.1981 IPRax 1983, 193; Buchholz, in: FS Hauß [1978] 15 ff). Er darf jedoch keinesfalls angesichts eines ausländischen Meinungsstreites das ausländische Recht für nicht ermittelbar erklären, um so zu Ersatzlösungen, namentlich zu deutschem Recht zu kommen (Lindacher, in: FS Beys 911; Kropholler, IPR § 31 I 2; sehr bedenklich daher BGH 23.12.1981 aaO). Fehlt Rechtsprechung, gewinnt naturgemäß die **Literatur** an Gewicht (zu Unrecht vom BGH aaO nicht beachtet). Fehlt auch sie, muß der Richter ohne diese Hilfen den Gesetzestext interpretieren und dabei nach den methodischen Regeln der fremden Rechtsordnung vorgehen. Im Grundsatz ebenso, doch praktisch schwieriger ist es, in einem **Case-Law-System** aus den bekannten Urteilen etwas für eine noch nicht entschiedene Frage abzuleiten. Da in diesen Rechten der Richter neue Regeln für neue Fragen aus den bisherigen Urteilen entwickeln darf, darf und soll es grundsätzlich auch der deutsche. Vorsicht ist aber geboten. Neue Prinzipien darf eigentlich nur der ausländische Richter aufstellen. Unzulässig wäre eine **Rechtsfortbildung**, wenn der deutsche Richter eine neue Regelung für eine alte substituiert, die möglicherweise oder wahrscheinlich im ausländischen Recht eingeführt werden wird, aber dort noch nicht eingeführt ist. Er muß das bisherige Recht anwenden (das türkische Recht folgt zB häufig, wenn überhaupt, Schweizer Entwicklungen mit zeitlicher Verzögerung). Zum nicht feststellbaren Recht unten Rn 106 ff.

Stellt der Richter im ausländischen Recht eine **Lücke** fest, so kann er sie nach den 86 dortigen Regeln füllen. Dies gilt insbesondere, wenn das ausländische Recht selbst eine Lückenfüllungsermächtigung enthält (zB Art 1 Abs 2 türkisches ZGB wie das Schweizer ZGB). Sicher sind die Grenzen möglicher Auslegung und zulässiger Rechtsfortbildung im Einzelfall schwierig zu ziehen (MünchKomm/Sonnenberger Einl IPR Rn 574, 576; wohl zu kühn AG Berlin Charlottenburg 13. 1. 1981 IPRax 1983, 128 [Rumpf 114]; zu ängstlich BGH 23. 12. 1981 IPRax 1983,193; beide zum türkischen Recht), aber das entbindet das deutsche Gericht nicht davon, die Möglichkeiten auszuschöpfen (näher dazu MünchKomm/Sonnenberger Einl IPR Rn 576; Lindacher, in: FS Beys 910 f).

87 Eine schwierige Frage ist, **welche Gewißheit** über den ausländischen Rechtszustand zu verlangen und anzustreben ist. Sicher wird man die größtmögliche anstreben, muß dies aber in Beziehung zu den Möglichkeiten des Gerichts und zu der Notwendigkeit setzen, in absehbarer Zeit zu entscheiden. Eine allgemein gültige Fomel läßt sich dafür nicht finden, und man muß auch insoweit auf das pflichtgemäße Ermessen des Gerichts vertrauen (zu weitgehend BGH 21. 1. 1991, abl zu Recht Kronke IPRax 1992, 303 f; Samtleben NJW 1992, 3057; richtiger BGH 2. 2. 1994 IPRax 1995, 111 [Henrich 86]; BGH 12. 2. 1992 IPRax 1994, 40 [Linke 17] = NJW-RR 1992, 642; BGH 29. 6. 1987 IPRax 1988, 228 [Gottwald 210] = NJW 1988, 647). Denn hier ist die Grenze zwischen der Behauptung, das Gericht habe nicht genügend ermittelt, und derjenigen, es habe das ausländische Recht unrichtig festgestellt, um so schwerer zu ziehen, je höhere Anforderungen gestellt werden (zutr Spickhoff ZZP 112 [1999] 276: vgl BGH 24. 3. 1987 IPRax 1988, 227 [Gottwald 210]; 29. 6. 1987 NJW 1988, 647; 30. 4. 1992 IPRax 1993, 87 = BGHZ 118, 151, 162 f; 23. 6. 2003 NJW 2003, 2685).

88 Wenn Art 17 EGBGB auf das ausländische Recht so verweist, wie es dort tatsächlich angewandt wird, dann kann dort infolge von Bürgerkrieg, inneren Unruhen oder auch Staatsbankrott etc ein **Stillstand der Rechtspflege** eingetreten sein. Doch tritt das zuvor erlassene Gesetzesrecht nicht automatisch außer Kraft, weil es nicht mehr administriert wird, und es ist daher weiterhin so anzuwenden wie es zuvor war (Hohloch, in: Thürer/Herdegen/Hohloch, Der Wegfall effektiver Staatsgewalt: The Failed State, BerdtschGesVR Bd 34 [1996] 114). Ebenso ist weiter das offizielle Recht von uns anzuwenden und damit zu wahren, wenn es im Lande faktisch nicht beachtet wird, weil die Gerichte korrupt sind.

89 Dagegen ist ein Recht nicht mehr anzuwenden, wenn sich faktisch ein anderes Recht etabliert hat. Es gilt dann dieses neue Recht, welches das alte offzielle ersetzt hat. Es mag sich durchaus inoffiziell entwickelt haben, wo der offizielle Legislator verschwunden oder ganz ineffizient geworden ist (Hohloch aaO S 117 f; Wohlgemuth IPRax 1988, 322; ders, StAZ 1981, 41).

90 Schließlich beobachten wir zB in Afrika verbreitet ein Nebeneinander eines staatlichen, durchaus nicht ganz ineffektiven Rechts und eines meist nicht mehr echt traditionellen, populären Rechts, das von der betroffenen Bevölkerung beachtet und von traditionellen oder inoffiziellen Autoritäten administriert wird. Hier wählen die Parteien oft zwischen den Rechtsordnungen. Wenn diese Gewohnheitsrechte und Gerichte staatlich anerkannt sind, ist den betr staatlichen Kollisionsnormen zu folgen. Gerade in Ehesachen aber hat der Staat manchmal das Gewohnheitsrecht teilweise oder auch recht weitgehend durch seine Gesetze verdrängen wollen, ohne sein Recht faktisch als alleiniges durchsetzen zu können. So ist etwa die gerichtliche

Scheidung aufgrund definierter Scheidungsgründe eingeführt worden, während die Bevölkerung oft noch die Scheidung durch Vertrag der Familien praktiziert. Hier wird der deutsche Richter sich an das offizielle Recht halten müssen, solange es tatsächlich gilt. Das Problem ist eher die Feststellung, ob das **offizielle Recht** ganz oder doch ganz überwiegend außer Kraft ist (ähnlich Hohloch aaO 117).

bb) Ermittlung

Der Richter muß sich von Amts wegen die nötigen Kenntnisse verschaffen (zB BGH 23. 1. 1985 NJW-RR 1986, 484 = JZ 1985, 951; BGH 15. 12. 1986 NJW 1987, 1145; BGH 12. 2. 1992 IPRax 1994, 40 [Linke 17] = NJW-RR 1992, 642; BGH 2. 2. 1994 IPRax 1995, 111 [Henrich 86] = FamRZ 1994, 434 = NJW-RR 1994, 642, zuletzt BGH 23. 6. 2003 NJW 2003, 2685), und entscheidet dabei nach pflichtgemäßem Ermessen, welche Erkenntnisquellen er dafür heranzieht (BGH 12. 2. 1992 aaO; BGH 2. 2. 1994, aaO; BGH 23. 6. 2003 aaO). Es kann sein, daß der Richter schon die nötigen Kenntnisse hat, und häufiger, daß er sich anhand der ihm erreichbaren Quellen informiert (BGH 2. 2. 1994 aaO). Er braucht dann nicht noch Beweis über das ausländische Recht zu erheben, wenn er sich ermessensfehlerfrei eine begründete Überzeugung gebildet hat, nachdem er die geeigneten Erkenntnisquellen selbst geprüft hat (weiter u Rn 94 f). 91

Hat er selber keine genügende sichere Kenntnis, dann hat er sich auf allen geeignet erscheinenden Wegen die Kenntnis zu verschaffen. Obwohl es sich nicht um Feststellung von Tatsachen handelt, denn ausländisches Recht wird als Recht angewandt, spricht man von **Freibeweis** (BGH 28. 10. 1965 BGHZ 44, 183 = NJW 1966, 296). Das ist zwar etwas schief, weist aber zutreffend darauf hin, daß es keine Beschränkung der Nachweismittel gibt, soweit sie effektiv sind. Die erlaubte oder gebotene eigene Einsicht in Quellen und Literatur gehört nicht eigentlich hierher (näher Schilken, in: FS Schumann [2001] 373 ff). 92

Nachweismittel in der Form der Beweisaufnahme ist das Sachverständigengutachten über ausländisches Recht (BGH 10. 7. 1974 NJW 1975, 2142). Auch die formlose Einholung einer Auskunft, selbst telefonisch, ist zulässig, wenngleich letztere idR wenig zuverlässig sein dürfte, da insbesondere dem ausländischen Befragten die Frage so nicht genau genug vermittelt werden kann (Schack, IZVR Rn 631; gegen OLG Hamm 25. 5. 1992 NJW-RR 1993, 1349). Anfragen an ausländische diplomatische Vertretungen schienen selten ergiebig, eher schon einmal an ausländische Justizministerien (vgl BGH 23. 12. 1981 FamRZ 1987, 263 = NJW 1982, 1215 [Türkei]; Otto IPRax 1995, 300) oder an deutsche Auslandsvertretungen (Otto aaO 302). Im Verhältnis zu den meisten europäischen Staaten gilt das Londoner europäische Übereinkommen vom 7. 6. 1968 betr Auskünfte über ausländisches Recht (BGBl 1974 II 938; AusfG v 5. 7. 1974 [BGBl I 1433]). Von ihm wird anscheinend eher wenig Gebrauch gemacht (Statistik bei Otto IPRax 1995, 302). Das dürfte sich damit erklären, daß die Frage als abstrakte Rechtsfrage, wenngleich mit Angaben über den Sachverhalt, gestellt werden muß (Art 4 Londoner Übk). Um dies aber genau genug tun zu können, müßte das Gericht den Fall in Anwendung eben des ausländischen Rechts schon weitgehend „gelöst" haben, so daß nur noch genau umrissene Einzelpunkte offen bleiben (vgl Hüßtege IPRax 2002, 292 ff; Kindl ZZP 111 [1998] 177,187; vgl auch BGH 30. 1. 2001 IPRax 2002, 392, daß eine solche Auskunft in casu nicht ausreichte; **aA** Otto aaO). 93

Auch über die **Wahl der Nachweismittel** entscheidet das Gericht nach pflichtgemä- 94 ßem Ermessen (BGH 23. 12. 1981 FamRZ 1982, 263 = NJW 1982, 1215). Die in der Revision dagegen nachprüfbaren **Grenzen des Ermessens** lassen sich nur recht eingeschränkt generell bestimmen und hängen im wesentlichen von den Umständen des Einzelfalles ab (BGH 30. 4. 1992 BGHZ 118, 151, 163 = IPRax 1993, 87 [Hanisch 69]; BGH 2. 2. 1994 IPRax 1995, 111 [Henrich 86] = NJW-RR 1994, 622 = FamRZ 1994, 343; BGH 30. 1. 2001 aaO; BGH 30. 4. 1992 BGHZ 118, 151, 163; Gottwald IPRax 1988, 211). Behauptet eine Partei eine bestimmte ausländische Regelung, so ist idR nötig, daß das Gericht ein Sachverständigengutachten einholt, wenn es nicht bereits sachkundig ist (zB BGH 23. 6. 2003 NJW 2003, 2685). Angaben der Parteien und Parteigutachten muß das Gericht schon wegen des **rechtlichen Gehörs** zur Kenntnis nehmen (vgl BVerfG 7. 10. 1996 FamRZ 1997, 151), und die Parteien können durchaus besseren Zugang zu ihrem Recht haben als das Gericht. Andererseits sind sie naturgemäß weder neutral noch besonders zuverlässig. Je detaillierter sie vortragen, desto eingehender muß das Gericht seinerseits ermitteln (BGH 23. 4. 2002 BB 2002, 1227; BGH 30. 4. 1992 BGHZ 118, 151, 162 ff). Eine Bindung etwa nach § 138 ZPO an übereinstimmenden Parteivortrag besteht nicht. Vorstellungen, daß wenigstens dessen Richtigkeit zu vermuten sei (BAG MDR 1975, 874 f; LAG Hamm BB 1989, 2191; Geimer, IZPR Rn 2586; Stein/Jonas/Leipold § 293 Rn 34), entsprechen nicht dem, daß ausländisches Recht als Recht anzuwenden ist (Spickhoff ZZP 112 [1999] 274), und gerade im Eherecht kann kolllusives Zusammenwirken vorkommen.

95 Da das Recht zu ermitteln ist, wie es dort wirklich angewandt wird, verlangt der BGH zunehmend einen Gutachter, der Zugang zur dortigen Praxis hat (BGH 23. 6. 2003 NJW 2003, 2685; BGH 30. 1. 2001 IPRax 2002, 302 trotz Einholung einer Auskunft nach dem Londoner Übereinkommen; zu weitgehend BGH 21. 1. 1991 aaO). Bei exotischeren Rechtsordnungen stößt das aber uU an praktischen Grenzen nicht nur, wenn Urteile dort nicht veröffentlicht werden (zB in Algerien ist oder war das grundsätzlich verboten), sondern manchmal auch aus Gründen der sprachlichen Verständigung. (man denke an China). Nicht mit Urteilen oder Literatur belegte Auskünfte auch ausländischer Juristen über die gerichtliche Übung sind wohl zu unsicher. An sich wäre die Beiziehung eines ausländischen Juristen zumindest ergänzend zu empfehlen, doch wird ein deutsches Gericht nicht leicht einen geeigneten finden und auch nicht seine Kompetenz und Neutralität einschätzen können. Insgesamt prüft der BGH aber recht weitgehend nach, ob das OLG genügend aufgeklärt hat (so auch Fastrich ZZP 97 [1984] 434; bedenklich zurückhaltend BGH 4. 6. 1992 BGHZ 118, 313, 319; keine Amtsermittlung, weil die Partei kein schlüssiges ausländisches Gutachten vorgelegt hatte). Das Gericht hat vor allem anzugeben, wie es ermittelt hat. Fehlt dies, ist die Entscheidung schon deshalb fehlerhaft (zB BGH 24. 3. 1987 IPRax 1988, 227; 23. 4. 2002 aaO). Ist dies geschehen, so prüft der BGH aber nur noch auf Ermessensfehler nach. Zu diesem Ermessen zählt nicht nur, welche Erkenntnismittel ergiebig erscheinen, sondern mE auch, ob das ausländische Recht nun ausreichend ermittelt ist.

96 Liegt schon ein Gutachten oder eine andere Auskunft vor, so hat das Gericht zu prüfen, ob es dem Antrag auf weitere Ermittlungen stattgeben muß. Das hängt von der Vollständigkeit und Überzeugungskraft des oder ggf der schon vorliegenden Gutachten und Auskünfte ab (zu weitgehend BGH 21. 1. 1991 IPRax 1992, 324 [abl Kronke 303 f] = NJW-RR 1991, 1211; gegen OLG Bremen 17. 1. 1990 IPRax 1992, 323, abl auch Samtleben NJW 1992, 3057; richtiger BGH 30. 1. 2001 IPRax 2002, 302 [Hüsstege 292], da die Auskunft des ausländischen Justizministeriums die gestellte Frage nicht ausreichend beantwortete). Andernfalls könnte eine Partei das Verfahren quasi unbegrenzt verzögern. Das Gericht muß aber auch ohne Rüge von Amts wegen ein Gutachten einholen, wenn es nicht sachkundig ist bzw keine sichere Kenntnis durch eigenes Studium der Literatur gewinnt (deshalb war Gutachten nicht erforderlich in BGH 2.2.1994 aaO; ähnlich BGH 30.4.1992 aaO).

Zwar muß das Gericht nicht in den Formen des Strengbeweises das ausländische **97** Recht ermitteln, wenn es aber wie häufig ein Sachverständigengutachten aufgrund eines **Beweisbeschlusses** einholt, dann gelten auch die allgemeinen Regeln der §§ 402 ff ZPO dafür, obwohl es sich eigentlich um einen Freibeweis handeln soll (BGH 15.6.1994 NJW 1994, 2959 = IPRax 1995, 322 [zust Otto 299, 304]; Nagel/Gottwald, IZPR § 10 Rn 16; Zöller/Geimer § 293 Rn 21; Schilken aaO 383 f; teilw **aA** Schack, IZVR Rn 635).

Das Gericht hat alle ihm zur Verfügung stehenden Erkenntnisquellen zu gebrau- **98** chen und ist weder an den Vortrag der Parteien gebunden noch von ihm abhängig. Es kann jedoch auch die **Parteien zur Mitarbeit** auffordern (Geimer, IZPR Rn 2588; Lindacher, in: FS Schumann [2001] 383 ff; unstr). Es kann allerdings mit gebotener Vorsicht auch aus dem **übereinstimmenden Parteivortrag** seine Überzeugung vom Inhalt des fremden Rechts herleiten (Stein/Jonas/Leipold § 293 Rn 34; BAG 29.6.1978 NJW 1979, 1119 = JZ 1979, 647), aber gerade im Eherecht besteht die Gefahr, daß die Parteien Unrichtiges vortragen (ähnliche Bedenken bei Luther, in: FS Bosch [1976] 559, 568). Er muß vielmehr, weil hier keine Rechtswahlfreiheit besteht, überprüft werden (Schilken aaO 380). Übereinstimmender wie nicht übereinstimmender Parteivortrag ist nur eine Erkenntnisquelle unter anderen, deren Wert von ihrer Genauigkeit und vor allem von Belegen abhängt. Wenn das Gericht keine weiteren Erkenntnisse mehr gewinnen konnte, und wenn die Partei von ihr beauptete weitere oder neuere Entscheidungen nicht nachweist, dann kann es davon ausgehen, daß diese angeblichen Entscheidungen **jedenfalls** nichts anders ergäben (BGH 30.3.1976 NJW 1976, 1581; zu weitgehend OLG Hamm 9.6.1980 WM 1981, 882).

Hat das **Gericht** sich eine Meinung über das ausländische Recht gebildet, so hat es **99** dies noch einmal mit den Parteien zu erörtern (Lindacher, in: FS Schumann 288; MünchKomm-ZPO/Prütting § 293 Rn 54; Sommerlad/Schrey NJW 1991, 1381). Erheben sie keine Einwände, ist das zwar kein Beweis der Richtigkeit, aber da das Gericht seine Meinung schon auf der Grundlage der ihm möglichen Ermittlungen gebildet haben sollte, ergibt sich so kein Anlaß, weiter zu ermitteln. Möglicherweise weiß die Partei auch nicht mehr. Erhebt eine Partei Einwände, kommt es auf die Substantiierung an, um das Gericht zu neuen Ermittlungen zu veranlassen. Dann aber besteht eine Pflicht dazu (BGH 4.6.1992 BGHZ 118, 312, 319).

Selbst wenn das Gericht eine Partei zur Informationsbeschaffung auffordert, bleibt **100** das eine Maßnahme amtswegiger Ermittlung und legt der Partei **nicht** eine **Beweis- oder Feststellungslast** auf (Lindacher aaO 287; Schilken aaO 379; Spickhoff ZZP 112 [1999] 273 f, 289). Es gibt keinen Beibringungsgrundsatz für ausländisches Recht so wie für Tatsachen. Würde man bei Weigerung oder ungenügendem Einsatz der Partei deshalb zu ihren Ungunsten entscheiden oder auch nur hilfsweise deutsches oder ein anderes Recht anwenden, so gäbe das Gericht insoweit die Entscheidung in die Hand der Parteien, welche uU gerade an der Anwendung eines scheidungsfreundlicheren Rechts interessiert sein könnten. Nur unter besonderen Umständen kann das Schweigen einer Partei, von der man Kenntnisse erwarten kann, als Indiz unter anderen für eine bestimmte, ihr ungünstige Regelung gewertet werden. In Vermögensangelegenheiten mag das etwas häufiger angemessen sein.

cc) Revisibilität

101 Nach ständiger Rechtsprechung des BGH ist die Anwendung des angewandten **ausländischen Rechts nicht revisibel** (zB BGH 29.6.1987 WM 1987, 1265; BGH 10.4.2002 NJW 2002, 3335) anders als die des deutschen IPR. Der Grund für § 545 Abs 1 ZPO ist, daß der BGH nur die Einheitlichkeit der Anwendung des deutschen Rechts zu sichern habe. Das hat Sinn, wenn Fragen eines ausländischen Rechts nur selten relevant werden. Aber das ist heute bei weitem nicht mehr der Fall. Fragen des türkischen Familienrechts beschäftigen täglich deutsche Gerichte, und widersprüchliche Auslegungen werden nicht dadurch erträglicher, daß es sich nur um ausländisches Recht handelt. Zumindest de lege ferenda sollte ausländisches Recht revisibel gemacht werden (zB Spickhoff ZZP 112 [1999] 290 f; Schack, IZVR Rn 646; Kerameus ZZP 99 [1986] 166, 174 m Rvgl; Kegel/Schurig, IPR § 15 IV; Gottwald IPRax 1988, 219). De **lege lata** ist § 545 Abs 1 ZPO zu beachten, doch wird der Grundsatz vielfach **eingeschränkt** (Schack, IZVR Rn 647).

102 Er gilt zum einen nicht auf bestimmten Gebieten. Er hindert so die Nachprüfung nicht, wenn ausländisches Recht **Voraussetzung für** die deutsche **internationale Zuständigkeit** nach § 606a Abs 1 S 2 Nr 4 ZPO ist (Kegel/Schurig, IPR § 15 IV S 447; Gottwald IPRax 1988, 211; implizit weitgehend BGH 18.3.1997 RIW 1997, 778 zu einer Gerichtsstandsvereinbarung; **aA** BGH 11.1.1984 BGHZ 89, 325 = IPRax 1984, 208 f [Henrich 186]; BGH 19.3.1958 BGHZ 27, 47 = JZ 1959, 411 [krit Zweigert]). Die internationale Zuständigkeit ist noch in der Revisionsinstanz von Amts wegen zu prüfen (§ 606a Rn 38), und es würde nicht einleuchten, dabei die Kognitionsbefugnis des BGH zu beschränken und ihn zur Zurückverweisung zu verpflichten. Das betrifft im Eherecht insbesondere die ausländische Staatsangehörigkeit (so in BGH 19.3.1958). § 545 ZPO gilt nicht bei der Prüfung der Gegenseitigkeit in § 328 Abs 1 Nr 5 ZPO (BGH 30.9.1964 BGHZ 42, 194). Ebenso muß ausländisches Recht überprüft werden, wenn es um die **Rechtshängigkeitssperre** für ein deutsches Parallelverfahren geht (implizit BGH 2.2.1994 FamRZ 1994, 434). Auch die Wirksamkeit eines ausländischen Urteils als Voraussetzung seiner Anerkennung prüft der BGH selbst anhand des ausländischen Rechts (BGH 4.6.1992 BGHZ 118, 312; vgl auch 27.5.1993 BGHZ 122, 373, 377). Der Grundsatz gilt generell nicht in der **freiwilligen Gerichtsbarkeit**, denn § 27 S 2 FGG verweist nicht auf § 545 ZPO (BGH 12.6.1965 BGHZ 4, 121; OLG Frankfurt aM 11.9.2001 FamRZ 2002, 705).

103 Das Verbot der Nachprüfung gilt zum anderen nicht für nach dem angefochtenen Urteil ergangene neue ausländische Gesetze (BGH 21.2.1962 BGHZ 36, 348, 351) und namentlich nicht für Rechtsregeln, die dem Untergericht ersichtlich unbekannt geblieben sind, und zu welchen es deshalb **nicht Stellung genommen** hat (BGH 12.11.2003 NJW-RR 2004, 308, 310). Diese Einschränkung beruhe darauf, daß mangels Stellungnahme des OLG keine Bindung des BGH eingetreten sei. Der BGH formuliert zwar, er habe dabei nur die Schlüssigkeit einer Rüge mangelhafter Ermittlung zu prüfen, was konsequenterweise nur zu einer Zurückverweisung führen könnte (so zB in BGH BGHZ 40, 197, 200 f; BGH 24.3.1987 IPRax 1988, 227; 29.6.1987 IPRax

1988, 229; 23. 4. 2002 NJW-RR 2002, 1159; 29. 3. 2003 RIW 2003, 473; 23. 6. 2003 NJW 2003, 2685). Doch scheint hierfür eher entscheidend, ob der BGH selbst ausreichende Kenntnisse des betreffenden ausländischen Rechts hat. Gelegentlich entscheidet er offenbar auch in der Sache selbst (BGH 23. 10. 1963 BGHZ 40, 197, 201; 4. 2. 1992 BGHZ 118, 312, 319; BGH 8. 5. 1992 NJW 1992, 3106; BGH 27. 5. 1993 BGHZ 122, 373, 378; 10. 4. 2002 NJW 2002, 3335). Insbesondere macht er selbst Ausführungen zum ausländischen Recht, wenn das OLG keine ausreichende Feststellungen getroffen hatte (vgl zB BGH 27. 5. 1993 aaO).

Die Prüfung, wie das Berufungsgericht ermittelt hat (BGH 24. 3. 1987 IPRax 1988, 227 [Gottwald 210]) und ob dabei eine Überschreitung der richterlichen Ermessens vorliegt (BGH aaO; 29. 6. 1987 IPRax 1988, 228; 21. 1. 1991 IPRax 1992, 324 [Kronke 303]; 30. 4. 1992 BGHZ 118, 151, 162 f; 2. 2. 1994 FamRZ 1994, 434, unstr), ist praktisch kaum sauber von einer eigenen Anwendung des ausländischen Rechts abzugrenzen, vor allem wenn der BGH selbst auch einzelne, vom OLG nicht beachtete Bestimmungen des an sich von diesem geprüften ausländischen Rechts heranzieht (vgl BGH 10. 4. 2002 aaO). Der Unterschied zwischen der Behauptung, das Gericht habe zu wenig ermittelt und hätte anders entschieden, wenn es weiter ermittelt hätte, und der Behauptung, das Gericht habe das ausländische Recht falsch verstanden oder falsch angewandt, ist nicht zu definieren (Spickhoff ZZP 112 [1999] 276; ähnlich Hanisch IPRax 1993, 71). Auch die Unterscheidung, ob das OLG das ausländische Recht insgesamt zu wenig oder gar nicht ermittelt habe, vom Übersehen einzelner seiner Bestimmungen (so BGH 8. 5. 1992 NJW 1992, 3106) ist weder sinnvoll, noch wird sie vom BGH selbst durchgehalten (vgl BGH 23. 10. 1963 BGHZ 40, 197, 200 f; 29. 6. 1987 IPRax 1988, 228 m 8. 5. 1992 aaO). 104

Zu Unrecht hat der BGH (29. 6. 1987 IPRax 1988, 228; 30. 4. 1992 BGHZ 118, 163) einmal darauf abgestellt, ob der Revisionskläger die Revision ausländischen Rechts **bezwecke** (Schack, IZVR Rn 649; **aA** teilw Fastrich ZZP 97 [1984] 436 ff). Es kommt, allenfalls, allein darauf an, ob das Berufungsgericht das ausländische Recht unter Verwendung aller vernünftigerweise heranzuziehenden Auskunftsmittel festgestellt hat und dabei insbesondere auf substantiierten Vortrag der Parteien eingegangen ist. In Statusfragen scheint es bedenklich, daß nach Auffassung des BGH seine Ermittlungspflicht von den Intentionen und Behauptungen der Parteien über das ausländische Recht abhängen solle (4. 6. 1992 BGHZ 118, 312, 318 f, nicht eherechtliche). 105

c) Nicht feststellbares Recht

Streitig ist die Behandlung des **nicht feststellbaren** Sachrechts (vgl näher MünchKomm/Sonnenberger Einl IPR Rn 679 ff m Nachw). Die **Situation** ist sehr selten, wenn man richtigerweise den deutschen Richter für berechtigt und verpflichtet hält, auch im Falle einer streitigen ausländischen Rechtslage zu entscheiden und ggf Lücken des dortigen Rechts – vorsichtig – zu füllen (Rn 86). 106

Die hM plädiert für eine **größtmögliche (mutmaßliche) Annäherung** an den nicht (genau) feststellbaren Rechtszustand (BayObLG 19. 3. 1970 BayObLGZ 1970, 77 = DAVorm 1970, 350 = IPRspr 1970 Nr 65; Kegel, IPR § 15 Abs 5 2; vBar, IPR Rn 376; Melchior, Grundlagen des deutschen IPR [1932], 101; Geimer, IZPR Rn 2600; Raape, IPR § 17 Abs 2; Palandt/Heldrich Einl vor Art 3 EGBGB Rn 36; Heldrich, in: FS Ferid [1978] 217; MünchKomm/Sonnenberger Einl IPR Rn 682). Das entspricht praktisch der Auffassung vom wahr- 107 scheinlich geltenden Recht (Ferid, IPR Rn 4–101). In dieser Hinsicht können auch ein feststellbarer früherer Rechtszustand (OLG Frankfurt aM 2. 3. 1999 FamRZ 2000, 37) und der Rückgriff auf ein Mutterrecht (zB im Falle der Türkei auf die Schweiz) bei Rezeptionen hilfreich sein (zB BGH 10. 4. 2002 NJW 2002, 3335: französisches Prozeßrecht in der dominikanischen Republik, zweifelhaft). Hauptfälle sind das englische bzw französische Recht im Falle ehemaliger Kolonien, welches dort häufig sogar direkt noch gilt und jedenfalls hohe Autorität hat. Im islamischen Bereich kann notfalls eine wahrscheinlich gute Annäherung durch Rückgriff auf ein verwandtes Recht derselben Rechtsschule weiterführen, vor allem wenn es um die Interpretation ähnlicher Regelungen geht. Im übrigen hat der Richter uU sich zwischen im ausländischen Recht streitigen Meinungen zu entscheiden und Lücken zu füllen (o Rn 85 f).

108 Man darf – wie im eigenen Recht – keine absolute Sicherheit der Auskunft verlangen. Zweifel sind dem Recht inhärent und typisch. In der Praxis wurde die Situation meist zu Unrecht angenommen (namentlich BGH 26. 10. 1977 BGHZ 69, 387 = FamRZ 1978, 179 = StAZ 1978, 98 = NJW 1978, 496; vgl Heldrich, in: FS Ferid [1978], 209 ff, 216 f; Wengler-Kohler StAZ 1978, 173; Dilger StAZ 1978, 235 ff; ebenso BGH 23. 12. 1981 aaO). Allenfalls war einschlägig BGH 24. 10. 1960 (NJW 1961, 410 = WM 1961, 24 weil nicht feststellbar war, ob in Afghanistan 1937 überhaupt ein Wechselrecht existierte).

109 Für den also sehr seltenen Fall des wirklich nicht feststellbaren ausländischen Rechts vertritt die Rechtsprechung grundsätzlich die hilfsweise Anwendung der **lex fori**, solange diese nicht zu evident **unbilligen Ergebnissen** führt (BGH 26. 10. 1977 BGHZ 69, 386 = FamRZ 1978, 179 abl Heldrich, in: FS Ferid [1978] 209 ff; Wengler/Kohler StAZ 1979, 173 ff; BGH 23. 12. 1981 NJW 1982, 1215 = FamRZ 1982, 263; OLG Stuttgart 1. 3. 1984 IPRspr 1984 Nr 1 = DAVorm 1984, 423). Nur im letzteren Fall sei auf das nächstverwandte oder wahrscheinlich geltende Recht zurückzugreifen (zust MünchKomm/Sonnenberger Rn 682 f, unter Betonung, daß zuvor die Möglichkeiten der Auslegung auszuschöpfen seien).

110 Wenn das deutsche IPR die Anwendung eines ausländischen Rechts vorschreibt und damit die des deutschen Rechts ausschließen will, so ist der direkte Rückgriff auf die **lexi fori abzulehnen** (wenn das deutsche Recht nicht das nächstverwandte ist), denn dann ist sicher, daß die Anweisung des IPR verfehlt wird. Daran ändert es natürlich nichts, daß der deutsche Richter das deutsche Recht inhaltlich richtiger als ein ausländisches anwenden würde, denn es ist erwiesenermaßen das falsche Recht. Nur wenn die Ermittlung des ausländischen Rechts und die vorgenannten Annäherungen nicht möglich sind, weil kein nächstverwandtes Recht bekannt ist, vielleicht auch weil keinerlei Informationen über die lex causae zu erhalten sind (Geimer, IZPR Rn 2148), sollte hilfsweise das Recht herangezogen werden, zu dem die **zweitstärkste Anknüpfung** besteht (hierfür Kersting FamRZ 1992, 271; Kreuzer NJW 1983, 1946 f; K Müller NJW 1981, 484 ff; **aA** MünchKomm/Sonnenberger Einl IPR Rn 682). Das kann die lex fori sein (wie in BGH 26. 10. 1977 aaO), muß es aber nicht. Und erst dann, wenn die Beziehung zu diesem Recht zu schwach ist, kann letzthilfsweise auf die lex fori zurückzugreifen sein.

II. Klagebefugnis

111 Wer auf Scheidung und vor allem wer auf Nichtigkeit oder Aufhebung der Ehe **klagen kann**, entscheidet das **anwendbare Sachrecht** (vgl näher Staudinger/Mankowski

[2003] Art 13 EGBGB Rn 455). Sicher ist, daß jedenfalls vor deutschen Gerichten nur die **deutsche Behörde** auftreten kann.

1. Scheidungen

Bei Scheidungen wird man in der Regel annehmen dürfen, daß die betreffenden Rechtsordnungen die Klagbefugnis den Ehegatten reservieren. Jedenfalls würde eine gesetzliche Vertretung der volljährigen Ehefrau durch ihren Vater ebenso gegen den deutschen ordre public verstoßen wie eine Scheidungsklage einer Behörde ex officio (vgl den Fall Abu Zayd in Ägypten, Bälz IPRax 1996, 353). Dagegen gehört nicht zum deutschen ordre public, daß eine Scheidung nicht aufgrund einer rechtsgeschäftlichen Vollmacht von anderen betrieben werden kann. Denkbar und ebenfalls nicht gegen den ordre public ist, wenn zB Eltern oder Kinder nach dem Tod eines Ehegatten die Scheidung fortführen oder auch beantragen dürfen. **112**

2. Eheaufhebung

a) Ehegatten

Größere rechtsvergleichende Unterschiede darf man im Bereich der Eheaufhebung vermuten. Klagbefugt können natürlich die Partner der mangelhaften Ehe sein, wobei Rechtsunterschiede darin bestehen können, ob sich nur einer oder beide auf den Mangel berufen können. Handelt es sich um ein einseitiges Ehehindernis, so wird in der Regel nur der Ehegatte klagbefugt sein, dessen Recht die Eheaufhebung vorsieht. Bei doppelseitigem Ehehindernis entscheidet die Rechtsordnung, aus der dieses Ehehindernis stammt, wer, insbesondere ob auch der andere Ehegatte klagbefugt ist. Das **Recht**, welches **die Ehe für mangelhaft erklärt**, entscheidet dementsprechend darüber, inwieweit Dritte klagen dürfen. Das betrifft vor allem den Fall der bigamischen Ehe und den Partner der Vorehe. Denkbar wäre vielleicht auch ein Klagerecht von Kindern oder Eltern, vor allem wohl, wenn der primär klagebefugte Ehegatte verstorben ist. **113**

Zweifel weckt die Situation, daß die von Art 13 berufenen Heimatrechte der Ehegatten der zweiten, bigamischen Ehe nicht identisch sind mit dem Heimatrecht des „verletzten“ andern Ehegatten der ersten Ehe (vgl Fall BSG 30. 3. 1977 IPRspr 1977 Nr 50), und wenn das Heimatrecht des verletzten ihm ein Klagerecht gibt, nicht aber das oder die Rechte, welche die Wirksamkeit der Zweitehe gem Art 13 Abs 1 EGBGB beherrschen. Es sollte bei der Gültigkeit der Zweitehe nach ihrem Statut und seiner Maßgeblichkeit bleiben (Staudinger/Mankowski [2003] Art 13 EGBGB Rn 460). Ein Beispiel ist etwa, daß ein Jordanier in Deutschland eine Deutsche in monogamer Ehe geheiratet hat und dann eine zweite Ehe mit einer Jordanierin in Jordanien schließt. Man wird hier aber der Deutschen in Anwendung deutschen Rechts als Statut der ersten Ehe ein Recht auf Scheidung der ersten Ehe geben. **114**

b) Verwaltungsbehörde

§ 1316 Abs 1 Nr 1 BGB enthält ein sehr weitgehendes Klagerecht der Verwaltungsbehörde, früher des Staatsanwalts, bei verschiedenen Ehemängeln. Das muß aber in anderen Rechten keineswegs ebenso sein. Weit verbreitet ist wohl nur ein Klagrecht des Staatsanwalts gegen bigamische Ehen. So hat die deutsche Verwaltungsbehörde, **115** obwohl sie öffentliche Interessen vertreten muß, kein Klagrecht, wenn das nach Art 13 Abs 1 EGBGB maßgebende **ausländische Recht** zwar einen entsprechenden Aufhebungs- oder Nichtigkeitsgrund kennt, aber die Klagbefugnis ausschließlich Privaten gewährt. Gleiches gilt, wenn die Ehe nach dem ausländischen Recht zwar aufhebbar ist, aber der Kreis der Klagberechtigten enger als nach §§ 1316 Abs 1 Nr 1 BGB begrenzt ist. Anderes kann allenfalls gelten, wenn der deutsche **ordre public** eine Klage gebietet, doch dürften solche Fälle selten sein.

116 Ergibt sich die Nichtigkeit jedoch nur aus ausländischem Recht und sieht dieses eine Nichtigkeitsklage des Staatsanwaltes vor, so wurde argumentiert, das ausländische Recht könne den deutschen Staatsanwalt nicht zu Handlungen anweisen, und dieser habe nur die deutsche öffentliche Ordnung, nicht die des Auslands zu wahren (ähnlich Dölle, in: FS Böhmer, 139 ff;). Souveränitätserwägungen führen jedoch in die Irre. Es ist vielmehr an sich zu fragen, ob ein **inländisches Interesse** daran besteht, daß nun die Verwaltungsbehörde ex officio die Nichtigkeit oder die Aufhebbarkeit von Ehen im Inland geltend macht, auch wenn sich diese aus dem ausländischen Ehestatut ergibt. Beitzke bejaht dies nur, wenn der ausländische Nichtigkeitsgrund einem solchen des deutschen Rechts entspricht (RabelsZ 23 [1958] 725 ff). Wenn jedoch das deutsche IPR die Gültigkeit der Ehe nach ausländischem Recht beurteilt sehen will, so sprechen gute Gründe dafür, daß die danach erforderliche Nichtigkeits- oder Aufhebungsklage auch über die von Beitzke gezogene Grenze hinaus von der Verwaltungsbehörde erhoben werden sollte (Soergel/Schurig Art 13 EGBGB Rn 104; KG 8. 11. 1937 JW 1938, 1242). Es sollen grundsätzlich auch nach ausländischem Recht nichtige Ehen nicht aufrecht erhalten. Das Klagerecht folgt dem **Nichtigkeitsstatut**. Einem ausländischen Staatsanwalt entspricht heute die Verwaltungsbehörde (§ 1316 BGB). Wenn weitergehend die Doppelehe nach ausländischem Recht sogar zur Nichtehe führt, kann man im Wege der Angleichung der deutschen Behörde die Befugnis zusprechen, die Feststellungsklage zu erheben (Soergel/Schurig aaO; Staudinger/Gamillscheg[10/11] § 606b Rn 494; LG Hamburg 14. 12. 1955 IPRspr 1955 Nr 95, vgl LG Hamburg 10. 5. 1973 FamRZ 1973, 602).

117 Wenn das **ausländische Recht** ein Klagrecht des Staatsanwalts oder einer Verwaltungsbehörde vorsieht, verpflichtet es direkt nur die betreffenden **ausländischen Behörden**, nicht aber die deutschen, Klage zu erheben (Staudinger/Strätz[12] § 24 EheG Rn 28; Staudinger/Mankowski [2003] Art 13 EGBGB Rn 466). Denn das im ausländischen Recht vorgesehene Klagrecht der Verwaltungsbehörde oder des Staatsanwalts wegen eines bestimmten Ehemangels beruht auf öffentlichen Interessen dieses Staates, der solche Ehen in seiner Rechtsordnung nicht dulden mag. Für ein Eingreifen der deutschen Behörde ist entsprechend ein **inländisches öffentliches Interesse** erforderlich. So kann man ein Klagerecht der deutschen Verwaltungsbehörde vertreten, wenn das betr Ehehindernisses sowohl vom Eheschließungsstatut als auch vom deutschen Recht vorgesehen ist. Man wird aber auch in diesem Fall noch prüfen müssen, da die deutsche Verwaltungsbehörde nur in Verfolgung deutscher öffentlicher Interessen agieren darf, ob ein solches Interesse auch hinsichtlich der konkreten mangelhaften, ausländischem Recht unterstehenden und möglicherweise auch dort geschlossenen Ehe tatsächlich besteht. Es ist also eine **Inlandsbeziehung** nötig, die ein inländisches öffentliches Interesse begründet.

118 Es kann bei einem gewöhnlichen Aufenthalt zB der Bigamisten hier oder bei der deutschen Staatsangehörigkeit namentlich des verletzten Ehegatten bestehen. Leben dagegen zwei Ausländer im Ausland in bigamischer Ehe, deren Aufhebung vom Staatsanwalt nach dem Ehestatut verlangt werden kann, so kann das nicht in Deutschland geschehen, auch wenn wegen früherer deutscher Staatsangehörigkeit eines Ehegatten deutsche Gerichte zuständig wären. Wenn der ausländische Aufhebungsgrund einem der Gründe entspricht, der nach § 1316 BGB der deutschen Behörde ein Klagrecht gibt, dann ist das deutsche öffentliche Interesse gegeben. Es ist aber nicht darauf begrenzt. Liegen diese Voraussetzungen vor, tritt die deutsche Behörde an die Stelle zB des ausländischen Staatsanwalts (Johannsen/Henrich Eherecht Art 13 EGBGB Rn 21), der unstreitig nicht vor deutschen Gerichten auftreten darf.

Ob überhaupt eine **Aufhebungsklage** erhoben werden muß oder eine Nichtehe 119
vorliegt, entscheidet das Heimatrecht der Partei, und bei gemischtnationaler Ehe das ärgere Recht (BGH 4. 10. 1990 FamRZ 1991, 300, 303; OLG Hamburg 6. 11. 1987 StAZ 1988, 132; OLG Frankfurt aM 11. 9. 2001 FPR 2002, 87; Hessler IPRax 1986, 146, 147; Palandt/Heldrich Art 13 EGBGB Rn 14). Ist eines der beteiligten Rechte das deutsche, so ergibt sich aus ihm bei hinreichender Inlandsbeziehung das Klagerecht der deutschen Verwaltungsbehörde, falls nicht überhaupt nach dem anderen Recht eine Nichtehe vorliegt.

Die Klagebefugnis bei einer bigamischen Ehe unter **deutschem Recht** kann aller- 120
dings unter dem Gesichtspunkt der **unzulässigen Rechtsausübung** in besonderen Fällen entfallen, wenn die erste Ehe im Ausland inzwischen, wenngleich erst nach der zweiten Heirat, wirksam aufgelöst ist. Der BGH war aber bisher äußerst zurückhaltend. Schon in der Eingehung der Doppelehe liege ein Rechtsverstoß, und um den Grundsatz der Einehe zu wahren, müsse schon der Akt der Eingehung der zweiten Ehe für nichtig erklärt werden (BGH 17. 1. 2001 aaO; BGH 31. 3. 1962 BGHZ 37, 51; BGH 22. 4. 1964 FamRZ 1964, 418; BGH 18. 6. 1986 FamRZ 1986, 879; BGH 27. 10. 1993 FamRZ 1994, 498; BGH 17. 1. 2001 NJW 2001, 2394; großzügiger BGH 26. 2. 1975 FamRZ 1975, 332 f; Johannsen/Henrich/Sedemund-Treiber EheR § 631 ZPO Rn 5). Daraus, daß die bigamische Ehe heute nach § 1314 Abs 1 BGB nur noch für die Zukunft aufzuheben ist, folgert der BGH nun aber, daß der Ehegatte der ersten, inzwischen aufgelösten Ehe ein objektives Interesse an der Aufhebung der zweiten Ehe haben müsse, das sich auch gegenüber den Belangen der Ehegatten der zweiten bigamischen Ehe und eventueller Kinder daraus schutzwürdig sei. Das öffentliche Interesse sei in erster Linie von der Verwaltungsbehörde unter Abwägung der in § 1316 Abs 3 genannten Belange zu wahren (BGH 9. 1. 2002 FamRZ 2002, 604 f). In casu fehlten dem Kläger solche Gründe. Die hier schutzwürdigen Belange aus der zweiten Ehe sind nach Auffassung des BGH vornehmlich die noch weiterhin erheblichen Folgen der Erstehe namentlich im Renten- und Versorungsrecht, wohl ggf auch im Erbrecht. Die strengen Maßstäbe der früheren Rechtsprechung sollten also nicht aufrecht erhalten werden.

Mit Recht hatte schon das AG Heidelberg (15. 1. 1985 IPRax 1986, 165 [zust Hessler 146]) 121
das Klagerecht damals des Staatsanwalts verneint als der inzwischen verstorbene deutsche Ehemann eine Kamerunerin heiratete, obwohl er noch mit einer Kenianerin verheiratet war, wobei diese Ehe aber knapp ein Jahr später geschieden

wurde. Dabei war die zweite Ehefrau gutgläubig (das OLG Karlsruhe aaO 166 hat die Berufung zurückgewiesen).

122 Natürlich ist der deutsche **ordre public** zu beachten, so daß der Staatsanwalt keine dagegen verstoßende Nichtigkeit geltend machen darf. Entsprechend kann er aber auch Nichtigkeitsgründe des deutschen Rechts geltend machen, die der deutsche ordre public verlangt.

3. Mitwirkung des Staatsanwalts zur Eheerhaltung*

123 Ganz anders stellt sich das Problem, wenn das Ehestatut die Mitwirkung des Staatsanwalts im Scheidungs-, Trennungs- oder Nichtigkeitsverfahren im **Interesse der Eheerhaltung** oder der Einhaltung des materiellen Scheidungsrechts vorsieht (zB Italien Art 70 cpc, bis 1976 auch § 607 ZPO). Auch hier muß man die Frage der richtigen Anwendung des Scheidungsstatuts von der Wahrung der Anerkennungsfähigkeit im Heimatstaat **unterscheiden** (ebenso JAYME IPRax 1982, 56). Mehrere Gerichte haben den deutschen Staatsanwalt zum Verfahren hinzugezogen oder wenigstens davon benachrichtigt, nur um die **Anerkennung** in Italien zu sichern (OLG Düsseldorf 2. 11. 1981 IPRax 1982, 159 [EJ] [Ehetrennung]; OLG Stuttgart 4. 12. 1981 IPRax 1982, 204 [EJ]; OLG München 29. 7. 1982 IPRspr 1982 Nr 156; OLG Stuttgart 4. 12. 1981 IPRax 1982, 204; OLG Köln 12. 4. 1983 FamRZ 1983, 922; AG Frankfurt aM 5. 11. 1981 IPRax 1982, 79 [EJ]; LG Kempten 16. 4. 1975 IPRspr 1975 Nr 57; AG München 15. 12. 1978 FamRZ 1979, 815 [HAUSMANN]; AG Besigheim 20. 12. 1982 IPRax 1983, 193 [EJ] [dem Staatsanwalt sei nur Gelegenheit zu schriftlicher Stellungnahme zu geben]; JAYME IPRax 1982, 56; HAUSMANN FamRZ 1979, 186; LUTHER NJW 1981, 2605; SOERGEL/SCHURIG Art 17 EGBGB Rn 58).

124 Die Frage war freilich sehr streitig, und andere Entscheidungen sahen keine Möglichkeit, den deutschen Staatsanwalt zu beteiligen und verneinten konsequenterweise die deutsche internationale Zuständigkeit (OLG Karlsruhe 30. 12. 1982 NJW 1983, 1984 [LS]; OLG Frankfurt aM 22. 2. 1983 FamRZ 1983, 618; AG Köln 25. 2. 1982 IPRax 1982, 204; AG München 15. 3. 1982 IPRax 1982, 204; AG Besigheim 11. 6. 1981 IPRax 1982, 73 = NJW 1981, 2647). In dieser Frage hat sich dann letztlich herausgestellt, daß das italienische Recht für die Anerkennung deutscher Entscheidungen auf der Mitwirkung des deutschen Staatsanwalts nicht besteht; denn das italienische Interesse an der Vermeidung unberechtigter Scheidungen im Ausland und der Umgehung italienischer Scheidungsverbote werde noch hinreichend durch die Mitwirkung des italienischen Staatsanwalts im italienischen Anerkennungsverfahren gewahrt (TORTORICI IPRax 1983, 252 f; JAYME IPRax 1982, 56; HAUSMANN FamRZ 1979, 816; DESSAUER, IPR, Ethik und Politik, 454 ff, 487 ff; OLG München 15. 3. 1982 IPRax 1982, 204; OLG Karlsruhe 27. 10. 1983 IPRspr 1983 Nr 154; OLG Frankfurt aM 22. 10. 1982 IPRax 1983, 193; OLG Frankfurt aM 7. 11. 1983 FamRZ 1984, 59; AG München 15. 3. 1982 IPRax 1982 204; OLG Celle 19. 12. 1983 FamRZ 1984, 280). Ohnehin stellt sich diese Frage der Anerkennung im Verhältnis zu Italien heute wegen der EheGVO nicht mehr. Sie kann aber sehr wohl im Verhältnis zu anderen Staaten auftreten. Dann ist den Anforderungen des Anerkennungs-

* **Schrifttum**: BEITZKE, Der deutsche Staatsanwalt im Statusprozeß von Ausländern, RabelsZ 23 (1958), 708; DÖLLE, Zur Behandlung der bigamischen Ehe im IPR, in: FS Böhmer (1954), 134; GAMILLSCHEG, Die Anfechtung der Ehelichkeit durch den Staatsanwalt, RabelsZ 21 (1956), 257.

staates nachzukommen. Dem deutschen Staatsanwalt und den deutschen Familiengerichten wird hierbei keine unzumutbare, wesensfremde Aufgabe aufgebürdet (JAYME aaO; HAUSMANN aaO).

Der Heimatstaat der einen oder beider Parteien, auf dessen Anerkennung es ankommen kann, muß nicht zugleich das Scheidungsstatut stellen, weil Art 17 Abs 1 mit Art 14 Abs 1 EGBGB uU auf das Recht des (letzten) gewöhnlichen gemeinsamen Aufenthalts abstellt. Es geht bei der vom **Scheidungsstatut** verlangten Mitwirkung des Staatsanwalts auch primär um dessen richtige **Anwendung** und nicht nur um die deutsche Zuständigkeit. Dem Scheidungsstatut ist auch zu folgen, wenn die Anerkennung auch ohne das gesichert wäre. 125

Dabei kommt es nicht so sehr auf die Form als auf die Funktion der ausländischen Rechtsinstitute an. Liegt diese darin, Scheidungen, insbesondere Konventionalscheidungen zurückzudrängen, indem der Staatsanwalt eheerhaltende Tatsachen vortragen kann oder darauf achten soll, daß nicht aufgrund verbotener Geständnisse geschieden wird, so kann diese Aufgabe grundsätzlich auch das deutsche Scheidungsgericht selbst wahrnehmen, denn § 616 ZPO erlaubt die Amtsermittlung eheerhaltender Tatsachen. Die Zuziehung heute der Verwaltungsbehörde ist darum wohl meist nicht nötig, um dem ausländischen Scheidungsrecht Genüge zu tun. Ist gar in der fraglichen fremden Rechtsordnung die Mitwirkung des Staatsanwalts in der Praxis im wesentlichen zu einer Formalität geworden (wie möglicherweise in Italien), so könnte es erst recht genügen, wenn das deutsche Gericht § 616 ZPO ernst nimmt. Man kann aber nicht argumentieren, es handle sich um ausländisches und daher vom deutschen Gericht nicht anzuwendendes Verfahrensrecht (so aber AG Lüdenscheid 24. 4. 2002 FamRZ 2002, 1486; MünchKomm/WINKLER VON MOHRENFELS aaO). Es geht nur darum, ob das deutsche Gericht selbst die Funktion übernimmt. Wie in Italien kann im übrigen die Mitwirkung des Staatsanwalts nicht nur bei Ehescheidung, sondern auch bei streitiger wie einvernehmlicher Trennung von Tisch und Bett vorgeschrieben sein (JAYME IPRax 1982, 56 ff gegen OLG Karlsruhe 14. 7. 1981, S 75). 126

4. Antragserfordernis

Ob eine gerichtliche Regelung von Amts wegen oder nur auf Antrag erfolgt und wer den Antrag stellen darf bzw muß, entscheidet das maßgebende **Sachrecht**. Bei Scheidungen kann das Klagerecht in einem Verschuldenssystem auf den unschuldigen Teil beschränkt sein. Vor allem spielt die Frage der **Antragsbedürftigkeit** bei Scheidungsfolgen eine Rolle. Manchmal erfolgt die Verteilung des Sorgerechts von Amts wegen, manchmal auch die Regelung des Kindesunterhalts oder des Ehegattenunterhalts (vgl zum italienischen Recht JAYME IPRax 1987, 296), oder es wird das Scheidungsverschulden nur auf Antrag festgestellt. Diese Regelungen gelten dann auch im deutschen Verfahren. 127

5. Scheidungsfolgenvereinbarung

Das **Scheidungsstatut** und nicht das Verfahrensrecht des (deutschen) Gerichts **entscheidet** darüber, ob (vor allem) die einverständliche Scheidung eine Einigung der Eheleute über Scheidungsfolgen voraussetzt (wie zB in Portugal Art 1775 c c, RAU IPRax 1986, 117 ff; in Frankreich Art 230 c civ; GRAF, Die internationale Verbundszuständigkeit [1984] 128

172 ff; JAYME NJW 1977, 1381; SCHLOSSER FamRZ 1978, 321; LG Hamburg 14.12.1955 IPRspr 1954/55 Nr 95 [San Salvador]; irrig LG Augsburg 22.9.1952 IPRspr 1952/53 Nr 150 [Tschechoslowakei]). Sowohl über das deutsche Recht hinausgehende Anforderungen des Scheidungsstatuts sind zu befolgen als auch umgekehrt § 630 ZPO nicht anzuwenden ist, wenn nicht deutsches Recht Scheidungsstatut ist. Verlangt das Scheidungsstatut für die Vereinbarung die Einhaltung besonderer Formen oder sieht es eine ausdrückliche Homologierung durch den Scheidungsrichter vor, so ist auch dies vor deutschen Gerichten zu befolgen. Es handelt sich nicht um eine austauschbare Verfahrensvorschrift, sondern um eine wesentliche Einschränkung bzw Erleichterung von Scheidungen. Das ist auch die ratio des § 630 ZPO. Dabei mag das Scheidungsstatut die Vereinbarung als Zulässigkeitsvoraussetzung für den Scheidungsantrag ansehen oder materiell-rechtlich qualifizieren (ersteres im französischen Recht: Trib Strasbourg 26.3.1979 D 1981, 12 n LIENHARD; letzteres nach hM zu § 630 ZPO MünchKomm/WOLF § 1566 Rn 12 mwN).

129 Auch hier ist zusätzlich zu beachten, wenn nach dem Heimatrecht, das nicht zugleich Scheidungsstatut sein muß, die Scheidungsfolgenvereinbarung **Anerkennungsvoraussetzung** ist. Dann muß diese Anforderung schon befolgt werden, um die Zuständigkeit nach § 606a Abs 1 S 1 Nr 4 ZPO zu begründen (AG Biberach 6.7.1984 IPRax 1985, 47 [EJ mit Klarstellungen zum jugoslawischen Recht]) und ggf auch als materielle Scheidungsvoraussetzung.

III. Rechtsschutzbedürfnis

1. Statusklagen

130 Bei Statusklagen ist wie bei Leistungsklagen das Rechtsschutzbedürfnis gewöhnlich kein Problem. Problematisch ist es nur **nach einer ausländischen Eheauflösung**. Zwar wirkt ein ausländisches statusveränderndes Eheurteil gem Art 7 § 1 FamRÄndG erst nach seiner förmlichen Anerkennung auch im Inland statusverändernd. Eine Zweitscheidung ist aber dennoch im Inland unzulässig, wenn und weil diese **Inlandswirkung über das Anerkennungsverfahren** einfacher herbeizuführen ist. Freilich ist die Klage nicht notwendig als unzulässig abzuweisen, sondern das Verfahren kann bis zur Entscheidung über die Anerkennung ausgesetzt werden (hierzu näher Art 7 § 1 FamRÄndG Rn 16 f). Das ausländische Urteil kann darum vor seiner Anerkennung nicht schlechthin als im Inland wirkungslos angesehen werden (so aber LG Hamburg 4.11.1975 StAZ 1977, 19; richtig HAUSMANN, Kollisionsrechtliche Schranken von Scheidungsurteilen [1980] 306 f; BASEDOW StAZ 77, 6 ff). Verneint die Landesjustizverwaltung die Anerkennungsfähigkeit, steht einem deutschen Eheverfahren nichts mehr im Wege (zur Behandlung der so entstandenen „Inlandsehe" vgl § 606a ZPO Rn 167). Im anderen Fall dagegen ist es wegen Rechtskraft unzulässig (näher Rn 48 ff). War die Erstscheidung im gemeinsamen Heimatstaat der Partein, ist über ihre Anerkennung inzident zu entscheiden, doch kann auch ein freiwilliges Anerkennungsverfahren beantragt werden.

131 Ist das Verfahren vor der LJV noch nicht anhängig, so muß auf Antrag einer Partei **ausgesetzt** werden, wobei der Partei eine Frist zur Betreibung des Anerkennungsverfahrens gesetzt werden kann (BGH 6.10.1982 IPRax 1983, 292 [BASEDOW 278, BÜRGLE 281] = FamRZ 1982, 1203; weiter Rn 50 ff).

Es ist zu Recht als **rechtsmißbräuchlich** angesehen worden, wenn ein Ehegatte im Inland auf Nichtigkeit einer bigamischen Zweitehe klagt, deren Mangel er dadurch beheben könnte, daß er die Anerkennung der ausländischen Scheidung seiner ersten Ehe beantragt (BGH 28.6.1961 FamRZ 1961, 427). Ob dasselbe auch gilt, wenn die zweite Heirat vor der Scheidung der ersten Ehe liegt, ist zweifelhaft (o Rn 120). **132**

Auch ob die Ehe überhaupt im Ausland gerichtlich geschieden wurde, ist nicht im Wege eine Feststellungsklage, sondern druch die LJV im Anerkennungsverfahen zu klären. Bleibt die Frage unaufklärbar, dann kann die Ehe erneut im Inland geschieden werden (OLG Stuttgart 29.4.1974 FamRZ 1974, 459; STAUDINGER/MANKOWSKI [2003] Art 17 EGBGB Rn 85). Zuvor ist aber auszusetzen, um die LJV klären zu lassen (**aA** OLG Stuttgart aaO). **133**

Während hier ein neuer Scheidungsantrag unzulässig ist, weil die inländische Wirkung eines ausländischen Statusurteils einfacher herbeigeführt werden kann, geht es bei der oben Rn 57 ff behandelten Frage um das Rechtsschutzbedürfnis für eine Zweitscheidung nach der Anerkennung einer Auslandsscheidung im Inland, um die **Wiederverheiratungsfähigkeit** herbeizuführen. **134**

2. Feststellungsklagen

Zweifel über das Bestehen oder Nichtbestehen **einer Ehe** für die inländische Rechtsordnung können gerade bei Auslandsberührung häufig vorkommen. Sie sind grundsätzlich wie auch bei reinen Inlandsfällen durch Feststellungsklagen behebbar. Liegt freilich Unsicherheit über die Inlandswirkung einer unter **Art 7 § 1 FamRÄndG** fallenden Auslandsscheidung oder Eheaufhebung vor, dann ist dieser Weg einzuschlagen (RIEZLER, IZPR 515; Art 7 § 1 FamRÄndG Rn 71 ff), und einer Feststellungsklage fehlt das Rechtsschutzbedürfnis. Anders dagegen bei nicht unter Art 7 § 1 FamRÄndG fallenden Auslandsscheidungen. So kann über die inländische Wirksamkeit einer **Privatscheidung** ohne Behördenmitwirkung von Ghanaern nach Stammesbrauch (AG Hamburg 10.6.1982 IPRspr 1982 Nr 66) durch Feststellungsurteil entschieden werden. **135**

Ein weiteres Hauptanwendungsfeld sind **nichtige Ehen** (HELMS FamRZ 2001, 258). So kann Feststellung begehrt werden, daß eine deutsch-englische bigamische Ehe nach englischem Recht unwirksam, nicht bloß wie im deutschen Recht vernichtbar sei (GEIMER, IZPR Rn 264; LG Hamburg 16.5.1973 FamRZ 1973, 602). Eine Aufhebung oder Nichtigerklärung sieht das maßgebende Recht gerade nicht vor. Ebenso kann die Wirkungslosigkeit einer in Deutschland entgegen Art 13 Abs 3 EGBGB, jedoch in Übereinstimmung mit dem Heimatrecht der Parteien geschlossene Ehe festgestellt werden (LG Mannheim 17.3.1953 FamRZ 1955, 72 = JR 1955, 61 [FERID] OLG Hamm 10.3.1970 NJW 1970, 1509). Ganz allgemein sollte man hinsichtlich des Rechtsschutzbedürfnisses **großzügig** sein. **136**

Auch eine Feststellung, daß eine im Ausland in anerkennungsfähiger Weise geschiedene oder aufgehobene Ehe in Wahrheit **niemals bestanden** hat, ist zulässig, selbst wenn die ausländische Statusbeendigung im Inland anerkannt werden kann (KG 28.10.1957 FamRZ 1958, 324 [NEUHAUS 463] mit in mancher Hinsicht bedenklicher Begründung). Die **Streitgegenstände** sind hier ebenso **verschieden** wie bei einer Nichtigkeits- oder **137**

Aufhebungsklage nach ausländischer Scheidung (§ 328 ZPO Rn 141 ff). Die Klage auf Feststellung der Nichtehe ist eine Ehesache (irrig KG aaO).

3. Herstellungsklagen

138 Ob und inwieweit ein Ehegatte von einem anderen die Herstellung der **ehelichen Lebensgemeinschaft** oder die Unterlassung von Ehewidrigkeiten (negative Herstellungsklage) verlangen kann, entscheidet materiellrechtlich das von Art 14 EGBGB berufene Recht (STAUDINGER/MANKOWSKI [2003] Art 14 EGBGB Rn 24 n Nachw). Dieses Recht entscheidet richtigerweise auch darüber, ob ein solcher Anspruch im Wege der Zwangsvollstreckung durchgesetzt werden kann. § 888 ZPO kann gegenüber ausländischem Recht nur geltend gemacht werden, wenn diese Regelung zum deutschen ordre public zu zählen wäre (für Anwendung des § 888 ZPO schlechthin STAUDINGER/MANKOWSKI aaO Rn 247 ff). Das ist nicht generell anzunehmen, sondern allenfalls in Bezug auf eine konkrete zu vollstreckende Pflicht.

139 Im deutschen Recht wird vielfach die Abschaffung der Herstellungsklage gefordert, weil sie ohne Vollstreckungsmöglichkeit nutzlos sei (MünchKomm/WACKE § 1353 Rn 44; GERNHUBER/COESTER-WALTJEN, Familienrecht [4. Aufl 1994] § 23, 3 S 271). Selbst wenn dies geschähe oder wenn man der Auffassung sein sollte, es fehle bereits heute das Rechtsschutzbedürfnis für eine solche Klage, so ist diese Frage bei Maßgeblichkeit **ausländischen Eherechts** jedoch nach dem ausländischen Recht zu beurteilen. Kennt dieses eine Herstellungsklage, so ist sie auch vom deutschen Richter zuzulassen vorbehaltlich des ordre public.

140 Nach Auffassung des BGH kann außerhalb des räumlich-gegenständlichen Bereichs der Ehe kein Schadensersatz und keine Unterlassung vom dritten Ehestörer verlangt werden. Ob Deliktsrecht im Bereich der ehelichen Lebensgemeinschaft zwischen Ehegatten angewandt werden darf, entscheidet das Ehewirkungsstatut. Läßt es Klagen gegen Dritte zu, steht der Klage in Deutschland nichts im Wege, es sei denn, man rechnet zum ordre public, daß die eheliche Lebensgemeinschaft von äußerem Zwang freigehalten werden soll.

IV. Ausländersicherheit

141 § 110 ZPO gilt auch im Eherecht. Danach haben Ausländer und nicht in Deutschland wohnende Staatenlose, wenn sie hier klagen, auf Verlangen des Beklagten diesem eine Sicherheit für die Prozeßkosten zu leisten. Flüchtlinge, die eine ausländische Staatsangehörigkeit haben, stehen bei inländischem Wohnsitz Deutschen gleich (§ 606a ZPO Rn 92 ff) und sind also nicht verpflichtet. Wohl aber haben Ausländer Sicherheit auch dann zu leisten, wenn sie im Inland ihren Wohnsitz und Vermögen haben; es kommt allein auf die Staatsangehörigkeit des Klägers an, nicht auch auf die des Beklagten (rechtspolitische Kritik bei STEIN/JONAS/BORK § 110 Rn 1a; GEIMER, IZPR Rn 2004).

142 Der EuGH hat mehrmals entschieden, daß wegen **Art 6 EGV** von Bürgern der EU die Prozeßkostensicherheit nicht allein wegen ihrer Staatsangehörigkeit verlangt werden darf, soweit die Klage mit der Ausübung einer der Grundfreiheiten in Europa zusammenhängt (EuGH 1. 7. 1993 Slg 1993, I-3777 = IPRax 1994, 203 [BORK JZ

1994, 18] Hubbard v Hamburger; EuGH 26. 9. 1996 Slg 1996, I-4661, Data Delecta v Forsberg). Während diese Entscheidungen die Waren- und Dienstleistungsverkehrsfreiheiten betreffen, kommt in Ehesachen die allgemeine Freizügigkeit der Person als Grundlage in Betracht.

Prozeßkostensicherheit kann nach § 110 Abs 2 ZPO weiter nicht verlangt werden, **143**
wenn ein völkerrechtlicher Vertrag dies ausschließt, oder wenn ein solcher wenigstens die Vollstreckung der deutschen Kostenentscheidung sichert, oder wenn der ausländische Kläger genügend Grundvermögen im Inland hat. Hier fehlt also der Grund für eine Ausländersicherheit. Im Übrigen ist sie bei Widerklagen nicht zu fordern (§ 110 Abs 2 Nr 5 ZPO spielt in Ehesachen keine Rolle).

Die Prozeßkostensicherheit ist für Klagen, aber auch für Anträge auf einstweilige **144**
Anordnungen zu leisten, wenn eine mündliche Verhandlung angeordnet wird (Spellenberg/Leible, in: Gilles (Hrsg), Transnationales Prozeßrecht [1995] 307; Leible NJW 1995, 2817; Zöller/Herget § 110 Rn 3; Thomas/Putzo/Putzo § 110 Rn 3; **aA** Stein/Jonas/Bork § 110 Rn 13; Baumbach/Lauterbach/Hartmann § 110 Rn 9; LG Berlin 5. 3. 1957 MDR 1957, 552). Zwar ist die Prozeßkostensicherheit rechtspolitisch entbehrlich, aber solange § 110 ZPO besteht, sollte insoweit nicht zwischen Klage und einstweiliger Verfügung unterschieden werden.

V. Persönliche Teilnahme der Parteien

1. Persönliches Erscheinen

Das **persönliche Erscheinen** der Parteien nach § 613 ZPO wird auch dann angeord- **145**
net, wenn das Scheidungsstatut dies nicht verlangt. Das gilt als eine Forderung des deutschen Verfahrensrechts (BGH 8. 12. 1982 BGHZ 86, 57 = IPRax 1983, 236 [Jayme 221] unter B II 5: BGH 8. 11. 1951 NJW 1952, 142 f; OLG Düsseldorf 28. 2. 1986 FamRZ 1986, 1117). Dem kann man zustimmen, und idR wird auch das Scheidungsstatut nichts dagegen haben.

2. Anwaltszwang

Im deutschen Scheidungsverfahren herrscht Anwaltszwang. Er besteht auch, wenn **146**
das ausländische Scheidungsstatut ihn nicht vorsieht und sogar wenn, was durchaus vorkommt, danach anwaltliche Vertretung verboten ist.

3. Sühnetermin

Umstritten ist dagegen, ob deutsche Gerichte einen vom ausländischen Scheidungs- **147**
statut vorgeschriebenen gerichtlichen oder außergerichtlichen **Versöhnungsversuch** durchführen bzw veranlassen müssen. Hier wird gerne mit einer Qualifikation der Regelung als verfahrensrechtlich oder materiellrechtlich zu antworten gesucht (MünchKomm/Winkler von Mohrenfels Art 17 EGBGB Rn 108; Staudinger/Mankowski [2003] Art 17 EGBGB Rn 233; OLG München 19. 9. 1988 IPRax 1989, 238, 241). Die Frage wird aber besser dahin gestellt, ob ein gescheiterter Sühneversuch nach dem Scheidungsstatut Voraussetzung der Scheidung ist (OLG Frankfurt/M 24. 8. 2000 FamRZ 2001, 293; OLG Stuttgart 18. 3. 1997 FamRZ 1997, 1161; Soergel/Schurig Art 17 EGBGB Rn 57). Ist

das der Fall, dann ist er auch in Deutschland durchzuführen (OLG Frankfurt aM aaO; OLG Hamburg 21.3.2000 FamRZ 2001, 1007; SOERGEL/SCHURIG aaO; NAGEL/GOTTWALD, IZPR § 5 Rn 68; RAHM/KÜNKEL/BREUER, Hdb FamGerVerf VIII Rn 1259; OLG Düsseldorf 12.4.1973 FamRZ 1974, 132; trotz verfahrensrechtlicher Qualifikation für tunlichste Durchführung des Versöhnungsversuchs STAUDINGER/MANKOWSKI [2003] aaO; **aA** OLG Frankfurt aM 24.8.2000 FamRZ 2001, 293; AG Lüdenscheid 24.4.2002 FamRZ 2002, 1486; PALANDT/HELDRICH Art 17 Rn 16; ERMAN/HOHLOCH Art 17 EGBGB Rn 35; GAMILLSCHEG, in: FS Dölle, Bd 2 [1963], 289, 305; BOOSS, Fragen der wesenseigenen Zuständigkeit im internationalen Familienrecht [Diss Bonn 1965] 89). Dabei sind die **Anforderungen des Scheidungsstatuts** an einen Sühneversuch möglichst zu beachten. Im Notfall ist das deutsche Verfahren anzupassen. Verlangt das Scheidungsstatut einen gerichtlichen oder außergerichtlichen Versöhnungsversuch, ist er wohl idR nicht nur eine Voraussetzung für die Anerkennung im Ausland, sondern gehört zur richtigen Anwendung des von Art 17 EGBGB berufenen Scheidungsstatuts (OLG Hamburg 21.3.2000 FamRZ 2001, 1007; OLG Karlsruhe 7.6.1989 FamRZ 1990, 168; **aA** aber MünchKomm/WINKLER VON MOHRENFELS aaO; OLG Bremen 14.1.1983 IPRax 1985, 47 [EJ]; AG München 15.12.1978 FamRZ 1979, 815; HAUSMANN FamRZ 1979, 816]; LG Mannheim 11.12.1964 IPRspr 1964/65 Nr 108; LG Rottweil 27.10.1971 FamRZ 1972, 301 [JAYME]). So ist der Versöhnungsversuch namentlich im Bereich der EheGVO ggf durchzuführen, obwohl hier die Anerkennung in jedem Fall gesichert wäre. Es kann ausreichend sein, daß die Parteien schon mit dem Nachweis eines von ihnen selbst veranlaßten, gescheiterten Versöhnungsveruch zum deutschen Gericht kommen (OLG Hamm 10.2.1992 FamRZ 1992, 1180 zu Marokko). ZB verlangt das portugiesische Recht für die einverständliche Scheidung zwei gerichtliche Besprechungs- bzw Versöhnungstermine, zwischen denen drei Monate liegen müssen (RAU IPRax 1986, 117 ff, 120; OLG Karlsruhe 7.6.1989 FamRZ 1990, 168; ähnlich Frankreich). Dagegen ist er anscheinend in Kroatien nicht zwingend (OLG Frankfurt aM 24.8.2000 FamRZ 2001, 293).

148 Es kann eventuell sein, daß der Sühneversuch vom ausländischen Scheidungsstatut bei einer Scheidung **im Ausland** nicht verlangt wird. Dann darf er unterbleiben (OLG Köln 20.1.1932 JW 1932, 2304; IPG 1972 Nr 38 [München]). Seine Grenze findet die Anwendung des fremden Rechts sonst nur noch unter dem Gesichtspunkt der wesenseigenen Zuständigkeit, die wie zB bei den genannten portugiesischen Regelungen wohl praktisch nie entgegensteht (RAU IPRax 1986,120).

149 Ebenso ist zu befolgen, wenn das Scheidungsstatut einen Sühneversuch vor einer **dritten Stelle** (Geistliche, Eheberatungsstelle) (zu Australien, vgl BECHTOLD, Das australische Familiengericht: Eine Darstellung mit Bezügen zur Familiengerichtsbarkeit der Bundesrepublik Deutschland [1986], 17), oder Schiedsrichtern beider Familien verlangt (IPG 1965/66 Nr 15; LG Düsseldorf 13.1.1971 FamRZ 1972, 298; OLG Bamberg 19.4.1979 IPRspr 1979 Nr 61; unklar). Gibt es die vorgeschriebene Stelle oder etwas Vergleichbares nicht im Inland, und ist ihre Anrufung im Ausland den Parteien nicht zumutbar (OLG Bamberg aaO verweist zu Unrecht wohl an jugoslawische Behörde), so sollte man deswegen auf den Sühneversuch nicht einfach verzichten, sondern ihn wenigstens im Rahmen von § 613 ZPO unternehmen. Ist ein Versöhnungsversuch durch **Verwandte** vorgeschrieben, wie in manchen islamischen Rechten, so kann das auch hier vom Gericht veranlaßt und über die Scheidung erst danach entschieden werden. UU ist anzupassen. Das OLG Hamburg (21.3.2000 FamRZ 2001, 1007) zieht zu Recht vorzugsweise Verwandte heran, obwohl das afghanische Recht nur nicht richterliche

Personen vorschreibe. Wenn die rechtlich vorgeschriebenen Verwandten nicht hier sind, wird man zB Freunde der Parteien heranziehen.

Davon zu **unterscheiden** sind die Anforderungen an den Sühneversuch als **Voraussetzung der Anerkennung** des Scheidungsurteils, wenn ihn das Heimatrecht dafür fordert (AG Stuttgart 7.9.1977 IPRspr 1977 Nr 69 [Griechenland]; vgl aber OLG Stuttgart 23.10.1958 IPRspr 1958/59 Nr 184; OLG Düsseldorf 2.11.1981 IPRax 1982, 159; OLG Frankfurt aM 19.11.1982 IPRax 1983, 193 [Ehetrennung nach italienischem Recht]; IPG 1971 Nr 38 [Hamburg]). Das Heimatrecht ist nicht notwendig auch Scheidungsstatut (vgl Art 17 Abs 1 mit Art 14 Abs 1 Nr 2 EGBGB). In dieser Situation kann die deutsche internationale Zuständigkeit nach § 606 Abs 1 S 1 Nr 4 ZPO dadurch hergestellt werden, daß diesen Anforderungen zusätzlich genügt wird. Darauf haben die Parteien auch Anspruch. Es ist aber ungenau, den Sühneversuch nur unter diesem Gesichtspunkt vorzunehmen. **150**

VI. Wartefristen

Der Anforderung des ausländischen Scheidungsstatuts, daß zwischen Klageerhebung oder Sühneversuch und Entscheidung eine **Mindestfrist** liegen müsse, kann durch Aussetzung genügt werden (vgl LG Darmstadt 30.4.1931 IPRspr 1931 Nr 75). Beispielsweise verlangt Art 231 franz c civ, daß der Antrag auf einverständliche Scheidung nach einem ersten Verhandlungstermin nach einer Überlegungszeit von drei Monaten erneuert werden muß (zu einer ähnlichen Regelung in Portugal Rau IPRax 1986, 117 f). **151**

Davon sind natürlich Regelungen zu unterscheiden, nach denen eine Scheidung erst nach **längerem Getrenntleben** vollzogen werden kann, wie zB in Italien erst drei Jahre nach gerichtlicher Trennung der Lebensgemeinschaft. Dafür ist das Scheidungsstatut ebenso zuständig wie dafür, ob eine förmliche gerichtliche Trennung vorausgehen muß bzw erst nach einiger Zeit in eine Scheidung umgewandelt werden kann (im Ergebnis richtig OLG Bamberg 22.9.1978 FamRZ 1979, 514 aber mit schiefer Begründung). Ob und wodurch übereilte Scheidungen vermieden werden sollen, entscheidet allein das Scheidungsstatut. Ggf ist der danach verfrühte Antrag unbegründet. **152**

VII. Zustellung

Erst mit der Zustellung des Antrags entsteht nach § 261 Abs 1 ZPO die Rechtshängigkeit, ohne die das Verfahren nicht fortgesetzt werden darf. Vor allem ist die Zustellung des Antrags nötig, um dem Gegner rechtliches Gehör zu gewähren. Art 18 EheGVO enthält detaillierte Regelungen zu den Folgen fehlender oder mangelhafter Zustellung des verfahrenseinleitenden Schriftstücks. Sie sind anwendbar, wenn das Verfahren unter die EheGVO fällt. Die Zustellungsregelungen selbst sind jedoch im wesentlichen dieselben wie bei anderen nicht unter die EheGVO fallenden Eheverfahren, so daß hierzu auf die Ausführungen dort verwiesen werden kann (Art 18 EheGVO Rn 6 ff). Ist ins Ausland zuzustellen, so tritt die Rechtshängigkeit im deutschen Verfahren erst mit deren Durchführung ein. UU hilft aber § 189 ZPO. **153**

VIII. Beweisfragen*

154 Fragen des Beweises in internationalen Fällen sind in letzter Zeit zunehmend diskutiert worden, und vieles ist noch ungeklärt. Hier ist nur ein Überblick zu geben. **Zwei Fragenkreise** sind zu unterscheiden. Zum einen ist die Maxime, das Sachrecht bestimme, auf welche Tatsachen es ankommt, und das Verfahrensrecht des Gerichts dann, wie sie zu ermitteln und zu beweisen sind (Riezler, IZPR [1949] 464), nicht mehr aufrecht zu erhalten. Regeln der Beweisführung iwS sind häufig so eng mit dem materiellen Recht verbunden, daß an Stelle der lex fori die Regeln der ausländischen lex causae angewandt werden müssen, weil sonst das von letzterer geforderte Ergebnis verfehlt würde (Geimer, IZPR Rn 2260 ff; Schack, IZVR Rn 656 f; Buciek, Beweislast und Anscheinsbeweis im internationalen Recht, Coester-Waltjen, Internationales Beweisrecht Rn 658). Ganz andere Fragen stellen sich jedoch, wenn eine Beweisaufnahme teilweise oder ganz im Ausland durchzuführen ist.

1. Statutenabgrenzung

155 Das **Beweisverfahren** ieS unterliegt nach ganz hM der deutschen lex fori (Nagel/Gottwald, IZPR § 9 Rn 2 ff; Geimer, IZPR Rn 2268 ff; Schack, IZVR Rn 693 f; BGH 27. 4. 1977 WM 1977, 793 f; **aA** zT Buciek, Beweislast und Anscheinsbeweis im internationalen Recht, 288 f), also zB ob ein **Beweisbeschluß** und ein Beweisantritt nötig sind (Geimer, IZPR Rn 2269) und wie Urkunden in den Prozeß einzuführen sind (Geimer Rn 2270). Die lex fori gilt weiter für die **Unmittelbarkeit** der Beweisaufnahme und ihre **Öffentlichkeit** bzw Parteiöffentlichkeit wie für die Zulässigkeit einer Beweisaufnahme im Wege der Rechtshilfe durch ersuchte Richter (§ 375 ZPO) und die Ladung von Zeugen oder Sachverständigen.

156 **Zeugnisverweigerungsrechte** folgen aus §§ 383 ff ZPO, wenn die Vernehmung in Deutschland stattfindet (Geimer, IZPR Rn 2310 f; Schack, IZVR Rn 689 mit Bedenken). Wenn freilich ihre Vernehmung im Ausland auf Ersuchen des deutschen Gerichts stattfindet, kann nach Art 11 HBÜ und Art 14 Abs 1 EuBVO der Zeuge sich auch auf die Regelungen des ersuchten ausländischen Gerichts berufen. Falls die Zeugnisverweigerungsrechte der ZPO weitergehen als diese, ist es ggf wichtig, daß das deutsche Gericht ins einem Ersuchen die deutschen Regeln mitteilt (Berger IPRax 2001, 524), denn sonst wird das ersuchte Gericht nur seine Regeln anwenden und notfalls erst beim ersuchenden deutschen Gericht eine Bestätigung verlangen (Nagel/Gottwald, IZPR § 8 Rn 30).

157 Die Einordnung des Verbots bzw der **Zulassung von Beweismitteln** ist seit langem

* **Schrifttum**: C Berger, Die EG-Verordnung über die Zusammenarbeit der Gerichte auf dem Gebiet der Beweisaufnahme in Zivil- und Handelssachen. IPRax 2001, 522; Bertele, Souveränität und Verfahrensrecht (1998); Coester-Waltjen, Internationales Beweisrecht (1983); Daondi, Extraterritoriale Beweislastbeschaffung im deutschen Zivilprozeß (2000); E Geimer, Internationale Beweisaufnahme (1998), Gottwald, Grenzen zivilgerichtlicher Maßnahmen mit Auslandswirkung, in: FS Habscheid (1989) 119; K P Mössle, Extraterritoriale Beweisbeschaffung (1990), Schabenberger, Der Zeuge im Ausland in deutschen Zivilprozeß (1996); Schlosser, Extraterritoriale Rechtsdurchsetzung im Zivilprozeß, in: FS W Lorenz (1991) 497.

anhand von Bestimmungen wie art 1341 fr c civ, dem Verbot des Beweises von Verträgen oberhalb eines bestimmten Wertes, diskutiert worden und heute in Art 32 Abs 3 S 2 EGBGB (Art 14 Abs 2 EVÜ) europäisch einheitlich geregelt worden, der in Personenstandssachen natürlich nicht gilt. Ob aber das Prinzip, daß es genügt, wenn ein Beweismittel nach der deutschen lex fori oder dem ausländischen Ehestatut zulässig ist, hierher übertragen werden kann, ist zweifelhaft. Die Frage könnte sich namentlich bei Verschuldensscheidungen zB wegen Ehebruchs stellen. Ein **Ausschluß zB bestimmter Personen** kann zum Schutz der Ehe angeordnet sein, so daß die Anwendung des Scheidungsstatus nahe liegt (Grossmann ZZP 83 [1970] 219; Geimer, IZPR Rn 2309). Ob die Personen außerdem ein Zeugnisverweigerungsrecht nach dem Verfahrensrecht haben, ist eine andere Frage. Ein Beweismittelverbot zum Schutz der Ehe greift auch dann. wenn es zum Beweis zB der Eheschließung zwingend **bestimmte Urkunden** verlangt, auch ohne daß deren Errichtung für die Eheschließung als ieS konstitutiv angesehen wird. Wenn der Nachweis der Eheschließung auch anders, also namentlich durch Zeugen geführt werden kann wie anscheinend in Marokko (vgl Art 5 Abs 3 S 2 code du statut personnel; dazu OLG Hamm 9. 11. 1999 FamRZ 2000, 823), kann man die lex fori heranziehen. Das Eheschließungstatut oder das Formstatut (Art 11 EGBGB) sollte dagegen Maß geben, wenn die Urkunde der einzige zugelassene Beweis ist. Dann kommt ihre Errichtung trotz anderer Benennung funktionell einer Wirksamkeitsvoraussetzung hinreichend nahe (eingehend OLG Düsseldorf 12. 8. 1992 IPRax 1993, 331 [Kotzur 305]; Börner StAZ 1993, 377, 383; ohne diese Differenzierung Staudinger/Mankowski [2003] Art 13 EGBGB Rn 804; zutr für das Eheschließungsstatut, wenn die Ehe nur durch Urkunde nachgewiesen werden kann, OLG Bremen 27. 2. 1992 FamRZ 1992, 1083; in casu aber war die Prämisse zweifelhaft; **aA** Nagel/Gottwald IZPR § 9 Rn 10).

Ebenso gilt nur das Eheschließungs- bzw Formstatut und nicht die deutsche lex fori, **158** wenn durch spätere **Ehebestätigungen** ein bis dahin bestehender Formmangel geheilt wird (OLG Hamm 9. 11. 1999 FamRZ 2000, 823; Börner StAZ 1993, 382 ff; Staudinger/Mankowski [2003] Art 13 EGBGB Rn 804). Dieser Akt ist konstitutiv und rückwirkend. Er ist nicht nur Beweis für eine Ehe.

In der Regel sind nicht bestrittene oder gar **zugestandene Behauptungen** nicht **159** beweisbedürftig. Gerade in Ehesachen kann das anders sein, so daß auch zugestandene Tatsachen beweisbedürftig bleiben (vgl § 617 ZPO). Das hat seinen Grund darin, daß die Scheidung aufgrund Konsenses nicht zugelassen wird (Coester-Waltjen, Intern Beweisrecht Rn 282 ff). Daher gilt nur, aber auch immer das Scheidungsstatut (Geimer, IZPR Rn 2277, 2281). Wenn zB vor einem deutschen Gericht eine Scheidung nach art 233 f fr c civ beantragt wird, so gilt § 617 ZPO nicht.

Man mag von **Beweisverboten** reden (Geimer, IZPR Rn 2293), wenn die lex causae den **160** Beweis bestimmter Tatsachen ausschließt. Ein Beispiel ist das französische Verbot, eine Kindesabstammung in Zweifel zu ziehen, wenn die Geburtseintragung und die soziale Kindschaft (possession d'état) übereinstimmen (näher dazu Spellenberg FamRZ 1984, 117 ff, 239 ff). Aus dem Eherecht kann darauf verwiesen werden, daß in den Fällen des § 1566 BGB der Beweis nicht zugelassen wird, daß die Ehe doch nicht zerrüttet sei. Das zeigt, daß es sich funktionell um die Beschreibung des Tatbestandes handelt, der der lex causae überlassen ist (Geimer aaO; Coester-Waltjen, Intern Beweisrecht Rn 291).

161 Da Prinzip der **freien Beweiswürdigung** (§ 286 ZPO) wird von der ganz hM der lex fori zugeschlagen (BGH 27. 4. 1977 WM 1977, 793 f; OLG Koblenz 5. 2. 1992 RIW 1993, 502, 503; GEIMER, IZPR Rn 2338; SCHACK, IZVR Rn 693; **aA** mit beachtlichen Argumenten BUCIEK aaO & 288 f). Das gilt dann ebenfalls für sein Gegenstück den festen Beweiswert zB öffentlicher oder privater Urkunden (vgl §§ 415 ff ZPO).

162 Dagegen sollte man die sehr umstrittene Frage der Zuordnung des **Beweismaßes**, dh die erforderliche Gewißheit in der Überzeugung des Richters, welches überwiegende Wahrscheinlichkeit oder Gewißheit jenseits vernünftiger Zweifel sein kann, zugunsten der lex causae entscheiden (BUCIEK aaO 278 ff; COESTER-WALTJEN, Intern Beweisrecht Rn 362 ff; GEIMER, IZPR Rn 2336 f; **aA** mit beachtlichen Gründen SCHACK, IZVR Rn 697; LINKE, IZPR Rn 303; LORITZ, Transationale Streitverfahren und Beweisrecht in: GILLES [Hrsg], Transnationales Prozeßrecht [1995] 141, 150; OLG Koblenz RIW 1993, 502 f). Wenn ein Recht überwiegende Wahrscheinlichkeit genügen läßt, so bedeutet das funktional wie eine Vermutung, daß die Rechtsfolge schon bei einem weniger gewichtigen Sachverhalt eintreten soll.

2. Beweisverfahren

a) Vertragsloser Verkehr

163 Die Art und Weise der **Beweisaufnahme**, nicht die Beweiswürdigung, unterliegt der deutschen lex fori. Fragen des internationalen Beweisrechts stellen sich gleichermaßen im nationalen wie internationalen Verfahren, denn es kommt darauf an, ob Beweise im Ausland liegen. Hier ist vieles noch unklar und hier nicht zu vertiefen. Eine **Beweisaufnahme im Ausland** durch Zeugenvernehmung oder Augenschein ist dem deutschen Gericht jedoch wegen der Souveränität des ausländischen Staates ohne dessen Erlaubnis, zB in einem Staatsvertrag nicht möglich. Das Gericht darf ausländische Zeugen auch nicht durch deutsche Diplomaten im Ausland vernehmen lassen (BGH NJW 1984, 2039). Bei deutschen Zeugen im Ausland ist das möglich mit Zustimmung des ausländischen Staates, die nicht die Regel ist, und auch hier nur ohne Zwang (§ 363 ZPO). Der Grundsatz ist unstreitig (zB C BERGER IPRax 2001, 522 m N). Weniger klar ist, wann genau eine Beweisaufnahme im Ausland bzw eine Verletzung der fremden Souveränität vorliegt. **Ob im Ausland** Beweis aufzunehmen ist, entscheidet jedenfalls das deutsche Gericht nach deutschem Recht.

164 Die Ladung von Zeugen oder auch Parteien im Ausland durch deutsche Zustellungsorgane ist nicht möglich, nach hM auch nicht durch die Post (dazu aber Art 18 EheGVO Rn 31, 43, 49). Sicher kann und darf das deutsche Gericht keinen **Zwang** im Ausland auf Zeugen oder Besitzer von Urkunden ausüben. Zweifelhaft ist aber bereits, ob ein Ordnungsgeld mit Vollstreckung in das inländische Vermögen angedroht werden kann (verneint von OLG München 5. 9. 1995 NJW-RR 1996, 59). Das Gericht übt jedenfalls keinen Zwang im Ausland aus, wenn es das Erscheinen einer Partei anordnet und widrigenfalls mit prozessualen Nachteilen droht (GEIMER, IZPR Rn 2381).

165 Natürlich können die Zeugen freiwillig erscheinen. Daher sollte auch eine freiwillige schriftliche Auskunft von Beweispersonen im Ausland zugelassen sein (GEIMER, IZPR Rn 2384; **aA** BGH NJW 1984, 2039; OLG Hamm NJW-RR 1988, 703; hM). Das ist eine andere Frage als die ihrer Ladung. **Zeugnispflichtig** sind deutsche Staatsangehörige, auch wenn sie im Ausland leben, nur kann direkter Zwang dort nicht gegen sie ausgeübt werden (SCHACK, IZVR Rn 715). Ausländer dürften zeugnispflichtig sein, wenn sie im Inland ihren gewöhnlichen Aufenthalt haben. Wenn sie nur durchreisen, ist das zweifelhaft. Grundsätzlich darf aber auf im Inland befindliche Beweismittel zugegriffen werde, auch wenn sie vorher im Ausland lagen. Liegen sie dort, kann das Gericht nur den Parteien aufgeben, sie herbeizuschaffen. Direkter Zwang darf aber nicht ausgeübt werden. Es können nur die Folgen der Beweisfälligkeit eintreten (STEIN/JONAS/BERGER § 363 Rn 13).

b) Vertraglicher Rechtshilfeverkehr

Eine wesentliche Verbesserung verspricht die **EuBVO** (VO EG Nr 1206/2001 über die Zusammenarbeit der Gerichte auf dem Gebiet der Beweisaufnahme in Zivil- und Handelssachen v 28. 5. 2001), die am 1. 1. 2004 in Kraft getreten ist (im einzelnen vgl C BERGER IPRax 2001 522 ff). Da sie von der EU auf Art 65 EGV gestützt wurde, gilt sie im Verhältnis aller EU-Staaten mit Ausnahme Dänemarks. Die Mitgliedstaaten sind daher dieselben wie bei der EheGVO und der EuZustVO. **166**

Primär erfolgt die ausländische Beweisaufnahme durch ersuchte Gerichte dort, also im **Wege der Rechtshilfe**. Allerdings kann das Ersuchen direkt an ein ausländisches Gericht gerichtet werden (Art 2 EuBVO). Dieses soll die Beweisaufnahme ohne Verzögerung vornehmen und verfährt dabei nach seinem eigenen Recht (Art 10 Abs 1 und 2 EuBVO). Soweit dieses das vorsieht, kann Zeugniszwang ausgeübt werden (Art 13 EuBVO). Darin liegt sicher ein Vorzug dieses Verfahrens. Der Unmittelbarkeit der Beweisaufnahme dient Art 12 EuBVO, wonach Mitglieder des ersuchenden Gerichts und von ihm beauftragte Personen wie namentlich Sachverständige zugegen sein dürfen (dazu SCHULZE IPRax 2001, 527 ff). Ein Fragerecht sieht die EuBVO für sie nicht vor, doch hindert sie auch nicht, daß das ersuchte Gericht es ihnen einräumt, wenn sein Recht das erlaubt (C BERGER IPRax 2001, 525). Art 11 EuBVO sieht, wiederum in den Grenzen des Rechts des ersuchten Staates, die Parteiöffentlichkeit vor. **167**

Art 17 EuBVO erlaubt auch eine **direkte Beweisaufnahme** des entscheidenden **Gerichts im Ausland**, doch muß es dafür die Genehmigung der Zentralstelle (Art 2 EuBVO) des betreffenden ausländischen Staates einholen, die auch unter Einschränkungen erteilt werden kann. Sie kann nur aus genauer definierten Gründen verweigert werden. Die Beweisaufnahme erfolgt dann nach deutschem Recht, doch darf kein Zwang ausgeübt werden. Darüber sind die Zeugen zu belehren. In der Verfahrensweise nach deutschem, den Beteiligten vielleicht besser vertrautem Recht kann ein Vorteil dieses Weges liegen. **168**

Außerhalb der EU und im Verhältnis zu Dänemark gilt vielfach das Haager Übereinkommen über die Beweisaufnahme im Ausland in Zivil- und Handelssachen vom 18. 3. 1970 (**HBÜ**). Es sieht ebenfalls, aber grundsätzlich allein die Beweisaufnahme im Wege der **Rechtshilfe** vor (Art 1 HBÜ). Eine Art direkt Beweisaufnahme im Ausland ist nur auf dem Umweg zu erreichen, daß der Richter sich selbst als Beauftragten iSd Art 17 ins Ausland entsendet (C BERGER IPRax 2001, 526). Art 15 ff HBÜ erlauben eine Vernehmung von Zeugen durch **deutsche Konsularbeamte**, wenngleich ohne Zwang, doch haben viele Vertragsstaaten hierzu verschiedene Vorbehalte erklärt (Art 15 Abs 2, Art 16 Abs 2 HBÜ). Einige haben aber auch auf eine vorherige Genehmigung verzichtet (Art 17 Abs 2 HBÜ). **169**

170 Das Rechtshilfeverfahren hat einige Ähnlichkeit mit der EuBVO, ist aber insoweit umständlicher, daß der Rechtshilfeverkehr zwingend über die Zentralstelle des ersuchten Staates zu leiten ist (Art 3 HBÜ), und daß es keine direkte Beweisaufnahme im Ausland vorsieht.

171 Das **HBÜ ersetzt** im Verhältnis zu Dänemark, Schweiz, Slowakei und tschechischer Republik, für die nicht die EuBVO gilt, das HZPÜ.

172 Das HZPÜ (Haager Übereinkommen über dem Zivilprozeß v 1. 3. 1954 [BGBl 1958 II 577]), das in Art 8 bis 16 ebenfalls die Beweisaufnahme im Ausland durch Rechtshilfe regelt, gilt weiter noch gegenüber einer Vielzahl von Vertragsstaaten (Ägypten, Armenien, Bosnien-Herzegowina, Japan, Jugoslawien, Kirgisistan, Kroatien, Libanon, Marokko, Mazedonien, Moldawien, Rumänien, Russische Föderation, Suriname, Türkei, Ungarn, Usbekistan, Vatikanstaat, Weißrussland). Das HBÜ (Art 29) und die EuBVO (Art 21) gehen ihm vor. Das HZPÜ verdrängt seinerseits außer im Verhältnis zu Island das HZPÜ von 1905. Das Rechtshilfeersuchen wird von einem deutschen Konsul oder eventuell der diplomatischen Vertretung (Art 9 HZPÜ) an das Gericht oder die Behörde gerichtet, die nach dem Recht des ersuchten Staates zuständig ist. Die Beweisaufnahme wird nach dem Recht des ersuchten Staates durchgeführt (Art 14 HZPÜ). Nur mit Marokko ist gem Art 15 vereinbart worden, daß deutsche Staatsangehörige ohne Zwangsausübung auch durch deutsche Konsularbeamte vernommen werden dürfen (Vertrag über Rechtshilfe und Rechtsauskunft in Zivil- und Handelssachen v 29. 10. 1985 [BGBl 1988 II 1055], Art 12).

173 Größere praktische Bedeutung hat noch immer das deutsch-britische Abkommen über den Rechtsverkehr v 20. 3. 1928 (RGBl II 623), das zwar nicht mehr im Verhältnis zu Großbritannien, aber noch zu vielen seiner früheren Kolonien gilt (Verzeichnis bei Jayme/Hausmann Nr 228). Rechtshilferegelungen enthalten weiter das deutsch-türkische Abkommen v 28. 5. 1929 über den Rechtsverkehr in Zivil- und Handelssachen (BGBl 1988 II 1055, in Kraft seit 23. 6. 1994) das vom HZPÜ 1954, dem auch die Türkei beigetreten ist, nicht verdrängt wird, und der deutsch-tunesische Vertrag über Rechtsschutz und Rechtshilfe, die Anerkennung und Vollstreckung gerichtlicher Entscheidungen in Zivil- und Handelssachen sowie über Handelsschiedsgerichtsbarkeit v 19. 7. 1986 (BGBl 1969 II 889).

3. Beweislast

174 Es ist seit langem anerkannt, daß **Beweislastregelungen**, bzw die objektive Beweislast der lex causae zu entnehmen sind, die allein entscheiden soll, ob die betreffende Rechtsfolge schon eintritt, wenn nichts entgegenstehendes bekannt ist oder wenn der notwendige Sachverhalt nur wahrscheinlich ist (zB RG 6. 2. 1930 IPRspr 1930 Nr 64 = JW 1930, 1003 = LZ 1930, 887 = WarnRsp 1933 Nr 74; OLG Hamburg 2. 12. 1930 HRR 1930 Nr 46; OLG München 6. 2. 1932 IPRspr 1932 Nr 32; BGH 4. 2. 1960 NJW 1960, 774 = MDR 1960, 578 [Kuhn] = WM 1960, 347; BGH 26. 11. 1964 BGHZ 42, 385 = NJW 1965, 489; BGH 14. 4. 1969 AWD 1969, 329 = WM 1969, 858; Pohle, in: FS Dölle [1963] 317 ff; Niederländer RabelsZ 20 [1955] 31, 33; Stein/Jonas/Schumann/Leipold § 286 Rn 55; Coester-Waltjen, Internationales Beweisrecht Rn 372 ff; MünchKomm/Spellenberg Art 32 EGBGB Rn 130). Art 32 Abs 3 EBGB sagt das für Schuldverträge. Es gilt auch bei Eheprozessen (BGH 8. 11. 1951 BGHZ 3, 342 = NJW

1952, 172; OLG München 17. 12. 1979 IPRax 1981, 22 [Jayme 9]; OLG Nürnberg 19. 2. 1996 FamRZ 1996, 1148) und für widerlegliche **Vermutungen** (BGH 4. 2. 1960 NJW 1960, 774 = MDR 1960, 578 [Kuhn]; Coester-Waltjen, Internationales Beweisrecht Rn 318 mwN), die nichts anderes als Beweislastverteilungen sind. Unwiderlegliche Vermutungen sind ohnehin nichts anderes als Formulierungen des Tatbestands der Rechtsnorm (BGH aaO; Coester-Waltjen, Internationales Beweisrecht Rn 310). Daher ergibt sich die Beweislast für das Vorliegen der Tatsachen aus der lex causae, hier dem Scheidungs- oder Aufhebungsstatut.

Tatsächliche Vermutungen, prima-facie Beweise und drgl beruhen auf der Lebenserfahrung, daß aus erwiesenen Tatsachen auf das Vorliegen anderer, der entscheidungserheblichen Tatsachen geschlossen werden kann. Dennoch sollte man die lex causae heranziehen, denn es geht nicht entscheidend um die angewandte Lebenserfahrung, sondern um die Frage, ob, genauer ob nicht auf sie zurückgegriffen werden darf, sondern voller direkter Beweis verlangt wird (Geimer, IZPR Rn 2291; Buciek aaO 162, 210; Coester-Waltjen aaO Rn 353; **aA** Schack, IZVR Rn 667 ff; vBar, IPR Bd 2 Rn 552). 175

Beweislastsanktionen für Vernichtung von Beweismitteln uä (vgl §§ 427, 444 ZPO; eingehend Baumgärtel, in: FS Kralik [1986] 63 ff) unterstellt man besser der lex causae (im Ergebnis ähnlich Coester-Waltjen Rn 387). Wenn das Scheidungsstatut den Nachweis des Scheidungsgrundes auch dann verlangt, wenn der Kläger etwa behauptet, der Scheidungsgrund ergebe sich aus Urkunden im Besitz der Beklagten, diese sie aber nicht vorlegt, sollte nicht statt dessen § 427 ZPO heangezogen werden. Sonst könnten die Parteien einen Scheidungsgrund ggf entgegen den Vorstellungen des Scheidungsstatuts manipulieren, wenn nun nach § 427 ZPO die Behauptung des Klägers über den Inhalt als richtig gälten. 176

IX. Urteil

1. Tenorierung*

Der Urteilstenor muß die materielle (neu gestaltete) Rechtslage hinreichend genau zum Ausdruck bringen und sich also ggf **am ausländischen Recht** ausrichten. Das gilt zB bei einer Ungültigerklärung nach Schweizer Recht (RG 6. 2. 1930 JW 1930, 1003 = HRR 1930, 710 = RGWarn 1930 Nr 74; RG 7. 5. 1936 RGZ 151, 226 = JW 1936, 1949 [Massfeller] = StAZ 1936, 298 [Massfeller] = HRR 1036, 1280), wie für den Ausspruch des Erlöschens der bürgerlich-rechtlichen Wirkungen einer Konkordatsehe in Italien (LG Duisburg 10. 8. 1971 FamRZ 1971, 531 [Jayme FamRZ 1972, 39]; OLG Frankfurt aM 12. 12. 1977 FamRZ 1978, 323 [Italien]) und namentlich für eine Trennung von Tisch und Bett (OLG Dresden 2. 2. 1901 OLGRspr 2, 413; BGH 22. 3. 1967 BGHZ 47, 324; weiter Vorbem zu §§ 606a, 328 ZPO Rn 56 und die dort genannten weiteren Entscheidungen). 177

a) Schuldausspruch

Wenn das ausländische Scheidungsrecht die Verschuldensscheidung vorsieht, hat 178

* **Schrifttum**: Henrich, Scheidungsschuld, Schuldausspruch und Sorgerechtsverteilung, IPRax 1982, 9; H Müller, Der Schuldausspruch bei Ehescheidung durch deutsche Gerichte nach ausländischem Recht, JbIntR 5 (1954) 239.

der deutsche Richter nicht nur das Scheidungsverschulden zu **ermitteln** und seiner Entscheidung zugrunde zulegen (BGH 26.5. 1982 IPRax 1983, 180 [Henrich 161] = FamRZ 1982, 795 = NJW 1982, 1940 [Frankreich]; BGH 1.4. 1987 FamRZ 1987, 795 [Italien, Trennungsurteil]; OLG Düsseldorf 7.2. 1978 FamRZ 1978, 418 [Italien, Trennungsurteil]; OLG Bamberg 22.9. 1978 FamRZ 1979, 514 [Italien, Trennungsurteil]; OLG Hamm 3.2. 1978 FamRZ 1978, 511 [Griechenland, Scheidung]; OLG Frankfurt aM 28.5. 1979 FamRZ 1979, 587; OLG Frankfurt aM 11.7. 1979 FamRZ 1979, 813 [Italien, Trennungsurteil]; unstr), sondern er muß ggf einen **Schuldspruch** in den **Tenor aufnehmen.** Eine Erwähnung nur in den Gründen genügt nicht (Henrich IPRax 1982, 10, m Einschränkung IPRax 1983, 163; Lüderitz IPRax 1987, 77; Johannsen/Henrich, EheR Art 17 Rn 39; MünchKomm/Winkler von Mohrenfels Art 17 EGBGB Rn 114; Habscheid FamRZ 1975, 76, 80: BGH 1.4. 1987 aaO; OLG Düsseldorf 7.2. 1978 FamRZ 1978, 418; OLG Bamberg 22.9. 1978 FamRZ 1979, 514; OLG Frankfurt aM 11.7. 1979 FamRZ 1979, 813; OLG München 4.4. 1978 NJW 1978, 1117; OLG Karlsruhe 13.12. 1979 aaO; OLG Zweibrücken 30.8. 1996 FamRZ 1997, 430; LG Münster 25.7. 1973 FamRZ 1974, 132 [abl Strümpell]; OLG Frankfurt aM 6.5. 1981 IPRax 1982, 22 [Henrich 9]; OLG Karlsruhe 22.9. 1994 FamRZ 1995, 738; implizit OLG Hamm 9.10. 1992 FamRZ 1993, 839, OLG Hamm 26.9. 1988 FamRZ 1989, 625; OLG Celle 8.9. 1988 FamRZ 1989, 625; **aA** noch BGH 26.5. 1982 aaO, in BGH 1.4. 1987 aaO aufgegeben; LG Mönchengladbach 13.1. 1971 NJW 1971, 1526 verlangt nur, daß Nebenfolgen davon möglicherweise abhängen; Strümpell 135 f lehnt den Schuldausspruch ab, weil er meistens ohne weitere Bedeutung sei, was so nicht stimmt).

179 Den Sprachgebrauch mag man dem deutschen anpassen und von „Scheidung“ statt zB in wörtlicher Übersetzung des ausländischen Rechts von „Auflösung“ zu sprechen (LG Kempten 16.4. 1975 IPRspr 1975 Nr 57). Falls das ausländische Recht das vorsieht, ist ein Schuldausspruch auch bei Trennungsurteilen vorzunehmen (OLG Stuttgart 29.12. 1995 FamRZ 1997, 879 [Italien]).

b) Nachträglicher Schuldausspruch

180 Hat das **deutsche Urteil**, das die Ehe gem ausländischem Recht geschieden hat, den Schuldausspruch entgegen den Regeln dieses Rechts nicht in den Tenor aufgenommen, so kann er nach § 321 Abs 1 ZPO **ergänzt** werden, wenn ein entsprechender Antrag gestellt war und versehentlich nicht beschieden wurde, oder auch wenn der Schuldausspruch von Amts wegen hätte erfolgen müssen (H Roth IPRax 2000, 292). Dem steht nicht, wie das OLG Hamm meint (4.2. 1998 IPRax 2000, 308; 18.1. 1999 FamRZ 2000, 29), der Grundsatz der Einheitlichkeit der Ehescheidung entgegen, denn es geht um die Berichtigung der einen Entscheidung. Jedoch besteht dafür die kurze Frist von zwei Wochen. Danach kann noch ein **Rechtsmittel** eingelegt werden, weil das Urteil auch unrichtig ist (H Roth aaO 292). Hat das Gericht dagegen zur Schuldfrage in den Gründen Stellung genommen, aber nicht tenoriert, so kann nach § 319 ZPO **berichtigt** werden (BGH 19.6. 1964 NJW 1964, 1858; OLG Stuttgart 13.1. 1984 FamRZ 1984, 402; Zöller/Vollkommer § 319 Rn 15 „Tenorierungsfehler“). Wenn auf einem dieser Wege der Schuldausspruch noch nachgeholt wurde, kann er einem Unterhaltsurteil zugrundegelegt werden.

181 Ist es nicht zu der Berichtigung oder Ergänzung des Urteils gekommen, so kann über die Schuldfrage etwa im Rahmen eines Unterhaltsprozesses, in welchem es nach dem Unterhaltsstatut darauf ankommt, **inzident entschieden** werden (H Roth aaO 293). Da das deutsche Urteil, wie vorausgesetzt ist, keinen Schuldausspruch enthält, besteht insoweit auch keine Rechtskraftbindung.

Zweifelhaft ist, ob außerdem eine Klage auf **isolierte Feststellung** des Verschuldens zulässig wäre. Der BGH hat verschiedentlich zu Urteilen der DDR so entschieden (u Rn 183). Dem steht nach OLG Hamm (aaO) der Grundsatz der Einheitlichkeit der Ehescheidung entgegen. Er betrifft zwar eigentlich die Übergehung von Scheidungsanträgen, vor allem Gegenanträgen, kann aber ausgedehnt werden. Auf die Feststellungsklage hin müßte sonst im Grunde das ganze Scheidungsverfahren inhaltlich neu aufgerollt werden, und es ist gut möglich, daß in diesem Verfahren dann anders entschieden wird als etwa auf ein Rechtsmittel gegen das ursprüngliche Urteil hin. Solche konkurrierenden Verfahren soll der Grundsatz verhindern. Es bleibt daher dabei, daß längstens durch Rechtsmittel der unterlassene Schuldausspruch noch geltend gemacht werden kann (H Roth IPRax aaO). Das hindert allerdings nicht die Inzidentfeststellung im Rahmen etwa eines Unterhaltsverfahrens. **182**

Ähnliche Probleme können sich ergeben, wenn das **ausländische Scheidungsurteil** den Schuldspruch nicht tenoriert hat, obwohl es nach dem anwendbaren Unterhaltsstatut auf das Scheidungsverschulden ankommt. Zu Urteilen der ehemaligen DDR hat der BGH zunächst die Zulässigkeit einer Klage auf isolierte Feststellung des Scheidungsverschuldens bejaht (30. 11. 1960 BGHZ 30, 134, 155 ff; mit Einschränkungen 14. 7. 1976 FamRZ 1976, 614), dann aber eine inzidente Feststellung im Rahmen eines Unterhaltsprozesses vorgenommen (22. 9. 1982 BGHZ 85, 16, 31 f = FamRZ 1982, 1189, 1193; 8. 12. 1993 FamRZ 1994, 824; 24. 7. 1976 aaO obiter). Das schließt sich freilich nicht unbedingt gegenseitig aus. **183**

Jedenfalls scheidet ein isolierter nachträglicher Schuldausspruch dann aus, wenn er nach dem vom ausländischen Gericht angewandten Scheidungsrecht **nicht nachgeholt werden darf**, wenn der entsprechende Antrag im Verfahren nicht gestellt wurde, oder die Parteien darauf verzichtet hatten (zB Art 49 Abs 1 Mazedonisches EheG; Art 60 § 2 Polnisches Familien- und Vormundschaftsgesetz). Dann scheidet aber auch eine spätere inzidente Feststellung innerhalb eines Unterhaltsverfahrens aus, wenn Scheidungsstatut und Unterhaltsstatut zusammenfallen. Das ist nach Art 8 HUntÜ (Art 18 Abs 4 EGBGB) der Fall (so in BGH 14. 7. 1976 aaO; OLG Köln 21. 9. 1995 FamRZ 1996, 490; OLG Hamm 20. 7. 1993 FamRZ 1994, 582). In zwei Fällen des BGH lagen dagegen Urteile der DDR vor, und Unterhaltsstatut war nun westdeutsches Recht (22. 9. 1982 aaO; 8. 12. 1993 aaO). Hier lag die Besonderheit darin, daß ein Schuldausspruch bei der Scheidung nach dem Recht der DDR, nach welchem geschieden wurde, nicht vorgesehen war. In diesem Fall ist keine echte Ergänzung des Scheidungsurteils vorzunehmen. Auch wenn das Unterhaltsstatut auf ein Verschulden abstellt, erlaubt das andere Scheidungsstatut ihn nicht. Der Wechsel zu einem anderen Unterhaltsstatut darf aber nicht zum Nachteil der Partei ausschlagen. Doch eine isolierte Feststellungsklage würde zu einer weitgehenden Wiederholung der im Ausland abgeschlossenen und bei uns anerkannten Scheidung mit anderem Ausgang führen. Daher ist die Inzidentfeststellung vorzuziehen (**aA** noch BGH 30. 11. 1960, 14. 7. 1976 aaO). Das Problem stellt sich allerdings bei Unterhalt wegen Art 8 HUntÜbk (Art 18 bs 4 EGBGB) sehr selten, könnte aber bei anderen Scheidungsfolgen von Interesse werden. **184**

2. Eintragung in ausländische Register. Ausländische Delibation

a) Registrierung

185 Während im deutschen Recht die Ehe mit der Rechtskraft des Urteils geschieden bzw vernichtet ist, verlangen manche ausländische Rechte noch zusätzlich für die **Gestaltungswirkung** eine **Registrierung** des Scheidungsurteils (zB Italien bis zum 1. 1. 1997, Art 10 Gesetz v 1. 12. 1970; Niederlande, Art 163 BWB; früher Luxemburg, Rumänien; in Belgien wirkt es erst mit der Eintragung gegen Dritte, nach Art 1278c judiciaire; ist in Frankreich die Registrierung nicht mehr für die Scheidung konstitutiv, jedoch nach Art 262 c civ Voraussetzung dafür, daß die güterrechtlichen Konsequenzen Dritten entgegengehalten werden können; ähnlich heute Rumänien und Luxemburg). Der Grund kann sein, daß sich so die Parteien den Vollzug der Scheidung noch einmal überlegen können. Die Frage, wann die Gestaltungswirkung eintritt, stellt sich vor allem bei einer erneuten Heirat. Die Auffassung, daß trotz Maßgeblichkeit des betreffenden Rechts für die Scheidung die Ehe durch ein deutsches Urteil kraft der lex fori ohne weiteres geschieden sei (KG 9. 2. 1931 IPRspr 1931 Nr 79 [Rumänien]; LG Kempten 8. 9. 1952 IPRspr 1952 Nr 141 [Rumänien]; LG Berlin 2. 3. 1964 IPRspr 1964/65 Nr 107 [Niederlande]; Soergel/Schurig Art 17 EGBGB Rn 62; MünchKomm/Winkler von Mohrenfels Art 17 EGBGB Rn 117 und IPRax 1988, 341 f), verdient keinen Beifall. Man sollte nicht zugleich ein ausländisches Recht als maßgebend berufen und dennoch auf eine wesentliche von ihm verlangte Voraussetzung für die Gestaltungswirkung verzichten (LG Darmstadt 23. 11. 1973 FamRZ 1973, 192 [Jayme] [Italien]; vielleicht auch OLG Bremen 25. 3. 1955 MDR 1955, 427; Hausmann, Kollisionsrechtliche Schranken von Scheidungsurteilen [1980] 77 ff; Frankenstein, IPR Bd 3 476 f; Riezler, IZPR 249). Vielmehr hat ein deutsches Urteil ohne die Registrierung **noch nicht die Gestaltungswirkung**. Wo zu registrieren ist, sagt das Scheidungsstatut. Es ist zu beachten, daß nicht notwendig das Heimatrecht der Parteien oder einer Partei auch das Scheidungsstatut ist (Art 17 Abs 1 mit Art 14 Abs 1 EGBGB). Es wird offenbar nicht vertreten, daß wegen der Registrierungspflicht eine Scheidung in Deutschland überhaupt nicht erfolgen könne.

186 Art 13 Abs 2 EGBGB steht nicht entgegen, verlangt vielmehr gerade, daß die Nupturienten die möglichen und zumutbaren Schritte unternehmen, um die Wirksamkeit nach ihrem Heimatrecht herbeizuführen. Wenn dies ausnahmsweise nicht möglich sein sollte, namentlich weil die Scheidung dort nicht anerkannt wird, dann muß man die Partei sicher zur Wiederverheiratung zulassen, wenn die weiteren Voraussetzungen des Art 13 Abs 2 EGBGB vorliegen. Anders wird man aber entscheiden, wenn die Parteien die möglichen und vom Scheidungstatut verlangten Schritte nicht unternehmen (vgl BGH 23. 2. 1977 FamRZ 1977, 384; Staudinger/Mankowski [2003] Art 13 EGBGB Rn 797 ff; vgl o Rn 63f).

187 Selbstverständlich kann ein deutsches Gericht schon aus völkerrechtlichen Gründen den ausländischen Registerbeamten nicht verpflichten (irrig LG Darmstadt 23. 11. 1973 FamRZ 1973, 192). Darum aber geht es für die deutschen Gerichte und das IPR nicht. Es genügt, ist aber auch geboten festzuhalten, daß ohne die Registrierung nach dem maßgebenden Recht die Ehe auch für uns nicht geschieden bzw nicht aufgehoben ist. Es empfiehlt sich zumindest, die Parteien darauf hinzuweisen (LG Kempten 8. 9. 1952 IPRspr 1952/53 Nr 141). Doch gemäß dem Grundsatz, **im Tenor** die Rechtslage möglichst genau auszusprechen, sollte in ihn der **Vorbehalt der Eintragung** aufgenommen werden (LG Darmstadt 23.11.1973 aaO). Das Nähere zu eventuell einzuhaltenden Fristen (in den Niederlanden zB 6 Monate) mag in den Gründen stehen.

b) Ausländische Delibation

Ähnlich ist die Lage, wenn das maßgebende ausländische Scheidungsstatut die 188
Parteien erst nach einem förmlichen – eigenen – **Anerkennungsverfahren** für geschieden ansieht (wie für Deutschland Art 7 § 1 FamRÄndGw). Auch diese Voraussetzung für die Statusänderung muß dann vorliegen. Praktisch erheblich wird die Frage freilich idR erst im Zusammenhang mit einer erneuten Heirat eines der geschiedenen Ehegatten. Verlangt das Heiratsstatut iSd Art 13 EGBGB, das zugleich Scheidungsstatut gewesen sein kann, diese Delibation, dann wird sie nach hM auch vom deutschen IPR gefordert (BGH 27.11.1996 FamRZ 1997, 542; MDR 97, 576; NJW 2114 [vorbeh des ordre public] OLG München 23.9.1987 IPRax 1988, 354 [abl WINKLER VON MOHRENFELS 341]; OLG Hamm 13.1.1972 OLGZ 1972, 341 = FamRZ 1972, 140 = NJW 1972, 1006; OLG Hamm 14.6.1974 OLGZ 1974, 370 = FamRZ 1974, 457 [BOSCH] = StAZ 1974, 210 = NJW 1974, 1626; OLG Karlsruhe 21.8.1972 IPRspr 1972 Nr 43; vgl weiter BGH 19.4.1972 FamRZ 1972, 360 = StAZ 1972, 170 [JAYME 227]; OLG Hamm 10.8.1973 OLGZ 1973, 440 = FamRZ 1974, 26 = StAZ 1974, 64; JAYME RabelsZ 36 [1972] 19 ff; SIEHR ebd 94 ff; HAUSMANN, Kollisionsrechtliche Schranken von Scheidungsurteilen [1980] 94 ff; ders, FamRZ 1981, 835; STAUDINGER/MANKOWSKI [2003] Art 13 EGBGB Rn 295; **aA** OLG Hamburg 21.11.1977 IPRspr 1977 Nr 54; WINKLER VON MOHRENFELS IPRax 1988, 342 und MünchKomm/WINKLER VON MOHRENFELS Art 17 EGBGB Rn 117; K MÜLLER RabelsZ 36 [1972] 60 ff; STURM RabelsZ 37 [1973] 66 ff zu der Frage, ob eine Zweitscheidung im Inland zulässig ist, wenn Eheschließungsstatut der neuen Ehe und Scheidungsstatut auseinanderfallen und das Eheschließungsstatut die Scheidung nicht für wirksam hält, vgl Rn 58 ff).

3. Kostenentscheidung

Die Kostenverteilung folgt nach allg M der lex fori (OLG Hamm 10.5.1978 NJW 1978, 189
2452; OLG Stuttgart 7.9.1977 IPRspr 1977 Nr 69; OLG Karlsruhe 13.12.1979 FamRZ 1980, 682; HENRICH IPRax 1982, 10). Danach wären die Kosten gem § 93a ZPO auch dann gegeneinander aufzuheben, wenn das maßgebende Scheidungsstatut eine Kostenverteilung nach Scheidungsverschulden vorsieht. Da § 93a ZPO deutlich auf das deutsche Zerrüttungsprinzip zugeschnitten ist, wie HENRICH (aaO) feststellt und § 93a Abs 2 S 1 ZPO erkennen läßt, sprächen zwar gute Gründe dafür, die Kostenregelung der **lex causae** anzuwenden, doch würde das das deutsche Gerichtssystem zu sehr stören.

X. Einstweilige Anordnungen*

1. Vorrang von Art 20 EheGVO. Zulässigkeit

Art 20 EheGVO hat Vorrang vor den §§ 620 ff ZPO. Um dessen Verhältnis zu 190
§§ 620 ff ZPO zu bestimmen, ist nicht nach dem Anwendungsbereich der EheGVO insgesamt zu fragen, sondern es kommt darauf an, ob Art 20 EheGVO tatbestand-

* **Schrifttum**: EILERS, Maßnahmen des einstweiligen Rechtsschutzes im europäischen Zivilrechtsverkehr (1991); HENRICH, Die einstweilige Zuweisung der Ehewohnung, wenn zwischen ausländischen Ehegatten ein Scheidungsverfahren in ihrem Heimatstaat anhängig ist, IPRax 1985, 88; ders, Die gerichtliche Zuweisung der Ehewohnung an einen Ehegatten in Fällen mit

lich anwendbar ist. Dieser geht zunächst davon aus, daß Gerichte, die nach Art 3 ff EheGVO für eine Ehesache international zuständig sind, alle einstweiligen Anordnungen treffen können, die das nationale Recht vorsieht (Art 20 EheGVO Rn 36). Darüber hinaus läßt Art 20 EheGVO zu, daß Gerichte der Mitgliedstaaten, die nur nach nationalem Recht zuständig wären, einstweilige Anordnungen treffen, sofern bestimmte zusätzliche Voraussetzungen gegeben sind. Und Art 7 Abs 1 EheGVO sagt, daß nationales Zuständigkeitsrechtrecht uneingeschränkt gilt, wenn sich aus der EheGVO keine Zuständigkeit in irgendeinem Mitgliedstaat ergibt. Daraus ergeben sich für die internationale Zuständigkeit **drei Stufen**: Besteht im Inland eine, eventuell nur konkurrierende Zuständigkeit für die Ehesache nach der EheGVO, besteht sie auch ohne weiteres für einstweilige Anordnungen. Ist dies nicht der Fall, ist aber ein anderer Mitgliedstaat der EheGVO für die Ehesache zuständig, kann im Inland eine einstweilige Anordnung nur in besonders dringlichen Fällen getroffen werden (vgl Art 20 EheGVO Rn 31). Ist dagegen kein Mitgliedstaat für die Ehesache zuständig, dann gilt nur deutsches Zuständigkeitsrecht.

a) Anhängigkeit einer Ehesache

191 Hingegen befaßt sich die EheGVO nicht mit sonstigen Zulässigkeitsfragen, so daß nur deutsches Recht darüber befindet, ob eine Ehesache anhängig sein muß und ob im Inland. Nach §§ 620 ff ZPO können einstweilige Anordnungen getroffen werden, sobald **eine Ehesache anhängig** ist. Ein Antrag auf Prozeßkostenhilfe reicht auch (§ 620a Abs 2 ZPO). Solche Anordnungen können unstr auch bei Beteiligung ausländischer Staatsangehöriger oder sonstigem Auslandsbezug ergehen (OLG Hamm 26. 8. 1971 FamRZ 1972, 143 [Prozeßkostenvorschuß]; OLG Hamm 2. 12. 1976 FamRZ 1977, 330 [Ehegattenunterhalt]; BayObLG 18. 1. 1967 FamRZ 1967, 684 [Sorgerecht]). Durch das Erfordernis der Anhängigkeit der Ehesache unterscheidet sich die einstweilige Anordnung von der vor Anhängigkeit möglichen einstweiligen Verfügung (BGH 14. 3. 1979 FamRZ 1979, 473; OLG Hamm 10. 5. 2000 FamRZ 2001, 358). Ihr Zweck ist eine Regelung der Verhältnisse zwischen den Ehegatten für die Dauer des Eheverfahrens.

192 Kein Problem ergibt sich, wenn die Ehesache im Inland anhängig ist. Dann gilt § 620 ZPO. Die **Ehesache** kann aber auch **im Ausland** anhängig sein, wenn ein **inländisches Rechtsschutzbedürfnis** für eine einstweilige Anordnung besteht (Stein/Jonas/Grunsky Rn 8 vor § 916; OLG Karlsruhe 6. 3. 1984 IPRax 1985, 106; Rahm/Künkel/Niepmann, Hdb FamGerVerf VI Rn 9; Zöller/Philippi § 620 Rn 1; zögernd Henrich IPRax 1985, 89). Selbst dann sollte die Partei nicht schutzlos bleiben, denn eine ausländische Anordnung wird vielleicht nicht ergehen, und in jedem Fall wird ihre inländische Anerkennung und Vollstreckung zweifelhaft sein und sicher dauern. Es ist richtig, daß § 620 ZPO idR das Ehegericht auch hierüber entscheiden lassen will. Doch der Ehescheidungsverbund, dessen Konsequenz § 620 ZPO ist, erlaubt gem § 623 Abs 2

Auslandsberührung, in: FS Ferid (1988) 147; Jayme, Zur Verteilung der Ehewohnung und des Hausrats bei getrennt lebenden ausländischen Ehegatten, IPRax 1981, 49; Koch, Grenzüberschreitender einstweiliger Rechtsschutz, in: Heldrich/Kono (Hrsg), Herausforderungen des internationalen Zivilverfahrensrechts (1994); Leipold, Grundlagen des einstweiligen Rechtsschutzes (1971); Spellenberg/Leible, Die Notwendigkeit des vorläufigen Rechtsschuzes bei transnationalen Streitigkeiten, in: Gilles (Hrsg), Transnationales Prozeßrecht (1995) 293; Spellenberg, Einstweilige Maßnahmen nach Art 12 EheGVO, in: FS Beys, 2003, 1583.

ZPO die Abtrennung der wichtigsten Folgesachen (dazu HAGELSTEIN FamRZ 2001, 533 ff). Dann sollte so auch eine einstweilige Anordnung grundsätzlich möglich sein. Auch in Hausratsverteilungssachen ist ein isoliertes Verfahren und darin eine isolierte einstweilige Anordnung nach hM zulässig (BRUDERMÜLLER FamRZ 1999, 200 f m N; OLG Köln 14. 12. 1993 FamRZ 1994, 632). Eine Abtrennungsbeschluß im Ausland ist nicht zu verlangen, zumal dort möglicherweise schon kein Verbund vorgesehen ist, wohl aber ist in Anlehnung an § 623 Abs 2 ZPO ein besonderes Bedürfnis für eine einstweilige Anordnung gerade im Inland trotz der im Ausland anhängigen Ehesache nötig. Das entspricht Art 20 EheGVO (dort Rn 10, 35).

Ähnlich erlauben viele zweiseitige Anerkennungs- und Vollstreckungsabkommen **193**
wie der für Unterhaltsansprüche einschlägige Art 31 EuGVO/Art 24 EuGVÜ/LugÜ einstweiligen Rechtsschutz im Inland trotz Anhängigkeit der Hauptsache im Ausland (dazu RAUSCHER/LEIBLE Art 31 EuGVO Rn 17; SPELLENBERG/LEIBLE ZZPInt 4 [1999] 228; einschr KROPHOLLER EuZPR Art 31 Rn 11, 19; **aA** SCHULZ ZEuP 2001, 814; C WOLF EWS 2000, 18; BÜLOW/BÖCKSTIEGEL/WOLF, Internationale Rechtsverkehr in Zivil- und Handelssachen Art 24 EuGVÜ Anm 7). Allerdings setzten einstweilige Verfügungen und drgl keine Anhängigkeit der Hauptsache voraus. Es tritt keine Rechtshängigkeitssperre ein. Die Streitgegenstände der Hauptsache und der einstweiligen Anordnung sind nicht identisch. Selbst eine im Ausland ergangene einstweilige Anordnung wird meist nicht sperren, denn solche Anordnungen sind häufig abänderbar.

Mangels eines Eheverfahrens im Inland ergehen die Anordnungen nach § 621a oder **194**
§ 621g ZPO, §§ 50d, 52 Abs 3, 53a Abs 3 S 1 FGG bzw § 13 Abs 4 HausratsVO (vgl auch § 620a Abs 4 ZPO). § 64 ZPO wird durch Art 31 EuGVO verdrängt. Zwar muß die Ehesache nicht im Inland anhängig sein, doch setzen einstweilige Anordnungen idR voraus, daß die betr **Folgesachen als selbständige Familiensachen** iSd § 621a ZPO im Inland anhängig sind. Im Rahmen solcher Verfahren sind einstweilige Anordnungen unstr möglich. Diese Bestimmungen sagen natürlich nichts über die Begründetheit entsprechender Anträge. Besteht nach dem maßgebenden ausländischen Recht zB kein Anspruch auf **Prozeßkostenvorschuß** oder vorläufige Hausratsverteilung, dann kann er nicht nach § 620 ZPO angeordnet werden (LEIPOLD, Grundlagen des einstweiligen Rechtsschutzes 166 f; OLG Düsseldorf 19. 1. 1978 FamRZ 1978, 908 = IPRspr 1978 Nr 49; OLG Düsseldorf 15. 10. 1980 FamRZ 1981, 146). Ein Anspruch auf **Prozeßkostenhilfe** nach deutschem Verfahrensrecht bleibt davon aber unberührt (OLG Düsseldorf aaO).

Ist die **Folgesache** aber tatsächlich **im Ausland** anhängig, so ist ein neue Klage zB auf **195**
Unterhalt wegen Rechtshängigkeit im Inland unzulässig (§ 261 Abs 3 ZPO; zB OLG München 16. 9. 1992 FamRZ 1993, 349; zum Kindesunterhalt 26. 6. 1991, FamRZ 1992, 73). Verlangt man für die einstweilige Anordnung die Anhängigkeit der Folgesache als Hauptsache im Inland, ist jene mittelbar ausgeschlossen. Damit kann zwar das durchaus mögliche inländische Regelungsbedürfnis nicht befriedigt werden, und eine Verweisung auf eine eventuell mögliche ausländische Anordnung mag nicht immer ausreichen. Es macht aber Sinn, daß zB eine Wohnungszuweisung nicht ohne einen Hauptsacheantrag einstweilen geregelt werden sollte, denn auch diese Anordnung ist oft faktisch endgültig, aber die Verbindung läßt sich in diesen internationalen Situationen nicht verwirklichen. Man könnte erwägen, daher auf sie zu verzichten, aber das widerspräche wohl derzeit dem Gesetz.

b) Internationale Zuständigkeit

196 Die internationale Zuständigkeit für die einstweiligen Anordnungen folgt grundsätzlich der internationalen **Zuständigkeit für das Eheverfahren** gem § 606a ZPO, wenn sie **nach dessen inländischer Rechtshängigkeit** ergehen sollen (OLG Karlsruhe 28. 11. 1983 FamRZ 1984, 184; OLG Stuttgart 20. 12. 1979 NJW 1980, 1227; KG 23. 7. 1987 FamRZ 1987, 167). Dabei können einstweilige Anordnungen auch schon ergehen, bevor die internationale Zuständigkeit für die Hauptsache definitiv feststeht. Schon vor einer uU zeitaufwendigen Feststellung darüber könne und müsse eine einstweilige Anordnung ergehen können (OLG Hamm 2. 12. 1976 FamRZ 1977, 330 [Ehegattenunterhalt]; BayObLG 18. 1. 1967 BayObLGZ 1967, 19 = FamRZ 1967, 684 [Sorgerecht]). Die Neufassung von § 606a Abs 1 S 1 Nr 4 ZPO, der im Zweifel die deutsche Zuständigkeit bejaht, hat dieses, vor allem im Hinblick auf die voraussichtliche Anerkennung der deutschen Entscheidung im Heimatstaat erörterte Problem sehr verringert. Schwer aufklärbare Situationen können sich jedoch zB weiterhin im Hinblick auf die deutsche Staatsangehörigkeit (§ 606a Abs 1 S 1 Nr 1 ZPO), insbesondere bei Personen aus den Ostgebieten ergeben. Bei Zweifeln über das Bestehen seiner internationalen Zuständigkeit kann sich das Gericht auch uU mit einer Glaubhaftmachung der Zuständigkeitsvoraussetzungen begnügen.

197 Bei einer Anhängigkeit der Ehesache im Ausland ergibt sich die deutsche Zuständigkeit für eine isolierte Anordnung nicht aus § 606a ZPO. Eine konkurrierende Ehezuständigkeit im Inland kann zwar bestehen, genügt aber nicht. Es ist vielmehr die internationale **Zuständigkeit für die betr Folgesache** als Hauptsache zugrunde zu legen, der die für die einstweiligen Anordnungen folgt (o Rn 194).

198 Das Haager **MSA bzw das KSÜ gehen vor** (Staudinger/Kropholler [2003] Vorbem 35, 60 zu Art 19; BGH 11. 1. 1984 BGHZ 89, 325 = FamRZ 1984, 350 = IPRax 1984, 208 [Henrich 186]; BGH 5. 6. 2002 FamRZ 2002, 1182; OLG München 16. 9. 1992 FamRZ 1993, 349; OLG Stuttgart 30. 4. 1996 FamRZ 1997, 51; OLG Hamburg 1. 11. 1985 IPRax 1986, 386). Der Vorrang des MSA kann sich auch dann auswirken, wenn die deutsche internationale Zuständigkeit zwar für das Eheverfahren gegeben ist, aber keiner der Zuständigkeitsgründe des MSA im Inland vorliegt. Hat das Kind seinen gewöhnlichen Aufenthalt in einem anderen Mitgliedstaat des MSA und nicht die deutsche Staatsangehörigkeit, gibt es keine deutsche Zuständigkeit. Lebt es in einem Drittstaat, gilt deutsches Zuständigkeitsrecht (OLG Frankfurt aM 5. 8. 1998 FamRZ 1998, 1313).

199 Verlegt das Kind seinen gewöhnlichen Aufenthalt vor Erlaß einer einstweiligen Anordnung in einen anderen Vertragsstaat des MSA, so tritt keine **perpetuatio fori** ein, eine Anordnung kann nicht mehr getroffen werden (BGH 5. 6. 2002 aaO sub II 3 b; weiter § 606a ZPO Rn 303 ff). Wird der gewöhnliche Aufenthalt erst nach der einstweiligen Anordnung in einen anderen Vertragsstaat verlegt, so ist die einstweilige Anordnung nicht wegen Fortfalls der deutschen Zuständigkeit aufzuheben. Freilich muß die noch im Inland getroffene Anordnung schon wirksam geworden sein. Es bleibt den Behörden des neuen Aufenthaltsstaates aber unbenommen, ihrerseits neue Anordnungen zu treffen (OLG Hamburg 1. 11. 1985 IPRax 1986, 386 [Henrich 364]; KG 4. 12. 1973 NJW 1974, 424; BayObLG 16. 2. 1976 BayObLGZ 1976, 26, 30).

200 Verlegt das Kind seinen gewöhnlichen Aufenthalt in einen Drittstaat, gilt das MSA bzw KSÜ nicht mehr (OLG Karlsruhe 6. 3. 1984 IPRax 1985, 106 [zweifelnd Henrich 89];

RAHM/KÜNKEL/NIEPMANN, Hdb FamGerVerf VI Rn 9; ZÖLLER/PHILIPPI § 620 Rn 1). Über eine perpetuatio fori entscheidet dann deutsches Recht. Ob sie in FG-Verfahren gilt, ist umstritten (näher § 606a ZPO Rn 306).

2. Anwendbares Recht

Die §§ 620 ff ZPO enthalten rein prozessuale Regelungen. Die Rechtsgrundlage für **201** die nach § 620 ZPO anzuordnenden Maßnahmen bestimmen sich dagegen nach dem vom **IPR** berufenen materiellen Recht (OLG München 24. 1. 1980 FamRZ 1980, 448; OLG Düsseldorf 18. 5. 1978 FamRZ 1978, 908; OLG Hamm 8. 12. 1976 FamRZ 1977, 330; BEITZKE IPRax 1981, 122 f; LEIPOLD, Grundlagen des einstweiligen Rechtsschutzes 166; STEIN/JONAS/SCHLOSSER, ZPO § 620 Rn 8, 9; GOERKE FamRZ 1974, 57 ff; WUPPERMANN FamRZ 1970, 177 ff). Auch im summarischen Verfahren ist, genauso wie im Hauptsacheverfahren, die Rechtsgrundlage für die anzuordnende Maßnahme im vom IPR berufenen materiellen Recht zu suchen (HENRICH, in: FS Ferid [1988] 158; LINDACHER, in: FS Schumann [2001] 289; MünchKomm/SONNENBERGER Einl IPR Rn 684; STEIN/JONAS/LEIPOLD § 293 Rn 55). Das betrifft insbesondere den Prozeßkostenvorschuß (§ 620 Nr 9 ZPO), für den das Unterhaltsstatut gem Art 18 EGBGB bzw das Haager Übereinkommen über das auf Unterhaltspflichten anwendbare Recht v 2. 10. 1973 gilt (vBAR IPRax 1988, 220 ff; HENRICH FamRZ 1988, 843 und IPRax 1987, 38; PALANDT/HELDRICH Anh Art 18 EGBGB Rn 5; KG 23. 7. 1987 FamRZ 1988, 167 = IPRax 1988, 234; OLG Düsseldorf 19. 1. 1978 FamRZ 1978, 908; OLG Düsseldorf 15. 10. 1980 FamRZ 1981, 146; OLG München 24. 1. 1980 FamRZ 1980, 448; OLG Oldenburg 23. 7. 1981 FamRZ 1981, 1176 = NJW 1982, 2736; **aA** für lex fori OLG Karlsruhe 19. 11. 1985 IPRax 1987, 38 [HENRICH 242]; LAG Frankfurt aM 27. 1. 1983 IPRax 1983, 300 [HENRICH]). Es geht nicht an, unter Berufung auf die Eilbedürftigkeit und die Schwierigkeiten seiner Ermittlung generell auf die lex fori zurückzugreifen (LUTHER, in: FS Bosch [1976] 570 f; WUPPERMANN FamRZ 1970, 77, 180; BEITZKE IPRax 1981, 122 f; BAUMBACH/LAUTERBACH/HARTMANN § 293 Rn 10; ZÖLLER/GEIMER § 293 Rn 19; LEIPOLD, Grundlagen des einstweiligen Rechtsschutzes [1971] 166 f; HENRICH, in: FS Ferid [1988] 158; SPELLENBERG/LEIBLE, in: GILLES [Hrsg], Transnationales Prozeßrecht [1995] 317 f; OLG Oldenburg 16. 9. 1980 IPRax 1981, 136; LG Hamburg 5. und 22. 1. 1973 RabelsZ 37 [1973] 578; OLG Düsseldorf 19. 1. 1978 FamRZ 1978 [Prozeßkostenhilfe]; OLG München 24. 1. 1980 FamRZ 1980, 448; OLG Düsseldorf 12. 5. 1975 FamRZ 1975, 634; OLG Köln 5. 7. 1971 NJW 1972, 394; OLG Frankfurt aM 24. 4. 1970 IPRspr 1970 Nr 50; **aA** aber RAAPE/STURM IPR [6. Aufl 1977] 308; OLG Karlsruhe 3. 3. 1972 und 31. 7. 1972 Justiz 1972, 203 und 313; OLG Karlsruhe 13. 8. 1975 StAZ 1976, 19; OLG Köln 20. 2. 1973 MDR 1973, 674 f = IPRspr 1973 Nr 149; OLG Hamburg 26. 2. 1968 MDR 1968, 670).

Wegen der **Eilbedürftigkeit** bei einstweiligen Anordnungsverfahren können jedoch **202** bei nicht rechtzeitiger Feststellbarkeit des anzuwendenden ausländischen Rechts die Ermittlungsanforderungen erleichtert werden (vgl o Rn 91 ff). Soweit das berufene materielle Recht aber rechtzeitig feststellbar ist, ist es in jedem Fall anzuwenden. Es erscheint immer noch besser, notfalls eine summarische Ermittlung des ausländischen Rechts genügen zu lassen, als das vom deutschen IPR nicht berufene deutsche Sachrecht anzuwenden (MünchKomm/SONNENBERGER Einl Rn 684; SPELLENBERG/LEIBLE, in: GILLES, Transnationales Prozeßrecht [1995] 318). Da die Richtigkeitsgewähr solcher Eilentscheidungen dann reduziert ist, wird man eine Abwägung der Interessen von Antragsteller und Antragsgegner vornehmen müssen (näher LEIPOLD, Einstweiliger Rechtsschutz, 165 ff; etwas zu großzügig OLG Düsseldorf 30. 5. 1974 FamRZ 1974, 456; HENRICH, in: FS Ferid [1988], 158, enger IPRax 1985, 90). Bei Befriedigungsverfügungen wie namentlich auf Unterhalt, in denen eine nicht mehr rückgängig zu machende Entscheidung getroffen wird, ist große Vorsicht geboten und wenn irgend möglich das maßgebende ausländische Recht zu ermitteln, denn anderenfalls wird sehenden Auges eine uU falsche Entscheidung in Kauf genommen und nicht nur eine spätere Vollstreckung gesichert (MünchKomm/Sonnenberger Einl IPR Rn 578). Dies gilt auch für die Anordnung einer **Prozeßkostenvorschußpflicht** eines Ehegatten auf der Grundlage des § 620 Nr 10 ZPO (OLG München 24.1.1980 FamRZ 1980, 448).

203 Doch muß man je nach dem Gewicht der Regelung und ihrer Dringlichkeit **differenzieren**: Der Kostenvorschuß ist idR nicht so dringlich, daß das ausländische Recht nur oberflächlich geprüft werden könnte, der Unterhalt ist dringlich, wenn die Gläubiger ihn zum Leben brauchen, eventuell kann er aber auf einen dafür nötigen Teil beschränkt werden, Regelungen nach dem Gewaltschutzgesetz (§ 620 Nr 9 ZPO) sind dringlich, doch wird der Richter selten nach ausländischem Recht zu entscheiden haben, ggf muß eine summarische Prüfung genügen. Die dringenden Situationen der Kindesentführung unterfallen dem HKEntfÜ.

204 Für die praktisch besonders bedeutsamen Fälle der die elterliche Sorge betreffenden einstweiligen Anordnungen ist darauf hinzuweisen, daß aufgrund von **Art 1 und 2 MSA** die deutschen Gerichte bei Aufenthalt des Minderjährigen im Inland Maßnahmen zum Schutz der Person und des Vermögens Minderjähriger nach deutschem Recht treffen. Doch ist dafür nach Art 3 MSA uU das Heimatrecht zu beachten.

Zweiter Abschnitt
Anerkennung ausländischer Eheurteile

§ 328 ZPO
Anerkennung ausländischer Urteile

(1) Die Anerkennung des Urteils eines ausländischen Gerichts ist ausgeschlossen:

1. wenn die Gerichte des Staates, dem das ausländische Gericht angehört, nach den deutschen Gesetzen nicht zuständig sind;

2. wenn dem Beklagten, der sich auf das Verfahren nicht eingelassen hat und sich hierauf beruft, das verfahrenseinleitende Schriftstück nicht ordnungsgemäß oder nicht so rechtzeitig zugestellt worden ist, daß er sich verteidigen konnte;

3. wenn das Urteil mit einem hier erlassenen oder einem anzuerkennenden früheren ausländischen Urteil oder wenn das ihm zugrunde liegende Verfahren mit einem früher hier rechtshängig gewordenen Verfahren unvereinbar ist;

4. wenn die Anerkennung des Urteils zu einem Ergebnis führt, das mit wesentlichen Grundsätzen des deutschen Rechts offensichtlich unvereinbar ist, insbesondere wenn die Anerkennung mit den Grundrechten unvereinbar ist;

5. wenn die Gegenseitigkeit nicht verbürgt ist.

(2) Die Vorschrift der Nummer 5 steht der Anerkennung des Urteils nicht entgegen, wenn das Urteil einen nicht vermögensrechtlichen Anspruch betrifft und nach den deutschen Gesetzen ein Gerichtsstand im Inland nicht begründet war oder wenn es sich um eine Kindschaftssache (§ 640) oder um eine Lebenspartnerschaftssache im Sinne des § 661 Abs. 1 Nr. 1 und 2 handelt.

Materialien (zur Reform 1986): BT-Drucks 10/504, 87 ff; BT-Drucks 10/5632, 46 f.

Schrifttum

S a Allgemeines Schrifttum S IX.

BASEDOW, Die Anerkennung von Auslandsscheidungen (1980)
ders, Das internationale Zivilprozeßrecht im Visier des Gesetzgebers, StAZ 1983, 233
ders, Parallele Scheidungsverfahren im In- und Ausland, IPRax 1983, 278
P BAUMANN, Die Anerkennung und Vollstreckung ausländischer Entscheidungen in Unterhaltssachen (1989)
BAYER/KNÖRZER/WANDT, Zur Wirksamkeit einer unter Verletzung von Art 13 III EGBGB geschlossenen Ehe, FamRZ 1983, 770
BEITZKE, Zur Anerkennung ausländischer Ehescheidungsurteile, DRZ 1946, 172
ders, Zur Frage der Wirksamkeit von Privatscheidungen in Deutschland, FamRZ 1960, 126

ders, Ehescheidung zwischen Ost und West, JZ 1961, 649
ders, Rechtsvergleichende Bemerkungen zur Anerkennung und Vollstreckung ausländischer zivilrechtlicher Entscheidungen in der Bundesrepublik Deutschland, Jura 3 (1971) 30
ders, Anerkennung inländischer Privatscheidungen von Ausländern?, IPRax 1981, 202
BEULE, Die Anerkennung ausländischer Entscheidungen in Ehesachen, insbesondere bei Privatscheidungen, StAZ 1979, 29
ders, Zur Anerkennung ausländischer Ehescheidungen – Anträge jetzt unmittelbar vom Standesamt zum Justizministerium Nordrhein-Westfalen, StAZ 1981, 211
BRUNS, Der anerkennungsrechtliche ordre public in Europa und den USA, JZ 1999, 278
BUCHHEIM, Anerkennung ausländischer Scheidungsurteile von Amts wegen?, StAZ 1952, 234
BÜRGLE, Nochmals – Anerkennung drittstaatlicher Ehescheidungen, NJW 1974, 2163
ders, Zur Konkurrenz von inländischen Scheidungsverfahren mit ausländischen Scheidungsverfahren und -urteilen, IPRax 1983, 281
COESTER-WALTJEN, Das Spiegelbildprinzip bei der Anerkennungszuständigkeit, in: Liber amicorum Buxbaum (2000) 101
DECKER, Die Anerkennung ausländischer Entscheidungen im Zivilprozeß (Diss Regensburg 1984)
DESSAUER, IPR. Ethik und Politik (1986)
DROBNIG, Anerkennung und Rechtswirkungen sowjetzonaler Ehescheidungen, FamRZ 1961, 341
FRICKE, Die Anerkennungszuständigkeit zwischen Spiegelbildgrundsatz und Generalklausel (1990)
GEIMER, Zur Prüfung der Gerichtsbarkeit und der internationalen Zuständigkeit bei der Anerkennung ausländischer Urteile (1966)
ders, Die Anerkennung ausländischer Urteile in Deutschland (1995)
ders, Anerkennung und Vollstreckung von ex-parte-Unterhaltsentscheidungen aus EuGV-Vertragsstaaten, IPRax 1992, 5
ders, Grundfragen der Anerkennung und Vollstreckung ausländischer Urteile im Inland, JuS 1965, 475
ders, Die Anerkennung ausländischer Entscheidungen auf dem Gebiet der freiwilligen Gerichtsbarkeit, in: FS Ferid (1988) 89
ders, Das Anerkennungsverfahren für ausländische Entscheidungen in Ehesachen, NJW 1967, 1398
ders, Die Feststellungswirkung der Antragszurückweisung nach Art 7 FamRÄndG, NJW 1969, 1649
GOTTWALD, Grundfragen der Anerkennung und Vollstreckung ausländischer Entscheidungen in Zivilsachen, ZZP 103 (1990) 257
ders, Präjudizialwirkung der Rechtskraft zugunsten Dritter, in: FS Musielak (2004) 183
GRUNSKY, Internationales Prozeßrecht, in: GILLES (Hrsg), Humane Justiz, Die deutschen Landesberichte zum ersten internationalen Kongreß für Zivilprozeßrecht in Gent 1977 (1977) 113 ff
ders, Internationales Prozeßrecht, in: STORME-CASMAN (Hrsg), Towards a Justice With a Human Face (Antwerpen/Deventer 1978) 67 ff
HABSCHEID, Zur Anerkennung klageabweisender ausländischer Eheurteile, FamRZ 1973, 431 f
HAAS, Zur Anerkennung US-amerikanischer Urteile in der Bundesrepublik Deutschland, IPRax 2001, 195
HAECKER, Die Anerkennung ausländischer Entscheidungen in Ehesachen (1989)
HAUSMANN, Die kollisionsrechtlichen Schranken der Gestaltungskraft von Scheidungsurteilen (1980)
HENRICH, Privatscheidungen im Ausland, IPRax 1982, 94
HOYER, Die Anerkennung ausländischer Eheentscheidungen in Österreich (Wien 1972)
JONAS, Die Anerkennung ausländischer Eheurteile, DR 1942, 55
KEGEL, Zur Reform des deutschen internationalen Eherechts, in: LAUTERBACH (Hrsg), Vorschläge und Gutachten zur Reform des deutschen internationalen Eherechts (1962) 101
ders, Scheidung von Ausländern im Inland durch Rechtsgeschäft, IPRax 1983, 22
KLEINRAHM, Die Anerkennung von Privatscheidungen, FamRZ 1966, 10
ders, Die Feststellungsbefugnis der Landesjustizverwaltungen nach Art 7 FamRÄndG, StAZ 1969, 57

KLEINRAHM/PARTIKEL, Die Anerkennung ausländischer Entscheidungen in Ehesachen (2. Aufl 1970)
KNOKE, Deutsches interfokales Privat- und Privatverfahrensrecht nach dem Grundvertrag (1980)
KRZYWON, Die Anerkennung ausländischer Entscheidungen in Ehesachen, StAZ 1989, 93
KÜLPER, Die Gesetzgebung zum deutschen IPR im „Dritten Reich" (1976)
LAUFS, Zum Ehescheidungsrecht im geteilten Deutschland, NJW 1966, 281
E LORENZ, Die internationale Zuständigkeit als Voraussetzung für die Anerkennung ausländischer Eheurteile in Deutschland, FamRZ 1966, 465
LUTHER, Vollstreckung von Kostentiteln aus österreichischen Eheprozessen in Deutschland, FamRZ 1975, 259
MASSFELLER, Die vierte Durchführungsverordnung zum Ehegesetz, DR 1941, 2531
ders, Das Familienrechtsänderungsgesetz, StAZ 1961, 241
NEUHAUS, Zur Anerkennung sowjetzonaler und ausländischer Scheidungsurteile, FamRZ 1964, 18
ders, Rezension von Kleinrahm, Die Anerkennung ausländischer Entscheidungen in Ehesachen, RabelsZ 31 (1967) 578
OTTO, Zur Anerkennung der in Drittstaaten ergangenen Ehescheidungsurteile, StAZ 1975, 183
PARTIKEL, Kritische Bemerkungen zur Anerkennung von Privatscheidungen, FamRZ 1969, 15
PAULI, Islamisches Familien- und Erbrecht und ordre public (Diss München 1994)
PFEIFFER, Internationale Zuständigkeit und prozessuale Gerechtigkeit (1996)
PILTZ, Internationales Scheidungsrecht (1988)
RAAPE, Die Anerkennung eines ausländischen Ehenichtigkeitsurteils mit besonderer Berücksichtigung des § 24 der 4. DVO zum Ehegesetz, MDR 1949, 568
REINL, Die Anerkennung ausländischer Eheauflösungen (Diss Würzburg 1966)
ders, Anmerkungen zum Verfahren der Anerkennung ausländischer Eheurteile gemäß Art 7 FamRÄndG 1961, FamRZ 1969, 453
RICHTER, Die Anerkennung ausländischer Entscheidungen in Ehesachen, JR 1987, 98
SCHREINER, Die internationale Zuständigkeit als Anerkennungsvoraussetzung nach § 328 I Nr 1 ZPO (Diss Regensburg 2000)
SCHÜTZE, Die Anerkennung und Vollstreckung ausländischer Zivilurteile in der BRD als verfahrensrechtliches Problem (Diss Bonn 1960)
SCHWENN, Die Anerkennung ausländischer Entscheidungen in Ehesachen, in: LAUTERBACH (Hrsg), Vorschläge und Gutachten zur Reform des deutschen internationalen Eherechts (1962) 140
ders, Anerkennung ausländischer Eheurteile, in: BEITZKE (Hrsg), Vorschläge und Gutachten zur Reform des deutschen internationalen Personen-, Familien- und Erbrechts (1981) 134
SCHWIND, Entwurf eines Bundesgesetzes über das internationale Privat- und Prozeßrecht, ZfRV 12 (1971) 161
SIEHR, Privatscheidungen und Anerkennungsverfahren nach Art 7 § 1 FamRÄndG, FamRZ 1969, 184
SONNENBERGER, Anerkennung und Vollstreckung ausländischer Gerichtsentscheidungen, Schiedssprüche, Vergleiche und sonstiger Titel, in: Zeitgenössische Fragen des internationalen Zivilverfahrensrechts, Studien des Instituts für Ostrecht (1972) 209
SPICKHOFF, Möglichkeiten und Grenzen neuer Tatsachenfeststellungen bei der Anerkennung ausländischer Entscheidungen, ZZP 108 (1995) 475.
VÖLKER, Zur Dogmatik des ordre public (1998)
WALTER/BAUMGARTNER, Anerkennung und Vollstreckung ausländischer Entscheidungen außerhalb der Übereinkommen von Brüssel und Lugano (2000)

Ältere Literatur siehe auch 10./11. Aufl.

Systematische Übersicht

Alphabetische Übersicht

I. Allgemeines

1. Begriff

1 „Anerkennung" bedeutet, einem ausländischen **Urteil** oder einer sonstigen Entscheidung oder Anordnung im Inland unmittelbare Wirkungen zu verleihen. Statusveränderungen zB durch Scheidung beruhen nach vielen Rechtsordnungen wie in Deutschland auf einem Urteil. Dem stehen die ebenfalls häufigen **Privatscheidungen** durch Verstoßung oder durch Vertrag gegenüber. Bei ihnen vollzieht sich die Statusänderung ipso jure wie zB auch sonst bei Verträgen, sobald die Tatbestandsvoraussetzungen nach dem gem deutschem IPR maßgebenden Recht vorliegen. Hier stellt sich die Frage der Anerkennung iSd internationalen Verfahrensrechts nicht, vielmehr ist die Statusänderung nach dem von Art 13 und 17 EGBGB berufenen Sachrecht zu beurteilen. Der Übergang zwischen beiden Systemen ist aber angesichts mancher Zwischenformen fließend, so daß Abgrenzungsprobleme entstehen können (Rn 549 f). Umgekehrt zeigt sich die Unterscheidung daran, daß kraft Anerkennung ein ausländisches Urteil Inlandswirkungen auch dann hat, wenn nach deutschem IPR ein anderes Recht maßgebend gewesen wäre, nach welchem zB die Klage hätte abgewiesen werden müssen (weiter Rn 132 ff). Es geht also um die **Wirkungen des Urteils** selbst, als welche im einzelnen die materielle Rechtskraft, die Gestaltungswirkung, die Präklusionswirkung und die Tatbestandswirkung in Betracht kommen.

2 Anerkennung ist nicht gleich **Vollstreckung**. Die ZPO regelt auch beides getrennt in § 328 und § 722. Die Anerkennung ist allerdings Voraussetzung der Vollstreckung, die ohne jene nicht zulässig ist. Die Vollstreckung ausländischer Urteile verlangt, soweit keine speziellen Regelungen in Staatsverträgen eingreifen, ein Vollstreckungsurteil (§ 722 ZPO), das an die Stelle der Vollstreckungsklausel tritt, während die Rechtskraft des Urteils und seine sonstigen unmittelbaren Wirkungen grundsätzlich ipso jure eintreten. Die wichtigste Ausnahme davon ist Art 7 § 1 FamRÄndG: Im Interesse der Rechtsklarheit und -sicherheit wirken ausländische Statusentscheidungen erst, dann aber ex tunc, im Inland, wenn sie förmlich durch eine Entscheidung der Landesjustizverwaltung bzw des Präsidenten des OLG anerkannt wurden. Man spricht hier auch von **Delibation** (Art 7 § 1 FamRÄndG Rn 12 ff). Freilich gibt es Ausnahmen (Art 7 § 1 Abs 1 S 3 FamRÄndG), bei denen die Statuswirkung unmittelbar eintritt.

2. Rechtsgrundlagen

Die Anerkennung ausländischer Statusentscheidungen kann auf verschiedenen Rechtsgrundlagen beruhen, deren Rangverhältnis und Abgrenzung teilweise erhebliche Schwierigkeiten bereiten. 3

a) Allgemeines Völkerrecht

Außerhalb zwischenstaatlicher Abkommen Deutschlands mit ausländischen Staaten über die gegenseitige Anerkennung von Vollstreckung von Entscheidungen gilt der völkerrechtliche Status, daß kein Urteil (oder keine Verwaltungsentscheidung) als Ausdruck der innerstaatlichen Hoheitsgewalt von sich aus im Ausland Wirkung beanspruchen kann (OLG München 6. 7. 1970 IPRspr 1970 Nr 108; BSG 30. 3. 1977 BSG 143, 238 = FamRZ 1977, 636 m Anm Bosch; Nagel/Gottwald § 11 Rn 2; Geimer/Schütze, Int Urteilsanerkennung Bd I/2, 1385 f; Martiny, Hdb IZVR III/1 Kap I Rn 152; Schütze, Die Anerkennung und Vollstreckung ausländischer Zivilurteile in der BRD als verfahrensrechtliches Problem 1; Riezler, IZPR 509–511). Dem steht die staatliche **Souveränität** des ‚Anerkennungsstaates‘ entgegen (zur geschichtlichen Entwicklung insbes seit Feuerbach: Fricke, Die Anerkennungszuständigkeit zwischen Spiegelbildgrundsatz und Generalklausel [1990] 64 ff). Jeder Staat kann aber **von sich aus**, ohne völkerrechtlich dazu verpflichtet zu sein (Nagel ZZP 75 [1962] 435; Linke, IZPR Rn 338), ausländische Urteile anerkennen. Das Völkerrecht steht dem schon deshalb nicht entgegen, weil die Zulassung der Wirkungserstreckung ins Inland gerade eine Äußerung der Souveränität des Anerkennungsstaates ist (BGH 1. 6. 1983 = IPRax 1984, 320 [Spellenberg 304]; Geimer JuS 1965, 475; Martiny aaO; Schütze 32, sieht in der Anerkennung einen begrenzten Verzicht auf eigene Souveränität). Ob es den allgemeinen Regeln des Völkerrechts widerspräche, ausländische Urteile niemals anzuerkennen (verneinend Martiny Rn 156 ff mwN), braucht im vorliegenden Zusammenhang nicht erörtert zu werden, weil die Bundesrepublik recht anerkennungsfreundlich ist. 4

Neuerdings wird eine **völkerrechtliche Pflicht** zur Anerkennung ausländischer Statusentscheidungen vertreten, wenn sie dem internationalen Standard für solche Verfahren entsprechen (Zöller/Geimer § 328 Rn 2; Matscher, in: FS Neumayer [1985] 473 [Fn 31]; ebenso AK-ZPO/Koch § 328 Rn 2; **aA** Martiny Rn 158; ebenso Nagel/Gottwald, IZPR § 11 Rn 2). Es ist zweifelhaft, ob man heute schon ein Menschenrecht auf weltweite Wirkung von Statusentscheidungen annehmen kann (dafür Geimer ZfRV 33 [1992] 405 f; **aA** Nagel/Gottwald § 11 Rn 2). Jedenfalls entspräche die deutsche Gesetzeslage sicher solchen Anforderungen. 5

Aus der völkerrechtlichen Anerkennungsfreiheit folgt auch, daß jeder Staat befugt ist, die ausländischen Urteile einer förmlichen verfahrensmäßigen Überprüfung zu unterziehen. Art 7 § 1 FamRÄndG tut letzteres für die Mehrzahl der ausländischen Statusentscheidungen. Ansonsten aber ordnet § 328 ZPO die Anerkennung ipso jure an. Im deutschen Recht beschränkt sich jedoch die Kontrolle im Delibationsverfahren auf das Vorliegen der vor allem in § 328 ZPO festgesetzten Anerkennungsvoraussetzungen; eine Überprüfung der anzuerkennenden Entscheidung auf ihre inhaltliche Richtigkeit, eine **révision au fond**, findet allenfalls in der Form der ordre public-Kontrolle statt (dazu Rn 444 ff). 6

Umgekehrt besteht ein **völkerrechtliches Verbot**, Urteile anzuerkennen, die unter 7

Verletzung der Regeln über Immunitäten bzw Exemtionen (vgl Vorbem zu §§ 606a, 328 ZPO Rn 26 ff) zustande gekommen sind (GEIMER/SCHÜTZE, Int Urteilsanerkennung Bd I/2 1361; LINKE, IZPR Rn 422; GEIMER, IZPR Rn 533 ff; OLG Frankfurt aM 21.10. 1980 IPRax 1982, 71 [HAUSMANN 51]), weil die Exemtionen selbst völkerrechtlich begründet sind. Auch können sich Anerkennungsverbote aus der EMRK ergeben. Die Anerkennung fremder Entscheidungen ist dann zu versagen, wenn wegen deren Inhalts eine konventionswidrige Situation herbeigeführt würde oder die Entscheidung in einem konventionswidrigen Verfahren zustandegekommen ist (MATSCHER ZZP 103 [1990] 316; ders IPRax 1992, 335; GEIMER, IZPR Rn 2772). Das kann auch bei sehr gravierenden Verfahrensmängeln der Fall sein. Jedoch wird in aller Regel dann auch § 328 Abs 1 Nr 4 ZPO entgegenstehen.

b) Verfassungsrecht

8 Eine grundsätzliche Pflicht zur Anerkennung ausländischer Statusentscheidungen folgt sowohl aus dem verfassungsrechtlich begründeten **Justizgewährungsanspruch** (so NAGEL/GOTTWALD § 11 Rn 3; PFEIFFER, Internationale Zuständigkeit und prozessuale Gerechtigkeit [1995] 199 f, 337 ff, 366 ff, 369 auch für nicht statusrelevante Entscheidungen) wie auch aus dem Grundrecht des Art 6 GG (so GEIMER ZfRV 33 [1992] 405 f; der sich auch auf Art 12 MRK beruft). Verweigerte man den Parteien die Anerkennung ausländischer Scheidungen, so bliebe ihnen allenfalls die Möglichkeit, sich in Deutschland mit Wirkung ex nunc erneut scheiden zu lassen. Allein die Anerkennung der ausländischen Entscheidung wirkt ex tunc. Freilich bleibt dem Gesetzgeber ein erheblicher Spielraum für die Festlegung der **Anerkennungsvoraussetzungen**, denn weder der Beklagte noch dritte Betroffene noch die deutsche Rechtsordnung müssen und können Statusentscheidungen aus allen „Scheidungsparadiesen" und in beliebigen Verfahren hinnehmen. Die Regelungen des § 328 ZPO entsprechen aber diesen verfassungsrechtlichen Anforderungen.

c) § 328 ZPO

9 Die deutschrechtlichen Rechtsgrundlagen der Anerkennung ausländischer **Urteile** befinden sich in § 328 ZPO, für ausländische Akte der **freiwilligen Gerichtsbarkeit** in § 16a FGG und für ausländische **Verwaltungsakte** uU in den ungeschriebenen (rudimentären) Regeln des internationalen Verwaltungsrechts (vgl dazu KÖNIG, Die Anerkennung ausländischer Verwaltungsakte [1965]).

d) Europäisches Recht

10 Für die Anerkennung statusverändernder Urteile aus Mitgliedstaaten der EheGVO gelten ausschließlich deren Art 21 ff. § 328 gilt nicht etwa daneben nach dem im Verhältnis zu bilateralen Anerkennungsabkommen anzuwendenden Günstigkeitsprinzip (u Rn 43). Auf welcher Grundlage das Urteilsgericht zuständig war, spielt keine Rolle. Die EheGVO ist allein und immer anwendbar, wenn das Urteil aus einem Mitgliedstaat stammt. Auch die Staatsangehörigkeit oder der gewöhnliche Aufenthalt der Parteien ist ohne Bedeutung.

11 Der Vorrang gilt natürlich nur für Urteile im sachlichen Anwendungsbereich der EheGVO, also nicht für Klagabweisungen und Feststellungsurteile und nicht für Regelungen von Scheidungsfolgen ausgenommen Sorgerechtsentscheidungen. Für Unterhaltsfragen gilt die EuGVO.

Sowohl EheGVO als auch EuGVO gehen vom Grundsatz der Anerkennung ipso jure aus, wonach die Anerkennung ohne ein besonderes Verfahren von Rechts wegen erfolgt (vgl Art 33 Abs 1 EuGVO, Art 21 Abs 1 EheGVO). Im Anwendungsbereich der EuGVO darf das Vorliegen etwaiger Anerkennungshindernisse im Verfahren auf Vollstreckbarerklärung sogar nur auf Antrag der Gegenseite geprüft werden, Art 43 EuGVO. 12

Nicht unmittelbar gemeinschaftsrechtlichen Ursprungs, jedoch gem Art 293 EGV „gemeinschaftsrechtlich angelegt" sind die von den EG-Mitgliedstaaten (EuGVÜ) bzw den EG-Mitgliedstaaten und den sonstigen Vertragsparteien (LugÜ) als völkerrechtliche Verträge geschlossenen **EuGVÜ** und **LugÜ**. Sie sehen für vermögensrechtliche Fragestellungen, insbesondere den Unterhalt, in ihrem jew **Art 26** ebenfalls eine Anerkennung ipso iure vor. Das EuGVÜ gilt für Deutschland ausschließlich im Verhältnis zu Dänemark. Das LugÜ findet Anwendung auf den Rechtsverkehr mit Island, Norwegen und der Schweiz. 13

e) Staatsverträge*

Die Bundesrepublik hat ein Vielzahl bi- und multilateraler Abkommen geschlossen, in denen die Anerkennung und Vollstreckung ausländischer Entscheidungen geregelt ist (zu den völkerrechtlichen Verträgen der DDR und der Frage ihrer Fortgeltung vgl Rn 80 ff). Danach sind für das Eherecht iü die nachfolgenden zwei- und mehrseitigen Übereinkommen zu beachten, wobei im Folgenden nur diejenigen Verträge erwähnt werden, die nicht von EuGVO, EheGVO, EuGVÜ und LugÜ verdrängt werden. So sind nur noch zwei die Ehescheidung betreffende Abkommen übriggeblieben, das deutsch-schweizerische und das deutsch-tunesische. Wegen der Beschränkung der EheGVO auf eheauflösende Urteile (Art 20 EheGVO Rn 3, 20) bleiben die Verträge mit Belgien, Großbritannien, Griechenland, Italien, den Niederlanden, Österreich und Spanien aber für Klagabweisungen und Feststellungsurteile anwendbar (Spellenberg, in: FS Schumann [2001] 432 f). 14

Zu diesen Anerkennungs- und Vollstreckungsverträgen ist das deutsche **Gesetz zur Ausführung zwischenstaatlicher Anerkennungs- und Vollstreckungsverträge in Zivil- und Handelssachen** v 30. 5. 1988 (BGBl I 662) („**AVAG**") ergangen, das für die EheGVO und das HKEntfÜ ab dem 1. 3. 2005 durch das IntFamRVG ersetzt wird. Es ist stets gemeinsam mit den Staatsverträgen zu konsultieren. 15

Von der Bundesrepublik nicht ratifiziert wurden das CIEC-Abkommen über die Anerkennung von Entscheidungen in Ehesachen v 8. 9. 1967 und das Haager Übereinkommen über die Anerkennung von Ehescheidungen und Ehetrennungen v 1. 6. 1970. 16

aa) Statusentscheidungen und vermögensrechtliche Folgeentscheidungen

Deutsch-schweizerisches Abkommen v 2. 11. 1929 über die gegenseitige Anerken- 17

* **Schrifttum**: Geimer/Schütze, Internationale Urteilsanerkennung; Martiny, Hdb IZVR Bd III/2, Anerkennung nach multinationalen Staatsverträgen (1984); Waehler, ebenda, Bd III/2, Anerkennung nach bilateralen Staatsverträgen (1984); Bülow/Böckstiegel/Bearb, Der Internationale Rechtsverkehr in Zivil- und Handelssachen.

nung und Vollstreckung von gerichtlichen Entscheidungen und Schiedssprüchen (RGBl 1930 II 1066). Unterhaltsentscheidungen geht aber das LugÜ vor.

18 **Deutsch-tunesischer Vertrag** v 19.7.1966 über Rechtsschutz und Rechtshilfe, die Anerkennung und Vollstreckung gerichtlicher Entscheidungen in Zivil- und Handelssachen sowie über die Handelsschiedsgerichtsbarkeit (BGBl 1969 II 890).

bb) Nur vermögensrechtliche Entscheidungen

19 Nur für vermögensrechtliche Entscheidungen (hier im Anschluß an Eheurteile) sind einschlägig, wobei allerdings der sachliche Anwendungsbereich unterschiedlich weit ist:

α) Mehrseitige Übereinkommen betreffs Unterhaltsentscheidungen

20 Das **Haager Übereinkommen über die Anerkennung und Vollstreckung von Entscheidungen auf dem Gebiet der Unterhaltspflicht gegenüber Kindern** v 15.4.1958 (BGBl 1961 II 1006) gilt wegen des Haager Übereinkommen über die Anerkennung und Vollstreckung von Unterhaltsentscheidungen v 2.10.1973 nur noch im Verhältnis zu Belgien, Liechtenstein, Österreich, Surinam und Ungarn.

Das **Haager Übereinkommen über die Anerkennung und Vollstreckung von Unterhaltsentscheidungen** v 2.10.1973 (**HUntVÜ**) (BGBl 1986 II 826) gilt im Verhältnis zu Finnland, Frankreich, Italien, Luxemburg, Niederlande, Norwegen, Portugal, Schweden, Schweiz, Großbritannien, Türkei und seit dem 1.9.1987 Spanien, 1.1.1988 Dänemark, 1.1.1993 Tschechische Republik und Slowakei, 1.7.1996 Polen. Zur Fortgeltung bei der ÜbK vgl Art 71 EuGVO.

β) Zweiseitige Abkommen für vermögensrechtliche Folgen

21 **Deutsch-norwegischer Vertrag** über die gegenseitige Anerkennung und Vollstreckung gerichtlicher Entscheidungen und anderer Schuldtitel in Zivil- und Handelssachen v 17.6.1977 (BGBl 1981 II 342; Güterrecht und Hausratsverteilung, nicht Unterhalt).

Deutsch-israelisches Abkommen über die gegenseitige Anerkennung und Vollstreckung gerichtlicher Entscheidungen in Zivil- und Handelssachen v 20.7.1977 (BGBl 1980 II 926; nur Unterhalt).

Das deutsch-schweizerische Abkommen (o Rn 17) gilt wegen des Vorrangs des LugÜ nur noch für güterrechtliche Urteile.

γ) Kostenentscheidungen

22 Eine Anerkennung und Vollstreckung von Kostenentscheidungen und -festsetzungen ist vorgesehen in Art 21 Abs 1, 49 **EheGVO**, Art 32, 33 **EuGVO** bzw 25, 26 **EuGVÜ/LugÜ** sowie in Art 19 des **Haager Übereinkommen über den Zivilprozeß** v 1.3.1954 (BGBl 1958 II 577).

23 Daneben kann sich die Vollstreckung von Kostenentscheidungen auch aus den **sonstigen** bi- und multilateralen Anerkennungs- und Vollstreckungsverträgen ergeben (vgl zB OLG Frankfurt aM 12.1.1983 IPRax 1984, 32 [Pauckstadt 17]).

cc) Sorgerechtsentscheidungen

24 Für Sorgerechtsentscheidungen gilt Art 28 (Art 15 Abs 2 aF) EheGVO (vgl dort; und bei Art 61 EheGVO zum Vorrang der EheGVO vor den dort erwähnten multilateralen Übereinkommen, insbes das MSA und das Haager Kindesentführungs-Übereinkommen).

25 Außerhalb des Anwendungsbereichs der EheGVO gilt ferner **das Haager Übereinkommen über die Zuständigkeit der Behörden und das anzuwendende Recht auf dem Gebiet des Schutzes von Minderjährigen** („**MSA**") v 5. 10. 1961 (BGBl 1971 II 219 ff) bzw demnächst das KSÜ (dazu Art 60, 61 EheGVO), welches eingreift, wenn das Kind seinen gewöhnlichen Aufenthalt in einem Vertragsstaat hat.

26 Das **Haager Übereinkommen über zivilrechtliche Aspekte internationaler Kindesentführung** v 25. 10. 1980, in Kraft seit dem 1. 12. 1990 und das Luxemburger Europäisches Übereinkommen über die Anerkennung und Vollstreckung von Entscheidungen über das Sorgerecht für Kinder und die Wiederherstellung des Sorgerechts v 20. 5. 1980, in Kraft seit dem 1. 2. 1991 (dazu Jorzik, Das neue zivilrechtliche Kindesentführungsrecht [1995]) gelten ebenfalls nur, wenn die EheGVO nicht eingreift (dazu Coester-Waltjen, in: FS Lorenz [2001] 305; Art 60–62 EheGVO).

f) Verhältnis der Rechtsquellen zueinander

27 Die Vielzahl der unterschiedlichen Rechtsquellen sowie die zahlreichen in den einschlägigen Rechtsakten enthaltenen speziellen Kollisionsvorschriften erschweren die Ermittlung der jeweils anwendbaren Norm. Dabei kommt es nicht nur darauf an, aufgrund des räumlichen und sachlichen Anwendungsbereichs der jeweiligen Verordnungen, Abkommen und autonomen Vorschriften festzustellen, welche Norm einschlägig ist. Problematisch kann auch sein, ob eine an sich vorrangige Vorschrift gemeinschafts- oder staatsvertraglichen Ursprungs möglicherweise im Sinne eines Günstigkeitsprinzips die Anwendung des in concreto anerkennungsfreundlicheren autonomen Rechts zuläßt.

aa) Vorrang von EheGVO, EuGVO, EuGVÜ und LugÜ

α) Vorrang vor dem nationalen Recht

28 Die in den Rechtsakten der Europäischen Gemeinschaft, dh in **EheGVO** und **EuGVO** enthaltenen Bestimmungen haben aufgrund der Normenhierarchie zwischen europäischem und nationalem Recht **Vorrang vor dem autonomen deutschen Recht**, das insoweit vollständig verdrängt wird. Insbesondere scheidet hier ein – aufgrund der äußerst anerkennungsfreundlichen Regelungen von EheGVO und EuGVO ohnehin eher theoretisch denkbares – Günstigkeitsprinzip, wonach das anerkennungsfreundlichere nationale Recht neben den Verordnungen anwendbar wäre, aus.

29 Grundsätzlichen Vorrang vor nationalem Recht haben auch die als völkerrechtliche Verträge geschlossenen **EuGVÜ** (im Verhältnis zu Dänemark) und **LugÜ**. Da die Übereinkommen nur ihr Verhältnis zu anderen Staatsverträgen ausdrücklich regeln, nicht dagegen das zum autonomen Recht, ist umstritten, ob deutsches autonomes Recht anwendbar bleibt, wenn es im Einzelfall anerkennungsfreundlicher wäre (für Anwendung des günstigeren nationalen Rechts: Stein/Jonas/Schumann § 328 Rn 41; MünchKomm-ZPO/Gottwald § 328 Rn 14; Kropholler, EuZPR Art 25 Rn 8; Geimer, Anerkennung 16; Schack, IZVR Rn 808 f; **aA** Linke, IZPR Rn 417 ff; Basedow, Hdb IZVR I Kap II Rn 129;

Martiny, Hdb IZVR III/2 Kap 2 Rn 199; Siehr, in: FS Walder [1994] 416 f). Das ist auch praktisch denkbar, da Art 27 Nr 4 EuGVÜ/LugÜ anders als § 328 ZPO und die EuGVO in Bezug auf den Status als Vorfrage auf das Erfordernis kollisionsrechtlicher Konformität nicht verzichten.

30 Das Günstigkeitsprinzip entspricht einer verbreiteten internationalen Vertragspraxis und ist, auch soweit die Abkommen keine ausdrückliche Regelung enthalten, in Deutschland allg Meinung für die bilateralen Abk, die die Anerkennung erleichtern, nicht erschweren sollen. Die Erleichterung der Anerkennung ist an sich auch das Ziel von EuGVÜ und LugÜ. Dennoch sprechen die besseren Gründe für die **abschließende Regelung in EuGVÜ und LugÜ**. Jedenfalls das EuGVÜ ist im weiteren Sinne gemeinschaftsrechtlichen Ursprunges und soll daher neben der erleichterten Freizügigkeit von Urteilen auch zur europäischen Rechtsvereinheitlichung beitragen, was auch in der Zuweisung der Auslegungskompetenz an den EuGH zum Ausdruck kommt. Diese Funktion kann nur um den Preis der Verdrängung auch anerkennungsfreundlicherer nationaler Rechtsordnungen gewährleistet werden.

31 Diese Argumentation läßt sich auf das LugÜ zwar nicht unmittelbar übertragen, da es sich hierbei um ein rein völkerrechtliches Übereinkommen ohne gemeinschaftsrechtliche Grundlage handelt. Im Sinne der rechtsvergleichend einheitlichen Auslegung des LugÜ in den Vertragsstaaten (vgl dazu Prot Nr 2 über die einheitliche Auslegung des LugÜ v 16. 9. 1988, BGBl 1994 II 2697) ist aber auch hier von einer abschließenden Regelung auszugehen.

32 Schwierigkeiten ergeben sich, wenn die vom ausländischen Gericht gemeinsam getroffenen Status- und Folgesachen **unterschiedlichen Anerkennungsregimes** unterliegen. Unerfreulich, aber wohl hinzunehmen ist die Konstellation, daß die Eheleute im Inland als geschieden gelten, ohne daß die ausländische Entscheidung über den Geschiedenenunterhalt ebenfalls anerkannt wird. Denn den geschiedenen Eheleuten bleibt es unbenommen, in Deutschland eine erneute Entscheidung in der Unterhaltsfrage zu beantragen. Umgekehrt erscheint es allerdings kaum vertretbar, für den Fall, daß die ausländische Scheidung in Deutschland nicht anerkannt wird, die Entscheidung über den Geschiedenenunterhalt dennoch anzuerkennen mit der Folge, daß die nach deutschem Recht als verheiratet geltenden Eheleute einander Geschiedenenunterhalt schulden. Derartige Konstellationen mögen zwar selten sein, sind aber nicht ausgeschlossen, etwa wenn ein dänisches Gericht seine Zuständigkeit für die Ehescheidung entgegen § 328 Abs 1 Nr 1 ZPO bejaht hat, während die Entscheidung in der Unterhaltssache nach den Bestimmungen des EuGVÜ anzuerkennen ist, das eine Überprüfung der Zuständigkeit des ausländischen Gerichts in seinem Art 28 Abs 3 explizit untersagt. Zweifelsfragen im Anwendungsbereich des EuGVÜ sind in jedem Fall dem EuGH vorzulegen.

β) Verhältnis zwischen EheGVO, EuGVO, EuGVÜ und LugÜ

33 Das **Verhältnis der EheGVO zu EuGVO/EuGVÜ/LugÜ** ergibt sich aus ihrem jeweiligen verschiedenen sachlichen Anwendungsbereich: Während sich die EheGVO ausschließlich mit der Anerkennung und Vollstreckung von Status- und Sorgerechtsangelegenheiten befaßt, sind EuGVO, EuGVÜ und LugÜ gem ihrem jew Art 1 Abs 1 nur auf vermögensrechtliche Fragestellungen unter ausdrücklichem

Ausschluss von Status- und Sorgerechtsfragen (Art 1 Abs 2 EuGVO/EuGVÜ/LugÜ) anwendbar.

Für das **Verhältnis von EuGVO, EuGVÜ und LugÜ** gilt: Gem ihrem Art 68 Abs 1 geht die EuGVO im Verkehr zwischen ihren Mitgliedstaaten dem EuGVÜ vor. Das EuGVÜ seinerseits ist gem Art 54b LugÜ gegenüber dem LugÜ vorrangig. Damit findet die EuGVO Anwendung im Verhältnis Deutschlands zu den mittlerweile dreiundzwanzig anderen Mitgliedern der EU ohne Dänemark. Das EuGVÜ gilt jeweils im Verhältnis der genannten Mitgliedstaaten der EuGVO zu Dänemark. Das LugÜ ist anwendbar im Verkehr zwischen allen EU-Mitgliedstaaten mit Island, Norwegen, Polen und der Schweiz. 34

γ) Europäisches Recht und völkerrechtliche Abkommen Deutschlands

EheGVO und EuGVO haben grundsätzlich auch Vorrang vor den von Deutschland geschlossenen **Staatsverträgen**, wobei jedoch die nachstehenden Grundsätze gelten. 35

Art 60 und 61 EheGVO ordnen für die Beziehungen zwischen den Mitgliedstaaten und im Anwendungsbereich der EheGVO den Vorrang der EheGVO vor den in der Vorschrift genannten multilateralen Übereinkommen an (vgl die Kommentierung zu Art 61 EheGVO) und ersetzt gem Art 59 Abs 1 alle bilateralen Abkommen, soweit diese Materien regeln, die auch Gegenstand der EheGVO sind. 36

Gem **Art 59 Abs 1 EheGVO** werden im Anwendungsbereich der EheGVO zudem die bilateralen Anerkennungs- und Vollstreckungsabkommen Deutschlands mit Italien v 9. 3. 1936, mit Belgien v 30. 6. 1958, mit dem Vereinigten Königreich v 14. 7. 1960, mit Griechenland v 4. 11. 1961 und mit Spanien v 14. 11. 1983 ersetzt (vgl die ausf Kommentierung zu Art 36 EheGVO). 37

Die EuGVO verdrängt gem ihrem **Art 69 EuGVO** in ihrem Anwendungsbereich ausdrücklich das deutsch-italienische Abkommen v 9. 3. 1936, das deutsch-belgische Abkommen v 30. 6. 1958, das deutsch-britische Abkommen v 14. 7. 1960, das deutsch-griechische Abkommen v 4. 11. 1961, das deutsch-niederländische und das deutsch-spanische Abkommen v 30. 8. 1962. 38

Gem **Art 55 LugÜ** verdrängt das LugÜ das deutsch-schweizerische Übereink v 2. 11. 1929 und das deutsch-norwegische Abkommen vom 17. 6. 1977. 39

Dagegen lassen EuGVO, EuGVÜ und LugÜ die **Haager Übereinkommen über die Anerkennung von Unterhaltsentscheidungen** unberührt, da es sich hierbei um Übereinkommen für „besondere Rechtsgebiete" iSd Art 67 EuGVO bzw Art 57 EuGVÜ/LugÜ handelt. Zudem enthalten Art 11 des Haager Übereinkommen v 15. 4. 1958 und Art 23 HUntVÜ ihrerseits einen ausdrücklichen Vorbehalt zu Gunsten anderer internationaler Übereinkünfte zwischen dem Ursprungsstaat und dem Vollstreckungsstaat (zB EuGVO/EuGVÜ/LugÜ) und zu Gunsten des autonomen Rechts des Vollstreckungsstaates. Da Art 11 des Haager Übereinkommen v 15. 4. 1958 und Art 23 HUntVÜ die Erleichterung der Anerkennung bzw Vollstreckung bezwecken, gilt im Verhältnis zwischen EuGVO/EuGVÜ/LugÜ und den Haager Übereinkommen das der Anerkennung günstigere Recht (Rahm/Künkel/Breuer, Hdb FamGerVerf VIII Rn 271; P Baumann, Anerkennung und Vollstreckung aus- 40 ländischer Entscheidungen in Unterhaltssachen 171 f; Martiny, Hdb IZVR Bd III/2 Kap II Rn 379 und Bd III/1 Kap 1 Rn 222 ff; Rauch IPRax 1981, 200; OLG Hamm 11. 2. 1991 FamRZ 1993, 213; **aA** für alleinige Geltung des HUntVÜ OLG Frankfurt aM 14. 7. 1981 IPRax 1981, 213).

41 Daraus folgt auch die Möglichkeit, das **schnellere Klauselerteilungsverfahren** von EuGVO/EuGVÜ/LugÜ mit den Anerkennungsvoraussetzungen der Haager Übereinkommen zu verbinden (Art 25 Abs 2 lit b des Beitrittsübk zum EuGVÜ v 9. 10. 1978; Bülow/Böckstiegel/Baumann 795, 164 f).

42 Das in Art 11 bzw Art 23 der Haager Übereinkommen enthaltene Günstigkeitsprinzip erlaubt es nicht, auf dem Umweg über die Haager Übereinkommen im Verhältnis der jew Vertragsstaaten von EuGVO/EuGVÜ/LugÜ nun auch bilaterale Abkommen und das autonome Recht anzuwenden (so aber wohl teilw Bülow/Böckstiegel/Baumann 795, 165, 167; Rahm/Künkel/Breuer VIII Rn 271). Das widerspräche dem Sinn der Kompatibilitätsklausel in Art 67 EuGVO bzw Art 57 EuGVÜ/LugÜ, die die bilateralen Abkommen gerade ausschließen. Freilich gelten EuGVO/ EuGVÜ/LugÜ nur für Urteile, die nach ihrem jew Inkrafttreten für den betreffenden Urteilsstaat ergangen sind. Und wenn die Klage noch vorher erhoben wurde, kann eine Anerkennungszuständigkeit auch aus einem zwischen den beteiligten Staaten damals bestehenden Vertrag hergeleitet werden (Art 66 Abs 2 EuGVO, Art 54 Abs 2 EuGVÜ/LugÜ).

bb) Verhältnis der völkerrechtlichen Übereinkommen zum autonomen Recht

43 Bei Urteilen aus Staaten, die nicht der EheGVO angehören und einen Anerkennungsvertrag mit Deutschland haben, stellt sich die Frage seines Verhältnisses zu § 328 ZPO. Wenn es um die Anerkennung von Abweisungen von Scheidungsanträgen und um Feststellungsurteile geht, sind sogar die bilateralen Abkommen mit Mitgliedstaaten der EheGVO anzuwenden (Art 20 EheGVO Rn 20 ff). Die völkerrechtlichen Übereinkommen sind zwar gegenüber dem autonomen deutschen Recht grundsätzlich vorrangig, jedoch **verpflichten** sie idR nur zur Anerkennung auch entgegen dem strengeren autonomen Recht (JM NRW 11. 7. 1984 IPRspr 1984 Nr 185), **verbieten** im Zweifel aber nicht, eine Anerkennung kraft freizügigeren autonomen Rechts vorzunehmen (BGH 18. 3. 1987, IPRax 1989, 104, 106 [Siehr 93 ff] = NJW 1987, 3083 m Anm Geimer [3085] = FamRZ 1987, 580 m Anm Gottwald [582] = JR 1988, 22 m Anm Hauser = LM Nr 10 zu § 261 ZPO = MDR 1987, 747; BayObLG 29. 3. 1990 FamRZ 1990, 897; Geimer, IZPR Rn 2766 f; Geimer/Schütze, Int Urteilsanerkennung Bd I/2 1362 f; Gottwald ZZP 103 [1990] 278; Rosenberg/Schwab/Gottwald, ZPR § 156 Rn 26; Linke, IZPR Rn 339; Jellinek, Die zweiseitigen Staatsverträge über Anerkennung ausländischer Zivilurteile [1953] 153 ff). Ausdrücklich sagen dies etwa Art 11 HKUntVÜ v 15. 4. 1958 und Art 23 des HUntVÜ v 2. 10. 1973. Jedoch erlaubt das **Günstigkeitsprinzip** nicht, einzelne Bestimmungen des Staatsvertrages und der ZPO zu kombinieren, sondern es müssen alle Voraussetzungen des einen oder des anderen Systems für eine Anerkennung vorliegen (Siehr, in: FS Walder [1994] 409; Martiny, Hdb IZVR Bd III/1 Kap I Rn 225).

44 Diese Frage hatte zwischenzeitlich an **praktischer Bedeutung** gewonnen, weil 1986 das Erfordernis der kollisionsrechtlichen Konformität zwar in § 328 Abs 1 Nr 3 ZPO gestrichen wurde (dazu Geimer NJW 1987, 3085), dieses aber auch in den neueren zweiseitigen Abkommen (für Statusurteile) noch enthalten sein kann. Auch Art 27 Nr 4 EuGVÜ/LugÜ machen diese Voraussetzung für personenstandsrechtliche Vorfragen (dazu KOHLER IPRax 1992, 277 ff). Ebenso verlangt § 328 Abs 1 Nr 2 ZPO, daß der Beklagte eine ungenügende Zustellung der Klage im Anerkennungsverfahren rügt (Rn 365 ff), während manche Verträge, wenn man sie nicht anders auslegen will (zB GEIMER ZZP 103 [1990] 482 zum Haager Unterhaltsvollstreckungsübereinkommen), die Zustellung von Amts wegen nachprüfen lassen.

Die **völkerrechtlichen Verträge** überlassen es häufig der Entscheidung der jeweiligen Vertragsstaaten, ob diese neben dem Vertrag ihr autonomes Anerkennungsrecht gelten lassen wollen. So kann ein Abkommen, selbst wenn es einen entsprechenden Anspruch nicht erhebt, im einen Vertragsstaat dennoch abschließend sein, im anderen aber nicht. So ist zB in Belgien wohl anerkannt (WESER, Droit intern privé belge et droit conventionnel international Bd 2 [1985] 457; RIGAUX, Droit international privé, Bd 1 [2. Aufl 1987] Nr 221), in der Schweiz (SIEHR IPRax 1989, 96) und in Spanien (A M KARL, Die Anerkennung von Entscheidungen in Spanien [1993] 243 ff; RAMOS IPRax 1988, 58; WEIGAND, Der deutsch-spanische Rechtsverkehr [1992] 63) umstritten, ob die Anerkennungs- und Vollstreckungsabkommen mit der Bundesrepublik das autonome Recht verdrängen, während man in Deutschland zu Recht die alternative Anwendung der beiden Systeme vorzieht, weil die Abkommen die Anerkennung erleichtern und nicht erschweren sollen (so BGH 18. 3. 1987 aaO; BayObLG 29. 3. 1990 FamRZ 1990, 897 = StAZ 1990, 225 [Italien]; BayObLG 12. 5. 1992 FamRZ 1993, 452 = StAZ 1992, 376 [Italien]; SIEHR 96 [Schweiz]; GEIMER/SCHÜTZE, Int Urteilsanerkennung Bd I/2, 1362 f; KRZYWON StAZ 1989, 98; **aA** HARRIES, RabelsZ 26 [1961] 640 zum deutsch-belgischen Abkommen; ebenso obiter zu diesem Abkommen BGH 9. 4. 1973 BGHZ 60, 344, 346 = ZZP 87 [1974] 332 [GEIMER 336]). Grundsätzlich bevorzugt man im Völkerrecht eine Auslegung, die die Souveränität der Vertragsstaaten weniger einschränkt, hier also das autonome Anerkennungsrecht. 45

Dagegen ist neben dem **Haager MSA** günstigeres deutsches Anerkennungsrecht nicht anzuwenden, dh insbesondere nicht die Zuständigkeiten des § 35a FGG, weil es ähnlich dem EuGVÜ/LugÜ auch die Zuständigkeiten unter den Vertragsstaaten verteilt (convention double). Der Heimat- wie der Aufenthaltsstaat sollten sich darauf verlassen können, daß andere Vertragsstaaten nicht Entscheidungen aus zB dem Staat des (abgeleiteten) Wohnsitzes anerkennen werden (str, **aA** STAUDINGER/KROPHOLLER [2003] Vorbem zu Art 19 EGBGB Rn 445; wie hier STAUDINGER/HENRICH [2002] Art 21 EGBGB Rn 226; OLG Hamm 15. 6. 1987 IPRax 1988, 39). Das MSA ist anwendbar, wenn der Minderjährige seinen gewöhnlichen Aufenthalt in einem Vertragsstaat hat, und es **verdrängt** dann autonomes deutsches Anerkennungsrecht, also §§ 16a, 35b FGG. 46

Das **Delibationsverfahren** nach Art 7 § 1 FamRÄndG ist für Statusentscheidungen auch beim Eingreifen von Anerkennungsverträgen einzuhalten, denn diese regeln stets nur die Anerkennungsvoraussetzungen (**aA** für Österreich MATSCHER JBl 1962, 364 und 1963, 296 für die Abkommen mit der Schweiz und Großbritannien; dagegen EDLBACHER StAZ 1969, 236 Anm 6). 47

cc) Verhältnis der Staatsverträge untereinander

Von den beiden **Haager Unterhaltsübereinkommen** geht das jüngere dem älteren vor. Das Übereinkommen von 1958 über die Unterhaltspflicht gegenüber Kindern bleibt jedoch wirksam für diejenigen seiner Vertragsstaaten, die nicht dem jüngeren Übereinkommen von 1973 beigetreten sind (Art 29 Haager Übereinkommen über 48 die Anerkennung und Vollstreckung von Unterhaltsentscheidungen v 2.10.1973; Bülow/Böckstiegel/Baumann 795, 164), das sind derzeit im Verhältnis zu Deutschland (1997) Belgien, Liechtenstein, Österreich, Surinam und Ungarn.

49 Im übrigen sehen Art 11 des Haager Übereinkommen über den Kindesunterhalt v 15.4.1958 und Art 23 HUntVÜ ausdrücklich vor, daß günstigere bilaterale Staatsverträge vorgehen.

3. Geschichte*

50 § 328 ZPO war zwischen seiner Einführung durch Gesetz v 20.5.1898 und der Reform von 1986 inhaltlich nicht verändert worden, wenn man von einer Anpassung an das VerschG in Abs 1 Nr 3 aF absieht (zur Entstehungsgeschichte vgl Graupner, in: FS Ferid [1978] 183; Fricke, Anerkennungszuständigkeit zwischen Spiegelbildgrundsatz und Generalklausel; Basedow, Die Anerkennung von Auslandsscheidungen; beide mit Rechtsvergleichung). Immerhin hatte § 328 ZPO jedoch durch die Verweisung auf die internationale Zuständigkeit in Abs 1 Nr 1 und – bis zu seiner Streichung 1986 – auf das internationale Eherecht in Nr 3 an den Wandlungen der diesbezüglichen Vorschriften teilgenommen (vgl Staudinger/Mankowski [2003] Art 17 EGBGB Rn 7 ff). Das besondere Delibationsverfahren war erstmals durch **§ 24 der 4. DVO** zum EheG v

---

* **Schrifttum**: Basedow, Die Anerkennung von Auslandsscheidungen (1980); Martin Fricke, Anerkennungszuständigkeit zwischen Spiegelbildgrundsatz und Generalklausel (1990); ders, Die autonome Anerkennungszuständigkeitsregel im deutschen Recht des 19. Jahrhunderts (1993); Graupner, Zur Entstehungsgeschichte des § 328 ZPO, in: FS Ferid (1978) 183; B Raiser, Die Rechtsprechung zum deutschen internationalen Eherecht im „Dritten Reich" (1980).

Zur Reformdiskussion 1986: Beitzke (Hrsg), Vorschläge und Gutachten zur Reform des deutschen und internationalen Personen-, Familien- und Erbrechts (1981); ders, Die Reform des deutschen internationalen Privatrechts, DAVorm 1983, 163; Dopffel/Siehr, Thesen zur Reform des Internationalen Privat- und Verfahrensrechts, RabelsZ 44 (1980) 344; Firsching, Die deutsche IPR-Reform und das deutsche internationale Verfahrensrecht, ZZP 95 (1982) 121; Gamillscheg, Ein Vorschlag zum internationalen Scheidungsrecht, RabelsZ 38 (1974) 507; Gottwald, Auf dem Wege zur Neuordnung des Internationalen Verfahrensrechts, ZZP 5 (1982) 3; ders, Das internationale Verfahrensrecht im Entwurf eines IPR-Gesetzes, IPRax 1984, 57; vHoffmann, Gegenwartsprobleme internationaler Zuständigkeit, IPRax 1982, 217; Kühne, IPR-Gesetz-Entwurf, Entwurf eines Gesetzes zur Reform des Internationalen Zivilverfahrensrechts (1980); E Lorenz, Die Reform des deutschen IPR, ZRP 1982, 148; Martiny, in: Hdb IZVR III/1 Rn 18 ff und 944 ff; Max-Planck-Institut für Ausländisches und Internationales Privatrecht (Hrsg), Reform des deutschen Internationalen Privatrechts (1980); ders, Kodifikation des deutschen IPR, RabelsZ 47 (1983) 595; Neuhaus/Kropholler, Entwurf eines Gesetzes über Internationales Privat- und Verfahrensrecht, RabelsZ 44 (1980) 326; J Schröder, Die Vorschläge des Deutschen Rates zur Internationalen Zuständigkeit und zur Anerkennung ausländischer Entscheidungen, in: Beitzke (Hrsg), Vorschläge und Gutachten zur Reform des deutschen Internationalen Personen-, Familien- und Erbrechts (1981) 226; Schwenn, Anerkennung ausländischer Eheurteile, ebd, 134; Wengler, Zur Reform des IPR, JR 1981, 268; ders, Kritische Gedanken zu den Reformarbeiten am deutschen IPR, StAZ 1983, 11; Winkler von Mohrenfels, Internationale Scheidungszuständigkeit und Gleichberechtigung, ZZP 94 (1981) 71.

25.10.1941 (RGBl 1941 I 654) eingeführt worden. Diese Bestimmung und verschiedene Änderungen in den einzelnen Besatzungszonen nach 1945 sind durch Art 7 § 1 FamRÄndG v 11.8.1961 abgelöst worden (ausf zur Gesetzesgeschichte OLG Stuttgart 18.12.1970 FamRZ 1971, 440). Durch das erste EheReformG v 14.6.1976 wurden zudem in § 328 Abs 2 ZPO die Kindschaftssachen (§ 640 ZPO) aufgenommen.

Eine umfangreichere Änderung der Nr 2–4 des § 328 ZPO erfolgte durch das Gesetz zur Neuregelung des Internationalen Privatrechts mit Wirkung v **1.9.1986**. Unverändert blieb nach Abs 1 Nr 1 eine entscheidende Anerkennungsvoraussetzung, daß das ausländische Urteilsgericht nach den deutschen Regeln **international zuständig** war, wobei freilich mittlerweile die Zuständigkeitsregeln in § 606a ZPO nF verändert wurden. 51

Über § 328 Abs 1 Nr 1 ZPO wirken sich jedoch nicht nur die Modifizierungen der internationalen Zuständigkeit in § 606a Abs 1 ZPO nF aus. Besonders beachtenswert ist § 606a Abs 1 S 2 ZPO, der nun alle inländischen internationalen **Zuständigkeiten** in Ehesachen für **nicht ausschließlich** erklärt. Nach den früheren §§ 606 f ZPO aF war die deutsche Zuständigkeit bei deutscher Staatsangehörigkeit beider Parteien oder wenigstens des Beklagten grundsätzlich ausschließlich und eine Anerkennung ausländischer Urteile ausgeschlossen, soweit nicht eine der Ausnahmen des § 606a ZPO aF vorlagen. Mit der Neuregelung werden nun auch bei der Anerkennung Staatsangehörigkeits- und Aufenthaltszuständigkeit gleichgestellt (vgl auch § 606a ZPO Rn 13 ff). 52

Die Klarheit des **§ 606a Abs 2 nF** läßt zu wünschen übrig (Mansel StAZ 1986, 317). Der 1. HS statuiert, daß es für die Anerkennungszuständigkeit des ausländischen Urteilsgerichtes (anders als für die Entscheidungszuständigkeit deutscher Gerichte nach § 606a Abs 1 S 1 Nr 4 ZPO) nicht auf eine Anerkennung in einem dritten Heimatstaat der Parteien ankomme. Es genügt also der gewöhnliche Aufenthalt einer Partei im Urteilsstaat allein. Das war früher anders. Der 2. HS akzeptiert darüber hinaus nun die internationale Zuständigkeit auch eines Staates, die weder auf seiner Staatsangehörigkeit noch auf dem gewöhnlichen Aufenthalt einer Partei, dh auf keinem von § 606a ZPO anerkannten Zuständigkeitsgrund beruht, sofern nur der gemeinsame Heimatstaat oder die beiden Heimatstaaten der Eheleute das Urteil anerkennen **(Drittstaatenanerkennung)**. Auch dieses Prinzip ist neu im Gesetz, wurde aber zuvor schon von einigen Gerichten praktiziert (OLG Düsseldorf 28.2.1975 FamRZ 1975, 584 m Anm Geimer = StAZ 1975, 189; BayObLG 17.11.1980 BayObLGZ 1980, 351 = FamRZ 1981, 558; weitere Nachw Martiny, Hdb IZVR Bd III/1 Kap I Rn 759; Otto StAZ 1975, 183; Bürgle NJW 1974, 2163), und die Neuregelung hat viele Zweifelsfragen beseitigt, die bisher die Rechtsprechung kaum beschäftigten. Rechtfertigen läßt sich diese im angelsächsischen Recht schon länger bekannte Regelung damit, daß man nicht hinkende Scheidungen schaffen soll, wenn der nach der Wertung des § 606a Abs 1 S 1 Nr 4 ZPO primär betroffene Heimatstaat (vgl oben § 606a Rn 22 ff) die Eheleute für geschieden hält. Wir brauchen dann nicht strenger als dieser Staat zu sein. Nicht konsequent erscheint freilich, daß § 606a Abs 2 2. HS ZPO das Einverständnis beider Heimatstaaten bei einer gemischtnationalen Ausländerehe verlangt, während bei der deutschen Entscheidungszuständigkeit nach § 606a Abs 1 S 1 Nr 4 ZPO nur einer anerkennen muß (Max-Planck-Institut RabelsZ 47 [1983] 684 f). Aber inkonsequent ist § 606a Abs 1 S 1 Nr 4 ZPO. 53

54 Nach wie vor ist gem § 328 Abs 2 ZPO die Verbürgung der **Gegenseitigkeit** für Entscheidungen in Ehe- und Kindschaftssachen nicht erforderlich, wohl aber für vermögensrechtliche Entscheidungen, auch wenn sie im Verbund erfolgen. Staatsverträge gehen auch dieser Regelung vor.

55 § 328 Abs 1 Nr 2 ZPO geht im wesentlichen auf Art 27 Nr 2 EuGVÜ/LugÜ (vgl nun Art 34 Nr 2 EuGVO, Art 22 Abs 1 lit b EheGVO) zurück, der die Anerkennung ausschließt, wenn dem Beklagten nicht hinreichend **rechtliches Gehör** gewährt wurde. Sie geht über die bisherige Fassung dadurch hinaus, daß sie nun nicht mehr nur Deutsche, sondern auch Beklagte anderer Staatsangehörigkeit schützt. Anders als in EheGVO, EuGVO und EuGVÜ/LugÜ wird der Mangel nicht von Amts wegen beachtet, sondern es bleibt dem Beklagten überlassen, sich auf den Fehler zu berufen. Praktisch sehr wichtig kann uU sein, daß nun Art 22 lit b EheGVO wie Art 34 Nr 2 EuGVO nur eine rechtzeitige und für die Verteidigung ausreichende Zustellung verlangt, während § 328 Abs 1 Nr 2 ZPO nach wie vor – wie das EuGVÜ – eine ordnungsmäßige verlangt. Dies hat der deutsche Gesetzgeber bisher nicht nachvollzogen. Nach wie vor gilt diese Vorschrift, die als eine Konkretisierung des ordre public verstanden werden kann, nur für das **verfahrenseinleitende Schriftstück** (Klage bzw Antragsschrift). Verweigerungen des rechtlichen Gehörs im weiteren Verlauf des Urteilsverfahrens fallen dagegen unter Nr 4, wobei interessanterweise hier der ordre public von Amts wegen zu beachten ist.

56 Die aufgehobene **alte Nr 3** schloß die Anerkennung aus, wenn das Urteil zum Nachteil einer deutschen Partei von den Art 13 Abs 1, 3, 17, 18, 22 EGBGB aF etc abwich, dh nicht das nach deutschem IPR anzuwendende Recht anwandte, und das Urteil bei Anwendung der deutschen Kollisionsnormen zu einem günstigeren Ergebnis geführt hätte. Diese Forderung der **„kollisionsrechtlichen Konformität“**, die sich noch heute in verschiedenen bilateralen Anerkennungsverträgen und in Art 27 Nr 4 EuGVÜ/LugÜ (nicht mehr aber in Art 34 EuGVO, Art 22 EheGVO) findet, ist ersatzlos gestrichen worden (zur Reformdiskussion Basedow 161 ff; Martiny, Hdb IZVR Bd III/1, Kap I Rn 125 ff, 944 ff; Schwenn JZ 1955, 570 f; Beitzke RabelsZ 30 [1966] 652 f; Wengler JR 1981, 272, StAZ 1983, 11). Soweit das autonome Recht danach anerkennungsfreundlicher als die Anerkennungsverträge ist, ist es iSd Günstigkeitsprinzips anstelle der Anerkennungsverträge anzuwenden (vgl Rn 43 ff). Letzteres gilt aber nicht gegenüber der EheGVO, die vielmehr auch darauf verzichtet.

57 Mit dem **Verzicht** auf die kollisionsrechtliche Konformität ist ein weiterer Teil einer révision au fond, einer inhaltlichen Nachprüfung, entfallen (krit Kohler IPRax 1992, 277 ff; zust Schack, IZVR Rn 870). Erhebliche Erschwerungen der Anerkennung für deutsche Parteien waren damit ohnehin nicht mehr verbunden. Die kollisionsrechtliche Konformität wurde nur für die eigentliche Statusentscheidung, nicht für die Folgeentscheidungen verlangt. Seit das deutsche Sachrecht die Zerrüttungsscheidung eingeführt hat, war nur noch selten damit zu rechnen, daß eine im Ausland gegen einen deutschen Beklagten ausgesprochene Scheidung nicht auch im Inland hätte erreicht werden können. Im übrigen scheint die Praxis nur sehr selten eine Anerkennung wegen § 328 Abs 1 Nr 3 ZPO aF verweigert zu haben (Basedow, Die Anerkennung von Auslandsscheidungen 64 m Statistik). Unberührt bleibt aber immer die Kontrolle des Ergebnisses nach Nr 4, dem ordre public.

Die **neue Nr 3** enthält nun ein Anerkennungshindernis der inländischen **Rechtskraft** und der **früheren inländischen Rechtshängigkeit**. Das entspricht der bisherigen Rechtsprechung und Lehre, die darin einen Verstoß gegen den ordre public sah, wobei nun ausdrücklich auch ein früheres, im Inland anzuerkennendes ausländisches Urteil genannt wird. Während bei unvereinbaren ausländischen Urteilen das Prioritätsprinzip gilt, geht auch ein späteres inländisches Urteil, sobald es formell rechtskräftig geworden ist, vor. Das ist bedauerlich (MünchKomm-ZPO/Gottwald § 328 Rn 81; Geimer, IZPR Rn 2891; Kropholler, IPR § 60 III 4 S 545), auch wenn dies Art 22 lit c EheGVO, Art 34 Nr 3 EuGVO, Art 27 Nr 3 EuGVÜ/LugÜ entspricht. 58

Nr 4 bringt keine wesentliche Änderung des Vorbehalts des **ordre public** gegenüber dem bisherigen Rechtszustand. Die sprachliche Fassung ist lediglich Art 6 EGBGB angepaßt worden, indem ausdrücklich auf die Grundrechte Bezug genommen wird. Hier ist insbesondere das Grundrecht auf rechtliches Gehör (Art 103 Abs 1 GG) zu nennen. 59

Zu kritisieren ist, daß der Gesetzgeber sich auch 1986 nicht entschließen konnte, auf das Erfordernis der Gegenseitigkeit in Nr 5 zu verzichten (MünchKomm-ZPO/Gottwald § 328 Rn 92), das aber für Statusurteile nicht gilt. 60

4. Intertemporaler Anwendungsbereich der §§ 328, 606a ZPO

Zu den durch die Änderung der §§ 328, 606a Abs 2 ZPO hauptsächlich im Jahre 1986 entstehenden Fragen des intertemporalen Anwendungsbereiches der Vorschriften vgl Staudinger/Spellenberg (1997) § 328 ZPO Rn 78. Zur intertemporalen Anwendung der EheGVO siehe dort bei Art 63. 61

5. Verhältnis zur ehemaligen DDR*

Bei der Anerkennung von Entscheidungen mit Bezug zur ehem DDR ist zu differenzieren. Hier geht es um die Frage der Anerkennung von in der DDR ergangenen Entscheidungen, während die Wirksamkeit der Anerkennung drittstaatlicher Entscheidungen durch DDR nun für das gesamte Bundesgebiet unten Rn 80 ff behandelt ist. 62

a) Wechselseitige Anerkennung ost- und westdeutscher Entscheidungen

Urteile der Gerichte der DDR galten schon vor dem 03. 10. 1990 **nicht als ausländische**. Jedoch konnte bei Eheurteilen durch Feststellungsklage, bei anderen Entscheidungen gem § 767 ZPO die Unwirksamkeit oder Nichtanerkennung geltend gemacht werden, wenn das Verfahren rechtsstaatliche Grundsätze mißachtete oder das Urteil sonst gröblich gegen den (westdeutschen) **ordre public** verstieß (BGH 30. 11. 1960 BGHZ 34, 134 = ZZP 74 [1961] 349 [Habscheid]; BGH 30. 11. 1960 FamRZ 1961, 208; kritisch zu beiden Urteilen Drobnig FamRZ 1961, 341 ff; BGH 5. 5. 1982 BGHZ 84, 17 = 63

* **Schrifttum**: Andrae, Die Anerkennung und Vollstreckung gerichtlicher Entscheidungen, die vor der Vereinigung Deutschlands erlassen wurden, IPRax 1994, 223; vHoffmann, Internationales Privatrecht im Einigungsvertrag, IPRax 1991, 1; Hohage, Deutsch-deutsches Eherecht und Ehekollisionsrecht (1996); Leible, Probleme der Anerkennung ausländischer Ehescheidungen im vereinten Deutschland, FamRZ 1991, 1245; weiter Rn 74.

IPRax 1983, 33 [Beitzke 16]; KG 5.12.1968 JR 1969, 303 [Zeiss]). Für die „Anerkennung" von Urteilen der DDR lehnte man sich an § 328 ZPO an.

64 Der **Einigungsvertrag** (BGBl 1990 II 889) sieht in Art 18 grundsätzlich vor, daß gerichtliche Entscheidungen der beiden Staaten nun für das ganze Staatsgebiet wirksam bleiben. Dagegen sind sie unwirksam, wenn sie gegen die nunmehr gesamtdeutsch zu bestimmenden **rechtsstaatlichen Grundsätze** verstoßen, was praktisch wohl nur für Urteil der DDR relevant werden dürfte. Im übrigen sind die ostdeutschen den westdeutschen Urteilen gleichgestellt und unterliegen den Rechtsmitteln der ZPO, die mit dem 3.10.1990 die ZPO der DDR ersetzt hat (Art 18 Abs 1 S 2 Einigungsvertrag mit Anl I Kap III Sachgebiet A Abschn II Nr 5).

65 Eindeutig kann jedenfalls noch nach dem 3.10.1990 geltend gemacht werden, ein älteres Urteil aus der ehem DDR sei nun für das ganze Staatsgebiet wegen Unvereinbarkeit mit rechtsstaatlichen Grundsätzen iSd Art 18 Abs 1 S 2 Einigungsvertrag unwirksam (BGH 22.1.1997 FamRZ 1997, 490; OLG Naumburg 9.10.2000 FamRZ 2001, 1013 [Vaterschaftssache]; Bosch FamRZ 1994, 1390; irrig AG Bautzen 14.7.1993 FamRZ 1994, 1388). Art 18 Abs 1 S 2 Einigungsvertrag verweist dann für die Verfahren der **Überprüfung** der Vereinbarkeit auf die Regeln der in der ehem DDR in Kraft gesetzten ZPO, so daß auf die normalen ordentlichen und außerordentlichen **Rechtsbehelfe der ZPO** zurückzugreifen ist (insow zutr Andrae IPRax 1994, 225 f gegen OLG Hamm und AG Hamburg-Wandsbeck). Hier kommen namentlich die §§ 580 ff ZPO in Betracht (BVerfG 15.10.1992 DtZ 1993, 85).

66 Zweifelhaft kann die **Konkretisierung der „rechtsstaatlichen Grundsätze"** sein. Hierfür ist auf die zu **§ 328 Abs 1 Nr 4 ZPO** entwickelten Grundsätze des anerkennungsrechtlichen ordre public zurückgreifen. Ein solcher Ansatz vermeidet nicht nur komplizierende Differenzierungen im ordre public, sondern vor allem sind keine Gründe ersichtlich, bei DDR-Urteilen mehr oder weniger Unrecht zu dulden als bei Entscheidungen anderer Gerichtsbarkeiten. Hinzu kommt, daß sich das Verhältnis der beiden deutschen Staaten zueinander nach dem Grundlagenvertrag dem völkerrechtlichen Normalzustand sehr angenähert hatte (ähnlich MünchKomm-ZPO/Gottwald § 328 Rn 43, 158; Soergel/Schurig Art 17 EGBGB Rn 194, der sich namentlich gegen eine Fortführung früherer im Vergleich schärferer Maßstäbe wendet; im Grundsatz materiell daher richtig OLG Hamm 27.3.1991 DtZ 1992, 87; AG Hamburg-Wandsbeck 15.12.1991 DtZ 1991, 307; Baumbach/Lauterbach/Albers/Hartmann § 328 Einf A Rn 1 ff). Zu beachten ist auch, daß § 328 Abs 1 Nr 4 ZPO ohnehin nur sehr zurückhaltend anzuwenden ist und das besondere Interesse der Parteien und der Umwelt an Klarheit und Stabilität von Personenstandsverhältnissen beachtet (näher Rn 460 f).

67 Die Forderungen der **Gegenseitigkeit** und jedenfalls seit ihrer Abschaffung 1986 der **kollisionsrechtlichen Konformität** wurden ohnehin gegenüber der DDR nicht erhoben (str, Nachw Martiny, Hdb IZVR Bd III/1 Kap I Rn 1293 f).

68 Auf die ordnungsmäßige Ladung entsprechend **§ 328 Abs 1 Nr 2 ZPO** kann auch rückblickend nicht verzichtet werden (BGH 22.1.1997 FamRZ 1997, 490; OLG Naumburg 9.10.2000 FamRZ 2001, 1013). Das ist ein wesentlicher, heute nun verselbständigter Vorbehalt des ordre public, bei dem es jedoch entscheidend nicht auf Förmlichkeit, sondern darauf ankommt, daß der Beklagte rechtzeitig und ausreichend von der

Klageerhebung informiert wurde. Das OLG Naumburg (9. 10. 2000 FamRZ 2001, 1013) prüfte zu Unrecht im Detail die Ordnungsmäßigkeit der Zustellung; es kam aber im Ergebnis nicht darauf an.

Das heute in § **328 Abs 1 Nr 3 ZPO** enthaltene Anerkennungshindernis der inländischen entgegenstehenden Rechtskraft wurde früher mit dem allgemeinen ordre public durchgesetzt. Da es sich aber bei den ostdeutschen Entscheidungen aus der Zeit vor dem 3. 10. 1990 nicht um ausländische Urteile ieS handelt, sollte es wenigstens hier möglich sein, entgegen der Regel das Prioritätsprinzip anzuwenden. Das hat zur Folge, daß nur eine frühere westdeutsche Rechtskraft entgegensteht (vgl unten Rn 425 f), während im anderen Fall das spätere westdeutsche Urteil nach § 580 Nr 7 ZPO aufzuheben ist, wenn das Urteil der DDR im übrigen anzuerkennen war. Und umgekehrt ist ein späteres Urteil der ehem DDR nicht ipso facto nichtig, sondern ebenfalls nach § 580 Nr 7 ZPO aufzuheben. **69**

Schon vor 1986 waren die Anforderungen an die **interlokale Anerkennungszuständigkeit** gegenüber der DDR reduziert worden, bis sie dann 1986 allgemein gelockert wurden. Diese Anforderungen sollte man auch heute nicht aufgeben. Wenigstens ein Ehegatte mußte daher seinen Wohnsitz oder gewöhnlichen Aufenthalt in der DDR gehabt haben (zum Streitstand MARTINY, Hdb IZVR III/1 Kap I Rn 766 f). **70**

Insgesamt haben die Vereinigung bzw der Einigungsvertrag an den materiellen Regeln der Anerkennung von älteren Urteilen aus der ehem DDR somit nichts Entscheidendes geändert. Zu beachten ist namentlich auch der materielle ordre public iSd § 328 Abs 1 Nr 4. Er kann bei ausgesprochen politisch motivierten Scheidungen durchgreifen (BGH 9. 5. 1956 BGHZ 20, 323, 333), sofern die Ehe nicht auch nach westdeutschem Recht zu scheiden gewesen wäre. **71**

Rechtskräftige Nichtanerkennungsentscheidung der Bundesrepublik durch Feststellungsurteil (BGH 30. 11. 1960 BGHZ 34, 134 = FamRZ 1961, 203; BGH 22. 1. 1997 FamRZ 1997, 490; MünchKomm-ZPO/GOTTWALD § 328 Rn 48) aus der Zeit vor dem 3. 10. 1990 in Bezug auf Scheidungen aus der ehem DDR binden weiterhin, ohne daß die materiellen Anerkennungsvoraussetzungen erneut zu prüfen wären (BOSCH FamRZ 1994, 1390 gegen AG Bautzen ebenda 1388). **72**

Mit der rechtskräftigen Feststellung im Westen, daß die Ehe für die BRD nicht geschieden sei, entstand zunächst eine hinkende Scheidung und mit der Wiedervereinigung ein **Rechtskraftkonflikt** mit der rechtskräftigen Scheidung in der ehemaligen DDR, denn nach dem Einigungsvertrag sollte ihre Rechtskraft grundsätzlich nun gesamtdeutsch wirken. Es ist zugunsten der westdeutschen Entscheidung zu entscheiden, denn Art 18 Abs 1 S 2 Einigungsvertrag hat die Wahrung rechtsstaatlicher Grundsätze vorbehalten. War deren Verletzung schon vor 1990 festgestellt worden, so verliert die Entscheidung nicht ihre nun gesamtdeutsche Wirksamkeit durch die Wiedervereinigung (MünchKomm-ZPO/GOTTWALD aaO; RAHM/KÜNKEL/BREUER, Hdb FamGerVerf VIII Rn 130. 5; vgl auch BGH 22. 1. 1997 FamRZ 1997, 490 f). **73**

b) Auswirkungen der Anerkennung drittstaatlicher Entscheidungen durch die DDR

aa) Völkerrechtliche Verträge der DDR*

74 Die DDR hat zahlreiche bilaterale Rechtshilfeverträge abgeschlossen, die vielfach auch Anerkennungsregelungen enthalten (zusammenfassende Darstellung bei Hofmann/Fincke, Der internationale Zivilprozeß [1980] 161 f; Verzeichnis der Verträge bei: Internationales Privatrecht: Ministerium der Justiz [Hrsg], Kommentar zum Rechtsanwendungsgesetz [1989] 114 f). Der Gegenstand der bilateralen Abkommen ist nicht einheitlich, und nur ein Teil von ihnen betrifft auch das Eherecht.

α) Aufstellung nach Vertragsparteien

75 VR Polen. Vertrag vom 1. Februar 1957 (GBl I 1957, Nr 52, 414; erloschen BGBl 1993 II 1180);

Ungarische VR. Vertrag vom 30. Oktober 1957 (GBl I 1958, Nr 21, 278; erloschen BGBl 991 II 957);

SVR Albanien. Vertrag vom 11. Januar 1959 (GBl I 1959, Nr 22, 295; erloschen BGBl 1994 II 15);

SFR Jugoslawien. Vertrag vom 20. Mai 1966 (GBl I 1967, Nr 3, 8; erloschen BGBl 1992 II 576);

Mongolische VR. Vertrag vom 30. April 1969 (GBl I 1969, Nr 11, 120; erloschen BGBl 1992 II 376);

* **Schrifttum**: Andrae, Die Anerkennung und Vollstreckung gerichtlicher Entscheidungen, die vor der Vereinigung Deutschlands erlassen wurden, IPRax 1994, 223; Arnold, Anerkennungs- und Vollstreckungsabkommen in Zivil- und Handelssachen nach der Deutschen Einigung, BB 1991, 2240; Böhmer, Völkerrechtliche Vereinbarungen der Bundesrepublik Deutschland und der DDR über Personenstandsangelegenheiten, StAZ 1991, 62; Dannemann, Das staatsvertragliche Kollisionsrecht der DDR nach der Vereinigung, DtZ 1991, 130; Drobnig, Das Schicksal der Staatsverträge der DDR nach dem Einigungsvertrag, DtZ 1991, 76; Grabitz/vBogdany, Deutsche Einheit und europäische Integration, NJW 1990, 1073; Hailbronner, Völker- und europarechtliche Fragen der deutschen Wiedervereinigung, JZ 1990, 449; Heintschel von Heinegg, Die Vereinigung der beiden deutschen Staaten und das Schicksal der von ihnen abgeschlossenen völkerrechtlichen Verträge, Beil 23 zu BB Heft 18/1990, 9; vHoffmann, Internationales Privatrecht im Einigungsvertrag, IPRax 1991, 1; Horn, Völkerrechtliche Aspekte der deutschen Vereinigung, NJW 1990, 2173; Jayme, Allgemeine Ehewirkungen und Ehescheidungen nach dem Einigungsvertrag – Innerdeutsches Kollisionsrecht und Internationales Privatrecht, IPRax 1991, 11; Klein, An der Schwelle zur Wiedervereinigung Deutschlands, NJW 1990, 1065; Leible, Probleme der Anerkennung ausländischer Ehescheidungen im vereinten Deutschland, FamRZ 1991, 1245; Mansel, Staatsverträge und autonomes Internationales Privat- und Verfahrensrecht nach der Wiedervereinigung, JR 1990, 441; Siehr, Der Einigungsvertrag und seine internationalen Kollisionsnormen, RabelsZ 55 (1991) 240; Streinz, Die völkerrechtliche Situation der DDR vor und nach der Vereinigung, EWS 1990, 171; Sturm, Gelten die Rechtshilfeverträge der DDR fort?, in: FS Serick (1992) 351; A Zimmermann, Staatennachfolge in völkerrechtlichen Verträgen (2000).

AR Ägypten. Vertrag vom 22. Mai 1969 (GBl I 1969, Nr 12, 216; erloschen BGBl 1992 II 451);

Syrische AR. Vertrag vom 27. April 1970 (GBl I 1970, Nr 22, 300; erloschen BGBl 1996 II 44);

Republik Irak. Vertrag vom 22. Dezember 1970 (GBl I 1971, Nr 4, 102; erloschen BGBl 1994 II 730);

VDR Jemen. Vertrag vom 1. April 1971 (GBl I 1971, Nr 4, 58; erloschen BGBl 1992 II 456);

Koreanische DVR (Nordkorea). Vertrag vom 28. September 1971 (GBl I 1972, Nr 2, 18; erloschen BGBl 1995 II 406);

DVR Algerien. Vertrag vom 2. Dezember 1972 (GBl II 1973, Nr 9, 86; erloschen BGBl 1992 II 380);

DR Somalia. Vertrag vom 20. September 1976 (GBl II 1977, Nr 6, 78);

Republik Guinea-Bissau. Vertrag vom 17. November 1976 (GBl II 1977, Nr 7, 94; erloschen BGBl 1993 II 714);

VR Bulgarien. Vertrag vom 12. Oktober 1978 (GBl II 1979, Nr 4, 62; erloschen BGBl 1991 II 1019);

Republik Kuba. Vertrag vom 8. Juni 1979 (GBl II 1980, Nr 1, 2; erloschen BGBl 1992 II 396);

UdSSR. Vertrag vom 19. September 1979 (GBl II 1980, Nr 1, 12; erloschen BGBl 1992 II 585);

Vereinigtes Königreich von Großbritannien und Nordirland. Vertrag vom 28. Februar 1980 (GBl II 1980, Nr 6, 88; erloschen BGBl 1991 II 931);

Republik der Kapverden. Vertrag vom 21. Oktober 1980 (GBl II 1981, Nr 3, 58; erloschen BGBl 1993 II 851);

Republik Österreich. Vertrag vom 11. November 1980 (GBl II 1981, Nr 3, 55; erloschen BGBl 1992 II 497);

SR Vietnam. Vertrag vom 15. Dezember 1980 (GBl II 1981, Nr 4, 66; erloschen BGBl 1993 II 910);

VR Moçambique. Vertrag vom 18. August 1981 (GBl II 1982, Nr 1, 2; erloschen BGBl 1992 II 616);

VR Angola. Vertrag vom 14. Oktober 1981 (GBl II 1982, Nr 1, 8; erloschen BGBl 1992 II 239);

SR Rumänien. Vertrag vom 19. März 1982 (GBl II 1982, Nr 6, 106; erloschen BGBl 1991 II 1114);

Republik Zypern. Vertrag vom 16. Oktober 1982 (GBl II 1982, Nr 6, 118; erloschen BGBl 1992 II 419);

Königreich Belgien. Vertrag vom 29. November 1982 (GBl II 1984, Nr 5, 44, Rechtshilfe in Zivilsachen; erloschen BGBl 1992 II 984). Vertrag vom 12. Dezember 1984 (GBl II 1985, Nr 4, 44; Rechtshilfe in Unterhaltssachen; erloschen BGBl 1992 II 984);

Italienische Republik. Vertrag vom 10. Juli 1984 (GBl II 1984, Nr 5, 46; erloschen BGBl 1993 II 853);

Griechische Republik. Vertrag vom 6. Juli 1984 (GBl II 1984 Nr 5, 49; erloschen BGBl 1992 II 435);

Republik Sambia. Vertrag vom 20. Januar 1986 (GBl II 1986, Nr 2, 18; erloschen BGBl 1992 II 242);

Königreich Schweden. Vertrag vom 26. Juni 1986 (GBl II 1986, Nr 5, 54; erloschen BGBl 1992 II 10);

Französische Republik. Vertrag vom 30. Januar 1987 (GBl II 1987 Nr 5, 41; erloschen BGBl 1992 II 515);

Republik Ghana. Vertrag vom 26. März 1987 (GBl II 1987, Nr 5, 46; erloschen BGBl 1992 II 1121);

VR Kongo. Vertrag vom 24. Juni 1987 (GBl II 1988, Nr 1, 1; erloschen BGBl 1992 II 1010);

Finnland. Vertrag vom 1. Oktober 1987 (GBl II 1988, Nr 1, 9; erloschen BGBl 1992 II 63);

Königreich Spanien. Vertrag vom 3. Februar 1988 (GBl II 1988, Nr 4, 73; erloschen BGBl 1992 II 379);

CSSR. Vertrag vom 18. April 1989 (GBl II 1989, Nr 6, 102; erloschen BGBl 1991 II 1077);

VR China. Vertrag vom 3. August 1989 (GBl II 1989, Nr 14, 224; erloschen BGBl 1992 II 64, aber nach Andrae IPRax 1994, 229 Fn 46 nie in Kraft getreten).

β) Aufstellung nach Sachgebieten

76 **Vermögensrechtliche** und **Statusentscheidungen** werden erfaßt von den Abkommen mit Albanien, Bulgarien, Nordkorea, Mongolei, Kuba, Polen, Rumänien, Ungarn, Sowjetunion, Vietnam und VR China.

77 **Nur vermögensrechtliche** Entscheidungen werden erfaßt von den Abkommen mit Ägypten, Algerien, Griechenland, Irak, Jemen, Jugoslawien, Sambia, Syrien, Tunesien.

Entscheidungen über gesetzliche **Unterhaltspflichten** und **Kostenentscheidungen** erfassen die Abkommen mit Italien, Moçambique, Somalia, Zypern und den Kapverden. 78

Nur Unterhaltsentscheidungen betreffen die Abkommen mit Finnland, Frankreich, Kongo und Spanien, die aber am Haager Übereinkommen vom 1973 orientiert sind, und nur Kostenentscheidungen das Abkommen mit Österreich. 79

γ) Fortgeltung der DDR-Verträge

Vor allem wegen der streitigen völkerrechtlichen Qualifizierung des Beitritts der DDR zur Bundesrepublik und wegen der teilweise fragwürdigen Beendigung der Verträge der DDR durch die Bundesrepublik ist **umstritten**, ob bzw ab wann und ggf für welches Gebiet das bisherige vertragliche Anerkennungsrecht der ehem DDR **nach dem 3. 10. 1990 weitergilt**. 80

Einigkeit bzgl des Beitrittes der DDR zur Bundesrepublik besteht lediglich insoweit, als es sich hierbei um ein **Sukzessionsproblem** handelt, da die DDR zumindest gegenüber Drittstaaten ein Staat im Sinne des Völkerrechts war (Streinz EWS 1990, 174). Problematisch ist aber, daß keine der anerkannten bzw diskutierten Sukzessionskategorien (ausf Darstellung bei vHoffmann IPRax 1991, 5 ff) uneingeschränkt auf den Fall der deutschen Wiedervereinigung anwendbar erscheint (Mansel JR 1990, 441 f). 81

So liegt **keine bloße Gebietsabtretung** von einem Staat an einen anderen vor, die eine Anwendung des Grundsatzes der beweglichen Vertragsgrenzen zur Folge hätte mit der Konsequenz, daß die Verträge des aufnehmenden Staates (Bundesrepublik) auf das neue Gebiet (DDR) erstreckt und diejenigen des abtretenden Staates (DDR) ipso jure außer Kraft treten würden, soweit sie nicht von vornherein nur auf das abgetretene Gebiet bezogen waren oder soweit ihre Erfüllung ausdrücklich nicht von der Zugehörigkeit zum vertragsschließenden Staat abhängen sollte (vgl Seidl-Hohenveldern/Stein, Völkerrecht [10. Aufl 2000] Rn 1395; Dahm/Delbrück/Wolfrum, Völkerrecht Bd 1 [2. Aufl 1983] 162 f). Gegen eine Gebietsabtretung idS spricht, daß die DDR im Zuge des Beitrittes insgesamt in der Bundesrepublik aufgegangen ist und nicht mehr als eigenständiges Völkerrechtssubjekt fortbesteht. 82

Auch eine **„klassische" Staatenvereinigung** (Fusion), bei der die Verträge der bisherigen Staaten DDR und Bundesrepublik auf einen neuen Staat übergegangen wären mit der Maßgabe, daß sie jeweils nur für das bisherige Teilgebiet gälten (vHoffmann IPRax 1991, 6) scheidet aus. Denn eine Staatenvereinigung erfordert die Entstehung eines neuen Völkerrechtssubjektes, wohingegen die DDR der Bundesrepublik nicht gem Art 146 GG; sondern gem Art 23 GG beigetreten ist, dh die Bundesrepublik als „aufnehmenden Staat" mit völkerrechtlicher Identität fortbesteht und gerade kein neuer gemeinsamer Staat gegründet wurde. 83

Damit liegt ein **besonderer Fall der Staatenvereinigung** vor. Eine (analoge) Anwendung der völkerrechtlichen Folgen einer Gebietsabtretung auf die Vereinigung (so Kimminich, Einführung in das Völkerrecht [4. Aufl 1990] 167 f) überzeugt nicht, auch kann ein entsprechendes Völkergewohnheitsrecht nicht festgestellt werden (vgl die Darstellung bei Dahm/Delbrück/Wolfrum, Völkerrecht 163). Denn das Spezifikum des Bei- 84 tritts der DDR zur Bundesrepublik gem Art 23 GG zeigt sich ua darin, daß zwar die Verträge der Bundesrepublik gem Art 11 des Einigungsvertrages seit dem 3. 10. 1990 für ganz Deutschland und nicht nur für das Gebiet der bisherigen Bundesrepublik gelten sollen. Doch kann man nicht einfach nach dem Grundsatz der beweglichen Vertragsgrenzen die Verträge der DDR mit der Vereinigung als grundsätzlich erloschen ansehen (Arnold BB 1991, 2241; Klein NJW 1990, 1072; vHoffmann IPRax 1991, 7; Siehr IPRax 1991, 24; Dannemann DtZ 1991, 132; Börner, Die Anerkennung ausländischer Titel in den arabischen Staaten [1996] 429 ff mwN; im Ergebnis E Drobnig DtZ 1991, 76; Jayme IPRax 1991, 12; Leible FamRZ 1991, 1252; **aA** für bewegliche Vertragsgrenzen bzw Gebietswechsel, Frowein EA 1990, 234 f; Grabitz/vBogdany NJW 1990, 1076; Hailbronner JZ 1990, 453 f; Rauschning DVBl 1990, 403; Heintschel von Heinegg, Beil zu BB 18/1990, 12; Horn NJW 1990, 2173; Wittkowski, Die Staatensukzession in völkerrechtliche Verträge unter besonderer Berücksichtigung der Herstellung der staatlichen Einheit Deutschlands [1992] 367; Böhmer StAZ 1991, 62; wieder anders Mansel JR 1990, 442). Insbesondere geht Art 12 des Einigungsvertrages von einer grundsätzlichen Fortgeltung der Verträge der DDR bis zu einer Aufhebung im Einvernehmen nach „Erörterung" mit den Vertragspartnern aus (vgl Denkschrift zum Einigungsvertrag, BT-Drucks 11/7760, 362). Auch Art 31 der UN-Konvention über Staatensukzession bei Verträgen vom 23. 8. 1978, die zwar am 6. 11. 1996, aber nicht für Deutschland in Kraft getreten ist, ordnet den Vorgang eher einer Staatenvereinigung zu (vHoffmann IPRax 1991, 8).

85 **Im Ergebnis** ist daher anhand der Regelungen des Einigungsvertrages sowie der den Besonderheiten des Betrittes anzupassenden völkerrechtlichen Regeln für Staatenvereinigung hinsichtlich der Fortgeltung von Verträgen nach Vertragsinhalten und Sachgebieten wie folgt zu unterscheiden (O'Connell, The Law of State Successions [1956] 49 ff):

86 Zunächst ist zu beachten, daß eine Fortgeltung der Verträge der DDR dann ausscheidet, wenn diese **mit** dem seit dem 3. 10. 1990 auf die DDR erstreckten **bundesrepublikanischen Recht unvereinbar** sind. Das ist der Fall bei den von der DDR abgeschlossenen Rechtshilfe- und Anerkennungsverträgen, in denen entgegen § 328 Abs 1 Nr 4 ZPO bei der Anerkennung und Vollstreckung von ausländischen Urteilen auf den **ordre public-Vorbehalt** verzichtet wird. Eine einseitige Ergänzung um den Vorbehalt des ordre public durch Auslegung ist ohne die Zustimmung des anderen Vertragspartners unzulässig (vHoffmann IPRax 1991, 9; Leible FamRZ 1991, 1252). Und da der Verzicht auf den Vorbehalt des ordre public ein besonderes Vertrauen in Justiz und Recht des Vertragspartners voraussetzt, sind diese Verträge als „persönliche" Verträge der DDR und damit als erloschen zu betrachten. Das betrifft die Verträge mit Bulgarien, Kuba, der Mongolei, Polen, Rumänien, Tschechoslowakei, Ungarn, der UdSSR und Vietnam, also den Bereich der RGW. Sie sind am 3. 10. 1990 ipso jure erloschen.

87 Von einem Erlöschen der Verträge der DDR ipso jure ist auch auszugehen, soweit sie mit solchen der Bundesrepublik **kollidieren**. Hier kann nicht das Günstigkeitsprinzip angewandt werden (**aA** Siehr RabelsZ 55 [1991] 254; Jayme IPRax 1991, 15), denn im Zuge der Vereinigung sollte das Recht der Bundesrepublik auf ganz Deutschland erstreckt werden (wie hier Streinz EWS 1990, 176; Drobnig DtZ 1991, 80; Leible FamRZ 1991, 1245 ff). Und erst recht kann man darum nicht annehmen, daß der Vertrag der DDR vorgehe. Art 12 des Einigungsvertrages ist nicht lex specialis und vorrangig

vor Art 11, welcher – insoweit iSd beweglichen Vertragsgrenzen – die westdeutsche Rechtsordnung auf die ehemalige DDR erstreckt (aA vHoffmann IPRax 1991, 10). Im Verhältnis zu Österreich, Belgien, Italien, Griechenland und Spanien gelten daher seit dem 3. 10. 1990 nur die jeweiligen Verträge der Bundesrepublik, die allerdings ihrerseits durch die Bestimmungen von EheGVO und EuGVO verdrängt werden.

Schließlich hat die Bundesrepublik seit Herbst 1991 den Vertragspartnern (anscheinend außer Somalia) das **Erlöschen der Verträge zum 3. 10. 1990 notifiziert**, nachdem die gem Art 12 Einigungsvertrag erforderlichen Konsultation durchgeführt worden seien (Nachw Rn 75). Soweit tatsächlich Einigkeit mit den betreffenden Vertragsstaaten vorlag, sind die Verträge damit hinfällig. Offenbar hat die Bundesrepublik allerdings in vielen Fällen dem Partnerstaat lediglich notifiziert, daß nach ihrer Rechtsauffassung die Verträge ipso jure erloschen seien (Dannemann DtZ 1991, 131 Fn 10; Böhmer StAZ 1991, 38). Nach allgemeinen völkerrechtlichen Grundsätzen führte zwar die einseitige Erklärung Deutschlands an sich noch nicht zum Erlöschen der Verträge, doch ist davon auszugehen, daß die Vertragspartner ihre Zustimmung im Nachhinein, ggf auch konkludent durch einen Verzicht auf Protest, erklärt haben (A Zimmermann, Staatennachfolge in völkerrechtliche Verträge [2000] 261 f). 88

Allerdings bleiben durchgreifende Bedenken gegen eine **Rückwirkung** des Erlöschens auf den 3. 10. 1990, falls die Bundesrepublik die Notifizierung – was die Regel ist – erst nach diesem Zeitpunkt vorgenommen hat. Denn der in Art 12 des Einigungsvertrages ausdrücklich erwähnte Grundsatz des Vertrauensschutzes soll nicht nur die Vertragsstaaten begünstigen, sondern auch und gerade den betroffenen Bürger schützen (Drobnig DtZ 1991, 80; Andrae IPRax 1994, 229). Zumindest wenn eine ausländische Statusänderung zwischen dem 3. 10. 1990 und dem Erlöschen eines betr Anerkennungsabkommens ipso jure im Inland wirksam geworden ist, darf dies mit der Bekanntmachung des Erlöschens nicht rückwirkend wieder beseitigt werden (vHoffmann IPRax 1991, 9; aA Staudinger/Dörner [1996] Art 236 §§ 1–3 EGBGB Rn 43). 89

bb) Anerkennungsentscheidungen der DDR

Mit dem 3. 10. 1990 sind die einschlägigen §§ 193 f ZPO DDR durch § 328 ZPO, Art 7 § 1 FamRÄndG ersetzt worden. Bis dahin galt in beiden deutschen Staaten jeweils eigenes autonomes Recht. Verwerfungen treten insbesondere auf, soweit hier und dort verschiedene Staatsverträge abgeschlossen worden waren. Da eine **räumlich beschränkte Anerkennung** bzw inländische Wirksamkeit ausländischer Urteile insbesondere in Statusfragen unsinnig wäre, ist eine Abgrenzung der Anwendungsbereiche des autonomen und staatsvertraglichen Anerkennungsrechts nötig. Man kann nicht durch ein ausländisches Urteil für die neuen Bundesländer geschieden sein und für die alten nicht, oder umgekehrt. 90

α) Nach § 194 ZPO der DDR

Das frühere **DDR**-Recht sah in **§ 193 ZPO** die Anerkennung ausländischer Urteile unter bestimmten Voraussetzungen vor (vgl näher dazu Hofmann/Fincke, Der internationale Zivilprozeß [1980] 154 ff; Kellner [Hrsg], Zivilprozeßrecht [1980] 556 ff; Ministerium der Justiz [Hrsg], Zivilprozeßrecht der DDR [1987] § 193) und regelte in § 194 ZPO die Anerkennung ausländischer Scheidungen. **§ 194 Abs 1 ZPO** der DDR setzte dabei zur Wirksamkeit einer ausländischen Scheidung deren **förmliche Anerkennung** durch 91 das Staatsministerium der Justiz voraus, die gem Abs 3 allgemein bindend war. Es handelte sich dabei um ein Verwaltungsverfahren, das mit einem Verwaltungsakt – der Anerkennung – abgeschlossen wurde (zur Anerkennung ipso jure unten Rn 101). Solche Entscheidungen behalten gem Art 19 S 1 des Einigungsvertrages – Anerkennung von Verwaltungsakten – ihre Wirksamkeit und gelten nun für das ganze Bundesgebiet. Gem Art 19 S 2 des Einigungsvertrages können auch sie aber dann aufgehoben werden, wenn sie mit rechtsstaatlichen Grundsätzen unvereinbar sind. Dabei ist **Gegenstand** der Anerkennung und Überprüfung **die Anerkennungsentscheidung**, nicht etwa das ausländische Scheidungsurteil.

92 Dem Anerkennungsbeschluß kann man es gleichstellen, wenn die Anerkennung, lediglich **implizit** durch eine andere Entscheidung oder einen Verwaltungsakt einer DDR-Stelle vor dem 3. 10. 1990 ausgesprochen worden ist (so auch Leible FamRZ 1991, 1249). Hier ist insbesondere an eine Wiederverheiratung vor einem Standesbeamten in der DDR zu denken. Zu solchen Akten wird es im übrigen nur gekommen sein, wenn wenigstens einer der geschiedenen Ehegatten vor dem 3. 10. 1990 seinen gewöhnlichen Aufenthalt in der DDR hatte.

93 Die aufgrund des autonomen Anerkennungsrechts der DDR ausgesprochenen Anerkennungen ausländischer Entscheidungen in Ehesachen entsprechen idR schon deshalb „rechtsstaatlichen Grundsätzen", weil die Anerkennungsvoraussetzungen mit denen des § 328 ZPO weitgehend übereinstimmen. Bis zur Einführung der neuen ZPO 1975 bestand die deutsche Rechtseinheit – grundsätzlich – fort, so daß in beiden Teilen Deutschlands das gleiche Recht galt. Auch § 193 ZPO-DDR behielt die alten Anerkennungsvoraussetzungen bei, nämlich keine inländische ausschließliche Zuständigkeit, Gewährung rechtlichen Gehörs durch ordnungsmäßige Ladung zum Verfahren und innerhalb des Verfahrens sowie das Verbot einer entgegenstehenden inländischen rechtskräftigen Entscheidung. War bei Anerkennung ein Parallelverfahren in der DDR anhängig, so war mit der Anerkennung bis zu dessen Abschluß zu warten, und ggf ging dann das inländische Sachurteil vor. War ein ausländisches Eheurteil nach diesen Kriterien anerkannt worden, dann wäre dies idR auch nach § 328 Abs 1 Nr 2 und 3 ZPO möglich gewesen.

94 Große Unterschiede bei den Anerkennungshindernissen ergaben sich nur im Bereich der **ausschließlichen** internationalen **Zuständigkeit**. Die DDR nahm diese nur in Anspruch, wenn beide Eheleute Bürger der DDR waren und dort ihr Domizil hatten (Hofmann/Fincke 81). Dagegen sah sich die Bundesrepublik gem § 606a ZPO aF bis 1986 schon dann als ausschließlich zuständig an, wenn nur der Beklagte Deutscher war aber sein gewöhnlicher Aufenthalt im Inland lag. Eine Ausnahme hiervon galt nur, falls der letzte gemeinsame Aufenthalt der Ehegatten im Ausland war. Wurde nun der Bürger der DDR von seinem ausländischen Ehegatten im Ausland geschieden, so war das Urteil in der DDR anerkennungsfähig. Daran sollte sich nun nachträglich nichts ändern, weil nach früherem bundesrepublikanischem Recht eine Scheidung nicht hätte anerkannt werden können (Leible FamRZ 1991, 1247). Unterschiede hinsichtlich der Anerkennungszuständigkeit sind kein Grund, die Anerkennungsentscheidung der DDR für unwirksam zu halten.

β) Nach Anerkennungsabkommen

95 Weitere Differenzen resultieren aus den bilateralen Rechtshilfeabkommen der

DDR. Während einige praktisch dieselben Anerkennungshindernisse wie § 193 ZPO DDR bzw § 328 ZPO enthalten (zB Verträge mit Ägypten Art 22, Algerien Art 30, Somalia Art 32, Syrien Art 30, Jugoslawien Art 63, 66), verzichten andere auf fast alle Voraussetzungen mit Ausnahme des Vorbehalts der entgegenstehenden inländischen Entscheidung (etwa Art 54 des Vertrags mit Ungarn, anders aber für Erteilung von Vollstreckungsklauseln, vgl Art 61). Andere Abkommen verlangen darüber hinaus die Einhaltung der vom Abkommen vorgeschriebenen Zuständigkeit (zB Art 51 des Vertrages mit Polen und Art 49 desjenigen mit der Tschechoslowakei) oder verzichten immerhin auf den Vorbehalt des ordre public (zB Rumänien Art 46, Tschechoslowakei für vollstreckungsbedürftige Urteile Art 56).

In der ersten Gruppe ist gewöhnlich auch ein förmlicher Anerkennungsbescheid für Statusurteile nötig, bei manchen Verträgen wenigstens, wenn Staatsbürger des Anerkennungsstaates betroffen sind (Ägypten, Syrien, Jugoslawien). Dagegen sehen die besonders großzügigen Verträge mit Albanien, Polen, Tschechoslowakei, Nordkorea und Ungarn eine Anerkennung ipso jure vor. Ein System ist zwischen diesen Verträgen nicht zu erkennen, allenfalls läßt sich feststellen, daß den Staaten des RGW tendenziell ein größeres Vertrauen entgegengebracht wird (eingehend Hofmann/Fincke, Der internationale Zivilprozeß [1980] 169 ff). 96

γ) Wirksamkeit des Anerkennungsbescheids

Ebenso wie für die Anerkennung von Urteilen der DDR (Rn 63 f) wird man sich auch für die Wirksamkeit der **Verwaltungsentscheidungen** an die Anforderungen des § 328 Abs 1 ZPO anlehnen müssen. So ist die internationale Anerkennungszuständigkeit iSd § 328 Abs 1 Nr 1 ZPO zu verlangen, die auf dem gewöhnlichen Aufenthalt wenigstens eines Ehegatten in der DDR oder auf deren Staatsangehörigkeit beruhen kann. Weiter muß das Delibationsverfahren gem Art 19 Einigungsvertrag rechtsstaatlichen Grundsätzen entsprechen. Das entspricht § 328 Abs 1 Nr 2 und 4. 97

Die Wirksamkeit des Anerkennungsbescheides der ehemaligen DDR kann auch an einer Verweigerung des rechtlichen Gehörs iSd § 328 Abs 1 Nr 2 ZPO im Anerkennungsverfahren scheitern. Dies ist nun seit dem 3. 10. 1990 entsprechend § 579 Nr 4 ZPO geltend zu machen (so OLG Hamm 9. 3. 1979 MDR 1979, 766; KG 27. 5. 1987 NJW-RR 1987, 1215; MünchKomm-ZPO/Braun § 579 Rn 19; Fischer ZZP 107 [1994]; Zöller/Greger § 579 Rn 6 a; **aA** Stein/Jonas/Grunsky Rn 6). Dies muß gleichfalls im Bereich der freiwilligen Gerichtsbarkeit gelten, denn sonst bliebe nur die Verfassungsbeschwerde. Jedenfalls sind nun seit dem 3. 10. 1990 die Rechtsbehelfe des auf das Beitrittsgebiet erstreckten Rechts anzuwenden (Art 18, 19 Einigungsvertrag). 98

Wenn Anerkennungsbescheide sowohl seinerzeit in der DDR als auch erneut nach dem 3. 10. 1990 ergangen sind, entsteht praktisch kein Problem, wenn sie inhaltlich gleich lauten, wohl aber, wenn sie sich widersprechen. Nachdem die alten Entscheidungen aus der DDR nun den Rechtsbehelfen der westdeutschen Verfahrensordnung unterstehen und nicht als ausländische iSd § 328 Abs 1 Nr 3 ZPO gelten, sollte der Prioritätsgrundsatz angewandt werden, dh die jüngere aufgehoben werden (analog § 580 Nr 7 ZPO). Sind die konkurrierenden Anerkennungsbescheide in der BRD und der DDR vor dem 3. 10. 1990 ergangen, sollte man nicht § 328 Abs 1 Nr 3 ZPO heranziehen, sondern ebenfalls die ältere gelten lassen. 99

100 Man wird jedoch, wenn der Anerkennungsbescheid der DDR anerkennungsfähig ist, nicht noch das damit anerkannte ausländische Urteil überprüfen dürfen. Das widerspräche Art 19 Einigungsvertrag, wonach Verwaltungsakte der DDR wirksam bleiben. Nur bei groben Verstößen gegen den ordre public kann man anders entscheiden, weil dieser Verstoß sich dann im Anerkennungsbescheid der DDR fortsetzt; auch dieser hätte nicht ergehen dürfen.

δ) Anerkennungen ipso jure

101 In § 194 Abs 3 ZPO-DDR war wie in Art 7 Abs 1 S 3 FamRÄndG eine **Anerkennung ipso jure** für Scheidungen aus dem gemeinsamen ausländischen Heimatstaat der Eheleute und für alle vermögensrechtlichen Entscheidungen vorgesehen. Insbesondere aber verzichtete die DDR auf ein Anerkennungsverfahren in verschiedenen Anerkennungsverträgen, vor allem mit **sozialistischen** Staaten. Damit war mit dem Eintritt der Rechtskraft des ausländischen Urteils die Scheidung etc auch für das Gebiet der DDR wirksam geworden, während sie in den alten Bundesländern einer Entscheidung der LJV bedurft hätte.

102 § 194 Abs 3 ZPO-DDR ist mit dem 3. 10. 1990 außer Kraft getreten. Er kann daher nur ausländische Scheidungen erfassen, die davor rechtskräftig geworden sind. Die Anerkennungsverträge der DDR sind inzwischen ebenfalls außer Kraft getreten (vgl Rn 75).

103 Zunächst ist nach Sinn und Zweck des Einigungsvertrages davon auszugehen, daß die vor dem 3. 10. 1990 in der DDR ipso jure eingetretenen Anerkennungen nicht deswegen außer Kraft treten, weil nach dem nun geltenden bundesrepublikanischem Recht ein **förmliches Anerkennungsverfahren** durchzuführen wäre. Das betrifft vor allem die nicht mehr fortgeltenden Anerkennungsverträge der ehemaligen DDR, deren Wirkungen nicht rückwirkend entfallen (**aA** vielleicht Böhmer StAZ 1991, 62). Diese Wertung folgt im übrigen auch aus Erwägungen, die anläßlich der Einführung des förmlichen Anerkennungsverfahrens durch § 24 der 4. DVO zum EheG vom 25. 10. 1941 angestellt wurden. Bereits damals wurde erkannt, daß das neue Erfordernis der Anerkennung nicht dazu führen sollte, bisher als ipso jure geschieden geltende Eheleute solange als „wieder-"verheiratet anzusehen, bis sie den Anforderungen des neuen Rechts genügten. Diese Konsequenz war schon deshalb geboten, weil andernfalls zB an die Stelle eines Anspruches auf nachehelichen Unterhalt ein solcher aufgrund Getrenntlebens getreten wäre (Beitzke DRZ 1946, 173).

104 Nun war die Anerkennung ipso jure damals nicht auch für das Gebiet der alten Bundesländer eingetreten, so daß man vor der Frage steht, ob sie sich nun auf das Gebiet der alten Bundesländer erstreckt hat, oder wenigstens insoweit eine Entscheidung der LJV nötig wird und ggf welchen Geltungsbereich eine Ablehnung hätte.

105 Die Fragen des räumlichen und persönlichen **Anwendungsbereiches der Anerkennungsverträge der DDR**, soweit diese die Anerkennung ipso jure ausländischer Entscheidung vorsehen, sind noch weitgehend ungeklärt.

106 Teilweise wird für die Lösung des Problems **räumlich** nach der befaßten Stelle

differenziert (Leible FamRZ 1991, 1249). So sollen westdeutsche Stellen stets das bundesrepublikanische Anerkennungsrecht beachten. Für Behörden und Gerichte auf dem Territorium der ehem DDR wird weiter danach unterschieden, ob die beteiligten Parteien aufgrund ehem DDR-Staatsangehörigkeit oder wegen ihres gewöhnlichen Aufenthaltes in der DDR vor 1990 schützenswertes Vertrauen in die Anerkennung der ausländischen Entscheidung durch die DDR entwickeln konnten. Ist dies der Fall, so wird auch heute die Anerkennung nach der alten Rechtslage beurteilt; fehlte dagegen jeder Bezug zur DDR, so komme das heutige deutsche Recht zur Anwendung.

Begründet wird dies damit, daß vor 1990 eine von der DDR anerkannte Entscheidung nicht notwendig auch in der Bundesrepublik Geltung erlangen konnte. Somit bestand schon damals die Möglichkeit divergierender Anerkennungsentscheidungen in beiden deutschen Staaten; an diesem Zustand sollte sich allein durch die Vereinigung nichts ändern. Und wenn die Vorraussetzungen des § 328 Abs 1 ZPO nicht vorliegen, kann die Divergenz auch durch eine Entscheidung der LJV nicht geändert werden. 107

Dem ist nicht zu folgen. Ein räumlich gespaltener Personenstand innerhalb Deutschlands nach der Wiedervereinigung ist nicht sinnvoll, und wäre sehr kompliziert zu handhaben. Man denke an einen Umzug der Parteien von Ost nach West. Man muß sich vielmehr entscheiden, ob die Anerkennung für das ganze Bundesgebiet nach dem damaligen Recht der DDR oder dem der BRD zu beurteilen ist. Entscheiden muß die **Beziehung** der Partei **zum einen oder anderen damaligen deutschen Teilstaat**. 108

Das Anerkennungsrecht der ehem BRD ist anzuwenden, wenn beide Ehegatten ihren gewöhnlichen Aufenthalt in den alten Bundesländern hatten. Dagegen kommt es auf die Bestimmungen der ehemaligen DDR an, wenn sie in den neuen Bundesländern lebten. Hat die eine Partei ihren gewöhnlichen Aufenthalt in Deutschland, die andere im Ausland, dann gibt der deutsche in der ehemaligen BRD oder DDR den Ausschlag. Bei einer deutsch-ausländischen Ehe mag man die Staatsangehörigkeit zusätzlich gewichten und an den gewöhnlichen Aufenthalt der deutschen Partei anknüpfen, wenn beide in Deutschland leben, dh Verträge der ehem DDR sind anzuwenden, wenn die deutsche Partei in den neuen Bundesländern lebte, und wenn der ausländische Ehegatte im Westen lebte. Hatte nur eine Partei, und sei es die ausländische, gewöhnlichen Aufenthalt im Inland, gibt dieser Maß. Gleichgewichtige Beziehungen bestehen, wenn bei einer west-ostdeutschen oder rein ausländischen Ehe keine Partei einen gewöhnlichen Aufenthalt im Inland hatte, oder wenn die eine ihn im Westen, die andere ihn im Osten hatte. In dieser Gleichgewichtssituation darf man wohl, da grundsätzlich westliches Recht auf die neuen Bundesländer erstreckt wird, die Verträge der ehem BRD und ihr Recht, nicht das der ehem DDR heranziehen. 109

Die **zeitliche Grenze** liegt beim ostdeutschen autonomen und völkervertraglichen Recht etwas anderes, da zwar §§ 193 f ZPO DDR am 3. 10. 1990 von § 328 ZPO, Art 7 § 1 FamRÄndG ersetzt wurden, die Verträge der DDR aber noch darüber hinaus galten (Nachw der Zeitpunkte ihres Außerkrafttretens Rn 75). 110

111 Im Hinblick auf Anerkennungen ipso jure aus dem gemeinsamen Heimatstaat und die Tatsache, daß auch eine förmliche Anerkennung auf den **Zeitpunkt der Rechtskraft** des Urteils zurückwirkt, sollte dies der entscheidende Zeitpunkt auch für die Anknüpfung sein. Bei Scheidungen im Ausland nach dem 3. 10. 1990 **(Neufälle)** und vor dem Erlöschen des betr Abkommen der ehem DDR muß der gewöhnliche Aufenthalt also bei Eintritt der Rechtskraft in der früheren DDR gelegen haben, und es kann dann eine Übersiedlung nach Scheidung in die neuen Bundesländer keine Änderung des Anerkennungsrechts und damit des Status bewirken. Das entspricht dem in der Staudinger/Spellenberg (1997) Rn 78 zum intertemporalen Anerkennungsrecht Gesagten. Lebten die Parteien oder wenigstens der deutsche Ehegatte zum maßgebenden Zeitpunkt in den neuen Bundesländern, gelten die Verträge der ehemaligen DDR.

112 Auch wenn manche Anerkennungsverträge der DDR auf den Vorbehalt des ordre public verzichten, so wird man ihn doch nun auch für ausländische Urteile machen, die unter den alten Verträgen der DDR dort automatisch anerkannt waren, so wie auch Scheidungsurteile der DDR (u Rn 65 ff). Es handelt sich um unverzichtbare Mindestanforderungen der Rechtsstaatlichkeit.

113 Nach dem oben Rn 87 Gesagten kann kein Vertrag der ehemaligen DDR nach dem 3. 10. 1990 neben einem der ehemaligen BRD mit demselben Staat gelten (ohne diese Einschränkung anscheinend Sturm, in: FS Serick [1992] 367). Dann erfaßt der Vertrag der ehem DDR die nach Entstehen der Konkurrenz rechtskräftig gewordene Auslandsscheidung ohnehin nicht.

ε) Noch ausstehendes Anerkennungsverfahren

114 War in der DDR ein förmliches **Anerkennungsverfahren vorgeschrieben**, aber vor dem 3. 10. 1990 **nicht durchgeführt** worden, so stehen keine Vertrauensgesichtspunkte entgegen, nunmehr das Verfahren gem Art 7 § 1 FamRÄndG zu verlangen, der seit dem 3. 10. 1990 auch in den neuen Bundesländern gilt.

115 Fraglich ist nur, nach **welchem Recht** dann sachlich über die Anerkennung zu entscheiden ist. Entsprechend den allgemeinen Regeln über das intertemporale Anerkennungs- und Kollisionsrecht (dazu Staudinger/Spellnberg [1997] Rn 78 ff) sollte wegen eines schutzwürdigen Vertrauens der Parteien auf die Möglichkeiten der Anerkennung und auch, weil die Anerkennung nur deklaratorisch ist und zurückwirkt, über die Anerkennung noch nach dem DDR-Recht zum Zeitpunkt der Rechtskraft des ausländischen Urteils entschieden werden (Drobnig DtZ 1991, 79; Leible FamRZ 1991, 1246; ähnlich Böhmer StAZ 1991, 63). War die Anerkennung nach dem damaligen Recht der DDR möglich, wäre sie nach heutigem gesamtdeutschen Recht des § 328 oder der nunmehr geltenden Staatsverträge aber nicht möglich, so sollte die Anerkennung daran nun nicht scheitern.

116 Wenn nach dem damaligen DDR-Recht, soweit es nach den eben erwähnten Maßstäben für die im Ausland geschiedenen Ehegatten galt, die Anerkennung nicht möglich war, aber **nach dem heutigen** gesamtdeutschen Recht **möglich geworden** ist, ist die Anerkennung durch Beschluß der LJV nur unter besonderen Umständen möglich, um das Vertrauen auf den bisherigen Rechtszustand nicht zu enttäuschen (KG 26. 1. 1988 FamRZ 1988, 651; Staudinger/Spellenberg [1997] Rn 81).

6. Maßgebender Zeitpunkt (Verweisung)

Einen Wechsel der für die Anerkennung maßgebenden **tatsächlichen Umstände** zwischen Erlaß des ausländischen Urteils und Anerkennung kann es nur bei der Anerkennungszuständigkeit und beim ordre public geben. Die Folgen sind dort zu behandeln. 117

7. Regel und Ausnahme

Verschiedentlich wird unter Berufung auf den **Wortlaut des § 328 ZPO**, der im Sinne einer negativen Formulierung die Anerkennung in bestimmten Fällen ausschließt gefolgert, die Anerkennung sei die Regel (Habscheid FamRZ 1973, 431; Pfeiffer, RabelsZ 55 [1991], 734, 751 f; Nagel/Gottwald, IZPR § 11 Rn 9; RG 26. 4. 1941 RGZ 166, 376). Andere sehen demgegenüber in der Anerkennung die Ausnahme (Klaus Müller ZZP 79 [1966] 199; Riezler, IZPR 524 f; Reu, Die Anwendung fremden Rechts [1938] 84; BayVGH 4. 4. 1955 FamRZ 1956, 85 [LS]). Wieder andere messen dem Gesetzeswortlaut keine wesentliche Bedeutung bei (Gottwald ZZP 103 [1990] 269; Baumbach/Lauterbach/Hartmann § 328 Rn 2; Schütze, Deutsches intern Zivilprozeßrecht 160; Martiny, Hdb IZVR Bd III/1 Rn 312; Linke, IZPR Rn 368). 118

Die Frage ist nicht ohne **praktische Bedeutung** (so aber Kleinrahm/Partikel, Die Anerkennung ausländischer Entscheidungen in Ehesachen 20). Sollte nämlich eine der beiden Entscheidungsalternativen dem Wertungssystem des § 328 ZPO zu Grunde liegen oder empirisch gesichert zahlenmäßig weit überwiegen, so ließen sich hieraus vielleicht Rückschlüsse auf die objektive Beweislast für die Tatbestandsvoraussetzungen des § 328 ziehen (vgl zB den Fall OLG Frankfurt aM 15. 4. 1971 FamRZ 1971, 373 [Beitzke]). Zwar legt der Gesetzeswortlaut nahe, vom Grundsatz der Anerkennung ausländischer Urteile in Deutschland auszugehen. Doch ergibt die Formulierung des § 328 ZPO kein Regel-Ausnahme-Verhältnis und insbesondere keine Beweislastverteilung (u Rn 265). Die hinter den einzelnen Nr des § 328 Abs 1 ZPO stehenden Zwecke fordern vielmehr unterschiedliche Beweislastverteilungen (u Rn 265 ff). 119

Und auch eine **empirische Annahme**, wonach ausländische Urteile mehrheitlich anerkennungsfähig wären, läßt sich bislang nicht treffen. 120

II. Wirkungen der Anerkennung

1. Wirkungserstreckung durch Anerkennung*

§ 328 legt die Voraussetzungen für die Anerkennung fest, sagt aber nichts darüber, **welche Wirkungen** das ausländische Urteil dann kraft Anerkennung im Inland 121

* **Schrifttum**: Drobnig, Skizzen zur international-privatrechtlichen Anerkennung, in: FS vCaemmerer (1978) 687; G Fischer, Objektive Grenzen de Rechtskraft im internationalen Zivilprozeßrecht, in: FS Henckel (1995) 199; Geimer, Zur Prüfung der Gerichtsbarkeit und der internationalen Zuständigkeit bei der Anerkennung ausländischer Urteile (1966); Gottwald, Grundfragen der Anerkennung und Vollstreckung ausländischer Entscheidungen in Zivilsachen, ZZP 103 (1990) 257; Hausmann, Die kollisionsrechtlichen Schran-

entfaltet. Einige nehmen an, daß mit der Anerkennung ein ausländisches Urteil einem entsprechenden inländischen **gleichgestellt** werde und ihm also dessen Wirkungen beigelegt würden (Reu, Anwendung fremden Rechts [1938] 86; Reinl, Die Anerkennung ausländischer Eheauflösungen [1966] 58; Matscher ZZP 86 [1973] 404, 408 und in: FS Schima 277 ff; Jarck FamRZ 1956, 298; BGH 1. 6. 1983 IPRax 1984, 320 [abl Spellenberg 304, 306] = NJW 1983, 1976 = FamRZ 1983, 806; OLG Düsseldorf 3. 11. 1981 IPRax 1982, 152 [Henrich 140]). Dieser Gleichstellungstheorie steht die hM von der **Wirkungserstreckung** gegenüber (Kropholler, IPR 960 IV 2; Martiny, Hdb IZVR III/1 Rn 362, 367 ff; Klaus Müller ZZP 79 [1966] 204 f; Geimer, IZPR Rn 2776 ff; Stein/Jonas/H Roth, § 328 Rn 7; Zöller/Geimer § 328 Rn 18; MünchKomm-ZPO/Gottwald § 328 Rn 3 f; Rosenberg/Schwab/Gottwald, ZPR § 156 Rn 8; Riezler, IZPR, 524 f; Bruns, ZPR § 42 Rn 221; Schütze, ZZP 77 [1964] 287 f, 289; Schütze, Die Anerkennung und Vollstreckung ausländischer Zivilurteile als verfahrensrechtliches Problem 1; OLG Hamm 11. 2. 1991 FamRZ 1993, 213; wohl auch BGH 4. 6. 1992 BGHZ 118, 312, 318 = NJW 1992, 3096; OLG Saarbrücken 9. 12. 1957 NJW 1958, 1046).

122 Für das **EuGVÜ/LugÜ** ergab sich aus Art V des Protokolls v 27. 9. 1968, daß Anerkennung Wirkungserstreckung bedeutet, und ebenso definieren einige zweiseitige Staatsverträge die Anerkennungswirkung (Nachw Spellenberg IPRax 1984, 306).

123 Es wäre iSd Gleichstellung nicht gerechtfertigt, einem ausländischen Urteil mit der Anerkennung Wirkungen einer anderen Rechtsordnung beizulegen, auf die sich die Parteien bei ihrer Prozeßführung nicht einstellen konnten und nicht eingestellt haben. Diese können vernünftigerweise ihre Prozeßführung nicht auf das Recht eines noch gar nicht feststehenden Anerkennungsstaates oder, da es eventuell auf die Anerkennung in mehreren Staaten ankommen kann, auf mehrere Rechtsordnungen ausrichten (ebenso Kropholler, IPR § 60 V 1 b; Gottwald, ZZP 103 [1990] 260 f; Kegel/Schurig, IPR § 22 V 1 a S 907). § 328 ZPO ist daher iSd **Wirkungserstreckung** zu verstehen. Das bedeutet, daß das ausländische Recht für die Bestimmung der Ur-

---

ken der Gestaltungskraft von Scheidungsurteilen (1980); Jellinek, Die zweiseitigen Staatsverträge über Anerkennung ausländischer Zivilurteile (1953); Kallmann, Anerkennung und Vollstreckung ausländischer Zivilurteile und gerichtlicher Vergleiche (Basel 1946); Koskiyama, Rechtskraftwirkungen und Urteilsanerkennung nach amerikanischem, deutschen und japanischem Recht (1996); Matscher, Zur Theorie der Anerkennung ausländischer Entscheidungen nach österreichischem Recht, in: FS Schima (Wien 1969) 265; ders, Einige Probleme der internationalen Urteilsanerkennung und -vollstreckung, ZZP 86 (1973) 404; Müller, Zum Begriff der „Anerkennung" von Urteilen in § 328 ZPO, ZZP 79 (1966) 199; Nelle, Anspruch, Titel und Vollstreckung im internatioanlen Rechtsverkehr (2000); Neuhaus, Internationales Zivilprozeßrecht und IPR, RabelsZ 20 (1955) 201 ff; vOverbeck, Die „kollisionsrechtliche Relativität der Rechtskraft" – Ein Fremdkörper im Schweizer Recht?, in: Gedächtnisschrift Jäggi (1977) 273; Reinl, Die Anerkennung ausländischer Eheauflösungen (Diss Würzburg 1966); Schütze, Die Anerkennung und Vollstreckung ausländischer Zivilurteile in der BRD als verfahrensrechtliches Problem (Diss Bonn 1960); Spellenberg, Prozeßführung oder Urteil – Rechtsvergleichendes zu Grundlagen der Rechtskraft, in: FS Henckel (1995) 841; Süss, Die Anerkennung ausländischer Urteile, in: FS Rosenberg (1949) 229; Tsai, Ehescheidung, Anerkennung ausländischer Ehescheidungen und Wiederverheiratung im IPR (Zürich 1975); Walder, Grundfragen der Anerkennung und Vollstreckung ausländischer Urteile unter besonderer Berücksichtigung schweizerischen Rechts, ZZP 103 (1990) 322.

teilswirkungen maßgeblich ist, die dann auf das Inland erstreckt werden (vBar, IPR I Rn 382; MünchKomm-ZPO/Gottwald § 328 Rn 4; Martiny, Hdb IZVR Bd III/1 Rn 363 mwN in Fn 1078). Dagegen spricht nicht, daß die Inlandswirkung auf einer Anordnung des deutschen Gesetzgebers beruht (so aber wohl BGH 1. 6. 1983 aaO, der jedoch das Problem, auf das es in casu auch nicht ankam, nicht voll erfaßte), denn der deutsche Gesetzgeber kann sehr wohl auch eine Erstreckung von Wirkungen anordnen, die auf fremdem Recht beruhen. Das ist im Grunde nichts wesentlich anderes als das, was das IPR des EGBGB tut (Wengler Rec 1964 III S 443 ff).

Bleiben die Wirkungen des ausländischen Urteils nach seinem Recht hinter den entsprechenden deutschen **zurück**, so bewendet es beim ausländischen Recht (Stein/Jonas/H Roth § 328 Rn 10). Namentlich kann ein Feststellungsurteil nicht als Gestaltungsurteil anerkannt werden (KG 20. 5. 1975 OLGZ 1976, 149, 153 = FamRZ 1976, 353 f = StAZ 1976, 307 f [Görgens 1977, 79]), auch wenn in Deutschland zB die Nichtigkeit einer Ehe nicht festgestellt, sondern vom Richter erklärt werden müßte. 124

Vielfach wird jedoch angenommen, daß auch bei Wirkungserstreckung die Wirkungen des ausländischen Urteils nicht über die eines entsprechenden deutschen Urteils hinausgehen könnten (Geimer, IZPR Rn 2782 f; Zöller/Geimer § 328 Rn 19; Stein/Jonas/H Roth § 328 Rn 8; Kropholler, IPR § 60 V 1 b; K Müller ZZP 79 [1966] 206; Schütze DIZPR 133; Schack, IZVR Rn 795 f; teilw Martiny, Hdb IZVR Bd III/1 I Rn 369 ff; OLG Frankfurt aM 12. 11. 1985 IPRax 1986, 297; LG Hamburg 11. 7. 1991 IPRax 1992, 251 [beide obiter]). Diese **Wirkungsbegrenzung** oder **Kumulation** ist jedoch **nicht gerechtfertigt** und nicht nötig (Riezler, IZVR 520; Gottwald ZZP 103 [1990] 262 f; Rosenberg/Schwab/Gottwald § 156 Rn 8; G Fischer, in: FS Henckel [1995] 204 ff; Spellenberg IPRax 1984, 306; MünchKomm-ZPO/Gottwald § 328 Rn 5; Nagel/Gottwald, IZPR § 11 Rn 11). Sie wird in der Praxis auch nicht durchgehalten, indem zB unstr ausländische Urteile über eine Trennung von Tisch und Bett anerkannt werden, obwohl solche Urteile und damit diese Urteilswirkung dem deutschen Recht unbekannt sind (das konzediert auch Beule StAZ 1979, 29 f). Das Argument für die Wirkungsbegrenzung ist gewöhnlich, daß sich das ausländische Urteil mit seinen Wirkungen nach der Anerkennung in die inländische Rechtsordnung einfügen müsse. Diesem Gedanken ist jedoch vollkommen ausreichend und nur mit dem **ordre public** Rechnung zu tragen. Es ist namentlich keine Störung der deutschen Rechtsordnung zu befürchten, wenn die ausländischen Urteilswirkungen nur quantitativ über die eines entsprechenden deutschen Urteils hinausgehen, aber der Art nach dem deutschen Recht bekannt sind. Das gilt zB für Feststellungen über präjudizielle Rechtsverhältnisse in den Gründen des Urteils, die nach dem ausländischen Recht an der Rechtskraft teilnehmen. Eine solche Wirkung ist dem deutschen Recht im Falle der Zwischenfeststellungsklage bekannt (Rechtsvergleichung Spellenberg, in: FS Henckel [1995] 841, 858 f; Stürner, in: FS Schütze [1999] 913). So wie man den Parteien nicht Urteilswirkungen zumutet, um die sie nicht gestritten haben, so soll ihnen das Anerkennungsrecht nicht Urteilswirkungen nehmen, um die sie nach dem maßgebenden Recht prozessiert haben. Und ebenso bestehen wegen § 74 ZPO keine durchgreifenden Bedenken gegen die Erstreckung der Rechtskraft auf Dritte (insoweit auch Geimer, IZPR Rn 2820 f). Die Grenze des ordre public ist zurückhaltend zu ziehen. 125

Die **Anerkennung** und auch der **Bescheid der LJV** verändern den Inhalt der ausländischen Entscheidung nicht. Eine Trennung von Tisch und Bett kann nicht als 126

Scheidung (OLG Hamburg 12.7.1983 IPRspr 1983 Nr 184) und ein deklaratorisches Nichtigkeitsurteil nicht als konstitutives anerkannt werden (KG 20.5.1975 OLGZ 1976, 149, 153 = FamRZ 1976, 353 f = StAZ 1976, 307 f [GÖRGENS 1977, 79]).

127 Enthält das anzuerkennende ausländische Urteil einen an der Rechtskraft teilnehmenden **Schuldausspruch**, so steht auch das für das Inland fest. Doch entscheidet erst das Statut der betreffenden Scheidungsfolgen, ob es auf ein Verschulden überhaupt ankommt. Anderenfalls bleibt dieser Teil des Urteils ohne Auswirkungen.

128 Verlangt umgekehrt das Scheidungsfolgenstatut zB für Unterhaltsregelungen einen Schuldausspruch, der aber im Scheidungsurteil nicht erfolgt ist, so muß nun inzident darüber entschieden werden (BSG 30.11.1966 FamRZ 1967, 216 [BOSCH] = MDR 1967, 342). Es kann zwar möglich sein, diese Entscheidung auf die Gründe des Scheidungsurteils zu stützen, aber jedenfalls besteht keine Rechtskraftbindung, soweit nach dem maßgebenden Recht die Gründe nicht auch in Rechtskraft erwachsen sind (bedenklich daher KG 3.5.1935 JW 1935, 2750 = StAZ 1935, 413; OLG München 24.8.1938 HRR 1938 Nr 1463 = JFG 18, 135; wie hier im wesentlichen JAYME und SIEHR FamRZ 1969, 189 ff). Ergänzende und gegenteilige Behauptungen und Feststellungen bleiben dann möglich. Das Scheidungsfolgenstatut muß diese Feststellung aber zulassen. Mit Recht hat das OLG Hamm eine inzidente Schuldfeststellung abgelehnt, weil das für (Scheidung und) den Unterhalt maßgebende polnische Recht verlangt, daß der Schuldausspruch im Tenor des Scheidungsurteils enthalten sein muß (18.1.1999 FamRZ 2000, 29; vgl auch OLG Köln 21.9.1995 FamRZ 1996, 490).

129 Selbst wenn der ausländische Schuldausspruch in Rechtskraft erwachsen ist, bleibt immer sorgfältig zu prüfen, ob dieser Schuldausspruch inhaltlich dem entspricht, was das Scheidungsfolgenstatut voraussetzt. Was ein Verschulden sei, ist von Rechtsordnung zu Rechtsordnung oft sehr verschieden (näher JAYME und SIEHR aaO).

130 Keinesfalls darf aber die LJV das anzuerkennende ausländische Urteil **abändern** oder um den Schuldausspruch ergänzen oder diesen entfernen. Nachdem im deutschen Recht das Verschuldensprinzip gestrichen ist, ist das Problem freilich weitgehend verschwunden.

131 Eine isolierte **Klage auf Feststellung** eines Scheidungsverschuldens, über welches das ausländische Scheidungsurteil keine Aussagen trifft, ist nicht zuzulassen (**aA** zum alten Recht LG Mannheim 13.3.1973 MDR 1973, 933 [DDR]). Ein stattgebendes Urteil erschöpfte sich in einer nach § 256 ZPO unzulässigen Tatsachenfeststellung (näher Anh zu § 606a ZPO Rn 182 ff).

2. Urteilswirkungen

132 Als Wirkungen ausländischer Urteile im Inland nach ihrer Anerkennung kommen die Gestaltungs-, Rechtskraft-, Präklusions- und die Tatbestandswirkung in Betracht. Dabei macht es keinen Unterschied, ob die Anerkennung ipso jure oder aufgrund einer inländischen Anerkennungsentscheidung erfolgt. Die praktisch wichtigste Frage, inwieweit nach einer ausländischen Statusgestaltung eine **erneute Gestaltung** im Inland möglich ist, ist bei Art 21 EheGVO Rn 55 ff behandelt. Was dort gilt, gilt auch für § 328 ZPO.

a) Gestaltungswirkung

Die **hM** beurteilt die Anerkennungsfähigkeit der Statuswirkung, dh die Wirkung, daß die Ehe für das Inland aufgehoben bzw geschieden ist, nach **§ 328 ZPO** (STEIN/JONAS/H ROTH § 328 Rn 16; MARTINY, Hdb IZVR III/1 Rn 385 ff; GEIMER, IZPR Rn 2813; E LORENZ FamRZ 1966, 476 ff; LINKE, IZPR Rn 347; SCHACK IZPR RN 779; BayObLG 8. 5. 2002 FamRZ 2002, 1637; OLG Bamberg 21. 11. 2001 FamRZ 2002, 1120; RG 26. 4. 1941 RGZ 166, 367, 372 ff; OLG Frankfurt aM 15. 4. 1985 OLGZ 1985, 257; **aA** wohl nur OLG München 25. 2. 1963 NJW 1963, 1158 f). Liegen die Anerkennungsvoraussetzungen vor, so ist die Ehe auch für das Inland geschieden, selbst wenn das nach deutschem IPR anwendbare Scheidungsstatut die Scheidung nicht erlaubt hätte und nicht anerkennen würde. Dasselbe gilt für Eheaufhebung und -nichtigkeit wie für die Ehetrennung. 133

Die **Gegenmeinung** befragt **das Scheidungsstatut** gem Art 17 EGBGB danach, ob es die Eheauflösung bzw Scheidung aus einem Drittstaat anerkennt (JONAS JW 1936, 283; NEUHAUS FamRZ 1964, 22, aber bei deutschem Scheidungsstatut gelte nur § 328; SÜSS, in: FS Rosenberg 251 f). Manche wollen zusätzlich noch die Voraussetzungen des § 328 für eine Anerkennung verlangen (HAUSMANN, Kollisionsrechtliche Schranken von Scheidungsurteilen 183 ff, 204 ff; RAAPE/STURM IPR, 348; JANSEN, FGG Art 7 § 1 FamRÄndG Rn 24). Die **kollisionsrechtliche Relativierung** der Rechtskraft vermeidet ein Hinken der Scheidung im Verhältnis zum Staat des Scheidungsstatuts. Sie könnte sich zudem darauf berufen, daß einen ersten Schritt in diese Richtung heute § 606a Abs 2 S 1 ZPO tue, indem er auf die Anerkennungszuständigkeit nach deutschen Maßstäben verzichtet, wenn der Heimatstaat der Eheleute die Drittstaatsscheidung anerkennt (vgl Rn 354 ff). Lehnt man die Anerkennung aber dann mit Rücksicht auf den nach deutschem IPR bestimmten Staat des Scheidungsstatuts ab, entsteht stattdessen uU eine Diskrepanz im Verhältnis zum Urteilsstaat. 134

Eine Entscheidung dieses Konflikts danach, ob die Zahl „hinkender" Scheidungen nach dem Lösungsweg der hM größer ist als nach der Gegenansicht, verbietet sich. Vielmehr kommt es darauf an, mit welchem Staat die Übereinstimmung wichtiger ist. Die besseren Gründe sprechen insoweit für die **hM**. Die Statuswirkung muß im Inland unabhängig von dem nach dem EGBGB ermittelten Statut anerkannt werden, wenn die Parteien vor einem auch nach unserer Anschauung zuständigen Gericht in einem rechtstaatlichen Verfahren geschieden wurden. § 328 Abs 1 hat heute zu Recht die Anerkennung auch davon unabhängig gemacht, ob das Urteilsgericht das nach unserem IPR richtige Recht angewandt hat (vgl dazu Vorbem 36 ff zu Art 1 EheGVO). Die kollisionsrechtliche Neutralität der Anerkennung, die sich hierin ausdrückt, sollte auch im Verhältnis zum Scheidungsstatut gelten. 135

Gerade bei Gestaltungsurteilen begegnet man im Ausland Regelungen, wonach die Gestaltung des Status erst mit einem weiteren Akt, namentlich mit der **Eintragung** in ein **Register** eintritt. Davor kann dann auch keine Statuswirkung für das Inland anerkannt werden, weil sie (noch) nicht eingetreten ist (RAAPE, IPR 312; HAUSMANN, Kollisionsrechtliche Schranken von Scheidungsurteilen 204; MünchKomm-ZPO/GOTTWALD § 328 Rn 148; BayObLG 28. 3. 1977 BayObLGZ 1977, 71 = FamRZ 1977, 395 f; OLG Düsseldorf 28. 2. 1975 FamRZ 1975, 584; Nachw zu ausländischem Recht STAUDINGER/MANKOWSKI [2003] Art 13 EGBGB Rn 66). Damit ist aber noch nicht ausgeschlossen, sonstige Urteilswirkungen schon anzuerkennen, namentlich die materielle Rechtskraft. Ein Antrag nach Art 7 § 1 FamRÄndG wäre aber als unbegründet abzuweisen. 136

137 Streitig ist, ob das eventuelle Erfordernis der Registrierung etc aus der lex fori des Urteilsstaates (so Martiny, Hdb IZVR Bd III/1 Kap I Rn 491), oder aus dem gem Art 17 EGBGB zu bestimmenden, uU verschiedenen Scheidungsstatut zu entnehmen ist (so Hausmann, Kollisionsrechtliche Schranken von Scheidungsurteilen 79 ff mit weiteren Differenzierungen; Jansen, FGG I Art 7 § 1 FamRÄndG Rn 10). Richtigerweise entscheidet weder das eine noch das andere Recht, sondern das vom **Urteilsgericht angewandte Scheidungsstatut**, nach welchem es schließlich auch die Scheidung ausgesprochen hat.

138 Die in Rn 134 genannte **lex causae-Theorie** wird jedoch vor allem vertreten im Hinblick auf die andere Frage, ob die Parteien im Inland nach hiesiger Anerkennung einer ausländischen Scheidung **wieder heiraten** können, obwohl ihr gem Art 13 EGBGB maßgebendes Heimatrecht die Scheidung nicht anerkennt. Die Frage hat Ähnlichkeit mit dem Problem der selbständigen oder unselbständigen Anknüpfung der Vorfrage, hier der Scheidung und Wiederverheiratungsfähigkeit, im Kollisionsrecht (Soergel/Schurig Art 13 EGBGB Rn 17 f), ohne daß man aber deshalb genauso entscheiden müßte. Denn während es im IPR darum geht, welche deutsche Kollisionsnormen ein deutscher Richter anwenden muß, ist hier die Frage, ob er eine ausländische Entscheidung, ohne weitere Prüfung für die vom jetzigen Eheschließungsstatut aufgeworfene Vorfrage zugrunde legen soll (MünchKomm/Sonnenberger Einl IPR Rn 428, 519). Die richtige Auffassung, daß über die **Wiederverheiratungsfähigkeit** nach Auslandsscheidung das von Art 13 EGBGB bezeichnete Recht entscheiden sollte (vgl §§ 606a ZPO Rn 375 ff; so im Ausgangspunkt BGH 27. 11. 1996 FamRZ 1997, 542 sogar für inländische Scheidung eines Italieners; **aA** MünchKomm/Sonnenberger aaO Rn 519), läßt sich mit einer Anerkennung der Drittstaatsscheidung allein auf der Basis des § 328 ZPO durchaus vereinbaren. Scheidung und Wiederheirat hängen zwar sachlich zusammen, müssen aber nicht unbedingt nach demselben Recht beurteilt werden (Winkler von Mohrenfels IPRax 1988, 342 f). Art 13 Abs 2 EGBGB bestätigt dies heute, indem er nach Anerkennung einer Auslandsscheidung die Wiederheirat im Inland entgegen dem – anderen – Heimatrecht des Geschiedenen nicht immer und ohne weiteres zuläßt, sondern nur bei Vorliegen weiterer Voraussetzungen, namentlich des inländischen gewöhnlichen Aufenthalts. Art 13 Abs 2 EGBGB ist eine Konkretisierung des ordre public und setzt die Geltung des Eheschließungsstatuts voraus. Soweit dieser vor allem wegen fehlender Inlandsbeziehung nicht durchgreift, ist die Vorstellung eines (noch) nicht wieder heiratsfähigen Geschiedenen durchaus möglich (vgl weiter Anh zu § 606a ZPO Rn 60 f). Und mangels für den ordre public hinreichender Inlandsbeziehung sollte eher ein Hinken einer Zweitehe im Verhältnis zum Heimatstaat verhindert werden (**aA** zu Art 13 Abs 2 Soergel/Schurig aaO).

139 Wenn die Auslandsscheidung, zB wegen fehlender Anerkennungszuständigkeit, von uns nicht anerkannt werden kann, so darf **im Inland erneut geschieden** werden. Art 13 Abs 1 EGBGB ist dann Genüge getan, wenn unsere Scheidung im Heimatstaat des Nupturienten anerkannt wird (Anh zu § 606a ZPO Rn 62 f). Eventuell hilft Art 13 Abs 2 EGBGB.

140 Wurde jene erste Auslandsscheidung dagegen nur im Heimatstaat des Nupturienten anerkannt, so liegt bereits nach dem maßgebenden Statut die Wiederverheiratungsfähigkeit vor. Für eine Eheschließung in Deutschland wird man gleichwohl eine

Zweitscheidung verlangen müssen, weil sonst das deutsche Recht letztlich zwei Ehen bejahen müßte. Allerdings sind die Fälle durch § 606a Abs 2 ZPO seltener geworden. Zwar könnte zB die Scheidung von zwei New Yorkern in Las Vegas an sich wegen fehlender Anerkennungszuständigkeit iSv § 606a ZPO bei uns nicht anerkannt werden, wenn keiner von ihnen dort gewöhnlichen Aufenthalt hatte. Doch folgt § 606a Abs 2 S 2 ZPO heute der Anerkennung durch den gemeinsamen Heimatstaat New York, so daß die Geschiedenen auch in Deutschland wieder heiraten könnten, wenn der Staat New York die Entscheidung aus Las Vegas anerkennt, und eine zweite Scheidung in Deutschland ist nicht nötig.

b) Materielle Rechtskraft, ne bis in idem

Im deutschen Recht steht die materielle Rechtskraft eines Urteils der Wiederholung der Klage zwischen denselben Parteien entgegen, und zwar auch dann, wenn diese auf eine damals nicht vorgebrachte, aber bestehende Tatsache gestützt wird (vgl § 767 Abs 2 ZPO; **ne bis in idem**). 141

Bei ausländischen **Leistungsurteilen** nimmt der BGH an, daß ein neues Verfahren in Deutschland zulässig sei, der Richter aber genauso wie der ausländische entscheiden müsse (BGH 20. 3. 1964 NJW 1964, 1626; BGH 16. 5. 1979 NJW 1979, 2477; BGH 26. 11. 1986 FamRZ 1987, 370 [Unterhalt]; KG 5. 2. 1993 FamRZ 1993, 976; OLG Stuttgart 18. 8. 1988 IPRax 1990, 49 [zust BAUMANN 29]; mit anderer Begründung weitgehend ebenso STEIN/JONAS/H ROTH § 328 Rn 13, 37). Dem ist nicht zuzustimmen (MARTINY, Hdb IZVR III/1 Kap I Rn 1614; GEIMER/SCHÜTZE, Int Urteilsanerkennung Bd I/2, 1698; ZÖLLER/GEIMER § 328 Rn 30; Münch-Komm-ZPO/GOTTWALD § 322 Rn 45), zumal die erstgenannte Entscheidung des BGH selbst noch die Zulässigkeit verneinte und eine zweite Klage nur bei besonderem Rechtsschutzinteresse zuließ. Diese Einschränkung ist später offenbar vergessen worden (BGH 26. 11. 1986 aaO). Die zweite Klage ist **unzulässig wegen** bestehender **Rechtskraft des anerkennenden Urteils**. Ist aber der Umfang der Rechtskraft des ausländischen Urteils unklar, so ist **im Zweifel** eine Klage im Inland zulässig (OLG Hamburg 12. 2. 1989 FamRZ 1990, 535). 142

Die Scheidung im Ausland hindert die Wiederholung der Klage im Inland (OLG Bamberg 13. 3. 1996 FamRZ 1997, 95). Für Gestaltungsurteile wird die Theorie der bloß inhaltlichen Bindung für ein zweites inländisches Verfahren wohl nicht vertreten. Ebenso können andere Eheaufhebungen und -trennungen nicht im Inland wiederholt werden, auch nicht, um damit eine Verbundszuständigkeit für Scheidungsfolgen etc zu begründen. Diese können allenfalls isoliert vor Gericht gebracht werden, wenn dann eine deutsche Zuständigkeit gegeben ist. 143

Es gibt allerdings verschiedene Gestaltungen. Zu der Frage, welche **weiteren Gestaltungsklagen** nach einer Ehetrennung, einer Scheidung oder Eheaufhebung noch zulässig sind, ist auf Art 21 EheGVO Rn 55 f zu verweisen. Nur bei besonderem Rechtsschutzbedürfnis ist eine Zweitscheidung im Inland zulässig (Anh zu § 606a ZPO Rn 57 ff). 144

Wenn eine erforderliche förmliche Anerkennung nach Art 7 § 1 FamRÄndG noch aussteht, ist **auszusetzen**, um diese Entscheidung einzuholen (u Rn 167; Art 7 § 1 FamRÄndG Rn 71 ff; Anh zu § 606a ZPO Rn 51 ff zur Möglichkeit der Feststellungsklage). 145

146 Zwar wird die richterliche Scheidung, Trennung oder Aufhebung der Ehe anerkannt unabhängig vom Recht, nach welchem der ausländische Richter entschieden hat (Rn 135), so daß eine Scheidung nach einem Recht der nach anderen Eherechten gleichsteht, doch ist die Grenze zwischen dem angewandten Recht und der prozessualen Gestaltung nicht immer einfach. Erst auf der materiellrechtlichen Ebene sind zB die Bestimmungen heranzuziehen, die die **Umwandlung** einer Trennung von Tisch und Bett in eine Scheidung nach einer gewissen Zeit und ohne weitere, neue Scheidungsgründe vorsehen, wie zB das brasilianische Recht nach einem Jahr. Hat nun etwa ein Schweizer Richter die Ehe gem brasilianischem Recht getrennt, und wird nach einem Jahr der Scheidungsantrag in Deutschland gestellt, ist sicher zu scheiden, wenn auch der deutsche Richter brasilianisches Recht anwendet. Wenn er dagegen nun zB italienisches Recht anzuwenden hat, das eine Umwandlung der Trennung in eine Scheidung erst nach drei Jahren vorsieht, so ist die Klage als unbegründet abzuweisen gem dem nun maßgebenden Scheidungsstatut, wobei der Fristablauf als neuer Scheidungsgrund zu verstehen ist. Man kann dann nicht argumentieren, die Statusgestaltung durch den ersten Richter enthalte auch die spezifische Umwandlungsmöglichkeit. Ebenso ist § 1566 BGB maßgebend, wenn nun deutsches Recht Scheidungsstatut ist. Mit dem Wechsel des Scheidungsstatuts wechseln die **Scheidungsgründe**. Für diese Qualifikation spricht, daß die Umwandlung nach dem früheren Statut nicht automatisch erfolgt, sondern die Scheidung von einem Ehegatten beantragt werden muß. Dagegen ist eine erneute Scheidung, dh die gleiche Gestaltung trotz anderer Grundlage ausgeschlossen.

c) Materielle Rechtskraft, Präjudizialbindung

aa) Ausländische Eheauflösung

147 Auch Gestaltungsurteile können materielle Rechtskraft idS haben, daß nun zwischen den Parteien feststeht, daß ein Recht auf die betr Gestaltung bestand (Rosenberg/Schwab/Gottwald ZPR § 91 Rn 15; Schlosser, Gestaltungsklagen und Gestaltungsurteile [1966] 68 ff). Das wird allerdings nur selten praktisch bedeutsam, etwa wenn andere Ansprüche mit der Begründung geltend gemacht würden, die Ehe hätte damals nicht aufgelöst werden dürfen, weil der Grund dafür nicht vorlag.

148 Praktisch wichtig ist jedoch die Frage nach einer Präjudizialbindung an den im Ausland zugrunde gelegten Eheauflösungsgrund für den inländischen Richter, der über Scheidungsfolgen zu entscheiden hat. Viele Rechte kennen die Verschuldensscheidung allein und vor allem neben anderen Scheidungsgründen, wobei das Scheidungsverschulden für den nachehelichen Unterhalt entscheidend sein kann. Inwieweit eine Bindung besteht, ist bei Art 21 EheGVO Rn 59 ff erörtert. Das dort Gesagte gilt auch für § 328 ZPO. Zu beachten ist jedoch, daß im nationalen Recht uU die förmliche Anerkennung ausgesprochen sein muß (zB BayObLG 12. 9. 2002 FamRZ 2003, 310 zum Fall der noch ausstehenden Anerkennung einer deutschen Scheidung im Ausland).

bb) Ausländische Klagabweisung

149 Auch ein klagabweisende Eheurteil ist anerkennungsfähig und entfaltet dann seine Rechtskraft im Inland. Das ist bei § 328 ZPO anders als bei Art 26 EheGVO (Art 13 aF), der solche Urteile von der Anerkennung ausnimmt. Solche Urteile fallen unter § 328 ZPO, auch wenn sie aus einem Mitgliedstaat der EheGVO stammen (Spellenberg, in: FS Schumann [2001] 432 f).

Ihre Rechtskraft steht einer **erneuten gleichen** Klagen zB auf Scheidung im Wege. So können abgewiesene Trennungs-, Scheidungs- oder Nichtigkeitsanträge nicht ohne weiteres im Inland erneuert werden. Ein anderer Antrag zB auf Trennung nach abgewiesenem Scheidungsantrag, aber auch umgekehrt ist zulässig. Es gibt hier anders als dort keine Rangordnung der Anträge. **150**

Da die objektiven Grenzen der Rechtskraft des Urteils von seinem Recht bestimmt werden, entscheidet dieses insbesondere, ob derselbe Antrag mit neuen Gründen erneuert werden darf, und ob sie nachträglich entstanden sein müssen. **151**

Wenn das ausländische Recht Scheidungen zB wegen Verschuldens und wegen Zerrüttung oder auf gemeinsamen Antrag unterscheidet wie zB das französische Recht (art 229 c civ), und das Urteil nach französischem Recht gefällt wurde, entscheidet dieses, ob die abgewiesene Klage auf Scheidung mit einem anderen Grund erneuert werden kann, auch wenn der jetzt geltend gemachte Grund schon früher vorlag. Insoweit hängt der Umfang der Rechtskraft der Klagabweisung vom Inhalt des **angewandten Rechts** ab, das nicht die lex fori gewesen sein muß. Sie kann schon deshalb nicht Maß geben, weil sie die Unterscheidung oft nicht kennt. So könnte zB ein Schweizer Richter nach französischem Recht entschieden und zB den Antrag abgewiesen haben, weil die Trennungsfrist von zwei Jahren noch nicht abgelaufen war. Wenn der Antragsteller später erneut unter Berufung auf einen der anderen zwei (oder nach anderer Zählung drei) Scheidungsgründe des art 229 c civ die Scheidung in Deutschland beantragt, so ist der Antrag nicht durch Rechtskraft ausgeschlossen, auch wenn das Schweizer Recht den neuen Grund nicht kennt, vorausgesetzt, daß weiterhin französisches Scheidungsrecht für den deutschen Richter gilt. Es kommt also nicht darauf an, ob schweizer Recht erlaubt, daß neue Umstände geltend gemacht werden. **152**

Wenn aber der zweite angerufenen Richter **nach einem anderen Recht** entscheiden muß wegen einer anderen Anknüpfungsregel, zB das deutsche Gericht nach deutschem Recht wegen Art 17 Abs 1 S 2 EGBGB, oder wegen einer Veränderung der Anknüpfungstatsachen zB durch Staatsangehörigkeitswechsel, dann gelten für ihn die Scheidungsgründe des neuen Statuts. Nun kann ein Antrag nur noch auf Zerrüttung (§§ 1526 f BGB) gegründet werden und die noch nicht geltend gemachten Scheidungsgründe des französischen Recht greifen nicht mehr. Wenn dagegen der Schweizer Richter nach Schweizer Recht einen nur mit Zerrüttung begründeten Scheidungsantrag abgewiesen hat, und nun der deutsche Richter nach französischem Recht entscheiden muß, dann kann der Antragsteller auch aus Verschulden klagen, selbst wenn die das begründenden Tatsachen vor dem ersten Urteil liegen. Man muß den neuen Antrag auch mit **alten Gründen** zulassen, weil sie damals nicht geltend gemacht werden konnten oder mußten, da sie sachrechtlich nicht erheblich waren. Es wäre sonst möglich, wenn auch praktisch wenig wahrscheinlich, daß ein Ehegatte schnell eine Klage in einem scheidungsfeindlichen Staat erhebt, um mit der zu erwartenden Abweisung dem dortigen Beklagten die Berufung auch auf andere Scheidungsgründe anderer Rechte abzuschneiden. Das Argument trägt auch ohne böse Absicht bei nur ungeschickter Wahl des Gerichts und auch zugunsten des im ersten Verfahren abgewiesenen Klägers. **153**

Man wird erwarten können, daß in der Regel überall **nach Klagabweisung entstan-** **154**

dene Gründe in einem neuen Antrag geltend gemacht werden können. Darauf kommt es an, wenn beide Anträge nach demselben Recht zu beurteilen sind und dieselbe Art von Scheidungsgründen geltend gemacht werden. So kann nach türkischem Recht nach Abweisung eines Antrages die Scheidung nach drei Jahren ohne weiteres erneut beantragt werden, wenn die Eheleute seit dem ersten Urteil nicht zusammenlebten (Türk Kassationshof 25. 9. 1997 FamRZ 1998, 1117; ODENDAHL FamRZ 2000, 462; vgl auch OLG Braunschweig 12. 5. 1997 FamRZ 1997, 1409). Das OLG Hamm (3. 8. 1998 FamRZ 1999, 1352; AG Neunkirchen 8. 3. 1995 FamRZ 1995, 1492) hat dementsprechend nach einer Klagabweisung durch ein türkisches Gericht, weil der Antragsteller an der Zerrüttung überwiegend selbst schuld war, eine zweite Klage in Deutschland zugelassen (und ihr stattgegeben). Da beide Parteien Türken waren, war gem Art 17 Abs 1 mit Art 1 14 Abs 1 Nr 1 EGBGB weiterhin türkisches Recht in der Sache anzuwenden.

d) Subjektive Grenzen der Rechtskraft

155 Die subjektiven Grenzen der Rechtskraft ergeben sich aus dem Recht des Ausgangsgerichts. Es ist auf die Ausführungen zu Art 21 EheGVO Rn 69 ff zu verweisen.

156 Eine inländische Klage ist unzulässig, wenn die Parteien an die Rechtskraft des ausländischen Urteils gebunden sind. In Statussachen kommt nur ausnahmsweise ein Einbeziehung Dritter in Betracht; im deutschen Recht sich bei bestimmten Aufhebungsklagen die Verwaltungsbehörde und bei Bigamie auch der Ehegatte der schon bestehenden Ehe antragsberechtigt (§ 1316 BGB; § 631 ZPO nF). Ob aber Dritte überhaupt klagebefugt sind, sagt das vom jetzigen Gericht anzuwendende Eherecht. Ob die Rechtskraft des ersten Urteils auch sie bindet, ist der lex fori zu entnehmen. Dazu ist auf Art 21 EheGVO Rn 71 ff zu verweisen.

157 Die **subjektiven Grenzen der Rechtskraft** sind eng mit dem Rechtsmittelsystem verbunden, so daß diese Bindung nach dem Recht des Urteilsstaates zu beurteilen ist, auch wenn der Richter nach seinem IPR ein anderes Sachrecht angewandt hat (vgl OLG Hamm 11. 2. 1991 FamRZ 1993, 213 zum EuGVÜ [Unterhalt des Kindes]; SPELLENBERG ZZP 106 [1993] 283). Da dem deutschen Recht mit §§ 72 Abs 2, 68 ZPO etwas ähnliches bekannt ist, dürften auch Drittwirkungen der Rechtskraft anerkannt werden können, sofern dem Dritten ausreichend rechtliches Gehör gewährt, dh wenn er beteiligt wurde (§ 328 Abs 1 Nr 2 oder 4 ZPO) (hinsichtlich der Tatsachenfeststellung abl GOTTWALD, in: FS Musielak S 183 ff, 193 f).

158 Die Frage der Einbeziehung Dritter in die Rechtskraft stellt sich möglicherweise häufiger bei den Scheidungsfolgen. So hat das OLG Hamm (11. 2. 1991 FamRZ 1993, 213, 215) festgestellt, daß die Ehefrau nach italienischem Recht in Italien den Kindesunterhalt aus eigenem Recht verlangt habe. Daher sei das Kind nicht Partei des italienischen Verfahrens gewesen und nicht an das Urteil gebunden. Da das Kind in Deutschland lebte, war in casu nur deutsches Recht maßgeblich, und das Kind habe den Anspruch und könne ihn selbst geltend machen. Das darf im Ergebnis nicht dazu führen, daß die Mutter Unterhalt für das Kind und das Kind selbst ihn für dieselben Zeiträume noch einmal erhält.

159 Die subjektiven Grenzen der Rechtskraft entnimmt das OLG der italienischen lex

fori. Allerdings hatte das italienische Gericht auch italienisches Sachrecht angewandt, so daß sich die Frage der Zuordnung zum Sach- oder Prozeßrecht nicht stellt, wenn man von dem vom italienischen Gericht angewandten Recht ausgeht. Dort war das Kind nicht Partei und nicht gebunden, weil das italienische Recht ihm überhaupt die Klagbefugnis bzw den Anspruch verweigert. Die Klagbefugnis rechnet man besser dem materiellen Recht zu. Der deutsche Richter hatte aber wegen Art 18 Abs 1 EGBGB deutsches Recht anzuwenden (der italienische eigentlich auch), und danach ist die Mutter Prozeßstandschafterin des Kindes. Die Schwierigkeiten resultieren aber daraus, daß die beiden Gerichte uU nicht dasselbe Sachrecht anwenden können, und die Konstellation zeigt, daß Sachrecht und Parteistellung zusammenhängen. Man sollte das Problem aber durch Anpassung lösen können und braucht nicht die subjektiven Grenzen der Rechtskraft dem Sachrecht zuzuordnen. (Im Ergebnis sollte die zweite Klage des Kindes abgewiesen werden, weil sie weder nach italienischem noch nach deutschem Recht Erfolg hätte). Enthält dagegen das anerkannte Urteil keinen rechtskräftigen Ausspruch über den Präjudizialpunkt, zB das Scheidungsverschulden, dann muß darüber inzident erneut entschieden werden.

e) Tatbestandswirkung

Mancherlei materielle oder prozessuale Regelungen knüpfen an die **bloße Existenz** eines Urteils bestimmten Inhaltes Rechtsfolgen; das Urteil erscheint im Tatbestand der Norm, und die betreffende Folge tritt nicht deshalb ein, weil das Urteil sie anordnet. Man spricht hier von Tatbestandswirkung (grundlegend KUTTNER, Urteilswirkungen außerhalb des Zivilprozesses [1914] 20 f; SCHLOSSER, Gestaltungsklagen und Gestaltungsurteile [1966] 20 ff). Ob die **Gestaltungswirkung** des Statusurteils dazu zu rechnen ist, ist **streitig** (bejahend A BLOMEYER ZPR [2. Aufl 1985] § 86 III 2; verneinend SCHLOSSER aaO; STEIN/JONAS/LEIPOLD § 322 Rn 16; K MÜLLER ZZP 79 [1966] 242; zweifelnd vBAR IPR Bd 1 [1. Aufl] Rn 384), sollte aber für das deutsche Recht verneint werden. Die Abgrenzung ist allerdings nicht definitiv geklärt. 160

Hier wird oft zu wenig differenziert. Sicher ist die **Gestaltungswirkung** als solche keine Tatbestandswirkung des Urteils, weil sie gerade durch das Urteil selbst angeordnet wird. Ob dagegen **Scheidungsfolgen** an den Tatbestand der Gestaltung oder des Urteils anknüpfen, kann nur aus der Sicht der Folgenregelung ersehen werden. Nach den üblichen Kriterien dagegen, daß nämlich die Folgewirkung ipso jure eintrete, ohne daß das Urteil darauf gerichtet ist, wären die Scheidungsfolgen also Tatbestandswirkungen (so zB KUTTNER, Urteilswirkungen außerhalb des Zivilprozesses [1914] 20 für das Sorgerecht). 161

Aber damit ist nicht viel gewonnen. Die hM nimmt zurecht an, daß die Tatbestandswirkungen eines Urteils von der lex causae der Folgenregelung regiert werden, und daß dieses Recht dann auch darüber entscheide, ob das Urteil anerkannt sein müsse und ggf über die Voraussetzungen hierfür (K MÜLLER aaO 243; GEIMER, IZPR Rn 2826; ZÖLLER/GEIMER § 328 Rn 65; STEIN/JONAS/SCHUMANN § 328 Rn 15; SÜSS, in: FS Rosenberg 259 f; HAUSMANN, Kollisionsrechtliche Schranken von Scheidungsurteilen 197 f; MARTINY, Hdb IZVR Bd III/1 Kap I Rn 432; **aA** KALLMANN SchwJZ 1954, 89 ff). Das wäre aber nichts anderes als die unselbständige Anknüpfung der Anerkennung einer Scheidung an das Statut der Hauptfrage bzw hier Scheidungsfolge, doch dies Problem ist kompliziert und umstritten. Man kann es nicht lösen durch eine apriorische Qualifizierung als Tatbestands- oder andere Wirkung des Scheidungsurteils. 162

163 Nach dem oben Rn 133 ff Ausgeführten hängt die Statuswirkung für das Inland von § 328 ZPO und nicht von ausländischem Anerkennungsrecht ab. Aber damit, daß dann und nur dann die Eheleute für uns geschieden sind, ist noch nicht gesagt, daß auch alle Scheidungsfolgen, die nach dem einen oder anderen fremden Recht gehen, eingetreten seien. Hier muß zum einen geprüft werden, ob dieses Recht überhaupt eine rechtlich wirksame Statusänderung verlangt oder zB an das faktische Getrenntleben anknüpft oder an die bloße Existenz eines selbst nicht anerkannten Scheidungsurteils (so OLG Celle 21. 12. 1966 FamRZ 1967, 156, Scheidung, Polen; in Italien kann aufgrund einer nicht anerkannten ausländischen Scheidung geschieden werden). Zum anderen kommt es im ersteren Fall darauf an, ob die mögliche Anerkennung des aus **Sicht diesen Rechtes** fremden Urteils (unselbständig) nach seinen Maßstäben oder (selbständig) nach deutschem Recht als der lex fori des Richters der Folgesache zu beurteilen ist. In den meisten Fällen wird auch die ausländische lex causae Anerkennung, dh Wirksamkeit der Scheidung verlangen. Das deutsche Recht, wenn es die Scheidungsfolge beherrscht, tut dies jedenfalls idR. Daß dann § 328 ZPO für die Scheidung gilt, ist richtig, jedoch führen für den deutschen Richter beide Methoden zum selben Ergebnis.

164 Andere „Tatbestandswirkungen“ wie zB § 204 BGB sind im Eherecht von praktisch geringerer Bedeutung. Hier soll es nach OLG Celle nicht auf die inländische Anerkennung ankommen (21. 12. 1966; **aA** Martiny aaO; zum verwandten Problem bei der Verjährungsunterbrechung durch Klageerhebung bzw Urteil im Ausland MünchKomm/Spellenberg Art 32 Rn 77 ff).

3. Folgen der Nichtanerkennung

a) Klagewiederholung

165 Ist die Anerkennung im Delibationsverfahren endgültig abgelehnt worden oder liegen die Anerkennungsvoraussetzungen nicht vor, wenn die Anerkennung ipso jure stattfände, so entfaltet das Urteil im Inland **definitiv keine Wirkungen**. Bei Statusurteilen tritt die Statuswirkung nicht ein, bei Leistungsurteilen kann nicht vollstreckt werden, und bei Feststellungsurteilen ist die betreffende Rechtsfrage noch nicht rechtskräftig geklärt (Stein/Jonas/Schumann § 328 Rn 30). Man kann auch sagen, die Entscheidung ist für das Inland grundsätzlich unbeachtlich (zB BGH 30. 6. 1964 MDR 1964, 840). Daran ändert es auch nichts, wenn die Entscheidung in dem Staat ergangen ist, dessen Recht auch nach unserem IPR in der Sache anzuwenden gewesen wäre (BGH aaO, fehlende Gegenseitigkeit). Die Anerkennung kann ja an fehlender dortiger Zuständigkeit oder aus einem der anderen in § 328 ZPO genannten Gründe scheitern. Es entsteht eine „Inlandsehe“.

166 Damit steht das ausländische Urteil einer **Klagewiederholung** im Inland oder auch einem Prozeß über denselben Streitgegenstand mit umgekehrten Parteirollen (negative Feststellungsklage) und insbesondere einer erneuten Scheidung im Inland nicht entgegen (vgl Anh zu § 606a ZPO Rn 50). Es ist rechtspolitisch bedenklich, aber geltendes Recht, daß den Weg zum inländischen Verfahren bereits der ablehnende Bescheid der LJV eröffnet, obwohl er noch durch einen Beschluß des OLG aufgehoben werden könnte (BayObLG 25. 9. 1973 FamRZ 1973, 660 = NJW 1974, 1628 [Geimer 1026 und Bürgle 2167]).

Soweit das ausländische Urteil der **förmlichen Anerkennung** gem Art 7 § 1 FamRÄndG unterworfen ist, ist zu beachten, daß vor dieser Entscheidung der LJV nicht nur die Anerkennungsfähigkeit, sondern auch die fehlende Anerkennungsfähigkeit nicht geltend gemacht werden können. Das bedeutet, daß vor einer Entscheidung der LJV insbesondere keine Zweitscheidung im Inland erfolgen darf. Vielmehr ist das neue Scheidungsverfahren **auszusetzen**, um den Parteien Gelegenheit zu geben, die Entscheidung der LJV einzuholen (OLG Karlsruhe 30. 9. 1999 FamRZ 2000, 1021; weiter Anh zu § 606a ZPO Rn 51 f). Auch ein Verfahren auf Nichtigkeit der Ehe ist auszusetzen, um die Anerkennung einer ausländischen Scheidung zu ermöglichen (OLG Karlsruhe 17. 9. 1990 FamRZ 1991, 92). Erst recht ist ein Scheidungsverfahren auszusetzen, wenn ein ausländisches Nichtigkeitsurteil vorliegt (OLG Karlsruhe 22. 4. 1993 FamRZ 1994, 47). Auch bei einer offensichtlich nicht anerkennungsfähigen ausländischen Scheidung sollte die Zweitscheidung im Inland nicht sofort zulässig sein (aA BGH aaO). Insoweit entsteht vor der Entscheidung der LJV eine Art Schwebezustand, so daß das ausländische Urteil nicht gänzlich ohne jegliche Wirkungen ist. 167

b) Wiederverheiratung

Wenn eine Scheidung im Ausland gem § 328 ZPO bei uns nicht anerkannt werden kann, hindert dies natürlich nicht die Wirksamkeit der Scheidung im Heimatstaat der Eheleute. Eine wesentliche Folge ist, daß die Geschiedenen dort wieder zur Heirat zugelassen werden. Das kann das deutsche Recht nicht verhindern. Streitig ist jedoch, ob den Geschiedenen deshalb auch in Deutschland entsprechend ihrem nach Art 13 Abs 1 EGBGB maßgebenden Heimatrecht die Wiederheirat erlaubt ist, ohne daß sie sich zuvor (erneut) in Deutschland scheiden lassen Das ist das umgekehrte Problem zur im Inland, nicht aber im Heimatstaat wirksamen Scheidung (vgl Anh zu § 606a ZPO Rn 65). In einer Art Umkehrung des Gedankens aus Art 13 Abs 2 Nr 2 EGBGB darf man die Eheschließung jedenfalls verweigern, solange die Geschiedenen nicht die Voraussetzungen der inländischen Anerkennung ihrer Scheidung geschaffen haben durch einen Bescheid nach Art 7 § 1 FamRÄndG. Dh vor allem, daß die Heirat zu verweigern ist, solange sie nicht den **Antrag nach Art 7 § 1 FamRÄndG** gestellt haben. Gleiches gilt, wenn der seinerzeit Beklagte in diesem Verfahren die Einrede nach § 328 Abs 1 Nr 2 ZPO erhebt, um die Anerkennung zu verhindern, und er zugleich das Aufgebot beantragt. Das wäre ein widersprüchliches Verhalten. 168

Das Problem stellt sich in voller Schärfe, wenn die **Anerkennung rechtskräftig verweigert** wurde, oder wenn eine Scheidung aus dem gemeinsamen Heimatstaat, für die eine förmliche Anerkennung nicht nötig ist, nicht anerkannt werden kann. Man sollte zwischen der Zulassung der neuen Eheschließung in Deutschland und der Wirksamkeit einer im Ausland geschlossenen Zweitehe unterscheiden (so auch MünchKomm/Coester Art 13 EGBGB Rn 47). 169

Das Problem stellt sich in der Praxis oft als Frage der Wirksamkeit einer Zweitehe, die **im Ausland** geschlossen wurde. Niemand kann und wird den im Ausland Geschiedenen verwehren, im Ausland wieder zu heiraten, und es begegnet durchgreifenden Bedenken, unter Berufung auf die Nichtanerkennung der Scheidung der Vorehe diese **Zweitehe zweier Ausländer** wegen Bigamie für nichtig oder aufhebbar zu erklären (KG 20. 6. 1984. StAZ 1984, 309 [Bürgle StAZ 1985, 104]; AG Heidelberg 15. 1. 1985 IPRax 1986, 165 [Hessler 146]; Neuhaus FamRZ 1964, 21 f; Jayme/Siehr StAZ 1970 345; vBar 170

IPR Bd 2 Rn 144; STAUDINGER/MANKOWSKI [2003] Art 13 EGBGB Rn 311 ff; BSG 30. 3. 1977 BSGE 43, 238; vgl auch BGH 7. 4. 1976, FamRZ 1976, 490; **aA** SOERGEL/SCHURIG, Art 13 Rn 19; PALANDT/HELDRICH Art 13 EGBGB Rn 7). Ausgangspunkt muß sein, daß das Heimatrecht der Nupturienten am nächsten dran ist, über die Wirksamkeit der außerhalb Deutschlands geschlossenen Ehe zu entscheiden. Weder die erste Ehe noch die zweite müssen bis zur zweiten Eheschließung Beziehungen zu Deutschland haben, und haben sie oft nicht (vgl KG 20. 6. 1984 aaO). Haben sich zB zwei Brasilianer in Mexiko scheiden lassen, und hat einer von ihnen, nachdem Brasilien die Scheidung anerkannt hat, in Argentinien oder sonst wo einen neuen, nicht deutschen Partner geheiratet, so kann die Anerkennung dieser Scheidung in Deutschland an § 328 Abs 1 Nr 1 eventuell auch 2, 3 oder 4 scheitern. Die Frage interessiert das deutsche Recht aber zunächst nicht. Sie kann erst dann interessant werden, wenn Wirksamkeit oder Folgen der Scheidung oder der Zweitehe in Deutschland geltend gemacht werden, insbesondere nachdem der eine oder der andere Ehegatte hierher umgezogen ist. Man sieht keinen Anlaß, nun die zweite Ehe für unwirksam zu halten, die zunächst möglicherweise jahrelang in den Ländern, in denen sie gelebt wurde, als gültig galt. Aus der Sicht des deutschen Rechtes stellt sich zwar die Situation als Doppelehe dar, wenn man von der fehlenden Anerkennung der Scheidung ausgeht. Diese kann aber durchaus hingenommen werden (so BSG 30. 3. 1977 aaO; STAUDINGER/MANKOWSKI aaO; MünchKomm/COESTER Art 13 EGBG Rn 48, jedenfalls wenn der Fall stärkere Beziehungen zum Ausland hat). Im Sozialrecht ist das im Anschluß an die Entscheidung des BVerfG (30. 11. 1982 BVerfGE 62, 323) weitgehend anerkannt, und die durchaus hM spricht heute der im Ausland nach dem gem Art 13 Abs 1 EGBGB maßgebenden ausländischen Recht wirksam geschlossenen polygamen Ehe inländische Wirksamkeit zu (MünchKomm/COESTER Art 13 EGBGB Rn 45 m Nachw). Dann muß erst recht eine bloß hinkende Bigamie nicht stören. Mit Recht wird darauf hingewiesen (MünchKomm/COESTER Art 13 Rn 47), daß diejenigen, die prinzipiell die zweite Ehe stets für unwirksam halten, doch häufig Ausnahmen aufgrund einer besonderen Situation vorschlagen. Man sollte diese Zweitehe im Ausland von Ausländern also akzeptieren. Man kann das als unselbständige Anknüpfung der Vorfrage der wirksamen Scheidung deuten, doch sagt das nicht viel, weil eine generelle Antwort auf die Frage nach der selbständigen oder unselbständigen Vorfragenanknüpfung nicht gegeben werden kann.

171 Wenn freilich der geschiedene und nun wieder heiratende Partner der ersten Ehe **deutscher Staatsangehöriger** ist, so wird man konsequenterweise die Anerkennungsfähigkeit der Auslandsscheidung für seine Wiederheirat verlangen (STAUDINGER/MANKOWSKI [2003] Art 13 Rn 303 f). Ebenso ist es, wenn der geschiedene Nupturient ausländischer Staatsangehöriger ist und nun eine nicht verheiratete Deutsche heiraten will. Das Ehehindernis der Doppelehe ist anerkanntermaßen ein doppelseitiges, indem ein Deutscher auch niemand heiraten darf, der noch verheiratet ist. Darum wird man nicht umhin können, angesichts des Art 13 Abs 1 EGBGB dafür die Anerkennung der Auslandsscheidung in Deutschland zu verlangen.

172 Auch wenn man so die Wirksamkeit einer im Ausland geschlossenen Ehe von zwei **Ausländern** entsprechend ihrem von Art 13 Abs 1 EGBGB berufenen Heimatrecht anerkennt, indem man die Beurteilung der Wirksamkeit der Scheidung der Vorehe nach ihrem Recht beurteilt, so ist damit noch nicht gesagt, daß eine solche Ehe auch **im Inland geschlossen** werden darf (verneinend OLG München 23. 9. 1987 IPRax 1988, 354;

vBar, IPR Bd 2 Rn 143; Hepting/Gaaz/Hepting Rn 154 ff vor § 3 BStG, § 10 Rn 153 ff; Palandt/Heldrich Art 13 EGBGB Rn 6; Kegel/Schurig, IPR 690; auch hier nach der Stärke der Inlands- oder Auslandsbeziehung differenzierend MünchKomm/Coester Art 13 EGBGB Rn 84 ff; **aA** Neuhaus RabelsZ 31 [1967] 579 f; Jayme/Siehr StAZ 1970, 345 f; bei anderer Sachlage KG 27. 1. 1986 IPRax 1987, 33 [Siehr 19]). Das entspricht der ganz hM bei den polygamen Ehen, deren Schließung im Inland, selbst wenn die beteiligten Heimatrechte der Nupturienten dies zulassen, wegen Verstoßes gegen den deutschen ordre public untersagt wird (zweifelnd MünchKomm/Coester Art 13 EGBGB Rn 45 m Nachw). Ob die Inlandsbeziehung durch die Heirat in Deutschland stark genug ist, um die Schließung einer aktuell oder potentiell polygamen Ehe abzuwehren, mag man bezweifeln (so Coester aaO Rn 45); jedenfalls ist der Verstoß gegen den deutschen ordre public bei Nupturienten ohne deutsche Staatsangehörigkeit, deren ausländische Scheidung nur von uns nicht anerkannt ist, eher gering. Es spricht viel dafür, diese Eheschließung zuzulassen.

Soweit aber eine Wiederverheiratung in Deutschland an der Nichtanerkennung der **173** vorgreiflichen ausländischen Scheidung scheitert, wird man der betreffenden Partei eine Zweitscheidung in Deutschland ermöglichen müssen. Aus der beabsichtigten Eheschließung folgt das Rechtsschutzinteresse. Das praktische Problem wird darin liegen, den Ehepartner der ersten Ehe überhaupt vor ein deutsches Gericht zu bekommen. Er wird selten einsehen, warum er sich noch einmal einem Gerichtsverfahren soll stellen müssen.

III. Gegenstand der Anerkennung

1. Qualifikation

§ 328 ZPO regelt die Voraussetzungen der Anerkennung von „Urteilen“ ausländi- **174** scher „Gerichte“. Es ist also zu fragen, wann ein ausländischer Akt als Urteil und die betr Stelle als „Gericht“ anzusehen sind.

Es kommen im Ausland Scheidungen und Folgeregelungen aufgrund streitiger Ver- **175** fahren in Verfahren der freiwilligen Gerichtsbarkeit, aber auch durch Verwaltungsakt (zB in Dänemark) vor. Von der Einordnung hängt dann ab, ob sich die Voraussetzungen der Anerkennung aus § 328 ZPO, § 16a FGG oder aus dem internationalen Verwaltungsrecht ergeben (Soergel/Schurig Art 17 EGBGB Rn 109; Habscheid FamRZ 1981, 1145), wenngleich es wegen der inhaltlichen Angleichung nur noch wenig auf die Unterscheidung ankommt (Henrich, Int FamR 154; zust Soergel/Schurig Art 17 EGBGB Rn 109).

Für Akte der **Freiwilligen Gerichtsbarkeit** ist die Anerkennung seit 1986 in § 16a **176** FGG gesetzlich geregelt worden. Damit erübrigt sich der bisherige Streit, ob § 328 ZPO auf Akte der Freiwilligen Gerichtsbarkeit entsprechend anzuwenden sei oder nicht (zum bisherigen Streitstand vgl Martiny, Hdb IZVR Bd III/1 Kap I Rn 513 ff). Nicht eindeutig geklärt ist bis jetzt aber immer noch, wie Akte der Freiwilligen Gerichtsbarkeit von Entscheidungen iSv § 328 ZPO abzugrenzen sind. Zwar ist § 16a FGG dem § 328 ZPO wörtlich nachgebildet worden, aber es bleibt der Unterschied, daß der Reformgesetzgeber lediglich bei § 16a FGG auf das Erfordernis der Gegenseitigkeit verzichtet. Jedoch verzichten § 328 Abs 2 und Art 7 § 1 Abs 1 S 2 FamRÄndG für die hier interessierenden Statusentscheidungen ebenfalls auf die Gegenseitigkeit, so daß § 16a FGG und § 328 ZPO übereinstimmen. Die Unterscheidung bleibt praktisch nur wichtig bei vermögensrechtlichen Scheidungsfolgeregelungen. Dennoch verlangt die juristische Präzision eine Abgrenzung. Dafür ist darauf abzustellen, ob nach dem ausländischen Recht ein „Rechtsstreit" stattgefunden hat. Es sollen nur solche gerichtlichen Entscheidungen zu den Zivilprozeßsachen gerechnet werden, welche einen Rechtsstreit zwischen den Parteien aufgrund eines beiden Parteien Gehör gewährenden ordentlichen oder summarischen aber kontradiktorischen Verfahrens erledigen, während die übrigen Entscheidungen Akte der Freiwilligen Gerichtsbarkeit darstellen (RG 30. 6. 1886 RGZ 16, 427 [428]; Soergel/Schurig Art 17 EGBGB Rn 109; Sonnenberger, Fragen des IZVR 223 f; Schütze RIW 1978, 767; Schack, IZVR Rn 810).

177 Bei diesem Ansatz wären dann das Zustandekommen des ausländischen Aktes, seine Funktion und Wirkungen wie sein Inhalt nach dem **ausländischen Recht** festzustellen, und ebenfalls nach ihrem Recht sind die Funktion und die Stellung der tätig gewordenen Stelle zu ermitteln, um dann zu prüfen, ob es sich um ein Gericht und ein streitiges Verfahren bzw eines der freiwilligen Gerichtsbarkeit bzw Verwaltungsverfahren in deutschen Sinn handelt. (Riezler, IZPR 101 ff, 117; Martiny aaO; RG 2. 11. 1937 JW 1938, 468; BGH 9. 5. 1956 BGHZ 20, 323, 329; implicite BGH 15. 5. 1986 NJW 1986, 3027). Vollkommene Identität der Regelungen ist nicht zu fordern, sondern nur eine **funktionelle Äquivalenz**. Das entspricht im übrigen der Qualifikationsmethode im IPR (vgl BGH 19. 12. 1958 BGHZ 29, 137 ff; MünchKomm/Sonnenberger Einl IPR Rn 444 ff, 463).

178 Die heute **hM** geht aber davon aus, daß die Qualifikation nach der **deutschen lex fori** dergestalt zu erfolgen habe, daß ausländische Entscheidungen unabhängig davon, ob sie dort in einem streitigen oder nichtstreitigen Verfahren ergingen, danach beurteilt werden, in welchem sie im Anerkennungsstaat Deutschland erfolgt wären (BGH 5. 2. 1975 BGHZ 64, 19; BGH 11. 4. 1979 NJW 1980, 529; KG 13. 11. 1973 OLGZ 1974, 94; BGH 25. 10. 1976 BGHZ 67, 255, 126; KG 9. 8. 1974 OLGZ 1975, 119; OLG Hamm 14. 4. 1976 OLGZ 1976, 426; BayObLG 20. 7. 1981 BayObLGZ 1981, 246; BayObLG 21. 6. 2000 BayObLGZ 2000, 180; Firsching StAZ 1976, 155; Staudinger/Kropholler[12] Art 19 EGBG Rn 348; Geimer, IZPR Rn 2882; ders, in: FS Ferid [1988] 96; Geimer/Schütze, Int Urteilsanerkennung Bd I/2, § 219; Martiny, Hdb IZVR Bd III/1 Kap I Rn 512; Ferid, IPR [3. Aufl 1987] 2–25; Zöller/Geimer § 328 Rn 67, 90; MünchKomm-ZPO/Gottwald § 328 Rn 44; Kropholler, IPR § 60 II 1; Henrich, Int FamR 154 zu eng wohl Habscheid FamRZ 1981, 1145). Damit sind **Ehescheidungen stets nach § 328 ZPO** zu prüfen, auch wenn sie in einem Verfahren der Freiwilligen Gerichtsbarkeit oder gar durch Verwaltungsakt ergangen sind (**aA** Soergel/Schurig Art 17 EGBGB Rn 109) und ebenso ggf die Scheidungsfolgeregelungen über Unterhalt und Güterrecht. Dagegen sind Entscheidungen zu Fragen des Sorgerechts und der Hausratsverteilung an § 16a FGG zu messen, selbst wenn sie im Scheidungsverbund ergangen sind (vgl § 621a ZPO; Staudinger/Kropholler [2002] Art 21 Rn 251). Sollte ein ausländisches Scheidungsurteil dem deutschen Recht unbekannte Scheidungsfolgen regeln (wie zB die Morgengabe vgl Heldrich IPRax 1983, 64; Hessler IPRax 1988, 95), so wird man § 328 ZPO vorziehen.

179 In vielen Fällen mag man die Subsumtion und die Qualifikationsmethode in der Praxis dahinstehen lassen, aber sonst verdient die nun **hM** den **Vorzug**. Es ist der Sache angemessener, Voraussetzungen einer Anerkennung von Art und Inhalt der betreffenden Hoheitsakte abhängig zu machen und weniger von der Art und dem Verfahren ihres Zustandekommens. Wenn das deutsche Recht sich auf den Standpunkt stellt, die Scheidung sollte im Wege eines streitigen Zivilprozesses erfolgen, dann sind die Anerkennungsvoraussetzungen aus § 328 ZPO zu entnehmen. Daran sollte sich nichts ändern, wenn ein ausländisches Gericht im Rahmen der freiwilligen Gerichtsbarkeit tätig geworden ist oder durch Verwaltungsakt. Auch in diesem Punkt der Qualifikation unterscheidet sich das Anerkennungsrecht vom IPR letztlich deshalb, weil bei ersterem die ausländischen Entscheidungen am deutschen Recht gemessen werden (zB § 328 Abs 1 Nr 1 ZPO), während es im IPR um die Anwendung auch ausländischen Rechts geht.

Unabhängig von der Frage, welche Anerkennungsregelung eingreift, muß der aus- **180**
ländische Hoheitsakt bestimmte Eigenschaften haben, um ggf unter § 328 ZPO bzw § 16a FGG zu fallen. Regeln des internationalen Verwaltungsrechts scheiden dagegen generell aus, weil Personenstandsregelungen und Folgeentscheidungen im deutschen Recht nie durch Verwaltungsbehörden erfolgen. Der Streit, ob freiwillige Gerichtsbarkeit in Deutschland materiell Verwaltung ist, ist wegen § 16a FGG ohne Bedeutung.

2. Urteile

a) Urteile und Entscheidungen

§ 328 ZPO behandelt die Voraussetzungen der Anerkennung von **„Urteilen“**, ohne **181**
den Begriff zu definieren. Demgegenüber befassen sich § 16a FGG, Art 7 § 1 FamRÄndG sowie Art 26 (Art 13 aF) EheGVO, Art 32 EuGVO, Art 25 EuGVÜ/LugÜ mit der Anerkennung ausländischer „Entscheidungen“.

Abgrenzungsprobleme ergeben sich daher zunächst zu **Art 7 § 1 FamRÄndG**. Dieser **182**
regelt mit der Delibation ein besonderes Verfahren der förmlichen Anerkennung von **„Entscheidungen“**, verweist hinsichtlich der Anerkennungsvoraussetzungen inhaltlich aber auf § 328 ZPO. Aus diesem systematischen Zusammenhang wird zum Teil geschlossen, § 328 ZPO sei in dem weiten Sinne des Art 7 § 1 FamRÄndG auszulegen (Martiny, Hdb IZVR Bd III/1 Kap I Rn 1683). Auch wird argumentiert, Art 7 § 1 FamRÄndG habe als spätere gesetzliche Regelung den älteren § 328 ZPO abgeändert (LG Lübeck 7. 10. 1956 FamRZ 1957, 223 [Bosch] [zweifelnd Neuhaus 394]), so daß beide Normen in dieser Weise inhaltsgleich zu verstehen seien.

Die Konsequenz dieser Auffassung wäre, daß dann auch die Voraussetzungen der **183**
Anerkennung aller „Entscheidungen“ an § 328 ZPO zu messen wären. Dieser gilt aber unstr nicht für Privatscheidungen (sei es durch Vertrag, sei es durch einseitige [Verstoßungs-]Erklärung), die zwar verfahrenstechnisch unter Art 7 § 1 FamRÄndG fallen, wenn eine ausländische Behörde, und sei es nur registrierend mitgewirkt hat (näher u Rn 549 ff und Art 7 § 1 FamRÄndG Rn 31 ff), deren Anerkennung und inländische Wirksamkeit sich aber nach dem von Art 13, 17 EGBGB bezeichneten **Sachrecht** richtet (weiter Rn 556).

Der Gegenstand der Anerkennung in § 328 ZPO ist daher enger als der der „Ent- **184**
scheidung“ in Art 7 § 1 FamRÄndG (Beule StAZ 1979, 31; Kleinrahm/Partikel, Die

Anerkennung ausl Entscheidungen in Ehesachen 62 f; NAGEL/GOTTWALD, IZPR § 11 Rn 91; REINL, Die Anerkennung ausl Eheauflösungen 62).

185 Unter einem „Urteil" iSd § 328 ZPO ist nur ein **Ausspruch zur Sache** zu verstehen (ROSENBERG/SCHWAB/GOTTWALD, ZPR I § 156 Rn 27; ZÖLLER/GEIMER § 328 Rn 67 a; MARTINY, Hdb IZVR III/1 Kap I Rn 473 f), wobei der Begriff **weit** zu fassen ist und Beschlüsse einschließt. Prozeßurteile sind nicht anerkennungsfähig (MünchKomm-ZPO/GOTTWALD § 328 Rn 42; BGH 27. 6. 1984 NJW 1985, 552 = IPRax 1985, 224 [HENRICH 207]; GEIMER, IZPR Rn 2788).

186 In jedem Fall muß eine **Entscheidung** vorliegen, also ein **hoheitlicher Ausspruch**, der die Rechtslage oder daraus erwachsene Ansprüche feststellt oder gestaltet. Damit ist die Abgrenzung zu privaten Akten, insbes zu **Privatscheidungen** nötig.

187 Private Akte und Handlungen staatlicher oder staatlich anerkannter Gerichte und Behörden können in vielfältiger Weise miteinander zu einem Ganzen verbunden sein. So wird die Scheidung nach mosaischem Recht durch Übergabe eines Scheidebriefes vom Ehemann an die Frau vollzogen, doch nicht nur unter Aufsicht des Rabbinatsgerichts, sondern im Streitfall entscheidet dieses in einem kontradiktorischen Verfahren darüber, ob die Ehe zu scheiden ist (und formuliert den Scheidebrief). Dennoch hat der BGH (2. 2. 1992 IPRax 1995, 111 [HENRICH 86]) darin eine Privatscheidung gesehen. Es kommt in der Tat entscheidend darauf an, ob der **Vollzug** der Scheidung auf einem **hoheitlichen Ausspruch** beruht (Rn 549 ff). Dann wird man auch kein „Urteil" annehmen dürfen, wenn eine Scheidung durch Erklärung oder Vertrag einer gerichtlichen Bestätigung bedarf, für die das Gericht die Scheidungsgründe oder andere Voraussetzungen überprüft (so aber LG Berlin 6. 11. 1961 IPRspr 1960/61 Nr 192 [Unterhalt]; GEIMER, IZPR Rn 2860). Ebenfalls kein Urteil iSd § 328 ZPO liegt vor, wenn eine durch privaten Vertrag der Parteien vollzogene Scheidung nur noch bei Gericht zu registrieren ist, ohne daß der Richter über ihre Wirksamkeit zu entscheiden hätte.

b) Stattgebende Entscheidungen

188 Unter § 328 ZPO fallen vom Inhalt her stattgebende Gestaltungs-, Leistungs- und Feststellungsurteile. Auch Urteile, die eine inländische Entscheidung abändern, sind anerkennungsfähig (MünchKomm-ZPO/GOTTWALD § 328 Rn 41; GÖPPINGER/WAX/LINKE, Unterhaltsrecht [7. Aufl. 1999] Rn 3283; GEIMER, IZPR Rn 2859; OLG Köln 15. 12. 1986 IPRax 1988, 30 [HENRICH 20]; OLG Frankfurt/M 4. 10. 1999 FamRZ 2000, 1425; AG Landstuhl 7. 7. 1983 IPRax 1984, 102). Auf die Form oder Bezeichnung als Beschluß, Verfügung, Entscheidung oder Urteil kommt es nicht an (GOTTWALD ZZP 103 [1990] 263; zu einer Kostenfestsetzung in Frankreich LG Hamburg 31. 8. 1987 IPRax 1989, 162 [abl REINMÜLLER 142]). Manche Abkommen wie das deutsch-belgische und deutsch-österreichische sagen dies ausdrücklich.

189 Dagegen wird von manchen verlangt, daß beiden Parteien im Verfahren **rechtliches Gehör** gewährt wird oder dieses jedenfalls gesetzlich vorgesehen ist (BAUMBACH/LAUTERBACH/HARTMANN § 328 Rn 8; STEIN/JONAS/SCHUMANN § 328 Rn 102; NAGEL/GOTTWALD § 11 Rn 47; BGH 9. 5. 1956 BGHZ 20, 323, 329; OLG Düsseldorf 22. 2. 1983 FamRZ 1983, 422; RG 30. 6. 1886 RGZ 16, 427, 430; MELCHIOR, Grundlagen des deutschen IPR [1932] 313; STAUDINGER/GAMILLSCHEG$^{10/11}$ § 328 ZPO Rn 14). Andere Definitionen erwähnen dieses Erfordernis dagegen zu Recht nicht (HABSCHEID FamRZ 1981, 1145; GEIMER, IZPR Rn 2852; ZÖLLER/

Geimer § 328 Rn 68; RG 2.11.1937 JW 1938, 468). Das – verweigerte – rechtliche Gehör erscheint (heute) in § 328 Abs 1 Nr 2 und 4 ZPO als Anerkennungshindernis und dabei in Nr 4 unter dem Gesichtspunkt des ordre public. Da die Verweigerung des rechtlichen Gehörs als Anerkennungshindernis erscheint, kann es nicht schon Bestandteil des Gerichts- oder Urteilsbegriffes sein (Martiny, Hdb IZVR Bd III/1 Kap I Rn 468 f; Geimer, IZPR Rn 2852; **aA** Riezler, IZPR 529; Roth, Der Vorbehalt des ordre public gegenüber fremden gerichtlichen Entscheidungen [1967] und ZZP 82 [1969] 153 f). Daher sind grundsätzlich auch Entscheidungen in **summarischen Verfahren** anerkennungsfähig (so wohl AG Hamburg 24.1.1985 IPRax 1986, 114 [DH] [Unterhalt nach Verstoßungsscheidung]; RG 4.4.1928 RGZ 121, 24, 25; RG 22.4.1932 RGZ 136, 142, 147).

Ausländische Urteile, die einer Partei die Prozeßführung in Deutschland untersagen, können dagegen nicht anerkannt werden. Derartige Entscheidungen, die häufig im angelsächsischen Raum als einstweilige Verfügung (**anti-suit-injunction**) ergehen, verstoßen gegen den Grundsatz, daß allein das deutsche Recht über die Zulässigkeit inländischer Klagen zu entscheiden hat (EuGH 27.4.2004 Rs 159/02 – Turner/Grovit – IPRax 2004, 425 [Rauscher 405]; Geimer, IZPR Rn 2792; Martiny, Hdb IZVR III/1 Rn 477; Schack, IZVR Rn 773; MünchKomm-ZPO/Gottwald § 328 Rn 42; vorsichtiger ders ZZP 103 [1990] 267; ders, in: FS Habscheid [1989] 123 f; zu solchen Anordnungen in den USA vgl Scoles/Hay, Conflict of Laws [2. Aufl 1992] § 10 S 352 ff). Wenn jedoch auch die Sache selbst, zB ein Scheidungsantrag im Ausland anhängig ist, dann macht ggf schon diese Rechtshängigkeit die Klage in Deutschland unzulässig. Die injunction kann eventuell zugleich zur Anhängigkeit der Hauptsache führen. Zwar kann das im Ausland ausgesprochene Verbot den Schutz des dortigen Verfahrens zur Sache bezwecken (ähnlich Gottwald aaO), doch kann erst die Erhebung der Klage in der Sache, wenn sie vor einer inländischen Klage erhoben wird, diese wegen Rechtshängigkeit unzulässig machen. **190**

Selbstverständlich muß das ausländische Urteil zwischen den Parteien überhaupt ergangen sein. Man berichtet zumindest aus früherer Zeit von gefälschten Scheidungsurteilen aus Mexiko (von Sachsen Gessaphe StAZ 1992, 334 ff; möglicherweise auch im Fall LJV BW 23.1.1987 IPRspr Nr 163 a; best OLG Stuttgart 10.4.1987 aaO Nr 163 b [Indien]). Die Echtheit kann ggf durch die Legalisation der Urkunde nachgewiesen werden (dazu MünchKomm/Spellenberg Art 11 EGBGB Rn 95 ff). Auch Verfälschungen zB von Namen kommen vor, um in Deutschland eine ausländische Scheidung vorzutäuschen (vgl BayObLG 28.7.1999 FamRZ 2000, 836). **191**

c) Scheidung hinkender „Auslandsehen“

Wenn eine Ehe **für die deutsche Rechtsordnung inexistent** oder schon wirksam aufgehoben, aber für eine andere Rechtsordnung gültig ist („Auslandsehe“) und nun im Ausland geschieden wird, so braucht die Scheidung nicht anerkannt zu werden, da sie für uns schon nicht (mehr) besteht (Martiny, Hdb IZVR Bd III/1 Kap I Rn 141, 1054; Basedow, Die Anerkennung von Auslandsscheidungen 148; Schwind, in: FS Schima [1969] 382; offengelassen von BayObLG 18.5.1972 BayObLGZ 1972, 185 = FamRZ 1972, 370). **192**

d) Klageabweisende Entscheidungen

Klageabweisende Urteile können im Rahmen des § 328 ZPO **anerkannt** werden und damit zB einer erneuten Sachentscheidung entgegenstehen (OLG Karlsruhe 27.9.1961 Justiz 1962, 53; KG 17.8.1983 ROW 1984, 98 m Anm Motsch; Riezler, IZPR 512; Beitzke DRZ **193**

1946, 173; Geimer NJW 1967, 1401 f; Habscheid FamRZ 1973, 432; Schütze NJW 1973, 2145; Kleinrahm/Partikel 79; Martiny, Hdb IZVR III/1 Rn 482; Zöller/Geimer § 328 Rn 67 a). **Nicht** anerkennungsfähig sind **Prozeßurteile**, die keinen Ausspruch zur Sache enthalten, sondern Klageabweisungen als unzulässig, oder Feststellungsurteile über Prozeßvoraussetzungen. Es fehlen Wirkungen, die ins Inland zu erstrecken wären. Es berührt die inländische Rechtsordnung nicht, wenn ein ausländisches Gericht die Zulässigkeit der bei ihm erhobenen Klage verneint (Nachw o Rn 185; **aA** Nagel/Gottwald § 11 Rn 141). So steht auch zB die Klageabweisung durch ein spanisches Gericht wegen Prozeßunfähigkeit einer Partei einer erneuten Klageerhebung vor einem deutschen Gericht nicht entgegen (vgl BGH 27. 6. 1984 IPRax 1985, 224).

194 Klageabweisende Sachurteile können nach dem Wortlaut des Art 7 § 1 FamRÄndG nicht Gegenstand eines Feststellungsverfahrens sein (vgl dazu aber Art 7 § 1 FamRÄndG Rn 5 f). Daraus kann jedenfalls nicht der Schluß gezogen werden, daß sie auch nicht der Anerkennung nach § 328 ZPO fähig sind (so allerdings Jonas DR 1942, 60; wie hier Habscheid FamRZ 1973, 431; vgl dazu Kallmann, Anerkennung und Vollstreckung ausländischer Zivilurteile und gerichtlicher Vergleiche [Basel 1946] 188 ff). Vielmehr hat ein die begehrte Scheidung abweisendes Urteil immerhin die materiellen Rechtskraftwirkungen (vgl o Rn 149 ff).

195 Problematisch ist es, wenn Rechtsordnungen nicht zwischen einer **Klagerücknahme**, die das anhängige Verfahren ohne Urteil beendet (vgl § 269 ZPO), und einem **Klageverzicht**, der zu einem materiell rechtskräftigen klageabweisenden Urteil führt (vgl § 306 ZPO), unterscheiden. Hier ist maßgeblich, ob noch eine gerichtliche Entscheidung oder Äußerung zur Sache erfolgt ist, der statusverändernde Wirkung und Rechtskraft beigelegt wird. Ist dies der Fall und kann die Klage nicht mehr mit dem alten Tatbestand erneuert werden, so ist die Anerkennung nach § 328 ZPO zu prüfen. (**aA** Staudinger/Gamillscheg[10/11] Rn 457, weil keine Sachentscheidung; unentschieden OLG Stuttgart 14. 7. 1972 NJW 1973, 432 und Martiny, Hdb IZVR Bd III/1 Kap I Rn 482).

e) Bestandskraft. Formelle Rechtskraft

196 Nach dem Recht des Urteilsstaates **nichtige**, dh ganz wirkungslose Urteile können konsequenterweise auch nicht anerkannt werden (BGH 4. 6. 1992 BGHZ 118, 312, 318 = NJW 1992, 3098 = ZIP 1992, 1256, 1259 [Bungert 1707 ff]; OLG Düsseldorf 28. 5. 1991 RIW 1991, 594; Schütze IPRax 1994, 267; Habscheid FamRZ 1981, 1142, 1143, 1145, Zöller/Geimer § 328 Rn 91; **aA** OLG Hamm 30. 3. 1993 IPRax 1994, 289). Daß das Urteil auch mit Rechtsmitteln angefochten werden kann, ändert nichts (Schütze aaO). Eine Anerkennung ist hingegen möglich, wenn das ausländische Urteil nicht ipso jure wirkungslos ist, sondern es hierfür einer gerichtlichen Aufhebungsentscheidung bedarf. Dies gilt selbst dann, wenn im Ausland das Verfahren zur Nichtigkeitsfeststellung bereits betrieben wird (BGH aaO). Freilich ist dann ein Anerkennungsverfahren nach Art 7 § 1 FamRÄndG analog § 148 ZPO auszusetzen (von Sachsen Gessaphe StAZ 1992, 334, 340).

197 Das Urteil muß **endgültig** sein (Zöller/Geimer § 328 Rn 68). Zwischenentscheidungen genügen nicht. Wenn noch weitere Schritte, namentlich eine Eintragung des Urteils in ein Register zur **Herbeiführung der Gestaltungswirkung** erforderlich und sonstigen Urteilswirkungen sind, dann kann die betr Urteilswirkung auch erst danach anerkannt werden (BayObLG 28.3.1977 BayObLGZ 1977, 71 f = FamRZ 1977, 395 f; GEIMER, IZPR Rn 2890).

Streitig ist aber, ob die Anerkennung auch **formelle Rechtskraft** voraussetzt (bejahend hM NAGEL/GOTTWALD § 11 Rn 28 f; SCHACK, IZVR Rn 821; MARTINY aaO Rn 487; RIEZLER, IZPR 531; KLEINRAHM/PARTIKEL 70; OLG Düsseldorf 28.2.1975 FamRZ 1975, 584 f; OLG Düsseldorf 10.3.1976 FamRZ 1976, 355 f; OLG Düsseldorf 21.12.1976 IPRspr 1976 Nr 182; BayObLG 29.3.1990 FamRZ 1990, 897 = StAZ 1990, 225 [ital Trennungsurteil]; verneinend ZÖLLER/GEIMER § 328 Rn 69; STEIN/JONAS/SCHUMANN § 328 Rn 110; GEIMER, IZPR Rn 2856, zweifelnd GOTTWALD ZZP 103 [1990] 264 f; SCHLOSSER RIW 1983, 480 [nicht eherechtlich]). Anlaß für diese Frage ist, daß manche Rechtsordnungen **Urteilswirkungen, selten** wohl aber auch die **Gestaltungswirkung** schon vorher eintreten lassen (vgl MARTINY, Hdb IZVR Bd III/1 Kap I Rn 450). Art 26 (Art 13 aF) EheGVO wie Art 32 EuGVO verzichten auf formelle Rechtskraft. **198**

Für die hM sprechen die besseren, namentlich praktischen Gründe. Es ist sinnvoll, mit der Anerkennung zu warten, bis die ausländische Entscheidung hinreichend dauerhaft erscheint, um nicht alsbald auf eine eventuelle Abänderung oder Aufhebung im weiteren Verlauf des ausländischen Verfahrens reagieren zu müssen. Zwar werden auch Entscheidungen der freiwilligen Gerichtsbarkeit allgemein anerkannt (§ 16a FGG), obwohl sie typischerweise mangels formeller oder materieller Rechtskraft jederzeit abgeändert werden können, und es ist also die Unabänderbarkeit keine notwendige Anerkennungsvoraussetzung. Man sollte jedoch bei Entscheidungen, die formelle Rechtskraft erlangen können, ggf die Fristen für deren Eintritt abwarten, die regelmäßig auch nicht lang sind. Bei unbefristeten Rechtsmitteln, die namentlich in der freiwilligen Gerichtsbarkeit vorkommen, geht das natürlich nicht. Es genügt aber jedenfalls die **reguläre formelle Rechtskraft**. Daß noch außerordentliche Rechtsmittel wie zB Wiederaufnahme möglich sind, schadet ebensowenig wie die Möglichkeit einer Verfassungsbeschwerde (BGH 4.6.1992 NJW 1992, 3102 = ZIP 1992, 1256 [BUNGERT ZIP 1992, 1707 ff]; GEIMER, IZPR Rn 2890; MünchKomm-ZPO/GOTTWALD § 328 Rn 44; vgl schon POHLE JW 1936, 1873). **199**

Wird das rechtskräftige ausländische Urteil aber dennoch wieder **aufgehoben**, so entfällt seine Inlandswirkung wieder (BayObLG 20.2.1998 FamRZ 1998, 305c; StAZ 1999, 144). Der Zeitpunkt ergibt sich aus dem ausländischen Recht. Freilich muß die neue, aufhebende Entscheidung ihrerseits anzuerkennen sein, womit die frühere Inlandswirkung entfällt (OLG Bremen 8.2.1966 OLGZ 1966, 373; BayObLG 7.6.1967 BayObLGZ 1967, 218 [dazu EHRENZWEIG, JAYME, NEUHAUS RabelsZ 32 ⟨1968⟩ 753 ff]). Es kann aber sein, zB bei fehlendem rechtlichem Gehör im Wiederaufnahmeverfahren, daß eine frühere Scheidung für uns wirksam bleibt, weil die neue nicht anerkannt wird. **200**

Eine andere Frage ist, ob die aufhebende Entscheidung ihrerseits nach **Art 7 § 1 FamRÄndG förmlich** anerkannt werden muß. Die ratio dieses förmlichen Anerkennungsverfahrens, nämlich Unsicherheiten und Unklarheiten über den Status im Inland zu vermeiden, spricht eher dafür. Das logische Argument, daß mit der ausländischen Wiederaufnahmeentscheidung etc bereits der Gegenstand der ursprünglichen inländischen Anerkennung entfallen sei, wiegt demgegenüber weniger. **201**

Staatsverträge können wie das deutsch-belgische, deutsch-niederländische, deutsch- **202** griechische und deutsch-österreichische Abkommen und namentlich die EheGVO auch die Anerkennung noch nicht rechtskräftiger Entscheidungen vorsehen. Die **Statuswirkung** im Inland setzt aber allemal voraus, daß sie im Ausland schon ohne Rechtskraft eingetreten ist, was kaum vorkommen wird.

203 Die **Qualifikation** der formellen Rechtskraft erfolgt nach deutschem Recht. Welche Art dagegen zB von Endgültigkeit bzw Anfechtbarkeit gegeben ist, ist der lex fori zu entnehmen (OLG Schleswig 8. 2. 1967 IPRspr 1966/67 Nr 260 [Scheidung Frankreich]; LINKE IPRax 1982, 230; OLG Hamm 6. 7. 1988 NJW 1988, 3103; AG Heilbronn 6. 2. 1991 RIW 1991, 343). Dies ist dann mit den dem deutschen Recht zu entnehmenden Maßstäben zu vergleichen. Vollkommene Identität der Regelungen zB der formellen Rechtskraft (oder gar der Begriffsbildung) ist natürlich nicht zu verlangen, sondern nur Übereinstimmung mit den wesentlichen Charakteristika der deutschen formellen Rechtskraft. ZB wird in Frankreich die Kassationsbeschwerde ein außerordentlicher Rechtsbehelf genannt, entspricht aber der ordentlichen deutschen Revision. Ebensowenig kommt es darauf an, wie lange der Rechtsbehelf befristet ist. Läuft die Frist noch, so fehlt die formelle Rechtskraft (OLG Düsseldorf 28. 2. 1975 FamRZ 1975, 584 f; OLG Düsseldorf 10. 3. 1976 FamRZ 1976, 355; OLG Saarbrücken 20. 1. 1978 DAVorm 1978 Nr 322 f).

204 Unrichtig ist aber, wenn gesagt wird (MARTINY, Hdb IZVR Bd III/1 Kap I Rn 488), der Rechtsbehelf könne auch unbefristet sein, denn dann schiede eine Anerkennung solange aus, als im Ausland kein Rechtsbehelf eingelegt und beschieden wurde. Hier ist die Anerkennung zuzulassen, und zwar sofort und nicht erst, wenn eine deutsche Rechtsmittelfrist abgelaufen wäre.

205 **Materielle Rechtskraft** ist dagegen nicht erforderlich (BEITZKE RabelsZ 30 [1966] 658; MARTINY, Hdb IZVR III/1 Rn 490; **aA** BAG 19. 3. 1996 DB 1997, 183; HABSCHEID FamRZ 1981, 1145; KALLMANN, Anerkennung und Vollstreckung ausländischer Zivilurteile und Vergleiche [1946] 15 ff; HERBERT BECK, Anerkennung ausländischer gerichtlicher Entscheidungen in Zivilsachen nach den Staatsverträgen mit Belgien, Österreich, Großbritannien und Griechenland [Diss Saarbrücken 1967] 21). Fehlt sie, so können natürlich auch derartige Wirkungen durch Anerkennung nicht auf das Inland erstreckt werden (zur Wirkungserstreckung Rn 121 ff). Man sollte aber solche Entscheidungen nicht generell von der Anerkennung ausschließen, also insbesondere nicht Gestaltungsentscheidungen, die nach dem maßgebenden ausländischen Recht keine präjudizielle Bindungswirkung (materielle Rechtskraft) haben. Die Statusentscheidung anzuerkennen, hat trotzdem guten Sinn. Vollstreckungsakte auch in der Form von Gerichtsbeschlüssen sind gesondert zu behandeln (ins zutr BAG aaO; GEIMER, IZPR Rn 2794 f).

206 Gerade bei Gestaltungsurteilen begegnet man im Ausland den Regelungen, wonach die Gestaltung des Status erst mit einem weiteren Akt, namentlich mit der **Eintragung** in ein Register eintritt (o Rn 197, 136 f). Davor kann dann auch keine Statuswirkung für das Inland anerkannt werden, weil sie (noch) nicht eingetreten ist (RAAPE IPR 312; HAUSMANN Kollisionsrechtliche Schranken von Scheidungsurteilen, 204; STEIN/JONAS/H ROTH § 328 Rn 196; BayObLG 28. 3. 1977 BayObLGZ 1977, 71 = FamRZ 1977, 395; OLG Düsseldorf 28. 2. 1975 FamRZ 1975, 584; auch RG 19. 3. 1936 RGZ 150, 374). Damit ist aber noch nicht ausgeschlossen ggf sonstige Urteilswirkungen schon anzuerkennen, namentlich die materielle Rechtskraft. Ein Antrag nach Art 7 § 1 FamRÄndG wäre aber als unbegründet abzuweisen.

Nicht anerkennungsfähig sind nach ihrem Inhalt ausländische Entscheidungen, mit denen aus dortiger Sicht ausländische Urteile anerkannt werden. Wir entscheiden allein, ob wir dieses Urteil aus einem Drittstaat anerkennen (allg Kegel, in: FS Müller-Freienfels [1986] 383; Soergel/Schurig Art 17 EGBGB Rn 112; Schack, IZVR Rn 812, 936). Die Frage ist nicht mit der zu verwechseln, ob wir eine Entscheidung eines ausländischen Gerichts anerkennen, mit dem dieses die Entscheidung eines kirchlichen Gerichts mit zivilrechtlichen Wirkungen versieht (u Rn 554 f). **207**

f) Entscheidungsbegründung

Ein Urteil, zu dem gar **keine Gründe** gegeben werden, dürfte zwar wegen eines Verstoßes gegen den deutschen ordre public nicht anzuerkennen sein. Das Fehlen schriftlicher Gründe verstößt jedoch nicht dagegen, weil die §§ 313a und b ZPO solche Urteile ebenfalls kennen (Zöller/Geimer § 328 Rn 173). Es ist also ein „Urteil", denn § 328 ZPO erwähnt nirgends, daß das ausländische, anzuerkennende Urteil mit Gründen versehen sein müsse. **208**

Jedoch erschwert die fehlende Urteilsbegründung die Nachprüfung bezüglich der Anerkennungsvoraussetzungen und -hindernisse sehr. Der deutsche Richter könnte im Anerkennungsverfahren oder entsprechend bei der Inzidentfeststellung die beweisbelastete Partei auffordern, nähere Informationen und Nachweise vorzulegen (Linke, Die Versäumnisentscheidungen im deutschen, österreichischen, belgischen und englischen Recht [1972] 121; Martiny, Hdb IZVR Bd III/1 Kap I Rn 1114). So läßt sich ggf wohl nachweisen, daß der Beklagte rechtzeitig und ordentlich geladen worden war. Auch die Anerkennungszuständigkeit des Urteilsgerichts dürfte feststellbar sein. Die Beweislast trägt hierfür der im Ausland siegreiche Antragsteller (Zöller/Geimer § 328 Rn 173). Schwierig kann es mit den sachlichen Entscheidungsgründen sein, wenn sie nicht in den Akten des entscheidenden Gerichts dokumentiert sind. Wird nicht nachgewiesen, warum der Richter so entschieden hat, insbesondere wenn er gar keine Begründung gegeben hatte, dann sind wohl die Minimalanforderungen an eine rechtstaatliche Entscheidung nicht erfüllt. Man kann sich auf § 328 Abs 1 Nr 4 ZPO, auch unter Gesichtspunkt des rechtlichen Gehörs, berufen (vgl auch Cass civ 9. 10. 1991 Rev crit d i p 1992, 526 mit krit Anm Kessieljian). **209**

g) Spruchkörper

aa) Gerichte

Die ausländische Stelle muß nicht allen Anforderungen an ein **Gericht** iSd Art 92 GG und des GVG entsprechen. Es genügt, ist aber auch erforderlich, daß es sich um eine mit **staatlicher Autorität** versehene Stelle handelt, die befugt ist, über Rechtsstreitigkeiten, hier über Eheangelegenheiten, zu entscheiden (RG 11. 2. 1938 JW 1938, 870 Nr 22; BGH 9. 5. 1956 BGHZ 20, 323, 329 = StAZ 1956, 169 = FamRZ 1956, 228, 276 [Bosch 280]; zust Stein/Jonas/Schumann § 328 Rn 107; Soergel/Schurig Art 17 EGBGB Rn 94, 112; Beitzke FamRZ 1967, 598). Ein justizförmliches Verfahren mit Gewährung rechtlichen Gehörs charakterisiert zwar das Gericht und unterscheidet sein Verfahren vom Verwaltungsakt (darauf stellt ab Nagel/Gottwald § 11 Rn 140), aber das ist nach dem oben Rn 178, 189 Gesagten für die Anwendung von § 328 ZPO oder § 16a FGG **210** nicht maßgeblich. Entscheidend ist, ob eine hoheitliche Feststellung, Entscheidung oder Gestaltung vorliegt. Andernfalls handelt es sich um eine Privatscheidung.

α) Geistliche Gerichte

211 So gehören hierher auch **geistliche Gerichte**, wenn und sobald der zuständige Staat ihre Entscheidungen auch mit weltlicher, staatlicher Wirkung versehen hat, ihnen also staatliche Autorität leiht (Martiny aaO Rn 498, 528 f; Nagel/Gottwald § 11 Rn 228; Riezler, IZPR 529; Wolf, IPR Deutschlands [3. Aufl 1954] 133; Zimmerle StAZ 1932, 25 f; Nussbaum, Deutsches IPR [1930] 430; Kleinrahm/Partikel 140; BayObLG 22. 11. 1912 BayObLGZ 1913, 690 = OLGRspr 27, 92; RG 20. 2. 1913 RGZ 81, 373; RG 30. 4. 1928 JW 1928, 3044; KG 28. 10. 1929 StAZ 1930, 196).

212 Freilich muß das geistliche Gericht nicht nur überhaupt in Ehesachen tätig werden dürfen, sondern es muß auch seine ihm vom Staat übertragene sachliche **Zuständigkeit** eingehalten haben (Zimmerle aaO). Delegiert hier der betreffende Staat seine Ehegerichtsbarkeit an geistliche Gerichte, so ist es konsequent, die Anerkennung dann auch nach § 328 ZPO zu beurteilen und nicht zB die Grundsätze über Privatscheidungen anzuwenden.

213 Es ist jedoch nicht nötig und heute eher selten, daß die geistliche Gerichtsbarkeit das Monopol in Ehesachen hat, sondern es genügt, wenn und soweit der betreffende Staat **neben seiner eigenen Gerichtsbarkeit** kirchliche Urteile anerkennt wie zB in Italien und Spanien (zu letzterem Rodriguez Chacon RDP 1984, 26 ff; A M Karl, Die Anerkennung von Entscheidungen in Spanien [1993] 41 ff, 117). Bei Italien ist jedoch zu beachten, daß die durchaus zulässige kirchliche Eheauflösung – Scheidung gibt es im kanonischen Recht eigentlich nicht, sondern nur Nichtigkeitsurteile – ihre staatlichen Wirkungen erst entfaltet, wenn sie in das staatliche Zivilstandsregister eingetragen ist. Diese Eintragung setzt ihrerseits eine gerichtliche Anerkennungsentscheidung durch das Appellationsgericht voraus.

214 Als Gegenstand der deutschen Anerkennung ist dann richtigerweise dieses **staatliche Anerkennungsurteil** anzusehen (Jayme IPRax 1990, 32 f und in: FS Ferid [1988] 199 f, 204; irrig zum italienischen Recht JM BW 27. 4. 1987 IPRax 1990, 51 [Jayme 32]; zum Verhältnis kirchlicher und staatlicher Gerichtsbarkeit grundsätzlich Klaus Wähler, in: FS Wengler Bd 2 [1973] 865 ff; weiter Art 21 EheGVO Rn 12 ff). Dabei sollte es keinen Unterschied machen, aus welchem Staat das so anerkannte kirchliche Urteil stammt, selbst aus Deutschland darf es sein, weil Art 17 Abs 2 EGBGB nicht entgegensteht, wenn die staatliche Anerkennungsentscheidung im Ausland erfolgt (Geimer, IZVR Rn 2872; Jayme IPRax 1990, 32; AG Mannheim 2. 12. 1986 IPRax 1990, 50; weiter u Rn 554 f; **aA** MJ BW 27. 4. 1987 IPRax 1990, 51; Soergel/Schurig Art 17 EGBGB Rn 112 Fn 10). Es scheint nicht der Zweck des Art 17 Abs 2 EGBGB zu sein, das Prinzip der Zivilscheidung auch ins Ausland zu erstrecken. Freilich muß der Staat, der der kirchlichen Scheidung zivile Wirkung verleiht, international iSd § 328 Abs 1 ZPO zuständig sein, und es dürfen keine Anerkennungshindernisse danach vorliegen.

β) Nicht staatliche Gerichte

215 Entsprechendes gilt bei **nichtkirchlichen**, staatlich anerkannten **Gerichtsbarkeiten**. Es ist aber jeweils zu prüfen, ob es sich zB bei gewohnheitsrechtlichen Scheidungen in Afrika und anderswo um delegierte Gerichtsbarkeit oder nur um zugelassene Pri-

vatscheidungen handelt, mögen sie auch unter Assistenz lokaler Autoritäten stattfinden (zur Abgrenzung unten 222). Immer ist es auch **erforderlich** zu prüfen, ob das konkrete kirchliche oder andere Urteil vom betreffenden **Staat anerkannt** wird, was insbesondere bei Überschreitung der gewährten Zuständigkeit ausgeschlossen sein kann (Beispiele bei WÄHLER aaO). Die kirchlichen Vorstellungen und Regelungen zur eigenen Zuständigkeit sind für unser Anerkennungsrecht nicht erheblich (zu kirchlichem und religiösem Eherecht nach den eigenen Regeln vgl ENGELHARDT [Hrsg], Die Kirchen und die Ehe [1984] Beiheft 46 zur Ökumenischen Rundschau; WÄHLER, Interreligiöses Kollisionsrecht im Bereich privatrechtlicher Rechtsbeziehungen [1978]). Auch gewohnheitsrechtliche Gerichte praktizieren nicht ganz selten contra legem

Persönliche und sachliche **Unabhängigkeit** der Richter ist ebensowenig zu verlangen **216** wie die sonstigen Merkmale der Art 92, 97 GG und des GVG (BGH 9. 5. 1956 aaO; KG 28. 9. 1931 IPRspr 1931 Nr 146; RG 4. 4. 1928 RGZ 121, 24 f; MARTINY aaO Rn 498 f). Defizite an Neutralität oder sachlicher bzw persönlicher Unabhängigkeit der Richter können freilich Anlaß zum Eingreifen des ordre public (§ 328 Abs 1 Nr 4 ZPO) sein, wenngleich auch hier Zurückhaltung geboten ist (vgl auch BGH 15. 5. 1986 NJW 1986, 3027; BGH 7. 1. 1971 BGHZ 55, 162, 175; BGH 3. 7. 1975 BGHZ 65, 59, 64, jeweils zu Schiedsverfahren; MARTINY, Hdb IZVR III/1 Kap I Rn 499 f).

bb) Verwaltungsakt

Während die Voraussetzungen der Anerkennung einer Privatscheidung unstr nicht **217** unter § 328 ZPO fallen (Rn 222), ist die Subsumtion bei Scheidungen durch Verwaltungsakt, wie sie etwa in skandinavischen Ländern (Regierungspräsident in Norwegen, Statsamt in Dänemark) oder auch Mexiko (einverständliche Scheidung kinderloser Ehen durch den Standesbeamten) und in der VR China vorkommen, **zweifelhaft**. Vom normalen Gerichtsbegriff des deutschen Rechts unterscheidet sich der Verwaltungsakt sowohl (meist) durch die Weisungsgebundenheit des handelnden Beamten (darauf stellt ab NAGEL/GOTTWALD § 11 Rn 32), als auch häufig durch das Fehlen einer persönlichen Unabhängigkeit.

Daher wurde vertreten, die Wirksamkeit von Scheidungen durch Verwaltungsbe- **218** hörden sei wie diejenige von Privatscheidungen nach der von **Art 17 EGBGB** bezeichneten lex causae zu beurteilen (so LEWALD, IPR 125; NUSSBAUM, Deutsches IPR [1930] 165), oder daß die Regeln des internationalen Verwaltungsrechts über die Anerkennung ausländischer Verwaltungsakte anzuwenden seien, wenn keine sachlich unabhängige Stelle entschieden hat (so HABSCHEID, FamRZ 1981, 1145). Auch die hM verlangt für § 328 ZPO, daß eine zur Entscheidung zivilrechtlicher Angelegenheiten berufene Stelle in einem rechtlich geordneten, **prozeßförmlichen Verfahren** entschieden hat (KLEINRAHM/PARTIKEL 64; HENRICH, Int Familienrecht 153 ff; HAECKER, Die Anerkennung ausl Entscheidungen in Ehesachen [1989] 23; MARTINY, Hdb IZVR III/1 Kap I Rn 519 f; ROSENBERG/SCHWAB/GOTTWALD, § 156 Rn 27; RAAPE/STURM IPR Bd 1 357; STEIN/JONAS/SCHUMANN § 328 Rn 107; SOERGEL/SCHURIG Art 17 EGBGB Rn 109; AG Berlin-Schöneberg 2. 3. 1928 StAZ 1929, 57; KG 28. 9. 1931 IPRspr 1931 Nr 146; KG 23. 1. 1939 DRW 1939, 1015; OTTO FamRZ 1976, 280; THOMAS/PUTZO § 328 Rn 4), so daß eine Anwendung der Vorschrift auf Verwaltungsakte ausscheidet; über ihre Anerkennung wäre nach internationalem Verwaltungsrecht oder eventuell nach § 16a FGG zu entscheiden.

Wie bei der Abgrenzung zur FG (o Rn 176 ff) sollte jedoch **auch hier § 328 ZPO** **219** angewandt werden. Maßgeblich ist, daß die Ehescheidung nach deutschem Recht durch gerichtliche Entscheidung vorzunehmen wäre (iE weitgehend auch SOERGEL/SCHURIG Art 17 EGBGB Rn 109; **aA** GEIMER, IZPR Rn 2873). Mit dem Umstand, daß die Statusfrage im Ausland zB durch den Standesbeamten mittels Verwaltungsakts geregelt werden kann, ist keine Verringerung der Anforderungen des § 328 ZPO zu rechtfertigen. Die Regeln des internationalen Verwaltungsrechts über die Anerkennung ausländischer Verwaltungsakte, soweit sie hierzu etwas ergeben (vgl KREUZER IPRax 1990, 366 f), beziehen sich auch nicht auf Gestaltung privatrechtlicher Verhältnisse (D BRAUN, Anerkennung und Vollstreckung sowjetzonaler Zivilurteile in Westdeutschland [Diss Saarbrücken 1959] 73; HABSCHEID FamRZ 1981, 1145; LG Lübeck 7. 10. 1956 IPRspr 1956/57 Nr 201; OLG Schleswig 22. 1. 1957 FamRZ 1957, 223 [BOSCH], 394 [NEUHAUS]; offengelassen RG 22. 4. 1932 RGZ 136, 142 = JW 1932, 2274). Wendet man ihn an, so muß, um den Anforderungen des § 328 Abs 1 ZPO zu entsprechen, dem ausländischen Verwaltungsakt freilich praktisch ein gerichtsähnliches Verfahren vorangegangen sein, aber doch nur, soweit dies § 328 Abs 1 Nr 1–4 ZPO nötig machen.

220 Entscheidungen von **Verwaltungsgerichten** fallen erst recht unter § 328 ZPO (MARTINY Rn 519). Vorausgesetzt ist natürlich auch hier, daß es sich um eine nach deutschen Maßstäben zivilrechtliche, hier eherechtliche Angelegenheit handelt.

221 Die früher gelegentlich möglichen Scheidungen durch Parlamentsbeschluß (Quebec) oder Gnadenakt des Staatsoberhauptes (Süd-Vietnam) dürften heute wohl nicht mehr vorkommen.

cc) Privatscheidungen

222 Gerichtliche Entscheidungen unterscheiden sich von Privatscheidungen, an denen staatliche Stellen nur mitwirken, dadurch, daß die Staatsakte auf die **Herbeiführung der Statusänderung** einschließlich etwa einer Aufhebung der ehelichen Lebensgemeinschaft bei Trennung von Tisch und Bett gerichtet sind und sie selbst bewirken (LÜDERITZ, in: FS Baumgärtel [1990] 340 ff; zur Definition der Ehesachen Vorbem 46 zu §§ 606a, 328 ZPO). So ist zB nicht als „Urteil" iSd § 328 ZPO zu qualifizieren, daß in Süd-Korea die einverständliche Scheidung vor dem Richter erklärt werden muß, damit dieser feststellt, ob der Scheidungswille bei beiden, insbesondere der Ehefrau, vorhanden ist. (Diese Neuerung antwortet auf die Beobachtung, daß früher häufiger vom Ehemann das Einverständnis der Frau erzwungen oder vorgespiegelt wurde; LEE, Die Entwicklung des neuen materiellen Scheidungsrechts Koreas im Hinblick auf das Zerrüttungsprinzip [Diss Bayreuth 1990] 65 f). Erst recht bleibt es eine Privatscheidung, wenn anschließend die Vertragsscheidung beim Standesbeamten registriert werden muß (weiter dazu Rn 596 ff). Hier sind jeweils die privaten Erklärungen allein konstitutiv.

3. Einstweilige Anordnungen

223 Einstweilige Anordnungen und ähnliche vorläufige Endscheidungen können anerkannt und vollstreckt werden, wenn sie sachlich eine **ausreichend endgültige** Regelung der Sache darstellen, sind also nicht schlechthin davon ausgeschlossen (BGH 13. 7. 1983 BGHZ 88, 113, 124 = IPRax 1984, 323 [zust SIEHR 309, 311, Kindesherausgabe]; H ROTH IPRax 1988, 81; GEIMER, IZPR Rn 2857; ZÖLLER/GEIMER § 328 Rn 70; MARTINY Rn 403 f; SPELLENBERG/LEIBLE, in: GILLES, Transnationales Prozeßrecht [1995] 293, 328 ff; ganz **ablehnend** SCHACK, IZVR Rn 823; PASSAUER FamRZ 1990, 16; GOTTWALD ZZP 103 [1990] 266, aber krit de lege ferenda; OLG Frankfurt aM 24. 4. 1971 OLGZ 1970, 57 ff; einschränkend MünchKomm-ZPO/Gottwald § 328 Rn 49 f; Nagel/Gottwald § 15 Rn 79 ff). Statusregelungen auf diesem Wege werden vermutlich nicht vorkommen, wohl aber Nebenentscheidungen.

Man muß unterscheiden. Eine einstweilige Anordnung kann zwar nicht als eine endgültige Entscheidung anerkannt werden. Aber sie kann **als solche anerkannt** werden, wie zB Unterhaltsregelungen für die Dauer des Verfahrens (vgl AG Hamburg 24. 1. 1985 IPRax 1986, 114 [Henrich] [Unterhalt]; OLG Hamburg 20. 12. 1907 OLGE 18, 392; OLG München 16. 9. 1992 FamRZ 1993, 349 [Sorgerecht]; implizit OLG Frankfurt aM 26. 9. 1991 FamRZ 1992, 463). Sie muß aber für die Zeit ihrer Geltung definitiv sein. So können insbesondere Regelungen des Sorgerechts und Unterhalts, die das Gericht für die Dauer des Prozesses getroffen hat, anerkannt werden (P Baumann, Die Anerkennung und Vollstreckung ausländischer Entscheidungen in Unterhaltssachen 112; Eilers, Maßnahmen des einstweiligen Rechtsschutzes im europ Rechtsverkehr [1991] 224), sofern gegen sie kein ordentliches Rechtsmittel wie die Beschwerde mehr zulässig ist. Der BGH (13. 7. 1983 aaO, obiter) hat die Anerkennungsfähigkeit bezweifelt, wenn ein Hauptsacheverfahren möglich wäre. Dabei sei entscheidend, daß es (ggf) der einstweiligen Anordnung vorginge, die dann außer Kraft träte. Dem ist nicht zuzustimmen (H Roth aaO), denn es charakterisiert die einstweilige Anordnung, daß sie bis dahin gültig ist. 224

Staatsverträge bzw gemeinschaftsrechtliche Regelungen wie zB **Art 12 EheGVO, Art 31 EuGVO, Art 24 EuGVÜ/LugÜ** (zu letzteren Hausmann IPRax 1981, 19 ff) und das Haager Übereinkommen über Anerkennung und Vollstreckung von Unterhaltsentscheidungen **(HUntVÜ)** sehen zT die Anerkennung vor und gehen natürlich vor (Nachw bei Nagel/Gottwald § 15 Rn 81 ff). Bedenklich ist es, daß der EuGH verlangt, daß eine mündliche Verhandlung anberaumt war (EuGH 25. 5. 1980 Slg 1980, 1553 = IPRax 1981, 85 [Hausmann 79]; Schack, IZVR Rn 825; Spellenberg/Leible aaO S 330 mN). Art 4 Abs 2 **HUntVÜ** sieht die Vollstreckung und also auch die Anerkennung vor, wenn gleichartige Anordnungen im Anerkennungsstaat vollstreckbar sind. Arreste und einstweilige Verfügungen schließen das deutsch-niederländische Abkommen (Art 1 Abs 2) und das deutsch-belgische Abkommen (Art 1 Abs 1) mit ein (zu den Regelungen in Staatsverträgen eingehend Eilers, Maßnahmen des einstweiligen Rechtsschutzes im europäischen Zivilrechtsverkehr 246 ff). Für Anordnungen betreffend die elterliche Sorge sehen die Anerkennung vor Art 7 **MSA** und Art 7 **Haager Übereinkommen** zur Regelung der Vormundschaft über Minderjährige v 12. 6. 1902. 225

4. Ausländische Entscheidungen

Manchmal ist zweifelhaft, ob das betr Urteil aus einem ausländischen „**Staat**" stammt. Das war etwa zweifelhaft bei den Nachfolgestaaten des ehemaligen Jugoslawien, kann aber auch in anderen Regionen zu Problemen führen, falls etwa de facto-Regimes über Teile des Gebietes eines (bisherigen) Staates herrschen oder die Staatsgewalt überhaupt zusammengebrochen ist. Solange die Gerichte auf dem betreffenden ausländischen Territorium funktionieren, sind ihre Urteile Gegenstand der Anerkennungsregelung des § 328 ZPO. Auf die völkerrechtliche Qualität des Gebiets kommt es weniger an (Hohloch IPRax 2000, 96 ff, 100; ders in: Thürer/Herdegen/Hohloch, Der Wegfall der effektiven Staatsgewalt: „The failed State" [1996] 102; LG Bremen 15. 10. 1962 StAZ 1967, 101; LG Dortmund 14. 9. 1961 StAZ 1962, 123 f; offen gelassen OLG Hamm 27. 7. 1995 FamRZ 1996, 178). 226

227 Auch ob der Urteilsstaat von uns **völkerrechtlich** anerkannt ist, ist unerheblich (LG Lübeck 7. 10. 1956 IPRspr 1956/57 Nr 201; OLG Schleswig 22. 1. 1957 IPRspr 1956/57 Nr 202). Es genügt, ist aber auch erforderlich, daß die Scheidung etc in Ausübung nicht deutscher Hoheitsgewalt erfolgt ist (OLG Hamburg 15. 1. 1982 IPRspr 1982 Nr 161, Stettin). Die Gerichte oder Behörden müssen freilich ihre Befugnisse von der Staatsgewalt haben; Stellen einer revolutionären Partei, die sich im Bürgerkrieg nicht durchzusetzen vermochte, oder die auf fremdem Boden die alte Staatsgewalt fortzusetzen behaupten (Exilregierungen), sind nicht geeignet (vgl auch § 606a ZPO Rn 142 ff).

228 Urteile in den ehemals deutschen Gebieten jenseits von **Oder und Neiße** sind unabhängig von einer völkerrechtlichen Anerkennung der Grenzverschiebung ausländische Entscheidungen (vgl § 1 Nr 1 ZuständigkeitsergänzungsG v 7. 8. 1952, BGBl 1952 I 407).

229 Bei **Gebietsänderungen** kommt es für die Zurechnung der Entscheidung zu dem einen oder anderen Staat auf den **Zeitpunkt des Urteilserlasses** oder der Rechtskraft an (OLG Danzig 19. 2. 1921 JW 1921, 541; BSG 17. 9. 1963 Bundesversorgungsblatt 1964, 55; OLG München 6. 7. 1970 RzW 1970, 496; RG 25. 1. 1921 Recht 1921 Nr 2208).

230 Bei **Angliederung eines Gebietes** an einen anderen Staat sollte für die Anerkennung von Entscheidungen aus der Zeit davor weiter auf die ursprüngliche Staatszugehörigkeit abgestellt werden. Wie der neue aufnehmende Staat dies sieht, interessiert uns nicht. So bleiben frühere Urteile aus **ehemals deutschen Gebieten** inländische (BSG 17. 9. 1963 IPRspr 1962/63 Nr 194; OLG Danzig 19. 2. 1921 JW 1921, 541). Zum Verhältnis zur ehemaligen DDR vgl Rn 62 ff.

231 Bei rein **territorialer** Sichtweise wären alle Entscheidungen von Behörden und Gerichten mit Sitz außerhalb Deutschlands ausländisch (so Thomas/Putzo § 328 Rn 5) und alle Entscheidungen in Deutschland von ausländischen Botschaften, Konsulaten oder der von ausländischen Staaten anerkannten geistlichen Gerichten inländische (vgl LJV Nordrhein-Westfalen 14. 11. 1973 FamRZ 1974, 193; OLG Düsseldorf 17. 5. 1974 FamRZ 1974, 528; AG Hamburg 19. 9. 1978 FamRZ 1980, 578 [krit Neuhaus]). Die **Hoheitsgewalttheorie** stellt dagegen richtig darauf ab, ob die betreffenden Stellen ihre Befugnisse von der Hoheitsgewalt der Bundesrepublik ableiten, so daß jene Urteile ausländische und alle von deutschen Behörden selbst im Ausland gefällten Entscheidungen inländische sind (so OLG München 6. 7. 1970 RdW 1970; Firsching StAZ 1976, 153).

232 Praktische Bedeutung hat die Frage der Behandlung von Mitwirkungen **fremder Botschaften** und **Konsulate** in Deutschland bei Ehescheidungen. Hier nimmt die hM an, daß solche Scheidungen unter Art 7 § 1 FamRÄndG (analog) fallen (BGH 14. 10. 1981 BGHZ 82, 34 FamRZ 1982, 44; OLG Stuttgart 10. 4. 1980 StAZ 1980, 152; weiter Art 7 § 1 FamRÄndG Rn 34 ff), dh daß es für die Qualifizierung als ausländische Behörde nicht entscheidend auf den Ort ankommt, sondern darauf, daß es sich um eine Tätigkeit nicht kraft deutscher, sondern kraft ausländischer Hoheitsgewalt handelt. Freilich sind die Anerkennungsanträge uU wegen Art 17 Abs 2 EGBGB unbegründet (dazu Anh zu § 606a ZPO Rn 70), denn hier kommt es nicht auf den Sitz einer Behörde, sondern den Ort der Vornahme der Scheidung an. Das Problem eherechtlicher Entscheidungen durch deutsche Behörden im Ausland stellt sich nicht.

5. Neben- und Folgeentscheidungen

Auch Neben- und Folgeentscheidungen unterliegen den § 328 ZPO bzw § 16a FGG und bedürfen unabhängig von der Anerkennung der Statusentscheidung zu ihrer Wirksamkeit im Inland der Anerkennung. Die Anerkennung der Scheidung bewirkt **keine automatische Anerkennung** auch der mit ihr verbundenen Folgeentscheidungen (OLG Hamm 17. 11. 1980 IPRspr 1980 Nr 96; Jansen Art 7 § 1 FamRÄndG Rn 15). Das gilt auch dann, wenn das ausländische Gericht über die Scheidungsfolgen im Entscheidungsverbund erkannt hat. Hierüber kann nur das mit der Neben- oder Folgeentscheidung befaßte Gericht anhand des § 328 ZPO oder § 16a FGG inzident für jede Folgeregelung gesondert entscheiden (BGH 5. 2. 1975 BGHZ 64, 19; OLG Celle 1. 9. 1966 StAZ 1968, 23; LG Lüneburg 22. 6. 1966 StAZ 1968, 22; AG Lüneburg 7. 2. 1966 StAZ 1968, 22; Stein/Jonas/H Roth § 328 ZPO Rn 417; MünchKomm/Winkler von Mohrenfels Art 17 EGBGB Rn 287; Soergel/Schurig Art 17 EGBGB Rn 129). 233

Voraussetzung einer Anerkennung von Neben- und Folgeentscheidungen ist aber die **vorherige Anerkennung der Scheidung** sei es durch die **Landesjustizbehörden** (BGH 5. 2. 1975 aaO; OLG Hamm 7. 2. 1975 OLGZ 1975, 179 = FamRZ 1975, 426; OLG Hamm 14. 4. 1976 OLGZ 1976, 426 = FamRZ 1976, 528; OLG Hamm 30. 1. 1989 IPRax 1990, 59 [DH] = FamRZ 1989, 785; OLG Hamm 7. 10. 1992 FamRZ 1993, 339; OLG Celle 7. 5. 1990 FamRZ 1990, 1390; KG 7. 1. 1994 FamRZ 1994, 759; OLG Hamm 27. 7. 1995 FamRZ 1996, 178 [Kindesunterhalt]; OLG Frankfurt aM 3. 12. 1976 OLGZ 1977, 141; OLG Frankfurt aM 7. 10. 1980 IPRspr 1980 Nr 159 [Sorgerecht]; OLG Schleswig 23. 1. 1978 SchlHA 1978, 54, Nr 82; Martiny, Hdb IZVR Bd III/1 Kap I Rn 1667; Zöller/Geimer § 328 Rn 230; Geimer, IZPR Rn 3018, 3069; Coester IPRax 1996, 25; Thomas/Putzo § 328 Rn 29; MünchKomm-ZPO/Gottwald § 328 Rn 187; Göppinger/Wax/Linke Unterhaltsrecht Rn 3285; Stein/Jonas/roth § 328 Rn 417; Baumann IPRax 1990, 29; Janssen § 1 FGG Rn 152; Kleinrahm/Partikel 84 ff; Coester IPrax 1996, 25), sei es, daß das Scheidungsurteil als **Heimatstaatsscheidung** (vgl Art 7 § 1 FamRÄndG Rn 57 ff) nicht dem Feststellungsverfahren unterliegt (Martiny, Hdb IZVR Bd III/1 Kap I Rn 1668). Natürlich müssen auch dann die Voraussetzungen der Anerkennung nach § 328 ZPO vorliegen. Es macht keinen Sinn, zB ein Urteil über Geschiedenenunterhalt anzuerkennen und zu vollstrecken, wenn die Eheleute für uns noch verheiratet sind. Sie können dann ggf Trennungsunterhalt verlangen oder eine erneute Scheidung im Inland beantragen. 234

Die inländische Wirksamkeit der Personenstandsänderung ist auch erforderlich, wenn es sich um eine Privatscheidung handelt, und wenn daran eine Behörde irgendwie zB registrierend mitgewirkt hat, greift das Feststellungsmonopol der LJV ein (Coester IPRax 1996, 25, übersehen von OLG Frankfurt/M 16. 6. 1994 ebenda 38). 235

Das gilt konsequenterweise nicht, wenn die betreffende Regelung nicht von der Ehe bzw Scheidung abhängt. So wird eine **Ausnahme** von diesem Grundsatz angenommen, wenn das ausländische Urteil den **Unterhalt** für eheliche Kinder festsetzt und der Anspruch auf Kindesunterhalt gegen die Eltern unabhängig vom Bestehen der Ehe ist (OLG Köln 10. 4. 1979 FamRZ 1979, 718; OLG Karlsruhe 3. 10. 1980 DAVorm 1981, 165; OLG München 28. 1. 1982 DAVorm 1982, 490; Geimer, IZPR Rn 3018; kritisch Martiny, IZVR Bd III/1 Kap I Rn 1669; **aA** OLG Hamm 3. 1. 1989 aaO; OLG Celle 7. 5. 1990 FamRZ 1990, 1390 = IPRax 1991, 62 [abl Henrich]). 236

237 Der **Unterhaltsanspruch von Kindern** gegen ihre Eltern ändert sich durch deren Scheidung oft nicht oder nur unwesentlich, und der Titel kann ohne die Ehescheidung anerkannt werden (Göppinger/Wax/Linke Unterhaltsrecht [7. Aufl 1999] Rn 3285; Henrich IPRax 1990, 60 gegen OLG Hamm 3. 1. 1989 ebenda S 591; Baumann IPRax 1990, 29; MünchKomm-ZPO/Gottwald § 328 Rn 189). Ob eine materielle Abhängigkeit von der Scheidung der Eltern besteht, ist dem Unterhaltsstatut zu entnehmen, und zwar dem vom ausländischen Richter angewandten, nicht dem Recht, das nach deutschem IPR hätte angewandt werden müssen. Das entspricht dem Grundsatz, daß eine Anerkennung nicht davon abhängt, ob der ausländische Richter das „richtige" Recht angewandt hat. Änderungen zB in der Klagbefugnis, die dieses Unterhaltsstatut etwa wegen der Scheidung vorsieht, können außer Betracht bleiben.

238 Dagegen ändert sich wohl in der Regel der **Unterhaltsanspruch zwischen Ehegatten** durch die Scheidung, so daß deren vorherige Anerkennung nötig ist (OLG Bamberg 21. 11. 2001 FamRZ 2002, 1120; SoZG Stuttgart 12. 9. 1991 FamRZ 1992, 234 [obiter]; OLG Celle 3. 5. 1990 FamRZ 1990, 1390).

239 Auch beim **Sorgerecht** ist zu prüfen, ob die Entscheidung des ausländischen Scheidungsgerichts hierzu eine Folge der Scheidung ist. Das hängt davon ab, ob das betreffende Sachrecht eine Neuregelung aus Anlaß der Eheauflösung vorsieht (wie früher § 1671 BGB) oder nicht. Im letzteren Fall ist eine vorherige Anerkennung der Scheidung nicht nötig.

240 **Staatsverträge** könnten natürlich eine Anerkennung der Nebenentscheidungen ohne vorherige Anerkennung der Eheauflösung vorsehen. Das **HUntVÜ** ist aber unklar und daher ist die Frage streitig. Dabei muß man zwischen der **Notwendigkeit der Anerkennung** der Statusentscheidung selbst und ihrer **förmlichen Feststellung** nach Art 7 § 1 FamRÄndG trennen (Zöller/Geimer § 328 Rn 230; P Baumann IPRax 1994, 436). Entscheidungen aus dem gemeinsamen Heimatstaat der Eheleute und solche aus Mitgliedstaaten der EheGVO brauchen letzteres nicht, aber auch bei ihnen stellt sich die Frage der unabhängigen Anerkennungsfähigkeit der Nebenentscheidung. Sie ist beim Geschiedenenunterhalt, der von der Scheidung abhängt, zu verneinen (Henrich IPRax 1991, 62; P Baumann IPRax 1994, 436; Zöller/Geimer § 328 Rn 230; MünchKomm-ZPO/Gottwald § 328 Rn 188 f; Göppinger/Wax/Linke aaO; OLG Koblenz 20. 11. 1990 FamRZ 1991, 459; **aA** aber möglicherweise nur zur Notwendigkeit der Delibation Staudinger/Mankowski [2003] Anh II zu Art 18 EGBGB Rn 156; Schack, IZVR Rn 892). Es ist nicht zu sehen, daß Art 3 HUntVÜ, auf den man sich gerne beruft, den Mitgliedstaaten einen Geschiedenenunterhalt zwischen Eheleuten ansinnen will. Art 3 definiert nur die Anwendbarkeit des Übereinkommens bei verbundenen Entscheidungen (Baumann, Die Anerkennung und Vollstreckung ausländsicher Entscheidungen in Unterhaltssachen [Diss jur Regensburg 1989] 10; **aA** Heiss/Born/Henrich, Unterhaltsrecht [5. Aufl 1988] S 32. 8 Rn 17).

241 Für den **Kindesunterhalt** ist anders zu entscheiden, wenn er, wie wohl meist, von der Scheidung der Eltern im wesentlichen unabhängig ist (o Rn 237; Geimer IPRax 1992, 19).

242 Ist in einem Vertragsstaat des **MSA** eine Sorgerechtsregelung im Rahmen einer Scheidung getroffen worden, so soll deren Anerkennung von der Anerkennung der

Scheidung unabhängig sein, um jene nicht zu erschweren (Hausmann IPRax 1981, 6; MünchKomm/Siehr Art 19 EGBGB Anh I Rn 280). Dem ist nicht zuzustimmen, solange es sich um eine Regelung wegen der Scheidung der Elternehe handelt (Zöller/Geimer § 328 RN 230; Staudinger/Kropholler[10/11] Vorbem 626 f zu Art 18 EGBGB; Goerke StAZ 1976, 273).

Ist die Anerkennung der Eheauflösung Voraussetzung für die Anerkennung der Nebenentscheidung, gilt auch das Feststellungsmonopol der LJV, und ein Verfahren, in dem es auf die Nebenentscheidung ankommt, ist auszusetzen (dazu u Art 7 § 1 FamRÄndG Rn 16). 243

Während der Aussetzung und bis zur Entscheidung der LJV kann das mit der Folgefrage befaßte deutsche Gericht eine **einstweilige Anordnung** treffen (OLG Schleswig 23. 1. 1978 SchlHAnz 1978, 54). Es ist jedoch unzulässig, die ausländische Scheidungsfolgenregelung für die Zwischenzeit in eine Regelung für die Zeit des Getrenntlebens umzudeuten und als solche anzuerkennen (so aber KG 13. 11. 1973 OLGZ 1974, 93 = FamRZ 1974, 146; dagegen BGH 5. 2. 1975 BGHZ 64, 19 = NJW 1975, 1072). 244

Enthält das ausländische Urteil keine Regelung der Scheidungsfolgen, so kann sie **gesondert im Inland** erfolgen (BGH 14. 12. 1983 NJW 1984, 2041 [nachehelicher Unterhalt]; BGH 7. 11. 1979 BGHZ 75, 241 = FamRZ 1980, 29; BGH 26. 1. 1983 NJW 1983, 1269; OLG Frankfurt aM 1. 6. 1987 IPRax 1988, 175 [Hepting 153]; OLG München 17. 11. 1989 IPRax 1990, 255 [alle Versorgungsausgleich]). Immer ist aber Voraussetzung, daß die ausländische Scheidung anerkannt wird. In keinem Fall steht die Tatsache der Scheidung im Ausland der internationalen deutschen Zuständigkeit für die Scheidungsfolge im Wege (BGH 14. 12. 1983 aaO; BGH 26. 1. 1983 FamRZ 1983, 366 = NJW 1983, 1269; vgl weiter § 606a ZPO Rn 281 ff). 245

IV. Allgemeine Verfahrensgrundsätze der Anerkennungsprüfung

Über das **Verfahren** bei der Anerkennungsprüfung herrscht keine volle Klarheit. Dabei wird die Sachlage dadurch noch weiter kompliziert, daß das Verfahren vor der LJV bzw dem Präsidenten des OLG als Verwaltungsverfahren angelegt ist, daß für die Entscheidung des OLG aber auf das FGG verwiesen wird (Art 7 § 1 Abs 6 FamRÄndG), und die Anerkennung ipso jure in einem normalen Streitverfahren nach der ZPO als Vorfrage auftauchen kann. 246

Ein wesentlicher Unterschied liegt auch in der Wirkung der Entscheidungen. Während Feststellungen im Streitverfahren der ZPO immer nur **inter partes** wirken, entfaltet die förmliche Anerkennung nach Art 7 § 1 FamRÄndG ihre bindende Wirkung **inter omnes** (vgl Art 7 § 1 FamRÄndG Rn 100 ff). 247

Wegen der Bindungswirkung der **Entscheidungen der LJV** stellen sich keine Verfahrensfragen mehr, wenn die Anerkennung später in einem streitigen Verfahren als Vorfrage auftaucht, und sie stellen sich auch nicht, soweit die LJV das Feststellungsmonopol hat (vgl Art 7 § 1 FamRÄndG Rn 12 ff). Im letzteren Fall ist zur Einholung dieser Entscheidung auszusetzen (BayObLG 25. 9. 1973 BayObLGZ 1973, 251 = FamRZ 1973, 660; weiter Art 7 § 1 FamRÄndG Rn 15 ff und Anh zu § 606a ZPO Rn 50 ff). Das Verfahren der LJV ist später zu behandeln. Es bleiben hier die Fälle der **Anerkennung** 248

ipso jure. Das sind insbesondere die Entscheidungen aus einem gemeinsamen Heimatstaat der Eheleute und alle Nebenentscheidungen. Für die Feststellung der Anerkennungsfähigkeit dieser ausländischen Entscheidungen gelten dann die Regeln der §§ 328 ZPO und 16a FGG, und es kommt darauf an, in welchem Kontext und für welche Frage sie vorgreiflich ist. So kann die Anerkennung bei der Zulässigkeitsprüfung wichtig werden, wenn die Rechtskraft einem Zweitverfahren im Inland entgegensteht. Sie spielt dagegen auf der Ebene der Begründetheit eine Rolle, wenn zB von der Anerkennungsfähigkeit einer ausländischen Entscheidung abhängt, ob ein Ehegatten- oder Geschiedenenunterhalt geschuldet wird.

1. Anerkennung statt inhaltlicher Nachprüfung

249 Die Pluralität der Rechtsordnungen bedeutet, daß an dieselben Tatsachen unterschiedliche subjektive Rechte für die Beteiligten geknüpft werden. Das IPR bezweckt, die eine Rechtsordnung zu bezeichnen, die allein zuständig sein soll, darüber zu entscheiden, wenn wie so oft die tatsächliche Situation die Grenzen einer Rechtsordnung überschreitet. Doch muß und darf die prozessuale Verteidigung und Feststellung dieser subjektiven Rechte nicht den Gerichten der so ausgewählten Rechtsordnung vorbehalten werden. Das würde den Schutz dieser Rechte und die Freizügigkeit ihrer Inhaber über Gebühr verkürzen (Pfeiffer, Internationale Zuständigkeit und prozessuale Gerechtigkeit 199 ff, 366 ff, 369).

250 So postulierte schon Savigny (System des heutigen römischen Rechts Bd 8 S 26) als Ziel des IPR, daß der Fall überall gleich entschieden werden möge, wo immer er vor Gericht gebracht werde. Nun wird zwar dieses Ziel tatsächlich nicht erreicht wegen des „Geburtsfehlers" des IPR, daß es im Kern nationales und daher verschiedenes Recht ist. Die Lösung für dieses Problem kann aber nun nicht sein, auch die Entscheidungszuständigkeit im Staat des anwendbaren Sachrechts zu konzentrieren iSe positiven Gleichlaufsystems, und ebenso wenig, die internationalprivatrechtliche Anknüpfung der Entscheidungszuständigkeit folgen zu lassen iSe steten Anknüpfung an die lex fori, denn damit würde eine Uneinheitlichkeit des IPR nur durch die Uneinheitlichkeit der Zuständigkeit ersetzt, bei denen die Differenzen sicher nicht geringer als im IPR sind. Die Antwort muß und kann nur sein, bis zur Grenze des ordre public die Entscheidung der Gerichte anzuerkennen, die sachlich und räumlich befugt sind zu entscheiden, auch wenn sie in der Sache anders entschieden haben als die Gerichte der Anerkennungsstaaten entscheiden würden. Eine **révision au fond** findet nicht statt; unrichtige Tatsachenfeststellungen des Urteilsgerichts sind insbesondere auch kein Verstoß gegn den ordre public (BayObLG 12. 5. 1992 FamRZ 1993, 452 n 9. 6. 1993 ibid 1469). Das den Kollisionsrechten zugrunde liegende Prinzip der Anerkennung der Gleichwertigkeit der Sachrechtsordnungen findet darin seine Entsprechung. Ein Versuch, die Mängel des IPR mit Mitteln des Verfahrensrechts und besonders denen des Anerkennungsrechts zu beheben, vermehrte sie nur noch (vgl Schack, IZVR Rn 218 ff; vBar Bd 1 Rn 346 f; Vischer, in: FS vOverbeck [1990] 370 ff; E Lorenz, Zur Struktur des IPR [1977] 70 f, 86 f). So verzichtet § 328 ZPO auf die inhaltliche Nachprüfung der ausländischen Entscheidung und hat nun auch die Forderung der kollisionsrechtlichen Konformität in § 328 Abs 1 Nr 3 ZPO aF aufgegeben, und beschränkt sich auf die Kontrolle der internationalen Zuständigkeit und der Fairneß des Verfahrens. Die Voraussetzung der Gegenseitigkeit in § 328 Abs 1 Nr 5 ZPO ist ein Fremdkörper und sollte aufgegeben werden (Schack, IZPR

Rn 871 ff; hM), denn es geht um Parteiinteressen, nicht die der Staaten. Der Vorbehalt des materiellen ordre public ist derselbe wie im IPR und die allgemein gerechtfertigte und notwendige „Notbremse“, die zurückhaltend zu ziehen ist, aber ua wegen der mangelnden Einheit des IPR notwendig bleibt.

2. Prüfung

a) Prüfung von Amts wegen

Die Anerkennung einer ausländischen Entscheidung ist nach **hM von Amts wegen zu prüfen** (Schack, IZVR Rn 839, 882; MünchKomm-ZPO/Gottwald § 328 Rn 9; Thomas/Putzo § 328 Rn 7; Baumbach/Lauterbach/Hartmann § 328 Rn 14; Jansen, FGG Art 7 § 1 FamRÄndG Rn 27; BGH 26. 2. 1958 FamRZ 1958, 180; BGH 25. 11. 1993 BGHZ 124, 237 = IPRax 1995, 101 [Gottwald 75]; KG 12. 7. 1975 OLGZ 1976, 38; OLG Frankfurt aM 26. 11. 1979 OLGZ 1980, 130; BayObLG 19. 9. 1991 FamRZ 1992, 584, 586). Das heißt zunächst nur, daß die Partei sich **nicht** auf die Anerkennung oder ihre Hinderungsgründe zu **berufen** braucht, und daß ein Nichtbestreiten, ein übereinstimmender Parteivortrag und auch ein Geständnis nicht ausreichen (grundlegend Rimmelspacher, Zur Prüfung von Amts wegen im Zivilprozeß [1966] 153 ff). Das gilt in beiden Richtungen: Das Gericht hat die Anerkennungsvoraussetzungen unabhängig vom Parteivortrag zu bejahen oder ggf zu verneinen. Es kann und muß auf seine Zweifel an der Anerkennungsfähigkeit hinweisen und letztere verneinen, solange die beweisbelastete Partei (dazu Rn 265 ff) diese Zweifel nicht durch Beweise ausräumt (zB Rosenberg/Schwab/Gottwald, ZPR § 77 Rn 46). Die Zweifel des Gerichts brauchen dabei nicht auf dem Vortrag der Parteien beruhen. Das soll bei allen Anerkennungsvoraussetzungen gelten. Auch der ordre public bedarf nicht der Rüge im Anerkennungsverfahren, und auf ihn kann auch nicht nachträglich **verzichtet** werden (BGH 26. 2. 1958 FamRZ 1958, 180 BayObLG 19. 9. 1991 FamRZ 1992, 584 zur Anerkennungszuständigkeit). Eine Ausnahme hiervon macht nur § 328 Abs 1 Nr 2 ZPO, wonach in Übereinstimmung mit der schon früheren hM (vgl Martiny, Hdb IZVR III/1 Kap I Rn 858) der Bekl sich darauf berufen muß, daß ihm das verfahrenseinleitende Schriftstück nicht, nicht ordnungsgemäß oder nicht rechtzeitig zugestellt worden ist. 251

Neuerdings wird bei der Frage der Prüfung der anderen Anerkennungsvoraussetzungen oder -hindernisse eine **Differenzierung** nach dem Zweck der einzelnen Bestimmungen vorgeschlagen (Martiny aaO Rn 1597 ff). Geimer will Prüfung und dann aber auch Ermittlung von Amts wegen nur bei solchen Anerkennungsvoraussetzungen, die dem Schutz unmittelbarer deutscher Staatsinteressen oder der Durchsetzung eines Mindeststandards der Gerechtigkeit dienen. Im übrigen soll es bei der Verhandlungsmaxime bleiben, namentlich bei **Abs 1 Nr 1** (Geimer, IZPR Rn 2903; ZZP 87 [1974] 336; NJW 1974, 1028 ff; Gottwald ZZP 103 [1990] 274, soweit keine ausschließliche Zuständigkeit; **aA** BGH 25. 11. 1993 aaO; BayObLG 19. 9. 1991 aaO). Ebenso differenziert er innerhalb des **ordre public** (IZPR Rn 2991; ebenso Martiny aaO Rn 1154; Geimer/Schütze, Int Urteilsanerkennung Bd I/2, 1600 f; **aA** Baur, in: FS Guldener [1973] 14; Schack, IZVR Rn 839; Schütze, Die Anerkennung und Vollstreckung ausländischer Zivilurteile in der BRD als verfahrensrechtliches Problem [1960] 32 f; Jansen, FGG Art 7 § 1 FamRÄndG Rn 27; Gesler, § 328 ZPO. Ein Beitrag zur Lehre von der zwingenden Natur der Kollisionsnormen [1933] 76; Schepke, Die Vollstreckung ausländischer Zivilurteile [Diss Göttingen 1935] 38, alle für Amtsprüfung). Dagegen sei eine inländische **Rechtshängigkeit** nach § 328 Abs 1 Nr 3 ZPO von Amts wegen zu beachten (Geimer, IZPR Rn 2707 f). Dasselbe müßte dann wohl 252 konsequenterweise auch für die inländische **Rechtskraft** gelten. In beiden Fällen gehe es vordringlich um den Schutz der deutschen Justiz (Gottwald, ZZP 103 [1990] 274; IPRax 1995, 75 f).

253 Es ist **de lege ferenda** erwägenswert, weitere Anerkennungshindernisse von einer Rüge abhängig zu machen. **De lege lata** ist nur vertretbar, daß eine Verweigerung des rechtlichen Gehörs nach Eröffnung des Verfahrens, die unter Nr 4 und nicht unter Nr 2 zu subsumieren ist, nur auf Rüge geprüft werden muß. In beiden Fällen ist die Interessenlage insoweit gleich, so daß eine **Analogie** zu Nr 2 möglich ist. Im übrigen ist (auch de lege ferenda) zu bedenken, daß auch Regelungen, die den Parteiinteressen dienen, wie zB Zuständigkeiten, zwingend sein können. Aus der Schutzrichtung einer Norm kann nicht unmittelbar auf die Verfügbarkeit für die Parteien geschlossen werden. Da die internationale Zuständigkeit in Ehesachen nach dem derzeitigen deutschen Recht zwingend ist, kann de lege lata der Auffassung von Geimer und Gottwald, die fehlende **Anerkennungszuständigkeit** sei nur auf Rüge im Anerkennungsverfahren zu beachten, für Ehesachen nicht gefolgt werden. Die ausländische **Rechtskraft** sollte nach Anerkennung der inländischen auch insoweit gleichgestellt werden, daß sie nicht zur Disposition der Parteien steht (ähnlich Schack, IZVR Rn 882). Die Anerkennung generell zur Disposition der Prozeßparteien zu stellen, verbietet sich auch, weil den Antrag auf förmliche Anerkennung auch Dritte stellen können (Art 7 § 1 FamRÄndG Rn 124).

254 Nr 2 ist der Einbruch in das **Prinzip der amtswegigen Prüfung** der Anerkennungsvoraussetzungen, woraus aber im Umkehrschluß zu entnehmen ist, daß die Rüge in allen anderen Fällen nicht erforderlich ist. Bei Nr 1 und 3 ist das einsichtig, weil die betreffenden Regelungen im deutschen Recht nicht der Parteidisposition unterliegen. Bei dem vielgestaltigen ordre public ist das nicht so allgemein zu sagen. Ein Verstoß gegen den ordre public durch den Inhalt der Entscheidung (materieller ordre public Rn 488 ff) muß von Amts wegen beachtet werden. Beim anstößigen Verfahren dagegen steht die Verweigerung rechtlichen Gehörs im späteren Stadium des Verfahrens zB bei der Zustellung des Urteils der Nr 2 recht nahe, so daß hier eine Rügepflicht bzw die Verzichtbarkeit angenommen werden kann. Problematisch ist, inwieweit andere Fälle des unfairen Verfahrens von den Parteien im Nachhinein akzeptiert werden dürfen, also Verstöße gegen die Neutralität des Gerichts und die Waffengleichheit. Das ist noch nicht hinreichend diskutiert, kann aber wohl grundsätzlich nicht bejaht werden.

255 Die Frage ist im übrigen zu unterscheiden von der, ob der verfahrensrechtliche ordre public auch verletzt ist, wenn die betroffene Partei mögliche Rechtsmittel nicht eingelegt hat (Rn 516 ff). Hier geht es um eine Rügeobliegenheit erst im Anerkennungsstadium und gerade auch, wenn die Partei erfolglos die Rechtsmittel im Urteilsstaat eingelegt hatte.

b) Ermittlung von Amts wegen

256 Prüfung von Amts wegen bedeutet nicht auch **Untersuchung**, dh Beweiserhebung **von Amts wegen** (Rimmelspacher, Zur Prüfung von Amts wegen [1966] 147 ff; Rosenberg/Schwab/Gottwald, ZPR § 77 Rn 44, 46). Letztere ist gem § 12 FGG beim **Delibationsverfahren** der LJV vorgeschrieben und entspricht der Wirkung inter omnes der Entscheidung. Demgegenüber genügt es bei der **Anerkennung ipso jure**, über die

im normalen Verfahren nach der ZPO inzident entschieden wird (dh bei Privatscheidungen, bei Scheidungen aus dem gemeinsamen Heimatstaat der Eheleute), notfalls nach Beweislast zu entscheiden und zu erwarten, daß die beweisbelastete Partei (dazu Rn 272 ff) die für sie günstigen Tatsachen beibringen wird.

Ausnahmen sind jedoch zugunsten einer Ermittlung von Amts wegen auch im Verfahren der ZPO da zu machen, wo gewichtige Staatsinteressen im Spiel sind, deren Wahrung nicht dadurch in die Hand der Parteien gelegt werden sollte, daß sie es zur Beweislastentscheidung kommen lassen. Dies ist der Fall der Anerkennung einer ausländischen Entscheidung, die unter Verletzung der Regeln der **Immunität** ergangen ist (GEIMER, Zur Prüfung der Gerichtsbarkeit und der internationalen Zuständigkeit 84 ff, 93 f; MARTINY, Hdb IZVR Bd III/1 Kap I Rn 590). Eine Anerkennung einer solchen Entscheidung für oder gegen einen Gerichtsbefreiten wäre ihrerseits ein Verstoß gegen das Völkerrecht. Auf seine Immunität kann der Diplomat etc nicht verzichten, sondern nur sein Staat; die Immunität ist nicht im Interesse des Diplomaten, sondern im Interesse des entsendenden Staates eingeräumt (vgl Vorbem zu §§ 606a, 328 ZPO Rn 24 f). 257

3. Bindung an Feststellungen des Erstrichters

Der Anerkennungsrichter ist an tatsächliche oder gar rechtliche Feststellungen des Erstrichters, die für die Anerkennungsvoraussetzungen erheblich sind, grundsätzlich **nicht gebunden** (BGH 26. 3. 1969 BGHZ 52, 30, 37 ff = NJW 1969, 1536; BGH 25. 11. 1993 BGHZ 124, 237, 245 = IPRax 1995, 101 [GOTTWALD 75 f]; BayObLG 11. 6. 1979; BayObLG 11. 1. 1990 FamRZ 1990, 650 = NJW 1990, 3099; GEIMER, IZPR Rn 2906; ders, Anerkennung ausländischer Entscheidungen 121 ff; NAGEL/GOTTWALD, IZPR § 11 Rn 45; SCHACK, IZVR Rn 839; MARTINY, Hdb IZVR III/1 Kap I Rn 791 [zur Zuständigkeit], differenzierend zum ordre public Rn 1157 f; **aA** SPICKHOFF ZZP 108 [1995] 475 ff). Die Feststellungen des Erstrichters können naturgemäß nicht auf die Frage einer späteren Anerkennung in Deutschland bezogen sein. Und selbst Begriffe wie „Residence“ und „gewöhnlicher Aufenthalt“ oder gar „Domicile“ (franz) und „Wohnsitz“ stimmen gewöhnlich nicht genau mit den deutschen Vorstellungen überein. Vor allem aber würde eine Bindung das Recht des Beklagten einschränken, sich auf den ausländischen Prozeß vor einem unzuständigen Gericht nicht einzulassen. Er müßte nämlich doch im ausländischen Prozeß auftreten, um sicher zu sein, daß nicht tatsächliche Feststellungen getroffen werden, die zu einer Anerkennung führen können (BGH 23. 3. 1969 aaO zu einer Klage aus Schuldvertrag). Auch soweit im Ursprungsverfahren doppelrelevante Tatsachen für die Entscheidungszuständigkeit und die Begründetheit festgestellt wurden, muß deren Bestehen im Anerkennungsverfahren neu festgestellt werden (BGH 25. 11. 1993 BGHZ 124, 237 = IPRax 1995, 101 [GOTTWALD 75]; MünchKomm-ZPO/GOTTWALD § 328 Rn 69; SCHACK, IZVR Rn 839). 258

Eine Nachprüfung namentlich der Anerkennungszuständigkeit kraft gewöhnlichen Aufenthalts ist auch zur Abwehr von Scheidungen in Scheidungsparadiesen geboten. Solche werden nicht selten von beiden Ehegatten gemeinsam in Anspruch genommen, so daß die Feststellung im Urteil, eine oder beide Parteien hätten dort ihren gewöhnlichen Aufenthalt gehabt, der bei genauerem Hinsehen während einiger Tage in einem Hotel war, nicht vom Antragsgegner bestritten wurde, wenn er denn überhaupt am Verfahren teilnahm (vgl BayObLG 19. 9. 1991 FamRZ 1992, 584). Mit 259

Recht hat das BayObLG (aaO) den gewöhnlichen Aufenthalt entgegen der Feststellung im Scheidungsurteil verneint. Einer Bindung steht jedoch schon entgegen, daß das ausländische Urteil in der Regel andere Tatbestände und sei es unter gleicher Bezeichnung zugrunde gelegt und keinen Anlaß hatte, die deutschen Zuständigkeitsgründe zu prüfen.

260 Hingegen vertritt Spickhoff (ZZP 108 [1995] 475 ff) eine Bindung an das anzuerkennende Urteil unter der Voraussetzung, daß die tatsächlichen Feststellungen im Urteil ohne Verstoß gegen den verfahrensrechtlichen ordre public und tatsächlich im streitigen Verfahren getroffen wurden und nicht nur wegen Säumnis des Beklagten und drgl fingiert oder unterstellt wurden. Das gelte bei allen Anerkennungsvoraussetzungen gleichermaßen. Freilich sei genauer, uU unter Heranziehung der Prozeßunterlagen, zu prüfen, ob das Erstgericht überhaupt eine Tatsache festgestellt habe und insbesondere, ob diese entscheidungserheblich war. Im letzteren Falle könne eine Bindung für die Anerkennung überraschend und im Grunde wegen Verstoßes gegen den deutschen ordre public zu verneinen sein.

261 Der entscheidende Gewinn einer Bindung könnte eher in einer Verminderung der Anzahl hinkender Entscheidungen liegen als in geringerer Belastung deutscher Gerichte im Anerkennungsstreit (so auch Spickhoff 489). Entscheidend ist letztlich, ob ein Verbot der révision au fond auch im Hinblick auf Anerkennungsvoraussetzungen angemessen ist. Das ist zu verneinen. Der Verzicht auf die inhaltliche Überprüfung der Richtigkeit der Sachentscheidung, auch wenn sie in Deutschland nicht so hätte getroffen werden können, beruht auf der Anerkennung der Gleichwertigkeit des fremden Urteils. Um so wichtiger ist im Gegenzug die Berücksichtigung der Interessen des Beklagten in Bezug auf seine Verpflichtung, vor dem Erstgericht sein Recht nehmen zu müssen.

262 Anders regeln EheGVO, EuGVO, EuGVÜ/LugÜ und diverse Staatsverträge. Gem **Art 29 EheGVO** (Art 17 aF) ist die Überprüfung der Zuständigkeit des Ausgangsgerichts überhaupt ausgeschlossen, so daß es auf die Frage der Bindung an die entsprechenden Tatsachenfeststellungen im Urteil nicht ankommt (näher die Kommentierung dort). **Art 35 Abs 2 EuGVO** und **Art 28 Abs 3 EuGVÜ/LugÜ** sehen demgegenüber zwar vor, daß das anzuerkennende Urteil nur auf eine Verletzung der besonderen und ausschließlichen Zuständigkeiten von EuGVO bzw EuGVÜ/LugÜ zu überprüfen ist, daß das anerkennende Gericht dabei aber an die Tatsachenfeststellungen des Erstgerichts gebunden ist. Diese Bindungen beruhen darauf, daß die Entscheidungszuständigkeit des Erststaates und die Anerkennungszuständigkeit einheitlich durch EuGVO bzw EuGVÜ/LugÜ geregelt sind, so daß im Rahmen der Prüfung der Anerkennung die selben tatsächlichen Fragen zu prüfen wären, die bereits der Erstrichter im Rahmen der Prüfung seiner internationalen Zuständigkeit hat prüfen müssen. Die Ausnahmen in der EuGVO sind eigentlich inkonsequent und fehlen zu Recht in der EheGVO. Ausnahmen finden bzw fanden sich ebenso für die Anerkennungszuständigkeit in bestimmten **Staatsverträgen**. Die Praxis der Staatsverträge zeigt keine einheitliche Linie, stimmt aber immerhin darin überein, daß eine Bindung an tatsächliche Feststellungen allenfalls für die Überprüfung der Zuständigkeit des Urteilsstaates, nicht für andere Anerkennungsvoraussetzungen oder -hindernisse vorgesehen ist. Soweit die Abkommen für Ehesachen und Nebenentscheidungen eingreifen (vgl Rn 14 ff), gilt die Bindung dann auch hier. Auf das autonome Anerkennungsrecht sind solche Regelungen jedoch nicht übertragbar. Dazu bedarf es einer staatsvertraglichen Regelung, die ein besonderes Vertrauen in die Verfahrensordnung und ihre Handhabung im Urteilsstaat ermöglicht.

Beim **ordre public** wird freilich von der hM eine Bindung an die tatsächlichen Feststellungen des ausländischen Gerichts vertreten (RG 30.4.1928 JW 1928, 3044 = HRR 1928 Nr 1659; RG 26.4.1941 RGZ 166, 373 f = DR 1941, 1744 = HRR 1941 Nr 718; BGH 10.7.1957 = FamRZ 1957, 370; BGH 11.4.1979 NJW 1980, 529; BGH 4.6.1992 BGHZ 118, 313, 320 = IPRax 1993, 310 [Koch/Zekoll 288] [Feststellung der ordnungsgemäßen Ladung nach dem Recht von Kalifornien]; OLG Nürnberg 18.11.1958 FamRZ 1959, 222 [Ehescheidung]; OLG Hamm 7.12.1960 FamRZ 1961, 223 [Ehescheidung]; MünchKomm-ZPO/Gottwald § 328 ZPO Rn 92; Nussbaum, IPR 436 Fn 2; grundsätzlich Martiny aaO Rn 1158 ff; **aA** Schack, IZVR Rn 883). Gelegentlich wird sogar eine Bindung an rechtliche Feststellungen vertreten (BGH 10.10.1977 MDR 1978, 488). Geimer (IZPR Rn 1991) nimmt eine Bindung nur an, soweit der Verstoß gegen den deutschen ordre public private Parteiinteressen und nicht staatlichen Interessen Deutschlands betrifft. Spickhoff geht davon aus, daß tatsächliche Feststellungen, die ohne Verstoß gegen den verfahrensrechtlichen ordre public getroffen wurden, generell hinzunehmen seien (Spickhof ZZP 108 [1995] 490; ähnlich MünchKomm-ZPO/Gottwald § 328 Rn 93). Damit entfiele dann das Beweislastproblem und der deutsche Richter hätte nur noch zu bewerten. 263

Gewiß ist richtig, daß sich in vielen Fällen der Verstoß gegen den deutschen ordre public aus dem Urteil und seiner Begründung ablesen läßt. Ergänzende Feststellungen sind dann idR nicht notwendig, es sei denn, um den Anschein des Verstoßes gegen den ordre public zu widerlegen. Es wäre jedoch **nicht gerechtfertigt**, den Vorbehalt des ordre public nur eingreifen zu lassen, wenn er sich allein aus dem Urteil ablesen läßt. Es kann sein, daß die einschlägigen Feststellungen fehlen oder nicht getroffen wurden. So wird man aus dem Urteil praktisch nie ersehen können, wenn der Richter zB wegen Verwandtschaft mit einer Partei oder aus anderen Gründen befangen war. Offenbar bedarf es ergänzender Feststellungen außerhalb des Urteils im Falle des Versäumnisurteils oder eines sonstigen nicht begründeten Urteils. Es wäre im übrigen nicht konsequent, gerade beim ordre public, der nur in gravierenden Fällen durchgreift, im Gegensatz zu anderen Anerkennungsvoraussetzungen eine Präklusion neuen Vorbringens und eine Bindung an die Feststellungen des Erstrichters anzunehmen. Ob diese Feststellungen vollständig sind, ist oft nicht sicher zu erkennen. **Neues Vorbringen** ist sowohl für wie gegen das Eingreifen des ordre public zulässig, und auch der Gegenbeweis muß zugelassen werden, insbesondere wenn die Feststellungen nicht ordnungsgemäß zustandegekommen sind. (In BGH 4.6.1992 BGHZ 118, 320 waren die betr Feststellungen im Anerkennungsverfahren wohl nicht bestritten worden.) 264

4. Beweislast

a) Fragestellung, Verweis

Auch wenn die Anerkennungshindernisse von Amts wegen zu prüfen sind, so ist doch **nach Beweislast** zu entscheiden, wenn die tatsächlichen Voraussetzungen unaufklärbar bleiben. Dasselbe gilt, wenn im Delibationsverfahren von Amts wegen zu ermitteln ist, denn auch hier können die tatsächlichen Voraussetzungen der Anerkennungsfähigkeit nicht ermittelbar sein. Ob die Anerkennung wie hier Ver- 265 fahrensgegenstand ist oder wie dort Vorfrage, ändert nichts daran, daß auch bei unaufgeklärtem Sachverhalt entschieden werden muß.

266 Die Anerkennungshindernisse in § 328 Abs 1 Nr 3 und 4 ZPO sind strukturell weitgehend denen des Art 22 (Art 15 Abs 1 aF) EheGVO gleich und zT sogar im Wortlaut. Es kann daher das Gesagte (zur Beweislast dort Rn 89 ff, 101 ff) auch hier gelten. Hier ist darum nur auf die in Art 22 (Art 15 Abs 2 aF) EheGVO nicht enthaltene Anerkennungszuständigkeit und auf § 328 Abs 1 Nr 2 ZPO (mangelnde Zustellung) einzugehen, welch letztere hier etwas anders als dort geregelt ist. Die Gegenseitigkeit (§ 328 Abs 1 Nr 5 ZPO) ist für Statusentscheidungen nicht erforderlich, und daher hier nicht zu behandeln.

b) Anerkennungszuständigkeit gem § 328 Abs 1 Nr 1 ZPO

267 Nach herrschender Ansicht kommt eine Anerkennung eines ausländisches Urteils nur in Betracht, wenn die **Anerkennungszuständigkeit** des Erstgerichts iSd § 328 Abs 1 Nr 1 ZPO **positiv feststeht**. Daraus folgt, daß die Partei, die die Anerkennung geltend macht, die objektive Beweislast für die Anerkennungszuständigkeit trägt (Martiny, Hdb IZVR Bd III/1 Kap I Rn 1598; Schack, IZPR Rn 884; Stein/Jonas/Roth § 328 Rn 30).

268 Hierfür spricht zum einen die hinter § 328 Abs 1 Nr 1 ZPO stehende internationalzivilprozessuale **Gerechtigkeitserwägung**, wonach sich ein in Deutschland Gerichtspflichtiger nicht auf Auslandsverfahren soll einlassen müssen, die (aus Sicht des deutschen Rechts) auf der Inanspruchnahme unberechtigter Zuständigkeiten des Auslandsgerichts beruhen. So kann es vorkommen, daß sich ein Beklagter auf das ausländische Verfahren deshalb nicht eingelassen und gegen den Antrag verteidigt hat, weil er die internationale Zuständigkeit des angerufenen Gerichts (zu Recht) bezweifelt und darauf vertraut hat, das Urteil werde schon deshalb in Deutschland nicht anerkannt. Bejaht das ausländische Gericht seine Zuständigkeit allein aufgrund der vom Kläger vorgetragenen, unbestrittenen Behauptungen und erläßt es in der Folge ein der Klage stattgebendes (Versäumnis-)Urteil gegen den Beklagten (instruktiv der Fall BGH IPRax 1995, 101 [Gottwald 75]: deliktische Anerkennungszuständigkeit gem § 32 ZPO aufgrund eines womöglich nicht mehr auffindbaren oder nie geschriebenen Telefaxes), so kann der Kläger in Deutschland die Anerkennung des Titels begehren. Würde nun die Nichterweislichkeit der die Anerkennungszuständigkeit des Erstgerichts begründenden tatsächlichen Umstände zu Lasten des Beklagten gehen, wäre die ausländische Entscheidung im Inland anzuerkennen, auch wenn die vom Kläger für die Anerkennungszuständigkeit vorgetragenen Behauptungen unwahr sein sollten. Dem Beklagten fiele im Anerkennungsverfahren der ihm obliegende Gegenbeweis häufig viel schwerer als im Erkenntnisverfahren. Ein gut beratener Beklagter wäre daher genötigt, sich praktisch auf jedes Auslandsverfahren einzulassen, um bereits dort die vom Kläger für die Annahme der internationalen Zuständigkeit vorgetragenen Tatsachen zu bestreiten und zu widerlegen. Das wird mit Recht abgelehnt (BGH aaO).

269 § 328 Abs 1 Nr 1 ZPO hat zusätzlich die Funktion, im inländischen öffentlichen Interesse zu überprüfen, ob das ausländische Gericht aufgrund exorbitanter Zuständigkeiten entschieden und damit deutschen Vorstellungen internationaler Gerichtsbarkeit und Gerechtigkeit widersprochen hat (ausf zu den teilw konfligierenden Staats- und

Privatinteressen im internationalen Zuständigkeitsrecht PFEIFFER, Internationale Zuständigkeit und zivilprozessuale Gerechtigkeit 171 ff).

c) Ordnungsgemäße Ladung gem § 328 Abs 1 Nr 2 ZPO

Teilweise wird unter Berufung darauf, daß der Beklagte nach § 328 Abs 1 Nr 2 ZPO die **mangelnde Ladung** rügen muß, gefolgert, ihn treffe auch die Beweislast für die fehlende Ordnungsgemäßheit der Zustellung des verfahrenseinleitenden Schriftstückes (MARTINY, Hdb IZVR Bd III/1 Kap I Rn 1601). **270**

Dieser Schluß trifft nicht zu (ebenso zu Art 27 Nr 2 EuGVÜ BGH 2. 10. 1991, IPRax 1993, 324 und OLG Hamm 29. 5. 1992, IPRax 1993, 395 [LINKE 295 zu beiden Entscheidungen]). Die Verantwortung für ordnungsmäßige und rechtzeitige Ladung trägt der **Kläger des Erstprozesses** und ebenso ggf dafür, daß der Beklagte auf andere Weise die nötige Kenntnis erlangt hat (OLG Koblenz 20. 11. 1990 FamRZ 1991, 459, aber irrig zu § 328 Abs 1 Nr 4 statt Nr 2 ZPO). Der Kläger des Erstprozesses hat auch am ehesten die Möglichkeit, die Ladung mit Hilfe von Unterlagen nachzuweisen, während der damalige Beklagte den Negativbeweis des Fehlens der Ladung idR nicht vollständig erbringen kann. Dagegen hat der Beklagte etwaige Wirksamkeitsmängel der tatsächlich erfolgten Zustellung nachzuweisen (BGH 29. 5. 1992, IPRax 1993, 395). Die Rügeobliegenheit des Beklagten ist nur eingeführt worden, damit er das Urteil dennoch akzeptieren kann. Darin liegt keine Umkehr der Beweislast, die das Recht des damaligen Beklagten, den Mangel des rechtlichen Gehörs einzuwenden, beschnitte. Für die hier vertretene Ansicht streiten auch die Art 32 Abs 2 lit a EheGVO, 54 iVm Anhang V Nr 4. 4 EuGVO, Art 46 Nr 2 EuGVÜ/LugÜ, wonach die die Anerkennung begehrende Partei jedenfalls bei Versäumnisentscheidungen die Zustellung des verfahrenseinleitenden Schriftstückes an den Gegner nachzuweisen hat (wie hier ZÖLLER/GEIMER, § 328 Rn 145). **271**

Rügt der Beklagte des Erstprozesses nach § 328 Abs 1 Nr 2 ZPO, dann muß der Kläger des Erstverfahrens dartun, daß der Beklagte ordnungsgemäß geladen worden war bzw, was gewöhnlich ausreicht (Rn 410 f, 426), daß er rechtzeitig von der Klage informiert wurde (GEIMER, Anerkennung 133 f). Da tatsächliche Kenntnis dazu nicht erforderlich ist, braucht nur nachgewiesen zu sein, daß er davon Kenntnis nehmen konnte. **272**

d) Anerkennung als Vorfrage

Die Anerkennung ipso jure, die insbesondere für Eheurteile aus einem gemeinsamen Heimatstaat der Eheleute und für alle Nebenentscheidungen gilt (vgl Art 7 § 1 FamRÄndG Rn 52 ff), tritt meist als Vorfrage auf. Sie kann zum einen für die **Zulässigkeit eines** deutschen **Zweitverfahrens** entscheidend sein, dem nämlich die ausländische Rechtskraft bei gegebener Anerkennung entgegenstehen könnte. Des weiteren kann die ausländische Entscheidung und ihre Anerkennung **Voraussetzung für materielle Rechte** und Ansprüche bzw Einreden oder Einwendungen sein, die in einem deutschen Streitverfahren geltend gemacht werden. **273**

aa) Zulässigkeit einer inländischen Klage

Eine inländische Klage zB auf Scheidung ist **unzulässig**, wenn bereits ein anerkanntes ausländisches Scheidungsurteil vorliegt (Anh zu § 606a ZPO Rn 48 ff). Soweit nicht das Feststellungsmonopol der LJV besteht (Rn 235 ff; Art 7 § 1 FamRÄndG Rn 52 ff), tritt **274** diese **Rechtskraftsperre** ipso jure ein, wenn die Anerkennungsvoraussetzungen gegeben sind. Das ist, wie alle anderen Prozeßvoraussetzungen auch, von Amts wegen zu prüfen (BGH 14. 2. 1962 BGHZ 36, 365; BGH 27. 11. 1957 FamRZ 1958, 58, Nr 22).

275 Bleiben die Existenz oder die Wirksamkeit des ausländischen Urteils oder die notwendigen Tatsachen für seine Anerkennung definitiv unaufklärbar, so kann nicht, wie es der allgemeinen Regel der Beweislast für die Zulässigkeit entspräche, stets die jetzige Klage abgewiesen werden, sondern es sind die eben beschriebenen Regeln der Beweislast für eine isolierte Anerkennung anzuwenden. Ob die Anerkennung förmlich nach Art 7 § 1 FamRÄndG oder inzident festzustellen ist, darf keinen Unterschied machen.

276 Nicht zu den Anerkennungsvoraussetzungen im eigentlichen Sinne gehört die Frage, ob es sich um ein Eheurteil aus dem **gemeinsamen Heimatstaat** der Parteien handelt, also ob sie beide dessen Staatsangehörigkeit haben. Staatsangehörigkeiten können recht schwierig zu ermitteln sein. Angesichts der Vorteile einer förmlichen Anerkennung nach Art 7 FamRÄndG und der Möglichkeit, diese freiwillig auch dann zu beantragen, wenn sie nicht zwingend vorgeschrieben ist (Art 7 § 1 FamRÄndG Rn 70 ff), könnte das Gericht, wenn die Staatsangehörigkeiten unaufklärbar bleiben, das Verfahren aussetzen und die Parteien auffordern, eine Entscheidung der LJV herbeizuführen. Diese braucht die Staatsangehörigkeit nicht aufzuklären, wenn das ausländische Gericht zB kraft gemeinsamen gewöhnlichen Aufenthalts zuständig war.

bb) Materielle Präjudizialität

277 Macht eine Partei Ansprüche infolge der ausländischen Scheidung geltend, muß sie **grundsätzlich** auch die tatbestandlichen Voraussetzungen des präjudiziellen Rechtsverhältnisses beweisen, hier also Existenz und Wirksamkeit der ausländischen Scheidung und die Voraussetzungen ihrer Anerkennung. Hier wird allerdings nicht von Amts wegen geprüft, sondern die beweisbelastete Partei hat auch die Behauptungslast. So müßte zB in einer Klage auf nachehelichen Unterhalt der Kläger behaupten und grundsätzlich beweisen, daß seine Ehe mit der Beklagten geschieden und die Scheidung anerkannt ist.

278 Wird dagegen auf Ehegatten- bzw Trennungsunterhalt geklagt, so wäre der Beklagte im Prozeß behauptungs- und beweislastpflichtig dafür, daß einer Anerkennung des ausländischen Scheidungsurteils in Deutschland nichts entgegensteht und die Parteien also geschieden sind (im Ergebnis OLG Koblenz 20. 11. 1990 FamRZ 1991, 459).

279 Auch wenn die inländische Wirksamkeit der ausländischen Scheidung materielle Vorfrage ist, ist die Beweislast hierfür nach den oben genannten Regeln zu verteilen. Es sollte auch hier keinen Unterschied machen, ob die Anerkennung zuvor mit Rechtskraft festgestellt wurde oder nun erst implizit beurteilt werden muß.

e) Beweisvereitelung

280 Die umstrittenen Regeln für Beweisvereitelung (Baumgärtel, in: FS Kralik [1986] 63 ff; Musielak/Stadler, Grundfragen des Beweisrechts [1984] Rn 183 ff) sind auch hier anwendbar. Bei schuldhafter Unterdrückung oder Vernichtung einer Urteilsausfertigung kann § **444 ZPO** direkt angewandt werden und bei Verweigerung der Vorlage § **427 ZPO**.

Die **Vorlagepflicht** iSd § 422 ZPO ergibt sich aus § 810 BGB (Stein/Jonas/Leipold § 422 Rn 10). UU ist es freilich günstiger, eine neue Ausfertigung zu besorgen. Das Gericht kann und wird idR bei Weigerung die Behauptungen des Gegners des vorlagepflichtigen Besitzers der Urkunde als bewiesen ansehen, muß es aber nicht (Stein/Jonas/Leipold § 444 Rn 4). 281

Die schuldhafte Vereitelung anderer Beweise als vorlagepflichtiger Urkunden ist regelmäßig im Rahmen der **Beweiswürdigung**, uU auch durch Beweislastumkehr zu beachten. Auf die zahlreichen Streitfragen hierüber ist nicht einzugehen (vgl Baumgärtel aaO). Erheblich werden die Regeln jedoch nur, wenn die beweispflichtige Partei nicht ohnehin schon die Beweislast trägt wie zB, wenn der Kläger des Vorprozesses auf die Rüge einer fehlenden Ladung die Zustellungsnachweise nicht vorlegt. Dagegen kommt es darauf an, wenn der nun im Inland Beklagte einen Verstoß des ausländischen Urteils gegen den ordre public behauptet, und der Kläger das Urteil oder andere Urkunden nicht vorlegt, aus denen er sich ergäbe. 282

5. Revisibilität

Die Frage der **Anerkennungsvoraussetzungen** ist revisibel. Kommt es in einem deutschen Gerichtsverfahren auf die Anerkennung eines ausländischen Urteils an, so kann die Revision damit begründet werden, daß das Berufungsgericht darüber falsch entschieden habe (RG 10. 12. 1926 RGZ 115, 103; RG 30. 4. 1928 JW 1928, 3044 [Wieruszowski]; RG 26. 4. 1941 RGZ 166, 367 = DRW 1941, 1744 [Pagenstecher]; **aA** RG 24. 6. 1927 IPRspr 1927 Nr 70 und 164 = LZ 1927, 1338 = RGWarn 1927 Nr 190). Es entscheidet der BGH bei Anerkennung ipso jure. Im Delibationsverfahren entscheidet dagegen in letzter Instanz das OLG. Neue Tatsachen können in beiden Fällen (grundsätzlich) nicht mehr eingeführt werden (Gottwald, Die Revisionsinstanz als Tatsacheninstanz [1975] 253; Rosenberg/Schwab/Gottwald, ZPR § 144 Rn 7 ff). 283

Auch der **ordre public** unterliegt als unbestimmter Rechtsbegriff voller gerichtlicher Nachprüfung (Martiny, Hdb IZVR Bd III/1 Kap I Rn 1153; BayVGH 4. 4. 1955 FamRZ 1956, 85; OLG Düsseldorf 5. 6. 1957 MDR 1957, 680). 284

V. Anerkennungsvoraussetzungen im einzelnen

1. Internationale Gerichtsbarkeit*

Daß die Gerichtsbarkeit des Erststaates bzw die Beachtung von **Immunitäten** Anerkennungsvoraussetzung ist, ist zwar im Gesetz nicht ausdrücklich gesagt, und auch die Motive zu § 328 ZPO von 1898 erwähnen diesbezüglich nichts (vgl Hahn/Mugdan, Die gesamten Materialien zu den Reichsjustizgesetzen Bd 8, 106), doch ist das allgemein anerkannt (Stein/Jonas/H Roth § 328 Rn 151 ff; Martiny, Hdb IZVR Bd III/1 Kap I Rn 588; Nagel/Gottwald § 11 Rn 39; Kegel/Schurig, IPR § 22 I S 801 ff; Beitzke, in: FS Nipperdey 285

* **Schrifttum**: vgl Vorbem zu § 606a, 328 ZPO; weiter Geimer, Zur Prüfung der Gerichtsbarkeit und der internationalen Zuständigkeit bei der Anerkennung ausländischer Urteile (1966).

[1965] Bd I 869 f; GEIMER RIW/AWD 1976, 146). Die Grenzen der Gerichtsbarkeit als einer Beschränkung der staatlichen Justizhoheit ergeben sich aus dem Völkervertrags- oder Völkergewohnheitsrecht (zB HAUSMANN IPRax 1982, 52), und auch die §§ 18–20 GVG sind nichts anderes als Übernahmen des Völkerrechts (vgl im einzelnen Vorbem 1 ff vor § 606a ZPO). Eine **Anerkennung** eines ausländischen Urteils, das unter Verletzung dieser Grundsätze des Völkerrechts ergangen ist, wäre als Wirkungsverleihung im Inland ebenfalls **völkerrechtswidrig** (STEIN/JONAS/H ROTH § 328 Rn 153; GEIMER, IZPR Rn 2768). Es kann sogar sein, daß schon nach dem ausländischen internen Recht ein Urteil wegen Verstoßes gegen Gerichtsbefreiungen wirkungslos ist, so daß schon deswegen eine Anerkennung nicht in Frage kommt (MARTINY, Hdb IZVR Bd III/1 Kap I Rn 588). Jedenfalls ist die Anerkennung zu versagen. Maßstab sind die einschlägigen Staatsverträge (dazu Vorbem zu §§ 606a, 328 ZPO Rn 18 ff) und die §§ 18 ff GVG, die das Völkergewohnheitsrecht wiedergeben, also letztlich nicht nationales deutsches Recht (**aA** wohl NAGEL/GOTTWALD § 11 Rn 39).

286 Die Immunität ist **verzichtbar**. Verzichten muß freilich der Entsendestaat, nicht der Diplomat. Der Verzicht kann auch noch nach Urteilserlaß erfolgen und erlaubt dann die Anerkennung (GEIMER RIW/AWD 1976, 146). In Deutschland, wenn es zB um die Scheidung eines deutschen Diplomaten im Ausland geht, kann das freilich nicht der deutsche Anerkennungsrichter, sondern nur das Auswärtige Amt feststellen.

287 Das Vorliegen einer Gerichtsbefreiung ist **von Amts wegen zu ermitteln** (GEIMER, Zur Prüfung der Gerichtsbarkeit und der Internationalen Zuständigkeit [1996] 84 ff, 93 f; MARTINY aaO Rn 590; oben Rn 264).

288 Weder tritt eine **Präklusion** von Tatsachen durch das ausländische Urteil ein, noch ist der deutsche Anerkennungsrichter an tatsächliche Feststellungen des Urteils gebunden (GEIMER aaO 84 ff; SCHACK, IZVR Rn 827).

289 Maßgeblich ist der **Zeitpunkt** des ausländischen Urteils. Entfällt die Immunität danach, so ist dies unbeachtlich. Das Urteil wird dadurch nicht anerkennungsfähig, daß der Diplomat aus dem Dienst ausscheidet.

290 Bei einem **nachträglichen Eintritt** der Immunität zB durch Übernahme einer diplomatischen Funktion wird man unterscheiden müssen zwischen einer Anerkennung **ipso jure** und einem förmlichen Anerkennungsverfahren. Die inländische automatische Anerkennung tritt mit der Wirksamkeit des ausländischen Urteils ein und entfällt durch nachträgliche Gerichtsbefreiung der Partei nicht. Da aber andererseits gegen einen Gerichtsbefreiten kein inländisches Verfahren zulässig ist (vgl bei § 606a ZPO), kann das **Delibationsverfahren** nach Art 7 § 1 FamRÄndG nicht mehr durchgeführt werden, so daß also, wenn dieses vorgeschrieben ist, eine inländische Anerkennung nicht erfolgen kann. Der Diplomat kann einen entsprechenden Antrag also nur mit Zustimmung seines Staates stellen. Da allerdings den Antrag auf förmliche Anerkennung des ausländischen Scheidungsurteils an sich jede Person stellen kann, die ein rechtliches Interesse hat (Art 7 § 1 FamRÄndG Rn 124), ist fraglich, ob auch deren Antrag als unzulässig abzuweisen ist. Dafür spricht, daß die Entscheidung auch gegen den Diplomaten wirkt, und daß in dem Verfahren schon vor der LJV insbesondere beide Ehegatten, hier also zB der Diplomat, anzuhören sind (vgl Rn 30 f). Es bleibt nur, den Entsendestaat des Gerichtsbefreiten um sein Einverständnis zu bitten.

2. Anerkennungszuständigkeit*, § 328 Abs 1 Nr 1 ZPO

a) Allgemeines

aa) Zweck

Die in der Praxis **im Vordergrund stehende Voraussetzung** der Anerkennung ist die internationale Zuständigkeit des Entscheidungsstaates, (MARTINY, Hdb IZVR Bd III/1 Kap I Rn 630) auch Anerkennungs- oder indirekte Zuständigkeit genannt. Rechtlich freilich sind die anderen Voraussetzungen des § 328 Nr 2–4 ZPO ebenso wichtig, werden aber wohl manchmal praktisch nicht ernst genug genommen. Gefordert wird hierbei nicht, daß der Erstrichter auch örtlich und sachlich zuständig oder der richtige Rechtsweg eingehalten war. Uns interessiert **nur die internationale Zuständigkeit** des Urteilsstaates insgesamt (RG 21. 3. 1902 RGZ 51, 135 ff unter Aufgabe 291

* **Schrifttum**: BASEDOW, Variationen über die spiegelbildliche Anwendung deutschen Zuständigkeitsrechts, IPRax 1994, 183; BEITZKE, Die deutsche internationale Zuständigkeit in Familienrechtssachen, FamRZ 1967, 592; COESTER-WALTJEN, Das Spiegelbildprinzip bei der Anerkennungszuständigkeit, in: FS Buxbaum (Den Haag 2000) 101; FRICKE, Die Anerkennungszuständigkeit zwischen Spiegelbildgrundsatz und Generalklausel (1990); GEIMER, Zur Prüfung der Gerichtsbarkeit und der internationalen Zuständigkeit bei der Anerkennung ausländischer Urteile (1966); ders, Die Gerichtspflichtigkeit des Beklagten vor österreichischen Gerichten aus deutscher Sicht, IPRax 1987, 143; ders, Verfassung, Völkerrecht und Internationales Zivilverfahrensrecht, ZfRV (1992) 321; ders, Verfassungsrechtliche Vorgaben bei der Normierung der internationalen Zuständigkeit, in: FS Schwind (1993) 17; ders, „Internationalpädagogik" oder wirksamer Beklagtenschutz, in: FS Nakamura (1996) 169; GOTTWALD, Auf dem Weg zur Neuordnung des internationalen Verfahrensrechts, ZZP 95 (1982) 3; ders; Grundfragen der Anerkennung und Vollstreckung ausländischer Entscheidungen in Zivilsachen, ZZP 103 (1990) 257; HAU, Positive Kompetenzkonflikte im internationalen Zivilprozeßrecht (1996); HELDRICH, Internationale Zuständigkeit und anwendbares Recht (1969); vHOFFMAN/HAU, Zur internationalen Anerkennungszuständigkeit US-amerikanischer Zivilgerichte, RIW 1998, 344; LORENZ, Die internationale Zuständigkeit als Voraussetzung für die Anerkennung ausländischer Eheurteile in Deutschland, FamRZ 1966, 465; MAKAROV, Internationale Zuständigkeit ausländischer Gerichte, RabelsZ 34 (1970) 703; MATSCHER, Der Vorbehalt ausschließlicher Zuständigkeit im österreichischen Recht – Systemfragen der Anerkennung ausländischer Entscheidungen, JBl 1979, 182 und 239; MATTHIES, Die deutsche internationale Zuständigkeit (1955); MAYER, Droit international privé et droit international public sous l'angle de la notion de compétence, Rev crit 68 (1979) 1 ff, 349 ff, 537 ff; vMEHREN, Recognition and Enforcement of Foreign Judgements – General Theory and the Role of Jurisdictional Requirements, Rec des Cours 167 (1980–2) 9; MILLEKER, Der negative internationale Kompetenzkonflikt (1975); OTTE, Territorial Jurisdiction – Persönliche Anwesenheit als ausreichender Minimalkontakt für internationale Zuständigkeit, IPRax 1991, 263; REINL, Die Anerkennung ausländischer Eheauflösungen (Diss Würzburg 1966); J SCHRÖDER, Internationale Zuständigkeit (1971); ders, Einlassung vor ausländischen Gerichten als Anerkennungsgrund im deutschen Recht, NJW 1980, 473; VISCHER, Bemerkungen zum Verhältnis von internationaler Zuständigkeit und Kollisionsrecht, in: FS vOverbeck (1990) 349; WALCHSHÖFER, Die deutsche internationale Zuständigkeit in der streitigen Gerichtsbarkeit, ZZP 80 (1967) 165.

der früheren Rechtsprechung; RG 8.3.1907 RGZ 65, 330 f; BGH 30.11.1960 BGHZ 34, 134 = FamRZ 1961, 203 [Drobnig] = ZZP 74 [1961] 349 [Habscheid] = JZ 1961, 667 [Beitzke 649] = JuS 1961, 234 [Bähr]; BGH 29.4.1999 BGHZ 141, 286, 289 unstr). Unerheblich ist hierbei, ob der Erstrichter sein eigenes Zuständigkeitsrecht richtig angewandt hat, solange deswegen nicht nach seinem Recht ein Nichturteil vorläge. Das kommt aber kaum vor. Erforderlich und genügend ist, daß die internationale Zuständigkeit **nach deutschem Recht** gegeben war.

292 Mit den Regeln der Anerkennungszuständigkeit bestimmt das deutsche Recht **abschließend**, welche Beziehung die Parteien zum Urteilsstaat gehabt haben müssen. Ein Rückgriff auf den ordre public wegen Klageerhebung in einem beziehungsarmen Gerichtsstand („Scheidungsparadies") ist nicht nötig und zulässig (offengelassen BayObLG 3.10.1972 BayObLGZ 1972, 306 = FamRZ 1972, 645 = NJW 1972, 2188 = StAZ 1972, 343). Es ist nicht anstößig und verboten, überall dort zu klagen, wo eine Anerkennungszuständigkeit besteht. Der Nachweis eines darüber hinaus gehenden Interesses, gerade dort zu klagen, ist nicht erforderlich. Insbesondere kann der Beklagte nicht verlangen, daß der Kläger unter den mehreren konkurrierenden internationalen Zuständigkeiten die dem Beklagten günstigste Wahl trifft.

293 Entgegen seinem vielleicht mißverständlichen Wortlaut macht § 328 Abs 1 Nr 1 ZPO dabei dem ausländischen Richter keine Vorschriften, was er auch nicht könnte. Die Vorschrift stellt nur eine Voraussetzung für die vom deutschen Souverän in freier gesetzgeberischer Entscheidung gewährte Anerkennung auf. In der Bestimmung des Anerkennungszuständigkeit durch § 328 Abs 1 Nr 1 liegt anerkanntermaßen keine Verletzung fremder Souveränität, denn der Anerkennungsstaat normiert nur nach seinen Vorstellungen, wo der Beklagte zumutbarerweise Recht nehmen mußte (Geimer IPRax 1987, 143; Schack, IZVR Rn 831). Die Ratio ist, ausländischen Staaten fairerweise die Zuständigkeiten zuzugestehen, die wir für uns in Anspruch nehmen.

294 Nimmt die Bundesrepublik eine ausschließliche Zuständigkeit für sich in Anspruch, so liegt darin zugleich die Erklärung, daß kein ausländischer Staat Anerkennungszuständigkeit habe. Das ist in Ehesachen heute nicht mehr der Fall (§ 606a ZPO Abs 1 S 2). Der Verzicht auf eine ausschließliche deutsche internationale Zuständigkeit genügt jedoch nicht. Vielmehr muß sich aus den deutschen Regeln weiter **positiv** ergeben, daß gerade der **Urteilsstaat zuständig** war (Martiny aaO Rn 637 ff). § 328 Abs 1 Nr 1 ZPO verlangt die Zuständigkeit nach deutschen Gesetzen und begnügt sich nicht damit, eine Zuständigkeit nach den Gesetzen des Entscheidungsstaates zu tolerieren (vgl BGH 18.3.1959 BGHZ 30, 1; BayObLG 18.5.1972 BayObLGZ 1972, 185; BayObLG 29.11.1974 BayObLGZ 1974, 471 = FamRZ 1975, 215; BayObLG 21.8.1975 BayObLGZ 1975, 339 = NJW 1976, 1037 [Geimer]; BayObLG 17.11.1980 BayObLGZ 1980, 351; **aA** de lege ferenda Gottwald ZZP 103 [1990] 273 f).

295 Das Erfordernis der internationalen Anerkennungszuständigkeit hängt mit dem grundsätzlichen Verzicht auf eine inhaltliche révision au fond zusammen. Würde man die Anerkennung von der inhaltlichen Richtigkeit nach heimischen Maßstäben abhängig machen, könnte man weitgehend auf Zuständigkeitsanforderungen verzichten (Beispiele zB früher Frankreich und Belgien; Fricke, Die Anerkennungszuständigkeit zwischen Spiegelbildgrundsatz und Generalklausel [1990] 94 ff). Heute drückt § 328

ZPO ein grundsätzliches Vertrauen in fremde Jurisdiktionen aus und die Anerkennung ihrer prinzipiellen Gleichwertigkeit. Weil aber das Ergebnis namentlich wegen der Geltung des jeweiligen nationalen internationalen Privatrechts anders sein kann, muß vorausgesetzt werden, daß dem Beklagten auch angesonnen werden konnte, dort Recht zu nehmen (Geimer, Zur Prüfung der Gerichtsbarkeit und der internationalen Zuständigkeit bei der Anerkennung ausländischer Urteile [1966] 119 f, 123; ders ZZP 87 [1974] 336; ders FamRZ 1975, 588; Vischer, in: FS vOverbeck 350 ff, 370 ff).

bb) Spiegelbildgrundsatz

Der deutsche Gesetzgeber verweist dafür auf die Vorschriften über seine **eigene internationale Entscheidungszuständigkeit**, für Ehesachen also auf § 606a ZPO. Damit akzeptiert er bei ausländischen Richtern dieselbe Zuständigkeit, die er für sich selbst in Anspruch nimmt. Dieser **Spiegelbildgrundsatz** bedeutet, daß an die Anerkennungszuständigkeit keine **höheren**, grundsätzlich aber auch keine geringeren Anforderungen gestellt werden, was auch rechtspolitisch zu tadeln wäre (zur Geschichte dieses Prinzips Martiny, Hdb IZVR Bd III/1 Kap I Rn 601 ff; Fricke aaO und Die autonome Anerkennungszuständigkeit im deutschen Recht des 19. Jahrhunderts [1993]; Basedow, Die Anerkennung von Auslandsscheidungen 1 ff). Das ist nach wie vor gerechtfertigt. 296

Manche vertreten, daß ausländische Urteile auch **darüber hinaus** anerkannt werden könnten, wenn zwar eine Zuständigkeit des Urteilsstaates nicht aus einer spiegelbildlichen Anwendung der deutschen Regeln über die Entscheidungszuständigkeit hergeleitete werden könnte, aber doch eine vernünftige und hinreichende sonstige Beziehung des Falles und der Parteien zum Urteilsstaat bestand, und wenn Deutschland keine eigene ausschließliche Zuständigkeit in Anspruch nimmt oder wenn keine staatlichen Interessen im Spiele sind (de lege ferenda Gottwald ZZP 103 [1990] 273 ff, 276; Basedow IPRax 1994, 184, 186). Diese Auffassung zieht die volle Konsequenz aus dem Parteiinteresse an der Freizügigkeit der subjektiven Rechte und der Anerkennung der Gleichwertigkeit der Rechtsordnungen einschließlich der Zuständigkeitsordnungen. Sie erkauft dies aber nicht nur mit erheblicher Unsicherheit über die Anerkennungsfähigkeit der ausländischen Entscheidungen, weil über diese Voraussetzungen im Anerkennungsstadium leicht gestritten werden muß (Schack, IZVR Rn 833 ff), sondern das Spiegelbildprinzip ist auch sachlich richtig. Dabei geht es zwar nicht primär darum, daß der Anerkennungsstaat dem Ausland dieselbe Entscheidungszuständigkeit konzediert, die er selbst für sich in Anspruch nimmt, also um staatliche Interessen an Zuständigkeit, sondern darum, die Gerichtspflichtigkeit der Beklagten zu präzisieren und zu begrenzen. Er soll im Ausland Recht nehmen müssen, wie er auch im Inland hätte klagen können. Das Gesetz könnte zwar auch, wie das zB Art 3 des deutsch-italienischen Abkommen tut, die Anerkennungszuständigkeit anders und abweichend festlegen, aber es ist grundsätzlich einleuchtend, dieselben Maßstäbe für die eigene Zuständigkeit wie für die fremde anzulegen (MünchKomm-ZPO/Gottwald § 328 Rn 60; Fricke, Anerkennungszuständigkeit zwischen Spiegelbildgrundsatz und Generalklausel [1990] 97 ff auch zur Geschichte; Basedow, Anerkennung von Auslandsscheidungen 1 ff; Martiny, Hdb IZVR Bd III/1 Kap I Rn 601 ff). 297

cc) Zuständigkeitsregelungen

Für die Eheurteile verweist § 328 Abs 1 Nr 1 ZPO auf **§ 606a ZPO**. Eine Anerkennungszuständigkeit kann darauf beruhen, daß wenigstens eine Partei die Staatsangehörigkeit des Urteilsstaates oder dort ihren gewöhnlichen Aufenthalt hat. Im 298 letzteren Fall ist nach § 606a Abs 2 S 1 ZPO keine Anerkennung in einem Heimatstaat der Parteien für unsere Anerkennung nötig. Für die Nebenentscheidungen gelten neben **§ 621 ZPO** (Scheidungsverbund), wenn man ihm auch internationale Wirkung verleihen will (zu den Einschränkungen vgl § 606a Rn 269 ff), noch die speziellen Vorschriften. Sorgerecht: **§ 35a** mit **§ 16a FGG**; Geschiedenenunterhalt: **§§ 13, 23, 23a ZPO**; güterrechtliche Auseinandersetzung: **§ 13 ZPO**; Hausratsverteilung: **§ 11 HausratsVO**.

299 Staatsvertragliche und gemeinschaftsrechtliche Regelungen, insbes die EheGVO, EuGVO und EuGVÜ/LugÜ, Haager Minderjährigenschutzabkommen gehen vor. Die zweiseitigen Anerkennungs- und Vollstreckungsübereinkommen und die Haager Unterhaltsvollstreckungsübereinkommen wollen dagegen nach hM die Vorschriften des autonomen Rechts nicht ausschließen, wenn dieselben der Anerkennung günstiger sind (Rn 53 ff).

300 Das Völkergewohnheitsrecht enthält keine Regeln darüber, welche ausländischen Zuständigkeiten anerkannt werden müssen. Nur die Anerkennungsabk legen gewöhnlich fest, wann die Zuständigkeit des Urteilsstaates anerkannt wird.

301 § 606a Abs 2 S 2 ZPO verzichtet bei reinen Ausländerehen uU sogar auf eine Zuständigkeit nach Maßgabe des § 606a Abs 1 ZPO im Urteilsstaat (näher Rn 353 ff). Hat ein Ehegatte die deutsche Staatsangehörigkeit, so greift § 606a Abs 2 S 2 ZPO nicht, denn er verweist auf die **ausländischen Heimatstaaten** und deren Anerkennungsbereitschaft (BayObLG 19. 9. 1991 BayObLGZ 1991 = FamRZ 1992, 584 = IPRax 1992, 178). Einer oder beide Ehegatten können aber staatenlos sein. Heimatstaat ist dann der, in welchem er seinen gewöhnlichen Aufenthalt hat. Hat der Staatenlose aber seinen gewöhnlichen Aufenthalt in Deutschland, steht er einem Deutschen gleich (§ 606a ZPO Rn 112), und damit scheidet § 606a Abs 2 S 2 ZPO aus.

302 Bei **Mehrstaatern** ohne deutsche Staatsangehörigkeit ist fraglich, ob auf beide Staatsangehörigkeiten oder, wenn nicht, auf welche abzustellen ist. Ist Zweck der Regelung, das Hinken der Ehe zu vermeiden, dann genügt jedenfalls die Anerkennung im Staat der ineffektiven Staatsangehörigkeiten nicht. Bei effektiver, dh gelebter Zugehörigkeit zu zwei Staaten, von denen nur einer anerkennt, ist ein Hinken im Verhältnis zu einem unvermeidbar. Bei Doppelstaatern sollte man nun aber nicht die Anerkennung von beiden Staaten verlangen. Das wäre eine Anerkennungserschwerung bei den recht häufigen Doppelstaatern gegenüber solchen mit nur einer Staatsangehörigkeit, die wohl nicht gerechtfertigt wäre. Sind beide Staatsangehörigkeiten effektiv, dann sollte man entsprechend der Regelung in § 606a Abs 1 S 1 Nr 4 ZPO (vgl § 606a ZPO Rn 83 f) nicht die Anerkennung gerade der **effektiveren** verlangen (MünchKomm/Winkler von Mohrenfels Art 17 EGBGB Rn 280), wenn ein Hinken zu einer der beiden ohnehin unvermeidbar ist. Anerkennung in **einem der beiden effektiven Heimatstaaten** reicht (weitergehend Basedow StAZ 1983, 238; Baumbach/Lauterbach/Albers § 606a Rn 16; Zöller/Geimer § 606a Rn 100; Krzywon StAZ 1989, 99 f; Mansel, Personalstatut, Staatsangehörigkeit und Effektivität [1988] Rn 461; Rahm/Künkel/Breuer VIII Rn 177).

303 Ist der Heimatstaat einer Partei bei einem Urteil aus einem Staat, dessen Zuständigkeit weder auf seine Staatsangehörigkeit noch den gewöhnlichen Aufenthalt einer

Partei dort gestützt werden kann, Deutschland, so kann die Anerkennung nicht auf das Prinzip der Heimatstaatsanerkennung gestützt werden, denn dann wäre logisch Voraussetzung der Anerkennung in Deutschland eben diese Anerkennung in Deutschland. Das gilt auch bei einer gemischtnationalen Ehe, wenn ein Ehegatte Deutscher ist (Rahm/Künkel/Breuer VIII Rn 177; **aA** Zöller/Geimer § 606a Rn 103: nur wenn der Antragsgegner Deutscher ist). Hat ein Ehegatte die deutsche Staatsangehörigkeit neben einer anderen, so genügt für die Anerkennung eines Urteils aus einem Staat, dessen Staatsangehörigkeit kein Ehegatte besaß und wo auch keiner seinen gewöhnlichen Aufenthalt hat (sonst § 606a Abs 1 ZPO), die Anerkennung durch seinen anderen Heimatstaat nicht (Zöller/Geimer § 606a Rn 103; Rahm/Künkel/Breuer VIII Rn 177 mit Fn 513). Die deutsche Forderung einer Anerkennungszuständigkeit weicht einer anderen Bewertung nur bei zwei nicht deutschen Staatsangehörigkeiten (BayObLG 19. 9. 1991 FamRZ 1992, 584 = IPRax 1992, 178).

Eine ähnliche Regelung enthält Art 32 des deutsch-tunesischen Abkommen. Danach wird jede Zuständigkeit des Urteilsstaates in Ehesachen anerkannt, wenn beide Ehegatten nicht die Staatsangehörigkeit des Anerkennungsstaates haben und wenn dann der gemeinsame Heimatstaat anerkennt. **304**

dd) Maßgebender Zeitpunkt*

α) Tatsachenänderung

Die internationale Zuständigkeit des Entscheidungsstaates kann zum einen bei **Klageerhebung** bzw Antragstellung im Ausgangsverfahren vorgelegen haben (RG 26. 4. 1941 RGZ 166, 367; BGH 30. 11. 1060 BGHZ 34, 134, 140; MünchKomm-ZPO/Gottwald § 328 Rn 71; Zöller/Geimer § 328 Rn 124). Verschiedentlich wird aber auf den Zeitpunkt der ersten mündlichen Verhandlung bzw den Zeitpunkt, „der dem tatsächlichen Erkenntnisstand des ausländischen Urteils zugrunde liegt, abgestellt (BGH 29. 4. 1999 BGHZ 141, 286, 290). Das wäre eventuell sogar die letzte mündliche Verhandlung in der Rechtsmittelinstanz. § 261 Abs 3 Nr 2 ZPO stellt aber auf die Rechtshängigkeit ab. Es ist deshalb auch nicht erst auf die Verhandlung in der Berufungsinstanz abzustellen, wenn dort der Sachverhalt erneut überprüft wird, wie das BayObLG meint (12. 7. 1990 FamRZ 1990, 1265). **305**

In spiegelbildlicher Anwendung der deutschen Grundsätze genügt es zum anderen auch, wenn die internationale Zuständigkeit spätestens zum Zeitpunkt der **letzten mündlichen Verhandlung** eingetreten war. Maßgebend ist die Berufungsinstanz (dazu BayObLG 12. 7. 1990 FamRZ 1990, 1265) oder, sofern Revision eingelegt wurde, Revisionsinstanz, da nach deutschem Recht die internationale Zuständigkeit in ihr noch von Amts wegen geprüft wird (vgl § 606a ZPO Rn 38). Auf den Erlaß der ausländischen Entscheidung aber sollte man nicht abstellen (so aber Martiny, Hdb IZVR Bd III/1 Kap I Rn 777 ff; MünchKomm-ZPO/Gottwald § 328 Rn 65; BGH 30. 11. 1960 BGHZ 34, 134; BayObLG 12. 7. 1990 FamRZ 1990, 1265; BayObLG 29. 11. 1974 FamRZ 1975, 215), denn dann konnte die Partei nicht mehr dazu Stellung nehmen (MünchKomm-ZPO/Gottwald § 328 Rn 8). Erst recht gilt nicht der Zeitpunkt der Rechtskraft des ausländischen Urteils. **306**

* **Schrifttum**: Eberlein, Zu welchem Zeitpunkt müssen die Voraussetzungen für die Anerkennung ausländischer Urteile in Deutschland nach § 328 I Nr 1, 4 und 5 ZPO und nach den entsprechenden Bestimmungen in Staatsverträgen gegeben sein? (Diss Erlangen 1952).

307 Wenn die Zuständigkeit während des Verfahrens entfällt, so schadet das aber nichts, denn man muß dann gem dem Spiegelbildgrundsatz auch § 263 ZPO (perpetuatio fori internationalis) (dazu § 606a ZPO Rn 294 ff) entsprechend anwenden (MünchKomm-ZPO/Gottwald § 328 Rn 71; BGH 29.4.1999 BGHZ 141, 286, 291; **aA** Stein/Jonas/H Roth § 328 Rn 90). So kann die Staatsangehörigkeit (BayOLG 9.6.1993 FamRZ 1993, 1469) oder der gewöhnliche Aufenthalt während des Scheidungsverfahrens entfallen sein. Beide Regeln zusammen ergeben, daß die internationale Zuständigkeit einmal zwischen den beiden Zeitpunkten im ausländischen Verfahren vorgelegen haben muß, daß dies aber auch genügt (MünchKomm-ZPO/Gottwald § 328 Rn 65). Es ist daher nicht zu kritisieren, daß die Rechtsprechung irgendwie auf den Zeitpunkt des ausländischen Verfahrens abstellt, ohne diesen näher zu präzisieren (RG 2.7.1934 RGZ 145, 74 = JW 1934, 2555 = StAZ 1935, 102 [Bergmann]; RG 28.2.1938 JW 1938, 1518; RG 24.1.1941 RGZ 165, 398 = StAZ 1942 114 = DR/JW 1941, 1420; RG 26.4.1941 RGZ 166, 367 = DR/JW 1941, 1744 [Pagenstecher]; BayObLG 19.10.1967 BayObLGZ 1967, 390 = NJW 1968, 363 [Geimer 800]; BayObLG 29.11.1974 BayObLGZ 1974, 471 = StAZ 1975, 130 = FamRZ 1975, 215 [Geimer]; JM NRW 24.3.1977 IPRspr 1977 Nr 160).

308 Der **Wegfall** der internationalen Zuständigkeit nach Erlaß der Entscheidung steht einer Anerkennung, die ipso jure bereits eingetreten war, nicht entgegen (Schack, IZVR Rn 881). Insbesondere darf durch eine nachträgliche Veränderung der Umstände die schon eingetretene Gestaltungswirkung nicht wieder entfallen. Dasselbe muß für das förmliche Anerkennungsverfahren nach Art 7 § 1 FamRÄndG gelten. Es ist zu prüfen, ob die Anerkennungsvoraussetzungen während des ausländischen Verfahrens vorlagen, und es kann keinen Unterschied machen, ob der Antrag gleich oder, wie meist, später gestellt wird, zumal die Anerkennung zurückwirkt. Die frühere Auffassung, die auf den Zeitpunkt der Anerkennung abstellte (Neuhaus RabelsZ 31 [1967] 579, Fn 5, und FamRZ 1958, 12 f; Riezler, IZPR 534 verlangt die Zuständigkeit in beiden Zeitpunkten), hat sich zu Recht nicht durchgesetzt.

309 Ebensowenig genügt es umgekehrt, wenn die internationale Zuständigkeit des ausländischen Gerichts **nachträglich nach Abschluß des ausländischen Verfahrens eintritt** bzw eingetreten wäre, zB durch Erwerb der Staatsangehörigkeit des Urteilsstaates (KG NJW 1988, 649; JM NRW 24.3.1977 IPRspr 1977 Nr 160; Geimer, Anerkennung ausländischer Entscheidungen in Deutschland, 64; Martiny, Hdb IZVR Bd III/1 Kap I Rn 779; **aA** BayObLG 17.12.1987 NJW 1988, 2178 mit Einschränkungen; Schack, IZVR Rn 881 aber vielleicht nur zur Rechtsänderung; Jansen, FGG Art 7 § 1 FamRÄndG Rn 24). War das Gericht damals nicht zuständig, so brauchte der Beklagte sich damals auch nicht auf das Verfahren einzulassen und mit späteren Veränderungen zu rechnen. Der Wortlaut des § 328 Abs 1 Nr 1 ZPO (wie des früheren § 606a ZPO aF), nämlich der Gebrauch der Gegenwartsform, besagt nichts.

310 **Zusammenfassend** genügt es, ist aber auch erforderlich, daß einmal während des Erstverfahrens zwischen Klageerhebung und letzter mündlicher Verhandlung die internationale Zuständigkeit gegeben war. Der Anfangszeitpunkt ist der Augenblick, in dem nach dem ausländischen Verfahrensrecht eine der deutschen Rechtshängigkeit entsprechende prozessuale Lage eingetreten ist (vgl näher Anh zu § 606a ZPO Rn 12 ff).

β) Gesetzesänderungen

Änderungen des **deutschen Zuständigkeitsrechts** können über dessen spiegelbildliche Anwendung für die Anerkennung bedeutsam werden. Nach BayObLG (19. 9. 1991 FamRZ 1992, 584) gilt primär das deutsche Recht beim Erlaß des ausländischen Urteils. Ist aber die Anerkennung nun durch die deutsche Rechtsänderung möglich geworden, sei regelmäßig dieses maßgebend. Letzterem ist nicht zuzustimmen, denn die Parteien können sich darauf eingestellt haben, für Deutschland nicht geschieden zu sein, und sollten nun nicht dadurch geschieden werden. 311

ee) Prüfung

Die Anerkennungszuständigkeit ist auch noch in der Revisionsinstanz zu prüfen (BGH 25. 11. 1993 BGHZ 124, 237, 240 f = IPRax 1995, 101 zu § 723 ZPO) bzw vom OLG gem Art 7 § 1 Abs 5 FamRÄndG. Daß sie bzw ihre tatsächlichen Voraussetzungen immer **von Amts wegen** zu prüfen seien (BGH 25. 11. 1993 BGHZ 124, 237, 245 = IPRax 1995, 101 [Gottwald 75], nicht eherechtlich; zB OLG Hamburg 10. 3. 1975 IPRspr 1975 Nr 183; BayObLG 21. 8. 1975 BayObLGZ 1975, 339 = FamRZ 1975, 700 = NJW 1976, 1037 [Geimer] = StAZ 1976, 77; BayObLG 11. 1. 1990 BayObLGZ 1990, 1 ff = NJW 1990, 3099; JM NRW 26. 9. 1975 IPRspr 1975 Nr 183, alle zum Verfahren nach Art 7 § 1 FamRÄndG), stimmt in dieser Allgemeinheit nicht. Beim förmlichen Anerkennungsverfahren nach Art 7 § 1 FamRÄndG ist nach § 12 FGG von Amts wegen zu ermitteln (Rn 788). Hängt die Zulässigkeit eines deutschen Verfahrens von der automatischen Anerkennung ab, ist von Amts wegen zu prüfen (Rn 251), während, wenn die Anerkennung materiell präjudiziell ist, die beweisbelastete Partei behaupten und beweisen muß (Rn 273 ff). 312

Bei Prüfung von Amts wegen genügen formularmäßige, unsubstantiierte Behauptungen zB über den ausländischen gewöhnlichen Aufenthalt nicht. Das Gericht kann und sollte bei Zweifel den Nachweis der Zuständigkeitsgründe verlangen. Wegen des Verbots der Gerichtsstandsvereinbarung erübrigt sich die Prüfung nicht, wenn beide Parteien oder der damalige Beklagte die Anerkennung beantragen (BayObLG 19. 9. 1991 FamRZ 1992, 584, 585 f – mexikanisches Urteil). Die Zweifel des Gerichts müssen nicht gerade aus einem Vortrag der Parteien herrühren (grundlegend Rimmelspacher, Zur Prüfung von Amts wegen [1966] 149, 153 ff). Mit Recht hat das BayObLG (19. 9. 1991 StAZ 1992, 176 [von Sachsen Gessaphe 334] = FamRZ 1992, 584 f) formelhaften Feststellungen in mexikanischen Urteilen aufgrund seiner eigenen Kenntnis und früheren Erfahrung keinen Glauben geschenkt, obwohl keine Partei diesbezüglich Zweifel geäußert hatte. Bei Weigerung der Parteien, Nachweise beizubringen, ist zunächst nach Beweislastgrundsätzen zu entscheiden (Rn 265 ff), ggf auch nach den Grundsätzen der Beweisvereitelung (Rn 280 ff). Vor allem durch genaue Überprüfung der Anerkennungszuständigkeit sind Scheidungen aus Scheidungsparadiesen abzuwehren. 313

Bei der Prüfung der Anerkennungszuständigkeit ist der Richter **nicht** an die tatsächlichen Feststellungen des Urteils **gebunden**, und es tritt auch keine Präklusion von Tatsachen ein (Geimer, Zur Prüfung der Gerichtsbarkeit und der internationalen Zuständigkeit bei der Anerkennung ausländischer Urteile 134 ff; BayObLG 11. 6. 1979 BayObLGZ 1979, 193 = FamRZ 1979, 1015; weiter Rn 265 ff). 314

Zu unterscheiden und auch sehr umstritten ist, ob andere **Änderungen des deutschen Anerkennungsrechts** als der deutschen Zuständigkeiten nachträglich zur Anerkennung führen oder sie wieder entfallen lassen. Dazu Verweise in Rn 117. 315

ff) Parteidisposition

316 Aus § 40 Abs 2 ZPO ergibt sich in spiegelbildlicher Anwendung, daß das ausländische Gericht in Ehesachen nicht durch eine **Zuständigkeitsvereinbarung** zuständig werden kann (zB KG 12.7.1975 OLGZ 1976, 38; OLG Hamburg 10.3.1975 IPRspr 1975 Nr 177). Deshalb kann auf die Anerkennungszuständigkeit auch nicht dadurch verzichtet werden, daß beide Ehegatten nun die Anerkennung beantragen (BayObLG 21.1.1975 BayObLGZ 1975, 44 = NJW 1975, 1077 [Geimer] = FamRZ 1975, 582 [Geimer], Scheidung in Mexiko; ebenso BayObLG 19.9.1991 FamRZ 1992, 584 = IPRax 1992, 178). Die Unklarheiten, die der undurchsichtige § 606 ZPO aF verursachte (Staudinger/Spellenberg [1997] Rn 344), sind heute beseitigt.

317 Weil es um den Schutz der Parteien geht, soll nach Geimer heute die Anerkennung an fehlender Anerkennungszuständigkeit nicht scheitern, wenn der Beklagte das nicht rügt (Geimer, in: FS Nakamura 170 ff; ders, Anerkennung ausländischer Entscheidungen in Deutschland 48 ff; Zöller/Geimer § 606a Rn 125 f). Dies ist zutreffend, soweit die deutsche Zuständigkeitsordnung eine Zuständigkeitsvereinbarung zuläßt (MünchKomm-ZPO/Gottwald § 328 Rn 70; **aA** Schack, IZVR Rn 882). Dieser Auffassung ist aber nicht zuzustimmen, wenn das deutsche Recht wie in Eheverfahren die Zuständigkeit der Parteidisposition entzieht, selbst wenn dies nicht nur aus öffentlichem Interesse, sondern auch, wenn dies im Parteiinteresse geschieht (Fricke, Anerkennungszuständigkeit zwischen Spiegelbildgrundsatz und Generalklausel [1990] 102; Schack, IZVR Rn 882; MünchKomm-ZPO/Gottwald § 328 Rn 70 in Ehesachen; BGH 26.3.1969 BGHZ 52, 30, 37; BGH 5.7.1972 BGHZ 59, 116, 121 [implizit]; OLG Hamburg 10.3.1975 IPRspr 1975 Nr 177; BayObLG 17.12.1987 NJW 1988, 2178; BayObLG 19.9.1991 FamRZ 1992, 586 = NJW-RR 1992, 514). Die Rechtsordnung setzte sich in Widerspruch mit sich selbst, wenn sie die Entscheidungszuständigkeit der Parteivereinbarung entzieht, sie im Anerkennungsstadium dann aber doch erlaubte.

hh) Keine ausschließliche Zuständigkeit

318 § 606a Abs 1 S 2 ZPO nF **beseitigt** die partielle ausschließliche deutsche Zuständigkeit des alten Rechts. Ob ein **dritter Staat** für sich im konkreten Fall die ausschließliche Zuständigkeit in Anspruch nimmt, interessiert nicht. § 328 Abs 1 Nr 1 ZPO stellt auf das deutsche Recht ab. Zwar könnte sich die Bundesrepublik staatsvertraglich vorbehalten, eine Anerkennung einer ausländischen Entscheidung zu verweigern, weil ein dritter Staat eine ausschließliche Zuständigkeit für sich in Anspruch nimmt. Die in den auch auf Ehesachen anzuwendenden bilateralen Verträgen mit Spanien (Art 7 Abs 2) und Italien (Art 1 Abs 1) enthaltenen Klauseln sagen dies jedoch nicht, denn es fehlt an der Voraussetzung, daß nach deutschem Recht die deutschen oder die Gerichte des dritten Staates ausschließlich zuständig sein sollen. Daß § 606a Abs 2 S 2 ZPO bei reinen Ausländerehen die Anerkennung durch die Heimatstaaten genügen läßt, bedeutet den Verzicht auf eine Anerkennungszuständigkeit überhaupt und hat mit ausschließlicher Zuständigkeit nichts zu tun.

b) Die einzelnen Zuständigkeiten

319 Aus der spiegelbildlichen Anwendung des § 606a ZPO nF ergeben sich zwei mögliche Zuständigkeitsgründe, nämlich die **Staatsangehörigkeit** des Urteilsstaates bei einer Partei oder der **gewöhnliche Aufenthalt** einer Partei dort.

aa) Staatsangehörigkeit

Das Erstgericht war zuständig, wenn wenigstens **einer der Ehegatten** diesem Staat angehörte (§ 328 Abs 1 Nr 1 mit § 606a Abs 1 S 1 Nr 1 ZPO). Für die Feststellung der ausländischen Staatsangehörigkeit gilt das zu §§ 606a ZPO Rn 134 ff Gesagte. Aufenthalt oder Wohnsitz in diesem Staat sind daneben nicht erforderlich. In einem gewissen Sinn hat die deutsche Heimatzuständigkeit Zufluchtcharakter für die im Ausland lebenden Staatsangehörigen (§ 606a ZPO Rn 16 ff). Dasselbe muß man daher auch ausländischen Regelungen zugestehen. 320

α) Mehrrechtsstaaten. Bundesstaaten

Bei **Mehrrechtsstaaten** wie zB den USA kommt es für die Anerkennungszuständigkeit kraft Staatsangehörigkeit nach manchen auf die Zugehörigkeit gerade zu dem **Einzelstaat** an, aus dem das Urteil stammt (Martiny, Hdb IZVR Bd III/1 Rn 747; Bürgle StAZ 1975, 331, 334; Gräber FamRZ 1963, 493 f; BayObLG 11. 1. 1990 NJW 1990, 3099; LG München 28. 6. 1988 RIW 1988, 738; H Roth ZZP 112 [1999] 473, 484; Wazlawik IPRax 2002, 273 ff, auch bei federal courts; Sieg IPRax 1996, 79 f; OLG Hamm 4. 6. 1997 RIW 1997, 1039 aufgehoben von BGH 29. 4. 1999 BGHZ 141, 286, 292 federal court). Sie müßte sich, da es keine Einzelstaatsangehörigkeit in den USA gibt, nach dem *domicile* im amerikanischen Sinne im betr *state* bestimmen (vgl § 606a ZPO Rn 217 „Vereinigte Staaten"). Denn nach wie vor haben die Gliedstaaten der USA eigenes, etwas verschiedenes Scheidungsrecht und eine eigene Gerichtsorganisation. Bei Staaten wie früher Jugoslawien, die eine bundeseinheitliche interlokale Zuständigkeitsordnung haben, müßte man konsequenterweise dieser folgen. Entsprechendes gälte, soweit zB islamische oder afrikanische Staaten die Zuständigkeit von der Zugehörigkeit zu bestimmten Religionen oder Ethnien abhängig machen sollten. 321

Dem ist nicht zuzustimmen. § 328 ZPO verlangt nur, daß die Partei nach unseren Maßstäben in dem Staat Recht nehmen muß, und nicht, daß die örtlichen, sachlichen und Rechtswegszuständigkeiten des betr Staates eingehalten werden. Solange die Gerichtsbarkeiten der Einzelstaaten in eine bundesstaatliche eingegliedert sind, können die interlokalen Zuständigkeitsregeln jenen letztlich gleichgestellt werden und hindern unsere Anerkennung nicht (Geimer, Anerkennung 117; Haas IPRax 2001, 198; vHoffmann/Hau RIW 1998, 349 ff; Jayme IPRax 1991, 262 aber nicht für Puerto Rico; MünchKomm-ZPO/Gottwald § 328 Rn 64; Zöller/Geimer § 328 Rn 97 a). Wir sprechen ähnlich auch nicht von einer bayerischen oder hessischen sondern von einer deutschen internationalen Zuständigkeit. Kriterien sind dementsprechend eine die Einzelstaaten **übergreifende Gerichtsorganisation** und die **Staatsangehörigkeit** der Föderation. 322

Die USA sind allerdings an der Grenze, denn die Einzelstaaten bestimmen selbst über ihre internationale und interlokale Zuständigkeit. Es gibt jedoch nicht nur auch eine Bundesgerichtsorganisation (federal court) (darauf verweisen vHoffmann/Hau aaO für nicht eherechtliche Sachen; ebenso BGH 29. 4. 1999 BGHZ 141, 286, 292 = IPRax 2001, 230 [zust Haas 198]), sondern in der Bundesverfassung eine übergeordnete Regelung der gegenseitigen Urteilsanerkennung. Freilich sollten wir nicht Urteile anerkennen, die danach in den andere Bundesstaaten nicht anerkannt werden, insbesondere wenn keine Partei im Urteilsstaat ihr domicile hatte und der Beklagte sich nicht auf das Verfahren eingelassen hat (vgl Hay IPRax 1988, 267). Solchen Scheidungsparadiesen (zB Guam) fehlt nicht die Heimatzuständigkeit iSd § 606a Abs 1 S 1 Nr 1 mit § 328 Abs 1 Nr 1 ZPO, aber gewissermaßen die bundesrechtliche 323

Billigung. Wenn nach diesen Standards eine Scheidung gebilligt wird, wenn der Kläger dort nur Aufenthalt hat und der Beklagte mit dem Gericht einverstanden ist, dann genügt die amerikanische Staatsangehörigkeit einer oder beider Parteien für die Anerkennung, auch wenn die Parteien nicht im Staat ihr domicile haben, also ihm nicht „angehören", und obwohl im deutschen Recht die Einlassung keine Zuständigkeit begründen könnte.

324 Bei **zerfallenen Staaten** ist abzuwarten, bis die neuen Teile eine eigenständige, vom bisherigen Bund abgelöste Gerichtsbarkeit und eine eigene Staatsangehörigkeit haben. Eine völkerrechtliche Anerkennung des neuen Staates ist dagegen nicht entscheidend (Hohloch IPRax 2000, 100; ders, in: Thürer/Herdegen/Hohloch, Der Wegfall effektiver Staatsgewalt: „The Failed State" [1996] 122 ff m N). Bis diese Selbständigkeit gesichert ist, dürfen alle Gerichte des nach Selbständigkeit strebenden Teilgebietes noch als Gerichte der bisherigen Einheit angesehen werden und als Heimatgerichte, nicht als ausländische, für alle Staatsangehörigen des bisherigen größeren Staates (im Ergebnis so Präs OLG Frankfurt/M 22. 9. 1998 IPRax 2000, 125; zust Hohloch ebenda 97 f; zu Urteilen aus der Republik Srbska).

325 Wenn der Urteilsstaat Ehesachen **religiösen Gerichten** überläßt wie oft in islamischen Staaten (zu Jordanien Elwan IPRax 1996, 389) oder zB auch Indien und Israel, so sind deren Urteile durchaus anerkennungsfähig, wenn sie mit staatlicher Autorität bzw Erlaubnis judizieren (o Rn 211). Ihre internationale Anerkennungszuständigkeit muß aber räumlich verstanden werden, so daß das Gericht in dem Staat seinen Sitz haben muß, dem die Partei angehört oder in dem sie ihrem gewöhnlichen Aufenthalt hat. Sollte zB das indische Hindu-Recht die Regel enthalten, daß ein Hindu jedes Hindu-Gericht in der Welt anrufen könne, so genügt das nicht für § 328 Abs 1 Nr 1 ZPO (Zur Frage, wann kirchliche Entscheidungen Urteile iSd § 328 ZPO und nicht Privatscheidungen sind u Rn 554 f).

326 Bei **gewohnheitsrechtlichen** Gerichten in Afrika ist zunächst zu fragen, ob sie (noch) staatlicherseits anerkannt sind, und wenn ja, ob sie auch entscheiden können, wenn nicht beide Eheleute dem betreffenden Stamm angehören, oder wenn die Ehe nicht in der traditionellen Form geschlossen wurde. Eine Eheschließung vor dem Zivilstandsbeamten bedeutet nicht selten, daß die Ehe ausschließlich modernem Gesetzesrecht und damit staatlicher Gerichtsbarkeit untersteht. Aber andererseits kennen manche Staaten Regeln, nach denen auch Nicht-Stammesangehörige dieser Rechtsgemeinschaft beitreten können (vgl zu solchen Fragen Spellenberg, in: Abun Nasr/Spellenberg/Wanitzek [Hrsg], Law, Society and National Identity in Africa [1991] 109 ff).

β) Antrittszuständigkeit

327 606a Abs 1 S 1 Nr 1 ZPO gewährt heute generell eine deutsche Antrittszuständigkeit, wenn eine Partei nur bei Eheschließung Deutsche war (§ 606a ZPO Rn 86 ff). Das muß dann entsprechend auch für die Anerkennungszuständigkeit kraft ehemaliger fremder Staatsangehörigkeit im Urteilsstaat gelten (zum alten Recht für die beschränkte Antrittszuständigkeit der Ehefrauen die hM: BayObLG 3. 10. 1972 BayObLGZ 1972, 306 = NJW 1972, 2188 [obiter]; E Lorenz FamRZ 1966, 473; Beitzke FamRZ 1967, 598; Kleinrahm/Partikel 105; Jansen, FGG Art 7 § 1 FamRÄndG Rn 22; MünchKomm/Winkler von Mohrenfels [3. Aufl 1998] Art 17 Rn 280; Martiny, Hdb IZVR Bd III/1 Rn 747 f; **aA** Geimer NJW 1974, 1031 f wegen des – inzwischen weggefallenen – Ausnahmecharakters).

γ) Staatenlose, Flüchtlinge*

Für Staatenlose hält § 606a Abs 1 Nr 3 ZPO eine eigene Regelung bereit, derzufolge eine Zuständigkeit besteht, wenn der **Staatenlose** im Inland seinen gewöhnlichen Aufenthalt hat, nicht der andere Ehegatte. Wenn beide Parteien im Urteilsstaat ihren Wohnsitz hatten, folgt auch die Anerkennungszuständigkeit schon aus § 606a Abs 1 S 1 Nr 2 ZPO. Hat nur der Staatenlose den gewöhnlichen Aufenthalt im Urteilsstaat, so verzichtet § 606a Abs 1 S 1 Nr 3 ZPO auf die Anerkennung im Heimatstaat, weil der Staatenlose keinen hat und Nr 4 nur die Anerkennung in einem Heimatstaat verlangt (vgl § 606a ZPO Rn 112 ff). Doch kommt es darauf ohnehin nicht an, denn es genügt ohnehin immer der Aufenthalt einer Partei im Urteilsstaat, § 606a Abs 2 S 1 ZPO. 328

Bei **Flüchtlingen** dagegen, die nicht notwendig auch Staatenlose sind, stellen sich zwei Fragen, nämlich, ob eine Zuständigkeit in ihrem Heimatstaat noch weiter anzuerkennen ist, und ob – jedenfalls zusätzlich – eine in ihrem Aufenthaltsstaat besteht. Bei staatenlosen Flüchtlingen kann man die Zuständigkeitsregeln für Staatenlose und Flüchtlinge kumulieren, soweit nicht einschlägige Abkommen oder Gesetze die Kumulation ausschließen (zu den Zuständigkeiten vgl § 606a ZPO Rn 92 ff, 112 ff). 329

Zur Heimatzuständigkeit wird vertreten, daß dem **Flüchtling** nicht verwehrt werden müsse und könne, sein **Heimatgericht** in Anspruch zu nehmen (Hirschberg NJW 1972, 365 f; Martiny, Hdb IZVR Bd III/1 Rn 736). Das ist prinzipiell richtig, und der Flüchtling mag durchaus gute Gründe dafür haben. Aber man kann einen beklagten Flüchtling nicht vor seine Heimatgerichte zwingen. Man kann daher ein Urteil nur anerkennen, wenn der Flüchtling auch als Beklagter mit der Anrufung seiner Heimatgerichte oder später mit der Anerkennung einverstanden war bzw ist (**aA** Martiny aaO Rn 736 aE; BGH 11. 4. 1979 FamRZ 1979, 577). 330

Weiter sind Art 12, 16 **Genfer Flüchtlingskonvention** zu nennen, die Flüchtlinge Einheimischen in den Staaten gleichstellen, in denen sie ihren gewöhnlichen Aufenthalt haben. Sie haben dort gleichen Zugang zu den Gerichten wie die Staatsangehörigen, und entsprechend müssen diese Urteile von uns anerkannt werden. Gem § 606a Abs 1 S 1 Nr 1 ZPO genügt es, daß ein Ehegatte als Flüchtling dort seinen gewöhnlichen Aufenthalt hat. Wenn nur dieser Ehegatte Flüchtling ist, schadet es nicht, wenn der andere Ehegatte klagt, der weder Flüchtling ist noch seinen Wohnsitz in diesem Lande hat. So begründet der gewöhnliche Aufenthalt des Flüchtlings im Urteilsstaat quasi eine Heimatzuständigkeit iSd § 606a Abs 1 S 1 Nr 1 ZPO, doch kommt es darauf praktisch nicht an, weil eine Anerkennungszuständigkeit dann auch aus § 606a Abs 1 S 1 Nr 4 mit Abs 2 S 1 folgt. Jedoch genügt der gewöhnliche Aufenthalt bei Heirat iSe Antrittszuständigkeit wohl auch, wenn im Urteilsstaat wie § 606a Abs 1 S 1 Nr 1 2. Alt ZPO die frühere Staatsangehörigkeit eine Scheidungszuständigkeit eröffnet (Staudinger/Spellenberg [1997] §§ 606 ff ZPO Rn 86). 331

Während die Genfer Flüchtlingskonvention weltweite Verbreitung hat, oft also auch 332

* **Schrifttum**: Beitzke, Staatenlose, Flüchtlinge und Mehrstaater, in: Lauterbach (Hrsg), Vorschläge und Gutachten zur Reform des deutschen internationalen Personen- und Sachenrechts (1972) 143 ff; weiter §§ 606 ff Rn 165 ff; Lass, Der Flüchtling im deutschen IPR (1995).

im Urteilsstaat gilt, gelten die speziellen **deutschen** Gesetze dort natürlich nicht. Das Urteil in spiegelbildlicher Anwendung deutscher Flüchtlingsgesetze anzuerkennen, ist wegen des auf die Aufnahme in Deutschland beschränkten Zweckes dieser Gesetze unangemessen. Äußerungen zum hier aufgeworfenen Problem liegen wohl nicht vor; bisher ging es nur um die Frage, ob die Gleichstellung mit Deutschen zugleich eine ausschließliche deutsche Zuständigkeit begründete (MARTINY, Hdb IZVR Bd III/1 Rn 734 f mwN), doch ist **diese** Frage mit § 606a Abs 1 S 2 ZPO nF entfallen.

δ) Mehrstaater

333 Für die Anerkennungszuständigkeit kraft Staatsangehörigkeit **genügt** es, wenn ein Ehegatte die **Staatsangehörigkeit des Urteilsstaates** neben einer anderen hat, so wie für die deutsche Entscheidungszuständigkeit die deutsche neben einer ausländischen genügt (§ 606a ZPO Rn 80 ff). Die frühere herrschende Rechtsprechung, die allein die deutsche Staatsangehörigkeit beachtete (RG 19. 3. 1936 RGZ 150, 376 = JW 1936, 1659 [MASSFELLER 1642]; BGH 4. 10. 1951 BGHZ 3, 178 = NJW 1952, 184 [LAUTERBACH]; OLG Düsseldorf 5. 7. 1974 MDR 1974, 1023; OLG Celle 30. 4. 1975 StAZ 1976, 360; JM NRW 28. 2. 1977 IPRspr 1977 Nr 159, und 15. 3. 1978 IPRspr 1978 Nr 173), bezog sich wesentlich auf die damals daran anknüpfende ausschließliche deutsche Zuständigkeit gem §§ 606, 606a ZPO aF. Andere haben schon früher auf die effektive Staatsangehörigkeit abgestellt (OLG Stuttgart 5. 4. 1968 FamRZ 1968, 390; STAUDINGER/GAMILLSCHEG[10/11] § 328 Rn 82) oder überhaupt die Staatsangehörigkeit des Urteilsstaates für die Anerkennung ausreichen lassen (SAMTLEBEN RabelsZ 42 [1978] 476 f; MARTINY, Hdb IZVR Bd III/1 Rn 733).

334 Es geht heute nur noch darum, ob der Gerichtsstaat eine hinreichende Beziehung zum Fall hatte, und dafür genügt gemäß der Wertung des § 606a Abs 1 S 1 Nr 1 ZPO nF die **ausländische** Staatsangehörigkeit selbst **neben der deutschen** (BASEDOW StAZ 1983, 233, 238; ZÖLLER/GEIMER § 606a Rn 100). Vorausgesetzt ist aber, daß jene effektiv ist (**aA** ZÖLLER/GEIMER aaO; BASEDOW aaO, MANSEL, Personalstatut, Staatsangehörigkeit und Effektivität [1988] 461), also eine tatsächliche Beziehung der Partei zu der Rechts- und Gesellschaftsordnung besteht (vgl § 606a ZPO Rn 86 f gegen die hM), die effektivere muß es aber nicht sein (**aA** MünchKomm/WINKLER VON MOHRENFELS Art 17 EGBGB Rn 280).

bb) Aufenthalt

335 § 606a ZPO nF stellt Staatsangehörigkeit und **gewöhnlichen Aufenthalt** weitgehend gleichberechtigt als Zuständigkeitsgründe für Ehesachen nebeneinander (§§ 606a ZPO Rn 13 f). Wegen § 606a Abs 2 S 31 ZPO genügt im Ergebnis für die Anerkennung eines Eheurteils in Deutschland schon der **gewöhnliche Aufenthalt einer Partei** im Urteilsstaat.

336 Da das **deutsche Anerkennungsrecht** autonom über die Anerkennungsvoraussetzungen bestimmt, ist das deutsche Recht auch allein berufen, über den Begriff des **gewöhnlichen Aufenthalts** und seine Voraussetzungen zu bestimmen (BayObLG 11. 6. 1979 BayObLGZ 1979, 193 = FamRZ 1979, 1015; OLG Düsseldorf 28. 2. 1975 FamRZ 1975, 584; JM NRW 5. 2. 1980 IPRspr 1980 Nr 1881a und 12. 12. 1980 IPRspr 1980 Nr 176; BayObLG 5. 2. 1980 BayObLGZ 1980, 52 = FamRZ 1980, 883, 885; BayObLG 11. 1. 1990 NJW 1990, 3099 = StAZ 1990, 224; BayObLG 19. 9. 1991 FamRZ 1992, 584, 586 = IPRax 1992, 178). Es ist daher auf die Ausführungen bei § 606a ZPO Rn 111 zu verweisen. Anerkennungsverträge können anderes vorschreiben, wie für den Wohnsitz zB Art 52 LugÜ (für Unter-

haltsregelungen einschlägig), und gehen dann vor. Der gewöhnliche Aufenthalt bezeichnet den privaten **Lebensmittelpunkt**, und idR hat man nur einen. In seltenen Ausnahmefällen kann aber auch einmal ein doppelter anzunehmen sein, wovon dann jeder eine Anerkennungszuständigkeit begründet (KG 3.3.1987 NJW 1988, 649 [Geimer] = FamRZ 1987, 603; vgl Staudinger/Gamillscheg[10/11] § 328 ZPO Rn 117; zust Martiny, Hdb IZVR Bd III/1 Rn 220).

Bei der Prüfung sollten namentlich die Voraussetzungen der **Dauer und der sozialen Integration** ernstgenommen werden (irrig daher zum Wohnsitzwechsel RG 3.3.1938 RGZ 157, 136; vgl Art 3 EheGVO Rn 48 ff). Damit dürfte der Anerkennung von Scheidungen aus sog **Scheidungsparadiesen** gewehrt werden können (zu Guam vgl zB Böhmer, in: FS Ferid [1988] 49; ebenso BayObLG 11.1.1990 NJW 1990, 3099 = StAZ 1990, 224; weiter zB KG 12.7.1975 OLGZ 1976, 38, 40; BayObLG 11.6.1979 BayObLGZ 1979, 193 = FamRZ 1979, 1015; BayObLG 25.9.1973 BayObLGZ 1973, 251 = NJW 1974, 1628 [Geimer 1026, Bürgle 2163]; alle Mexiko, doch hat sich das Problem mit Mexiko heute erledigt; von Sachsen Gessaphe StAZ 1992, 334 ff). Ein Aufenthalt nur zum Zweck der Scheidung genügt bei weitem nicht. Der ordre public braucht dann nicht bemüht zu werden (irrig RG 3.4.1938 RGZ 157, 136). Insbesondere dürfen Feststellungen in ausländischen Urteilen, der gewöhnliche Aufenthalt habe sich dort befunden, nicht immer für bare Münze genommen werden. Sie können auf ungenügenden Ermittlungen beruhen, und vor allem kann damit etwas durchaus anderes gemeint sein (vgl Fall BayObLG 19.9.1991 FamRZ 1992, 584 = IPRax 1992, 178). 337

cc) Verbundszuständigkeit

α) Autonomes Recht

Soweit § 621 ZPO oder nach **aA** § 623 ZPO eine internationale Zuständigkeit begründen (dazu § 606a ZPO Rn 269 ff), ist entsprechend dem Spiegelbildprinzip auch eine ausländische Verbundsentscheidung anzuerkennen. Erforderlich ist dafür nicht nur, daß eine Anerkennungszuständigkeit für die Ehesache bestand, sondern daß diese Entscheidung auch anerkannt ist, worüber ggf die LJV zu entscheiden hat. 338

Eine **Verbundsentscheidung** in diesem Sinne ist nur die, die zusammen mit der Statusregelung erfolgt ist, nicht mehr eine spätere, selbst wenn sie die Scheidung voraussetzt oder wenn sie eine im Verbund erfolgte Scheidungsfolgenregelung abändert (insoweit zutreffend OLG Hamm 15.6.1987 IPRax 1988, 39 [DH]), und auch nicht eine Regelung, die vor der Scheidung für die Zeit bis zu ihr oder gar unabhängig davon getroffen wurde, wie zB eine Unterhalts- und Sorgeregelung für die Dauer des Verfahrens. Es genügt, wenn die Folgeentscheidung im Lauf des Eheverfahrens ergeht, sie muß nicht am gleichen Tag sein. 339

Folgt man dem BGH, der eine deutsche Entscheidungszuständigkeit auf § 621 bzw § 623 ZPO auch dann gründet, wenn die Scheidungsfolge **isoliert** geltend gemacht wird, dann müßte man auch isolierte Folgeregelungen aus Staaten anerkennen, die für die Scheidung zuständig gewesen wären, aber nicht befaßt worden sind. Doch ist diese Auffassung des BGH ohnehin abzulehnen (§§ 606a ZPO Rn 277). Es ist auch kein Fall bekannt geworden, in dem die Anerkennung auf eine solche Zuständigkeit gegründet worden wäre. Bei isolierten Scheidungsfolgenregelungen ist die Anerkennungszuständigkeit nach den allgemeinen Regeln zu prüfen. 340

341 Die internationale Verbundszuständigkeit reicht, auch wenn man sie anerkennt, für § 328 Abs 1 Nr 1 ZPO sachlich nur so weit, wie das **deutsche Recht** die Angelegenheit international in den Verbund einbezieht. Ein besonderes Problem stellen Nebenentscheidungen im Verbund dar, die dem deutschen Recht so nicht bekannt sind. Entscheidend ist dann, ob das ausländische Rechtsinstitut funktional einer der Regelungen gleichsteht, die § 621 ZPO in den Verbund einstellt. Das ist zB bei der islamrechtlichen Morgengabe und ähnlichen Instituten nicht leicht zu entscheiden (weiter § 606a ZPO Rn 260 ff). Grundsätzlich könnte praktisch dabei dahinstehen, ob letztere zB unterhaltsrechtlich oder güterrechtlich zu qualifizieren ist. Wichtig ist die Unterscheidung zwischen Unterhaltsfunktion und anderer Funktion jedoch im Hinblick auf das EuGVO, EuGVÜ/LugÜ und das Unterhaltsvollstreckungsübk (vgl Rn 259 ff), deren Anerkennungsregelungen der ZPO vorgehen bzw im letzteren Fall sie ergänzen.

342 Die Anerkennungszuständigkeit für **vorläufige Maßnahmen** ergibt sich aus der Zuständigkeit für die Hauptsache (Anh zu § 606a ZPO Rn 195 ff). Jedoch sind einstweilige Anordnungen nicht immer anerkennungsfähig (Rn 223 f).

343 In **Sorgerechtsangelegenheiten** ist eine internationale Verbundszuständigkeit nicht anzuerkennen (§§ 606a Rn 268 f; **aA** zB Dörner IPRax 1987, 156). Es muß daher eine der Zuständigkeiten in spiegelbildlicher Anwendung des § 35b FGG gegeben sein. Diese sind aber weit genug.

344 Auch in **anderen Angelegenheiten** kann man nicht allgemein von einer internationalen Verbundszuständigkeit ausgehen (§§ 606a Rn 271 ff, **aA** die hM vgl dort), und so wird man auch bei der Anerkennung ausländischer Entscheidungen im Verbund **differenzieren** müssen. Für den Unterhalt zB kann man die Anerkennungszuständigkeit bejahen (§ 606a ZPO Rn 273; P Baumann, Anerkennung und Vollstreckung ausländischer Entscheidungen in Unterhaltssachen 114; Martiny, Hdb IZVR Bd III/1 Rn 695, 745; zu Staatsverträgen u Rn 349 ff).

β) Staatsverträge

345 Staatsvertragliche Regelungen gehen vor, insbesondere das **Haager Minderjährigenschutzabkommen** (MünchKomm/Siehr nach Art 19 Anh I Rn 10, 16 ff, 278 ff; BGH 11. 1. 1984 BGHZ 89, 325, 370 = IPRax 1984, 208, 210 [Henrich 186] = FamRZ 1984, 350, 353 = NJW 1984, 1302, 1304; BayObLG 3. 12. 1976 FamRZ 1977, 473 = StAZ 1977, 137; OLG Düsseldorf 11. 5. 1981 FamRZ 1981, 1005; BayObLG 20. 7. 1981 BayObLGZ 1981, 246, 250 = IPRax 1982, 106 [Hüsstege 95]; OLG Hamm 15. 6. 1987 IPRspr 1987 Nr 78 [Henrich IPRax 1988, 40]; **aA** insoweit Staudinger/Kropholler [2003] Vorbem 445 zu Art 19 EGBGB; zust aber Staudinger/Henrich [2002] Art 21 EGBGB Rn 80 ff, 112).

346 Das MSA ist **anwendbar**, wenn der Minderjährige sich in einem Vertragsstaat gewöhnlich aufhält. Das muß nicht der Urteilsstaat sein. Danach sind Maßnahmen, für welche die Behörden des betreffenden Staates nach Art 1 und 4 MSA Zuständigkeit hatten, stets anzuerkennen. Es gilt Art 7 S 1 MSA (Staudinger/Kropholler [2003] Vorbem 438 zu Art 19 EGBGB; MünchKomm/Siehr nach Art 19 Anh I Rn 278).

347 Das MSA sieht **keine Verbundszuständigkeit** vor. Es erlaubt zwar in Art 15 den Vertragsstaaten, einen Vorbehalt zugunsten eines Verbundes zu erklären, doch davon haben nur (noch) Luxemburg, Polen und die Türkei Gebrauch gemacht. Damit ist die Anerkennung einer Verbundsentscheidung aus einem Vertragsstaat, der nicht den Vorbehalt nach Art 15 MSA erklärt hat, abzulehnen, wenn nicht seine Zuständigkeit auf andere Vorschriften des MSA (Art 1, 4 und evtl 9) gegründet werden kann (MünchKomm/Siehr Art 19 EGBGB Anh I Rn 454; str).

Eine Verbundsentscheidung aus einem Vertragsstaat, der den Vorbehalt nach Art 15 MSA zugunsten des Verbundes erklärt hat, ist in einem anderen Vertragsstaat, der ihn auch erklärt hat, anzuerkennen. Dagegen sagt Art 15 Abs 2 MSA, daß andere Vertragsstaaten nicht zur Anerkennung verpflichtet sind. Das verbietet eine Anerkennung nicht, doch müßte sie dann aus autonomem Recht folgen. Jedoch fehlt in diesem Fall wegen des von Deutschland nicht erklärten Vorbehalts und der Ausschließlichkeit des MSA für die Entscheidungszuständigkeit die Voraussetzung der spiegelbildlichen Anerkennungszuständigkeit für die Verbundsentscheidung. Denn in Deutschland würde eine nur auf §§ 621, 623 ZPO zu gründende internationale Zuständigkeit wegen des Vorrangs des MSA nicht bestehen (MünchKomm/Siehr Art 19 EGBGB Anh I Rn 453; **aA** Staudinger/Kropholler [1994] Vorbem 562 ff zu Art 19 EGBGB; wohl auch OLG Karlsruhe 5. 11. 1990 FamRZ 1991, 362). 348

Für **Unterhaltsentscheidungen** zwischen den Ehegatten und gegenüber Kindern enthält Art 5 Nr 2 EuGVO/EuGVÜ/LugÜ eine Verbundszuständigkeit, solange die Zuständigkeit für die Ehesache nicht nur auf die Staatsangehörigkeit nur eines Ehegatten zu gründen ist. Die Unterhaltsentscheidungen aus einem Mitgliedstaat sind jedoch in allen anderen ohne Prüfung der internationalen Anerkennungszuständigkeit anzuerkennen und zu vollstrecken (Art 33 Abs 1 EuGVO/Art 256 Abs 1 EuGVÜ/LugÜ). Art 35 EuGVO bzw Art 28 EuGVÜ/LugÜ, die eine Nachprüfung erlauben, greifen nicht ein. 349

Das **Haager Übereinkommen über die Anerkennung** und Vollstreckung **von Unterhaltsentscheidungen** gilt zwar gem seinem Art 57 neben der EuGVO, bringt aber für Entscheidungen aus dessen Mitgliedstaaten keine Erleichterung. Es hat daher Bedeutung nur im Verhältnis zu anderen Vertragsstaaten. Art 8 UVÜ enthält eine anzuerkennende Verbundszuständigkeit, wenn die Zuständigkeit für die Eheauflösung vom Recht des Vollstreckungsstaates anerkannt wird, dh § 606a ZPO entspricht. 350

Bilaterale Anerkennungs- und Vollstreckungsverträge zwischen Mitgliedern der EuGVO gelten für Unterhaltsentscheidungen nicht mehr (Art 69 EuGVO) und ebensowenig im Verhältnis zu Mitgliedern des EuGVÜ (Dänemark) und LugÜ (Art 55 EuGVÜ/LugÜ). So kommen hier noch in Betracht der deutsch-tunesische und der deutsch-israelische Vertrag, die beide auch Unterhaltsentscheidungen erfassen. Eine Verbundsanerkennung enthält Art 7 Nr 4 des deutsch-israelischen Abk, nicht jedoch der deutsch-tunesische Vertrag. Zwischen dem HUntVÜ und bilateralen Abkommen sowie dem autonomen deutschen Recht gilt das Günstigkeitsprinzip (Art 8 UnthÜ; Staudinger/Kropholler [1996] Art 18 EGBGB Anh III Rn 119 ff m Nachw). 351

γ) Vorgreifliche Anerkennung des Eheurteils

Bei Anerkennung von Verbundsentscheidungen sowohl nach autonomem Recht wie 352 nach Staatsverträgen ist **vorausgesetzt**, daß die **Eheentscheidung anerkannt** ist. Soweit das Feststellungsmonopol der LJV reicht, muß also zunächst die Entscheidung der LJV gem Art 7 § 1 FamRÄndG vorliegen und notfalls ausgesetzt werden (BGH 5. 2. 1975 BGHZ 64, 19, 22 f = FamRZ 1975, 273; PALANDT/HELDRICH Anh Art 24 Rn 37; GÖPPINGER/WAX/LINKE, Unterhaltsrecht [7. Aufl. 1999] Rn 3285; GEIMER, IZPR Rn 3018; MünchKomm-ZPO/GOTTWALD § 328 Rn 187 ff; STEIN/JONAS/H ROTH § 328 Rn 619; Art 7 § 1 FamRÄndG Rn 18). Für die Folgesachen im Bereich des MSA und des Haager UVÜ ist dies aber bestritten (für das MSA: OLG Karlsruhe 3. 10. 1980 DAVorm 1981, 166; OLG Köln 10. 4. 1979 FamRZ 1979, 718; KG 13. 11. 1973 FamRZ 1974, 146; OLG München 28. 1. 1982 DAVorm 1982, 490; MITZKUS, Internationale Zuständigkeit im Vormundschafts-, Pflegschafts- und Sorgerecht [1982] 359 ff; **aA** nur für MSA MünchKomm/SIEHR Art 19 EGBGB Anh I Rn 280; für EuGVÜ/LugÜ: HAUSMANN IPRax 1981, 5 f; RAHM/KÜNKEL/BREUER VIII Rn 276; HENRICH, Internationales Familienrecht 168; freilich soll wenigstens die Anerkennungszuständigkeit für die Statusentscheidung erforderlich sein). Hier gilt aber für Verbundsentscheidungen nicht anderes als auch sonst für die Anerkennung von Folge- bzw Nebenentscheidungen, so daß auf das oben Rn 234 Gesagte zu verweisen ist.

c) § 606a Abs 2 S 2 Drittstaatsanerkennung*

353 Vor 1986 war die Situation streitig, daß nach deutschem Recht der Entscheidungsstaat keine **Anerkennungszuständigkeit** hatte, wohl aber nach dem **Recht des Staates**, der nach deutschem Recht **zuständig gewesen** wäre. Ein Beispiel ist, daß der Heimatstaat der Parteien (wie zB Indonesien) eine Zuständigkeit am Heiratsort anerkennt, und daß dort die Ehe geschieden wurde (ohne daß die Eheleute dort gewöhnlichen Aufenthalt hatten). Manche ließen das für § 328 Abs 1 Nr 1 ZPO genügen (MILLEKER, Der negative internationale Kompetenzkonflikt 123 ff, 168 f; WIECZOREK ZPO § 328 E I d; wohl auch OLG München 2. 4. 1964 FamRZ 1964, 442 = NJW 1964, 983; OLG München 25. 2. 1963 = FamRZ 1964, 43 = StAZ 1964, 13; mit Einschränkungen SCHRÖDER, Internationale Zuständigkeit [1971] 883 ff; für den Fall der Anerkennung im gemeinsamen Heimatstaat der Eheleute: E LORENZ FamRZ 1966, 476 f; **aA** GEIMER NJW 1974, 1029; MARTINY, Hdb IZVR Bd III/1 Kap I Rn 648).

354 **§ 606a Abs 2 S 2 ZPO nF** (1986) geht jedoch einen etwas **anderen Weg**: Es kommt auf die internationale Zuständigkeit des Urteilsstaates überhaupt nicht an, wenn der oder die nicht deutschen Heimatstaaten der Parteien anerkennen. Zwar wird dieser Staat dann meist eine Anerkennungszuständigkeit im Urteilsstaat sehen, aber das muß nicht so sein, vielmehr könnte die Anerkennung auch ohne die Voraussetzung einer Anerkennungszuständigkeit erfolgt sein. Erkennt der Heimatstaat an, dann braucht nach heutigem Recht in Deutschland die internationale Zuständigkeit nicht weiter geprüft zu werden. Die jetzige Fassung stammt von 1999 und wurde im Zuge der Reform des IPR der außervertraglichen Schuldverhältnisse eingeführt. Inhaltlich hat sich aber kaum etwas geändert.

* **Schrifttum** (zum alten Recht, wo diese Regel von der Rechtsprechung entwickelt worden war): BÜRGLE, Nochmals – Anerkennung drittstaatlicher Ehescheidungen, NJW 1974, 2163; ders, Noch einmal – Anerkennung drittstaatlicher Ehescheidungen, NJW 1975, 330; GEIMER, Anerkennung drittstaatlicher Ehescheidungen, NJW 1974, 1029; OTTO, Anerkennung der in Drittstaaten ergangenen Ehescheidungsurteile, StAZ 1975, 183; vUNGERN-STERNBERG, Die Anerkennung von Drittstaatsscheidungen deutscher Frauen, FamRZ 1973, 570.

Umgekehrt könnte der Heimatstaat aus anderen Gründen nicht anerkennen (zB wegen fehlender förmlicher Zustellung, vgl bei § 606a ZPO Rn 217 Länderberichte), obwohl nach seinem Recht eine Anerkennungszuständigkeit gegeben war, aber diese allein genügt dann nicht (so zum alten Recht schon J Schröder aaO). § 606a Abs 2 ZPO nF ist eben **keine** Regelung für eine **Zuständigkeitsweiterverweisung**, sondern läßt dem Heimatstaat der Eheleute den Vortritt, weil man insbesondere ihm gegenüber eine hinkende Ehe bzw Scheidung vermeiden will (vgl BT-Drucks 10/504, 89 f, 52 f; Zöller/Geimer § 606a Rn 98), obwohl nach deutschem Recht keine Anerkennungszuständigkeit bestand. 355

Sinn und Zweck der Bestimmung sind aber weiterhin etwas dunkel (vgl schon Mansel StAZ 1986, 317). Es handelt sich um eine Regelung die § 328 Abs 1 Nr 1 ZPO ergänzt und deshalb besser dort ihren Platz gefunden hätte; mit der deutschen Entscheidungszuständigkeit hat sie nur indirekt zu tun. 356

§ 606a Abs 2 S 1 ZPO besagt, daß entsprechend § 606a Abs 1 Nr 4 ZPO eine Anerkennungszuständigkeit schon auf dem gewöhnlichen Aufenthalt nur einer Partei allein beruhen kann, und daß dann anders als für die deutsche internationale Zuständigkeit eine Anerkennung der Entscheidung im Heimatstaat der Parteien nicht nötig ist. 357

Weniger klar ist hingegen die Bedeutung von S 2. Seinem Wortlaut nach „steht Abs 1 der Anerkennung der Entscheidung nicht entgegen". Es wird aber nicht gesagt, worauf sich denn positiv die Anerkennung gründet. Sinn macht S 2 nur, wenn man ihm entnimmt, daß eine Anerkennungszuständigkeit nach § 606a Abs 1 ZPO nicht verlangt wird, wenn die Heimatstaaten der Parteien das Urteil anerkennen. Ist das der Fall, so bräuchte man die Zuständigkeit eigentlich nicht mehr zu prüfen. Ebenso gilt aber auch umgekehrt, daß man die Anerkennung durch die Heimatstaaten nicht zu prüfen braucht, wenn im Urteilsstaat eine Zuständigkeit iSd § 606a Abs 1 ZPO gegeben war (Staatsangehörigkeit oder gewöhnlicher Aufenthalt mindestens einer Partei). Anscheinend geht die Praxis soweit möglich diesen Weg, der einfacher zu sein scheint. Es gibt kaum Rechtsprechung zu § 606a Abs 2 S 2 ZPO (Ausnahme BayObLG 19. 9. 1991 FamRZ 1992, 584 = IPRax 1992, 178 verneinend). 358

Es dürfte nicht sehr oft vorkommen, daß die Heimatstaaten die Scheidung durch einen Drittstaat anerkennen, wenn nicht wenigstens eine Partei dort ihren gewöhnlichen Aufenthalt hatte. Es dürfte sich am ehesten um Urteile aus „Scheidungsparadiesen" handeln. Eher könnte § 606a Abs 2 S 2 ZPO zum Zuge kommen, wenn der Heimatstaat einen gewöhnlichen Aufenthalt bejaht, wo ihn das deutsche Recht noch nicht annimmt, oder wenn jenem ein schlichter Aufenthalt genügen sollte. 359

Es ist nicht vorausgesetzt, daß keine Zuständigkeit in Deutschland bestünde. Leben zwei Ausländer hier und lassen sie sich in einem Drittstaat scheiden, in welchem sie zB ihren letzten gemeinsamen gewöhnlichen Aufenthalt hatten, und erkennen ihre Heimatstaaten bzw der gemeinsame das an, so ist das Urteil auch in Deutschland anzuerkennen. Nur darf keine Partei Deutscher sein (o Rn 303). 360

Damit bevorzugt das deutsche Recht Übereinstimmung mit dem Staat, der nach unserer Wertung am nächsten daran ist, über den Status zu entscheiden (vgl § 606a 361

ZPO Rn 15). Es gibt keinen dringenden Grund, entgegen dem Heimatstaat eine Ehe für fortbestehend anzusehen, was zu einer hinkenden Ehe führen würde. Das ist jedenfalls einleuchtend, wenn in Deutschland keine Zuständigkeit bestanden hätte. Das ist aber auch bei inländischem Aufenthalt der Ausländer gut vertretbar, da Deutschland keine ausschließliche Zuständigkeit mehr in Anspruch nimmt, wenn die Parteien sich im Ausland scheiden lassen.

362 Der **maßgebende Zeitpunkt** für die Feststellung der Anerkennung des Urteils (durch einen Drittstaat), die die Feststellung einer Anerkennungszuständigkeit nach den deutschen Maßstäben entbehrlich macht, ist der Eintritt der Urteilswirkungen nach dem Recht des Urteilsgerichts (ZÖLLER/GEIMER § 606a Rn 101), nicht der der Geltendmachung der Anerkennung in Deutschland (so RAHM/KÜNKEL/BREUER VIII Rn 117), denn letzterer ist zu unbestimmt und zufällig. Demgemäß genügt es auch nicht mehr, wenn die Parteien danach die Staatsangehörigkeit eines Staates erwerben, der nun anders als der bisherige Heimatstaat die Scheidung im Drittstaat anerkennt (JM NRW 24. 3. 1988 IPRspr 1977 Nr 160, ZÖLLER/GEIMER § 606a Rn 101; **aA** BayObLG 17. 11. 1980 BayObLGZ 1980, 351).

d) Notzuständigkeit

363 In gewissen seltenen Fällen eröffnen wir eine Notzuständigkeit (§ 606a ZPO Rn 283 ff). Eine solche muß man grundsätzlich dann auch einem ausländischen Staat bei der Anerkennung konzedieren (MARTINY, Hdb IZVR Bd III/1 Rn 664; J SCHRÖDER, Internationale Zuständigkeit 213). Sie beruht im Grunde meist darauf, daß sonst eine Rechtsverweigerung droht, weil die Partei oder Parteien keine anderen zumutbaren Gerichtsstände finden konnten.

364 Da das deutsche Anerkennungsrecht den gewöhnlichen Aufenthalt schon einer Partei ausreichen läßt, besteht **wenig Bedarf** an einer Anerkennung einer Notzuständigkeit, denn oft stammt das Urteil entweder aus einem zuständigen Staat oder es hätte doch in einem solchen geklagt werden können. Es kann sich nur um Situationen handeln, in denen die Partei weder in einem Heimatstaat noch in einem Staat des gewöhnlichen Aufenthalts zumutbarerweise klagen konnte, und ein Urteil in einem Drittstaat erlangt hat. ZB wäre an den Staat der Eheschließung zu denken (in dem keine Partei lebt). Erkennt der gemeinsame Heimatstaat oder erkennen die beiden Heimatstaaten bei gemischtnationalen Ehen das an, entfällt das Problem wegen § 606a Abs 2 S 2 ZPO nF ebenfalls (vgl Rn 353 ff). Ist selbst dies nicht der Fall, zB auch weil nur einer der beiden Heimatstaaten anerkennt, kann sich das Problem stellen. Worauf der Urteilsstaat dann seine Zuständigkeit gegründet hat, ist unerheblich. Wenigstens dann, wenn zB aufgrund dortiger Eheschließung oder wegen schlichten Aufenthalts zum Urteilsstaat einige Beziehungen bestanden, sprechen wohl gute Gründe für die Anerkennung einer Notzuständigkeit.

3. Ordnungsgemäße Ladung*, § 328 Abs 1 Nr 2 ZPO

a) Zweck

365 Die durch das IPR-Reformgesetz von 1986 geänderte Nr 2, die sich an Art 27 Nr 2

* **Schrifttum** (zum großen Teil zu Art 27 Nr 2 EuGVÜ/LugÜ): BERNSTEIN, Prozessuale Risiken im Handel mit den USA, in: FS Ferid (1978) 75; BRANEL/REICHHELM, Fehlerhafte

EuGVÜ/LugÜ aF anlehnt (Gottwald IPRax 1984, 60; ders ZZP 103 [1990] 277; Pirrung, IPR 209) und deshalb insoweit gleich ausgelegt werden kann (Zöller/Geimer § 328 Rn 133), soll die Anerkennung von Entscheidungen verhindern, bei denen die beklagte Partei mangels rechtzeitiger Information vom Verfahrensbeginn nicht die Möglichkeit besaß, auf den Ablauf des Verfahrens Einfluß zu nehmen, und damit den Beklagten vor Überraschungen schützen (amtl Begr BT-Drucks 10/504, 88). Der Gesetzgeber hat so die spezifische Verletzung des verfassungsrechtlichen Anspruches auf **rechtliches Gehör** durch unzulängliche Ladung zum Verfahren, die ansonsten unter ordre public-Gesichtspunkten zu berücksichtigen wäre, zu einem **eigenen Anerkennungshindernis** gemacht und damit weiter aufgewertet (Krzywon StAZ 1989, 99; Linke, IZPR Rn 402; vgl zum früheren Recht Martiny, Hdb IZVR Bd III/1 Rn 870). Nr 2 ist ein spezieller Vorbehalt des ordre public. Man braucht nun nicht mehr Nr 4 heranzuziehen und darf es auch nicht (OLG Hamm 27. 7. 1995 FamRZ 1996, 178 u 7. 12. 1995 ebenda 951; AG Weilburg 19. 12. 1997 FamRZ 2000, 169), die dagegen alle späteren Verletzungen des rechtlichen Gehörs erfassen kann (Geimer, IZPR Rn 2927).

Während bis zum 1. 9. 1986 die Vorschrift nur anwendbar war, wenn es sich bei der **366**
im Ausland unterlegenen Partei um einen Deutschen handelte (vgl zum ehemaligen Inländerprivileg: BayObLG 18. 6. 1980 FRES 6, 421 ff; BayObLG 17. 10. 1975 BayObLGZ 1975, 374 = NJW 1976, 1032 = FamRZ 1976, 154 = StAZ 1976, 162, 164; OLG Hamburg 8. 3. 1971 IPRspr 1971

Auslandszustellung. Ein Beitrag zur Frage der „ordnungsgemäßen Zustellung nach Art 27 I Nr 2 EuGVÜ und zu den Folgen einer fehlerhaften Zustellung, IPRax 2001, 173; Braun, Der Beklagtenschutz nach Art 27 Nr 2 EuGVÜ (1992); Fleischhauer, Inlandszustellung an Ausländer (1996); Geimer, Über die Kunst der Interessenabwägung auch im internationalen Verfahrensrecht, dargestellt am rechten Maß des Beklagtenschutzes gem Art 27 Nr 2 EuGVÜ/LugÜ, IPRax 1988, 271; ders, Anerkennung und Vollstreckung von ex parte-Unterhaltsentscheidungen aus EuGVÜ/LugÜ-Vertragsstaaten, IPRax 1992, 5; Gottwald, Schließt sich die Abseitsfalle? Rechtliches Gehör, Treu und Glauben im Prozeß und Urteilsanerkennung, in FS Schumann (2001) 149; Kondring, Die Heilung von Zustellungsfehlern im internationalen Zivilrechtsverkehr (1995); Leipold, Zum Schutz des Fremdsprachigen im Zivilprozeß, in: FS Matscher (1993) 287; Linke, Die Kontrolle ausländischer Versäumnisverfahren im Rahmen des EG-Gerichtsstands- und Vollstreckungsübereinkommens – Des Guten zuviel?, NJW 1986, 409; ders, Probleme der internationalen Zustellung, in: Gottwald (Hrsg) Grundfragen der Gerichtsverfassung (1999) 95; ders, Aspekte des Beklagtenschutzes im Exequaturverfahren, IPRax 1991, 92; Pfennig, Die internationale Zustellung in Zivil- und Handelssachen (1988); Rauscher, Strikter Beklagtenschutz durch Art 27 Nr 2 EuGVÜ, IPRax 1991, 155; ders, Wie ordnungsgemäß muß eine Zustellung für Brüssel I und II sein, in: FS Beys (Athen 2003) 1285; Schlosser, Die internationale Zustellung zwischen staatlichen Souveränitätsanspruch und Anspruch der Prozeßpartei auf ein faires Verfahren, in: FS Matscher (1993) 387; Schumacher, Zustellung nach Art 27 EuGVÜ, IPRax 1985, 265; Schumann, Menschenrechtskonvention und Zivilprozeß, in: FS K H Schwab (1990) 449 ff; Stadler, Förmlichkeit vor prozessualer Billigkeit bei Mängeln der internationalen Zustellung?, IPRax 2002, 282; Stürner, Förmlichkeit und Billigkeit der Klagezustellung im Europäischen Zivilprozeß, JZ 1992, 325; Van Venrooy, Nochmals: Über die Kunst der Interessenabwägung auch im internationalen Verfahrensrecht, dargestellt am rechten Maß des Beklagtenschutzes gem Art 27 Nr 2 EuGVÜ, IPRax 1989, 137; Wiehe, Zustellungen, Zustellungsmängel und Urteilsanerkennung am Beispiel fiktiver Inlandszustellungen in Deutschland, Frankreich und den USA (1993).

Nr 149; BayObLG 3. 10. 1978 IPRspr 1978 Nr 175; BayObLG 2. 6. 1978 BayObLGZ 1978, 132 = StAZ 1978, 267), gilt die neue Nr 2 nunmehr **unabhängig** von der **Staatsangehörigkeit** des Beklagten und ist so eine Regelung des allgemeinen Beklagtenschutzes.

367 Wenn kein völkerrechtliches Abkommen eingriff, erforderte das frühere Recht eine bestimmte Art der Zustellung, nämlich entweder Zustellung in Deutschland durch Gewährung deutscher Rechtshilfe oder Zustellung in Person im Entscheidungsstaat. An die Stelle dieser konkreten Ausprägung des Schutzes der deutschen Beklagten ist die generell formulierte Forderung der ordnungsmäßigen und rechtzeitigen Zustellung getreten, auf die aber nun auch Ausländer im deutschen Anerkennungsrecht Anspruch erheben können.

368 Auch wenn § 328 Abs 1 Nr 2 ZPO von ordnungsgemäßer Zustellung spricht, darf der Zweck nicht darin gesehen werden, die Einhaltung aller Zustellungsregeln des Urteilsgerichts um ihrer selbst willen zu garantieren. Das zeigt sich auch daran, daß die Einhaltung der Regeln des ausländischen Zustellungsrechts noch nicht allein die Anerkennung sichert, wenn nämlich diese Regeln dem deutschen Mindeststandard nicht genügten (u Rn 382 ff). Für die Einhaltung seines Verfahrensrechts hat primär das entscheidende Gericht selbst zu sorgen. Es ist nicht die Aufgabe des deutschen Anerkennungsrechts, dafür zu sorgen. Und schon gar nicht könnten wir verlangen, daß die deutschen Zustellungsregeln dort angewandt wurden. Nr 2 ist vielmehr ein konkretisierter Vorbehalt des ordre public und sichert dem Antragsgegner das rechtliche Gehör bei Verfahrenseröffnung (Stein/Jonas/H Roth § 328 Rn 105; ganz hM). Wie auch sonst sollte sich der Schutz nur auf ausreichende Gewährung rechtlichen Gehörs nach den deutschen Maßstäben namentlich des Art 103 Abs 1 GG beschränken. Die Ordnungsmäßigkeit der Zustellung, von der § 328 Abs 1 Nr 2 spricht, ist auf diesen Zweck zu beziehen und als dafür hinreichend „ordnungsgemäß“ zu lesen (weiter u Rn 380 ff).

369 Das ist anhand der Forderung zu konkretisieren, daß der Beklagte **tatsächlich** eine zuverlässige **Kenntnis** davon erhalten haben muß, daß gegen ihn ein Verfahren eröffnet werde, und worum es darin gehen soll, so daß er sich angemessen verteidigen kann. Die Einhaltung aller Zustellungsvorschriften ist daher weder immer dazu verlangen noch immer ausreichend, namentlich nicht eine öffentliche Zustellung, mag sie auch ordnungsgemäß sein.

370 Gem § 328 Abs 1 Nr 2 ZPO ist die Anerkennung nur auf **Rüge des Beklagten** zu versagen, wenn die Zustellung nicht ordnungsgemäß oder nicht rechtzeitig erfolgte, und der Beklagte sich nicht auf das Verfahren eingelassen hat. Art 27 Nr 2 EuGVÜ/LugÜ verlangt dagegen nicht explizit die Rüge (für Amtsprüfung die hM: Kropholler, EuZPR Art 34 Rn 45 mwN; **aA** Geimer, Die Anerkennung ausländischer Entscheidungen 133). Die ZPO jedenfalls überläßt dem **Beklagten die Entscheidung**, ob er sich darauf beruft oder ob er das Urteil und die Statusänderung dennoch akzeptiert. Wieder anders verfährt Art 27 Nr 2 EheGVO. Hier wird die Entscheidung dennoch anerkannt, wenn der Beklagte sie nachträglich akzeptiert.

371 Das zeigt, daß im Bereich des § 328 Nr 2 ZPO überragende Staatsinteressen nicht berührt sind (Geimer, IZPR Rn 2915; Kondring, Heilung 313 f; Schack, IZVR Rn 849; **aA** Stürner, in: FS Nagel [1987], 454 f; ders JZ 1992, 326), sondern daß es um gerechten

Ausgleich der Parteiinteressen geht. Einerseits muß der Beklagte keine Urteile gegen sich gelten lassen, wenn es ihm unmöglich war, sich am zugrundeliegenden Verfahren zu beteiligen. Andererseits soll die Anerkennung dem siegreichen Kläger nicht allein deshalb verweigert werden, weil die Zustellung aufgrund eines meist vom Kläger nicht zu beeinflussenden Handelns der für die Zustellung zuständigen Stelle nach deren Recht fehlerhaft war, solange der Beklagte sich trotzdem ausreichend verteidigen kann (Zöller/Geimer § 328 Rn 134; Linke, IZPR Rn 408 und RIW 1986, 409 f; Geimer IPRax 1985, 6; ähnlich Kondring, Heilung 320 f, der rechtsmißbräuchliches Verhalten annimmt; vgl weiter Rn 382 ff).

In keinem Fall aber muß der Beklagte behaupten oder das Gericht prüfen, ob das Urteil mit Beteiligung des nicht geladenen Beklagten möglicherweise anders ausgefallen wäre (Schack, IZVR Rn 851). 372

b) Zustellungsadressat

Wer Beklagter ist, wird **durch die Klageerhebung** festgelegt. Ihm muß zugestellt worden sein oder an seinen Vertreter, sofern dieser empfangsbevollmächtigt war. Eine Zustellung an einen vollmachtlosen, aber für den Antragsgegner auftretenden Rechtsanwalt reicht nicht (EuGH 10. 10. 1996 Rs 78/95 Slg 1996 I 4943 – Hendrikmann/Magenta). Der Beklagte kann natürlich nachträglich genehmigen. Wenn man nicht die korrekte Einhaltung der Zustellungsformen verlangt (u Rn 382 ff), dann kann die Zustellung als ausreichend gelten, sobald der vollmachtlose Vertreter das Schriftstück dem Beklagten weitergegeben hat. Die Stellung des ursprünglich Beklagten in weiteren Rechtszügen als Rechtsmittelkläger ändert an seiner Beklagteneigenschaft nichts (OLG München 28. 7. 1961 IPRspr 1962/63 Nr 189). 373

Wurde an einen **gerichtlich bestellten** Verfahrenspfleger für die abwesende Partei oder ähnlichen Vertreter zugestellt, so genügt dies ebenfalls nicht, denn seine Information ist der Partei nicht zuzurechnen, obwohl das Verfahren nach der lex fori ordnungsgemäß sein mag (OLG Hamm 27. 7. 1995 FamRZ 1996, 178; 7. 12. 1995 FamRZ 1996, 951; BayObLG 13. 3. 2002 FamRZ 1423; Geimer, IZPR Rn 2920 ff; **aA** BayObLG 24. 11. 1978 IPRspr 1978 Nr 176; OLG Hamm 7. 3. 1979 MDR 1979, 680; OLG Köln 29. 2. 1980 MDR 1980, 1030). Auch eine Zustellung im Ausland an die Eltern eines in Deutschland lebenden Ausländers genügt nicht (OLG Koblenz 20. 11. 1990 FamRZ 1991, 459; JM BW 22. 12. 2000 FamRZ 2001, 1379), es sei denn natürlich, er habe sie als Zustellungsbevollmächtigte eingesetzt. Auch hier kann es ausreichen, wenn der vollmachtlose Vertreter das Schriftstück der Partei weiter gereicht hat. 374

Zustellung der Klage an **Prozeßunfähige** in Person dürfte idR schon nach der lex fori nicht ordnungsgemäß gewesen sein (offengelassen von OLG Düsseldorf 8. 10. 1981 IPRspr 1981 Nr 188 b). Anderenfalls griffe der deutsche ordre public durch. An wen, zB Vormund oder Pfleger, statt dessen zuzustellen war, könnte man der lex fori einschließlich ihres internationalen Privat- und Prozeßrechts entnehmen oder der vom deutschen Kollisionsrecht (Art 7, 19 ff, 24 EGBGB) bestimmten Rechtsordnung. Im Bereich der Urteilsanerkennung dürfte ersteres richtig sein. 375

Eine Zustellung an den Beklagten wirkt nicht auch gegen einen **Streitverkündungsempfänger**. Ihm muß ebenfalls zugestellt werden, andernfalls kann er sich gem Nr 2 gegen die Streitverkündungswirkungen wehren (OLG München 17. 11. 1994 IPRspr 1994 376

Nr 170; ebenso GEIMER, IZPR Rn 2939, der aber Nr 4 heranzieht). Das gilt erst recht bei einem verbundenen Urteil gegen den Dritten.

377 Nr 2 gilt auch für eine **Widerklage** (GEIMER, IZPR Rn 2940 wendet Nr 4 an). Freilich ist kaum denkbar, daß der widerbeklagte Kläger davon tatsächlich keine Kenntnis erlangt.

c) Verfahrenseinleitendes Schriftstück

378 Das verfahrenseinleitende Schriftstück ist die vom Recht des Urteilsstaates vorgesehene Urkunde, durch deren Zustellung der Beklagte **erstmalig** von dem der anzuerkennenden Entscheidung zugrundeliegenden Verfahren Kenntnis erlangen sollte (BÜLOW/BÖCKSTIEGEL/LINKE Art 27 Anm III 3; MARTINY, Hdb IZVR Bd III/2 Rn 365). Es kann sich dabei je nach den Regeln des Urteilsstaates um eine Terminsladung mit Einlassungsaufforderung (vgl LG Karlsruhe 31. 7. 1984 RIW 1985, 898) wie um die Zustellung der Klageschrift selbst mit oder ohne gleichzeitige Ladung handeln (PFENNIG, Die internationale Zustellung in Zivil- und Handelssachen 85; GEIMER, IZPR Rn 2927; KROPHOLLER, EuZPR Art 34 Rn 45). Hierzu kann auf die Kommentierung von Art 18 EheGVO Rn 99 ff verwiesen werden.

379 Ist dem Verfahren auf Ehescheidung ein Versöhnungsverfahren vorgeschaltet, an das sich nach dem Prozeßrecht des Erststaates das eigentliche Scheidungsverfahren anschließt, so kann bereits die **Ladung zum Vorverfahren** als Ladung iSv Nr 2 zu betrachten sein, wenn eine Verfahrenseinheit gegeben ist (BGH 12. 2. 1992 NJW-RR 1992, 642 = IPRax 1994, 40 [LINKE 17]; BayObLG 2. 6. 1978 BayObLGZ 1978, 134 = StAZ 1978, 267; weiter Art 18 EheGVO Rn 95). Wenn eine solche Verfahrenseinheit fehlt, kommt es auf die erneute Ladung zum Prozeß an, denn der Beklagte muß, selbst wenn er zum Versöhnungsverfahren geladen wurde, nicht mit dem Beginn des Hauptverfahrens rechnen. Kann nach Erlaß eines Urteils auf Trennung von Tisch und Bett ein Scheidungsurteil nach Ablauf eines Jahres schon auf Antrag allein einer Partei und ohne weitere Prüfung von Scheidungsgründen erfolgen, so ist entsprechend bereits die Ladung zum Erstverfahren als das verfahrenseinleitende Schriftstück zu betrachten.

Zur Frage, ob bei Klagänderung und -erweiterung erneut zuzustellen ist, vgl Art 18 EheGVO Rn 96 ff.

d) Rechtzeitige und ordnungsmäßige Zustellung

aa) Kumulierung

380 Gem § 328 Abs 1 Nr 2 ZPO ist die Anerkennung zu versagen, wenn die Zustellung überhaupt nicht oder nicht ordnungsgemäß **oder** nicht rechtzeitig erfolgt ist. Der zu **Art 27 Nr 2 EuGVÜ/LugÜ aF** herrschende Streit, ob die Anerkennung zu versagen ist, wenn entweder nicht ordnungsgemäß **oder** nicht rechtzeitig zugestellt worden ist, oder ob die Anerkennung nur dann versagt werden muß, wenn sowohl nicht ordnungsgemäß als auch nicht rechtzeitig zugestellt worden ist (zum Streitstand ua KROPHOLLER, EuZPR [6. Aufl] Art 27 EuGVÜ/LugÜ Rn 28 f), ist vom **EuGH** (3. 7. 1990 Slg 1990, 2725 = EuZW 1990, 352 = IPRax 1991, 177 [zust RAUSCHER 155]) auf einen Vorlagebeschluß des BGH (22. 9. 1988 WM 1988, 1617; vgl auch BGH 20. 9. 1990 NJW 1991, 641 = WM 1990, 1936) wegen des Wortlauts zugunsten der **Gleichrangigkeit** der Kriterien „Rechtzeitigkeit" und „Ordnungsmäßigkeit" entschieden worden, so daß die Klage für die Zwecke

von EuGVÜ/LugÜ und damit auch für diejenigen von EheGVO und EuGVO sowohl **ordnungsgemäß als auch rechtzeitig** zugestellt sein (eingehend BRAUN, Der Beklagtenschutz nach Art 27 Nr 2 EuGVÜ/LugÜ [1992] 134 ff; FAHL, Die Stellung des Gläubigers und des Schuldners bei der Vollstreckung ausländischer Entscheidungen nach dem EuGVÜ/LugÜ [1993] 59 ff, **aA** GEIMER IPRax 1985, 6; LINKE RIW 1986, 411; ders, IZPR Rn 408; OLG Bamberg 18. 12. 1986 RIW 1987, 541 [zust GERTH]). Jedoch verlangt nun Art 22 lit b EheGVO wie Art 34 Nr 2 EuGVO nur noch eine für die Verteidigung ausreichende Zustellung (Art 22 Rn 36 ff).

Für **§ 328 Abs 1 Nr 2 ZPO** wird **ebenso** vertreten, daß sowohl ordnungsgemäß als **381**
auch rechtzeitig zugestellt worden sein müsse (BGH 2. 10. 1991 IPRax 1993, 324 [LINKE 295]; BGH 2. 12. 1992 BGHZ 120, 305 = ZZP 106, 391 [SCHÜTZE] = JZ 1993, 618 [SCHACK] = JR 1993, 410 [RAUSCHER] = FamRZ 1993, 311; SCHACK, IZVR Rn 845). Zwar ist die Auslegung der EuGVÜ nicht für § 328 ZPO bindend, obwohl Abs 1 Nr 2 dem Art 27 Nr 2 EuGVÜ seinerzeit nachgebildet wurde. Es findet sich im übrigen ein kleiner sprachlicher Unterschied, indem dieser formuliert „und" während § 328 Abs 1 Nr 2 ZPO „oder" sagt. Jedoch ist die Kumulation gemeint und sinnvoll. Es kann für das rechtliche Gehör des Antragsgegners ebensowenig ausreichen, wenn die sonst ordnungsgemäße Zustellung für seine Verteidigung zu spät kommt, als wenn sie zwar rechtzeitig aber nicht in der für die Verteidigung nötigen Art und Weise erfolgt, zB nicht in der gebotenen Sprache (vgl dazu Art 22 EheGVO Rn 36 ff). Jedoch ist die Ordnungsmäßigkeit nicht im strengen Wortsinn zu verstehen.

bb) Ordnungsmäßige Zustellung

Anders als die Rechtzeitigkeit ist die Bedeutung der Ordnungsmäßigkeit äußerst **382**
umstritten. Dabei wird wohl häufig nicht hinreichend **klar unterschieden** zwischen der Ordnungsmäßigkeit der Zustellung, die im Laufe des Erkenntnisverfahrens von der lex fori verlangt ist, und den Anforderungen, die der Anerkennungsstaat nach seinem Recht für seine Anerkennung aufstellt. Zwar wäre es nicht denknotwendig ausgeschlossen, daß dieser dafür die Regelungen des Urteilsstaates übernähme, aber das widerspräche dem **Zweck** der Regelung, die Anerkennung von der Gewährung ausreichenden rechtlichen Gehörs abhängig zu machen. Da ggf ein Mangel an rechtlichem Gehör nicht deswegen unbeachtlich ist, weil die lex fori dies so vorsah, ist der **Maßstab des Anerkennungsstaates** entscheidend. Die nationalen Zustellungsregelungen sind verschieden, und wie für die Anerkennungsvoraussetzungen allgemein, so setzt auch hier der Anerkennungsstaat die Maßstäbe.

Wenn daher die Einhaltung der Zustellungsregeln der lex fori nicht notwendig auch **383**
für die Gewährung des rechtlichen Gehörs nach den Maßstäben des Anerkennungsrechts ausreicht, so muß auch umgekehrt eine Verletzung der Regeln der lex fori nicht notwendig die Anerkennung ausschließen. Es kann dennoch ausreichend Gehör gewährt gewesen sein, und es ist nicht der Zweck des deutschen Anerkennungsrechts Verstöße gegen ausländische Prozeßregeln allgemein zu sanktionieren. Es geht nur um die Wahrung der **deutschen Mindestanforderungen** an rechtliches Gehör (ähnlich GEIMER, IZPR Rn 2918).

Es ist daher unzutreffend, wenn die hM zu § 328 ZPO formuliert, ob das prozeßein- **384**
leitende Schriftstück dem Beklagten ordnungsgemäß zugestellt worden ist, beurteile sich nach dem **Recht des Erststaates** (NAGEL/GOTTWALD, IZPR § 11 Rn 34 zu Art 27 Nr 2

EuGVÜ; SCHACK, IZVR Rn 846; LINKE RIW 1986, 410; WIEHE, Zustellung 196; KRZYWON StAZ 1989, 100; EuGH 16. 6. 1981 Slg 1981, 1593; EuGH 3. 7. 1990 Slg 1990-I, 2725 zu Art 27 EuGVÜ/LugÜ; BGH 2. 10. 1991; BGH 27. 6. 1990 FamRZ 1990, 1100; RAUSCHER IPRax 1991, 157 zu Art 27 EuGVÜ/LugÜ; BGH 2. 12. 1992 BGHZ 120, 305 = ZZP 106, 391 [SCHÜTZE] = JZ 1993, 618 [SCHACK] = JR 1993, 410 [RAUSCHER] = FamRZ 1993, 311; BGH 22. 1. 1997 FamRZ 1997, 490 [Verhältnis zur DDR]; zust OLG Naumburg 9. 10. 2000 FamRZ 2001 1013; OLG Düsseldorf 19. 10. 1984, RIW 1985, 493; OLG Frankfurt aM 27. 5. 1986, RIW 1987, 627; OLG Koblenz 3. 12. 1990, EuZW 1991, 157 hM; **aA** GEIMER, Anerkennung 127; LINKE, IZPR Rn 405). Daß die Einhaltung der lex fori die Anerkennung nicht garantiert, ist weitgehend anerkannt (anders aber SCHACK aaO). So sind insbesondere **fiktive Zustellungen** wie die **öffentliche Zustellung** gem § 203 ZPO im deutschen Recht oder die „remise au parquet“ im romanischen Rechtskreis, wenn der Adressat sich nicht im Inland aufhält, an sich idS nach der lex fori ordnungsmäßig, soweit sie nicht durch einschlägige Staatsverträge ausgeschlossen sind (KROPHOLLER, EuZPR [6. Aufl] Art 27 Rn 31; MünchKomm-ZPO/GOTTWALD § 328 Rn 76; NAGEL/GOTTWALD, IZPR § 11 Rn 34 [zu Art 27 Nr 2 EuGVÜ]; PFENNIG, Die internationale Zustellung in Zivil- und Handelssachen 86; ausf FLEISCHHAUER, Inlandszustellung an Ausländer; WIEHE, Zustellungen, Zustellungsmängel und Urteilsanerkennung am Beispiel fiktiver Inlandszustellungen in Deutschland, Frankreich und den USA bes 196 ff). Doch greift **hiergegen** grundsätzlich der Vorbehalt der **Nr 2** durch (MünchKomm-ZPO/GOTTWALD § 328 Rn 76; KRZYWON StAZ 1989, 1000; KG 22. 1. 1982 FamRZ 1982, 382 sehr zurückhaltend). Der Antragsgegner konnte sich so nicht verteidigen.

385 Die **hM** verweist auf die lex fori eher für die umgekehrte Frage, ob ein Verstoß gegen die Regeln der lex fori als solche schon die Anerkennung verhindere. Das ist nicht der Fall, denn das Anerkennungsrecht dient nicht der Durchsetzung ausländischen Verfahrensrechts, und erst recht nicht nach dem Urteil. Es wäre ein Widerspruch, einem ausländischen Urteil die Anerkennung nur wegen eines Verstoßes gegen **nationales** Zustellungsrecht zu verweigern, wenn es nach der lex fori dennoch wirksam ist (weiter Rn 398 ff). Ist es danach ausnahmsweise deswegen unwirksam, entfällt die Anerkennung schon wegen dieser Wirkungslosigkeit.

386 Der Wortlaut der Nr 2 ist unklar, weil er nicht angibt, an welcher „Ordnung“ die Zustellung gemessen werden soll. Die fremde lex fori kann es nicht sein, weil § 328 Abs 1 wie bei allen Anerkennungshindernissen gerade auch kontrolliert, ob das ausländische Recht genug rechtliches Gehör gewährt. Die genaue Einhaltung deutscher Zustellungsformalitäten kann naturgemäß im Ausland nicht erwartet und verlangt werden. Die Kontrollfunktion der Nr 2 ist daher an den Mindestanforderungen des deutschen Rechts, namentlich des Art 103 Abs 1 GG auszurichten. Das entspricht der Natur der Nr 2 als konkretisiertem ordre public.

387 Art 22 lit b EheGVO formuliert heute wie Art 34 Nr 2 EuGVO genauer und verlangt, läßt aber auch ausreichen, eine Zustellung „**in einer Weise**“, daß der Antragsgegner sich verteidigen konnte (dazu Art 22 EheGVO Rn 36 ff; ZZPInt 6 [2001] 134 ff). § 328 Abs 1 Nr 2 ZPO sollte zur Klarstellung diesem angepaßt werden, aber er ist auch heute schon so auszulegen (GOTTWALD, in: FS Schumann [2001] 158). Allein das macht Sinn und entspricht dem Zweck der Regelung. Es kommt **nicht** auf die **Einhaltung oder Nichteinhaltung der fremden Zustellungsregeln** an, sondern ob dem Antragsgegner **tatsächlich** an § 328 Abs 1 Nr 2 ZPO gemessen hinreichend **rechtliches Gehör** gewährt wurde.

Es ist nicht der Sinn des § 328 Abs 1 Nr 2 ZPO, daß der Beklagte bei jedem Zustellungsfehler nach dem Recht des Urteilsstaates die Teilnahme am Verfahren im Vertrauen darauf verweigern darf, daß jedenfalls die Anerkennung in Deutschland nicht eintreten werde (Geimer, IZPR Rn 2915, 2932; Gottwald aaO 154, 156). Es kann nicht überzeugen, einem ausländischen Urteil die Anerkennung allein wegen eines Zustellungsfehlers zu verweigern, welches nach seiner lex fori wie nach den Regeln der ZPO trotzdem wirksam ist bzw es nach deutschem Recht auch wäre. Damit verlangte man von ausländischen Urteilen mehr als nach jedem der beiden Rechte. Wohl aber greift Nr 2 als konkretisierter ordre public durch, wenn der Beklagte keine zuverlässige Kenntnis davon erhalten hat, daß gegen ihn ein Verfahren eröffnet wurde und worum es darin gehen soll, so daß er sich nicht angemessen verteidigen konnte. 388

Da die hM die Ordnungsmäßigkeit an der ausländischen lex fori mißt, prüft sie konsequenterweise, ob eine **Heilung** auch gem § 189 ZPO nF, also deutschem Recht als **Anerkennungsrecht**, erfolgen kann, falls sie nicht schon nach dem Recht des Erststaates eingetreten ist (verneint BGH 2. 12. 1992 BGHZ 120, 305, 311; KG 26. 1. 1988 FamRZ 1988, 641; JM BW 31. 5. 1990 FamRZ 1990, 1015; 4. 12. 2000 FamRZ 2001, 1015; OLG Düsseldorf 21. 11. 1996 IPRax 1997, 194; Stürner JZ 1992, 331; Rauscher IPRax 1991, 155, 159). Eine direkte Anwendung von § 189 ZPO scheidet jedoch schon deshalb aus, weil § 189 ZPO das deutsche Erkenntnisverfahren und seinen Fortgang, zB den Lauf von Rechtsmittelfristen regelt. Es käme allenfalls analoge Anwendung in Betracht (Geimer, IZPR Rn 2916; MünchKomm-ZPO/Gottwald § 328 Rn 78; Jayme IPRax 1997, 195), doch verwendet man ihn besser für die **inhaltliche Konkretisierung der Nr 2** (zutr Kondring, Heilung 317 f; ähnlich MünchKomm-ZPO/Gottwald § 328 Rn 78; Geimer, IZPR Rn 2916; Linke, IZPR Rn 410). Er ist Ausdruck des Rechtsgedankens, daß es auf die Einhaltung formstrenger Zustellungsvorschriften soweit nicht ankommen kann, als die schutzwürdigen Interessen des Adressaten gleichwohl gewahrt worden sind. Es ist daher danach zu fragen, ob der Beklagte zuverlässige Kenntnis von dem das Verfahren einleitenden Schriftstück erlangt hatte (im Ergebnis schon zum alten Recht: BayObLG 29. 11. 1974 BayObLGZ 74, 471 = FamRZ 1975, 215 [Geimer] = StAZ 1975, 130 = MDR 1975, 495; BayObLG 17. 10. 1975 BayObLGZ 75, 374 = NJW 1976, 1032; BayObLG 2. 6. 1978 BayObLGZ 1978, 132; Martiny, Hdb IZVR Bd III/1 Kap I Rn 849; zum neuen Recht: BayObLG 17. 12. 1987 NJW 1988, 2178 = BayObLGZ 1987, 439 ff; MünchKomm-ZPO/Gottwald § 328 Rn 79; Kondring, Heilung 321; Stein/Jonas/Schumann § 328 Rn 114; Schlosser, in: FS für Matscher 387 ff; Geimer, Anerkennung 127 f; ders, IZPR Rn 2918; **aA** laut Krzywon StAZ 1989, 100 die Praxis der LJV; JM BW 4. 12. 2000 FamRZ 2001, 1015). Da aber auch die Einhaltung der Zustellungsregeln der lex fori die Anerkennung nicht garantiert (Geimer, IZPR Rn 2918; MünchKomm-ZPO/Gottwald § 328 Rn 76), ist die Frage nach einer **Heilung nach der lex fori** auch unerheblich (**aA** zB Stadler IPRax 2002, 283). Im übrigen läge eine Heilung schon vor, wenn das Urteil nach seinem Recht trotz des Mangels wirksam ist. 389

Der **notwendige Inhalt** des verfahrenseinleitenden Schriftstücks hat sich am Zweck der Regelung auszurichten, daß der Antragsgegner rechtzeitig so informiert war, daß er seine Verteidigung sachgerecht vorbereiten konnte. Die nationalen Vorschriften über den Inhalt einer Klage sind durchaus unterschiedlich. Man wird für § 328 Abs 1 Nr 2 ZPO wie für Art 27 lit b EheGVO verlangen, daß dem Antragsgegner nicht nur die Tatsache der Klagerhebung und der Klagantrag (zB Scheidung 390 oder Trennung der Ehe), sondern auch die wesentlichen tatsächlichen Klagegründe mitgeteilt werden (EuGH 21. 4. 1993 Rs 172/91 – Sonntag/Waidmann – Slg 1993 I 1963; zust Geimer, IZPR Rn 2927 a; BGH 29. 4. 1999 BGHZ 141, 286, 295 f). Es genügt nicht, wenn ihm diese „wesentlichen Elemente des Rechtsstreits" (so EuGH) erst im Laufe des Verfahrens mitgeteilt wurden.

391 Sind ausländische Urteile ggf trotz eines Zustellungsmangels wirksam, ist nur noch am Maßstab des § 328 Abs 1 Nr 2 ZPO zu prüfen, ob **der Beklagte** hinreichend zuverlässig vom Verfahrensbeginn und seinem Gegenstand informiert wurde. Daß er davon irgendwie Kenntnis hätte erlangen können, genügt nicht. Grundsätzlich muß der Beklagte selbst das Schriftstück oder eine Kopie **tatsächlich erhalten** haben. Ausreichend ist es auch, wenn ein von ihm bestellter Zustellungsbevollmächtigter oder in Deutschland ein Hausgenosse (§ 181 ZPO) die entsprechende Kenntnis erlangt hat. Es genügt allerdings, wenn die Ladung so in den Machtbereich der Empfangsperson gelangt, daß diese nach dem natürlichen Lauf der Dinge von dem Inhalt Kenntnis nehmen konnte. Im einzelnen kann auf das bei Art 22 EheGVO Rn 41 Gesagte verwiesen werden.

392 **Öffentliche Zustellung** durch das Prozeßgericht und fiktive Inlandszustellung wie zB die remise au parquet in Frankreich genügen daher grundsätzlich nicht, auch und gerade wenn sie nach der lex fori ordnungsgemäß waren. Gerade für diese Fälle will Nr 2 die Anerkennung ausschließen und verlangt tatsächlichen Zugang. Die Einrede wäre aber **rechtsmißbräuchlich** und daher zurückzuweisen, wenn der Beklagte selbst absichtlich durch Verheimlichung seiner Anschrift eine echte Zustellung verhindert hat (vgl den Fall BGH 2. 10. 1991 IPRax 1993, 324 [Linke 295]) und das Urteil ist anzuerkennen (Wiehe, Zustellungen 224 ff; Bülow/Böckstiegel/Baumann 795.126; BGH 4. 6. 1992 BGHZ 118, 312, 321; OLG Koblenz 26. 11. 1990 FamRZ 1991, 459 f; vgl weiter Rn 570). Bei der Abwägung des Justizgewährungsanspruchs des Klägers mit dem Anspruch des Beklagten auf rechtliches Gehör darf dem Beklagten aber nicht erst Absicht schaden, sondern auch sein deutlich überwiegendes Verschulden (Wiehe, Zustellungen 225 f; BGH 2. 10. 1991 IPRax 1993, 324 [zust Linke 295 f] = WM 1992, 286; EuGH 11. 6. 1985 Slg 1985-II, 1779 [Debaechet/vBowman] = RIW 1985, 967). Methodisch wird man diesen Fall der ordnungsmäßigen und rechtzeitigen Zustellung gleichstellen. Ggf ist der Kläger auch noch nach Verfahrensbeginn verpflichtet, eine ihm nun bekannt gewordene Anschrift zu benutzen (Wiehe, Zustellungen 225; irrig OLG Koblenz 19. 6. 1990 IPRax 1992, 35). Eine Gesamtabwägung ist insbesondere deshalb geboten, weil § 328 Abs 1 Nr 2 ZPO ein konkretisierter Vorbehalt des ordre public ist. Auf das Verschulden des Beklagten stellen ausdrücklich auch Art 29 Abs 2 deutsch-tunesisches und Art 5 Abs 2 Nr 2 deutsch-spanisches Abkommen und mit anderer Folge Art 16 Abs 2 HZÜ ab. Allerdings kann ein Kläger nicht ohne weiteres verlangen oder erwarten, daß der Beklagte ihm stets seine Adresse kund macht. Es kommt darauf an und genügt, daß der Kläger sie ausfindig machen kann. Unter getrennt lebenden, aber noch nicht geschiedenen Eheleuten darf man jedoch eine gewisse Verpflichtung annehmen, sich gegenseitig erreichbar zu bleiben.

cc) Rechtzeitigkeit

393 Abs 1 Nr 2 nennt keine konkreten Mindestfristen für die Rechtzeitigkeit einer Zustellung des verfahrenseinleitenden Schriftstückes. Die Zeitspanne, die zwischen der Zustellung und der ersten Verhandlung bzw der Einlassung des Beklagten auf die

Klage für die Anerkennung zu verlangen ist, ist durch Interpretation des § 328 Abs 1 Nr 2 ZPO zu ermitteln. Dieselbe Frage stellt sich bei Art 22 lit b EheGVO. Obwohl theoretisch die Interpretation des § 328 Abs 1 Nr 2 ZPO und des Art 22 lit b EheGVO nicht dieselbe sein muß, sollte man doch schon aus praktischen Gründen nicht verschieden entscheiden. Beide Bestimmungen legen keine konkreten Fristen fest, so daß nach den Umständen des Einzelfalles zu entscheiden ist. Es kann hier auf die Ausführungen zu Art 22 EheGVO Rn 45 und Art 18 EheGVO Rn 61 verwiesen werden.

Bei der Überprüfung der Ordnungsmäßigkeit der Zustellung ist der deutsche Anerkennungsrichter nicht an Feststellungen des Urteils gebunden (EuGH 15. 7. 1982 Slg 1982-III, 2723 ff [Pendyplastic/Pluspunkt]= IPRax 1985, 25 [Geimer 6]; S Braun, Der Beklagtenschutz nach Art 27 Nr 2 EuGVÜ/LugÜ 190). Immerhin kann und muß er sich mit allfälligen Ausführungen des Urteils zur Ladung auseinandersetzen, und in vielen Fällen kann man ihnen durchaus Beweiswert geben. Es ist aber uU zu prüfen, ob dem Urteil insoweit tatsächliche Feststellungen zugrunde liegen, oder ob der Richter sich dabei auf Angaben des Klägers verlassen hat, was in Systemen mit Parteizustellung denkbar ist. 394

Zusammenfassend läßt sich feststellen: Ist das ausländische Urteil trotz der fehlerhaften Zustellung nach seinem Recht wirksam, so steht § 328 Abs 1 Nr 2 ZPO seiner Anerkennung nicht entgegen, wenn der Beklagte dennoch von dem Verfahren zuverlässig und rechtzeitig Kenntnis erlangt hat. Während dieses Ergebnis für nationales deutsches Recht weitgehend gesichert ist, ist es sehr bestritten, wenn das HZÜ eingreift (unten Rn 400 ff). 395

dd) Sprache

Ob die Ladung oder auch die Klage aus der Gerichtssprache in die Sprache des Beklagten übersetzt werden muß, damit die Zustellung ordnungsmäßig ist, entscheidet die lex fori einschließlich der dort geltenden Staatsverträge. Ob damit auch ordnungsgemäß und rechtzeitig iSd § 328 Abs 1 Nr 2 ZPO geladen wurde, ist damit noch nicht beantwortet, denn die Vorschrift kontrolliert gerade auch nach der fremden lex fori ordnungsgemäße Zustellungen. Man darf aber bei Ladungen zu einem ausländischen Verfahren nicht mehr verlangen als das deutsche Recht für ein inländisches Verfahren verlangt, allenfalls weniger. 396

Die Frage nach den Verständnismöglichkeiten des Beklagten schließt die nach seiner **Übersetzungsobliegenheit** ein, wenn er die Gerichtssprache tatsächlich nicht versteht. Eine derartige Pflicht ist jedenfalls dann zu verneinen, wenn dem Beklagten aufgrund seines Sprachdefizites nicht erkennbar ist, daß das betreffende Schriftstück Bedeutung für ein gerichtliches Verfahren hat. Anders ist dagegen zu entscheiden, wenn der Beklagte zumindest die grundsätzliche Relevanz der Ladung erkennt und lediglich über ihren genauen Inhalt im Zweifel ist. In diesem Fall ist von ihm zu verlangen, daß er sich eine Übersetzung verschafft. Verzichtet er hierauf, kann er sich später im Anerkennungsverfahren nicht auf § 328 Abs 1 Nr 2 ZPO berufen. Allerdings ist der durch die Übersetzung entstehenden Verzögerung der Verteidigung durch eine angemessenen Verlängerung der betreffenden Einlassungsfristen Rechnung zu tragen (Schack, IZVR Rn 850; für Übersetzungsobliegenheit OLG Düsseldorf 19. 10. 1984 IPRax 1985, 289 = RIW 1985, 493; OLG Bamberg 18. 12. 1986 RIW 1987, 397

541 m zust Anm GERTH; OLG Frankfurt aM 27.5.1986 RIW 1987, 627; OLG Köln Beschluß v 7.8.1986 RIW 1988, 55; ebenso MünchKomm-ZPO/GOTTWALD § 328 Rn 87; **aA** OLG Düsseldorf 4.4.1978 RIW 1979, 570; OLG Stuttgart 3.2.1983 IPRspr 1983 Nr 173; OLG Hamm 27.11.1987 RIW 1988, 131 [MEZGER 477]).

398 Der BGH will ein ausländisches Urteil ua auch dann nicht anerkennen, wenn die Ladung zum Verfahren nicht mit einer gemäß Art 5 Abs 3 HZÜ erforderlichen Übersetzung versehen war, obwohl die Scheidungsbeklagte die Klage in Englisch tatsächlich erhalten hatte und gut Englisch verstand (BGH 2.12.1992 BGHZ 120, 305 = FamRZ 1993, 311 = ZZP 106 [1993] 391 [abl SCHÜTZE] = JZ 1993, 618 [zust SCHACK] = JR 1993, 410 [zust RAUSCHER], ebenso EuGH 3.7.1990 Slg 1990, 2725 [Lancray/Peters]; vgl unten Rn 401 f). Die Zustellung sei fehlerhaft und eine Heilung könne im Bereich des Staatsvertrages nur nach der lex fori einschließlich der Staatsverträge eintreten, und das hier abschließende HZÜ sehe eine Heilung nicht vor. Insoweit gelte dasselbe wie bei Verstößen gegen andere Vorschriften des HZÜ. Das gilt jedenfalls nicht außerhalb solcher Staatsverträge (weiter Rn 400 ff; SCHLOSSER, in: FS Matscher 396 ff). Ist das Urteil nach dem Recht des Urteilsstaates dennoch wirksam, dann ist es im Anerkennungsverfahren nur anhand des § 328 Abs 1 Nr 2 ZPO zu überprüfen und eine sprachliche Unmöglichkeit des Verstehens beim Adressaten zu bewerten. Das HZÜ schließt die Anerkennung ohnehin nicht aus, weil es die Anerkennung nicht regelt (Rn 401 f). Es liegt auch nur ein Verstoß gegen deutsches Recht vor, das im Rahmen des Art 5 Abs 3 HZÜ die Übersetzung verlangt. Es ist jedoch nicht zu rechtfertigen, daß ein Verstoß gerade gegen diese Regelung im Gegensatz zu so vielen anderen des deutschen Verfahrensrechts nie gemäß § 189 ZPO als geheilt angesehen werden dürfte.

e) Staatsverträge

399 Staatsverträge und europäische Rechtsakte gehen natürlich vor, soweit sie die Frage regeln, ob Zustellungsmängel der Anerkennung entgegenstehen. Für Urteile aus einem Mitgliedstaat der EheGVO gelten Art 22 lit b EheGVO und die EuZustVO. Diese sind bei Art 22 EheGVO Rn 36 ff behandelt. Die frühere bedenkliche Rechtsprechung des EuGH zu Art 27 Nr 2 EuGVÜ hat sich zu dem durch die Neufassung von Art 22 Nr 2 EheGVO und Art 34 Nr 2 EuGVO erledigt.

aa) HZÜ

400 Für alle anderen Staaten, einschließlich Dänemark gilt § 328 Abs 1 Nr 2 ZPO und im Verhältnis zu vielen von ihnen das HZÜ (vgl Art 18 EheGVO Rn 37 ff). Nach Auffassung des BGH (BGH 2.12.1992 BGHZ 120, 305 = ZZP 106, 391 [abl SCHÜTZE] = JZ 1993, 618 [abl SCHACK] = JR 1993, 410 [RAUSCHER] = FamRZ 1993, 311 [USA]; OLG Köln 1.6.1994 RIW 1995, 683 [Israel]; OLG München 17.11.1994 RIW 1995, 1026) schließt das HZÜ, wenn es um die Anerkennung trotz fehlerhafter Zustellung geht, die Heilung nach dem deutschen **§ 189 ZPO aus**, wenn die Anerkennung nach § 328 ZPO zu prüfen ist. Der Bekl war eine Scheidungsklage aus den USA zwar in Deutschland mit Einschreiben zugegangen, doch hat die BRD dieser Art der Zustellung gem Art 10 Abs 1 lit a HZÜ widersprochen. Eine Heilung des Fehlers könne nur nach der lex fori einschließlich von Staatsverträgen erfolgen, doch sehe das HZÜ das nicht vor. Zu dem Problem war es wohl gekommen, weil das amerikanische Gericht das HZÜ wohl für eine alternative Zustellungsregelung, nicht für eine abschließende hielt.

Zum Recht des Urteilsstaates gehört auch zwischenstaatliches **völkervertragliches Zustellungsrecht**. Seine Anwendung ist allein aus erststaatlicher Sicht zu beurteilen. Etwaige deutsche Ausführungsgesetze zu dem betr Übereinkommen bleiben natürlich außer Betracht, auch wenn der Adressat der Zustellung in einem ausländischen Verfahren in der Bundesrepublik wohnt (Linke, IZPR Rn 405; BGH 2.12.1992 aaO; OLG Koblenz 19.6.1990 IPRax 1992, 35; OLG Saarbrücken 15.6.1992 RIW 1993, 418 = NJW-RR 1992, 1534; JM BW 4.12.2000 FamRZ 2001,. 1015 (deutsch-tunesischer Vertrag); **aA** OLG Hamm 27.11.1987 RIW 1988, 131 m abl Anm Mezger RIW 1988, 477). Bei Einhaltung zB des Haager Übereinkommen über den Zivilprozeß v 1.3.1954 oder des Haager Übereinkommen über die Zustellung gerichtlicher und außergerichtlicher Schriftstücke im Ausland in Zivil- und Handelssachen v 15.11.1965 (**HZÜ**) ist die Zustellung ordnungsgemäß (zu ersterem BGH 26.11.1975 BGHZ 65, 291; zu letzterem EuGH 3.7.1990 IPRax 1991, 177). Die internationalen Abkommen sind zugleich Bestandteil des deutschen Rechts. Der BGH (2.12.1992 aaO) hatte aber dem HZÜ auch entnommen, daß Verstöße dagegen die Anerkennung verhinderten. Dieser Umkehrschluß trägt jedoch nicht. Die Rechtshilfeabkommen wollen die internationale Zustellung erleichtern, und daraus ergibt sich, daß anzuerkennen ist, wenn ihre Regeln befolgt wurden. Aber weder das HZÜ noch andere Abkommen regeln die Anerkennung bei Verstößen. Art 15 HZÜ zB behandelt nur die Frage der Fortsetzung des Erkenntnisverfahrens bei fehlendem Nachweis der Zustellung und Art 16 HZÜ, allerdings nicht für Ehescheidungen, eine Wiedereinsetzung bei mißlungener Zustellung (ebenso MünchKomm-ZPO/Gottwald § 328 Rn 78; weiter Art 22 EheGVO Rn 36 ff). Aus einer Regelung für den Ablauf des Entscheidungsverfahrens kann nicht auf Anerkennungsvoraussetzungen geschlossen werden. Darum ist dem BGH (2.12.1992 BGHZ 120, 311/12) nicht zuzustimmen, daß das HZÜ in solchen Fällen die Anerkennung verweigert werden müsse, weil sonst Verstöße gegen das HZÜ sanktionslos blieben, und das Übereinkommen dann nicht gleichförmig angewandt würde (BGHZ 120, 312). Da das HZÜ dazu schweigt, bleibt es Sache des Anerkennungsstaates über eine Anerkennung trotz Zustellungsfehlern zu entscheiden. **401**

Entgegen der Auffassung des BGH ist darum auch nur § 328 ZPO heranzuziehen, wenn nicht die Zustellungsregeln des autonomen Rechts des Urteilsstaates verletzt wurden, sondern die eines von ihm abgeschlossenen Rechtshilfeabkommens, das nicht auch die Anerkennung regelt (ebenso MünchKomm-ZPO/Gottwald § 328 Rn 78; Schlosser, in: FS Matscher 396 f; Kondring, Heilung 309 mwN; Wiehe, Zustellung 116; Linke IPRax 1993, 295; Nagel/Gottwald § 11 Rn 54; Geimer, IZPR Rn 2916, 2920; Schack, IZVR Rn 846 ff; **aA** Stürner JZ 1992, 325; ders, in: FS Nagel [1987] 454; OLG Köln 25.5.1990 RIW 1990, 668; OLG München 17.11.1994 RIW 1995, 1026). Eine „pädagogische" Hoffnung, mit der Verweigerung der Anerkennung auf die internationale Einhaltung des HZÜ hinwirken zu können, wäre trügerisch und belastete vor allem unberechtigterweise den Antragsteller mit weitereichenden Folgen eines oft vom Gericht zu verantwortenden Fehlers. **402**

bb) Bilaterale Anerkennungsabkommen

Gem Art 4 Abs 3 des **deutsch-schweizerischen Abkommens** ist die Anerkennung ausgeschlossen, falls die Zustellung nicht im Wege der Rechtshilfe oder nur öffentlich bewirkt wurde und sich der Beklagte nicht auf das Verfahren eingelassen hat. Damit ist die Anerkennung staatsvertraglich auch ausgeschlossen, wenn die Mittei- **403** lung an den Beklagten auf andere Weise erfolgte (Kondring, Heilung 375 für das deutsch-italienische Abk).

404 Die meisten bilateralen Anerkennungsverträge sind heute durch die EheGVO abgelöst worden (Art 59 Abs 1 EheGVO). Vor den verbliebenen bestimmt der **deutsch-tunesische Anerkennungsvertrag** in Art 29 Abs 2 S 1, daß dem bei Verfahrenseinleitung im Anerkennungsstaat befindlichen Beklagten die Klage in einem der in Art 8 bis 16 genannten Wege zugestellt werden mußte (dazu JM BW 4. 12. 2000 FamRZ 2001, 1015). Nach dem Günstigkeitsprinzip genügt es aber, wenn den Anforderungen des § 328 Abs 1 Nr 2 ZPO Genüge getan ist.

f) Rechtsmittelobliegenheit

405 Der Wortlaut des § 328 Abs 1 Nr 2 ZPO, der vom „verfahrenseinleitenden Schriftstück" spricht, geht wohl von einer Kenntniserlangung durch den Beklagten wenigstens **vor Ende** des erstinstanzlichen Verfahrens aus. Anders als Art 34 Nr 2 EuGVO enthalten weder § 328 Abs 1 Nr 2 ZPO noch Art 22 lit b EheGVO eine Rechtsmittelobliegenheit. Dennoch wird die Meinung vertreten, dem Beklagten, der trotz späterer Kenntnis vom erstinstanzlichen Urteil kein Rechtsmittel gegen die Entscheidung eingelegt hat, sei die Berufung auf § 328 Abs 1 Nr 2 ZPO verwehrt, das dem Beklagten in der Rechtsmittelinstanz gewährte rechtliche Gehör gleiche die Benachteiligung aus dem ersten Rechtszug aus (KG 20. 2. 1976 NJW 1977, 1016, 1018; LG Karlsruhe 15. 5. 1971 IPRspr 1971 Nr 146; Geimer, IZPR Rn 2921; ders IPRax 1988, 274; Zöller/Geimer § 328 Rn 136 f).

406 Dies ist aber abzulehnen, denn damit würde dem Beklagten eine Instanz – unter Umständen sogar die einzige Tatsacheninstanz – genommen (BayObLG 2. 6. 1978 BayObLGZ 1978, 132; OLG Stuttgart 16. 8. 1977 RIW 1979, 130; OLG Köln 12. 4. 1989 NJW-RR 1990, 127; OLG Frankfurt/M 21. 2. 1991 IPRax 1992, 90 [zu Art 27 EuGVÜ]; JM BW 22. 12. 2000 FamRZ 2001, 1379; zu Art 27 EuGVÜ EuGH 12. 11. 1992 Rs C-123/91-Minalmet-Brandeis IPRax 1993, 394 [Rauscher 376]; BGH 18. 2. 1993 IPRax 1993, 396; Stein/Jonas/H Roth § 328 Rn 106; Schack, IZVR Rn 851; Martiny, Hdb IZVR Bd III/1 Kap I Rn 861). Um die Einrede der Nr 2 auszuscheiden, muß der Beklagte so rechtzeitig Kenntnis erlangt haben, daß er sich noch in der **ersten Instanz** voll am Verfahren hätte beteiligen können. Wenn auf das Rechtsmittel hin die Sache zu erneuter Verhandlung an die erste Instanz zurückverwiesen worden wäre, verlöre der Beklagte zwar keine Tatsacheninstanz, aber es wäre nicht nur kompliziert, davon die Anerkennung abhängig zu machen, sondern auch unbillig, vom Beklagten die entsprechenden Rechtskenntnisse zu verlangen, um den richtigen Weg zu wählen. Wenn die lex fori wegen des Zustellungsmangels einen außerordentlichen Rechtsbehelf wie zB die Nichtigkeitsklage eröffnet, gilt dasselbe. Zwar hat Art 34 Nr 2 EuGVO nun eine Rechtmittelobliegenheit eingeführt, aber nicht auch Art 22 lit b EheGVO. Auch von daher besteht kein zwingender Grund für § 328 Abs 1 Nr 2 ZPO eine solche anzunehmen.

g) Nichteinlassung des Beklagten

407 Die Einrede nach Nr 2 ist ausgeschlossen, wenn sich der Beklagte, obwohl nicht oder nicht richtig oder rechtzeitig geladen, auf das Verfahren eingelassen hat. Es ist einleuchtend, daß der Beklagte nicht gewissermaßen probehalber teilnehmen darf, um sich bei ungünstigem Ausgang gegen die Anerkennung zu wehren. Zum Tatbestand der Einlassung bzw der Nichteinlassung kann auf Art 22 EheGVO Rn 53 ff verwiesen werden.

aa) Berufung auf Nichteinlassung

Die Vorschrift des § 328 Abs 1 Nr 2 ZPO ist ausschließlich im Interesse des Beklagten gegeben. Die mangelhafte Ladung bzw die Nichteinlassung des Beklagten ist deshalb nur dann beachtlich, wenn er sie **geltend macht**. Hierin liegt ein wichtiger Unterschied zu Art 22 lit b EheGVO und Art 34 Nr 2 EuGVO sowie § 328 Abs 1 ZPO aF, die zumindest ihrem Wortlaut nach den Richter zur Prüfung von Amts wegen verpflichten (vgl Kleinrahm/Partikel 113; Linke RIW 1986, 410; **aA** Martiny, Hdb IZVR Bd III/1 Kap I Rn 858; Geimer NJW 1973, 2143; ders IPRax 1985, 8). **408**

Begründet wird diese **Neuerung** damit, daß es dem Beklagten überlassen bleiben soll, sich auf die Verletzung seiner Verteidigungsrechte zu berufen. Hierdurch soll vermieden werden, daß bei der Anerkennung in jedem Fall die Prüfung der Ordnungsmäßigkeit und Rechtzeitigkeit von Amts wegen vorgenommen werden muß; denn gerade bei nicht vermögensrechtlichen Streitigkeiten könne der Beklagte ein Interesse an einer Anerkennung ungeachtet einer nicht ordnungsgemäßen Zustellung des verfahrenseinleitenden Schriftstücks haben (amtl Begr BT-Drucks 10/504, 88; unklar insoweit Stein/Jonas/H Roth § 328 ZPO Rn 108; vgl zu § 328 Abs 1 Nr 2 ZPO aF auch KG 18. 11. 1968 OLGZ 1969, 123 = FamRZ 1969, 96; KG 26. 1. 1988 FamRZ 1988, 644; BGH 27. 6. 1990 FamRZ 1990, 1100). **409**

Die Rüge kann naturgemäß nur in einem Verfahren erhoben werden, in dem die Anerkennung Gegenstand (Art 7 § 1 FamRÄndG) oder Vorfrage ist. Dem kann aber auch ein Antrag auf Nichtanerkennung zugrunde liegen. Der ursprüngliche Antragsgegner muß geltend machen, er sei nicht geladen worden und habe sich mangels Kenntnis vom Verfahren nicht beteiligt. Dabei muß der Beklagte nicht darlegen, wie er sich im Falle ordnungsgemäßer Ladung verteidigt hätte (irrig AG Hamburg 11. 9. 1991 FamRZ 1992, 82 [Gottwald]). Kenntnis des Beklagten vom gegen ihn ergangenen Urteil ändert an der Anerkennungsunfähigkeit nichts mehr, und es ist eine andere Frage, ob die Rüge des § 328 Abs 1 Nr 2 ZPO ausgeschlossen ist, wenn der Beklagte mögliche Rechtsmittel nicht eingelegt hat (Rn 405 f). Das Verhalten des Beklagten im Anerkennungsverfahren ist insoweit auszulegen, muß aber ergeben, daß er die mangelnde Zustellung geltend machen will. **410**

Muß man sich auf die Nichteinlassung und damit auch auf die mangelnde rechtzeitige Ladung berufen, dann muß der Beklagte darauf auch vor dem Anerkennungsrichter **verzichten** können (KG 26. 1. 1988 FamRZ 1988, 641; MünchKomm-ZPO/Gottwald § 328 Rn 73). Damit kann er auch später nicht mehr rügen. Im Verfahren der Anerkennung, wo der Richter notfalls nachfragen kann, darf man eine einigermaßen klare Verzichtserklärung erwarten (zB BayObLG 2. 6. 1978 BayObLGZ 1978, 132 = StAZ 1978, 267; KG 18. 11. 1968 OLGZ 1969, 123 = NJW 1969, 801 [Geimer]). Sie liegt namentlich in einem Antrag auf Anerkennung durch den früheren Beklagten selbst (Martiny, Hdb IZVR Bd III/1 Kap I Rn 859 f; MünchKomm-ZPO/Gottwald § 328 RN 73). **411**

Nach OLG Celle 12. 12. 1962 (FamRZ 1963, 365; **aA** Martiny Rn 860) genügt der Verzicht auf die Rüge vor einer unzuständigen Behörde (Standesbeamten) nicht. Dem ist nicht zuzustimmen, wenn der Verzicht auch außerhalb des Verfahrens erklärt **412** werden kann, wenn er ernsthaft und nachweisbar ist (NAGEL IPRax 1991, 172 zu BGH 27.6.1990 ebenda 188). Stellt der Antragsgegner des Ausgangsverfahrens selbst den Antrag auf Anerkennung, kann das ein Verzicht sein, wenn es wirklich die Anerkennung und nicht letztlich eine Abweisung seines Antrags erstrebt (ins zutr OLG Celle aaO). Namentlich muß er wissen, daß er rügen könnte.

413 Nach Auffassung des BGH (27.6.1990 FamRZ 1990, 1100 = IPRax 1991, 188 [NAGEL 172]; KG 26.1.1988 FamRZ 1988, 641 [GOTTWALD]) kann der Verzicht auch **Dritten**, namentlich dem anderen Ehegatten erklärt werden. Allerdings stellt das KG (aaO) strenge Anforderungen an den Nachweis des Verzichtswillens, wenn der Verzicht außerhalb eines Anerkennungsverfahrens erklärt sein soll (großzügiger NAGEL IPRax 1991, 172; krit GOTTWALD FamRZ 1988, 644).

414 Nach Abs 1 Nr 2 hat **nur der Beklagte** des Ausgangsverfahrens das Rügerecht. Wenn andere Interessierte die Anerkennung vor dem LJV betreiben, sind die Eheleute als Hauptbetroffene zu beteiligen und dann kann der Antragsgegner des Ausgangsverfahrens rügen oder eben auch nicht. Die Wirksamkeit der Entscheidung der LJV (bzw des Präsidenten des OLG) inter omnes müssen die anderen hinnehmen. Die Anerkennung der Scheidung hat aber ggf finanzielle Auswirkungen insbesondere für das Erbrecht der Kinder. Wenn der Ehegatte noch nicht gerügt oder auf sein Rügerecht verzichtet hatte, soll es vererblich sein (MünchKomm-ZPO/GOTTWALD § 328 Rn 73; STEIN/JONAS/H ROTH § 328 Rn 107; **aA** KG 26.1.1988 FamRZ 1988, 641).

bb) Verwirkung

415 Ein an sich gegebenes Rügerecht kann sowohl wegen eines Verhaltens vor als auch nach dem Urteil **verwirkt** sein. Zu denken ist zB daran, daß die beklagte Partei absichtlich und langdauernd ihren Aufenthalt verheimlicht und so eine Ladung zum Prozeß verhindert hat (o Rn 392; irrig daher OLG Stuttgart 18.5.1979 IPRspr 1979 Nr 211). Es ändert daran nichts, wenn der Kläger auch in Deutschland hätte klagen können (so aber OLG Stuttgart aaO).

416 Nach dem Scheidungsurteil und vor einem Anerkennungsverfahren kann das Recht zu rügen dadurch verwirkt werden, daß der damalige Beklagte sich zurechenbarerweise auf den Standpunkt der Gültigkeit des Urteils gestellt hat, namentlich durch Eingehung einer neuen Ehe (LG Berlin 6.7.1959 IPRspr 1962/63 Nr 188; NJM BW 21.2.1995 FamRZ 1995, 1411; JANSEN, FGG Art 7 § 1 FamRÄndG Rn 25; MARTINY, Hdb IZVR Bd III/1 Kap I Rn 860). Für die Verwirkung, wobei man besser von **widersprüchlichem Verhalten** spricht, ist nicht zu verlangen, daß beim Gegner oder Dritten das Vertrauen auf die Wirksamkeit bzw Anerkennungsfähigkeit der Auslandsscheidung entstanden ist.

4. Entgegenstehende Rechtskraft und Rechtshängigkeit*, § 328 Abs 1 Nr 3 ZPO

a) Allgemeines

417 § 328 Abs 1 Nr 3 ZPO wurde durch das IPR-Reformgesetz vom 25.7.1986 (BGBl 1986 I 1142) **neu gefaßt** und der Regelung in Art 27 Nr 3 und 5 EuGVÜ nachgebildet

* **Schrifttum**: BASEDOW, Parallele Scheidungsverfahren im In- und Ausland, IPRax 1983, 278; BÜRGLE, Zur Konkurrenz von inländischen Scheidungsverfahren mit ausländischen Scheidungsverfahren und Urteilen, IPRax 1984, 292; DOHM, Die Einrede ausländischer Rechtshän-

(Zöller/Geimer § 328 Rn 146; Geimer, IZPR Rn 2891; Martiny, Hdb IZVR, Bd III/1 Kap 1 Rn 1132; BT-Drucks 10/504, 88; vgl auch Wolf, in: FS Schwab [1990] 566).

Gem seiner ersten Variante ist die Anerkennung des Urteils eines ausländischen Gerichts zu versagen, wenn es mit einem auch späteren inländischen oder mit einem anzuerkennenden früheren ausländischen Urteil unvereinbar ist, und in seiner zweiten, wenn dem dieser Entscheidung zugrunde liegenden Verfahren eine frühere inländische Rechtshängigkeit entgegenstand. Letzteres entspricht der früheren Praxis, die sich dabei aber auf den ordre public berufen mußte. Daher kann nach übereinstimmender Auffassung der Landesjustizverwaltungen die bislang zu § 328 Abs 1 Nr 4 aF ZPO ergangene Judikatur weiter herangezogen werden (Krzywon StAZ 1989, 101; Martiny, Hdb IZVR Bd III/1 Kap I Rn 881 ff; RG 12. 5. 1915 JW 1915, 1264; OLG München NJW 1964, 979 = FamRZ 1964, 444 = StAZ 1964, 195; OLG Frankfurt aM 24. 4. 1970 OLGZ 1971, 57; BayObLG 28. 1. 1983 BayObLGZ 1983, 21 = IPRax 1983, 245 = FamRZ 1983, 501). Ähnliche Bestimmungen enthalten auch die bilateralen Anerkennungsverträge (Art 5 Abs 1 Nr 6 deutsch-israelischer Vertrag; Art 6 Abs 1 Nr 3 deutsch-norwegischer Vertrag; Art 29 Abs 1 Nr 5 deutsch-tunesischer Vertrag). Im Anerkennungsrecht gilt also nicht die Prioritätsregelung des § 580 Nr 7 ZPO. 418

Staatsverträge bzw die EheGVO gehen natürlich vor, also Art 22 lit c und d und Art 23 lit e und f (s die Kommentierung dort). Für **vermögensrechtliche Entscheidungen** (Unterhalt) formulieren Art 34 Nr 3 **EuGVO**, Art 27 Nr 3 **EuGVÜ/LugÜ** ebenso wie § 328 Abs 1 Nr 3 ZPO einen ähnlichen Vorbehalt. Einen Vorrang des inländischen Urteils enthält auch Art 5 Nr 4 des Haager Übereinkommens über die Anerkennung und Vollstreckung von Unterhaltsentscheidungen vom 2. 10. 1973 (**UVÜ**). Doch stellt diese Vorschrift inländische und ausländische konkurrierende Entscheidungen gleich und spricht die Frage der Priorität nicht an. Da Unterhaltsentschei- 419

gigkeit im deutschen internationalen Zivilprozeßrecht (1996); Gottwald, Das internationale Verfahrensrecht im Entwurf eines IPR-Gesetzes, IPRax 1984, 57; ders, Streitgegenstandslehre und Sinnzusammenhänge, in: Gottwald et al (Hrsg), Dogmatische Grundfragen des Zivilprozesses im geeinten Europa. Symposium für K H Schwab (2000) 85; Hau, Positive Kompetenzkonflikte im internationalen Zivilprozeßrecht (1996); Heller, Die Anerkennung einander widersprechender ausländischer Entscheidungen, ZfRV 1982, 162; Henrich, Zur Anerkennung und Abänderung ausländischer Unterhaltsurteile, die unter Nichtbeachtung früherer deutscher Unterhaltsurteile ergangen sind, IPRax 1988, 21; M Koch, Unvereinbare Entscheidungen iSd Art 27 Nr 3 und 5 EuGVÜ/LugÜ und ihre Vermeidung (1993); Krzywon, Die Anerkennung ausländischer Entscheidungen in Ehesachen, StAZ 1989, 93 ff; Lenenbach, Die Behandlung von Unvereinbarkeiten zwischen rechtskräftigen Zivilurteilen nach deutschem und europäischen Zivilprozeßrecht (1997); Otte, Umfassende Streitetnscheidung durch Beachtung von Sinnzusammenhängen (1998); Schack, Anerkennung eines ausländischen trotz widersprechenden deutschen Unterhaltsurteils, IPRax 1986, 218; ders, Widersprechende Urteile: Vorbeugen ist besser als Heilen, IPRax 1989, 139; Schumann, Der Einwand der internationalen Rechtshängigkeit am Beispiel paralleler deutsch-türkischer Ehescheidungsverfahren, IPRax 1986, 14; Siehr, Rechtshängigkeit im Ausland und das Verhältnis zwischen staatsvertraglichen sowie autonomen Anerkennungsvorschriften, IPRax 1989, 95; M Wolf, Einheitliche Urteilsgeltung im EuGVÜ/LugÜ, in: FS K H Schwab (1990) 561 ff; vgl weiter bei Anh zu § 606a ZPO Rn 3, 48.

dungen aber meist abgeändert werden können, löst sich das Problem idR zugunsten der jüngeren Entscheidung.

420 Für **Sorgerechtsentscheidungen** gilt außerhalb der EheGVO oft das **MSA**. Auch hier geht es eher um die Abänderung der älteren Entscheidung durch die jüngere als um die Bewältigung eines Konflikts (dazu STAUDINGER/KROPHOLLER [1994] Vorbem 423 ff Art 19 EGBGB).

b) Frühere ausländische Entscheidung

421 Gemäß dem **Prioritätsgrundsatz** steht eine anzuerkennende **frühere** ausländische Entscheidung der Anerkennung einer späteren ausländischen Entscheidung mit gleichem Streitgegenstand entgegen (BT-Drucks 10/504, 88). Ist nach Art 7 § 1 FamRÄndG die förmliche Anerkennung des letzteren beantragt, ist der Antrag unbegründet.

422 Bei der Feststellung der Priorität ist nicht auf die **Zeitpunkte** der inländischen förmlichen Anerkennung abzustellen. Er sagt, daß die frühere ausländische Entscheidung in Deutschland lediglich „anzuerkennen" sein muß.

423 Es kommt auf den jeweiligen Zeitpunkt des Rechtskrafteintritts an. Welches der beiden ausländischen Verfahren früher rechtshängig war, ist selbst dann nicht erheblich, wenn das zweite wegen anderweitiger Rechtshängigkeit nicht hätte durchgeführt werden dürfen. Das deutsche Anerkennungsrecht sanktioniert solche ausländischen Verfahrensfehler nicht. Der Zeitpunkt des Rechtskrafteintritts folgt aus der nationalen lex fori des Urteils. Nur das früher rechtskräftige Urteil wird anerkannt (GEIMER, IZPR Rn 2736, 2798; MünchKomm-ZPO/GOTTWALD § 328 Rn 89; MünchKomm/WINKLER VON MOHRENFELS Art 17 EGBGB Rn 283).

424 Kollidiert zB ein den Scheidungsantrag abweisendes Urteil aus dem gemeinsamen Heimatstaat der Eheleute mit einem späteren Scheidungsurteil aus einem anderen ausländischen Staat, dann ist der für letzteres nötige Antrag auf förmliche Anerkennung unbegründet. Die Rechtskraft des ersten Urteils steht entgegen. Das muß aber auch in der umgekehrten Konstellation so sein (STEIN/JONAS/H ROTH § 328 Rn 120; THOMAS/PUTZO/HÜSSTEGE § 328 ZPO Rn 13 aF). Ist das erste Urteil nicht im gemeinsamen Heimatstaat der Eheleute ergangen, so tritt seine inländische Wirksamkeit an sich erst mit der förmlichen Anerkennung ein. Schon vorher ist ein Antrag auf Anerkennung des zweiten Urteils unbegründet. Gäbe man ihm einstweilen statt, weil das erste Urteil nicht delibiert sei, müßte der Beschluß nach einer förmlichen Anerkennung des ersten Urteils, der keine frühere Rechtskraft im Wege steht, wieder aufgehoben werden. Zudem sollte man es nicht den Parteien überlassen, durch Stellung des Antrags für das eine oder andere Urteil zu wählen, welches nun im Inland wirksam werden soll. Braucht das zweite Urteil nicht die Delibation, ist genau so zu entscheiden; die Frage seiner Anerkennung ipso jure wird gewöhnlich inzident in einem anderen Verfahren zu prüfen sein. Sie ist also wegen des älteren Urteils nicht eingetreten. Zur Klärung ist das nun anhängige Verfahren auszusetzen, damit, wenn nötig der Antrag nach Art 7 § 1 FamRÄndG gestellt werden kann (Art 7 § 1 FamRÄndG Rn 15 f). Wird das frühere Urteil aber in einem Verfahren übersehen, in welchem mit Rechtskraft über die Anerkennung des zweiten Urteils entschieden wurde, kann ihretwegen jenes Urteil nur mehr nach § 580 Nr 7b ZPO geltend gemacht werden.

c) Inländische Entscheidung

Natürlich hindert eine frühere inländische Entscheidung die Anerkennung eines ausländischen Urteils (BGH 11. 11. 1998 FamRZ 1999, 434, DDR). Nach dem **Nationalitätsgrundsatz** geht eine entgegenstehende Entscheidung eines deutschen Gerichts aber selbst dann vor, wenn sie **zeitlich nach** der ausländischen erlassen wird (BT-Drucks 10/504, 88). Nach dem Willen des Gesetzgebers hindert die Mißachtung der Rechtskraft einer ausländischen Entscheidung über denselben Streitgegenstand, und erst recht die Außerachtlassung einer früheren Rechtshängigkeit des ausländischen Verfahrens durch ein deutsches Gericht die Wirksamkeit des inländischen Urteils nicht. Vielmehr steht dieses Urteil ab dem **Zeitpunkt** seiner Rechtskraft der Anerkennung des älteren ausländischen entgegen. Das ist systemwidrig, da die anerkannte ausländische Entscheidung im Inland an sich bereits wirksam war. Diese Wirkung entfällt dann zugunsten des inländischen Urteils wieder. 425

Bestand bereits eine **anerkannte ausländische Entscheidung**, so war an sich eine Klage mit demselben Streitgegenstand vor einem deutschen Gericht unzulässig (Anh zu § 606a ZPO Rn 578). Eine dennoch ergangene Entscheidung ist mit einem Verfahrensmangel behaftet, doch ist das Urteil wegen der ausdrücklichen Regelung in Nr 3 dennoch wirksam. Es kann aber durch Restitutionsklage nach § 580 Nr 7 a ZPO aufgehoben werden (MünchKomm-ZPO/Gottwald § 328 Rn 89; Rahm/Künkel/Breuer Hdb FamGerVerf VIII Rn 260; Spellenberg ZZP Int 6 [2001] 140; Schack IPRax 1986, 219; ders, IZVR Rn 855 f; nur de lege ferenda Lenenbach, Die Behandlung von Unvereinbarkeiten 208; M Koch, Unvereinbare Entscheidungen 46; **aA** OLG Köln 25. 6. 1998 FamRZ 1998, 1608; Dornblüth, Eur Regelung der Anerkennung [2003] 147; weiter Art 22 EheGVO Rn 71 ff). 426

Ist der Streitgegenstand bereits **vor ausländischen Gerichten rechtshängig**, besteht zwar für den deutschen Prozeß der von Amts wegen zu beachtende Einwand der (internationalen) Rechtshängigkeit (§ 606a ZPO Anh Rn 41 ff). Allerdings soll dann auch die auf diesem Verfahrensfehler beruhende deutsche Entscheidung wegen Nr 3 der ausländischen vorgehen (zu Recht kritisch de lege ferenda dazu Gottwald IPRax 1984, 60; MünchKomm/Winkler von Mohrenfels Art 17 EGBGB Rn 283). Bei früherer ausländischer Rechtshängigkeit ist das inländische Verfahren auszusetzen und dann wegen Unzulässigkeit abzuweisen, wenn das ausländische Sachurteil anerkannt ist. Ist die Rechtshängigkeits- oder gar Rechtskraftsperre übersehen worden, sind diese Verfahrensmängel mit **Berufung** oder **Revision** geltend zu machen. Nr 3 behandelt erst die rechtskräftige deutsche Entscheidung, die dennoch **in Unkenntnis** des Gerichts ergangen ist. Dann kommt es auf die zeitliche Priorität der Urteile an, doch kann eine frühere deutsche Rechtshängigkeit entscheiden (u Rn 429). 427

Der Wortlaut der Nr 3 stellt zwar auf die Unvereinbarkeit von „Urteilen" ab, jedoch genügt für die Versagung der Anerkennung jede deutsche Entscheidung, die ein Richterspruch ist (entgegenstehender deutscher Beschluß OLG Hamm 14. 4. 1976 NJW 1976, 2079; OVG Münster 22. 3. 1974 FamRZ 1975, 47). Erst recht hindert umgekehrt ein inländisches Urteil die Anerkennung einer ausländischen einstweiligen Anordnung (AG Hamburg 24. 1. 1985 IPRax 1986, 114 [DH]). 428

d) Frühere deutsche Rechtshängigkeit

429 § 328 Abs 1 Nr 3, 3. Fall ZPO bestimmt, daß ein ausländisches Urteil nicht anzuerkennen ist, wenn dem dieser Entscheidung zugrunde liegenden Verfahren eine **frühere**, **nicht** aber eine **spätere** deutsche Rechtshängigkeit entgegenstand. Dies wurde bis zur Neufassung dieser Vorschrift als Verletzung des (verfahrensrechtlichen) ordre public angesehen (vgl STAUDINGER/GAMILLSCHEG[10/11] § 328 ZPO Rn 280 ff, 377). In manchen Anerkennungsverträgen fand diese Regelung ausdrücklich Aufnahme (Art 5 Abs 1 Nr 5 deutsch-israelischer Vertrag; Art 6 Abs 1 Nr 2 deutsch-norwegischer Vertrag; Art 5 Abs 1 Nr 2 deutsch-spanischer Vertrag; Art 29 Abs 1 Nr 4 deutsch-tunesischer Vertrag). Sollte das ausländische Gericht eine bereits bestehende deutsche Rechtshängigkeit nicht beachtet haben, so darf seine Entscheidung nicht anerkannt werden, auch dann, wenn das fremde Gericht von der deutschen Rechtshängigkeit keine Kenntnis hatte (so OLG Zweibrücken 10. 3. 1998 FamRZ 1999, 35; OLG Frankfurt/M 29. 5. 1995 FamRZ 1997, 93; für die Rechtslage bis zur Neufassung der Nr 3 BayObLG 28. 1. 1983 NJW 1983, 1271; **aA** OLG Oldenburg 11. 10. 1982 FamRZ 1983, 94 zu einem Urteil der DDR).

430 Ob und wann **Rechtshängigkeit eingetreten** ist, beurteilt die hM nach der lex fori des jeweiligen Gerichts (zB BGH 12. 2. 1992 FamRZ 1992, 1058 = IPRax 1994, 40; BGH 18. 3. 1987 IPRax 1989, 104 [SIEHR 93 f]; GRUBER FamRZ 1999, 1564). Die Einreichung des Antrags beim deutschen Geicht begründet sie nach § 261 Abs 1 mit § 253 Abs 1 ZPO noch nicht. Das kann aber im Ausland so sein, so daß uU deshalb die ausländische Rechtshängigkeit früher eintritt, auch wenn der Antrag dort später als in Deutschland eingereicht wurde. Man sollte auch hier, wie zur Rechtshängigkeitssperre bei Anh zu § 606a ZPO Rn 14 ff erörtert, entscheiden und also die Anerkennung auch verweigern, wenn der Antrag zuerst in Deutschland eingereicht wurde (**aA** zB GRUBER aaO 1566).

431 Ob das deutsche Verfahren überhaupt zulässig ist, ist für die Anerkennung des ausländischen Urteils zunächst nicht zu prüfen (BayObLG 28. 1. 1983 aaO). Nach Prozeßabweisung der deutschen Klage steht das Verfahren aber der Anerkennung natürlich nicht mehr im Wege (GEIMER, IZPR Rn 2892). Erledigt sich das Verfahren vor einem deutschen Gericht durch Klagerücknahme, so daß gemäß § 269 Abs 3 S 1 ZPO der Rechtsstreit als nicht anhängig anzusehen ist, entfällt das Anerkennungshindernis für eine ausländische Entscheidung mit identischem Streitgegenstand ebenso (KRZYWON StAZ 1989, 101; ZÖLLER/GEIMER § 328 Rn 147; LJV Nordrhein-Westfalen IPRspr 1984, 185; OLG Frankfurt/M 29. 5. 1995 FamRZ 1997, 92).

432 Die **frühere** inländische Rechtshängigkeit und erst recht Rechtskraft können auch der Anerkennung ausländischer **Privatscheidungen** entgegenstehen (OLG Düsseldorf 27. 7. 1976 IPRspr 1976 Nr 180; u Rn 577 f), wenn also ein Ehegatte im Inland die Scheidung beantragt hat und danach die vom Scheidungsstatut gem Art 17 Abs 1 S 1 EGBGB vorgesehene Privatscheidung im Ausland vollzogen wird sei es durch „Verstoßung" sei es durch Vertrag der Eheleute (u Rn 586 ff). Wegen Art 17 Abs 2 EGBGB geht das nur im Ausland, ist aber wirksam, wenn das Scheidungsstatut es erlaubt. Über die inländische Wirksamkeit entscheidet unstr nicht § 328 ZPO, sondern das von Art 17 Abs 1 EGBGB bestimmte Scheidungsstatut. Sind dessen Voraussetzungen erfüllt, dann ist das deutsche Verfahren dennoch nicht in der Hauptsache erledigt, sondern der Wirkung der Privatscheidung steht schon § 328 Abs 1

Nr 3 entgegen. Und kommt es dann zu einem deutschen Urteil, geht es auch deshalb vor.

Nach JM NRW (11.7.1984 IPRspr 1984 Nr 185) sollte die inländische Rechtshängigkeit 433
der Anerkennung eines inzwischen ergangenen ausländischen Urteils nicht entgegenstehen, wenn die Partei es (vorsätzlich) unterlassen hatte, im ausländischen Verfahren auf das ältere deutsche Verfahren hinzuweisen, wobei das deutsch-belgische Abkommen (Art 15) ausdrücklich verlangte, daß die Partei sich im späteren, hier belgischen, Verfahren auf die deutsche Rechtshängigkeit der Scheidung beruft (vgl auch OLG Frankfurt aM 1.12.1981 IPRax 1982, 243 [Linke 229] zur umgekehrten Situation). Geimer (IZPR Rn 2891) will diese Regelung verallgemeinern, so daß die Anerkennung nicht mehr wegen früherer inländischer Rechtshängigkeit und sogar nicht wegen der dann ergehenden deutschen Entscheidung zu verweigern ist, wenn die Partei nicht im Ausland gerügt hat. Es können zwei Urteile ergehen, wobei dann aber das ältere vorgeht (Linke IPRax 1982, 231; **aA** Geimer/Schütze, Int Urteilsanerkennung Bd 2 [1971] 322). Die Regelung des Vertrages kann aber nicht verallgemeinert und in § 328 ZPO übernommen werden. Sie erklärt sich als Übernahme einer internen belgischen Regelung.

e) Unvereinbarkeit

Wann zwei Urteile unvereinbar sind, ist für § 328 ZPO anders als für Art 22 lit c 434
EheGVO eine Frage des **deutschen Rechts**. Dabei ist zu unterscheiden zwischen der Gestaltungswirkung und ihren Folgen.

aa) Gestaltungswirkung

Die Anerkennung eines ausländischen Eheurteils scheitert, wenn ein damit unver- 435
einbares deutschen Urteil vorliegt, oder wenn ein älteres, ebenfalls damit unvereinbares früheres ausländisches Urteil anzuerkennen ist. In erster Linie geht es um die Vereinbarkeit der Gestaltungswirkungen. Eine inländische bzw eine frühere, anerkannte ausländische Scheidung verhindern die Anerkennung einer weiteren Scheidung. Dagegen erlaubt eine bloße Trennung von Tisch und Bett eine Scheidung. Die Vereinbarkeit hängt von der Art der Gestaltungen ab. Es gilt dasselbe wie unter Art 21, 22 lit c und d (Art 15 Abs 1 lit c und d aF) EheGVO. Das Verhältnis verschiedener Gestaltungen folgt aus der Natur der Sache. Es kann daher auf die Ausführungen bei Art 22 EheGVO Rn 78 ff verwiesen werden.

bb) Folgesachen

α) Abänderungen

Ein inländisches Urteil über Scheidungsunterhalt hindert an sich die Anerkennung 436
eines ausländischen über Scheidungsunterhalt. Da die deutsche Entscheidung aber abgeändert werden kann, stehen sie deshalb nicht der Anerkennung einer ausländischen **Abänderung** entgegen (Schack IPRax 1983, 220; Henrich IPRax 1988, 21 f). Ein späteres ausländisches Unterhaltsurteil ist selbst dann anzuerkennen, wenn es das deutsche nicht ausdrücklich abändert und nicht erwähnt (AG Gelsenkirchen 14.12.1994 FamRZ 1995, 1160; im Ergebnis AG Gummersbach 9.8.1985 IPRax 1986, 235 [Schack 218]; OLG Köln 15.12.1986 IPRax 1988, 30 [Henrich 21]). Zweifelhaft kann nur sein, ob für die Anerkennung dieser Entscheidung als abändernder nachzuprüfen ist, ob sich relevante Umstände verändert haben (bejahend Henrich aaO; **aA** wohl Schack aaO). Während das bei einem ausdrücklichen Abänderungsurteil nicht nachzuprüfen ist, wird

man es bei einem anderen Urteil verlangen, denn normalerweise hindert das inländische frühere Urteil die Anerkennung. Es gibt keinen generellen Vorrang der jüngeren Urteile (irrig AG Gummersbach und OLG Köln aaO). Ebenso ist bei der Konkurrenz zweier ausländischer Unterhaltsurteile das jüngere anzuerkennen, wenn es als Abänderung des älteren anzusehen ist.

437 **Sorgerechtsregelungen** sind immer auch ohne veränderte Umstände abänderbar. Eine deutsche Regelung steht, die sonstigen Voraussetzungen unterstellt, der Anerkennung einer späteren ausländischen daher nicht entgegen.

β) Vorrang der Statusänderung

438 Selbst bei gleicher Höhe ist eine Verurteilung zu Ehegattenunterhalt nicht dasselbe wie eine zu Geschiedenenunterhalt. Jedoch stellen sich die Probleme hier in spezieller Weise. Der Personenstand ist gewöhnlich in den Rechtsordnungen als Status verselbständigt, und die Folgen sind von einer **Anerkennung der Statusentscheidung abhängig** zu machen. Wenn zB eine Scheidung im Ausland von uns nicht anerkannt wird, dann kann deshalb auch eine ausländische Verurteilung zu Scheidungsunterhalt nicht anerkannt werden. Die Anerkennung eines Urteils auf Geschiedenenunterhalt bei Ablehnung der Anerkennung der Scheidung selbst scheint nicht sinnvoll. Unabhängig von der zeitlichen Reihenfolge kann dann ein ausländisches Urteil auf Trennungsunterhalt anerkannt werden.

439 Zum Trennungsunterhalt hat der EuGH am 4. 2. 1988 (Slg 1988, 645 ff Hoffmann/Krieg = IPRax 1989, 159 [Schack 141]) entschieden, daß ein ausländisches Urteil auf Trennungsunterhalt nicht weiter vollstreckt werden könne, nachdem die Ehe im Inland geschieden wurde, auch wenn diese Scheidung in dem Staat, der das Unterhaltsurteil erlassen hat, nicht anerkannt ist. Der EuGH berief sich dabei ua auf den hier interessierenden Art 27 Nr 3 EuGVÜ/LugÜ. Das OLG Hamm will diese sog **Kernpunkttheorie** zumindest im vorliegenden Zusammenhang auch außerhalb des Anwendungsbereichs von EheGVO/EuGVO/EuGVÜ/LugÜ anwenden (OLG Hamm 30. 10. 2000 FamRZ 2001, 1015; MünchKomm/Gottwald § 328 Rn 91; **aA** Stein/Jonas/H Roth § 328 Rn 119; zu Art 14 EheGVO s dort). Das vorgreifliche Rechtsverhältnis, der „Kernpunkt" idS, ist hier das Eheband. Es entscheidet jedoch der im Inland jetzt durch inländisches oder durch ein anerkanntes ausländisches Gestaltungsurteil entstandene Status, welche Folgeregelung anerkannt werden kann. Der Vorrang der Unterhaltsregelungen folgt dem Vorrang der Statusgestaltung.

440 Wenn erforderlich, muß freilich das ausländische Statusurteil erst noch förmlich gem Art 7 § 1 Abs 1 FamRÄndG anerkannt werden. Damit aber wird dann auch eine ausländische Folgeentscheidung zB auf Geschiedenenunterhalt im Inland wirksam, während gegen eine weitere Vollstreckung eines inländischen Urteils über Trennungsunterhalt die Vollstreckungsgegenklage wegen der nun eingetretenen Scheidung erhoben werden kann. Bis dahin aber geht das inländische Urteil vor.

441 Problematisch ist die Situation, wenn im Inland noch ein Urteil auf Trennungsunterhalt ergeht, obwohl die Ehe bereits im Ausland geschieden und das betreffende Urteil im Inland ipso jure oder förmlich anerkannt war. Hier hätte die inländische Entscheidung wegen entgegenstehender Rechtskraft des ausländischen Urteils nicht ergehen dürfen, doch will § 328 Abs 1 Nr 3 ZPO darüber in der Tat hinweggehen.

Und wenn im Ausland mit der Scheidung auch Geschiedenenunterhalt zugesprochen wurde, liegen zwei unvereinbare Unterhaltsurteile vor. Das Ergebnis, daß die Parteien (auch) im Inland wegen der anerkannten ausländischen Scheidung geschieden sind und dennoch auf Dauer Trennungsunterhalt schulden, sollte wegen des materiell-rechtlichen **Vorrangs der Statusentscheidung** nicht hingenommen werden. Das deutsche Unterhaltsurteil ist gem § 580 Nr 7 a ZPO aufzuheben, womit das ausländische wirksam wird. Die Alternative wäre die Zulassung einer erneuten Inlandsscheidung, um auf deren Basis das Trennungsunterhaltsurteil zu beseitigen. Dieser Wege wäre nicht nur umständlicher, sondern auch in sich widersprüchlich, wenn die Ehe bereits im Inland als geschieden gilt.

Ist die Ehe im Ausland vor dem inländischen Urteil auf Trennungsunterhalt ge- **442**
schieden, aber erst danach die Scheidung im Inland durch förmliche Anerkennung wirksam geworden, dann kann gegen das deutsche Urteil nun § 767 Abs 2 ZPO geltend gemacht werden. Entsprechend der hM zu § 767 Abs 2 ZPO bei nachträglicher Ausübung rückwirkender Gestaltungsrechte ist aber allenfalls darauf abzustellen, ob die Partei den Antrag zumutbarerweise rechtzeitig stellen konnte.

Die gerichtliche Versagung von **Prozeßkostenhilfe** wegen mangelnder Erfolgsaus- **443**
sicht der Klage ist keine Entscheidung in der Sache, weshalb sie der Anerkennung einer ausländischen Entscheidung nicht entgegensteht (BGH 22. 6. 1983 BGHZ 88, 17 = JZ 1983, 903 [Kropholler]; Zöller/Geimer § 328 Rn 150). Gleiches gilt für deutsche **einstweilige Maßnahmen**, da auch sie keine endgültigen Entscheidungen in der Sache sind (OLG Hamm 27. 11. 1987 RIW 1988, 131; Linke, IZPR Rn 415).

5. Ordre public*, § 328 Abs 1 Nr 4 ZPO

a) Allgemeines

Wie die meisten ausländischen Anerkennungsrechte, die meisten Staatsverträge und **444**
Art 22 lit a EheGVO, Art 34 Nr 1 EuGVO enthält § 328 Abs 1 Nr 4 ZPO den

* **Schrifttum**: Anthimos, Der verfahrensrechtliche ordre public im IZPR Griechenlands, IPRax 2000, 527; Baur, Einige Bemerkungen zum verfahrensrechtlichen ordre public, in: FS Guldener (1973) 1 ff; Bayer/Knörzer/Wandt, Zur Wirksamkeit einer unter Verletzung von Art 13 III EGBGB geschlossenen Ehe, FamRZ 1983, 770, 774 ff; Becker, Zwingendes Eingriffsrecht und Urteilsanerkennung, RabelsZ 60 (1996) 691; Birk, Besprechung von Roth, Der Vorbehalt des ordre public gegenüber fremden gerichtlichen Entscheidungen, ZZP 81 (1968) 314 ff; Bruns, Der anerkennungsrechtliche ordre public in Europa und den USA, JZ 1999, 278; Epe, Die Funktion des ordre public im IPR (1983); Föhlisch, Der gemeineuropäische ordre public (1997); Geimer, Zur Nichtanerkennung ausländischer Urteile wegen nicht ordnungsgemäßen erststaatlichen Verfahrens, JZ 1969, 12 ff; Görgens, Die Bedeutung des Art 13 Abs 3 EGBGB für die Anerkennung ausländischer Ehenichtigkeitsurteile, StAZ 1977, 79 ff; Gottwald, Auf dem Weg zur Neuordnung des internationalen Verfahrensrechts, ZZP 95 (1982) 3 ff; Jaenicke, Zur Frage des internationalen ordre public, Ber dt Ges VR 7 (1967) 77 ff; Jayme, Methoden der Konkretisierung des ordre public im IPR (1989); Leipold, Neuere Erkenntnisse des EuGH und des BGH zum anerkennungsrechtlichen ordre public, in: FS Stoll (2001) 625; Meise, Zur Relativität der Vorbehaltsklausel im internationalen und interlokalen Privatrecht (Diss Hamburg 1966); Niedermann, Die ordre public-Klauseln in den Vollstreckungsverträgen des Bundes und den kantonalen Zivilprozeßge-

Vorbehalt des ordre public. Gerade weil die Anerkennung einem ausländischen Urteil ohne inhaltliche Nachprüfung inländische Wirkung verleiht, muß für Ausnahmefälle eine Abwehr möglich sein, wenn diese Erstreckung der Wirkung ins Inland der deutschen Rechts- und Gesellschaftsordnung schlechthin nicht zugemutet werden kann. Mit dem Verzicht auf die révision au fond spricht die deutsche Rechtsordnung ein grundsätzliches Vertrauen in die Ordnungsmäßigkeit ausländischer Rechtspflege aus, das aber im Einzelfall unbegründet sein kann. Der Zweck des ordre public ist der Schutz der Grundwerte und der wirklich tragenden Gerechtigkeitsvorstellungen der deutschen Rechtsordnung. Es wird sich dabei idR um den Schutz der Gerechtigkeit unter Privaten handeln, doch kann diese Klausel auch dazu dienen, die Rechtsordnung als solche oder staatliche Interessen zu schützen (Geimer, IZPR Rn 28; vgl auch Martiny, Hdb IZVR Bd III/1 Kap I Rn 994). Die Grenze zwischen den beiden Bereichen ist fließend. Gerade manche Vorbehalte gegen ausländische Regelungen auf dem Gebiete des Ehe- und Familienrechts können auch im staatlichen Interesse liegen.

b) Verhältnis zu Art 6 EGBGB

445 Die Verwandtschaft zum ordre public im IPR (Art 6 EGBGB) ist nicht zu übersehen. Sie wird freilich durch den weitgehend gleichen Wortlaut, den der Gesetzgeber 1986 mit Bedacht gewählt hat, überbetont. Im IPR geht es um das Verbot der Anwendung ausländischen Rechts durch den deutschen Richter, in § 328 Abs 1 Nr 4 ZPO um die Kontrolle des Ergebnisses einer ausländischen Anwendung, sei es des eigenen, sei es eines drittstaatlichen, sei es des deutschen Rechts (Martiny Rn 1013; Geimer, Anerkennung 59 f; Neuhaus, Grundbegriffe des IPR 457). Der **Unterschied** besteht nicht nur darin, daß beim verfahrensrechtlichen ordre public auch das ausländische Verfahren überprüft wird, das bei Art 6 EGBGB naturgemäß keine Rolle spielen kann, sondern weil eine richterliche Rechtsanwendung im Ausland schon vorliegt, ist nach **hM** im Anerkennungsrecht **noch zurückhaltender** zu verfahren (zB BGH 21. 4. 1998 IPRax 1999, 466 [G Fischer 450]; BGH 24. 2. 1999 IPRax 1999, 371 [Schulze 342]; BayObLG 7. 6. 1967 MDR 1967, 923; Hausmann, Kollisionsrechtliche Schranken der Gestaltungswirkung von Scheidungsurteilen 252; Wengler JZ 1979, 177, Fn 10; Jayme StAZ 1980, 307; Geimer, IZPR Rn 26 f; Völker, Zur Dogmatik des ordre public 51 ff; Schack, IZVR Rn 862; Staudinger/

---

setzen (Zürich 1976); Pauli, Islamisches Familien- und Erbrecht und ordre public (Diss München 1994); G Roth, Der Vorbehalt des ordre public gegenüber fremden gerichtlichen Entscheidungen (1967); ders, Anm zu BGH 18. 10. 1967, ZZP 82 (1969) 152 ff; Schwenn, Anerkennung ausländischer Eheurteile, in: Beitzke (Hrsg), Vorschläge und Gutachten zur Reform des deutschen internationalen Personen-, Familien- und Erbrechts (1981) 134 ff; Simitis, Zur Kodifikation der Vorbehaltsklausel, in: Beitzke (Hrsg), Vorschläge und Gutachten zur Reform des deutschen internationalen Personen-, Familien- und Erbrechts (1981) 267 ff; Spellenberg, Der ordre public im internationalen Insolvenzrecht, in: Stoll (Hrsg), Stellungnahmen und Gutachten zur Reform des deutschen internationalen Insolvenzrechts (1992) 183; Spickhoff, Der ordre public im IPR, Entwicklung – Struktur – Konkretisierung (1989); ders, Eheschließung, Ehescheidung und ordre public, JZ 1991, 323; Weitz, Inlandsbeziehungen und ordre public in der deutschen Rechtsprechung zum internationalen Familienrecht (1981); Völker, Zur Dogmatik des ordre public (1998); Wiethölter, Zur Frage des internationalen ordre public, Ber dt Ges VR 7 (1967) 133 ff; Wuppermann, Die deutsche Rechtsprechung zum Vorbehalt des ordre public im IPR seit 1945 vornehmlich auf dem Gebiet des Familienrechts (1977).

Mankowski [2003] Art 17 EGBGB Rn 209). Man spricht von der abgeschwächten Wirkung des ordre public im Anerkennungsrecht, ohne daß diese Abschwächung quantifiziert und konkretisiert werden kann (zB Kropholler, IPR § 60 III 5; MünchKomm/Sonnenberger Art 6 EGBGB Rn 21). Hierfür wird das Argument der Vermeidung hinkender Rechtsverhältnisse verwandt (Cass civ 7. 11. 1972 D 1973 Rev crit dr int pr 1973.691; Batiffol/Lagarde, Droit international privé no 367, 446). Dogmatisch kann man dies auch und wohl genauer damit begründen, daß die Beteiligten zB eine wirksame Statusänderung im Ausland erlangt und sich darauf möglicherweise verlassen haben (MünchKomm/Sonnenberger aaO; Batiffol/Lagarde, Droit international privé, no 367, 446, behandeln diese Frage denn auch unter dem Gesichtspunkt der im Ausland wohlerworbenen Rechte). Völker (Die Dogmatik des ordre public 51 ff, 89) kommt mit guten, wohl überzeugenden Gründen zum Ergebnis, daß **nicht der Maßstab** bzw die Intensität der Kontrolle verschieden seien, sondern daß der anerkennungsrechtliche ordre public zT eine andere Zielrichtung und einen anderen Zweck wegen des anderen Gegenstandes habe. Die Unterschiede ergäben sich vielmehr bei der **Inlandsbeziehung** (dazu u Rn 476 ff).

Andererseits bestehen natürlich auch **Querverbindungen**. So kann eine ausländische, **446**
in einem rechtsstaatlichem Verfahren ergangene Entscheidung nicht gegen den deutschen ordre public verstoßen, wenn ein deutscher Richter sie in Anwendung ausländischen Rechts gemäß dem deutschen IPR ebenso hätte treffen müssen, weil also Art 6 EGBGB nicht eingriffe. Nur gilt die Umkehrung nicht. Auch wenn der deutsche Richter die betreffenden Regeln des ausländischen Rechts wegen Art 6 EGBGB nicht hätte anwenden dürfen, so heißt das nicht notwendig, daß die Anerkennung eines darauf gegründeten ausländischen Urteils ordre public-widrig wäre. Das kann so sein, muß aber nicht (Zöller/Geimer § 328 Rn 152 a; G Fischer IPRax 1999, 452; hM; **aA** Völker aaO S 1). Außerdem wird auf einer anderen Ebene eine Anerkennung wegen Verstoßes gegen fundamentale Verfahrensregeln selbst dann verweigert werden können, wenn der ausländische Richter im Ergebnis deutsches Sachrecht richtig angewandt hat. Man kann **einen materiellen** und **einen verfahrensrechtlichen ordre public** unterscheiden. Das zeigt sich dran, daß ein Verstoß durch den Inhalt der Entscheidung in einem durchaus rechtsstaatlichen Verfahren zustande gekommen sein kann, und umgekehrt aber auch ein akzeptables Urteil auf rechtsstaatswidrige Weise. Im letzteren Fall entfällt der Verstoß nicht wegen des Ergebnisses und ist die Entscheidung nicht anzuerkennen. Denn bei akzeptablem Verfahren hätte das Urteil anders ausfallen können (MünchKomm-ZPO/Gottwald Art 27 EuGVÜ Rn 10 f; Spellenberg, Der ordre public im internationalen Insolvenzrecht 186 ff; Geimer, IZPR Rn 26 faßt unter dem Begriff „anerkennungsrechtlicher ordre public" zusammen).

c) Prüfung

aa) Von Amts wegen

Wie die anderen Anerkennungshindernisse mit Ausnahme der unzureichenden Ladung (Nr 2), ist der ordre public von Amts wegen zu prüfen. Das ist oben Rn 251 ff näher ausgeführt. **447**

bb) Gegenstand

§ 328 Abs 1 Nr 4 ZPO stellt nun klar, daß das **Ergebnis** einer eventuellen Anerkennung zu einem Ergebnis führen müßte, das mit dem deutschen ordre public nicht vereinbar ist, daß also nicht Prüfungsgegenstand ausländisches Sach- oder Verfah- **448** rensrecht als solches ist. Darum kann uU auch die unrichtige Anwendung deutschen Rechts durch den ausländischen Richter einen Verstoß darstellen (Geimer, Anerkennung 61; BayObLG 19. 7. 1967 BayObLGZ 1967, 263). Aber andererseits darf der Begriff „Ergebnis" nicht dahin mißverstanden werden, daß nur der Tenor der ausländischen Entscheidung am ordre public zu messen sei.

449 Gegenstand der Überprüfung ist daher immer und nur die **konkrete einzelne Entscheidung**. Es ist vielmehr zu fragen, ob die Anerkennung dieser ausländischen Entscheidung angesichts ihres Inhalts oder der Umstände ihres Zustandekommens und des konkreten Sachverhalts ordre public-widrig wäre (RG 17. 2. 1936 RGZ 150, 283, 285 f [Herstellung des ehelichen Lebens]; RG 4. 4. 1928 RGZ 121, 24, 30 = JW 1928, 2026 [Neumeyer]; BayObLG 7. 6. 1967 MDR 1967, 923 [Ehescheidung]; BayObLG 19. 10. 1967 BayObLGZ 1967, 390 = NJW 1968, 800 [Geimer] [Ehescheidung CSSR]; Riezler, IZPR S 545).

450 Natürlich kann sich der Verstoß schon aus dem **Tenor** selbst ergeben. Man denke an Verurteilungen zur Eingehung einer Ehe, zur Zustimmung zu einer polygamen Zweitehe des Ehemanns, aber auch an einen wesentlich über das deutsche Recht hinausgehenden Schadensersatz wegen Nichterfüllung eines Eheversprechens (Wolff, IPR Deutschlands [3. Aufl 1954] 66; Soergel/Schurig vor Art 13 EGBGB Rn 24). Aber solche Fälle sind doch eher selten, und die Scheidung einer Ehe oder die Ablehnung eines Scheidungsantrages verstoßen als solche und allein nie gegen den deutschen ordre public. Meist ergibt sich der Verstoß erst aus den Gründen, die die Entscheidung nicht rechtfertigen können.

451 Daß auch der Ausspruch von Rechtsfolgen, die dem deutschen Recht unbekannt sind, keineswegs notwendig den ordre public auf den Plan ruft, zeigt die allgemein zugelassene Anerkennung ausländischer Trennungen von Tisch und Bett (Art 7 § 1 FamRÄndG Rn 43).

452 Auch beim verfahrensrechtlichen ordre public kommt es nicht auf das ausländische Verfahrensrecht an, sondern darauf, wie das **Verfahren konkret** ablief (BGH 18. 10. 1967 JZ 1968, 594 [Wengler]; Martiny, Hdb IZVR Bd III/1 Kap I Rn 1026). So kann zum einen ein ausländisches Urteil ordre public-widrig sein, obwohl das dortige Verfahrensrecht den deutschen Anforderungen genügen würde, weil es eben im konkreten Fall nicht richtig angewandt wurde, aber auch umgekehrt eine Entscheidung anerkannt werden, obwohl das nicht befolgte ausländische Verfahrensrecht an sich ordre public-widrig wäre. Man wird jedoch vermuten dürfen, daß sich der ausländische Richter an sein Verfahrensrecht gehalten hat, und also dieses zunächst bewerten, bis nachgewiesen ist, daß er davon abgewichen ist. Dabei kann die ordre public-Widrigkeit uU entfallen, wenn möglicherweise erfolgreiche Rechtsmittel im Erstverfahren nicht eingelegt wurden (Rn 469 f).

d) Maßstab

aa) Deutsches Recht

453 Zum ordre public gehören zunächst die **deutschen Gesetze** und insbesondere der ausdrücklich genannte Grundrechtskatalog des Grundgesetzes. Einfache Gesetze gehören hierher nur insoweit, als sie Grundwerte und Grundprinzipien des deutschen Rechts zum Ausdruck bringen.

Es ist dagegen nicht zutreffend, nur übergesetzliche oder außergesetzliche Grundwerte hierher zu zählen (so aber G Roth, Der Vorbehalt des ordre public gegenüber fremden gerichtlichen Entscheidungen 28, 76 ff), denn solche Grundwerte kommen vielfach gerade in Rechtsnormen zum Ausdruck (wie hier Martiny Rn 993). 454

Umgekehrt sind auch die **Grundrechte** des GG nicht in allen ihren Verästelungen und Konkretisierungen notwendig und immer Bestandteil des deutschen ordre public. Der Gesetzgeber hat sich gegen die Anwendung deutscher Grundrechte kraft eines noch zu entwickelnden Verfassungskollisionsrechts und für deren Beachtung nur im Rahmen des ordre public entschieden. Das bedeutet eine Flexibilität nicht nur im Bereich des Elements der Inlandsbeziehung (dazu Rn 476 ff), sondern auch die Möglichkeit, den „verfassungsrechtlichen ordre public" zu beschränken, wenngleich dieser reduzierte Bereich nicht scharf abgegrenzt ist (vgl nicht eherechtlich BVerfG 10. 1. 1995 RIW 1995, 676 [Puttfarken 617 ff]; MünchKomm-ZPO/Gottwald § 328 Rn 93; R Hofmann, Grundrechte und grenzüberschreitende Sachverhalte [1994] 172). Mit Recht sind daher von der Praxis auch ausländische Scheidungen anerkannt worden, denen Regelungen zugrunde lagen, die gegen Art 3 Abs 2 GG verstießen (OLG Stuttgart 30. 9. 1960 StAZ 1962, 78; BGH 29. 4. 1964 BGHZ 42, 7, 13 f; BGH 18. 6. 1970 BGHZ 54, 123). Weiter hat zB das BVerfG (28. 2. 1980 BVerfGE 53, 224 = FamRZ 1980, 319 ff), wenngleich obiter, ausgeführt, daß eine in Deutschland vorgenommene reine Konsensscheidung gegen Art 6 Abs 1 GG verstoßen würde. Dennoch kann man solche Auslandsscheidungen selbst dann anerkennen, wenn ein Deutscher beteiligt ist (BayObLG 7. 4. 1998 FamRZ 1998, 1594). 455

Andererseits bringen gerade die **Grundrechte** die Grundwerte der deutschen Rechtsordnung zum Ausdruck. Es ist daher besonders sorgfältig zu prüfen, welche Grundwerte des deutschen Rechts sie zum Ausdruck bringen und ob das Urteil dagegen verstößt. Sie gelten im vorliegenden Zusammenhang auch für Ausländer, die in ihrem Heimatstaat geschieden wurden (zB BGH 11. 7. 1990 BGHZ 112, 127, 132 f = StAZ 1991, 11). 456

Mit Recht hat der Gesetzgeber in § 328 Abs 1 Nr 4 ZPO wie in Art 6 EGBGB den mißverständlichen Verweis auf den **Zweck** eines deutschen Gesetzes gestrichen. Es geht nicht um die Durchsetzung gerade der rechtspolitischen Absichten oder auch aller Gerechtigkeitswertungen des deutschen Rechts, sondern eben nur um die Wahrung unserer Grundwerte. 457

Zum deutschen ordre public gehören auch die **guten Sitten**. Daß sie in der neuen Fassung des Gesetzes anders als in der alten nicht mehr genannt werden, sollte insoweit sachlich nichts ändern (BT-Drucks 10/504, 89). 458

Soweit das Gesetz bestimmte **Aspekte** des ordre public **gesondert regelt**, kann man nicht mehr auf Nr 4 zurückgreifen, um dennoch die Anerkennung abzulehnen. Ist bei der Ladung zum Verfahren die Grenze der Nr 2 nicht überschritten, dann kann nicht mehr Nr 4 eingreifen. Nach der Gesetzessystematik kann man aber auch nicht Nr 2 zum Grundsatz des ordnungsmäßigen Verfahrens erklären und damit in ausdehnender Interpretation den verfahrensrechtlichen ordre public aus Nr 4 aus- und hier eingliedern (Martiny, Hdb IZVR Bd III/1 Kap I Rn 1023 gegen Staudinger/Gamillscheg[10/11] § 328 ZPO Rn 246, 267 ff). 459

460 Wenn § 328 Abs 1 Nr 4 ZPO von **offensichtlichem** Verstoß gegen den ordre public spricht, so heißt das nicht, daß dieser Verstoß jedermann, insbesondere dem Laien, in die Augen springen müsse. Gemeint ist vielmehr, daß die Abweichung von den Grundprinzipien des deutschen Rechts so erheblich ist, daß daran keine Zweifel bestehen. Es müssen also zum einen die Grundprinzipien des deutschen Rechts idS festgestellt werden, und dann die Erheblichkeit der Abweichung.

461 In beiden Hinsichten, sowohl bei der Postulierung von Grundprinzipien als auch bei der Bewertung der Erheblichkeit des Verstoßes ist **große Zurückhaltung** geboten. Es ist noch größere Zurückhaltung geboten als bei Art 6 EGBGB (vgl Rn 445 f).

462 Auch **international zwingende** deutsche Normen iSd **Art 34 EGBGB** können der Anerkennung entgegenstehen (Geimer, IZPR Rn 26 ff). Man sollte diesen Fall aber heute vom Eingreifen des ordre public unterscheiden (**aA** Geimer aaO: anerkennungsrechtlicher ordre public). Freilich ist zweifelhaft, welche deutschen Bestimmungen unter Art 34 EGBGB zu subsumieren sind (dazu MünchKomm/Martiny Art 34 EGBGB Rn 24 ff). An ihnen ist dann der ausländische Urteilsausspruch zu messen. Da solche Normen politische Interessen schützen sollen, spielt dieses Anerkennungshindernis aber im Eherecht wohl kaum eine Rolle (Becker RabelsZ 60 [1996] 691 ff, 705 ff). Zu prüfen wäre aber immer noch, ob die international zwingende Norm sich auch gegen ausländische Urteile wendet.

bb) Gemeinschaftsrecht

463 Auch **Gemeinschaftsrecht** oder international geltendes Einheitsrecht kann zum deutschen ordre public gehören, wenn dieses Vertragsrecht innerstaatlich geltendes Recht geworden ist. Hier ist vor allem die europäische **Menschenrechtskonvention** zu nennen (vgl Baur, in: FS Guldener 18 ff; Matscher, in: FS Neumayer [1985] 477 ff). Zu Recht wird auch (zunehmend) beachtet, ob eine Regelung in ausländischen Rechtsordnungen oft vorkommt. Gegebenenfalls wird man deswegen zögern, sie als gegen unseren ordre public verstoßend zu bewerten (BayObLG 19. 7. 1967 StAZ 1967, 292), wenngleich dies kein zwingender Gesichtspunkt ist. Art 22 lit a (Art 15 Abs 1 lit a aF) EheGVO und Art 34 Nr 1 EuGVO enthalten an erster Stelle den Vorbehalt, jedoch regeln sie selbst die Anerkennung, so daß diese Regelungen nicht Bestandteil des autonomen deutschen Rechts werden (weiter bei Art 22 EheGVO Rn 11 f).

cc) Staatsverträge

464 Viele zwei- und mehrseitige **Staatsverträge** enthalten ebenfalls den Vorbehalt des ordre public (Art 27 Nr 1 EuGVÜ/LugÜ, ebenso die nun durch die EheGVO abgelösten Art 5 Abs 1 Nr 1 deutsch-spanischer Vertrag, Art 2 deutsch-niederländischer Vertrag, Art 3 Nr 1 deutsch-griechischer Vertrag, Art 2 Nr 1 deutsch-österreichischer Vertrag, Art 2 Nr 1 deutsch-belgischer Vertrag; Art 4 Abs 1 deutsch-italienischer Vertrag). Von den heute noch geltenden sind zu nennen Art 29 Abs 1 Nr 2 und 3 deutsch-tunesischer, und Art 5 Abs 1 Nr 2–4 deutsch-israelischer Vertrag. Der deutsch-norwegische (Art 6 Abs 1 Nr 1) betrifft Ehesachen nicht.

465 Die staatsvertraglichen Regelungen können enger oder weiter als § 328 Abs 1 Nr 4 ZPO formuliert sein. So schließt etwa der deutsch-schweizerische Vertrag die Anerkennung in Art 4 nur aus „wenn durch die Entscheidung ein Rechtsverhältnis zur Verwirklichung gelangen soll, dem im Gebiet des Staates, wo die Entscheidung geltend gemacht wird, aus Rücksicht der öffentlichen Ordnung oder Sittlichkeit die Gültigkeit, Verfolgbarkeit oder Klagbarkeit versagt ist". Er nennt also nur den materiellen ordre public (vgl Rn 488 ff, doch erfaßt er nach heutiger Auslegung auch den verfahrensrechtlichen [PAUCKSTADT IPRax 1984, 18 mwN]). Die Antwort auf die Frage des Verhältnisses zum nationalen ordre public hängt entscheidend davon ab, ob und inwieweit der Staatsvertrag eine abschließende Regelung trifft, was durch Auslegung zu beantworten ist. Sind beide anwendbar, so setzt sich wegen des Günstigkeitsprinzips der weniger rigorose Maßstab durch. In der Regel wird in den Anerkennungsverträgen jedoch der nationale ordre public des Anerkennungsstaates vorbehalten.

e) Drittstaatlicher ordre public

Entgegen einer gelegentlich geäußerten Meinung (OLG Frankfurt aM 15. 4. 1971 FamRZ 1971, 373 f [krit BEITZKE] = StAZ 1972, 68 [BACHMANN] = NJW 1971, 1528; ansatzweise OLG München 25. 2. 1963 IPRspr 1962/63 Nr 192) greift der deutsche ordre public auch durch, wenn der **gemeinsame Heimatstaat** oder die Heimatstaaten der Parteien anerkennen, weil auch ein Urteil aus dem gemeinsamen Heimatstaat daran zu messen wäre (BGH 11. 7. 1990 BGHZ 112, 132 f; BEITZKE aaO; WUPPERMANN, Die deutsche Rechtsprechung zum Vorbehalt des ordre public 144; MARTINY, Hdb IZVR Bd III/1 Kap I Rn 986). Besteht die erforderliche Beziehung zum deutschen Recht (Rn 476 ff), so kann der vom deutschen ordre public gewollte und gewährleistete Schutz der inländischen Rechts- und Sozialordnung nicht der Bewertung einer anderen Rechtsordnung und ihren Schutzbelangen überlassen werden. **466**

Wenn gegen die Anerkennung eines drittstaatlichen Urteils der deutsche ordre public nicht entgegensteht, so schadet es nicht, daß der Heimatstaat der Eheleute wegen Verletzung seines ordre public nicht anerkennt (vgl zu Art 6 EGBGB MünchKomm/SONNENBERGER Art 6 EGBGB Rn 73; zur Anerkennung GEIMER, IZPR Rn 2969). **467**

Soweit wir auf die internationale Anerkennungszuständigkeit gem § 606a Abs 2 S 2 ZPO verzichten und darauf abstellen, ob der oder die Heimatstaaten die Scheidung anerkennen, kommt es dagegen auf den ordre public dieses Heimatstaates an, denn es spielt keine Rolle, warum dieser nicht anerkennt (Rn 355 ff). Das ist keine Ausnahme von dem Prinzip, daß die Anerkennung nicht wegen eines Verstoßes gegen einen ausländischen ordre public zu verweigern ist. **468**

f) Unterlassene Rechtsmittel

Man muß die Frage, ob der deutsche ordre public gegen eine ausländische Entscheidung auch durchgreift, wenn die Partei es **im erststaatlichen Verfahren** unterlassen hatte, mögliche Rechtsmittel einzulegen, von der Prüfung des ordre public von Amts wegen unterscheiden (Rn 251 ff), dh davon, ob der Verstoß **im Anerkennungsverfahren** von einer Partei gerügt werden muß. **469**

Da der deutsche Vorbehalt des ordre public nicht ausschließlich dem Schutz der Parteiinteressen dient, ist er von Amts wegen und nicht nur auf Rüge einer Partei zu prüfen (o Rn 251 ff). **470**

Nach hM sind Verfahrensfehler im erststaatlichen Verfahren soweit möglich dort mit Rechtsmittel anzugreifen und können andernfalls nicht mehr im Anerkennungs- **471** verfahren beachtet werden (BayObLG 8.5.2002 FamRZ 2002, 1637; OLG Düsseldorf 18.9.1998 FamRZ 1999, 447 (obiter); GEIMER, IZPR Rn 2955; MünchKomm-ZPO/GOTTWALD § 328 Rn 102; STEIN/JONAS/H ROTH § 328 Rn 131; **aA** SCHACK, IZVR Rn 866; AG Hamburg 24.1.1985 IPRax 1986, 114).

472 Es geht darum, ob bei unterlassenen Rechtsmitteln im ausländischen **Verfahren** noch **materiell** ein **Widerspruch** zu deutschen Grundwerten vorliegt. Das ist, wenn das Rechtsmittel erfolgreich gewesen wäre, zu verneinen. Der ordre public dient nicht dazu, nachlässige oder unzweckmäßige Prozeßführung nachträglich im Anerkennungsverfahren zu korrigieren (BGH 21.3.1990 FamRZ 1990, 868, 870 = IPRax 1992, 33, 35 (GEIMER 5 ff); BayObLG 7.2.2001 aaO; OLG Hamm 28.12.1993 NJW-RR 1995, 189, 190 [nicht eherechtlich]; OLG Stuttgart 11.10.1972 IPRspr 1972 Nr 164; OLG Saarbrücken 3.8.1987 IPRax 1989, 37, 39 [nicht eherechtlich] [zust H ROTH 14]; BGH 1.2.2001 NJW 2001, 10059 zur Anerkennung von Schiedssprüchen GEIMER JZ 1969, 14; ders ZZP 103 [1990] 481 f; ZÖLLER/GEIMER § 328 Rn 158; MARTINY, Hdb IZVR Bd III/1 Kap I Rn 1024, 1155; **aA** BAUR, in: FS Guldener 14 f; SCHÜTZE, IZPR [1985] 143; SCHACK, IZVR Rn 866; AG Hamburg 24.1.1985 IPRax 1986, 114). Auf ein Wiederaufnahmeverfahren und ähnliche außerordentliche Rechtsbehelfe ist die Partei jedoch nicht zu verweisen und auch nicht auf eine Abänderungsklage im Ausland (insoweit richtig AG Hamburg 24.1.1985 aaO).

473 Wenn es auch selten zu anderen Ergebnissen führt, handelt es sich **methodisch** jedoch um die inhaltliche Präzisierung des ordre public, nicht um eine Präklusion mit einer Einwendung (so aber GEIMER, Anerkennung 61 f; MünchKomm-ZPO/GOTTWALD aaO; OLG Düsseldorf 7.11.1997 FamRZ 1998, 694). Sie käme nur in Betracht, wenn nur private, nicht auch staatliche oder öffentliche Interessen im Spiele wären. Die Partei, die nicht die naheliegenden oder zumutbaren Schritte unternommen hat, kann sich nicht mehr über ein unfaires Verfahren beschweren (vgl OLG Hamm 27.6.1996 IPRax 1998, 202; zu Art 27 Nr 1 EuGVÜ).

474 Klar ist die Sachlage, wenn das Rechtsmittel erfolglos war (OLG Düsseldorf 18.9.1998 FamRZ 1999, 447). Es wird aber auch nicht verlangt, daß die Partei ein bei realistischer Betrachtung voraussichtlich erfolgloses Rechtsmittel einlegt (GEIMER, IZPR Rn 2955; MünchKomm-ZPO/GOTTWALD § 328 Rn 1027; **aA** THOMAS/PUTZO/HÜSSTEGE § 328 Rn 16 aE). Das ist insbesondere dann der Fall, wenn das ausländische Gericht sein Verfahrensrecht richtig angewandt hatte, dieses also gegen den deutschen ordre public verstieß (vgl EuGH 28.3.2000 Rs C-7/98 – Krombach/Bamberski – Slg 2000 I 1935). Um dies festzustellen, muß das ausländische Urteil anhand des ausländischen Rechts überprüft werden. Die Einschränkung der Rechtsmittelobliegenheit leuchtet ein, aber eine genaue objektive Nachprüfung der Erfolgsaussichten des Rechtsmittels im ausländischen Verfahren wäre sehr aufwendig. Man sollte vielmehr aus der Sicht der damaligen unterlegenen Partei beurteilen, ob ihr ein Rechtsmittel als wahrscheinlich erfolgreich erscheinen mußte. Dabei spielt eine Rolle, ob sie anwaltlich vertreten war. Ohne gute Erfolgschancen kann man nicht erwarten, daß sie das Kostenrisiko übernehmen sollte. Die unterlegene Partei kann auch der damalige Kläger sein, denn auch Klagabweisungen sind anerkennungsfähig (weitergehend VÖLKER, Dogmatik des ordre public 220 ff: regelmäßige Obliegenheit zur Einlegung des ersten, nicht eines weiteren Rechtsmittels).

475 Die Rechtsmittelobliegenheit wird nur zum **verfahrensrechtlichen ordre public** vertreten (Geimer aaO; MünchKomm-ZPO/Gottwald aaO). Es ist jedoch möglich, daß das materielle Ergebnis des ausländischen Urteils, das gegen den **materiellen** deutschen ordre public verstößt, im Urteilsstaat auf ein Rechtsmittel hin noch einer vollständigen neuen Prüfung der Sach- und Rechtslage unterzogen worden wäre. Es sollte hier konsequenterweise dasselbe gelten (ebenso Völker aaO 220).

g) Inlandsbeziehung

Nicht nur bei Art 6 EGBGB, sondern auch bei § 328 Abs 1 Nr 4 ZPO ist für das Eingreifen des ordre public eine Inlandsbeziehung erforderlich (BGH 15. 5. 1986 BGHZ 98, 70, 74 [beiläufig]; BGH 4. 6. 1992 BGHZ 118, 312, 345, 348). Und dies gilt nicht nur für den materiellrechtlichen ordre public, der ohnehin enge Verwandtschaft zu dem international-privatrechtlichen aufweist, sondern auch für den verfahrensrechtlichen (Völker, Dogmatik des ordre public 213 f; Wuppermann, Die deutsche Rechtsprechung zum Vorbehalt des ordre public im IPR 144; Martiny Rn 1027 f; **aA** Weitz, Inlandsbeziehung und ordre public in der deutschen Rechtsprechung zum Internationalen Familienrecht 14 ff; Raape/Sturm, IPR Bd 1, 217). 476

Und wie dort besteht zwischen der Intensität der Binnenbeziehung und der für das Eingreifen des ordre public nötigen Erheblichkeit der Abweichung von deutschen Grundwerten eine **umgekehrte Proportionalität**, so daß die Abweichung um so größer sein darf, je schwächer die Binnenbeziehung ist und umgekehrt (BGH 4. 6. 1992 aaO; OLG Bamberg 13. 3. 1996 FamRZ 1997, 96; Schack, IZVR Rn 867; MünchKomm/Sonnenberger Art 6 Rn 73 mwN; Martiny, Hdb IZVR Bd III/1 Kap I Rn 1029; Völker aaO 235 ff; **aA** Raape/Sturm, IPR Bd 1 217). Dagegen sollte man nicht danach differenzieren, ob die Anerkennung Voraussetzung einer Vollstreckung ist oder nur als eine präjudizielle Vorfrage in inländischen Verfahren auftaucht (**aA** Martiny aaO). 477

Nun lassen sich weder die Intensität des Verstoßes gegen den ordre public noch die der Inlandsbeziehung und erst recht nicht ihr Verhältnis zueinander konkret quantifizieren. Die damit verbundene Rechtsunsicherheit, genauer mangelnde Vorhersehbarkeit der Bewertung durch den deutschen Anerkennungsrichter, besteht freilich schon jeweils bei den beiden Aspekten und wird durch ihre Korrelierung nicht mehr erheblich vergrößert. Dieser Ansatz erlaubt dafür eine genauere Berücksichtigung der Umstände des Einzelfalles (Völker aaO 240), die beim ordre public generell angemessen ist. 478

Die Binnenbeziehung liegt nicht schon darin, daß mit der Anerkennung die Wirkungen des ausländischen Urteils auf das Inland erstreckt würden. Gerade dies wäre immer der Fall, und das Erfordernis der Binnenbeziehung soll eine **Unterscheidung** ermöglichen (Zöller/Geimer § 328 Rn 167; **aA** Knoke, Deutsches interlokales Privat- und Verfahrensrecht nach dem Grundvertrag [1980] 197). So kann es bei der Inlandswirkung unbeschadet befremdlicher Verfahrensweisen bleiben, solange unsere Rechtsordnung kein Interesse an dem Fall hat (RG 28. 2. 1938 JW 1938, 1518 [Massfeller] [beiläufig]). Eine Ausnahme vom Erfordernis der Inlandsbeziehung will Geimer bei der Anwendung absolut unmoralischen Rechts machen (Zöller/Geimer § 328 Rn 167a: Verletzung elementarer Menschenrechte), jedoch stellt sich die Frage des ordre public nur und erst, wenn irgendeine Inlandsbeziehung besteht. So besteht auch zB ein Rechtsschutzinteresse an einer Anerkennungsentscheidung erst mit einer Inlandsbeziehung, zB wenn die im Ausland geschiedenen Ehegatten erst später nach 479

Deutschland ziehen und wieder heiraten wollen (**aA** beiläufig RG 28.2.1938 JW 1938, 1518 [Massfeller]; vgl weiter Rn 170).

480 In Personenstandsangelegenheiten liegt eine Inlandsbeziehung in der **deutschen Staatsangehörigkeit** eines Beteiligten, aber ebenso im **gewöhnlichen Aufenthalt** eines Ausländers hier. Mit geringerer Intensität kann die Inlandsbeziehung auch in der Staatsangehörigkeit oder dem gewöhnlichen Aufenthalt **mittelbar Betroffener** gefunden werden, so zB im gewöhnlichen Aufenthalt eines Kindes im Inland, wenn es um ein ausländisches Nichtigkeitsurteil über die Ehe seiner Eltern geht. Freilich wird hier wohl die Binnenbeziehung gewöhnlich schon über den einen oder anderen Elternteil bestehen (BGH 17.9.1968 BGHZ 50, 370 = FamRZ 1968, 642 [Bork] = JZ 1969, 299 [Heldrich] = StAZ 1969, 10 [Simitis] = NJW 1969, 369; Simitis, in: Beitzke [Hrsg], Vorschläge und Gutachten 276). Ergibt sich eine Inlandsbeziehung nur daraus, daß die Wirksamkeit zB der ausländischen Scheidung für ein Erbrechtsverhältnis präjudiziell ist, das seinerseits Inlandsbeziehung hat, so kann diese Art von Inlandsbeziehung über Drittbetroffene für das Eingreifen des ordre public gegen die Scheidungsanerkennung genügen (zust Völker aaO 233; vgl auch MünchKomm/Sonnenberger Art 6 EGBGB Rn 83). Die Befassung eines deutschen Standesbeamten mit der Wiederverheiratung allein begründet die Inlandsbeziehungen nicht, wohl aber der für seine Zuständigkeit nötige inländische Wohnsitz einer Partei.

481 Auch hier muß man differenzieren (Völker aaO 233 f). Die deutsche Staatsangehörigkeit wiegt weniger, wenn die Partei noch eine andere besitzt: Ist diese die effektivere, verliert die deutsche sehr an Gewicht. Im umgekehrten Fall ist die Abschwächung eher gering. Art 5 Abs 1 S 2 EGBGB gilt hier jedenfalls nicht (BGH 4.6.1992 BGHZ 118, 312, 327 f; Palandt/Heldrich Art 5 EGBGB Rn 5). Der inländische schlichte Aufenthalt wiegt weit weniger als ein gewöhnlicher, und er daher eine die Inlandsbeziehung durch Staatsangehörigkeit weniger als dieser. Welche Art Inlandsbeziehung zu verlangen ist, hängt mit dem Gegenstand des anzuerkennenden Urteils zusammen. Bei Eheurteilen sind vornehmlich die deutsche Staatsangehörigkeit und ein inländischer gewöhnlicher Aufenthalt und, mit geringerem Gewicht, ein schlichter Aufenthalt beachtlich. Die Differenzierungen sind vor allem bei der Anerkennung islamischer „Verstoßungsscheidungen" wichtig.

h) Maßgeblicher Zeitpunkt

482 Die Vorstellungen zum ordre public können sich mit der Zeit verändern. Gerade das Eherecht bietet hierfür Beispiele. Meist wird der Zeitpunkt der inländischen Entscheidung über die **Anerkennung** als **maßgeblich** genannt (JM NRW 2.7.1984 IPRspr 1984 Nr 184 und 21.2.1984 IPRax 1986, 167; Baumbach/Lauterbach/Hartmann § 328 Rn 32; BGH 26.6.1969 BGHZ 52, 184, 192; BGH 11.4.1979 NJW 1980, 529, 531 = FamRZ 1979, 577; BayObLG 9.6.1993 FamRZ 1993, 1469; 8.5.2002 FamRZ 2002, 1637; OLG Düsseldorf 4.12.1981 FamRZ 1982, 534 [Kindesherausgabe]; Martiny Rn 1150; Stein/Jonas/H Roth § 328 Rn 132; Kropholler EuZPR Art 34 Rn 10; differenzierend G Fischer IPRax 1999, 453 f), und zwar dann selbst noch in der (inländischen) Revisionsinstanz (BGH 23.4.1959 BGHZ 30, 89, 97). Riezler dagegen verlangt Übereinstimmung sowohl zum Zeitpunkt des Urteilserlasses als auch seiner Anerkennung (IZPR 542 ff).

483 Dem ist nicht zuzustimmen. Die Anerkennung tritt grundsätzlich ipso jure mit der ausländischen Rechtskraft ein. Und auch die förmliche Delibation nach Art 7 § 1

FamRÄndG ist deklaratorisch und wirkt jedenfalls auf diesen Zeitpunkt zurück. Würde man auf den späteren Zeitpunkt der inländischen gerichtlichen Feststellung über die schon geschehene Anerkennung abstellen und ist in der Zwischenzeit im Inland eine **Verschärfung** des ordre public eingetreten, so bedeutete deren Beachtung einen Entzug der schon eingetretenen Inlandswirkungen, die nicht zuzulassen ist (Geimer/Schütze, Int Urteilsanerkennung Bd I/2, 1603; BayObLG 29.11.1974 BayObLGZ 1974, 471 = FamRZ 1975, 215 [Geimer]; Völker, Dogmatik des ordre public 248; Schack, IZVR Rn 881). Es erschiene nicht vereinbar damit, daß durch die Anerkennung das Urteil mit inländischer Rechtskraft wirkt, denn bei einem inländischen Urteil würde man eine nachträgliche Rechtsänderung ebenfalls nicht beachten (ebenso Geimer, IZPR Rn 29 a; vgl auch Beitzke FamRZ 1956, 38). G Fischer zieht mit Recht die Parallele zu Art 220 Abs 1 und Art 236 § 1 EGBGB, wonach auf abgeschlossene Vorgänge das zum Zeitpunkt des Vorgangs geltende Kollisionsrecht anzuwenden ist (IPRax 1999, 453 f). IdS ist der Vorgang, mit dem ausländische Rechtskraft eintritt, insbesondere mit dem Eintritt der Gestaltungswirkung abgeschlossen. Dann können die Parteien Schutz ihres Vertrauens auf die durch Anerkennung eingetragene Gestaltung beanspruchen. Es würde dann auch sinnwidrig sein, die Anerkennung nur im Bezug auf eine später geltend gemachte Scheidungsfolge zu verweigern (mit Vorbehalten Völker aaO 249; vgl BGH 11.4.1979 NJW 1980, 529, 531; BGH 21.4.1998 IPRax 1999, 466 [G Fischer 450] zur Prüfung zum Zeitpunkt der Urteilsvollstreckung). Es genügt auch nicht, die Veränderungen in den Vorstellungen vom ordre public nur bei der Bewertung des Gewichts der Abweichung zu berücksichtigen (so aber BGH 11.4.1979 aaO, obiter; Martiny Rn 1150).

Hängt die Inlandswirkung noch von einer bislang **fehlenden förmlichen Entscheidung** 484
nach Art 7 § 1 FamRÄndG ab, dann entfällt zwar das Bedenken der rückwirkenden Entziehung von Urteilswirkungen. Daß diese Anerkennung dann auf den Zeitpunkt des Urteilserlasses im Ausland zurückwirkt, wäre an sich kein zwingendes Argument (so aber Geimer/Schütze, Int Urteilsanerkennung Bd I/2, 1607), denn mit der Ablehnung der Anerkennung tritt auch die Rückwirkung nicht ein, und vorher bestand keine Inlandswirkung. Jedoch wird der Antrag erfahrungsgemäß meist erst aus besonderem Anlaß zB einer Wiederverheiratung gestellt, und die Beteiligten haben sich schon vorher auf den neuen Status eingestellt. Man sollte ihnen ihre ursprünglich **begründeten Erwartungen** nicht wieder entziehen.

Eine zwischenzeitliche Verschärfung des ordre public scheint eher selten. Die hM 485
will eine inzwischen eingetretene **Abschwächung** der **Maßstäbe** des ordre public, die nun die Anerkennung erlaubt, beachten (so BGH 23.4.1959 BGHZ 30, 89, 97 und 26.6.1969 BGHZ 52, 184; BGH 21.4.1998 IPRax 1999, 466 [G Fischer 450], Börseneinwand, BayObLG 19.7.1967 BayObLGZ 1967, 263 = StAZ 1967, 292 = JZ 1968, 70 = MDR 1967, 1018; BayObLG 29.11.1974 aaO; Völker aaO 249; **aA** Geimer, IZPR Rn 29a). Das könnte damit begründet werden, daß die Beteiligten an einer wenngleich späteren Anerkennung immer noch interessiert seien. Das ist sicher oft, aber nicht notwendig so. Es ist sehr wohl denkbar, daß die Beteiligten oder einige von ihnen sich inzwischen auf den Fortbestand der Ehe im Inland eingestellt haben (vgl JM BW 24.4.1979 FamRZ 1979, 811: 26 Jahre). Auch dieses Vertrauen kann durchaus schutzwürdig sein. Um unsichere Untersuchungen über das Vertrauen der Eheleute und eventuell betroffener Dritter zu vermeiden, sollte man sich für einen Zeitpunkt entscheiden. War zB eine Scheidung aus dem gemeinsamen Heimatstaat der Parteien, die keine förmliche Aner-

kennung braucht, damals wegen eines Verstoßes gegen den ordre public nicht anerkannt, dann würde mit der Änderung des Maßstabes die Scheidung zu einem späteren, in der Regel auch nur schwer zu fixierenden Zeitpunkt im Inland wirksam. Das sollte ebenso wenig wie eine Scheidung durch Gesetzesänderung zugelassen werden. Es kann auch sein, daß schon im Verfahren nach Art 7 § 1 FamRÄndG die Nichtanerkennung festgestellt wurde. Einer neuen Entscheidung wegen nun anderer Bewertung stünde die Rechtskraft jener Entscheidung entgegen. Kann hier eine Änderung des ordre public nicht mehr berücksichtigt werden, sollte sie es auch nicht bei Auslandsscheidungen, die nicht unter Art 7 § 1 FamRÄndG fallen, und auch nicht, wenn bisher noch keine Delibation beantragt worden war. Ist die Scheidung im Inland nicht anerkannt, so können die Eheleute sich erneut scheiden lassen. Tun sie dies nach einer der Delibation nicht bedürfenden Heimatstaatscheidung, so kann diese nun nicht später doch noch anerkannt werden, denn dann lägen zwei Scheidungen vor.

i) Verwirkung

486 Eine andere Frage ist es, ob das Verhalten der Parteien, die jahrelang die Scheidung trotz des Verstoßes gegen den ordre public als wirksam behandelt haben, den Einwand verwirkt haben. Das ist u Art 7 § 1 FamRÄndG Rn 141 f behandelt. In der Sache ist das dieselbe Frage wie die nach einem berechtigten Vertrauen in die nicht gegebene inländische Wirkung der ausländischen Scheidung.

k) Einzelfragen

487 § 328 Abs 1 Nr 4 kann sowohl wegen des **Inhalts** der ausländischen Entscheidung eingreifen als auch wegen der Art und Weise ihres **verfahrensmäßigen** Zustandekommens (o Rn 446). In diesem Sinne kann man von verfahrensrechtlichem und materiellrechtlichem ordre public sprechen, wobei beide von dem internationalprivatrechtlichen ordre public des Art 6 EGBGB zu unterscheiden sind. Eine ganz genaue Grenzziehung innerhalb des § 328 Abs 1 Nr 4 ZPO ist schwierig, aber auch praktisch nicht nötig.

aa) Materieller ordre public

488 Der materielle ordre public als Anerkennungshindernis gleicht qualitativ dem des IPR in Art 6 EGBGB. Während hier der deutsche Richter bei Anwendung ausländischen Rechts eine bestimmte Entscheidung nicht treffen darf, wird dort eine ausländische Entscheidung nicht für das Inland anerkannt. Was ein deutscher Richter in Anwendung ausländischen Rechts entscheiden darf, muß auch in einem ausländischen Urteil anerkannt werden. Es kann daher insoweit auf die Erläuterungen zu Art 17 EGBGB (Staudinger/Mankowski [2003] Art 17 EGBGB Rn 105 ff EGBGB) verwiesen werden. Ob bei ausländischen Urteilen noch größere Zurückhaltung geboten ist, ist oben Rn 445 erörtert. Dabei ist nicht **entscheidend** der Inhalt der (ausländischen) angewandten Rechtsnorm, sondern nur das **Ergebnis** der Anerkennung. Das zeigt sich zB darin, daß ausländische Entscheidungen auch dann dem Verdikt des § 328 Nr 4 ZPO unterfallen, wenn der ausländische Richter deutsches Recht anwenden wollte, dies aber so falsch verstanden hat, daß die Entscheidung mit den Grundlagen des deutschen Rechts unvereinbar ist (vgl BayObLG 19. 7. 1967 BayObLGZ 1967, 263 = JZ 1968, 70; in casu verneint, aus türk Sicht ebenso Türk Kassationshof 21. 6. 2000 FamRZ 2002, 114). Ebenso wenig ist entscheidend, ob das Urteil ausländisches Recht richtig angewandt hat. Meist wird freilich ein Verstoß gegen den deutschen ordre public auf fremden Recht beruhen. Eine falsche Anwendung ausländischen Rechts berührt als solche nie den deutschen ordre public.

Der Verstoß kann bereits in der im Tenor des ausländischen Urteil ausgesprochenen **Rechtsfolge** liegen. Zu denken wäre an eine Verurteilung zur Eingehung einer Ehe (Schack, IZVR Rn 868; Martiny, Hdb IZVR Bd III/1 Kap I Rn 1052), an das Verbot einer Eheschließung, wenn kein noch notfalls vertretbares Ehehindernis besteht, oder auch an die Verurteilung zu einem Schadensersatz wegen Nichteinhaltung eines Eheversprechens, der wesentlich über dem nach §§ 1298 ff BGB möglichen liegt (Martiny aaO). 489

Polygamie verstößt als solche nicht gegen den deutschen ordre public, nur kann eine polygame Ehe im Inland nicht geschlossen und wohl auch nicht gerichtlich geltend gemacht werden (Staudinger/Mankowski [2003] Art 13 EGBGB Rn 251 f). Aber ein ausländisches Urteil, das ihr Bestehen feststellt oder daraus Ehefolgen herleitet, kann sehr wohl anerkannt werden, und erst recht eines, das sie scheidet. Das gilt, wenn das Heimatrecht beider Eheleute die Polygamie zuläßt. Ist ein Ehegatte Deutscher, so wäre die Ehe nichtig (Art 13 Abs 1 EGBGB). Ein ausländisches Urteil das ihre Wirksamkeit feststellt, verstößt dann gegen den deutschen ordre public (LJV BW 31. 5. 1990 FamRZ 1990, 1015). 490

Mißt ein ausländisches Gericht einer **Doppelehe**, obwohl sie nach seinem Recht regelmäßig eine Nichtehe darstellt, ausnahmsweise Gültigkeit bei und löst es diese Ehe nur auf, so stellt letzteres keinen Verstoß gegen den ordre public dar, zumal es sich nach deutschem Recht auch nicht um eine Nichtehe, sondern nur um eine vernichtbare Ehe handelt (BayObLG 13. 5. 1993 StAZ 1994, 9). Dagegen liegt ein Verstoß vor, wenn das ausländische Urteil die bigamische Ehe eines Deutschen für wirksam erklärt (LJV BW 31. 5. 1990 FamRZ 1990, 1015). 491

Ein ausländisches Urteil, das das Nichtbestehen einer Ehe feststellt, die vor einem deutschen Standesbeamten geschlossen wurde, aber damit nicht den **Formvorschriften** des Heimat- bzw Urteilsstaates entsprach, kann nicht anerkannt werden (KG 20. 5. 1975 StAZ 1976, 307 [Görgens 1977, 79 ff]). Das ist bedenklich, aber wegen Art 13 Abs 3 EGBGB zutreffend. 492

Ein **Schuldspruch** im Scheidungsurteil verstößt als solcher nicht gegen unseren ordre public (Martiny, Hdb IZVR Bd III/1 Kap I Rn 1060; BGH 26. 5. 1982 IPRax 1983, 180 [Henrich 161] = FamRZ 1982, 795 = NJW 1982, 1940 = MDR 1982, 1001). Schließlich war die Verschuldensfrage auch im deutschen Recht lange Zeit von Bedeutung und spielt in § 1579 BGB noch immer eine Rolle. Der ordre public kann aber bei zusätzlichen Umständen eingreifen, wie zB wegen des Grundes des Schuldausspruchs. 493

Ein Urteil auf **Herstellung** der ehelichen Lebensgemeinschaft ist sogar im deutschen Recht möglich (§§ 606, 888 ZPO), ordre public-widrig könnte jedoch eine Bewehrung eines solchen Urteils mit Zwangsgeld sein. Ein **Schadensersatzanspruch** wegen Verletzung der Pflichten zur ehelichen Lebensgemeinschaft ist solange unbedenklich, als er sich auf den Ersatz tatsächlicher Schäden beschränkt (wie von einer verbreiteten Meinung im deutschen Recht vertreten). 494

495 Solche Fälle bereits aus dem Tenor ersichtlicher Verstöße gegen den ordre public sind eher selten. Häufiger wird es sein, daß sich der Verstoß erst aus dem Vergleich des **Urteilstenors mit dem Sachverhalt** ergibt, daß also nach unseren Vorstellungen der gegebene Sachverhalt diese Rechtsfolge keinesfalls tragen kann. So liegt es, wenn eine Ehe für nichtig erklärt wird oder die Eheschließung untersagt wird, und tatsächlich kein für uns akzeptables Ehehindernis vorliegt. Man denke an Eheverbote der Religions- oder der Rassenverschiedenheit (Martiny Rn 1061; Neuhaus FamRZ 1957, 394). Auch ein Eheverbot der geistlichen Verwandtschaft, sollte es noch eine Rechtsordnung aus dem früheren kanonischen Recht bewahrt haben, dürfte Art 6 Abs 1 EGBGB widersprechen. Mit Recht aber verweist das OLG Celle (20. 8. 1963 NJW 1963, 2235) auf besondere Zurückhaltung bzw auf den gebotenen weitgehenden Respekt vor anderen kulturellen und religiösen Traditionen. Eine Scheidung auf Antrag Dritter wegen Abfalls vom rechten Glauben ist nicht anerkennungsfähig (zu einem solchen Fall in Ägypten Bälz IPRax 1996, 353). Nichtigkeitsklagen durch Vertreter öffentlicher Interessen wegen verbotener Doppelehe oder anderen schweren Eheverboten sind hinzunehmen, weil gewichtige öffentliche, nicht nur private Interessen zu schützen sind.

496 Ein ordre public-Verstoß zB eines Ehenichtigkeitsurteils liegt in zu weitgehenden **Zustimmungserfordernissen** der Eltern zur Heirat erwachsener Kinder und bei einem Herstellungsurteil, wenn die Ehe durch einen Stellvertreter mit Wahlfreiheit geschlossen wurde, oder wenn die Eltern ihre minderjährigen Kinder ohne deren Zustimmung verheiraten können. Ein höheres Volljährigkeitsalter als 18 Jahre ist aber allemal zu akzeptieren.

497 Eine **Trennung von Tisch und Bett** verstößt auch bei Beteiligung eines deutschen Ehegatten nicht gegen den ordre public (KG 12. 2. 1974 IPRspr 1974 Nr 183; IPG 1973 Nr 42 [Köln]; §§ 606 ff Rn 44).

498 Andere **Scheidungsgründe** in ausländischen Urteilen sind durchaus zu akzeptieren; gerade hier ist angesichts kultureller Verschiedenheiten in der Welt große Zurückhaltung mit dem ordre public zu wahren (OLG Celle 20. 8. 1963 aaO; Martiny Rn 1055). Scheidungen nur aufgrund des Einverständnisses der Parteien (Konsensscheidungen), die heute in der Welt häufiger zugelassen sind, verstoßen wegen der Vertragselemente in § 1566 Abs 1 BGB nicht dagegen (BayObLG 7. 4. 1998 FamRZ 1998, 1594; OLG Frankfurt aM 26. 11. 1979 MDR 1980, 321; OLG Düsseldorf 28. 2. 1975 FamRZ 1975, 584 [Geimer] = NJW 1975, 1081), und heute sicherlich auch umgekehrt nicht mehr die Scheidung gegen den Widerspruch des Beklagten (OLG Stuttgart 11. 10. 1972 FamRZ 1973, 38 zum alten Verschuldensprinzip), selbst wenn ein Scheidungsgrund nach deutschem Recht nicht gegeben war. Selbst ein generelles **Scheidungsverbot** verstößt nicht gegen den deutschen ordre public (Staudinger/Mankowski [2003] Art 17 EGBGB Rn 101). Es ist heute relativ selten geworden, und notfalls hilft dem deutschen oder bei Eheschließung deutschen Ehegatten § 606a Abs 1 S 1 Nr 1 ZPO mit Art 17 Abs 1 S 2 EGBGB.

499 Wenn die Anerkennungszuständigkeit gegeben ist und das Verfahren den Anforderungen des § 328 ZPO entspricht, so verstößt es nicht gegen den ordre public, wenn der Kläger ein Gericht wählt, bei dem er die Scheidung leichter als anderswo oder in Deutschland erlangen kann **(Forum shopping)** (irrig OLG Bremen 29. 10. 1968 IPRspr

1968/69 Nr 235). Die Abwehr von Urteilen aus Scheidungsparadiesen erfolgt insoweit über § 328 Abs 1 Nr 1 und 2 ZPO.

Die **Trennungsfristen** des § 1566 BGB gehören nicht zum ordre public (BayObLG 3. 10. 1978 IPRspr 1978 Nr 175), weder wenn sie im Ausland kürzer (OLG Hamm 4. 10. 1996 FamRZ 1997, 881: Scheidung ohne Trennungsjahr nach türkischem Recht), noch wenn sie länger sind. Es schadet nicht, wenn das Urteil die Trennungsfristen nicht beachtet hat, die das zugrunde gelegte Scheidungsstatut vorschreibt (BayObLG 12. 5. 1992 FamRZ 1993, 452) bzw die Frist falsch berechnet hat (BayObLG 9. 6. 1993 FamRZ 1993, 1469). Daß das Urteil materiell unrichtig ist, ist als solches kein Verstoß. **500**

Eine ältere Rechtsprechung hat ausländische Scheidungen aus sehr **geringfügigen Scheidungsgründen** nicht anerkannt, weil eine allzu leichte Scheidung mit dem deutschen Prinzip der lebenslänglichen Ehe nicht zu vereinbaren sei (hauptsächlich aber aus anderen Gründen OLG Hamburg 1. 10. 1935 JW 1935, 3488; LG Ulm 27. 6. 1956 IPRspr 1956/57 Nr 103; OLG Düsseldorf 5. 6. 1957 MDR 1957, 680; **aA** dagegen LG Berlin II 25. 1. 1932 StAZ 1933, 122; OLG München 2. 4. 1964 IPRspr 1964/65 Nr 263; OLG Celle 20. 3. 1963 FamRZ 1964, 155; sehr krit Gamillscheg, in: FS Nipperdey [1965] 345 f; Spickhoff JZ 1991, 327). Dem kann man nur mit Vorsicht folgen. So hat die Rechtsprechung andererseits auch eine Nichtigerklärung wegen örtlicher Unzuständigkeit des Standesbeamten selbst nach langdauernder Ehe anerkannt (OLG Celle aaO; BayObLG 19. 7. 1967 StAZ 1967, 292; zu dieser Regelung in Chile Samtleben StAZ 1998, 77). Der ordre public greift jedenfalls nicht durch, wenn das Ergebnis nach den Umständen des Falles dennoch tragbar ist, und nicht nur bei Einverständnis des Beklagten. **501**

Es kommt nicht darauf an, welchen Scheidungsgrund das Gericht tatsächlich herangezogen hat, weil nur das Prozeßergebnis zu bewerten ist. Es ist daher zunächst anzuerkennen, wenn die Ehe auch nach deutschem Recht hätte geschieden werden können, also namentlich nach dreijähriger Trennung auch gegen den Widerspruch des Beklagten (BayObLG 19. 9. 1988, 338 [Jayme 223]). Es muß jedoch nicht notwendig immer ein Scheidungsgrund nach deutschem Recht vorgelegen haben. So ist die **einvernehmliche Scheidung** auch ohne längere Trennung hinzunehmen, obwohl sie im deutschen Recht nicht möglich wäre. Das BVerfG 28. 2. 1980 (BVerfGE 53, 224) hat freilich obiter eine reine Konsensscheidung als Verstoß gegen Art 6 Abs 1 GG angesehen. Sie ist in manchen europäischen Staaten vorgesehen und ist trotz Art 6 EGBGB hinzunehmen. **502**

(Grobe) geschlechtsspezifische **Ungleichbehandlung** der Frau in den Scheidungsgründen, die wegen Art 3 Abs 2 GG gegen Art 6 EGBGB verstößt, kann in deutschen Verfahren dadurch aufgefangen werden, daß entgegen dem ausländischen Recht auch der Frau ein Scheidungsrecht eingeräumt wird (Staudinger/Mankowski [2003] Art 17 EGBGB Rn 113; Beitzke IPRax 1993, 235). Bei der Frage der Anerkennung einer so begründeten ausländischen Scheidung ist dieser Weg nicht gangbar. Noch immer recht häufig ist zB nur der Ehebruch der Frau ein Scheidungsgrund, nicht aber auch der des Mannes. Wird die Ehe wegen Ehebruches der Frau im Ausland geschieden, so greift gegen dieses Urteil der ordre public nicht ein, denn ob auch eine Scheidung wegen Ehebruches des Mannes in diesem Recht möglich wäre, ist eine rein theoretische Frage, und der ordre public beurteilt das konkrete Urteil, **503** nicht das zugrunde gelegte Recht als solches (aA Cour d'Appel Paris 28. 6. 1973 Rev crit d i p 1974, 505 [Foyer]).

504 **Privatscheidungen**, bei denen also die Ehe nicht durch hoheitlichen Ausspruch, sondern durch Erklärungen der Parteien getrennt wird, fallen überhaupt nicht unter § 328 ZPO. Ihre inländische Wirksamkeit ist nach dem von Art 17 Abs 1 EGBGB bestimmten Scheidungsstatut zu beurteilen (BGH 21. 2. 1990 FamRZ 1990, 607; BGH 2. 2. 1994 IPRax 1995, 111 [Henrich 86]), und bei dessen Anwendung hat der deutsche Richter Art 6 EGBGB zu beachten. Es handelt sich dann um eine deutsche gerichtliche Feststellung, daß nach diesem Recht die Ehe bereits geschieden ist. Dennoch wird ein beschränkter Rückgriff auf Art § 328 Abs 1 ZPO vertreten (Lüderitz, in: FS Baumgärtel 346). Nr 1 und 2 kommen aber naturgemäß nicht in Betracht, wohl aber Nr 3 und 4, letzterer auch unter dem Gesichtspunkt des rechtlichen Gehörs. Dennoch kann und sollte man der Einheitlichkeit des Ansatzes wegen dieser Gesichtspunkte in Art 6 EGBGB aufnehmen (u Rn 564 ff).

505 Der Auffassung (LJV Bremen 13. 5. 1974 StAZ 1975, 343), daß die Anerkennung schon dann zu verweigern sei, wenn der Kläger zum Islam übertritt, um ein ihm günstigeres Scheidungsrecht (hier im Irak) zu erlangen, kann nicht gefolgt werden. Der **Konfessionswechsel zur Scheidungserleichterung** war auch in Europa nicht unbekannt. Der im IPR vertretene Weg, die „künstlich" geschaffene Anknüpfung zu mißachten und die eigentliche zu nehmen (Schurig, in: FS Ferid [1988] 375 ff, 386; ders, Kollisionsnorm und Sachrecht [1981] 240 ff), geht bei der Anerkennung nicht. Die LJV Bremen will, obiter, bei einer berechtigten Rückkonversion zum „Glauben der Väter" anerkennen (unter Berufung auf OLG Stuttgart 18. 12. 1970 StAZ 1972, 71). Sicher muß man einen **Religionswechsel** akzeptieren, der aus anderen Gründen als dem der Scheidungserleichterung erfolgt ist. Aber im Anerkennungsrecht kann selbst die Manipulation des Anknüpfungsmoments vor einem ausländischen Gericht nicht mehr berücksichtigt werden, da die Anerkennung nach der Streichung von § 328 Abs 1 Nr 3 ZPO aF überhaupt nicht mehr davon abhängt, welches Recht der ausländische Richter angewandt hat. Es ist auch kein Anerkennungshindernis, wenn die Parteien unter den konkurrierenden Zuständigkeiten die ihnen günstige in Anspruch nehmen.

506 Bei **Sorgerechtsregelungen** gehört das Kindeswohlprinzip als solches zu unserem ordre public (BGH 11. 4. 1979 NJW 1980, 529; OLG Düsseldorf 4. 12. 1981; FamRZ 1982, 534). Eine Entscheidung nur nach Scheidungsverschulden allein wäre ein Verstoß dagegen (vorsichtig Martiny, Hdb IZVR Bd III/1 Kap I Rn 1074), wenn ihr Ergebnis mit dem Kindeswohl klar unvereinbar ist, und ebenso, wenn eine gesetzliche Zuweisung des Sorgerechts besteht, von der nicht gemäß dem Kindeswohl abgewichen werden kann (OLG Frankfurt aM 19. 11. 1990 FamRZ 1991, 730). Ebenso ist die Anerkennung der Sorgerechtsregelung zu verweigern, wenn die Mutter das Sorgerecht nicht erhält, weil sie aus der islamischen Religionsgemeinschaft ausgetreten ist (OLG Hamm 8. 2. 1990 FamRZ 1990, 781), sofern die so gefundene Entscheidung auch tatsächlich dem Kindeswohl widerspricht (AG Einbeck 8. 11. 1990 FamRZ 1991, 590). Freilich muß die ausländische Regelung des Sorgerechts das Kindeswohl grob und eindeutig mißachten (OLG Hamm 4. 12. 1986 FamRZ 1987, 506; BGH 13. 7. 1993 FamRZ 1983, 1008, 1012). Über das Kindeswohl kann man im Einzelfall durchaus verschiedener Meinung sein. Mit Recht weist Coester darauf hin, daß unter dem MSA, also wenn das

Kind in Deutschland lebt, die anerkannte Sorgerechtsregelung abgeändert werden kann, wenn das Kindeswohl das nun verlangt (IPRax 1996, 2424 OLG Frankfurt aM 16. 6. 1994 ebenda S 28).

Bei **Unterhaltsentscheidungen** hindert es nicht die Anerkennung, wenn der ausländische Staat auf Zahlung in fremder (deutscher) Währung besteht (BGH 26. 11. 1986 FamRZ 1987, 370) oder die Leistung aus dort dafür zurückgelassenem Vermögen verbietet, denn die Nichtanerkennung träfe den Unterhaltsberechtigten, so sehr auch das Verhalten des Staates zu kritisieren ist (BGH 9. 5. 1990 ZZP 103 [1990] 471 [zust Geimer] Tschechoslowakei). Es muß dem (inländischen) Unterhaltsschuldner aber ein Existenzminimum bleiben (AG Hamburg 27. 6. 1985 IPRax 1986, 178 [DH]). Ist der Ehefrau, die wegen Betreuung der Kinder nicht für ihren Unterhalt sorgen kann, kein Unterhalts zugesprochen worden, verstößt das gegen den ordre public (OLG Zweibrücken 5. 7. 1996 FamRZ 1997, 93; OLG Düsseldorf 9. 11. 1994 FamRZ 1995, 885). Daß das ausländische Urteil keinen Nachscheidungsunterhalt zugesprochen hat, ist an sich kein Verstoß, wohl aber unter den genannten Umständen und auch sonst, wenn der Ehegatte in eine existentielle Notlage dadurch kommt (OLG Düsseldorf). Daran scheitert aber nicht die Anerkennung der Scheidung, sondern nur des unterhaltsrechtlichen Teils des Urteils. 507

Verzicht auf Kindesunterhalt für die Zukunft ist nicht anzuerkennen (OLG Koblenz 12. 2. 1985 IPRax 1986, 40 [Henrich 24]). Auf Unterhalt für die Vergangenheit kann dagegen durchaus verzichtet werden (OLG Düsseldorf 25. 6. 1980 IPRspr 1980 Nr 4 = DAVorm 1980, 762; P Baumann, Anerkennung und Vollstreckung ausländischer Entscheidungen in Unterhaltssachen 34). 508

Es schadet nicht, wenn das ausländische Scheidungsurteil **keine** oder weniger **Scheidungsfolgen** mitregelt (Martiny Rn 1077 f). Der Scheidungsverbund ist keine Grundentscheidung der deutschen Rechtsordnung, und ebensowenig schaden zusätzliche Regelungen im Verbund. 509

Ein **befristetes Heiratsverbot** nach Scheidung wegen Ehebruchs verstößt nur bei längerer Frist gegen den deutschen ordre public, nicht schlechthin (**aA** OLG Königsberg 19. 12. 1939 Bachmann StAZ 1972, 69). **Scheidungsstrafen** dagegen wären ordre public-widrig, fielen aber als strafrechtlich ohnehin nicht unter § 328 ZPO. 510

Verfahrenskosten dürfen auch wesentlich höher als in Deutschland sein, solange sie nicht jedes billige Maß übersteigen (RG 11. 3. 1913 RGZ 82, 29). Und es ist auch nicht ohne weiteres ein Verstoß, wenn die siegreiche Partei keinen Kostenerstattungsanspruch hat (MünchKomm-ZPO/Gottwald § 328 Rn 104), und ebensowenig ein Erfolgshonorar des ausländischen Anwalts in nicht exzessiver Höhe (BGH 9. 1. 1969 BGHZ 51, 290; vgl auch BGH 4. 6. 1992 NJW 1992, 3099 [Koch 3073]; einschränkend jedenfalls bei formularmäßiger Vereinbarung OLG Frankfurt aM 1. 3. 2000 NJW-RR 2000, 1367). 511

Auf der **Grenze zum verfahrensrechtlichen ordre public** liegt die **Scheinscheidung**, bei der die Parteien dem ausländischen Gericht einen nicht existierenden Scheidungsgrund vorgetäuscht haben, um eine Ausreise zu erleichtern, und beabsichtigen, zB nach Ausreise in die Bundesrepublik die eheliche Lebensgemeinschaft wieder aufzunehmen. Auch sie sind grundsätzlich anzuerkennen (Massfeller JW 1936, 1642; 512

MARTINY Rn 1066; WIECZOREK § 328 Anm E IVb 2; SCHMIDT-RÄNTSCH IPRax 1986, 148 ff; BayObLG 5. 12. 1958 BayObLGZ 1958, 349, 352; BayObLG 11. 6. 1992 FamRZ 1993, 451; außer unter besonderen Umständen; ebenso JM NRW 2. 7. 1984 IPRspr 1984 Nr 184; PräsOLG Celle 14. 2. 1996 StAZ 1996, 303; **aA** STEIN/JONAS/H ROTH § 328 Rn 136), denn es handelt sich in der Sache um eine einvernehmliche Scheidung, die als solche anerkannt werden kann (Rn 498, 502). Daß die Parteien das **ausländische Gericht gemeinsam getäuscht** haben, weil dort das Einvernehmen nicht als Scheidungsgrund genügt, berührt unseren ordre public nicht (**aA** JM NRW 21. 2. 1984 IPRax 1986, 167 wegen spezieller Folgen). Es ist dabei auch nicht erforderlich, daß ein Scheidungsgrund nach deutschem Recht bestand (so zum alten Recht RG 4. 4. 1928 JW 1928, 2026; RG 30. 4. 1928 JW 1928, 3044; KG 21. 12. 1935 JW 1936, 2466; KG 4. 5. 1937 JW 1937, 1977 Nr 1; LG Berlin 19. 6. 1937 JW 1937, 3044; WIERUSZOWSKI JW 1928, 3044 f). Es sei daran erinnert, daß die einvernehmliche Vorspiegelung eines Scheidungsgrundes vor 1976 vor deutschen Gerichten außerordentlich verbreitet war. Ebenso liegt kein Verstoß gegen den ordre public vor, wenn Eheleute sich unter Vorspiegelung eines falschen Sachverhalts nur deshalb scheiden lassen, damit sie bei einer kurze Zeit später erfolgten Wiederheirat in Deutschland den deutschen Namen der Frau annehmen können (**aA** PräsOLG Celle 14. 2. 1996 StAZ 1996, 303). Das Motiv der Parteien ist grundsätzlich nicht beachtlich. Ein Verstoß kommt allenfalls in Frage, wenn die Scheidung zum Nachteil Dritter erschlichen wird. Das kann aber wohl kaum vorkommen anders als zB eine Vaterschaftsfeststellung, um Sozialleistungen zu erlangen (vgl BSG 3. 12. 1996 IPRax 1998, 367).

513 Dagegen ist eine Scheidung nicht anzuerkennen, die durch Täuschung der anderen Partei und des Gerichts herbei geführt wurde (BGH 29. 4. 1999 BGHZ 141, 286, 304 f), und ebenso, wenn ohne Wissen des Ehemannes die Ehefrau mit einem Freund unter Vorlage gefälschter Personalpapiere ihre Scheidung erwirkt (BayObLG 28. 7. 1999 FamRZ 2000, 836). In diesem Fall ist aber schon die Existenz einer Scheidung der Eheleute und zumindest deren Wirksamkeit nach der lex fori zweifelhaft. Eine wahrheitswidrige Behauptung, die Anschrift des Beklagten nicht zu kennen, führt uU zu § 328 Abs 1 Nr 2 ZPO (zutr OLG Hamm 7. 12. 1995 FamRZ 1996, 951; weiter o Rn 392), während hierher der Fall gehört, daß der Antragsteller über Scheidungsgründe täuscht. Solchen falschen Behauptungen kann und muß in erster Linie der Beklagte im Verfahren entgegentreten, so daß der ordre public nur unter besonderen Umständen, etwa bei besonderen Machenschaften eingreifen kann. Das hat der BGH bejaht bei einem betrügerischen Versprechen des Klägers, vom Urteil keinen Gebrauch zu machen und dadurch erlangten Verzicht der Gegenpartei auf ein Rechtsmittel (10. 7. 1986 IPRax 1987, 236 [GRUNSKY 219]; OLG Saarbrücken 3. 8. 1987 IPRax 1989, 37, 39) und bei betrügerischem Sachvortrag in Abwesenheit des Beklagten (BGH 29. 4. 1999 BGHZ 141, 286, 306). Ein Verstoß liegt vor, wenn gefälschte Beweismittel verwandt werden, gegen die die Gegenpartei sich nicht wehren konnte, bei Bestechung der Zeugen und drgl. Nr 2 und 4 sind einschlägig, wenn die betrügerischen Behauptungen möglich wurden, weil die Gegenpartei nicht zum Verfahren geladen wurde (OLG Frankfurt aM 15. 4. 1985 OLGZ 1985, 257).

514 Gerade anders liegt die Situation, wenn eine oder beide Parteien **gegen ihren Willen** zB durch inakzeptablen politischen **Druck** (SCHMIDT-RÄNTSCH), eventuell auch wirtschaftlichen, zur Scheidung gezwungen wurden (BayObLG 11. 6. 1992 FamRZ 1993, 451; BayObLG 7. 2. 2001 FamRZ 2001, 1622; JM NRW 2. 7. 1984 und 21. 2. 1984 aaO). Generell sollte ein rein wirtschaftlicher Druck für einen Verstoß gegen den ordre public nicht genügen. Genausowenig kann es ausreichen, daß die Scheidung ganz allgemein durch die politischen Verhältnisse oder durch Vorteile allgemeiner Art aufgrund der politischen Verhältnisse motiviert war. Es bleibt in allen diesen Fällen unbenommen, trotz der Anerkennung der Scheidung ihre sozialrechtlichen oder anderen Folgen (nach deutschem Recht) nicht eintreten zu lassen (Schmidt-Räntsch IPRax 1986, 151). Daß die Parteien ihre Lebensgemeinschaft trotz Scheidung fortsetzen (wollen), ändert nichts. Das können sie auch als Unverheiratete, und sie mögen nach Anerkennung neu heiraten. Für die Annahme eines Verstoßes gegen den ordre public bedarf es vielmehr der Feststellung, daß eine staatliche Behörde oder auch sonstige Dritte den Ehegatten oder deren nächsten Angehörigen nach unseren Gerechtigkeitsvorstellungen nicht hinzunehmende Nachteile bei Fortsetzung der Ehe angedroht, also Zwang ausgeübt haben, etwa weil der Ehegatte illegal nach Deutschland ausgewandert war. Eine rein abstrakte Gefahr von Nachteilen genügt nicht. Die Gefahr muß durch gezielte Handlungen gegenüber diesen Personen derart konkretisiert worden sein, daß der Scheidungsantrag als einziger Ausweg erschien. Ab welchem Grad der psychischen Zwangslage ein Verstoß gegen den ordre public angenommen werden kann, ist eine Frage des Einzelfalles, an dessen Prüfung strenge Anforderungen zu stellen sind (BayObLG 11.6.1992 FamRZ 1993, 451). Ob auch erpresserischer Druck seitens des anderen Ehegatten genügen kann, hat das BayObLG (7.7.2001 FamRZ 2001, 1622) offengelassen, wäre aber bei hinreichender Stärke zu bejahen.

Daß umgekehrt der Urteilsstaat zB durch **Verweigerung der Ausreise** zum Zwecke der Familienzusammenführung zum Scheitern der Ehe beigetragen hat, führt nicht zum Eingreifen des ordre public gegen sein Scheidungsurteil (JM NRW 15.3.1978 IPRspr 1978 Nr 173). 515

bb) Verfahrensrechtlicher ordre public

Der Vorbehalt des ordre public greift durch, wenn grundlegende Anforderungen des deutschen **Prozeßrechts** und seiner **Gerechtigkeitswerte** im ausländischen Prozeß nicht gewahrt werden. Vor allem geht es um die Neutralität des Gerichts, das rechtliche Gehör für die Parteien und ihre grundsätzliche Waffengleichheit. Die ausländische Entscheidung muß also auf einem Verfahren beruhen, das von den Grundprinzipien des deutschen Verfahrensrechts in einem Maße abweicht, daß es nach der deutschen Rechtsordnung nicht als in einer geordneten rechtsstaatlichen Weise ergangen angesehen werden kann (BGH 18.10.1967 BGHZ 48, 327, 331; 25.3.1970 BGHZ 53, 357, 359 f [nicht eherechtlich]; 15.5.1986 BGHZ 98, 70, 73; 19.9.1977 WM 1977, 1230, 1231; 27.3.1984 WM 1984, 748, 749; 4.6.1992 BGHZ 118, 312, 321; Geimer, IZPR Rn 2946). Der Verfahrensverstoß allein entscheidet; es muß nicht auch das Urteil gegen den materiellen ordre public verstoßen und inhaltlich unerträglich sein. 516

UU wird dann schon das ausländische Verfahrensrecht verletzt worden sein, aber es kommt genauer nur auf das **tatsächliche Verfahren** an, zB dann, wenn im konkreten Verfahren in Mißachtung auch der Verfahrensregeln des Gerichts gehandelt wurde (Martiny, Hdb IZVR Bd III/1 Kap I Rn 1021; Scheucher ZfRvgl 1 [1960] 30), umgekehrt „hilft" es auch, wenn entgegen nicht zu billigendem ausländischem Verfahrensrecht im konkreten Fall doch „richtig" verfahren wurde. Für die Anerkennung darf man aber zunächst vermuten, daß der ausländische Richter sein Verfahrensrecht ange- 517 wandt hat, und also dieses bewerten. Die Prüfung ist immer auf die konkrete Entscheidung zu beschränken. Dieses Verfahren, nicht das ausländische Recht als solches, kann gegen den ordre public verstoßen (zB RG 4. 4. 1928 RGZ 121, 24, 30 = JW 1928, 2026 [Neumeyer]; BGH 18. 10. 1967 BGHZ 48, 327, 339 = ZZP 82 [1969] 149 [Roth] = JZ 1968, 594 [Wengler]; BGH 9. 5. 1990 ZZP 103 [1990] 471 [Geimer] = FamRZ 1990, 992).

518 Weil § 328 Abs 1 Nr 4 ZPO auf das Ergebnis des ausländischen Verfahrens und seiner Anerkennung im Inland abstellt, so wird verschiedentlich verlangt, daß sich ein Verstoß gegen Grundprinzipien rechtsstaatlichen Verfahrens in der Entscheidung **ausgewirkt** habe oder doch für das Urteil **möglicherweise kausal** war (Baur, in: FS Guldener 15; Martiny, Hdb IZVR Bd III/1 Rn 1026). Jedenfalls wenn das ausgeschlossen werden könne, sei der ordre public nicht verletzt (Schlosser, Internationale Schiedsgerichtsbarkeit Bd 1 [2. Aufl 1989] Nr 866 für Schiedssprüche; BayObLG 3. 10. 1978 IPRspr 1978 Nr 175, rechtliches Gehör). Es wird schon kaum grundlegende Regelungen des Verfahrensrechts iSd deutschen ordre public geben, die für den Ausgang des Verfahrens nicht erheblich sein können. Das gilt insbesondere für das rechtliche Gehör. Das BayObLG (3. 10. 1978 IPRspr 1978 Nr 175) hat einmal ein Urteil anerkannt, weil feststehe, daß die Verweigerung des rechtlichen Gehörs das Urteil nicht beeinflußt habe. In casu war aber das rechtliche Gehör in einem ausländischen Wiederaufnahmeverfahren doch gewährt worden. Aus der Entscheidung kann darum nicht gefolgert werden, daß nachzuprüfen sei, ob der Verfahrensverstoß tatsächlich kausal war oder wenigstens nicht kausal gewesen wäre. Im Anerkennungsverfahren ist **nicht nachzuprüfen**, wie in der Sache zu entscheiden war, um den Einfluß eines Verfahrensverstoßes auf das Urteil zu überprüfen und den Verstoß auszuschließen, weil das Urteil im Ergebnis richtig sei.

519 Einerseits ist der Nachweis, daß bei Vermeidung des Verfahrensverstoßes (nach deutschem Recht) das Urteil anders ausgefallen wäre, kaum jemals vollkommen möglich. Andererseits sind Verfahrensregeln typischerweise dafür da, auf den Ausgang des Verfahrens Einfluß zu nehmen. Man wird ebenso selten den sicheren Nachweis führen können, daß auch bei einem anderen Verfahren das Ergebnis dasselbe gewesen wäre. So wird man allenfalls eine **mögliche Kausalität** des beobachteten Verfahrens für den Ausgang des Prozesses verlangen können, diese aber auch in aller Regel bejahen dürfen (Gottwald ZZP 103 [1990] 279). Auf die Kausalitätsprüfung ist daher überhaupt zu **verzichten**. Namentlich das rechtliche Gehör ist wegen seines Bezugs zu Art 1 Abs 1 GG unabhängig vom Ausgang des Prozesses. Auch der zu Recht verurteilte Beklagte darf nicht bloßes Objekt des staatlichen Verfahrens gewesen sein (**aA** Zöller/Geimer § 328 Rn 159 b).

520 Die Verweigerung der Anerkennung führt dazu, daß ein **erneutes Verfahren im Inland** zugelassen werden muß (Rn 165 f), aber dieses muß keineswegs zum selben Ergebnis führen, da der deutsche Richter uU nach EGBGB ein anderes Sachrecht anwendet als der ausländische. Auf ein neues, nun ordnungsgemäßes Verfahren hat die Partei auch Anspruch (zur Frage der Rechtsmittel im Entscheidungsstaat oben Rn 469 ff). Es ist unzulässig, bei einem Verstoß gegen das Gebot des rechtlichen Gehörs die Anerkennung doch auszusprechen, weil materiell ein Scheidungsgrund auch nach deutschem Recht vorgelegen hätte.

521 Zu den Grundsätzen des ordre public gehört die **Unparteilichkeit** des Gerichts. Die

Anerkennung des Urteils scheidet aus, wenn Anweisungen anderer Stellen das Urteil des Richters beeinflußt haben können (BGH 30. 9. 1964 BGHZ 42, 194, 202 = NJW 1964, 2350) bzw vorlagen, bei naher Verwandtschaft des Richters mit einer Partei, und natürlich bei – nachgewiesener – Bestechung (OLG Hamburg 27. 3. 1975 IPRspr 1975 Nr 163) und Rechtsbeugung (Martiny, Hdb IZVR Bd III/1 Rn 1095; Stein/Jonas/H Roth § 328 Rn 123 ff; vgl auch OLG Stuttgart 11. 10. 1972 IPRspr 1972 Nr 164).

Die Entscheidung durch **Laienrichter** schadet auch in Ehesachen nicht (vgl OLG Saarbrücken 3. 8. 1987 IPRax 1989, 37 [H Roth] zu Art 27 Nr 1 EuGVÜ/LugÜ [Handelsgericht]; Geimer, IZPR Rn 2951) und ebenso wenig, daß die Berufsrichter vom Volk gewählt werden (**aA** Schütze ZvglRWiss 100 [2001] 469 f) 522

Hauptanwendungsbereich ist aber der Grundsatz des **rechtlichen Gehörs**. Das Erfordernis der ordnungsmäßigen Zustellung des verfahrenseinleitenden Schriftstücks ist heute in § 328 Abs 1 Nr 2 ZPO verselbständigt (vgl Rn 365 ff). Unter Nr 4 fallen aber die Verweigerungen des rechtlichen Gehörs während des Verfahrens (OLG Celle 17. 4. 1961 IPRspr 1960/61 Nr 196 = Nds RPfl 1961, 152; OLG München 28. 7. 1961 IPRspr 1962/63 Nr 189; LG Hamburg 1. 4. 1981 IPRspr 1981 Nr 182, nicht eherechtlich; OLG Hamburg 19. 12. 1989 NJW-RR 1991, 390; aber richtigerweise Fall der Nr 2). 523

Das rechtliche Gehör muß nicht in allen Details Art 103 GG und dem deutschen Verfahrensrecht entsprechen. Maßgebend sind vielmehr die **Grundprinzipien der Rechtsstaatlichkeit** und der Menschenwürde, die darin ihren Ausdruck finden (EuGH 28. 3. 2000 Rs C-7198 – Krombach/Bamberski Slg 2000 I 1935 = IPRax 2000 [nicht eherechtlich]; BGH 18. 10. 1967 BGHZ 48, 327, 333 = FamRZ 1968, 24; dazu Baur, in: FS Guldener 16 ff; BGH 11. 4. 1979 NJW 1980, 529; BGH 21. 3. 1990 FamRZ 1990, 868 = IPRax 1992, 33 [Geimer 5 ff]; 4. 6. 1992 BGHZ 118, 312, 321 = IPRax 1993, 310 [Koch/Zekoll 288]), so daß auch unbekannte Regelungen akzeptiert werden können. Eine Ausschließung der Partei vom Verfahren wegen Mißachtung des Gerichts *(contempt of court)* ist wegen § 177 GG nicht notwendig ein Verstoß (BGHZ 48, 327; Schack, IZVR Rn 864; krit Baur aaO). Die Verweigerung des rechtlichen Gehörs setzt kein Verschulden des Gerichts voraus (mißverständlich OLG Koblenz 20. 11. 1990 FamRZ 1991, 459). 524

Ein Verstoß liegt jedoch vor, wenn der Partei **keine Gelegenheit** gegeben war, zu gegnerischen Behauptungen oder zu einem Beweisergebnis **Stellung zu nehmen** (OLG Celle 17. 4. 1961 aaO). Die Partei muß durch Anträge uä auf den Ablauf des Verfahrens Einfluß nehmen können. So kann nicht anerkannt werden, wenn ein in Deutschland wohnhafter Ausländer am ausländischen Verfahren nicht beteiligt wurde (OLG Frankfurt aM 15. 4. 1985 OLGZ 1985, 257; obiter OLG Hamm 27. 7. 1995 FamRZ 1996, 178; 7. 12. 1995 FamRZ 1996, 951). Wenn der Kläger die Ladung der Beklagten im Ausland durch arglistiges Verschweigen ihrer Anschrift oder falsche Angaben verhindert und dadurch ein Urteil in ihrer Abwesenheit erwirkt, dann fällt das unter Nr 2, wäre aber sonst ein Verstoß gegen Nr 4 (so mit dieser falschen Begründung OLG Koblenz 20. 11. 1990 FamRZ 1991, 459; richtig OLG Hamm 27. 7. 1995 und 7. 12. 1995 aaO). Das Erschleichen der öffentlichen Zustellung verletzt das rechtliche Gehör und fällt unter Nr 2 (BGH 4. 6. 1992 aaO Rn 568; vgl weiter Rn 392). Kündigt die Partei oder ihr Vertreter wiederholt eine Äußerung an, geben sie diese aber gleichwohl nicht ab und entscheidet das Gericht dann zur Vermeidung einer Prozeßverzögerung ohne weiteres Zuwarten, so liegt hierin kein Verstoß gegen den ordre public. Auch das 525 deutsche Prozeßrecht kennt die Zurückweisung verspäteten Vorbringens. Es reicht daher aus, daß der Partei überhaupt die **Möglichkeit zur Stellungnahme** eingeräumt wurde (BayObLG 13. 3. 1993 StAZ 1994, 9 ff). Nimmt sie sie nicht wahr, schadet das nicht (BGH 4. 6. 1992 BGHZ 118, 312, 321). Mit Recht hat das BayObLG (7. 2. 2001 FamRZ 2001, 1622) den Einwand einer Partei verworfen, die nicht im Verfahren in den USA geltend gemacht hatte, sie sei zu einem Einverständnis gezwungen worden.

526 Zur Gewährung rechtlichen Gehörs gehört insbesondere, daß das Gericht nicht einfach die Behauptungen und die **Beweisanträge** der Parteien vom Tisch wischt, wenn sie denn nach dem anzuwendenden Sachrecht erheblich sind (BVerfG 7. 10. 1996 FamRZ 1997, 151 [nicht international]; AG Würzburg 4. 8. 1994 FamRZ 1994, 1596). Bedenklich ist BGH 9. 4. 1986 (FamRZ 1986, 665), der einen Verstoß verneinte, als das jugoslawische Gericht eine Vaterschaftsfeststellung allein auf die Aussagen der Mutter stützte. Unterlassene Beweiserhebung kann einen Verstoß begründen, wenn die Parteibehauptung erheblich – und substantiiert – ist (AG Würzburg 4. 8. 1994 FamRZ 1994, 1596 [Mehrverkehrseinrede]), oder wenn die Partei zu einem Beweisergebnis nicht Stellung nehmen durfte (OLG Celle NdsRpfl 1961, 152). Von solchen Fällen, daß zu einem erheblichen Punkt gar kein rechtliches Gehör gewährt wurde, ist die Wahl der Beweismittel durch das Gericht zu unterscheiden. Solange es noch vertretbar erscheint, daß das Gericht seine Überzeugung auf dieser Grundlage gebildet hat, liegt kein Verstoß vor. Die Grenze ist nicht leicht zu ziehen. Zu Recht wurde aber ein ordre public-Verstoß verneint bei einer Vaterschaftsfeststellung ohne zusätzliches erbbiologisches Gutachten, nachdem der Beklagte eine Blutprobe verweigert hatte, die eine grundsätzlich viel zuverlässigere Feststellung erlaubt hätte. Man kann auch nicht verlangen, daß im Ausland alle Beweismittel wie in Deutschland zugelassen und gar mit dem gleichen Gewicht versehen werden (OLG Düsseldorf 18. 9. 1998 FamRZ 199, 447: Vaterschaftsfeststellung; ebenso 12. 7. 1995 FamRZ 1996, 176; BSG 3. 12. 1996 IPRax 1998, 367, 369 [Eichenhofer 352]). Auch andere Regelungen des Zeugnisverweigerungsrechts sind grundsätzlich hinzunehmen (Coester-Waltjen, Int Beweisrecht [1983] Rn 595). Auch hier gibt es aber Grenzen.

527 Auch **summarische Entscheidungen** sind grundsätzlich anzuerkennen, sofern die Mindeststandards des rechtlichen Gehörs erfüllt sind (BayObLG 17. 10. 1975 BayObLGZ 1975, 374 = FamRZ 1976, 154 = StAZ 1976, 162). Dies kommt eher für Scheidungsfolgen in Betracht. Bei Eilbedürftigkeit können einstweilige Anordnungen ohne Anhörung ergehen (vgl BGH 13. 7. 1983 BGHZ 88, 113 = FamRZ 1983, 1008). Im Bereich des EuGVÜ verlangt der EuGH für die Anerkennungsfähigkeit freilich, daß eine mündliche Verhandlung anberaumt war (21. 5. 1980 Slg 1980, 1553 = IPRax 1981, 95 [Hausmann 79], Denilauder v Courtets; zu Recht krit Geimer, Anerkennung [1995] 170). Dieses Erfordernis muß ebenso für die EheGVO gelten, nicht aber für § 328 ZPO. (Zur Anerkennung summarischer Entscheidungen im Rahmen der **EheGVO** s die Kommentierung zu Art 20 EheGVO.) Definitive Entscheidungen ohne hinreichende Beweisaufnahme sind dagegen nicht anzuerkennen. Dies gilt um so mehr, je gewichtiger die Sache ist.

528 Es ist nicht erforderlich, daß die Parteien immer persönlich **postulieren** können. Es genügt, wenn sie sich auf andere Weise, namentlich durch Anwälte, vertreten lassen können (BGH 11. 4. 1979 NJW 1980, 529), wenn unabhängige Anwälte verfügbar sind. Ist das nicht der Fall und kann die Partei aus politischen Gründen nicht persönlich erscheinen, kann der ordre public verletzt sein (Hoffmann JR 1953, 158). Ebenso ist zu urteilen, wenn gar keine Möglichkeit der Prozeßkostenhilfe für die arme Partei bestand (Geimer, IZPR Rn 2949; Rahm/Künkel/Breuer VIII Rn 262).

Daß Vertretung durch Anwälte (Anwaltszwang) entgegen dem deutschen Recht vorgeschrieben war oder umgekehrt **anwaltliche Vertretung** nicht zugelassen wurde (wie nicht selten in Familiensachen), verstößt nicht gegen den ordre public (BayObLG 3. 10. 1973 NJW 1974, 418 [Geimer]) und ebensowenig, wenn beide Parteien sich durch denselben Anwalt vertreten lassen (OLG Frankfurt aM 26. 11. 1979 OLGZ 1980, 130 = MDR 1980, 321). Wenn jedoch der Partei persönliches Erscheinen unmöglich gemacht wurde und anwaltliche Vertretung ausgeschlossen ist, wird das rechtliche Gehör verweigert. 529

Parteiöffentlichkeit bei einer Beweisaufnahme zB durch Sachverständige ist nicht gefordert (BGH 5. 7. 1972 BGHZ 59, 116 = NJW 1972, 1671), solange sonst genug Gelegenheit ist, zur Beweisaufnahme Stellung zu nehmen. 530

Versäumnisurteile sind als solche nicht ordre public-widrig, wenn genügend zum ersten und weiteren Termin geladen war. Erscheint die ordnungsgemäß geladene Partei nicht, kann sie sich nicht beklagen (BayObLG 29. 11. 1974, BayObLGZ 1974, 471 = FamRZ 1975, 215 [Geimer]; BayObLG 17. 10. 1975 BayObLGZ 1975, 374 = FamRZ 1976, 154 = StAZ 1976, 162; BGH 11. 4. 1979 NJW 1980, 529; OLG Hamm 4. 12. 1986 FamRZ 1987, 506 = IPRax 1987, 326). Einschlägig ist die Nr 2, nicht Nr 4. 531

Auch fehlende **schriftliche Begründung** des Urteils ist als solche kein Verstoß (Geimer, IZPR Rn 2970), erschwert aber naturgemäß die Überprüfung. Es geht aber wohl zu weit, generell dem Sieger des Erstverfahrens die Beweislast für die Abwesenheit eines Verstoßes gegen den ordre public aufzuerlegen (**aA** Zöller/Geimer § 328 Rn 173). Die Parteien sollten zunächst die nötigen Informationen beibringen. Weigert sich eine Partei grundlos, so kann nach den Regeln der Beweisvereitelung entschieden werden, im übrigen bleibt es bei den normalen Beweislastregeln (Rn 266). 532

Wenn die Voraussetzungen des § 328 Abs 1 Nr 1–3 ZPO gegeben sind, ist es kein Verstoß gegen den auch verfahrensrechtlichen ordre public, wenn der Kläger ein ihm günstiges Gericht wählt (**Forum shopping**; irrig OLG Bremen 29. 10. 1968 IPRspr 1968/69 Nr 235). 533

Es schadet natürlich nicht, wenn das ausländische Verfahrensrecht keine oder nicht dieselben **Rechtsmittel** wie in Deutschland zuläßt (OLG Düsseldorf 7. 12. 1994 RIW 1995, 324). 534

Mündlichkeit und **Öffentlichkeit** gehören, wenn nicht Verstöße gegen die Unparteilichkeit bzw das rechtliche Gehör damit verbunden sind, nicht zum ordre public (OLG Saarbrücken 3. 8. 1987 IPRax 1989, 37 [Herbert Roth 14] = NJW 1988, 3100, Öffentlichkeit). 535

Ein wesentlicher, die Anerkennung hindernder Verfahrensmangel liegt vor, wenn die Partei **nicht prozeßfähig** und nicht hinreichend vertreten war (OLG Düsseldorf 8. 10. 1981 IPRspr 1981 Nr 188 b; vgl im Ergebnis VGH Stuttgart 8. 11. 1954 FamRZ 1955, 178), 536 oder einem sich aufdrängenden Verdacht einer psychischen Störung eines Beteiligten nicht nachgegangen worden ist (OLG Düsseldorf 8. 10. 1981 aaO).

537 Man hat früher in der Mißachtung des ausländischen Gerichts einer früheren inländischen **Rechtshängigkeit** einen Verstoß gegen den deutschen ordre public gesehen (BGH 6. 10. 1982 FamRZ 1982, 1203 = NJW 1983, 514; BayObLG 28 1. 1982 FamRZ 1983, 501), und es sei auch unnötig, daß das ausländische Gericht die Sachlage kannte (BayObLG 28. 1. 1983 FamRZ 1983, 501). Das ist nach wie vor richtig (OLG Hamm 22. 7. 1992 FamRZ 1993, 189), fällt nun aber unter § 328 Abs 1 Nr 3 ZPO, und hat zur Folge, daß es nicht mehr auf die Existenz und Intensität der Inlandsbeziehung ankommt (irrig daher OLG Bamberg 13. 3. 1996 FamRZ 1997, 95).

6. Kollisionsrechtliche Konformität

538 In § 328 ZPO ist das frühere Anerkennungshindernis der fehlenden kollisionsrechtlichen Konformität (Nr 3 aF) aufgegeben worden. Es findet sich zwar noch in **Art 27 Nr 4 EuGVÜ/LugÜ**, nicht mehr aber in Art 15 EheGVO, Art 34 EuGVO. Im Verhältnis zu EuGVÜ/LugÜ würde sich daher ein Günstigkeitsprinzip anerkennungsfördernd auswirken, doch kommt seine Anwendung ggü EuGVÜ/LugÜ nicht in Betracht (s Rn 28). Wenn allerdings ein vorgreifliches ausländisches Statusurteil nach § 328 ZPO anerkannt ist, dann ist zur Wahrung der inländischen Entscheidungsharmonie bei der Anerkennung der Unterhaltsentscheidung etc von dem Vorbehalt in Art 27 Nr 4 EuGVÜ/LugÜ abzusehen.

539 Ein entsprechendes Anerkennungshindernis in bilateralen Anerkennungsverträgen wird dagegen nach dem Günstigkeitsprinzip von § 328 ZPO beiseite geschoben (Rn 43 f).

7. Staatsangehörigkeit der Parteien

540 § 328 ZPO wie Art 7 § 1 FamRÄndG unterscheiden grundsätzlich nicht nach der Staatsangehörigkeit der Parteien. Die frühere Ausrichtung von § 328 Abs 1 Nr 2 und 3 ZPO nur auf Deutsche ist mit der Gesetzesänderung weggefallen. **Mittelbar** spielt die Staatsangehörigkeit aber eine Rolle bei der Feststellung der Anerkennungszuständigkeit der Urteilsgerichte in Nr 1. Zur Staatsangehörigkeit sei auf § 606a ZPO Rn 54 ff, 134 ff verwiesen.

8. Gegenseitigkeitserfordernis

541 Gem § 328 Abs 1 Nr 5 ZPO kommt eine Anerkennung ausländischer Entscheidungen grundsätzlich nur in Betracht, wenn der ausländische Urteilsstaat seinerseits eine entsprechende deutsche Entscheidung anerkennen würde. Das **Gegenseitigkeitserfordernis** gilt gem § 328 Abs 2 ZPO, Art 7 § 1 Abs 1 S 2 FamRÄndG jedoch nicht für Entscheidungen in nichtvermögensrechtlichen Angelegenheiten, dh insbesondere **nicht** für **Status- und Sorgerechtsentscheidungen**. Der Verzicht auf das Erfordernis der Gegenseitigkeit gilt auch für **Kostenentscheidungen**, die im Zusammenhang mit Status- oder Sorgerechtsentscheidungen ergangen sind (RG 5. 2. 1925 RGZ 109, 387).

Vermögensrechtliche Nebenentscheidungen (Unterhalt, Güterrecht, Hausratsverteilung) erfordern zwar die Gegenseitigkeit (Martiny, Hdb IZVR Bd III/1 Kap I Rn 1233; LG Frankenthal 27. 10. 1976 IPRspr 1976 Nr 86 = DAVorm 1977, 62), doch schließen einschlägige Staatsverträge dieses Erfordernis gewöhnlich aus, da sie gerade die Gegenseitigkeit herstellen (vgl insbes Art 32 ff EuGVO, Art 27 ff EuGVÜ/LugÜ; Haager Übereinkommen über die Anerkennung und Vollstreckung von Unterhaltsentscheidungen v 2. 10. 1973). 542

Zur Verbürgung der Gegenseitigkeit vgl die Zusammenstellung bei Stein/Jonas/H Roth § 328 Rn 144 ff, 161; Baumbach/Lauterbach/Hartmann § 328 Anh; MünchKomm-ZPO/Gottwald 3 328 Rn 112 ff und für die sonstigen Probleme dieser Anerkennungsvoraussetzung, die hier nicht weiter erörtert werden, die Kommentare zur ZPO. 543

VI. Privatscheidungen*

1. Tatbestand

a) Willenserklärung

Es ist in der Welt keineswegs allgemeine Meinung, daß eine Ehe nur durch Hoheitsakt, sei es eines Gerichtes, sei es einer anderen Behörde, geschieden oder aufgehoben werden könne, daß der Staat also ein besonderes und besonders großes Interesse an der Regelung von Statusverhältnissen nimmt. Vielmehr ist auch die Scheidung durch privates Rechtsgeschäft sehr verbreitet. Sie begegnet in zwei Formen, zum einen durch **Vertrag**, zum anderen durch **einseitige Erklärung**. Ersteres 544

* **Schrifttum**: Beitzke, Anerkennung inländischer Privatscheidungen von Ausländern, IPRax 1981, 202; Beule, Die Anerkennung ausländischer Entscheidungen in Ehesachen, insbesondere bei Privatscheidungen, StAZ 1979, 29; ders, Ein Verstoß gegen das Scheidungsmonopol der deutschen Gerichte?, IPRax 1988, 150; Bolz, Verstoßung der Ehefrau nach islamischem Recht und deutscher ordre public, NJW 1990, 620; Carlier, La reconnaissance des répudiations, Rev trim dr fam 1996, 131; Eppelsheimer, Zur Frage der Wirksamkeit von Privatscheidungen in Deutschland, FamRZ 1960, 125; Henrich, Privatscheidungen im Ausland, IPRax 1982, 94; ders, Die Berücksichtigung des ausländischen Rechtshängigkeit von Privatscheidungen, IPRax 1995, 86; Jayme, „Talaq“ nach iranischem Recht und deutscher ordre public, IPRax 1989, 223; Kegel, Scheidung von Ausländern im Inland durch Rechtsgeschäft, IPRax 1982, 22; Kleinrahm, Die Anerkennung von Privatscheidungen, FamRZ 1966, 10; Kotzur, Kollisionsrechtliche Probleme christlich-islamischer Ehen (1988) 203; Krzywon, Die Anerkennung ausländischer Entscheidungen in Ehesachen, StAZ 1989, 93; Lorbacher, Zur Anerkennungsfähigkeit von Privatscheidungen ausländischer Ehegatten, FamRZ 1979, 771; Lüderitz, „Talaq“ vor deutschen Gerichten, in: FS Baumgärtel (1990) 333; Otto, Nichtstandesamtliche Eheschließungen und Privatscheidungen in der BRD, StAZ 1973, 129; Pauli, Islamisches Familien- und Erbrecht und ordre public (Diss München 1994); Scheftelowitz, Die Anerkennung einer in Israel erfolgten Scheidung in Deutschland, FamRZ 1995, 593; Smart, The Recognition of Extra-Judicial Divorces, IntCompLQ 1985, 392; Spickhoff, Der ordre public im Internationalen Privatrecht (1989); Weitz, Inlandsbeziehung und ordre public in der deutschen Rechtssprechung zum internationalen Familienrecht (1980); Wiedensohler, Vertragliche Ehescheidungen im islamischen Recht, dargestellt am Beispiel Kuwait, StAZ 1991, 40.

ist besonders verbreitet in Ostasien (zB Japan, Südkorea, Thailand) (dazu OLG Celle 10. 11. 1997 StAZ 1999, 146 = FamRZ 1998, 686, Japan; JM NRW IPRax 1982, 25 f und Bürgle ebenda 12 f, Taiwan), und letzteres, nämlich die Verstoßung, besser wohl übersetzt mit „Freigabe" (Lüderitz, in: FS Baumgärtel [1990] 333), in islamischen Rechten (vgl Kotzur, Kollisionsrechtliche Probleme christlich-islamischer Ehen 38 ff, 192 f u pass; Pauli, Islamisches Familien- und Erbrecht und ordre public 20 ff). Afrikanische Gewohnheitsrechte kennen schließlich teils Scheidungen durch Übereinkunft der Eheleute selbst oder auch durch einseitiges Aufkündigen, auch häufiger durch Vertrag der Familien und ebenfalls sehr häufig durch eine Entscheidung von Chefs oder Dorfältesten, Sippenoberhäuptern oä. Auch im letzteren Fall handelt es sich um eine Privatscheidung, solange der Staat diese Personen nicht beauftragt hat, **hoheitlich** derartige Eheangelegenheiten wahrzunehmen, die Regelung aber als wirksam anerkennt. Oft haben diese Staaten die Scheidung heute aber ausschließlich den Gerichten übertragen.

545 Islamisches und das mosaische Recht zB schreiben die Anwesenheit von Zeugen vor, wodurch sich natürlich nichts am privaten Charakter der Scheidung ändert. Sehr verbreitet ist allerdings auch, daß die private Scheidung später vom Gericht oder vor allem von einer Standesbehörde **registriert** werden muß. Die Registrierung kann konstitutives Wirksamkeitserfordernis für die Scheidung sein wie in Thailand oder Südkorea und nach Lüderitz (in: FS Baumgärtel [1990] 334 f) auch zunehmend im islamischen Bereich. Es kann aber auch sein, daß die Scheidung ohne Registrierung als gültig angesehen wird (str anscheinend in Ghana; bejahend Quansah [1987] 36 Int Comp L Q 389 ff; verneinend Daniels [1988] 31 JAL 102 f) und in vielen anderen afrikanischen Staaten.

546 In islamischen Rechten beobachtet man anscheinend zunehmend bei der Registrierung auch eine Überprüfung der Wirksamkeit und Richtigkeit der „Freigabe" (Lüderitz, in: FS Baumgärtel [1990] 333 ff). Für weitere Rechtsvergleichung vgl Staudinger/Mankowski (2003) Art 17 EGBGB Rn 65 ff.

547 Uneinheitlich ist geregelt, ob die Freigabeerklärung **der Frau zugehen** muß, wie zB im jüdischen, aber nicht im ägyptischen Recht (dazu BayObLG 30. 11. 1981 IPRax 1982, 104 [Henrich 94] = BayObLGZ 1981, 353), und auch nicht im marokkanischen (Kotzur 205 f) und wohl afghanischen Recht (Krüger IPRax 1985, 152) und auch sonst häufig (Pauli, Islamisches Familien- und Erbrecht und ordre public 21).

548 Davon zu unterscheiden ist, ob die Erklärung wie in Pakistan (so LJV BW 25. 5. 1986 IPRax 1988, 170 [Beule 150]; OLG Stuttgart 11. 4. 1987, ebenda Nr 162 b bzw 172) einer Behörde oä zugehen muß.

b) Staatliche Mitwirkung

549 Die **Mitwirkung staatlicher Stellen** bei der Scheidung wirft die Frage auf, wann es sich dennoch um eine Privatscheidung handelt. Abzustellen ist in Übereinstimmung mit § 16a FGG darauf, ob die gerichtlichen oder behördlichen Tätigkeiten **konstitutiv** ieS sind. Daß die Registrierung oder Anzeige an die Behörde etc Wirksamkeitserfordernis ist, genügt dafür nicht (BGH 2. 2. 1994 IPRax 1995, 111 [Henrich 86] = FamRZ 1994, 434; OLG Stuttgart 11. 4. 1987 IPRax 1988, 172; BayObLG FamRZ 1994, 1263; 7. 4. 1990 FamRZ 1998, 1594; JM Baden-Württemberg 27. 12. 2000 FamRZ 2001, 1018; OLG Hamm 11. 7. 1988 IPRax 1989, 107 f, Marokko; BayObLG 28. 7. 1999 FamRZ 2000, 836 [Iran]), vielmehr muß diese Mitwirkung als solche auf die Statusänderung gerichtet sein. Es kommt also darauf an, ob der Vollzug der Scheidung durch eine eigene Entscheidung der beteiligten staatlichen Stelle geschieht oder durch private Erklärung. So ist nach OLG Celle (11.8.1997 FamRZ 1998, 757) die gemeinsame Scheidungserklärung vor dem Standesbeamten in der Ukraine, der die Erklärung registriert, eine Privatscheidung (ebenso OLG Braunschweig 19.10.2000 FamRZ 2001, 561 für die Erklärung vor dem Shariat-Gericht in Syrien; BayObLG 13.1.1994 FamRZ 1994, 1263; zust JM BW 27.12.2000 FamRZ 2001, 1018). Um eine Privatscheidung durch „Verstoßung" handelt es sich, auch wenn in islamischer Ländern zuvor ein Gericht dem Ehemann aufgrund einer Prüfung der Scheidungsgründe die Erlaubnis zur „Verstoßung" geben muß (zB wohl im Iran Yassari FamRZ 2002, 1088 f). Zwar entscheidet das Gericht, aber die Scheidung wird erst durch die formgerechte Erklärung der Partei vollzogen, die von der Erlaubnis keinen Gebrauch machen muß. Um eine Privatscheidung handelt es sich daher trotz des stark formalisierten Verfahrens vor den **Rabbinatsgerichten** auch bei der Scheidung nach mosaischem Recht (BGH 2.2.1994 FamRZ 1994, 434 = IPRax 1995, 111 [Henrich 86]; **aA** Scheftelowitz FamRZ 1995, 593). Zwar nimmt das Rabbinatsgericht den Scheidungswunsch der Eheleute entgegen, versucht eine Versöhnung, stellt in einem gerichtlichen Verfahren fest, ob ein Scheidungsgrund vorliegt, gestattet die Scheidung oder ordnet sie sogar an. Auch kann es den Vollzug der Scheidung, dh die Übergabe und Annahme des Scheidebriefs (Get), durch Strafandrohung zu erzwingen versuchen. Durch eine eigene Entscheidung ersetzen kann es den notwendigen Übergabeakt jedoch nicht. Es überwacht lediglich den rechtsgeschäftlichen Scheidungsakt der Parteien, um seine Ordnungsmäßigkeit sicherzustellen (näher Henrich IPRax 1995, 86; Scheftelowitz FamRZ 1995, 593). Auch die eben erwähnte zunehmende Mitwirkung von Behörden in islamischen Rechten ist wohl, soweit man derzeit weiß, nicht in diesem Sinn konstitutiv (Lüderitz, in: FS Baumgärtel [1990] 334 f, 346; **aA** für Marokko IPG 1984 Nr 30 [Hamburg]; wie hier KG 6.11.2001 FamRZ 2002, 840).

Manche wollen darauf abstellen, daß nach Vornahme des behördlichen Mitwirkungsaktes die Berufung auf etwaige Mängel der privaten Scheidungserklärung abgeschnitten sei, so daß diese Mängel nur wiederum durch ein gerichtliches Verfahren mit dem Ziel der Aufhebung des vorherigen, also staatlichen Konstitutivaktes geltend gemacht werden könnten (Lüderitz, IPR Rn 396; Krzywon StAZ 1989, 102). Aber auch dies dürfte nur ein, freilich gutes, Indiz sein, denn auch bei bloß registrierender Mitwirkung kann das materielle Scheidungsrecht Berufung auf Erklärungsmängel, die bei sonstigen Rechtsgeschäften relevant sein können, abschneiden. **550**

Die Feststellungen, ob in diesem Sinne eine Privatscheidung vorliegt, setzen daher **sorgfältige Ermittlungen** des Rechts voraus, unter dem die betreffenden Behörden oder Gerichte bzw Parteien gehandelt haben (Basedow, Die Anerkennung von Auslandsscheidungen 13). Die deutschsprachige Literatur dazu ist freilich nicht immer ergiebig. Dennoch muß diese Frage geklärt werden, weil die ganz hM die Anerkennung ausländischer gerichtlicher oder behördlicher Scheidungen allein nach § 328 ZPO beurteilt, während gesichert ist, daß die Wirksamkeit von Privatscheidungen nach dem Recht zu beurteilen ist, das von Art 17 EGBGB als Scheidungsstatut bezeichnet wird. Dagegen fallen alle Privatscheidungen mit behördlicher Mitwirkung unter Art 7 § 1 FamRÄndG (dort Rn 31 ff). **551**

Zu beachten ist, daß die Rechtsordnungen mit Privatscheidungen idR **daneben** auch **552** eine **gerichtliche Scheidung** kennen. Mag auch in Japan und in Südkorea die Scheidung durch Vertrag bei weitem die häufigste sein (vgl zu Japan Henrich IPRax 1982, 94; zu Südkorea Lee, Die Entwicklung des neuen materiellen Scheidungsrechts Koreas im Hinblick auf das Zerrüttungsprinzip [Diss Bayreuth 1990] 90 ff), so müssen diese Rechte doch auch eine gerichtliche Scheidung für die Fälle zur Verfügung halten, in denen die Parteien sich nicht einig sind. In islamischen Rechten hat nach der Tradition nur der Mann das Recht der Verstoßung bzw Freigabe. Die Frau kann sich allenfalls vor oder auch noch nach der Heirat eine Vollmacht erteilen lassen, sich selbst im Namen des Mannes zu verstoßen. Darüber hinaus kennen diese Rechte bei Vorliegen bestimmter Gründe meist eine gerichtliche Scheidung für die Frau (Pauli, Islamisches Familien- und Erbrecht 22 f mwN). Im übrigen gilt das islamische Recht idR nur für islamische Eheleute oder setzt wenigstens voraus, daß der Mann Mohammedaner ist.

553 In Indien gilt für die verschiedenen Religionsgemeinschaften eigenes religiöses Scheidungsrecht und es besteht daneben noch ein allgemeines Ehegesetz für jedermann, bei dem die Scheidung durch Urteil erfolgt (Spellenberg IPRax 1992, 233); es ist gewöhnlich einschlägig, wenn die Ehe nach diesem Gesetz geschlossen worden ist. Ähnliche Systeme finden sich verbreitet im anglophonen Afrika, wonach Angehörige der fraglichen Stämme nach dem jeweiligen Gewohnheitsrecht heiraten und sich scheiden lassen können, man aber durch die Form der Eheschließung auch für ein allgemeines modernes Gesetz optieren kann, bei dem dann die Scheidung durch Richterspruch erfolgt (so zB in Ghana, während Festland-Tansania [nicht Sansibar] Eheschließung und vor allem Ehescheidung nur noch nach moderner Gesetzgebung zuläßt). Die internen Kollisionsnormen für die Geltung des einen oder anderen Systems bedürfen ggf genauerer Überprüfung. Es ist selbst heutzutage manchmal möglich, daß auch Europäer unter bestimmten Voraussetzungen einen Stammesangehörigen nach Gewohnheitsrecht heiraten (weiter Rn 592).

c) Kirchliche Scheidungen

554 Überläßt der Staat den Religionsgemeinschaften die Regelung der Eheauflösung wie zB in Indien und erkennt also die Entscheidungen der kirchlichen Gerichte an, so werden sie dadurch nicht zu staatlichen Entscheidungen. So erkennen Italien, Spanien und Portugal eine Zuständigkeit kirchlicher Gerichte für Eheaufhebungen an, doch haben deren Urteile erst durch staatliche Homologisierung auch zivilrechtliche Wirkungen. So haben nach Meinung des OLG Frankfurt aM Urteile der religiösen Gerichte in Eritrea keine zivilrechtlichen Wirkungen (31. 7. 1997 FamRZ 1998, 1431). Anders könne es nach Meinung des OLG Braunschweig (19. 10. 2000 FamRZ 2001, 561) in Syrien sein, weil die Shariat-Gerichte vielleicht in die staatliche Gerichtsbarkeit integriert seien. Die Grenze kann schwierig zu bestimmen sein, wenn etwa das staatliche Recht Urteile der kirchlichen Gerichte ohne weiteres anerkennt und zivilrechtliche Wirksamkeit zuerkennt, ohne aber diese Gerichte in die eigene Gerichtsbarkeit zu integrieren (zu Jordanien Elwan IPRax 1996, 289 ff). Man sollte dann von einer gerichtlichen Entscheidung und nicht mehr von einer Privatscheidung reden. Ist dagegen eine staatliche **Anerkennungsentscheidung** nötig, damit die Scheidung auch zivilrechtlich wirksam wird, dann ist dieser staatliche Akt Gegenstand unserer Anerkennung.

555 Verleiht das staatliche Recht den kirchlichen Entscheidungen ohne weitere Überprüfung zivilrechtliche Wirkung, dann ist sie also unter § 328 ZPO zu subsumieren,

so daß nur Anerkennungshindernisse zu prüfen sind. Wenn sie als Privatscheidungen gälten, so wäre ihre Wirkung anhand des von Art 17 EGBGB bestimmten Scheidungsstatuts zu beurteilen. Das wäre eine Art révision au fond. Registriert der Staat die Urteile religiöser Gerichte ohne Nachprüfung, sollte ebenso entschieden werden.

2. Beurteilung der Wirksamkeit

Für Privatscheidungen paßt der auf gerichtliche Urteile, allgemeiner auf Hoheitsakte ausgerichtete § 328 ZPO nicht. Es ist daher grundsätzlich unbestritten, daß die Wirksamkeit der Privatscheidungen nach dem von Art 17 Abs 1 EGBGB bezeichneten **Scheidungsstatut** beurteilt wird (weiter Rn 562).* 556

Den **Nachweis** der ausländischen Privatscheidung hat der Antragsteller ggf im Verfahren nach Art 7 § 1 FamRÄndG zu führen (BayObLG 2. 7. 1982 BayObLGZ 1982, 257; weiter Art 7 § 1 FamRÄndG Rn 145 ff). Wenn keine ausländische Registereintragung vorliegt, kann der Nachweis schwierig sein und zB durch eidesstattliche Erklärungen naher Angehöriger beider Ehegatten geführt werden (BayObLG aaO, Ghana). 557

Entsprechend gälte **Art 13 EGBGB** für Ehenichtigkeit und -aufhebung, aber Beispiele zB einer Eheanfechtung durch private Erklärung sind nicht bekannt geworden. Für andere private rechtsgeschäftliche Regelungen von Eheangelegenheiten, 558

---

* RG 22. 4. 1932 RGZ 136, 146 = JW 1932, 2274 (Raape) BGH 14. 10. 1981 BGHZ 82, 34; BGH 21. 2. 1990 FamRZ 1990, 607 (Thailand); BGH 2. 2. 1994 FamRZ 1994, 434 (Israel) = IPRax 1995, 111 (Henrich 86); BayObLG 24. 6. 1977 BayObLGZ 1977, 180 = FamRZ 1978, 243 (Iran); 17. 2. 1978 BayObLGZ 1978, 32 = StAZ 1978, 179 (Ägypten); 30. 11. 1981 BayObLGZ 1981, 353 = IPRax 1982, 104 (Henrich 94) BayObLG 2. 7. 1982 BayObLGZ 1982, 257 (Ghana), (Ägypten); 29. 11. 1982 BayObLGZ 1982, 389 = IPRax 1983, 130 (Henrich) (Jordanien); 13. 1. 1994 IPRax 1995, 324 (Börner 309) (Syrien) = FamRZ 1994, 434; 7. 4. 1998 FamRZ 1998, 1594 (Syrien); OLG Braunschweig 19. 10. 2000 FamRZ 2001, 561 (Syrien); OLG Celle 10. 11. 1997 FamRZ 1998, 686 (Japan); 11. 8. 1997 FamRZ 1998, 757 (Ukraine); OLG Hamburg 8. 3. 1971 IPRspr 1971 Nr 149 (Iran); 29. 9. 1978 IPRspr 1978 Nr 171 b (Thailand); OLG Düsseldorf 17. 5. 1974 FamRZ 1974, 528 (Beitzke, Otto 655) = IPRspr 1974 Nr 182 b (Israel); 28. 11. 1975 FamRZ 1976, 277 (Otto) (Israel); 27. 7. 1976 IPRspr 1976 Nr 180 (Iran); 11. 4. 1981 IPRspr 1981 Nr 190 b (Thailand); 28. 8. 2002 FamRZ 2003, 381 (Libanon); JM BW 27. 12. 2000 FamRZ 2001, 1018 (Syrien); auch JM NRW 3. 12. 1980 IPRax 1982, 25 (Bürgle 12) = IPRspr 1981 Nr 190 a; OLG Frankfurt aM 12. 7. 1984 IPRax 1985, 48 StAZ 1984, 310 (Jordanien); KG 6. 11. 2001 FamRZ 2002, 840 (Marokko); OLG Stuttgart 10. 4. 1980 StAZ 1980, 152 = IPRax 1981, 213 (Beitzke 202) (Thailand); 3. 12. 1998 FamRZ 2000, 171; BayJM 21. 1. 1977 StAZ 1977, 201 (Otto) = IPRspr 1977 Nr 158 (Thailand); JM NRW 14. 11. 1973 FamRZ 1974, 193 (Israel); OLG München 19. 9. 1988 IPRax 1989, 238 (Jayme 223, Iran, Asylberechtigte); Bayer JM 21. 1. 1977 StAZ 1977, 201 (Otto); OLG Frankfurt aM 26. 3. 1990 StAZ 1990, 195 (Ghana); OLG Hamm 9. 1. 1992 FamRZ 1992, 673 (Marokko); OLG Koblenz 21. 9. 1992 FamRZ 1993, 563 (Jordanien); ältere Entscheidungen auch in Staudinger/Gamillscheg[10/11] § 328 ZPO Rn 402; Kotzur, Kollisionsrechtliche Probleme christlich-islamischer Ehen, 190 ff; Pauli, Islamisches Familien- und Erbrecht und ordre public 30 ff; JM NRW 14. 11. 1973 FamRZ 1974, 193 (Israel); JM BW 23. 5. 1986 IPRax 1988, 170 (Beule 150) (Pakistan).

wie zB eine güterrechtliche Auseinandersetzung aus Anlaß der Scheidung, ist die kollisionsrechtliche Anknüpfung natürlich unproblematisch (zB Art 15 EGBGB).

3. Privatscheidung bei deutschem Scheidungsstatut

559 Zwar ist die Privatscheidung als Rechtsgeschäft zu sehen, doch gilt für die Frage der **Zulässigkeit einer Privatscheidung** oder durch Urteilsspruch nicht Art 11 EGBGB. Das ist **keine Formfrage**. So gehört nicht zur Form, ob für die Privatscheidung ein Vertrag nötig ist oder ob eine einseitige Erklärung genügt. Darum können sich deutsche Ehepaare nicht in Südkorea durch Vertrag scheiden oder in Iran eine Verstoßung vornehmen. Entscheidend ist allerdings nicht die deutsche Staatsangehörigkeit, sondern die Geltung deutschen Scheidungsstatuts, welches den Scheidungsvollzug durch Urteil verlangt (**§ 1564 BGB**). Das war schon vor 1986 ganz hM. Ebensowenig kann ein Japaner seine Frau im Iran verstoßen, anstelle der von seinem Recht vorgesehenen Vertragsscheidung. Auf den Ort der Vornahme der Privatscheidung kommt es daher nicht an. Freilich stünde im Inland auch Art 17 Abs 2 EGBGB entgegen (OLG Braunschweig 19. 10. 2000 FamRZ 2002, 561).

560 Nachdem nun Ehegatten, die die deutsche Staatsangehörigkeit haben oder bei Heirat hatten, immer eine deutsche internationale Zuständigkeit finden (§ 606a Abs 1 S 1 Nr 1 ZPO), kann man nicht mehr argumentieren, man müsse Auslandsdeutschen den Gebrauch der „Ortsform" erlauben, weil sie sich sonst nicht scheiden lassen könnten (so vgl OLG Düsseldorf 17. 5. 1974 FamRZ 1974, 528 [Beitzke]; s auch Otto FamRZ 1976, 280).

561 Das deutsche Recht als Scheidungsstatut erlaubt nicht die Interpretation, der obligatorische Scheidungsvollzug durch Urteil gelte im Ausland nicht, wenn und weil dort die Privatscheidung üblich ist. Denn als bloße Verfahrensregel kann § 1564 S 1 BGB ebenfalls nicht gelten (Kotzur, Kollisionsrechtliche Probleme christlich-islamischer Ehen 221). § 1564 S 1 BGB läßt sich, so wünschenswert das Ergebnis sein könnte, nicht so interpretieren, vielmehr ist bei **deutschem Scheidungsstatut** eine Privatscheidung auch **im Ausland** ausgeschlossen (BGH 21. 2. 1990 BGHZ 110, 267 = FamRZ 1990, 607; JM BW 27. 12. 2000 FamRZ 2001, 1018; BayObLG 12. 9. 2002 FamRZ 2003, 381; BayObLG 7. 4. 1998 FamRZ 1998, 1594; 13. 1. 1994 FamRZ 1994, 1263; 12. 9. 2002 FamRZ 2003, 381; JM NRW 3. 12. 1980 IPRax 1982, 25; Krzywon StAZ 1989, 103; Präs OLG Celle 11. 8. 1997 FamRZ 1998, 757; KG 6. 11. 2001 FamRZ 2002, 840 mit zweifelhafter Begründung der Geltung deutschen Scheidungsrechts; OLG Braunschweig 19. 10. 2000 FamRZ 2001, 561; JM BW 27. 12. 2000 FamRZ 2001, 1018). Henrich (IPRax 1995, 88) qualifiziert die Regelung des Scheidungsvollzuges durch Urteil oder privates Rechtsgeschäft verfahrensrechtlich und wendet die lex fori an. Dann müßte auch bei deutschem Scheidungsstatut die Privatscheidung im Ausland möglich sein. Dies will seit 1986 Art 17 Abs 2 EGBGB verhindern.

4. Privatscheidung bei ausländischem Scheidungsstatut

562 Wirksam ist die Privatscheidung im Ausland dagegen bei ausländischem Scheidungsstatut, soweit der ordre public nicht entgegensteht selbst wenn ein Ehegatte Deutscher ist (BayObLG 7. 4. 1998 FamRZ 1998, 1594; JM BW 27. 12. 2000 aaO). Für die Feststellung, ob deutsches Recht Scheidungsstatut ist, gilt der Zeitpunkt, zu dem die ausländische Privatscheidung wirksam wird (zB BGH 21. 2. 1990 FamRZ 1990, 607; OLG

Düsseldorf 17.5.1974 FamRZ 1974, 528; BayObLG 29.11.1982 FamRZ 1983, 500: Erwerb der deutschen Staatsangehörigkeit zwischen „Verstoßung" und ihrem Wirksamwerden; JM BW 27.12.2000 FamRZ 2001, 1018; KG 6.11.2001 FamRZ 2002, 840).

Da aber Art 11 EGBGB Ehescheidungen ebensowenig wie die Heirat ausnimmt, muß die Ortsform alternativ neben dem Scheidungsstatut gelten, soweit es um Fragen der **Mitwirkung** von Zeugen, die Erklärung vor Notaren oder Rabbinern oä geht. Auch das Erfordernis der Registrierung muß man hierher zählen. So könnte zB ein Marokkaner seine Frau ohne Mitwirkung zweier *Adoulen*, wenn dies in Marokko für die Wirksamkeit erforderlich sein sollte, in einem Land verstoßen, wo das nicht verlangt wird. Voraussetzung ist freilich, daß dort die Verstoßungsscheidung bekannt ist, weil sonst das dortige Recht auch keine Formvorschrift enthält. Ein Auseinanderfallen von Scheidungs- und Ortsrecht scheint aber praktisch nicht vorzukommen. 563

5. Ordre public

§ 328 ZPO ist nur anwendbar, wenn die Scheidung im Ausland durch ein Gericht oder durch eine Verwaltungsbehörde vollzogen wurde. Denkbar wäre immerhin, daß im Ausland ähnlich wie in Deutschland (vgl Anh zu § 606a ZPO Rn 69 ff) eine private Erklärung der gerichtlichen Scheidung zugrunde gelegt wird. Bei Privatscheidungen durch Vertrag oder einseitige Erklärung im Ausland ist in der Regel aber die private Erklärung der konstitutive Scheidungsakt ist (o Rn 549 ff). Es sind daher Art 17 Abs 1 mit Art 14 Abs 1 und auch Art 6 EGBGB einschlägig, dessen Maßstäbe denen des § 328 Abs 1 4 ZPO ähnlich sind. 564

a) Inlandsbeziehung

Art 6 EGBGB setzt unstreitig eine Inlandsbeziehung voraus, auch wenn das Gesetz das nicht ausdrücklich sagt. Dabei greift, ebenfalls unstreitig, der Vorbehalt des ordre public um so schneller durch, je enger die Inlandsbeziehung ist, und umgekehrt muß der Verstoß gegen Grundsätze des deutschen Rechts um so gröber sein, je schwächer die Inlandsbeziehung ist (Kegel/Schurig, IPR 463). Bei gemeinsamer deutscher Staatsangehörigkeit stellt sich die Frage einer Privatscheidung wegen § 1564 BGB nicht (Fall BayObLG 29.11.1982 IPRax 1983, 130 = IPRspr 1982 Nr 186) und auch sonst nicht, wenn deutsches Recht Scheidungsstatut zB gem Art 14 Abs 1 Nr 2 EGBGB ist (BGH 21.2.1990 FamRZ 1990, 607; JM BW 27.12.2000 FamRZ 2001, 1018; weiter o Rn 476 ff). Ebenso stellt sich die Frage des ordre public wegen Art 17 Abs 2 EGBGB nicht, wenn die Privatscheidung im Inland vorgenommen wurde (zB BGH 14.10.1981, IPRax 1983, 37; OLG Hamm 11.7.1988 IPRax 1989, 107; AG München 5.12.1980 IPRax 1982, 250), sondern nur, wenn die Scheidung im Ausland durch Verstoßung vollzogen wurde (so JM NRW 29.7.1991 StAZ 1992, 46). Eine enge Inlandsbeziehung begründet der gemeinsame gewöhnliche Aufenthalt der ausländischen Eheleute in Deutschland (OLG Stuttgart 3.12.1998 IPRax 2000, 427; OLG Frankfurt aM 16.6.1994 FamRZ 1995, 564; AG München 5.12.1980, IPRax 1982, 250 [EJ]). Noch stärker ist die Inlandsbeziehung naturgemäß, wenn die Ehefrau die deutsche Staatsangehörigkeit und gar auch ihren gewöhnlichen Aufenthalt jetzt im Inland hat (BayObLG 24.6.1977 FamRZ 1978, 243; 29.11.1982 IPRax 1983, 130; 30.11.1981 IPRax 1982, 104; AG Hamburg 27.5.1999 FamRZ 2000, 958; Dopffel FamRZ 1987, 1213 hält den Inlandsbezug immer für relativ schwach, wenn ausländisches Recht Scheidungsstatut ist, also die engste Beziehung zu ihm besteht). Das läßt sich 565 aber nicht allgemeine bewerten, sondern nur im Verhältnis zu dem jeweiligen Grundsatz des deutschen Rechts, gegen den verstoßen wird, und muß daher im Zusammenhang damit behandelt werden.

b) Verstoß gegen Grundsätze des deutschen Rechts

566 In der Diskussion um die Wirksamkeit der talaq-Scheidungen werden heute im wesentlichen vier „Grundsätze der deutschen Rechtsordnung" zur Begründung eines Verstoßes gegen den ordre public herangezogen.

aa) Art 6 Abs 1 GG

567 So wird ein Verstoß gegen Art 6 Abs 1 GG und wesentlichen Grundsätzen des deutschen Eherechts, zu denen eine grundsätzlich lebenslängliche Lebensgemeinschaft mit gegenseitiger Verantwortung gehört, darin gesehen, daß die Ehe einseitig aufgekündigt werden könne (OLG Stuttgart 30. 9. 1960 StAZ 1962, 78; OLG Frankfurt/M 9. 8. 1988 IPRax 1989, 237; OLG Koblenz 21. 9. 1992 FamRZ 1993, 563). Es geht also um die Wahrung des **deutschen Ehemodells**.

568 Das träfe dann grundsätzlich auch die einvernehmliche **Privatscheidung durch Vertrag**, die in Ostasien wie in afrikanischen Gewohnheitsrechten verbreitet ist (so grundsätzlich Spickhoff, Ordre public, 253, der aber nach der Art der Inlandsbeziehung differenziert). Auch wenn man sich in dieser Hinsicht auf eine Bemerkung des BVerfG (28. 2. 1980 BVerfGE 53, 224 = FamRZ 1980, 323 f) über die potentielle Verfassungswidrigkeit der reinen Konsensscheidung stützen könnte, so enthebt uns Art 6 EGBGB doch nicht davon, andere kulturelle und religiös fundierte Ehemodelle grundsätzlich zu respektieren, wenn Art 17 Abs 1 S 1 EGBGB auf ein solches Recht verweist. Privatscheidungen verstoßen als solche nicht gegen den deutschen ordre public; § 1564 BGB gehört nicht zu diesen Grundsätzen. So kann namentlich eine Vertragsscheidung anerkannt werden (JM BW 27. 12. 2000 FamRZ 2001, 1018 (Syrien); LG Hamburg 16. 7. 1976 IPRspr 1976 Nr 51 (Thailand); OLG Frankfurt aM 26. 3. 1990 StAZ 1990, 195 implizit; **aA** JM NRW 3. 12. 1980 IPRax 1982, 25 obiter [Thailand]), denn § 1566 Abs 1 BGB enthält zumindest starke Elemente einer Konsensscheidung, und diese ist zudem in Europa, wenngleich durch Gerichte zu vollziehen, sehr verbreitet.

569 Aber auch Scheidungen durch **einseitige Erklärung** sind unter diesem Gesichtspunkt nicht schlechthin zu verwerfen (BayObLG 30. 11. 1981 IPRax 1982, 105; 7. 4. 1998 FamRZ 1998, 1594) trotz der Vorbehalte des BVerfG (aaO) dagegen, sondern allenfalls, wenn die Beziehung zum deutschen Recht stark genug ist, um der Regelanknüpfung nicht folgen zu können (methodisch ebenso Kegel/Schurig IPR § 16 III b S 527). Es ist aber zu beachten, daß die §§ 1565 f BGB in der Sache eine einseitige Lösung von der Ehe, wenn auch nicht allein durch Erklärung, sondern durch faktisches Verhalten letztlich zulassen (**aA** Spickhoff JZ 1991, 329). Wenn beide Parteien einem Staat angehören, der diese Scheidung zuläßt, oder zwar verschiedene nicht deutsche Staatsangehörigkeiten, aber ihren gemeinsamen oder letzten gemeinsamen gewöhnlichen Aufenthalt in einem solchen Staat haben, ist eine Scheidung durch privates Rechtsgeschäft durchaus hinnehmbar. Haben beide Eheleute die Staatsangehörigkeit eines Staates, der die Privatscheidung vorsieht, so liegt ein Verstoß gegen den deutschen ordre public auch dann nicht vor, wenn sie beide ihren gewöhnlichen Aufenthalt im Inland haben (BayObLG 7. 4. 1998 FamRZ 1998, 1594: der Mann hatte auch die deutsche Staatsangehörigkeit erworben und die Frau war nach Syrien zurückgekehrt; implizit KG 11. 9. 1987 FamRZ 1988,

296; OLG Hamm 11. 7. 1988 IPRax 1989, 107 [D H] **aA** obiter OLG Düsseldorf 3. 11. 1997 FamRZ 1998, 1113; Bedenken bei Spickhoff, Ordre public 252). Vielmehr nehmen wir in solchen Fällen sogar in Deutschland eine Scheidung auf der Grundlage der privaten Willenserklärungen durch Richterspruch vor (Anh zu § 606a ZPO Anh zu Rn 69 ff). Hat die Frau die deutsche Staatsangehörigkeit und hier ihren gewöhnlichen Aufenthalt, so liegt zwar eine stärkere Inlandsbeziehung vor (den Verstoß bejahen OLG Frankfurt aM 9. 8. 1988 IPRax 1989, 237; BayObLG 30. 11. 1981 IPRax 1982, 104 [Henrich 94]; BayObLG 29. 11. 1982 FamRZ 1983, 500; OLG Düsseldorf 28. 11. 1975 FamRZ 1976, 277 [Otto]; OLG Koblenz 21. 9. 1992 FamRZ 1993, 563; OLG Stuttgart 30. 9. 1960 StAZ 1962, 78; Spickhoff, Ordre public 253; Beule StAZ 1953, 36; Boltz NJW 1990, 620 f). Der ordre public ist aber allenfalls verletzt, wenn die Frau schon bei Heirat Deutsche war und nicht Muslimin war, also bei Heirat keine Beziehungen zu diesem Ehemodell hatte und auch später nicht durch Staatsangehörigkeits- oder Religionswechsel (in BGH 28. 1. 1987 IPRax 1988, 105 und in OLG Düsseldorf 12. 8. 1992 FamRZ 1993, 187 trat er, in BayObLG 30. 11. 1981 IPRax 1982, 104 trat sie vor Heirat zum Islam über; das BayObLG prüft den ordre public nicht) oder durch langjährigen Aufenthalt im Lande erwarb. Er ist nicht verletzt, wenn einer der Ehegatten, nachdem beide ursprünglich einem islamischen Staat angehörten, später die deutsche Staatsangehörigkeit angenommen hat (vgl JM BW 27. 12. 2000 FamRZ 2001, 1018, wo aber wegen der Einbürgerung deutsches Scheidungsrecht galt). Man wird die Frage, ob die Ehe durch private Erklärung beendet werden kann, deutlicher von den gleich zu behandelnden Problemen der Ungleichbehandlung der Frau und ihrer „Verstoßung“ ohne ihre Mitwirkung unterscheiden müssen. Die Gestaltung des Status durch privaten, auch einseitigen Akt, verstößt als solche **grundsätzlich nicht** gegen den deutschen **ordre public**.

bb) Art 1 Abs 1 GG

570 Verschiedentlich ist sogar ein Verstoß gegen die Menschenwürde der Frau angenommen worden. Sie dürfe nicht zum bloßen Objekt der Entscheidung des Mannes gemacht werden (AG Frankfurt aM 9. 8. 1988 IPRax 1989, 237; als möglich erwähnt OLG Koblenz 21. 9. 1992 FamRZ 1993, 563; Staudinger/Mankowski [2003] Art 17 EGBGB Rn 212 f; Kegel/Schurig, IPR 463; **aA** Jayme IPRax 1989, 223). Hier spielt möglicherweise die nicht glückliche Übersetzung von „talaq“ mit „Verstoßung“ eine Rolle. In dem Wort schwingt deutlich auch die Bedeutung von Freigeben und Kündigen mit (vgl zur Übersetzung Lüderitz, in: FS f Baumgärtel [1990] 333). Die Ehe wird im Islam deutlich stärker als ein Vertrag verstanden, und die Möglichkeit, ihn auch einseitig aufzukündigen, ist dann durchaus systemkonform. Die Frau kann sich zudem in manchen islamischen Rechten im Ehevertrag auch das Recht zu verstoßen einräumen lassen. Der Ehevertrag ist natürlich nicht dasselbe wie ein schuldrechtlicher Vertrag, doch eine nach einem solchen Recht eingegangene Ehe ist etwas anderes als die Ehe des deutschen Rechts. Ein Verstoß gegen die Menschenwürde liegt in der einseitigen Aufkündbarkeit deshalb nicht.

cc) Art 103 Abs 1 GG

571 Im Grunde handelt es sich hier auch nicht so sehr um Art 1 Abs 1 GG als um Art 103 Abs 1 GG, und zunehmend wird heute ein ordre public-Verstoß in der Verweigerung des rechtlichen Gehörs gesehen (BayObLG 24. 6. 1977 FamRZ 1978, 243; BayObLG 30. 11. 1981, IPRax 1982, 104; OLG Frankfurt aM 16. 6. 1994 FamRZ 1995, 564; OLG Stuttgart 3. 12. 1998 IPRax 2000, 427 [abl Rauscher 391]). Der für Verfahren gemeinte Art 103 Abs 1 GG paßt sicherlich auf ein privates Rechtsgeschäft nicht recht (Rau-

scher IPRax 2000, 392), aber es erweckt mit Recht Bedenken, daß nach manchen Rechten die so vollzogenen Scheidung wirksam ist, selbst wenn die Frau noch nichts davon erfahren hat, geschweige denn einbezogen wurde (vgl OLG Frankfurt aM 16. 6. 1994 aaO; AG Hamburg 24. 1. 1985 IPRax 1986, 114 [DH]). IdS darf die Frau nicht zum bloßen Objekt der Entscheidung des Mannes werden. Wenn freilich, wie manche Rechte es verlangen, zuvor ein Gericht anzugehen ist, so entfällt natürlich dieses Bedenken. Aber auch wenn mangels eines Verfahren kein rechtliches Gehör iSd Art 103 Abs 1 GG gewährt werden kann und muß, so ist doch der Gedanke hierher zu übertragen und zu verlangen, daß der Ehemann die Frau vor seiner Scheidungserklärung informiert und ihr Gelegenheit gibt, ihren Standpunkt zu vertreten (BayObLG 30. 11. 1981 IPRax 1982, 104; BayObLG 25. 2. 1982 IPRspr 1982 Nr 183; Henrich IPRax 1986, 114; **aA** Rauscher IPRax 2000, 392). Kein Bedenken besteht natürlich, wenn die Frau **vorher ihr Einverständnis** mit der Scheidung erklärt hat (in OLG Frankfurt/M 16. 5. 1989 NJW 1990, 646 hat die Frau Vollmacht zu ihrer Verstoßung erteilt; in AG Hamburg 27. 5. 1999 FamRZ 2000, 958 hatte der inzwischen in Deutschland eingebürgerte Ehemann seine Ehefrau aus Bangladesch bevollmächtigt, sich in seinem Namen dort zu „verstoßen"). Ein zB in der Form einer Vollmacht erteiltes Einverständnis der Frau trägt allerdings nicht mehr, wenn es Jahre zurück liegt und nun überraschend und mißbräuchlich verwendet wird (BayObLG 24. 6. 1977 FamRZ 1978, 243). Nicht vereinbar ist dabei mit dem deutschen ordre public und daher nicht ausreichend, wenn die Frau gem dem betr islamischen Recht nur von ihrem Vater „gesetzlich" vertreten wurde (so OLG Stuttgart 3. 12. 1998 aaO), denn Stellvertretung, ohne daß die Frau davon informiert ist, kann ebenfalls nicht hingenommen werden (zögernd Rauscher aaO). Daß die Frau sich noch im Anerkennungsverfahren nach Art 7 § 1 FamRÄndG gegen die Wirksamkeit der Scheidung wenden kann, genügt nicht, denn sie kann nun nichts mehr am Akt der Scheidung nach islamischem Recht ändern (**aA** Lüderitz, in: FS f Baumgärtel [1990] 346), und ebensowenig ändert sich etwas, wenn die Scheidung der Frau später mitgeteilt wird und etwa dadurch erst wirksam würde (BayObLG 30. 11. 1981 IPRax 1982, 105; OLG Frankfurt aM 16. 6. 1994 FamRZ 1995, 564). Eine hinreichende Inlandsbeziehung für diesen Verstoß vermittelte die deutsche Staatsangehörigkeit der Frau verbunden mit ihrem gewöhnlichen Aufenthalt hier (BayObLG [24. 6. 1977 aaO; 30. 11. 1981 aaO]), nach Auffassung des OLG Frankfurt aM [16. 6. 1994 aaO] und des OLG Stuttgart [3. 12. 1998 aaO], aber auch der gewöhnliche Aufenthalt der ausländischen Frau allein).

572 Art 103 Abs 1 GG dient den Schutz der Partei und nicht der Wahrung des Instituts der Ehe iSd Art 6 GG. Damit entfällt der Verstoß gegen den ordre public wegen fehlenden „rechtlichen Gehörs", wenn die Frau sich später mit der Scheidung einverstanden erklärt, indem sie zB selbst die Anerkennung beantragt (BayObLG 30. 11. 1981 IPRax 1982, 104 [Henrich 94]; OLG Frankfurt/M 12. 7. 1984 FamRZ 1985, 76; OLG Frankfurt/M 16. 6. 1994, FamRZ 1995, 564; JM NRW 23. 3. 1984 IP-Rspr 1984, Nr 5 [Ehefrau hatte sich inzwischen in einem Drittstaat scheiden lassen]) oder, wo keine Delibation nötig ist, den Antrag auf eine neue Eheschließung stellt. Man kann sich an § 328 Abs 1 Nr 2 ZPO anlehnen. Kein nachträgliches Einverständnis liegt aber darin, wenn die Ehefrau nun ihrerseits eine gerichtliche Scheidung in Deutschland beantragt (BayObLG 30. 11. 1981 IPRax 1982, 104 [Henrich 95]; in OLG Frankfurt aM 16. 5. 1989 NJW 1990, 646 hatte sie ihr Einverständnis schon vorher erklärt). Das **nachträgliche Einverständnis** heilt gewissermaßen den Mangel der vorherigen Einbeziehung der Ehefrau bei der talaq-Scheidung.

dd) Art 3 Abs 2 GG

Daß der Mann immer, die Frau aber allenfalls aufgrund einer Vereinbarung im Ehevertrag oder aus besonderen Gründen „verstoßen" darf, verstößt an sich gegen Art 3 Abs 2 GG (OLG Koblenz 21. 9. 1992 FamRZ 1993, 563 obiter; OLG Frankfurt/M 9. 8. 1988 IPRax 1989, 237; AG München 5. 12. 1980 IPRax 1982, 250 [EJ]). Doch kommt es auf die Vereinbarkeit des ausländischen Rechts mit Art 3 Abs 2 GG unmittelbar nicht an (**aA** Dörner IPRax 1994, 35), sondern auf das Ergebnis seiner Anwendung (OLG München 19. 8. 1988 IPRax 1989, 238, 241; BGH 14. 10. 1992 BGHZ 120, 29, 34; MünchKomm/Sonnenberger Art 6 Rn 47; Bolz NJW 1990, 620 ganz hM). Es wird aber heute überwiegend der Verstoß darin gesehen, daß nicht auch die Frau sich einseitig scheiden kann, und daraus wird die Konsequenz gezogen, daß ihr auch ein Scheidungsrecht einzuräumen ist (Staudinger/Mankowski [2003] Art 17 EGBGB Rn 113; Bälz NJW 1990, 621; OLG München 19. 9. 1988 aaO obiter; KG 5. 5. 1993 NJW-RR 1994, 199; OLG Stuttgart 26. 2. 1997 FamRZ 1997, 882; wohl OLG Düsseldorf 24. 10. 1996; OLG Hamm 18. 8. 1994 IPRax 1995, 174 will dann deutsches Recht anwenden [zust Henrich 167]; Johansen/Henrich/Henrich, Eherecht Art 17 Rn 29; AG Düsseldorf 24. 10. 11996 IPRspr 1996 Nr f; OLG Stuttgart 26. 2. 1997 FamRZ 1997, 882 obiter). Der Anerkennung einer bereits vollzogenen ausländischen talaq-Scheidung steht jedoch nicht im Wege, daß die Frau in Deutschland auch die Scheidung hätte erwirken können. Selbst wenn die Frau nach wie vor die Scheidung ablehnt, kann man die Anerkennung nicht deshalb ablehnen, weil sie auch ein Scheidungsrecht hätte haben sollen und nicht hatte. Die Scheidung des Mannes wird nicht dadurch inakzeptabel, weil er von seinem Recht einseitig Gebrauch gemacht hat (Rauscher IPRax 2000, 393). 573

c) Ergebniskontrolle

Das Institut der Ehe iSd Art 6 Abs 1 GG stünde nicht zur Disposition der Beteiligten (vgl aber o Rn 569). Ein nachträgliches **Einverständnis** mit der Scheidung würde insoweit nichts helfen (so AG Frankfurt aM 9. 8. 1988 IPRax 1989, 237; **aA** Bolz NJW 1990, 621). Jedoch ist nicht die ausländische Regelung sondern das Ergebnis ihrer Anwendung zu prüfen und dh mit dem Ergebnis zu vergleichen, das bei Anwendung deutschen Rechtes zustande käme. Hier entfällt ein Verstoß gegen den deutschen ordre public, wenn die Ehe auch **nach deutschem Recht**, wenngleich aus anderen Gründen, **zu scheiden** gewesen wäre (so im Hinblick auf Art 1 Abs 1, 3 Abs 2 und 6 Abs 1 GG; OLG Koblenz 21. 9. 1992 FamRZ 1993, 563; zu Art 3 Abs 2 GG OLG Frankfurt/M 9. 8. 1988 IPRax 1989, 237; OLG Köln 9. 5. 1996 FamRZ 1996, 1147; allg JM NRW 29. 7. 1991 StAZ 1992, 46; Jayme IPRax 1989, 223; Bolz NJW 1990, 621; Rauscher IPRax 2000, 394). Das ist namentlich dann der Fall, wenn die Eheleute seit mindestens drei Jahren getrennt leben. In diesen Fällen wirken sich weder die Ungleichbehandlung der Frau noch ein der „Verstoßung" zugrundeliegendes anderes Ehemodell im Ergebnis aus. 574

Dagegen entfällt der Verstoß gegen den deutschen ordre public wegen **verweigerter Mitwirkung** der Frau nicht, wenn damals oder jetzt die Ehe auch nach deutschen Recht hätte geschieden werden können zB nach dreijährigem Getrenntleben (OLG Stuttgart 1998, IPRax 2000, 427; implizit vielleicht BayObLG 27. 11. 1981 IPRax 1982, 104; **aA** OLG Koblenz 21. 9. 1992 FamRZ 1993, 563, das allerdings die Scheidung ohne Beteiligung der Frau nur unter dem Gesichtspunkt der Art 1 Abs 1, 3 Abs 2 und 6 Abs 1 GG prüfte). Das rechtliche Gehör wäre in einem deutschen Verfahren unabhängig von der Begründetheit des Antrages zu gewähren gewesen. Dieser Verstoß gegen den deutschen ordre public liegt auf einer anderen Ebene als die anderen und ist **ergebnisunabhängig** (zust OLG 575

Stuttgart 3.12.1998 aaO). Ein Verstoß gegen den deutschen ordre public in diesem Sinne liegt auch vor, wenn die Scheidung ohne Einverständnis beider Eheleute durch ihre Familienoberhäupter vorgenommen wurde (so lag es vielleicht in OLG Frankfurt/M 26.3.1990 StAZ 1990, 195 und wäre noch aufzuklären gewesen). An einer nötigen Einbeziehung der Ehefrau fehlt es auch bei Mißbrauch oder gar Fälschung einer Vollmacht der Ehefrau für eine einvernehmliche Privatscheidung (BayObLG 24.6.1977 FamRZ 1978, 243; obiter ebenso OLG Frankfurt aM 16.5.1989 NJW 1990, 646). Hier wäre freilich zuerst zu prüfen gewesen, ob unter diesen Umständen nach dem in casu maßgeblichen persischen Recht die Scheidung überhaupt wirksam war (**aA** BayObLG aaO).

576 Es ist nicht rechtsmißbräuchlich, wenn die verstoßene Frau sich gegen die Anerkennung der ausländischen Privatscheidung wendet und **zugleich** im Inland eine **Scheidungsklage** erhoben hat (BayObLG 30.11.1981 IPRax 1982, 104 [Henrich 94] = FamRZ 1982, 296), denn diese gerichtliche Scheidung hat möglicherweise auch einen wesentlich anderen Inhalt. Sie braucht der „Verstoßung" nicht zuzustimmen.

d) Rechtshängigkeitssperre

577 Eine ausländische Privatscheidung ist als unwirksam anzusehen, wenn zur Zeit der ausländischen Privatscheidung im Inland bereits ein **Scheidungsverfahren anhängig** war (OLG Düsseldorf 27.7.1976 IPRspr 1976 Nr 180, Iran). Dasselbe gilt erst recht, wenn bereits ein inländisches Scheidungsurteil vorliegt. Dagegen kann eine ausländische Privatscheidung wirksam sein bei einer inländischen Klagerücknahme oder Klageabweisung als unzulässig.

578 Ist umgekehrt im Ausland schon vor dem Beginn des inländischen Verfahrens eine Privatscheidung vorgenommen worden, so ist der inländische Antrag unbegründet, wenn die Ehe dadurch bereits aufgelöst ist. Wegen einer Scheidung in Israel, die dort vor dem Rabbinatsgericht betrieben wurde, hat der BGH im Prinzip eine Rechtshängigkeitssperre für das später begonnene inländische Scheidungsverfahren zugelassen, wenn sie auch in casu daran scheitern, daß die israelische Scheidung voraussichtlich wegen § 1564 BGB nicht anerkannt werden konnte (2.2.1994 FamRZ 1994, 434 = IPRax 1995, 111 [Henrich 86]). Das ist nicht konsequent, nachdem der BGH wohl zurecht festgestellt hatte, daß das Verfahren vor dem Rabbinatsgericht nur der vorherigen Kontrolle der Scheidung diene, die dann durch den privaten Akt der Übergabe des Scheidebriefes vollzogen werde. Der Mann bleibt immer noch frei, dies zu tun oder zu lassen (Herfarth, Die Scheidung nach jüdischem Recht im internationalen Zivilverfahrensrecht [2000] 37).

579 Das schließt jedoch nicht aus, § 261 Abs 3 Nr 1 ZPO **analog** anzuwenden, und wenn sich die Privatscheidung wie im jüdischen Recht mit der Mitwirkung des Rabbinatsgerichts über längere Zeit hinzieht (dazu Herfarth aaO 26 ff), hat die Frage auch praktische Bedeutung. Der eigentliche Scheidungsakt, die Übergabe des Scheidebriefes (Get) ist nur kurz, aber das vorangehende Verfahren zielt auf die Scheidung. Der BGH (aaO) deutet an, daß er den Einwand der Rechtshängigkeit schon während des Verfahrens vor dem Rabbinatsgericht zugelassen hätte, wenn die Scheidung dann hätte anerkannt werden können (zust Henrich aaO 87). Das macht auch Sinn, denn die vor einem deutschen Verfahren privat vollzogene Scheidung hätte – ihre Wirksamkeit vorausgesetzt – die erneute Scheidung ausgeschlossen.

e) Nebenentscheidungen

580 Die Frage des ordre public stellt sich selbständig für die **Nebenentscheidungen**. Es kann sein, daß die Scheidung durch privaten Akt anzuerkennen ist, die Nebenentscheidung aber gegen den ordre public verstößt (NAGEL/GOTTWALD § 11 Rn 100). Bei einer Privatscheidung kann sich das Problem jedoch nur so stellen, daß entweder eine selbständige ausländische hoheitliche Nebenentscheidung (nachträglich) getroffen wurde (vgl Fall OLG Frankfurt aM 16. 6. 1994 IPRax 1996, 38 [COESTER 24]), oder daß auch die Nebenfolge privat geregelt wurde. Hauptanwendungsfall könnte eine Sorgerechtsregelung ohne Rücksicht auf das Kindeswohl sein. Ist dagegen die Scheidung zB wegen Verstoßes gegen den ordre public nicht anerkennungsfähig, dann kann schon deswegen die Folgeregelung nicht anerkannt werden, selbst wenn sie sonst nicht bedenklich wäre. Bei Sorgerechtsregelungen nach Privatscheidung darf daher die Anerkennung der Scheidung auch nicht offen bleiben, selbst dann nicht, wenn ein deutsches Gericht in der Sache neu, sei es abändernd, sei es nach § 1672 BGB regeln will (COESTER IPRax 1996, 25).

VII. Scheidungsmonopol deutscher Gerichte*

581 Bei Geltung deutschen Rechts kann die Ehe nur durch Gericht geschieden werden (§ 1564 BGB). Das ist oben Rn 559 ff näher ausgeführt. Doch auch Art 17 Abs 2 EGBGB kann die Anerkennung von Scheidungen hindern. Danach können Ehescheidungen, auch wenn ausländisches Recht galt, nicht anerkannt werden, die im Inland anders als durch ein deutsches Urteil vorgenommen worden sind. Ein Antrag nach Art 7 § 1 FamRÄndG wäre unbegründet.

1. Ausländische Behörden im Inland

582 Dieses Hindernis kann auch gerichtliche Scheidungen betreffen, vor allem wenn es sich um **kirchliche Gerichte** handelt, die nach dem maßgebenden Scheidungsstatut auch im Ausland, dh hier in Deutschland befugt sind, Ehen für nichtig zu erklären oder aufzuheben; Scheidungen sind im kanonischen Recht nicht vorgesehen (OLG München StAZ 1950, 130; JM BW IPRax 1990, 51; AG Mannheim 2. 12. 1986 IPRax 1990, 50 [JAYME 32]; AG Hamburg 19. 9. 1979 StAZ 1981, 83; und ein weiterer spanischer Fall berichtet von KRZYWON StAZ 1989, 105). Denkbar wären auch gerichtliche oder andere hoheitliche Akte in ausländischen Botschaften oder Konsulaten in Deutschland, doch hat die BRD bisher ausländischen diplomatischen Vertretungen die hierzu erforderliche Erlaubnis nicht erteilt. Aber dennoch würden solche Scheidungen ggf im Heimatstaat als wirksam angesehen.

583 Wenn, wie in **Italien**, die kirchliche Scheidung oder genauer das Nichtigkeitsurteil erst durch Transkription in ein staatliches Zivilstandsregister zivilrechtlich wirksam wird, welche nur aufgrund einer Entscheidung eines italienischen Appellationsgerichts erfolgt (Art 8 Abkommen v 18. 2. 1984 mit dem Heiligen Stuhl), das die Übereinstimmung mit staatlichem Recht überprüft, dann ist dieses ausländische

* **Schrifttum**: BEITZKE, Die Anerkennung inländischer Privatscheidungen von Ausländern, IPRax 1981, 202; BEULE, Ein Verstoß gegen das Scheidungsmonopol der deutschen Gerichte, IPRax 1988, 150; GOTTWALD, Anm zu AG Hamburg 19. 9. 1978 StAZ 1981, 83; KEGEL, Scheidung von Ausländern im Inland durch Rechtsgeschäft, IPRax 1983, 22; weiter.

staatliche Urteil maßgebend, und Art 17 Abs 2 EGBGB steht nicht entgegen, selbst wenn die kirchliche Eheauflösung in Deutschland erfolgt ist. Waren beide Ehegatten Italiener, so liegt zudem eine Heimatstaatsscheidung iSd Art 7 § 1 Abs 1 S 3 FamRÄndG vor (Jayme IPRax 1990, 32 f und in: FS Ferid [1988] 199 f, 204). Genauso ist aber bei einer deutsch-italienischen Ehe zu entscheiden (aA in Verkennung italienischen Rechts JM BW 27. 4. 1987 IPRax 1990, 51 [Jayme 32]), es sei denn, nach Art 17 EGBGB wäre deutsches Recht Scheidungsstatut, denn dann gilt § 1564 BGB (BGH 21. 2. 1990 BGHZ 110, 267 = FamRZ 1990, 607; BGH 2. 2. 1994 IPRax 1995, 111 [Henrich 86]). Daß das kirchliche Gericht seinen Sitz in Deutschland hatte, ist dann nicht erheblich (auch nicht aus italienischer Sicht, Jayme Jb it Recht 2 [1988] 14).

2. Privatscheidungen im Inland

584 Den Hauptanwendungsbereich hat dieses Anerkennungshindernis jedoch bei **Privatscheidungen im Inland**. Trotz der Geltung ausländischen Scheidungsstatuts, welches ggf die Scheidung durch Rechtsgeschäft vorsieht, besteht das deutsche Recht auf dem Scheidungsvollzug durch ein inländisches Gericht (vgl dazu auch Lüderitz, in: FS Baumgärtel [1990] 333 ff; Jayme IPRax 1989, 223; MünchKomm/Winkler von Mohrenfels Art 17 EGBGB Rn 86 ff). Solche Scheidungen sind **nicht anerkennungsfähig**, ein Antrag bei der LJV gem Art 7 § 1 FamRÄndG ist zwar zulässig, aber unbegründet (BGH 14. 10. 1981 BGHZ 82, 34 = StAZ 1982, 7; BayObLG 30. 8. 1984 FamRZ 1985, 75 = IPRax 1985, 108 [DH]).

585 Die Gegenmeinung verweist darauf, daß § 1564 S 1 BGB zwar als Verfahrensrecht im Inland maßgebend sei, daß aber nur die, hier ausländische, lex causae festlegen könne, ob ein Verfahren nötig sei (Kegel IPRax 1983, 23; Henrich IPRax 1995, 88). Dem wollte Art 17 Abs 2 EGBGB nF aber widersprechen (amtl Begr BT-Drucks 10/504, 61), so daß die Frage nun im negativen Sinne entschieden ist.

586 Damit wird die Frage entscheidend, wann eine **Inlands- oder Auslandsscheidung** vorliegt. Es stehen sich eine engere und eine weitere Auffassung gegenüber (vgl Krzywon StAZ 1989, 104 f). Nach der strengeren Auffassung schadet es schon, wenn auch **nur Teile** des privaten Scheidungsaktes in Deutschland vorgenommen wurden, wie zB die Absendung des Scheidebriefes ins Ausland (KG 15. 8. 1968 FamRZ 1969, 31; Erman/Hohloch Art 17 EGBGB Rn 30 f).

587 Andere lassen nicht jeden Teilbeitrag im Inland genügen, sondern verlangen, daß der **wesentliche Teil** des Geschehens im Inland vorgenommen wird (MünchKomm/Winkler von Mohrenfels Art 17 EGBGB Rn 90 ff; OLG Düsseldorf 17. 5. 1974 FamRZ 1974, 528 [Beitzke und Otto 655]), wobei nicht immer ganz klar ist, ob damit der **konstitutive** Teil gemeint ist (dafür MünchKomm/Winkler von Mohrenfels Art 17 EGBGB Rn 91; Palandt/Heldrich Art 17 Rn 12; OLG Stuttgart 11. 4. 1987 IPRax 1988, 172 [zust Beule 150 f], hier lag aber möglicherweise der konstitutive Teil nach pakistanischem Recht in Pakistan; derselbe Fall LJV BW 23. 5. 1986 IPRax 1988, 170 [Beule 150]; BayObLG 30. 8. 1984 IPRax 1985, 108 [Henrich] = FamRZ 1985, 75; BayObLG 29. 8. 1985 IPRax 1986, 180 = FamRZ 1985, 1258; OLG Düsseldorf 24. 1. 1986 IPRax 1986, 305 [Henrich]; Krzywon StAZ 1989 104 f).

588 Die Auffassung, daß schon jede teilweise Vornahme der privaten Scheidungshandlung im Inland schade, hätte zwar den Vorzug der Einfachheit (Krzywon StAZ 1989,

105), geht aber dennoch zu weit. Die LJV bzw das Gericht, bei dem die Frage inzident auftaucht, muß ohnehin das ausländische Recht erforschen, um die Wirksamkeit der Scheidung zu beurteilen. Es macht dann keinen großen Mehraufwand, den **konstitutiven Akt** auch zu lokalisieren, und es schadet nur, wenn der im Inland lag (Präs OLG Frankfurt aM 10.2.2000 StAZ 2001, 37; Kotzur, Kollisionsrechtliche Probleme christlich-islamischer Ehen 205 ff). Das entspricht auch der Auffassung des BGH, der den Tatbestand der Privatscheidungen danach bestimmt, ob der **Vollzug** der Scheidung durch privaten Akt geschieht, mag auch vorher ein Gericht eingeschaltet gewesen sein (BGH 2.2.1994 IPRax 1995, 111 [Henrich 86]).

Hierbei ist zu beachten, daß nach manchen islamischen Rechten (zB in Ägypten) der Zugang der Scheidungserklärung an die Frau nicht Wirksamkeitserfordernis ist. Hier kommt es dann auf die **Abgabe der Erklärung** an, ohne daß es schadet, daß diese Erklärung noch im Heimatstaat registriert werden muß, denn dies ist nicht Wirksamkeitserfordernis (BayObLG 30.8.1984 FamRZ 1985, 75 [Pakistan]; ebenso LJV BW 25.5.1986 IPRax 1988, 170 und OLG Stuttgart 11.4.1987 IPRax 1988, 172, allerdings mit falscher Deutung des pakistanischen Rechts; OLG Düsseldorf 24.1.1986 IPRax 1986, 305 [DH] wohl implizit; vgl Beule aaO 150; Kotzur aaO; Palandt/Heldrich Art 17 Rn 12). Bei **Zugangsbedürftigkeit** ist der Zugangsort entscheidend (so wohl in Pakistan KG 20.6.1984 StAZ 1984, 309; Bürgle StAZ 1985, 104). Die inländische Beglaubigung einer Unterschrift unter einer im Ausland abgegebenen Verstoßungserklärung entscheidet dann nicht (KG 20.6.1984 StAZ 1984, 309 [Bürgle StAZ 1985, 104]). **589**

Ebenso ist der Abschluß eines **Scheidungsvertrages** nach koreanischem Recht im Inland wegen Art 17 Abs 2 EGBGB auch dann unwirksam, wenn die Registrierung in Korea konstitutiv ist. In BGH 14.10.1981 (BGHZ 82, 34 = FamRZ 1982, 44 = IPRax 1983, 37 [Kegel 22] = StAZ 1982, 7 = NJW 1982, 517) war sogar außerdem noch die Registrierung des Scheidungsvertrages der thailändischen Ehegatten in der thailändischen Botschaft in Bonn vorgenommen worden. Bei einer für die Wirksamkeit erforderlichen Registrierung im Ausland möchte man den wesentlichen Akt der Scheidung doch in dem Vertrag oder in der einseitigen Freigabeerklärung sehen. Die Registrierung ist ein zusätzliches **Wirksamkeitserfordernis**. **590**

Bei Pakistan liegt der Schwerpunkt dort (näher dargestellt von Beule IPRax 1988, 151 f), nicht weil die Mitteilung an den *chairman* des *union council* in Pakistan erforderlich ist und die Ehe erst 90 Tage nach dieser Benachrichtigung wirksam geschieden ist, wenn sie nicht vorher vom Ehemann widerrufen wurde, sondern mE vor allem deswegen, weil der *chairman* innerhalb dieser Zeit noch einen Versöhnungsversuch unternehmen kann, der erfolglos bleiben muß. **591**

Gewiß ist richtig, daß eine Scheidung im Inland noch nicht anzuerkennen ist, wenn sie nach dem maßgebenden **ausländischen Recht** noch gar nicht wirksam ist, weil der Ehemann zB noch innerhalb einer bestimmten Frist widerrufen kann. Tritt die Wirksamkeit durch bloßen Zeitablauf ein, ist der entscheidende konstitutive Teil des Rechtsgeschäfts in der Abgabe der Erklärung zu sehen. Daran ändert sich auch nichts, wenn außerdem eine Registrierung oder Zugang bei einer Behörde Wirksamkeitserfordernis ist, was sie zudem häufig im islamischen, insbesondere schiitischen Recht nicht ist (Lüderitz, in: FS Baumgärtel [1990] 334). **592**

593 Nach **jüdischem Recht** ist die Übergabe des förmlichen Scheidebriefes an die Ehefrau (PERLES FamRZ 1980, 978 f; BEULE aaO; OLG Düsseldorf 17. 5. 1974 FamRZ 1974, 528 [BEITZKE]; BayObLG 29. 8. 1985 IPRax 1986, 180 [HENRICH] = FamRZ 1985, 1258; BGH 2. 2. 1994 IPRax 1995, 111 [HENRICH 86]) vor drei Rabbinern erforderlich, und die Frau muß ihn annehmen. Hier kann man auf den Zugangsort abstellen. Daher war die Scheidung nach jüdischem Recht nicht anzuerkennen, bei der der Scheidebrief in Deutschland übergeben wurde (BayObLG aaO, aber mit falscher Begründung, weil auch teilweise Vornahme im Inland schaden würde), aber anzuerkennen, wenn die Übergabe an die Frau in Israel erfolgte, mag auch der Brief im Inland ausgestellt und abgesandt worden sein (KG 15. 8. 1968 FamRZ 1969, 31; OLG Stuttgart 18. 12. 1970 NJW 1971, 994; **aA** MünchKomm/WINKLER VON MOHRENFELS Art 17 BGBGB Rn 92; weitere Nachw Rn 633 f).

594 **Diplomatische Vertretungen** fremder Staaten hier sind Inland idS (JM BW 28. 7. 1970 FamRZ 1971, 436, pakistanische Botschaft; KG 1. 3. 1965 FamRZ 1966, 149 [Konsulat VAR]; BGH 14. 10. 1981 BGHZ 82, 34 = IPRax 1983, 37 [KEGEL 22], thailändische Botschaft; OLG Stuttgart 10. 4. 1980 IPRax 1981, 213 [BEITZKE 202] thailändische Botschaft] AG Hamburg 12. 4. 1979 NJW 1980, 2026 = FamRZ 1980, 453 = StAZ 1980, 311 = JuS 1980, 913 [HOHLOCH]; marokkanische Botschaft; ebenso OLG Köln 27. 9. 1999 FamRZ 2000, 895). Ist der konstitutive Akt in ihr vorgenommen worden, steht Art 17 Abs 2 EGBGB der Anerkennung im Wege. Wurde dieser im Ausland vorgenommen, und diese Scheidung nur hier registriert, gilt das nicht. Das LG Stuttgart (24. 4. 1959 FamRZ 1959, 506 [krit BEITZKE]) will eine Scheidung vor der inländischen Botschaft für **Gerichtsbefreite** anerkennen, weil diesen Personen die deutsche Gerichtsbarkeit nicht zur Verfügung stehe.

595 Das Scheidungsmonopol deutscher Gerichte steht an sich nur der Anerkennung der Statusentscheidung bzw -änderung entgegen, nicht der ausländischen **Folgeregelung**. So trifft zB in Marokko der Richter im Anschluß an Verstoßungsscheidungen Unterhaltsregelungen (AG Hamburg 24. 1. 1985 IPRspr 1985 Nr 71 = IPRax 1986, 114). Kann aber die Statusänderung nicht als wirksam angesehen werden, kann auch die gerichtliche Folgeregelung nicht anerkannt werden (Rn 233 ff). Ggf kann dann im Inland statt auf Geschiedenenunterhalt auf Trennungsunterhalt geklagt werden, und dasselbe gilt an sich, solange das erforderliche Verfahren nach Art 7 § 1 FamRÄndG noch nicht durchgeführt ist, jedoch ist hier auszusetzen, um die Entscheidung der LJV abzuwarten, die zurückwirkt (COESTER IPRax 1996, 25; ZÖLLER/GEIMER § 328 Rn 225; irrig OLG Hamm 11. 7. 1988 IPRax 1989, 107 [HENRICH]; weiter Art 7 § 1 FamRÄndG Rn 18).

Artikel 7 FamRÄndG
Anerkennung ausländischer Entscheidungen in Ehesachen

§ 1
Anerkennung ausländischer Entscheidungen in Ehesachen

(1) Entscheidungen, durch die im Ausland eine Ehe für nichtig erklärt, aufgehoben, dem Bande nach oder unter Aufrechterhaltung des Ehebandes geschieden oder durch die das Bestehen oder Nichtbestehen einer Ehe zwischen den Parteien festgestellt ist, werden nur anerkannt, wenn die Landesjustizverwaltung festgestellt hat, daß die Voraussetzungen für die Anerkennung vorliegen. Die Verbürgung der Gegenseitigkeit ist nicht Voraussetzung für die Anerkennung. Hat ein Gericht des Staates entschieden, dem beide Ehegatten zur Zeit der Entscheidung angehört haben, so hängt die Anerkennung nicht von einer Feststellung der Landesjustizverwaltung ab.

(2) Zuständig ist die Justizverwaltung des Landes, in dem ein Ehegatte seinen gewöhnlichen Aufenthalt hat. Hat keiner der Ehegatten seinen gewöhnlichen Aufenthalt im Inland, so ist die Justizverwaltung des Landes zuständig, in dem eine neue Ehe geschlossen werden soll; die Justizverwaltung kann den Nachweis verlangen, daß das Aufgebot bestellt oder um Befreiung von dem Aufgebot nachgesucht ist. Soweit eine Zuständigkeit nicht gegeben ist, ist die Justizverwaltung des Landes Berlin zuständig.

(2a) Die Landesregierungen können die den Landesjustizverwaltungen nach diesem Gesetz zustehenden Befugnisse durch Rechtsverordnung auf einen oder mehrere Präsidenten des Oberlandesgerichts übertragen. Die Landesregierungen können die Ermächtigung auf die Landesjustizverwaltungen übertragen.

(3) Die Entscheidung ergeht auf Antrag. Den Antrag kann stellen, wer ein rechtliches Interesse an der Anerkennung glaubhaft macht.

(4) Lehnt die Justizverwaltung den Antrag ab, so kann der Antragsteller die Entscheidung des Oberlandesgerichts beantragen.

(5) Stellt die Landesjustizverwaltung fest, daß die Voraussetzungen für die Anerkennung vorliegen, so kann ein Ehegatte, der den Antrag nicht gestellt hat, die Entscheidung des Oberlandesgerichts beantragen. Die Entscheidung der Landesjustizverwaltung wird mit der Bekanntmachung an den Antragsteller wirksam. Die Landesjustizverwaltung kann jedoch in ihrer Entscheidung bestimmen, daß die Entscheidung erst nach Ablauf einer von ihr bestimmten Frist wirksam wird.

(6) Das Oberlandesgericht entscheidet im Verfahren der freiwilligen Gerichtsbarkeit. Zuständig ist das Oberlandesgericht, in dessen Bezirk die Landesjustizverwaltung ihren Sitz hat. Der Antrag auf gerichtliche Entscheidung hat keine aufschiebende Wirkung. § 21 Abs. 2, §§ 23, 24 Abs. 3, §§ 25, 28 Abs. 2, 3, § 30 Abs. 1 S 1 und § 199 Abs. 1 des Gesetzes über die Angelegenheiten der freiwilligen Gerichtsbarkeit gelten sinngemäß. Die Entscheidung des Oberlandesgerichts ist endgültig.

(7) Die vorstehenden Vorschriften sind sinngemäß anzuwenden, wenn die Feststellung begehrt wird, daß die Voraussetzungen für die Anerkennung einer Entscheidung nicht vorliegen.

(8) Die Feststellung, daß die Voraussetzungen für die Anerkennung vorliegen oder nicht vorliegen, ist für Gerichte und Verwaltungsbehörden bindend.

Materialien: BT-Drucks 12/6243.

Systematische Übersicht

Alphabetische Übersicht

I. Allgemeines*

1. Zweck. Rechtsvergleichung

Das besondere Anerkennungsverfahren nach Art 7 § 1 FamRÄndG dient mit seiner 1
Monopolisierung der Anerkennung dazu, Klarheit und Einheitlichkeit in der Beurteilung ausländischer Statusentscheidungen herbeizuführen. Ohne ein solches Verfahren hätte jedes Gericht und jede Behörde (zB der Standesbeamte) die Vorfrage der Gültigkeit der Scheidung oder sonstigen Eheaufhebung inzident zu prüfen, so daß nicht gesichert wäre, daß die Frage stets einheitlich beurteilt würde. Das er-

* **Schrifttum**: Basedow, Auslandsscheidungen vor deutschen Gerichten und Behörden – Zwei Verfahrensfragen, StAZ 1977, 6; ders, Die Anerkennung von Auslandsscheidungen, Arbeiten zur Rechtsvergleichung, Bd 103 (1980); Beule, Die Anerkennung ausländischer Entscheidungen in Ehesachen, insbesondere bei Privatscheidungen, StAZ 1979, 29; ders, Zur Anerkennung ausländischer Ehescheidungen – Anträge jetzt unmittelbar vom Standesamt zum Justizministerium Nordrhein-Westfalen, StAZ 1981, 211; ders, Einige Zahlen zur Anerkennung ausländischer Ehescheidungen, StAZ 1982, 154 f; ders, Ein Verstoß gegen das Scheidungsmonopol der deutschen Gerichte, IPRax 1988, 150; Breidenbach, Zur Anerkennung ausländischer Entscheidungen in Ehesachen und deren namensrechtlichen Auswirkungen, StAZ 1979, 131; P Decker, Die Anerkennung ausländischer Entscheidungen im Zivilprozeß (Diss Regensburg 1984); Geimer, Das Anerkennungsverfahren für ausländische Entscheidungen in Ehesachen, NJW 1967, 1398; Kleinrahm, Die Feststellungsbefugnis der Landesjustizverwaltungen nach Art 7 FamRÄndG, StAZ 1969, 57; Kleinrahm/Partikel, Die Anerkennung ausländischer Entscheidungen in Ehesachen (1970); Krzywon, Die Anerkennung ausländischer Entscheidungen in Ehesachen, StAZ 1989, 93; W Reinl, Die Anerkennung ausländischer Eheauflösungen (Diss Würzburg 1966); ders, Anmerkungen zum Verfahren der Anerkennung ausländischer Eheurteile gemäß Art 7 FamRÄndG 1961, FamRZ 1969, 453; Schwenn, Anerkennung ausländischer Eheurteile, in: Beitzke (Hrsg), Vorschläge und Gutachten zur Reform des deutschen internationalen Personen-, Familien- und Erbrechts (1981) 134; Siehr, Privatscheidungen und Anerkennungsverfahren nach Art 7 § 1 FamRÄndG, FamRZ 1969, 184.

schien dem Gesetzgeber gerade in Statusfragen, von denen oft eine größere Zahl von Folgen abhängt, nicht erträglich (ebenso Habscheid FamRZ 1973, 432 und FamRZ 1967, 363; Geimer NJW 1967, 1398). Mit der Konzentration bei den LJVen bzw den Präsidenten der OLG kann uU erreicht werden, daß sich mit diesen Fragen ausländischen Rechts besonders sachkundige Personen beschäftigen (KG 20. 6. 1984 StAZ 1984, 309). (Über die dort verfügbaren Quellen ist allerdings nichts bekannt). Hier spiegelt sich auch das besondere Interesse der Umwelt und der Öffentlichkeit an der Klarheit von Statusverhältnissen wider (vgl BGH 11. 7. 1990 BGHZ 112, 127 = StAZ 1991, 11; BayObLG 21. 8. 1975 BayObLGZ 1975, 339 = NJW 1976, 1037; BayObLG 11. 6. 1979 BayObLGZ 1979, 193 = FamRZ 1979, 1015). Statistische Angaben finden sich bei Basedow (Die Anerkennung von Auslandsscheidungen [1980] 44) und Beule (StAZ 1982, 154). Neuere Zahlen sind nicht bekannt.

2 Vergleichbare Delibationsverfahren finden sich verschiedentlich in der Welt. Zu nennen ist besonders Österreich, wo § 24 der 4. DVO zum EheG von 1941 weitergilt, der in Deutschland der Vorläufer von Art 7 § 1 FamRÄndG war. Bekannt war das Delibationsverfahren in Italien (Art 796 ff c proc civ), das aber durch das IPR-Gesetz vom 31. 3. 1995 mit Wirkung zum 1. 1. 1997 beseitigt ist (Text IPRax 1996, 356 ff; dazu Pocar IPRax 1997, 160 f). Förmliche Anerkennungsverfahren waren im übrigen in den sozialistischen Ländern einschließlich der früheren DDR (§ 194 Abs 1 ZPO) verbreitet.

3 Andererseits findet sich in Staaten, die grundsätzlich ein Exequatur-Urteil verlangen, gerade umgekehrt und erstaunlicherweise nicht selten, daß Statusurteile von diesem Erfordernis der förmlichen Anerkennung ausgenommen werden. So ist es in Belgien, Frankreich und den Niederlanden. Dies relativiert ein wenig die Vorstellung, daß ein förmliches Anerkennungsverfahren bei Statusentscheidungen unverzichtbar sei.

2. Geschichte

4 Das selbständige und mit Bindungswirkung versehene Feststellungsverfahren in Ehesachen wurde erst 1941 mit § 24 der 4. DVO zum EheG eingeführt. Nach 1945 galt diese Regelung zunächst weiter und wurde durch § 28 der AVO zum EheG v 12. 7. 1948 mit im wesentlichen gleichem Inhalt abgelöst. Während 1941 der Reichsjustizminister für die Anerkennung zuständig war, waren nach 1945 die LJV in der französischen und amerikanischen Zone zuständig, und in der britischen der OLG-Präsident. Die Bundesregierung entschied am 6. 12. 1949 (BGB I 34), daß durchweg die LJVen zuständig seien, hat aber 1994 den Ländern die Übertragung auf die Präsidenten des OLG erlaubt (u Rn 112).

5 Von größerer Bedeutung war, daß mit Art 19 Abs 4 GG 1949 die ursprüngliche Unanfechtbarkeit der Entscheidungen des Reichsjustizministeriums nicht mehr aufrechtzuerhalten war. Mit Wirkung v 1. 4. 1960 wurde die Zuständigkeit für die Anfechtung von Bescheiden der LJV auf die Oberlandesgerichte übertragen (§§ 23–30 EGGVG). Schließlich wurden diese Regelungen zum 1. 1. 1962 durch Art 7 § 1 FamRÄndG ersetzt. Die Zuständigkeit blieb bei den Landesjustizverwaltungen und Rechtsmittel gegen deren Entscheidungen gingen weiterhin an das Oberlandesgericht. Eine weitere Änderung brachte das 1. Gesetz zur Reform des

Ehe- und Familienrechts v 14. 6. 1976. Nachdem bis dahin gegen Entscheidungen des Oberlandesgerichts überhaupt keine Rechtsmittel zulässig waren, sind die Oberlandesgerichte jetzt immerhin zur Vorlage an den BGH verpflichtet, wenn sie von einer Entscheidung eines anderen Oberlandesgerichts oder des BGH abweichen wollen (Art 7 § 1 Abs 6 S 4 FamRÄndG iVm § 28 Abs 2 FGG). Die Entscheidung des OLG ist jedoch unanfechtbar (Art 7 § 1 Abs 6 S 5 FamRÄndG). Mit der Vorlagepflicht ist Forderungen der Literatur Rechnung getragen worden (vgl STAUDINGER/GAMILLSCHEG[10/11] § 328 ZPO Rn 472, 551).

Das Gesetz zur Reform des Internationalen Privat- und Verfahrensrechts von 1986 hat, nichts geändert, doch kam 1994 Abs 2a hinzu (BGBl I 1374). 6

Daß die Feststellungskompetenz bei den Ländern und nicht beim Bund liegt, hat man kritisiert (SIEHR FamRZ 1969, 185; SCHWENN, in: LAUTERBACH [Hrsg], Vorschläge und Gutachten zur Reform des deutschen internationalen Eherechts [1962] 143), doch wird dem Bedürfnis nach bundesweiter Information wohl ausreichend durch die beim Bundesjustizministerium geführte Zentralkartei aller Bescheide genügt. 7

3. Verfassungsmäßigkeit

Die Übertragung der Feststellungsbefugnis auf die **Verwaltungsbehörde** ist verschiedentlich als ein Verstoß gegen das Gerichtsmonopol des Art 92 GG angesehen worden (LAUTERBACH RabelsZ 17 [1952] 691, anders aber ZZP 81 [1968] 306; Bedenken bei NEUHAUS FamRZ 1964, 24 und RabelsZ 31 [1967] 580 sowie 35 [1971] 356; BEITZKE JZ 1956, 499; D MÜLLER FamRZ 1967, 707; REINL FamRZ 1969, 454; GEIMER NJW 1971, 2138; vgl auch BGH 9. 5. 1956 BGHZ 20, 323 = FamRZ 1956, 276 [BOSCH] = JZ 1956, 496 [BEITZKE] = StAZ 1956, 169 = NJW 1956, 1436 = ZZP 69 [1956], 288; OLG Düsseldorf 5. 6. 1957 IPRspr 1956/57 Nr 200 = MDR 1957, 680). Auch die OLG-Präsidenten erlassen Justizverwaltungsakte. 8

Letztlich haben sich diese Einwände, die oft auch nur Zweifel waren, nicht durchgesetzt und die Verfassungsmäßigkeit der Regelung kann heute als gesichert gelten (zB GRUNSKY, in: GILLES [Hrsg], Humane Justiz [1977] 128; MARTINY, Hdb IZVR Bd III/1 Kap I Rn 1682; weiterhin zweifelnd jedoch STEIN/JONAS/H ROTH § 328 Rn 190; GEIMER, Anerkennung 159). Vor allem hat sich die Rechtsprechung konstant für die Verfassungsmäßigkeit ausgesprochen (BGH 14. 10. 1981 BGHZ 82, 34, 39 = NJW 1982, 517 = IPRax 1983, 37 [KEGEL 22]; BayObLG 24. 6. 1977 BayObLGZ 1977, 180 = FamRZ 1978, 243 = StAZ 1977, 309; OLG Düsseldorf 17. 5. 1974 FamRZ 1974, 528 [BEITZKE, OTTO 655]; OLG Düsseldorf 28. 2. 1975 FamRZ 1975, 584 [GEIMER] = StAZ 1975, 189; OLG Düsseldorf 10. 3. 1976 OLGZ 1976, 291 = FamRZ 1976, 355 = MDR 1976, 849; OLG Düsseldorf 27. 7. 1976 IPRspr 1976 Nr 180; OLG Düsseldorf 21. 12. 1976 IPRspr 1976 Nr 182; OLG Düsseldorf 16. 1. 1981 IPRspr 1981 Nr 191; JM NRW 16. 12. 1974 IPRspr 1975 Nr 175 a). 9

Die Entscheidung über die Anerkennung ausländischer Statusentscheidungen ist zweifellos **rechtsprechende Tätigkeit** auf dem Gebiet des bürgerlichen Rechts. Dennoch ist dem Gebot, die rechtsprechende Gewalt unabhängigen Gerichten zu überlassen, durch die Möglichkeit der Beschwerde zum OLG Genüge getan (**aA** STURM, in: FS Beitzke [1979] 803, Fn 80). Es schadet auch nicht, daß nicht mehrere gerichtliche Instanzen zur Verfügung stehen. 10

11 Ob man de lege ferenda das Anerkennungsverfahren einem Gericht, insbesondere dem Familiengericht, übertragen sollte (Bosch FamRZ 1980, 10), ist eine andere Frage.

4. Feststellungsmonopol

12 Für die ihnen zugewiesenen Entscheidungen (dazu Rn 30 ff) haben die LJV das Anerkennungs- bzw Feststellungsmonopol. Das ergibt sich zwar nicht aus dem Wortlaut, aber aus dem Zweck des Art 7 § 1 FamRÄndG. Eine **Klage** auf Feststellung ist daher auch vor einer Befassung der LJV ebenso **unzulässig** (Zöller/Geimer § 328 Rn 226 f; Geimer NJW 1967, 1400; Kleinrahm StAZ 1969, 62; Reinl FamRZ 1969, 453 f; Martiny aaO Rn 1600) wie eine **erneute Scheidungsklage** im Inland (Anh zu §§ 606a ZPO Rn 48 ff; OLG Hamburg 13. 7. 1965, IPRspr 1964/65 Nr 247 = MDR 1965, 828; BayObLG 25. 9. 1973 BayObLGZ 1973, 251 = FamRZ 1973, 660 = NJW 1974, 1628 [Geimer]; OLG Karlsruhe 17. 9. 1990 FamRZ 1991, 92; OLG Köln 18. 3. 1998 FamRZ 1998, 1307; Decker, Die Anerkennung ausländischer Entscheidungen im Zivilprozeß [Diss Regensburg 1984] 124 ff; Lorenz FamRZ 1966, 474 f; **aA** AG Darmstadt 7. 2. 1984 IPRax 1984, 218 [DH abl] bei evidenter Anerkennungsunfähigkeit). Zwar kann der Einwand der Rechtskraft der ausländischen Scheidung der inländischen parallelen Klage mangels Anerkennung nicht entgegengehalten werden (OLG Koblenz 8. 1. 1974 IPRspr 1974 Nr 171 = FamRZ 1974, 189), aber deshalb ist sie nicht schon zulässig, sondern es ist auszusetzen (u Rn 15 ff).

13 Das Monopol wirkt auch, wenn die Anerkennungsfrage einer ausländischen Scheidung in einem inländischen Verfahren nur als **präjudizielle Vorfrage** auftaucht. Das ist insbesondere bei den Scheidungsfolgen so (BGH 6. 10. 1982 IPRax 1983, 292 [Basedow 278, Bürgle 281] = NJW 1983, 514; OLG Hamm 18. 5. 1988 FamRZ 1988, 968; OLG Frankfurt aM 16. 9. 1993 OLG-Report 1993, 305; Kleinrahm StAZ 1969, 58; MünchKomm-ZPO/Gottwald § 328 Rn 173; **aA** Baumann IPRax 1994, 436, alle zum Scheidungsunterhalt). Hier ist das Verfahren ebenso auszusetzen, um den Parteien den Antrag an die LJV zu ermöglichen. Ohne förmliche Anerkennung kann niemand die Statusänderung oder ihre Folgen geltend machen. Doch auch die fehlende Anerkennungsfähigkeit darf nicht implizit geprüft bzw bejaht werden zB für eine Klage auf Nichtigkeit einer Zweitehe wegen § 1306 BGB (irrig OLG Düsseldorf 27. 1. 1992 IPRax 1993, 251).

14 Auch eine **Klage auf Feststellung** des Bestehens oder Nichtbestehens der Ehe ist unzulässig, wenn schon ein Gestaltungsurteil im Ausland vorliegt (Beitzke DRZ 1946, 173; Decker 146 f; Kleinrahm StAZ 1969, 62). Es fehlt das Rechtsschutzbedürfnis angesichts der Möglichkeit, auf dem Wege über die LJV einfacher zu einer Gestaltungswirkung oder bei ausländischem Feststellungsurteil zu einer Rechtskraftwirkung im Inland zu kommen. Möglich sind die Feststellungsklage nur außerhalb des Feststellungsmonopols der LJV, also bei Heimatstaatsscheidungen (Art 7 § 1 Abs 1 S 3 FamRÄndG), und die Klage auf Feststellung einer Nichtehe.

5. Schwebezustand. Aussetzungspflicht

15 Entsprechend können vor der förmlichen Anerkennung auch **Behörden** nicht tätig werden. So durfte vorher nicht ein neues Aufgebot bestellt werden (KG 20. 6. 1984 StAZ 1994, 309 obiter; Breidenbach StAZ 1986, 330), und es dürfen keine Ehefähigkeitszeugnisse für eine Heirat im Ausland ausgestellt werden (AG Hamburg 24. 12. 1969 StAZ 1970, 129; LG München I 15. 3. 1972 StAZ 1973, 16; vgl § 384 Abs 1 S 5 DA für Standesbeamte; zu den praktischen Problemen damit im Verhältnis zur Schweiz s näher MEYER StAZ 1985, 174 f; **aA** JAYME und SIEHR StAZ 1970, 345). Trotz einer Scheidung im Ausland müssen später geborene Kinder noch als ehelich eingetragen werden (KLEINRAHM aaO; RAAPE, IPR 311, Fn 97). Ein Erbrechtsstreit soll nicht entschieden werden, wenn es auf die Anerkennung der Scheidung wegen des Ehegattenerbrechts ankommt (JANSEN Art 7 § 1 FamRÄndG Rn 16), und ein Erbschein nicht erteilt werden (KLEINRAHM StAZ 1969, 58). Auch das Sterbebuch soll die Scheidung nicht erwähnen (KUBITZ StAZ 1983, 82, Fachaussch Nr 2744).

16 Vielmehr ist immer, wenn die inländische Wirksamkeit oder Unwirksamkeit der ausländischen Eheauflösung vorgreiflich ist, das betr **Verfahren auszusetzen** und den Parteien Gelegenheit zu geben, die **Entscheidung der LJV einzuholen** (BGH 6. 10. 1982 FamRZ 1992, 1203 = IPRax 1983, 292 [BASEDOW 278, BÜRGLE 281]; BayObLG 25. 9. 1973 FamRZ 1973, 660; OLG Frankfurt aM 16. 9. 1993 OLG-Report 1993, 303; OLG Köln 18. 3. 1998 FamRZ 1998, 1303). Man wird wohl auch eine Frist dafür setzen dürfen (OLG Köln 18. 3. 1998 FamRZ 1999, 1303). Die Feststellung der Anerkennung wie der Nichtanerkennung hat Rechtskraft inter omnes und soll vermeiden, daß darüber von verschiedenen Gerichten verschieden entschieden wird (BÜRGLE IPRax 1983, 282 gegen BGH aaO). Das Anerkennungsverfahren ist auch zu betreiben, wenn streitig ist, ob überhaupt im Ausland eine Scheidung erfolgt ist, und erst recht ob es wirksam und rechtskräftig ist (OLG Karlsruhe 17. 9. 1990 FamRZ 1991, 927; OLG Frankfurt aM 28. 10. 1999 28 VA 2/98; BGH 10. 1. 2001 FamRZ 2001, 991).

17 Obwohl eine ausländische Scheidung ohne die nötig Delibation im Inland nicht wirkt, ist eine erneute Klage im Inland zwar zulässig, doch ist das Verfahren auszusetzen, um die Entscheidung der LJV abzuwarten. Insoweit wirkt das ausländische Urteil auch ohne Delibation auf das Verfahren ein (OLG Karlsruhe 30. 9. 1999 FamRZ 2000, 1021). Erfolgt die Anerkennung, ist die Klage wegen Rechtskraft abzuweisen, andernfalls kann das Verfahren seinen Fortgang nehmen. Daß aber dem Kläger des inländischen Zweitverfahrens deshalb schon Prozeßkostenhilfe gewährt werden kann, weil unklar ist, ob die Beklagte den Antrag bei der LJV stellen wird (so OLG Karlsruhe aaO), trifft nicht zu, denn der Kläger kann den Antrag auch stellen, womit sich die Zweitscheidung ggf erübrigt.

18 Wenn die Anerkennung einer Entscheidung über eine **Scheidungsfolge** von der Anerkennung der Statusentscheidung abhängt (dazu o Rn 13), dann ist auch die förmliche Feststellung der letzteren nötig, soweit es sich nicht um eine Eheauflösung aus dem gemeinsamen Heimatstaat der Eheleute oder aus einem Mitgliedstaat der EheGVO handelt (dazu weiter u Rn 55 ff). Das Anerkennungsmonopol der LJV ist ein von Amts wegen zu beachtendes Verfahrenshindernis (MünchKomm-ZPO/GOTTWALD § 328 Rn 184; ZÖLLER/GEIMER § 328 Rn 226). Es besteht auch, wenn die Anerkennung offensichtlich ausscheidet, denn das kann bei näherer Betrachtung zweifelhaft werden (ZÖLLER/GEIMER § 328 Rn 227; MünchKomm-ZPO/GOTTWALD § 328 Rn 184; **aA** BGH 6. 10. 1982 FamRZ 1982, 1203 = IPRax 1983, 292 [BÜRGLE 281; BASEDOW 278]; OLG Düsseldorf 27. 1. 1992 IPRax 1993, 251 [HENRICH 236]; OLG Köln 18. 2. 1998 NJW-RR 1999, 81). So kann über eine Klage auf Geschiedenenunterhalt noch nicht entschieden werden. Es muß ausgesetzt werden. Einstweilen ist aber ein Anspruch auf Ehegattenunterhalt möglich (OLG Koblenz 20. 11. 1990 FamRZ 1991, 459). Man kann nicht einwenden, daß die zugrundeliegende Ehe vielleicht geschieden sei. Die Aussetzung bezieht sich auf

einen Anspruch auf Nachscheidungsunterhalt, während die Ansprüche zwischen Ehegatten solange bestehen, bis die Ehe wirksam geschieden ist (vgl OLG Hamm 22. 7. 1995 FamRZ 1996, 178; OLG Celle 7. 5. 1990 FamRZ 1990, 1390 zu Kindesunterhalt). Die förmliche Anerkennung der ausländischen Scheidung ist nicht nötig, wenn sie nicht vorgreiflich ist (Zöller/Geimer § 328 Rn 228).

19 Eine besondere Art von Vorgreiflichkeit ergibt sich, wenn im Inland eine Umwandlung einer ausländischen Ehetrennung in eine Scheidung begehrt wird, wie sie etwa das brasilianische Recht vorsieht. Richtet sich die Scheidung gem Art 17 Abs 1 EGBGB nach brasilianischem Recht, muß zuerst die Trennung anerkannt sein, und das Scheidungsverfahren ausgesetzt werden (Zöller/Geimer § 328 Rn 228). Kann die Scheidung unabhängig davon verlangt werden, ist die Anerkennung der Trennung nicht nötig.

20 Vor der Antragstellung und bis zur Entscheidung der LJV entsteht eine Art **Schwebezustand**, in dem weder die Anerkennung noch die fehlende Anerkennungsfähigkeit geltend gemacht werden können (BayObLG 25. 9. 1973 BayObLGZ 1973, 251 = FamRZ 1973, 660 = NJW 1974, 1628 [Geimer] = StAZ 1974, 7; Kleinrahm StAZ 1969, 60 ff).

21 Manche meinen, daß eine nach der Scheidung im Ausland aber vor deren Anerkennung in Deutschland geschlossene zweite Ehe als **bigamisch** anzusehen ist (LG Hamburg 4. 11. 1975 StAZ 1977, 19 [Basedow 6]; vgl Staudinger/Mankowski [2003] Art 13 EGBGB Rn 298, 303; anders aber, wenn die erste Ehe ipso jure nichtig ist, LG Hamburg 10. 1. 1990 StAZ 1991, 92). Eine später erfolgende Anerkennung wirke aber auf den Zeitpunkt des ausländischen Urteils zurück und „heile" die zweite Ehe (BGH 28. 6. 1961 FamRZ 1961, 427; OLG Düsseldorf 13. 4. 1964 IPRspr 1964/65 Nr 265; OLG Celle 21. 12. 1966 FamRZ 1967, 156 = NJW 1967, 783; OLG Frankfurt aM 24. 7. 1967 FamRZ 1968, 87; KG 20. 6. 1984 StAZ 1984, 309; unklar der Sachverhalt BGH 10. 1. 2001 FamRZ 2001, 991). Dabei entfällt der Nichtigkeitsgrund der Doppelehe bereits dann, wenn das anzuerkennende ausländische Scheidungsurteil vor der Wiederverheiratung ergangen ist, aber erst danach rechtskräftig wurde.

22 Über eine gegen die zweite Ehe gerichtete Nichtigkeitsklage wegen der Vorehe ist jedoch nicht zu entscheiden, sondern es ist auszusetzen, um die Stellung des Antrags auf Anerkennung der ausländischen Scheidung zu ermöglichen (BGH 28. 6. 1961 FamRZ 1961, 427; OLG Karlsruhe 17. 9. 1990 FamRZ 1991, 92). Würde man der Aufhebungsklage stattgeben, hieße das, die ausländische Scheidung sei als unwirksam anzusehen. Zudem müßte das inländische Urteil wieder aufgehoben werden, wenn die Anerkennung später noch erfolgt. Stellt keiner den Aussetzungsantrag, kann das Gericht – auch von Amts wegen – aussetzen (MünchKomm-ZPO/Gottwald § 328 Rn 184; Stein/Jonas/H Roth § 328 Rn 189, 200; Zöller/Geimer § 328 Rn 226; BayObLG 25. 9. 1973 NJW 1974, 1628; OLG Köln 18. 3. 1998 FamRZ 1998, 1303; OLG Karlsruhe 17. 9. 1990 FamRZ 1991, 92). Das Gericht kann allerdings den Antrag bei der LJV nicht selbst stellen (u Rn 135). Es kann und muß, um ein dauerndes Schweben der Sache zu vermeiden, eine Frist für den Antrag bei der LJV setzen (OLG Karlsruhe aaO; OLG Köln aaO; zurückhaltend BGH 6. 10. 1982 FamRZ 1982, 1203, 1205; Henrich Int Familienrecht 152). An sich besteht aber keine Pflicht, den Antrag auch zu stellen (u Rn 123). In einem inländischen Zweitscheidungsverfahren will das OLG Köln (aaO), wenn der Antrag nicht gestellt wird, inzident selbst über die Anerkennung entscheiden. Besser wäre es, die Klage wegen der Weigerung abzuweisen.

Für die Verwaltungsbehörde (früher die Staatsanwaltschaft) resultiert aus der Möglichkeit, vor der LJV die Anerkennung einer ausländischen Scheidung zu beantragen (Rn 136), daß auch sie mit einer Nichtigkeitsklage gegen die (noch) bigamische Ehe warten sollte. Wird die Erstehe im Ausland dagegen erst nach Eingehung der bigamischen Inlandsehe geschieden, dann kommt eine Heilung des Mangels der Zweitehe grundsätzlich nicht mehr in Betracht. Dementsprechend ist in diesem Fall auch eine Nichtigkeitsklage nicht mißbräuchlich (BGH 18. 6. 1986 FamRZ 1986, 879; vgl BGH 17. 1. 2001 FamRZ 2001, 685). Eine Ausnahme kann nur dann gelten, wenn der die Nichtigkeit anstrebende Ehegatte mißbräuchliche Zwecke verfolgt, oder wenn für die Verwaltungsbehörde kein nennenswertes öffentliches Interesse an der Nichtigkeitsklage mehr besteht (vgl OLG Hamm 28. 4. 1986 FamRZ 1986, 1204 [abl Bosch]; Anh zu § 606a ZPO Rn 120 f). In solchen Situationen ist ggf die Anerkennung der nachträglichen Auslandsscheidung zu betreiben. 23

Die **Grundlage** für die Aussetzung des Nichtigkeitsverfahrens liegt in § 148 ZPO. Trotz der anzuordnenden Aussetzung des Verfahrens dürfen **einstweilige Anordnungen** betreffend die Scheidungsfolgen wie zB für das Sorgerecht erlassen werden (OLG Schleswig 23. 1. 1978 IPRspr 1978 Nr 82 = SchlHA 1978, 54; Kleinrahm StAZ 1969, 62; Martiny, Hdb IZVR Bd III/1 Kap I Rn 1666). 24

Wenn die Heiratslustigen Ausländer sind, die in einem dritten Staat geschieden wurden, ist selbst dann die förmliche Anerkennung gem Art 7 § 1 FamRÄndG zu verlangen, wenn ihr Heimatstaat seinerseits ipso jure anerkennt (Staudinger/Mankowski [2003] Art 13 EGBGB Rn 310; **aA** LG Hamburg 12. 5. 1976 IPRspr 1976 Nr 32). 25

6. Verhältnis zu § 328 ZPO

Art 7 § 1 FamRÄndG ist eine reine **Verfahrensregelung**. Die Maßstäbe, nach denen dann zu entscheiden ist, finden sich in § 328 ZPO und in Anerkennungsabk für gerichtliche und behördliche Statusänderungen (Geimer FamRZ 1975, 587), für Privatscheidungen im von Art 17 Abs 1, 14 Abs 1 EGBGB benannten Scheidungsstatut. 26

Es besteht insbesondere keine Parallele derart, daß Art 7 § 1 FamRÄndG immer und nur auf § 328 ZPO verweist, vielmehr sind alle Privatscheidungen unter Mitwirkung einer Behörde, und sei sie auch nur beurkundend, dem Anerkennungsverfahren unterworfen, während § 328 ZPO nur gilt, wenn das Gericht oder die Behörde die Statusveränderung konstitutiv herbeiführen (vgl Rn 31 ff, § 328 ZPO Rn 549 ff). 27

Die Auffassung, § 328 ZPO sei nur anzuwenden, wenn das Verfahren nach Art 7 § 1 FamRÄndG vorgeschrieben ist, und in den Fällen des Art 7 § 1 Abs 1 S 3 FamRÄndG (Heimatstaatscheidung) sei ohne weitere Voraussetzungen ipso jure anzuerkennen (OLG Frankfurt aM 15. 4. 1971 FamRZ 1971, 373 [abl Beitzke] = NJW 1971, 1528 [abl Wähler]; OLG Düsseldorf 28. 2. 1975 FamRZ 1975, 584 [abl Geimer]), hat sich zu Recht nicht durchgesetzt (Beitzke FamRZ 1971, 375; Martiny aaO Rn 1697). 28

II. Gegenstand des Feststellungsverfahrens*

1. Anerkennungsfähigkeit

29 Die LJV bzw der Präsident des OLG, stellen fest, daß die Voraussetzungen der Anerkennung gem § 328 ZPO vorliegen oder nicht. Dazu gehört auch, ob es im Ausland überhaupt zu einer, dort wirksamen Scheidung etc gekommen ist (BGH 10. 1. 2001 FamRZ 2001, 991 f) und auch, ob die Scheidungsurkunde überhaupt echt ist. Hierbei hilft die Legalisation, doch bleibt der Beweis der Unechtheit offen (OLG Frankfurt aM 28. 10. 1999 28 VA 2/98).

2. Entscheidungen

30 Art 7 § 1 Abs 1 S 1 FamRÄndG spricht von **„Entscheidungen“**, die „im **Ausland**“ ergangen sind. Beide Begriffe werden weit ausgelegt (vgl § 328 ZPO Rn 174 ff). § 1 Abs 1 spricht ausdrücklich von „Ehe“. Daraus folgert man zu Recht, daß Auflösungen von Lebenspartnerschaften nicht erfaßt werden (Zöller/Geimer § 328 Rn 234, § 661 Rn 47; R Wagner IPRax 2001, 281, 288; **aA** Hausmann, in: FS Henrich [2000] 241, 265; Andrae/Heidrich FamRZ 2004, 1624). Zwar ist die deutsche eingetragene Lebenspartnerschaft deutlich der Ehe nachgebildet, aber doch bewußt von der Ehe unterschieden (BVerfG 17. 2. 2002 FamRZ 2002, 1169). Daß § 328 Abs 2 ZPO sie nennt, besagt nichts hierfür, da er nur die Anerkennungsveraussetzungen für Urteile regelt ohne Rücksicht auf eine Erfordernis der Delibation. Eine gleiche Behandlung könnte rechtspolitisch wünschenswert sein, ist aber nicht vorgenommen worden

a) Behördenmitwirkung

31 Nach **hM** werden alle Scheidungen und Eheaufhebungen erfaßt und damit dem Feststellungsmonopol der LJV (Rn 12 ff) unterworfen, an denen eine **Behörde** nur irgendwie **mitgewirkt** hat. Es genügt auch eine bloße Registrierung der ansonsten durch **Rechtsgeschäft** aufgelösten Ehe, und es muß sich nicht um den konstitutiven Akt oder gerade um ein Gericht gehandelt haben. Es kann sich um einseitige Erklärungen oder Verträge handeln (BGH 14. 10. 1981 BGHZ 82, 34 = IPRax 1983, 37 [Kegel 22] = FamRZ 1982, 44 = StAZ 1982, 7 = NJW 1982, 517; BGH 21. 2. 1990 FamRZ 1990, 607; OLG Stuttgart 30. 9. 1960 StAZ 1962, 78; OLG Stuttgart 11. 4. 1987 IPRax 1988, 172; BayObLG 30. 8. 1984 FamRZ 1985, 75 = StAZ 1985, 11; BayObLG 17. 2. 1978 BayObLGZ 1978, 32; BayObLG 30. 11. 1981 IPRax 1982, 104 [Henrich 94]; BayObLG 24. 6. 1977 BayObLGZ 1977, 180 = FamRZ

* **Schrifttum**: Beitzke, Anerkennung inländischer Privatscheidungen von Ausländern?, IPRax 1981, 202; Beule, Die Anerkennung ausländischer Entscheidungen in Ehesachen, insbesondere Privatscheidungen, StAZ 1979, 29; Bürgle, Wieder einmal: Das Elend mit dem (diesmal thailändischen) internationalen Privatrecht, IPRax 1982, 12; Habscheid, Zur Anerkennung klageabweisender ausländischer Eheurteile, FamRZ 1973, 431; Kegel, Scheidung von Ausländern im Inland durch Rechtsgeschäft, IPRax 1983, 22; Krzywon, Die Anerkennung ausländischer Entscheidungen in Ehesachen, StAZ 1989, 93; Lorbacher, Zur Anerkennungsfähigkeit von Privatscheidungen ausländischer Ehegatten durch die Landesjustizverwaltung, FamRZ 1979, 771; Lüderitz, Talaq vor deutschen Gerichten, in: FS Baumgärtel (1990) 333; Otto, Nichtstandesamtliche Eheschließungen und Privatscheidungen in der Bundesrepublik, StAZ 1973, 129; Smart, The Recognition of Extra-Judicial Divorces, Int Comp L Q 1985, 392.

1978, 243 = StAZ 1977, 309; BayObLG 2. 7. 1982 BayObLGZ 1982, 257; OLG Düsseldorf 17. 5. 1974 IPRspr 1974 Nr 182 b; OLG Düsseldorf 27. 7. 1976 IPRspr 1976 Nr 180; OLG Düsseldorf 20. 5. 1983 IPRspr 1983 Nr 183; OLG Düsseldorf 24. 1. 1986 IPRax 1986, 305; OLG Frankfurt aM 26. 3. 1990 StAZ 1990, 195 [Ghana]; JM NRW 29. 7. 1983 IPRspr 1983 Nr 2; JM NRW 23. 3. 1984 IPRspr 1984 Nr 5 [Türkei]; LJV BW 23. 5. 1986 IPRax 1988, 170 [Beule 150] [Pakistan]; BayObLG 7. 4. 1998 FamRZ 1998, 1594; OLG Hamm 9. 1. 1992 FamRZ 1992, 673 [Marokko]; OLG Koblenz 21. 9. 1992 FamRZ 1993, 563=NJW-RR 1993, 70; BayObLG 13. 1. 1994 FamRZ 1994, 1264 = IPRax 1995, 324 [Börner 309] [Syrien]; Bay JM 21. 1. 1977 StAZ 1977, 201 [Otto] [Thailand]; Präs OLG Celle 11. 8. 1997 StAZ 1999, 80 obiter; JM BW 27. 12. 2000 FamRZ 2001, 1018; **aA** LG Hamburg 12. 1. 1977 IPRspr 1977 Nr 66, das eine gerichtliche Entscheidung verlangt). Kann der Antragsteller die Registrierung etc, dh die Behördenmitwirkung bei der Scheidung im Ausland nicht nachweisen, ist der Antrag unzulässig (Präs Celle 10. 11. 1997 StAZ 1999, 146).

Als mitwirkende „Behörde" sind auch **religiöse Instanzen** anzusehen, wenn ihre Tätigkeit auf dem Gebiete des Eherechts staatlich anerkannt ist (MünchKomm-ZPO/Gottwald § 328 Rn 170; Zöller/Geimer § 328 Rn 235, 78; Herfarth, Scheidung nach jüdischem Recht im internationalen Zivilverfahrensrecht [2000] 422). Das ist nicht nur der Fall bei einer Registrierung durch das Scharia-Gericht (JM Baden-Württemberg 27. 12. 2000 FamRZ 2001, 1018), sondern ebenso bei der Übergabe des Scheidebriefs vor dem Rabbiner in Israel nach israelitischem Recht (BayObLG 29. 8. 1985 FamRZ 1985, 1258, Eintragung beim Rabbinatsgericht in Tel Aviv; OLG Düsseldorf 28. 11. 1975 FamRZ 1976, 277 [Otto]; OLG Düsseldorf 17. 5. 1974 IPRspr 1974 Nr 182 b; JM NRW 14. 11. 1973 FamRZ 1974, 193 = StAZ 1974, 69 [dieselbe Sache]; LG Hamburg 12. 1. 1977 IPRspr 1977 Nr 66; Perles FamRZ 1980, 978). Dasselbe gilt dann entsprechend für Registrierung von Verstoßungen in islamischen Rechten, wenn sie durch religiöse Instanzen vorgenommen werden sollte (OLG Braunschweig 19. 10. 2000 FamRZ 2001, 561; OLG Stuttgart 3. 12. 1998 FamRZ 2000, 171; OLG Koblenz 21. 9. 1992 FamRZ 1993, 563). Das Rabbinat ist in Israel staatlich autorisiert bzw wirkt als staatliche Behörde mit (Herfarth aaO 422). Diese Autorität fehlt den Rabbinatsgerichten in den USA (Herfarth aaO) und in Deutschland. In diesem Fall fehlt also eine „Behördenmitwirkung" und es liegt eine reine Privatscheidung vor. Entscheidend ist die Autorisierung durch den Staat, dem die „Behörde" angehört. 32

Es muß sich freilich nicht gerade um eine registrierende Mitwirkung der Behörde handeln. Jede andere Mitwirkung genügt auch, wie zB die Ausfertigung eines Scheidebriefes durch den Rabbiner (in Israel) bei anschließender Übergabe im Ausland (vgl OLG Düsseldorf 15. 4. 1966 = OLGZ 1966, 486 = FamRZ 1968, 87 = StAZ 1967, 46; KG 15. 8. 1968 FamRZ 1969, 31). Ob dessen Mitwirkung im Inland dann gegen Art 17 Abs 2 EGBGB verstößt, ist eine andere Frage (§ 328 ZPO Rn 584). 33

b) Inländische und ausländische Behörden

Lange Zeit galten Scheidungen, an denen diplomatische Vertretungen des Heimatstaates in der Bundesrepublik anstatt im Ausland mitgewirkt hatten, nicht als Auslandsscheidungen, so daß das Verfahren nach Art 7 § 1 FamRÄndG nicht vorgeschrieben und nicht zulässig war (OLG Hamburg 24. 11. 1964 StAZ 1965, 249; KG 1. 3. 1965 FamRZ 1966, 149 = StAZ 1966, 113; OLG Düsseldorf 15. 4. 1966 = OLGZ 1966, 486 = FamRZ 1968, 87 = StAZ 1967, 46; KG 15. 8. 1968 FamRZ 1969, 31; JM BW 28. 7. 1970 FamRZ 1971, 436; LG Hamburg 16. 7. 1976 IPRspr 1976 Nr 51; AG Hamburg 12. 4. 1979 NJW 1980, 2026 = FamRZ 1980, 453 = StAZ 1980, 311 = JuS 1980, 913 [Hohloch]). „Ausland" wurde also streng **territorial** verstanden (so auch Lorbacher FamRZ 1979, 772). 34

35 Diese Auffassung hat sich inzwischen gewandelt. Bei Mitwirkung ausländischer **diplomatischer Vertretungen im Inland**, aber konstitutiver Vornahme der Privatscheidung im Inland oder Ausland, ist ebenfalls das Anerkennungsverfahren einzuhalten, wie wenn die Behörde im Ausland gewesen wäre (JM BW 23. 10. 1979 FamRZ 1980, 147; OLG Stuttgart 10. 4. 1980 StAZ 1980, 152 = IPRax 1981, 213 [zust Beitzke IPRax 1981, 204]; BayObLG 17. 2. 1978 = BayObLGZ 1978, 32 = StAZ 1978, 179; **insbes** BGH 14. 10. 1981 BGHZ 82, 34 = IPRax 1983, 37 [Kegel 22] = FamRZ 1982, 44). Das ist zwar eine Entwicklung praeter legem genannt worden (Beitzke aaO), doch wäre in der Tat die Unterscheidung sachlich schwer begründbar (BGH aaO).

36 Um eine ausländische Behörde handelt es sich unabhängig von ihrem Sitz immer dann, wenn sie **nicht** in Ausübung **deutscher Hoheitsgewalt** tätig geworden ist. So fallen Scheidungsurteile aus den Oder-Neiße-Gebieten unter Abs 1 S 1 („im Ausland"), wie die völkerrechtliche Lage der Gebiete auch zu beurteilen sein mag (BayObLG 17. 10. 1975 BayObLGZ 1975, 374 = FamRZ 1976, 154 = NJW 1976, 1032 = StAZ 1976, 162; OLG Hamburg 15. 1. 1982 IPRspr 1982 Nr 181); es gilt auch hier die **Hoheitsgewalttheorie** (vgl § 328 ZPO Rn 231 f).

37 Privatscheidungen unter Behördenmitwirkung können **teilweise im Inland** und teilweise im Ausland durchgeführt worden sein. Mit der vorgenannten Änderung der hM ist also auch dann das Anerkennungsverfahren zulässig, wenn das private Rechtsgeschäft (Vertrag oder Verstoßung) im Ausland vorgenommen wurde, aber zB ein Konsulat registrierend im Inland mitgewirkt hat, wobei es sich nur um ausländische diplomatische Vertretungen handeln kann, nicht um eine deutsche Behörde. Es muß nicht der gesamte Tatbestand im Ausland gelegen haben.

3. Reine Privatscheidung

38 Von reinen Privatscheidungen spricht man, wenn an dem Vorgang **keinerlei Behörde** mitwirkt. Dergleichen kommt zB in afrikanischen Gewohnheitsrechten vor (vgl Hinweise von Lorbacher FamRZ 1979, 772; Beule StAZ 1979, 33). Bei der Frage, inwieweit sie Art 7 § 1 FamRÄndG unterliegen, ist zu unterscheiden, ob eine förmliche Anerkennung vorgeschrieben oder nur erlaubt oder ausgeschlossen ist. BGH (14. 10. 1981 BGHZ 82, 34, 41; 21. 2. 1990 FamRZ 1990, 607 f) und BayObLG (13. 1. 1994 FamRZ 1994, 1263) formulieren vorsichtig, Privatscheidungen unterlägen dem Verfahren „jedenfalls dann", wenn daran eine ausländische Behörde mitgewirkt hat, lassen also die Frage offen, ob auch reine Privatscheidungen förmlich anerkannt werden müssen (ebenso zB JA BW 27. 12. 2000 FamRZ 2001, 1018). Unbestritten ist, daß bei einer Behördenmitwirkung das Anerkennungsverfahren obligatorisch ist (o Rn 31). Bei reinen Privatscheidungen andererseits sei das Verfahren nach manchem unzulässig (Soergel/Schurig Art 17 EGBGB Rn 114; Kegel IPRax 1983, 25; wohl Palandt/Heldrich Art 17 Rn 36; Schack, IZVR Rn 895; OLG Celle 10. 11. 1997 FamRZ 1998, 686).

39 Nun ist die behördliche Mitwirkung in vielen, insbesondere in islamischen Rechten aber **nicht Wirksamkeitsbedingung** (Lüderitz, in: FS Baumgärtel [1990] 333 ff, 343). Damit ergäbe sich die in der Tat merkwürdige Konsequenz (Lüderitz aaO), daß nach Registrierung oder sonstiger Mitwirkung der ausländischen Behörde das Anerkennungsmonopol der LJV eingreift, während vorher die Wirksamkeit der ausländischen Scheidung unmittelbar und ipso jure im Inland eintritt und von jedermann ohne Einschaltung der LJV geltend gemacht werden könnte. Man kann davon ausgehen, daß der Gesetzgeber seinerzeit annahm, daß eine vorgeschriebene Mitwirkung ausländischer Behörden stets auch konstitutiv sei. Es sprechen gute Gründe dafür, nun zur Beseitigung dieser Anomalie den Schluß zu ziehen, daß **alle Privatscheidungen** mit Behördenmitwirkung, mit Ausnahme der Heimatstaatsscheidungen (Abs 1 S 3), dem Anerkennungsverfahren nach **Art 7 § 1 FamRÄndG** zu unterwerfen sind (LÜDERITZ, in: FS Baumgärtel [1990] 343; NEUHAUS RabelsZ 31 [1967] 579; SIEHR FamRZ 1969, 184; OTTO FamRZ 1976, 279, und so verfahren nach ihm die LJV Berlin und NRW; LÜDERITZ IPRax 1987, 76; MünchKomm-ZPO/GOTTWALD § 328 Rn 175). Anderenfalls käme sogar die Merkwürdigkeit zustande, daß eine vorschriftswidrig nicht registrierte, aber dennoch wirksame Auslandsscheidung einen Ehegatten zur Wiederheirat im Inland befähigt, diese Zweitehe aber bigamisch wird, sobald dieser oder der andere frühere Ehegatte der Pflicht zur Registrierung im Ausland nachkommt, wenngleich dieser Nichtigkeitsgrund der zweiten Ehe immerhin dadurch behoben werden könnte, daß das nun zulässig gewordene Anerkennungsverfahren durchgeführt wird.

Wenn man dem folgt, sind alle Privatscheidungen einzubeziehen, bei denen das **40**
Scheidungsstatut eine Behördenmitwirkung **vorsieht**. Das kann erst nach genauerer Prüfung des betreffenden Rechts festgestellt werden. Ergibt sich dies bei einer Inzidentprüfung der Anerkennung, müßte jedenfalls nun zur Einholung der Entscheidung der LJV ausgesetzt werden (Rn 15 ff). Andernfalls müßte man wenigstens wie bei den Heimatstaatsscheidungen ein freiwilliges Anerkennungsverfahren zulassen (u Rn 70 ff).

4. Ehebeendigung ipso facto

Ehebeendigungen ipso facto zB durch Verschollenheit, Religionswechsel, Wieder- **41**
verheiratung, Verurteilung zu langer Freiheitsstrafe, durch Todeserklärung wie natürlich durch den Tod selbst, sind nicht dem Feststellungsverfahren unterworfen (LG Heilbronn 9. 7. 1952 IPRspr 1952/53 Nr 165; BEULE StAZ 1979, 31; JANSEN Art 7 § 1 FamRÄndG Rn 8; SOERGEL/SCHURIG Art 17 EGBGB Rn 118). Möglich bleibt aber bei Unklarheit eine Feststellungsklage.

5. Inhalt der anzuerkennenden Entscheidung

a) Statusentscheidungen

Art 7 § 1 FamRÄndG nennt ausdrücklich Ehenichtigerklärung, Scheidung, Eheauf- **42**
hebung, Scheidung ohne Lösung des Ehebandes (Trennung von Tisch und Bett), also alle Statusänderungen. Vorausgesetzt ist eine im Ausland wirksam vorgenommene Statusänderung. Wenn dafür wie in Art 1:163 Abs 1 Burgerl Wetboek der Niederlande eine Registrierung der Scheidung konstitutiv ist, muß diese auch für die Anerkennung vorliegen. Häufig ist die Registrierung aber nur nötig, damit die Scheidung Dritten gegenüber wirkt (art 262 f fr c civ; art 1279 Abs 1 belg c judiciaire). Da aber die förmliche Anerkennung durch die Landesjustizverwaltung Rechtskraft erga omnes hat, wird eine solche Registrierung im Heimatstaat entbehrlich, die dort auf Antrag eines Ehegatten erfolgen könnte. (Freilich sind die genannten Beispiele heute wegen Art 14 Abs 1 EheGVO nicht mehr einschlägig; das kann aber für andere Staaten gelten.)

43 Auch **Trennungen** von Tisch und Bett werden erfaßt. Die Vorstellung des Gesetzes ist, daß es sich um eine Statusänderung, aber ohne vollständige Lösung des Ehebandes handele. Das bringt Abgrenzungsprobleme zur negativen Herstellungsklage, zB zur Feststellung eines Rechts zum Getrenntleben im deutschen Sinne. So fallen nicht unter Art 7 § 1 FamRÄndG Klagen auf Gestattung des Getrenntlebens bzw auf Feststellung eines Rechts dazu (MARTINY, Hdb IZVR Bd III/1 Kap I Rn 1688). Die **Unterscheidung** muß getroffen werden, weil anderenfalls Urteile auf Herstellung des ehelichen Lebens sowie auf Unterlassung ehewidrigen Verhaltens auch einbezogen werden müßten. Art 7 § 1 Abs 1 FamRÄndG ist enger als § 606a ZPO, der alle Ehesachen erfaßt.

44 So werden von Art 7 § 1 FamRÄndG erfaßt die Trennungen, die in der fraglichen Rechtsordnung **an der Stelle einer fehlenden Scheidung** stehen (zB früher in Chile), oder wenn die Trennung nach ihrem Recht nach einiger Zeit **in eine Scheidung umgewandelt** wird, oder eine Alternative zur Scheidung ist.

45 Diese Trennungsentscheidung muß zuvor in Deutschland anerkannt werden, bevor die Umwandlung hier durch Scheidungsurteil vorgenommen werden kann (MARTINY, Hdb IZVR Bd III/1 Kap I Rn 1689). Wenn dagegen nach dem Scheidungsstatut **Scheidungsgrund** die faktische Trennung ist, dann kann darauf ohne weiteres die Scheidungsklage im Inland gegründet werden. Art 7 § 1 FamRÄndG erfaßt **Trennungsurteile** unabhängig davon, ob sie notwendige Voraussetzungen der Scheidung sind und ob sie eine Alternative neben der Scheidung sind.

46 Nach Auffassung des BayObLG (BayObLG 6.2.1980 IPRax 1982, 250 [DH]) ist eine förmliche Anerkennung einer Scheidung unzulässig, wenn es sich für uns um eine **Nichtehe** handelt, zB wegen Heirat im Inland nicht vor einem Standesbeamten. Da die Anerkennung einer ausländischen Statusänderung ihre Wirksamkeit für das Inland herbeiführen würde, kann man argumentieren, daß sie nichts mehr ändert. In casu hatten Ausländer in ihrer Botschaft in Bonn geheiratet, was wegen Art 13 Abs 3 EGBGB mit (heute) § 1310 BGB zu einer Nichtehe führte. (Offenbar hatte der Botschafter nicht die Ermächtigung nach Art 13 Abs 3 S 2 EGBGB). Die Ehe war dann, ebenfalls in der Botschaft wieder geschieden worden. Freilich kann die Ehewirksamkeit als Vorfrage zB in einem Erbrechtsverhältnis auftauchen, wobei das hierfür maßgebende ausländische Recht die Ehe als gültig ansieht. Insoweit handelt es sich also nicht notwendig um ein rechtliches Nullum, denn die Vorfrage wird hier von vielen unselbständig angeknüpft und nach dem Hauptstatut zu beurteilt. Selbst wenn in diesem Fall die Anerkennung nicht nach § 328 ZPO, sondern nach fremdem Recht zu beurteilen ist, ist eine einheitliche Feststellung der Anerkennung doch wichtig, denn sie kann sich in verschiedenen Zusammenhängen wiederholt stellen. Der Auffassung des BayObLG ist nicht zu folgen. Der Antrag ist zulässig, aber unbegründet, weil die Nichtehe nicht mehr geschieden werden konnte (STEIN/JONAS/H ROTH § 328 Rn 222). Das steht dann rechtskräftig fest.

b) Feststellungsurteile

47 Ausdrücklich bezieht Art 7 § 1 FamRÄndG auch ausländische Feststellungsurteile über Bestehen oder Nichtbestehen einer Ehe mit ein (LJV BW 31.5.1990 FamRZ 1990, 1015). Da diese aber keine Statuswirkung haben, kann eine solche Wirkung auch nicht auf das Inland erstreckt werden, sondern nur die **Rechtskraft** dieser Urteile.

Es kann sich um **positive** oder **negative** Feststellungsklagen handeln. Da die Abweisung einer positiven Feststellungsklage die Feststellung des Nichtbestehens enthält und umgekehrt, sind auch klageabweisende Feststellungsurteile einbezogen (Geimer NJW 1967, 1402). Mit dem Wortlaut des Gesetzes sind **alle** Feststellungsurteile unter Art 7 § 1 FamRÄndG zu subsumieren. Das schließt freilich nicht ausländische Delibationsentscheidungen mit ein. Ihr Inhalt ist beschränkt auf die Aussage, daß das fremde Urteil im Anerkennungsstaat wirksam sei, und kann schon deshalb keine Grundlage für eine Anerkennung der drittstaatlichen Eheauflösung in Deutschland sein. Es macht keinen Unterschied, wenn es sich dabei um ein normales Feststellungsurteil dieses Inhalts handelt. 48

c) Klageabweisende Urteile

Der Wortlaut des Art 7 § 1 FamRÄndG sagt nichts zur Abweisung von Statusklagen. Nach **hM** fallen solche klageabweisenden Urteile zumindest grundsätzlich **nicht** unter die Bestimmung (KG 12. 2. 1974 IPRspr 1974 Nr 183; Sturm, in: FS Beitzke [1979] 803; Jansen Art 7 § 1 FamRÄndG Rn 14). 49

Das ist aber abzulehnen, weil Art 7 § 1 FamRÄndG auch Feststellungsurteile erfaßt. Die Abweisung einer Statusklage zB auf Scheidung oder auf Nichtigkeit der Ehe wird idR nach dem maßgebenden Recht die Feststellung des (weiteren) Bestehens der Ehe enthalten oder zumindest die Feststellung, daß hier Scheidungs- oder Nichtigkeitsgründe nicht vorlagen. Damit entspricht das Urteil dem von Art 7 § 1 FamRÄndG einbezogenen positiven Feststellungsurteil, und darum gilt Art 7 § 1 FamRÄndG (Martiny, Hdb IZVR Bd III/1 Kap I Rn 1690; Geimer NJW 1967, 1402; Rosenberg/Schwab/Gottwald, ZPR § 156 Rn 52; MünchKomm-ZPO/Gottwald § 328 Rn 168: sofern es diese Feststellung enthält). 50

Klageabweisungen wegen **Unzulässigkeit** dagegen fallen nicht unter Art 7 § 1 FamRÄndG, weil sie keine Rechtskraft zur Sache entfalten. 51

d) Neben- und Folgeentscheidungen

Es ist unstreitig, daß die Kompetenz der LJV sich **nicht** auf Neben- und Folgeentscheidungen der Statusurteile erstreckt, auch wenn sie zusammen mit diesen im Verbund geregelt wurden (BGH 5. 2. 1975 BGHZ 64, 19 = FamRZ 1975, 273 = NJW 1975, 1072 [zust Geimer 2141]; OLG Hamm 7. 2. 1975 OLGZ 1975, 179 = FamRZ 1975, 426 = StAZ 1975, 275 = NJW 1975, 1083; BayObLG 3. 10. 1978 IPRspr 1978 Nr 175; BayObLG 18. 6. 1980 FRES 6, 421; OLG Köln 10. 4. 1979 FamRZ 1979, 718 = DAVorm 1979, 454; OLG Hamm 17. 11. 1980 IPRspr 1980 Nr 96; LG Düsseldorf 18. 1. 1974 IPRspr 1974 Nr 63; Martiny, Hdb IZVR Bd III/1 Kap I Rn 1670, 1692; MünchKomm-ZPO/Gottwald § 328 Rn 187; Coester IPRax 1996, 25). 52

Diese Scheidungsfolgenregelungen werden ipso jure anerkannt, wenn die Voraussetzungen des § 328 ZPO oder des § 16a FGG vorliegen. Freilich setzt diese Anerkennung voraus, daß auch die **Statusänderung** im Inland wirkt, dh die Anerkennung des Scheidungsurteils etc, die ihrerseits meistens einen Bescheid der LJV voraussetzt. Ist die Scheidung nicht anzuerkennen, bleibt es aber zB beim Trennungsunterhalt (OLG Koblenz 20. 11. 1990 FamRZ 1991, 459). 53

In einem Verfahren der Vollstreckbarerklärung kann der Titel, zB eine Unterhaltsregelung, noch konkretisiert werden, soweit die Kriterien hierfür, zB für die Be- 54 stimmung der Unterhaltssumme, aus dem Urteil ermittelt werden können (BGH 6. 11. 1985 IPRax 1986, 294 [Dopffel 277] = NJW 1986, 1440 = FamRZ 1986, 45 = JZ 1987, 203). Neue Tatsachen können im Vollstreckungsverfahren nicht mehr eingeführt werden.

6. Heimatstaatsscheidungen

55 Urteile des **gemeinsamen Heimatstaates** unterfallen nach Art 7 § 1 Abs 1 S 3 FamRÄndG nicht dem Anerkennungsmonopol der LJV. Über ihre Anerkennung ist ggf **inzident** gem § 328 ZPO zu entscheiden (BVerwG 3. 11. 1976 BVerwGE 51, 244; zB BayObLG 8. 5. 2002 FamRZ 2002, 163 ff; OLG Hamm 16. 4. 1997 FamRZ 1998, 303). Als Grund gilt, daß deren Anerkennung regelmäßig keinen Bedenken unterliege (Martiny, Hdb IZVR Bd III/1 Kap I Rn 1695; Lüderitz, in: FS Baumgärtel [1990] 344; Massfeller DR 1941, 2541 f). Das ist wohl etwas optimistisch. Zwar ist die internationale Anerkennungszuständigkeit gewiß unproblematisch, aber die Anerkennungsfähigkeit kann unter den Gesichtspunkten des § 328 Abs 1 Nr 2–4 ZPO problematisch sein (krit de lege ferenda Geimer NJW 1967, 1403; Zöller/Geimer § 328 Rn 245; **aA** Martiny aaO). Diese Bestimmungen bleiben anwendbar. Gegenseitigkeit nach § 328 Abs 1 Nr 5 ZPO ist hingegen nicht erforderlich (OLG Hamm 28. 12. 1994 FamRZ 1995, 886). Wahrscheinlich hat der Gesetzgeber der 24. DVO zum EheG von 1941 nur das Anerkennungshindernis der fehlenden Zuständigkeit im Auge gehabt oder, daß der Heimatstaat am nächsten daran ist, den Status zu regeln und darum nicht automatisch kontrolliert werden sollte.

56 Der **Standesbeamte** muß freilich für die Zulassung zur Eheschließung zur Prüfung der Wirksamkeit der Heimatstaatsscheidung gem § 159 Abs 4 S 3 DA der zuständigen Verwaltungsbehörde vorlegen, nicht der LJV.

a) Heimatstaat

57 Beide Eheleute müssen die **Staatsangehörigkeit** des Entscheidungsstaates gehabt haben. Darüber entscheidet dessen Staatsangehörigkeitsrecht. Das mit der Anerkennung befaßte inländische Gericht oder die Verwaltung hat die Staatsangehörigkeitsfrage danach festzustellen. Eine Heimatstaatsscheidung liegt auch bei Entscheidungen eines US-Gerichtes vor, wenn die Ehegatten verschiedenen US-Staaten angehören.

58 Nach OLG Hamburg (15. 1. 1982 IPRspr 1982 Nr 181) sei das Verfahren nach Art 7 § 1 FamRÄndG schon dann durchzuführen, wenn die **Staatsangehörigkeit** des Urteilsstaats **unklar** bleibt. Wenn sich die Staatsangehörigkeit dann im Verfahren aber noch herausstellt, wird der Antrag unzulässig, wenn man nicht eine freiwillige förmliche Anerkennung zuläßt (dazu Rn 70 ff).

59 Der maßgebende **Zeitpunkt** für das Vorliegen der Staatsangehörigkeit ist der Erlaß des Urteils (OLG Frankfurt aM 15. 4. 1971 FamRZ 1971, 373 [Beitzke]).

60 Auch hier ist die Behandlung von **Bundes-, Mehrrechts-** und zerfallenden Staaten problematisch. Das oben § 328 ZPO Rn 321 ff für die Anerkennungszuständigkeit zur Bestimmung des Heimatstaates in solchen Fällen Gesagte muß konsequenterweise auch hier gelten. Bei Urteilen zB auch den USA genügt daher für Art 7 § 1 S 3 FamRÄndG, daß beide Ehegatten Amerikaner sind, und ist nicht nötig, daß sie demselben Bundesstaat angehören (zB Krzywon StAZ 1989, 95). Bei **zerfallenden Staaten** ist für die Frage, ob die Parteien gemeinsam dem nach Unabhängigkeit strebenden Staat oder dem alten größeren angehören, abzuwarten, ob jener wirklich die Unabhängigkeit erlangt hat. Im Zweifel ist die förmliche Delibation nötig (Präs OLG Frankfurt aM 22. 9. 1998 IPRax 2000, 124 [insoweit krit Hohloch 96, 98]).

b) Mehrstaater

Problematisch ist der Fall der Doppel- oder Mehrstaatsangehörigkeit, sei es mit deutscher Beteiligung oder ohne. 61

Hat ein Ehegatte **auch die deutsche** Staatsangehörigkeit oder ist er einem Deutschen gem Art 116 GG gleichgestellt, so liegt nach hM keine Heimatstaatsscheidung vor (BayObLG 24. 6. 1977 BayObLGZ 1977, 180 = StAZ 1977, 309 [Privatscheidung Iran]; BayObLG 29. 3. 1990 FamRZ 1990, 897; LJV NRW 2. 7. 1984 IPRspr 1984 Nr 184; OLG Celle 12. 12. 1962 FamRZ 1963, 365; OLG Düsseldorf 17. 5. 1974 IPRspr 1974 Nr 182 b; KG 20. 5. 1975 OLGZ 1976, 149 = StAZ 1976, 307 [Görgens StAZ 1977, 79] = FamRZ 1976, 353; OLG Düsseldorf 19. 11. 1979 FamRZ 1980, 698; OLG Frankfurt aM 26. 11. 1979 OLGZ 1980, 130; BayObLG 7. 4. 1998 FamRZ 1998, 1594; BayObLG 29. 3. 1990 FamRZ 1990, 897; BayObLG 12. 5. 1992 FamRZ 1993, 452; JM NRW 18. 4. 1974 IPRspr 1974 Nr 186; JM NRW 15. 3. 1978 IPRspr 1978 Nr 173; JM NRW 2. 7. 1984 IPRspr 1984 Nr 184; JM NRW 11. 7. 1984 IPRspr 1984 Nr 185; Baumbach/Lauterbach/Hartmann § 328 Rn 72). 62

Art 5 Abs 1 S 2 EGBGB ist hier nicht einschlägig, so daß entgegen der hM vertreten werden kann, daß die deutsche Staatsangehörigkeit nur schadet, wenn sie die **effektivere** ist bzw daß Abs 1 S 3 gilt, wenn die effektivere Staatsangehörigkeit die des Entscheidungsstaates war (BSG 30. 11. 1966 BSGE 26, 1 = FamRZ 1967, 216 [Privatscheidung, Israel]; OLG Stuttgart 5. 4. 1968 FamRZ 1968, 390; OLG Bremen 25. 10. 1984 IPRax 1985, 296); der BGH hat die Frage offengelassen (BGH 6. 10. 1982 FamRZ 1982, 1203 = NJW 1983, 514 = IPRax 1983, 292 [Basedow 278, Bürgle 281]; ebenso BayObLG 11. 6. 1979 IPRspr 1979 Nr 212). Da Art 7 § 1 Abs 1 S 3 FamRÄndG aber nicht Ausdruck eines Desinteresses des deutschen Rechts an Heimatstaatsscheidungen ist, sondern auf der Annahme beruht, daß der Heimatstaat näher dran bzw als erster berufen ist, die Ehe zu scheiden (o Rn 55), sollte man auch nur auf den Staat abstellen, für den das wirklich gilt. 63

Für **Flüchtlinge** und **Asylberechtigte** ist Heimatstaat der ihres gewöhnlichen Aufenthalts oder Wohnsitzes gem Art 12, 16 Genfer FlüchtlKonv (Krzywon StAZ 1989, 95). Man kann auch für Art 7 § 1 Abs 1 S 3 FamRÄndG den Flüchtling nicht mehr als Angehörigen seines Heimatstaates ansehen, mag er auch noch die Staatsangehörigkeit haben. Hat der Flüchtling zB seinen Wohnsitz nun in Deutschland, ist wegen Art 12 GenfFlKonv eine frühere fremde gemeinsame Staatsangehörigkeit nicht mehr gegeben (OLG Celle 11. 8. 1997 FamRZ 1998, 757 zu Art 14 Abs 1 EGBGB), wenn ein Urteil aus seinem Herkunftsstaat anzuerkennen ist. Jedoch sollen die GenfFlKonv bzw das AsylVerfG den Flüchtling nur begünstigen, so daß er auch dafür optieren kann, daß die Scheidung als eine Heimatstaatsscheidung angesehen werde (vgl zur Anerkennungszuständigkeit BayObLG 12. 7. 1900 FamRZ 1990, 1265). Man soll den Flüchtling nicht zwingen, seine Staatsangehörigkeit nicht geltend zu machen. Daher kann der Flüchtling sich auf Abs 1 S 3 berufen, so daß zB in einem inländischen Gerichtsverfahren inzident über die Anerkennung einer solchen Heimatstaatsscheidung entschieden werden kann. 64

65 Bleibt **zweifelhaft**, ob ein Ehegatte auch eine (effektivere) **deutsche Staatsangehörigkeit** hatte oder nur die Staatsangehörigkeit des Urteilsstaates, gilt Abs 1 S 3 nicht, und das Anerkennungsverfahren ist nötig (OLG Hamburg 15. 1. 1982 IPRspr 1982 Nr 181, Polen).

66 Wenig geklärt ist die Frage, wenn keiner der Ehegatten die deutsche Staatsangehörigkeit hat, aber einer oder beide **mehrere ausländische Staatsangehörigkeiten**. Ist man jedoch der Auffassung, daß die nicht effektive deutsche Staatsangehörigkeit ausscheidet, so wird man auch bei mehrfacher ausländischer Staatsangehörigkeit die effektive entscheiden lassen, die also die gemeinsame des Urteilsstaates sein muß.

c) Außergerichtliche Statusänderungen

67 Unbestritten ist, daß **Gerichtsentscheidungen** des Heimatstaates vom Anerkennungszwang ausgenommen sind. Die hM folgert aus dem unterschiedlichen Wortlaut in S 1, der nur allgemein von „Entscheidungen" spricht, und aus S 3, der „Entscheidungen von Gerichten" nennt, daß **nur** die letzteren in S 3 gemeint seien (Beule StAZ 1979, 31; Bayer/Knörzer/Wandt FamRZ 1983, 774; Stein/Jonas/Schumann § 328 Rn 441; Geimer NJW 1967, 1401; Jansen Art 7 § 1 FamRÄndG, Rn 17; Krzywon StAZ 1989, 95; OLG Düsseldorf 17. 5. 1974 FamRZ 1974, 528 [Beitzke, Otto 655]; JM NRW 14. 11. 1973 IPRspr 1974 Nr 182 a), daß dagegen Entscheidungen durch Verwaltungsbehörden (Krzywon aaO) und Privatscheidungen unter Mitwirkung von Behörden auch des gemeinsamen Heimatstaates dem Anerkennungsmonopol unterfallen (OLG Hamm 11. 7. 1988 IPRax 1989, 107; BayObLG 30. 8. 1984 IPRax 1998, 108; 29. 8. 1998 IPRax 198, 180; LJV BW 23. 5. 1986 IPRax 1988, 170; Henrich IPRax 1989, 108; Coester IPRax 1996, 25).

68 Nach hM ist die ratio von Art 7 § 1 Abs 1 S 3 FamRÄndG, daß Heimatstaatsscheidungen eine höhere Richtigkeitsgewähr haben (Rn 55), aber man sieht nicht, warum das, wenn es denn überhaupt begründet ist, bei gerichtlichen Entscheidungen wesentlich mehr der Fall ist als bei **Behördenentscheidungen**, so daß man auch Statusregelungen durch Verwaltungsakt (Martiny, Hdb IZVR Bd III/1 Kap I Rn 1703; InMin Schleswig-Holstein 2. 9. 1975 StAZ 1976, 320; Jonas DR 1942, 55; LG Lübeck 7. 10. 1956 FamRZ 1957, 223 [Bosch, Neuhaus 394]; LG Stuttgart 24. 4. 1959 FamRZ 1959, 506 [Beitzke]; andeutungsweise BGH 14. 10. 1981 BGHZ 82, 34, 42 = FamRZ 1982, 44 = NJW 1982, 517) und **Privatscheidungen**, deren Tatbestand ganz im Heimatstaat verwirklicht wurde, einbeziehen und also vom Anerkennungsverfahren ausnehmen kann (BSG 30. 11. 1966 FamRZ 1967, 216 [Bosch] = MDR 1967, 342; Lüderitz, in: FS Baumgärtel [1990] 344/5; Staudinger/Gamillscheg[10/11] Rn 497).

69 Wird der Tatbestand der Scheidung nur **teilweise**, aber nicht ganz im **Heimatstaat** verwirklicht, was bei Privatscheidungen unter Behördenmitwirkung denkbar ist, so spräche vieles dafür, die Befreiung vom förmlichen Anerkennungsverfahren schon dann zuzulassen, wenn der eigentlich entscheidende Tatbestandsteil oder wenigstens alle konstitutiven Erfordernisse, nicht nur deklaratorische Registrierungen im Heimatstaat verwirklicht wurden. Für die Prüfung und Feststellung dieser Voraussetzungen müßte aber wohl doch zweckmäßigerweise zunächst die LJV eingeschaltet werden. Ist man zudem der Auffassung, daß es sinnvoll ist, eine freiwillige Anrufung der LJV zu erlauben (Rn 70), so sprechen gute Gründe der Vereinfachung dafür, das förmliche Anerkennungsverfahren immer dann zu verlangen, wenn ein Teil des Scheidungstatbestandes nicht im Heimatstaat verwirklicht wurde.

d) Freiwilliges Anerkennungsverfahren

Art 7 § 1 Abs 1 S 3 FamRÄndG schreibt nur vor, daß gerichtliche Heimatstaatsscheidungen nicht dem Anerkennungszwang durch die LJV unterliegen, zwingt aber nicht zur Auslegung, daß der Antrag nicht zulässig sei. Da die Heimatstaatsscheidungen im konkreten Fall keineswegs immer offenbar anerkennungsfähig sind, sollte man den Betroffenen **erlauben**, die mit Wirkung inter omnes versehene Anerkennung durch die LJV zu beantragen (BGH 11.7.1990 BGHZ 112, 127; OLG Düsseldorf 21.11.1996 IPRax 1997, 194; BayObLG 8.5.2002 FamRZ 2002, 1637; Präs. OLG Frankfurt aM 19.11.2001 StAZ 2003, 137). So verfahren namentlich die LJV (nach Mitteilung von KRZYWON StAZ 1989, 95 unter Berufung auf OLG Stuttgart 10.4.1987; LJV NRW 21.2.1984 IPRax 1986, 167; zust JM NRW 14.8.1974 IPRspr 1974 Nr 186; Präs OLG Celle 14.2.1996, StAZ 1996, 303; OLG Frankfurt/M 16.9.1996 IPRspr 1996, 190; HENRICH, Internationales Familienrecht 151; BEITZKE FamRZ 1966, 638 und 1971, 375; BEULE StAZ 1979, 31; RICHTER JR 1987; MünchKomm-ZPO/GOTTWALD § 328 Rn 177; STEIN/JONAS/H ROTH § 328 Rn 206; HAECKER, Die Anerkennung ausländischer Entscheidungen in Ehesachen 20 f; **aA** OLG Frankfurt aM 15.4.1971 FamRZ 1971, 373 = StAZ 1972, 68 [BACHMANN] = NJW 1971, 1528; Präs. OLG Celle 10.11.1997 FamRZ 1998, 686; GEIMER NJW 1967, 1403 und 1969, 1649; JANSEN Art 7 § 1 FamRÄndG Rn 17, 39; GEIMER, IZPR Rn 3021). Die Wirkung inter omnes hätte ein Feststellungsurteil nicht, und an ihr kann ein berechtigtes Interesse bestehen. Andere Beteiligte, die das Ergebnis nicht akzeptieren wollen, haben stets die Möglichkeit, die Aufhebung des Bescheids durch das OLG zu beantragen. Da die Heimatstaatsscheidung aber an sich ipso jure im Inland wirkt, wird man ein begründetes Rechtsschutzinteresse verlangen (BayObLG aaO; weiter u Rn 124). Der Antrag kann auch von einem Ehegatten allein gestellt werden (so in BayOBLG und OLG Frankfurt aM aaO). **70**

III. Feststellungsklagen

Soweit kein Anerkennungsmonopol der LJV besteht, kann auf **Feststellung** der inländischen Wirksamkeit oder Unwirksamkeit der ausländischen Entscheidung geklagt werden (GEIMER NJW 1969, 1651 Fn 20; GEIMER NJW 1971, 2139). Das betrifft Heimatstaatsscheidungen und Klageabweisungen sowie Privatscheidungen, wenn man der oben abgelehnten Auffassung folgt, die sie vom obligatorischen Anerkennungsverfahren ausnimmt. **71**

Läßt man aber eine freiwillige Delibation zu, so hindert die Rechtskraft dieser Entscheidung eine Feststellungsklage, und das anhängige Delibationsverfahren bewirkt eine Rechtshängigkeitssperre für eine Feststellungsklage (MARTINY, Hdb IZVR III/1 Kap I Rn 1611). Von da ist es ein naheliegender Schritt, daß für eine Feststellungsklage wegen der **Möglichkeit**, eine Entscheidung der LJV mit weiter reichender Feststellungswirkung zu beantragen, das **Feststellungsinteresse** fehlt. **72**

Dann ist die Feststellungsklage nur noch zulässig für die Nichtehe. Soweit man im übrigen entgegen der hier vertretenen Auffassung die Feststellungsklage noch zuläßt, muß natürlich ein **Rechtsschutzbedürfnis** vorliegen, dh es muß umstritten oder objektiv zweifelhaft sein, ob die ausländische Statusänderung ipso jure im Inland anerkannt ist. **73**

Zuständig für die Feststellungsklage ist das Familiengericht (RAHM/KÜNKEL/BREUER VIII Rn 288). Eine Zwischenfeststellungsklage nach § 256 Abs 2 ZPO ist nur zulässig, **74** wenn die betr Hauptsache vor dem Familiengericht anhängig ist (RAHM/KÜNKEL/BREUER VIII Rn 286).

IV. Wirkung des Bescheids*

1. Feststellung und Gestaltung

75 Nach dem Wortlaut von Art 7 § 1 Abs 1 FamRÄndG stellt die LJV fest, daß die Anerkennungsvoraussetzungen vorliegen oder nicht vorliegen. Dementsprechend schreibt die hM dem Bescheid **Feststellungswirkung** zu (STAUDINGER/GAMILLSCHEG[10/11] Rn 557, 529; MARTINY, Hdb I ZVR Bd III/1 Kap I Rn 1674; HAUSMANN, Kollisionsrechtliche Schranken von Scheidungsurteilen 156 ff; JANSEN Art 7 § 1 FamRÄndG Rn 43; MünchKomm-ZPO/GOTTWALD § 328 Rn 198; STEIN/JONAS/H ROTH § 328 Rn 484; REINL, Die Anerkennung ausländischer Eheauflösungen 82). Inhalt der Feststellung ist, daß die Anerkennung zum Zeitpunkt der ausländischen Rechtskraft eingetreten ist; die Anerkennungsentscheidung wirkt also idS zurück (MünchKomm-ZPO/GOTTWALD § 328 Rn 198; OLG Hamm 9. 1. 1992 FamRZ 1992, 673). Wenn die Gestaltungswirkung nach dem Recht des Erststaates erst später eintritt zB durch Zeitablauf (so in OLG Hamm aaO), oder weil das Urteil registriert werden muß (vgl § 328 ZPO Rn 206), dann also auf diesen Zeitpunkt. Ist man entgegen der hier vertretenen Auffassung (§ 328 ZPO Rn 61, 311, 483) der Meinung, daß nachträgliche Änderungen des deutschen Anerkennungsrechts eine bislang nicht gegebene Anerkennung eintreten lassen, dann tritt die Rückwirkung auf diesem Zeitpunkt ein (MünchKomm-ZPO/GOTTWALD § 328 Rn 198).

76 Da der Bescheid den Schwebezustand beendet und erst mit seinem Erlaß die Gestaltungs- und die Rechtskraftwirkung der ausländischen Entscheidung auch im Inland eintreten, wird dem Bescheid von anderen eine **Gestaltungswirkung** oder ähnliche Wirkung zugeschrieben (BGB-RGRK/WENGLER 402; OTTO StAZ 1975, 183; SCHÜTZE, Die Anerkennung und Vollstreckung ausländischer Zivilurteile in der BRD als verfahrensrechtliches Problem 4 f, 9 ff, 37 ff zum alten § 24 der 4. DVO, anders aber zum heutigen Recht 40; HABSCHEID, in: FS Lange [1970] 440; EDLBACHER StAZ 1969, 241).

77 Man muß jedenfalls die Wirkungen des Anerkennungsbescheids von den **Wirkungen der anerkannten ausländischen Entscheidung**, die ins Inland erstreckt werden, **unterscheiden**. Der Bescheid trifft Aussagen nur über die Anerkennung, diese aber mit Bindungswirkung, während er an den kraft Anerkennung ins Inland erstreckten Wirkungen und dem Zeitpunkt ihres Eintritts nichts ändert (zur Wirkungserstreckung § 328 ZPO Rn 121 ff).

78 Auch mit der Wirkung des Bescheides inter omnes wird dem ausländischen Urteil jedenfalls hinsichtlich seiner Gestaltungswirkung nichts hinzugefügt, denn sie haftet dem ausländischen Urteil schon nach seinem Recht an. IdS ist die Wirkung des Anerkennungsbescheides die Feststellung der Wirkungserstreckung (HABSCHEID FamRZ 1973, 432). Wie bei allen Feststellungsurteilen tritt nur die Rechtskraft einer Feststel-

---

* **Schrifttum**: GEIMER, Die Feststellungswirkung der Antragszurückweisung nach Art 7 § 1 FamRÄndG, NJW 1969, 1649.

lung hinzu. Die nur relative Wirkung eines inländischen Feststellungsurteils reduziert diese Wirkung aus Gründen des deutschen Prozeßrechts.

Das ausländische Urteil hat **Gestaltungswirkung** und, wenn die maßgebende Rechtsordnung das vorsieht, auch **materielle Rechtskraft**, dh es enthält die bindende Feststellung, daß ein Gestaltungsrecht vorlag (vgl dazu ROSENBERG/SCHWAB/GOTTWALD, ZPR § 91 Rn 15). Der Anerkennungsbescheid hat zur Folge, daß diese Wirkungen ins Inland erstreckt werden wie für alle sonstigen Wirkungen des ausländischen Urteils mit Ausnahme der Tatbestandswirkung. Bei Feststellungsurteilen, die keine Gestaltungswirkung haben, bleibt es bei der Erstreckung der Rechtskraftwirkungen (§ 328 ZPO Rn 147 f). Letzteres gilt auch bei Urteilen, die eine Statusklage abweisen (§ 328 ZPO Rn 149 f). 79

2. Bindungswirkung

Die Bindungswirkung, mit der Art 7 § 1 Abs 8 FamRÄndG den Bescheid versieht, bezieht sich **nur** auf diesen selbst, dh **die Anerkennung**. Jedenfalls hat sie nur eine Entscheidung des LJV zur Sache, nicht eine Abweisung des Antrags als unzulässig. Die Wirkungen, die das ausländische Urteil kraft der Anerkennung ins Inland erstreckt, werden vom Bescheid nicht verändert (§ 328 ZPO Rn 121 ff). Liegt kein ausländisches Urteil vor, ist der Bescheid zB aufgrund eines gefälschten Titels ergangen, dann tritt keine Wirkung ein (REINL, Die Anerkennung ausländischer Eheauflösungen 222; VON SACHSEN GESSAPHE StAZ 1992, 340). Der Anerkennungsbescheid „schafft" kein Urteil. 80

a) Positiver Anerkennungsbescheid

Bei einem positiven Bescheid müssen alle deutschen, natürlich nicht ausländische, Gerichte und Behörden von der Inlandswirkung des ausländischen Urteils ausgehen, dh primär von der **Statusänderung**, und im übrigen von seiner **Rechtskraft**. 81

aa) Rücknahme des Bescheides

Auch die **LJV selbst** ist an ihre Entscheidung grundsätzlich **gebunden** (JANSEN Art 7 § 1 FamRÄndG Rn 53; RIEZLER, IZPR S 515; OLG München 9. 7. 1962 NJW 1962, 2013 = StAZ 1962, 333; BayObLG 28. 7. 1975 BayObLGZ 1975, 296 = MDR 1976, 232 [GEIMER]; STEIN/JONAS/H ROTH § 328 Rn 230). Das scheint bei **positiven Bescheiden** unstreitig (insoweit auch KG 18. 11. 1968 OLGZ 1969, 123 = NJW 1969, 382 [GEIMER 801] = FamRZ 1969, 97). 82

Nun wird allerdings der Bescheid der LJV **nicht formell rechtskräftig** und kann unbefristet auch noch nach langer Zeit auf entsprechende Beschwerde hin **vom OLG** aufgehoben werden (Abs 5). Da zudem der Kreis der Antragsberechtigten verhältnismäßig weit ist (vgl Rn 124 ff), kann ein endgültiges Vertrauen auf die Entscheidung der LJV nicht eintreten. Dennoch ist aus diesen Umständen nicht zu folgern, daß die LJV selbst ihren Anerkennungsbescheid wieder aufheben kann, wenn sie nun zu einer **anderen Rechtsauffassung** kommt (SCHÜTZE, Die Anerkennung und Vollstreckung ausländischer Zivilurteile in der BRD als verfahrensrechtliches Problem 51 f; REINL, Anerkennung ausländischer Eheauflösungen 217 ff). 83

Dagegen muß eine Abänderung zulässig sein, wenn neue für die Anerkennung relevante Tatsachen eingetreten oder vor allem alte bekannt geworden sind 84

(BayObLG 25.9.1973 BayObLGZ 1973, 251, 256 = NJW 1974, 1628 [abl Geimer]; BayObLG 3.10.1978 IPRspr 1978 Nr 175; BayObLG 28.7.1999 FamRZ 2000, 836; MünchKomm-ZPO/Gottwald § 328 Rn 197; Martiny Rn 1727). Neue relevante Tatsachen mit der Wirkung des Wegfalls der Anerkennungsfähigkeit kann es aber kaum geben, weil auf den Zeitpunkt der Urteilswirksamkeit abzustellen ist. Nur ein kollidierendes inländisches Urteil könnte noch, dürfte aber nicht mehr ergehen (dazu § 328 ZPO Rn 426 f). Es stellt sich daher praktisch meist nur die Frage der Beachtung der erst **nachträglich bekannt gewordenen Anerkennungshindernisse** (verneinend Geimer NJW 1974, 1631; Reinl aaO 222; OLG München 9.7.1962 NJW 1962, 2013 = StAZ 1962, 333 [obiter]; Schütze aaO 52 ff läßt Rücknahmen nur bei durch Täuschung erschlichenen Bescheiden zu, solange nicht Dritte darauf vertraut haben).

85 Eine vorsichtige Anlehnung an **§ 48 VwVfG** bzw die Landesgesetze liegt trotz § 2 Abs 3 Nr 1 VwVfG nahe (so zum alten Recht auch Reinl aaO 217 ff; Thomas/Putzo/Hüsstege § 328 Rn 25; BayObLG 28.7.1999 aaO läßt offen, ob dieser oder § 18 FGG), denn in der Sache handelt es sich um einen Verwaltungsakt. § 48 VwVfG und die entsprechenden landesrechtlichen Regelungen sind zwar nicht unmittelbar anwendbar (vgl § 2 Abs 3 Nr 1 VwVfG) und auch inhaltlich nicht ganz passend. Übertragbar ist aber der Gedanke der **Abwägung** des öffentlichen Interesses an der Rücknahme der objektiv rechtswidrigen Anerkennungsentscheidung gegen ein **privates Vertrauensinteresse**, wobei letzteres weicht, wenn die Entscheidung durch Täuschung, gar Bestechung, Drohung oder vielleicht auch schon, wenn sie durch vorsätzlich falsche Angaben herbeigeführt wurde, oder wenn der Antragsteller wußte, daß die Anerkennung nicht möglich war (so Stein/Jonas/H Roth § 328 Rn 229; BayObLG 28.7.1999 FamRZ 2000, 836: erschlichene Scheidung, die aber vielleicht deshalb überhaupt unwirksam war). Dagegen sollten unvorsätzliche falsche Angaben des Antragstellers oder fahrlässige Unkenntnis der Anerkennungshindernisse dem Schutz seines Vertrauens nicht entgegenstehen, denn die LJV hatte von Amts wegen zu ermitteln (Rn 146). § 48 VwVfG ist vorzuziehen, weil § 18 FGG über ihn hinausginge und eine Aufhebung auch bei einer Änderung der Rechtsauffassung der Behörde immer zuließe, während § 48 VwVfG bei einem begünstigendem Verwaltungsakt, und um derartiges handelt es sich hier, die Rücknahme zugunsten gutgläubiger Betroffener einschränkt.

86 Liegen jene Umstände nicht vor, so kann man weiter verlangen, um die Rücknahme auszuschließen, daß die Betroffenen ihr **Vertrauen betätigt** haben, also irgendwelche gewichtigeren Dispositionen infolge der Anerkennung getroffen haben. Sie müssen nicht finanzieller Art sein, auch die Einrichtung des persönlichen Lebens als nunmehr wirksam geschieden kann genügen. Der Hauptfall dürfte der sein, daß der eine oder andere gutgläubige Ehegatte neu geheiratet hat.

87 Durch die Aufhebung des positiven Anerkennungsbescheids können auch **andere** als die Antragsteller betroffen werden können. Vorsätzliche, gar arglistige falsche Angaben können nur die gemacht haben, die am Verfahren beteiligt wurden. Auch deshalb sollte allen das rechtliche Gehör gewährt werden (vgl Rn 150 ff). Kein Vertrauen verdienen auch die Nichtbeteiligten, die die Unrichtigkeit kennen.

88 In BayObLG 28.7.1999 (aaO) hatte die Ehefrau zusammen mit einem unter dem Namen des Ehemannes auftretenden Freund in Persien die Scheidung und dann deren Anerkennung durch die Präsidentin des OLG erwirkt. Der Ehemann wußte von den Manipulationen im Iran nichts. Die Präsidentin des OLG hob den Anerkennungsbescheid wieder auf. Daß die Ehefrau und der Freund keinen Vertrauensschutz verdienen, stellt das BayObLG mit Recht fest. Daß das Kind aus der ersten Ehe keinen Vertrauensschutz genieße, wird nicht näher erörtert. Offenbar war dazu auch nicht näher vorgetragen worden. Der nunmehrige Ehemann der wieder verheirateten Frau verdiene keinen Vertrauensschutz, denn hier gehe das öffentliche Interesse vor. Daß Dritte keinen Vertrauensschutz genießen, ist richtig, aber es ist unklar, ob das BayObLG damit den neuen Ehemann meint. Ob dem ersten Ehemann Vertrauensschutz zu gewähren sei, bleibt dahingestellt. Anscheinend ist dazu nicht ermittelt worden. Wenn auch die Ausführungen zur Vertrauenslage etwas kurz sind, so ist richtig, daß Vertrauensinteressen gegen öffentliche Interessen abzuwägen und nur die an der Scheidung unmittelbar Beteiligten und eventuell neue Ehegatten in Betracht zu ziehen sind.

Treffen schutzwürdige Betroffene mit nicht schutzwürdigen zusammen, kann der Anerkennungsbescheid nicht **geteilt** werden. Bei der Einschränkung der Rücknahmebefugnis wegen Schutzes des Vertrauens sollten auch darum nur die unmittelbar beteiligten **Ehegatten** und ihre **Kinder** in Betracht gezogen werden. Vertrauen von entfernter Betroffenen, wie zB Versorgungsträgern, die sich vielleicht darauf eingestellt haben, keine Witwenrente zahlen zu müssen, sollte einer Rücknahme nicht entgegenstehen. 89

Ließe man die **Rücknahme** des unrichtigen **positiven Anerkennungsbescheides** nicht zu, so bliebe allen Beteiligten außer dem Antragsteller freilich die Möglichkeit des Antrages an das OLG (vgl Rn 134). Dennoch sollte man auch die Aufhebung **durch die LJV selbst** unter den genannten Voraussetzungen zulassen (**aA** Stein/Jonas/H Roth § 328 Rn 230; wohl auch Martiny, Hdb IZVR Bd III/1 Kap I Rn 1679), vor allem weil dieser Antrag kaum gestellt werden wird, wenn alle am Delibationsverfahren Beteiligten zB bei der Täuschung der LJV zusammengewirkt haben. Und andere werden oft nichts wissen. 90

Gegen die amtswegige Aufhebung eines positiven Bescheids steht natürlich dem Betroffenen der **Antrag an das OLG offen** (BayObLG aaO). Dritte Betroffene können Beschwerde einlegen, soweit sie auch gegen einen ablehnenden Bescheid der LJV bzw der Präsidenten des OLG das OLG anrufen könnten (dazu u Rn 175, 189). 91

bb) Neue Anträge

Ein Antrag des **früheren Antragstellers** bei der LJV auf Aufhebung ihres positiven Bescheides ist wegen des fehlenden Rechtsschutzbedürfnisses **unzulässig** (BayObLG 28. 7. 1975 BayObLGZ 1975, 296 = MDR 1976, 232 [Geimer]; vgl auch OLG Bremen 8. 2. 1966 OLGZ 1966, 373 [zu früherem Recht]; Stein/Jonas/H Roth Rn 236 f; **aA** Thomas/Putzo, ZPO § 328 Rn 26). Die LJV mag nach den genannten Kriterien von sich aus aufheben. 92

Auch ein **Antrag auf Aufhebung** des Anerkennungsbescheides, eventuell verbunden mit einem Antrag auf Feststellung des Nichtvorliegens der Voraussetzungen, **seitens anderer Antragsberechtigter** ist nicht zulässig (**aA** Thomas/Putzo/Hüßtege § 328 Rn 26). Im Interesse der Stabilität der Statusverhältnisse und der zügigen Klärung sollten sie auf ihr Recht, eine Entscheidung des OLG zu beantragen, beschränkt bleiben 93

(Stein/Jonas/H Roth; zum Antragsrecht vgl Rn 124 ff). Das sollte auch gelten, wenn sie in Verletzung ihres Anspruchs auf rechtliches Gehör am Verfahren vor der LJV (Präsidenten des OLG) nicht beteiligt wurden, denn das OLG ist eine Tatsacheninstanz. Die Frage hängt mit der nach der Berechtigung zur Anrufung des OLG gegen einen positiven Bescheid der LJV zusammen. Diese Berechtigung hat jeder, der ein rechtliches Interesse hat, bzw darum auch einen Antrag bei der LJV hätte stellen können (u Rn 186 ff; Jansen Rn 50; Stein/Jonas/roth Rn 235; Martiny, Hdb IZVR Bd III/1 Kap I Rn 1737; allgemein zu Antrags- und Beschwerderecht Brehm, Freiwillige Gerichtsbarkeit [2. Aufl 1995] § 22 IV 4). Dann aber besteht kein (Rechtsschutz-) Bedürfnis, statt des unbefristeten Antrags auf gerichtliche Entscheidung an das OLG sonst zuzulassenden Antrag auf Aufhebung an die LJV zu stellen, um bei dessen Ablehnung dann einen Antrag an das OLG zu richten.

b) Ablehnender Bescheid

aa) Bindungswirkung

94 Die Abweisung eines positiven oder auch negativen Anerkennungsantrages als **unzulässig** hat keine Bindungswirkung. Eine Abweisung des Antrags als **unzulässig** zB wegen fehlender Zuständigkeit sagt nichts über die Anerkennungsfähigkeit (Martiny aaO unter Berufung auf BayObLG 25. 9. 1973 FamRZ 1973, 660 = NJW 1974, 1628 [Geimer]). Hier kann der Antrag zB an der richtigen Stelle wiederholt werden.

95 Manche sprechen die Bindungswirkung aber auch der Abweisung des Antrags auf Anerkennung als **unbegründet** ab. Art 7 § 1 FamRÄndG sehe die Bindung hierfür nicht vor, und im übrigen enthalte die Entscheidung auch nicht notwendig eine Äußerung über die Anerkennungsfähigkeit. Der **Antrag** könne daher vom Antragsteller oder von anderen Berechtigten **wiederholt** werden (Jansen Rn 54; Beitzke FamRZ 1971, 375; Kleinrahm StAZ 1969, 59; OLG München 9. 7. 1962 NJW 1962, 2013 = StAZ 1962, 333; KG 18. 11. 1968 OLGZ 1969, 123 = FamRZ 1969, 96 [Reinl 453] = NJW 1969, 382, dazu Geimer NJW 1969, 1649; JM NRW 14. 11. 1973 FamRZ 1974, 193 = StAZ 1974, 69), und die **LJV** könne ihre Entscheidung von sich aus bei besserer Einsicht **ändern** (BayObLG 25. 9. 1973 BayObLGZ 1973, 251 = FamRZ 1973, 660 = NJW 1974, 1628 [Geimer] = StAZ 1974, 7; Geimer NJW 1974, 1026; Bürgle NJW 1974, 2163).

96 Man kann zwar nicht argumentieren, auch der ablehnende Bescheid solle ein für allemal Klarheit schaffen (Martiny Rn 1680), da er jederzeit vom OLG wieder aufgehoben werden kann. Aber man kann sagen, daß er **dieselbe** begrenzte **Bestandskraft und Bindungswirkung** haben müsse wie der positive Bescheid (Stein/Jonas/H Roth Rn 231; Baumbach/Lauterbach/Hartmann § 328 Rn 66; Hausmann, Die kollisionsrechtlichen Schranken der Gestaltungskraft von Scheidungsurteilen 154 f; Geimer NJW 1967, 1399 f, und 1968, 800 f, 1969, 1649 ff sowie 1974, 1631; Reinl FamRZ 1969, 455; BayObLG 25. 9. 1973 NJW 1974, 1629 [Geimer]; BayObLG 5. 2. 1980 BayObLGZ 1980, 352 = IPRspr 1980 Nr 172 [obiter]; JM NRW 14. 11. 1973 unter IV aaO). Ob festgestellt wird, daß die Anerkennungsvoraussetzungen nicht vorliegen oder daß sie vorliegen, verdient gleiche Beachtung, zumal Abs 8 der Feststellung, daß die Anerkennungsvoraussetzungen nicht vorliegen, die gleiche Bindungswirkung zuspricht wie der Anerkennung. Gottwald (MünchKomm-ZPO § 328 Rn 196) wendet ein, daß die allgemeine Bindung nur gerechtfertigt wäre, wenn allen materiell Beteiligten im Verfahren rechtliches Gehört gewährt worden wäre. Das sei aber praktisch nicht möglich. Das ist aber ebenso bei einem positiven Bescheid. Deshalb ist aber nicht die Bindungswirkung eines ablehnenden Bescheids zu verneinen, sondern wie auch die am Verfahren Beteiligten können die Nichtbeteiligten den unbefristeten Antrag auf gerichtliche Entscheidung des OLG stellen (insoweit auch MünchKomm-ZPO/Gottwald § 328 Rn 202).

bb) Rücknahme

Der Bescheid, der einen Antrag auf Anerkennung ablehnt, ist nicht begünstigend, **97**
so daß man sich an § 48 Abs 1 S 1 VwVfG und nicht an Abs 1 S 2 und Abs 2 bis 4 anlehnen kann. Nach § 48 Abs 1 S 1 VwVfG ist der Bescheid bei Rechtswidrigkeit ohne weiteres zurückzunehmen. Ein Vertrauen auf den inländischen Fortbestand der im Ausland geschiedenen Ehe wird auch nur selten bestätigt worden sein. Hebt der LJV bzw der Präsident des OLG den ablehnenden Bescheid wieder auf, so kann eine Anerkennung der Scheidung zwar nur auf Antrag erfolgen, der Antrag liegt aber schon vor. Freilich kann der Antragsteller, der im Verfahren auf Rücknahme nach § 28 VwVfG zu hören ist (Kopp/Ramsauer, VwVfG 18. Aufl 2003 § 488 Rn 154), seinen Anerkennungsantrag zurücknehmen. Auch § 18 Abs 1 2. Halbs FGG würde praktisch zum gleichen Ergebnis führen.

cc) Neue Anträge

Ein **neuer Anerkennungsantrag** des früheren Antragsstellers nach Ablehnung seines **98**
ersten ist unzulässig. Ihm steht der unbefristete Antrag an das OLG nach Art 7 § 1 Abs 4 FamRÄndG zur Verfügung (Geimer NJW 1967, 1398 unter II und NJW 1968, 800; Reinl FamRZ 1969, 454 f). Da es sich um einen anderen Antrag handelt, wird man ihm auch einen Nichtanerkennungsantrag erlauben, obwohl daran kaum einmal ein Interesse bestehen wird.

Zweifelhaft ist, ob Dritte einen neuen Antrag an die LJV auf Anerkennung stellen **99**
können. Das hängt mit der Frage zusammen, ob sie den Antrag auf gerichtliche Entscheidung durch das OLG nach Art 7 § 1 Abs 4 und 5 FamRÄndG stellen können, obwohl sie bislang die Anerkennung nicht beantragt haben. Das wird unten Rn 189 bejaht. Damit brauchen sie zur Wahrung ihrer Rechte nicht unbedingt einen neuen Antrag an die LJV stellen. Dennoch wird man ihnen dieses Rechts wahlweise zugestehen, das ihnen Abs 3 allgemein gibt.

3. Wirkung inter omnes

Die Wirkung inter omnes, die der positiven Anerkennungsentscheidung allgemein **100**
zugeschrieben wird, leitet sich primär aus der Gestaltungswirkung des **anerkannten ausländischen Urteils ab** (Habscheid FamRZ 1973, 432; Reinl FamRZ 1969, 455; o Rn 79), die idR auch ausländischen Gestaltungsurteilen naturgemäß eignet. Art 7 § 1 Abs 8 FamRÄndG bestätigt das. Die Bindung aller Gerichte und Behörden an die Anerkennungsentscheidung ist nichts Besonderes. Sie besteht gleichermaßen bei deutschen rechtskräftigen Scheidungsurteilen. Eine Aufhebung des Anerkennungsbescheids, auf den ein weiteres inländisches Urteil gegründet ist, bewirkt, daß nun dieses Urteil nach § 580 Nr 6 ZPO analog aufzuheben ist (zu dieser Problematik allgemein Stein/Jonas/Grunsky § 580 Rn 20).

Wenn die **Rechtskraft** des ausländischen anerkannten U**rteils** aber nur inter partes **101**
besteht oder nur zwischen bestimmten Personen, so kann die Anerkennung dieser Entscheidung in Deutschland dessen Rechtskraft subjektiv nicht ausweiten. Das ist

insbesondere zu beachten bei Feststellungsurteilen und bei einen Gestaltungsantrag abweisenden Urteilen. Über die **subjektiven Grenzen der Rechtskraft** entscheidet das ggf ausländische Recht.

4. Rechtskraft

102 Von einer **Rechtskraft** des Bescheides der **LJV** im echten Sinne kann man wohl nicht sprechen, da ihm die formelle Rechtskraft fehlt, weil noch ohne Befristung das OLG angerufen werden kann (Abs 4 und 5) (**aA** aber GEIMER NJW 1974, 1631; OLG Celle 10. 2. 1961 StAZ 1962, 20; ähnlich OLG München 9. 7. 1962 NJW 1962, 2013 = StAZ 1962, 333; nach REINL, Die Anerkennung ausländischer Eheauflösungen 221 f, steht der Bescheid einem rechtskräftigen Urteil gleich). Das Gesetz spricht nur von „Bindungswirkung", die schon der noch anfechtbare Bescheid der LJV hat. Diese Bindungswirkung dauert, solange der Anerkennungsbescheid fortbesteht und ist in der Tat einer Rechtskraft recht ähnlich, doch sollte der Klarheit halber nicht von dieser gesprochen werden.

103 Dagegen hat die Entscheidung des **OLG** dann formelle und materielle Rechtskraft (dazu unten Rn 207). Sie bezieht sich auf den Justizverwaltungsakt der LJV. Der Beschluß des OLG hebt diesen auf oder weist den Aufhebungsantrag ab. Er stellt nun ggf endgültig fest, daß der **Bescheid zu Recht** ergangen ist. Gerichte und Behörden sind daran gebunden. Die Rechtskraft des Beschlusses muß daher von der Bindungswirkung des Anerkennungsbescheides und von den Wirkungen des anerkannten Urteils unterschieden werden (JANSEN Art 7 § 1 FamRÄndG Rn 53). Zu den Wirkungen des Beschlusses des OLG s unten Rn 207 ff.

5. Rückwirkung

104 Die Anerkennung wirkt auf dem **Zeitpunkt des Urteils** zurück (BGH 28. 6. 1961 FamRZ 1961, 427; BGH FamRZ 1976, 614; BayObLG 25. 9. 1973 BayObLGZ 1973, 251; BayObLG 28. 7. 1975 BayObLGZ 1975, 296 = MDR 1976, 233 [GEIMER]; BayObLG 10. 6. 1976 BayObLGZ 1976, 147 = FamRZ 1976, 700; BayObLG BayOBLGZ 1988, 445; OLG Düsseldorf 13. 4. 1964 IPRspr 1964/65 Nr 265; OLG Celle 21. 12. 1966 FamRZ 1967, 156 = NJW 1967, 783; OLG Frankfurt aM 24. 7. 1967 FamRZ 1968, 87; OLG Düsseldorf 10. 3. 1976 FamRZ 1976, 355; **aA** SCHÜTZE, Die Anerkennung und Vollstreckung ausländischer Urteile in der Bundesrepublik Deutschland als verfahrensrechtliches Problem 38 ff). Das ergibt sich aus der bloß deklaratorischen Feststellung der Anerkennung. Im Ergebnis gleich zu behandeln sind Privatscheidungen, sofern sie förmlich anerkannt sind (dazu Rn 30 ff). Abzustellen ist in diesen Fällen auf den Zeitpunkt, in dem die Scheidung unwiderruflich wird (OLG Hamm 9. 1. 1992 FamRZ 1992, 673 [Marokko]).

105 Man nennt meist den Zeitpunkt des Urteilserlasses, doch muß man genauer den **Zeitpunkt** nehmen, zu dem das Urteil nach dem maßgebenden Recht seine **Gestaltungs-** bzw **Rechtskraftwirkung** entfaltet (HAUSMANN, Die kollisionsrechtlichen Schranken von Scheidungsurteilen 163 f). Diese beiden Wirkungen fallen uU zeitlich zusammen, müssen es aber nicht.

106 Ist nach dem maßgebenden ausländischen Recht zur Wirksamkeit der Scheidung **noch eine Eintragung** in ein Register nötig, wie es sowohl bei gerichtlichen Scheidungen hin und wieder vorkommt (§ 328 ZPO Rn 206) und vor allem bei Vertrags-

scheidungen in Ostasien verbreitet ist, dann ist nach hM ein Anerkennungsantrag vorher unbegründet (Hausmann 204; Stein/Jonas/H Roth § 328 Rn 196; BayObLG 28.3.1977 BayObLGZ 1977, 71 = FamRZ 1977, 395). Gegebenenfalls könnte zwar die Rechtskraftwirkung nach ausländischem Recht schon ins Inland erstreckt werden, doch gilt das nur bei Anerkennung ipso jure, während ein auf die ausländische Rechtskraftwirkung ohne die Gestaltungswirkung eines Statusurteils beschränkter Anerkennungsbescheid unzulässig wäre.

Die Rückwirkung bedeutet ua, daß zB eine zwischenzeitlich nach der Scheidung im Ausland geschlossene **Zweitehe** nicht mehr bigamisch und nichtig ist (OLG Düsseldorf 13.4.1964 IPRspr 1964/65 Nr 265; vgl auch BGH 28.6.1961 FamRZ 1961, 427 = JZ 1962, 44 = MDR 1961, 919; o Rn 23). Eine Scheidung der ersten Ehe im Ausland **nach** der Zweitheirat freilich nützt grundsätzlich nichts mehr, auch wenn jene Scheidung nun anerkannt wird (LG Stuttgart 4.11.1952 IPRspr 1952 Nr 108; LG Ulm 27.6.1956 IPRspr 1956/57 Nr 103; OLG Schleswig 8.2.1967 IPRspr 1966/67 Nr 260). Untersteht die zweite Ehe deutschem Recht, dann gilt aber immerhin § 1315 Abs 2 Nr 1 BGB (weiter vgl Anh zu § 606a ZPO Rn 119 f). **107**

Daß der eine oder andere Ehegatte inzwischen **verstorben** ist, oder auch beide, macht die Anerkennung nicht unzulässig (BayObLG 17.10.1975 BayObLGZ 1975, 374 = FamRZ 1976, 154), solange noch ein Antragsberechtigter da ist. **108**

6. Wegfall der anerkannten Entscheidung

Fällt die ausländische Entscheidung zB durch Wiederaufnahme im Ausland wieder weg, so wird der Anerkennungsantrag **gegenstandslos** und unbegründet (Jansen Art 7 § 1 FamRÄndG Rn 53; Martiny aaO Rn 486 f; BGH 7.4.1976 NJW 1976, 1590 [Wiederaufnahme, Türkei]; BGH 4.6.1992 BGHZ 118, 319 obiter; OLG Bremen 8.2.1966 OLGZ 1966, 373; OLG München 9.7.1962 NJW 1962, 2013 = StAZ 1962, 333; BayObLG 7.6.1967 BayObLGZ 1967, 218 BayObLG 20.2.1998 FamRZ 1998, 1305). **109**

Es ist jedoch zu verlangen, daß auch die aufhebende Entscheidung, die ja ebenso unter Art 7 § 1 FamRÄndG fällt, **ihrerseits** im Inland **anerkannt** wird, und es bleibt bei der alten Anerkennung, wenn die letztere etwa wegen Verstoßes gegen den ordre public nicht anerkannt werden kann, und jedenfalls solange, bis die aufhebende Entscheidung anerkannt ist. Jedoch braucht sie nicht separat förmlich anerkannt zu werden. Die LJV kann und muß das inzident prüfen und ebenso das OLG, wenn es angerufen wird (BayObLG aaO). **110**

Eine **Besonderheit** kann sich nach BayObLG (7.6.1967 aaO) in den **USA** ergeben. Sog ex parte-Entscheidungen eines Bundesstaates werden in den anderen nicht anerkannt, wenn der Beklagte, der nicht im Urteilstaat domiziliert ist, sich – trotz Ladung – nicht auf das Verfahren einläßt, auch nicht, um nur die Zuständigkeit zu rügen. Ergeht dann ein zweites Scheidungsurteil in einem anderen Bundesstaat der USA, bei dem die Voraussetzungen der inneramerikanischen Zuständigkeit gegeben sind, zB weil hier der Beklagte verhandelt hat, dann soll das erste Urteil unwirksam sein, da das zweite auch im Staat des ersten anzuerkennen sei. Das **trifft** aber die **inneramerikanische Rechtslage nicht** (Ehrenzweig, Jayme und Neuhaus RabelsZ 32 [1968] 753 ff), denn wenngleich das erste Urteil in anderen amerikanischen Bundes- **111** staaten nicht anerkannt wird, sondern das zweite, so hält doch der erste Staat an seiner eigenen Entscheidung fest. Wenn, was nicht ausgeschlossen ist, das erste Urteil bei uns anerkannt worden ist, dann liegt ein Fall von § 328 Abs 1 Nr 3 ZPO vor, und das zweite Urteil kann nicht mehr anerkannt werden. Unsere Anerkennung betrifft nur die inländische Wirksamkeit des ausländischen Urteils; ob es auch in Drittstaaten wirkt, ist für uns irrelevant.

V. Verfahren der Landesjustizverwaltung*

1. Sachliche Zuständigkeit

112 Sachlich zuständig zur Anerkennung ausländischer Entscheidungen in Ehesachen sind die Landesjustizverwaltungen (Art 7 § 1 Abs 1 und 2 FamRÄndG). Eine Befugnis zur Delegation auf nachgeordnete Stellen, wie sie der Reichsminister der Justiz aufgrund § 24 der 4. DVO-EheG besaß, bestand seit dem Familienrechtsänderungsgesetz vom 11. 8. 1961 (BGBl I 1221) nicht mehr.

113 Der durch das Gesetz zur Änderung des Rechtspflegergesetzes und anderer Gesetze v 24. 6. 1994 (BGBl I 1374) neu eingefügte Art 7 § 1 Abs 2 a FamRÄndG erlaubt es den Landesregierungen jedoch nunmehr, durch Rechtsverordnung die Anerkennungszuständigkeit von der Landesjustizverwaltung auf den Präsidenten des Oberlandesgerichts als Justizverwaltungsbehörde zu übertragen. Hat ein Bundesland mehrere Oberlandesgerichte, so können auch mehrere Oberlandesgerichtspräsidenten für sachlich zuständig erklärt werden. Deren örtliche Zuständigkeit richtet sich dann nach den Gerichtsbezirken. Schließlich eröffnet Abs 2 a S 2 den Landesregierungen noch die Möglichkeit, durch Rechtsverordnung ihre Landesjustizverwaltung zu ermächtigen, die Anerkennungszuständigkeit auf einen oder mehrere Oberlandesgerichtspräsidenten zu übertragen.

114 Diese Neuregelung ist sinnvoll, da sich die ursprünglich verhältnismäßig seltenen Anerkennungsverfahren aufgrund des stetig gestiegenen Ausländeranteils in Deutschlands inzwischen zu einem „dauerhaften Massengeschäft“ entwickelt haben. Der Oberlandesgerichtspräsident verfügt wahrscheinlich in wesentlich größerem Maße als die Landesjustizverwaltungen über das nötige Schrifttum zum ausländischen Recht. Als Entlastungsargument wird außerdem die schwierige finanzielle Lage der Bundesländer ins Feld geführt (RegBegr BT-Drucks 12/6243, 13). Eine derartige Delegation ist im übrigen nichts ungewöhnliches, wie das Verfahren zur Befreiung von der Pflicht zur Vorlage des Ehefähigkeitszeugnisses bei der Heirat von Ausländern im Inland (§ 10 Abs 2 EheG) zeigt. Die Landesregierungen haben von

* **Schrifttum**: Basedow, Auslandsscheidungen vor deutschen Gerichten und Behörden – zwei Verfahrensfragen, StAZ 1977, 7; Geimer, Das Anerkennungsverfahren für ausländische Entscheidungen in Ehesachen, NJW 1967, 1398; Krzywon, Die Anerkennung ausländischer Entscheidungen in Ehesachen, StAZ 1989, 93; Reinl, Anmerkungen zum Verfahren der Anerkennung ausländischer Eheurteile gemäß Art 7 FamRÄndG 1961, FamRZ 1969, 453; Richter, Anerkennung ausländischer Entscheidungen in Ehesachen, JR 1987, 98; Richter/Krzywon, Das Antragsrecht im Verfahren nach Art 7 Familienrechtsänderungsgesetz, IPRax 1988, 349; weiter o Rn 1.

der ihnen durch Abs 2 a eingeräumten Ermächtigung inzwischen überwiegend Gebrauch gemacht.

Baden-Württemberg: Präs. der OLG; VO v 28.3. u 15.6.2000 (GBl 366, 499)

Bayern: Präsident des OLG München; VO v 7.12.1998 (GVBl 1046)

Berlin: nein

Brandenburg: Brandenburgisches OLG als Justizverwaltungsbehörde; VO v 9.1.2003 (GVBl II/03 S 18)

Bremen: Präs. Hans OLG; Vor 3.2.2004 (Brem GBl 34)

Hamburg: nein

Hessen: Präsident des OLG Frankfurt/M; VO v 21.9.1994 (GVBl 435) und VO v 3.11.1994 (GVBl 635)

Mecklenburg-Vorpommern: nein

Niedersachsen: Präs. der Oberlandesgerichte; VO v 25.7.1995 (GVBl 255)

Nordrhein-Westfalen: Präs. OLG Düsseldorf VO v 17.11.1994 (GVBl 1005)

Rheinland-Pfalz: nein

Saarland: Präsident des saarländischen OLG; VO v 18.11.2003 (ABl 2003, 2995)

Sachsen: Präs. OLG Dresden; VO 27.11. und 29.12.1997 (GVBl 650, 682)

Sachsen-Anhalt: Präsident des OLG Naumburg; VO v 7.12.2000 (GVBl 672)

Schleswig-Holstein: nein

Thüringen: nein

2. Örtliche Zuständigkeit

Art 7 § 1 Abs 2 FamRÄndG bestimmt im Grundsatz, daß die Justizverwaltung desjenigen (Bundes-)Landes zuständig ist, in dem einer der **Ehegatten** seinen **gewöhnlichen Aufenthalt** hat. Dabei kann es sich um den Antragsteller oder den Antragsgegner handeln (BayObLG 30.5.1996 FamRZ 1997, 423). Diese Zuständigkeitsvoraussetzungen gelten ebenso, wenn **Dritte** den Antrag stellen. 115

Ist die Anerkennungszuständigkeit durch Rechtsverordnung gem Art 7 § 1 Abs 2a FamRÄndG auf mehrere Oberlandesgerichte übertragen worden (Niedersachsen, Baden-Württemberg), so folgt deren örtliche Zuständigkeit aus der entsprechenden Anwendung von Art 7 § 1 Abs 2 S 1 und 2 FamRÄndG. Zuständig ist dann das 116

Oberlandesgericht, in dessen Bezirk ein Ehegatte seinen gewöhnlichen Aufenthalt hat oder in dem eine neue Ehe geschlossen werden soll (BT-Drucks 12/6243, 13).

117 Mit der Maßgeblichkeit des gewöhnlichen Aufenthaltsorts wird auf den Daseinsmittelpunkt einer Person abgestellt (Krzywon StAZ 1989, 97; zum „gewöhnlichen Aufenthalt" bei Art 3 EheGVO Rn 38 ff). Schlichter Aufenthalt allein ist nicht ausreichend. Auch kommt es nicht auf den Wohnsitz im Rechtssinne an (Martiny, Hdb IZVR Bd III/1 Kap I Rn 1707; Jansen, FGG Art 7 § 1 FamRÄndG Rn 30; BayObLG 30. 5. 1996 StAZ 1996, 327). Entscheidend ist vielmehr der tatsächliche Mittelpunkt der Lebensführung der ehemaligen Ehegatten. Haben sie ihren gewöhnlichen Aufenthalt in verschiedenen Bundesländern, so ist demnach zunächst jede der beiden Landesjustizverwaltungen zuständig. Die Landesjustizverwaltungen gehen aufgrund analoger Anwendung von § 4 FGG aber davon aus, daß das Tätigwerden der zuerst angerufenen örtlich zuständigen Landesjustizverwaltung die Zuständigkeit der anderen ausschließt (Jansen FGG Art 7 § 1 FamRÄndG Rn 30; Kleinrahm/Partikel 169; Stein/Jonas/H Roth § 328 Rn 218; Haecker, Die Anerkennung ausländischer Entscheidungen in Ehesachen 21). Um widerstreitende Entscheidungen zweier gleichzeitig mit der Anerkennung befaßter Landesjustizverwaltungen zu verhindern, wird beim Bundesjustizministerium eine Kartei über laufende und abgeschlossene Anerkennungsverfahren geführt (Kleinrahm/Partikel 169). Zuständigkeitsvereinbarungen können von den Parteien nicht getroffen werden (Geimer NJW 1967, 1402).

118 Hat **kein** Ehegatte seinen **gewöhnlichen Aufenthalt** im Inland, bzw früher im Geltungsbereich des Gesetzes (Massfeller StAZ 1961, 302), ist die Justizverwaltung des Bundeslandes zuständig, in dem eine neue Ehe geschlossen werden soll (vgl dazu zB BayObLG 3. 10. 1978 IPRspr 1978 Nr 175). Entscheidend ist hierfür gem § 15 EheG der Amtssitz des **zuständigen Standesbeamten**. Seine Zuständigkeit wiederum folgt noch Wahl der Nupturienten dem Wohnsitz oder gewöhnlichen Aufenthalt des einen oder anderen Verlobten, doch selbst mangels eines solchen gibt es eine inländische Zuständigkeit in Berlin, München, Baden-Baden und Hamburg (§ 4 mit § 6 Abs 2, 3 PStG). Die Behörde darf und sollte hier den Nachweis verlangen, daß der Antragsteller sich zur Eheschließung angemeldet hat (Martiny, Hdb IZVR Bd III/1 Kap I Rn 1708, zum Aufgebot).

119 Ist weder nach Art 7 § 1 Abs 2 S 1 noch S 2 die Zuständigkeit einer Landesjustizbehörde gegeben, ist nach S 3 die Justizverwaltung von **Berlin** zuständig (vgl KG 30. 1. 1964 FamRZ 1964, 262 = NJW 1964, 981). Dies ist vor allem dann der Fall, wenn keiner der Ehegatten mehr lebt oder keiner von ihnen seinen gewöhnlichen Aufenthalt im Inland hat und eine Eheschließung im Inland nicht beabsichtigt ist. Es wird sich idR um Anträge dritter Betroffener handeln, zB Erben (BGH 27. 6. 1990 FamRZ 1990, 1100). Die Zuständigkeit nach S 3 ist auch dann gegeben, wenn das Bedürfnis für die Anerkennung im Bereich einer anderen Landesjustizverwaltung entsteht oder der antragstellende Drittbetroffene im Bereich einer anderen Landesjustizverwaltung seinen gewöhnlichen Aufenthalt hat (Jansen, FGG Art 7 § 1 FamRÄndG Rn 32). Ein Antrag an die Landesjustizverwaltung in Berlin setzt aber eine Inlandsbeziehung voraus. Andernfalls wäre die Entscheidung, die nur im Inland wirkt, sinn- und nutzlos (zum Rechtsschutzinteresse u Rn 124).

120 Maßgebender **Zeitpunkt** für das Vorliegen der Zuständigkeitsvoraussetzungen nach

Art 7 § 1 Abs 2 FamRÄndG ist derjenige der Antragstellung. Ein späterer Wegfall der Zuständigkeitsvoraussetzungen berührt die einmal begründete Zuständigkeit nicht. Der Grundsatz der Perpetuatio fori ist wie auch sonst in der freiwilligen Gerichtsbarkeit entsprechend anzuwenden (BayObLG 17. 10. 1975 BayObLGZ 1975, 374 = NJW 1976, 1032 = FamRZ 1976, 154 = StAZ 1976, 162; BayObLG 3. 10. 1978 IPRspr 1978 Nr 175; BayObLG 11. 6. 1979 BayObLG 1979, 193 = FamRZ 1979, 1015; Kleinrahm/Partikel 169; Martiny, Hdb IZVR Bd III/1 Kap I Rn 1710).

3. Antrag

Nach Art 7 § 1 Abs 3 S 1 FamRÄndG ergeht die Entscheidung der Landesjustiz- **121**
verwaltung auf Antrag (BGH 6. 10. 1982 NJW 1983, 514). Ein Anerkennungsverfahrens von Amts wegen findet nicht statt. Der Antrag ist an **keine** besondere **Form** gebunden (OLG Düsseldorf 17. 5. 1974 FamRZ 1974, 528, 530; BayObLG 30. 8. 1984 FamRZ 1985, 75), und kann **ohne** Einhaltung einer **Frist** gestellt werden (zB BayObLG 11. 10. 1999 FamRZ 2000, 1170; 11. 1. 1990 FamRZ 1990, 650; OLG Frankfurt aM 15. 4. 1985 OLGZ 1985, 257; KG 22. 1. 1982 FamRZ 1982, 382; OLG Düsseldorf 10. 3. 1976 OLGZ 1976, 291 = FamRZ 1976, 355 = MDR 1976, 849; OLG Düsseldorf 28. 2. 1975 NJW 1975, 1081; zum Problem der Verwirkung vgl Rn 141 f) und kann auf **Anerkennung** oder **Nichtanerkennung** (Art 7 § 1 Abs 7 FamRÄndG) lauten (letzteres zB in JM BW 27. 4. 1987 IPRax 1990, 51 [Jayme 32]; JM BW 4. 12. 2000 FamRZ 2001, 1015; OLG Celle 20. 8. 1963 StAZ 1964, 193 = NJW 1963, 2235; OLG Hamburg 30. 6. 1967 IPRspr 1968/69 Nr 230; OLG Köln 18. 3. 1998 FamRZ 1998, 1303; BayObLG 19. 10. 1967 BayObLGZ 1967, 390 = NJW 1968, 363 [m Anm Geimer 800]; BayObLG 7. 2. 2001 FamRZ 2001, 1622; JM NRW 15. 3. 1978 IPRspr 1978 Nr 173; BayObLG 11. 1. 1990 NJW 1990, 3099 = FamRZ 1990, 650), und letzterer kann auch hilfsweise neben ersterem gestellt werden (JM NRW 14. 11. 1973 FamRZ 1974, 193 = StAZ 1974, 69). Ein Anerkennungsantrag kann auch später noch vor der Landesjustizverwaltung in einen Nichtanerkennungsantrag **geändert** werden und umgekehrt (OLG Düsseldorf 10. 3. 1976 OLGZ 1976, 291 FamRZ 1976, 355). Es handelt sich immer um zwei verschiedene Anträge. Der Antrag kann auch beim Standesbeamten gestellt werden, der ihn dann weiterleitet (§ 159f DA).

Der Anerkennungsantrag ist der **Auslegung** durch die Landesjustizverwaltung zu- **122**
gänglich, die einen Anerkennungsantrag in einen solchen auf Nichtanerkennung umdeuten kann, wenn dies den wahren Absichten des Antragstellers entspricht (KG 18. 11. 1968 OLGZ 1969, Nr 46 = FamRZ 1969, 96 [m Anm Reinl 453] = StAZ 1969, 67 = NJW 1969, 382). Der Antrag muß die ausländische Entscheidung angeben, um deren Anerkennung es geht (Martiny, Hdb IZVR Bd III/1 Kap I Rn 1714), und erkennen lassen, ob Anerkennung oder Nichtanerkennung beantragt wird. Er kann bis zur Entscheidung der Landesjustizverwaltung vom Antragsteller jederzeit ohne Einwilligung eines Antragsgegners zurückgenommen werden (Jansen, FGG Art 7 § 1 FamRÄndG, Rn 33; Zimmermann RPfl 1967, 335). Ob die Zustimmung des Antragsgegners erforderlich ist, ist beim Verfahren vor dem OLG streitig (dafür, wenn der Gegner sich zur Sache eingelassen hatte, OLG Düsseldorf NJW 1980, 349; Bassenge/Herbst FGG [9. Aufl 2002] Einl Rn 113; dagegen Jansen aaO Vor § 8–18 Rn 20; Zimmermann aaO; offen gelassen von BayObLG 2. 2. 1999 FamRZ 1999, 1588). Man wird § 269 ZPO analog anwenden (Lindacher JuS 1978, 579; Brehm FGG [3. Aufl 2002] Rn 361).

Es gibt nur ein Antragsrecht, **keine Antragspflicht**. Stellt niemand einen Antrag, so **123** wirkt die Statusentscheidung nicht im Inland. (Zur Nichtigkeit einer Zweitehe, wenn die Anerkennung der Scheidung der ersten nicht beantragt wird, vgl Rn 21 f).

4. Antragsberechtigung

a) Rechtsschutzinteresse

124 Antragsberechtigt ist gem Art 7 § 1 Abs 3 S 2 FamRÄndG, wer ein **rechtliches Interesse** an der Anerkennung bzw Nichtanerkennung (Art 7 § 1 Abs 7 FamRÄndG) glaubhaft machen kann. Das Interesse ist ein rechtliches, wenn es auf einem Rechtsverhältnis des Antragstellers zu einer anderen Person beruht, welches durch die Anerkennung oder Nichtanerkennung beeinflußt wird (Jansen, FGG Art 7 § 1 FamRÄndG Rn 34; KG 10. 7. 1970 OLGZ 1970, 429 = NJW 1970, 2169; BayObLG 8. 5. 2002 FamRZ 2002, 1637 für ein freiwilliges Anerkennungsverfahren). Personen, deren Status durch die Entscheidung betroffen wird, haben es ipso facto. Darüber hinaus sind dies aber nach dem Tod der Ehegatten etwaige Erbberechtigte und zur Leistung an die Überlebenden verpflichtete Stellen. Es können auch mehrere gemeinsam den Antrag stellen (vgl schon zu den Definitionsschwierigkeiten Martiny, Hdb IZVR Bd III/1 Kap I Rn 1715).

125 Ist die im Ausland geschiedene Ehe aus deutscher Sicht sogar eine Nichtehe, so fehlt nach BayObLG das Rechtsschutzinteresse an einer Anerkennung der ausländischen Eheaufhebung (6. 2. 1980 IPRax 1982, 250). Dem könnte man zustimmen, wenn jederzeit die Nichtexistenz unbezweifelbar wäre. Das ist aber nicht notwendig der Fall, wenn die Ehe zB als erbrechtliche Vorfrage nach einem anderen Recht als dem vom deutschen Art 13 Abs 1 EGBGB berufenen Recht zu beurteilen und danach als wenigstens wirksam geschlossen anzusehen ist.

126 Man kann allenfalls fragen, ob ein Interesse gerade an der Wirksamkeit der Scheidung in Deutschland bestehen muß. IdR wird die Frage aber durch die Gründe für die Zuständigkeit der LJV, dh gewöhnlichen Aufenthalt oder beabsichtigte Eheschließung beantwortet. Sie kann sich nur stellen, wenn die Zuständigkeit in Berlin nach Abs 2 S 3 beansprucht wird. Das wird vor allem vorkommen bei geschiedenen Deutschen, die im Ausland leben. Hier ist wegen der Staatsangehörigkeit das Feststellungsinteresse zu bejahen. Auch Erben der verstorbenen Geschiedenen im Ausland können ein Interesse haben, wenn es um inländischen Nachlaß geht (vgl BGH 27. 6. 1990 FamRZ 1990, 1100). Als Inlandsbeziehung für ein **inländisches Rechtsschutzinteresse** soll nach BGH 10. 1. 2001 (FamRZ 2001, 991, unklarer Sachverhalt) jedenfalls genügen, wenn die zweite Ehe in Deutschland geschlossen wurde und in Deutschland geführt wurde, um die Anerkennung der Scheidung der Vorehe einer der Ehegatten zu beantragen, auch wenn diese Ehe keine Beziehungen zu Deutschland hatte. Bei Anwesenheit eines Ehegatten im Inland ergibt sich das Rechtsschutzinteresse aber ohne weiteres schon daraus, daß erst so die Statuswirkung inter omnes im Inland eintritt.

127 Das BayObLG (8. 5. 2002 FamRZ 2002, 1637) scheint für das freiwillige Anerkennungsverfahren ein besonderes Rechtsschutzinteresse zu verlangen, in dem es darauf abstellt, daß die Anerkennung für Unterhaltsfolgen der Scheidung von einem anderen Gericht als noch ungeklärt angesehen wurde. Ähnlich hatte das OLG Bremen in nicht eherechtlichem Zusammenhang argumentiert, daß bei einer automatischen

Anerkennung grundsätzlich das Rechtsschutzinteresse an einer isolierten gerichtlichen Anerkennung fehle (24.4.1996 FamRZ 1997, 107). Dem ist nicht zuzustimmen. Wenn eine Partei eine allseitig wirksame Anerkennung haben möchte, und von der Wirkung der ausländischen Scheidung in ihren Rechten betroffen ist, dann sollte das genügen; ein gesteigertes Interesse sollte für einen freiwilligen Anerkennungsantrag nicht verlangt werden.

b) Ehegatten

Den **früheren Ehegatten** wird natürlich allgemein ein rechtliches Interesse an der 128
Feststellung zugebilligt, und idR stellt auch einer den Antrag. Um ihren Status im Inland geht es schließlich (vgl zB BGH 11.7.1990 FamRZ 1990, 12228; BayObLG 13.3.2002 FamRZ 2002, 1423; KG 6.11.2001 FamRZ 2002, 840; OLG Celle 10.11.1997 FamRZ 1998, 686; JM BW 4.12.2000 FamRZ 2001, 1015). Das rechtliche Interesse wird selbst dann bejaht, wenn ein Ehegatte, der eine ausländische Scheidung erwirkt hat, nun deren Nichtanerkennung beantragt (BGH 26.2.1958 NJW 1958, 831 = FamRZ 1958, 180; BayObLG 19.10.1967 NJW 1968, 363; Jansen, FGG Art 7 § 1 FamRÄndG, Rn 34; Kleinrahm/Partikel 170; Martiny, Hdb IZVR Bd III/1 Kap I Rn 1716; Geimer NJW 1967, 1402; Reinl FamRZ 1969, 456; Richter/Krzywon IPRax 1988, 350; Krzywon StAZ 1989, 96). Dementsprechend kann auch umgekehrt der unterlegene Ehegatte, der im ausländischen Verfahren Klageabweisung beantragt hat, den Antrag auf Anerkennung des ausländischen Scheidungsurteils stellen. Ein Nichtanerkennungsantrag kommt zB in Frage, bevor eine erneute Scheidung im Inland beantragt wird (OLG Köln 18.3.1998 FamRZ 1998, 1303; OLG Karlsruhe 30.9.1999 FamRZ 2000, 1021). Ein erneuter Scheidungsantrag nach einer ausländischen Scheidung ist unzulässig, wenn die förmliche Anerkennung beantragt werden kann (OLG Bamberg 13.3.1996 FamRZ 1997, 95). Gegen eine Klage wegen Bigamie würde die Scheidung nichts mehr helfen, wenn sie erst nach der zweiten Heirat erfolgt, wogegen die Anerkennung der vorherigen Auslandsscheidung zurückwirkt. Es ist kaum eine Situation vorstellbar, in der einem Ehegatten das Feststellungsinteresse fehlte.

Auch dem Partner der **Zweitehe** wird man wegen der Gefahr der Doppelehe ein 129
rechtliches Interesse an der Feststellung zugestehen, ob die Erstehe seines jetzigen Partners aufgelöst ist oder nicht (BGH 10.1.2001 FamRZ 2001, 991; OLG Düsseldorf 10.3.1976 OLGZ 1976, 291 = FamRZ 1976, 355 = MDR 1976, 849; Kleinrahm/Partikel 171; Habscheid FamRZ 1963, 7). Nach Meinung des BGH aaO genügt es jedenfalls, daß die Zweitehe in Deutschland geschlossen und hier geführt wurde. Das Antragsrecht steht entsprechend nun auch dem Partner einer registrierten Partnerschaft zu.

c) Verlobte

Kein rechtliches Interesse hat der Verlobte, der mit dem im Ausland Geschiedenen 130
eine **neue Ehe** eingehen möchte. Zwar hängt im deutschen Recht die Rechtsgültigkeit eines Verlöbnisses unmittelbar von der Anerkennung der ausländischen Entscheidung ab, doch ginge es zu weit, das Interesse des Verlobten als rechtliches Interesse zu werten, da das Verlöbnis zwar ein Rechtsverhältnis, aber stets lösbar ist. Zwar hängt die Möglichkeit der beabsichtigten Heirat von der Anerkennung ab, aber man möchte doch den Geschiedenen die Entscheidung überlassen (Martiny, Hdb IZVR Bd III/1 Kap I Rn 1717; Jansen, FGG Art 7 § 1 FamRÄndG Rn 34; **aA** Kleinrahm/Partikel 171; Richter/Krzywon IPRax 1988, 350; Krzywon StAZ 1989, 96). Es bleibt dem anderen Verlobten überlassen, einen Antrag auf Anerkennung seiner Scheidung zu

stellen, um zB die Heirat zu ermöglichen. Ein Antragsrecht des Partners einer nicht registrierten nichtehelichen Lebensgemeinschaft ist ebenfalls abzulehnen (Richter/Krzywon IPRax 1988, 350; Krzywon StAZ 1989, 96).

d) Kinder

131 Kinder sowohl aus der **aufgelösten** als auch aus der **zweiten** Ehe können in Fällen, in denen ihre eigene personenstands- oder namensrechtliche Stellung tangiert wird, bereits zu Lebezeiten der Ehegatten ein eigenes rechtliches Interesse an der Anerkennungsentscheidung haben. Hervorzuheben ist hier zB das rechtliche Interesse von Kindern der im Ausland geschiedenen Ehefrau, die bis zur Anerkennung der ausländischen Entscheidung als eheliche Kinder des geschiedenen Ehemanns gelten (Jansen, FGG Art 7 § 1 FamRÄndG Rn 34 sowie Rn 5). Die Anerkennung ist vor allem wichtig, wegen ihres Unterhaltsanspruchs und des Sorgerechts. Freilich wird der Anerkennungsantrag in der Praxis wohl immer von einem Elternteil für sich selbst gestellt (vgl BayObLG 8. 5. 2000 FamRZ 2002, 1637).

132 Das OLG Celle (7. 5. 1990 FamRZ 1990, 1390) will allerdings eine selbständige Klage auf Kindesunterhalt zulassen, solange eine polnische Verbundsentscheidung nicht im Inland gilt und daher auch nicht abgeändert werden kann, weil noch keine Entscheidung der LJV vorliegt. Hier hätte ausgesetzt werden müssen, um sie einzuholen (o Rn 16).

e) Erben

133 Während dem präsumtiven Erben eines noch lebenden Ehegatten kein erbrechtlich begründetes Interesse zuzugestehen ist, da regelmäßig noch Verfügungen von Todes wegen getroffen werden können, und der präsumtive Erbe nicht die Statusverhältnisse noch Lebender beeinflussen können soll (Martiny, Hdb IZVR Bd III/1 Kap I Rn 1717; Stein/Jonas/H Roth § 328 Rn 220; MünchKomm-ZPO/Gottwald § 328 Rn 194; Jansen, FGG Art 7 § 1 FamRÄndG Rn 34; Kleinrahm/Partikel 171; **aA** Rolland, 1. EheRG [2. Aufl 1982] § 606a Rn 11 e), haben nach dem Tod eines der Ehegatten die Erben und Erbeserben ein Antragsrecht, wenn ihr Erbrecht von der Anerkennung der ausländischen Ehescheidung abhängt (BGH 27. 6. 1990 FamRZ 1990, 1100; BayObLG 2. 2. 1990 FamRZ 1999, 1588; KG 26. 1. 1988 FamRZ 1988, 641). Hatte der Ehegatte noch selbst den Antrag gestellt, treten die Erben in seine prozessuale Stellung ein (BGH 27. 6. 1990 FamRZ 1990, 1100 [Erbeserben]). Sie können nach dessen Tod auch selbst einen Antrag stellen (BayObLG 2. 2. 1999 aaO; KG 26. 1. 1988 aaO).

f) Behörden

134 Besonders problematisch ist die Antragsberechtigung von Behörden. Auch hier ist zu differenzieren:

aa) Gerichte

135 Gerichte sind nicht antragsberechtigt, da die Anerkennung sie nicht in ihrer Rechtssphäre betrifft (BGH 6. 10. 1982 NJW 1983, 514 = IPRax 1983, 292 [Basedow 278 und Bürgle 281]; Geimer NJW 1967, 1402; Jansen, FGG Art 7 § 1 FamRÄndG Rn 34; Kleinrahm/Partikel 172; Zöller/Geimer § 328 Rn 252; Richter JR 1987, 100; Richter/Krzywon IPRax 1988, 350; Krzywon StAZ 1989, 96; **aA** Basedow StAZ 1977, 7). Hängt die Zulässigkeit einer Klage von der Anerkennung ab, setzen sie aus, um den Antrag zu ermöglichen (o Rn 15 ff).

bb) Verwaltungsbehörde (§ 1316 BGB)

Antragsberechtigt war aus Gründen der Prozeßökonomie und wegen des öffentlichen Interesses an der Verhinderung von **Doppelehen** die Staatsanwaltschaft im Fall des § 24 EheG. Heute hat das Antragsrecht entsprechend nach § 1316 Abs 1 Nr 1 BGB die zuständige Verwaltungsbehörde bei bigamischen und anderen fehlerhaften Ehen (zB in Bayern die Regierung von Mittelfranken; weitere Nachw MünchKomm/Müller-Gindullis § 1316 Rn 6; Martiny, Hdb IZVR Bd III/1 Kap I Rn 1718; Kleinrahm/Partikel 171; Zöller/Geimer § 328 Rn 252; Richter/Krzywon IPRax 1988, 350; **aA** Jansen, FGG Art 7 § 1 FamRÄndG Rn 34). Dabei ist nicht vorausgesetzt, daß sie die Nichtigkeitsklage schon erhoben hat (OLG Karlsruhe 17. 9. 1990 FamRZ 1991, 92). Natürlich kann den Antrag auch der geschiedene Ehegatte stellen (o Rn 128). Es sollte zu den Amtspflichten der Verwaltungsbehörde gehören, vor oder während des von ihr betriebenen Nichtigkeitsverfahrens den Anerkennungsantrag zu stellen (**aA** aber OLG Karlsruhe aaO, das aussetzt, um der Bekl die Gelegenheit dazu zu geben). 136

cc) Standesbeamte

Kein Antragsrecht hat der Standesbeamte, der sein Register berichtigen will (Jansen, FGG Art 7 § 1 FamRÄndG Rn 34; Zöller/Geimer § 328 Rn 252; Kleinrahm/Partikel 172; Geimer NJW 1967, 1402; Richter JR 1987, 100; Richter/Krzywon IPRax 1988, 350; Krzywon StAZ 1989, 96), oder dem der Antrag auf Eheschließung eines im Ausland Geschiedenen vorliegt. Er muß die Beteiligten auffordern, die Entscheidung der LJV beizubringen. 137

dd) Sozialversicherungsträger

Sozialversicherungsträger sind, zumindestens nach dem Tod eines Ehegatten, antragsberechtigt, wenn ihre **Verpflichtung zur Leistung** von der Anerkennung oder Nichtanerkennung der ausländischen Scheidung abhängt (KG 10. 7. 1970 NJW 1970, 2169 = FamRZ 1970, 664 = StAZ 1971, 23; OLG Düsseldorf 21. 12. 1976 IPRspr 1976 Nr 182; BSG 30. 3. 1977 BSGE 43, 238 = FamRZ 1977, 636; JM NRW 15. 3. 1978 IPRspr 1978 Nr 173; KG 3. 6. 1983 OLGZ 1984, 38; OLG Koblenz 26. 11. 1987 IPRax 1988, 359 [zust Richter/Krzywon 350]; JM NRW 2. 7. 1983 IPRspr 1984 Nr 184; Schütze, Die Anerkennung und Vollstreckung ausländischer Zivilurteile in der BRD als verfahrensrechtliches Problem [1960] 43; Geimer NJW 1967, 1402; Jansen, FGG Art 7 § 1 FamRÄndG Rn 34; Reinl FamRZ 1969, 454; Kleinrahm/Partikel 171; Martiny, Hdb IZVR Bd III/1 Kap I Rn 1719; Stein/Jonas/Schumann § 328 ZPO, Rn 473; Richter JR 1987, 100; Richter/Krzywon IPRax 1988, 350; Krzywon StAZ 1989, 96; **aA** Rolland § 606 a, Rn 11 e). Entsprechendes muß dann auch für private Versicherungsgesellschaften oder ähnliche Verpflichtete gelten. 138

ee) Finanzamt

Finanzämter besitzen kein Antragsrecht. Steuerfragen sind zwar oft statusabhängig, doch reicht aus verfassungsrechtlichen Gründen das fiskalische Interesse allein nicht aus, um auf Initiative des Finanzamts eine Klärung des Status des Steuerpflichtigen zu veranlassen (Martiny, Hdb IZVR Bd III/1 Kap I Rn 1719; Rolland § 606a Rn 11 e; Richter/Krzywon, IPRax 1988, 350; Krzywon StAZ 1989, 96; Rahm/Künkel/Breuer Hdb FamGerVerf VIII Rn 173; **aA** Geimer NJW 1967, 1402; MünchKomm-ZPO/Gottwald § 328 Rn 194). 139

ff) Andere Behörden

Bei anderen Behörden wird man darauf abstellen müssen, ob eine Feststellung des 140

Bestehens oder Nichtbestehens der Ehe für sie von **rechtlicher Bedeutung** ist. Das rechtliche Interesse muß dabei ein unmittelbares sein (Zöller/Geimer § 328 Rn 252). In erster Linie ist es Angelegenheit der Betroffenen selbst, ihren Status zu klären. Anderen kann nur dann ein Antragsrecht eingeräumt werden, wenn ihre subjektiven Rechte von der Anerkennung tangiert werden. Eine Abweichung von diesem Grundsatz sollte nur dann erfolgen, wenn dies im öffentlichen Interesse geboten erscheint (Richter/Krzywon IPRax 1988, 350; Krzywon StAZ 1989, 97). Bejaht wurde zB zu Recht ein eigenes Antragsrecht des Beauftragten der Bundesregierung für die Verteilung im Grenzdurchgangslager Friedland und der Durchgangsstelle für Aussiedler in Nürnberg (vgl näher Richter/Krzywon IPRax 1988, 350; Krzywon StAZ 1989, 97).

5. Verwirkung

141 Umstritten ist, ob die **Antragsberechtigung verwirkt** werden kann. Dies ist zu **verneinen**; auch derjenige, der sich jahre- oder jahrzehntelang mit der ausländischen Scheidung abgefunden hat, ohne etwas dagegen zu unternehmen, kann trotzdem einen negativen Feststellungsantrag stellen (Jansen, FGG Art 7 § 1 FamRÄndG Rn 36; Geimer, IZPR Rn 3030; Zöller/Geimer § 328 Rn 253). Die gegenteilige Ansicht läßt unter Umständen aufgrund einer Verwirkung des Antragsrechts eine Abweisung des Antrags auf Anerkennung als **unzulässig** zu (BayObLG 19. 10. 1967 BayObLGZ 1967, 390 = NJW 1968, 363 [Geimer 800] = MDR 1968, 151 = BayJMBl 1968, 62; BayObLG 10. 6. 1976 BayOLGZ 1976, 148 = FamRZ 1976, 700 = StAZ 1976, 10; OLG Düsseldorf 13. 6. 1977 IPRspr 1977 Nr 162; BayObLG 29. 8. 1985 FamRZ 1985, 1258; 20. 2. 1998 FamRZ 1998, 1305; OLG Düsseldorf 2. 10. 1987 FamRZ 1988, 198; Beitzke FamRZ 1971, 374). Dies führte aber wegen der fehlenden Bindungswirkung der Abweisung als unzulässig (vgl Rn 41) zu der unbefriedigenden Folge, daß in solchen Fällen die Frage der Anerkennung oder Nichtanerkennung in der Schwebe bliebe (JM BW 21. 2. 1995 FamRZ 1995, 1411; MünchKomm-ZPO/Gottwald § 328 Rn 176).

142 Eine andere Frage ist es, ob der **Antrag begründet** ist. Es kann durchaus vorkommen, daß der Antragsteller sich infolge Zeitablaufs nicht mehr auf den einen oder anderen Versagungsgrund berufen darf (Zöller/Geimer § 328 Rn 253; MünchKomm-ZPO/Gottwald § 328 Rn 176; JM BW 24. 4. 1979 FamRZ 1979, 811; BayObLG 8. 5. 2002 FamRZ 2002, 1637; JM BW 21. 2. 1995 FamRZ 1995, 1411; sehr kritisch gegenüber beiden Lösungen Martiny, Hdb IZVR Bd III/1 Kap I Rn 1712). Nicht das Antragsrecht, sondern das **Recht**, die Anerkennungswirkung geltend zu machen, kann verwirkt werden (JM BW 24. 4. 1979 FamRZ 1979, 811; JM BW 21. 2. 1995 FamRZ 1995, 1411; BayOBLG aaO 1638). Dafür genügt aber der bloße Zeitablauf nicht oder kaum (sehr zurückhaltend OLG Düsseldorf 13. 6. 1977 IPRspr 1977 Nr 162); der Antrag wird erfahrungsgemäß meist erst anläßlich neuer Heiratspläne gestellt. Man wird vielmehr verlangen müssen, daß die Partei sich weiterhin als verheiratet verhalten hat (ähnlich Zöller/Geimer § 328 Rn 253; OLG Düsseldorf 2. 10. 1987 FamRZ 1988, 198). So hatten in dem Bescheid des JM BW v 24. 4. 1979 (aaO) die in der CSSR geschiedenen Eheleute in Deutschland weitere 26 Jahre zusammengelebt und Kinder bekommen. Der Antrag war unbegründet.

143 Im umgekehrten Fall, dh bei einem Antrag auf **Nichtanerkennung** eines ausländischen Scheidungsurteils (Art 7 § 1 Abs 1, Abs 7 FamRÄndG), ist Verwirkung anzunehmen, wenn sich die Partei über einen längeren Zeitraum als geschieden geriert hat. So trat zB in JM BW v 21. 2. 1995 und in BayObLG 8. 5. 2002 (aaO) die in

Deutschland lebende Ehefrau, die ohne Ladung zum Verfahren im Ausland geschieden wurde, nach Kenntniserlangung über Jahre hinweg im Rechtsverkehr bzw vor Gericht als geschieden auf, ohne jemals Zweifel an der Wirksamkeit des Scheidungsurteils zu äußern, und nahm auch nach der Übersiedelung ihres Ehemannes nach Deutschland die eheliche Lebensgemeinschaft mit ihm nicht wieder auf. Wie auch sonst bei Verwirkung bzw widersprüchlichem Verhalten (BayObLG 8.5.2002) ist zu verlangen, daß der andere Ehegatte sich auf die Scheidung eingestellt, also sein Vertrauen darauf betätigt hatte. Ein Verschulden der Partei, die nun doch die Anerkennung betreibt, ist allerdings nicht erforderlich.

6. Deutsche Gerichtsbarkeit

Die am Anerkennungsverfahren **Beteiligten** müssen der deutschen Gerichtsbarkeit **144**
unterworfen sein (Geimer, IZPR Rn 544; Zöller/Geimer § 328 Rn 255). Handelt es sich bei dem Antragsteller um eine gerichtsfreie Person (zum Begriff Vorbem zu §§ 606a, 328 ZPO Rn 14 ff), so kann in seinem Antrag eine Unterwerfung unter die deutsche Gerichtsbarkeit zu sehen sein, welche die deutsche Gerichtsbarkeit begründet, wenn sein Entsendestaat einverstanden ist (zur Möglichkeit der Unterwerfung vgl Geimer, Zur Prüfung der Gerichtsbarkeit und der internationalen Zuständigkeit bei der Anerkennung ausländischer Urteile [1966] 65 Fn 7, Vorbem zu § 606a, 328 ZPO Rn 25). Auch gegen einen gerichtsfreien Antragsgegner kann kein Feststellungsverfahren beantragt werden, es sei denn, der Antragsgegner würde sich der deutschen Gerichtsbarkeit unterwerfen (Geimer, IZPR Rn 3032).

7. Verfahrensregeln

a) Amtsermittlung

Die Durchführung des Anerkennungsverfahrens ist nicht durch Bundesgesetze ge- **145**
regelt. Das Verfahren könnte sich nach den allgemeinen Verwaltungsverfahrensgesetzen der Bundesländer richten, jedoch schließen die Landesverwaltungsverfahrensgesetze (wie § 2 Abs 3 Nr 1 VwVfG) ihre Geltung aus, da die Tätigkeit der Landesjustizverwaltung nicht der Nachprüfung durch die Verwaltungsgerichte unterliegt (Martiny, Hdb IZVR Bd III/1 Kap I Rn 1720). Es haben sich jedoch einheitliche Grundsätze für die Durchführung des Anerkennungsverfahrens herausgebildet wie zB die Gewährung rechtlichen Gehörs.

Außerhalb solcher Regeln ist die LJV frei, das Verfahren zweckmäßig ohne beson- **146**
dere Förmlichkeiten zu gestalten. Die **Aufklärung** des Sachverhalts erfolgt insbesondere hinsichtlich der Anerkennungshindernisse **von Amts wegen** (LJV BW 23.1.1987 IPRspr 1987 Nr 163 a; implizit BayObLG 17.6.1999 FamRZ 2000, 485; MünchKomm-ZPO/Gottwald § 328 Rn 195; Geimer, IZPR Rn 3035). Den Angaben des Antragstellers kann keinesfalls einfach vertraut werden (vgl den Fall OLG Frankfurt aM 15.4.1985 OLGZ 1985, 257). Die Pflicht zur Ermittlung von Amts wegen hat ihre Grenze dort, wo von weiteren Ermittlungen ein sachdienliches, die Entscheidung beeinflussendes Ergebnis nicht mehr zu erwarten ist (LJV BW 23.1.1987 IPRspr 1987 Nr 163 a unter Berufung auf OLG Stuttgart 14.4.1986 – 1 VA 2/85; OLG Frankfurt aM 28.10.1999 28 VA 2/98; BayObLG 13.5.1983 FamRZ 1983, 1275). Ein Geständnis oder Anerkenntnis ist nicht bindend (Geimer aaO).

147 Dem Antragsteller kann, soweit er die **Feststellungslast** trägt, die **Beibringung von Unterlagen** aufgegeben werden (LJV BW 23.1.1987 IPRspr 1987 Nr 163 a; BayObLG 2.7.1982 BayObLGZ 1982, 257; BayObLG 29.3.1990 FamRZ 1990, 897 = StAZ 1990, 225; Jansen Art 7 § 1 FamRÄndG Rn 38 mwN in Fn 66), aber auch den sonstigen Beteiligten. Die vom Antragsteller sowie vom Antragsgegner beigebrachten Unterlagen und Urkunden müssen grundsätzlich legalisiert sein. Es gibt aber keinen Legalisationszwang (MünchKomm/Spellenberg Art 11 EGBGB EGBGB Rn 46 f). Die Urkunden unterliegen ohne Legalisation der freien Beweiswürdigung durch die Landesjustizbehörden. Die Landesjustizverwaltungen haben alle erreichbaren Beweismittel auszuschöpfen (LJV BW 23.1.1987 IPRspr 1987 Nr 163 a). Die LJV können vom Antragsteller die Übersetzung des ausländischen Urteils anfordern, müssen aber die Grundrechte und den Grundsatz der Rechtsschutzgleichheit beachten. Das bedeutet, daß die LJV bei unbemittelten Antragstellern selbst für eine Übersetzung sorgen (BVerfG 10.4.1997 FamRZ 1997, 735). Man wird wohl ebenso hinsichtlich der Pflicht zur Beibringung einer Legalisation und ihrer Kosten entscheiden. Doch sind die Kosten wohl meist geringer.

148 Die Landesjustizverwaltungen können zwar Zeugen vernehmen, jedoch steht ihnen nicht die Befugnis zu, **Zeugniszwang** auszuüben oder Zeugen zu **vereidigen** (Rosenberg/Schwab/Gottwald § 156 Rn 58; Geimer, IZPR Rn 3035). In Ermangelung einer gesetzlichen Ermächtigung sind die Landesjustizverwaltungen auch nicht berechtigt, ein Gericht im Wege der Rechtshilfe um die Vernehmung und Beeidigung von Zeugen zu ersuchen (Jansen Art 7 I FamRÄndG Rn 38). Auch zur Entgegennahme eidesstattlicher Versicherungen sind sie mangels gesetzlicher Grundlage nicht legitimiert (Kleinrahm/Partikel 172 unter Berufung auf BGH 25.3.1952 BGHSt 2, 220). Bedenken bestehen auch gegen eine Zuständigkeit des Standesbeamten aus § 5 III 3 PStG zur Entgegennahme eidesstattlicher Versicherungen im Anerkennungsverfahren (Kleinrahm/Partikel 172).

149 Nach BayObLG (2.7.1982 BayObLGZ 1982, 257 [Privatscheidung Ghana]; OLG Celle 10.11.1997 FamRZ 1998, 686 [Japan]) ist bei fehlendem Nachweis der Existenz und Wirksamkeit der ausländischen Scheidung der Antrag von der LJV als **unzulässig** zurückzuweisen. Jedoch ist er **unbegründet,** zumindest solange der Antragsteller eine Auslandsscheidung behauptet (so OLG Frankfurt o Rn 146). Jedenfalls ist im Anerkennungsverfahren über die Wirksamkeit des ausländischen Urteils zu befinden.

b) Rechtliches Gehör

150 Im Verfahren vor den Landesjustizverwaltungen ist dem Antragsgegner **rechtliches Gehör** zu gewähren (Geimer NJW 1969, 1651; Reinl FamRZ 1969, 454; Kleinrahm/Partikel 173; Rosenberg/Schwab/Gottwald § 156 Rn 58; Martiny, Hdb IZVR Bd III/1 Kap I Rn 1722). Zwar garantiert Art 103 Abs 1 GG seinem Wortlaut nach das rechtliche Gehör nur „vor Gericht“ (vgl auch BVerfG 14.10.1969 BVerfGE 27, 103; BGH 8.8.1969 BGHSt 23, 55), doch folgt aus dem Rechtsstaatsprinzip, daß auch im Verwaltungsverfahren, insbesondere dann, wenn feststellende, streitentscheidende Verwaltungsakte in einem ähnlich dem gerichtlich angelegten Verwaltungsverfahren ergehen, ein Anspruch auf Wahrung des rechtlichen Gehörs besteht (MünchKomm-ZPO/Gottwald § 328 Rn 195; BayObLG 17.6.1999 FamRZ 2000, 485 KG 10.7.1970 NJW 1970, 2169 = FamRZ 1970, 664; vgl näher hierzu Maunz/Dürig/Schmidt-Assmann, GG-Kommentar Art 103 GG Rn 62 ff). Das

Gehör kann im gerichtlichen Verfahren gem Abs 4 vor dem OLG **nachgeholt** werden (BayObLG aaO). Problematisch ist der Kreis der **Berechtigten**.

Zu beteiligen sind danach alle **diejenigen**, für die eine Entscheidung der Landesjustizverwaltung **rechtliche Konsequenzen** mit sich bringt (vgl BVerfGE 60, 7 ff; 21, 137 ff; Schlosser JZ 1967, 431 ff; Geimer, IZPR RN 3037; Rosenberg/Schwab/Gottwald aaO; vgl auch Brehm FGG [3. Aufl 2002] Rn 317). Hierzu zählen sicher alle diejenigen, die zur Stellung eines eigenen Antrages berechtigt wären (BayObLG 17. 6. 1999 FamRZ 2000, 485; KG 10. 7. 1970 OLGZ 1970, 429 = NJW 1970, 2169; Geimer NJW 1967, 1403; Jansen Art 7 § 1 FamRÄndG Rn 38; Stein/Jonas/H Roth § 328 Rn 223; Martiny, Hdb IZVR Bd III/1 Kap I Rn 1722). Dies ist natürlich der Ehegatte. Die Beteiligung der Betroffenen ist nicht bloße Ermessenssache der Landesjustizverwaltungen, sondern deren **Rechtspflicht** (Geimer NJW 1974, 1630). Sie muß ernstgenommen werden, was möglicherweise nicht immer ausreichend geschieht oder geschah (Reinl FamRZ 1969, 454). 151

Der **Kreis der materiell** von der Anerkennung oder ihrer Verweigerung **Betroffenen** ist freilich recht weit (vgl 124 ff). Dennoch muß grundsätzlich ihnen allen angesichts des Art 103 Abs 1 GG ein Anspruch auf rechtliches Gehör zugebilligt werden, und daran ändert sich auch nichts dadurch, daß es sich vor der LJV um ein Verwaltungsverfahren handelt (vgl §§ 28, 66 VwVfG und die entsprechenden Bestimmungen der Landesgesetze). Die in § 28 VwVfG genannten Ausnahmen greifen kaum jemals oder nie ein. Es ist auch etwas pauschal, daß auf Schwierigkeiten im Verkehr mit dem Ausland gebührend Rücksicht zu nehmen sei (so Stein/Jonas/H Roth § 328 Rn 223; wie hier Habscheid, Freiw Gerichtsbarkeit § 20 II 4). 152

Tatsächliche Unmöglichkeit der Anhörung dispensiert. Das setzt aber die Erschöpfung aller Möglichkeiten voraus, den Aufenthalt zB des anderen Ehegatten zu ermitteln. Problematisch ist, wie weit die LJV mögliche „mittelbare" Betroffene, wie Versorgungsträger, anhören und deren Betroffensein ermitteln muß. Hier ist noch wenig konkrete Klarheit. Kinder sind zu Lebzeiten der betr Ehegatten wegen ihres zukünftigen Erbrechts wohl überhaupt nicht zu hören, obwohl ihr Pflichtteil in jedem Fall betroffen ist. Sie müssen generell die Entscheidung ihrer Eltern, sich zu scheiden, hinnehmen, also auch die Entscheidung für die Anerkennung. Dagegen sind alle Erben zu beteiligen, wenn der Erbfall eingetreten ist. Niemand wird die Verwaltungsbehörde des § 1316 BGB an jedem Anerkennungsverfahren beteiligen, damit sie Anerkennungshindernisse im Hinblick auf eine eventuelle Wiederheirat vorbringt. Aber wenn sie eine Nichtigkeitsklage erhoben hat, die durch eine Anerkennung der Scheidung der Vorehe unbegründet würde, dann ist sie zu hören. Sozialversicherungsträger und andere Behörden (o Rn 138 ff) müssen wohl gehört werden, wenn die Anerkennung hic et nunc Leistungspflichten für sie auslöst. Jedoch macht die Unterlassung der Gehörsgewährung den Bescheid nicht unwirksam. 153

Ergeht ein positiver Bescheid ohne Anhörung der anderen Beteiligten, so ist die Gefahr, daß er auf deren Antrag vom OLG bei neuen Feststellungen aufgehoben wird, entsprechend groß, und dies kann wegen der Unbefristetheit dieses Antrags noch nach langer Zeit geschehen (Beispiel einer solchen Aufhebung eines Bescheides, der ohne Anhörung selbst des anderen Ehegatten erging, OLG Frankfurt aM 15. 4. 1985 OLGZ 1985, 257). Und antragsberechtigt sind alle, die einen Antrag bei der 154

LJV hätten stellen können (MünchKomm-ZPO/GOTTWALD § 328 Rn 202), also alle materiell vom Bescheid der LJV nachteilig Betroffenen. Immerhin kann ihnen dann nun noch Gehör gewährt werden, doch uU um den Preis der Aufhebung des Bescheids, was wiederum diejenigen belasten kann, die sich auf den Bescheid verlassen haben. Es kann in der Verweigerung des rechtlichen Gehörs auch eine **Amtspflichtverletzung** liegen, die den zu Unrecht nicht Angehörten zum Schadensersatz berechtigen kann, vielleicht auch die, die von der Aufhebung des Bescheids belastet werden.

155 Das KG (12.7.1975 OLGZ 1976, 38) hat eine Anhörungspflicht sogar des anderen Ehegatten verneint, wenn der positive Anerkennungsantrag **ohnehin abzuweisen** sei (**aA** MARTINY, Hdb IZVR III/1 Kap I Rn 1722). Dem ist nicht zustimmen. Das KG nimmt an, der andere Ehegatte und sonstige Antragsberechtigte seien durch den ablehnenden Bescheid nicht gebunden und könnten ihrerseits einen neuen Antrag stellen und damit rechtliches Gehör in der Sache erhalten. Der Zweck des Anerkennungsverfahrens, möglichst ein für allemal und inter omnes Klarheit zu schaffen, spricht aber dafür, die Beteiligten auch bei geplanter Ablehnung zu hören. Außerdem ist nach Abs 8 auch die Abweisung eines Antrags als unbegründet bindend (BAUMBACH/LAUTERBACH/HARTMANN § 328 Rn 66; BayObLG NJW 1974, 1630: **aA** KG OLGZ 1976, 42).

156 Wie auch sonst im Zivilverfahren muß den Berechtigten nur Gelegenheit zur Anhörung gegeben werden. Nehmen sie sie nicht wahr, können sie sich an sich nicht beschweren. Allerdings nimmt ihnen das nicht das Recht des Antrags auf gerichtliche Entscheidung zum OLG. Die Versäumung der Anhörung durch die LJV kann aber bedeuten, daß ihr Recht bzgl bestimmter Anerkennungshindernisse, die vornehmlich ihren Interessen dienen, verwirkt ist. Verschulden wird man hierfür wohl verlangen und daß zwischen dem Bescheid der LJV und dem Antrag an das OLG lange Zeit vergangen ist.

157 Im Verfahren auch vor der LJV kann man § 189 ZPO analog anwenden: Wer zum Verfahren geladen wurde und davon erfährt, auch wenn die Ladung ihn nicht auf dem ordentlichen Wege erreicht, hat ausreichend Gelegenheit zum Gehör gehabt. Er muß nicht noch einmal förmlich geladen werden.

8. Feststellungslast

158 Die Formulierung, derjenige trage die Beweislast, der aus der Anerkennung Rechte herleite, paßt für das Anerkennungsverfahren nicht recht (**aA** BayObLG 11.6.1979 FamRZ 1979, 1014). Die, der Antragsteller trage die Feststellungslast, paßt nur wenig besser (LJV BW 23.1.1987 IPRspr 1987 Nr 163 a). Ebensowenig wie im Streitverfahren der ZPO kann die Umkehrung der Parteirollen bei einem Nichtanerkennungsantrag die Last verändern. Es gibt auch nicht notwendig einen Antragsgegner. Am besten formuliert man aber auch hier, daß im Zweifel grundsätzlich nicht anzuerkennen ist, wobei aber auch hier die bei § 328 Rn 266 ff dargelegten Differenzierungen gelten.

159 Bleibt zB zweifelhaft, ob ein Verstoß gegen den deutschen **ordre public** vorliegt, so ist anzuerkennen. Es trägt nicht deshalb der die Beweislast, der sich darauf beruft, denn diese Frage ist von Amts wegen zu prüfen.

160 Eine Abweisung eines Anerkennungsantrages und die Feststellung, daß die Anerkennungsvoraussetzungen nicht vorliegen, sind nicht dasselbe (STEIN/JONAS/H ROTH § 328 Rn 224 f; MünchKomm-ZPO/GOTTWALD § 328 Rn 192, 196; GEIMER, IZPR Rn 3039; BayObLG 11. 1. 1990 FamRZ 1990, 650). Fehlen die Anerkennungsvoraussetzungen, ist der positive Antrag abzuweisen. Die Feststellung, daß die Voraussetzungen nicht vorliegen, erfolgt nur auf zusätzlichen darauf gerichteten Antrag (STEIN/JONAS/H ROTH § 328 Rn 225). Dennoch sollte beim negativen Antrag die **Feststellungslast** nicht anders als beim positiven verteilt werden.

Stellt der Ehemann den Antrag auf Feststellung, daß die Anerkennungsvoraussetzung für eine ausländische Scheidung vorliegen, und die Ehefrau den Nichtanerkennungsantrag (vgl BayObLG 11. 1. 1990 FamRZ 1990, 650), weil die Anerkennungszuständigkeit fehle, und bleibt zB unaufklärbar, ob sie beide damals im Urteilsstaat ihrem gewöhnlichen Aufenthalt hatten, so ist der Anerkennungsantrag des Mannes als unbegründet abzuweisen (zB BayObLG 17. 6. 1999 FamRZ 2000, 485 zur mangelnden Ladung). Dem Nichtanerkennungsantrag ist dagegen stattzugeben, und es ist bei unaufklärbarem Sachverhalt auszusprechen, daß die **Voraussetzungen der Anerkennung nicht** vorliegen und nicht etwa beide Anträge abzuweisen. Der Nichtanerkennungsantrag hat dieselbe Funktion wie eine negative Feststellungsklage, die die **Beweislast nicht verändert**. 161

Die Grundsätze der **Beweisvereitelung** gelten auch hier (LJV BW 23. 1. 1987 IPRspr 1987 Nr 163; vgl § 328 ZPO Rn 280 ff). Zwar ist der Sachverhalt von Amts wegen zu ermitteln (o Rn 145 ff), aber die Behörde hat nicht weitere Ermittlungen anzustellen, von denen keine sachdienlichen Erkenntnisse mehr zu erwarten sind oder die sie nicht anstellen kann. Dann hat die Partei die Pflicht, Beweismittel und Informationen beizubringen, die ihr zur Verfügung stehen. Verweigert sie ihre Mitwirkung, so kann zu ihrem Nachteil entschieden werden, auch wenn sie an sich die Feststellungslast nicht trägt. Die Beweisvereitelung kann insbesondere auch in der Nichtzahlung eines Kostenvorschusses für die amtlichen Nachforschungen liegen (LJV BW aaO). 162

9. Inhalt des Bescheides

Das Anerkennungsverfahren ist von der Landesjustizverwaltung mit einem **förmlichen Bescheid** abzuschließen. Ein Ermessen steht der Behörde bei ihrer Entscheidung nicht zu. Die Entscheidung ist ein gesetzesgebundener Verwaltungsakt (RIEZLER, IZPR 514). 163

a) Tenorierung

Der Bescheid kann je nach dem Ausgang des Verfahrens verschiedenen Inhalt haben, der in der Tenorierung des Bescheids zum Ausdruck kommt. Es ist zu unterscheiden: 164

aa) Unzulässigkeit des Antrags

Der Antrag kann als **unzulässig** zurückgewiesen werden, zB weil es an der Antragsberechtigung fehlte, oder wegen örtlicher Unzuständigkeit im Falle des Art 7 § 1 Abs 1 S 3 FamRÄndG. Bei Heimatstaatsscheidung ist ein Anerkennungsantrag zulässig, wenngleich nicht vorgeschrieben (Rn 70). 165

bb) Unbegründetheit des Antrags

166 War der Antrag zwar zulässig, fehlten jedoch die sachlichen Voraussetzungen für die beantragte Anerkennung oder Nichtanerkennung, ist der Antrag als **unbegründet** zurückzuweisen. Die Behörde darf aber nicht von Amts wegen das Gegenteil dessen, was beantragt war, feststellen. Lag nur ein unbegründeter Antrag auf Nichtanerkennung vor, ist die Behörde ohne entsprechenden Antrag deshalb daran gehindert, positiv festzustellen, daß die Anerkennungsvoraussetzungen vorliegen (Geimer NJW 1967, 1403; ders NJW 1969, 1649). Mit der Abweisung des positiven Antrags wird nicht festgestellt, daß die Voraussetzungen nicht vorliegen (Stein/Jonas/H Roth § 328 ZPO Rn 224; Geimer, IZPR Rn 3039; o Rn 160). Dazu braucht es einen entsprechenden Antrag.

cc) Feststellung der Anerkennungsvoraussetzungen

167 Ist der Anerkennungsantrag begründet, hat die Landesjustizverwaltung festzustellen, daß die **Anerkennungsvoraussetzungen** vorliegen (Art 7 § 1 Abs 1 S 1, Abs 5 S 1 FamRÄndG). Inhaltliche Änderungen oder Ergänzungen des anzuerkennenden Urteils durch die Landesjustizverwaltung sind nicht zulässig. Allenfalls erläuternde Klarstellungen des Inhalts der ausländischen Entscheidung erscheinen möglich (Stein/Jonas/H Roth § 328 Rn 226).

dd) Nichtanerkennungsbescheid

168 Liegen die Voraussetzungen für die Anerkennung nicht vor, hat die Landesjustizverwaltung dies **nur auf den entsprechenden Antrag** hin in einem **Nichtanerkennungsbescheid** festzustellen (Art 7 § 1 Abs 1 S 1, Abs 5 S 1, Abs 7 FamRÄndG; o Rn 166). Auch wenn sich ergibt, daß die Anerkennungsvoraussetzungen vorliegen, ist der Antrag nur als unbegründet abzuweisen (zur Feststellungslast oben Rn 158).

b) Begründung

169 Eine Begründung der Entscheidung ist gesetzlich nicht vorgeschrieben. Sie ist aber **zu fordern**, wenn der Antrag zurückgewiesen wird, ein Nichtanerkennungsantrag Erfolg hat oder dem Anerkennungsantrag gegen den Widerspruch eines Verfahrensbeteiligten Erfolg beschieden war (Jansen Art 7 § 1 FamRÄndG Rn 44; Kleinrahm/Partikel 174; Geimer NJW 1967, 1402; Stein/Jonas/H Roth § 328 Rn 227; Geimer, IZPR Rn 3041). Vor 1980 wurden höchstens 10% der Anträge mit ausführlich begründeten Bescheiden erledigt (Basedow, Die Anerkennung von Auslandsscheidungen 144 Fn 712).

c) Rechtsmittelbelehrung

170 Eine Rechtsmittelbelehrung ist **nicht zwingend** vorgeschrieben, auch nicht in landesrechtlichen Verwaltungsverfahrensvorschriften, da diese keine Anwendung auf das Anerkennungsverfahren finden (Martiny, Hdb IZVR Bd III/1 Kap I Rn 1720; irrig insoweit der Verweis auf Jansen Art 7 § 1 FamRÄndG Rn 44 in Rn 1725). In der Regel erfolgt jedoch eine Belehrung durch die Landesjustizverwaltungen bei zurückweisender Entscheidung oder bei einer Entscheidung gegen den Widerspruch eines Beteiligten. Sie weist auf die unbefristete Möglichkeit hin, gemäß Art 7 § 1 Abs 4, Abs 5 S 1 FamRÄndG die Entscheidung des OLG zu beantragen (Kleinrahm/Partikel 174).

10. Wirksamwerden des Bescheides

171 Die Entscheidung der Landesjustizverwaltung wird mit der **Bekanntgabe an den**

Antragsteller wirksam (Art 7 § 1 Abs 5 S 2 FamRÄndG). Auf den Zeitpunkt der Bekanntgabe an die übrigen Beteiligten, die allerdings zweckmäßig ist, kommt es nicht an. Die Landesjustizverwaltung kann auch bestimmen, daß die Entscheidung erst **nach dem Ablauf einer bestimmten Frist** wirksam werden soll (Art 7 § 1 Abs 5 S 3 FamRÄndG). Das ist zweckmäßig, wenn zu erwarten ist, daß der andere Ehepartner einen Antrag auf gerichtliche Entscheidung stellen wird (Baumbach/Lauterbach/Hartmann § 328 Rn 66), denn damit kann verhindert werden, daß der Antragsteller eine neue Ehe eingeht, noch bevor der Antragsgegner die Möglichkeit hatte, das OLG anzurufen. Die Frist darf nicht länger bemessen sein, als es zur Anrufung des OLG und zur Erwirkung einer einstweiligen Anordnung nach § 24 Abs 3 FGG angemessen ist. Die Behörde kann die Frist auf Antrag vor ihrem Ablauf verlängern oder verkürzen. Sie ist allerdings nicht befugt, eine unterlassene Fristbestimmung nach Wirksamwerden des Bescheides nachzuholen (Jansen Art 7 § 1 FamRÄndG Rn 45).

Einer **förmlichen Zustellung** des Bescheides bedarf es nicht, da der Antrag auf gerichtliche Entscheidung unbefristet zulässig ist (vgl Rn 183). **172**

Mit Wirksamwerden wirkt der Bescheid **für und gegen alle** (vgl näher zur Bindungswirkung Rn 94 ff, 100) und für alle Gerichte und Landesjustizverwaltungen (BayObLG 28. 7. 1975 BayObLGZ 1975, 296 = MDR 1976 232 [Geimer]; OLG München 9. 7. 1962 NJW 1962, 2013 = StAZ 1962, 33). Die Wirksamkeit tritt lediglich dann nicht ein, wenn der Bescheid **nichtig** ist. Dies kommt jedoch nur in ganz seltenen Ausnahmefällen in Betracht, etwa dann, wenn schwere Fehler erkennbar sind, die aus Erwägungen der staatlichen Ordnung oder des individuellen Interesses einer Wirksamkeit entgegenstehen (OLG Bremen 8. 2. 1966 OLGZ 1966, 373; BayObLG 18. 6. 1980 FRES 6 [1980] 421). Dies ist nicht bereits bei Anerkennung einer ausländischen Entscheidung trotz ordre public-Widrigkeit der Fall (so aber BayObLG aaO). Zur Aufhebung der Entscheidung vgl Rn 82 ff, 97. **173**

11. Kosten

Für die Feststellung, daß die Voraussetzungen der Anerkennung oder Nichtanerkennung einer ausländischen Scheidung vorliegen, wird eine Gebühr in Höhe von 10 bis 310 € erhoben (Art 7 § 2 Abs 1 S 2 FamRÄndG). Da im Anerkennungsverfahren als einem Verwaltungsverfahren kein Armenrecht gewährt wird, begnügen sich die Landesjustizverwaltungen idR mit niedrigeren Beträgen. Gefordert wird in der Regel ein Zehntel vom Nettomonatseinkommen abzüglich Unterhaltsverpflichtungen des Antragstellers (Basedow, Die Anerkennung von Auslandsscheidungen 144 Fn 713). **174**

VI. Gerichtliches Verfahren*

Entspricht die Entscheidung der Landesjustizverwaltung nicht den Vorstellungen eines der Beteiligten, so kann die **Entscheidung des OLG** beantragt werden. Verfahren und Entscheidung der Landesjustizverwaltung über den Antrag auf Aner- **175**

* **Schrifttum**: Bürgle, Nochmals: Anerkennung drittstaatlicher Ehescheidungen, NJW 1974 2163; Decker, Die Anerkennung ausländischer Entscheidungen im Zivilprozeß (Diss Regens-

kennung bzw Nichtanerkennung einer ausländischen Entscheidung in Ehesachen unterliegen der vollen gerichtlichen Nachprüfung durch das OLG (Art 7 § 1 Abs 4–6 FamRÄndG). Die Zuständigkeit des BayObLG in Bayern ist mit seiner Aufhebung 2004 entfallen. Zuständig ist nun das OLG München.

176 Allerdings besteht im Falle der Ablehnung der Anerkennung einer Ehescheidung durch die Justizbehörde für den Antragsteller oder dessen Ehegatten auch die Möglichkeit, nicht diesen Bescheid anzufechten, sondern sogleich eine neue **Scheidungsklage** vor einem deutschen Gericht zu erheben (BayObLG 25. 9. 1973 NJW 1974, 1628 = FamRZ 1973, 660 = StAZ 1974, 7; JM NRW 14. 11. 1973 FamRZ 1974, 193 = StAZ 1974, 69; MünchKomm-ZPO/Gottwald § 328 Rn 202; Martiny, Hdb IZVR Bd III/1 Kap I Rn 1730). Die Beteiligten müssen nicht das OLG anrufen.

1. Öffentlich-rechtliche Streitsache

177 Bei der Entscheidung der Landesjustizverwaltung im Anerkennungsverfahren handelt es sich um eine hoheitliche Maßnahme der **rechtspflegenden Justizbehörde**. Ihrer Rechtsnatur nach stellt diese Entscheidung daher einen Verwaltungsakt und ihre Anfechtung folglich eine justizverwaltungsrechtliche Streitsache dar, weshalb die hM die Verfahren nach Art 7 § 1 Abs 6 FamRÄndG zu den **öffentlich-rechtlichen** Streitsachen der freiwilligen Gerichtsbarkeit zählt (BayObLG 7. 6. 1967 BayObLGZ 1967, 218, 228 = MDR 1967, 923; Jansen, FGG Art 7 § 1 FamRÄndG Rn 51; Habscheid, FGG § 8 1.b.; Keidel/Kuntze/Winkler, FGG § 12 Rn 112 e, vor § 19 Rn 30; Reinl FamRZ 1969, 455; Zimmermann Rpfleger 1978, 290; Brehm FGG Rn 57, 64; MünchKomm-ZPO/Gottwald § 328 Rn 203). Bestünde nicht die wegen der Sachnähe vom Gesetzgeber geschaffene ausdrückliche Zuweisung eines solchen Verfahrens an die ordentliche Gerichtsbarkeit in Art 7 § 1 Abs 4–6 FamRÄndG, wäre gegen den von der Landesjustizverwaltung erlassenen Verwaltungsakt Klage zum Verwaltungsgericht zu erheben (Kleinrahm/Partikel 176; Zimmermann Rpfleger 1978, 290; zum Rechtsweg vor Erlaß des Art 7 § 1 FamRÄndG vgl Staudinger/Gamillscheg[10/11] Rn 538 ff).

2. Zuständigkeiten

178 Nach Art 7 § 1 Abs 4, 5 S 1 sowie 6 Sätze 1 und 4 FamRÄndG iVm § 30 Abs 1 S 1 FGG ist als Gericht erster und grundsätzlich auch letzter Instanz ein Zivilsenat des OLG (Art 11 Abs 3 Nr 3 BayAGGVG) für die Entscheidung **sachlich zuständig**. In Berlin ist das **Kammergericht** zuständig.

179 Die **örtliche Zuständigkeit** liegt nach Art 7 § 1 Abs 6 S 2 FamRÄndG bei dem OLG, in dessen Bezirk die Landesjustizverwaltung ihren Sitz hat. Dies ist regelmäßig das OLG, zu dessen Bezirk die jeweilige Landeshauptstadt gehört. Lediglich in Bayern

---

burg 1984); Geimer, Das Anerkennungsverfahren für ausländische Entscheidungen in Ehesachen, NJW 1967, 1398; Haecker, Die Anerkennung ausländischer Entscheidungen in Ehesachen (1989); Kleinrahm/Partikel, Die Anerkennung ausländischer Entscheidungen in Ehesachen (2. Aufl 1970); Massfeller, Das Familienrechtsänderungsgesetz, StAZ 1961, 241, 273, 301; Reinl, Anmerkungen zum Verfahren der Anerkennung ausländischer Eheurteile gemäß Art 7 § 1 FamRÄndG 1961, FamRZ 1969, 453; Zimmermann, Zur Abgrenzung der öffentlichen Streitverfahren in der freiwilligen Gerichtsbarkeit, Rpfleger 1978, 285.

wurde von der Konzentrationsbefugnis nach Abs 6 S 4 iVm § 199 Abs 1 FGG Gebrauch gemacht, die Zuständigkeit dem Obersten Landesgericht zu übertragen. Hat der Präsident eines OLG entschieden, geht der Antrag auf gerichtliche Entscheidung an dieses OLG. Die Zuständigkeiten sind **zwingend**.

Nach dem Grundsatz der **perpetuatio fori** ändert sich die Zuständigkeit der LJV bzw der Präsident des OLG nicht, wenn der Antragsteller nach Einleitung des Verfahrens seinen Aufenthalt wechselt, und konsequenterweise bleibt die Zuständigkeit beim betreffenden OLG (BayObLG 11.6.1979 BayObLGZ 1979, 193 = FamRZ 1979, 1015; BayObLG 17.10.1975 BayObLGZ 1975, 374 = FamRZ 1976, 154 = NJW 1976, 1032; Martiny, IZVR III/1 Kap I Rn 1734), obwohl nun die LJV, deren Entscheidung angegriffen wird, nicht mehr zuständig wäre. Erst recht ist der Aufenthaltswechsel nach dem Antrag auf gerichtliche Entscheidung an das OLG ohne Folgen. 180

3. Antrag

Der Antrag auf gerichtliche Entscheidung kann **schriftlich** in Form einer Antragsschrift **oder durch Erklärung** zu Protokoll der Geschäftsstelle bei dem OLG gestellt werden (Abs 6 S 4 iVm § 21 Abs 2 FGG). Ein **Anwaltszwang** besteht nicht (Martiny, Hdb IZVR Bd III/1 Kap I Rn 1735; Baumbach/Lauterbach/Hartmann § 328 Rn 69). 181

Der Antrag ist auf Aufhebung des Bescheides der LJV gerichtet und auf neue Entscheidung durch das OLG; hatte die LJV dem Antrag stattgegeben, also auf Abweisung dieses Antrags, und hatte sie ihn abgewiesen, auf Stattgabe (vgl BayObLG 11.1.1990 FamRZ 1990, 650; 13.3.2002 FamRZ 2002, 1423). 182

Der Antrag auf gerichtliche Entscheidung ist **nicht fristgebunden** (BT-Drucks 3/530, 33; BayObLG 11.10.1999 FamRZ 2000, 1470; 11.6.1992 FamRZ 1993, 451). Daher unterliegt auch eine bereits seit vielen Jahren existierende Entscheidung der Landesjustizverwaltung grundsätzlich der Anfechtung (BayObLG 28.7.1975 BayObLGZ 1975, 296, 304 = FamRZ 1975, 700). Zu Recht begegnet die daraus resultierende Unsicherheitslage, die erst dann endet, wenn das OLG (BayObLG) die Entscheidung der Landesjustizverwaltung über die Wirkungen der ausländischen Ehescheidung im Inland ausdrücklich bestätigt hat, in der Literatur rechtspolitischen Bedenken (Geimer, IZPR Rn 3046). 183

Die **Verwirkung** des Rechtes auf eine gerichtliche Entscheidung soll allerdings eintreten, wenn zu dem Ablauf einer längeren Zeitspanne besondere Umstände hinzutreten, die das Zuwarten als unangemessen und damit die späte Geltendmachung des Rechts mit der Wahrung von Treu und Glauben als nicht vereinbar erscheinen lassen (BayObLG 29.8.1985 FamRZ 1985, 1259 = NJW-RR 1986, 5; BayObLG 10.6.1976 BayObLGZ 1976, 147 = FamRZ 1976, 700 = StAZ 1977, 10; OLG Bremen 8.2.1966 OLGZ 1966, 373 = IPRspr 1966/67, Nr 254; Stein/Jonas/H Roth § 328 Rn 202, 239; Zöller/Geimer[16] § 328 Rn 253; ähnlich Jansen, FGG Art 7 § 1 FamRÄndG Rn 48, und Reinl FamRZ 1969, 456; MünchKomm/ZPO Gottwald § 328 Rn 205 vgl zur ähnlich gelagerten Problematik im Antragsverfahren bei der Landesjustizverwaltung Rn 141 f). Das Vertrauen auf die Entscheidung der Landesjustizverwaltung wird aber allenfalls geschützt, wenn zum erheblichen Zeitablauf besondere Umstände hinzutreten. Das ist namentlich die Wiederheirat des einen oder anderen Ehegatten, doch wird der Antrag auf gerichtliche Entscheidung durch 184 eine inzwischen im Vertrauen auf die Anerkennung geschlossene Ehe nicht immer und schlechthin unzulässig, obgleich die neue Ehe bei Aufhebung des Anerkennungsbescheides nach §§ 1316 Abs 1 Nr 1, 1306 BGB aufzuheben ist (Jansen, FGG Art 7 § 1 FamRÄndG Rn 48; Martiny, Hdb IZVR Bd III/1 Kap I Rn 1735; vgl dazu auch schon Massfeller StAZ 1961, 303).

185 Ein **Rechtsschutzbedürfnis** an der Entscheidung des OLG (früher BayObLG) besteht auch dann, wenn nach Erlaß einer ablehnenden Entscheidung der Justizbehörde eine Zweitscheidung der bereits im Ausland geschiedenen ersten Ehe durch ein deutsches Gericht erfolgte (BayObLG 10. 6. 1976 BayObLGZ 1976, 147 = FamRZ 1976, 700; Martiny, Hdb IZVR Bd III/1 Kap I Rn 1735), weil die Inlandsscheidung der ersten Ehe nur ex nunc wirkt, während die Anerkennung der Auslandsscheidung zurückwirken würde, wenn sie nun vom OLG festgestellt wird.

4. Antragsberechtigung

a) Ablehnender Bescheid

186 Die Antragsberechtigung bestimmt sich nach der Art der Entscheidung der Landesjustizverwaltung. Mit Recht wird die lückenhafte kasuistische Regelung gerügt (Geimer, IZPR Rn 3044).

187 Wurde der **Antrag auf Anerkennung** bzw Nichtanerkennung (vgl Art 7 § 1 Abs 7 FamRÄndG) von der Landesjustizverwaltung als unzulässig oder als unbegründet **zurückgewiesen**, so kann nach Art 7 § 1 Abs 4 FamRÄndG mit § 20 Abs 2 FGG **der Antragsteller** die Entscheidung beim OLG (BayObLG) beantragen (Jansen, FGG Art 7 § 1 FamRÄndG Rn 49).

188 Wurde der **Antrag auf Aufhebung** eines früheren justizbehördlichen positiven Anerkennungsbescheides von der Landesjustizverwaltung zurückgewiesenen, wenn man jenen überhaupt zuläßt (Rn 83 ff), ist der Antragsteller in analoger Anwendung des Art 7 § 1 Abs 7 iVm Abs 4 FamRÄndG ebenso berechtigt, den Antrag auf gerichtliche Entscheidung zu stellen (BayObLG 28. 7. 1975 BayObLGZ 1975, 296, 300 f = MDR 1976, 232 [Geimer 233]; Decker Anerkennung und Entscheidungen 203; Martiny, IZVR III/1 Kap I Rn 1732; Thomas/Putzo § 328 Anm 3; **aA** OLG Bremen 8. 2. 1966 OLGZ 66, 378).

189 Das Recht, den Antrag an das OLG zu stellen, steht aber auch **allen Dritten** zu, deren Rechtsverhältnisse von der begehrten Anerkennung abhängen, und die deshalb auch einen Anerkennungsantrag hätten stellen können (OLG Koblenz 26. 11. 1987 IPRax 1988, 359 [zust Richter/Krzywon 351]; Reinl FamRZ 1969, 456; Stein/Jonas/H Roth § 328 Rn 235; **aA** KG 18. 11. 1968 FamRZ 1969, 96; 12. 7. 1975 IPRspr 1975 Nr 159; wohl MünchKomm-ZPO/Gottwald § 328 Rn 202; Baumbach/Lauterbach/Hartmann § 328 Rn 68 schließen einen Antrag Dritter aus, wenn beide Ehegatten erfolgreich die Anerkennung beantragt haben). In der Sache ist der Antrag nach Art 7 § 1 Abs 4 FamRÄndG eine Beschwerde. Zu § 20 Abs 2 FGG hat das BayObLG in Wohnungseigentumssachen entschieden, daß aus prozeßökonomischen Gründen auch diejenigen gegen einen ablehnenden Beschluß Beschwerde einlegen können, die den **Antrag** zwar nicht gestellt haben, ihn aber **hätten stellen können**, und solange eine Beschwerdefrist noch nicht abgelaufen ist (BayObLG 12. 9. 1991 NJW-RR 1992, 150; 5. 11. 1992 BayObLGZ 1992, 72; und ebenso gegen die Ablehnung eines Erbscheinsantrags eines anderen Miterben 27. 6. 1990 FamRZ 1990, 1265;

Brehm FGG [3. Aufl 2002] Rn 501; Bumiller/Winkler FGG [7. Aufl 1999] § 20 FGG Rn 7; **aA** Bassenge/Herbst FGG [9. Aufl 2002] § 20 Rn 3a). Dem ist zu folgen, da das OLG auf den Antrag hin die Sach- und Rechtslage voll überprüft und keine Antrags- bzw Beschwerdefrist besteht. Daneben bleibt ihnen aber auch das Recht, einen eigenen Anerkennungsantrag an die LJV zu stellen.

b) Stattgebender Bescheid

Ein Ehegatte, dessen Antrag bereits bei der Landesjustizverwaltung **Erfolg** hatte, ist **190** nicht berechtigt, den Antrag auf gerichtliche Entscheidung in der gleichen Sache zu stellen (BayObLG 18. 6. 1980 IPRspr 1980 Nr 173; Geimer, IZPR Rn 3045). Da bereits aufgrund der Entscheidung der Justizbehörde festgestellt wurde, was er ursprünglich begehrte, fehlt ihm die (formelle) **Beschwer** für einen Antrag an das OLG, den Anerkennungsbescheid nun aufzuheben (BayObLG 28. 7. 1975 BayObLGZ 1975, 296 = MDR 1976, 232 sub III 2 [Geimer]; OLG Stuttgart 20. 12. 1979 Justiz 1980, 334; OLG Bremen 8. 2. 1966 OLGZ 1966, 373, Bedenken bei Jansen aaO Rn 50). Es kann nach Bekanntgabe des Bescheids auch seinen damaligen Anerkennungsantrag nicht mehr zurücknehmen.

Bei einem **stattgebenden Bescheid** der Justizbehörde auf einen positiven Antrag **191** könnte nach dem Wortlaut des Gesetzes **nur** der **andere Ehegatte**, der den Antrag nicht gestellt hat, die gerichtliche Entscheidung begehren. Ist dieser Ehegatte zwischenzeitlich verstorben oder haben gar beide Ehegatten den erfolgreichen Anerkennungsantrag gestellt, so könnte niemand die Entscheidung des OLG beantragen. Dritten, die ein Antragsrecht nach Art 7 § 1 Abs 3 S 2 FamRÄndG haben, bliebe nur der Weg einen Nichtanerkennungsantrag zu stellen und ggf dessen Ablehnung beim OLG anzufechten. Der Wortlaut schließt sogar das Antragsrecht für Dritte aus, die am Anerkennungsverfahren beteiligt wurden und einen Gegenantrag gestellt haben.

Rechtsprechung und Literatur haben zu Recht eine **verfassungskonforme Auslegung** **192** vorgenommen, wonach wegen Art 19 Abs 4 GG und gem § 20 Abs 1 FGG die Vorschrift des Art 7 § 1 Abs 5 S 1 FamRÄndG so zu lesen ist, daß **jedem Dritten**, der ein rechtliches Interesse an der Anerkennung oder Nichtanerkennung hat, die Anrufung des OLG gegen eine positiven Anwendungsbescheid gestattet ist (OLG Koblenz 26. 11. 1987 NJW-RR 1988, 1159 = IPRax 1988, 359 [zust Richter/Krzywon 349, 351]; KG 3. 6. 1983 OLGZ 1984, 38; Finke FamRZ 1958, 410; Geimer, IZPR Rn 3044; Martiny, IZVR III/1 Kap I Rn 1737; Reinl FamRZ 1969, 456; Decker, Anerkennung 200 f; Jansen, FGG Art 7 § 1 FamRÄndG Rn 50; Stein/Jonas/H Roth § 328 Rn 236; Zöller/Geimer § 328 Rn 252; **aA** KG 18. 11. 1968 FamRZ 19569, 96; Kleinrahm-Partikel, Anerkennung 177; Massfeller StAZ 1961, 303, der Dritten nur dann ein Antragsrecht zugesteht, wenn zur Zeit der Entscheidung kein Ehegatte mehr lebt). Der Antrag auf Aufhebung der Entscheidung der Landesjustizverwaltung kann mit dem Antrag auf Feststellung, daß die Voraussetzungen der Anerkennung nicht vorliegen, verbunden werden (BayObLG 11. 6. 1992 FamRZ 1993, 451 = StAZ 1993, 46).

In jedem Fall ist aber eine **Beschwer** Voraussetzung des Antragsrechts (BayObLG **193** 28. 7. 1975 BayObLGZ 1975, 296 = MDR 1976, 232 [Geimer 233]; OLG Bremen 8. 2. 1966 OLGZ 1966, 375; Kleinrahm/Partikel 178). Während für den **Antragsteller** die formelle Beschwer, dh ein zurückgewiesener Antrag, vorliegen muß und genügt (vgl Art 7 § 1

Abs 4 und 5 FamRÄndG sowie die allgemeinen Grundsätze des Rechtsmittelrechts), ist für **Dritte** die materielle Beschwer, dh eine rechtliche Benachteiligung durch den Bescheid der Landesjustizverwaltung, ausreichend (DECKER, Anerkennung 201). Stellt die LJV die Anerkennung fest, ist die Beschwer gegeben, wenn ihre Rechtsstellung durch die Scheidung beeinflußt wird. Weist die LJV den Anerkennungsantrag zurück, liegt eine Beschwer ebenso vor, wenn die Wirksamkeit der Scheidung ihre Rechtslage beeinflußt hätte. Wird ein Nichtanerkennungsantrag abgewiesen, und nicht zusätzlich die Anerkennung festgestellt (vgl o Rn 121), so berührt das die rechtliche Situation Dritter nicht.

5. Verfahrensregelungen

194 Nach Art 7 § 1 Abs 6 S 1 FamRÄndG entscheidet das OLG im Verfahren der freiwilligen Gerichtsbarkeit. Es handelt sich um eine Streitsache des öffentlichen Rechts (ZIMMERMANN Rpfleger 1978, 289 f). Der Gesetzgeber wählte dieses Verfahren für die an sich verwaltungsrechtliche Streitsache (vgl dazu oben Rn 177), weil es im Bereich der ordentlichen Gerichtsbarkeit das formfreieste und damit anpassungsfähigste ist (ZIMMERMANN Rpfleger 1978, 290). In Art 7 § 1 Abs 6 S 4 FamRÄndG wird zwar auf die entsprechende Anwendbarkeit einiger konkret benannter **FGG-Vorschriften** hingewiesen, doch können darüber hinaus weitere Verfahrensvorschriften vorrangig aus dem FGG, eventuell auch aus der VwGO analog herangezogen werden (MARTINY, Hdb IZVR Bd III/1 Kap I Rn 1731).

195 Da das OLG als **Tatsachengericht** entscheidet, können im gerichtlichen Verfahren neue Tatsachen und Beweismittel eingebracht werden, auch wenn sie bereits im Verfahren vor der Landesjustizverwaltung hätten vorgebracht werden können (Art 7 § 1 Abs 6 S 4 FamRÄndG iVm § 23 FGG; BayObLG 11. 6. 1992 FamRZ 1993, 451 = StAZ 1993, 46). Es hat aber vor allem die erforderliche Aufklärung des Sachverhaltes schon von Amts wegen vorzunehmen (§ 12 FGG). Für die Beweiserhebungen findet § 15 FGG Anwendung. Die Amtsermittlungspflicht schließt nicht aus, die Beteiligten zur Mitwirkung aufzufordern. Ihre unberechtigte Weigerung kann unter dem Gesichtspunkt der Beweisvereitelung zu ihrem Nachteil berücksichtigt werden (o Rn 162; BayObLG NJW-RR 1990, 842).

196 Die LJV, deren Bescheid angefochten wird, ist vom OLG als **Beteiligte** zu dem Verfahren hinzuzuziehen, und zwar auch, wenn der Antrag anscheinend offensichtlich unzulässig oder unbegründet ist (insoweit **aA** JANSEN Art 7 § 1 FamRÄndG Rn 51; vgl auch ZIMMERMANN Rpfleger 1978, 290). Weiteren Beteiligten, die ein rechtliches Interesse an der Anerkennung bzw Nichtanerkennung haben, muß Gelegenheit zur Stellungnahme gegeben werden. Das gebietet **Art 103 Abs 1 GG** (JANSEN aaO; STEIN/JONAS/H ROTH § 328 Rn 240, 220 f).

197 Das OLG ist nicht gehalten, eine **mündliche Verhandlung** durchzuführen; diese muß jedoch nach pflichtgemäßem Ermessen des Gerichts anberaumt werden (JANSEN aaO; KLEINRAHM/PARTIKEL 179; MARTINY, Hdb IZVR Bd III/1 Kap I Rn 1738). Ein **Anwaltszwang** besteht im gerichtlichen Verfahren selbst für den Fall der Anberaumung der mündlichen Verhandlung nicht (JANSEN Art 7 § 1 FamRÄndG Rn 48; BÜRGLE NJW 1974, 2167; HAECKER 39; BAUMBACH/LAUTERBACH/HARTMANN § 328 Rn 69). Die Einführung eines Anwaltszwanges fordert GEIMER (NJW 1974, 1026; dagegen BÜRGLE aaO).

198 Der Antrag an das OLG hat keine aufschiebende Wirkung (Abs 6 S 3). Das ist konsequent, weil der Anerkennungsbescheid, der zur inländischen Wirkung des ausländischen Gestaltungsurteils führt, jederzeit „angefochten" werden kann. Er muß also gleich wirksam werden. Das Gericht kann nach Abs 6 S 4 m § 24 Abs 3 FGG **einstweilige Anordnungen** treffen. Dort soll namentlich eine Vollziehung der Entscheidung ausgesetzt werden können. Hinsichtlich der Gestaltungswirkung kommt nur in Betracht, die Wirkung des Bescheids der LJV auszusetzen wie es diese auch nach Abs 5 S 3 hätte anordnen können. Das dürfte meist nur in Frage kommen, wenn der Antrag zum OLG bald gestellt wurde. Darüber hinaus kommen einstweilige Anordnungen in Frage, die einen Rechtszustand bis zum Wirksamwerden der Scheidung regeln, also wohl namentlich die des § 620 ZPO. Ist der Bescheid des LJV schon länger in Kraft und droht seine Aufhebung, könnten Anordnungen in Frage kommen, die diese Aufhebung, dh die inländische Unwirksamkeit der Scheidung vorbereiten. Man verweist darauf, daß uU eine Wiederverheiratung nach der ausländischen, bisher anerkannten Scheidung zu vermeiden sei (Baumbach/Lauterbach/Hartmann § 328 Rn 70).

6. Entscheidung

199 Art 7 § 1 FamRÄndG bestimmt nicht näher, in welchem Umfang im gerichtlichen Verfahren der Verwaltungsakt der Landesjustizverwaltung zu überprüfen ist. Die Entscheidung über die Anerkennung einer ausländischen Entscheidung in Ehesachen darf nur nach Maßgabe des zwingenden § 328 ZPO und bestehender Staatsverträge erfolgen. Die **Ermittlung** der Anerkennungsvoraussetzungen erfolgt **von Amts wegen** (§ 12 FGG). Ein Verzicht darauf ist nicht möglich (BayObLG 11. 6. 1979 IPRspr 1979, Nr 213). Nur die mangelnde Ladung muß gerügt werden (§ 328 Abs 1 Nr 2 ZPO).

200 Das Gericht ist an die Ausführungen des Antragstellers nicht gebunden, darf aber über das **Antragsbegehren nicht hinausgehen** (vgl § 88 VwGO). Das Verbot der reformatio in peius gilt auch hier (Jansen Art 7 § 1 FamRÄndG Rn 51), spielt aber praktisch keine Rolle. Das OLG könnte zB auf einen Antrag hin, mit dem der Antragsteller sich gegen die Abweisung seines positiven Anerkennungsantrages durch die LJV wendet, nicht die Feststellung aussprechen, daß die Anerkennungsvoraussetzungen nicht vorliegen, denn dazu müßte ein negativer Anerkennungsantrag gestellt worden sein. Es kann nur die Abweisung bestätigen.

201 Die Entscheidung des OLG (BayObLG) ergeht durch zu **begründenden Beschluß** (Art 7 § 1 Abs 6 S 4 FamRÄndG iVm § 25 FGG, Baumbach/Lauterbach/Hartmann § 328 Rn 70; Stein/Jonas/H Roth § 328 Rn 241). Gibt das Gericht dem gegen den Bescheid der Justizbehörde gerichteten Antrag statt, so wird es grundsätzlich unter voller Würdigung der Tat- und Rechtsfragen in der Sache **selbst entscheiden**, da die Anerkennung bzw Nichtanerkennung keine Ermessensfrage ist, über die zu entscheiden nur die Landesjustizverwaltung kompetent wäre (BT-Drucks 3/530, 33; Massfeller StAZ 1961, 303; Jansen, FGG Art 7 § 1 FamRÄndG Rn 51; arg Art 7 § 2 Abs 2 S 5 FamRÄndG), und das OLG kann in vollem Umfang noch die Tatsachen ermitteln.

202 Das Gericht kann aber an die Justizbehörde zur **Neubescheidung** unter Beachtung seiner Rechtsauffassung zurückverweisen, wenn zur Klärung der Begründetheit

noch umfangreiche, besser von der Behörde zu treffende Ermittlungen notwendig sind. Das BayObLG (17.6.1999 FamRZ 2000, 485) zieht die §§ 538–540 ZPO als Maßstab heran und verweist zurück, wenn die Sachverhaltsaufklärung durch die LJV ganz unzureichend war bzw „jede Aufklärung [...] unterblieben ist". Es kann auch zurückverwiesen werden, wenn die Landesjustizverwaltung über den Antrag keine Sachentscheidung traf, weil sie diesen als unzulässig abgewiesen hat (vgl § 538 Abs 1 Nr 1 ZPO; Jansen aaO).

203 Eine Entscheidung in der Sache durch das OLG ist ausgeschlossen, wenn ein Ehegatte zwar gegen die Entscheidung der Landesjustizverwaltung über die Anerkennung einer ausländischen Ehescheidung einen zulässigen Antrag an das OLG gestellt hat, der andere Ehegatte im Laufe des Verfahrens seinen Antrag auf Anerkennung jedoch zurücknimmt. In diesem Fall ist unter Aufhebung des Anerkennungsbescheids die Erledigung des Verfahrens festzustellen (BayObLG 23.3.1995 FamRZ 1996, 110 [LS]).

204 Nach Art 7 § 1 Abs 6 S 5 FamRÄndG ist die Entscheidung des OLG endgültig und damit **unanfechtbar**. Die Einlegung eines Rechtsmittels ist nicht möglich. Diese Regelung ist mit dem GG vereinbar (OLG Düsseldorf 17.5.1974 FamRZ 1974, 529 [Beitzke]; Baumbach/Lauterbach/Hartmann § 328 Rn 70).

205 Die durch Art 11 Nr 5 des Ersten Gesetzes zur Reform des Ehe- und Familienrechts vom 14.6.1976 (BGBl I 1421) in Art 7 § 1 Abs 6 S 4 FamRÄndG eingefügte Regelung des § 28 Abs 2 und 3 FGG ergibt seit dem 1.7.1977 die Verpflichtung des zur Entscheidung berufenen Gerichts zur **Vorlage beim BGH**, wenn es von der Entscheidung eines anderen OLG oder des BGH abzuweichen beabsichtigt. Dies gilt auch dann, wenn eine gesetzliche Vorschrift inzwischen eine Änderung erfuhr (KG 26.1.1988 FamRZ 1988, 642; Baumbach/Lauterbach/Hartmann § 328 Rn 70) oder wenn abweichende Entscheidungen anderer Oberlandesgerichte nur aus der Zeit vor dem 1.7.1977 bestehen (BGH 14.10.1981 BGHZ 82, 34, 38 = FamRZ 1982, 44 = IPRax 1983, 37; OLG Stuttgart 10.4.1980 IPRax 1981, 213 = StAZ 1980, 152; OLG Stuttgart 10.4.1987 IPRspr 1987 Nr 163 b; BayObLG 17.2.1978 BayObLGZ 1978, 32, 35 = StAZ 1978, 179; Decker, Anerkennung 202). Der Vorlagebeschluß muß zu erkennen geben, daß das vorlegende OLG (BayObLG) zu einer anderen Entscheidung gelangen würde, wenn es die Auffassung beachtete, von der es abzuweichen gedenkt (BGH 14.10.1981 aaO). Im Falle der Vorlage kann der BGH keine Tatsachenermittlung vornehmen. Insoweit muß an das vorlegende Gericht zurückverwiesen werden. Dies gilt insbesondere dann, wenn das vorlegende OLG weitere Tatsachenermittlungen für nötig erachtet oder den Antrag auf gerichtliche Entscheidung als unzulässig abweisen wollte (BGH 11.7.1990 StAZ 1991, 11).

206 Die Rechtskraft des Beschlusses des OLG (BayObLG) ist von den Inlandswirkungen der anerkannten Scheidung zu unterscheiden. Bestätigt das OLG einen positiven Bescheid, bleibt es bei den auf das Inland erstreckten Wirkungen des anerkannten Urteils. Hebt es ihn auf oder bestätigt es einen ablehnenden Bescheid, steht fest, daß das ausländische Urteil nicht oder nicht mehr im Inland wirkt. Eine andere Frage ist, ob diese Bindungen auch gegenüber materiell Betroffenen eintreten, die am Verfahren beteiligt waren, nicht aber den Antrag gestellt haben, oder schon von der LJV nicht einbezogen wurden, obwohl das hätte geschehen sollen (o Rn 151 ff).

Auch hier muß man zwischen der Rechtskraft des Beschlusses des OLG und den Wirkungen des anerkannten Urteils unterscheiden. Der Beschluß des OLG (BayObLG) stellt mit Rechtskraft nur fest, daß diese eingetreten oder nicht eingetreten sind.

7. Bindungswirkung

Art 7 § 1 Abs 8 FamRÄndG bestimmt, daß die Gerichtsentscheidung eine allgemein **bindende Wirkung** entfaltet. Die Gerichte und Verwaltungsbehörden sind an den Beschluß gebunden; er kann auch durch das entscheidende Gericht nicht mehr abgeändert werden (Martiny, IZVR III/1 Kap I Rn 1739). Damit steht fest, daß die Anerkennung zu Recht ausgesprochen oder verweigert wurde. Diese Entscheidung erwächst in **materieller Rechtskraft** (Stein/Jonas/H Roth § 328 Rn 242; BayObLG 7. 6. 1967 BayObLGZ 1967, 218), denn es handelt sich um eine öffentlich-rechtliche Streitsache. 207

Subjektiv sind aber nur die Parteien dieses Verfahrens gebunden, dh der Antragsteller und die LJV als Gegner (zB OLG München 9. 7. 1962 StAZ 1962, 333 = NJW 1962, 2013; Jansen aaO Rn 53). Zwischen der Rechtskraft des **gerichtlichen Beschlusses** und den Wirkungen des anerkannten Urteils im Inland ist zu unterscheiden (vgl o Rn 77 zum Bescheid der LJV). Mit jenem steht fest, daß das Urteil im Inland seine Wirkungen entfaltet. Welche das sind, bestimmt das Recht des ausländischen Urteils (§ 328 ZPO Rn 121, 132 ff). Das ist vor allem die Gestaltungswirkung. Die Rechtskraft des Gerichtsbeschlusses bindet aber subjektiv nur die Parteien und, da es sich um ein Verfahren der freiwilligen Gerichtsbarkeit handelt, die weiteren Beteiligten. Materiell Betroffene, die nicht am Verfahren beteiligt wurden, können noch immer eine Entscheidung des OLG gegen den **Bescheid der LJV** beantragen und dessen Aufhebung erreichen (o Rn 186 ff). 208

Der Bescheid des OLG wirkt nach Art 7 § 1 Abs 8 FamRÄndG inter omnes mit der Feststellung des Vorliegens der Anerkennungsvoraussetzungen (Erman/Hohloch Art 17 EGBGB Rn 75), solange es nicht aufgehoben ist bzw nicht das Nichtvorliegen der Anerkennungsvoraussetzungen festgestellt wurde (zum Unterschied o Rn 121). Auch wenn die Nichtbeteiligten nicht an den Beschluß des OLG (BayObLG) gebunden sind, so können sie doch einstweilen die Inlandswirkung des ausländischen Urteils nicht bestreiten. Die **subjektiven Grenzen** der Rechtskraft des Beschlusses des OLG wirken sich also nur darin aus, daß der Bescheid der LJV noch aufgehoben werden kann. 209

Hebt das OLG einen **Anerkennungsbescheid auf**, so wirkt das dadurch inter omnes, daß nun keine Inlandswirkung der ausländischen Scheidung mehr gegeben ist. Soweit Drittbetroffene nicht am Verfahren beteiligt und nicht an den Beschluß gebunden sind, können sie noch die Anerkennung herbeiführen, indem sie einen Antrag an die LJV stellen (o Rn 189, 192 f). 210

Hat das OLG zusätzlich zur Aufhebung eines Anerkennungsbescheids noch festgestellt, daß die **Anerkennungsvoraussetzungen nicht vorliegen**, so bindet auch das nur die am Verfahren Beteiligten. Für Dritte ändert sich am Vorstehenden nichts. 211

§ 2
Kosten

(1) Für die Feststellung, daß die Voraussetzungen für die Anerkennung einer ausländischen Entscheidung vorliegen oder nicht vorliegen (§ 1), wird eine Gebühr von 10 bis 310 Euro erhoben.

(2) Für das Verfahren des Oberlandesgerichts werden Kosten nach der Kostenordnung erhoben. Weist das Oberlandesgericht den Antrag nach § 1 Abs. 4, 5, 7 zurück, so wird eine Gebühr von 10 bis 310 Euro erhoben. Wird der Antrag zurückgenommen, so wird nur die Hälfte dieser Gebühr erhoben. Die Gebühr wird vom Oberlandesgericht bestimmt. Hebt das Oberlandesgericht die Entscheidung der Verwaltungsbehörde auf und entscheidet es in der Sache selbst, so bestimmt es auch die von der Verwaltungsbehörde zu erhebende Gebühr.

1 Für das Verfahren des OLG werden Kosten nach der Kostenordnung erhoben (Art 7 § 2 Abs 2 S 1 FamRÄndG). Für positive wie negative Entscheide werden Kosten von 10 bis 310 Euro erhoben. Bei Rücknahme des Antrags fällt nur die Hälfte dieser Gebühr an. Die Höhe der Gebühr wird vom Gericht bestimmt. Hebt das OLG die Entscheidung der LJV auf und entscheidet in der Sache selbst, so bestimmt es auch die von der Verwaltungsbehörde zu erhebende Gebühr (Art 7 § 2 Abs 2 S 5 FamRÄndG). Ist der Aufhebungsantrag erfolgreich, so ist das Verfahren vor dem OLG gebührenfrei (OLG Karlsruhe 17. 9. 1990 FamRZ 1991, 92; OLG Düsseldorf 28. 2. 1975 FamRZ 1975, 584; wohl auch BayObLG 13. 1. 1994 FamRZ 1994, 1263; MünchKomm-ZPO/Gottwald § 328 Rn 208). Der für die Ermittlung der Anwaltsgebühren notwendige Gegenstandswert des gerichtlichen Verfahrens nach Art 7 § 1 richtete sich nach §§ 8, 10 BRAGO aF, dh heute nach **§§ 23, 33 RVG**. Bei Bemessung des Gegenstandswerts ist unter Anwendung von § 23 Abs 3 S 2 RVG (früher § 8 Abs 2 S 2 BRAGO) auf Vermögen und Einkommen beider Eheleute abzustellen (BayObLG 24. 3. 1994 AnwBl 1994, 423; 2. 2. 1999 FamRZ 1999, 1588).

2 Die **Erstattung** außergerichtlicher Kosten und der **Gerichtskosten**, für die ein Beteiligter nach der KostO haftet (Keidel/Kuntze/Winkler FG [15. Aufl 2003] § 13a Rn 3; BayObLG 8. 9. 1998 FamRZ 1999, 604) ist vom OLG gem § 13a FGG nach Billigkeit anzuordnen. In der Praxis geschieht das anscheinend selten (vgl KG 3. 3. 1987 FamRZ 1987, 603; OLG Düsseldorf 2. 10. 1987 FamRZ 1988, 198; BayObLG 12. 7. 1990 FamRZ 1990, 1265; BayObLG 2. 2. 1999 FamRZ 1999, 1588 – alle ablehnend). Unterliegt die LJV, so soll sie nach OLG Karlsruhe (17. 9. 1990 FamRZ 1991, 92) die außergerichtlichen Kosten tragen. Im Hinblick auf private Parteien wird dagegen gesagt, daß die Antragsabweisung oder die Antragsrücknahme allein kein Grund seien (BayObLG 2. 2. 1999 und 8. 9. 1998 aaO), denn grundsätzlich trage in der FG jeder Beteiligte seine Kosten selbst. Und entsprechend seien auch bei Erfolg des Antrags ggf nicht dem Gegner die Kostenerstattung aufzuerlegen. Am ehesten sollen Kosten zu erstatten sein, wenn sie von der Gegenseite schuldhaft verursacht wurden (BayObLG 8. 9. 1998 FamRZ 1999, 604). Das sei zB nicht der Fall bei Kosten für die Übersetzung von Schreiben des Gerichts an die Ehefrau des Antragstellers, der Gelegenheit zur Stellungnahme zu geben war, und die der Antragsteller gem § 2 Nr 1 KostO zu tragen hätte (BayObLG aaO).

Für den Gegenstandswert für die Gebühren der Anwälte gelten dieselben Grundsätze wie für Eheschließungen und darf nach § 12 Abs 2 S 4 GKG nicht unter 2000 Euro angesetzt werden. Im übrigen ist es nach den Umständen des Falles und Ermessen festzusetzen (§ 12 Abs 2 S 2 GKG) (BayObLG 2.2. 1999 FamRZ 1999, 1588). **3**

Die Gebühren der LJV bemessen sich gem verwaltungsrechtlichen Grundsätzen primär nach der Schwierigkeit der Sache. IdR wird ein mittlerer Wert wohl angemessen sein. Eine Erstattung außerbehördlicher Kosten ist im Verwaltungsverfahren nicht vorgesehen, sondern erst im Widerspruchsverfahren (vgl § 80 VwVfG). An dessen Stelle tritt aber das Verfahren vor dem OLG. **4**

Sachregister

Die fetten Zahlen beziehen sich auf die Paragraphen, die mageren Zahlen auf die Randnummern.

J. von Staudingers
Kommentar zum Bürgerlichen Gesetzbuch
mit Einführungsgesetz und Nebengesetzen

Übersicht vom 15. April 2005

Die Übersicht informiert über die Erscheinungsjahre der Kommentierungen in der 13. Bearbeitung und deren Neubearbeitungen (= Gesamtwerk STAUDINGER). *Kursiv* geschrieben sind die geplanten Erscheinungsjahre.

Die Übersicht ist für die 13. Bearbeitung und für deren Neubearbeitungen zugleich ein Vorschlag für das Aufstellen des „Gesamtwerk STAUDINGER" (insbesondere für solche Bände, die nur eine Sachbezeichnung haben). Es wird empfohlen, die Austauschbände chronologisch neben den überholten Bänden einzusortieren, um bei Querverweisungen auf diese schnell Zugriff zu haben. Bei Platzmangel sollten die ausgetauschten Bände an anderem Ort in gleicher Reihenfolge verwahrt werden.

	13. Bearb.	Neubearbeitungen	
Buch 1. Allgemeiner Teil			
Einl BGB; §§ 1–12; VerschG	1995		
Einl BGB; §§ 1–14; VerschG		2004	
§§ 21–89; 90–103 (1995)	1995		
§§ 90–103 (2004); 104–133; BeurkG	2004	2004	
§§ 134–163	1996	2003	
§§ 164–240	1995	2001	2004
Buch 2. Recht der Schuldverhältnisse			
§§ 241–243	1995		
AGBG	1998		
§§ 244–248	1997		
§§ 249–254	1998	2005	
§§ 255–292	1995		
§§ 293–327	1995		
§§ 255–314		2001	
§§ 255–304			2004
§§ 315–327		2001	
§§ 315–326			2004
§§ 328–361	1995		
§§ 328–361b		2001	
§§ 328–359			2004
§§ 362–396	1995	2000	
§§ 397–432	1999		
§§ 433–534	1995		
§§ 433–487; Leasing		2004	
Wiener UN-Kaufrecht (CISG)	1994	1999	2005
VerbrKrG; HWiG; § 13a UWG	1998		
VerbrKrG; HWiG; § 13a UWG; TzWrG		2001	
§§ 491–507			2004
§§ 535–563 (Mietrecht 1)	1995		
§§ 564–580a (Mietrecht 2)	1997		
2. WKSchG; MÜG (Mietrecht 3)	1997		
§§ 535–562d (Mietrecht 1)		2003	
§§ 563–580a (Mietrecht 2)		2003	
§§ 581–606	1996		
§§ 607–610	./.		
§§ 611–615	1999		
§§ 616–619	1997		
§§ 620–630	1995		
§§ 616–630		2002	
§§ 631–651	1994	2000	2003
§§ 651a–651l	2001		
§§ 651a–651m		2003	
§§ 652–704	1995		
§§ 652–656		2003	
§§ 705–740	2003		
§§ 741–764	1996	2002	
§§ 765–778	1997		
§§ 779–811	1997	2002	
§§ 812–822	1994	1999	
§§ 823–825	1999		
§§ 826–829; ProdHaftG	1998	2003	
§§ 830–838	1997	2002	
§§ 839, 839a	2002		
§§ 840–853	2002		
Buch 3. Sachenrecht			
§§ 854–882	1995	2000	
§§ 883–902	1996	2002	
§§ 903–924; UmweltHaftR	1996		

	13. Bearb.	Neubearbeitungen	
§§ 903–924		2002	
UmweltHaftR		2002	
§§ 925–984; Anh §§ 929 ff	1995	2004	
§§ 985–1011	1993	1999	
ErbbVO; §§ 1018–1112	1994	2002	
§§ 1113–1203	1996	2002	
§§ 1204–1296; §§ 1–84 SchiffsRG	1997	2002	
§§ 1–64 WEG	*2005*		
Buch 4. Familienrecht			
§§ 1297–1320; NeLebGem (Anh §§ 1297 ff); §§ 1353–1362	2000		
§§ 1363–1563	1994	2000	
§§ 1564–1568; §§ 1–27 HausratsVO	1999	2004	
§§ 1569–1586b	*2005*		
§§ 1587–1588; VAHRG	1998	2004	
§§ 1589–1600o	1997		
§§ 1589–1600e		2000	2004
§§ 1601–1615o	1997	2000	
§§ 1616–1625	2000		
§§ 1626–1633; §§ 1–11 RKEG	2002		
§§ 1638–1683	2000	2004	
§§ 1684–1717; Anh § 1717	2000		
§§ 1741–1772	2001		
§§ 1773–1895; Anh §§ 1773–1895 (KJHG)	1999	2004	
§§ 1896–1921	1999		
Buch 5. Erbrecht			
§§ 1922–1966	1994	2000	
§§ 1967–2086	1996		
§§ 1967–2063		2002	
§§ 2064–2196		2003	
§§ 2087–2196	1996		
§§ 2197–2264	1996	2003	
§§ 2265–2338a	1998		
§§ 2339–2385	1997	2004	
EGBGB			
Einl EGBGB; Art 1–2, 50–218	1998		
Art 219–222, 230–236	1996		
Art 219–245		2003	
EGBGB/Internationales Privatrecht			
Einl IPR; Art 3–6	1996	2003	
Art 7, 9–12	2000		
IntGesR	1993	1998	
Art 13–18	1996		
Art 13–17b		2003	
Art 18; Vorbem A + B zu Art 19		2003	
IntVerfREhe	1997	2005	
Kindschaftsrechtl Ü; Art 19	1994		
Art 19–24		2002	
Art 20–24	1996		
Art 25, 26	1995	2000	
Art 27–37	2002		
Art 38	1998		
Art 38–42		2001	
IntWirtschR	2000		
IntSachenR	1996		
Gesamtregister	*2005*		
Vorläufiges Abkürzungsverzeichnis	1993		
Das Schuldrechtsmodernisierungsgesetz	2002	2002	
BGB-Synopse 1896–1998	1998		
BGB-Synopse 1896–2000		2000	
100 Jahre BGB – 100 Jahre Staudinger (Tagungsband 1998)	1999		
Demnächst erscheinen			
§§ 311, 311a, 312–314		2005	
§§ 397–432		2005	
§§ 581–606		2005	
Art 1–2, 50–218 EGBGB		2005	

Dr. Arthur L. Sellier & Co. KG – Walter de Gruyter GmbH & Co. KG oHG, Berlin
Postfach 30 34 21, D-10728 Berlin, Telefon (030) 2 60 05-0, Fax (030) 2 60 05-222